KB230490

RATIONALITY *and* FREEDOM

자유란 무엇인가

Rationality and Freedom

by Amartya Sen

자유란 무엇인가

아마티아 센 지음 | 김우철 옮김

아마존의 나비

[표기 용례]

1. 원문의 이탤릭체는 번역문에서 굵은 글씨체(볼드)로 표기함.

2. [ ] 안은 옮긴이 주석임.

자유란 무엇인가
Rationality and Freedom

발행일 2026년 02월 19일

지은이 아마티아 센
옮긴이 김대근

펴낸이 오성준
편집 김재관, 권용주
마케팅 홍세영
본문 디자인 김재석
표지 디자인 아작 디자인팀

펴낸곳 아마존의나비
등록번호 제395-251002014000114호(2014년 11월 19일)
주소 경기도 고양시 덕양구 청초로 19 덕은아이에스비즈타워센트럴 A-706
전화 02-3144-8755, 8756
팩스 02-3144-8757
e-mail info@chaosbook.co.kr

ISBN 979-11-90263-39-9 93300
정가 53,000원

• 이 책은 (주)엔터스코리아를 통한 Harvard University Press와 카오스북(아마존의나비)의
독점 계약으로 발행되었습니다.
• 어떠한 형태의 무단 전재와 복제를 금하며, 2차적 사용을 위해서는 출판사의 사전 동의가 필요합니다.

■ 저자 소개

아마티아 센

아마티아 센(Amartya Sen)은 현재 세계적으로 가장 영향력 있는 경제학자이자 철학자로, 후생 경제학·사회 선택 이론·개발 경제학 분야의 권위자이다. 빈곤·기아·불평등 문제에 대한 연구를 통해 인간의 자유와 복지를 측정하는 이론적 틀(역량 접근법)을 체계화해 아시아인으로서는 최초로 노벨 경제학상을 수상했다. 인도 자다브푸르대학, 델리대학, 영국의 옥스퍼드대학과 케임브리지대학 등 세계 주요 대학에서 교수로 재직했으며, 현재 미국 하버드대학교에서 Thomas W. Lamont University Professor 및 경제학·철학 교수로 활동하며, 하버드 소사이어티 오브 펠로즈(Society of Fellows)의 선임 펠로우이기도 하다. 그의 연구는 경제학뿐 아니라 정치철학·윤리학·사회 정책 전반에 지속적인 영향을 미치며, 수십 개 언어로 번역된 다수의 저서를 통해 전 세계 독자들에게 읽히고 있다.

■ 옮긴이 소개

김대근

고려대학교 법과대학을 졸업하고 같은 학교 대학원에서 석사와 박사 학위를 취득했다. 기초법학을 전공하고, 정의론, 인권, 형사사법, 금융 범죄, 난민 등 외국인 정책, 교정과 형벌 이론을 연구하고 있다. 2010년부터 한국형사·법무정책연구원에서 근무하며 제2기 법무·검찰개혁위원회, 경찰청 인권위원회 위원, 서울고등검찰청 형사상고심의위원회 위원 등으로 활동했다. 여러 대학에서 법철학, 정치철학, 헌법, 형법, 형사소송법, 인권 등을 강의하고, 2022년부터 중앙일보 〈나는 고발한다〉 필진으로 참여하는 등 우리 사회 인권과 정의를 위한 언론 및 각종 토론 활동에 적극적으로 나서고 있다. 공저로 『계엄, 내란 그리고 민주주의』, 『교정판례백선』, 『법의 딜레마』, 『법의 미래』, 『법, 모더니즘과 포스트모더니즘 너머에』 등이 있으며, 『차별이란 무엇인가』, 『이유에 대한 실재론적 고찰』, 『무엇이 법을 만드는가』, 『충분하지 않다–불평등한 세계를 넘어서는 인권』, 『민스키의 금융과 자본주의』, 『미네르바의 올빼미–서구 정치사상의 전통』, 『법사회학, 사회를 읽는 법』 등을 옮겼다.

옮긴이 서문

시각 전환을 통한 경제학의 새로운 모색

이 책은 아마티아 센^{Amartya Sen}의 *Rationality and Freedom*(Harvard University Press, 2003)을 번역한 것이다. *Rationality and Freedom*은 1970년대부터 2000년대 초반까지 센이 전개해 온 방대한 이론적 논의들을 집대성한 결정판이다.

주지하다시피 센의 학문적 기여는 널리 알려져 있다. 첫째, 주류 경제학이 상실했던 윤리적 차원을 복원하면서 경제학을 단순히 수치와 효율성을 다루는 공학적 학문에서 인간의 가치와 선택을 고민하는 윤리학적 학문으로 되돌려 놓았다. 이기적 이익 극대화만을 추구하는 '합리적 바보^{Rational Fools}' 모델을 비판하면서, 효용^{Utility}이라는 단일 척도에 갇혀 있던 (후생)경제학을 자유, 권리, 역량이라는 다차원적 가치로 확장시켰다. 둘째, 케네스 애로우^{Kenneth Arrow} '불가능성 정리' 이후 교착 상태에 빠졌던 사회적 선택 이론에 새로운 돌파구를 마련했다. 사회적 결정 과정에서 어떤 정보를 사용할 것인가에 대한 논의를 통해 정보적 기초를 재구성하고 효용의 대인 비교나 비후생주의적 정보를 통합함으로써 합리적인 사회적 선택이 가능함을 이론적으로 증명했다. 개인의 자유와 사회적 효율성이 충돌할 수 있다는 '파레토 자유의 불가능성'을 보여 주면서 자유의 가치를 우선시하는 제도 설계의 필요성을 체계적으로 논증했다. 셋째, 현대 개발경제학과 복지 국가 모델의 핵심 이론인 '역량 접근법 Capability Approach'의 이론적 토대를 마련했다. 분석의 초점을 "얼마나 가졌는가(재화)"에서 "무엇을 할 수 있는가(역량)"로 전환하면서, 자유를 단순히 간섭받지 않는 상태(소극적 자유)를 넘어, 자신이 가치 있다고 여기는 삶을 선택할 수 있는 실질적 기회(적극적 자유)로 정의할 수 있었다. 역량 접근은 UN의 인간개발지수Human Development Index, HDI 산정 등 실질적인 국제 정책 수립의 이론적 근거가 되기도 했다. 넷째, 센은 경제학적 엄밀함과 철학적 깊이를 통해 정치철학, 규범경제학, 사회과학 방법론 등 여러 분야에 걸쳐 지대한 영향을 끼쳤다. 나아가 민주적 토론과 공적 이성이 어떻게 사회적 합리성을 도출할 수 있는지 논증함으로써 정치학적 가치를 더했으며, 특히 롤즈John Rawls의 정의론을 비판적으로 계승·발전시켜, 현실 세계의 불평등을 해결하기 위한 자신만의 실천적 정의론을 제시했다.

센의 모든 학문적 성과를 담은 이 책은 요컨대, 합리성과 자유라는 두 가지 핵심 개념을 중심으로 경제학, 사회학, 정치학, 철학, 윤리학, 심지어 법학적 통찰을 통해 '우리는 어떻게 자유를 실현해야 하는가'라는 질문에 답하고자 한다. 때문에 이 책의 우리말 제목을 『자유란 무엇인가』로 옮기기로 한다. 이 제목(질문)이야말로 이 책의 핵심을 관통한다고 생각했기 때문이다.

『자유란 무엇인가』는 원서만으로도 총 750쪽이 넘는 대작이다. 합리성과 자유, 사회적 선택 이론, 선호, 정의와 평등, 역량 등 오늘날 여러 학문의 주요 쟁점이 되는 주제들에 관심 있거나 아마티아 센의 학문에 흥미를 갖는 진지한 독자라면 이 책을 처음부터 끝까지 꼼꼼하게 읽기를 바란다. 물론 세부 주제나 개별 학문에 천착하는 독자라면 필요한 장을 선별하여 읽을 수도 있겠다. 어떠한 독해가 되었든 간에 센이 문제의식과 방법론, 그리고 해법을 확인할 수 있을 것이다. 다만 여기 옮긴이 서문은 『자유란 무엇인가』를 읽은 첫 번째 독자로서 이 책을 보다 쉽게 조망할 수 있는 지도를 그리고자 한다. 이 책의 순서대로 각 장별 주요 내용을 소개하는 한편, 주요 개념의 상호 관련성을 보여 주는 방식으로 센의 주장과 이론을 설명하고자 한다.

책의 구성과 내용

『자유란 무엇인가』는 총 6부 22장으로 구성되었으며, 각 장은 독립적인 논문으로서의 완결성을 가지면서도 전체적으로 '합리성'과 '자유'라는 두 축을 중심으로 긴밀하게 연결되어 있다. 먼저 두 개의 장으로 구성된 제1부(총론)는 합리성과 자유의 상호 의존성과 이론적 배경을 설명한다. 먼저 "합리성과 자유"(제1장)는 책 전체의 서론으로서 합리성과 자유가 개인의 선택과 사회적 의사결정에서 갖는 근본적인 중요성을 제시한다. 센은 합리성을 단순히 자기 이익 추구로 한정하지 않고, 다양한 가치와 목표를 포괄하는 넓은 개념으로 이해한다. 자유 역시 단순한 선택의 부재가 아닌 기회와 과정의 측면을 모두 포함하는 다원적 개념으로 소개한다. "사회적 선택의 가능성"(제2장)에서는 사회적 선택 이론의 기본 문제의식을 제시하고, 애로우의 불가능성 정리와 같은 주요 난제들을 소개한다. 센은 이러한 난제들을 극복하고 사회적 선택의 가능성을 모색하기 위한 다양한 접근 방식과 정보 확장의 필요성을 논한다.

제2부(합리성: 형식과 본질)에서 센은 기존 경제학이 금과옥조로 여겨 온 '선택의 내적 일관성' 공리와 '자기 이익 극대화' 가정이 가진 논리적 허구성을 날카롭게 해부한다. "선택의 내적 일관성"(제3장)은 합리적 선택의 기본 전제인 선택의 내적 일관성 문제를 다룬다. 센은 선택의 일관성이 단순히 선호의 이행성transitivity을 넘어선 복합 의미를 가진다고 설명하며, 다양한 상황에서의 선택 행위를 분석한다. "극대화와 선택 행위"(제4장)에서는 경제학에서 흔히 가정하는 '효용 극대화 모델'의 한계를 지적하고, 실제 인간의 선택 행위가 단순히 효용 극대화로 설명될 수 없는 다양한 동기와 제약을 포함한다는 주장을 논한다. 특히 헌신commitment과 같은 개념을 통해 자기 이익을 넘어서는 합리성을 탐구한다. "지향, 헌신 그리고 정체성"(제5장)은 개인의 선택이 단순한 선

호나 욕구에 의해 결정되는 것이 아니라 지향^{aim}, 헌신^{commitment}, 그리고 정체성^{identity}과 같은 심층 요소들에 의해 영향을 받는다는 점을 강조한다. 이는 합리성 개념을 확장하는 중요한 논의다. "합리성과 불확실성"(제6장)에서는 불확실성하에서의 합리적 선택 문제를 다룬다. 센은 불확실성이 개인의 의사결정에 미치는 영향을 분석하고, 이러한 상황에서 합리성을 어떻게 이해하고 적용할 수 있는지에 대한 통찰을 제공한다. "비이항적 선택과 선호"(제7장)는 전통적인 이항적^{binary} 선택 모델의 한계를 지적하고, 비이항적 선택 상황에서 선호와 합리성을 어떻게 분석할 것인지에 대한 새로운 접근방식을 제시한다. 이는 선택의 맥락과 정보의 중요성을 강조한다.

애로우의 '불가능성 정리^{Impossibility Theorem}' 이후, 사회적 선택 이론은 민주적인 집합적 의사결정이 논리적으로 불가능하다는 허무주의적 장벽에 직면했다. 그러나 센은 이 '불가능성'이 민주주의 자체의 결함이라기보다 우리가 의사결정 과정에서 사용하는 '정보적 기초^{informational basis}'의 빈약함에서 기인한다는 점을 간파한다. 제3부(합리성과 사회적 선택)는 사회적 선택의 기반이 되는 개인의 선호가 단순한 상품 선택의 서열을 넘어, "가치에 대한 가치를 포함한 전반적 가치 체계"여야 함을 강조한다. 먼저 "합리성과 사회적 선택"(제8장)에서는 개인의 합리적 선택이 사회적 선택으로 어떻게 집계될 수 있는지에 대한 문제를 다룬다. 센은 사회적 선택 이론의 난제들을 다시 한번 조명하며, 정보의 확장과 다양한 평가 기준의 도입을 통해 사회적 합리성을 모색한다. "사회적 선택 기반으로서의 개인 선호"(제9장)는 사회적 선택 이론에서 개인 선호가 갖는 역할과 한계를 분석한다. 특히 선호의 해석적 유연성을 강조하며, 선호가 단순히 욕망이나 선택의 순위가 아닌 다양한 가치와 판단을 반영할 수 있음을 논한다. "사회적 선택과 정의"(제10장)는 사회적 선택 이론의 틀 안에서 '정의^{justice}' 문제를 다룬다. 롤스의 정의론을 포함한 다양한 정의론을 소개하고, 사회적 선택 이론이 정의로운 사회를 구현하는 데 어떤 기여를 할 수 있는지 탐구한다. 특히 대인 비교의 중요성과 다양한 정보 정의역의 필요성을 강조한다. "규범-선택에서 정보와 불변성"(제11장)은 규범적 사회적 선택에서 정보의 역할과 불변성 원칙의 중요성을 논한다. 센은 어떤 정보가 사회적 선택에 포함되어야 하고, 어떤 정보가 배제되어야 하는지에 대한 기준을 제시한다.

제4부(자유와 사회적 선택)에서는 자유와 권리의 정식화를 시도한다. "자유와 사회적 선택"(제12장)에서는 자유 개념을 사회적 선택 이론의 맥락에서 심층적으로 분석한다. 센은 자유가 단순한 선택의 기회가 아니라, 개인이 실제로 원하는 것을 성취할 수 있는 능력, 즉 역량과 밀접하게 연관되어 있음을 강조한다. "최소 자유주의"(제13장)는 사회적 선택 이론에서 논의되는 '최소 자유주의'의 역설을 다룬다. 센은 개인의 자유를 존중하면서도 파레토 효율성을 달성하기 어려운 딜레마를 분석하고, 이에 대한 해결 방안을 모색한다. "권리: 정식화와 결과"(제14장)에서는 권리 개념을 사회적 선택 이론의 관점에서 분석한다. 권리가 단순히 절차적 문제가 아니라, 그 권리 행사가 초래하는 결과와도 밀접하게 연관되어 있음을 논하며 결과주의적 접근과 절차주의적 접근의 통합을 시도한다.

센의 이론은 상아탑에서의 철학적 논증을 넘어 제5부(관점과 정책)에서 시장과 환경, 비용 편익 분석이라는 실천적 영역을 통해 빛을 발한다. "위치적 객관성"(제15장)은 지식과 가치 판단의 '위치적positional' 특성을 다룬다. 센은 객관성이 절대적인 것이 아니라, 특정 관점이나 위치에서 형성될 수 있음을 설명하며, 다양한 관점의 중요성을 강조한다. "다원주의적 진보관에 대하여"(제14장)에서는 사회적 진보를 평가할 때 다원주의적 접근의 필요성을 논한다. 이 장에서 센은 사회적 진보에 대해 단일 기준이 아니라 다양한 가치와 목표를 고려하여 평가해야 한다고 주장한다. "시장과 자유"(제17장)에서는 시장 경제가 자유에 미치는 영향을 분석한다. 시장이 개인의 자유를 증진시키는 측면과 동시에, 불평등을 심화시키거나 특정 자유를 제약할 수 있는 측면을 모두 고려한다. "환경 평가와 사회적 선택"(제18장)에서는 환경 문제와 관련된 사회적 선택 문제를 다룬다. 환경 가치 평가에서 시장 기반 접근의 한계를 지적하고, 사회적 선택 이론의 관점에서 환경 문제 해결을 위한 새로운 접근 방식을 제시한다. "비용 편익 분석"(제19장)은 공공 정책 평가에 사용되는 비용 편익 분석의 한계와 문제점을 분석한다. 특히 분배 문제와 비시장 가치 평가의 어려움을 지적하고, 사회적 선택 이론의 관점에서 비용 편익 분석의 개선 방안을 모색한다.

제6부(자유와 사회적 선택)는 1991년 센의 '애로우 강의'를 바탕으로 한다. 그러므로 이 부분은 책의 앞선 논의와 다소 중복되기도 하지만, 센이 자신의 여러 연구에서 다루어진 쟁점과 주장에 대한 응답을 포함하면서 한층 입체적으로 서술한다. "기회와 자유"(제20장)는 애로우 강의의 첫 번째 부분으로, 자유의 '기회 측면'과 '과정 측면'을 구분하여 설명한다. 센은 자유가 단순히 선택의 폭을 넓히는 차원을 넘어, 선택의 과정 자체에 중요성이 있다고 강조한다. "과정, 자유 그리고 권리"(제21장)에서는 자유의 과정 측면을 더욱 심층적으로 다루며 권리 개념과의 연관성을 분석한다. 특히 절차적 정의와 권리 존중의 중요성을 강조한다. "자유 그리고 기회의 평가"(제22장)는 자유와 기회를 평가하는 다양한 방법론을 제시한다. 센은 단순히 소득이나 자원의 양이 아닌, 개인이 실제로 무엇을 할 수 있고 무엇이 될 수 있는지, 즉 역량의 관점에서 자유와 기회를 평가해야 힘을 주장한다.

합리성과 자유, 그리고 정의란 무엇인가

『자유란 무엇인가』를 관통하는 핵심 개념은 자유와 합리성이다. 그렇다면 자유란 무엇이고 합리성이란 무엇인가. 이 개념들은 합리적 선택(이론)과 선호, 역량, 평등, 그리고 정의와 어떠한 연관을 맺는가. 이하는 이들 질문에 답하는 방식으로 서술하기로 한다.

자유란 무엇인가

센은 자유를 단순한 부재^{absence}의 개념이 아닌, '기회^{opportunity}'와 '과정^{process}'이라는 두 가지 핵심 측면을 포함하는 다원적 개념으로 이해한다. 그는 자유를 논의할 때 이 두 가지 측면을 모두 고려해야 한다고 강조한다. 먼저 자유의 기회 측면은 개인이 소중히 여기는 것을 성취할 수 있는 능력과 관련이 있다. 이는 개인이 선택할 수 있는 대안들의 집합, 즉 '선택 집합choice set'의 크기와 질에 초점을 맞춘다. 센은 더 많은 자유가 우리가 소중히 여기는 것들을 성취할 수 있는 더 많은 기회를 제공한다고 설명한다. 예를 들어, 교육을 받을 수 있는 기회, 직업을 선택할 수 있는 기회, 건강하게 살 수 있는 기회 등이 그렇다. 이 측면은 주로 달성 가능한 결과에 대한 개인의 능력을 강조한다. 한편, 자유의 과정 측면은 무언가가 이루어지는 절차 자체의 중요성을 강조한다. 이는 개인이 스스로 자유롭게 결정하는 절차, 즉 '자율성autonomy'과 타인의 간섭으로부터의 '면책immunity'을 포함한다. 센은 어떤 사람이 바라는 것을 실제로 얼마나 성취하느냐와 무관하게, 그 사람이 스스로 자유롭게 결정하는 절차를 자유의 중요한 요건으로 생각할 수 있다고 말한다. 예컨대, 선거를 통해 공정한 방식으로 대표를 선출하는 과정, 자신의 의견을 자유롭게 표현할 수 있는 과정 등이 그렇다. 이 측면은 선택의 주체성과 절차의 정당성을 중요하게 여긴다. 센은 자유의 두 측면을 설명하면서 이사야 벌린Isaiah Berlin의 유명한 '소극적 자유negative liberty'와 '적극적 자유positive liberty' 개념을 재해석한다. 센은 소극적 자유를 행동의 자유에서 허용적 측면, 즉 행위 방식을 결정할 수 있는 '자율'과 특정 행위 영역에서 타인의 간섭으로부터의 '면책'을 결합한 개념으로 이해한다. 또한 벌린의 용례에 가깝게, 외부 세계가 가하는 제약으로부터의 자유와 관련한 것으로 간주하는데 이는 주로 외부적 방해나 강제가 없는 상태를 의미한다. 반면, 센은 적극적 자유를 (외부적 제약은 물론 내부적 한계까지 포함한)모든 요소를 고려하여 해당 사안을 수행할 수 있는 개인적 능력으로 이해하는 방식이 더 유용하다고 본다. 이는 벌린의 정의와 다소 차이가 있으며 그린T.H. Green의 설명에 보다 가깝다.

> "우리가 단지 구속이나 강제로부터의 자유를 의미하지 않는다. … 우리가 자유를 매우 소중한 것으로 말할 때, 그것은 가치 있는 일을 하거나 누릴 수 있는 적극적 능력 혹은 역량을 의미한다."(555쪽).

센은 소극적 자유의 침해는 적극적 자유의 침해로 이어질 수 있지만, 그 역은 성립하지 않는다고 한다. 즉, 적극적 자유는 외부적 제약뿐 아니라 (예컨대 질병, 무지와 같은)개인의 내적 한계까지 포함하여 개인이 실제로 무엇을 할 수 있는가에 초점을 맞춘다. 이는 개인이 가치 있는 삶을 영위하기 위한 실질 능력과 역량을 강조하는 개념이다.

합리성이란 무엇인가

센은 합리성을 단순히 자기 이익 추구로 한정하는 전통 경제학적 관점을 비판하며, 합리성을 훨씬 더 넓고 복합적인 개념으로 이해한다. 이 책에서 합리성은 개인의 선택과 행동이 일관성과 목적성을 가지는 방식뿐 아니라, 다양한 가치와 목표를 추구하는 능력과도 연결된다. 전통적인 합리성 개념은 개인이 자신의 선호를 극대화하는 방식으로 행동한다고 가정하지만, 센은 개인이 타인의 복지나 사회 규범, 혹은 자신이 속한 공동체의 정체성 등을 고려하여 행동할 수 있음을 강조한다. 즉 합리성을 선택의 내적 일관성(제3장)과 극대화 행위의 본질(제4장)을 넘어, 지향[aim], 헌신[commitment], 그리고 정체성[identity]과 같은 요소들을 포함하는 개념으로 확장하는 것이다. 센에게 합리성은 자유로운 선택과 밀접하게 연결된다. 합리적 개인은 주어진 제약하에서 자신의 목표와 가치에 부합하는 선택을 할 수 있는 능력을 가진다. 이때 자유는 단순히 선택의 폭을 넓히는 차원을 넘어, 개인이 자신의 합리성을 온전히 발휘하여 의미 있는 선택을 할 수 있는 기회와 과정을 제공한다. 예컨대, 개인이 충분한 정보와 숙고의 과정을 거쳐 자신의 삶의 방향을 결정하는 일은 합리적 자유 행사의 중요한 부분이다. 심지어 현실 세계는 불확실성으로 가득하다. 이러한 상황에서 개인은 제한된 정보와 예측 불가능한 결과 속에서 선택에 직면한다. 센은 이러한 불확실성하에서도 합리적 의사결정이 가능하며, 이때 합리성은 단순히 최적의 결과를 도출하는 것을 넘어, 위험을 관리하고 유연하게 대응하는 능력까지 포함한다고 본다. 결론적으로, 센에게 합리성은 개인의 자유로운 선택을 가능하게 하는 중요한 전제 조건이자, 자유로운 선택을 통해 발현되는 능력이다. 합리성이 개인의 다양한 가치와 목표를 존중하며, 단순한 자기 이익 추구를 넘어선 헌신과 정체성을 포함하는 포괄적 개념으로 이해될 때, 자유와의 관계가 보다 분명해진다.

자유와 사회적 선택의 통합

사회적 선택 이론은 개인의 선호를 집계하여 사회 전체의 선택이나 복지 판단을 도출하는 방법을 연구하는 분과다. 그러나 애로우는 '불가능성 정리'를 통해 합리적 개인의 선호를 바탕으로 사회 전체의 합리적 선호를 도출하는 것이 특정 조건하에서는 불가능함을 보여 준다. 따라서 센은 이러한 난제가 발생하는 이유를 분석하고, 이를 극복하기 위한 방법으로 정보의 확장과 선호의 해석적 유연성을 제안한다. 자유가 단순히 개인의 선호나 효용으로 환원될 수 없는 고유한 가치를 지닌다고 주장하며, 사회적 선택 과정에서 자유를 적절히 반영해야 한다고 강조한다. 이를 위해 센은 사회적 선택이 단순히 최종 결과뿐 아니라, 개인이 선택할 수 있는 '기회 집합opportunity set'의 크기와 질을 평가하고(선택 집합의 중요성), 결과뿐 아니라, 그 결과에 이르는 '과정process'의 공정성과 자유로움도 고려해야 하며(과정의 주요성), 사회적 선택 이론이 개인의 선호에만 의존하지 말고, 역량capabilities, 기본재primary goods, 권리rights 등 다양한 정보 정의역을 사회적 선택 과정에 도입함으로써 자유를 보다 풍부하게 평가할 수 있다고 주장한다(정보의 확장). 센은 또한 사회적 선택 이론의 또 다른 난제인 '최소 자유주의 역설Liberal Paradox'을 다룬다. 이역설에 따르면 개인의 최소한의 자유를 보장하려는 원칙과 파레토 효율성Pareto efficiency이라는 사회적 합리성 원칙이 충돌할 수 있다. 즉, 모든 개인의 선호를 존중하면서도 동시에 사회 전체의 효율성을 달성하기 어려운 상황이 발생할 수 있는 것이다. 이 역설을 해결하기 위해 센은 자유 개념을 재정의하고, 사회적 선택 과정에서 정보 범위를 확장할 것을 제안한다. 다시 말해 자유를 단순히 특정 선택에 대한 간섭의 부재로 이해하는 것을 넘어, 개인이 자신의 삶을 주도적으로 계획하고 실행할 수 있는 '실질적 능력'으로 이해해야 한다는 것이다. 이러한 관점에서, 자유는 개인의 선호와 함께 사회적 선택의 중요한 평가 기준이 되고, 때로는 파레토 효율성보다 우선시 될 수 있다. 나아가 센은 사회적 선택의 관점에서 권리 개념도 재해석한다. 센은 권리가 단순히 (예컨대 특정 행위를 할수 있는 형식적 권리와 같은)절차적 문제가 아니라, 그 권리 행사가 초래하는 '결과^{consequences}'와 밀접하게 연관되어 있음을 강조한다. 센은 권리를 평가할 때, 그 권리가 개인의 삶에 미치는 실질적 영향, 즉 역량의 증진 여부를 고려해야 한다고 주장하는 것이다. 이는 권리를 단순히 형식적인 보장을 넘어, 실질적 자유와 기회를 보장하는 수단으로 이해하는 센의 관점을 반영한다.

자유와 선호의 관계

센은 자유와 선호의 관계를 전통 경제학적 관점과 다르게 접근한다. 그는 선호가 단순히 개인의 욕망이나 선택의 순위를 드러내는 차원을 넘어, 다양한 가치와 판단을 반영할 수 있는 복합적 개념이라고 강조하며, 이러한 선호의 유연성(해석적 유연성^{interpretational flexibility})이 자유를 이해하는 데 중요하다고 본다. 전통 사회적 선택 이론은 개인의 선호를 주어진 것으로 간주하고, 이를 바탕으로 사회적 선택을 도출하려 한다. 그러나 센은 선호가 고정된 것이 아니라, 선호의 형성 과정과 대화 및 교환을 통해 변화하고 발전할 수 있음을 지적한다. 예를 들어, 어떤 사람의 특정 선택에 대한 선호는 단순히 그것이 자신에게 가장 큰 효용을 주어서가 아니라, 그것이 사회적으로 옳다는 판단이나 타인에게 도움이 된다는 생각 때문일 수 있다. 이때 선호는 단순히 개인의 욕망이나 쾌락의 반영을 넘어 윤리적 고려, 사회적 규범, 타인에 대한 배려 등 다양한 요소를 포함하게 된다(선호의 다층성). 또한 개인의 선호는 고정된 것이 아니라 사회적 상호작용, 토론, 학습 등을 통해 형성되고 변한다. 센은 대화와 교환이 개인의 선호에 미치는 영향을 분석할 필요성을 강조한다(선호의 형성). 이처럼 센에게 선호는 단순히 주어진 것이 아니라, 개인이 자신의 가치와 목표를 성찰하고 형성하는 과정에서 나타난다. 따라서 자유는 개인이 자신의 선호를 자율적으로 형성하고, 그 선호에 따라 의미 있는 선택을 할 수 있는 능력을 포함하게 된다. 복지 수급자가 사회적 낙인이 주저되어 지원 요청을 주저하는 경우를 생각해 보자. 이는 그들의 선호(지원받고자 하는 욕구)가 외부적 요인(사회적 시선)에 의해 억제되는 상황이다. 이 상황에서 단순히 형식적 선택의 자유가 있다 하여 실질적 자유가 보장된다고 볼 수는 없다. 바로 이 지점에서 선호는 개인의 '역량capabilities'과 밀접하게 연결된다. 뒤에서 살펴보겠지만, 역량이란 개인이 실제로 무엇을 할 수 있고 무엇이 될 수 있는지에 대한 실질적 자유를 의미한다. 개인의 선호는 자신의 역량에 의해 영향받을 수 있고, 동시에 역량은 개인이 자신의 선호를 실현할 수 있는 정도를 결정한다. 예를 들어, 교육받을 역량이 부족한 사람은 특정 직업을 선호하더라도 그 선호를 실현하기 어렵다.

역량이란 무엇인가

센의 '역량 접근capability approach'은 그의 정의론, 자유론, 그리고 복지 경제학 전반을 관통하는 핵심 개념이다. 역량은 단순히 소득이나 자원의 소유 여부를 넘어, 개인이 실제로 무엇을 할 수 있고 무엇이 될 수 있는지에 대한 '실질적 자유substantive freedom'를 의미한다. 구체적으로 센은 역량을 개인이 가치 있다고 여기는 기능functionings, 즉 '존재beings(되는 것)'와 '행위doings(하는 것)'의 다양한 조합을 달성할 수 있는 '실질적 기회real opportunities'의 집합으로 정의한다. 이렇게 이해된 역량 접근은 전통적인 복지 평가 방식의 한계를 극복하는 계기가 되는데 우선, 소득/자원 중심 접근의 한계를 극복할 수 있다. 예를 들어, 장애를 가진 사람이나 임산부는 동일한 소득을 가지고도 비장애인이나 비임산부와 동일한 수준의 건강이나 이동의 자유를 누리기 어렵다. 즉 동일한 소득이나 자원을 가짐에도 사람마다 다른 역량을 실현할 수 있는 것이다. 개인의 주관적 만족감이나 행복을 복지의 기준으로 삼는 공리주의와 같은 효용 중심 접근은 '적응적 선호adaptive preferences'의 문제를 간과한다. 이를테면, 열악한 환경에 처한 사람들이 자신의 기대를 낮추어 만족감을 느끼는 경우, 그러한 낮은 효용 수준이 실재의 불평등을 가리는 역할로 작용할 수 있는 것이다. 역량 접근은 이러한 주관적 만족감보다는 객관적으로 측정 가능한 실질적 자유에 초점을 맞춘다.

무엇의 평등인가

센은 평등을 단순히 소득이나 자원의 균등한 분배로 이해하지 않는다. 그는 평등이 무엇인가를 질문하는 대신, "무엇의 평등인가^{Equality of What}?"라는 질문을 던지며, 진정한 평등은 개인이 가치 있게 여기는 삶을 살 수 있는 실질적 자유, 즉 역량의 평등에 있다고 주장한다. 전통적으로 평등은 모든 사람이 동일한 소득을 가지거나(소득 평등), 동일한 양의 (재화, 서비스 등의)자원을 가지거나(자원 평등), 동일한 수준의 만족감이나 행복을 느끼는 것(효용 평등)으로 이해되어 왔다. 그러나 이러한 접근 방식들은 각각 한계가 있다. 예컨대, 소득이나 자원의 평등은 개인의 이질성^{heterogeneity}을 간과한다. 장애를 가진 사람이나 임산부, 혹은 특정 질병을 앓는 사람은 동일한 소득이나 자원을 소유함에도 비장애인이나 건강한 사람과 동일 수준의 삶의 질을 누리기 어렵다. 효용 평등은 적응적 선호의 문제로 인해 실재의 불평등을 가릴 수 있다. 때문에 모든 개인이 기본적인 역량을 실현할 수 있는 동등한 기회를 가지는 '역량 평등^{equality of capabilities}'이야말로 정의의 핵심 목표다.

정의란 무엇인가

센은 정의^{justice}를 단순히 이상적인 제도나 규칙의 문제로 보지 않고, 실현된 정의^{realized justice}, 즉 사람들의 실제 삶에서 부정의가 얼마나 감소되었는지에 초점을 맞춘다. 여기서 센은 자신의 정의론을 드러내기 위해 롤스^{John Rawls}의 정의론과 비교하는 방식을 취한다. 센의 도식에 따르면 롤스는 정의로운 사회를 구성하기 위한 (예컨대 자유의 우선성, 차등 원칙과 같은)이상적 원칙을 제시하고, 이러한 원칙들이 '원초적 입장^{original position}'이라는 가상적 상황에서 합의될 것이라고 주장한다. 롤스의 정의론은 주로 '초월적 제도주의^{transcendental institutionalism}'적 접근으로, 완벽하게 정의로운 사회 제도의 설계에 중점을 둔다. 반면, 센은 이러한 초월적 제도주의적 접근이 현실 세계의 부정의를 해결하는 데 한계가 있다고 지적한다. 그는 완벽하게 정의로운 사회의 청사진을 그리는 것보다, 현실 세계에서 부정의를 줄이고 정의를 증진하는 구체적 방법에 더 관심을 갖는다. 이러한 점에서 센의 정의론은 비교적 접근$^{comparative approach}$을 취한다. 즉 정의를 평가할 때, 이상적인 상태와의 비교보다는 서로 다른 사회적 상황이나 정책 대안들 간의 비교를 통해 더 정의로운 상태가 무엇인지를 판단하게 되는 것으로, 현실적 개선 가능성에 초점을 둔다. 나아가 단순히 제도의 공정성뿐 아니라, 그 제도가 사람들의 삶에 미치는 실질적 결과를 통한 평가를 강조한다. 즉, 사람들이 실제로 얼마나 자유롭고 평등하게 살아가는지가 중요하다. 앞서 소개한 것처럼 센의 정의론에서 핵심 개념은 '역량'이다. 정의를 평가하는 기준을 소득이나 자원의 분배가 아니라, 개인이 실제로 무엇을 할 수 있고 무엇이 될 수 있는지에 대한 실질적 자유, 즉 역량의 평등한 분배에 두는 것이다. 단순한 형식적 권리나 자원의 분배만으로는 정의가 실현되었다고 볼 수 없으며, 개인이 그 자원을 활용하여 자신의 삶을 주도적으로 구성할 수 있는 실질적 기회가 보장되어야 한다. 예컨대, 교육받을 권리가 법적으로 보장되더라도 가난 탓에 학교에 갈 수 없다면 실질적 교육의 자유는 없는 것이다. 따라서 정의는 이러한 실질적 자유, 즉 역량의 평등한 분배를 목표로 한다.

거인의 어깨에 올라

앞에서 소개한 것처럼 『자유란 무엇인가』는 센의 평생의 연구 성과를 종합하고 집약했을 뿐 아니라, 동시대의 경제학, 사회학, 철학, 정치학, 법학을 아우르는 학문의 총체라고 할 수 있다. 이 책 이후 출간된 센의 마지막 저서로 *The Idea of Justice*(Harvard University Press, 2011)[1]가 있지만, 그 책은 『자

---

1) 센이 *The Idea of Justice*를 준비하는 동안에는 *Freedom and Justice*라는 가제가 붙어 있었다. 따라서 이 책의 저자 서문과 본문 각주에서는 '자유와 정의(Freedom and Justice)'로 소개되었다. 우리나라에서는 『정의의 아이디어』라는 제목으로 출간되었다.

　　　　자유란 무엇인가

유란 무엇인가』의 주요 개념과 내용을 정의론이라는 관점에서 서술하면서, 특히 롤스의 정의론과의 차별성을 부각하는 데 초점을 맞추었다, 그러다 보니 센의 사상 전반 그리고 동시대의 학문 전반을 아우르는 센의 날카로운 통찰은 이 책『자유란 무엇인가』에 보다 뚜렷이 드러난다, 실상 이 책을 읽으면서 느꼈던 기쁨과 감동을 서투른 내 언어로 표현하기란 쉽지 않다. 굳이 표현하자면 아마티아 센이 롤스『정의론』 초판(1971년)의 공식 서평을 쓰면서 느꼈던 기분을 대체하는 것으로 족할 것 같다.

> … 그리고 1971년에 롤스의『정의론』이라는 혁신적인 책이 나왔다. 실제로 내가 1968~1969년까지 델리대학의 교수로 하버드대학에 방문 교수를 지내는 동안 롤스, 케네스 애로우와 정치철학에 대한 공동 수업을 진행하면서 그 책의 초고를 사용하기도 했다. 나는 *Collective Choice and Social Welfare*(1970년)라는 사회적 선택에 대한(그리고 그것이 정의를 어떻게 다루는지도 포함하는) 책을 쓰고 있었고, 그 과정에서 롤스의 예리한 논평과 제안에 굉장히 많은 도움을 얻었다. 그로부터 얼마 지나지 않아, 나는 하버드대학 출판부에서 출간된『정의론』완성본에 대한 공식 서평을 쓰게 되는 특전을 얻기도 했다. 다소 '호들갑스럽게' 들릴지 모르지만, 당시로서는 시인 워즈워스^{Wordsworth}가 노래한 싯구의 느낌을 이해할 듯싶었다.

> **"이 새벽에 살아 있는 것은 축복이었다.**
> **젊다는 것은 그야말로 천국이었다!"** (The Idea of Justice, 2011, pp.52-53)

2026년 다시 올 봄을 기다리며
김대근

저자 서문

'합리성'과 '자유'에 대한 개념은 경제, 철학 그리고 사회과학의 가장 기본적인 발상이다. 실제로, 이들 분야의 중심 주제 중 많은 부분이 이들 기초 개념에 본질적으로 의존한다. 그럼에도 자주 언급되는 데 비해, 이 개념들이 주도면밀하게 검토되는 경우는 드물다. 따라서 이에 대한 비판적 분석이 필요하며, 이렇듯 상대적으로 방치된 과제에 작으나마 기여하는 것이 이 에세이 모음을 펴내는 주된 목적이다.

이 두 가지 기본 개념인 합리성과 자유 사이의 연관성은 내가 1991년에 진행한 '케네스 애로우^{Kenneth Arrow} 강의'에서 발표한 '자유와 사회적 선택'에 대한 분석에 특히 중요한 역할을 했다. 이 강의들은 약간 수정되어 이 책의 마지막 세 편의 에세이로 수록되었다. 이 책의 여러 에세이에 소개된 합리성의 요구에 대한 검토는 또한 1987년 헬싱키에서 진행한 '1987 이르요 얀손^{Yrjo Jahnsson} 강연'에서 논의한 내용을 바탕으로 한다.

이 책은 '합리성, 자유 그리고 정의'에 대한 두 에세이집 중 첫째 권이다. 이 책이 주로 개인과 사회의 선택에 미치는 영향을 포함한 합리성과 자유의 기본 개념에 초점을 맞추고 있다면, 그 짝인 '자유와 정의'^{Freedom and Justice}라는 제목의 책은 특히, 일반적인 실천 이성과 구체적인 정의의 이유에 초점을 맞춘다. 합리성과 자유의 개념들은 이 맥락에서 예컨대, 정치철학 및 도덕철학, 공공 정책에 대한 탐구 등 다양한 방식으로 활용된다. 따라서 이 첫 권이 주로 경제와 사회적 선택에 대한 이론을 다루고, 둘째 권은 철학과 정치에 대해 다루지만 두 권을 관통하는 연결고리가 존재한다.

이 책에 수록된 논문들은 이전에 발표되지 않은 논문을 포함하되 그 순서를 따르지는 않는다. 여기서는 시간적 선후를 배제하고 분석의 우선순위와 개념의 연계성을 반영하여 배치했다.

오랜 기간, 나는 이 주제들에 대해 많은 친구들, 동료 협력자들과 매우 유익한 토론과 논쟁을 나누었다. 그들의 연구 분야는 사회 선택 이론, 경제학, 철학, 정치학, 사회학, 수학, 결정 이론, 사회 심리학 등 다양했다. 내 사고를 자극하고 복잡한 문제들에 대한 이해를 더욱 깊이 할 수 있게 도와준 많은 이들이 있음에도 다 열거하지 못하고, 그들 중 몇몇의 이름을 언급하려 한다. 그들에게 깊이 감사드린다.

내 합리성과 자유에 대한 이해는 애로우와의 수십 년간의 논의를 통해 강한 영향을 받았다. 이 책의 마지막 세 에세이는 내가 1991년에 한 케네스 애로우 강의의 수정판인데, 이는 내가 그에게 진 엄청난 빚에 대한 작은 감사의 표시다. 나는 또 오랜 기간 아난드[Sudhir Anand], 애킨슨[A. B. Atkinson], 바수[Kaushik Basu], 드레제[Jean Dreze], 드워킨[Ronald Dworkin], 포스터[James Foster], 해먼드[Peter Hammond], 레비[Isaac Levi], 노직[Robert Nozick], 누스바움[Martha Nussbaum], 오스마니[Siddiq Osmani], 파핏[Derek Parfit], 롤스[John Rawls], 로스차일드[Emma Rothschild], 스캔론[Thomas Scanlon], 서그든[Robert Sugden], 스즈무라[Kotaro Suzumura], 월시[Vivian Walsh] 그리고 자마그니[Stefano Zamagni]와 이 주제에 대한 토론에서 매우 큰 도움을 받았다.

철학에서, 내가 롤스에게 커다란 빚을 지고 있음은 분명하다. 특히, 후속권인 '자유와 정의'에 포함된 에세이들에서 더욱 명확히 드러날 것이다. 1987년부터 1998년까지 하버드에서의 11년 세월, 나는 또 노직, 퍼트넘[Hilary Putnam],

스캔론^{Thomas Scanlon}을 포함한 여러 철학과 동료들과 교류하면서 도움을 받는 놀라운 기회를 얻었다. 하버드로 옮기기 전 1977년에서 1987년까지 드워킨^{Ronald Dworkin}, 파핏^{Derek Parfit}, 코헨^{G. A. Cohen}과 옥스퍼드에서 합동 강의를 할 기회가 있었고, 그들과의 교류는 내게 큰 힘이 되었다. 윌리엄스^{Bernard Williams}는 내게 꾸준히 지혜와 통찰력의 원천이 되어 주었고, 1970년대 후반 우리의 공리주의에 관한 공동 연구로 시작된 지난 시간 내가 그에게 진 빚은 이루 헤아릴 수 없다. 마찬가지로 몇 년간의 철학 문제에 대한 토론에서 빌그라미^{keel Bilgrami}, 코헨^{Joshua Cohen}, 엘스터^{Jon Elster}, 헐리^{Susan Hurley}, 레비^{Isaac Levi}, 네이글^{Thomas Nagel}, 오닐^{Onora O'Neil}, 설^{John Searle}, 템킨^{Larry Temkin}, 판 파레이스^{Philippe Van Parijs}와 다른 여러 사람들에게 큰 빚을 졌다.

사회 선택 이론에 관해 나는 훌륭한 여러 동료들과 상당히 유용한 교류를 가졌다. 이 책에 진술된 연구들은 특히 아난드^{Paul Anand}, 베이전트^{Nick Baigent}, 블래커비^{Charles Blackorby}, 데브^{Rajat Deb}, 두타^{Bhaskar Dutta}, 괴르트너^{Wulf Gaertner}, 게베르^{Louis Gevers}, 매스킨^{Eric Maskin}, 파타나익^{Prasanta Pattanaik}, 폴락^{Robert Pollak}, 스즈무라^{Kotaro Suzumura}와의 논의에서 큰 영향을 받았다. 특히 스즈무라는 친절하게도 이 책의 도입 부분을 읽어 주고 매우 유용한 의견을 제시해 주었다. 경제학 분야에서 나는 많은 사람 중 애컬로프^{George Akerlof}, 애킨슨^{A. B. Atkinson}, 바수^{Kaushik Basu}, 디턴^{Angus Deaton}, 그린^{Jerry Green}, 허쉬만^{Albert Hirschman}, 칸부르^{Ravi Kanbur}, 리우^{Minquan Liu}, 마수미^{Esfandiar Maassoumi}, 마줌다르^{Mukul Majumdar}, 마글린^{Stephen Marglin}, 믹스^{Gay Meeks}, 미를리스^{James Mirrlees}, 무르티^{Mamta Murthi}, 노스^{Douglas North}, 오스마니^{Siddiq Osmani}, 펠프스^{E. E. Phelps}, 레이빈^{Matthew Rabin}, 라마찬드란^{V. K. Ramachandran}, 리스킨^{Carl Riskin}, 로머^{John Roemer}, 월시^{Vivian Walsh}, 그리고 야아리^{Menahem Yaari}의 논평으로부터 많은 도움을 받았다. 또 다른 많은 사람이 특정한 방식으로 내 이해에 영향을 끼쳤는데 그들 중 상당수는 각 장마다 따로 명시하겠다. 덧붙이면, 이 책에 실린 에세이들의 발상 대부분은 내가 가르쳤던 여러 대학 학생들에게 다양한 방식으로 소개되었으며, 그들과의 교류에서도 많은 것을 배울 수 있었다.

　　마지막으로 나는 우르바넥$^{Valentina\ Urbanek}$의 대단히 효율적인 연구 지원에 깊이 감사하며, 구레비치$^{Alex\ Gourevitch}$, 플린$^{Rosanne\ Flynn}$, 보그한$^{Rosie\ Vaughan}$ 그리고 아브라함$^{Arun\ Abraham}$의 훌륭한 도움에도 감사드린다. 그들 모두에게 감사와 존경을 표하고 싶다.

차례

제1부

총론

제 1 장

입문: 합리성과 자유

1. 주제와 개념들

1부에 포함된 두 편 중 하나인 이 입문적 에세이는 이 책에 수록된 에세이들을 하나의 연관된 관점으로 조망할 수 있게 합리성과 자유에 대한 동기 부여적 설명과 실질적 논점을 제시하는 데 목적이 있다. 우연히도, 이 에세이들 중 다수는 합리성과 자유에 대한 다양한 개념의 본질, 특징, 대안적 함의들을 탐구하는 데 특히 중점을 둔다. 물론 두 가지 개념에 대한 탐구는 각각 따로 수행할 수도 있지만, 사실 합리성과 자유라는 개념은 서로 독립적인 개념이 아니다. 이 입문적 에세이에서는 두 개념을 각각 논할 뿐 아니라 그 상호 의존성을 함께 논할 것이다.

1부에 포함된 또 다른 입문적 에세이(2장, 사회적 선택의 가능성)는 사실 '재활용된' 입문적 논의로, 1998년 12월 스톡홀름에서 내 노벨상 수상 기념 강연에서 사용한 바 있다. 이 글은 특히 사회적 근거로서의 자유에 대한 주장을 포함하여 합리적인 사회적 선택의 요구에 초점을 둔다. 또한 콩도르세^{Condorcet}

와 보르다[Borda] 같은 프랑스 수학자들에 의해 형식적으로 시작되어, 반세기 전즈음에 애로우[Kenneth Arrow]의 연구를 통해 활력을 되찾은 과정, 그리고 이후 수십 년간 애로우의 선구적 기여와 그가 제기한 도전에 고무되어 지속된 사회 선택 이론의 역동성까지 아우르는 사회 선택 이론의 역사적 개요를 간략히 개괄한다.[1] 2장에서 다루듯, 합리성이라는 주제는 사회 선택 이론의 핵심이다. 그 입문적 논의는 이 책 일반을 아우르는 서문으로서 이 에세이를 보완하는 역할을 한다.

여기서 말하는 합리성이란, 행위뿐 아니라 목적, 가치 그리고 우선순위에 이르기까지 누군가의 선택을 이성적인 검토에 부과하는 규율로서 넓게 해석된다. 여기서 합리성은, 문헌에서 제안된 (예컨대, '선택의 내적 일관성'이라는 특정한 공리[axioms]에 부합하거나 '자기이익의 지적 추구' 또는 어떤 변형된 극대화 행위와 같은)일종의 형식 조건들을 기준으로 정의하기보다는, 개인의 선택이 이성의 요구에 따라 종속되어야 할 필요성이라는 보다 일반적인 용어로 이해한다.

2. 상호 관계

이성이 가질 수 있는 넓은 작용 범위는 이 책에 실린, 합리성의 요구를 탐구하는 여러 에세이(3~7장)의 동기에서 비롯한 문제의식 중 하나다. 이러한 작용의 광범위성은 널리 사용되지만, 협소하게 정형화된 합리성에 대해서는 일부 관점에서 반박이 따른다. 예컨대 합리성은 **선험적**인 '선택의 내적 일관성 조건'이나 '기대 효용 극대화의 공리'를 따라야 한다거나, 혹은 합리성이 다른 선택의 이유들을 배제한 채 오직 끊임없는 '이기심'의 극대화만을 요구한다는

---

1) 애로우(1951a). 이 주제에 관한 방대한 저서와 논문 등이 있다. 논문 중 몇 가지를 열거하면, 센(Sen 1970a), 파타나익(Pattanaik 1971), 피쉬번(Fishburn 1973), 슈와르츠(Schwartz 1976), 켈리(Kelly 1978), 라퐁(Laffont 1979), 모우린(Moulin 1983), 스즈무라(Suzumura 1983), 애로우, 센과 스즈무라(Arrow, Sen and Suzumura 1996) 등이다.

견해가 그렇다. '선택의 내적 일관성'이라는 개념은 설득력이 없을 뿐 아니라 본질적으로 모순된 개념이라는 주장이 제기된다(3장). 그리고 자기 이익의 극대화만을 지향으로 삼고 다른 가능한 목적이나 가치를 배제하는 요구는, 극대화라는 일반적이고 포괄적인 규율 자체를 지나치게 협소하고 자의적으로 제한할 수 있다(4장). 보다 일반적으로 '선택의 이유'는 매우 다양할 수 있으며, 이러한 다양성에 대해 [개념]정의를 교묘하게 피하려는 일종의 시도나 복잡한 수단성에 대한 자의적인 선험적 가정을 통해 제거하려는 시도는 잘못이다. 합리성을 정의할 때 굳이 이성을 의심하거나 재검토할 필요는 없다.

이 에세이집이 깊이 다루는 주제 중 하나는 합리성과 자유 사이의 상호 관계다. 양자 중 어느 쪽이건 서로를 더 깊이 이해하는 데 유용하다고 주장할 수 있다. 일반 형식으로서의(즉. '이성적 검토'를 요구하는) 합리성이 추론reasoning과 이성적 선택reasoned choice이 중요한 역할을 하는 여러 복잡한 개념들을 해석하는 기반이 될 수 있다는 점은 쉽게 이해할 수 있다. 이러한 상호 연결성은 특히 이 책의 마지막을 구성하는 애로우 강의(20~22장)에서 제시된 자유의 분석과 밀접한 관련이 있다.

예컨대, '자유의 기회 측면'opportunity aspect of freedom을 평가할 때는 개인이 가치를 두거나 원하는 이유가 있는 차선책들에 초점을 맞춰야 한다. 만약 개인이 가치를 두지 않거나 원하는 이유가 없는 선택지나 과정에 초점을 맞추면 자유와 기회의 중요성을 정당화하기 어려울 수 있다. 그러므로 개인이 가진 기회들을 평가하려면, 개인이 무엇을 갖고 싶고 또 무엇에 가치를 둘 이유가 있는지에 대해 어느 정도 이해할 필요가 있다. 자유 개념이 때때로 가치, 선호, 이유와 독립적으로 형성되기도 하지만. 개인이 무엇을 선호하고, 그것을 선호할 이유가 있는지에 대한 개념 없이는 자유를 온전히 평가할 수 없다. 따라서 자유를 살필 때 합리적rational 평가는 기본적으로 활용되고, 이런 점에서 자유는 다양한 선택지를 갖는 데 따른 이성적reasoned 평가에 의존해야 한다. 마찬가지로 '자유의 과정 측면'the process aspect of freedom 즉, 개인들이 중요하게 여길 만한 이유가 있는 과정들의 가치에도 적용된다. 이성적 검토로서의 합리성은 자유의 이념과 평가에 중심 요소일 수밖에 없다.

둘째, 그 반대 또한 성립한다. 즉, 이번에는 합리성이 자유에 의존한다. 이는 비단 선택의 자유가 없이는 합리적 선택이라는 개념 자체가 공허해질 뿐 아니라, 합리성 개념이 타당하게 동기 부여되는 선택의 다양한 이유들을 포괄할 수 있어야 하기 때문이다. 만약 이러한 포괄성을 부정하고 미리 정해진 ('선택의 내적 일관성'이라는 형식적 요구와 같은)기계적 공리[axiom]들이나 (사람들이 가지는 모든 다른 관심사들을 배제하고 '자기 이익 극대화'만을 유일한 지침으로 삼는 전형적 선택과 같은)'적당한[appropriate]' 동기를 따르는 데만 집착하면, 그것은 결과적으로 **사상의 자유**를 근본적으로 부정하게 된다. 우리의 동기는 (물론 아무 이유 없지 않은)우리의 선택을 위한 것이어야 하지만, 어떤 맥락과 무관한 공리들의 권위주의 또는 '적절한[proper]' 목적과 가치에 대한 특정화된 규범에 복종해야 한다는 필요로 강제되어서는 안 된다. 후자[그런 식의 강제]는 허용 가능한 '선택의 이유들'을 자의적으로 협소하게 하며, 이는 곧 개인의 가치와 선택들에 대해 이성적으로 판단할 수 없는 형태의 실질적 '비자유[unfreedom]'의 근원이 될 수 있다.

선호에 관한 케네스 애로우의 넓은 정의(즉, 개인의 '가치에 대한 가치를 포함한 전반적 가치 체계'를 선호에 포함하는)는 이 맥락에서 특히 중요한 의미를 지닌다.[2] 이는 일부 경제학 분야에서 흔히 볼 수 있는 선호와 선택에 대한 협소하고 정형화된 시각과 대조된다. 예컨대, 개인은 오로지 자기 이익을 추구하는 존재로 간주되어야 하고, 다른 목적에는 아무런 역할도 부여되지 않으며, 좁은 의미에서의 자기 이익 이외 모든 가치는 무시된다는 식의 관점이 그렇다. 이러한 관점은 결과적으로 인간을 (1) 개인의 복지 (2) 사적 이익 (3) 개인적 지향과 목적 (4) (애로우가 말한 바 '가치에 대한 가치'를 포함하는)개인의 가치 (5)

---

2) 애로우(1951a), 18쪽. 이 일반적 묘사는 개인적 결정과 사회적 선택의 합리성을 함축한다. 이와 관련해 센(1970a), 1장과 각주 1 참고하라.

(센 1977c, 1982a에서 논의되고 면밀히 검토된 바)타당한 선택을 위한 다양한 이유 등 뚜렷이 구분되는 다양한 개념들을 구분할 줄 모르는 '합리적 바보[rational fools]'로 간주한다.

실제로 합리적 선택에 대한 분석의 상당 부분에서는 서로 구별되는 이 여러 관념을 각각 따로 다루기보다는 하나의 '범용적 선호 순서'로 모두를 대신하는 것이 관례처럼 받아들여져 왔다. 이 모형에서 이른바 '합리적 바보'는 '정의적[definitional]' 틀에 얽매여 다음과 같이 명확히 구분되는 질문들 사이의 차이를 식별하지 못한다. "무엇이 내 이익에 가장 부합하는가?", "내 지향은 무엇인가?", "나는 무엇을 해야 하는가?" 그[합리적 바보]는 이러한, 서로 연결되어 있으나 본질적으로 다른 질문들을 구분하지 않음으로써 생기는 분석적 강제력에 따라 사실상 동일한 답을 **내놓아야만 한다**. 물론 여기에도 일종의 규율이 존재하지만, 그 결과 서로 다른 문제들의 뚜렷한 구별 가능성을 잃어버리게 된다.[3] 이러한 범주적 동일시의 조악함은, 정의상 자기 이익으로 간주되는 개인의 지향을 미세조정하는 고도로 정교한 분석과 나란히 작동한다. 서로 다른 선택의 이유들을 포함한 이런 개별적 개념을 전혀 사용할 수 없고, 실제로 그것들의 차이를 구별조차 못 하는 존재로 묘사하는 것은 사상의 자유를 암묵적으로 부정한다.[4]

이런 의미에서 '합리적 바보'는 또한 억압의 피해자다. 잃어버린 자유는, 오직 가상의 존재에게 환원주의적 모델이 지워 버리는 경향이 있는 몇 가지 결정적으로 중요한 구분들을 인정할 자유를 부여함으로써 회복될 수 있다.

---

3) 물론 다른 해석들의 일치성을 고집하는 것은, ('선호도'와 같은)특정 개념에 대해 대안적 해석을 갖는 것과 같지 않다. 이와 관련해 20장 첫째 애로우 강의를 참고하라.

4) 근래 들어 '합리적 바보'라는 표현이 매우 다양하게 사용되므로 내가 1977년의 논문(센 1977c)에서 이 표현을 사용하여 제시한 관점을 밝혀 두는 것이 좋겠다. 해당 논문에서 '합리적 바보' 개념은 단순히 단순히 개인의 자기 중심성에 의해 정의된 것이 아니다. 자기 중심적이거나 심지어 이기적인 것이 반드시 어리석은 것은 아니며, 그것은 도덕적 혹은 정치적 결함일 수는 있어도 그 자체로 어리석은 것은 아니다. 여기서 '어리석음'으로 진단된 핵심은 서로 연관되지만 본질적으로는 다른 질문들을 구별할 자유를 허용하지 않는, 일종의 '정의적 틀(definitional fix)'과 관련이 있다. 이 틀은 이러한 서로 다른 질문들에 대해 모두 정확히 같은 방식으로 답해야 한다고 강요한다. 자기 이익의 추구 자체가 어리석은 일은 아닐 수 있지만, 스스로 자기 이익을 추구할지, 그리고 어느 정도까지 그럴지를 고려할 자유가 없는 것은 합리성의 중대한 제약이다.

이 책에 실린 몇몇 에세이는 이러한 구분과 그것들이 개인적·사회적 선택에 미치는 지대한 함의를 탐구하는 데 특히 중점을 둔다. 이러한 탐구는, 이 책에 포함된 다른 에세이들(예컨대, '자유와 사회적 선택'에 관한 애로우 강의를 포함한 20~22장)과도 밀접한 관련이 있다. 이와 같은 양방향 연결은 이 맥락뿐 아니라 다른 맥락에서도 중요한 의미를 지닌다.

3. 자유의 자리

그린[T. H. Green]은 1881년에 말했다. "아마 우리 모두 동의할 것입니다. … 올바르게 이해된 자유는 최고의 축복이며, 그 자유의 성취는 시민으로서 우리가 모든 노력을 기울이는 목적임을."[5] 이처럼 매우 단호한 주장에 우리 '모두'가 동의하는지 여부와 상관없이, 자유 개념이 우리에게 깊은 영향을 미친다는 점은 부인할 수 없다. 우리는 우리 각자의 자유를 가치 있게 여길 이유가 있고, 어떤 사회의 우수함이나 한계, 또는 사회 제도의 옳고 그름을 평가할 때, 어떤 방식으로건 다양한 형태의 자유와 그것의 실현 또는 침해를 고려하지 않을 수 없다.

하지만 (에지워스[Edgeworth] 1881, 마샬[Marshall] 1890, 피구[Pigou] 1920, 램지[Ramsey] 1930 등의 선구적 연구에서 잘 드러나듯)전통 후생 경제학에서는 고유한 중요성을 갖는 변수는 관련된 개인들의 **효용**이나 **복지**로만 간주되었다. 이 전통은 지금도 이어지고 있다. 약 반세기 전에 새롭게 지배적 학파로 부상한 이른바 '신후생 경제학'은 기존의 공리주의적 정식화에 비판적이었다(이는 주로 1938년 로빈스[Lionel Robbins]의 지적처럼 주로 개인 간 효용 비교의 어려움 때문이었다). 그럼에도 신후생 경제학은 여전히 분석의 초점을 효용 정보에만 국한했다.[6] 공리주

---

5) 그린(1881), 370쪽과 그린(1907) 참고.

6) 후생 경제학의 토대를 파레토 효율에 접목하려는 시도는 결국, 효용 정보만 사용하는 수준을 넘어서지 못했다. 게다

의의 쇠퇴가 자유 지향적 관점의 부상으로 이어지지는 않았다.

오늘날 후생 경제학에서는 상당한 다양성이 존재하며, 어느 정도의 절충주의도 나타난다. 형평뿐 아니라 효율성까지 명시적으로 고려하면서 보다 폭넓은 경제 발전 기준을 사용하려는 훌륭한 시도도 있다. 한때 위축되었던 효용 또는 복지에 대한 개인 간 비교도 어느 정도 회복된다.[7] 더 나아가 이제는 '생활 수준', '기본 욕구 충족', '삶의 질' 또는 '인간 개발' 같은 부분적으로 이론화된 지표들의 사용에 대해서도 더 많이 수용되고는 한다.[8]

다만 여기에는 기본적인 질문이 하나 제기된다. (비록 다소 거칠긴 하지만)이러한 기능적인 기준들이 어떤 기저의 **복지**well-being 개념에 지적으로 기반해야 하는가, 아니면 어떤 자유 개념들에 근거해야 하는가다. '욕구 충족'과 '생활 수준'에 관한 논의를 개척했던 피구(1920, 1952)는, 그 기저의 토대가 궁극적으로 효용에 기반한다고 간주했다. 형평과 효율성을 판단하는 '공간'은 직접적이건 간접적이건 관련된 개인들의 복지 개념에 근거해야 한다는 인식은 여전히 강하게 존재하고, 이는 쉽게 이해되고 공감할 수 있는 입장이다. 하지만 이 기초적 역할을 복지가 아닌 자유가 수행할 수 있다고 보는 관점도 가능하며, 이 두 권의 책에 실린 여러 에세이들은 이 가능성의 다양한 측면을 탐구

가 사용된 효용 개념조차 개인 간 비교가능성이나 계량성 없이 매우 빈약한 형태로 활용되었다. 애로우 '불가능성 정리'는 (1) 비효용성 정보의 배제, (2) (개인 간 비교가능성 없이)매우 제한적 방식으로 사용된 효용성 정보라는 두 가지 현상이 동시에 나타나면서 생겨난 정보의 빈틈에서 유도된 것으로 볼 수 있다. 이와 관련해 이 책의 11장 규범−선택에서의 정보와 불변성을 참고하라.

7) 예를 들어 멀리스(Mirrlees 1971) 등 최적 과세에 관한 문헌이나 애킨슨(Atkinson 1983) 등 불평등의 규범적 측정에 관한 문헌을 참고하라.

8) 이러한 실천적 규준들을 사용하려는 시도는 오래전부터 있지만, 이와 관련해서 UNDP의 *Human Development Reports*에서 '인간 개발' 지표가 널리 사용되면서 중대한 전환이 이루어졌다. 이 보고서는 마흐부브 울 하크(Mahbub ul Haq)의 주도 아래 개발되었다(하크 1995 참조). 관련 문헌이 방대하며, 다음 문헌들을 포함한다. 피구(1920), 아델만과 모리스(Adelman and Morris 1973), 센(1973, 1981), 바르드한(Bardhan 1971), 아델만(1975), 헤레라 등(Herrera et al. 1976), 그란트(Grant 1978), 그리핀(Griffin 1978), 스트리텐과 부르키(Streeten and Burki 1978), 모리스 (Morris 1979), 치친스키(Chichilnisky 1980), 스트리텐, 부르키, 하크, 힉스, 스튜어트(Streeten, Burki, Haq, Hicks, and Stewart 1981), 스튜어트(Stewart 1985), 다스굽타(Dasgupta 1993), 아난드와 센(Anand and Sen 1996, 1997), 프라우드와 해리스(Floud and Harris 1996), 크라푸츠(Crafts 1997a, 1997b), 메로트라와 졸리(Mehrotra and Jolly 1997).

한다.[9]

또한 복지와 자유 간 관계에도 주의를 기울여야 한다. 실제로 우리는 다음과 같은 질문을 던져야 한다. "자유 개념이 복지를 사회적 평가와 판단의 그럴 듯한 기초로 보이게 만드는 여러 고려 사항들을 수용할 수 있는가?" 이 질문은 두 개념 간의 부분적 일치 또는 중첩 정도에 대한 면밀한 검토를 필요로 한다. 더 나아가 자유 개념이 복지에만 집중하는 분석을 넘어설 수 있는 그 밖의 외연이 있는지도 살펴볼 필요가 있다. 이러한 쟁점들은 이 두 권에 실린 여러 에세이에서 다루고 있으며, 실제로 애로우 강의(20~22장)는 이러한 문제 중 일부를 검토하는 데 목적이 있다.

4. 자유: 기회와 과정

자유의 내용에 대해서는 수세기에 걸쳐 수많은 논쟁의 대상이 되어 왔기에 두 권의 책으로 그 모든 것을 해결할 수 있으리라는 기대는 빨리 접어야 한다. 마찬가지로 자유의 기본 개념에 대한 하나의 '진정한' 특징을 찾으려는 것 또한 오류다. 자유 개념은 그 포괄적인 틀에 다양한 관심사를 포함한다. 나는 이전(센 1999a)에 이와 같은 풍부한 다양성을 시사하는 쿠퍼[William Cowper]의 2행시를 인용한 적이 있었다.

> 자유는 천 개의 매력을 지녔건만[Freedom has a thousand charms to show,]
>
> 노예는, 아무리 만족한들 결코 알 수 없네[That slaves, howe'er contented, never know.]

하지만 자유가 무엇을 의미하는지 이해하는 데 있어, 적어도 일부 핵심적

---

9) 특히 내 저서 *Freedom and Justice*에 수록된 다음의 에세이들을 참조하라. "Well-being and Freedom", "Justice: Means versus Freedoms", 그리고 "Capability and Well-being". 나는 또한 이 관점을 다음과 같은 제목의 두 차례 태너 강의에서 제시하고자 했다. "Equality of What?(센 1980)" 그리고 "The Standard of Living"(센 1987b)'.

인 특징들을 짚어 보는 것은 유용하다. 나는 애로우 강의(특히 20장과 21장)에서 자유의 두 가지 서로 다른, 그리고 환원될 수 없는 측면 즉, '기회 측면^{the opportunity aspect}'과 '과정 측면^{the process aspect}'을 구별해야 한다고 주장했다. 또한 나는 (3부 합리성과 사회적 선택에 해당하는)8~11장에 걸쳐 논의되는 사회적 선택 접근이 자유의 다양한 측면들을 보다 충실히 이해하는 데 많은 기여를 할 수 있다고 주장했다.

자유는 우리로 하여금 지향과 목적을 추구할 수 있도록 해 주는 실질적 기회라는 점에서 가치가 있을 수 있다. 이러한 기회 평가에서 개인은 자신이 가치 있게 여길 이유가 있는 것을 성취할 수 있는 실제 능력에 주의를 기울여야 한다. 이 구체적 맥락에서 초점은 어떤 과정이 동반되었는지가 아니라, 개인에게 주어진 성취의 실질적 기회가 무엇인지에 맞춰져 있다. 자유의 '기회 측면'은, 예컨대 개인이 스스로 선택할 자유가 있었는지, 타인이 개입하거나 방해하지는 않았는지와 같이, 과정 자체에 내재된 자유에 특별히 초점을 맞추는 또 다른 관점과 대조된다. 이것이 바로 자유의 '과정 측면'이다.

비록 기회 측면과 과정 측면이 때로는 한 방향을 가리키지만, 특정한 상황에서는 이 둘이 어긋날 수도 있다. 예를 들어 어떤 개인이 어느 특정 상황에서 조종간을 더 직접적으로 통제할 수 있더라도, 정작 자신이 가치를 두는 것을 취할 수 있는 능력은 더 낮을 수도 있다. 이러한 괴리가 발생할 때 우리는 다소 다른 방향으로 나아갈 수 있다. 우리는 많은 경우에 어떤 방식으로 이루어졌는지와 무관하게 특정한 것들을 취할 수 있는 실질적 기회를 중요하게 여길 수도 있다("내게 선택권을 주지 마. 당신이 이 식당을 잘 알고 내 취향도 아니까, 당신이 내가 좋아할 만한 것을 골라 줘"). 하지만 우리는 또 다른 많은 경우에 선택의 과정 자체를 중요하게 여길 수 있다("당신이 내 생각을 나보다 더 잘 표현할 수 있다는 걸 알아. 하지만 내가 직접 내 생각을 말하고 싶어"). 우리는 자유의 이 두 측면 모두에 의미를 부여할 만한 충분한 이유가 있고, 각각의 측면에 부여하는 상대적 중요성은 선택의 성격이나 맥락에 따라 달라질 수

있다.[10)]

자유에 대한 충분하고 넓은 이해를 위해서, 자유의 기회 측면과 과정 측면에 대한 구분은 매우 중요하다. 첫 번째 애로우 강의(20장)는 자유의 기회 측면에 대한 분석에 주로 할애한다(이 장에서는 관련된 구분들과 사회 선택 이론이 다양한 쟁점을 조명하는 데 어떤 역할을 하는지도 초기에 개괄한다). 두 번째 애로우 강의(21장)는 주로 자유의 과정 측면과 그것이 기회 측면에 닿는 관계에 주로 초점을 맞춘다. 과정 측면의 중요성을 평가할 때는 개인이 자신의 자유에서 핵심 과정을 얼마나 중요시하는지를 넘어 권리와 정의 같은 사회적 쟁점들의 절차적 관련성도 함께 고려해야 한다.[11)] 마지막으로 (애로우 강의의 확대·확장된 부록인)22장은 자유의 기회 측면 평가에서 수반되는 몇몇 분석적 문제와 기술적 관심사들을 면밀한 검토하고자 한다.

자유에 대한 정치적·사회적·철학적 문헌에서 우리는 서로 다른 저자들이 자유의 한 측면 또는 다른 측면에 각각 기울어 있는 다양한 경향을 찾아볼 수 있다. 예를 들어 쿠프만스[Tjalling Koopmans](1964)와 크렙스[David Kreps](1979, 1988)는 자유의 중요성을 미래의 알려지지 않은 선호에 대응하는 '유연성'과 연관 지으며, 명백히 자유의 기회 측면에 관심을 둔다. 그에 반해 노직[Robert Nozick](1973, 1974)은 자유지상주의적 과정의 정당성에 초점을 맞추는데, 이는 주로 명백히 관련된 사회적 과정들의 타당성에 초점을 둔다. 경제학자들은 자유라는 개념에 관심을 두면서도 대체로 자유가 제공하는 기회에 집중하는 경향이 있다.[12)] 하지만 정치철학에서는 단연코 그렇지 않다. 실제로 '적극적[positive]' 자유

---

10) '자유'는 때때로 순전히 절차적 방식으로 정의되지만, 실질적 기회 또한 자유라는 전통적인 개념 정의와 밀접한 관련이 있다(여기에는 존 스튜어트 밀의 *On Liberty*(1859). 이 주제는 2장 사회적 선택의 가능성, 12장 자유와 사회적 선택, 13장 최소 자유, 그리고 21장 과정, 자유, 그리고 권리에서 다룬다.

11) 이 상호 연관성은 스즈무라(1999)를 참조하라.

12) 심지어 개인의 '선택할 자유'에 대한 프리드만(Milton Friedman) 분석에서의 초점(프리드만 1980)은 절차적으로 타당해 보이는 외형에도 불구하고, 궁극적으로 결국 개인이 가지게 되는 기회에 맞춰져 있다. 하지만 하이에크(Friedrich Hayek 1960)와 뷰캐넌(James Buchanan 1986), 그리고 서그든(Robert Sugden 1981, 1993) 등 몇몇 젊은 세대 경제학자들은 명백히 연관된 과정들에 상당한 중요성을 부여한다.

와 '소극적^negative' 자유의 차이와 같은 핵심적인 정치적 구분은 바로 과정과 절차에 초점을 맞춘다.[13]

하지만 과정에 대한 고려가 기회에 대한 평가와 완벽하게 분리될 수 없다는 점을 인식할 필요가 있다. 예를 들어 우리가 추구하는 기회가 오로지 어떤 특정의 '성과'를 이루는 데 국한되지 않고, 그것을 특정한 방식으로 실현하는 데 목적이 있을 수 있다. 우리는 실제로, 그 '최종 결과^culmination outcome'가 실현되는 과정까지 포괄하는 '포괄적 성과^comprehensive outcome'에 가치를 둘 수 있다. '최종 결과'와 '포괄적 성과' 사이의 성격과 그 중요성에 대해서는 내가 (1995년 세계계량경제학회 컨퍼런스에서 발표한)이 책의 4장에 수록된 라그나 프리슈^Ragnar Frisch 추모 강의에서 다룬 바 있다. 예를 들면 누군가 오로지 선거의 승리뿐 아니라 '공정한 승리'를 원하면 그녀가 추구하는 것은 과정을 포함한 결과, 즉 포괄적 성과인 셈이다.

애로우 강의에서는 자유에 대한 두 관점 각각의 정당성을 옹호하며, 어느 하나도 다른 하나를 포괄할 수 없는 이유를 논의한다. 또한 이 강의에서는 기회 측면과 과정 측면이 얼핏 보이는 것보다 훨씬 풍부하고 포괄적이라는 점을 다양한 방식으로 탐구한다. 예를 들어 자유의 기회 측면은 단순히 개인이 주어진 '기회의 집합(혹은 선택지)' 내에서 자신의 선호에 따라 하나의 선택지를 다른 것에 우선해 선택할 기회를 가졌는가에만 주목하지 않는다. 그것은 또한 그 개인이 자신이 갖고 싶은 선호를 선택(혹은 '개발')할 수 있는 기회를 어느 정도 가지고 있는가도 주의를 기울인다. 이러한 선호에 대한 선호, 즉 '메타 순위^metaranking'라 불릴 수 있는 개념(센 1974b, 1977c 참조)은 분석적으로 다룰 수 있는 개념일 뿐 아니라 실질적으로도 중요한 의미를 지닌다.[14] 그러

---

13) 적극적 자유와 소극적 자유의 구분은 다양한 방식으로 정형화될 수 있다. 벌린(Isaiah Berlin 1969)은 이 구분에 대한 고전적 설명에서 개인이 무엇을 성취할 수 없는 이유가 외부의 제약이나 방해 때문인지(이것이 '소극적' 자유의 주제다) 혹은 개인의 내적 한계 때문인지(이것이 '적극적' 자유의 주제다)에 주로 초점을 둔다. 나는 1984 듀이 강의(Dewey Lectures)의 *Freedom and Justice*에 수록된 'Freedom and Agency'에서 적극적 자유와 소극적 자유는 동시에 가치 있게 여겨질 수 있다는 명제를 제시한 바 있다.

14) 관련 논의로 프랑크푸르트(Frankfurt 1971), 제프리(Jeffrey 1974), 베이전트(Baigent 1980), 마줌다르

므로 자유의 기회 측면은 개인이 현재 행동할 때 기반을 삼는 특정 선호 순위에만 국한되지 않는 고려 사항들을 포함한다.[15] 나는 곧 이 구분의 중요성으로 다시 돌아올 예정인데, 이는 첫 번째 애로우 강의(20장)에서 광범위하게 탐구된 바 있다.

5. 선호와 자유

자유의 기회 측면을 평가할 때, (가장 광범위한 의미에서)개인의 선호가 담당하는 역할은 문제의 핵심일 수밖에 없다. 기회 측면은 다양한 선택지를 가치 있게 여기는 것과 거의 분리될 수 없다. 하지만 문헌에서는, 개인이 원하는 것 혹은 원할 이유가 있는 것과는 전혀 무관하게, 개인이 누리는 기회를 평가하려는 다양한 제안들이 존재한다. 이는 흥미로운 탐구 방향인데, 어떤 이들은 자유가 선호에 의존한다는 개념 자체를 독립적 지위를 가져야 하는 강건한 개념으로서의 자유가 가진 약점으로 간주해 왔기 때문이다. 실제로 개인이 무엇을 선호하고 선택하려는지와 무관한 방식으로 자유를 측정하려는 체계적인 시도가 있었고, 이러한 시도들은 22장에서 비판적으로 검토되고 평가된다.

그중 하나의 제안은, 단순히 개인이 선택할 수 있는 선택지의 **개수**를 헤아리는 것이다. 이것은 때때로 '기수성 기반cardinality-based' 자유 평가라 하는데, 이는 자유의 정도를 어떤 기회 집합에서의 '기수(즉, 그 집합에 포함된 대안의 수)'

(Majumdar 1980), 파타나익(Pattanaik 1980), 반 더 빈(van der Veen 1981), 허쉬먼(Hirschman 1982), 맥퍼슨(McPherson 1982), 그리고 마골리스(Margolis 1982) 등의 연구를 참고할 수 있다.

15) 시토브스키(Tibor Scitovsky 1976)는 '내생적 취향'이라는 일반적 문제를 넘어, 의식적 취향 형성의 중요성을 다룬 바 있다. 그는 말한다. "소비에 필요한 기술이 다르면 자극의 원천도 달라지고, 각각은 우리가 개인적으로 가장 즐겁고 자극적으로 느끼는 것을 선택할 자유를 크게 확장한다. 이를 통해 새로운 경험의 거대한 저장소와 오랜 시간 즐거움을 누릴 수 있는 가능성을 연다(p. 235)." 시토브스키가 지적하듯 음악, 회화, 문학 역사 등은 모두 개인의 선호를 변화시키려는 욕구와 자유를 연결해 주는 실질적 가능성을 제공한다.

로 판단하기 때문이다. 이는 다소 특이한 계산법이다. 예컨대 어떤 사람이 (교수형, 총살형, 화형이라는)세 가지 대안만 있는 선택 집합 A를 갖고 있다고 하자. 이 자유의 관점에 따르면, 이 사람은 (엄청난 소득, 아름다운 집, 멋진 자동차라는) 또 다른 선택지로 이루어진 선택 집합 B를 가진 사람과 동일한 만큼의 자유를 누리는 것으로 간주된다. 그러나 집합 B가 집합 A보다 개인이 가치 있게 여기고 실현하려는 바를 훨씬 충족시켜 줄 기회를 제공한다고 보는 것이 자연스럽다. 사실, 자유의 기회 측면을 평가할 때 개인이 집합 A의 요소들보다 집합 B의 요소를 훨씬 선호한다는 사실은 중대한 차이를 만들어 낸다. 그녀의 선호와 그녀가 선호할 만한 이유가 즉각적이고 실질적인 차이를 발생시킨다. 기회가 자유의 중요한 측면이면, 이 두 집합 간의 차이 또한 그녀의 전반적인 자유를 평가하는 데 있어 실질적으로 중요할 수밖에 없다. 실제로 자유의 과정 측면조차 사람들이 어떤 과정을 선호하고 (자기 만족의 근원으로서건 사회 정의와 같은 중요한 가치를 반영하는 것이건)선호할 이유가 있는지에 어느 정도 민감하게 반응할 수 있다.

이 논증이 내가 두 선택 집합이 이미 특정되어 있으므로 어느 누구도 (교수형 등에 해당하는 선택지들과 같은)집합 A를 (막대한 소득 등을 포함하는 선택지들과 같은)집합 B보다 더 가치 있게 여길 수 없다고 주장하는 것으로 이해되어서는 안 된다. 모든 것을 고려했을 때 (감히 말하건대 꽤나 유별난 사내가)집합 A의 요소를 집합 B보다 선호하는 상상은 물론 가능하다(사내가 이를 절실한 참회의 방식으로 여기거나 어쩌면 천국에 가는 방법이라 믿을 수도 있다). 만약 그 선호가 안정적이고 일관성을 지니면, 그녀는 실제로 집합 B보다 A에서 자신이 원하는 기회를 더 많이 갖는다고 주장할 수 있다. 그러므로 이는 기회와 자유의 관점에서 집합을 평가할 때, 개인의 선호와 그에 대한 이유에 민감해야 한다는 일반적 주장에 대한 반증이 아니다. 사실 오히려 그 반대이다.

또한 '선호'라는 용어가 여기서는 때때로 사용되는 것보다 더 일반적 의미로 쓰인다는 점도 언급해 둔다. 예를 들어 단지 심리학적 의미에서 '좋아함'

정도로 선호를 이해하는 것과는 다르다. 오히려 나는 여기서 사회 선택 이론에서 사용되는 넓은 의미의 '선호' 개념을 따르며, 이 개념은 다양한 해석의 여지도 허용한다. 이 문제는 9장 '사회적 선택의 기초로서의 개인의 선호'와 애로우 강의(20, 21장)에서 보다 깊이 다룬다. 애로우가 그의 선구적 저서(애로우 1951a)에서 선호를 '가치에 대한 가치까지 포함하는 개인의 전체적인 가치 체계'(18쪽)라고 폭넓게 규정한 것은 이 맥락에서 특히 중요한 의미를 갖는다.

6. 복지, 성취와 자유

자유 개념은 여러 뚜렷한 이유로 인해 복지를 훨씬 넘어서는 차원으로 우리를 이끌 수 있다. 첫째, 자유의 기회 측면은 한 개인이 가치 있다고 여기는 것과 연관될 수 있는데, 이는 대개 개인 자신의 복지를 포함하는 경향을 보일 수 있지만 그것에만 국한될 필요는 없다. 이러한 포괄적 정의와는 대조적으로, 이따금 합리성이란 (다른 모든 것을 제외하고)오직 자신의 이익만을 지능적으로 추구하는 것으로 주장되기도 한다. 물론 개인이 스스로를 어떻게 인식하는지와 무엇을 추구할 이유가 있다고 여기는지 사이에는 어떠한 연관이 있어야 하지만 그 관계는 훨씬 복잡하다. 이는 4장(극대화와 선택 행위), 5장(지향, 헌신, 그리고 정체성)에서 다룬다. 나는 7절과 8절에서 곧 다시 이 문제로 돌아올 예정이지만 여기서 지적할 수 있는 중요한 점은, 유감스럽게도 경제학의 일부 영역에 흔히 보이듯, 개인이 자신의 복지 외에는 아무것도 합당하게 가치 있다고 여길 수 없다는 주장에는 이성의 가능성을 좁히는 측면이 있다는 점이다. 그리고 자유의 기회 측면을 어떤 개인이 스스로 가치 있다고 여기는 것을 실현할 기회를 얼마나 갖고 있는가라는 관점으로 보면, 자유라는 개념

　　　　제1부 * 총론

은 개인의 복지를 훨씬 넘어서는 지점까지 나아갈 수 있다.[16]

둘째, 앞서 논의처럼, 자유는 단지 기회만이 아니라 과정도 중요한 요소가 될 수 있으며, 자유의 과정 측면은 그 과정이 개인의 복지에 어느 정도 기여하는가에 따라 판단될 필요는 없다. 물론 개인이 그 과정을 얼마나 공정하게 느끼는지에 따라 그녀의 복지가 (정도의 차이는 있겠지만)영향을 받을 수 있다. 하지만 그녀가 전반적인 과정을 평가할 때, 그것이 그녀 자신의 이익이나 복지에 어떠한 영향을 미치는지만으로 한정할 필요는 없다.

셋째, 설령 자유가 (과정을 포함하지 않는)오직 기회의 문제고 그 기회가 (다른 어떤 것에 상관없이)오직 개인의 이익에 얼마나 부합하는지를 기준으로 판단되더라도, 자유 개념은 여전히 단순히 성취된 복지의 수준을 넘어설 가능성이 크다. 왜냐하면 기회의 평가는 단지 무엇이 성취되었는가뿐 아니라 어떤 대안들이 가능했는가도 함께 고려해야 하기 때문이다. '복지로서의 자유'와 '성취된 복지' 사이의 구분은 도덕철학과 정치철학에서 중요한 의미를 지닌다.[17]

여기서 개인이 자신의 복지 외의 것들을 타당하게 가치를 둘 것인지의 문제와는 별개로 성취와 자유의 일반적 차이를 다룰 필요가 있다. 더 일반적인 질문은 다음이다. 만약 자유의 기회 측면이 (개인의 선호가 자신 개인의 이익에만 제한되는지 여부와 관계없이)선호의 관점에서 평가되면, 기회의 평가는 단지 더 선호되는 것을 성취하는 것과 어떤 식으로든 다를 수 있을까? 성취와 기회를 모두 관련된 개인의 선호 관점으로 보았을 때, 그 둘 간의 이분법이 존재할 수 있을까?

물론 어떤 사람이 더 넓은 기회군을 가지더라도 특정 선택을 '망쳐서' 결과적으로 보다 안 좋은 성취에 이르는 경우를 쉽게 볼 수 있다. 실제로 선택지

---

16) 이 문제는 후속 책인 *Freedom and Justice*에 수록된 세 번째 듀이 강의 "Freedom and Agency"에서 더 자세히 다룬다.

17) 이는 후속 책 *Freedom and Justice*에 수록된 내 듀이 강의에서 다룬다.

가 많아질수록 오히려 선택의 '혼란스러움' 탓에 더 나쁜 결과를 낼 수 있다. 하지만 이런 실수나 혼란이 없는 상황에서도 (두 평가 모두 그 사람의 선호에 근거해 이루어진다고 할 때)주어진 기회군(혹은 '선택지') 내에서 가능한 최선의 선택지와 그녀가 가진 선택의 기회에 대한 평가 사이에 차이가 있을까?

좀 더 직설적인 질문으로 시작해 보자. **최선의 선택지는 한 개인의 기회를 평가하는 데 적절한 척도인가?** 반드시 그렇다고는 할 수 없다. 이는 몇 가지 뚜렷한 이유에서다. 첫째, 모든 선호가 완벽하지 않다. [하지만]이는 극대화 maximization를 수행하는 데 있어 문제되지 않는데, 극대화란 단지 다른 어떤 선택지보다 나쁘지 않은 대안을 선택하는 것만 요구하기 때문이다.[18] 그러나 극대적 대안이 반드시 (적어도 다른 모든 선택지들만큼 좋다는 의미에서)'최선'의 대안일 필요는 없다. 이러한 상황은 최선의 대안이 존재하지 않을 때 발생할 수 있는데, 이는 선호 순서의 불완전성 때문이다. 그렇다면, 최선의 대안에 따라 기회를 판단하는 전략은 작동할 수 없다.[19] 뷔리당Buridan의 당나귀는 두 건초 더미 사이에서 (어느 게 더 나은지 결정하지 못해)주저하다 굶어죽었는데, 두 건초 더미에 순위를 매길 수 없어 '최선'의 선택지를 찾을 수 없었다. 하지만 당나귀는 굶어 죽는 것보다 훨씬 나은 선택의 기회를 가지고 있었다. 어느 건초 더미를 택하건 극대적 선택이며, 극대적 대안의 선택은 '최선'은 아닐지언정 충분히 타당했을 선택이다.[20]

---

18) 이와 관련해 4장 '극대화와 선택', 센(1970a)를 참조하라. 불완전 선호 (혹은 '해결되지 않은 충돌')에 대한 다른 접근법에 대해서는 레비(1986)를 보라.

19) 선호도 순위가 '분명치 않을' 때, 최선의 혹은 심지어 최대한의 대안을 확인하는 것이 더 복잡할 수 있다. 한 대안이 '동일하게 좋은' 집합이나 "더 나쁘지 않은" 집합에 포함되는지 분명하지 않을 수 있어서다. 복잡한 대안들의 순위를 정할 때 애매할 수 있는 가정이 주어지므로 분명치 않은 선호의 합리적 선택에 대한 연구는 중요한 연구 분야로 떠오른다. 다른 기여들 중 올로프스키(Orlovsky 1978), 바수(1984), 프렛과 파타나익(1985), 두타(Dutta), 판다(Panda) 그리고 파타나익(1986), 콜로지에이츠이크(Kolodziejczyk 1986), 바레트, 파타나익, 그리고 살레스(1990), 바너지(Banerjee 1993), 파타나익과 센굽타(Sengupta 1995), 다스굽타(Dasgupta)와 데브(1996), 센굽타(1998, 1999) 참고.

20) 뷔뤼당의 당나귀 이야기는 더 흔하지만 덜 흥미로운 버전 하나가 있다. 이 버전에서 당나귀는 두 건초 더미 사이에 '무차별(indifferent)'하며, 어느 쪽을 선택할지 결정하지 못해 결국 굶어 죽는다. 하지만 당나귀조차도 두 건초가 똑같이 좋으면, 둘 다 '최선'이었을 것이고 어느 쪽을 선택하더라도 상정할 수 있는 손실은 없었으리라는 사실쯤은 알았어야 했다. 선호가 완전하지 않을 때, 즉 당나귀가 두 건초 더미를 (단순히 무차별한 것이 아닌)서열화할 수 없는 경우, 이 결정 문제는 한층 더 흥미로워진다.

더 나아가 주목할 점은, 최선이 확정되지 않은 극대적 대안을 선택하는 경우, 불완전 선호 순서가 이후의 성찰이나 추가 탐구를 통해 완성될 가능성이 열린다는 것이다. 그런 경우, 처음에 극대적으로 여겼던 선택이 사후적으로는 최적이 아닌 선택으로 드러날 가능성도 꽤 존재한다. 이는 다른 대안들 중 하나가 결국 더 나은 것으로 평가될 수 있기 때문이다. 이러한 불완전성이 '확정적assertive'이기보다 '잠정적tentative'일 수 있다는 점(이 구분은 3, 4장 그리고 내 또 다른 책 *Freedom and Justice*에 수록된 '정의와 확정적 불완전성'에서 더 자세히 논의한다) 때문에 한 집합 내에서 오로지 극대적 대안들 중 하나를 고르는 특정 기회만으로 그 전체적인 가치를 규정하려는 시도는 명백히 제한적 판단이 될 수 있다.

둘째, 불확실성이 도입되면, 기회에 영향을 미치는 또 하나의 차원이 생긴다. 쿠프만스Tjalling Koopmans(1964), 크렙스David Kreps(1979, 1988), 그리고 애로우(1995)는 미래 자신의 취향이 불확실한 상황에서 특히 중요해지는 유연성(과 선택의 자유)에 대한 선호를 분석한 바 있다. 만약 미래의 가능한 취향들에 대한 확률 분포가 주어지면, 그에 따라 '기대 효용'의 관점에서 '최선'의 선택지를 식별하는 일이 여전히 가능할 수 있다(이 점은 쿠프만스, 크렙스, 그리고 애로우가 다루었다). 하지만 그러한 기준으로 미래를 위해 선택한 최선의 선택이 실제로는 그 미래에 도달했을 때 현실화된 취향들에 비추어 최선의 대안과 반드시 일치하지는 않을 수 있다. 이 경우 미래의 유연성과 자유는 미래에 실제로 등장하는 취향들에 가장 잘 맞는 선택지를 택하는 것과는 다른 신중한 고려에 기반할 수 있다. 이러한 접근은 애로우 강의(특히 20장과 22장)에서 더 심도 있게 논의한다.

셋째, 외부로부터 주어진 (특정의 확률 분포를 가진)불확실성을 넘어 한 개인은 스스로가 자신의 선호를 바꾸려는 시도를 할 수 있다. 개인은 실제 대안들에 대한 선호들에 대해 2차적 선호를 가질 수 있고, 현재 자신이 가진 다른 1차적 선호와는 다른 선호군을 갖길 바랄 수도 있다(예컨대 '나는 분명히 흡연을 선호하지만, 그런 선호를 갖지 않는 편을 택하겠다'). 메타 순위는 합리적 선택의 수행뿐 아니라 기회와 자유를 평가하는 데 있어서도 중요하다. 개인이 현재 실제로 가지는 선호에 따른 최선의 대안은 그녀가 갖기를 바라는 (그리고 실현하고자 노력하는)선호에 비추어 볼 때, 최선이 (심지어 극대조차)아닐 수도 있다. 메타 순위가 작동하는 방식은 매우 복잡할 수 있고, 단지 주어진 선호에 따른 최선의 대안을 기준으로 기회를 판단하는 단순한 절차를 넘어서게 한다. 실제로 어떤 사람이 자신이 희망한 방식으로 선호를 바꾸는 데 결국 실패하더라도, 그녀는 그 선택을 열어 둘 기회조차 갖지 못했는 점에 여전히 불만이 있을 수 있다. 이 문제는 단시 불확실성에서의 신중한 행동을 넘어 자율성이라는 문제와 보다 깊이 관련된다(이 역시 애로우 강의에서 다룬다).

넷째로, 역시 자율성과 관련하여, 어떤 사람은 마치 다른 모든 것은 중요하지 않은 것처럼 '최선'의 선택지만 주어지는 상황에 반감을 가질 수 있다. 실제로, 그녀는 선택 그 자체의 행위에 가치를 둘 수 있다. 때로는 선택된 것의 가치가 거부된 것과의 관계 속에서 본질적으로 결정되기도 한다. 예컨대 '금식'은 단순히 굶는 것만으로 이루어지는 것이 아니라 먹는 선택지를 의도적으로 거부한, 즉 **선택의 거부**에 의한 굶주림일 수 있다. 누군가가 정치적 의사 표현을 위해 단식하려는 경우(예컨대 마하트마 간디가 영국 식민 통치에 항의하며 단식했던 경우), 그에게서 음식 먹을 선택지를 없애 버리는 조치는 실제로 매우 큰 손실이다. 비록 그가 먹는 것을 선택하지 않을 것이며, 그것이 그의 최선의 선택이 아니라도 말이다.

앞서 논의는 이전에 설명한 최종 성과^{culrnination outcomes}와 포괄적 성과^{comprehensive outcomes}의 구분과 연관된다. 이 구분은 다른 방식으로도 중요한 의미를 가질 수 있다. 예를 들어, 어떤 사람이 어떤 선택지를 얻는 최종 성과를 다른 성과보다 더 가치 있게 여기면서도, 자신이 따르려는 사회 규범 때문에 그 선택지를 택하지 못하는 상황이 있을 수 있다(그 결과, 바람직한 최종 성과에 도달하지만 받아들일 수 없는 과정을 수반하는 포괄적 성과를 선호하지 않는다). 예를 들어 사회적 통념이 '마지막 사과'는 집을 수 없다고 요구하면, 다른 사과들이 존재하는 상황에서는 어떤 사과를 선택할 수 있지만, 다른 사과가 없을 경우에는 그 사과를 선택할 수 없다.[21] 자신의 적극적 선택 행위에 대한 평가는 (주인이 마지막 사과를 '누군가에게 어거지로' 쥐어 주는 것과 같이)'도달된' 포괄적 성과와 다르게 평가될 수 있다. 보다 일반적으로, 3장 '선택의 내재된 일관성'과 4장 '극대화와 선택 행위'에서 논의한 선호의 '선택지 의존성'은 기회 집합의 가치와 최선 선택지 간 가치 관계를 복잡하게 한다.

그러므로 성취 판단과 기회 평가 사이에, 설령 두 평가 모두 당사자의 선호를 바탕으로 이루어지더라도 중대한 간극이 있음은 명백하다. 이 주제들은 애로우 강의(20~22장)에서 더 심도 있게 다룬다.

7. 합리성과 선택의 내적 일관성

자유의 평가에서 나는 이성이 우리에게 허용해 준 분별력에 의지해 왔다. 합리성이 이성의 체계적 사용으로 간주될 수 있는 한, 합리성은 자유의 이해와 평가에 중심 요소라고 주장할 수 있다. 이제 내 두 권의 책에서 다루는 주요 주제 중 하나인 합리성의 본질과 그것이 요구하는 바를 보다 직접적으로 다룰 적절한 시점이 되었다. 나는 합리성을 잘 규율된 이성의 활용과 이성적 검토를 요하는 매우 넓은 분과로 다루지만, 합리성이라는 개념이 특히 일부 경제학 문헌에서 훨씬 좁고 제한된 방식으로 정의되는 경우가 많다는 점을 인정하지 않을 수 없다.

주류 경제학 이론에서 '합리적 선택'이라는 용어는 다양한 방식으로 사용되지만, 우리는 세 가지 표준적인, 그러나 사용에서는 서로 구별되는 방식을

---

21) 센(1993a)과 바이건트와 가르트너(Baigent & aertner 1996) 참조. 또한 가르트너와 쉬(Xu)(1997, 1999a, 1999b) 참조.

확인할 수 있다. 이 세 가지 해석은 매우 흔하게 꽤나 자주 사용된다. 각각의 해석은 선택의 합리성을 다음과 같이 정의한다.

   (1) 선택의 내적 일관성
   (2) 자기 이익 극대화
   (3) 일반적 의미의 극대화

첫 번째 접근법인 '내적 일관성'은 다른 상황에서의 선택들 간 관계를 평가하는데, 이는 서로 다른 '선택지(즉, 선택 가능한 대안들의 서로 다른 집합들)' 속에서 어떤 것이 선택되었는지를 비교하면서 이루어진다. 당연히 내적 일관성 조건은 다양한 방식으로 정의될 수 있다.[22] 하지만 '선택의 내적 일관성'을 정의하는 핵심 특징은 이 요구들을 어떠한 외부 기준을 참조하지 않고 오로지 선택 행위 자체의 관점으로 바라본다는 점이다(즉, 선택은 선택과 비교될 뿐 목적, 가치, 선호, 혹은 다른 비선택적 변수들과 비교하지 않는다).

이에 반해 두 번째 접근법인 '자기 이익 극대화'는 합리적 선택을 개인의 이익을 가장 많이 증진하는 대안의 선택으로 간주한다. 따라서 이 접근 방식은 명확한 외부 기준을 동반한다. 셋째 접근법인 '일반적 의미에서의 극대화' 또한 마찬가지다. 무엇을 극대화하건 간에 그것은 자체 선택 행위 외부에 있는 어떤 요소(예컨대 지향, 목적, 가치 등)를 반드시 전제해야 하기 때문이다.[23]

합리성을 내적 일관성으로 이해하는 관점은 어느 정도 호소력이 있지만 실제 우리를 그리 멀리 이끌지는 못한다. 일례로, 어떤 사람이 그의 선택에서 일관되게 어리석은 행동을 보일 수도 있다. 한 사람이 언제나 자신이 가장 덜

---

22) 겉보기에는 다양한 형태를 띠는 많은 일관성 조건이 수학적으로 동등하다고 증명될 수 있어도, 선택 함수와 그로부터 '현시'되는 선호의 성질에 따라 각각 대응되는 서로 다른 여러 유형의 일관성 요건이 있다. 이러한 일부 동일시 및 구분에 대해서는 센(1971)에서 각각 다루었다. 그 밖에도 애로우(1959), 한슨(1969), 헤르츠버거(Herzberger 1973), 플로트(1973),슈와츠(1976), 바수(1980), 데브(1983), 스즈무라(1983), 모우린(Moulin 1985), 레비(1986), 크렙스(1988) 등의 기여를 참조하라.

23) 물론 내부 일관성 속성들을 특정 유형의 극대화 행동(예컨대 선택지 독립적 수치 함수의 극대화)과 일치하도록 정의하는 것도 가능하다. 하지만 극대화 대상에 어떤 해석이 부여되지 않는 한, 요구되는 조건들은 동기적 정당화를 갖지 못한다. 이와 관련해서는 3장과 4장을 보라.

가치 있게 여기고 가장 싫어하는 것들을 선택하면, 그는 매우 일관된 행동을 하는 셈이지만, 결코 합리성의 모범이라 할 수 없다. 그러므로 내적 일관성에 기반한 합리성의 **충분조건**으로는 전혀 성립하지 않는다. 그렇다면 **필요조건**으로의 의미는 가질 수 있을까?

이 또한 성립하지 않는다. 실제로 문헌에서 제시된 내적 일관성에 대해 제안된 표준 공리 조건들은 적절한 동기군이 주어지면 얼마든지 타당하게 위반될 수 있다(이 내용은 3장에서 다룬다). 사실 이 접근 방식은 토대부터 잘못 설정되었다. 무엇을 '일관성'으로 간주하는가는 기본적으로 선택자의 동기 즉, 그가 하려는 것이 무엇인지에 대한 고려 없이는 결정될 수 없다. 하지만 이러한 동기의 연관성을 들먹이는 순간, 이는 (선택의 행위 자체에 대해 외부적인)'외적' 참조를 포함하고, 따라서 그 조건은 더 이상 순수한 의미의 '내적' 일관성 조건이라고 할 수 없다.[24]

이른바 일관성 조건은 특히 선호가 불완전한 경우, 또는 '해결되지 않은 갈등'이 있는 상황에서의 선택에서는 납득할 만한 조건으로 기능하지 못한다. 하지만 레비^{Isaac Levi}(1986)가 통찰력 있게 논의했듯, 모든 갈등이 해결되지 않은 상황일수록 합리성이 요구하는 바는 오히려 더 중요하다. 흔히 내적 일관성 조건으로 여겨지는 것들은 사실상 어떤 표준적이고 일반적인 (완전하고 추이적인)선호 순서와 외적 대응의 함의일 뿐이다.

게다가 선택에 관련된 추론 과정이 단순히 주어진 완전한 순서를 기계적으로 따르는 수준을 넘어, 예컨대 규칙을 준수하거나 결의안을 적용할 때, 약속에 의해 이끌리거나 메타 순위을 활용해야 할 때, 취향의 변화를 예상하거나 내생적 선호를 수용하는 등, 보다 복잡한 요소를 포함하는 경우, 선택의 내적 성질은 결코 단순하지 않다.[25] 물론 각각의 요소는 나름 특정 선택의 대응

---

24) 이 문제는 3장 '선택의 내적 일관성'에서 폭넓게 다룬다. 또한 선택 함수의 내적 속성이 공리적으로 다루어지는 6장 '합리성과 불확실성', 7장 '비이항적 선택과 선호'에서도 중요하게 등장한다. '선택의 내적 일관성'이라는 개념이 단지 혼란스러운 수준을 넘어, 실제로는 '기이하다'는 주장은 센(1996)이 제시한다.

25) 다양한 맥락에서 합리적 선택의 근저에 있는 복잡한 추론 사례들은 다음 문헌에서 찾아볼 수 있다. 쉘링(Schelling

을 생성할 수 있지만, 그것들은 서로 동일하지 않고 맥락과 무관한 방식으로 명시될 수 있지도 않다. 더군다나 이것들은 전적으로 '내적' 일관성 조건으로 간주될 수도 없다.

그러므로 첫째, 선택의 대응 조건들을 순수하게 선택에서의 '내적'인 것으로 간주하기에는 개념적 오류가 있다. 이러한 조건들의 정당성은 (설사 존재하더라도)그것은 지향, 가치, 전략 등과 관련이 있고, 이는 선택의 이면에 있는 것들을 호출하지 않고서는 이해될 수 없기 때문이다. 그리고 둘째, 흔히 들먹이는 표준적인 '내적 일관성' 조건들(예컨대 '현시 선호revealed preference', '축소 일관성contraction consistency', '이항성binariness' 공리 등)은 합리적 선택의 실제가 (선호의 불완전성이나 선택지 의존성과 같은)복잡성을 수반할 때, 심지어 외적으로도 성립되지 않을 수 있다.[26] 따라서 이 접근 방식은 내용적으로나 개념적으로 모두 실패한다.

두 번째 접근법(즉, 자기 이익 극대화)은 앞서 논의한 바와 같은 근본적 모순을 겪지 않는다(물론 이 접근 방식에도 나름의 문제는 있지만, 그것들은 다른 데서 비롯되었으며 이는 다음 절에서 다룬다). 그럼에도 자기 이익을 일관되게 추구하는 행위는 다른 선택지 집합 사이에서 일정한 대응 관계를 만들어 내는 경향이 있어서 많은 사람에게 자기 이익 중심의 합리성 관점은 내적 일관성 기반의 합리성 관점과 밀접하게 연결되는 것처럼 보였다. 하지만 실제로는 그렇지 않은데, 이는 두 가지 명확한 이유에서다. 첫째, 자기 이익 극대화와 특정의 일관성 성질 사이의 일치성은 기껏해야 일방향 관계일 뿐이다. 가령 자기 이익 추구가 어떤 내적 일관성을 만들어 낼 수 있더라도 그 역은 성립하지 않는다. 예컨대 자기 이익을 극소화하는 행위 또한 (극대화가 그러하듯)아주 훌륭한

1960, 1984), 플로트(1973), 해먼드(1976, 1977), 슈왈츠(1976), 폴락(1976), 야아리(1977), 엘스터(1979, 1983), 바수(1980, 2000), 마키나(Machina 1981), 슬로테(Slote 1983), 애컬로프(1984), 파핏(1984), 레비(1986), 프랭크(Frank 1985, 1988), 매클레넨(McClennen 1990, 1998), 딕시트와 네일버프(Dixit and Nalebuff 1991), 탈러(Thaler 1991), 아난드(1993), 왈시(Walsh 1994, 1996), 퍼트넘(1996), 해밀턴(1999, 2000) 등.

26) 또한 선택 대응이 상당히 복잡한 형태를 취할 수 있고, 이른바 '내적 일관성' 조건을 쉽게 위반할 수 있는 '제한된 합리성'의 중요 쟁점 또한 존재한다. 이 주제는 특히 사이먼(Herbert Simon 1957, 1979)이 심도 있게 탐구했다.

일관성을 보일 수 있다. 하지만 이러한 조건들이 설사 일관성의 성질로 간주되더라도 그것을 자기 이익 극대화와 일치하는 것으로 해석하는 것은 명백히 불가능하다. 더 중요한 둘째 이유는, 자기 이익 중심의 관점은 어떤 내재적 선택 패턴을 '일관성 있는' 것으로 보고, 다른 것은 그렇지 않다고 판단할 수 있는 동기(즉, 그럴 만한 **이유**)를 제공한다는 점이다. **순수한 내적** 일관성 접근법에는 이러한 동기적 요소가 전적으로 결여되어 있다. 선택의 내적 일관성 접근은, 자기 이익 접근 방식이 명쾌한 것과 달리, 개념적으로 혼란스럽다.

8. 자기 이익 극대화

오늘날 경제학에서 실질적으로 지배적 관점은 자기 이익에 기반한 합리성 관점이다. 이 접근 방식의 기원은 애덤 스미스의 저서로 거슬러 올라가며, 흔히 '근대 경제학의 아버지'가 각 개인을 끊임없이 (다른 어떤 것도 아닌)자기 자신의 이익만을 추구하는 존재로 보았다는 주장이 제기되곤 했다. 사상사의 관점에서, 이러한 주장은 적어도 매우 의심스럽다. 애덤 스미스가 일부 활동 영역(예컨대 교환)에서 자기 이익 추구를 인정하지만 인간 행위 전반에서 중요한 역할을 하는 여러 다른 동기들 또한 깊이 있게 탐구한다.[27] 실제로, 스미스의 도덕 감정과 신중함에 관한 저술은 칸트Immanuel Kant와 콩도르세Marquis de Condorcet 같은 여타 '계몽주의 사상가'들의 관련 연구에 중요한 영향을 끼쳤다.[28] 스미스는 자신을 따른다고 주장하는 일부 추종자들의 손아귀에서, 그에게 '부당하게 강요된' 협소한 해석으로 인해 적지 않은 시달림을 받았다.[29]

---

27) 센(1987a) 1장을 보라.

28) 애덤 스미스의 경제학 및 사회학 전반에 관한 일반 논의는 로스차일드(2001)를 참조하라. 스미스의 도덕 감정론 및 정치철학 분석은 내 다른 책 *Freedom and Justice*에 수록된 일부 에세이들에서 추가로 다룬다.

29) 애덤 스미스의 폭넓은 관심사에 대한 통찰력 있는 분석은 워해인(Werhane 1991)과 그리즈월드(Griswold 2000) 참조.

하지만 합리성을 단순히 자기 이익의 지능적 추구로 좁게 이해하는 관점과, 그에 상응하는 이른바 '경제적 인간' 개념이 근대 경제학에서 (이와 같은 관점을 애덤 스미스에게 귀속하는 것이 정확한지 여부와 무관하게)지배적인 학파를 형성하는 데 매우 큰 영향을 미쳐 왔음은 분명한 사실이다. 이러한 가정은 개인의 행동을 (자기 이익 외의)가치나 윤리로부터 분리시킴으로써 경제적 행위를 모델링하는 데 있어 매우 급진적으로 단순화하는 결과로 이어진다. 개인은 어떤 것에도 가치를 둘 수 있지만, 이 관점에서는 전적으로 자신의 이익 판단에 따라 선택한다고 본다. 다른 사람들의 행위나 상태가 그 자신의 복지와 이익에 영향을 미치는 한도 내에서만, 다른 사람들을 그의 합리적 선택의 계산에 산입할 수 있다. 이 가정은 경제학에서 널리 사용될 뿐 아니라, 근대 경제학의 핵심 정리들(예컨대 외부 효과도 없고 수확 체증도 없는 경쟁적 경제에서 일반 균형의 존재와 효율성을 다룬 애로우-드브뢰^{Arrow-Debreu} 정리)의 성립에도 크게 의존한다.[30]

합리성을 자기 이익 극대화로 보는 이 협소한 관점은 자의적일 뿐 아니라, (합리적 행위를 전제로 할 경우)경제학 내에서 심각한 서술적·예측적 문제를 야기할 수 있다. 실제로 우리는 많은 행위에서는 협력의 요구에 분명히 주목한다. 그러므로 이 협소한 합리성 관점은 이른바 합리적 행위의 범위 내에서 이러한 행위를 간접적으로 수용할 수 있도록 일정한 구조를 추가하고 특수한 가정을 도입하는 방식으로 확장되었다. 실제로 이 협소한 관점에서는 다음과 같은 설명상의 난제가 끊임없이 제기된다. "사람들이 왜 상호 의존적인 생산 활동에서 자주 협력하는가?" "공적 의식에 따른 행동(예컨대, 길거리에 쓰레기를 버리지 않거나 타인에게 친절과 배려하는 행동)은 어째서 흔히 관찰되는가?" "일반적으로 다양한 맥락에서 어째서 규범 기반의 행동이 협소한 의미의 자

---

30) 애로우(1951b)와 드브뢰(Debreau 1959)를 참조할 것. 이 쟁점은 애로우와 한(Hahn 1971)에서도 잘 다룬다. 다만 이 요건 일부는 모든 결과를 잃지 않고도 완화할 수 있다(예, 타인에 대한 대칭적 배려는 일정 부분 수용될 수 있다). 나아가 효율성이 선호 충족의 공간에서 정의되거나, 더 나아가 자유의 기회 측면에 대한 비우월성을 기준으로 야심차게 정의하면, 자기 중심성 가정(그리고 그에 상응하는 외부 효과의 부정)은 일반 경쟁 균형에 따른 효율성 결과를 유지하면서 무리 없이 제거할 수 있다. 이와 관련해서 17장 '시장과 자유'를 참조하라.

기 이익 추구 행동을 제한하는가?"[31]

이론과 행동 사이에서 나타나는 불일치가 관찰되면서 이러한 난제들을 다루기 위해 자기 이익 모델을 정교하게 '연장하는' 문헌들이 대거 등장했다. 예컨대, 좋은 평판이 갖는 미래 유용성, 또는 (비록 착각에 기반하더라도, 타인들이 협력을 즐기고 이에 따라 반응하리라는 가정이 때로는 건설적일 수 있다는 추정을 포함해서)타인의 기대 반응에 대한 고려를 반영한 설명 등이 그렇다. 자기 이익 추구라는 공리를 포기하지 않으면서 구조를 추가한 흥미롭고 정교한 모델들이 다수 구축되었다. 이러한 결과는 종종 자기 이익 극대화의 범위를 확장하는 데 있어 큰 관심의 대상이 된다. 그러나 이 결과가 경제학 안팎에서 실제로 발생하는 모든 유형의 행위를 설명하는 데 있어 자기 이익 접근법의 타당성을 입증하지는 않는다.

예컨대, 타인들이 일반적으로 '눈에는 눈, 이에는 이$^{\text{tit for tat}}$' 방식으로 행동하는 경향이 있다는 점에서 협력적 행동이 이치에 맞다고 판단하는(혹은 착각일지언정 다른 사람들이 실제로 협력적 반응을 좋아한다고 믿는) 경우, 이러한 상호 작용적 추론 과정은 인간 행동을 이해하는 데 있어 분명 탐구할 가치가 있다.[32] 하지만 이것이 사람들이 협력적이길 원하는 유일한(심지어 주요한) 이유라고 주장하는 것은 전혀 별개의 문제다. 또한 어떤 사람이 장기적으로 자기 이익에 가장 도움이 될 평판을 쌓기 위해, 겉보기로는 이타적 방식으로 행동하면 이것은 흥미로운(실제로 중요할 수도 있는) 연결 고리며, 이를 주목할 필요도 있다.[33] 그러나 이러한 연결의 가능성이 있더라도 겉으로 보이는 모든 비

---

31) 이 주제 일반은 다음 저서들도 함께 참조하라. 나겔(Nagel 1970, 1996), 애컬로프(1984), 쉬크(Schick 1984), 맨스브리지(Mansbridge 1990), 믹스(Meeks 1991), 앤더슨(Anderson 1993), 하우스먼과 맥퍼슨(Hausman and McPherson 1996), 노직(1993), 브리튼과 햄린(Brittan and Hamlin 1995), 자마그니(Zamagni 1995), 월시(Walsh 1996), 스캔런(Scanlon 1997), 벤너와 퍼터만(Ben-Ner and Putterman 1998) 등.

32) 다음 연구들도 함께 볼 것. 크렙스, 밀그럼(Milgrom), 로버츠, 윌슨(1982), 푸덴버그와 티롤(Fudenberg and Tirole 1982), 액설로드(Axelrod 1984), 푸덴버그와 마스킨(Maskin 1986, 1990), 빈모어(Binmore 1994), 바이불(Weibull 1995) 등이 기여했다.

33) 예컨대 크렙스와 윌슨(1982)을 참고할 것.

이기적 행동을 설명하는 최선의 방식일 수는 없다. 우리의 광폭한 가치와 우선순위를 (단순하고 이기적인 가치의 적합성을 주장하기 위한)도구적 추론의 복잡성으로 대체하려는 시도는 자극적인 지적 도전일 수 있지만, 우리의 가치가 실제로 이 계획이 제거하려 애쓸 만큼 폭넓다면 이러한 시도를 굳이 합리적 행위 이론의 핵심으로 간주할 필요는 없다.[34]

보다 넓은 가치들 자체가 이성적 선先선택preselection의 결과보다는 진화적 생존의 결과일 가능성이야말로 도전적 쟁점을 제시한다. '진화적' 의사 결정 이론과 관련된 게임 이론은 사실 이러한 일반 주제와 깊은 관련이 있다.[35] 그러나 4장 "극대화와 선택 행위"에서 다루어지듯 진화적 선택과 이성적 가치 선택은 **결합**될 수 있다. 즉, 어떤 행동이나 가치가 진화적으로 생존해 왔다고 해서, 그것이 윤리적 이성에 기반한 선택이나 심지어 직접적인 이타성의 존재를 배제하지는 않는다. 복잡한 도구적 또는 진화론적 이유를 추가하는 것이 학문적으로 순전히 유익해 보일 수 있지만, 그렇다고 윤리적·도덕적·규범적·정치적 추론이 합리성 이론에서 군더더기에 불과하다거나 심지어 허용되지 않는다는 식으로 결론 내릴 근거가 될 수 없다.[36]

이렇게 교묘한 적응에 배타적으로 의존할 때 드러나는 인간 윤리에 대한 극단적 회의주의와 달리, 사람들은 실제로 보다 넓은 지향과 사회 지향적 가치(혹은 애덤 스미스의 용어로는 '도덕 감정')를 가질 이유가 있을 수 있다. 이는 칸트(1788)와 스미스(1790)부터 롤스(1971)에 이르는 다양한 사상가들에 의해 정교하게 설명된다. 이러한 이유들은 또한 협력적 행동에 관한 사회과학 문헌에서도 광범위하게 탐구되고 있다.[37]

---

34) '행위 속의 합리성'이 지닌 광범위한 적용가능성은 설(Searle 2001)을 보라.

35) 특히 메이너드 스미스(Maynard Smith 1982)와 웨이불(Weibull 1995)을 참조할 것. 경제적 협력이라는 일반 주제 (그 안의 다양한 동기적 연결을 포함)에 대해서는 뮬랭(1988, 1995), 라빈(Rabin 1993, 1998), 스즈무라(1995) 그리고 르윈(Lewin 1996)등의 기여를 보라. 신중함, 합리성 그리고 협력 간의 관계는 벤너와 터터맨(1998)이 편집한 중요한 에세이에서 탐구된다.

36) 4장 극대화와 선택 행위, 또한 나겔(1970, 1996), 자마그니(1995), 스캔런(1997), 월시(1996)를 참조하라.

37) 예컨대 오스트롬(Elinor Ostrom 1990, 1998), 퍼트넘(1993), 블라우(Judith Blau 2001b)를 참조할 것.

요지는 이러한 사회적 지향이 언제나 당연하게 전제될 수 있는 것이 아니
며, 실제로는 전혀 관련되지 않는다는 점이다. 오히려 핵심은 이러한 폭넓은
가치들이 이성이 결여되고, (이기적으로 유익하게 만드는, 어떤 복잡한 도구적 연
결로 정당화되지 않는 한)비합리적인 것으로 간주되어야 함을 근거로 배제되어
서는 안 된다는 점이다. 또한 서로 다른 제도적 형태를 지닌 다양한 사회들은
부패, 기업 윤리, 직업 동기, 혹은 단정한 태도부터 사회적 결속이나 정치적
연대의 지지에 이르는 매우 다양한 영역에서 매우 다양한 행동 가치들의 작
용을 보여 준다.[38] 더 나아가 이러한 지배적 가치들은 실제로 여러 사회들에
서 지속되어 왔듯, 시간의 흐름과 함께 변화될 수도 있다. (일부 도덕적 낭만주
의자들이 선호하는)지나치게 고상한 윤리적 행동의 단순화를 만연한 이기심이
라는 저급한 단순화로 포괄하여 대체하려는 주장은, 그것이 대체하려는 기존
의 입장만큼이나 **선험적** 편견에 불과하다. 이 주제들은 4장 "극대화와 선택
행위" 그리고 5장 "지향, 헌신 그리고 정체성"에서 일정 부분 다루어지며, 내
이전 에세이(1982a)에서도 논의되고 분석된 바 있다. 물론 이 문제는 다른 학
자들에 의해서도 다양하게 다루어졌다.[39]

9. 합리적 선택 이론

자기 이익에 기반한 합리성 접근의 적용 범위가 제한적임에도 불구하고,
경제학뿐 아니라 정치학에서의 '합리적 선택' 모델들, 그리고 그 중요성이 점
점 더 커지는 '법경제학' 분야에서도 널리 사용되는 점은 인정해야 한다. 이
는 이 책의 3장에서 7장까지 논의한 여러 문제와 관련된 이러한 접근법의 몇

---

38) 제도의 역할, 그리고 행위와 사회적 상호 작용과의 연결은 노스(Douglas North 1981, 1990)와 마칸(Machan
2000)을 보라.

39) 관련 철학적 쟁점들은 롤스(1981, 1999)뿐 아니라 나겔(1970, 1996), 노직(1993), 스캔런(1998) 등 여러 사상가
들이 탁월하게 논의한 바 있다.

가지 어려움을 논의하기에 좋은 기회가 될 수 있다.

크리스킨 졸스^{Christine Jolls}, 캐스 선스타인^{Cass Sunstein}, 리처드 탈러^{Richard Thaler}는 '법경제학의 행동주의적 접근'에 대한 강력한 비판 속에서 기존 법경제학 학파의 프로그램을 다음과 같이 설명한다. "법경제학의 과제는 시장 안팎에서의 합리적 극대화 행위가 어떤 법적 함의가 있는지를 밝히고, 그것이 시장과 다른 제도들에 어떤 법적 영향을 주는지 규명하는 데 있다(졸스, 선스테인, 탈러 1998, 1476쪽)." 여기서 말하는 '합리적 극대화 행위'는 개리 베커^{Gary Becker}의 다음 언급과 관련이 있다. "모든 인간 행동은 다음 세 가지 조건을 따르는 참여자를 포함하는 것으로 볼 수 있다. (1) 효용을 극대화하고 (2) 안정적인 선호군을 가지며 (3) 다양한 시장에서 최적의 정보와 여타의 투입을 축적한다(베커 1976, 14쪽)."

하지만 '효용 극대화 행위'가 정확히 무엇을 의미할까? 이는 (무엇이 극대화되는지에 대한 어떠한 제약도 없는)일반적 의미의 극대화 행위와 같을까, 아니면, 특히 개인의 자기 이익 충족을 극대화하는 것일까? 이 구분은 '현시 선호^{revealed preference}[40]' 이론에 영향받은 근대 경제학의 많은 부분에서 사라져 버렸다. 이 이론에서 '효용'이란 개인이 추구하는 것으로 간주되는 극대화 대상으로 단순히 정의되고, 동시에 '효용'이라는 용어가 개인의 자기 이익 또는 복지를 나타내는 데에도 사용된다. 서로 다른 두 개념이 (모두 '효용'으로 부름으로써)마치 '개념적 마술 모자'에서 '익히 보았던 토끼'를 꺼내 보이듯 보통은 암묵적으로 처리된다. 그 결과 우리는 다음의 두 개념, (1) 개인의 선택 행위에서 **극대화되는 대상**으로서의 효용과 (2) 개인의 **자기 이익**(또는 심지어 **복지**)으로서의 효용을 면밀한 검토 없이 동일시한다.

이러한 동일시는 오늘날 흔히 '합리적 선택 이론'으로 불리는 이론에서 꽤

---

40) 현시 선호 이론의 선구적 기여는 새뮤얼슨(Paul Smuelson 1938)이 했다. 이 이론은 여전히 유익하고 통찰력이 있지만, 선택자가 드러내는 극대화 대상을 반드시 선택자의 자기 이익이나 복지로 정의할 필요는 없다(이는 센 1982a에서 다룬다).

 제1부 * 총론

표준적으로 이루어지는데, 숨겨진 개념^{definition}의 힘을 통해 특정 학파에 대해
마치 선택의 합리성 전체를 대표하는 권위를 부여한다(나는 이 일반적인 책략에
대해 영국에서 '베스트비터^{best bitter}'라는 상표의 맥주를 마시거나 샌프란시스코 공항 옆
'베스트 웨스턴 그로스베너 호텔^{Best Western Grosvenor Hotel}'에 머물 당시 의문을 품은 적이
있었다). 모호성을 피하고 선택의 합리성이 다르게 이해될 수도 있다는 중요한
사실을 인정하기 위해, 나는 이른바 '합리적 선택 이론^{Rational Choice Theory}'을 RCT
라 표현하기로 하겠다. 명심해야 할 점은, RCT가 굉장히 널리 퍼져 있으며 강
력한 접근법이라는 사실이다. 내가 보기에 인정할 만한 RCT의 공로는 다음
과 같다. 관찰되는 행동 현상을 설명하기 위해서 (임시방편이 아닌)체계적 설명
이 필요하다는 점, 인간 행동에는 많은 규칙성이 존재한다는 점, 그리고 이러
한 규칙성들이 극대화의 틀에서 포착될 수 있다는 인식을 확산시켰다는 점이
다.[41] 나는 이것들이 이 접근법의 주요한 자산들 중 일부라고 생각한다.

한편으로 RCT는 일부 중요한 동기와 선택의 근거가 되는 특정한 이유들을
고려할 여지를 부정해 왔다. 여기에는 애덤 스미스가 표준적인 '도덕 감정'의
일부로 간주했던 요소들이나 칸트가 ('정언명령^{categorical imperatives}'의 형식으로)사회
적 삶에서의 합리성이 요구하는 바로 보았던 요소를 포함한다. 쟁점은 이러
한 동기와 선택의 이유가 RCT에 의해 항상 배제된다는 점이 아니라(물론 우
리는 그것들이 일반적으로 적용되는 범위에 대해 논의하고 토론할 수 있다), 오히려
RCT가 이러한 가치와 동기들이 그 본래의 형태로 언급되는 것 자체, 즉 그
것들이 합리적 선택이건 실제적 선택이건 그 선택을 해석할 때 그러한 형태
로의 등장을 전혀 허용하지 않는다는 점이다. 도덕적 원칙이나 사회적 원칙
에 기반한 행동이 RCT 내에서 일정 부분 수용되더라도 이는 궁극적으로 자
기 이익적인 행동과 결합된 복잡한 도구적 추론이라는 장치를 통해서만 이루
어진다(이는 이미 8절에서 논의한 방식이다). RCT는 선택의 규칙성이나 지향과

---

41) 나는 4장 "극대화와 선택 행위"에 RCT에서 흔히 회피되는 몇몇 중요한 선택 행동의 복잡성(예컨대 선호의 불완전
성과 선택지 의존성) 역시 극대화 분석의 논리를 충분히 적용해서 극대화 틀에 포함될 수 있다고 주장한다.

가치의 사용 이면에 무엇이 있을 수 있는가에 대한 다른 경쟁적 해석들을 배제하고 그중 하나의 지극히 협소한 해석적 서사를 상당히 자의적으로 선택해 온 경향이 있다.

이러한 해석 전략은 경제학, 정치학, 법학에서 세계를 설명하고 광범위한 정책 결론들을 도출하기 위해 널리(그리고 상상력 있게) 활용되었다. 예컨대 법제도의 '효율성' 분석(여기에는 "보통법이 효율적이다"는 가설도 포함된다)[42]은 극히 특정한 방식으로 극대화 대상을 **해석하는 것**에 전적으로 의존하며, 그 극대화 대상을 관련 당사자의 복지를 그대로 반영하는 것으로 간주하는 데 기반한다. 또한 다양한 '선택의 이유들'을 포함하지 않는 방식은 RCT의 설명 범위를 특히 제한적으로 만드는 데 영향을 미쳐 왔다. 이 관점에서 사회적·윤리적·정치적으로 통합적인 동기에 기초한 선택은 자기 이익의 지능적 추구라는 틀 내에서 (필요할 경우 복잡한 도구적 연결들과 함께)재해석되어야 한다. 이러한 방식은 RCT의 설명적 역할에 마치 포렌식한 성격을 부여했으며, 이는 직접적인 윤리를 인정하기보다는 오히려 숨겨진 도구성을 탐지하는 데 초점을 맞추었다. 말하면, 사물은 보이는 것이 다가 아니다(혹은 적어도 스미스나 칸트 같은 단순한 관찰자들에게 보인 것과는 다르다)는 식의 음울한 암시가 깔려 있다.

나는 이 근본 문제로 다시 돌아올 예정이지만, 그에 앞서 졸스^{Jolls}, 선스타인^{Sunstein} 그리고 탈러^{Thaler}(1998)가 각자의 선행 연구들을 바탕으로 제시한 중요한 비판을 먼저 논의할 필요가 있다.[43] 이들은 선택의 극대화 대상과 선택자의 복지가 일치한다고 전제하는 RCT 기본 가정을 특별히 문제 삼지 않는 대신 RCT의 다른 측면들에 초점을 맞추었다. 이들은 각각 '제한된 합리성', '제한된 의지력', 그리고 '제한된 자기 이익'으로 부르는 세 가지 한계에 비판을 집중했다.

졸스, 선스타인 그리고 탈러가 논의하는 문제는 그 자체로도 충분히 진지

---

42) 포스너와 파리시(Posner & Parisi 1997), xii쪽.

43) RCT에 대한 폭넓은 비판 일반은 또한 앤더슨(1993) 참조.

한 주제들이며, 내가 현재 집중하는 쟁점에 이들이 특별히 깊이 관여하지 않았다고 해서 불평할 수는 없다. 그중 첫째 문제인 **제한된 합리성**은, 개인이 실제 행동에서 완전한 극대화 추구자가 아닐 수 있으며, 사이먼[Herbert Simon]이 폭넓게 분석한 바와 같은 다양한 이유로 인해 행동이 제약될 수 있음을 의미한다.[44] 카너먼[Kahneman], 슬로빅[Slovik] 그리고 트버스키[Tversky]의 선구적 연구를 포함한 다양한 경험적 연구들은 실제 인간 행동이 지향과 목적의 체계적 극대화에서 벗어날 수 있다는 점을 보여 주는 풍부한 증거를 보여 주었다.[45] 이러한 비판은 실제 행동을 예측하기 위한 장치로서의 '합리적 행동' 가정을 문제 삼는 것으로(이는 중요한 주제다), 하지만 그 자체로는 RCT 내부에서의 합리성 개념의 형식에 의문을 제기할 근거를 제공하지 않는다.

둘째 쟁점인 **제한된 의지력** 또한 실제 행동이 합리성의 명령에서 벗어나는 현상을 다룬다. 이 경우는 의지 박약이나 자기 통제력 결여가 원인으로 특히 쉘링[Thomas Shelling]이 광범위하게 다루어 온 주제다.[46] 두 가지 쟁점 모두 '완전히' 합리적일 수 없는 개인적 실패에 관한 문제고, 이는 탈러(1991)가 '준합리적'이라고 명명한 일반적 행동 패턴 속에 잘 들어맞을 수 있다. 이 둘은 RCT 접근법이 직면해야 할 매우 심각한 문제지만, 각기 다른 비판적 쟁점을 구분하기 위해 나는 다음을 강조해야 한다. 이 두 논쟁 중 어느 것도 (그로부터의 이탈이 관찰된)극대화 대상의 해석 자체를 둘러싼 논쟁은 아니라는 사실이다.

셋째 쟁점인 **제한된 자기 이익**은, 그럼에도 합리적 행동의 형식과 내용에 직접 관련된 문제다. 여기서 졸스, 선스타인, 탈러(1998)는 (유산 결정에서 볼 수 있듯)보통 수준의 이타성을 인정할 뿐 아니라 '인간은 공정하게 대우받는 것을 중요하게 여기며, 상대방이 공정하게 행동하는 한 자신도 상대를 공정하

---

44) 사이먼(1955, 1979). 관련 쟁점은 3장 "선택의 내적 일관성"과 4장 "극대화와 선택 행위"에서 다룬다.

45) 특히 카너먼, 슬로빅, 트버스키(1982)를 참조하라. 탈러(1991) 또한 볼 것.

46) 쉘링(1984)의 3장 "The Intimate Contest of Self-Command"와 4장 "Ethics, Law and the Exercise of Self-Command"를 참조하라.

게 대우하고자 한다(1,479쪽)'는 사실도 수용한다. 이러한 지적은 관찰되는 행동의 규칙성 설명에 매우 중요한 역할을 한다. 또한 RCT가 설명하는 데 다소 어려움을 겪는 일부 규칙성에 대해서도 해명한다. 예컨대 '죄수의 딜레마' 유형의 게임에서 '티포탯' 전략의 채택과 사용을 충분히 설명해 주고 (인간이 타인과의 관계에 직접 반응하는 듯한 행동에서도)'최후통첩 게임^{ultimatum games}'에서 관찰되는 완전히 자기 중심적이지 않은 행동에 대해서도 설명할 수 있다. 인간 이익과 복지에 대해 비교적 덜 자기 중심적 관점을 취함으로써 졸스, 선스타인, 탈러는 다양한 관찰된 행동 패턴들을 설명할 수 있게 되었고, 또한 협소한 버전의 RCT가 허용하는 것보다 더 많은 '추론'의 여지를 남겨 주었다. 이것은 중요한 기여다.

그러나 서로 다른 비판들을 구분하려면 졸스, 선스타인, 탈러가 행동의 극대화 대상으로서의 효용 개념과 개인들의 자기 이익을 나타내는 개념으로서의 효용 간의 대조를 추구하지 않는다는 점 또한 지적할 필요가 있다. 오히려 이들은 RCT의 협소한 형식에서 벗어나는 모든 이유를 자기 이익에 대한 보다 넓은 관점 안에 모두 포함하는 방식으로 설명한다. 말하자면, 사람들은 '타인을 공정하게 대우하는 것'에서 즐거움을 얻거나 그 결과로 인해 더 나은 무언가를 얻기 때문에 그렇게 하지, 그것이 즐겁지 않거나 자신에게 이득이 되지 않음에도 고수해 할 헌신으로 여겨서 그렇지는 않는다는 점이다.

실제로 졸스, 선스타인, 탈러는 자신들의 비판이 '대부분의 사람들의 효용 함수에 관한 중요한 사실'에 근거한다고 본다. 이어서 그들은 말한다. "그러므로 우리는 여기서 효용 극대화 개념 자체가 아니라 그것이 무엇을 수반하는지에 대한 일반적 가정들을 비판한다(1479쪽)." 실제로 협소하게 형성된 RCT에는 서로 구별되는 세 가지 측면이 존재한다.

(RCT-1) 행동이 충분히 규칙적이어서 식별 가능한 극대화 대상을 가진 극대화 행위로 간주할 수 있다.

 제1부 * 총론

(RCT-2) 극대화 대상이 개인의 자기 이익으로 해석될 수 있다.

(RCT-3) 개인의 자기 이익은 매우 협소하게 자기 중심적으로 정의되며, 타인의 이익이나 과정의 공정에는 영향을 받지 않는다.

그들의 세 번째 비판(제한된 이기심)에서 졸스, 선스타인, 탈러는 RCT-3을 거부하지만, RCT-1의 극대화 형식에는 이의를 제기하지 않으면서도 (이 맥락에서는 중요하게도)RCT-2에도 이의를 제기하지 않는다. '효용 극대화'라는 용어의 모호성(그리고 우리가 앞서 다루었듯이 '효용'이라는 용어의 이중적 사용에 따른 착종) 탓에 졸스, 선스타인, 탈러가 정확히 무엇을 주장하며 또 무엇에 대해서는 문제 삼지 않는지를 명확히 구분할 필요가 있다. 그들이 RCT-1에 대해 문제를 제기하지 않을 뿐 아니라 RCT-2에 대해서도 관여하지 않는다는 사실을 이해하는 것은 졸스, 선스타인, 탈러의 비판 지점이 정확히 어디인지 파악하는 데 중요하다.

이 맥락에서 주목할 만한 점은, 합리적 선택 이론 분야의 주요 선도자 중한 명인 베커$^{Gary\ Becker}$조차 RCT-3을 거부하는 선구적 연구를 해 왔다는 사실이다. 그는 RCT 접근법을, 타인에 대한 배려를 포함하는 효용 함수와 결합하고, 자기 이익이라는 개념 **안에** 자기 중심적이지 않은 고려 요소를 일부 포함했다.[47] 실제로 자기 이익적이라는 것이 반드시 자기 중심적이어야 할 필요는 없다. 사람은 타인에 대한 공감을 통해 기쁨이나 고통을 느낄 수 있고, 그렇게 파생된 감정은 본질적으로 자기 자신의 것이기 때문이다.[48] 졸스, 선스타인, 탈러는 자기 이익의 자기 중심적 해석을 축소시켜 가는 이 경로를 따라한 걸음 더 밀고 나아갔으며, 이들이 제안한 확장, 특히 과정의 공정에 관한 확장은 경험적 타당성과 큰 설득력을 지닌다. 그러나 이 접근은 관련된 개인

---

47) 베커(1976, 1996) 참조.

48) '공감'과 '헌신' 사이의 구분은 센(1977c)에서 다룬다. 여기에는 (공감을 인정하는)자기 이익 추구와 (그렇지 못한)자기 중심적 이익 추구 사이의 대조가 있다. 전자는 공감을 수용할 수 있지만, 후자는 그렇지 않다. 헌신은 이 두 가지를 모두 넘어설 수 있다.

의 효용 함수 안에 타인에 대한 배려를 포함시켰던 베커의 시도와 비교해도 RCT의 이론적 기반에 더 적대적이지는 않다.[49] 사실상 졸스, 선스타인, 탈러(1998)는 베커의 확장을 한층 확장하며, 그들이 정교하게 탐구하고 형식화하며 옹호한 이 확장(뿐 아니라 그들이 제시한 RCT에 대한 다른 설득력 있는 비판들)에 대해 감사할 만한 이유가 있다. 그럼에도 RCT-2와 관련된, 여전히 다루어지지 않은 커다란 쟁점이 남아 있다.

이 특정한 쟁점은, 최근 이 연구 분야에서 굉장히 활발하게 제시된 흥미롭고도 실질적인 많은 RCT 비판 및 옹호 논의들 속에서도 여전히 다루어지지 않고 있다. 예를 들어 새츠[Debra Satz]와 페레존[John Ferejohn]은 중요한 논문에서 "합리적 선택 이론은 비심리적 해석과도 양립 가능하고, 어떤 맥락에서는 이러한 해석이 더 그럴듯하다(새츠와 페레존 1994, 71쪽)"고 강하게 주장한다. 이들은 RCT-1과 거의 마찬가지로 "형식적 합리성이 요구하는 모든 것들은 행위자의 행동이 **마치** 자신의 선호를 극대화하는 것처럼 설명 가능하다는 것(75쪽)"이라는 '현상론적' 분석에도 동의한다. 나는 곧(11절에서) '합리성'은 그것보다 더 많은 것을 요구해야 한다고 주장한다. 그러나 나는 합리적 선택이 극대화 행동(특히 RCT-1)에 부합해야 할 필요성 자체를 부정하지는 않는다.[50]

하지만 RCT는 단순히 '형식적 합리성이 요구하는 바'를 넘어 현실에서 어떤 일이 벌어지고 있는지를 **해석**하는 작업으로 나아가야 하며, 이 분야에서 RCT는 실로 많은 주장을 해 왔다. 예컨대 (앞서 8절에서 다루었듯이)사람들이 자기 이익에 반하는 듯 보이는 행동을 하는 이유를 설명하기 위해 복잡한 도구적 추론을 찾는 작업에서 RCT-2는 매우 중요하게 작동해 왔다. 또한 (보

---

49) 또한 베커가 자신의 분석을 확장하여 개인의 취향과 선호의 형성 및 활용에서 비(非)자기 중심적인 요소를 다수 포함시킨 작업은 베커(1996)에서 확인할 수 있다.

50) 실제로 '극대화' 행위의 범위는 일반적으로 추정되는 것보다 훨씬 광범위하다. 사츠와 페레존(Satz & Ferejohn 1994)은 "완전하고 일관된 선호 체계를 기준으로 인간의 합리적 행위 주체성을 개념화하는 것은 심리학적으로 현실적이지 않다"고 지적한 뒤, "이 이론은 합리적 인간 심리에 관한 어떤 이론에도 직접 의존할 필요가 없다(p. 74)"고 주장한다. 그러나 어쩌면 더 기초적인 쟁점은 선호도의 완전성이나 선택 행위에서의 이른바 '현시 선호'의 이항 일관성이 반드시 필요하지 않다는 점이며, 극대화 틀 내에서는 불완전 선호나 선택지 의존 선호도 충분히 설명 가능하다는 데 있다. 이 문제는 4장 '극대화와 선택 행위'에서 논의한다. 또한 루윈(Lewin 1996)과 라빈(Rabin 1998)의 논의를 참조할 수 있다.

통법을 포함한)법 제도의 효율성이나 시장 메커니즘의 파레토 효율성과 같은 RCT의 주요한 결과를 유지하기 위해서도 RCT-2는 결정적으로 중요하다.[51] 이런 문제는 다음과 같은 새츠-페레존의 진단에 문제를 제기하는 것처럼 보인다. "합리적 선택 이론은 특정한 인과 메커니즘에 대해 선험적 헌신을 요구하지 않는다(86쪽)." 그것이 '선험적'이건 아니건 RCT의 논리적 정당화와 활용을 위해서 RCT-2가 어느 정도 필요해 보인다. 바로 이 지점에, RCT에만 국한되지 않고 (이미 앞에서 논의되었고 11절에서 더 분석할 예정인)일반적인 합리성 개념의 중심이라 할 수 있는 RCT-1의 도입 필요성, 그리고 (RCT의 표준적 해석과 결과를 위해서도 불필요한 것으로 여겨지며, 베커조차 폐기한)RCT-3의 불필요성과는 확연히 대조되는 핵심 쟁점이 놓여 있다. RCT-1과 RCT-3가 대조적으로, 나는 RCT-2에서야말로 결정적 차이가 존재한다고 단언하고 싶다.

10. 자아의 네 가지 특징

앞서 논의한 구분들은 '자아'를 이해하는 방식과 밀접한 연관이 있다. 이 맥락에서 유용한 것은, 자기 이익의 통상적 개념에 한 형태 또는 다른 형태로 호출되는 '자아'의 세 가지 다른 측면을 구별한 뒤, 이 셋을 네 번째 측면, 즉 자기 검토와 추론을 수행할 수 있는 '자아'와 대조해 보는 일이다. 세 가지 통상적 측면은 5장 "지향, 헌신, 정체성"에서 탐구된다(이 장은 애초에 1985년 *Journal of Law, Economics and Organization* 창간호에서 처음 발표된 글이다). 이 글에서 나는 자기 이익적 선호와 선택에서 자아가 중심이 되는 세 가지 서로 다른 방법, (1) 자기 중심적 복지 (2) 자기 복지를 위한 지향 (3) 자기 지향의 선택을 구별하고자 했다. 이 유형 구분은, 합리성 속에서 자기 이익이 어떤 역

---

51) 그럼에도 17장 '시장과 자유'에서는 RCT-2와 RCT-3을 전제하지 않고도 자유 공간에서 경쟁적 일반 균형이 효율적임을 보일 수 있다고 주장한다.

할을 하는지에 관한 오늘날의 논쟁, 그중에서도 특히 합리적 선택 이론[RCT]에서 합리성이 어떻게 개념화되는가와 관련한 논쟁에서 각기 다른 문제를 구별하는 데 매우 유용하다고 생각한다. 나는 이것들을 차례로 검토한 뒤, 이 모든 것들과 자기 평가 및 추론의 방식을 대조할 것이다.[52]

> **자기 중심적 복지**: 개인의 복지는 (타인에 대한 공감이나 혐오, 또는 절차적 고려 없이)오로지 자신의 소비와 삶의 풍요로움에 관련된 다양한 요소들에 의존한다.

> **자기 복지를 위한 지향**: 개인의 유일한 지향은 자신의 복지를 극대화하는 일이다.

> **자기 지향의 선택**: 개인의 선택은 온전히 자신의 지향 추구에 기초해야 한다.

이러한 필요조건들은 서로 독립적이며 어떠한 조합으로도 적용하거나 적용하지 않을 수 있다. 세 가지 조건 모두는 실제로 '자기 이익 추구' 관점에서 이해되는 전통적인 합리적 행동 모델에서 함께 적용되었다.[53] 이에 반해, 베커의 이론에서는 '자기 복지를 위한 지향'과 '자기 지향에 기반한 선택'만을 유지하며, '자기 중심적 복지'는 전혀 요구하지 않는다. 한 개인이 타인의 고통에 대한 공감(혹은 졸스, 선스타인, 탈러의 주장처럼 어떤 과정의 불공정으로 인한 타인의 고통)이 그 개인의 복지에 영향을 주는 경우, 이는 '자기 중심적 복지' 요건을 위배한다. 하지만 이러한 사실은 개인이 자신의 복지 외의 요소를 직접적으로 지향에 포함하는지(그러므로 자기 복지를 위한 지향에 위배되는지) 여부, 혹은 개인의 선택이 그녀 자신의 지향 추구 기반에서 이탈하는지(그러므로 자기 지향의 선택을 위반하는지) 여부에 대해서는 어떠한 정보도 제공하지 않는다.

---

52) 명확성을 위해 여기서 사용하는 서술은 5장 '지향, 헌신, 그리고 정체성'에서 내가 사용했던 정형화와 다소 다르지만, 이러한 개념 규정들에서 기본 내용은 대체로 동일하다.

53) 이는 특히 애로우 드브뢰(Arrow-Debreau) 유형의 표준적 '일반 균형 이론'에도 해당한다(애로우 1951b 및 드브뢰 1959 참고).

또 다른 유형의 사례를 보자. 어떤 이가 자신의 복지 극대화보다는 다른 목적을 포함하는 지향을 가질 수도 있다. 그럼에도 그 복지는 여전히 자기 중심적일 수 있다. 개인은 사회 정의를 추구함으로써 더 나은 삶을 산다고 느끼지도 않고, 더 행복하지도 않으며, 여타의 어떤 이익도 느끼지 않을 수 있다. 그럼에도 그것이 '옳은 일'이기 때문에 사회 정의를 추구하려고 결심한다. 다소 극단적인 경우지만, 여기에는 어떠한 모순도 없다. 다만 보다 현실적인 관점으로는 개인이 사회 정의를 추구하는 이유가 자신을 더 행복하게 해 주거나 더 풍요롭게 해 주기 **때문**이 아니라 자신이 그 가치에 헌신하기 **때문**으로 보는 편이 더 그럴듯하다. 이 경우, 사회 정의를 추구함으로써 느끼는 기쁨이나 개인의 만족이 자신의 복지에 긍정적으로 작용할 수도 있고, 그렇지 않을 수도 있다. 하지만 중요한 점은 자신이 단순히 개인적 복지를 위해 사회 정의를 추구하는 것이 아니며, 설령 그러한 복지 증진이 수반되더라도 그것이 그가 사회 정의를 추구하는 목적의 전부는 아니다.

실제로 어떤 개인이 사회 정의나 공정을 추구하는 근거가 (희열과 같은)개인적 이익 때문이 아니라 '헌신' 때문일지라도 자신이 그렇게 추구하지 않았다면 적어도 약간의 부당한 감정이나 좌절을 느꼈으리라는 예상은 지극히 자연스럽다. 하지만 여기에는 다음 두 가지 사이에 엄청난 차이, 즉 (1) 옳은 일을 하지 않았다면 괴로움을 느꼈으리라는 사실을 지적하는 것, (2) 옳은 일을 하기로 결정한 이유가 전적으로 그러지 않았을 때 받을 괴로움을 피하려는 자신의 욕구 때문이라는 전제가 존재한다.[54] 자신이 실제로 괴로움을 겪었는지는 알 수 없으며, 설령 괴로움이 있더라도 그 고통의 정도가 예컨대, 사회 정의나 공정을 위해 치러야 하는 개인적 희생을 정당화하기에 지나치게 미미할 수 있다. 하지만 무엇보다 중요한 것은 헌신은 그 헌신이 실패했을 때 따르는 개인적 손실과 무관하게 **그 자체로** 행동의 이유가 될 수 있다는 사실을 분명

---

54) 이 문제와 관련한 초기의 그리고 놀라울 정도로 명확한 논의를 위해서 나겔(Nagel 1970)을 참조할 것.

히 인정해야 한다는 점이다.

여기서 (센 1977c에서 논의한)'공감^{sympathy}'과 '헌신^{commitment}' 사이의 구분은, 이 두 개념이 타인을 배려하는 행동을 가능케 하는 근거라는 점에서 중요한 의미가 있다.[55] (부정적인 경우에는 반감을 포함하는)'공감'은 '한 사람의 복지가 (예컨대 타인의 불행을 보고 우울감을 느끼는 경우처럼)타인의 상태에 의해 영향을 받는 것'으로 정의되는 반면, '헌신'은 '(공감이 있고 없음 여부에 관계없이)개인의 복지와 (예컨대 타인의 고통에 대해 자신이 직접 고통을 느끼지 않더라도 그 고통을 줄이기 위해 돕겠다는 헌신과 같은)행위 선택 사이의 밀접한 연결을 끊는 일이다. 이 해석에 따르면, 공감은 자기 중심적 복지 요건을 위반하지만, 나머지 두 가지 요건을 반드시 위반하지 않는다. 반면에 헌신은 자기 중심적 복지 요건을 반드시 위배할 필요는 없지만, 다음의 방식으로 다른 요건들을 위반할 수 있다. 개인의 **지향**을 수정하여 타인에게 미치는 영향을 자신의 복지에 영향을 미치는 범위를 넘어서는 수준까지 포함할 수 있다(결국 자기 복지 지향을 위반한다). 타인의 지향을 인식함으로써 자신의 지향에 포함되지 않는 방식으로 자신의 이성적 **선택**을 수정할 수 있다(결국 자기 지향의 선택을 위반한다).

앞서의 (9절에서)논의처럼, 베커식 확장$^{Beckerian\ broadening}$은 자기 중심적 복지 요건을 완전히 제거하지만, 자기 복지 지향이나 자기 지향 선택 요건에는 반하지 않는다. 두 요건은 모두 RCT-2에 포함된다. 따라서 두 조건이 주어졌을 때, 그 개인이 극대화하는 효용 함수는 그 자신의 이성적 선택에서의 극대화 대상, 그리고 자기 자신의 이익 표현 **모두**로 간주할 수 있다.

그러므로 핵심 쟁점은 공감이 아니라 헌신이다. 만약 법경제학에서의 RCT 적용에서 행동과 개인적 복지 추구(그리고 그에 따라 정의된 자기 이익)를 견고한 연결 상태로 유지하려면, 자기 복지 지향과 자기 지향 선택이라는 요건은 완화될 수 없다. 이러한 완화 불가능성은 베커(1976, 1996)와 졸스, 선스

---

55) 또한 맨스브리지(Mansbridge 1990), 앤더슨(Anderson 1993), 그리고 하우스만과 맥퍼슨(Hausman & McPherson 1996)을 보라.

타인, 탈러(1998)가 논의한 이타주의 및 관계적·절차적 관심을 수용하는 데에
는 문제를 일으키지 않는다. 하지만 자기 복지 추구라는 유일한 기준점을 넘
어서서 도덕적·사회적·정치적 이유를 허용하는 보다 넓은 인간 동기라는 틀
에서는 이 요건들이 의문시될 수 있다.

이 지점에서 바로 자기 자신의 이성적 사고와 자기 성찰의 형태로 나타나
는 자아의 네 번째 측면이 실질적 차이를 만들어 낼 수 있다. 개인은 스스로
의 소비를 즐기고 복지를 경험하고 인식하며 지향을 가지는 존재일 뿐 아니
라, 자신의 가치와 목적을 검토하고 또한 그것에 비추어 선택할 수 있는 존재
다. 우리의 선택은 소비나 복지의 경험을 기계적으로 따를 필요도 없고, 단지
인식된 지향을 즉시 행동으로 옮겨야 하는 것도 아니다. 우리는 무엇을 하고
싶은지, 어떻게 하고 싶은지 자문할 수 있으며, 그런 의미에서 우리가 무엇을
원해야 하고 어떻게 원하는 것이 바람직한지도 따져 볼 수 있다. 우리는 도덕
적 관심이나 사회적 이유에 크게 감동받을 수도, 그렇지 않을 수도 있다. 하
지만 이런 질문들을 우리의 가치 형성 과정에서 검토하고, 필요하면 그에 따
라 지향을 수정하는 일이 결코 우리에게 금지된 것은 아니다.

이러한 보다 넓은 틀은, 자신의 복지에만 전적으로 환원되지 않는 지향들
을 인정할 수 있게 하며, 예를 들어 사회 안에서 함께 살아가는 타인의 지향
에 대한 이해를 바탕으로 적절한 사회적 행위에 대한 가치를 인정할 수 있게
한다. 물론 한 개인의 이성이 항상(혹은 자주) 그러한 더 넓은 지향이나 가치로
이끌린다는 보장은 없다(이 점에서는 다양성의 여지가 있다). 하지만 포괄적 관
심이 합리성에 의해 배제된다는 그릇된 이유로 부정되어서는 안 된다. 여기
에는 숙고와 논의의 여지가 있으며, (1) (타인의 복지나 절차의 공정과 무관하게)
자신의 복지를 증진하는 것 외의 지향을 가진다는 것이나 (2) (타인의 지향과는
무관하게)자신의 지향을 최대한으로 충족하는 것 외의 가치를 인정하는 일이
'비합리성'이라는 주장을 근거로 성급하게 결론지을 수 없다. 실제로 한 개인
은 비합리적이지 않아도 인색하게 행동할 수 있다. 하지만 합리성은 그런 인

색함을 **요구하지** 않는다. 이 점에서 어떤 필연성을 가정하면 '자아'의 중심 특징 중 하나, 즉 이성을 작동시키고 성찰을 수행하는 능력 자체를 부정하게 된다. 자아의 작용 범위는 자기 이익의 극대화에만 국한되지 않는다.

11. 극대화와 그 너머

이제 나는 합리성에 대한 세 번째 접근, 즉 일반적 의미에서의 극대화 접근 방식으로 넘어간다. 이 접근에서는 RCT-1을 유지하면서 RCT-2를 생략할 수 있다. 이 방식의 한도는 자기 이익 극대화보다 훨씬 넓은데, 그 이유는 개인이 극대화의 틀에 다양한 종류의 목적과 가치를 담을 수 있기 때문이다. 물론 영어를 사용할 때, 지극히 이기적인 사람을 (일반적으로 칭찬은 아닌)고질적인 '극대화자^{maximizer}'로 언급하는 일이 드물지 않으나, 이런 식의 언어 사용은 개인이 극대화하는 대상이 자기 자신의 복지나 이익이라는 추가적 전제에 근거한다. 반면 사회 전체의 복지나 어떤 형태의 형평 또는 사회 정의를 극대화하려는 이타적 사람 역시 그러한 이유로 극대화 행위에서 벗어난다고 볼 필요는 없다.

여기서 사용되는 (체계적 이성과 숙고된 선택을 요구하는)합리성 개념 안에서 볼 때, 일반적인 극대화 접근을 수용하는 데에는, 앞서 논의한 (예컨대 선택의 내적 일관성이나 자기 이익 극대화 같은)다른 통상의 정식화들을 다룰 때 발생하는 어려움과 비할 수 없다. 극대화 접근법은 상당히 포용적이며 (이타적이거나 사회적 헌신에 따르는 극대화와 같은)타당한 가능성들을 배제하지 않는다. 동시에 이 접근은 (체계적인 이성적 사고와 숙고된 선택이라는 규율을 요구하므로)공허하지도 않다.

그럼에도 극대화 접근법은 합리성과 (RCT와 같은 개념이 아닌 광의에서의)합리적 선택의 개념화를 위한 방식으로서 역시 한계가 있고, 적어도 몇 가지, 강조할 만한 중요성이 있는, 보완 조건이 필요하다. 첫째, 표준적인 선택 이론의 문헌에서는 극대화라는 규율이 지나치게 협소하게 정의되어 있는 경우가 많은데, 이는 (적어도 암묵적일지라도)선택이 이루어지는 기반이 되는 선호 순서가 완비성을 갖추어야 한다는 전제와, 선호가 오직 결과 지점에만 정의되어야 한다는 전제, 그리고 과정에 대해(따라서 포괄적인 결과에 대해서도) 전혀 고려하지 않는다는 전제를 포함한다. 그러나 이러한 제한들은 극대화라는 수학적 특성이 필요하거나 4장 "극대화와 선택 행위"에서 드러나듯, 자신의 목적에 무엇을 포함시킬 수 있는지에 대한 이성적 추론과도 충돌하지 않는다. 때때로 극대화의 필수적 특성으로 간주되는 것(예컨대 '현시 선호' 공리의 '약한' 또는 '강한' 고리)들은 극대화 행위에 전혀 요구되지 않을 수 있고, 경우에 따라 그것을 방해할 수도 있다는 일반적인 요점을 이해하는 것이 중요하다(이와 관련해서는 4장에서 논증한다). 극대화 행위를 위한 공리^{axiom}의 선택은 실질적 지향의 성격에 부합해야 하며, 단지 어떤 기계적인 일관성 공식을 따르는 데 그쳐서는 안 된다. 이러한 문제는 공리적 추론의 핵심이며, 6장 "합리성과 불확실성"과 7장 "비이항적 선택과 선호"에서 더 심화된 논의와 함께 예시된다.

두 번째 고려 사항은 모든 극대화의 실행은 결국 개인이 알고 있는 것에 의존할 수밖에 없다는 사실과 관련 있다. 최근 수년간 많은 흥미로운 연구가 진행된 주제인 '정보의 비대칭성'은 (겉보기에 단순해 보이는 이 현상이 얼마나 광범위한 함의를 갖는지 보여 주는 방식으로)[56]극대화 행위 자체로부터의 이탈을 요구하지 않으며, 개인이 가진 정보에 기반한 극대화를 계속 허용한다. 하지만 자신이 가진 정보에의 의존이 충분히 타당할 수는 있어도 합리성이란, 특히 정보가 명백히 제한되어 있을 때, 자신의 지식을 확장하기 위한 합당한 노력을 요구하기도 한다. 이 문제는 다른 쟁점과도 맞닿아 있는데, 여기에는 정보를 획득하는 데 드는 비용, 그 비용을 **사전에** 알기 어렵다(어쩌면 불가능할 수도 있

---

56) 예컨대 애컬로프(1970, 1984), 스펜스(Spence 1973a, 1973b), 스티글리츠(1973, 1985), 로스차일드와 스티글리츠(1976), 그리고 그로스만과 스티글리츠(1980) 참조.

다)는 점, 그리고 의사 결정의 긴박성 및 정보 확장의 속도와 비용 효율성의 한계 속에서 어떤 '제한된 합리성'의 형태이건 수용하는 것이 그럴듯하다는 판단 등을 포함한다.[57] 또한 불확실성을 어떻게 합리적 선택의 정식화로 포함할 것인가에 대한, 흥미롭고 방대한 문헌도 존재한다.[58] 6장 "합리성과 불확실성"에서는 이 분야의 몇몇 쟁점을 다룬다.[59] 내가 여기서 이런 쟁점들을 더 이상 추적하지 않는 이유는, 합리성 일반 또는 극대화 기반의 합리성 해석에서 이 문제가 갖는 근본적 중요성에 회의적이어서가 아니라, 단지 이 글에서는 다른 질문들에 집중하기 위해서다.

셋째, 정보에 관한 문제와 별개로, 우리는 극대화 행위가 기껏해야 합리성의 필요조건일 뿐, 충분조건이 될 수 없다는 점을 인식해야 한다. 이성은 다만 일단의 주어진 지향과 가치를 추구하는 데에만 쓰이지 않고, 그 지향과 가치 자체를 성찰하는 데에도 유용하다. 어떤 것을 극대화하느냐에 따라 극대화 행위는 명백히 어리석고, 이성적 평가가 결여된 행동일 수 있다.[60] 합리성이란 일단의 주어진(그리고 검토되지 않은) 지향이나 가치를 추구하기 위한 도구적 조건에 불과할 수는 없다.

무딘 칼로 자신의 모든 발가락을 자르느라 바쁘게 움직이는 어떤 사람을 생각하자. 우리가 그에게 왜 그렇게 어리석은 행동을 하는지 묻자, 그는 그것이 바로 자신이 원하는 목표며, 그저 그렇게 "하고 싶기" 때문이라고 답한다. 다시 묻는다. "발가락이 하나도 없는 상태가 어떤 결과를 초래할지 생각해 본

---

57) 특히 사이먼(Simon 1955, 1957, 1979) 참조.

58) 이 주제와 관련된 유용한 에세이로 애로우, 콜롬바토(Colombatto), 펄만과 슈미트(Perlman & Schmidt 1996)를 볼 것. 또한 아난드(1993)를 보라.

59) 마갈리트(Avishai Margalit)와 야아리가 애로우, 콜롬바토, 펄만, 그리고 슈미트(1996)가 제기한 불확실성에 대한 우리의 이해 및 그 함의에 관한 근본적으로 중요한 질문들을 참조하라. 이는 오만(Robert Aumann, 1976, 1982)의 고전적 해석에 대한 논평의 형태로 이루어진다. 나 역시 이 문제에 대해 애로우 등(1996)에서 논평을 시도한 바 있다.

60) 이것이 내가 앞서 주장했던 바, 새츠(Debra Staz)와 페레존(John Ferejohn)이 말한 "형식적 합리성이 함축하는 전부는 행위자의 행동이 마치 그녀가 선호를 극대화하는 것처럼 설명할 수 있을 뿐이다(75쪽)"라는 주장만으로 부족하다. 우리는 그 이상이 필요하다. 그러나 어쩌면 새트와 페레존은 (비록 그들이 일반적 합리성의 설명을 규정하지 않지만)여기서 특정한 의미의 '형식적 합리성'과 보다 일반적인 '합리성'을 구분하려는 것일 수 있다.

적 있나요?" 그는 답한다. "아니요, 생각해 본 적도 없고, 앞으로도 그럴 생각 없습니다. 내 발가락을 자르는 것은 분명 내가 원하는 일이고, 내 주요한 목표기 때문입니다. 나는 그 목적을 지능적이고 체계적으로 추구하는 한 전적으로 합리적이라고 생각합니다." 만약 극대화만으로 합리성이 정의될 수 있다면, 그는 실제로 자신을 합리적이라 주장할 수 있다. 여기서 우리는 두 가지 방향으로 나아갈 수 있다. 하나는 극대화 행위만으로도 합리성의 충분조건이 된다는 점을 인정하고 더는 논쟁하지 않는 것, 다만 우리의 주인공이 무딘 칼보다는 더 날카로운 칼을 쓰는 편이 좋겠다는 정도의 말을 덧붙일 수 있을 뿐이다(이는 포스너[Posner]가 1998년에 '선택자가 설정한 목적에 가장 적합한 수단을 선택하는 것'으로 합리성을 규정한 것과 일맥상통한다. 1,551쪽).[61] 또 다른 하나는 극대화가 합리성의 충분조건이라는 주장 자체를 거부하고, 발가락 자르기에 집착하는 이 사람이 자신의 선호를 비판적으로 평가하고 성찰해야만 합리적일 수 있다는 주장이다. 그렇게 이해하면, 어떤 주어진 지향을 지능적이고 체계적으로 추구하는 것만으로는 합리적이라고 할 수 없다는 점을 우리는 분명히 해야 한다.

우리가 주어진 지향들을 체계적으로 추구하는 것만으로는 합리성을 완전히 포착할 수 없고, 지향 자체에 대한 비판적 검토를 요구한다는 사실을 어느 정도 인식하면 '극대화로서의 합리성'이라는 접근은, 그것이 필요조건으로 받아들여질지언정 그 자체만으로는 합리성의 불충분한 특성으로 간주된다. 개인의 지향에 대한 이성적 검토는 물론 일정한 복잡성을 수반할 수 있지만, 바로 그 점이 합리성이 확실히 요구하는 일부일 수도 있다. 이것이 바로 여기서(그리고 3~7장에서) 추구되는 접근법과 밀접하게 맞닿아 있는 합리성에 대한 관점이다. 이 관점은 부분적으로는 극대화의 규율로 포착될 수 있지만, 이

---

61) 그러나 여기서 덧붙일 것은, 포스너가 합리성에 대해 일반적인 극대화 관점을 취하지 않고 자기 이익 극대화 관점을 취하기에 '선택자의 목적'에 대한 면밀한 검토는 그의 합리성 개념에 포함해야 한다는 점이다. 이 고지식한 발가락 절단자(toe-slicer)는 '자신의 [궁극적]만족을 합리적으로 극대화하는 자'에 해당하지 않을 수 있다. 이는 포스너가 사용한 합리성의 또 다른 합리성 정식화를 끌어들인 것이다(포스너 1987, 5쪽) 참조.

보다 더 넓은 관점에서는 단순히 극대화 행동으로 환원될 수 없다.

　이성적 검토의 필요성을 보다 자세히 설명하려면, 이 요구가 단지 자신의 지향과 목적을 평가하는 데만 적용되지 않고, 자신의 명시적 지향으로는 직접적으로 포착되지 않을 수도 있는 다른 가치와 우선순위를 검토하고 적용해야 할 필요성에 해당함을 분명히 할 필요가 있다. 우리는 사회적 관습의 이유로, 또는 의무론적 추론의 근거(이는 또 다른 저서 *Freedom and Justice*의 에세이에서 더 자세히 다룬다)로 어떤 행동상의 제약을 스스로에게 부과하기로 선택할 수 있다. 예를 들어 어떤 이가 자신의 지향을 끊임없이 추구함으로써 타인들로 하여금 그들의 지향을 추구하기 어렵게 하면, 이는 자신의 지향을 추구하지 않을 이유가 될 수도 있다. 이러한 ('자기 지향 선택'의 한계를 넘어서는 것과 관련된)추론은 칸트(1788)와 스미스(1790)가 폭넓게 논의한 바 있는 '사회적' 기반을 가진다.

　물론 이런 종류의 고찰에 무게를 두어야 할 필요는, 그 사람 자신의 숙고에 기초해서 받아들여질 수도, 그렇지 않을 수도 있다. 롤스는 이러한 '사회적' 추론의 필요성을 '합당함reasonableness'의 요구로 연결짓는다. 이는 섬세한 형태의 합리성의 하나지만, 합리성만으로 요구되지 않는다.[62] 단지 합리성이라는 이유만으로 '합당'해야 할 강제성은 있을 수 없지만, 개인이 '합당함'의 규율들을 따라야 할지 **여부**를 면밀히 검토해야 할 필요는, 합리성이 실제로 요구하는 비판적 추론 활용의 일부로 간주될 수 있다. 어떤 이는 심지어 그렇게 면밀한 검토 이후에도, 상당 정도의 합당함을 삼가하기로(그리고 RCT가 전제할 수도 있는 방식으로 꽤 자기 이익적으로 행동하기로) 결정할 수 있다. 그리고 그 추론이 모든 사람을 정확히 같은 입장으로 이끌 필요도 없다. 합리성이 요구하는 바는 일단의 특정한 지향이나 가치들에 대한 순응이 아니라 개인적 지향과 비목표적 가치들 모두 신중한 평가와 검토를 통해 지지할 수 있어야 한

---

62) 롤스(1981, 1999b, 2001) 참조. 또한 스캔론(1982, 1998), 켈리(1995), 그리고 켈리와 맥퍼슨(Lionel Mcpherson 2001) 참조.

다는 데 있다.

이것은 어떤 이가 단지 면밀하게 검토된 일단의 목적에 의해서뿐 아니라 자신의 지향에 대한 제약 없는 추구를 제한하는 가치에 의해서도 이끌릴 수 있는 가능성을 열어 둔다. 또한 우리의 행위에 대한 이성적 추론이 (어떤 형태로든)우리 자아의 중심성에 기초해야만 하는지에 대한 추가적인 문제가 있다. **우리**는 때때로 집단의 일원으로 행동한다(예컨대 "우리는 우리의 후보를 위해 투표했다"). 이를 단순히 개인적 행동(예컨대 "**나는** 우리의 후보를 위해 투표했다")으로 보지는 않으면서 말이다. 이러한 점은 몇 가지 질문들의 성격과 강도를 바꿀 수 있다(예컨대 "당신의 한 표가 차이를 만들어 낼 확률이 낮은데, 왜 굳이 투표를 하는가?"). 왜냐하면 그 추론은 (예컨대 "우리는, 보시다시피, 함께 투표한 것입니다"처럼)고립되지 않은 행위 주체성을 전제할 수 있기 때문이다. 선택에서의 **행위 주체 단위**는 그 자체로 개인적 행위보다 광범위할 수 있다. 행위 주체 단위에 대한 이 문제의 다양한 측면은 센(1974, 1977c), 파핏(1984), 헐리(1989)에서 다룬다. 그러나 이 사고의 전개 자체를 달리 보기 위해 자기 지향 선택을 넘어서야 할 필요도 있다.

개인의 선택이 자신의 개인적 지향뿐 아니라 (집단 행동, 과정 등을 포함하는) 보다 광범위한 결과를 고려할 때, 여전히 개인이 극대화한다고 볼 수 있는 이러한 광범위한 가치를 수용하는 '가상의 목적 함수$^{\text{as if objective function}}$' 설정이 가능할 수도 있다(4, 5, 7장과 센 1974, 1982a 참조). (의무론적 이유나 그 밖의 이유로 인한)제약의 힘은 단지 극대화 과정에 통합될 수 있을 뿐 아니라(사실 모든 극대화 과정은 실질적 제약에 종속된다) 그렇게 선택할 경우 적절히 확장된 극대화 대상에 통합될 수도 있다(4장의 정리 6.1과 6.2 참조).

이러한 설명을 전제하면, 극대화 규율은 (선호의 불완전성, 선택지 의존성, 또는 과정 민감성을 배제하지 않으면서도)합리적 선택의 규율 중 중요한 부분을 이해하는 데 유용할 수 있다. 그러나 이성의 범위는 그 너머까지 확장되며, 어떠한 극대화 행동의 이면에 놓인 목적과 가치들에 대한 비판적 검토를 포함한다. 또한 4장과 5장에서 논의되는 이유들에 따라 극대화 과정에서 (외부에서 발생하는 '실행가능성 제약'에 더하여)**자기 부과적** 제약을 포함해야 하는 논거를 제공하는 중요한 가치들도 있을 수 있다.

12. 합리성의 용도는 무엇인가?

합리성이 실제로 하나의 규율이면 우리는 이런 질문을 던질 수 있다. 이 규율은 무슨 용도가 있는가? 물론 합리성에 대해 생각하는 것 자체에서, 또 그것이 만들어 내는 두뇌 퍼즐 등을 포함해 약간의 즐거움과 지적 자극이 있을 수 있다. 그러나 우리는 물어야 한다. 그 밖에는?

합리성의 첫째이자 가장 직접적인 용도는, 주장되는 바, 규범적이어야 한다. 우리는 어리석거나 충동적이지 않으면서, 지혜롭고 신중하게 사고하고 행동하기를 원한다. 합리성에 대한 이해가 체계적인 이성의 사용에 확고히 연결되면, 합리성의 규범적 용도는 쉽게 중심 무대에 자리 잡을 수 있다.[63]

둘째, 경제학과 연관된 분야에서 '합리적 선택'은 꽤나 자주 간접적으로 사용된다. 특히 실제 행동에 대한 예측 도구로서의 역할에서 그렇다. 이 간접적 용도는 종종 합리성의 직접적 용도를 무색하게 할 수 있다. 그 간접 프로그램은, 먼저 합리적 행동을 특성화한 **이후** 실제 행동이 합리적 행동과 부합하거나 적어도 근접할 것이라는 가정을 통해 실제 행동을 예측하는 데 맞춰져 있다. 이러한 간접적 용도에서 합리성 개념은 매개 역할을 수행하는데, 이는 합리적 행동이라는 전제를 통해(그리고 무엇이 행동을 합리적으로 만드는지에 대한, 보통은 단순한 관점과 결합하여) 우리로 하여금 예측을 분석할 수 있게 한다.

---

63) 노직(1993)은 이 핵심 인식을 다음과 같이 표현한다. "합리성은 우리에게 더 많은 지식과 우리 자신의 행동과 감정, 그리고 세상에 더 큰 통제력을 부여한다." 이와 같은 노직의 분석은 합리성 규율이 얼마나 넓은 범위와 높은 정교함을 가질 수 있는지를 확인하는 여러 통찰을 보여 준다. 관련하여 루스와 레이파(Luce and Raiffa 1957), 레이파(1968)의 고전적 저서를 참조할 것.

　‘합리성을 통한 예측prediction via rationality’이라는 접근 방식이 즉각적으로 끌리는 주요한 이유 중 상당 부분은 이 절차가 제공하는 활용의 용이성(어쩌면 단순화)에 있다. 이 간접적 절차를 통해 합리적 행동에 대한 전제는 경제·정치·법 분석에서의 행동 가정들에 불을 밝히는 실마리를 제공할 수 있다. 이것은 이해를 굉장히 협소한 형식으로 축소하지 않으면서도 일반적 접근 방법으로 활용될 수 있다. 하지만 가장 흔한 용도에서 ‘합리성을 통한 예측’의 적용은 이른바 (이 책에서 RCT라 부르는)‘합리적 선택 이론’ 속에서 형식화된 매우 특정한 형태의 합리성 개념에 의존해 온 경향이 있다. 나는 이미 (1) 실제 행동이 합리적이라는 일반적 예측과 (2) RCT에서 설정된 특정 가정들(8~11절 참조)에 관련된 몇 가지 문제를 다루었다. 따라서 이 문제를 반복하지는 않겠다. 하지만 여기에는 진일보한 (방법론적)질문이 존재하는데, 인간 행동에서의 합리성이라는 전제를 통해 예측에 도달하려는 기본 전략 자체를 평가하는 문제다.

　그 두 가지, 즉 직접적으로 규범적이고 간접적으로 예측적인 용도는 밀접하게 연결된다. 실제로 후자는 기본적으로 전자에 기생하지만, 그 반대는 아니다. 합리적 선택 이론가는 **이름 자체로**(어쩌면 합리적으로 행동하는 방법에 대한 조언까지 포함하여) 합리성이 요구하는 것에 대한 분석에 만족할 수 있다. 사람들이 실제로, 항상 또는 일반적으로 합리성의 지시에 따라 행동한다고 전제할 필요는 없다. 이 지극히 초보적인 지점을 주목할 가치가 있다. 실제 행동에 대한 예측에 가 닿는 하나의 방법으로서 합리적 선택의 간접적 활용이 특정 경제학·정치학·법학 학파에서는 너무도 널리 퍼져 있어서 합리적 선택의 본질을 이해하려는 직접적인 관심이 상대적으로 어느 정도 무색해졌기 때문이다. 따라서 사람들이 실제로 어떻게 행동하는지 알기를 원치 않더라도, 합리적 선택이 무엇을 요구하는지 아는 데 관심을 가질 수 있다는 점을 우리 스스로가 다시 상기하는 게 중요하다.[64]

---

64) 카너먼, 슬로빅, 트버스키의 광범위한 경험 연구들이 남긴 수많은 기여 중 하나는, 실제 행동이 합리적 행동의 요건에서 벗어나는 양상들을 분석한 데 있다. 특히 카너먼, 슬로빅, 트버스키(1982)를 참조하라. 또한 실제 행동에서 합리성

셋째, 그럼에도 합리성에 대한 간접적 관심은 행동을 예측(혹은 설명)하는 데에만 국한하지 않는다. 다른 가능한 용도가 있으며, 그중 하나는 우리가 다른 사람들이 무엇을 하는지, 왜 그렇게 하는지, 그리고 그들이 무엇을 알고 있는지, 그들이 알고 있는 것으로부터 우리가 무엇을 배울 수 있는지 등을 이해하는 데 합리성을 광범위하게 사용한다는 점과 관련 있다. 예컨대 기차역 매표소에 도착했을 때, 여러 창구가 있고, 대부분의 창구에 긴 줄이 늘어서 있는 반면, 한 창구만은 직원은 있지만 줄이 전혀 서 있지 않는 상황이면, 대개의 사람들은 곧장 그 창구를 향해 돌진하지 않는다. 다른 사람들이 터무니없이 어리석거나 조잡하도록 비합리적이어서 그 좋은 기회를 무시한다고 전제하지 않기 때문이다. 우리는 기본적으로 최소한의 합리성과 같은 어떠한 전제가 있고, 그 전제는 우리로 하여금 다른 설명을 모색하게 할 뿐 아니라 그 '줄 서 있지 않는 창구'에 대해 (예컨대 어떤 이유건 작동하지 않는다는)최소한의 예비 판단을 형성하는 근거를 제공한다.

물론 우리는 잘못 판단할 수 있고, 많은 사람이 어리석게 행동할 가능성도 없지 않다. 혹은 누군가 한 실수를 다른 이들이 따라함으로써 잘못된 판단이 누적될 수도 있다.[65] 여기서 핵심은 타인의 행동을 이해하는 데 있어 합리성을 간접적으로 활용하는 방식이 항상 잘 작동한다는 것이 아니라. 이 접근 방식에 분명한 이유와 기능적 장점이 있어서, 우리가 매우 그럴듯하게 자주 사용한다는 점이다. 데이비슨[Donald Davidson](1985)은 일련의 결정적 기여를 통해, 타인의 행동과 세상을 이해하는 우리 방식이 그들이 행동하는 이유에 대한 우리 해석에 기반하는 점을 분명히 했다.

타인의 행동에 깔린 이유를 우리가 이해한다고 해서 그 이유들을 옳은 방식(어쩌면 지적인 방식)으로 받아들이는 것은 아니다. 또한 그것이 우리가 그

으로부터의 이탈이 왜, 어떻게 발생하는지를 진단하면서 분석하는 맥패든(1999)을 볼 것.

65) 이러한 종류의 과정은 사람들이 충분히 논리적으로 사고해도 잘못된 전제를 누적하면서 복제하는 방식으로 군집 행동이 발생할 수 있다. 바네르지(1992) 참조.

이유들을 우리 스스로의 선택에 적용하도록 만든다는 의미도 아니다. 승인과 모방은 이해와 식별과는 별개의 문제다. 그리고 그 구분을 인식하는 데에는 이전(특히 5~8절)에 논의한 이성이 작동할 수 있는 다양한 방식들이 관련 있다. 이성적 선택이라는 넓은 의미에서의 합리성 활용은 심지어 합리성이 요구하는 것이 무엇인지에 대해 서로 다른 해석이 존재하더라도 매우 강하게 작동할 수 있다.

넷째, 합리성은 타인과 세상을 이해할 때뿐 아니라 협력, 경쟁, 심지어 투쟁을 시도할 때도 적용된다. 이러한 상황에서는 상대가 자발적으로 취할 수 있는 행동이건, 우리가 취할 행동에 대한 반응이건, 상대로부터 무엇을 기대할 수 있을지를 판단하는 관점을 가질 필요가 있다. 이것은 물론 게임 이론과 전략적 관계 전반에 대한 연구에서 중심적 관심사다. 현실 세계에서 이러한 고려들이 갖는 중요성은 최근 수십 년 사이에 더 널리 인식되기 시작했다.[66]

여기서 다시 중요한 것은, 포괄적 의미에서의 합리성 개념에 정당성을 부여하는 것, 타인들이 언제나 단순화된 특정의 합리성이란 틀 내에서 행동을 선택할 것으로 전제하려는 유혹에 빠지지 않는 일이다. 예컨대 그들의 반응이 전적으로 협소하게 정의된 자기 이익에만 근거할 것으로 간주하여 공감, 헌신, 감사(또는 우리가 아마 정당한 분노나 타당한 격분으로 부를 수 있을 감정) 등을 고려하지 않으려는 그런 유혹 말이다![67] 세상 속 협력과 갈등의 실제 역사에서 행동과 반응을 정형화 방식으로만 이해하는 관점을 넘어서는 많은 교훈을 확인할 수 있다.[68] 예를 들어 타인들 또한 자기 부과 제약에 의해 제약을

---

66) 사회 선택 이론과 게임의 전략 분석 간에는 많은 상호 작용이 있다. 기버드(1973), 새터스웨이트(1975), 마스킨(1976, 1985, 1995), 칼라이와 뮬러(1977), 파타나익(1978), 그린과 라퐁(1979), 라퐁(1979), 라퐁과 마스킨(1982), 물랭(1983, 1995), 펠레그(1984), 빈모어(1994), 두타(1996), 마스킨과 셰스트룀(Sjostrom 1999) 참조.

67) 협력에 대한 다양한 유형의 이유들은 센(1974, 1982a), 파핏(1984), 애컬로프(1984), 헐리(1989), 맥클레넌(1990), 브리튼과 햄린(1995), 벤너와 퍼터먼(1998) 등의 저서에서 탐구된다.

68) 합리성 이론은 상호 의존적 행동의 가능성과 효율성에 작용하는 영향들, 그리고 이에 수반되는 조직적 장치에 대한 우리의 이해를 실질적으로 심화키는 방대한 문헌들로부터 유익하게도 많은 것을 끌어올 수 있다. 이들 문헌 중 윌리엄슨(1985), 노스(1990), 오스트롬(Ostrom 1990), 블라우(2001)를 보라.

느낄 수 있다는(그리고 그에 따라 단지 최종 결과에 대한 선호가 아니라 포괄적 성과에 대한 선호를 가진 존재로 볼 수 있다는) 인식은 (4장 "과일 넘기기 게임" 180~181쪽에서 설명되듯)어떤 게임의 성격 자체를 근본적으로 바꿀 수 있다.

다섯째, 광의의 합리적 선택은 사회 선택 이론과 깊이 연관된다. 이는 이 책 서론의 둘째 에세이(2장 "사회적 선택의 가능성")와 3부 "합리성과 사회적 선택", 4부 "자유와 사회적 선택"에 해당하는 8~14장에서 다룬다. 실제로 합리성이 요구하는 바(그리고 그 요구들이 취할 수 있는 다양한 형태들)를 충분히 이해하는 일은 공적 결정이 어떻게 합리적으로 이루어질 수 있는지를 이해하고 평가하는 데 중심이 될 수밖에 없다.[69] 마찬가지로 공공 선택 이론, 비용편익 분석, (시장 메커니즘을 포함하는)제도 평가, (지속가능 환경을 위한 제안들과 같은)공공 정책 평가, 그리고 실천 이성의 다른 분야들에서도 다양한 방식으로 등장한다.[70]

13. 맺으며

이 책에 수록된 에세이들은 매우 다양한 주제를 다루고 있다. 그러나 이 모든 글은, 방식이 서로 다를지언정 이 장에서 강조된 두 가지 주요 주제 즉, 합리성이 요구하는 바와 자유의 중요성과 관련 있다. 이 에세이는 특히 합리성의 특성과 용도, 그리고 자유의 역할과 관련성에 초점을 맞춘다.

1부의 다른 에세이(2장 "사회적 선택의 가능성")는 사회 선택 이론에 특히 집중하며, 이 책에 실린 많은 에세이(8~14장과 간접적으로는 15~19장까지)들이 이 주제를 다룬다. 공교롭게도 사회 선택 이론은 사회 구성원 모두가 직접적

---

69) 예를 들어 뮐러(1989), 브룸(1991), 다스굽타(1993) 참조.

70) 이러한 활용의 몇 가지 사례는 이 책의 제5부 "관점과 정책"에서 포함하며, 여기에는 15장 위치적 객관성, 16장 다원주의적 진보관에 대하여, 17장 시장과 자유, 18장 환경 평가와 사회적 선택, 19장 비용편익 분석의 분과를 포함한다. 또한 정책 분석 및 실천 이성에 대한 논의는 동반 저서인 *Freedom and Justice* 에도 수록한다.

이건 간접적이건 의사 결정 과정에 참여할 자유를 가질 때, 그 사회에서 합리적 결정이 요구하는 바를 이해하려는 시도며, 이는 구성원들의 의견, 영향력, 권리의 존중을 내포한다고 이해할 수 있다. 한편 합리성과 자유, 다른 한편으로는 사회적 선택 사이의 연결은 이 책의 마지막을 장식하는 애로우 강의(20~22장)의 특별한 주제다.

1부 서론과 이 책의 몇몇 에세이(특히 3~7장)에서 특히 강조된 합리성에 대한 관점은 합리성을 하나의 규율로 간주하여 특정한 공식이나 선호되는 형식, 또는 근본주의적 교리로 보지 않는다. 합리성은 지향과 가치들을 이해하고 평가하기 위해 이성적 추론의 사용을 포함하며, 이러한 지향과 가치들을 활용한 체계적 선택도 포함한다. 사전에 정해진 특정한 목표의 추구가 합리성의 본질을 대표한다고 간주하는 믿음은 이론적으로 반박되며, 이는 합리적 행동의 유일한 길잡이로서 자기 이익이 갖는 소위 '독보적 위상'에 대한 도전을 포함한다. 실제로 10절 "자아의 네 가지 특징"에서 주장하듯, 합리성을 위해 자기 이익을 추구해야 한다는 불가피한 필연성에 대한 강조는, 인간이 추구해야 할 바를 이성적으로 사고할 자유를 간과함으로써 자유롭고 이성적인 존재로서의 자아를 훼손한다. 합리성에 대한 자기 이익적 접근은 표면적으로는 자아의 중요성에 기반하는 것처럼 보일 수 있다. 하지만 자기 이익을 특권화하면서 동시에 자아의 이성적 추론은 약화시킨다. 결과적으로 그것은 나머지 우리가 동물 세계와 여러 면에서 구별되는 가장 심오한 인간의 능력, 즉 이성적 사고와 이성적 검토를 수행할 수 있는 능력을 부정한다.[71]

물론 이것은 어떤 사람의 이성적 검토가 대개의 경우, 결국 그녀를 다른 모든 지향과 가치를 배제하고 자기 이익을 추구해야 한다는 견해로 이끌 수 있다는 점 자체를 부정하지 않는다. 하지만 여기에는 필연성이 없다. 자기 이익의 배타적 추구는 어떤 방식으로건 합리성 영역에서 배제되지 않지만, 그렇

---

71) 노직(1993)은 이 구분의 의미를 통찰력 있게 다룬다.

다고 의무적이지도 않다. 합리성 안에서 그 역할은 자기 검토 여부에 따른다.

롤스가 '합당한' 행동으로 부른, 사회적으로 반응하는 행위에도 동일하게 적용된다. 이러한 행위는 (칸트가 다져 놓은 기반 위에서 롤스(1971)가 매우 탁월하게 논의했듯)비판적 검토에서 충분히 우위를 다질 수 있다. 그러나 다시 말하지만, 단순히 이성적 검토의 요구에 기반하여 합리성 근거만으로 이러한 결과가 필연적으로 도출되어야 할 필요는 없다. 도덕과 공정이 바로 그 결과를 요구할 수도 있다(이 문제는 또 다른 내 저서 *Freedom and Justice*에서 광범위하게 다룬다). 그러나 그것은 또 하나의 별개 문제다. 도덕적 사고는 이성을 활용하는 하나의 방식일 뿐이며, 이성을 활용하는 유일한 방법은 아니기 때문이다.[72]

이성적 검토의 필요성은 개인의 선택과 사회적 삶에서 도덕적·정치적 고려 사항을 수용하는 것뿐 아니라, 신중함의 요구를 포함하는 데도 적용된다. 실제로 충분히 신중하지 못한 많은 실패들은 바로 충분히 이성적인 검토가 결여되었기에 발생한다.[73] 예를 들어 뷔리당의 당나귀가 불완전 선호 속에서 (즉, 어느 건초 더미건 선택할 수 있었지만 아무것도 선택하지 않는)극대화 규율을 파악하지 못한 결과 굶어 죽었다면, 그 해결책은 더 깊은 이성적 검토에 있다. 그러한 검토는 (예컨대 현시 선호 공리처럼 당나귀에게 아무런 도움이 되지 않는)합리적 선택의 공리 같은 외부로부터 주어진 특정 공식의 사용이나 "지혜롭게 선택하라"는 식의 광범위한 조언 같은 것으로 이루어지지 않는다(그러한 조언이 유용하다고 느끼는 이들은 충분히 그 도움을 받을 자격이 있다). 필요한 것은 불완전 선호나 해결되지 않은 갈등을 안은 상황에서 어떻게 이성적 검토에 기반한 선택을 할 수 있는지를 보다 충분히 이해하는 일이며, 이러한 이해는 다른

---

72) 이 문제와 관련해서 윌리엄스(1985)를 참조.

73) 물론 그러한 성찰을 수행할 때 타인의 경험과 이해로부터 도움을 얻지 못한다고 말하려는 것은 아니다. 실제로, 다른 사람들의 경험과 이해는 한 사람의 주의를 정당하게 요구할 수 있다. 그러나 궁극적으로는 (성인이고 책임을 지는)그 사람 자신이 타인으로부터 배우고, 외부에서 온 지혜를 자신의 평가와 성찰 속에 통합해야 한다.

　　　　　　제1부 * 총론

이들이 도움을 줄 수 있는 부분이다.[74] 합리적 선택을 이성적 검토에 기반한 선택으로 보는 관점은 선택의 복잡성에 대해 광범위한 시사점을 지닌다. 이는 바로 이성의 작용 범위가 광범위하고, 그것은 **선험적** 공리나 매우 일반적인 훈계로는 포착될 수 없기 때문이다.

이 글을 마무리하면서, 여기서 제시되는 합리성에 대한 접근이 가질 만한 몇 가지 잠재적 결함(혹은 적어도 누군가에게는 그 결함이 심각하거나 불만족스럽다고 간주될 수 있는 특성)을 언급하고자 한다. 이러한 문제는 주목할 가치가 있다. 그 이유는 이러한 불편의 근원들이 인식되고 다루어져야 하기 때문이고, 또한 이 책의 에세이들에서 시도된 내용을 이어가기 위해 더 많은 탐구가 필요할 수 있기 때문이다. 바라건대, 이 합리성 접근법에서 이성적 검토에 부여된 역할에 대해서도 또 다른 이성적 검토가 이루어질 수 있어야 한다.[75]

(1) **확실한 판별 기준의 부재**: 개인이 합리적인지 여부를 판단하는 데 있어 이 접근법에는 불가피한 재량의 여지가 있고, 이는 누군가에게는 매우 매력 없는 것으로 간주될 수 있다. 자신들의 이론과 방법이 명확하고 결정적이며 편리한 알고리즘 형식이기를 기대하는 이들에게는 특히 그렇다. 합리성을 이성적 검토의 규율로 보는 관점은 어떤 사람이 합리적인지 여부를 가리는 확실한 '판별 기준'을 제공하지 않으며 애당초 그것을 목표로 하지도 않는다. 다음과 같은 질문이 제기될 수 있다. "한 사람의 선택이 그녀가 행할 수 있는 이성적 검토와 양립 가능한가?" 또는 이러한 질문들은 유용하게 다룰 수 있도록 여러 가지 기준을 제안할 수도 있다. 그러나 이러한 일반 기준들은 설령 그것들이 가능한 명확하게 서술되더라도 합리성에 대한 단순한 판별 기준으로(예컨대 '현시 선호의 약한 공리'와 같은 이른바 '선택의 내적 일관성' 조건들과는 대

---

74) 레비(1986)와 이 책의 3장과 4장 참조.

75) 여기서 제기하는 문제의 취지는, 합리성이 이성적 검토와 부합해야 한다는 요구 관점에서의 이해지, 애초에 왜 이성을 사용해야 하는가라는 보다 근본적인 질문이 아니다. 후자의 질문은 독자의 몫으로 남겨둔다(심지어 나는 이성의 역할을 부정하는 사람에게 어떤 이성을 들어 그 입장을 설명할 것인지조차 묻지 않겠다).

조적으로) 즉각 점검되고 해결될 수 있는 방식을 보여 주지 않는다.[76]

그러나 이 접근법이 즉각적인 알고리즘 전환을 제공하지 않더라도, 치명적으로 곤혹스러운 정도는 아니다. 많은 선택들이 비합리적이라는 점을 파악하는 것이 크게 어려운 일은 아니다. 예컨대 뷔뤼당의 당나귀가 이성적 검토를 수행하지 못한 경우부터 우리 사회에서 솔직히 면밀하지 못한 행위가 수많은 문제를 야기하는 경우까지(그 피해는 해당 행위자 자신에게도 적지 않게 돌아간다) 그 예는 다양하다. 어떤 경우에는, 개인의 선택이 엄격한 이성적 검토와 양립하는지 판단하는 것이 어렵거나 심지어 불가능할 수 있다는 사실은 우리가 합리성을 일단의 단순한 공식들의 기계적 적용이 아닌 복합적인 규율로 이해하면 전혀 놀랍지 않다. 물론 어떤 종류의 기준을 사용할 수 있을지를 두고 더 많은 작업이 이루어질 여지는 충분하다. 그러나 한편으로는 적용가능성의 범위를 최대화한다고 해서 그 적용의 질이나 설득력과 무관하게 비판적 규율에서 반드시 큰 미덕이라고는 할 수 없다.

(2) **개인의 이성적 추론에 대한 의존**: 둘째 문제는 이 접근법이 어떠한 유형의 이유를 끌어내고 사용하는지를 결정할 때 개인에게 상당한 자유를 부여한다는 사실과 관련 있다. 이 경우 많은 것이 해당 개인에게 달려 있다. 그럼에도 다음의 사실은 강조될 필요가 있다. 이성적 검토가 요구하는 바는 매우 엄격하며, 설령 자신이 스스로 그 검토를 수행하는 경우도 마찬가지다. 검토[Scrutiny]가 자신의 본능이나 '직감적 반응'을 확인하기 위한 비판 없는 반추와 혼동되어서는 안 된다. 실제로 어떤 사람이 충분히 열린 마음으로 그런 검토를 수행하지 않았다는 사례를 식별하는 일은 그리 어렵지 않다. 그러나 타인

---

76) 자기 이익 극대화로서의 합리성 접근 방식에도 유사한 결정가능성이 문제다. 실제로 신중함을 이성적으로 추구하는 일은 결코 단순하지 않을 수 있다(레이파 1968, 루스와 레이파 1957 참조). 이 문제를 실질적으로 다루기보다는 (예컨대 사람들이 실제로 각자의 자기 이익을 지능적으로 추구하는지를 점검하는 일을 포함해서)자기 이익 접근 방식을 사용하는 많은 논의는 단순히 그렇다고 가정한다. 이는 실제 선택 함수의 '현시적 극대화 대상'을 그 사람의 자기 이익으로 간주하는 데서 암묵적으로 드러난다(이는 앞서 논의한 RCT-2에 해당한다). 실제 행동과 신중한 행동 사이의 괴리에 대한 논의는 카너먼, 슬로빅, 트버스키(1982), 탈러(1991), 졸스, 선스타인, 탈러(1998), 맥패든(1999)을 볼 것.

들이 전혀 그렇게 받아들이지 않음에도, 당사자 자신은 분명 그러한 검토를 수행했다고 확신하는(그리고 자신에게 제시된 추가의 고려 사항들도 진지한 문제 제기로 간주할 필요가 없다는) 경우도 분명히 있을 수 있다. 이런 차이가 지속될 경우, 이 접근법은 고집스러운 검토자에게 그 입장의 철회를 강제할 방법을 제공하지 못한다.

이것이 얼마나 심각한 결함인지, 그리고 실제 결함인지 여부 자체도 분명치 않다. 분명한 것은 방금 설명한 유형의 차이들이 여전히 존재하더라도 논쟁이 무엇에 관한 것인지, 그리고 그 차이가 정확히 어디에 있는지에 대한 식별은 가능하다는 점이다. 이 역시 분명 합리성에 대한 접근 방식의 일부다. 나아가 논쟁의 핵심 쟁점인 개인 자신의 자유는 합리성을 외부로부터 부과된 규범이 아니라 사고의 규율로 보는 충분히 넓은 관점에서 핵심 요소일 수밖에 없다는 주장을 펼칠 수 있다. 만약 합리성이 규율 있는 자유를 내포하면, 외부에서 지시하는 '시험'을 강요하지 않는 것도 그 자유의 일부며, 동시에 자신의 결정과 가치를 엄격한 이성적 검토에 부과해야 할 필요성은 그 규율이 요구하는 일부다.

이 문제에서 자유는 '선택의 논리들'이 취할 수 있는 다양성 탓에 특히 중요하다. 이미 논의되었듯, 가능한 논리들은 (협소하게 규정된 '합리적 선택' 혹은 RCT에 의해 특권을 부여받은)자기 이익에 기반한 문제들뿐 아니라 (스미스, 칸트, 롤스가 제시한 바와 같은)사회적 의무와 도덕적으로 이해 가능한 논리도 포함할 수 있다. 이 둘 중 어느 한쪽의 문이라도 닫아야 하면, 그것은 문제 당사자인 개인의 이성적 검토를 통해 이루어져야 한다. 합리성이 요구하기 때문에 인간이 도달해 볼 기회조차 주어지지 않은 채 거기에 이르는 문 하나를 외부에서 아예 잠가야 한다는 소위 방법론적 근거로 결정되어서는 안 된다. 만약 이 합리성에 대한 접근법을 통해 개인에게 부여하는 자유가 결함이라면, 그 자유는 동시에 이 접근의 가장 중요한 장점 중 하나다.

선택 논리의 다양성 인식은 타인의 행동을 이해하고 해석하는 데에도 중요하다(이 문제는 데이비슨(1985)이 강력하게 탐구한 바 있다). 이를 설명하기 위해, 두 아이가 사과를 두고 다툰 오래된 이야기를 떠올려 보자(이 이야기는 내가 예전에 '합리적 바보들rational fools'에 관한 내 논문(센 1977c)에서 인용한 적이 있다). 아이 1이 아이 2에게 두 사과 중 하나를 고르라고 하자, 아이 2는 곧바로 두 사과 중 더 큰 것을 집는다. 그러자 아이 1이 투덜거린다. "넌 정말 욕심쟁이야. 내가 먼저 고를 수 있었다면, 나는 작은 사과를 골랐을 거야." 그러자 아이 2가 대답한다, "그럼 뭐가 불만이야. 너는 네가 고를 거라 했던 사과를 가졌잖아!" 선택의 논리는 단순한 선택의 사실 자체만큼이나 중요하다.

(3) 항상 검토가 필요하다는 비현실성: 이성적 검토라는 규율은, 합리적으로 선택하기 위해 항상 수행해야 하는 것으로 간주되면 지나치게 엄격한 것처럼 보일 수 있다. 사람들에겐 다른 할 일도 있기 때문이다. 이에 대한 응답으로 이성적 검토와 일치될 필요성은 각각의 모든 선택 행위 이전에 명시적으로 그 검토를 수행해야 할 필요성과 동일하지 않다는 사실을 지적할 필요가 있다. 일상적 선택에서 우리는, 우리가 따라야 할 법으로 배워 온 것들, 그리고 과거의 경험에 근거하여 작동하는 즉각적 인식에 의존해야 한다. 그럼에도 재검토와 수정의 필요성은 끊임없이 존재한다.

애덤 스미스가 주장했듯, 우리가 갖는 옳고 그름에 대한 '최초의 인식'은 '이성의 대상이 아니라 즉각적인 감각과 감정의 대상'이다. 하지만 이와 같은 직관적 판단조차, 설령 암묵적으로라도 '굉장히 다양한 경우들'에서 행동과 결과 사이의 밀접한 연관성에 대한 이성적 이해에 의존하지 않을 수 없다. 나아가 이러한 최초의 인식은 비판적 검토에 따라 변화할 수 있다. 예컨대 인과 분석을 통해, 특정 '대상이 다른 어떤 것을 얻기 위한 수단'이라는 사실이 드러나는 경우가 있을 수 있다(스미스 1790, 319~320쪽). 결정적 쟁점은 이것이다. 어떤 사람이 이성적 검토를 수행하면, 직관적으로 이루어진 선택들이 보다 면밀한 검토를 견뎌낼 수 있을 것인가?

(4) **접근법의 명백함**: 이 접근법에 제기될 수 있는 또 다른 비판은, 그것이 너무 기초적인 방법론을 수반한다는 점이다. "그래서 대체 무슨 기여가 있다는 거야?" 합리성이 이성적 검토를 포함해야 한다는 생각만큼 (하도 투박하여) 단순한 생각이 또 있을까? 실제로 많은 사람은 이 기본적 주장이 너무 자명해서 굳이 따지려 들 필요조차 없다고 여길 수 있다.

만약에 이러한 비판이 제기되면, 나는 기꺼이 환영할 것이다. 정말로 이 합리성에 대한 접근이 지극히 자명해서 말할 가치조차 없다면, 그거야말로 진정 반가운 소식이다. 왜냐하면 이 접근은 동시에 경제학·정치학·법학에서 광범위한 영향력을 가진 해석(예컨대 합리성을 선택의 내적 일관성으로 보는 해석, 또는 자기 이익의 지적 추구나 단순히 극대화 행동 그 자체로 보는 해석)들에 대한 단호한 거부를 포함함으로써, 그 자명함(즉 이러한 대안적이고 폭넓게 활용된 접근법이 쉽게 거부된 사실) 자체로도 많은 것이 달성된 셈이기 때문이다.

반대로 합리성에 대한 이러한 접근법을 (특히 경쟁 이론들에 맞서)옹호할 필요성이 존재하며, 그것이 바로 내가 이 작업을 시작한 이유고, 어떤 접근법을 택할지를 결정하는 데 수반되는 논증들 성격을 설명하려 시도한 이유기도 하다. 하지만 나는 합리성을 이성적 검토와의 일치라는 관점으로 보는 데에는 지극히 기초적인 무엇인가가 있다는 점을 인정(사실은 주장)할 수밖에 없다. 만약 (어쩌면 자명하기까지 한)그 기초적인 관점이 이 자리를 차지하려는 경쟁 주장의 복잡성에 압도되었다면, 이 기초성을 인식할 때 우리는 다시 지나치게 정형화된 이론들로 흐려지지 않은 기본 영역으로 돌아갈 수 있다.

실제로 과도하게 '거대한' 소리로 들릴 위험을 감수하고서라도, 합리성이 요구하는 바에 대한 다양하고 자의적인 협소한 형식화 탓에 인류로부터 빼앗긴 기반을 되찾는 일이 중요할 수 있다. 이러한 형식들의 한계는, 이 책에 수록된 여러 문헌 속에서 광범위하게 분석된다. 이렇게 정교하게 구성된 구조에서 잘못된 점은, 단지 특정 형식이 갖는 한계뿐 아니라 합리성이 (개인의 선택뿐 아니라 그 기저에 놓인 지향과 가치에 대한 비판적 검토의 필요성 같은 것 없이)주어진 특정 공식으로 환원될 수 있다는 일반적 전제 자체에 있다. 여기서 제시된 합리성에 대한 관점이 다소 열린 형식으로 보인다면, 그것은 내 의도와 크게 다르지 않다. 검토가 요구하는 바는 본질적으로 일정한 개방성을 수반하기 때문이다. 요구되는 검토는 그것이 수행되기도 전에 완결되거나 고정될 수 없다.

결론적으로 합리성이 자유를 평가하는 데 중요하듯(애로우 강의는 특히 그 연결에 집중된다) 자유 또한, 이 에세이에서 탐구된 접근법 속에서 합리성의 중심 요소다. 이 책의 전반적인 목표는 여기에 수록된 에세이들이 제시하는 분석적(때로는 기술적) 탐구와 더불어 이러한 일반 쟁점들과의 교류를 포함한다. 이 책은 특히 합리성과 자유의 상호 의존성을 명확히 하고, 그 중요성과 범위를 확인하는 데 목적이 있다. 우리는 합리성도 필요하고, 자유도 필요하다. 그리고 이 둘은 서로를 필요로 한다.

 제1부 * 총론

제2장

사회적 선택의 가능성*

'낙타'란, 누군가 말했듯이 "위원회에 의해 설계된 말이다." 이 말은 위원회 결정의 끔찍한 결함을 잘 보여 주는 예처럼 들릴 수 있으나, 사실 너무도 약한 비판이다. 낙타는 말처럼 빠르진 않지만 매우 유용하고 조화로운 동물로 식량과 물 없이 장거리를 여행할 수 있도록 잘 적응했다. 말을 설계하면서 서로 다른 구성원들의 다양한 바람을 반영하려는 위원회는 훨씬 덜 조화로운 결과를 낳기 쉽다. 예컨대 그리스 신화에 나오는, 반은 말이고 반은 다른 어떤 것의 형태를 띠는 켄타우로스같이 야만성과 혼돈을 결합한 변덕스러운 창조물일지도 모른다.

소규모 위원회가 겪는 어려움은 '사람들의, 사람들에 의한, 사람들을 위한' 선택을 반영하는 상당한 규모의 사회적 결정에 이르면 더욱 커질 수 있다. 이

* 도움이 되는 논평과 제안에 아난다, 애로우, 애킨슨, 로스차일드, 그리고 스즈무라에게 깊이 감사한다. 바그치(Amiya Bagchi), 바르담(pranab Bardham), 바수, 디턴(Angus Deaton), 데브, 드레즈, 두타, 피투시(Jean-Paul Fitoussi), 포스터, 오스마니(Siddiq Osmani), 파타나익, 그리고 쇼록스(Tony Shorrocks)와의 토론에서도 큰 도움을 받았다. 이 에세이는 1998년 12월 8일, 스웨덴 스톡홀름에서 알프레드 노벨 경제학상 수상에 즈음하여 발표되었다. 이 글의 저서권은 노벨재단(1998)에 있으며, 노벨재단의 승인을 얻어 여기에 게재한다.

는 대체로 '사회적 선택'의 주제며, 그 폭넓은 틀 속에는 사회나 집단을 구성하는 개인들의 견해와 이익을 사회적 판단과 집단적 결정에 연관시키는 공통된 성격을 지닌 다양한 문제가 포함된다. 사회 선택 이론을 자극하고 고무하는 핵심 질문이 있다면, 그것은 다음과 같은 문제일 것이다. 사회 **내**의 다양한 개인들의 선호, 관심사, 처지의 차이를 고려할 때, (예컨대 '사회 복지', '공공 이익', '전체 빈곤' 등에 대한)설득력 있는 집단적 판단에 도달하는 것이 어떻게 가능할까? "사회가 이것을 저것보다 선호한다", "사회는 저것 대신 이것을 선택해야 한다", 또는 "이것이 사회적으로 옳다"와 같은 집단 판단을 내릴 합리적 근거를 어떻게 찾을 수 있을까? 그리고 이러한 사회적 선택이 정말로 가능하기는 한 일인가? 오래전 호라티우스[Horace, Quintus Horatius Flaccus]가 지적했듯, "사람 수만큼 선호가 존재할 수 있다"고 하면 말이다.

1. 사회 선택 이론

이 강의에서 나는 사회 선택 이론이 하나의 학문 분과로서 직면하는 몇 가지 도전과 기초적인 문제를 다루고자 한다.[1] 물론 이 강의의 직접적 계기는 노벨 경제학상 수상이며, 내가 어느 방식으로든 (그 시도가 다소 겸손하지 않게 보일 수 있음을 감안하더라도)이 상의 수상과 관련된 내 자신의 연구를 언급할 것이라는 기대가 있음을 잘 알고 있다. 나는 그 기대에 부응하기 위해 노력할 생각이고, 동시에 사회적 선택이라는 학문 분과(그 내용, 관련성 그리고 범위)에 관한 몇 가지 일반적인 질문들을 다루기에 적절한 계기라는 생각에 이 기회를 놓치지 않으려 한다. 스웨덴 왕립과학원은 내가 수상한 공로가 속한 일반

---

1) 이 글은 말할 것도 없이 사회 선택 이론을 개관하지 않으며, 관련 문헌를 검토하려는 시도 또한 하지 않는다. 개괄적 논의는 펠드먼(1980), 파타나익과 살레스(1983), 스즈무라(1983), 해먼드(1985), 엘스터와 휠란드(1986), 센(1986a), 스타렛(David Starrett 1988), 뮐러(1989), 그리고 보다 포괄적으로는 애로우 외(1997)를 볼 것.

분야를 '후생 경제학'으로 지칭했으며, 세 가지 특정 영역을 별도로 언급했는데, 사회적 선택, 분배 그리고 빈곤이 그렇다. 나는 실제로 다양한 방식으로 이들 각각의 주제에 관여해 왔지만, 그중에서도 사회 선택 이론은 애로우(1951)가 현대적 형태로 개척자처럼 공식화했듯[2] 대안적인 사회적 가능성들에 대한 평가와 선택(여기에는 사회적 복지, 불평등, 빈곤에 대한 평가를 포함된다)에 대한 일반적 접근을 제공한다. 이 점만으로도 나는 이번 노벨 강의에서 주로 사회 선택 이론에 집중할 충분한 이유라고 생각한다.

사회 선택 이론은 매우 폭넓은 학문 분과로 다양한 개별 질문을 포괄하며, 그 주제를 설명하기 위해 몇 가지 문제를 예시로 드는 것이 유익할 수 있다(감사하게도 나는 이 가운데 많은 문제에 대해 연구할 특권을 누려 왔다). 언제 **다수결 원칙**이 모호하지 않고 일관된 결정을 산출할 수 있을까? 서로 다른 구성원들의 다양한 이해관계를 고려할 때, 한 **사회 전체**가 얼마나 잘 작동하는지를 어떻게 판단할 수 있을까? 사회를 구성하는 다양한 사람의 각기 다른 곤란과 고통을 고려할 때, **총체적 빈곤**을 어떻게 측정할 수 있을까? 사람의 선호를 충분히 인정하면서, 그들의 **권리와 자유**를 어떻게 반영할 수 있을까? **자연환경**이나 **전염병 예방** 같은 공공재에 대한 사회적 가치를 우리는 어떻게 평가할 수 있을까? 또한 직접적으로 사회 선택 이론의 일부는 아니지만, (예컨대 **기근과 굶주림**의 발생과 예방, **젠더 불평등**의 형태와 결과, 혹은 '사회적 책무'으로서의 **개인의 자유**에 대한 요구들과 같은)집단적 의사 결정에 대한 연구에서 얻은 이해로 인해 진전된 연구들도 있다. 실제로 사회 선택 이론의 범위와 관련성은 매우 광범위할 수 있다.

---

2) 또한 애로우(1950, 1951, 1963) 참조.

2. 사회 선택 이론의 기원과 건설적 회의론

사회 선택 이론이라는 주제는 어떻게 기원했는가? 서로 다른 이해관계와 관심사를 포함하는 사회적 결정의 문제는 오래전부터 탐구되었다. 예를 들어 기원전 4세기 고대 그리스의 아리스토텔레스와 고대 인도의 카우틸야[Kautilya]는 각각 저서 『정치학[Politics]』과 『경제학[Economics]』에서 사회적 선택에 대한 다양한 건설적 가능성들을 모색했다.[3]

그러나 사회 선택 이론이 하나의 체계적인 학문 분과로 자리잡기 시작한 것은 프랑스 혁명 시기 즈음이다. 이 주제는 18세기 후반에 보르다[J. C. Borda](1781)와 콩도르세 후작[Marquis de Condorcet](1785) 같은 프랑스 수학자들에 의해 선구적으로 다루어졌다. 이들은 이러한 문제를 비교적 수학적 방식으로 접근했고, 투표 및 관련 절차를 중심으로 사회적 선택이라는 공식 학문 분과를 열었다. 그 시기의 지적 분위기는 사회 질서에 대한 이성적 구성에 관심을 둔 유럽 계몽주의의 영향을 강하게 받았다. 실제로 초기 사회 선택 이론가들 중 일부, 특히 콩도르세는 프랑스 혁명의 지적 지도자였다.

그러나 프랑스 혁명은 프랑스에 평화로운 사회 질서를 가져오지는 못했다. 혁명이 전 세계적으로 정치 의제를 바꾸는 데 커다란 성과를 내었음에도 정작 프랑스 안에서는 많은 갈등과 유혈 사태를 초래했을 뿐 아니라 흔히, 그리 부정확한 표현은 아닌, '공포 정치'로 이어지기도 했다. 실제로 혁명의 사상적 기반에 기여한 사회적 조정 이론가들 중 많은 이들이 혁명 자체가 촉발한 갈등의 불길 속에 목숨을 잃었다(이들 중에는 콩도르세도 포함되었는데, 그는 타인에 의해 목숨을 잃게 될 것이 거의 확실해졌을 때, 스스로 생을 마감했다). 이 경우에서, 이론과 분석의 수준에서 다루어지던 사회적 선택의 문제는 지적으로 평

---

3) 산스크리트어 '아르타샤트라(Arthashatra, 카우틸리야의 저서 제목)'는 글자 그대로 번역하면 '경제학'이 가장 적절하지만, 그가 이 저서에서 갈등 사회에서의 통치술 요건을 탐구하는 데 많은 지면을 할애한 점을 함께 고려할 필요가 있다. 아리스토텔레스의 *Politics*와 카우틸리야의 *Arthashatra* 영어 번역본은 각각 바커(E. Barker 1958)와 랑가라잔(L. N. Rangarajan 1987)에서 확인할 수 있다. 관련된 중세 유럽의 흥미로운 저서들로는 예컨대 맥클린(1990)을 참조할 것.

화로운 해결을 기다리지 않았다.

초기 사회 선택 이론가들을 움직인 동기는, 사회적 선택의 제도적 장치에서 불안정성과 자의성을 피하려는 것이었다. 그들의 연구는 집단 구성원 모두의 선호와 이해관계에 적절한 주의를 기울이면서, 합리적이고 민주적인 집단 결정의 틀 구축을 목표로 삼았다. 그러나 심지어 이론적 탐구조차 일반적으로는 오히려 다소 회의적인 결과를 낳았다. 예컨대 그들은 다수결 원칙이 철저히 비일관적일 수 있음을 지적한다. 말하면 A가 B를 다수결로 이기고, B가 C를 다수결로 이기며, 다시 C가 A를 다수결로 이기는 상황이 발생할 수 있다는 지적이었다.[4]

많은 탐구 작업들이(종종 마찬가지의 회의적 결과와 함께) 유럽에서 19세기 내내 계속되었다. 실제로 『이상한 나라의 앨리스』의 저자 루이스 캐롤[Lewis Carroll](본명 도그슨[C. L. Dodgson]으로 1874, 1884년에 발표)을 포함 몇몇 굉장히 창의적인 인물들이 이 분야에서 활동하며 사회적 선택의 어려움과 씨름했다.

20세기에 이 주제가 애로우(1951)에 의해 부활했을 때, 그 역시 집단적 결정의 어려움과 그로 인해 생길 수 있는 비일관성에 깊은 관심을 가졌다. 애로우가 사회적 선택이라는 학문 분과를 구조화하고 공리화된 틀 속에 놓음으로써(이를 통해 근대적 형태의 사회 선택 이론이 탄생했다) 이미 존재하던 암울함을 더욱 심화시켰는데, 이는 매우 놀라운(그리고 겉보기엔 비관적인) 보편적 결과를 증명했기 때문이다.

애로우(1950, 1951, 1963)의 '불가능성 정리[impossibility theorem]'(공식 명칭은 일반 가능성 정리[General Possibility Theorem])는 숨이 막힐 만큼 우아하고 강력한 결과로 매우 넓은 범주의 사회적 선택 절차에서, 지극히 온건한 합리성의 조건들조차 동시에 만족시킬 수 없음을 보여 준다. 오직 독재만이 그 불일치를 피할 수 있

---

4) 콩도르세(1785)를 보라. 이 분석에 대해서 다양한 해설이 있고, 그 예로 애로우(1951), 블랙(Duncan Black 1958), 거얼라인(William V. Gehrlein 1983), 영(H. Peyton Young 1988), 맥클린(1990) 등이 있다. 다수결 투표에서의 비일관성이 보편적으로 발생할 수 있는 가능성은 맥켈비(Richard D. McKelvey 1979)와 스코필드(Norman J. Schofield 1983)를 참조하라.

었으나, 이는 물론 (1) 정치에서는 참여적 결정의 극단적 희생, (2) 후생 경제학에서는 다양한 인구의 이질적 이해관계에 민감하게 반응하지 못하는 중대한 결함 문제를 수반한다. 계몽주의 사상 및 프랑스 혁명의 사상가들 저서 속에서 사회적 합리성이라는 이상이 꽃피운 지 200년이 지난 후, 이 주제는 피할 수 없이 좌초한 것처럼 보였다. 사회적 평가, 후생 경제학적 계산, 그리고 분석적 통계는 불가피하게 자의적이거나 혹은 회복 불가능하게 전제적일 수밖에 없는 듯했다.

애로우의 '불가능성 정리'는 즉각적이고 강렬한 관심을 불러일으켰다(그리고 그에 대한 반응으로 방대한 문헌이 생성되었는데, 그 안에는 다른 많은 불가능 결과도 포함되었다).[5] 이 정리는 또한 애로우의 실제로 작동 가능한 체계적인 사회 선택 이론을 개발하려는 지극히 중요하고 건설적인 기획을 압도할 만큼, 이 분야가 지닌 심각한 취약성에 대한 진단으로 이어지기도 했다.

3. 후생 경제학과 부고 기사

사회적 선택의 어려움은 후생 경제학에도 맹렬하게 적용된다. 1960년대 중반, 보몰[William Baumol](1965)은 신중하게 언급한다. "후생 경제학의 중요성에 대한 언급들은 … 이제 거의 부고[訃告] 기사와의 유사성을 갖기 시작했다(2쪽)." 이는 당시의 지배적인 시각을 정확히 반영한 해석이었다. 그러나 보몰 자신

---

5) 공리 구조를 변화시켜서, 관련된 불가능성 정리들 또한 도출할 수 있다. 이러한 예시는 애로우(1950, 1951, 1952, 1963), 블라우(1957, 1972, 1979), 한손(1969a, b, 1976), 마줌다르(1969, 1973), 센(1969, 1970a, 1986b, 1993a, 1995a), 파타나익(1971, 1973, 1978), 마스-콜렐과 손넨샤인(Andreu Mas-Colell and Hugo Sonnenschein 1972), 슈워츠(1972, 1986), 피쉬번(1973, 1974), 기버드(1973), 브라운(Donald J. Brown 1974, 1975), 빈모어(1975, 1994), 살레스(1975), 새터스웨이트(1975), 로버트 윌슨(1975), 데브(1976, 1977), 스즈무라(1976a, b, 1983), 블라우와 데브(1977), 켈리(1978, 1987), 블레어와 폴락(1979, 1982), 라퐁(1979), 두타(1980), 치칠니스키(1982a, b), 그레더와 플롯(1982), 치칠니스키와 힐(1983), 뮬랭(1983), 파타나익과 살레스(1983), 켈시(1984a, b), 펠레그(1984), 해먼드(1985, 1997), 아이저만과 알레스케로프(1986), 스코필드(1996), 알레스케로프(1997) 등의 저서에서 찾아볼 수 있고, 그 밖에도 많은 기여들이 있다.

도 지적하듯, 우리는 그러한 시각이 과연 타당했는지를 평가해야 한다. 특히 우리는 사회 선택 이론 내 애로우식 구조들과 관련된 회의주의가 과연 후생 경제학이라는 학문 분과에 파괴적인 것으로 간주되어야 하는지를 물어야 한다.

실제로 전통적인 후생 경제학은 (예컨대, 에지워스 1881, 마샬 1890, 피구 1920 등)공리주의 경제학자들에 의해 전개된 투표 중심의 사회 선택 이론과는 매우 다른 길을 걸었다. 이들은 보르다(1781)나 콩드르세(1785)가 아니라, 이들과 동시대를 살았던 벤담^{Jeremy Bentham}(1789)으로부터 영감을 얻는다. 벤담은 서로 다른 개인들의 이익을 각자의 효용의 형태로 집계하여 사회적 이익에 대한 판단을 도출하려는 공리주의 계산 방식을 선구적으로 도입했다.

벤담(그리고 일반적으로 공리주의)이 관심을 둔 것은 공동체의 **총효용**이었다. 이는 그 총효용이 어떻게 분배되는지와는 무관했고, 바로 이 지점에서 윤리적·정치적으로 중요한 정보상의 한계가 존재한다. 예컨대 어떤 사람이 소득으로부터 즐거움과 효용을 창출할 수 있는 역량 자체가 (예를 들어 장애 등으로 인해)전반적으로 낮은 경우, 그 사람은 공리주의적 이상 세계에서는 주어진 총효용 중에서 **더 적은** 몫을 배분받는다. 이는 효용의 총합을 극대화하려는 외골수적 추구의 결과다(이러한 단일 초점적 우선순위가 가져오는 특이한 결과에 관해서는 센 1970a, 1973a, 롤스 1971, 다스프르몽과 게베르 1977 참조). 그러나 서로 다른 사람들의 이득과 손실을 비교하여 고려하려는 공리주의적 관심 자체는 무시할 수 없는 사안이다. 그리고 바로 이러한 관심 덕에 공리주의적 후생 경제학은 각 개인의 효용 증감 비교라는 형태로 표현되는 정보의 한 범주를 사용하는 데 깊은 관심을 가지게 되었는데, 이는 콩도르세와 보르다가 직접적으로 다루지는 않았던 방식이다.

공리주의는 후생 경제학의 형성에 지대한 영향을 끼쳤고, 후생 경제학은 오랫동안 공리주의적 계산 방식에 거의 의심 없이 의존하는 구조를 유지해왔다. 그러나 1930년대에 이르러 공리주의적 후생 경제학은 심각한 비판에 직면한다. 공리주의가 분배 문제를 고려하지 않고 오로지 총효용의 합에만 집중한다는 점에 의문을 제기하는 일은 (롤스 1971에서 그의 정의론을 정식화하면서 탁월하게 수행해 내었듯)지극히 자연스러웠다. 그러나 1930년대 및 그 이후 수십 년간의 반공리주의 비판은 그 방향으로 나아가지 않았다. 오히려 경제학자들은 로빈스^{Lionel Robbins}와 ('논리 실증주의' 철학에 깊이 영향을 받은)다른 이들이 제시한, 개인 간 효용의 비교는 어떠한 과학적 근거가 없다는 주장에 설득당했다. "모든 마음은 다른 모든 마음에게 불가해하고, 감정의 공통 척도란 존재할 수 없다(로빈스 1938, 636쪽)." 이로써 공리주의적 후생 경제학의 인식론적 토대는 치유할 수 없을 만큼 결함이 있는 것으로 간주되었다.

그 뒤를 이어 개별 인물들이 사회 상태에 대해 갖는 서열만을 바탕으로 개인 간 효용의 증감에 대한 어떠한 비교도 없이(물론 공리주의자들이 무시한 것처럼 개인별 총효용에 대한 어떠한 비교도 없이) 후생 경제학을 수행하려는 시도가 이어졌다. 공리주의와 공리주의적 후생 경제학은 (전체 효용의 **총합**에만 집중하므로)개인 간 효용의 **분배**에 대해 무관심하며, 어떠한 형태의 개인 간 비교도 배제하는 새로운 체계는 사회적 선택이 활용할 수 있는 정보 기반을 더욱 축소시켰다. 이미 제한되어 있던 벤담식 계산법의 정보 기반은 보르다와 콩도르세의 그것으로 더욱 축소되었는데, 이는 개인 간 비교 없이 각 개인의 효용 서열만을 사용하는 방식이 사회적 선택을 위해 투표 정보를 활용하는 방식과 분석적으로 매우 유사하기 때문이다.

이러한 정보적 제약에 직면하여, 공리주의적 후생 경제학은 1940년대 이후에 소위 '신후생 경제학'에 자리를 내주게 되었다. 이 접근은 사회적 개선의 단 하나의 기준, 즉 '파레토 비교'만을 사용했다. 이 기준은 단지 어떤 변화가 모든 사람의 효용을 증가시킨다면, 오로지 그 대안적 상황이 확실히 더 나은 것으로 주장한다.[6] 이후의 후생 경제학은 대부분 '파레토 효율'에만 주

---

6) 또는 적어도 그것이 한 사람 이상의 효용을 증가시키고 어느 누구의 이익도 해치지 않으면 말이다.

의를 집중한다(다시 말해, 더 이상의 파레토 개선이 불가능한 상태인가만을 확인하는 데 초점을 맞춘다). 이 기준은 **분배** 문제에 전혀 관심을 두지 않으며, 그러한 문제는 이해관계나 선호 간의 충돌을 고려하지 않고서는 다룰 수 없다.

보다 폭넓은 사회 복지 판단이 가능하려면, 분명히 어떤 **추가적** 기준이 필요하다. 이는 버그슨[Abram Bergson](1938)과 새뮤얼슨[Paul A. Samuelson](1947)이 통찰력 있게 탐구했다. 이 요구는 곧장 애로우(1950, 1951의 선구적인 사회 선택 이론 정식화로 이어졌는데, 이는 사회적 선호(혹은 결정)를 개인들의 선호군과 연결짓는 것으로 이러한 관계를 '사회 후생 함수'라 부른다. 애로우(1951, 1963)는 이후 다음과 같은 매우 온건해 보이는 조건 (1) 파레토 효율, (2) 비독재성, (3) (일군의 어떤 대안들에 대한 사회적 선택은 **오직** 해당 대안들에 대한 선호에만 의존해야 하는)독립성, (4) (사회적 선호는 이행성을 포함하여 완전한 서열이어야 하고, 모든 가능한 일군의 개인적 선호들에 대해 성립해야 한다는)무제한 영역 조건들의 집합을 고려했다.

애로우의 불가능성 정리는 이 조건들을 동시에 만족하는 결과가 불가능함을 보여 주었다.[7] 이 불가능성 결과를 피하기 위해, 이후의 문헌에서는 애로우의 조건들을 수정하는 여러 시도가 이어졌지만, 다른 어려움들이 계속 등장한다.[8] 이처럼 불가능성 정리들이 가진 강력함과 광범위한 적용성은 통합된 형태의 회의주의를 낳았고, 이것은 후생 경제학과 사회 선택 이론 전반에서 지배적인 주제로 자리 잡았다. 이러한 독해가 정당화될까?

---

7) 또한 구조적 가정으로서, 최소한 서로 구별되는 두 명 이상의 개인(그러나 무한히 많지는 않음)과 서로 다른 세 개 이상의 사회 상태가 존재한다고 설정된다(이는 경제학자들이 지금까지 설정한 가정들 중에서 가장 비현실적인 것은 아니다). 여기서 언급된 공리는 애로우 정리의 후기 버전(1963)에 나타난다. 이 설명은 비공식적이며 다소의 기술적 모호성을 허용하기에 정밀성을 중시하는 독자들은 애로우(1963), 센(1970a), 피쉬번(1973), 켈리(1978) 등에 제시된 정식 진술을 참조하라. 증명과 관련해서 다양한 버전이 있고, 물론 애로우(1963)도 그중 하나다. 센(1995a)에서는 매우 짧은(그리고 기초적인)증명을 제시한다. 그 밖에도 센(1970a, 1979b), 블라우(1972), 로버트 윌슨(1975), 켈리(1978), 살바도르 바르베라(1980, 1983), 빈모어(1994), 존 지나코풀로스(1996) 등에 다양한 변형들이 있다.

8) 해당 분야의 문헌을 비판적으로 논의하려면 켈리(1978), 펠드먼(1980), 파타나익과 살레스(1983), 스즈무라(1983), 해먼드(1985), 헬러 외(Heller et al., 1986), 센(1986a, b), 뮐러(1989), 그리고 애로우 등(1997)을 참조할 것.

4. 형식적 방법과 비형식적 추론의 상보성

본격적인 문제로 나아가기 전에, 이 질문 및 관련 질문에 답하는 데 사용되는 추론 방식의 성격을 간략하게 언급할 필요가 있겠다. 사회 선택 이론은 형식적이고 수학적 기법이 매우 폭넓게 사용되어 온 주제다. 형식적(그리고 특히 수학적) 추론 방식에 의심을 품는 이들은 현실 세계의 문제를 이런 방식으로 논의하는 것이 과연 유용한가에 대해 회의적인 경우가 많다. 의심은 이해할 만하지만 궁극적으로는 오해에서 비롯한다. 서로 다른 사람들의 다양한 선호나 이해관계로부터 통합적 그림을 도출하려는 시도는 형식적 검토가 없을 경우 심각하게 잘못된 판단을 초래할 수 있는 복잡한 문제를 수반한다. 실제로 (이 분야에서 여러 방면으로 고전적 지위를 차지하는)애로우(1950, 1951, 1963)의 불가능성 정리는 상식이나 비형식적 추론만으로는 도저히 예측할 수 없는 결과다. 이러한 점은 이 정리의 확장된 결과에도 마찬가지로 적용된다. 예를 들어 사회적 선택의 내적 일관성을 요구하지 않더라도 애로우의 정리와 똑같은 형태의 불가능성이 성립함을 보여 주는 결과(센 1993a 정리-3 참조) 역시 마찬가지다. 여기서 사회 선택 이론 내의 몇 가지 실질적 쟁점을 논의하는 과정에서 역시 형식적 추론 없이는 쉽게 예측할 수 없는 다양한 결과를 살펴볼 기회가 있을 것이다. 비형식적 통찰력이 중요하지만, 가치의 조합이나 겉보기에 그럴듯한 요구들의 정합성과 설득력을 검토하는 데 필요한 형식적 탐구를 대체할 수는 없다.

그렇다고 사회 선택 이론을 널리 알리고 대중과 소통하는 작업이 결정적으로 중요하다는 점을 부정하지는 않는다. 사회 선택 이론에서, 형식적 분석을 비형식적이고 투명한 검토와 연결 짓는 것은 본질적으로 중요하다. 솔직히 나 자신의 경우, 이 형식과 비형식의 결합은 사실상 일종의 강박적 관심사였고, 내가 가장 깊이 관여해 온 (예컨대 정보의 확장을 위한 적절한 틀, 부분적 비교 가능성과 부분적 서열의 활용, 그리고 이항관계나 선택 함수에 요구되는 일관성 조건의 약화 등) 형식 개념들 일부는 형식적 탐구와 비형식적 설명 및 이해 가능한 방식의 검토를 함께 요구한다.[9] 우리가 깊이 체감하는 현실 세계의 문제는 형식적이고 수학적인 추론의 분석적 활용과 실질적으로 통합되어야 한다.

5. 가능성과 불가능성의 근접성

불가능성 정리의 성격과 역할을 이해하려면, 가능성과 불가능성 결과 간 일반적인 관계 또한 주목해야 한다. 사회적 선택과 관련된 일련의 공리들이 모두 동시에 만족될 수 있을 때, 이를 충족하는 여러 가능한 절차가 존재할 수 있고 우리는 그중 하나를 선택해야 한다. 서로 다른 가능한 대안들 중에서 판별력 있는 공리를 통해 선택하려면 **더 많은** 공리들을 도입해야 하며, 결국 하나의 가능한 절차만 남을 때까지 계속된다. 이는 일종의 위기 관리 게임과 같다. 우리는 대안을 하나씩 제거해 나가야 하고, 이 과정은 (암묵적으로는)불가능성을 **향한** 움직임이다. 다만 모든 가능성이 제거되기 직전, 즉 단 하나의 선택지만 남는 순간에 멈춰야 한다.

그러므로 사회적 선택을 위한 특정의 방법을 공리적으로 완전히 규정하려는 시도는 불가능성의 바로 옆(실제로는 불가능성에 이르기 직전)에 있을 수밖에 없음을 분명히 할 필요가 있다. 만약 그것이 불가능성으로부터 멀리 떨어져 있다면(즉, 여러 긍정적 가능성들이 존재하면), 그것은 공리적으로 특정한 사회적 선택 방법을 도출해 낼 수 없다. 따라서 공리적 추론에 기반한 사회 선택 이론 내의 건설적 경로들은 한쪽에는 불가능성 결과(다른 쪽에는 다수의 가능성들)의 경계 위에 놓이는 경향을 예측할 수 있다. 이러한 근접성으로부터는 사회 선택 이론(혹은 그 주제 자체)의 취약성에 대한 어떠한 결론도 도출되지 않는다.

---

9) 실제로, 내가 사회 선택 이론에 관해 쓴 주요 단행본인 *Collective Choice and Social Welfare*(센 1970a)은 형식 분석이 포함된 장('별표 *가 붙은 장')과 비형식적 논의에만 국한된 장('별표 *가 없는 장')을 교대로 배치한다.

실제 애로우의 연구 이후 전개된 문헌들에서는 불가능성 정리의 다양한 유형과 긍정적 가능성 결과가 모두 서로 매우 인접한 위치에 있음이 드러났다.[10] 그러므로 진정한 쟁점은 불가능성의 편재성[ubiquity] 자체가 아니라(즉, 불가능성은 어떤 특정 사회적 선택 규칙을 공리적으로 도출하려는 시도 가까이에 항상 존재한다) 공리들의 적용 범위와 그 합당함에 있다. 우리는 이제 합당한 요구 조건들을 충족하면서 실제로 작동 가능한 규칙들을 도출하는 기본적인 과제에 집중해야 한다.

6. 다수결 결정과 일관성

이제까지의 논의에서 나는 다른 것들을 무시하면서, 특정한 형태의 개인 선호 구성에만 국한시키려는 시도는 하지 않았다. 형식적으로 이는 애로우의 '무제한 영역' 조건이 요구하는 바인데, 이 조건은 사회적 선택 과정이 상상할 수 있는 모든 개인의 선호군들에 대해 작동해야 한다고 주장한다. 그러나 분명한 것은 어떠한 결정 과정이건 어떤 선호 구성은 사회적 결정의 불일치와 비일관성을 초래할 것이고 다른 선호 구성은 그러한 결과를 낳지 않으리라는 점이다.

애로우(1951) 자신도 블랙(1948, 1958)과 함께 일관된 다수결 결정을 보장

---

10) 관련된 주요 기여들은 다음 저서에서 찾아볼 수 있다. 한손(1968, 1969a, 1969b, 1976), 센(1969, 1970a, 1977a, 1993a), 슈워츠(1970, 1972, 1986), 파타나익(1971, 1973), 키르만과 존더만(Alan P. Kirman and Dieter Sondermann 1972), 마스-콜렐과 손넨샤인(Mas-Colell and Sonnenschein 1972), 윌슨(1972, 1975), 피쉬번 (1973, 1974), 플롯(1973, 1976), 브라운(1974, 1975), 페레존과 그레더(John A. Ferejohn and Grether 1974), 빈모어(1975, 1994), 살레스(1975), 블레어 외(1976), 보르데스(Georges A. Bordes 1976, 1979), 캠벨(1976), 데브(1976, 1977), 파크스(1976a, b), 스즈무라(1976a, b, 1983), 블라우와 데브(1977), 켈리(1978), 펠레그(1978, 1984), 블레어와 폴락(1979, 1982), 블라우(1979), 몽자르데(Bernard Monjardet 1979, 1983), 바르베라(Salvador Barberà 1980, 1983), 치칠니스키(1982a, b), 치칠니스키와 힐(Heal 1983), 뮬랭(1983), 켈시(1984, 1985), 데니콜로(Vincenzo Denicolò 1985), 마쓰모토(Yasumi Matsumoto 1985), 아이저만과 알레스케로프(Aizerman and Aleskerov 1986), 반디오파디아이(Taradas Bandyopadhyay 1986), 레비(1986), 캠벨과 켈리(1997) 등 다수의 기여들이 있다.

할 수 있는 적절한 제약 조건들을 탐색하는 작업을 했다. 일관된 다수결 결정을 위한 필요충분조건은 실제로 식별 가능하다(센과 파타나익 1969 참조).[11] 이 조건들은 이전에 제시된 조건들보다 훨씬 덜 제한적이지만, 여전히 상당히 까다로운 조건들이다. 실제로 이러한 조건들은 많은 실제 상황들에서 쉽게 위배될 수 있음이 입증되었다.

다수결 결정의 필요조건 또는 충분조건에 대한 형식적 결과는 투표 기반 사회적 선택에 대해 얼마만큼의 희망(또는 그만큼의 실망)을 줄 수 있을지는 (개인적 선호의 실제 양상들 속에서)사회적 결속과 대립의 정도가 결정짓는다. 사회가 직면하는 선택의 문제는 그 형태와 규모가 매우 다양하며, 이 결과가 일부 유형의 사회적 선택 문제에서는 다른 유형의 선택 문제에 비해 덜 적합할 수 있다. 분배 문제가 중심을 이루고, (예컨대 각자 자신의 몫이 증가하는 분할이면 타인에게 어떤 일이 일어나건 상관없이 더 선호하는 이른바 '케이크 나누기' 문제처럼)사람들이 타인을 고려하지 않고 자신의 '몫'을 극대화하려는 경우, 다수결 법칙은 철저히 비일관적인 경향을 보인다. 그러나 (예컨대 민주 정부에서 기근을 예방하지 못한 데 대한 반응처럼)국가적 분노의 사안이 존재할 때, 유권자들이 합당하게 한목소리를 내며 철저히 일관된 태도를 보일 수 있다.[12] 또한 사람들이 정당 단위로 결집하고, 복잡한 의제와 대화 속에서, 형평, 정의 같은 가치에 대한 일반적인 태도를 포함하는 경우, 만연한 일관성도 보다 조화로운 결정

---

11) 이 분야에 크게 기여한 이나다 겐이치(Ken-ichi Inada 1969, 1970)의 연구도 함께 볼 것. 또한 빅리(William S. Vickrey 1960), 워드(Benjamin Ward 1965), 센(1966, 1969), 센과 파타나익(1969), 파타나익(1971)도 함께 참조할 것. 다수결 결정의 일관성 있는 결과를 도출하려는 다른 유형의 제한 조건들도 다수 논의된다. 니콜슨(Michael B. Nicholson 1965), 플롯(1967), 털럭(Gordon Tullock 1967), 이나다(Inada 1970), 파타나익(1971), 데이비스 외(Otto A. Davis et al. 1972), 피쉬번(1973), 켈리(1974a, b, 1978), 파타나익과 센굽타(1974), 마스킨(1976a, b, 1995), 그랑몽(Jean-Michel Grandmont 1978), 펠레그(1978, 1984), 가르트너(1979), 두타(1980), 치칠니스키와 힐(1983), 스즈무라(1983) 등의 기여 참조. 보다 넓은 범주의 투표 규칙에 대한 정의역 제한은 파타나익(1970), 마스킨(1976a, b, 1995), 에후드 칼라이(Ehud Kalai)와 뮐러(1977)의 연구에서 탐구된다. 이 방대한 문헌은 가르트너(1998)에 의해 결정적으로 정리된다.

12) 이것이 바로, 소외된 지배자나 독재자, 또는 일당 체제가 아닌, 독립적이고 민주적인 국가에서 기근이 발생한 적이 단 한 번도 없었던 이유 중 하나다. 센(1984), 드레즈와 센(1989), 디수자(Frances D'Souza 1990), 휴먼라이츠워치(Human Rights Watch 1992), 적십자 및 적신월사(Red Cross and Red Crescent Societies 1994)를 참조.

에 자리를 내줄 수 있다.[13]

후생 경제학에 관한 한, 분배 문제가 중심이라는 점에서 다수결 규칙과 투표 절차는 특히 비일관성에 취약하다. 그러나 우리가 제기해야 할 근본 질문 중 하나는 (애로우식 체계에서는 사회적 선택 절차가 실질적으로 제한되어 있는)투표 규칙들이 후생 경제학 영역에서 사회적 선택을 위한 합당한 접근 방식이 될 수 있는가다. 우리가 투표 제도의 다양한 변형을 통해 사회적 후생에 대한 판단을 시도하는 일이 과연 적절한 범주에 속하는 것인가?

7. 정보의 확장과 후생 경제학

투표 기반의 절차는 선거, 국민 투표, 혹은 위원회 결정과 같은 일부 유형의 사회적 선택 문제에 대해서는 지극히 자연스러운 방식이다.[14] 그러나 사회적 선택의 다른 많은 문제에 대해서는 투표 기반의 절차는 전적으로 부적절하다.[15] 예를 들어 사회적 후생에 대한 어떤 총괄적 지표를 얻고자 할 때, 우리는 최소 두 가지 명확한 이유로 인해 그러한 절차에 의존할 수 없다.

---

13) 이 일반적인 정치적 쟁점의 다양한 측면으로는 애로우(1951), 뷰캐넌(1954a, b), 뷰캐넌과 털럭(1962), 센(1970a, 1973c, 1974, 1977d, 1984), 스즈무라(1983), 해먼드(1985), 파타나익과 모리스 살(1985), 캐플린과 나렐버프(Andrew Caplin and Barry Nalebuff 1988, 1991), 영(1988), 구이니어(Lani Guinier 1991) 등의 저서를 비롯한 여러 글 참조. 또한 1995년 겨울호 Journal of Economic Perspectives에 실린 투표 절차에 관한 심포지엄을 참조할 것. 여기에는 레빈과 나렐버프(Barry Nalebuff 1995), 레이(Douglas W. Rae 1995), 타이더먼(Nicolaus Tideman 1995), 웨버(Robert J. Weber 1995), 르 브르통과 웨이마크(Michel Le Breton and John Weymark 1996), 스즈무라(1999) 등의 기여를 포함한다.

14) 그러나 투표와 실제 선호 사이에서 대응이 결여될 가능성에서 비롯하는 심각한 문제가 있다. 이는 투표 결과를 조작하려는 전략적 투표로 인해 양자가 달라질 수 있어서다. 기버드(1973)와 새터스웨이트(1975)의 주목할 만한 불가능성 정리 참조. 조작과 집행가능성의 문제에 대한 방대한 문헌도 있다. 파타나익(1973, 1978), 브램스(1975), 그로브스와 레디어드(Ted Groves and John Ledyard 1977), 바르베라와 손넨샤인(Barberà and Sonnenschein 1978), 두타와 파타나익(1978), 펠레그(Peleg 1978, 1984), 슈마이들러와 손넨샤인(Schmeidler and Sonnenschein 1978), 다스굽타 외(1979), 그린과 라퐁(1979), 라퐁(1979), 두타(1980, 1997), 파타나익과 센굽타(1980), 센굽타(1980a, b), 라퐁과 마스킨(1982), 뮬랭(1983, 1995), 후르비츠(Leo Hurwicz) 외(1985) 등 참조. 또한 다음의 세 가지 관계 (1) 선호, (2) 비선호, (3) 무차별과 (1*) 찬성 투표, (2*) 반대 투표, (3*) 기권 사이 정확한 일대일 대응을 설정할 때 비전략적 차원에서도 불가능성이 존재한다. 이는 투표가 비용이 들든, 즐거움을 주든, 그 어느 것도 아니든 마찬가지다(센 1964 참조).

15) 센(1970a, 1977a) 참조.

첫째, 투표는 적극적인 참여를 요구하며, 만약 어떤 이가 자신의 투표권을 행사하지 않기로 결정하면 그의 선호는 사회적 결정에서 직접적으로 반영되지 않는다(실제로 낮은 투표율 탓에, 예컨대 미국 내 아프리카계 미국인과 같은 상당한 집단의 이해관계는 국가 정치에서 충분히 대표되지 못한다). 이에 반해, 합당한 사회적 후생 판단을 내릴 때는 자기 주장을 강하게 내세우지 못하는 사람들의 이해관계 역시 간단히 무시될 수 없다.

둘째, 모든 사람이 투표에 적극 참여하더라도 후생 경제학적 평가에 필요한 중요한 정보가 여전히 부족할 수밖에 없다(이와 관해서는 센 1970a, 1973a를 참조하라). 투표를 통해서 각 개인은 서로 다른 대안에 대한 선호 순위를 정할 수 있지만 개인 간 복지를 비교하는 정보를 투표 데이터로부터 직접 얻는 방법은 없다. 분배 문제를 다루려면 (애로우뿐 아니라 보르다와 콩도르세가 탐구한) 투표 규칙의 범주를 넘어서야 한다.

애로우는 개인 간 효용 비교의 사용을 배제했는데, 이는 그가 따랐던 1940년대의 일반적인 학문적 합의, 즉 "개인 간 효용 비교는 의미가 없다(애로우 1951, 9쪽)"는 견해를 따른 것이다. 애로우가 사용한 공리들의 전체 조합은 사회적 선택 절차를 넓은 의미에서 투표 방식의 규칙들로 제한하는 결과를 낳았다.[16] 따라서 그의 불가능성 정리는 이 규칙의 범주에 해당한다.

만약 우리가 사회적 선택에서 개인 간 비교의 사용을 배제했던 역사적 합의를 거부하고 건설적인 사회 선택 이론의 기초를 세우고자 하면, 우리는 두 가지 중요한(그리고 어려운) 질문에 답해야 한다. 첫째, 다수의 개인이 관여된

---

16) 사회적 선택 절차를 투표 규칙에 한정하는 것은 애로우(1951, 1963)가 전제한 가정이 아니라, 그가 확립한 불가능성 정리의 일부임을 설명할 필요가 있다. 이는 이성적인 사회적 선택을 위해 제시된 일련의 외견상 합당한 공리들로부터 도출되는 분석적 결과다. 효용의 대인 비교는 물론 명시적으로 배제되지만, 애로우 정리에 대한 증명은 설득력 있는 여러 다른 가정들이 결합하면, 그로부터 투표 규칙의 다른 성질들까지도 논리적으로 도출됨을 보여 준다(그 자체로 주목할 만한 분석적 성과다). 이러한 도출된 성질에는 특히 사회 상태의 성격 자체가 아니라, 그 상태에 찬성하거나 반대하여 던져진 투표들만을 고려하도록 강제하는 요건이 포함되며, 이는 흔히 '중립성'으로 불리는 속성이다. 하지만 이는 결국 정보상의 제약일 뿐임에도 다소 긍정적으로 포장된 명칭이다. 효용의 대인 비교를 배제하면서 효용의 불평등, 또는 효용 증가와 감소의 차이에 주목할 가능성이 제거될 뿐 아니라, 이와 함께 도출되는 '중립성' 요건은 사회 상태 각각의 성격(예, 각 상태의 소득 불평등)에 명시적으로 주목하면서 분배 문제에 간접적으로 접근하는 가능성마저 차단한다. 이러한 유도된 정보 제약이 불가능성 결과를 발생하는 데 작용하는 방식으로는 센(1977c, 1979b)에서 다룬다.

복잡한 개인 간 비교를 체계적으로 포함하고 활용하는 것이 가능한가? 이것은 혼란스러운(그리고 뒤엉킨) 개념들의 난장이 아니라 규율 있는 분석의 영역이 될 수 있는가? 둘째, 그 분석 결과를 실제 활용과 어떻게 통합할 수 있는가? 개인 간 비교를 타당하게 정립하려면 어떤 종류의 정보에 기반해야 하는가? 그리고 그런 관련 정보는 실제로 확보 가능하며, 실제 사용될 수 있는가?

첫째 질문은 주로 분석적 체계 구축의 문제고, 둘째는 인식론과 실천 이성의 문제다. 후자의 쟁점은 개인 간 비교의 정보 기반을 다시 검토할 필요가 있으며, 나는 지금부터 그것이 불가피하게 한정된 형태의 답변을 요구한다고 주장하려 한다. 그러나 첫째 질문은 건설적 분석을 통해 보다 결정적으로 다룰 수 있다. 기존 문헌에서 전개된 기술적 내용에 깊이 들어가지 않고 말하면, 여러 유형의 개인 간 비교는 완전히 공리화될 수 있고, 사회적 선택 절차에 정확히 통합될 수 있다(보다 일반화된 틀에서의 '불변 조건'을 사용함으로써, 형식적으로는 '사회 후생 함수'로 구성된다. 센 1970a, 1977c 참조).[17] 실제로 개인 간 비교는 '전부 아니면 전무'식 이분법적 구분에 반드시 한정될 필요는 없다. 어느 정도의 개인 간 비교는 가능할 수 있지만 모든 유형의 비교가 가능한 것도 아니며, 절대적으로 정확한 수준으로 가능한 것도 아니다(센 1970a, c를 참조하라).

예를 들어, 우리는 로마 황제 네로가 로마를 불태움으로써 얻은 효용의 증가가 그 화재로 고통받은 다른 모든 로마 시민들의 효용 손실의 총합보다 작다는 사실을 그리 어렵지 않게 받아들일 수 있을지 모른다. 하지만 그렇다고 해서 모든 사람의 효용을 정확하게 일대일로 대응시킬 수 있다고 확신을 가질 필요는 없다. 이렇듯 우리는 '부분적 비교가능성partial comparability'을 요구할 여지가 있다. 말하면 완전한 비교가능성도, 비교 불가능성의 극단도 모두 거부

---

17) 서페스(1966), 해먼드(1976, 1977, 1985), 스트라스닉(1976), 애로우(1977), 다스프레몽과 게베르(1977), 마스킨(1978, 1979), 게베르(1979), 로버츠(1980a, b), 스즈무라(1983, 1997), 블래커비 외(1984), 다스프레몽(1985), 다스프레몽과 필립 몽쟁(Philippe Mongin 1998) 등의 저서를 비롯한 여러 기여들에서 찾아볼 수 있다.

하는 접근이다. 이러한 부분적 비교가능성의 다양한 정도는 (부정확성의 정확한 정도를 명시하는 방식까지 포함해)수학적으로 정확한 형태로 정식화될 수 있다.[18] 또한 명확한 사회적 결정을 내리기 위해, 극도로 정밀한 개인 간 비교가 일반적으로 필요한 것은 아닐 수 있음을 보여 줄 수도 있다. 실제로 사회적 결정을 내리는 데는 상대적으로 제한된 수준의 부분적 비교가능성만으로 충분한 경우가 빈번하다.[19] 그러므로 실증적 작업은 때때로 우려되는 것처럼 야심찰 필요는 없다.

개인 간 비교의 정보 기반으로 넘어가기 전에 나는 하나의 큰 분석적 질문을 던지고자 한다. 개인 간 비교를 체계적으로 사용하면, 사회적 선택의 가능성에 어떤 변화가 생기는가? 애로우의 불가능성 정리와 관련된 결과는 사회적 후생 판단에 개인 간 비교를 도입함으로써 사라지는가? 간단히 말하면, 그렇다. 추가적인 정보의 가용성은 이러한 유형의 불가능성을 피해갈 수 있을 만큼 충분한 식별력을 제공한다.

여기에는 흥미로운 대조가 있다. 개인 간 비교 **없이** 효용의 기수성cardinality을 허용하는 경우, 애로우의 불가능성 정리는 전혀 달라지지 않고, 이는 기수적 효용 측정가능성에도 그대로 확장된다(1970a에서 정리 8*2 참조). 이에 반해, 단지 서열적 수준의 개인 간 비교만으로도 정확한 불가능성은 깨진다. 물론 우리는 (개인 간 기수적 비교를 포함한)완전한 형태의 개인 간 비교가 요구되는 경우, 고전적 공리주의적 접근이 가능하다는 것을 알고 있다.[20] 그러나 밝혀진 바에 따르면, 이보다 더 약한 형태의 비교가능성조차도 일관된 사회적 후생 판단을 가능하게 하고, 이는 애로우의 모든 요건들을 충족하는 동시에 (물론 가능한 규칙들이 비교적 좁은 범주의 규칙 집합에 한정되겠지만)분배 문제에도 민

---

18) 센(1970a, c), 블래커비(1975), 파인(Ben J. Fine 1975a), 바수(1980), 베젬빈더(T. Bezembinder)와 판 아커(P. van Acker 1980), 레비(1986)를 참조하라. 정확하지 않음에 대한 연구는 또한 '퍼지(fuzzy)' 특성화로 확장될 수 있다.

19) 애킨슨(1970), 센(1970a, c, 1973a), 다스굽타 외(1973), 로스차일드와 스티글리츠(1973) 참조.

20) 애로우(1951)의 불가능성 정리 이후 이어진 비관적 문헌들에 반대하며 입장을 제시한 하사니(John C. Harsanyi 1955)의 고전적 논문을 특히 참조하라. 또한 미를리스(James A. Mirrlees 1982)도 함께 볼 것.

감하게 반응할 수 있다.[21]

분배 문제는 사실상, 사회적 후생 판단의 기반으로서 투표 규칙을 넘어설 필요성과 밀접하게 연결된다. 앞서 논의처럼, 공리주의 역시 중요한 의미에서 분배에 무관심한 태도를 보인다. 공리주의 프로그램은 총효용의 **총합**을 극대화하며, 그 총합이 얼마나 불평등하게 배분되었는지는 고려하지 않는다 (이러한 분배 무관심의 광범위한 함의는 1973a에서 다룬다). 그러나 개인 간 비교의 활용은 다른 방식으로 이루어질 수 있고, 이를 통해 공적 결정이 복지와 기회에서의 **불평등**에 민감하게 반응할 수 있다.

사회 후생 함수라는 넓은 접근법은 형평과 효율성에 대한 처리 방식뿐 아니라, 요구되는 정보량에서도 서로 다른 다양한 유형의 사회적 후생 규칙을 사용할 수 있는 가능성을 열어 준다.[22] 더욱이 개인 간 비교를 금지하던 인위적 장벽이 제거되면서, 규범적 측정의 다른 여러 분야들 또한 사회 후생 분석의 공리적 접근 방식을 통해 연구되었다. 내가 수행해 온 평가와 측정들, 예컨대 **불평등**(1973a, 1992a, 1997b), **빈곤**(1976b, 1983b, 1985a, 1992a), **분배 조정된 국민 소득**(1973b, 1976a, 1979a) 그리고 **환경 평가**(1995a) 등은 최근 사회 선택 이론의 정보 확장된 틀에 굳건히 기초한다.[23]

---

21) 센(1970a, 1977c), 롤스(1971), 펠프스(1973), 해먼드(1976), 스트라스닉(1976), 애로우(1977), 다스프레몽과 게베르(1977), 게베르(1979), 로버츠(1980a, b), 스즈무라(1983, 1997), 블래커비 외(1984), 다스프레몽(1985) 등의 기여를 비롯한 여러 저서를 보라.

22) 센(1970a, 1977c), 해먼드(1976), 다스프레몽과 게베르(1977), 데샹과 게베르(1978), 마스킨(1978, 1979), 게베르(1979), 로버츠(1980a), 오스마니(Siddiqur R. Osmani, 1982), 블래커비 외(1984), 다스프레몽(1985), 쿨홍과 몽쟁(T. Coulhon and Philippe Mongin 1989), 베이전트(1994), 다스프레몽과 몽쟁(1998) 등의 다양한 기여를 참조할 것. 대인 효용 비교의 활용에 대한 선구적 분석으로는 하사니(1955)와 서페스(1966)를 참조하라. 엘스터와 루머(Jon Elster and John Roemer 1991)는 이 주제에 관한 방대한 문헌에 대한 탁월한 비판을 하기도 했다.

23) (센 1973a에서 시작된)불평등에 관한 내 작업은 특히 애킨슨(1970, 1983, 1989)의 선구적인 기여에서 큰 영향을 받았다. 이 주제에 관한 문헌은 최근 몇 년 사이 매우 빠르게 성장해 왔고, 이에 대한 비판적 검토와 오늘날 문헌으로는 포스터와 센(1997)을 참조하라.

제1부 * 총론

8. 개인 간 비교의 정보적 바탕

개인 간 비교를 통합하는 데 있어 분석적인 문제는 전반적으로 잘 정리되어 왔지만, 여전히 남은 중요한 실천적 과제는 개인 간 비교를 위한 적절한 접근법을 실증 학문의 형태로 찾아내고, 이를 실제 활용에 적용하는 일이다. 가장 먼저 다뤄야 할 핵심 질문은 다음과 같다. "무엇에 대한 개인 간 비교인가?"

사회 후생 함수의 형식적 구조는 어떤 의미에서도 효용 비교에만 한정되지 않으며, 다른 유형의 개인 간 비교도 포함할 수 있다. 여기서 핵심 문제는, 개인의 이점을 어떤 방식으로 산정할 것인가 하는 선택의 문제다. 이 선택이 반드시 행복이라는 심리 상태를 비교하는 데 있지만은 않고, 대신 개인의 행복, 자유 또는 (그에 상응하는 평가적 규율의 관점에서 이해되는)실질적 기회를 바라보는 다른 방식에 초점을 맞출 수도 있다.

후생 경제학과 사회 선택 이론에서 개인 간 효용 비교가 거부된 것은, 로빈스(1938) 같은 실증주의자들의 비판 이후 효용 비교를 전적으로 심리 상태의 비교로 해석한 데 근거했다. 실제도 그렇지만, 그러한 심리 상태의 비교조차 이를 무조건적으로 거부하는 입장은 유지되기 어렵다.[24] 실제로, 철학자 데이비드슨^{Donald Davidson}(1986)이 강력하게 주장했듯, 사람들이 다른 사람들의 마음이나 감정을 이해한다는 것 자체가 자신의 마음과 감정과의 어떤 비교 없이는 설명되기 어렵다. 물론 이런 비교는 매우 정밀하지 않을 수 있지만, 그렇다 해도 우리는 사회적 선택에서 개인 간 비교를 체계적으로 활용하기 위

---

24) 대인 비교를 전적으로 개인의 의견이나 가치 판단의 문제로 간주하면, 서로 다른 사람들의 다양한 의견이나 평가를 어떻게 결합할 수 있을지에 대한 문제가 제기될 수 있다(이 자체가 하나의 사회적 선택 문제처럼 보인다). 로버츠(1995)는 대인 비교를 의견의 집합으로 간주하는 이러한 정식화를 폭넓게 탐구한 바 있다. 그러나 대인 비교가 보다 확고한 사실적 기반을 가진 것으로 간주하면(예, 어떤 사람이 다른 사람보다 객관적으로 더 불행하다는 것), 대인 비교의 활용은 윤리학보다는 인식론에 더 적합한 공리 요건들의 정립을 요구한다. 복지의 대인 비교에 대한 상반된 관점은 리틀(Ian Little 1957), 센(1970a, 1985b), 시토프스키(Tibor Scitovsky 1976), 데이비슨(1986), 기버드(1986) 등을 참조할 것. 또한 관찰된 고통에 대한 경험적 연구로는 드레즈와 센(1989, 1990, 1995, 1997), 쇼카에르트(Erik Schokkaert)와 판 우테헴(Luc Van Ootegem 1990), 솔로우(Robert M. Solow 1995) 등을 볼 것.

해, 매우 정밀한 수준의 개인 간 비교까지 필요하지 않다는 사실을 분석적 연구를 통해 알고 있다(관련 논의는 센 1970a, c, 1997b, 블래커비 1975를 참조하라).

따라서 심리 상태 비교라는 오래된 영역에서도 상황은 그리 회의적이지만은 않다. 그러나 더 중요한 것은 개인의 후생 또는 개인의 이점에 대한 개인 간 비교는 꼭 심리 상태의 비교만을 기반으로 할 필요는 없다는 점이다. 실제로는 쾌락이나 욕구와 같은 심리 상태의 비교에 지나치게 집중하지 말아야 할 윤리적 근거도 존재할 수 있다. 효용은 경우에 따라 지속적인 결핍에 반응하여 매우 쉽게 형태가 바뀔 수 있다. 예컨대 극심한 빈곤 속에 있는 절망적인 빈민, 착취적 경제 체제에서 살아가는 억눌린 노동자, 젠더 불평등이 고착화된 사회에서 살아가는 예속적 주부, 혹은 잔혹한 권위주의 체제 아래 살아가는 억압받는 시민들은 자신의 결핍을 수용할 수도 있다. 그들은 작은 성취들로부터 얻을 수 있는 기쁨을 받아들이고, 자신의 욕구를 실현 가능성에 맞게 조정할 수(그럼으로써 조정된 욕구의 충족가능성을 높일 수) 있다. 그러나 그들이 그런 조정에 성공한다 해도 그들의 결핍이 사라지지는 않는다. 쾌락이나 욕구를 기준으로 삼는 척도가 때로는 한 개인이 겪는 실질적 결핍의 정도를 정확히 반영하기에 매우 부적절할 수 있다.[25]

실제로 소득이나 일단의 재화 꾸러미, 혹은 더 일반적으로 자원 자체를 한 개인의 이점을 판단하는 데 있어 직접적인 중요 요소로 간주해야 할 필요성이 존재할 수 있고, 이는 단순히 그것들이 어떤 심리 상태를 유발하는 데 기여해서만은 아니다.[26] 실상 롤스(1971)의 '공정으로의 정의justice as fairness' 이론에서 차등 원칙은 개인의 이점을 판단할 때 롤스가 '기본재primary goods'라고 부

---

25) 이 문제와 그것이 갖는 광범위한 윤리적·경제적 함의는 센(1980, 1985a, b)에서 다룬다. 또한 바수 외(1995) 참조.

26) 실질 소득 비교의 후생적 관련성은 그것과 연관된 심리 상태로부터 분리될 수 있다. 이에 대해서 센(1979a)을 참조. 또한 '비(非)시기(nonenvy)적' 관점에서 공정을 다룬 관련 문헌들을 참조할 것. 예를 들어, 폴리(1967), 콤(Serge-Christophe Kolm 1969), 파즈너와 슈마이들러(Elisha A. Pazner and David Schmeidler 1974), 베리언(1974, 1975), 스벤손(Lars-Gunnar Svensson 1977, 1980), 드워킨(Ronald Dworkin, 1981), 스즈무라(1983), 영(1985), 캠벨(1992), 뮬랭과 톰슨(1997) 등이 있다. 재화를 넘어서는 대인 분배의 사회적 판단을 직접적으로 분석한 연구로는 피셔(Franklin M. Fisher 1956)가 있다.

르는, 즉 누구에게든 유용하며 목적이 무엇이건 간에 필요한 일반 목적적 자원에 대한 개인의 지배력을 기준으로 한다.

이러한 절차는 기본재 및 자원의 소유 여부뿐 아니라 그것들을 삶을 잘 영위할 수 있는 역량으로 전환하는 데 존재하는 개인 간 차이를 함께 고려함으로써 보다 개선될 수 있다. 실제로 나는 개인이 그가 가치를 둘 이유가 있는 방식으로 살아갈 수 있는 역량을 기준으로 개인의 이점을 판단해야 한다는 입장을 옹호해왔다.[27] 이 접근법은 사람들이 궁극적으로 도달하는 구체적 결과물이 아니라 그들이 갖는 실질적 자유에 주목한다. 책임 있는 성인에게서 성과보다 자유에 집중하는 일은 일정한 가치가 있고, 이는 오늘날 사회에서 개인의 이점과 결핍을 분석할 수 있는 일반적인 틀을 제공할 수 있다. 이러한 개인 간 비교는 부분적일 수 있으며, 다른 관점들의 교차점에 기반하는 경우가 많다.[28] 그러나 이러한 부분적 비교가능성의 활용은 이성적 사회 판단의 정보 기반에 중대한 차이를 만들어 낼 수 있다.

그러나 이 주제의 성격과 정보의 가용성과 평가에 따르는 실제적 어려움을 고려할 때, 하나의 정보 접근 방식만을 고집하며 다른 모든 방식을 배제하는 일은 과도하리만치 야심찬 태도라고 할 수 있다. 최근 응용 후생 경제학 문헌에서는 복지에 대한 합당한 개인 간 비교를 시도하는 다양한 방식이 제시된다. 일부는 소비 패턴을 분석하고, 이를 바탕으로 다른 사람들의 복지를 비교 추론하는 접근을 취한다(폴락과 웨일스 1979, 요르겐슨 등 1980, 요르겐슨 1990,

---

27) 센(1980, 1985a, b, 1992a), 드레즈와 센(1989, 1995), 누스바움과 센(1993)을 보라. 또한 루머(Roemer 1982, 1996), 바수(1987), 누스바움(1988), 아네슨(Richard J. Arneson 1989), 애킨슨(1989, 1995), 코언(G. A. Cohen 1989, 1990), 부르기뇽과 필즈(F. Bourguignon and G. Fields 1990), 그리핀과 나이트(Keith Griffin and John Knight 1990), 크로커(David Crocker 1992), 아난드와 라발리온(Sudhir Anand and Martin Ravallion 1993), 애로우(1995), 데사이(Meghnad Desai 1995), 파타나익(1997) 등의 기여를 참고하라. 역량 관점에 대한 몇몇 중요한 심포지엄들이 있는데, 예를 들어 *Giornale degli Economisti e Annali di Economia*(1994) 및 *Notizie di Politeia*(1996, 특별호)가 있고, 여기에는 발레스트리노(Alessandro Balestrino 1994, 1996), 코르니아(Giovanni Andrea Cornia 1994), 그라날리아(Elena Granaglia 1994, 1996), 마르티네티(Enrica Chiappero Martinetti 1994, 1996), 바베타(Sebastiano Bavetta 1996), 카터(Ian Carter 1996), 카시니와 베르네티(Leonardo Casini and Iacopo Bernetti 1996), 라자비(Shahrashoub Razavi 1996) 등의 기고를 포함한다. 또한 이에 대한 내 응답을 담은 센(1994, 1996b)을 볼 것.

28) 이와 관련해 센(1970a, c, 1985b, 1992a, 1999a, b) 참조.

슬레즈닉 1998 참조). 또 다른 연구들은 이러한 방식에 다른 정보 입력을 결합한다(디튼과 뮐바우어 1980, 애킨슨과 부르기뇽 1982, 1987, 피셔 1987, 1990, 폴락 1991, 디튼 1995 참조).[29] 또 다른 시도에서는 설문조사를 활용하여 상대적 복지에 관한 질문에 따른 사람들의 응답에서 일정한 규칙성을 찾아내려 한다 (예컨대 캅테인[Arie Kapteyn]과 프라흐[Bernard M.S. van Praag] 1976 참조).

삶의 조건에서 중요한 특징들을 관찰하고, 이를 바탕으로 삶의 질과 생활 수준의 비교에 대해 결론을 도출하는 데에도 주목할 만한 연구가 다수 존재해 왔다. 실제로 이 분야에서는 스칸디나비아 지역 연구자들의 오랜 연구 전통이 잘 정립되어 있다(예컨대 알라르트[Allardt] 등 1981, 에릭손[Robert Erikson]과 오베리[Rune Aberg] 1987 참조). 또한 기본적 욕구와 그 충족 여부에 대한 문헌은 상대적 결핍을 이해하기 위한 실증적 접근법을 제시해 왔다.[30] 나아가 마흐부브 울 하크[Mahbub ul Haq](1995)의 지적 리더십 아래 유엔개발계획[UNDP]은 삶의 조건에 대한 관찰 가능한 특징들을 기반으로 한 비교를 가능케 하기 위해 정보 기반의 확장이라는 특정한 방식을 체계적으로 활용해 왔다(UNDP, *Human Development Reports*에 수록).[31]

이들 방법론 각각에서 허점을 지적하거나 관련된 개인 간 비교 척도를 비판하는 일은 비교적 쉽다. 그러나 이러한 연구들로부터 파생된 실증 정보의 광범위한 활용이 후생 경제학적으로 매우 중요한 의미를 갖는다는 점은 의심의 여지가 없다. 이들 연구는 우리가 개인적 이점과 그것들의 실증적 상관관

---

29) 슬레즈닉(Slesnick 1998)을 보라.

30) 기본 욕구 접근법(basic needs approach)에 대한 훌륭한 입문서는 스트리튼 외(Paul Streeten et al. 1981)에서 찾을 수 있다. 또한 아델만(Irma Adelman 1975), 가이 외(Dharam Ghai et al. 1977), 그랜트(James P. Grant 1978), 모리스(Morris D. Morris 1979), 치칠니스키(Chichilnisky 1980), 카크와니(Nanak Kakwani 1981, 1984), 스트리튼(Paul Streeten, 1984), 스튜어트(Frances Stewart 1985), 구딘(Robert Goodin 1988), 햄린과 페팃(Alan Hamlin and Phillip Pettit 1989) 등의 기여를 보라. '최소 욕구(minimum needs)' 충족에 초점을 맞춘 논의는 피구(1920)까지 거슬러 올라간다.

31) 예를 들어 유엔개발계획(UNDP 1990)과 이후 매년 발간된 *Human Development Reports*를 보라. 관련 주제는 센(1973b, 1985a), 아델만(1975), 그랜트(1978), 모리스(1979), 스트리튼 외(1981), 데사이(Desai, 1995), 아난드와 센(1997)를 참조할 것.

계에 대해 이해하는 범위를 실질적으로 확장해 주었다. 각 방법론은 명확히 장점과 한계를 모두 갖고 있으며, 우리가 두는 우선순위에 따라 그 상대적 가치에 대한 평가는 얼마든지 달라질 수 있다. 나는 다른 곳에서도(그리고 이 강의의 앞부분에서도 간단히) 역량 평가를 바탕으로 한 부분적 비교가능성을 옹호한 바 있다.[32] 그러나 (충분히 다른 관점을 가질 수도 있는)그 구체적인 쟁점 너머에서 내가 강조하려는 보다 일반적인 요점은 다음과 같다. 이러한 혁신적이고 경험적인 연구들에서, 실천적 후생 경제학과 사회 선택 이론의 가능성이 엄청나게 확장되었다는 점이다.

실제로 방법론적 차이에도 불구하고 이들 접근은 일반적으로 최근의 사회 선택 이론에서 분석적으로 강하게 제시된 정보 확장의 전체 흐름에 잘 들어맞는다. 후생 경제학과 사회적 선택에 관한 최근 문헌들에서 다루어진 분석 체계는 애로우식 모델보다 폭넓다(그리고 그만큼 덜 경직되고 덜 '불가능'한 성격을 지닌다. 관련해서는 센(1970a, 1977c)을 참조하라).[33] 이들 분석 체계는 또한 분석적으로도 충분히 일반적이어서 다른 경험적 해석을 허용하며, 사회적 선택을 위한 대안적 정보 기반을 수용할 수 있다. 여기서 살펴본 다양한 경험적 방법론들은 모두 이러한 보다 넓은 분석적 관점 안에서 이해될 수 있다. 이런 의미에서 '상위 이론'의 전개는 '실천 경제학'의 발전과 긴밀하게 연결된다. 이전에 사회적 선택과 후생 경제학에 드리워졌던 암울함을 걷어낸 것은 바로 분석적 수준과 실천적 수준 모두에서의 건설적 가능성들에 대한 지속적 탐구였다.

---

32) 특히 센(1992a) 참조.

33) '실행'에 관한 문헌도 실천적 적용의 방향으로 발전해 왔다. 관련된 여러 쟁점 분석은 라퐁(1979), 매스킨(1985), 뮬랭(1995), 스즈무라(1995), 두타(1997), 그리고 매스킨과 쇠스트룀(Maskin and Tomas Sjöström 1999)을 보라.

9. 빈곤과 기근

사회 후생 분석이 활용할 수 있는 다양한 정보의 범위는 빈곤 연구를 통해 잘 설명될 수 있다. 빈곤은 대체로 낮은 소득 수준으로 이해되고, 전통적으로는 빈곤선 소득 이하 인구 측정 방식으로 간단히 측정되었다. 이는 때때로 머릿수 세기 지표$^{head-count\ measure}$라고도 불린다. 이 접근 방식을 자세히 들여다보면 서로 다른 두 가지 유형의 질문이 도출된다. 첫째, 빈곤을 단지 낮은 소득으로 충분히 이해되는가? 둘째, 설령 빈곤을 낮은 소득으로 이해하더라도 한 사회의 총체적 빈곤이 머릿수 세기 지표로 가장 잘 설명되는가?

나는 이 두 질문을 차례대로 다루고자 한다. 개인 소득을 사회적으로 특정된 빈곤선 소득과 비교하는 것만으로 우리는 그 개인의 빈곤에 대해 충분한 진단을 내릴 수 있는가? 예컨대 소득은 빈곤선보다 훨씬 높지만 (신장 투석처럼)고가의 치료가 필요한 질병을 앓고 있는 사람은 어떠한가? 결핍이란 결국 최소한으로 수용 가능한 삶을 영위할 수 있는 기회, 즉 개인 소득을 포함할 뿐 아니라 신체 조건, 환경 특성, 그리고 (의료 및 여타 시설의 이용가능성 및 비용 등의)다양한 요소들에 영향받을 수 있는 기회의 결여를 의미하는 것이 아닐까? 이와 같은 문제 의식은 빈곤을 특정한 기본 역량의 심각한 결핍으로 보는 관점과 깊이 맞닿아 있다. 이러한 대안적 접근은 순수하게 소득 기반의 분석이 제시할 수 있는 빈곤의 진단과는 매우 다른 해석을 낳는다.[34]

그렇다고 낮은 소득 수준이 여러 맥락에서 매우 중요한 요소가 될 수 있음을 부정하지는 않는다. 시장 경제에서 개인이 누릴 수 있는 기회는 그 사람의 실질 소득 수준에 따라 심각히 제한될 수 있기 때문이다. 그러나 다양한 우발적 상황들은 소득을 최소한으로 수용 가능한 삶을 영위할 수 있는 역량으

---

34) 센(1980, 1983b, 1985a, 1992a, 1993b, 1999a), 카크와니(1984), 누스바움(1988), 드레즈와 센(1989, 1995), 그리핀과 나이트(1990), 호세인(Iftekhar Hossain 1990), 쇼카에르트와 우테헴(Schokkaert and Van Ootegem 1990), 누스바움과 센(1993), 아난드와 센(1997), 포스터와 센(1997) 등의 기여를 참조하라.

로 '전환'하는 데 있어 차이를 초래할 수 있다. 그리고 만약 그것이 우리가 관심을 두는 바로 그 역량이면, 소득 기반의 빈곤을 넘어서서 볼 충분한 이유가 될 수 있다. 이러한 차이를 만들어 내는 요인은 적어도 다음 네 가지, (1) 개인의 이질성: 예컨대 질병에 걸리기 쉬운 체질, (2) 환경적 다양성: 예컨대 폭풍이나 홍수가 잦은 지역, (2) 사회적 분위기의 차이: 예컨대 범죄율이 높거나 전염병 매개체가 널리 퍼져 있는 경우, (4) 특정 사회의 관행적 소비 양상과 연관된 상대적 박탈감의 차이로 구분될 수 있다. 예컨대 부유한 사회에서 상대적 빈곤 상태는 공동체 삶에 참여할 수 있는 절대적 역량의 결핍으로 이어질 수 있다.[35]

이처럼 빈곤 분석에서, 특히 빈곤을 역량 결핍으로 이해하는 경우, 소득 정보 이상의 접근이 반드시 필요하다. 하지만 (앞서 논의했듯)빈곤 분석에서 어떤 정보 기반을 선택할 것인지는 실천적 고려, 특히 정보의 가용성과 떼어 놓고 생각할 수 없다. 그 관점의 한계가 분명함에도 빈곤을 소득 결핍으로 보는 시각이 실증적 빈곤 연구에서 완전히 배제될 가능성은 낮다. 실제로 많은 상황에서 소득 정보를 활용하는 단순하고 즉각적인 방식은 심각한 결핍을 연구하는 데 가장 현실적인 접근이 될 수 있다.[36]

예를 들어 기근의 원인은 종종 일부 인구 집단의 실질 소득이 급격히 감소하면서, 기아와 사망으로 이어지는 과정으로 보는 것이 가장 적절하다(센 1976d, 1981 참조).[37] 소득 획득과 구매력의 역학은 사실상 기근을 분석할 때

---

35) 센(1992a)과 포스터와 센(1997)을 보라. 소득의 상대적 결핍이 기본 역량의 절대적 결핍으로 이어질 수 있다는)마지막 쟁점은 애덤 스미스(1776)가 처음으로 다룬다. 스미스는 '필수재'(그리고 이에 상응하는 기본 결핍을 피하기 위해 필요한 최소 소득)는 사회마다 다르게 정의해야 한다고 주장하는데, 이는 모수적으로 가변적인 '빈곤선' 소득을 사용하는 일반적 접근법을 시사한다. 이러한 변량은 서로 다른 개인의 상이한 조건(예를 들어 질병에 걸리기 쉬운 정도 등)을 반영하는 데 활용될 수 있다. 이 쟁점은 디턴과 뮐바우어(1980, 1986), 요르겐슨(1990), 폴락(1991), 디턴(1995), 슬레즈닉(1998) 등의 기여를 참고할 것. 특정 조건에서, 모수적으로 설정된 '빈곤선' 이하의 소득을 빈곤으로 정의하는 방식은, 빈곤을 역량 결핍으로 특성화하는 방식과 합치될 수 있다(만약 이 모수적 변량이 특정 수준의 역량 결핍을 피하기 위해 필요한 소득 수준과 견고하게 연결되어 있다면).

36) 필리프 반 파레이스(Philippe Van Parijs 1995)이 이 쟁점을 통찰력 있게 분석한다.

37) 알람기르(Mohiuddin Alamgir 1980), 라발리온(1987), 드레즈와 센(1989, 1990), 콜스와 해먼드(Jeffrey L. Coles and Hammond 1995), 데사이(Desai 1995), 오스마니(Osmani 1995), 스베드베리(Peter Svedberg 1999)를

가장 핵심적 요소가 될 수 있다. 이 접근은 서로 다른 집단들의 소득이 어떻게 결정되는지를 좌우하는 인과적 요인을 중심에 두며, 이 주제에 관한 문헌에서 흔히 볼 수 있는 농업 생산이나 식량 공급만을 협소하게 강조하는 방식과 분명한 대조를 이룬다.

정보 초점이 (소득뿐 아니라 공급과 그에 따른 상대 가격을 포함하여)식량 공급에서 권리로 이동하는 것은 상황을 근본적으로 달라지게 할 수 있다. 기근은 식량 생산이나 공급이 크게 감소하지 않아도(심지어 **전혀** 감소하지 않더라도)발생할 수 있기 때문이다.[38] 예컨대 농촌 임금 노동자, 서비스업 종사자, 또는 수공업자의 소득이 실업이나 실직 소득 하락, 또는 관련 서비스나 수공예품의 수요 감소에 따라 붕괴되면, 해당 집단은 경제 전체의 식량 공급이 감소하지 않더라도 굶주림에 직면할 수 있다. 기아는 일부 사람들이 음식을 구입하거나 직접 생산하거나 그 어떤 방식으로든 충분한 양의 식량에 대한 권리를 획득하지 못할 때 발생한다. 그리고 경제 내 각 집단의 권리를 결정하는 데 있어, 전체 식량 공급량은 여러 요인 중 하나에 불과하다. 따라서 소득에 민감한 권리 접근 방식은 생산 중심 시각만으로는 얻을 수 없는 기근에 대한 더 나은 설명을 제공할 수 있고, 기아와 굶주림을 해결하는 데에도 보다 효과적인 접근을 가능하게 한다(관련해서는 특히 드레제와 센 1989를 참조하라).

문제의 본질은 그 분석이 초점을 맞추어야 할 특정한 '공간'을 식별하게 만드는 경향이다. 기아로 인한 사망과 고통의 정확한 양식을 설명하는 데 있어, 소득 기반 분석에 소득이 영양으로 전환되는 방식에 대한 정보를 보완함으로써 추가적인 이해를 얻을 수 있음은 여전히 사실이다. 이러한 전환은 신진대사율, 질병에 대한 민감성, 체격 등과 같은 다양한 여타의 영향들에 따라 달

보라.

38) 기근에 대한 경험 연구들이 보여 주듯, 실제로 발생한 일부 기근은 식량 생산의 감소가 거의 없거나 전혀 없는 상황에서 일어났고(예컨대, 1943년 벵골 기근, 1973년 에티오피아 기근, 1974년 방글라데시 기근), 반면 다른 경우들은 식량 생산의 감소로 상당한 영향을 받았다(관련하여 센(1981) 참조).

라진다.[39] 이 문제는 영양 실조, 질병, 사망의 발생 양상을 조사하는 데 있어 분명히 중요하다. 그러나 대규모 집단에 영향을 미치는 기근의 발생과 원인에 대한 일반 분석에서는 이러한 추가적 요인들이 부차적일 수 있다. 이 자리에서 기근에 관한 문헌까지 더 깊이 나아가지 않겠지만, 나는 기근 분석에서 요구되는 정보가 소득 결핍에 중요한 위치를 부여한다는 점을 강조하고 싶다. 소득 결핍은 역량 비교에 기반한 보다 미묘하고(궁극적으로는 더 깊이 있는) 구분보다 더 즉각적이고 손쉽게 활용 가능하다(관련해서는 센 1981과 드레제와 센 1989를 참조하라).

이제 둘째 질문으로 넘어가자. 빈곤을 정하는 가장 일반적이고 전통적인 방식은 단순 인구 측정에 집중하는 경향이 있다. 그러나 빈곤선 아래에 있는 사람들이 개별적으로 **어느 정도나 아래** 위치하는지, 그리고 그 결핍이 빈곤한 사람들 사이에서 어떻게 **공유되고 분포**되어 있는지 또한 중요하다. 한 사회의 빈곤층을 구성하는 개인들의 각기 다른 결핍에 대한 사회적 자료는 총체적 빈곤을 유의미하고 활용 가능한 방식으로 측정하기 위해서 통합적으로 집계될 필요가 있다. 이것은 사회적 선택의 문제며, 이러한 건설적 노력에서 우리의 분배적 관심을 포착하려는 공리를 실제로 제시할 수 있다(관련해 센 1976b 참조).[40]

최근 사회 선택 이론 문헌에서는 분배에 민감한 다양한 빈곤 측정 지표들이 공리적으로 도출되었고, 다양한 대안적 제안들도 분석된다. 여기서는 이러한 지표들에 대한 비교 평가(그리고 그것들을 구분하기 위한 공리적 요건들)를 다루지 않지만, 나는 이 문제를 포스터와 함께 다른 곳에서 다룬 바 있다(포

---

39) 중요한 또 하나의 쟁점은 가족 내에서의 식량 분배며, 이는 가족 소득 이외 여러 요인들로 영향을 받을 수 있다. 젠더 불평등, 아동 및 노인에 대한 처우 문제는 이 맥락에서 중요한 사안일 수 있다. 권리 분석은 가족 소득을 넘어 가족 내부 분배의 관습과 규범으로 확장될 수 있다. 이 쟁점들은 센(1983b, 1984, 1990), 본(Vaughan, 1987), 드레즈와 센(1989), 해리스(1990), 아가르왈(Bina Agarwal 1994), 폴브르(Nancy Folbre 1995), 칸부르(Kanbur 1995), 누스바움과 글로버(1995) 등의 기여를 참고할 것.

40) 소위 '센의 빈곤 측정'은 실제로 쇼록스(Anthony F. Shorrocks 1995)가 제안한 중요하지만 간단한 변형을 통해 개선할 수 있다. 나는 원래의 '센 지수(Sen index)'보다 '센-쇼록스 측정(Sen-Shorrocks measure)'을 보다 선호한다는 점을 고백해야겠다.

스터와 센 1997).[41] 그러나 나는 다음의 사실을 강조하고자 한다. 사회적 판단의 정보 기반이 충분히 확장될 때, 우리는 (난관이나 불가능 대신, 다양한 선택지에 따른)풍요 속의 곤란에 직면한다는 점이다. 특정의 빈곤 측정 지표를 정확히 공리화하려면 앞서 언급한 '위태로운 곡예'를 감수해야 한다(5절 참조). 다시 말해, 단 하나의 빈곤 지표만이 살아남을 때까지 추가적인 공리적 조건들을 점차 붙여 가는 방식이 필요하다는 말이다.

10. 비교적 결핍과 젠더 불평등

한 측면에서, 빈곤은 그것이 초래하는 고통과 분리해 생각할 수 없다. 이러한 의미에서 고전적 효용 관점 또한 이 분석에 소환할 수 있다. 그러나 앞서 언급한 것처럼, 정신적 태도의 유연성은 많은 경우 결핍의 정도를 감추거나 둔화하는 경향이 있다. 예컨대, 삶 속에서 소소한 기쁨을 만들어 내지만 근근하게 사는 농부를 정신적으로 긍정적 성취로 여겨 보고는 빈곤하지 않다고 간주해서는 안 된다.

이러한 적응력은 전통적으로 불평등한 사회에서 여성의 젠더 불평등과 결핍 문제를 다룰 때 특히 중요할 수 있다. 그 이유 중 하나는, 인식이 가족적 삶의 결속을 유지하는 데 중요한 역할을 한다는 점, 그리고 전통적 가족 문화가 억압받는 사람들조차 가족 질서에 순응하고 협조하게 만드는 경향 때문이다.

---

41) 제임스 포스터는 빈곤 연구 문헌의 주요 기여자다. 예를 들어 포스터(1984), 포스터 외(1984), 포스터와 쇼록스(1988) 참조. 집계적 빈곤 측정 기준을 선택함에서 주요 쟁점들을 논의한 자료로는 아난드(1977, 1983), 블래커비와 도널드슨(1978, 1980), 칸부르(1984), 애킨슨(1987, 1989), 자이들(Christian Seidl 1988), 차크라바티(Satya R. Chakravarty 1990), 다굼과 젠가(Camilo Dagum and Michele Zenga 1990), 라발리온(1994), 코웰(Frank A. Cowell 1995), 쇼록스(1995) 등을 포함해 다수가 있으며, 이 방대한 참고 문헌은 포스터와 센(1997)에서 잘 정리한다. 이 분야에서 다루어야 할 중요한 쟁점 하나는 '분해가능성', 그리고 그보다 약한 조건인 '하위 집단 일관성'의 필요성과 한계다(쇼록스(1984) 참조). 포스터(1984)는 아난드(1977, 1983)와 마찬가지로 분해가능성의 필요성을 옹호하는 주장을 하고, 반면 센(1973a, 1977c)은 이에 반대하는 주장을 한다. 포스터와 센(1997)은 분해가능성과 하위 집단 일관성에 관한 찬반 양론을 평가하려는 진지한 시도를 한다.

여성들은 흔히 (가사노동의 고됨 탓에)남성보다 훨씬 많이 일하고, 건강과 영양 면에서도 더 적은 관심을 받는다. 그러나 이런 상황에 구조적인 불평등이 존재한다는 인식은, 비대칭적 규범이 조용히 지배하는 사회에서는 쉽게 드러나지 않을 수 있다.[42] 그 결과 불평등과 결핍은 불만이나 불만족이라는 심리적 척도 속에서도 충분히 표면화되지 않을 수 있다.

사회적으로 형성된 만족과 평온에 대한 감각은 심지어 질병과 건강에 대한 인식에도 영향을 미칠 수 있다. 오래 전, 내가 1944년 기근 이후 벵골을 대상으로 기근 관련 연구를 수행하던 중, 과부들은 설문에서 자신의 건강 상태가 "그저 그렇다"고 답한 경우가 거의 없었던 반면, 홀아비들은 유독 바로 그 점에 대해 대거 불평을 쏟아냈다는 사실이 매우 인상적이었다(센 1985a 부록 B). 비슷한 양상이 인도의 주들 사이 비교에서도 나타난다. 교육과 보건 서비스가 가장 열악한 주들은 일반적으로 질병에 대한 자각 수준이 가장 낮게 보고되는 반면, 보건 의료와 학교 교육이 잘 갖추어진 주들에서는 자신이 아프다고 인식하는 비율이 **더 높다**(그리고 질병 보고율이 가장 높은 지역은 케랄라^{Kerala}처럼 시설이 잘 갖추어진 주들이다).[43] 이처럼 고전적 효용 이론이 기반으로 삼는 정신적 반응은 결핍을 분석하는 데 매우 부적절한 기반이 될 수 있다.

따라서 빈곤과 불평등을 이해하는 데 단순히 그 결핍에 대한 정신적 반응만이 아니라 실질적 결핍 자체를 들여다봐야 할 강력한 근거가 존재한다. 최근에는 여성의 젠더 불평등과 결핍을 영양 결핍, 임상적으로 진단된 질병, 관찰 가능한 문맹률, 그리고 (생리학적으로 기대되는 수준을 넘어선)높은 사망률 등의 지표로 분석하는 연구들이 다수 이루어졌다.[44] 이러한 개인 간 비교는 빈

---

42) 센(1984, 1990, 1993c) 그리고 여기에 인용된 논문들을 참조.

43) 이 문제의 기저에 놓인 방법론적 쟁점은 '위치적 객관성'과 관련되고, 이는 특정한 위치에서 관찰상 객관적으로 보일 수 있지만 위치 간 비교에서는 지속가능하지 않을 수 있다. 이 대비와 그 광범위한 관계성은 센(1993c)에서 다룬다.

44) '실종 여성'에 관한 문헌은 이러한 경험적 분석의 한 사례로, 이는 일부 사회에서 나타나는 비정상적으로 높은 여성 사망률이 없다면 기대할 수 있는 여성 인구와의 비교에 기초한다. 센(1984, 1992c), 본(Vaughan 1987), 드레즈와 센 (1989, 1990), 코엘(Ansley J. Coale 1991), 클라젠(Stephan Klasen 1994)을 보라. 또한 킨치와 센(Jocelyn Kynch and Sen 1983), 해리스(1990), 칸부르와 해다드(Ravi Kanbur and Lawrence Haddad 1990), 아가르왈(1994), 폴브

곤 연구나 젠더 간 불평등 분석에서 중요한 기반이 될 수 있다. 그리고 이러한 비교는 (이러한 종류의 데이터를 배제하는 정보 제약이 제거될 경우)후생 경제학과 사회 선택 이론이라는 광범위한 분석 틀에 충분히 통합될 수 있다.

11. 자유주의의 역설

이 강의에서는 사회적 선택에서 발생하는 불가능성 정리가 정보의 확장을 통해 왜, 그리고 어떻게 극복될 수 있는지를 논의했다. 지금까지 다룬 정보의 확장은 주로 개인 간 비교의 활용에 초점이 맞춰져 있었다. 그러나 사회적 선택에서 발생하는 난국을 해결하기 위해 필요한 정보 확장의 방식이 이것만은 아닐 수 있다. 예를 들어 이는 때때로 '자유주의의 역설the liberal paradox' 또는 '파레토 자유의 불가능성the impossibility of the Paretian liberal'으로 불리는 하나의 불가능성 정리와 관련 있다(센 1970a, b, 1976c). 이 정리는 파레토 효율을 고수하면서 동시에 자유에 대한 매우 최소한의 요구의 만족조차 (정의역에 제한을 두지 않을 경우)불가능함을 보여 준다.[45]

최근 문헌에서는 자유의 내용에 대해 여러 논쟁이 있었으므로(예, 노직 1974, 예르덴포스 1981, 서그든 1981, 1985, 1993, 슈타이너Hillel Steiner 1990, 가르트너 등 1992, 데브 1994, 플뢰르베이Marc Fleurbaey와 가르트너 1996, 파타나익 1996, 스즈무라 1996 등 참조) 간단한 설명을 덧붙이면 유용할 듯하다. 자유는 다양한 측면을 지닌 개념이고, 그중에서도 서로 구분되는 두 가지 특징, (1) 자유는 개인이 자신의 사적 영역, 예컨대 사생활에서 달성하고자 선택한 바를 실현할 수 있게 도와주는 측면(이것이 바로 자유의 '기회 측면'이다)과 (2) 또 한편으

르(Folbre 1995), 누스바움과 글로버(1995) 등의 저서 참조.

45) 여기에서 제기되는 불가능성 정리의 '근원'에 대해서도 일정한 분석적 관심이 따르며, 특히 '파레토 효율성'과 '최소 자유'가 동일한 개인들의 동일한 선호 집합에 근거해서 특성화된다는 점에서 그렇다. 센(1976c, 1992b) 참조.

로는 실제로 무엇을 이루었는지에 관계없이, 그 사적 영역에서의 선택을 스스로 결정할 수 있도록 하는 측면이 있다(이것이 바로 '과정 측면'이다). 사회 선택 이론에서는 전통적으로 기회 측면에 초점을 맞춰 자유를 정식해 왔다. 이는 파레토 원칙과 자유의 기회 측면 사이에 충돌이 발생할 수 있음을 보여 주는 데에는 적절했다(이 부분은 센 1970a, b에서 집중적으로 다룬다). 그러나 기회 측면에만 집중해서는 자유의 요구를 충분히 이해할 수 없다(이 점에서 서그든 1981, 1993과 가르트너 등 1992가 사회 선택 이론에서 기회 중심의 정식화만으로는 자유의 요구를 충분히 설명할 수 없다고 보고 이를 거부한 것은 타당하다).[46] 그렇지만 사회 선택 이론 역시 자유의 과정 측면을 수용할 수 있다. 이를 위해서 개념의 재정의가 필요하며, 특히 실질적 기회에 더해 정당한 절차에도 가치를 부여하는 방식으로 가능하다(관련 논의는 센 1982b, 1997a, 1999b, 캉예르 1985, 데브 1994, 해먼드 1997, 스즈무라 1996, 판 헤스 1996 참조).

자유의 과정 측면만을 배타적으로 강조하는 반대 방향의 협소함을 피하는 것 역시 중요하다. 일부 최근의 연구자들은 이러한 접근을 선호하지만, 과정이 아무리 중요하더라도 기회 측면의 중요성이 지워져서는 안 된다. 실제로 개인의 삶 속에서 자유를 실현하는 데 있어 **효과성**이 중요하다는 점은 절차에 깊은 관심을 가진 이들조차 오래전부터 인정해 온 사실이다. 존 스튜어트 밀(1859)부터 프랭크 나이트(1947), 하이에크(1960), 뷰캐넌(1986) 등이 그 예다. 과정의 공정과 결과의 효과성 사이에서 균형을 잡아야 하는 어려움은, 자유의 기회 측면을 무시하고 과정 측면에만 집중한다고 회피할 수 있는 문제가 아니다.[47]

그렇다면 파레토 자유 역설은 구체적으로 어떻게 해결될 수 있을까? 이 갈

---

46) 그러나 '파레토 자유의 불가능성'은 자유의 과정 측면에 집중하더라도 단순히 해결되지 않는다. 브라이어(Friedrich Breyer 1977), 브라이어와 가드너(Breyer and Gardner 1980), 센(1983b, 1992b), 바수(1984), 가르트너 외(1992), 데브(1994), 빈모어(1996), 뮐러(1996), 파타나익(1996), 스즈무라(1996)를 보라.

47) 해먼드(1997)와 자이들(Seidl 1975, 1997), 브라이어(1977), 칸게르(Kanger 1985), 레비(1986), 로울리(Charles K. Rowley 1993), 데브(1994), 스즈무라(1996), 파타나익1997)을 참조할 것.

등을 다루는 여러 방식이 이 문헌에서 탐색되고 있다.[48] 중요한 점은, 애로우의 불가능성 정리와는 달리 이 자유주의 역설은 개인 간 비교를 통해 만족스럽게 해결될 수 없다는 데 있다. 실제로 자유의 주장도 파레토 효율의 주장도 모두 개인 간 비교에 크게 의존할 필요가 없다. 어떤 개인이 자신의 사적 영역에 대해 주장할 수 있는 정당성은 그 선택의 **개인적** 성격에 근거하지, 다른 사람들이 그 개인의 사적 삶에 대해 얼마나 강하게 선호를 가지는지 하는 **상대적 강도**에 의존하지 않는다. 마찬가지로 파레토 효율성은 특정한 선택 쌍에 대해 여러 개인의 선호가 일치하는지 여부에 달려 있을 뿐, 그 선호의 강도가 상대적으로 얼마나 센가에 달려 있지는 않다.

오히려 이 문제의 해결은 다른 곳에 있다. 특히 이 두 주장이 서로 충돌할 수 있다는 점이 인식된 이후에는, 각 주장이 상대의 중요성에 의해 일정 부분 제약된다는 관점에서 이해해야 한다(사실 자유주의 역설의 핵심은 바로 이러한 충돌가능성을 식별하는 데 있었다). 개인의 사적 영역에서 (정확히는 특정 선택에 대한)실질적 자유가 중요하다는 인식은, 어떤 선택 쌍에 대해서건(그것이 사적 영역에 속하건 아니건 모든 선택들에 대해) 파레토 만장일치의 관련성을 인정하는 것과 공존할 수 있다. 이러한 불가능성의 만족스러운 해결은 개인의 자유와 전체적 욕구 충족 사이의 수용 가능한 우선순위에 대해 평가적 관점을 취하는 것을 포함해야 하고, 또한 당사자들이 스스로 수용할 수 있는 교환에 관한 정보에 민감해야 한다. 이 역시 (사람들의 개인적 욕구뿐 아니라 정치적 가치를 함께 고려하는)정보의 확장을 요구한다. 그러나 이러한 정보 확장은 후생이나 전반적 이익에 대한 개인 간 비교를 활용하는 것과 성격이 다르다.[49]

---

48) 예를 들어 자이들(1975, 1997), 스즈무라(1976b, 1983, 1999), 가르트너와 로렌츠 크뤼거(1981, 1983), 해먼드(1982, 1997), 리글스워스(John L. Wriglesworth, 1985), 레비(1986), 라일리(Jonathan Riley, 1987) 등을 참고할 것. 또한 *Analyse & Kritik*(1996년 9월호)에 실린 '자유주의 패러독스'에 관한 심포지엄을 보라. 여기에 빈모어(1996), 브라이어(1996), 뷰캐넌(1996), 플뢰르베이와 가르트너(Fleurbaey and Gaertner 1996), 자세이와 클리멧(Anthony de Jasay and Hartmut Kliemt 1996), 클리멧(Kliemt 1996), 뮐러(1996), 스즈무라(1996), 판 헤스(van Hees 1996)의 기고가 포함되었다. 내 주장은 센(1983a, 1992b, 1996a)에 제시된다.

49) 이러한 지향들의 결정에서는, 형식적으로 다단계 사회적 선택 과정이 요구될 수 있고, 그 뒤에 이러한 지향들을 포괄적 사회 상태에 대한 선택에 적용하는 절차가 뒤따를 수 있다. 파타나익(1971), 센(1982b, 1992b, 1996, 1997a), 스즈

12. 맺으며

애로우(1951)의 선구적 연구가 이끌어 낸 사회 선택 이론에서의 불가능성 정리는 종종 합리적이고 민주적인 사회적 선택의 가능성, 그리고 후생 경제학 자체의 가능성을 철저히 부정하는 것으로 해석되었다(1~3절, 11절 참조). 나는 이와 같은 해석에 반대하는 주장을 펼쳐 왔다. 실제로 애로우의 강력한 '불가능성 정리'는 체념이 아니라 적극적인 탐구를 요한다(4~5절). 물론 우리는 민주적 결정이 때로는 불일치를 초래할 수 있다는 사실을 알고 있다. 그리고 이런 현상이 현실 세계의 특징이라면, 그 존재와 범위는 객관적으로 인식되어야 할 문제다. 모순은 어떤 상황에서는 더 쉽게 발생하고 어떤 상황에서는 덜 발생하며, 그러한 상황적 차이를 식별하고 합의와 양립성을 갖춘 결정이 어떻게 도출되는지를 특정한 과정으로서 규명하는 것도 가능하다(6~8절).

불가능성 정리들은 분명 진지하게 연구할 할 가치가 있다. 그것들은 종종 매우 광범위한 (실제로는 전면적 수준의)영역에 영향을 미치며, 단지 일상 정치에만 관련하지 않고 (그 영역에서는 불일치에 익숙할 수도 있지만)사회 전체를 위한 사회적 후생 판단을 내리기 위한 신뢰할 수 있는 틀의 가능성 자체를 문제 삼는다. 이처럼 확인된 불가능성들은 불평등을 규범적으로 평가하거나 빈곤을 판단하거나 또는 참을 수 없는 폭정이나 자유의 침해를 식별하려는 질서 있고 체계적인 평가 틀의 일반 가능성 자체에 맞서는 결과를 초래한다. 만약 이러한 평가를 위한 일관된 틀을 갖지 못하면, 그것을 정치·사회·경제에 대한 체계적인 판단을 하는데 가장 해로울 수 있다. 부정의나 불공정에 대해 이야기하면서 그런 판단이 필연적으로 자의적이거나 지적으로 독단적이라는 비판에 직면하지 않고서는 우리는 그 어떤 비판도 제기할 수 없게 될 것이다.

그러나 이러한 암울한 결론들은 면밀한 검토를 견디지 못하며, 회의주의

무라(1996, 1999) 참조.

에 맞서는 생산적인 접근들은 분명히 확인될 수 있다. 실제로 이 강의 전체는 기본적으로 긍정적 전망을 담고 있다. 다시 말해, 건설적인 사회 선택 이론의 가능성을 강조하고, 불가능성 정리에 대한 생산적 해석을 주장해 왔다. 실제로 겉보기에는 부정적인 결과조차도 적절한 사회적 선택 틀을 개발하는 데 도움이 되는 입력으로 간주될 수 있다. 왜냐하면, 특정한 사회적 선택 절차를 공리적으로 도출하려는 시도는 한쪽 끝에서는 불가능성에, 다른 한쪽 끝에서는 풍요로 인한 곤혹스러움 가까이 그 어딘가에 놓여 있기 때문이다(5절 참조).

건설적인 후생 경제학과 사회적 선택의 가능성(그리고 이를 활용해 사회적 후생 판단을 내리거나 규범적 의미를 지닌 실천적 조치를 구상하는 일)은 이러한 선택이 이루어지는 정보 기반의 확장 필요성에 따른다. 문헌에서는 다양한 형태의 정보적 확장이 논의되고 있다. 이 확장에서 핵심 요소는 후생과 개인의 이익에 대한 개인 간 비교의 활용이다. 개인 간 비교를 배제하는 입장이 합리적인 사회적 결정을 어렵게 한다는 점은 놀랍지 않다. 왜냐하면 사회를 구성하는 서로 다른 사람들의 요구들은 서로 비교 평가되어야 하기 때문이다. 빈곤, 기아, 불평등, 폭정과 같은 공적 관심사의 무게를 우리가 이해조차 할 수 없는 것은, 결국 어떤 형태로건 개인 간 비교를 도입하지 않고서는 불가능하기 때문이다. 그리고 우리가 이와 같은 문제들에 대해 비공식적으로 내리는 판단들이 의존하는 정보야말로 체계적인 사회적 선택의 형식적 분석 속에 반드시(그리고 실제로도 얼마든) 포함될 수 있는 정보다(7~11절).

개인 간 비교가능성에 대한 회의주의는 후생 경제학에 대한 '부고訃告 기사'를 유발했지만(그리고 사회 선택 이론에서의 불가능성에 대한 공포를 상당 부분 부추겼지만), 이는 서로 다른 두 가지 이유에서 결국 잘못이다. 첫째, 이러한 회의주의는 정보 기반을 지나치게 협소하게 제한했고, 개인 간 비교 진술이 타당하게 이루어질 수 있는 다양한 방식들, 그리고 그러한 비교가 후생 판단이나 사회적 선택의 분석을 풍부하게 만드는 데 사용될 수 있는 가능성을 간과했다. 정신 상태에 대한 비교에 지나치게 집중함으로써, 서로 다른 개인들의 실질적 후생, 자유, 기회와 관련된 실질적 유불리에 대한 풍부한 정보를 배제하는 결과를 초래했다. 둘째, 이러한 회의주의는 또한 이와 같은 비교에서 지나치게 높은 정밀성을 요구하며 부분적인 비교조차 후생 경제학, 사회 윤리, 책임 정치의 합리적 기반을 밝혀 주는 데 기여할 수 있다는 사실을 간과했다.[50]

이런 문제를 다루는 일은, 사회 선택 이론을 강화하려는 일반 프로그램(그리고 '부고 기사가 아닌' 후생 경제학)과 잘 들어맞는다. 일반적으로 어떤 형태로건 정보의 확장은 사회적 선택에 대한 회의주의를 극복하고 불가능성을 피하는 효과적인 방식이며, 이는 실현 가능성과 적용 범위를 지닌 건설적 접근법으로 곧장 이어진다. (호환성과 일관성을 포함하여)명시된 공리에 대한 형식적 추론, 그리고 (연관성과 타당성을 포함한)가치와 규범에 대한 비형식적 이해는 모두 이러한 생산적인 방향을 가리킨다. 실제로 (사회과학에서 핵심적인)형식적 추론과 비형식적 추론 간의 깊은 상보성은 근대 사회 선택 이론의 전개에서 잘 드러난다.

---

50) 여기에는 두 가지 뚜렷이 구분되는 쟁점이 있다. 첫째, 부분적 비교가능성은 최적 선택을 도출하는 데 매우 효과적일 수 있다(센 1970a, c). 둘째, 최적 대안이 도출되지 않더라도, 극대 선택이 한정될 수 있는 우월하지 않은 대안들의 극대 집합을 좁히는 데 도움이 될 수 있다(센 1973a, 1993a, 1997a).

제 2 부

합리성: 형식과 본질

제3장

선택의 내적 일관성*

선택의 내적 일관성은 수요 이론, 사회 선택 이론, 의사 결정 이론, 행동 경제학 및 관련 분야에서 중심 개념으로 자리해 왔다. 그러나 이 장에서는 이 개념이 본질적으로 혼란스러우며, 선택 함수의 일관성 여부는 선택 행위 그 자체 이외의 외적 기준(예컨대 목표, 가치 혹은 규범)을 참조하지 **않고서**는 판단할 방법이 없다고 주장한다. 이러한 관점에서 표준적 결과의 견고성을 재검토해 보아야 한다. 여기에서 제시되는 주된 형식적 결과는 애로우의 일반 가능성 정리의 확장이다. 이 정리는 사회적 선택의 내적 일관성 조건이나 '사회적 합리성'이라는 내적 개념을 전혀 부과하지 않는다.

---

* 이 주제들에 대해 나와 깊이 있는 토론을 나누었고, 초기 발표 직후 세상을 떠나 고인이 된 아내 에바 코를로니(Eva Corloni)의 추억에 바친다. 그녀의 죽음으로 나는 여러 해 이 주제로 다시 돌아가는 것을 주저했었다. 한편 다음 분들의 유익한 논평에 대해 감사를 하고 싶다. 아난드, 애로우, 오먼(Robert Aumann), 베이전트, 바수, 블라인더(ALan blinder), 봄(Peter Bohm), 브룸, 치프먼(John Chipman), 델보노(Flavio Delbono), 파인(Ben Fine), 가르트너, 그랑몽(Jean-Michel Grandmont), 그린, 해먼드, 인트릴리가토르(Michael Intriligator), 카너먼, 캉에르, 레비, 마줌다르, 맨스브리지(Jane Mansbridge), 매스킨, 새뮤얼슨, 스즈무라, 탈러, 우자와(Hirofumi Uzawa), 바이블(Jorgen Weibull), 폴 울프(Robert Paul Wolff), 자마냐(Stefano Zamagni), 제크하우저(Richard Zeckhauser), 그리고 『이코노메트리카(Ecnometrica)』의 익명의 심사위원들께도 감사한다. 본 연구는 미국 국립과학재단의 연구 지원을 받았음을 밝혀 둔다. 이 글은 1984년 계량경제학회(Econometric Society) 회장 취임 연설로 스탠퍼드, 보고타, 마드리드에서 발표되었다.

1. 동기

　현시 선호 이론의 강한 공리와 약한 공리, 기본 수축 일관성^{basic contraction} consistency(성질 α), 선택의 이항성, 강한 독립성 공리 등과 같은 선택의 '내적 일관성'에 관한 공리들은 의사 결정 이론, 미시경제학, 게임 이론, 사회 선택 이론 및 여러 관련 학문 분과에서 자주 사용된다.[1] 이러한 공리들은 선택의 **외적** 요소들(예컨대 동기, 목표 그리고 실질적 원칙)을 호출하지 않고, 선택 함수의 서로 다른 부분들 사이의 일치만을 요구한다는 점에서 선택 함수에 내재적으로 간주된다.[2]

　본문에서 나는 선택의 '내적 일관성^{internal consistency}' 요구를 **선험적**으로 부과하는 데 반대하며(2, 3절), 이러한 요구를 회피할 경우 나타나는 함의들을 탐구한다(4~8절). 이러한 일관성 요구는 일반적으로 다른 부분 집합들로부터의 선택(예, 서로 다른 예산 집합)들을 서로 연결하는 '선택지 간' 대응성 요구의 형태를 취한다. 이러한 내부적 대응 요건을 '선택의 내적 **일관성**'으로 보는 견해는, 일관성이 반드시 그런 형태로 나타나야 하는가 하는 중대한 문제를 전제하는 것이며, 또한 선택의 일관성을 맥락과 무관하게 이해할 수 있는가에 대해서도 의문을 제기한다. 나는 일반적으로 (예컨대, 독립적으로 주어진 효용 함수의 극대화가 적절한 경우처럼)특정한 상황의 실질적 성격에 의해 **내포**될 수 있는 내적 대응성 자체를 반대하지 않는다. 내 비판은 이러한 선택 조건들을 '내적 일관성'의 요구 사항으로 부과하는 **선험적** 방식으로 한정된다. (순수한 선택의 '내적 일관성' 요건으로 단순하게 간주되는)**강제된** 내적 대응성과 (예컨대, 적절한 맥락에서 주어진 목적 함수의 최적화나 특정 규범의 충족 등 외적 기준을 포함

---

1) 예를 들어 새뮤얼슨(1938), 하우트하커(Houthakker 1950), 내쉬(1950), 애로우(1959), 리히터(Richter 1966), 한손(1968), 칩먼, 후르비츠, 리히터(Chipman, Hurwicz, and Richter, 1971), 센(1971), 슈바르츠(1972), 헤르츠버거(1973), 플롯(1973), 피시번(Fishburn, 1974), 스즈무라(1976), 크렙스(1988) 등을 포함한 많은 기여를 보라.

2) 내적 일관성의 충족은 때때로 '합리적 선택'의 핵심 특징으로 간주된다. 예를 들어 리히터(1971)의 중요하고 영향력 있는 논문을 볼 것.

하는 어떤 요구의 귀결로 간주되는)**함축된** 내적 대응성 사이에는 중대한 방법론적 차이가 있다.[3] 이 글의 비판 대상은 후자가 아닌 오직 전자에 한정된다.

'내적 일관성' 조건은 너무나 표준적으로 사용되기에 이러한 조건을 제거하면 어떤 함의가 발생하는지는 신중히 탐구해야 한다. 이 글의 주요 내용은 바로 이 문제에 초점을 두며, 특히 사회 선택 이론에서 직면하는 문제를 다룬다. 나는 '내적 일관성' 조건을 배제함으로써 발생하는 공백이 어떻게 **외적** 대응성을 활용함으로써 메워질 수 있는지를 다룬다. 단, 이때 어떤 가상의 '사회적 선호'의 성격에 반영된 '사회적 합리성'의 요구를 전제하지 않고서도 그러한 보완이 가능함을 보인다(5~7절). 사회 선택 이론의 몇몇 결과, 특히 애로우의 '불가능성 정리'는 선택의 내적 일관성 조건을 사용하지 않고, (또는 가정된 '사회적 합리성'으로부터 도출되는 어떠한 내적 대응성 조건도 사용하지 않고)다시 정립될 수 있다.

2. 선택, 대응성, 그리고 일관성

이 글의 문제의식은 폴 새뮤얼슨(1938)의 현시 선호 이론의 근본적 기여로 잘 알려진 접근 방식과 대조될 수 있다. 그 접근은 다양한 방식으로 해석될 수 있는데, 이후 문헌에서 특히 주목 받은 (그리고 경제학 연구의 방향에 깊은 영향을 끼친)해석 중 하나는 '효용 개념의 잔재적 흔적으로부터 벗어난' 행동 이론을 전개하려는 프로그램이다(새뮤얼슨 1930, 71쪽).[4] 이 접근은 힉스^{John Hicks}

---

3) 후자의 유형에 해당하는 고전적 분석 사례들은 힉스(1939), 새뮤얼슨(1947), 애로우(1951b), 드브뢰(1959), 매켄지(McKenzie, 1959), 후르비츠(Hurwicz, 1972), 아이제르만(Aizerman, 1985) 등에서 찾아볼 수 있다.

4) 이 논문의 초기 버전에 관련된 개인적 교신에서 폴 새뮤얼슨은 자신은 현시 선호의 공리를 선택이나 행동의 내적 일관성 조건으로 보지 않았다고 내게 밝혔다. 물론, 이 공리들이 반드시 그렇게 간주될 필요는 없다. 왜냐하면 이 공리들은 효용 극대화의 결과로 해석될 수 있어서다(단, 효용 함수가 선택지에 의존하지 않는다는 조건에서며, 이는 곧 다룬다). 이 글의 목적은, 나를 포함해 수많은 사람이 많은 것을 배운 근대 경제학의 가장 위대한 인물 중 한 사람을 비판하려는 것이 아니라, 단지 약한 현시 선호 공리와 같은 공리를 효용 개념으로부터 독립된 일관된 행동의 조건으로 단순히 사용하는 방식에 이의를 제기하려는 것이다. 이러한 방식은 새뮤얼슨의 선구적 기여 이후의 많은 문헌에서 해당 공리들이 해석되어 온

의 초기 작업, 특히 『가치와 자본^{Value and Capital}』(힉스 1939)에서 취했던 방향과는 일치하지 않는다. 힉스는 선호나 효용 개념을 우선시하는 방식에서 출발했지만, 그 역시 이 새로운 접근법이 우월하다는 주장에 설득되어, 인간을 "오직 일정한 시장 행동 패턴을 가진 존재로만 다룰 뿐, 그들의 머릿속을 들여다볼 수 있다고 주장하거나 가장하지 않는다"는 방식을 적극적으로 지지했다(힉스 1956, 6쪽).[5] 같은 맥락에서 리틀^{Ian Little}도 이 접근 방식에 방법론적 정당성을 부여하며 이렇게 말했다. "새로운 [새뮤얼슨의 현시 선호 이론]정식화는 과학적으로 더 신뢰할 수 있다. 왜냐하면 만약 개인의 행동이 일관되기만 하면, 그러한 행동은 행동 외의 어떤 것을 참조하지 않고 설명 가능해야 하기 때문이다(리틀 1949, 90쪽)."

이 글에서는 선택과 행위에 관한 영향력 있는 위의 접근법을 반대하며, 선택 함수의 **내적 특성을 넘어서는** 분석이야말로 그 타당성과 일관성을 이해하는 데 불가피함을 주장한다. 그러나 소비자 행위의 많은 표준 사례들을 다룰 때, (현시 선호 이론의 공리들과 같이)일반적으로 사용되는 선택지 간 대응 조건들은 종종 합리적인 외부 대응 관계의 **함의**로 쉽게 도출될 수 있다. 예를 들어, (선택지 집합과 무관한)실수값 효용 함수를 극대화하며, 각 대안에 (그 대안이 선택된 집합과 무관하게) 특정 효용 수준이 부여되고, 이는 (현시 선호 이론의 공리들을 포함하는)다양한 선택지 간 대응 공리들을 만족시킨다. 이는 선택 그 자체 외부에 있는 무언가에 의해 결속된, 내적 대응의 필연적 조건들이다. 비록 이러한 [공리들의]정당화가 (그것들로부터 '잔존하는 흔적까지 제거된' 것이 아니라) 효용과 가치의 공통된 특성에 근거하며, 이러한 방법론적 정당화 문제는 소비자 행위의 표준 사례들에서는 **본질적인** 어려움으로 이어지지 않는다. 실제로 이러한 공리들은 소비자 이론과 관련된 다양한 목적 함수들이 갖는 **공통**

방식이다.

5) 이후에 힉스는 자신이 입장에 대해 초기에 가졌던 열정을 점점 더 의심한다. 힉스(1981, xii–xiv쪽) 참조. 또한 힉스(1976)를 볼 것.

　　　　제2부 ＊ 합리성: 형식과 본질

의 함의를 포착하는 데 매우 유용할 수 있으며, 따라서 (실제로 '현시 선호 이론' 접근법이 해 낸 것처럼)분석의 효율성을 훨씬 크게 높여 준다.

그러나 상황은 선택 분석의 많은 영역 속, 예컨대 (생산 현장에서의 협력과 갈등 문제를 포함하는)생산 활동, (노사 관계를 포함한)단체 교섭, (선거 운동과 투표를 포함한)정치 활동, 심지어 (사회적 관심이나 제공된 '선택지'로부터의 학습이 수반되는 경우를 포함한)소비자 행동 등에서는 매우 다르다. 이는 곧 더 자세히 다룰 것이다.[6] 여기서 유의할 점은 이 구분이 '경제적' 영역과 다른 영역 간 구분이 아니라는 데 있다. 예컨대, 생산 활동이나 단체 교섭 역시 소비자 행위 못지않게 '경제적'이다. 이들 사례에서는 표준적 형태의 이른바 '내적 일관성' 조건들이 합리적 선택의 필연적 결과로 도출되지 않을 수 있다.[7] 마찬가지로 불확실성하의 선택을 다룰 때도, 특정한 내적 대응 조건들이 일관된 것으로 간주될 수 있는지 명확하지 않을 수 있다.[8] 여기서 핵심 쟁점은 특정 상황에서 합리적 조건들이 위배될 수 있다는 것이 아니라, 특정 행동 양상이 일관적인지 여부를 결정하는 '내적' 방식, 즉 선택 함수 자체에 내재된 방식이 존재하지 않는다는 것이다.

이 문제는 사회 선택 이론으로 넘어가면 특히 심각하다. 사회의 '선호'라는

---

6) 명시적 혹은 묵시적 협력 상황에서의 일관된 행동을 다양한 방식으로 특성화한 문헌은 방대하다. 협력 행동 맥락에서 표준적인 '합리성' 조건이 위반되는 흥미로운 사례들은 사이먼(1983), 도스와 탈러(Dawes and Thaler, 1988)에서 찾아볼 수 있다.

7) 예를 들어, 자기 통제력이 결코 사소하지 않을 때 흥미로운 쟁점들이 제기된다. 셸링(1960, 1984), 엘스터(1979), 데이비드슨(1980), 스티드먼과 크라우제(Steedman and Krause 1986), 탈러와 셰프린(1981), 탈러(1991) 참조. 관련하여, 아크라시아(*akrasia*, 의지 박약)에 대한 고전적 논의들과 중요한 접점이 있다. 복잡한 행동 양식과 그에 내재한 동기의 다른 사례 유형에 대해서는 사이먼(1957, 1979, 1983), 셸링(1960, 1984), 캉에르(1975, 1976), 시토브스키(1976, 1986), 레비(1980, 1986), 바수(1980), 카너먼, 슬로빅, 트버스키(1982), 엘스터(1983), 매클레넌(1983, 1990), 슬로트(Slote, 1989), 아난드(1990), 파인(1990), 샤피르와 트버스키(Shafir and Tversky, 1991) 등의 기여를 참고할 것.

8) 한손(1975), 마키나(1981, 1982), 센(1985), 서그든(1985b), 레비(1986), 해먼드(1988, 1989), 매클레넌(1990), 아난드(1991), 봄과 론드(Bohm and Lond, 1991) 등의 기여와 카너먼, 슬로빅, 트버스키(1982)의 풍부한 경험적 분석을 참고할 것. 앨레(Allais, 1953)가 제시한 기대 효용 이론에 대한 고전적 비판조차도 상당 부분 무엇을 일관된 행동으로 간주할 수 있는지 여부에 달렸다. 마찬가지로, 겉보기에 비일관적 선택처럼 보여도 실제로는 기저의 선호가 상태 의존적임을 반영하는 것일 수 있다(드레즈(1987) 참조). 선택 행동에서 무엇이 일관적인지 여부를 판단하는 일은, 그 행동 자체만을 근거로 할 수 없고, 선호나 지향의 성격, 후회에 대한 태도 등과 같은 다른 요소를 참조하지 않고는 판단할 수 없다.

직접적 개념이나 '사회적 효용'의 자명한 속성을 불러 와 사회적 선택에 **유도된** 내적 대응 조건의 정당성 확보가 쉽지 않기 때문이다. 따라서 이 경우, 사회 전체의 선택 함수에 어떤 내적 '일관성' 조건을 선험적으로 부과하는 **방법론적** 문제는 '사회적 선호'의 실질적 특성에 기반하여 사회적 선택의 **필연적** 내적 대응 조건을 찾으려는 데서 발생하는 **실질적** 곤란으로 한층 심화된다. 이러한 일반적인 방법론적 비판은 소비자 이론과 사회 선택 이론 모두에 적용되지만, 그 실질적 함의는 소비자 선택 사례에 비해 사회 선택 이론에 훨씬 중대한 영향을 미친다고 생각한다.[9]

3. 선택의 내적 일관성과 관련된 어려움은 무엇인가?

선택의 내적 일관성 조건에 대한 개념과 그 활용에서 발생하는 문제는 근본적foundational 수준과 실천적practical 수준, 두 가지 상당히 다른 층위에서 드러난다. 근본적 수준에서의 기본적 어려움은 해당 접근법이 암묵적으로 전제하는 바, 선택 행위가 그 자체로 서로 모순되거나 일관될 수 있는 **진술**과 유사하다는 가정에서 비롯한다. 이 진단은 심각한 문제에 봉착한다.

진술 'A'와 'not-A'는 서로 모순 관계지만, {x, y}에서 x를 선택하고 {x, y, z}에서 y를 선택하는 행위는 그와 같은 방식의 모순이 아니다. 만약 이러한 두 선택이 각각 (1) "x는 y보다 나은 대안이다", (2) "y는 x보다 나은 대안이다"라는 진술을 수반하면, 이는("…보다 낫다"는 표현의 의미가 비대칭성을 요구한다고 가정할 경우) 실제로 모순이다. 그러나 이러한 선택은 **그 자체로는** 그러한 [모순된]진술을 일체 수반하지 않는다. 누군가가 무엇을 하려는 것인지에 대한 어떤 개념(이것은 외적인 대응 관계다)이 **주어지면**, 우리는 이런 행위를 함축

---

9) 내가 보기에, 이러한 함의는 게임 이론, 일반적 의사 결정 이론, 산업 조직, 정치적 행동과 같은 분야뿐 아니라 불확실성 하의 행동 전반에서 실질적으로 중요한 의미가 있다.

　　　제2부 * 합리성: 형식과 본질

된 진술로 '해석'할 수 있을지 모른다. 그러나 그러한 해석은 외부의 참조 기준을 불러오지 않고서는 불가능하다.[10] 순전한 내적 선택의 일관성은 존재하지 않는다.

또한 심지어 '**A라고 말하는 것**'과 '**A가 아니라고 말하는 것**'처럼 겉보기에 모순된 행위라도 두 진술이 논리적으로 모순되는 것과 같은 방식으로 반드시 비일관적인 것은 아닐 수도 있다는 점도 주목할 필요가 있다. 실제로 상황에 따라서는 '**A라고 말하는 것**'과 '**A가 아니라고 말하는 것**'을 함께 선택하는, 이중 선택 행위는 오히려 영리한 행동 양식에 부합할 수도 있다. 예를 들어, 그 진술을 하는 사람이 책임 능력을 결여한 것으로 간주되기를 원하거나, 재판을 받을 자격이 없다고 판단되기를 바랄 수 있다. 혹은 단순히 관찰자를 혼란스럽게 하려는 것이나, 겉보기에 모순된 진술에 사람들이 어떻게 반응하는지 시험하려는 것일 수도 있다. 즉, **A라고 하는** 진술과 **A가 아니라고 하는** 진술 자체는 분명 모순되는 쌍이지만, 이를 말하는 행위가 반드시 그렇다고 할 수는 없다.[11] 실제로 일관성의 있고 없음은, 해석 **없이** 즉, 선택 그 자체를 넘어서는 맥락에 대한 전제를 동반하지 않고서는 선택 함수에 적용될 수 있는 성질이 아니다.

이러한 반론은 지나치게 추상적으로 평가받을 수 있고, 실제로도 그런 면이 없지 않다. 이 경우 개념적 어려움이 따를**지라도**, 실질적으로는 별 의미를 갖지 않는 것으로 판명될 수도 **있다**. 왜냐하면, **실제로는** 합리적으로 부과되는 내적 대응 요건에서 맥락에 따른 변동성이 거의 없을 수도 있어서다. 두 번째 비판의 입장은 경제학자들과 다른 사회 과학자들에게 다른 흥미로운 종류의 선택인 경우가 아니라고 주장한다.

---

10) 이러한 근본적인 쟁점은, 여기서 제기되는 질문들 및 로버트 서그든(1985b)의 방법론적 질문(그의 흥미로운 논문 제목에 반영된 "왜 일관적이어야 하는가?"라는 질문) 사이에서 대조를 이룬다. 내가 여기서 주장하는 바는 결코 일관성의 반대가 아니며, 다만 선택 함수가 일관적인지 여부를 순전히 '내적' 기준만으로(즉, 동기, 목적, 원칙 등 선택 함수를 넘어서는 맥락을 고려하지 않고) 판단할 수 없다는 점이다.

11) 이것과 관련된 사항들은 센(1990)을 참조할 것.

이어지는 논의에서는, 고려될 대안의 집합이 모두 유한하다고 가정한다. 하지만 이것이 본질적 제약은 아니다. 선택 함수 $C(S)$는 허용 가능한 공집합이 아닌 대안 집합 S(즉 변화 가능한 선택지)에 대해, 그로부터 선택된 공집합이 아닌 부분 집합 $C(S)$(이를 S의 선택 집합이라 부른다)를 특정한다.[12]

선택의 '내적 일관성'에 관한 기본 조건 중 두 가지는 다음과 같다.

(3.1) **기본 수축 일관성**(성질 α)

$$[x \in C(S) \;\&\; x \in T \subseteq S] \Rightarrow x \in C(T)$$

(3.2) **기본 확장 일관성**(성질 γ)

$$\left[x \in \bigcap_j C(S_j) \text{ for all } S_j \text{ in a class} \right] \Rightarrow x \in C\left(\bigcup_j S_j \right).$$

'체르노프^{Chernoff} 조건'이라고도 하며, 종종 (애로우의 같은 이름의 조건과 혼동해서는 안 되는)'무관 대안들의 독립성'으로도 불리는 성질 α는, 다음을 요구한다. 어떤 대안이 집합 S에서 선택되고, 그 대안이 S의 부분 집합 T에도 속하면, 그 대안은 T에서도 선택되어야 한다. γ 성질은 다음을 요구한다. 특정 집합류의 모든 집합에서 어떤 원소 x가 선택되면, 그 원소는 그 집합들의 합집합에서도 선택되어야 한다.[13] 유한 집합의 경우, 이 두 가지 성질은 함께 있을 때 선택 함수의 쌍대성을 위한 필요충분조건이다. 다시 말해, 선택 함수에 의해 생성된 현시 선호 관계를 선택의 기준으로 사용할 경우, 그 관계는 다시 그 선택 함수를 재생성한다.

---

12) 특수한 경우에는 어떤 $C(S)$도 반드시 단일 집합이어야 하고, S로부터 하나의 대안만을 선택해야 한다는 요구를 따를 수 있다. 그러나 덜 제한적인 정식화는 이러한 요구를 하지 않으며, 우리는 그보다 더 포괄적인 형식을 따른다. 이러한 맥락에서 $C(S)$를 '선택 가능한' 원소들 집합(즉, 선택될 수 있는 대안들의 집합)으로 해석하는 것이 유용할 수 있다. 그러나 나는 보다 일반적으로 사용되는 용어인 '선택된'이라는 표현을 계속 사용한다.

13) 내쉬(1950), 애로우(1951a, 1959), 체르노프(1954), 래드너와 마르샤크(1954), 센(1971), 피시번(1973), 헤르츠버거(1973), 스즈무라(1983)를 보라.

(3.3) **현시 선호 (R_c)**: $xR_cy \Leftrightarrow \exists S: [x \in C(S) \ \& \ y \in S]$

(3.4) **선택의 쌍대성**: 모든 공집합이 아닌 S에 대해

$$C(S) \quad [x|x \in S \ \forall \ y \in S: xR_cy]$$

선택 함수는 α 성질과 γ 성질이 모두 충족할 때 한해 쌍대적이다(센 1971, 헤르츠버거 1973 참조).

그러나 선택의 기저에 있는 지향이나 가치와 같은 **외부 요소**를 끌어들이지 **않고**, 순전히 내적 기준에 근거하여 하나의 선택 집합이 일관적인지 혹은 비일관적인지를 판단할 수 있는가? 다음 두 선택을 고려해 보자.

(3.5) $$\{x\} = C(\{x, y\}),$$

(3.6) $$\{y\} = C(\{x, y, z\}).$$

이 선택 쌍은 내적 일관성에 관한 많은 표준 조건을 위배한다. 이는 단지 현시 선호의 약한 공리(물론 강한 공리도 포함하여)뿐 아니라 그보다 더 약한 요구 조건인 선택의 쌍대성과 기본 수축 일관성(성질 α)까지도 위배한다. 또한 x와 y 중 x를 선택하는 사람이 선택지에 z가 추가되었을 때 y를 선택하는 것이 과연 합리적인가 하는 점은 실제로 다소 이상하게 보일 수 있다.[14]

그러나 만약 그 사람이 무엇을 하려는지 우리가 조금 더 알면, 이 선택이 불일치하다는 전제는 맥락에 따라 쉽게 반박될 수 있다. 예컨대 그 사람이 식탁에서 과일 바구니에 마지막으로 남은 사과(y)와 아무것도 먹지 않는 것(x) 사이에서 선택해야 한다고 하자. 그녀는 예의를 지키기 위해, 맛있어 보이는 사과(y)를 포기하고 아무것도 먹지 않기(x)로 결정한다. 반면, 만약 그 바구니

---

14) 표준적인 극대화 전제라는 관점에서, 여기에서의 긴장은 한 경우에는 x가 선택되고 다른 경우에는 y가 선택된다는 사실 자체에서 비롯하지 않는다. 선택자가 x와 y 사이에서 무차별하면, 이 선택 쌍에는 아무런 특별한 점이 없다. (3.5)와 (3.6)의 결합에서 문제(보다 정확히 말해, 겉보기 문제)는 한 경우에는 x가 선택되고 y가 배제되며, 다른 경우에는 y가 선택되고 x가 배제된다는 데에 있다. 무차별성과 불완전성이 제기하는 몇 가지 중요한 쟁점은 울만-마갈리트와 모르겐베서(Ullmann-Margalit and Morgenbesser, 1977)를 보라.

에 사과가 두 개 있었다면, 아무것도 먹지 않기(x), 사과 하나 먹기(y), 또 다른 사과 하나 먹기(z)의 선택지가 주어진 상황에서, 그녀는 예의에 어긋나지 않으면서도 사과 하나(y)를 선택할 수 있다. 다른 사과(z)의 존재는 두 사과 중 하나를 예의에 맞게 고를 수 있게 해 주지만, 이러한 선택의 조합은 α 성질을 포함한 표준 일관성 조건들을 위배한다. 그럼에도 (그녀의 가치관과 양심을 고려할 때)이 선택 쌍에는 특별히 '불일치적인' 면은 전혀 있을 수 없다.[15]

같은 맥락에서 또 다른 예를 들어 보자. 케이크 조각들 중에서 선택하는 한 사람이 식 (3.5)와 (3.6)처럼 {x, y}에서 x를 선택하고, {x, y, z}에서 y를 선택한다. 만약 그의 목적이 단순히 가장 큰 조각을 고르는 것(외부적 관련성)이라 하자. **그렇다면** (케이크 조각들의 크기가 선형적으로 정렬되어 있고 쉽게 비교할 수 있을 때)그는 분명 어떤 실수를 저지르고 있다. 그러나 반대로, 만약 자신이 탐욕스러워 보이는 걸 원치 않거나 사회적 관습 또는 어릴 적 엄마에게 배운 "가장 큰 조각은 고르지 마라"는 원칙을 따르기 위해 가장 큰 조각은 피하면서 가능한 한 큰 조각을 고르려는 것이 목적이라면 어떨까? 만약 세 조각이 크기 순으로 $z > y > x$라면, 그는 그 원칙에 정확하게 부합하여 행동하는 셈이다. 우리는 그 사람의 선택이 어떤 방식으로든 잘못되었는지 여부는 그가 원하는 것이 무엇인지를 모른 채 판단할 수 없다. 말하자면, 선택 그 자체를 넘어서는 외적 기준을 알지 않고서는 판단할 수 없다.

또한 주목할 점은, 다른 사과가 있을 때는 사과를 선택하지만 마지막 남은 사과라면 이를 선택하지 않는 사람, 또는 **(가장 큰 조각은 피하면서)**가능한 한 큰 케이크 조각을 고르려는 사람은, 기본적인 의미에서 **극대화자**^{maximizer}다. 그가 극대화하는 기준은 선택지에 따라 달라지지만, 그렇다고 각 **선택지**에 대해 명확하고 설득력 있는 대안의 순서(즉, 극대화 결정을 내리는 기준)가 없는 것은 아니다.[16] 따라서 그가 위배하는 조건들이 일반적으로는 극대화의 필요

---

15) 이런 유형의 예시는 센(1983)에서 다룬다.

16) 사실, 케이크 선택 사례는 선택지가 가변적이라도, '둘째로 큰 것'을 최상위에 두는 식으로 '위치적 모순' 방식으로 고

조건으로 간주되더라도 극대화에 대한 보다 넓은 해석에서는 반드시 그런 조
건들이 필요하다고 볼 수 없다.

성질 a와 기타 흔히 말하는 선택의 '내적 일관성' 조건의 위반은 (외부적 맥
락이 드러날 경우 쉽게 이해 가능한)다양한 이유들과 관련될 수 있다.

(1) **위치 기반 선택**: 이는 마지막 사과를 원하지 않거나 가장 큰 조각을 피
하는 사례로 이미 나타난 바 있다. 마찬가지로 어떤 사람은 가장 먼저 직장을
그만두거나 쟁의 행위 중 일탈하거나 암묵적 계약을 깨는 사람이 되길 꺼리
지만, 그 조건이 충족될 경우에는 가능한 한 빨리 행동하려 할 수 있다.

(2) **선택지의 인식론적 가치**: 고려 대상으로 제시된 선택지는 기저에 놓인
상황에 대한 정보를 제공할 수 있으며, 그에 따라 우리가 대안들을 인식하는
방식이 달라지고, 그 결과 선호 체계에도 변화가 생길 수 있다.[17] 예컨대 선택
자는 무엇이 제시되었는지를 통해, 그 선택지를 제공한 사람에 대해 어떤 판
단을 할 수 있다. 예시를 들어 보자. 먼 지인의 집에서 차를 마시는 것(x)과 그
곳에 가지 않는 것(y) 중에서 선택할 때, 한 사람이 차를 마시기(x)로 결정하
더라도 그 지인이 차 마시기(x), 떠나기(y), 코카인 함께하기(z)라는 선택지를
제시하면, 그 사람은 떠나기(y)를 선택할 수도 있다. 제시된 선택지는 상황을
가늠하게 해 주는 실마리를 제공하고(이 경우에는 그 먼 지인에 대한 인상을 바꾸
게 할 수 있고), 그로 인해 x와 y에 대한 선호의 순위가 재조정되어 식 (3.5)와
(3.6)에 해당하는 선택 쌍이 나타날 수 있다. 물론 선택자는 동일한 x(즉, 그 지
인과 차를 마시기)에 대해서도, 그 지인이 코카인 함께하기를 선택지로 제시하
는 경우에는 이전과는 다른 정보를 갖는 것이 사실이다. 그리고 이 경우, 확

정된 순서를 명시할 수 있다. 사회적 선택 맥락에서 위치성의 의미는 예르덴포스(1973)와 파인과 파인(Fine and Fine, 1974)을 참조할 것.

17) 선택지의 인식론적 의미는 센(1990)을 보라. 또한 루스와 레이파(Luce and Raiffa, 1957, p. 288)를 참조할 것.

실히 ('외연적' 의미가 아니라) '내포적' 의미에서 보자면, x라는 대안은 더 이상 동일하지 않다고 주장할 수 있다. 그러나 일반적으로 말해, 대안들을 내포적으로 정의하는 접근은, 특히 (이 사례처럼)대안의 내포적 성격이 바로 선택 가능한 대안들(즉, 제시된 선택지)에 따라 바뀌는 경우에는 선택지 간 일관성을 도출하는 데 거의 절망적일 정도로 부적절하다.

(3) **거부할 자유**: 어떤 선택은 특정 행위나 결과를 거부하는 데 초점이 맞추어져 있고, 이는 보다 두드러진 대안을 자유롭게 택하는 방식으로 이루어진다. 예를 들어 단식은 단순히 굶주리는 것이 아니라 먹을 자유가 있음에도 의도적으로 굶는 행위이다. 잘 먹을 수 있는 선택지(z)가 존재할 때, 먹지 않기(y)라는 형태로 행하는 단식은 분명한 대안이지만, 만약 유일한 다른 선택지가 어차피 굶주리는 것(x)이라면, 단식의 의미는 흐려질 수 있다.[18] 이 경우 역시 식 (3.5)와 (3.6)에 나타난 선택 쌍이 나타날 수 있다. 일반적으로 이러한 유형의 고려(그리고 자유를 호출하는 다른 쟁점들)는 선택된 대안을 x/S, 즉 집합 S로부터 x를 선택한 것으로 이해할 만한 필요성을 시사하며, 여기서 어떤 대안들이 거부되었는지를 명시할 수도 있다. 이러한 맥락에서 선택지 간 일관성 조건의 적용은 본질적으로 어렵다(단지 공허하게 충족한 것처럼 보이지 않으면 말이다).

식 (3.5)와 (3.6)을 타당하게 해석할 수 있는 다른 해석도 존재할 수 있다.[19] 일관된 행위의 표준 조건들을 일부러 위배하려는 욕구(관찰자를 혼란스럽게 하거나, 일부 의사 결정 이론가를 당황하게 하려는 의도)조차 어떤 경우에는 (비록 매

---

18) 이런 유형의 선택지 의존성은 센(1988)에서 다룬다.

19) 예를 들어, 스티그 캉에르(1975)는 '선호 기반 선택'에서 중요한 변형을 도입하는데, 이는 선택의 근거가 되는 이항 관계 R^V를 대안 집합에 독립으로 가정하는 기존의 이항 선택 틀과 달리, 메뉴 집합일 수도 있고 아닐 수도 있는 대안들의 '배경' 집합 V에 의존하게 한다. 이에 대서는 캉에르(1976), 셸링(1984), 레비(1986), 자이덴펠트(Seidenfeld, 1988), 파인(1990), 매클레넌(1990)를 보라.

우 특수한 상황이긴 하지만)하나의 동기로 작용할 수 있다.

데이비슨(1980)이 다른 맥락에서 지적하듯, 어떤 행위에 대한 '긍정적 태도 pro attitude'는 '욕구, 소망, 충동, 자극은 물론, 다양한 도덕적 관점, 미적 원칙, 경제적 편견, 사회적 관습, 공적·사적 지향과 가치들'이 포함될 수 있다(3~4쪽). 일단 외적 대응 관계가 관련된 것으로 간주되면, 그러한 대응 관계들의 다양성과 그것이 취할 수 있는 형태의 다원성은 내적 대응 관계의 함축 조건을 검토할 때 반드시 고려해야 한다. 그리고 이처럼 다원성이 존재하는 상황에서는, 언제나 '작동하는' 일련의 '내적 일관성' 조건의 획득이 매우 제한적일 수밖에 없다.[20] 따라서 선택의 '내적 일관성' 개념을 이해하려는 방법론적 문제는, '긍정적 태도'에 의해 예외 없이 정당화될 수 있는 '표준적'인 내적 대응 조건을 확보하는 데 따르는 실질적 어려움에 의해 더욱 강화된다.

4. 사회적 선택과 개인적 선호

이제 나는 사회적 선택뿐 아니라 개인적 선호라는 개념까지 수반하는 사회 선택 이론으로 방향을 잡는다. 일관성 조건은 일반적으로 양쪽 모두에 적용되지만 이 둘 사이에는 일정한 비대칭성이 존재한다. 무엇보다도 '개인의 선호'에 대한 언급은 비교적 단순한 기술적 서술 방식으로 가능한 반면, '사회의 선호'는 그렇게 쉽게 말하기 어렵다.[21] 개인들이 명확한 선호 순위를 가질 때, 개인의 선택 함수에 대한 내적 대응 관계는 큰 어려움 없이 함축 관계로

---

20) 물론 외적 참조가 언제나 어떤 사람이 '하고 싶은' 일이나, 다른 사람에게 '하게 하고 싶은' 일과 불가피하게 연결될 필요는 없다. 추론 방식은 다른 형태를 취할 수도 있다. 예를 들어, 칸트의 '정언명령'은 격률(maxim)과 의도(intention)의 사용을 포함하지만, 누가 무엇을 원하느냐를 직접적으로 언급하지 않는다. 이 점은 오노라 오닐(Onora O'Neill 1985)이 칸트식 '행위의 일관성'에 대한 그녀의 통찰력 있는 분석에서 지적한 바 있다. 허리(Hurley 1989) 참조.

21) 물론 이것이 개인이 가진 선호가 그들이 살아가는 사회의 성격에 따라 달라질 수 있는 점을 부정하는 것은 아니다. 또한 개인의 선호가 선택 욕구, 개인적 이익, 윤리적 판단 등 여러 방식으로 이해될 수 있고, 이것이 사회적 집계를 위한 대안적인 실질적 정식을 제공하는 점을 부정하지도 않는다(뷰캐넌 1954b), 센 1977a를 보라).

부터 도출될 수 있다. 반면 사회가 무엇을 선호한다고 간주할 수 있는지에 대한 모호성은, 사회 전체의 선택 함수에 대한 내적 대응 관계 도출을 훨씬 어렵게 한다.

실제로, 개인과 사회의 선호(그리고 선택) 사이의 비대칭성을 보다 충실하게 반영해야 한다는 주장은 '사회적 합리성 개념'에 내재된 '철학의 근본 문제'을 지적한 뷰캐넌(1954a)의 예리한 비판을 통해 강력하게 제시된 바 있다.[22] 이는 여기서 충분히 논의하기 어려운 큰 주제지만, 우리가 검토해야 할 중요한 점은 애로우의 불가능성 정리와 같은 결과가 '사회적 합리성 개념'에 의존하지 않고도 성립할 수 있는가다.

실제로, (애로우의 정리와 같은)불가능성 정리를 정립할 때, 비대칭성을 도입해야 할 보다 즉각적이면서도 (비록 덜 근본적이지만)현실적인 이유가 있다. 사회적 선택 절차의 존재가능성에 대한 불가능성 정리는 일반적으로 다음 두 조건, (1) 더 좁은 정의역^{domain}(즉, 허용 가능한 개인 선호의 n-쌍이 더 제한된 조건에서 절차가 작동해야 함), (2) 더 넓은 치역^{range}(즉, 사회가 사용할 수 있는 허용 가능한 선택 함수의 범위가 더 넓어야 함)을 만족시킬수록 더 일반적이고, 동시에 성립하기 더 어렵다. 이후 전개되는 논의에서 나는, 한편으로 (애로우가 그러했듯) 모든 개인적 선호를 완비적 선호 순서$^{\text{complete orderings}}$라고 가정하며, 다른 한편으로는 사회 선택 함수에 대해 어떠한 내적 일관성 조건도 부과하지 않을 것이다(이는 애로우가 설정한 조건보다 훨씬 완화되었다). 만약 누군가 개인의 선호를 선호 순서가 아닌 보다 일반적인 형태로 허용하려면, 똑같은 불가능성 결과는 한층 더 **강력하게** 성립한다(왜냐하면 **더 넓은** 정의역의 결과는 더 제한된 정의역의 불가능성 정리를 무효화할 수 없기 때문이다).

만약 애로우의 불가능성 정리와 같은 결과가 (어떤 '집단 합리성' 조건도 부과

---

22) 뷰캐넌(1954a)은 이어서 다음과 같이 주장한다. "사회 집단의 속성으로서의 합리성 또는 비합리성은 해당 집단에 개별 구성원들의 존재와 별개의 유기적 존재를 귀속시키는 것을 의미한다(p. 116)". 켐프(Kemp, 1953-54), 버그슨(Bergson, 1954), 뷰캐넌(1954b), 흐라프(Graaff, 1957), 리틀(Little, 1957), 뷰캐넌과 털럭(Buchanan and Tullock, 1962), 바우몰(Baumol, 1966), 엘스터와 휘란(Elster and Hylland, 1986) 참조.

하지 않는)이런 틀에서 다시 성립될 수 있다면, 그것은 또한 뷰캐넌과 다른 이들이 제기한 사회적 선택에 따르는 중요 질문에 대한 적절한 후속 논의가 될 것이다. 이는 사회 선택 이론의 결과를 사회 선택의 내적 일관성에 대한 어떠한 **선험적** 전제 없이 다시 검토하려는 일반적인 연구 프로그램의 일부다.

5. 파레토 자유의 불가능성

이 절에서는 '파레토 자유의 불가능성the impossibility of the Paretian liberal'23) 정리를 사회 선택의 내적 일관성에 대한 어떤 전제도 부과하지 않고 다시 고찰한다. 우리는 이 정리를 ('선택 함수'적 형태가 아닌)선호 관계적 형태로부터 시작할 수 있다.

(사회적으로 우월하거나 무차별한)약한 사회적 선호 관계를 R, 이에 대한 (엄격히 우월한)비대칭적 요소를 P, (무차별한)대칭적 요소를 I로 각각 나타낸다. 어떤 개인 I에 대한 선호의 대응 항목은 각각 R_i, P_i, I_i로 주어진다. 사회 선택 함수 $C(S)$는 사회 상태의 임의의 공집합이 아닌 집합 S에 대하여, S로부터 선택된 공집합이 아닌 부분 집합 $C(S)$를 지정한다.

사회적 결정 함수 f는 개인별로 주어진 선호 순서$\{R_i\}$의 n-쌍을 완비성completeness, 재귀성reflexivit, 비순환성acyclicity을 만족하는 사회적 선호 순서 R로 사상한다. 이 정리를 증명하는 데 있어 완전 추이성은 필요하지 않으며(비순환성만으로 충분하다), f의 치역이 선호 순위의 치역보다 더 넓어지는 것도 허용하는데, 이는 (이 정리가 애로우의 특정한 경우에도 명백히 성립할지라도)애로우가 정의한 사회 후생 함수의 정식화와는 대조적이다.

---

23) 센(1970, 1976a) 참조. 이 주제의 문헌은 상당히 방대하지만, 주요 기여를 한 탁월한 개관으로는 스즈무라(1983, 1991), 리글스워스(Wriglesworth, 1985), 라일리(Riley, 1989, 1990), 시브라이트(Seabright, 1989)를 들 수 있다.

(5.1) $$R = f(\{R_i\}).$$

> **조건 U(무제한 정의역)**: 함수 f의 정의역에는 가능한 모든 개인 선호 순서의 n-쌍이 포함된다.

> **조건 P(약한 파레토 원칙)**: 임의의 사회 상태 쌍 $\{x, y\}$에 대하여, 모든 개인 i에 대해 xP_iy이면, [사회적으로도]xPy다.

> **조건 L(최소 자유)**: 적어도 두 명의 개인이 존재하고, 각 개인 i에 대해 적어도 하나 이상의 사회 상태 쌍 $\{x, y\}$로 구성된 개인적 영역이 존재하면, $xP_iy \Rightarrow xPy$이고, $yP_ix \Rightarrow yPx$다.

❖ **정리 1: 조건 U, P, L을 모두 만족하는 사회적 결정 함수 f는 존재하지 않는다.**

이 증명은 다양한 경우에 대해 P가 순환적 성격을 띠게 됨을 보이는 형태로 구성된다. 즉, 두 사회 상태 쌍(개인적 영역)이 서로 공통 원소를 가지는 경우와 갖지 않는 경우 각각에 대해 순환성이 발생함을 보이는 것이다(센 1970).

이는 사회 선택이 비순환적인 사회적 선호 관계에 의해 지배된다는 전제에서 사회 관계적 형태의 정리다. 하지만 사회적 선호 개념의 해석상의 문제와, 권리란 (사회가 어떻게 판단하느냐보다는)"무엇이 실제로 발생하는가"에 더 가깝다고 여기는 당연한 인식 때문에[24] 이 결과는 일반적으로 선택 함수적 형식으로 다시 정식화되었다.[25] 이런 실질적 맥락에서는 사회 선택에 대한 내적 일관성의 전제가 중요한 쟁점으로 부상한다.

함수적 집단 선택 규칙Functional Collective Choice Rule, FCCR이 각 개인 선호 순서의 n-쌍에 대해, 사회적 결정을 위한 선택 함수 $C(S)$를 결정한다고 하자.

---

24) 노직(Nozick 1974)을 보라.

25) 바트라와 파타나익(1972), 센(1976a, 1983), 켈리(1978), 스즈무라(1983), 리글스워스(Wriglesworth, 1985) 등의 기여를 참조할 것.

$$(5.2) \qquad\qquad C(S) = F(\{R_i\}).$$

관계적 정리는 (성질 α와 같은)사회적 선택에 대한 내적 일관성 조건의 활용을 포함하여 여러 방식으로 전환될 수 있다. 그러나 이러한 정식화들 중 하나는 사회적 선택에 대해 어떠한 선험적 일관성 조건을 전제하지 않는다.[26] 이러한 형태는 간단히, 조건 P와 L을 각각 각각 P^*와 L^*로 변환함으로써 얻어진다. 이때 사회적 선호 관계 P는 다음과 같은 선택 함수적 필요조건 P^*로 대체된다. 즉, xP^*y는 x가 선택 가능한 상태일 때, y는 결코 선택될 수 없음을 의미한다.

$$(5.3) \qquad xP^*y \Leftrightarrow [\text{for all } T: x \in T \Rightarrow \text{not } y \in C(T)].$$

- **조건 P^*(파레토 열등 상태의 배제)**: 임의의 사회 상태 쌍 $\{x, y\}$에 대해, 모든 개인 i마다 xP_iy이면 xP^*y가 되어야 한다.
- **조건 L^*(최소한의 자유에 근거한 거부)**: 적어도 두 명의 개인이 존재하고, 각 개인 i에 대해 적어도 하나의 상태 쌍 $\{x, y\}$로 구성된 개인적 영역이 존재하면 다음 조건을 만족한다. $xP_iy \Rightarrow xP^*y$, 그리고 $yP_ix \Rightarrow yP^*x$.

조건 P^*는, 어떤 대안이 다른 대안보나 파레토 우위에 있을 경우, 그 파레토 열위 대안이 선택되어서는 안 된다고 요구한다. 조건 L^*은 어떤 개인의 개인적 정의역 내의 대안 쌍에서, 그 개인이 덜 선호하는 대안은 더 선호하는 대안이 선택 가능한 경우에는 선택되어서는 안 된다고 요구한다. 조건 U^*는 함수적 집단 선택 규칙 F에 적용된다는 점을 제외하면, 무제한 정의역 조건 U와 동일하다.

---

26) 센(1976a)의 (T.7) 참조. 사실 이 버전은 센(1970, pp. 81–82)에서 정리의 가능한 변형으로서, 원래의 제시할 때부터 비공식적 형태로 제시된 바 있다.

❖ **정리 2**: 조건 U^*, P^*, L^*을 모두 만족하는 함수적 집단 선택 규칙 F는 존재하지 않는다.

증명: 먼저 두 개인의 '개인적 정의역'에 속한 상태 쌍들이 서로 공통 상태를 전혀 갖지 않는 경우를 생각하자. 개인 i의 정의역을 $\{a, b\}$, 개인 j의 정의역을 $\{c, d\}$라 하자. 조건 U^*에 따라, 개인 i와 j의 선호 순위를 다음과 같이 dP_ia, aP_ib, bP_ic 그리고 bP_jc, cP_jd, dP_ja로 설정할 수 있다. 나머지 모든 개인 k는 dP_ka 그리고 bP_kc를 만족한다고 하자. 선택 함수적 파레토 원칙 P^*에 따라, 집합 $\{a, b, c, d\}$에서 a와 c는 선택될 수 없다. 그러나 선택 함수적 최소 자유 조건 L^*에 따라, b와 d 역시 $\{a, b, c, d\}$에서 선택되어서는 안 된다. 따라서 이 집합 $\{a, b, c, d\}$에서는 어떤 상태도 선택될 수 없으며, $C(S)$는 해당 정의역에서 선택 함수가 될 수 없다.

나머지 증명은 $\{a, b\}$와 $\{c, d\}$ 사이에 하나의 원소가 공통인 경우를 가정하면 완결할 수 있는데 그때의 증명 또한 이 경우와 크게 다르지 않다.

선택 함수적 요건인 P^*와 L^*은 **외재적 대응**의 요구라는 점에 유의하자. 이들은 특정 선택지가 주어졌을 때 무엇이 선택되어서는 안 되는지를 명시하는 진술이며, 파레토 열등 대안들과 한 개인의 개인적 정의역 내에서 명백히 덜 선호되는 대안들을 피해야 할 필요성과 관련된 동기에 근거한다.[27] 그러나 두 가지 보충 설명이 필요할 수 있다. 첫째, P^*와 L^* 같은 외재적 대응 조건은 일정한 유도된 내재적 대응을 **수반한다**(예컨대, 파레토 열등 대안은 어떤 집합에서도 선택되지 않으므로, 그러한 집합들 간의 선택이 연결된다).[28] 하지만 이는 서로 다른 선택지 집합들 간의 선택이 어떻게 관련되어야 하는지에 관한 선

---

27) 일부는 파레토 개선적 계약이 허용되면 이 문제가 사라진다고 주장한다(서그든 1985a, 하딘 1988 참조). 그러나 이것이 사실이 아님은 입증이 가능하다. 센(1983) 참조. 보다 큰 쟁점은 자유의 조건을 게임 형식으로 정식화할 수 있는 근거와 관련 있다. 이 두 쟁점 모두에 대해서는 가르트너, 파타나익, 스즈무라(1992), 그리고 센(1992)을 보라.

28) 흥미로운 기여로서, 베이전트(1991a, 1991b)는 사회적 선택에서 불가능성 정리를 도출할 때, 제시된 조건들에 내적 일관성을 부과하거나 전제하지 않고 진행하는 보다 순수주의적인 접근을 모색한 바 있다. 또한 선택지 간 일관성 조건을 부과하지 않고 치칠니스키(1982a)의 불가능성 정리 변형을 제시한 베이전트(1987)를 볼 것.

험적 견해에서 비롯하지 않고, 파레토 열등 대안을 선택하지 말아야 한다는 실질적 동기에서 **비롯**한다.[29] 둘째, P^*와 L^*로부터 따르게 되는 선택지 집합 간의 귀속적 대응들은 사실상 정리 2의 증명에서는 사용되지 않는다. 그 증명의 전략은 특정 사회 상태 집합에서 어떤 것도 선택될 수 없음을 보여 주는 데 있고, 여기서 어떤 선택지 집합 간의 논의도 요구되지 않는다. 따라서 P^*와 L^*을 더 약화시켜, (주어진 집합 S에만 적용되는)P^*s와 L^*s로 대체하여 선택지 집합 간의 귀속을 제거하더라도 여전히 정리 2에서 제시된 불가능성 결과는 유지된다.

본질적으로 (선택 집합들의 공집합임을 보여 주는)동일한 기법이 7절에서 제시될 애로우의 보다 복잡한 불가능성 정리를 증명할 때도 사용된다.

6. 애로우의 불가능성 정리에서의 일관성 공리

애로우(1951a, 1952, 1963)의 '일반 가능성 정리'는 **사회 후생 함수**에 대해 관계적 형태로 진술되었고, 이때 정의는 식(5.1)과 동일한 방식으로 이루어지되, 생성되는 사회적 순위 R은 정렬^{ordering}이어야 한다(완전하고 재귀적일 뿐 아니라 완전 이행적일 것). 이 틀에서의 사회적 선택은 정렬을 통한 이항 비교로 결정되므로 모든 유형의 '내재적 일관성' 조건을 만족한다. 그러나 이러한 조건은 귀속 요건으로, 여기에는 부과된 내재적 일관성이 존재하지 않는다.[30] 애로우(1951a)는 그러나 사회적 가치 판단의 실행을 사회적 선택의 실행과 연결시켰고, ('집단 합리성'을 만족하는)'사회적 선호'의 이항관계를 해당 선택 함수와 연계시키면서 "합리성 가정의 한 귀결은 어떤 대안 집합으로부터의 선

택이 각 쌍의 대안들 사이에서 이루어진 선택으로 결정될 수 있다는 점이다 (19~20쪽)"라고 지적했다. 완전 이행적 사회 정렬에 기반한 선택의 엄격한 성격은 사회 선택 이론에서 많은 주목을 받아 왔고, 이 요구를 약화시키려는 시도들이 이루어졌다. 실제로 완전한 이행성의 요구를 준이행성 즉, 오로지 엄격한 선호에 대한 이행성으로 약화시키면, (센 1969에서 보인 것처럼)사회적 최적화를 훼손하지 않으면서도 애로우의 불가능성 정리를 무효화할 수 있음이 쉽게 입증된다. 그러나 이러한 완화 조항들과 그 밖의 다른 유사한 시도들로도 애로우의 불가능성 정리의 '정신'은 피할 수는 없다. 그 불가능성은 '사회적 선호'에 대한 약화를 그에 상응하는 다른 조건 (단지 독재자뿐 아니라 과두제, 거부권자, 부분적 거부권자 등도 회피하는)비독재성 요건을 타당성 있는 방식으로 강화함으로써 재현될 수 있다.[31]

이 연구의 흐름은 사회적 선택을 결정하는 것으로서 이항적인 '사회적 선호'를 지속적으로 호출했다. 그러나 또 한편의 연구 흐름에서는 사회적 선택 문제를 식(5.2)처럼 '함수적 집단 선택 규칙(혹은 동등하게 정의된 '사회적 선택 함수')' 개념을 사용하여 선택 함수적 방식으로 재구성한다. 이 틀에서 다양한 가능성 정리(대부분 **불가능성** 정리)들이 도출되었고, 이는 사회에 대한 선택 함수 $C(S)$에 부과된 다양한 형태의 '내재적 일관성' 조건의 사용으로 뒷받침되었다.[32] 사회적 선택의 '내재적 일관성'은 '사회적 선호'의 요구들을 대체하게 되었다.

사실, 상관적 결과는 (예컨대 '현시 선호' 관계처럼)어떤 선택 함수가 생성하는 이항관계에 적용된 선택 함수적 틀에서 그에 상응하는 직접적인 대응물을 가

---

31) 센(1970, 1977a), 마스-콜렐과 소넨샤인(Mas-Colell and Sonnenschein 1972), 브라운(1975), 블레어, 보르드, 켈리, 스즈무라(1976), 보르드(1976), 한손(1976), 블라우와 데브(1977), 켈리(1978), 블레어와 폴락(1982), 스즈무라(1983), 켈시(1985) 등의 기여를 참조할 것. 블레어와 폴락(1979), 블라우(1979)에 의해, 추이성 요건이 준차순(semiorders) 및 그 일반화된 형태로 완화될 때도 독재 정리가 여전히 성립함을 입증한다.

32) 선택 함수적 정식의 논의는 한손(1968, 1969)이 선구적으로 제기했고, 피시번(1971, 1973), 슈바르츠(1970, 1972), 플롯(1973, 1976) 등이 그 뒤를 잇는다. 주요 결과로는 보르드(1976), 캠벨(1976), 블레어, 보르드, 켈리, 스즈무라(1976), 한손(1976), 데브(1977), 페레존과 그레더(1977), 센(1977a, 1986a), 켈리(1978), 스즈무라(1983), 베이전트(1987), 슈바르츠(1986) 등의 기여를 보라.

진다. 선택 함수들에 의해 생성되는 세 가지 유형의 이항관계들이 특히 고려되어 왔으며, 이는 어떤 사회 상태 x와 y의 쌍을 다음과 같이 정의한다.

> **약한 현시 선호:**

$$(6.1) \qquad xR_c y \Leftrightarrow [\exists S: x \in C(S) \,\&\, y \in S].$$

> **약한 기본 관계:**

$$(6.2) \qquad x\bar{R}_c y \Leftrightarrow [x \in C(\{x, y\})].$$

> **강한 현시 선호:**

$$(6.3) \qquad xP_c y \Leftrightarrow [\exists S: x \in C(S) \,\&\, y \in (S - C(S))].$$

약한 현시 선호 관계는 새뮤얼슨(1938)의 원래 정의와 유사하지만, 일반적인 선택 함수에 대해서는 통상 비대칭성 속성이 부과되지 않는다. 이 기본 관계는 수리논리학에서 오랜 역사가 있지만, 경제학에서는 우자와(1957)와 헤르츠버거(1973) 등을 포함한 학자들에 의해 탐구되었다. 강한 현시 선호 관계 Pc는 애로우(1959)가 '현시 선호' 관계라고 불렀다. x가 y보다 강하게 현시 선호된다는 것은, 오직 x만 선택되고 y는 선택되지 않는 어떤 집합이 존재할 경우에만 성립한다.

이러한 생성된 관계들 사이의 상호 관련성은 다른 곳에서 탐구된다(센 1971, 헤르츠버거 1973, 스즈무라 1983 참조). 일부 연결은 즉각적이다(예, $\bar{R}c$가 Rc를 수반한다는 점 등). 그러나 다른 연결들은 '내재적 일관성' 조건의 호출에 의존한다. 이러한 일관성 조건들은 또한 선택 함수적 속성(예컨대 R의 준이행성이나 비순환성과 같은)들을 '집단 합리성' 관계들과 연결짓는다. 이러한 연결들을 이용하여, 상관적 결과는 함수적 사회 선택 이론의 일련의 기여들에서 그에 상응하는 선택 함수적 대응물로 전환되었다(이 역시 독재, 과두제, 거부권자, 부분 거부권자 등들 피하는 것을 포함한다).[33] 이 결과는 사회 선택에 부과된 '내재적 일관성' 조건들에 의존하며, 이 지점에서 이 글의 주제는 그 방대한 저서와 직접적인 접점을 이룬다. 이 글의 목적은 '내재적 일관성' 공리들의 **전면적** 부과를 피하는 데 있다.

다음 절에서 증명될 애로우 불가능성 정리의 변형된 형태에서는, 애로우적 현시 선호 관계 Pc에 내재된 개념이 특히 사용된다. 그러나 Pc가 (어떤 집합에서 x가 선택되고 y가 선택되지 않는)강한 현시 선호로 해석될 수 있지만, '내재적 일관성' 조건이 결여된 경우에는 실제로 비대칭성을 가질 필요는 없다는 점을 유의해야 한다. 선택지 집합 간 일관성이 없는 경우, 어떤 집합 S에서 x는 선택되고 y는 배제되지만, 다른 집합 T에서는 y가 선택되고 x는 배제되는 상황을 피할 수 없다.

이러한 문제는 하나의 **특정** 집합에 대한 선택을 고려하고, 그 집합에서의 허용 가능한 사회적 선택을 가능한 다양한 개인 선호의 n-쌍들과 연관 지을 경우에는 발생하지 않는다. 우리는 바로 그러한 방식으로 여기서 논의를 진행할 것이다. 따라서 우리는 특정 집합 S에 대해, 기각된 덜 선호된 대안을 기준으로 정의되는 애로우식 현시 선호 P^c 개념이 필요하다.

> **집합 특정적 애로우적 현시 선호**: 만약 명시된 집합 S가 x와 y를 모두 포함하고, $[x \in C(S) \ \& \ y \in (S - C(S))]$면 x는 집합 S에 대해 y보다 현시 선호되고, 이는 $xP_S^C y$로 표기한다.

이렇게 수정된 애로우의 불가능성 정리는, 어떤 고정된 사회 상태 집합 S에 대해, 선택지 집합 간의 일관성 문제를 제기하지 않고도 여기서 증명된다. 그러나 이 결과가 (세 개 이상의 상이한 상태를 포함하는)**모든** 그러한 집합들 각각에 대해 적용된다는 점을 반드시 인식해야 한다.

---

33) 주요 결과는 센(1986a)에서 평가된다.

 제2부 * 합리성: 형식과 본질

7. 내재적 일관성 또는 사회적 합리성 없이 도출되는 애로우의 불가능성 결과

식 (5.2) $C(S) = F(\{R_i\})$로 정의된 함수적 집단 선택 규칙들[functional collective choice rules, FCCR]의 형식을 고려하자. 통상적으로 가정되듯, (n명의)유한한 개인 집합 H가 존재하고, 대안적 사회 상태들의 집합 S는 최소한 세 개 이상의 원소를 갖는다고 가정한다.

자신의 이론을 증명하는 데 애로우(1951a, 1963)는 개인들 집합의 약한 결정성과 강한 결정성이라는 두 가지 중간 개념을 사용했다. 그러나 실제로는 애로우 정리에 대한 대안적 증명에서는 이들 중 하나의 개념(강한 의미에서의 결정성)만 필요하다(센 1986b 참조). 어떤 개인의 집합이 $\{x, y\}$에 대해 결정적이라는 함은 오직 그 집단의 모든 구성원이 x를 y보다 엄격히 선호할 경우에만 사회 전체에 대해 xPy가 성립하는 경우를 말한다. 이 개념을 선택 함수적 형태로 해석할 때, 우리는 어떤 집단이 덜 선호되는 대안을 기각할 수 있는 권한에 집중할 수 있다. 이는 식 (5.3)에서 정의된 P^*와 유사하나, 여기서는 하나의 특정한 한 부분 집합 S 내에서의 선택이라는 특정 맥락에 적용된다는 점에서 차이가 있다.

> **기각 결정성**: 개인들의 어떤 부분 집합 G는 x와 y를 모두 포함하는 집합 S에 대해 정렬된 쌍 $\{x, y\}$에 대해 결정력이라 하고, 이것을 $D_s^G(x, y)$로 표기한다. 이는 모든 가능한 개인 순서의 n-쌍에 대해, G에 포함된 모든 i가 xP_iy이면, y는 S에서 선택되지 않는 경우다. 만약 G가 S 내의 모든 정렬된 쌍에 대해 결정적이면, G는 S에 대해 결정적이라 하고, D_s^G로 표현한다.

애로우(1963)가 사용한 네 가지 조건 중 두 가지는 이미 5절에서 조건 U^*(무제한 정의역)와 조건 P^*(파레토 열등 상태의 기각)로 정의되었다. 비독재적 조건 D^*는 기각 결정과 마찬가지로 특정 집합 S에 대해 기각할 수 있는 권한의 관점에서 특성화될 수 있다. 우리가 특정 집합 S에 집중함으로써 더 약한 요구로도 충분할 수 있음에도 이러한 각 집합에 대해 그렇게 한다.

> ▶ **조건 D^*(비독재성의 거부)**: 어떤 사회 상태의 집합 S에 대해서도, 그 집합에 대해 결정권을 가진 개인 i는 존재하지 않는다. 즉 $D_s^{(i)}$는 아니다.

남은 조건은 무관 대안 독립성 조건이다.[34] 애로우는 선택 함수적 용어로 직접 정의했고, 어떤 상태 집합 S에 대한 개인들의 선호가 동일하게 유지되면, 그 상태 집합의 선택 집합 $C(S)$ 역시 동일하게 유지되어야 한다고 요구했다(애로우 1951a, 1963, 27쪽). 무관 대안들에 대한 개인 선호의 변화는 S에 대한 선택에 영향을 미쳐서는 안 된다. 우리는 이 엄격한 독립성 조건 전체의 힘이 꼭 필요하지는 않지만, 특히 개인 집합의 거부 결정성이 무관 대안에 대한 선호 변화로 인해 훼손되지 않도록 할 필요는 있다. 이를 위해, (독립성 조건이 적용되는 정의역을 축소함으로써 수반되는 일반적인 약화와 함께)이 특정한 측면에서 조건을 강화해야 한다.

개인들의 부분 집합 G를 택하고, 이들이 모두 x를 y보다 선호한다고 하자. 만약 (G에 포함되지 않은)다른 모든 개인이 이 특정 쌍 $\{x, y\}$를 가능한 어떤 방식으로로건 순위를 매겨도 (무관 대안들의 순위를 포함한)개인들의 완전한 순서화에 대한 n개의 순서열이 존재하여, x는 선택되고 y는 집합 S에서 배제해야 할 경우, G는 집합 S에 대해 쌍 $\{x, y\}$에 대해 결정권을 가져야 한다. 만약 어떤 다른 개인 선호 시나리오에서 무관 대안이 x와 비교하여 개인들에 의해 충분히 높은 순위에 놓이면, 물론 집합 S에서 x의 선택을 고집하지 않을 이유가 생길 수 있다. 그렇다고 (선택되었건 아니건)S에 포함된 x와 함께 y를 계속해서 배제해야 한다는 이유까지 바뀌지 않는다. 이러한 요구(즉, 거부의 권한이 무관

---

34) 무관한 대안들에서 독립성의 여러 측면으로는 한손(1973), 레이(1973), 한손(1976), 파타나익(1978), 물랭(1983), 펠레그(1984)를 보라.

대안들에 대한 선호로부터 독립적이어야 한다는 요구)는 여기서 사용될 수정된 독립성 조건 I^*를 구성한다.

> **조건 I^***(독립적 결정력): 어떤 사회 상태의 집합 S에 대해, 개인들의 집합 G는 순서쌍 $\{x, y\}$에 대해 결정권을 가진다. 즉, G 안의 모든 i에 대해 xP_iy일 때마다, G에 속하지 않은 개인들의 x와 y에 대한 모든 가능한 순위 조합에 대해, 모든 개인의 (x와 y에 대한 해당 순위를 확장하는)완전한 n개의 순서열 $\{Ri\}$이 존재하여 xP_s^cy가 될 때, $D_s^G(x, y)$가 성립한다.

이 요구 사항을 다른 방식으로 설명하면 다음과 같다. 집합 S에 x가 포함된 상황에서, x를 y보다 선호하는 집단 G의 구성원이 y를 배제할 수 있는 능력이 x와 y **이외의** 대안에 대한 개인들의 순위 변화에 따라 달라지면, 거부 결정성의 권한은 무관 대안으로부터 독립적이지 않다.

❖ **정리 3**(일반 선택-함수적 불가능성 정리): **조건 U^*, P^*, D^* 그리고 I^*를 모두 만족하는 F는 존재하지 않는다.**

이 정리는 두 개의 보조 정리를 통해 증명된다. 중간 단계를 기술하는 과정에서는 조건 U^*, P^* 그리고 I^*가 가정된다는 사실을 반복하지 않는다(이 단계에서 조건 D^*는 필요치 않다).

❖ **정리 3.1: 모든 G에 대해, 만약 집합 S 내의 어떤 상태 쌍 $\{x, y\}$에 대해 $D_s^G(x, y)$가 성립하면 D_s^G도 성립한다. 다시 말해, G는 S 전체에 대해 결정권을 가진다.**

증명: 우리는 모든 $\{a, b\}$에 대해 $D_s^G(x, y) \Rightarrow D_s^G(a, b)$가 성립함을 보여야 한다. 먼저 $x = a$인 경우를 보자. 이때는 $D_s^G(x, b)$를 증명해야 한다. G의 모든 구성원이 xP_iy와 yP_ib라고 하자. G에 속하지 않은 개인들도 yP_ib를 공유하지

만, x와 b 사이의 선호는 어떠하건 상관없다. 또한 (G의 구성원이건 아니건)모든 개인이 S 내의 (x, y, b를 제외한)다른 모든 상태들보다 x를 더 선호한다고 하자.

조건 P^*(파레토 열등 상태의 배제)에 따라 x, y, b를 제외한 다른 어떤 대안도 S에서 선택될 수 없다. 같은 이유로 b 또한 선택될 수 없다. $\{x, y\}$에 대해 G가 결정권을 가지므로 y 또한 선택될 수 없다. 따라서 선택 가능한 유일한 대안인 x가 S에서 선택되어야 한다. 따라서 $xP_s^G b$가 성립한다. G에 속하지 않은 개인들이 x와 b 사이의 순위를 어떻게 매기건 무방하므로, 조건 I^*(독립적 결정성)에 따라 G는 $\{x, b\}$에 대해 S에서 결정권을 가진다. 따라서 $D_s^G(x, y) \Rightarrow D_s^G(a, b)$가 성립한다.

정확히 같은 방식의 논증을 통해, $D_s^G(x, y) \Rightarrow D_s^G(a, y)$도 성립함을 알 수 있다.

이 두 경우를 결합하면, 다른 모든 경우에 대한 귀납이 가능하다. 만약 x, y, a, b 모두 서로 다르다면 $D_s^G(x, y) \Rightarrow D_s^G(a, y) \Rightarrow D_s^G(a, b)$이다. 만약 $x = b$이고 $y = a$인 경우, 어떤 다른 z에 대해 $D_s^G(x, y) \Rightarrow D_s^G(x, z) \Rightarrow D_s^G(y, z) \Rightarrow D_s^G(y, x)$가 되고, 이는 곧 $D_s^G(a, b)$와 같다. 나머지 경우들인 $D_s^G(a, x)$와 $D_s^G(y, b)$도 정확히 같은 방식으로 다루어지므로 정리 3.1의 증명이 완성된다.

따라서 만약 어떤 집합 G가 집합 S 내의 모든 순서쌍에 대해 거부 결정성을 가지면, 그 집합 G는 집합 S 전체에 대해서도 거부 결정성을 가진다. 이어지는 보조 정리는 다음과 같다.

❖ **정리 3.2: 두 명 이상의 개인을 포함하는 어떤 집합 G가 사회 상태들의 집합 S에 대하여 결정권을 가지면, G의 어떤 진부분 집합도 역시 결정권을 갖는다.**

증명: 위 정리가 사실이 아니라고 가정하자. G를 두 개의 진부분 집합 G^1

     제2부 ＊ 합리성: 형식과 본질

과 G^2로 분할한다. 어떤 집합 S에 대해 G^1 또는 G^2 중 하나는 반드시 결정권을 가져야 함을 보이면 충분하다. 집합 S 내의 상태 x, y, z를 택하자. G^1의 모든 구성원은 y보다 x를 선호하고 z보다 x를 선호한다고 하자(y와 z 간 순위는 어떠하든 상관없다). 한편 G^2의 모든 구성원은 y보다 x를 선호하고 y보다 z를 선호한다고 하자(x와 z 간 순위는 어떠하든 상관없다). G에 속하지 않은 이들은 어떤 선호 순서를 가지고 있어도 상관없으나 G 안팎의 모든 사람은 (만약 그런 대안들이 있다면)x, y, z 외의 모든 다른 대안들보다 x를 선호한다고 하자. 파레토 거부 이론 P^*에 따르면 x, y, z를 제외한 다른 어떤 상태도 집합 S에서 선택될 수 없다.

G에 속한 모든 개인이 x를 y보다 높게 순위를 매겼으므로 (D_s^G에 따라)y는 S에서 선택되어서는 안 된다. G^2의 모든 사람은 z를 y보다 선호하며, G^2에 속하지 않은 사람들은 $\{z, y\}$ 쌍에 대해 어떠한 순위를 매기건 무방하다. 만약 $\{z, y\}$에 대한 가능한 모든 개인 순위 조합에 대해 그 순위와 양립 가능한 개인 선호의 어떤 n-순서열에서 z가 반드시 선택되어야 하고(따라서 $zP_s^c y$), 그렇다면 독립적 결정성 조건 I^*에 따라 G^2는 $\{z, y\}$에 대해 집합 S에서 결정권을 가진다. 이 경우 정리 3.1에 따라 G^2는 일반적으로 결정권을 가지고, G^2는 분명 G의 진부분 집합이다. 그러나 이는 애초의 가정에 의해 배제된다. 따라서 $\{z, y\}$에 대한 **어떤** 개인 순위 조합에 대해, 그 순위와 일치하는 **모든** 개인 선호 n-순서열에 대해 z는 선택되지 않는 경우가 존재해야 한다.

z가 선택되지 않으면, 다른 어떤 대안도 선택될 수 없으므로 x가 반드시 선택되어야 하고, 이 경우 $xP_s^c z$가 된다. 앞선 논증에 따라, 이는 $\{z, y\}$에 대한 **어떤** 개인 순위 조합과 일치하는 **모든** 완전한 개인 선호 n-순서열에 대해 반드시 성립해야 한다. $\{x, z\}$에 대한 순위는 G^1에 속하지 않은 누구에게도 전혀 제한되지 않았으므로 이는 $\{x, z\}$에 대한 가능한 모든 순위 조합에 대해 $xP_s^c z$가 성립하는 어떤 개인 선호 n-순서열이 존재함을 의미한다. 따라서 독립적 결정성 조건 I^*에 따라 G^1은 $\{x, z\}$에 대해 S에서 결정권을 가지게 되

고, 정리 3.1에 따라 G^1은 일반적으로 S에 대해 결정권을 갖는다. [G의 진부분 집합이 결정권을 가질 수 없다는 애초의 가정에 배치되는]이러한 모순에 의해 정리 3.2가 성립한다.

이제 선택 함수적 일반 가능성 정리로 넘어가자.

정리 3의 증명: 파레토 거부 이론 P^*에 따라, 전체 개인 집합은 어떤 집합 S에 대해서도 거부 결정성을 갖는다. 정리 3.2에 따라, 이 집합의 어떤 진부분 집합도 거부 결정성을 갖는다. 정리 3.2를 다시 적용하면, 그 진부분 집합의 또 다른 진부분 집합 역시 결정권을 갖는다. 이와 같은 방식으로 계속 진행하면, 전체 개인 집합이 유한하므로 결국 어떤 개인 하나가 결정권을 갖게 됨을 보일 수 있다. 이 개인은 독재자에 해당하며, 결국 비독재성의 거부 조건 D^*를 위반한다. 이에 따라 증명이 완료된다.

이 결과에 대해 간단히 네 가지 설명을 덧붙인다. 첫째, 정리 3.2의 증명은 정리 3.2보다 더 강한 결과를 성립한다. 그것은 어떤 결정 집합을 두 부분으로 분할할 경우, 그중 한쪽 또는 그 여집합이 반드시 결정권을 가진다.[35]

둘째, 이 증명에서는 단 하나의 사회 상태 집합 S만을 다루며, 선택지 간 일관성은 고려하지 않는다. 이는 우리의 목적에서 충분했지만, 그 결과로 비독재성 조건 D^*는 중요한 한 측면에서 애로우의 조건보다 더 강하다는 점을 주목할 필요가 있다. 그것은 어떤 개인이 다른 개인들이 무엇을 선호하건 관계없이 주어진 집합 S 내의 모든 상태를 배제하도록 지시할 수 있는 경우가 없어야 한다는 점이다. 이는 어떤 집합 S에 대해서도 해당하지만, 선택지 간 독재자의 개념은 사용하지 않았다.

셋째, 이 증명에서 단 하나의 사회 상태 집합 S만이 사용되므로, 파레토 원

---

35) 이는 실제로 결정 집합의 계급이 갖는 '초여과(ultrafilter)' 성질이다. 센(1986b) 참조. 또한 키르만과 존더만 (Kirman and Sondermann 1972), 브라운(1975), 한손(1976)를 참고하라. 덧붙이면, 정리 3.2는 치칠니스키(1982b) 가 제시한 중요한 동치 결과 즉, (그녀의 논문 제목)'파레토 조건과 독재자 존재 사이의 위상적 동치성'에 해당하는 내용의 (매우 약한 조건들만을 전제로 한)기초적 버전이다.

리는 그에 따라 (5절에서 P_s^*라 불렀던)더 약한 형태로 제시될 수 있고, 그 적용 대상을 세 개 이상의 대안을 포함하는 하나의 **주어진** 집합 S로만 제한할 수 있다. 우리가 형식적으로 P^*를 적용하건 P_s^*를 적용하건 실제로는 **주어진** 집합 S에만 적용되므로 큰 차이는 없다. 사실 정리 3을 처음 발표했던 내 학회장 취임 연설(센 1984)에서는 '독립적 결정성' 조건은 특정 집합 S에 한정되지 않은 형태로 형식적으로 진술되었지만, 실제로는 단 하나의 **주어진** 집합에만 국한되었다. 주목할 점은, 파레토 원리나 독립성 조건이 주어진 집합에 국한되지 않더라도, 사회적 선택의 '내적 일관성'을 **강제하는** 결과가 되지 않는다는 데 있다. 이 조건들로부터 귀결되는 선택지 간 대응도 사회적 선택의 '내적 일관성' 조건이 아니라 (개인적 선호와 사회적 선택 간의)외적 관계에 따른 귀결일 뿐이다. 그러나 실제로는 그런 **귀결로서의** 선택지 간 대응도 정리 3을 입증하는 데 있어 어떤 방식으로건 사용되지 않았다.[36]

넷째, 애로우의 불가능성 정리에 대한 이 확장은 사회적 선택의 '내적 일관성'이라는 강제된 조건을 제거할 뿐 아니라 (애로우의 공식화에 따른 추이적 사회 선호 순서화처럼)구조화된 사회적 선호 관계 형태로서의 어떠한 '사회적 합리성' 요구도 전면적으로 회피한다. 사회적 선택의 내적 일관성도, 주장되는 '사회적 합리성'에 의해 수반되는 '사회적 선호'의 어떤 제한된 구조도, 애로우가 식별한 불가능성 문제의 근원이 아니다.[37]

---

36) '독립적 결정성' 조건은, 특정한 개인 선호 집합에 대해 x를 포함하는 집합에서 y가 배제되는 여부가 오직 그 개인 선호의 x와 y에 대한 제한에만 의존한다는 더 강한 독립성 조건으로 함축된다. 이는 마쓰모토(Matsumoto 1985)의 IIA* 조건과 데니콜로(Denicolo 1985)의 '독립적' 사회 선택 대응 조건이다. 이 조건은 따르기는 더 간단해도, 실질적으로는 요구하는 바가 훨씬 많다(여기서, 그리고 센(1984)에서 사용된 '독립적 결정성' 조건은, 어떤 집단이 x가 존재할 때 y를 배제할 수 있는 힘이 있다면, 다른 이들의 x와 y에 대한 선호가 어떻게 구성되든지 간에, y에 대한 지속적인 배제를 인정하려면 그 힘이 항상 작동할 것을 요구한다.) 그러나 이 더 강한 독립성 조건이 (아마도 단순성의 이유에서)사용되면, 정리 3의 증명은 그에 해당하는 불가능성 정리를 입증하기에 충분할 것이며, 오히려 여유가 있다. 데니콜로(Denicolo, 1985, 1987)는 이보다 강한 독립성 조건을 전제로 하여 해당 결과를 증명하는 또 다른 방식을 제시한 바 있다. 센(1984, 1986a), 마쓰모토(1985), 베이전트(1991a, 1991b)를 참고할 것.

37) 센(1977b, 1986b)은, 불가능성 문제의 실제 근원은 애로우의 공리 집합이 암묵적으로 부과하는 정보 회피와 같은 공리들이 요구하는 사회적 선택의 식별력 있는 판단 사이의 긴장에 있다고 주장한다. 따라서 긍정적 가능성은 사회적 선택에서 정보(효용 정보와 비효용 정보 모두)의 활용에 더 많은 여지를 허용하는 데 있다(센(1970, 1986a, 1986b) 참조). 이 분석은 본문에서 제시된 결과로 영향을 받지 않으며, 오히려 사회 선택의 '내적 일관성' 조건을 회피하거나 사회적 선호의 '집합적 합리성'을 제거하는 방식 등, 다른 해결 방안을 통해서도 애로우의 불가능성 정리가 여전히 성립할 만큼 강

8. 맺으며

이 글에서 나는 선택의 '내적 일관성' 공리를 강제하지 않아야 할 이유들을 논하면서, 이를 어떻게 회피할 수 있을지도 다루었다. 주장되는 '내적 일관성' 요구들은, 선택 함수의 서로 다른 부분 사이에서 특정한 내적 대응 관계가 성립해야 한다는 조건들이다. 이러한 조건들과 관련된 근본적 어려움은 선택이라는 것이, 그 자체로 서로 간에 일관적일 수도 있고 아닐 수도 있는 진술이 아니라는 사실과 관련 있다(3절). 이러한 요구들의 타당성은, (예컨대 개인의 목적 함수에 따른 최적화 혹은 사회적 선택에서 파레토 열등 대안을 선택하지 말아야 한다는 요구 등과 같이)선택 함수 자체 내부에서 비롯된 것이 아니라 외적 기준에서 비롯된 요구를 뜻한다.

왜냐하면, 외적 대응 관계가 (비록 정밀히 따지지 않으면 그것들이 '내적 일관성' 조건으로 보일 수 있어도)선택 함수의 여러 부분을 연결하는 연관적 특징을 형성하는 원인이 되어서다. 따라서 많은 것은 선택의 맥락에 달려 있다. 맥락에 따라 해당 외적 대응 관계는 선택의 매우 상이한 내적 대응 관계를 수반할 수 있다. 이처럼 근본적 어려움은 다양한 유형의 선택 상황에서 통상 사용되어 온 이른바 '내적 일관성' 조건들을 위반할 타당한 이유가 존재한다는 실천적 문제로 인해 한층 강화된다(3절 참조).

선택의 '합리성' 또는 '일관성' 조건을 경제학(및 관련 학문에서)에서 사용하는 것에 대해서는 (이 글에서 제기한 것과는)다른 근거에 의해서도 비판이 제기되어 왔기 때문에, 이 글의 주제와 관련하여 몇 가지 **한계**를 명시하는 것도 유익할 수 있다. 첫째, 나는 사람들이 **실제로 내리는** 선택이 내적 일관성의 표준 조건들을 얼마나 충족하는 경향이 있는가 하는 중요한 질문에 대해서는 이 글에서 직접적으로 관여하지 않는다.[38] 둘째, 나는 여기서 (선택 함수가 쌍

건하다는 사실로 간접적으로 그 타당성이 강화된다.

38) 특히 사이먼(1957, 1979)과 카너먼, 슬로빅, 트버스키(1982) 참고.

대성 조건을 만족할 경우)그 선택 함수의 기저에 있는 이항관계가 그 사람 자신의 후생 함수로 온당하게 간주될 수 있는가 하는 해석적 문제에도 전혀 관여하지 않는다.[39] 셋째, 인간을 (그들의 후생이든 다른 지향이든)어떤 목적 함수의 극대화자로 모델링하는 것이 최선인가 하는 큰 질문도 여기서 다루지 않는다.[40] 극대화는 외적 대응 요구가 취할 수 있는 가능한 형태 중 하나로 포함되어 있으나, 허용되는 유일한 형태는 아니다. 이러한 다른 문제는 이 글의 주요 관심사와 관련은 있지만, 어떤 의미에서도 동일한 문제가 아니다.

'내적 일관성' 요구에 대한 **선험적 강제**를 피하는 일은, 적절한 외적 대응 관계에 의해 수반되는 경우라도, 내적 대응 관계 자체를 전면적으로 회피하는 것과 구별해야 한다. 내가 주장하는 바는 후자가 아니라 전자다. 본질적으로 이 글의 주장은 선택 이론적 공리화의 등장과 함께 출현한 영향력 있는 전환을 반대하는 데 있다. 이 전환은 공리들을 그것이 기반하는 실질적 분석들과 연결 짓지 않은 채, 어떤 **선험적** 직관에 기반한 '일관성' 개념에 의존한다. 경제학 및 그 인접 학문에서는 이러한 전환이 특히 '현시 선호' 접근법의 등장과 함께 나타났으며, 이는 소비자 행위를 효용 개념으로부터 '해방'시키고, "행위 이외의 그 어떤 것을 참조하지 않고 행위"를 설명하는 것을 목표로 삼는다(2절). 이 글은 바로 그러한 접근법을 비판 대상으로 삼는다.

실제에서, 선택 함수에 대한 공리 체계는 종종(그것이 기반하는 실질적 분석과 합당하게 잘 들어맞는 조건들과 일치할 경우) 매우 유용하다. 현시 선호 접근법의 사용은 소비자 이론에서 상당히 생산적인 결과를 가져온 경우가 자주 있었는데, 이는 공리들이 효용과 동기라는 기초적 일반 개념들에 잘 부합하기 때문이다. 또한 (효용 함수나 선호의 **일반적** 성질과 관련된)덜 구체적인 조건들을 추구하는 것에는 일정한 이점이 있으며, 이는 특정한 (효용 함수나 선호 순위의)형태

---

39) 나는 그 문제를 다른 곳에서 논의하면서(예, 센 1973), 그러한 해석에 이의를 제기하는 근거를 포함한다. 허쉬먼(1982), 에커로프(1984), 맨브리지(Manbridge 1990)를 참고할 것.

40) 그러한 견해를 반대하는 주장으로는 엘스터(1986), 슬로트(1989), 믹스(1991), 탈러(1991) 등의 기여를 볼 것.

를 전제하지 않고도 사용할 수 있다.[41] 그러나 그렇게 **내포된** 내적 대응 관계의 일반성을 추구하는 것과, 이른바 선택의 '내적 일관성' 공리에 대한 **선험적 강제**는 구별해야 한다.

이 문제는 특히 사회 선택 이론에서 중요한데, 여기서 '사회적 선호'라는 개념은 해석이 어렵고, 사회적 선택(혹은 '사회적 합리성')의 내적 일관성에 대한 공리를 맥락 없이 주입하는 것은 평가가 어렵기 때문이다(4절 참조). 사회적 결정에 대한 (예컨대 파레토 이론과 같은)실질적 원칙들에 의해 내적 일관성 요건이 수반되는 한, 그러한 조건들은 해당 외적 조건들로부터 명시적으로 도출될 수 있다.

이러한 방법론적 주장을 넘어, 나는 선택의 내적 일관성 공리들을 강제하지 않고도 우리가 어떻게 작동할 수 있을지를 논의하고자 했다.

사회적 선택에 대한 많은 기존의 정리는 사회적 선택에 대한 어떤 '내적 일관성' 조건도 사용하지 않는 방식으로 재정식화될 수 있다. 5절에서는 파레토 자유의 불가능성을 이러한 방식으로 재정식화하고, 7절에서는 애로우의 불가능성 정리 역시 유사한 방식으로 재정식화되고 재구성된다.

이러한 재정식화는 공리적 방식을 통해 구성적 사회 선택 결과를 도출할 때도 가능할 수 있다. 예컨대 공리주의적 집계, 롤즈식 렉스민^{lexmin} 규칙, 그리고 그 밖의 잘 알려진 형식을 도출하는 경우가 이에 해당한다.[42] 그러나 ('내적 일관성'을 **선험적**으로 강제하지 않을 때)정당화 가능한 외적 대응 공리들만으로 유지될 수 없는 그런 사회 선택의 결과는 근본적으로 문제가 있다고 간주해야 한다. 따라서 이 글은 다음과 같은 분석적 재평가 프로그램을 제안한다.

---

41) 이는 특정한 선호 함수를 명시하지 않아도 '실질 소득' 비교를 할 수 있으려면 선호의 볼록성(convexity of preference)과 같은 일반적 속성을 활용하는 방식과 유사하다. 나는 이러한 방법론적 쟁점을 센(1976b)에서 다루려고 시도한 바 있다.

42) 하사니(1955), 해먼드(1976), 애로우(1977), 다스프레몽과 제베르(1977), 센(1977b), 매스킨(1978, 1979), 제베르(1979), 로버츠(1980a, 1980b), 블래커비, 도널드슨, 웨이마크(Blackorby, Donaldson, and Weymark, 1982), 마이어슨(Myerson, 1983), 다스프레몽(1985) 등의 기여 참조. 공리주의나 롤즈식 최소극대 원칙(Rawlsian lexmin) 같은 규칙은 물론 체계적인 내적 대응 관계를 갖는 사회적 선택을 도출해 낸다. 문제는 이러한 원칙들을 공리적으로 도출할 때, 그 내적 대응 관계들을 단순히 전제해야 하는지, 아니면 그보다 그럴듯한 외적 대응 관계의 결과로서 도출해야 하는지다.

선택의 이른바 내적 일관성 조건이 포함된 공리들을 사용하는 (긍정적 가능성 정리든 불가능성 정리든)기존의 공리적 정리들에 대해, 그러한 공리들이 포함된 **경우마다** 재검토하기를 제안한다.

내적 일관성 조건을 강제하지 않고 애로우 정리를 증명하는 일은, 지난 20년간 여러 기여를 통해 이러한 조건들이 점진적으로 약화되어 온 연구의 흐름을 확장하는 노력이다. 정리 3은 그러한 강제가 전면적으로 회피될 수 있음을 보여 준다. 또한 어떤 가정된 '사회적 선호'의 규칙성을 통해 '사회적 합리성'이라는 개념을 도입할 필요도 없다. 여기서 제시된 이 결과와 관련된 다른 정리들은, 이 글에서 전개된 일반적인 방법론적 논증과는 별개로도 일정한 독자적 의미를 가질 수 있다.

극대화와 선택 행위*

선택 행위는 적어도 다음 두 가지 뚜렷한 이유, (1) **과정 중요성**process significance: 선호는 선택 과정, 특히 선택자의 정체성에 민감할 수 있고, (2) **결정의 불가피성**decisional inescapability: 판단 과정 과정이 완료되지 않았더라도 선택이 이루어져야 하는 경우가 있다는 이유로 극대화 행동에서 특별한 관련이 있을 수 있다. 극대화 행동에 대한 일반적 접근은, (적절히 정식화되면)위 두 가지 우려를 모두 수용할 수 있다. 하지만 표준적인 합리적 선택 모형에서 가정하는 선택 행동의 규칙성은 상당한 수정이 필요하다. 이런 차이는 경제적·사회적·정치적 행동을 다루는 연구에서 커다란 연관성이 있다.

---

* 본 연구는 국립과학재단의 지원을 받았으며 애로우, 바수, 매스킨, 스즈무라를 비롯, 아난드, 베이전트, 바르카(Fabrizio Barca), 브란돌리니(Andrea Brandolini), 바네르지(Abhijit Banerjee), 가르트너, 한(Frank Hahn), 크렙스, 레비, 미를리스, 파타나익, 레이, 로스차일드, 산드모(Agnar Sandmo), 스파벤타(Luigi Spaventa), 쇼록스(Tony Shorrocks), 비스코(Ignazio Visco), 그리고 *Econometrica*의 익명 심사자들과의 논의와 조언에 감사한다. 이 글은 1995년 8월 24일에 세계계량경제학대회(World Econometric Congress), 도쿄에서 발표한 프리시(Frisch) 기념 강연의 원고다.

1. 선택 행위

1638년, 페르마가 데카르트에게 (특히 일차 도함수의 소멸을 지적하며)극값에 관한 견해를 보냈을 때, 극대화에 대한 분석적 학문이 확립되었다.[1] 페르마의 광학에서의 '최소 시간의 원리$^{principle\ of\ least\ time}$'는 훌륭한 최소화 연습(또한 상응하는 극대화 연습)이었다. 그러나 이는 **극대화 행동**의 사례가 아니었는데, 빛이 최소 시간 경로를 따르는 데에는 (우리가 추정컨대)의지적 선택이 개입되지 않아서다. 물리학과 자연과학에서 극대화는 일반적으로 의도된 '극대화자^{maximizer}' 없이 일어난다. 이는 극대화 또는 최소화가 적용된 초기에 일반적으로 적용되었는데, 고대 그리스 수학자들이 '가장 짧은 호$^{the\ shortest\ arc}$' 문제나 페르가^{Perga}의 아폴로니우스^{Apollonius}와 같은 '위대한 기하학자들'이 고찰한 다양한 극대화 및 최소화 문제 등 기하학에서의 적용까지 거슬러 올라간다.

경제학에서 극대화 행동의 정식화는 종종 물리학 및 관련 학문에서의 극대화 모형화와 유사한 궤적을 따라왔다. 그러나 극대화 **행위**는 비의지적 **극대화**와는 본질적으로 다르다. 이는 선택 행위 자체가 분석의 중심에 놓여야 할 만큼 극대화 행위를 이해하는 데 근본적으로 중요하기 때문이다. (선택 과정을 포함하는)**포괄적** 결과에 대한 한 개인의 선호는 선택 행위가 주어진 상태에서의 **궁극적** 결과에 대한 조건적 선호와 구별되어야 한다. 선택에 수반되는 책임은 (소유한 재화 벡터와 같은)제한적으로 정의된 결과의 선호 순서를 흔들 수 있고, 선택 함수와 선호 관계는 (선택자의 **정체성**, 선택이 이루어지는 **선택지**, 그리고 특정 선택 **행위**가 특정 사회적 행동을 제약하는 사회 규범적 관계를 포함하는)선택 행위의 특정한 특징들로 인해 매개적으로 영향을 받을 수 있다. 이 모든 요소는 선택 행위 이론의 정식화에서 상당한 분석적 주의를 요한다.[2]

---

1) 페르마의 원고는 데카르트에게 보내기 전 몇 년간 파리에서 돌고 있었다. 참고로, 데카르트는 이 원고에 특별한 인상을 받지는 않았다고 한다.

2) 이 글은 규범-선택 이론보다는 선택 행동에 초점을 둔다. 그러나 선택 규범이 실제 선택 행동에 영향을 미치는 한, 그것은 이 논의에 포함된다. 이 두 접근 사이의 연관성에 대해서는 센(1987) 참조.

실천적 관점에서도, 결과에 대한 **포괄적** 분석이 만들어 내는 차이는 선택 행위가 의미를 가질 때마다 경제적·정치적·사회적 행동의 문제에 매우 광범위한 관련성이 있을 수 있다. 노동 관계, 산업 생산성, 기업 윤리, 투표 행위, 환경 감수성 등의 문제들에서 이러한 예시들을 찾아볼 수 있다.

둘째, 선택의 대상에서 선택 **과정**의 중요성 외에도, 선택 행위의 중요성은 그것이 **회피할 수 없거나 시급하다**는 점에 있다. 상충하는 고려 사항을 균형 있게 조정하여 숙고된 판단에 이르러야 하는 선택자는, 많은 경우 결정의 순간에 완전한 순서화를 이끌어 내지 못할 수도 있다.[3] 선택을 피할 수 없다면, 순서화가 불완전한 상태에서도 선택 결정은 내려져야 한다.

최적화로서의 극대화 행동을 특징짓는 방식은 많은 경제 분석에서 일반적이지만, 이러한 경우들에서는 심각한 문제에 직면할 수 있다. 선택을 위한 **최선**의 대안이 확인되지 않았을 수 있기 때문이다. 그러나 실제로는 '극대화'에서 최적화는 전혀 필수적이지 않다. 이는 오직 다른 어떠한 대안들보다 더 나쁘다고 판단되지 않는 대안의 선택을 요구하는 '극대화'에는 전혀 필요하지 않다. 이는 (선택한 것보다 더 나은 대안을 배제하지 않는다는)극대화의 상식적 이해와도 부합할 뿐 아니라, 또한 집합론적 기초 문헌들에서 '극대성[maximality]'이 공식적으로 정의되는 방식이다(예컨대 부르바키[Bourbaki] 1939, 1968, 드브뢰[Debreu] 1959, 1장 참조).

2절과 3절에서 결정에 대한 포괄적 분석에 선택 행위를 포함하는 데에 따른 논거와, 선택과 책임의 연결성을 고찰한다. 3절에서는 이러한 분석이 확장되어 초래하는 분석적 함의를 선택의 '선택자 의존성'과 '선택지 의존성'이라는 관점에서 다룬다. 4절은 합리적 결정 및 게임에서 규범과 전략의 활용에 관한 내용을 다룬다. 5절에서는 최적화 선택 함수와 극대화 선택 함수 간

---

3) 불완전성은 제한된 정보로부터 발생할 수도 있고, 혹은 '해결되지 않은' 가치 충돌로부터 생겨날 수도 있다(센 1970a, b, 윌리엄스 1973, 레비 1986, 퍼트넘 1996 참조). 레비(1986)는 후자의 경우를 그의 심화된 '어려운 선택(hard choices)' 분석의 출발점으로 삼는다. 블래커비(1975), 파인(1975), 바수(1980, 1983), 레비(1980), 퍼트넘(1996), 월시(1996) 참조.

　　　　제2부 * 합리성: 형식과 본질

의 비교와 대조, 그리고 양자 간의 전환가능성을 살펴본다. 6절의 주제는 선택 행위에 대한 고려를 자기 부과적 **선택 제약**의 형태로 도입하는 것과, 이를 **선호 관계** 자체에 통합하는 것 사이의 관계를 다룬다. 마지막 절은 결론에 해당하며, 일부 형식 명제들의 증명은 부록으로 넘겼다.

2. 직접적 관심 대 수단적 설명

선택 과정과 결과에 대한 '포괄적' 서술, 특히 선호의 '선택자 의존성'의 역할을 설명하기 위해 한 가지 예를 들어 보자. 가든 파티에 도착한 당신은 가장 안락한 의자가 어디인지 쉽게 식별할 수 있다. 만일 오만한 주최자가 당신을 그 의자에 배치하면 당신은 기분이 좋을 것이다. 그러나 만약 그 문제가 당신 자신의 선택에 맡겨지면, 당신은 그 의자를 향해 돌진하는 걸 꺼릴 수 있다. 따라서 당신은 '덜 선호하는' 의자를 선택한다. 그렇다면 당신은 이때도 여전히 극대화자인가? 상당히 그렇게 이해될 수 있다. 왜냐하면 당신의 선택 행위에 대한 선호 순위는 선택 과정(특히 누가 선택을 하는지)뿐 아니라 결과의 궁극적 상태(즉, 의자의 배분)를 포함하는 '포괄적 결과'에 기반하여 정의될 수 있기 때문이다.[4]

다른 예를 들어 보자. 당신은 사과보다 망고를 선호하지만, 과일 바구니에 마지막 남은 망고의 선택을 꺼린다. 그런데 누군가가 그 마지막 망고를 당신에게 '강권'한다면 매우 기쁠 것이다. 이러한 선택들에서 극대화 행동의 **일반적** 접근과의 충돌은 전혀 없다. 그러나 이러한 종류의 선호를 수정하기 위해

---

4) (세미나 경험에 비추어 볼 때)이러한 유형의 선택자 의존성에 대해 빈번한 반응은, 이 사람의 선호를 단지 자신이 앉게 되는 의자에 따라 정의하려는 잘못된 시도에서 '문제'가 발생하고, 다른 사람들을 포함하는 전체 의자 배정 '벡터'에 대한 선호로 정의하면 문제가 생기지 않을 것으로 생각하는 데 있다. 그러나 여기에서 변동성의 원천은 그에 있지 않다. 이 사람은 가장 편한 의자가 자신에게 배정된 전체 의자 배정 벡터에 대해, 그것이 다른 누군가의 선택으로 이루어지면 매우 만족할 수 있지만, 그것이 자신이 직접 선택해야 이루어지면 만족하지 않을 수 있다.

서는 선택 행위 자체가 **체계 내**로 내재화되어야 한다. 이는 (3~6절에서 탐구될) 경제 이론과 정치 이론에서 사용되는 '합리적 선택'에 관한 행동 공리의 재정식화를 요구할 수 있다.

선택 행위가 선호에 미치는 영향, 특히 선호가 선택자의 정체성에 의존하는 현상은 상당히 다양한 동기와 더불어 나타날 수 있으며, 여러 **대체적** 설명이 가능하다. 포괄적 서술은 매우 다른 방식으로, 또 매우 구별되는 이유에 따라 관련성이 있을 수 있다.

(1) **평판 및 간접 효과**: 일반적으로 사람들은 배려심 있는 인물이라는 평판, 즉 언제나 기회를 노려 '의자부터 낚아채는 자'로 비쳐지는 대신 사려 깊은 사람이라는 평가를 얻는 것이 장기적으로 더 큰 이익이 될 수 있다고 생각하는 것이다.

(2) **사회적 헌신 및 도덕적 명령**: 그녀는 가장 안락한 의자를 낚아챔으로써 다른 사람들을 배제하는 행위가 도덕적으로 '옳다'고 생각하지 않을 수 있으며, 이러한 '도덕 감정'은 명시적으로 따르거나 암묵적으로 수용할 수도 있다.[5]

(3) **직접적 후생 효과**: 개인의 복지는 선택 과정 자체로부터 직접적인 영향을 받을 수 있다(예컨대 다른 사람들이 당사자 개인에 대해 '그 사람은 안락한 의자를 향해 돌진할 때 받는 시선을 즐기지 않을 거야'는 생각을 갖게 하듯). 이는 반영적 효용 함수가, 그리고 그 사람의 자기 이익에 대한 개념이 단지 (표준 소비자 이론

---

5) 칸트(1788)와 스미스(1790)는 모두 '도덕 감정'의 중요성과 그것이 합리적 선택에서 가지는 의미를 강조한 바 있다. 스미스는 '관대함'과 '공공 정신'을 포함한 다양한 도덕 가치들이 우리의 선택 행동에 어떻게 영향을 미칠 수 있는지를 폭넓게 논의했다. 물론 상호 이익적 교환을 설명하는 특정한 경우, 예컨대 『국부론』(스미스 1776)에서 자주 인용되는 구절에서 나타나듯 소비자와 정육업자, 양조업자, 제빵업자 사이의 거래와 같은 상황에서는 자기 이익만으로도 충분히 설명할 수 있다. 그럼에도 스미스는 도덕 가치들이 보다 일반적인 선택 행동의 중요 요소임을 강조한다. 애덤 스미스에 대한 흔한 해석(예, 스티글러(1981) 참조)에서는 스미스가 언급한 행위의 다양성에 대한 일반 주장들은 거의 무시되고, 오로지 교환의 수익성에 관한 그의 특정한 주장만이 집중 조명되며, 이로 인해 스미스의 선택 이론은 심각하게 왜곡된다. 나는 이 문제를 센(1987)에서 다루고 있다.

에서의 최종 재화 벡터와 같은)궁극적 결과뿐 아니라 그 외의 선택 과정과 그에 따른 효과도 정의될 것을 요구한다.

(4) **관습적 규칙 준수**: 그녀는 단지 '적절한 행동'에 대한 (현재 통용되는 규범으로서의)확립된 규칙 자체를 따르고 있을 수 있다. 이는 직접적인 후생 효과나 평판 효과, 혹은 자각적인 윤리 의식에 의한 영향이 아닐 수 있다.

선택의 과정은 이렇게 구별되는 사례들 각각에서 상당히 다른 역할을 하며, 실제로 이들은 다양하게 혼합된 형태로 나타날 수 있다.[6] 첫째 설명 방식('평판과 간접 효과')은 표준 신고전파 경제학의 확립된 관습과 가장 조화를 이룬다. 이는 궁극적 결과에 대한 궁극적 집중(그리고 자기 이익에 의해서만 이끌리는 합리적 선택)으로부터 어떤 근본적 이탈도 요구하지 않는다. 도구적 분석은 선택 행위에 대한 즉각적 관심을 선호되는 궁극적 결과를 추구하는 기반적 동기와 연결된다(크렙스와 윌슨 1982 참조).

첫째 사례와 달리, 나머지 세 가지 사례에서는 선택 행위 자체가 간접적 효과뿐 아니라 **직접적**으로도 관련성을 가진다. 그러나 이러한 직접적 관심이 어떻게 발생하는지(그 관심을 야기하는 근본적 동인이 무엇인지)는 여러 대체적 설명이 가능하다. 진화적 게임 이론^{evolutionary game theory}에 대한 최근 연구는 위 목록에서의 설명 (4)의 관습적 규칙 준수가 진화적 선택으로부터 어떻게 나타날 수 있는지를 크게 밝혀 주었다.[7] 비록 **궁극적**으로는 어떤 개인도 선택 행위의 성격 자체에 직접적인 관심을 갖지 않을 수 있지만, 선택 행위의 성격에 대한 관심은 진화적 과정을 통해 유지된 사회적 행위 규범들 속에서 수단적으로 중요한 역할을 할 수 있다. 이러한 유형의 사고방식은 개인이 윤리적 검토를 통해 자신이 어떻게 행동하여야 '하는지'를 성찰적으로 판단하여 행위

---

6) 센(1987), 사코와 자마그니(Sacco and Zamagni, 1993), 자마그니(1993, 1995), 월시(1996) 참고.

7) 행동 규칙과 전략적 합리성 사이 다양한 유형의 연관은 급속히 확장되는 이 문헌에서 탐구된다. 액설로드(1984), 크렙스, 밀그롬, 로버츠, 윌슨(1982), 푸덴버그와 매스킨(1986, 1990), 푸덴버그와 티롤(1992), 빈모어(1994), 바이블(Weibull, 1995) 등의 기여를 볼 것.

규범을 의도적으로 선택하는 방식과는 대조된다(이로써 설명 (2)와 (4)가 결합된다). 진화적으로 선택된 것이 아니라 의식적으로 성찰된 윤리적 규칙 준수의 사용은 칸트(1788)의 탐구가 가장 유명하다.[8] 이 접근은 근대 윤리학 저서들에서도 다양한 형태로 이어졌고, 롤스(1971)의 '포괄적comprehensive' 지향에 대한 묘사, 하사니(1976)의 윤리적 선호와 사회적 행동에 대한 분석, 그리고 사람들의 행동에 영향을 미치는 복합적 가치들에 대한 사회학적 탐구에 이르기까지 다양하게 전개되었다.[9]

이 두 가지 대체 설명 방식에 대해 나는 간략한 네 개의 논평을 하고자 한다. 첫째, 이들이 **반드시** '대안들'일 필요는 없다. 우리가 윤리적(또는 사회적) 근거에 따라 행위 규범을 의도적으로 선택하더라도, 그것이 장기적으로 지속되는지는 서로 간의 영향, 그리고 필연적으로 작동하는 진화적 과정들과 전혀 무관하다고는 할 수 없다. 반대로, 진화 과정을 연구할 때도, **궁극적** 결과에만 전적으로 관련되는 선호에만 주의를 국한할 필요는 없다. 사람들이 행위와 행동 양식 자체에 대해 (단지 도구적 가치만이 아니라)내재적 가치도 부여하는 경우에 대한 규칙의 진화 연구는 사회를 이해하는 데 중요할 수 있다.[10]

둘째, 진화 과정은 우리가 의식적으로 따르는 행동 양식의 **규칙**에만 영향을 미치는 것이 아니라, 관련된 행위에 대한 심리적 **선호**에도 영향을 줄 수 있다. 선호의 내생성에 관한 문헌은 진화 이론과 생산적으로 연결될 수 있

---

8) 칸트는 그의 의무론적 윤리를 '합리성'에 근거해서 정립했지만, 그가 해석한 합리성은 오직 자기 이익의 의식적 추구에만 기반을 둔 것과는 거리가 있다. 근대 경제학의 영역 일부는 합리성 개념이 지나치게 좁게 해석되면서, (직접적으로든 간접적으로든)개인 자신의 이익에 비추어 정당화되지 않는 모든 행동을 '비합리적'으로 분류하려는 경향이 있다. 이로 인해 칸트가 말한 성찰적 합리성 개념은 어떤 이들에게는 받아들이기 어렵게 되었다. 이러한 흐름은 빈모어(1994)의 표현을 빌리면 윤리의 '탈칸트화'에 대한 요구로 이어졌고, 그는 이를(약간 혼란스럽지만 즐거운 어조로) '롤스의 탈칸트화'에까지 적용한다(pp. 7~86).

9) 보다 폭넓은 영향력에 대한 다양한 관점으로는 나겔(1970), 센(1973a, b), 시토브스키(1986), 프랭크(1988), 앤더슨(1993), 베이전트(1994), 루인(1996), 윌시(1996)를 보라. 또한 한과 홀리스(1979), 엘스터(1986), 맨브리지(1990), 자마그니(1995)가 편집한 논문집을 참조할 것. 롤스 이론과 연계된 행동 분석에 대해서는 스캔런(1982)과 라든(Laden 1991)을 보라.

10) 이는 최근 실증적으로 조사된 많은 경제적, 정치적, 사회적 행동 사례에 적용될 수 있다(제3~5절 참조).

다.[11] 윤리 규범의 존속에 대해서도 같은 말을 할 수 있다. 행위에 대해 성찰적 윤리적 주의를 기울이면, 진화적 힘의 중요성을 무효화하지도 않으며, 반대로 진화의 힘에 의해 그 중요성이 무효화되는 것도 아니다.[12]

셋째, 설령 '궁극적으로' 모든 것이 오직 **최고조의 결과**에 대한 '기본^{basic}' 선호로 결정되어도, ('기본적이지는 않지만' 기능적으로 중요한)**파생된** 선호가 선택 행위와 어떤 관계 속에서 실제로 작용하는지를 살펴보는 일은 여전히 흥미롭고 중요하다. 이러한 선택 함수의 분석적·수학적 측면은 여전히 검토할 가치가 있다. 따라서 이 글에서 전개하는 분석은 (도구적 수준과 기초적 수준 모두에서)여러 층위의 탐구에 흥미로울 수 있다.

넷째, 또한 나는 때때로 선호, 행동 규칙, 규범에 대한 공통 인식에 대해 더 포괄적인 정식화를 허용함으로써 게임과 전략에 대한 이해가 증진될 수 있음을 주장하고자 한다(간단한 예는 4절에서 다룬다). 그러한 게임을 따를 때, 그 영향의 '궁극적' 기원을 어떻게 보든 간에 선택 행위의 성격이 전략에 미치는 영향에 주목할 필요가 있다.

3. 책임, 선택자 의존성, 선택지 의존성

선택 행위의 직접적 중요성은 일반적으로 책임^{responsibility} 개념과 관련 있다. 우리가 책임에 대해 가지는 태도는, 그것이 우리의 개인적 복지를 매개로 하느냐 여부에 따라 달라질 수 있다.[13] 우리는 책임 수행을 즐길 수도 있고, 전

---

11) (매카서 재단(MacArthur Foundation)의 후원하에)허브 긴티스(Herb Gintis)와 폴 로머(Paul Romer)가 공동으로 주도한 중요 연구 프로젝트에서 이 주제는 현재 진행 중인 핵심 연구 분야 중 하나다.

12) 센(1987), 사코와 자마그니(1993), 자마그니(1995) 참조.

13) 이 글은 우리 목적의 실질적 내용에 초점을 두지 않지만, 나는 인간 동기에 대한 지나치게 협소한 관점의 한계에 대해 다른 글에서 다루었다(센 1973b, 1977b, 프라이 1992를 참고하라). 이 에세이에서는 그 논쟁을 더 다루지 않는다. 여기에는 또 다른 논쟁, 즉 '결과주의'에 관한 논쟁이 있으며, 본 에세이의 주제는 이와도 간접적으로 연관된다. 모든 선택 변수를 그것의 결과(그리고 오직 그 결과)로 판단하는 입장을 '결과주의'라고 부른다. 상당히 제한적 형태의 결과주의는 사

혀 즐기지 않으면서도 여전히 책임감 있게 행동해야 한다는 의무를 느낄 수 있으며, 혹은 (정원 의자 사례처럼)선택의 제약이자 부담으로 느낄 수도 있다.

정원 의자 사례와는 매우 다른 유형의 사례를 들어 보자. 선거에서의 투표 행위는 정치적 참여의 중요성으로 인해 누군가에게 상당히 중요한 일이 될 수 있다. 이는, 개인의 투표가 선호하는 후보의 당선 가능성에 얼마나 기여하느냐와 구별해야 한다(유권자 수가 많을 경우 그 기여는 무시할 수 있을 정도로 작을 수 있다). 투표자는 참여 행위를 즐길 수도 있고, 즐기건 즐기지 않건 참여해야 한다는 어떤 '의무적' 규범으로 행동할 수도 있다. 투표라는 참여 행위에 중요성을 부여하는 한, 투표의 합리성에 대한 분석은 그 관심이 예상되는 즐거움에서 비롯되든 의무감에서 비롯되든(혹은 물론 둘 다에서 비롯되든), 그 관심을 고려해야 한다. 어떤 경우든 '합리적인 사람은 왜 투표를 하는가'에 관한 잘 알려진 문헌들은 투표 행위의 이면에 있는 중요한 관심사, 즉 **투표라는 선택 행위**를 간과해 왔다고 주장할 수 있다. 실제로는 투표 결과에 영향을 미칠 가능성이 극히 미미한 상황에서도 사람들이 왜 투표하는가에 대해 아무런 수수께끼도 존재하지 않을 수 있다.

마찬가지로, '노동 윤리'를 이해할 때, 관심을 단지 노동이 고된 일일 수 있다는 단순한 사실이나, 노동이 즐거운 활동일 수 있다는 점, 혹은 노동자가 기업의 결과적 성과에 대해 가족적 관심을 가질 수 있다는 점(이는 명백히 일본의 노동 윤리에서 중요한 부분으로 보인다)으로만 한정하면 부적절할 수 있다.[14] 참여 그 자체의 중요성이 노동 윤리와 밀접하게 연관될 수 있고, 참여에 대한 다양한 해석은 서로 다른 국가와 문화에서 나타나는 다양한 노동 윤리를 설

실 전통 경제학의 많은 부분에서 당연하게 간주되었다. 그러나 그 기본적인 타당성에 대해서는 많은 철학 저서들에서 이의를 제기한다(예, 윌리엄스 1973, 노직 1974). 이 문제 역시 이 글에서는 더 다루지 않지만, 나는 다른 글에서 '결과-평가'의 보다 넓은 형태를 옹호한 바 있다. 그것은 (1) 관련된 결과 속에 행위 자체를 포함하고, (2) 결과를 평가할 때 '위치적' 관점을 인정하는 방식이다(센 1982b, 1983). 이 글에서 사용되는 결과-평가는 이러한 넓은 형태를 따른다. 해먼드 (1985, 1986), 빈모어(1994), 뮬랭(1995), 월시(1996) 참고.

14) 일본의 노동 윤리에 대한 다양한 해석에 대해서는 모리시마(1982, 1995), 도어(Dore 1987), 이케가미(Ikegami 1995)를 볼 것. 제도적 및 행동적 특성을 폭넓게 고려한 경제 분석과 관련 쟁점으로는 아오키(Aoki 1989)와 스즈무라 (1995)를 보라.

명하는 데 기여할 수 있다. 참여의 중요성은 또한 '환경적 가치'의 작동에서도 매우 결정적 요소가 될 수 있으며, 이것이 바로 사람들이 적극적으로 보존하려는 사물의 '존재 가치'를 평가할 때 시장 유비[market analogy]가 종종 매우 기만적일 수 있는 이유 중 하나다.[15]

때때로 선호와 선택 행위 간의 연결은 꽤 미묘하고 복잡할 수 있고, 관련된 행위의 정확한 성격에 따라 달라질 수 있다. 예컨대 노동 윤리의 맥락에서는 (1) 노동 의무를 '회피'하려는 적극적인 선택과 (2) 느슨한 분위기의 노동 환경에 수동적으로 순응하는 것 사이에 실질적인 차이가 있을 수 있다. 후자의 경우가 전자의 경우보다 훨씬 쉽게 일어날 수 있으며, 이 차이에서 선택 행위의 정확한 성격은 매우 중요할 수 있다. 실제로 '군집 행동'은 타인의 선택으로부터 배우는 인식적 측면(혹은 타인의 선택에 의해 속는 측면. 바네르지[Banergee] 1992 참고)을 가질 뿐 아니라 '군집'에 합류하는 것이 선택 행위를 덜 단호하고 덜 명확하게 할 가능성과도 연결될 수 있다. (2)의 경우처럼 강력하고 단호한 의지의 사용이 줄어들면, (1)보다 그것을 거부하기 훨씬 어려워질 수 있다. 이러한 차이는 정식화하기는 어려워도 실제에서는 매우 중요한 의미를 가질 수 있다.

어떤 유형의 선택 행위의 영향은 다른 유형보다 정식화하가 더 쉽고, 거기에는 (1) 선택자 의존성과 (2) 선택지 의존성이 포함된다. 사람 i의 선호 관계 P^i를 선택자 j와 선택이 이루어지는 집합 S에 따라 조건부로 정의한다고 간주하면 $P_i^{j,s}$다. 선택자 의존성과 선택지 의존성은 각각 j와 S에 따른 P_i의 매개 변수적 변동성과 관련 있다.[16]

먼저 선택자 의존성을 고려해 보자. 이는 이미 동기 부여 논의에서 소개된 바 있다. 앞서 제시한 예 중 하나로 돌아가 보자. 두 사람 i와 k에게 망고 1개

---

15) '조건부 가치 평가' 절차의 기저에 있는 시장 유비(market analogy)를 넘어서는 '사회적 선택' 접근은, 환경에 민감한 행위 선택에서 참여의 가치를 통합하는 데 유용하다(센 1995b 참조).

16) 여기서의 다양한 차이는 관찰자의 '위치성'과 관련이 있으며(위치성이 미치는 영향에 대해서는 센 1982b 참조), 특히 주어진 선택지 위에서 선택자의 위치에 놓여 있다는 점과 관련 있다.

와 사과 2개가 포함된 집합 $S = \{m^1, a^1, a^2\}$에서, 망고를 선호하는 사람 i는 만약 다른 사람 j가 분배를 대신하면, 자신에게 망고를 주고(k에겐 사과를 주는) 배분안 m^1을, 자신이 사과를 받게 되는 배분안 a^1보다 더 선호할 수 있다.

$$(3.1) \qquad m^1 \, P^{j,\,S}_{\ i} \, a^1,$$

만약 그 자신이 직접 선택해야 하면 반대로 다음과 같이 행동할 수 있다.

$$(3.2) \qquad a^1 \, P^{j,\,S}_{\ i} \, m^1.$$

이러한 선택자 의존성과 함께, 특히 자기 선택의 경우에는 선택지 의존성이라는 관련된 특징이 있다. 사용 가능한 선택지의 집합이 S에서 망고 2개와 사과 2개를 포함하는 집합 T로 확장될 경우, 사람 i가 망고를 선택하는 데 아무런 어려움이 없을 수 있다. 왜냐하면 그 선택이 다음 사람에게도 두 종류의 과일 중에서 선택할 수 있는 여지를 남겨 주기 때문이다. 한편, 선호의 선택지 의존성은 바로 새뮤얼슨(1938)이 제안한 약한 현시 선호 공리^{WARP, weak axiom of revealed preference}, 그리고 후타커^{Houthakker}(1950)가 제안한 강한 현시 선호 공리^{SARP, strong axiom of revealed preference} 같은 가정들로 인해 배제된다. 사실 유한 집합 위에서 선택 함수의 이항성을 위한 필요충분조건인 기본 수축 일관성(성질 α)과 확장 일관성(성질 τ) 같은 WARP보다도 더 약한 조건들(센 1971 참고)조차 일반 선택 이론과 사회 선택 이론에서 널리 사용되는데, 위와 같은 선택들은 그러한 조건들을 위반한다.[17]

선택지 간 일관성의 이러한 기본 조건들이 우리가 탐구하는 문제들과 어떻

---

17) WARP는, 어떤 집합 S에서 대안 x가 선택되고 y(S에 포함된)가 배제되면, 두 대안이 모두 포함된 또 다른 집합 T에서는 y가 선택되고 x가 배제되어서는 안 된다고 요구한다. 속성 α는 어떤 집합 T에서 x가 선택되고 그 x가 T의 부분 집합 S에도 포함하면, 그 S에서도 x를 선택할 것을 요구한다. 속성 τ는 x가 어떤 일련의 집합들 각각에서 선택되면, 그 집합들의 합집합에서도 x를 선택할 것을 요구한다. 이러한 선택 조건들과 관련된 분석은 한손(1968a, 1968b), 센(1970a, 1971, 1982a), 헤르츠버거(1973), 플롯(Plott, 1973), 파크스(1976), 아이제르만과 말리셰프스키(Aizerman and Malishevski, 1981), 스즈무라(1976, 1983), 데브(1983), 물랭(1985), 서그든(1985), 레비(1986), 크렙스(1988), 힙 외(Heap et al., 1992), 아이제르만과 알레스케로프(Aizerman and Aleskerov, 1995), 베이전트(1995) 등을 보라.

게 위반되는가? 같은 예를 다시 고려해 보자. 사람 i가 (식 (3.2)에서 제시된 대로)집합 S에서 선택할 경우에는 사과 a^1을 선택할 수 있다. 하지만 선택지가 확장된 집합 $T = \{m^1, m^2, a^1, a^2\}$에서 선택하게 되면, 그는 망고들 중 하나(예컨대 m^1)를 선택하는 것이 타당하다고 판단할 수 있다.

$$(3.3) \qquad\qquad m^1 \, P_i^{i,T} \, a^1.$$

식 (3.2)와 (3.3)의 결합은 기본 수축 일관성(성질 α)뿐 아니라 WARP와 SARP 모두를 위반한다. 그리고 이와 같은 선택지 의존성이 다른 표준적인 일관성 조건까지 위반할 수 있음을 다른 예시들을 통해 쉽게 보여 줄 수 있다.[18] 선택지 의존성(그것이 실제로 존재할 때)은 선택 함수의 중차대한 특징이 될 수 있다.[19]

위의 논의는 (선택 행위의 직접적 관련성과 관련된)선호가 선택지에 따라 달라지는 하나의 이유에만 집중한다. 그러나 이러한 의존성에는 다른 이유도 있을 수 있다(관련해서 센 1993 참조). 그중 하나는 우리가 자율성과 결정의 자유에 부여하는 가치와 관련될 수 있다.[20] 우리는 결국 선택하는 대안 그 자체뿐 아니라, 선택을 행사할 수 있는 선택지의 집합 또한 가치 있게 여길 수 있는 것이다. 한 사람의 '자율성'을 평가할 때, 단지 그녀가 선택할 기회가 있었

---

18) 예를 들어 성질 τ가 위배되는지를 확인하려면, 다음의 사례를 생각할 수 있다. 선택 집합 $\{m^1, a^1, a^2\}$에 대해, 망고 m^1보다 사과 a^1이 선택되며, 선택 집합 $\{m^2, a^1, a^2\}$에 대해 망고 m^2보다 사과 a^1이 선택된다고 하자. 그런데 이 사람은 자신의 선호 체계와 일관되게 앞의 두 집합의 합집합 $\{m^1, m^2, a^1, a^2\}$에 대해서는 사과가 아닌 망고 m^1 혹은 m^2를 선택할 수 있다. 이 경우 성질 τ는 위배된다.

19) 이 논문을 세미나에서 발표한 경험을 통해, 일부 독자들이 이른바 '불일치'를 '프레이밍(framing)'의 영향으로 설명하려는 가능성을 인식했다(카너먼과 트버스키 1984의 중요 연구 결과와 같은 맥락에서). 그러나 이 두 문제는 전혀 별개다. '프레이밍'의 영향은 본질적으로 동일한 결정을 서로 다른 방식으로 제시할 때 발생하는 반면, 여기서 우리가 다루는 것은 실제로 결정 문제 자체가 달라지는 경우다. 즉, 선택이 이루어지는 선택지가 바뀜으로써 실질적 차이가 발생하는 상황이다. 따라서 여기에는 사실상 아무런 불일치가 없고, 단지 선호 순서의 선택지 의존성이 있을 뿐이다(센 1993 참조).

20) 자율성과 선택의 자유가 갖는 중요성은 윤리학의 핵심이고, 그것은 후생 경제학에도 잠재적으로 매우 중요한 관련성이 있다(비록 표준적인 후생 경제학은 이러한 고려를 회피하는 경향이 종종 있지만). 센(1970a, 1983, 1991, 1992b), 노직(1974), 서피스(1987), 예르덴포스(1981), 서그든(1981, 1986, 1993), 루머(1982, 1996), 스즈무라(1983), 해먼드(1985), 코언(1990), 파타나익과 쉬1990), 쇼커르트와 판 오테험(Schokkaert and Van Ootegem 1990), 스타이너(Steiner 1990), 가르트너, 파타나익, 스즈무라(1992), 힙 외(Heap et al. 1992), 포스터(1993), 누스바움과 센(1993), 판 헤스(1994), 애로우(1995), 판 파레이스(Van Parijs 1995), 푸페(Puppe 1996) 등의 논의 참조.

다면 선택했을 대상을 실제로 받았는가만을 따지는 것으로는 충분하지 않다. 그녀가 직접 선택을 했는지 또한 중요한 문제다.[21]

또한 우리의 지식이 제한되어 있을 때, 선택지는 인식론적 중요성을 가질 수 있으며, 우리는 마주한 선택지를 통해 상황에 대한 정보를 **획득**할 수도 있다. 예컨대, 어떤 지인이 함께 차(t)를 마시자 초대했을 때, 당신은 귀가(O)하지 않고 그 초대를 받아들이는 편(t)을 선택할 수 있다. 즉 선택지 [t, O] 중에서 t를 선택하는 것이다. 그런데 당신이 그 지인을 잘 알지 못하는 경우, 그 사람이 차 외에 헤로인과 코카인(h)을 함께 제안하는 확장된 선택지 {t, h, O}를 제공하면, 당신은 오히려 t를 거절하고 O(귀가)를 선택할 수 있다. 이 지인이 제안한 선택지의 확장은, 그 사람이 어떤 부류의 사람인지에 대한 정보를 당신에게 제공할 수 있고, 이는 그 사람과 차를 마시는 것 자체에 대한 당신의 결정에도 영향을 줄 것이다(센 1993 참조).

선택지를 인식론적으로 활용하는 또 다른 유형의 예시는, 자신이 가진 선택지를 이용해 **타인**이 유사한 행동을 할 수 있는 기회가 얼마나 있는지를 판단하는 경우다. 이탈리아의 기업 및 정치 분야에서의 '부패' 행위를 설명할 때 자주 등장하는 변명 중 하나는 다음과 같다. "나만 그런게 아니다." 어떤 사람은 암묵적 도덕 규범을 어길 수 있는 유일한 기회가 주어지면, 그것을 포기할 수 있다. 하지만 그와 같은 기회가 여럿 존재하면 쉽게 그 규범을 어길 수 있다. 이는 규범에서의 일탈이 더 '**보편화**'되리라는 간접적 추론에 근거한 행동이다.[22] 마찬가지로, '단체 행동에서 일탈하는' 단 한 번의 기회가 주어지면, 어떤 사람은 자신만 그런 일탈적 행동을 하게 될 것으로 여겨 그러한 행위를 회피할 수 있다. 그러나 다른 사람들도 같은 행동을 할 것으로 예상되면, 그

---

21) 예를 들어, 선택의 자율성이 보장된 탈중앙화된 체계가 재화의 생산, 분배, 소비 측면에서 달성할 수 있는 결과를 완전히 모방하는 권위주의적 할당 체계를 생각해 볼 수 있다. 그러나 권위주의적 사회 대안이 존재하더라도, 그것이 개인에게 선택의 자유를 허용하는 체계만큼 좋다고 판단해야 할 필요는 없다. 왜냐하면 선택의 자유를 행사하는 것 자체가 중요한 가치일 수 있기 때문이다.

22) 이러한 쟁점들과 관련 논의로는 이탈리아 하원 보고서 *Camera Dei Deputati* (1993)를 보라.

는 주저 없이 그러한 행동을 선택할 수 있다. 즉 단체 행동에서 일탈할 수 있는 유일한 기회 x_1만 있으면 (그녀 혼자 일탈할 수 있다는 사실을 알기에)그 기회를 회피할 수 있지만, 만약 (다른 사람들이 그것을 택할 수 있다고 기대되는)x_2 등 다른 기회들이 존재하면, 그는 바로 앞서의 그 기회 x_1을 선택할 수 있다.

선택지의 또 다른 인식론적 관련성은 중도 성향의 유권자 사례에서 나타난다. 그는 제시된 후보 중 (예컨대 '상대적 보수성' 같은)정치적으로 뚜렷한 기준에 따라 '중간 지점'에 위치한 후보를 선택하는 경향이 있다. 이때 선택지로 제시된 옵션의 범위는 해당 시점의 국가 내 실질적 정책 대안들에 대한 '해석'을 유권자에게 제공할 수 있다. 따라서 '중도' 후보에 대한 선택지 의존 선택은 단순한 성향의 표현이 아니라 그가 받아들인 정책 지형에 대한 인식론적 해석을 반영하는 것일 수 있다.[23]

(WARP 등)표준적인 '일관성 조건'의 위반이 어떤 적절한 재정의를 통해 제거될 수 있다고 다시 한번 생각하고 싶은 유혹을 받을 수 있다. 예컨대 하나의 대안을 어떤 집합에서의 선택 행위로 정의함으로써 말이다. 집합 S에서 m^1을 선택하는 대안 m^1/S는 집합 T에서 m^1을 선택하는 m^1/T와는 다른 대안으로 간주될 수 있다. 하지만 이러한 재정의는 WARP, SARP, α와 τ 등과 같은 모든 선택지 간 조건들을 무의미하게 한다. 이러한 조건들은 오직 서로 **다른** 두 집합에서 '동일한' 대안이 선택될 수 있을 때만 판단력을 갖기 때문인데, 바로 이 점이 이러한 재정의에 의해 배제되기 때문이다. 마찬가지로, 만약 우리가 WARP, SARP, α 등의 조건들을 공동체의 모든 구성원에 대한 완전한 재화 분배로 정의된 대안들에 적용하려면, 각 대안이 고유한 하나의 경우가 되어 버리는 경향 탓에, 이러한 조건들은 선별력이 현저히 줄어든다. 물론 이때는 구체적 상황에 크게 좌우된다(실제로 다음 절에서는 프리슈^{Frisch}의 선택

---

23) 콜름(Kolm, 1994)은 '중간값'을 선택하면 일관성 조건 일부를 위배한다는 점을 지적하고, 가르트너와 쉬(1995)는 이러한 선택 행동에 대해 광범위하게 탐구하면서, 중간값 대안 선택에 대한 공리적 도출을 제시한다. 선택지의 인식론적 사용의 다른 사례로는 루스와 레이파(1957)를 볼 것.

문제를 논의하면서, 대안을 완전한 분배로 재정의하는 방식이 어느 정도까지는 꽤 잘 **작동하는** 사례를 다룬다). 놀랍지 않게도 새뮤얼슨(1938) 등은 이들 선택 일관성 조건들을 일반적으로 적용할 때, '대안을' (전체 선택지와, **그리고** 공동체 내 타인에 대한 분배와는 무관하게)그 혹은 그녀가 선택하는 자신의 재화 바구니로 정의한다. 이러한 형식으로 이 조건들은 소비자 이론에서뿐 아니라 일반 균형 이론의 여러 결과를 도출하는 데에도 매우 강력하고 유용하게 사용되었다(예를 들어, 새뮤얼슨 1947, 드브뢰 1959, 애로와 한 1971 참조).

여기서 다룬 여러 유형의 영향은 이러한 조건들의 적용 정의역을 제한할 필요를 시사한다. 그러나 우리는 또 다른 유형의 주장도 고려해야 한다. 이를테면 선택지 의존성이 발생할 수 있고 ('사회적 선택' 판단과 같은)어떤 문제들에서는 중요할 수 있지만, 개별 선택자는 그것에 대해 실제로 걱정할 필요가 없다는 점이다. 왜냐하면 그것은 그녀의 결정과 무관하기 때문이다. 이 관점에서는 선택지 의존성이 참일 수는 있으나, 개인의 선택 문제와는 무관한 것으로 간주된다. 사람은 항상 **주어진** 선택지상에서 선택을 수행할 뿐, 선택지들 **간에** 선택해야 하는 상황에 처하지는 않기 때문이다.

이러한 일련의 주장은 두 가지 뚜렷한 이유 탓에 오류다. 첫째, 우리는 자신의 미래 선택(또른 미래 선택지)에 영향을 미치는 선택을 실제로 수행하는 경우가 있다. 그리고 '유연성에 대한 선호'에 관한 연구(쿠프만스 1964와 그렙스 1979 참고)는 바로 이러한 선택들을 폭넓게 다루었다. 우리는 '단 한 번의 선택'만 존재하는 세계에 살지 않는다. 크렙스(1979, 1988)는 미래의 선택지들 간 선택에서의 유연성에 대한 선호를 밝히는 분석을 제시한 바 있다.[24] 이러한 관심사는 많은 게임에서의 **전략적** 선택에서도 중요할 수 있고, 이에 대한

---

24) 실제로 크렙스 분석은 결과만을 중시할 때, 특히 자신의 미래 취향의 불확실성을 고려할 때, 매우 결정적 분석으로 평가된다. 그러나 그 분석은 선택의 자유와 그에 따르는 책임의 중요성을 통합하는 방향으로 확장될 수 있다. 내가 1991년 스탠퍼드에서 진행한 (이후 출간될)애로우 강의는 다음 두 관점을 통합하려는 시도다. (1) 결과의 선택권 가치를 평가하는 관점, (2) 선택의 자유를 포함한 선택의 과정 자체를 평가하는 관점. 센(1985a, 1991), 서피스(1987), 파타나익과 쉬(1990), 포스터(1993), 애로우(1995), 푸페(Puppe, 1996) 등의 분석 참고.

예는 곧 다룰 것이다(4절).

둘째, 문제는 선택자 자신이 선택지 의존성에 대해 '무언가를 해야 하는지' 여부에만 있지 않고, 선택 행위를 분석할 때 선택지 의존성의 가능성을 포함해야 하는지에 있다. 선택자의 행위가 선택지의 변화에 따라 어떻게 달라지는지에 대한 고려는 행동 과학자의 몫이다. 특히 특정한 이항적 선호 관계를 통해 그 사람의 다양한 선택지에서의 선택을 예측할 수 있는지를 분석해야 한다. 요점은 선택지 집합(혹은 선택지) S가 주어지더라도 선택지의 성격이 S에 포함된 대안 x의 선호 순서에 영향을 줄 수 있고, 이 관계는 선택 행동을 이해하고 예측하는 데 직접적인 관련이 있다는 점이다.[25]

선호의 형식적 특성으로서의 **선택지 독립성**은 다음과 같이 R^S를 통해 정의할 수 있다.

> ➤ **선택지 독립적 선호**: 보편 집합 X상에 정의된 이항관계 R^X가 존재하여, 모든 $S \sqsubseteq X$에 대해, R^S는 R^X의 S에 대한 '제한'과 정확히 일치한다.

$$(3.4) \qquad\qquad R^S = R^X|^S.$$

선택지 **독립성** 조건은 주류 효용 이론 및 선택 이론에서 일반적으로 (암묵적으로)채택되는 표준 가정이다. 부르바키[Bourbaki]의 표현을 빌리면, R^S는 단순히 전체 순서 R^X에 의해 '유도'되며 R^X는 X 위에서 R^S의 '확장'이다(부르바키 1968, p. 136). 이 관계는 표준적 방식에 따라 효용 함수 $U(x)$가 단지 궁극적 결과 x에 대해 정의될 때, 암묵적으로 전제된다(예, 힉스 1939, 새뮤얼슨 1947, 드브뢰 1959, 애로우와 한 1971, 베커 1976 참조).[26]

---

25) 자유의 중요성을 고려할 때, 때때로 선택자가 선택지의 성격 자체에 강하게 반응할 수 있음을 주목해야 한다. 예를 들어, 우리가 어떤 '권위'가 우리 선택의 자유를 의도적으로 제한한다고 판단하면(예, 그 권위가 승인하지 않는 신문을 읽지 못하게 막는 경우), 우리는 그 권위에 반하는 방향으로 선택하면서 반응할 수 있다(예, 평소에는 그 신문을 읽는 데 아무런 불만이 없더라도, 오히려 그 권위가 선호하는 신문을 읽지 않는 방식으로 반응할 수 있다).

26) 선호가 선택지에 따라 달라지는(선택지 의존적인) 경우, 선택지가 달라졌을 뿐인데 마치 개인의 선호 자체가 바뀐 것처럼 오인될 수 있다. 베커 자신은 선택지 의존적 선호 관계를 크게 주목하지 않았지만, 이러한 관찰은 겉으로 드러나는 선호 변화의 상당수가 실제로는 선호를 제대로 특성화하지 못한 데에서 비롯한다는 그의 핵심 진단(베커 1976)과 대체로

이제부터 나는 최적화에 기반한 선택 함수들, 즉 약한 선호 관계 R에 따라 각 선택지 집합 S로부터 최적 집합 $B(S, R)$에 속한 원소(다시 말해 '최선'의 원소)의 선택을 고려한다. 여기서 ('선호하거나 무차별적'인 관계로 해석되는)R은 공집합이 아닌 부분 집합으로서 각 '선택지' S가 사용 가능한 전체 대안 집합 X상에 순서를 부여하는 관계다.[27]

(3.5) $$B(S, R) = [x | x \in S \ \& \ \text{for all } y \in S: xRy].$$

(3.4)는 선호를 기본 개념으로 삼고 선택지 독립적 선호를 정의하지만, 이와는 분석적으로 다른 문제로서 선택지 독립적 선택 함수를 특성화하는 문제가 있다. 이를 위해서 주어진 선택지 S에 대해 선택 함수 $C(S)$의 '현시 선호' 관계 R_C^S를 정의하는 것이 편리하다. 비록 현시 선호 관계 R^C는 일반적으로 하나의 특정 집합 S에만 국한된 선택 관찰 없이 정의되지만(예, 새뮤얼슨 1938, 애로우 1959 참조), 특정 선택지 S에 대한 현시 선호 R_C^S를 고려하는 것도 물론 가능하다.

> **선택지 특수적 현시 선호**: X에 속한 모든 x, y에 대해, 그리고 모든 $S \subseteq X$에 대해,

(3.6) $$xR_C^S y \Leftrightarrow [x \in C(S) \ \& \ y \in S] .$$

어떤 주어진 S에 대해서건, 관계 R_C^S에는 상당한 불완전성이 존재한다. 왜냐하면 S에 속한 두 개의 선택되지 않은 대안들 사이에는 비교가 정의되지 않아서다. 우리는 R_C^S를 사용할 때, 이 기본적인 사실을 유념할 필요가 있다.

이제 선택의 선택지 독립성은 각 선택지에 대한 선택을 설명할 수 있도록,

맥을 같이 한다.

27) 이 글 전반에서 가정하듯, 대안의 집합이 유한할 경우, 모든 부분 집합 S에 대해 $B(S, R)$이 공집합이 아니게 하려면 관계 R이 완비성, 비순환성, 재귀성을 만족해야 한다(센 1970a), 보조 정리 1 참조). 그러나 이러한 조건들, 특히 완비성은 우리가 '최적화' 대신 '극대화' 개념을 사용할 때 완화될 수 있다(6절 참조).

 제2부 * 합리성: 형식과 본질

선택지에 따라 달라지지 않는 정형화된 관계 R_o가 옵션 집합들에 대해 변화하지 않고 모든 메뉴에 대한 선택들을 설명할 수 있도록 존재함에 따라 정의될 수 있다.

> **선택지 독립적 선택 함수**: X 위에 정의된 이항관계 R_o가 존재하여, 모든 $S \subseteq X$에 대해 다음을 만족한다.

(3.7.1)　　　　　　S의 모든 x, y에 대해: $xR_C^S y$는 $xR_o y$를 수반한다.

(3.7.2)　　　　　　　　　　　　$C(S) = B(S, R_o).$

선택의 선택지 독립성은 **선호**의 선택지 독립성과 어떤 관련이 있을까? 만약 선호가 단순히 '현시 선호'로 정의되면, 식 (3.7.1)과 (3.7.2)의 구성 방식에 비추어 보았을 때, 양자 사이에는 명백히 아무런 간극이 없다. 그러나 이는 자명한 결과다. 왜냐하면 '현시 선호'는 단지 선택 자체를 반영한 것에 불과하며, 의식적인 선호의 사용에는 어떠한 실질적 역할도 부여하지 않아서다. 비자명한 문제를 고려해 보자. 어떤 사람이 선택지에 따라 달라질 수 있는 선호 R_S에 기초하여 의식적인 최적화 결정을 내리고, 그로부터 나오는 선택 함수가 $C(S) = B(S, R_S)$로 주어진다고 하자. 이 경우, R_S의 선택지 독립성과 $C(S)$의 선택지 독립성은 반드시 일치하지 않을 수 있다.

그러나 다음의 관계는 각각의 조건이 만족될 때, 식 (3.4)에서의 R^X와 식 (3.7.1)과 (3.7.2)에서의 R_o를 사용하여 성립한다. 여기서 R^X와 R_o는 모두 완비성^{completeness}, 비순환성^{acyclicity}, 재귀성^{reflexivity}을 갖는 순서(이를 줄여 CARR라 한다)로 간주한다.

❖ **정리 3.1**: 선호의 선택지 독립성은 그로부터 생성된 선택 함수의 선택지 독립성을 함축하지만, 선택 함수의 선택지 독립성이 반드시 그 선택 함수를 생성한 선호의 선택지 독립성을 함축하지 않는다.

이 명제의 증명은 부록에서 제시된다.

또한 선택 함수의 선택지 독립성은 사실상 선택 함수의 이항성과 다르지 않다는 점도 알 수 있다. 선택 함수의 이행성은 다음의 조건을 의미한다. 어떤 집합 S에 대해 선택이 이루어질 때, $C(S)$는 전체 선택 함수로부터 유도된 현시 선호 관계 R_C에 따라 S의 최선의 요소를 선택함으로써 얻어진 결과와 정확히 일치한다(센 1971, 헤르츠버거 1973, 스즈무라 1983 참조).

> **약한 현시 선호**: X의 모든 x, y에 대해,

$$(3.8) \qquad xR_Cy \Leftrightarrow [\text{어떤 } S\text{에 대해: } x \in C(S) \text{ 그리고 } y \in S]$$

> **선택 함수의 이항성**: 선택 함수가 이항적이라는 것은, 모든 S에 대해 다음을 만족할 때만 성립한다.

$$(3.9) \qquad C(S) = B(S, R_C)$$

이제 하나의 동치 정리를 제시한다(증명은 부록 참조).

❖ 정리 3.2: 선택 함수는 이항적이고 그럴 때만 선택지 독립적이다.

이는 (모든 공집합이 아닌 부분 집합에 대해 정의된) 한정된 집합 X에 대한 완전한 선택 함수가 오직 그것이 α와 τ 성질을 만족할 때만 이항적이라는 알려진 성질에 대해 다음의 결과를 가질 수 있도록 허용한다(센 1971 참고).[28]

---

28) 개인적 선택과 사회적 선택에 관한 유사한 결과와 대응 관계도 마찬가지로 설정할 수 있다. 예를 들어, 한손(1968a, 1968b), 칩먼, 후르비츠, 리히터, 소넨샤인(1971), 파타나익(1971), 피시번(1973), 헤르츠버거(1973), 플롯(1973), 브라운(1974), 캉에르(1975), 블레어, 보르드, 켈리, 스즈무라(1976), 블라우와 데브(1977), 센(1977a), 아이제르만과 말리셰프스키(1981), 블레어와 폴락(1982), 데브(1983), 파타나익과 살레(1983), 켈시(1984), 뮬랭(1985), 슈바르츠(1986), 블라우와 브라운(1989), 힙스 외(1992), 아이제르만과 알레스케로프(1995) 등의 기여를 참조할 것.

 　제2부 ＊ 합리성: 형식과 본질

❖ **정리 3.3: 유한 집합 X에 대한 완전한 선택 함수는 선택지 독립적 현시 선호를 가지는 경우에 한해, 그리고 바로 그 경우에만 성질 α와 성질 τ를 만족한다.**

실제로, 이항성은 선택지 독립적 극대화 조건으로 직관적으로 잘 이해될 수 있다. 어떤 **주어진 선택지**에 대한 선택은 그 **선택지에 대한** 현시 선호를 포함하는 어떤 선호 관계에 따른 **최적화**의 결과임을 비교적 자명하게 보여줄 것이다. 선택지 독립성은 어떤 포괄적 이항관계 R_C가 존재하여 서로 다른 모든 선택지별 약한 현시 선호를 '포괄'할 수 있으며, 그에 따라 전체 선택 함수를 생성할 수 있고, 또한 그 선택 함수에 의해 정확히 생성될 수 있다고 주장한다.

4. 신탁 책임, 규범, 그리고 전략적 고결함

선택 행위에 수반되는 책임은 여러 가지 다양한 형태를 취할 수 있다. 특히 어떤 사람이 타인을 대신해 행동해야 할 경우, 즉 신탁적 역할을 수행해야 할 때, 그 책임은 특히 '무거울' 수 있다. 타인의 삶을 좌우하는 선택은 회피할 수만 있다면, 가능한 한 많은 사람들이 기꺼이 회피를 선호할 것이다. 이와 같이 (타인의 삶에 영향을 미치는)특정 선택 행위를 피하려는 선호는 전혀 '비합리적'이거나 '충돌하는' 것은 아니다. 그럼에도 불구하고 불확실성에서 합리적 선택 공리들의 표준적인 정식화들과 충돌할 수 있다.

신탁적 선택 역할의 관련성에 대한 일반적인 논점은 불확실성하의 합리성을 검토하는 맥락에서 다루어진 (센 1985b에서의)한 사례를 통해 설명될 수 있다. 중국의 한 외딴 농촌 지역에서, 한 단위의 약을 가지고 있는 장 박사는 생명이 위독한 두 아이를 마주하였다. 장 박사가 가진 한 단위의 약은 어느 한 아이를 살릴 수는 있지만, 두 아이를 동시에 구할 수는 없다. 장 박사는, 그 약을 아픈 아이 A에게 주면 B에게 줄 경우보다 조금 더 높은 확률로 A의 생명을 구할 수 있다고 믿는다(예컨대 통상적인 의학 통계에 따르면 A는 91%의 회복률, B는 90%의 회복률을 가진다). 만약 장 박사가 (분명히)두 아이 중 반드시 한 명에게 약을 주면 A의 회복 확률이 조금 더 높기 때문에 그는 A에게 주는 것을 선호한다. 그럼에도 그는 두 아이 중 한 명에게만 생존을 위한 약을 주고, 다른 한 아이에게는 주지 않게 되는 결정을 내려야 하는 상황 자체를 피하고 싶어 할 수 있다. 장 박사는 (확률 배정에서 A에게 약간의 우위를 부여하건 앉건)확률적 방식을 선택할 수도 있다. 이는 (B 또한 약을 받으면 회복할 확률이 매우 높음에도 불구하고)B에게 투약을 완전 배제하는 것이 불공정하거나 부당하다고 느껴서일 수도 있고, 또는 (누가 살고 누가 죽어야 할지를 결정하는)'신의 역할'을 단순히 피하고 싶어서일 수도 있다. 어느 경우건 장 박사는 약을 확정적으로 한 명에게 주고 다른 한 명에게는 주지 않는 **선택 행위** 자체를 기피할 수 있다.

이러한 선택 행위는 '확실성 원리'와 기대 효용 이론의 틀을 위반하는데, 기대 효용 이론은 A에게 약을 주는 선택이 B에게 주는 선택보다 선호되면, A에게 주는 일은 두 사람 중 누구에게 줄지를 정하는 어떤 확률적 선택 방식보다 반드시 더 선호되어야 함을 요구한다.[29] '기대 효용' 공리의 위반은 선택 행위와 과정을 포함시켜 옵션을 보다 **포괄적** 방식으로 재정의함으로써 방지할 수 있다. 예컨대 A가 확률적 선택 방식을 **통해** 약을 받는 결과는 장 박사가 A에게 직접 약을 주는 결과와 동일한 결과로 간주되지 않을 수 있다. 하지만 그렇게 하는 경우, 기대 효용 공리들이 자명하게 충족되거나 위배되지 않으며, 그 이론이 갖는 실질적 내용의 많은 부분을 상실한다. 그럼에도 불구하고 장 박사는 목적 함수, 즉 특정 유형의 선택을 해야 하고, 그 선택에 수반되

---

29) 기대 효용 공리가 타당하게 위배될 수 있는 다른 유형의 사례로는 센(1985b)의 논의 참고. 또한 마키나(1981), 아난드(1993)를 참조하라. 여기서 요지는 기대 효용 이론 전체를 반박하려는 것이 아니다. 나는 다양한 상황에서 전반적으로 기대 효용 이론만큼 잘 작동하는 이론을 모른다. 오히려 중요한 것은 이 이론의 한계가 무엇인지, 그리고 그 한계가 왜 발생하는지를 아는 데 있다.

는 책임을 감당해야 하는 부담에 민감하게 반응하며, 쉽게 서술되어야 하는 목적 함수를 **극대화할** 수 있다. 다시 말하지만, 여기서 일반 쟁점은 의사 결정 과정에서 선택 행위 자체의 현저성을 어떻게 수용할 것인가다.

신탁 책임은 (장 박사의 사례처럼)그것을 피하려는 선호를 통해서만 선택 행위에 영향을 미치지 않고, 그 책임이 수용되었을 때 어떤 선택이 이루어지는가의 측면을 통해서도 영향을 미칠 수 있다. 이 프리슈 추모 강의가 헌사되는 라그나 프리슈(1971a)는, 한 사람이 다른 사람을 대신해서 행동하도록 신뢰를 얻을 때 그 책임이 미치는 광범위한 영향을 다룬 바 있다.[30] 그는 한 가지 사례를 들어 그 요점을 설명한다.

> 가정해 보자. 아내와 나는 평소처럼 단둘이 저녁 식사를 마쳤다. 디저트로 케이크 두 개를 구입했는데, 두 케이크는 매우 다르지만, 둘 다 우리 기준에는 아주 훌륭하고 값비싼 케이크다. 아내는 내게 쟁반을 건네며 먼저 고르라고 한다. 나는 어떻게 해야 할까? 내 총효용 함수를 참고해 보니, 나는 둘 중 특정의 케이크 하나를 굉장히 먹고 싶다는 것을 알게 된다. 하지만 나는 이러한 내면적 관찰이 내가 직면한 선택 문제와는 **완전히 무관하다**고 말하고 싶다. 정말로 관련 있는 문제는 다음과 같다. 이 두 개의 케이크 중 어느 것을 아내가 더 선호할까? 만약 내가 그 답을 안다면, 문제는 간단하다. 나는 "고마워"라고 말하며 그녀가 **둘째로 선호하는** 케이크를 선택할 것이다.[31]

이 맥락에서 중요한 점은 프리슈가 문제를 서술한 방식이 (베커 1976의 접

---

30) 프리슈(1971a, 1971b)는 특히 전문가들이 사회를 위한 정책 결정을 내리는 문제에 관심을 가지며, 그 맥락에서 '정치인과 계량경제학자 사이의 협력'에 주목한다.

31) 프리슈(1971b)의 마지막 논문에서 인용된 이 구절은 로아브 비에르크홀트(Loav Bjerkholt)가 번역한 것이며, 그는 이 번역을 프리슈가 초기의 효용 분석에 대한 관심으로 다시 돌아간 사례로 인용한다(비에르크홀트 1994). 나는 이보다 앞선 번역본을 요한센(Leif Johansen)으로부터 받았고, 그가 개인적으로 보내 준 편지에서 프리슈가 근대 경제학에서 당연시되는 자기 이익 추구 행동의 가정을 거부한다는 사실을 지적하면서, 이 문제에 대한 내 글(센 1973b)을 논평했다. 이 쟁점에 대한 요한센 자신의 분석은 요한센(1977) 참조.

근처럼)타인을 향한 이타심을 포함한 복합적 개인 효용 함수의 극대화 문제로 본 것이 아니라는 데 있다. 오히려 타인의 복지는 별개의 관심사로 남아 있고, 그것은 프리슈가 말하는 '내 총효용 함수'에 어느 정도 포함되었는지를 고려해야 하는 대상이다.[32]

프리슈의 흥미로운 발언에는 현재 맥락에서 특별히 주목해야 할 한 측면이 있다. 가정해 보자. 프리슈가 보기에 자신의 효용 함수는 케이크 x를 다른 케이크 y보다 더 높게 평가하며, 또한 그의 아내 역시 x를 y보다 더 즐길 것으로 생각한다고 하자. 프리슈는 다음과 같이 주장한다. 만약 케이크 x와 y가 각각 하나씩 포함된 선택지 집합이 주어지면, 그는 분명히 y를 선택하겠지만, 반면, 만약 x와 y가 각각 두 개씩 주어지면, 아마도 프리슈 역시 자신이 더 좋아하는 케이크 x를 선택할 것이다. 왜냐하면 그렇게 해도 그의 아내는 여전히 그녀가 선호하는 종류의 케이크 x를 선택할 수 있어서다. 따라서 단순한 수준에서 케이크에 대한 선호를 고려하면, 이러한 선택 행위는 **선택지 의존적**으로 간주되고, 특히 기본 수축 일관성 조건(성질 α)을 위반하는 것으로 간주될 수 있다.

그러나 여기서 선택지 비의존적 선호가 실제로 위배되지 않는다고 주장할 여지도 있다. 단, **그러한 주장이 가능하려면** 결과를 오직 프리슈 자신이 무엇을 선택했는가라는 관점으로만 특징짓지 말고, 양쪽 **모두의** 소비를 포함한 전체적인 결과에 대한 보다 충실한 서술을 통해 특성화해야 한다. 프리슈가 각각 한 종류의 케이크가 하나씩 있는 더 작은 선택지 집합에서 자신이 '선호하는' 케이크 x를 선택하면, 이는 실제로는 자신에게 x를, 그리로 아내에게 y를 선택하게 하는 셈이다. 반면, 각 종류의 케이크가 여러 개씩 있는 더 큰

---

32) 센(1977b)에서 제시한 구분에 따르면, 이는 단순한 '공감(sympathy)'이 아니라 '헌신(commitment)'이 개입된 사례다. 이 실질적인 구분은, 이 글이 주로 선택 함수의 형식 구조(및 선택 행위 자체의 특정한 역할)에 초점을 두기에 본문에서 깊이 다루지는 않지만, 해석적 측면에서 매우 중요한 의미가 있다. 왜냐하면 공감을 통한 이타성은 궁극적으로 자기이익적 호의(self-interested benevolence)지만, 헌신을 통해 타인을 위해 무언가를 행하는 것은 애덤 스미스의 표현처럼 "우리 자신의 위대하고 중요한 이해관계 희생"을 요구할 수 있어서다. 이는 스미스가 '관대함'과 '공감'을 구분하면서 한 설명이다(스미스 1790, p. 191 참조).

선택지 집합은 그가 x를 선택함으로써 자신과 아내 모두에게 '선호하는' 케이크 x를 소비할 수 있도록 허용하게 된다.

이와 같은 보다 넓은 결과 중심의 정식화에서는 프리슈의 두 선택은 하나의 선택지 **독립적** 선호 순위 내에서 합리화가 가능하다. 원칙적으로 앞서 논의한 다른 사례(예, 정원 의자 사례)에서도 유사하게 (1) 개인적 선택에 대한 선택지 의존적 선택과 (2) 더 넓은 결과에 대한 선택지 독립적 선택 사이에서 이러한 넓은 해석의 선택 가능성이 있다. 그러나 다음과 같은 행동 규칙, 예컨대 "가장 매력적인 의자는 고르지 않는다" 혹은 "마지막 과일은 고르지 않는다"(또는 그와 같은 맥락에서 "부패한 거래가 유일한 기회라 할지라도 절대 선택하지 않는다" 혹은 "단체 행동의 대열에서 일탈하는 독자적인 기회는 절대 선택하지 않는다")와 같은 행동 규칙들을 따를 때 동기의 요인이 (프리슈 자신의 경우 명백히 그러하듯)반드시 타인의 복지에 대한 고려에서 비롯되지 않는다. 오히려 그것은 단순히 정립된 규칙(혹은 선택 방식)을 따르는 것이며, 그 방식은 매우 선택지 **의존적**일 수 있다.[33] 따라서 앞서 다룬 모든 사례들에서 광범위한 정식화를 통해 선택지 의존성을 피할 수 있는 것은 아니며, 프리슈의 경우 그것이 실제로 꽤 잘 작동하지만, 그렇다고 해서 다른 사례들에 반드시 적용되는 것도 아니다.

프리슈 사례에서 중요한 쟁점은 선택지 의존성 자체가 아니라 **선택자 의존성**이다. 프리슈가 자신의 선택 문제를 설명하는 방식에는 신탁적 의무에 따른 책임의 특히 뚜렷한 측면이 흥미롭게 제기된다. 프리슈의 동기를 이루는 관심은 다음 두 가지 서로 다른 방식으로 해석될 수 있다.

(1) (공동의 행복을 포함하는)**공동의** 결과에 대해 그가 부여하는 선택 관련 가치를 극대화하려는 것

---

33) 이는 (타인에 대한 배려 여부와 무관하게)"가장 큰 케이크 조각은 절대 선택하지 마라" 같은 행동 규범에도 동일하게 적용된다. 센(1973b, 1993), 베이전트와 가르트너(1996) 참조.

(2) 그가 자신의 아내에게 돌아갈 결과에 대해 신탁적 책임을 지는 경우, 아내의 행복을 극대화하려는 것(그러나 관련된 모든 선택지가 아내에게 있을 경우에는 자신의 행복을 극대화하려는 것)

프리슈의 선택 행동은 앞서 제시한 두 가지 방식 중 어느 쪽으로도 설명될 수 있지만, 실제로는 후자의 해석이 프리슈 자신이 이 상황을 설명하는 방식에 더 밀접하게 부합하는 것으로 보인다. 그는 자신이 놓인 역할 속에서 아내의 이익에 전적인 우선권을 부여하는 것처럼 보인다(그는 케이크에 대한 자신의 즐거움을 자신이 직면한 '선택 문제에 대해 **완전 무관**하다'고 본다). 타인을 대신해 행동해야 할 의무 탓에 사람들이 그들의 맡은 바를 우선적으로 고려하게 할 경우, 선호 함수의 성격과 선택 행동은 타인의 이익이 어떻게 조합되는지를 반영하고, 이는 곧 '사회 선택 이론'으로 연결된다. 이 지점에서 논의는 사회 선택 이론에서의 정규성 조건에 대한 비교적 방대한 문헌과 만나는데, 여기에는 성질 α와 성질 τ 같은 속성들의 활용과 위배가 포함된다(이에 대한 비판적 평가는 스즈무라 1983과 센 1986에 제시된다).[34]

여기에는 게임 이론과도 더 깊이 탐구될 수 있는 연결 지점이 있다. 역할과 선택 행위가 선택되는 것에 미치는 영향은 전략적으로 중요한 의미를 가질 수 있고, 전략을 선택하는 데 있어 사람들의 실제 선택이 그들이 맡은 정확한 역할에 어떻게 의존하는지를 충분히 고려해야 한다. 그 결과 중 하나는, 어떤 경우 자신이 더 '고결하게' 행동하고, 선택을 타인에게 넘기는 방식을 통해 오히려 자기 이익을 더 잘 실현할 수 있다는 점이다. 이 현상은 '전략적 고결함strategic nobility'으로 부를 수 있다. 이러한 연결은 간단한 게임을 통해 설명될 수 있는데, 이를 '과일 패싱 게임fruit-passing game'으로 부르자.

---

34) 애로우(1951)는 개인의 선택뿐 아니라 사회적 선택에도 고전적인 최적화 틀을 적용했고, 그 방식은 사회적 선호의 추이성을 포함할 만큼 상당히 강한 형식이었다. 뷰캐넌(1954)은 사회는 개인과 다르다는 점에서, 사회적 선택에 어떤 내적 정칙 조건이라도 부과해야 하는지를 중요한 문제로 제기했고, 나아가 이러한 정칙 조건이 애로우의 불가능성 정리를 도출하는 데 어떤 역할을 하는지를 묻는다. 이 질문들은 센(1993, 1995a)에서 다루며, 사회적 선택에 내적 정칙 조건을 부과하지 않고도 애로우 정리를 확장하는 결과를 포함한다.

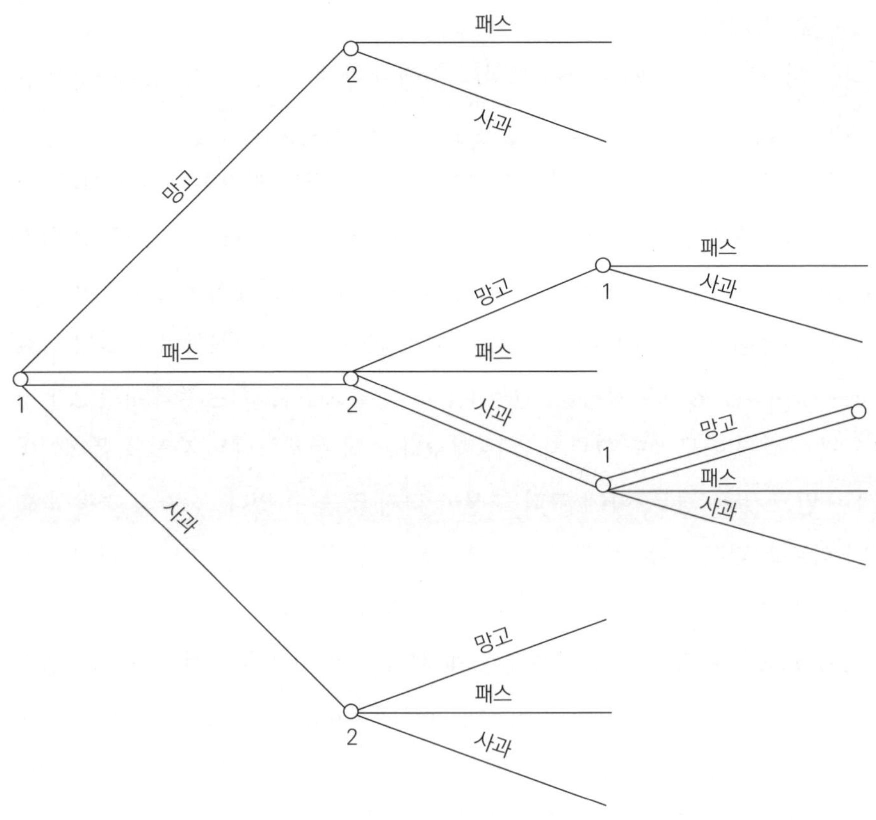

그림 4.1 규범에 대한 공통 지식을 가진 과일 패싱 게임

(앞선 살펴본 집합 S와 같은)1개의 망고와 2개의 사과가 담긴 바구니에서 두 명의 플레이어가 번갈아 과일을 고르는 게임이다. 여기서 '패싱'은 허용된 선택지다. 플레이어 1과 2는 차례로 선택을 진행하며, 각각 하나씩 과일을 얻었거나 두 명 모두 패싱했을 때, 또는 한 명이 과일을 고른 뒤 다른 한 명이 패싱했을 때 바구니는 회수된다. 이 게임을 그림 4.1에 나타냈다.

두 플레이어 모두 망고를 사과보다 선호하지만, 선택 역할과 관련된 행동 '규범' 또는 '규칙'을 따른다고 가정하자. 그 규범은 상대방이 이미 과일을 가져간 이후가 아니면 어떤 과일이건 마지막 남은 과일을 선택하는 행위를 금지한다. 만약 그런 규범이 존재하지 않고, 선택 역할에 따른 특별한 책임도 없다면, 플레이어 1은 단순히 하나 있는 망고를 집을 것이다. 그러나 만약 그러한 책임감을 수반하는 선택 역할의 수행이 플레이어 1이 따르는 사회적 규범의 일부라면, 그는 스스로 그런 행동을 허용하지 않을 것이다.

플레이어 1이 사과를 선택하면, 그는 차선의 결과에 만족하는 셈이다. 나은 선택이 가능한가? 만약 그가 패싱을 선택하면 다시 기회를 얻을 수 있지만, 다음 두 경우에는 도움이 되지 않을 수 있다. (1) 플레이어 2가 망고를 가져가는 경우, 또는 더 나쁜 경우로는 (2) 플레이어 2도 패싱하여 게임이 종료되는 경우다. 후자의 상황은, 만약 (사과보다 망고를 선호하는)플레이어 2가 망고건 사과건 아무것도 고르지 않는 것보다는 더 선호한다는 사실을 플레이어 1이 알고 있는 경우, 아예 고려 대상이 되지 않을 수 있다. 전자의 가능성 또한 다음과 같은 경우, 즉 플레이어 2 역시 다른 플레이어가 과일을 먼저 가져가지 않았을 경우, 하나 있는 망고는 선택하지 않는다는 규범을 따른다는 인식이 상호 공유되어 있을 경우에는 제거된다. 이 경우에는 게임 전개가 완전히 예측 가능해지는데, 플레이어 1이 먼저 패싱하고, 이어서 플레이어 2가 사과를 선택하며, 그 뒤 망고는 결국 플레이어 1에게 돌아가는 흐름이다. 이러한 결과는 그림에서 이중선으로 표시된다.

이러한 종류의 전략적 쟁점들, 예컨대 규범의 **공통 인식**common knowledge에 기반한 행동은 게임 정식화를 더욱 풍부하게 할 수 있고, 왜 어떤 사람이 궁극적 결과에 대한 자기 이익적 선호가 있음에도 (타인에게 선택을 넘기는)보다 '고결한' 양식으로 행동하고자 할 수 있는지 보여 준다. 전략적 고결함을 포함한 이와 같은 사회적 상호 작용은 규범의 공통 인식을 바탕으로 게임과 전략적 행동의 정식화 속에 유의미하게 통합될 수 있다.[35]

---

35) 실제로 앞서 다룬 예시("아내가 쟁반을 내밀며 알아서 고르라고 한다")에서 프리슈 부인의 선택조차도 전략적으로 해석할 수 있다. 물론, 내가 프리슈가 들려준 그 가족적 사랑의 일화에서 실제로 그런 전략이 작동했다는 터무니없는 주장을 하려는 것은 결코 아니다.

5. 극대화와 최적화

표준 선택 이론에서 사용되는 고전적 최적화의 틀은, 실현 가능한 선택지 중에서 이미 식 (3.5)에서의 정의처럼 '최선'의 대안을 선택하는 것으로 표현될 수 있다.[36] 극대화라는 일반적인 틀은 어떤 대안이(그 대안이 다른 모든 대안만큼 좋은 것으로 간주되는지 여부는 불문하고) 다른 어떤 대안보다 열등하다는 것이 알려지지 않았을 경우, 그 대안을 선택 가능한 것으로 간주한다는 점에서 이러한 특수한 경우의 최적화와 구별된다. 극대 집합을 정의하기 위해 우리는 약한 선호 관계 R의 비대칭 요소인 ('엄격하게 선호되는')관계 P를 사용한다. 집합 S의 어떤 요소가 극대 집합 $M(S, R)$에 속하기 위해서 S에 속한 그 어떤 다른 대안도 그것을 엄격하게 선호해서는 안 된다.

$$(5.1) \qquad M(S, R) \ [x | x \in S \quad \& \quad \text{for no } y \in S: yPx].$$

극대화와 최적화 사이의 기본적인 대비는 선호 순위 R이 불완비[incompleteness] 할 수 있다는 가능성에서 비롯한다. 즉 어떤 대안 쌍 x와 y에 대해, x가 y보다 적어도 좋다고 판단되지 않으며(적어도 **아직은** 그렇게 간주되지 않으며) 동시에 y가 x보다 적어도 좋다고도 판단되지 않는 경우가 있을 수 있다.[37] 이와 관련하여 다음의 구분을 고려하는 게 유용하다. 잠정적 불완전성은 일부 대안 쌍이 아직 순위 매겨지지 않은 경우고(더 많은 숙고나 정보가 주어지면 순위가 매겨질 수 있다) 반면 **단정적 불완전성**은 어떤 대안 쌍에 대해 '순위를 매길 수 없

---

36) 실제로 최적화는 이항관계 R('선호') 또는 실수값 함수 U('효용') 중 어느 쪽으로도 특성화할 수 있다. 관계적 틀은 좀 더 일반적인데, 이는 R이 반드시 추이성을 갖는 순서일 필요는 없고, 비순환성만 만족해도 되기 때문이다. 반면, 효용 함수는 (1) 순서 특성뿐 아니라, (2) 선호의 연속성과 같은 수치적 표현가능성을 보장하는 추가 조건도 충족해야 한다(드브뢰 1959를 참조). 본문의 앞선 절들에서의 분석은 관계적 형식에 기반을 두었고, 이후에도 그 방식을 계속 사용할 것이다.

37) 불완전한 순위의 성질과, 불완전한 순서를 완비 순서로 확장하는 가능성에 대해서는 스필라인(1930)과 애로우(1951)를 보라. 센(1970a), 스즈무라(1983), 레비(1986)를 참고할 것. 레비는 '해결되지 않은 갈등'의 문제를 이 글과는 다소 다른 방식으로 접근하며, 그의 중요한 개념인 'V-허용성'의 관점에서 접근한다.

다'고 단정하는 경우다.[38] 단정적 불완전성이란 완비성[completeness]의 실패가 일시적 상태, 즉 더 많은 정보나 더 깊은 검토를 통해 해결되기를 기다리는 상태가 아니라는 주장이다. 이 경우 부분적인 순위 혹은 불완전한 분할은 단순히 '완비될 수 없는' 것일 수 있고, 어떤 x가 어떤 y에 대해 순위를 매길 수 없다고 판단하는 것이 올바른 답일 수도 있다. 나는 여기서 이러한 구분을 더 깊이 다루지는 않으며, 불완전성이 반드시 잠정적이라고 전제하지도 않는다.[39]

극대 집합은 최적 집합과 어떤 관계에 있을까? 나는 이에 관한 다섯 가지 기본 명제를 아래에 제시한다.[40] 하나의 요소('단위')만을 포함하는 자명한 경우는 제외하고, 또한 S는 유한 집합에 한정하여 논의한다(무한 집합에 대한 확정은 비교적 간단하다). 허용 가능한 선호 관계 R에 대해서는 아무런 정의역 제한을 두지 않으며, 이는 어떤 이항관계라도 가능하다. 단, R이 재귀적[reflexive]이라는 가정은 설정된다(모든 x에 대해 xRx가 성립함). 즉 모든 대안은 그 자체만큼은 좋은 것으로 간주된다(내가 판단할 수 있는 한 그리 까다로운 조건은 아니다).

❖ **정리 5.1: $B(S, R) \in M(S, R)$. 하지만 일반적으로 그 역은 성립하지 않는다. $B(S, R)$과 $M(S, R)$이 다른 경우는 다음 두 범주로 구분될 수 있다.**

사례 1: $B(S, R)$은 공집합이지만 $M(S, R)$은 공집합이 아닐 때
사례 2: $B(S, R)$과 $M(S, R)$이 모두 공집합이며 $[M(S, R) - B(S, R)]$도 공집합이 아닐 때

❖ **정리 5.2: $M(S, R)$은 임의의 유한 집합 S에 대해 공집합이 아니며, 그 경우는 R이 비순환적일 때 한한다.**

---

38) 이러한 구분은 센(1992a, pp. 46-49) 및 센(1996)에서 다룬다. 센(1970a), 스즈무라(1983), 레비(1986) 참조.
39) 선호 이론에서 불완전성을 수용할 필요성에 대해서는 퍼트넘(1986)이 통찰력 있게 다룬다. 윌리엄스(1973) 참조.
40) 이들 정리는 센(1970a, 1971)과 스즈무라(1976, 1983)에서 확립된 결과를 체계화하고 확장한 것이다.

　　　제2부 ◦ 합리성: 형식과 본질

❖ **정리 5.3**: 다음 두 조건 중 하나라도 만족할 경우, $B(S, R) = M(S, R)$이 성립한다.

(1) R이 완비적일 때, 또는 (2) R이 추이적이고 $B(S, R)$이 공집합이 아닐 때

❖ **정리 5.4**: 선호 관계 R에 대한 모든 극대화 선택 함수는 어떤 이항관계 R^+에 대한 최적화 선택 함수로 재현될 수 있다. 즉 모든 S에 대해 $B(S, R^+) = M(S, R)$을 만족하는 어떤 이항관계 R^+가 존재한다.

❖ **정리 5.5**: 모든 최적화 선택 함수가 어떤 극대화 선택 함수에 의해 재현될 수 있는 것은 아니다. 즉, 어떤 이항관계 R이 $B(S, R)$라는 최적 집합을 생성하는 경우, 모든 S에 대해 $M(S, R^+) = B(S, R)$을 만족하는 이항관계 R^+가 존재하지 않을 수 있다.

이 모든 것으로부터 우리가 얻을 수 있는 교훈은 무엇일까? 정리 5.1은 다음을 알려 준다. 최선의 대안은 반드시 극대여야 하지만, 극대적 대안이 반드시 최선일 필요는 없다. 사례 1은 최선의 대안이 전혀 존재하지 않는 경우를 다루며, 이 경우에도 극대적 선택은 여전히 가능하다. 이는 xRy도 아니고 yRx도 아닌 경우, 즉 $B(\{x, y\}, R) = \varnothing$인 데 반해 $M(\{x, y\}, R) = \{x, y\}$인 경우를 고려하면 쉽게 확인될 수 있다.

사례 1의 고전적 예는 뷔뤼당의 당나귀 이야기에 대한 한 가지 해석에서 찾을 수 있다. 이 이야기는 당나귀가 두 개의 건초 더미 x와 y 중 어느 것이 더 나은지를 결정하지 못해 망설이다 끝내 굶주림(z)으로 죽었다는 내용이다. 이 뷔뤼당 당나귀 딜레마에는 두 가지 해석이 있다. 첫째 해석은 덜 흥미롭지만 더 일반적인 해석으로, 당나귀가 두 건초 더미 사이에서 무차별 상태에 있었고, 하나를 다른 것보다 우선해 선택할 이유를 찾지 못했다는 점이다. 그러나 무차별의 경우 어느 쪽을 선택하든 손해의 가능성이 없으므로 여기에는

극대화나 최적화의 관점에서 심각한 딜레마는 존재하지 않는다. 더 흥미로운 두 번째 해석은 당나귀가 두 건초 더미 사이에 순위를 매길 수 없었고, 이 쌍에 대해 불완비한 선호를 가졌다는 점이다. 따라서 최적의 대안은 존재하지 않지만 x와 y는 모두 극대적, 즉 둘 중 어느 것도 다른 것보다 열등하다고 알려져 있지 않은 대안이었다. 실제로 두 건초 더미 모두 당나귀가 굶어 죽는 z보다 확실히 더 낫기 때문에, 극대 선택을 한 근거는 충분하다. 이 경우에는 최적화가 불가능하므로 우리는 극대화라는 선택 행위를 다음 두 가지 슬로건으로 포장할 수 있다. (1) 극대화는 당신의 생명을 구할 수 있다. (2) 최적화를 기다리는 것은 당나귀뿐이다.[41]

사례 2는 보다 미묘하다. 다음과 같은 순위를 생각하자. xIy와 yIz로 이루어진 선호 순위며, 집합 $S = \{x, y, z\}$의 어떠한 쌍도 순위가 매겨지지 않았다 (여기서 I는 약한 선호 관계 R의 대칭 요소, 즉 무차별성을 나타낸다). 이 경우 명백히 $B(S, R) = \{y\}$ 그리고 $M(S, R) = \{x, y, z\}$다. 그러나 **정리 5.1**의 진정한 요지는, 최적화가 불가능한 경우에도 극대화는 작동할 수 있다는 점을 보여 주는 데 있고(사례 1), 여기에 더해 어떤 경우에는 극대화가 최적화보다 더 넓은 선택의 집합을 허용할 수도 있다는 교훈이 추가된다는 데 있다(사례 2).

정리 5.2는 극대화의 적용 범위를 보여 준다. 약한 비순환성이라는 성질만 있어도 극대화가 작동한다는 점에서 그렇다(완비성이나 추이성은 필요하지 않다).[42] 그렇다면 여기서 우리는 어떻게 최적화로 넘어갈 수 있을까? 명백하게도 완비성이 주어지면 극대화와 최적화 간 차이는 사라진다. 한편 추이성은 최적화를 위해서 반드시 필요한 조건은 아니다. 하지만 아마 더 흥미로운

---

41) 그러나 비최적화적 극대화의 경우, 우리는 현시 선호의 약한 공리(WARP)와 속성 α, τ와 같은 이른바 '일관성 조건'들을 고수할 수 없다.

42) 비순환성이란 유한한 길이의 엄격한 선호 순환이 부재함을 의미한다. 합리적 선택에서 이 성질이 갖는 중심적인 역할은 센(1970a, 1장*, 1971)에서 분석된다. R이 추이적인 특수한 경우에, R에 의해 생성되는 극대 집합이 R과 양립 가능한 가능한 모든 완비 순서 R^*들로 생성되는 최적 집합들의 합집합임을 증명할 수 있다(바네르지와 파타나익 1995, 레비 1986의 정리 7, p. 100를 참조). 이 명제의 쌍대 정리는 스즈무라가 발표하지 않은 메모에서 제시된 것으로, 완비 순서 R^*에 의해 생성되는 최적 집합은 R^*의 모든 부분 관계 R들로 생성되는 극대 집합들의 교집합과 정확히 일치함을 보여 준다. 베이전트는 이러한 연결의 해석적 측면을 분석했다(발표되지 않은 메모).

사실은, 만약 우리가 (심지어 완비성이 없더라도)추이성이 존재할 경우, 최적 대안이 하나라도 존재하면, 극대 집합과 최적 집합은 완전히 일치한다는 점이다.[43] 정리 5.3은 '비최적화적 극대화'의 실제 의미가 주어진 선택지 집합 S에 대해 다음 두 유형의 경우와 관련 있다는 사실을 명확히 보여 준다.

(1) 최적 대안이 전혀 존재하지 않지만 극대 대안은 존재하는 경우(이는 **불완전성**에서 기인할 수 있다)

(2) 최적 대안이 존재하지만, 모든 극대 대안이 최적인 것은 아닌 경우(이는 **비추이성**에서 발생될 수 있다).[44]

이 마지막 두 개의 결과는 극대화를 최적화처럼 '흉내낼' 수 있는 가능성과 그 역의 가능성을 다룬다. 정리 5.4는 $M(S, R)$에 따른 모든 극대화 선택이 적절히 구성된 **가상**의 선호 순위 R^+에 기반해 마치 최적화처럼 구성될 수 있음을 보여 준다.[45] 이 작업은 불완전성을 무차별성으로 전환함으로써 이루어지며, 구체적으로는 오직 yPx가 아닐 때 xR^+y를 취하는 방식[즉 x가 y보다 선호된다고 간주되는 것은, y가 x보다 엄격하게 선호되지 않을 때와 정확히 일치하도록]으로 R^+를 구성함으로써 이루어진다. 이는 R의 '완성된 확장'으로 불릴 수 있다. 이와 같은 구성 방식은 하나의 구성 도구로서 자체적인 실질적 관심을 가질 수 있다. 불완전성을 무차별성으로 전환하는 중요한 사례 중 하나는 '파레토 확장 규칙Pareto-extension rule'이다(이는 센 1969, 1970a에서 다루었다). y가 x보다 파레토적으로 우위에 있지 않을 때 xRy다. 이 규칙은 모든 파레토 관계를 포함하지만 파레토적으로 비교 불가능한 쌍들은 사회적으로 무차별한 것으로

---

43) 이를 확인하려면, x를 $B(S, R)$에서, y를 $M(S, R)$에서 택하되, x와 y는 서로 다른 원소라고 하자. 명백히 x는 최적이므로 S의 모든 z에 대해 xRz가 성립한다. 그러나 y는 극대라서 xPy는 성립하지 않는다. 따라서 xIy가 된다. 그러면 추이성에 의해 yRz가 S의 모든 z에 대해 성립한다. 그러므로 y 또한 최적이다.

44) 이러한 결과는 정리 5.1에서 각각 사례 1과 사례 2로 부르는 두 가지 가능성 간의 차이를 보다 충실하게 이해하는 데 유용하다.

45) 이 일반적인 결과는 스즈무라(1976)가 확립했다.

처리한다. 이 규칙은 (즉, 사회적으로 엄격한 선호는 추이적이지만 약한 선호는 반드시 그렇지 않아도 되는)준추이적 사회적 선호에 대해 애로우(1951)의 불가능성 정리에서 호출된 모든 조건들을 충족시킨다는 것이 증명될 수 있다.[46]

'이항성'과 성질 α와 τ 등의 역할을 포함하는 최적화의 정규성 속성은 정리 5.4에 따라 원시 관계 R의 완성된 확장 R^+위에서 작동하는 일반적 **극대화**에 적용될 수 있다(센 1970a, 1986, 스즈무라 1976, 1983, 뮬랭 1985 참조). 이는 **형식적**으로는 매우 편리한 도구지만 R^+가 어디까지나 우리의 구성적 상상력이 만들어 낸 개념적 산물이라서 이를 개인의 실제 선호로 해석해서는 안 된다. 개인의 실제 선호는 여전히 R로 주어지며, R^+가 아니다.

정리 5.4는 모든 극대화 구조가 형식적으로 적절하게 구성된 **가상**의 선호 관계 R^+에 대한 최적화 구조로 간주될 수 있음을 보여 준다. 그렇다면 그 역도 성립할까? 즉, 모든 최적화 구조를 **가상**의 극대화로 볼 수 있는가? 이 질문은 얼핏 불필요하게 보일 수 있다. 왜냐하면 우리는 이미 최적 대안은 공유된 선호 관계 R에 대해 극대적임을 알기 때문이다. 그러나 이 점은 두 가지 뚜렷한 이유로 결정적이지 않다. 첫째, 보편 집합의 모든 부분 집합 S에 대해 **동일한** R^+를 유지하면서 $B(S, R) = M(S, R^+)$를 성립하는 어떤 이항관계 R^+가 존재하지 않을 수 있다.[47] 여기서 우리는 선택지 의존성의 문제로 되돌아 온다. 즉, 실제 선호 R의 극대 집합을 모방할 수 있는, 선택지에 독립적인 가상의 선호 R^+가 존재하지 않을 수도 있다는 점이다. 둘째, 주어진 어떤 선택

---

46) 센(1969)의 정리 5. 애로우의 불가능성 정리를 도출하는 공리적 요구 조건이 추이성의 요구를 준추이성으로 약화하는 것(즉, 무차별에 대한 추이성을 제거하는 것)을 제외하면, 파레토 확장 규칙으로 모두 충족된다는 점은 분석적으로 주목할 만하다. 그러나 실질적으로 이 사회적 결정 규칙은 바람직하지 않고, 어떤 의미에서도 애로우의 불가능성 문제에 대한 '해결책'으로 간주될 수 없다(센 1969, 1970a). 실제로 이러한 약화의 방향은 1970년대와 1980년대에 결정권 배분의 자의성에 관한 일련의 관련 결과로 이어지며, 이는 기버드, 마스콜렐, 소넨샤인, 플롯, 브라운, 구하, 블레어, 보르드, 켈리, 스즈무라, 블라우, 데브, 블레어와 폴락, 켈시 등에 의해 제시되었다(센 1986 참조).

47) 스즈무라(1983) 참조. 그는 자신이 'M-합리적 선택'으로 부르는 개념(어떤 이항관계 R에 대해 모든 집합에 대해 R-극대 원소를 선택하는 것에 해당)과 'G-합리적 선택'으로 부르는 개념(어떤 이항관계 R에 대해 모든 집합에 대해 R-최대 원소를 선택하는 것에 해당) 각각의 요구 조건을 다룬다. 스즈무라는, 모든 M-합리적 선택 함수는 G-합리화될 수 있지만(이는 위의 정리 5.4에 해당), G-합리적 선택 함수가 반드시 M-합리화가 가능하지는 않음을 보여 준다(스즈무라 1983, p. 56, 부록 B, 예시 1 참조).

지 집합 S에 대해서조차도, 그리고 (어떤 방식으로 구성되건)선호 순위 R^+이라 하더라도, 최적 집합이 체계적으로 **너무 작아서** 극대 집합과 정확히 일치하지 않을 수 있다. 예를 들어, 연결되지 않은 한 쌍 $\{x, y\}$를 생각하자. 이 경우 xRy도 아니고(not xRy) yRx도 아니므로(not yRx) $B(\{x, y\}, R)$는 공집합이 되어야 한다. 그러나 $M(\{x, y\}, R^+)$를 공집합으로 만드는 어떠한 R^+도 구성할 수 없다. 그것이 가능하려면 xP^+y 그리고 yP^+x가 모두 성립해야 하는데, 이는 R^+의 '비대칭적 요소' P^+가 비대칭성을 갖도록 구성된다는 점에서 논리적으로 모순이기 때문이다.[48]

이러한 결과가 모두 선택지 **독립적** 선호와 관련이 있으므로 앞서 논의했던 내용(특히 3절)을 고려할 때, 이러한 결과가 선택지 의존적 선호에도 적용될 수 있는지에 대한 질문이 자연스럽게 제기될 수 있다. 그에 대한 답변은 정리 5.6에서 명시한다. 다만 이러한 확장의 형식적 논의(및 그 증명)는 부록에서 다룬다.

❖ **정리 5.6:** 선택지 의존적 선호가 주어지더라도 정리 5.1~5.5는 **어떤 집합 S에 대해, 집합 S위의 약한 이항적 선호 관계 R^S에 대해 각각 성립하며, 나아가 정리 5.5를 제외한 모든 정리들은 (단일 원소 집합을 제외한)모든 가능한 집합 S에 대해, 어떤 R^S에 대해 성립한다.**

정리 5.1~5.6에 나타난 일련의 결과는 극대 선택과 최적 선택 간의 관계를 식별한다. 극대성은 실제로 범위가 더 넓으며, 최적 집합이 공집합**인지 아닌지 여부**에 따라 양자의 차이는 실질적으로 클 수 있다. 극대화가 **가상의** 최적

---

48) 이를 증명하는 또 다른 방법은 정리 5.1의 사례 2(Case 2)를 입증할 때 사용된 예를 활용하는 것이다(스즈무라 1983, p. 56를 참조). 그 사례를 요약하면, 집합 $S = \{x, y, z\}$에서 오직 xIy 및 yIz만으로 구성된 선호 배열이 주어진 상황을 생각하자. 이 외의 쌍들 사이에 어떤 순서도 부여되지 않았다. 이 경우, 다음과 같은 최적 선택 집합이 주어진다. $B(\{x, y\}, R) = \{x, y\}$, $B(\{y, z\}, R) = \{y, z\}$, $B(\{x, z\}, R) = \varnothing$, $B(\{x, y, z\}, R) = \{y\}$. 설령 $B(\{x, z\}, R) = \varnothing$라는 조건을 생략해도(이는 본문에서 이미 다루어진 사례와 거의 유사하다), 나머지 최적 선택 집합에 관한 조건들만을 집중적으로 고려해도, 다음 세 조건을 동시에 만족하는 어떤 R도 존재하지 않는다. $M(\{x, y\}, R) = \{x, y\}$, $M(\{y, z\}, R^*) = \{y, z\}$, 그리고 지나치게 작게 설정된 $M(\{x, y, z\}, R^*) = \{y\}$.

화로 대응될 수 있다는 사실은, 초점을 최적화에서 극대화로 확장하려는 시도의 중요성을 약화시키지 않는다. 왜냐하면 R과 R^+는 내용적으로 상당히 다를 수 있고, R에서 R^+로 이동함에 따라 무엇이 최적화되는가에 대한 해석 자체가 달라져서다. 실제로 가상의 최적화는 비최적화적 극대화 결과를 **반영**하도록 구성된 선호 관계 R^+를 바탕으로 작동한다.[49] 이러한 반영의 가능성은 (주어진 선호 관계 R을 기반으로 한 최적 선택에 대한 집착에서 벗어나)극대화로의 전환이 최적화의 **형식적** 측면에 여전히 애착을 가진 사람들조차(많은 경제학자들이 그렇듯) 유용할 수 있음을 시사한다. '합리적 선택'을 (최적화가 아니라) **극대화**로 이해하는 것이 더 타당하다는 논거를 고려할 때, 특히 (1절에서의 논의처럼)선택 행위를 수행하는 합리적이지만 부분적으로 미결정된 개인을 초점에 둘 때, 이는 분석적으로 매우 중요한 연결과 분기를 제공한다.

이 점은 허버트 사이먼(1957, 1982)이 발전시킨 중요하고도 영향력 있는 개념인 '만족화satisficing'를 통해 잘 설명될 수 있다. 이 개념은 흔히 비극대화 행동으로 간주되었다. 이는 사이먼이 제시한 풍부한 개념들 중 하나며, 그의 보다 넓은 관심사인 '제한된 합리성'과 연결된다.[50] 예를 들어, 한 사업가는 만족할 만한 수준의 이윤(예를 들어 100만 달러)에 도달하기 위해 열심히 노력하되, 반드시 최대치의 이윤이 아니라도 충분히 높은 수준의 이윤이면 받아들이는 선택을 할 수 있다(예컨대 그는 정보, 계산 능력 등의 한계를 고려할 때 100만 달러나 101만 달러를 모두 만족스러운 수준으로 간주할 수 있다).[51]

'만족화 대 극대화'에 대한 논의는 극대화를 최적화와 동일시하려는 경향에 따라 다소 왜곡된 측면이 있다. 예컨대 어떤 사업가가 100만 달러에서 멈추고 101만 달러에 대한 가능성을 더 이상 고민하지 않기로 했다면, 그는

---

49) 여기서 도출된 일반적인 '대응 관계'는 웨이마크(Weymark, 1984)가 논의한 '파레토 확장 규칙'과 '강한 파레토 준순서' 사이의 특정한 관계와 유사하다.

50) 사이먼이 개척한 '제한된 합리성'에 대한 일반 분석은 인식론적, 인지적, 분석적 기회가 제한된 세계에서의 합리성이 무엇인지에 대한 우리의 이해를 여러 측면에서 변화시켰다.

51) 관련된 '준합리성(near rationlity)' 개념으로는 애컬로프와 옐런(1985)의 논의 또한 참고할 것.

 제2부 * 합리성: 형식과 본질

100만 달러와 101만 달러 모두를 수용 가능한 것으로 간주하지만, 이 둘을 반드시 '동등하게 좋은 것'으로 간주하지 않는다. 이 중 전자를 x, 후자를 y라 할 때, 그의 **후생 함수에 따르면** 이 사업가 i는 y를 x보다 더 우위에 둘 수 있다. 하지만 그가 가진 다른 우선순위들이나 **선택 행동**에 영향을 미치는 시간 및 구조상 제약을 고려할 때, 그는 x나 y 둘 중 어느 것이든 기꺼이 받아들일 준비를 한다. 다시 말해, (아마도 잠정적일)그의 지향의 관점에서 x가 y보다 우위에 있지 않고 y가 x보다 우위에 있는 것도 아니다. 또한 이 둘을 지향 수준에서 '동등하게 좋다'고 판단하는 결정이 내려진 것도 아니며, 다만 둘 중 어느 하나를 받아들일 준비가 되어 있을 뿐이다. 따라서 이 경우, 그의 (**후생 함수와는 다른 의미에서**)**목표 함수**에 따르면, '잠정적 불완전성'이 존재하고, x와 y는 모두 그의 실제적인 지향적 기준에서 '극대적' 대안으로 간주할 수 있다.

이와 같은 방식으로 해석할 때, 만족화는 전적으로 극대화 행위에 부합한다. 하지만 그것은 (후생 함수든 목표 함수든, 또는 당연히 이윤이든)최적화에는 부합하지 않는다. 이것은 여기서 탐구된 극대화 행위의 일반적 틀이 갖는 적용 범위를 보여 주는 하나의 사례다. 사이먼이 '만족화'를 주장한 설득력 있는 이유들을 극대화에 대한 반대 논거로 볼 필요는 없다. 그렇다면 '만족화'는 '가상의' 최적화로도 해석될 수 있을까? 정리 5.4에 따라, 극대화 과정은 **형식적**으로 완성된 확장 R^+에 대한 **가상의** 최적화 과정으로 간주될 수 있다. 그러나 앞서 논의처럼, 여기에는 형식적 동형성은 존재하지만 '가상'의 선호를 형식적으로 사용하는 것과 그 **해석상의 의미**는 상당히 다르다. 따라서 만족화와 최적화 사이에는 여전히 실질적 간극이 존재한다(이는 **오직 형식적** 방법으로만 좁혀질 수 있을 뿐이다). 반면 만족화와 극대화 사이에는 형식적으로도 실질적으로도 간극이 존재하지 않는다.

6. 선호와 자기 부과적 제약

지금까지 논의에서 선택 과정, 그중에서도 특히 선택지의 영향은 (1) (선택 행위에 대한 고려가 선호 순위에 포함되는)선호 순위를 통해, (2) 일부 선택지를 '허용가능한' 행동 양식에서 제외하는 방식 중 어느 하나를 통해 교차적으로 고려되었다(우리는 '과일 패싱 게임'의 정식화에서 후자의 방식에 기울었다). 물론 이 둘은 형식적으로 동일하지 않으며, 이들이 어떻게 연관되어 있는지를 고찰하는 것은 유익하다. 아울러 우리는 '자기 부과적 제약'이 행동 '규범'이나 선택 '규칙'의 일부로서 어떠한 성격을 갖는지도 함께 살펴보아야 한다.

특정한 지향의 추구를 넘어서는 행동 규칙을 부과하는 관행은 오래된 전통이다. 애덤 스미스(1790)가 지적하듯, 우리의 행동 선택은 종종 특정 종류의 '행위'는 '피해야 한다' 식의 '일반 규칙'을 반영한다(159쪽). 이를 형식적으로 나타내기 위해 우리는 (외부적으로 주어진 제약으로 허용된)특정 실현 가능 집합 S로부터 (선택 행위의 중요성을 포함하는)포괄적 선호 순서에 따라 극대 원소를 선택하는 방식과는 다른 구조를 고려할 수 있다. 대신, 개인은 자기 부과적 제약을 반영하는 '허용가능한' 부분 집합 $K(S)$를 취함으로써 선택 옵션을 먼저 더 제한한 다음, $K(S)$에서의 극대 원소들 $M(K(S), R)$을 구하려 할 수도 있다. '허용가능 함수' K는 각 옵션 집합 (또는 선택지) S에 대해 허용가능한 부분 집합 $K(S)$를 식별한다.

그런 허용가능 함수의 사용은, 우리의 고려 사항을 전적으로 선호 순위 자체에 포함하는 것과 비교하여, 얼마나 다른 접근법인가? 형식적 차이의 특성은 그것의 실질적 관련성보다는 더 쉽게 처리될 수 있다. 전체 집합 X에 대한 선호 R을 가진 사람을 생각하자. 여기서 나는 이 R이 선택지 독립적으로 가정하지만, 제시될 주장은 만약 그 선호가 선택지 의존적일 경우에 더욱이 성립한다. (오직 외부적으로 주어진 제약에 의해서만 결정되고 자기 부과적 제약은 없는)특정 선택지 S로부터 선택할 때, 이 사람은 S의 극대 원소들 $M(S, R)$을 R에

　　　제2부 * 합리성: 형식과 본질

따라 식별하고자 한다. 그녀가 의도적으로 자신의 선택을 제한하는 허용가능한 집합 $K(S)$를 명시하는 자기 부과적 제약의 효과는, S가 아니라 $K(S)$에 대해 R에 따라 극대 원소를 선택하도록 만드는 데 있다.

$$(6.1) \qquad C(S) = M(K(S), R).$$

자기 부과적 선택 제약의 경로는 **가정적** 선호 관계 R_*에 따른 극대화로 표현될 수 있는가? 이 질문에 대한 답은 선택지 의존성의 문제에 달려 있고, 다음 결과는 이를 즉각적으로 보여 준다(증명은 부록 참조).

❖ **정리 6.1: 모든 허용 가능 함수 K와 모든 S에 대해 다음을 만족하는 '가정적' 선호 R_*^S가 존재한다.**

$$(6.2) \qquad M(S, R_*^S) = M(K(S), R) = C(S).$$

❖ **정리 6.2: 모든 재귀적 R에 대해 다음을 유도하는 <u>선택지 독립적</u> R_*이 존재하지 않게 만드는 어떤 허용가능 함수 K가 존재한다.**

$$(6.3) \qquad M(S, R_*^S) = M(K(S), R), \text{ for all } S.$$

따라서 '가정적' 선호의 접근 방식이 자기 부과적 선택 제약의 사용을 '흉내 내는' 역할을 수행할 수 있음은 분명하지만, 이 접근을 위해서 R_*^S에서 지수 S는 필수적이다(선택지 독립적인 '가정적' 선호 R만으로는 이를 수행할 수 없다). 따라서 자기 부과적 제약 $K(S)$의 경로는 **선택지 의존적 선호**에 따라 극대화와 **형식적**으로 밀접한 대응 관계를 가진다. 실제로 앞 절들에서 논의한 다양한 선택지 의존성의 예들은 (1) (자기 부과적 선택 제약이 있건 없건)선택지 의존적 선호 R^S 혹은 (2) (선택지 의존적인 기본 선호가 있건 없건)자기 부과적 선택 제약 $K(S)$ 중 하나의 방식으로 해석될 수 있다.

이러한 선택지 의존적 선호와의 형식적 동형성에도 불구하고 선택 제약의 자기 부과적 절차는 실질적으로 진정한 차이를 만들어 낼 수 있다. **가정적** 선호 R_*^s는 말할 것도 없이 만들어진 구성물이고, **선호로 간주될 때** 어떤 직관적인 타당성을 가질 필요는 없다. 도덕적으로 엄격한 선택 제약은 개인이 어떠한 의미에서도 '원하지' 않는 결과로 이어질 수 있고, 단지 그의 자기 규제적 제약의 효과를 흉내 낼 뿐이다.

예컨대, 최근 일본 노동자들 중 다수가 과도하게 열심히 일하려는 경향이 있다는 주장에 대해 많은 논의가 있으며, 이 맥락에서 (과로사를 의미하는)'카로시^{karoshi}'라는 개념이 다루어졌다(모리시마 1995 참조). (그것이 실제로 '죽음'에 이르지 않더라도)자신의 건강을 심각하게 해할 정도로 '의무'를 다하려는 경향은 불운한 노동자가 실제로 '선호'하는 결과라기보다 의무론적 도덕 규범을 따른 결과라는 설명이 더 쉽다. 이 지점에서 사회심리학은 중요할 수 있다. 가정적 선호는 형식적으로는 충분히 잘 작동하지만, 이 현상의 사회학은 단순한 형식적 등가물의 확립 이상을 요구한다.

이 문제는 많은 행동의 규칙성이 최종 결과에 대한 가치 평가보다는 행위에 대한 사람들의 태도를 이해함으로써 더 잘 설명될 수 있다는 애덤 스미스의 일반 주장에 가깝다.[52] 마찬가지로 칸트는 사회 윤리에서 특정한 행위 제약의 범주에 중심적 지위를 부여했으며, 이는 그의 정언 명령 일부를 구성하는데,『도덕 형이상학 정초^{Groundwork}』에서 다음의 언급을 통해 이를 설명한다. "단 하나의 정언 명령은 이렇다. 즉, 네가 동시에 그것이 보편 법칙이 될 수 있는 준칙^{maxim}에 따라서 행동하라(애벗^{Abbott} 1889, 38쪽)."

칸트의 사유에서 핵심이 되는 이 명령의 형식은, 자신이 어떻게 행위할 수 있는가에 대해 스스로 제약을 부과해야 한다는 필요성이다.[53]

---

52) 스미스(1790)의 표현에 따르면, 자기 희생을 수반하는 많은 규범 기반의 선택은 "그 유용성에 근거하기보다는," 오히려 "그러한 행위들이 지닌 위대하고, 고귀하며, 숭고한 성질"을 주로 반영한다(192쪽).

53) 칸트 분석은 행동의 전략적 합리성에 근거하지 않고, 어떤 사람이 어떤 격률을 따르거나 일반적으로 타인에게 도덕적으로 행동하면, 어떤 이유로든 다른 사람들 또한 그에 대해 보답할 가능성이 더 크다는 생각에 기반하지 않는다. 실제로

　　스미스와 칸트의 사유는 기술적^{descriptive}이라기보다는 규범적인 데 초점이 맞추어져 있지만, 이 둘은 모두 실제 행동이 부분적으로 규범에 기반한다고 이해하기에 그들 분석에서 밀접하게 연결된다.[54] 그들의 행동 분석은 '모든 것을 고려하는' 포괄적 선호 순위 R^S를 통한 선택 과정뿐 아니라 실제 선택의 과정을 $K(S)$를 통해 바라보는 것을 포함한다. 정리 6.1에 의해 주어진 형식적 동등성에도 불구하고, 자기 부과적 '행동 제약'에 대한 스미스 또는 칸트의 주장에 담긴 힘은 약화되지 않는다. R^S_*의 역할은 전적으로 형식적인 재현 수단이기 때문이다.

7. 맺으며

　　이 글에서 나는 **극대화 행위**에서 선택 행위의 역할을 고찰하고자 했으며, 이는 예컨대 물리학의 표준 모형들처럼 의도적 선택 **없이** 이루어지는 극대화와 구별해야 한다(1절). 선택의 **과정**은 중요한 관심사가 될 수 있고(3, 4, 6절), 대안들이 완전히 정렬되어 있지 않고 상충하는 고려 사항들이 완전히 해소되지 않았을 때조차도 선택의 **필요성**은 중요한 문제일 수 있다(5절). 이 분석은 극대화의 틀이, 그 공리적 구조가 이에 맞게 조정될 경우, 이 **두 가지** 쟁점을 어떻게 적절히 수용할 수 있는지를 보여 준다.

칸트는 최근 진화 게임 이론이 다루는 것보다 훨씬 단순한 연결을 논의하면서 자신의 주장을 전개한다. 그는 다음과 같이 말한다. "모두가 잘 아는 것처럼, [누군가가]은밀하게 자신을 속이는 것을 허락한다고 해서 다른 사람도 모두 그렇게 할 것이라는 뜻은 아니며, 다른 사람들에게 들키지 않게 그가 연민이 부족하다고 해서 다른 사람들이 그에게 같은 태도를 취할 것이라는 뜻도 아니다"(칸트, 1788, 『실천이성 비판』, 벡(Beck)의 1956년 번역본, 허먼 1990, 243쪽를 참고). 오히려 칸트의 주장은, 타인이 어떻게 행동하든 간에, 인간은 그러한 격률을 따라야 할 이성적 도덕 의무를 지닌다는 데 있다. 스미스(1790, III.4)를 참조하라.

54) 스미스 또한 도덕적 동기의 자각적 작용과, 사회 내에서 널리 수용되는 도덕 행위 규범으로서 행동의 관계를 강조했다. 그는 다음과 같이 말한다. "많은 사람이 꽤 품위 있게 행동하고, 평생 큰 비난을 피하며 살아가지만, 어쩌면 우리는 그들의 행위를 칭찬하는 근거가 되는 그 적절성에 대한 감정을 한 번도 느껴본 적이 없을지 모른다. 그들은 단지 자신이 보기에 확립된 행위 규칙으로 여기는 바에 따라 행동했을 뿐이다"(스미스 1790, p. 162). 사코와 자마그니(Sacco and Zamagni 1993) 참조.

몇 가지 주요 결과는 간략히 확인될 수 있다. 첫째, 의도적 선택의 한 측면은 선택 행위가 (수단적 혹은 가치적 이유로 인한)판단의 중대한 불완전성을 동반한 채 수행되어야 할 가능성이다. 이는 경제학에서 통상적으로 사용되는 고전적 최적화 틀에서는 문제지만, 극대화 행위 틀에서는 그러한 불완전성을 체계적으로 수용하고, 그것이 최적화와 구별되는 어떤 규칙성을 갖는지를 분석하는 데 큰 어려움은 없다(5절). (정리 5.1~5.6에 의해 특징지어지듯)극대화와 최적화의 관계를 탐구한 결과는 이들이 정확히 어떻게 연결되고, 어떤 간극이 존재하는지를 보여 준다. 극대화와 최적화의 차이는 (극대화에서 최적화로는 가능하지만 반대는 가능치 않은)한 방향으로는 '가정적' 선호를 통해 형식적으로 메워질 수 있지만, 해석상 실질적 차이는 이 경우에도 여전히 남는다. 이러한 방향성의 비대칭성은 (극대화가 가진 더 넓은 적용가능성과 더불어)극대화를 합리적 선택 함수의 주된 틀로 삼아야 한다는 주장을 한층 뒷받침한다.

사이먼의 '만족화' 행위에 대한 정식화는, 그의 중요한 개념인 제한된 합리성과 연결되며, 일반적인 극대화의 틀 **내에서** 수용할 수 있다. 이는 만족화와 극대화 사이의 긴장을 해소할 수 있다(하지만 형식적 장치로서의 '가정적' 선호를 제외하면, 최적화와의 긴장은 여전히 남는다).

둘째, 선택의 과정(특히 선택의 행위 자체)은 선택된 결과에 중대한 차이를 만들어 낼 수 있다. 이러한 차이는 (2~4절 및 6절에서)다양하고 복잡미묘한 형태를 취할 수 있지만, 특히 다음 두 가지, (1) 선호의 선택자 의존성, 그리고 (2) 선호의 선택지 의존성을 주목할 필요가 있다. 개인 i의 매개변수적 선호 관계 $R_i^{j,s}$는 동일한 선택지 x와 y를 누가(j) 선택하느냐(특히 그 사람이 i 자신($i = j$)인지 여부)에 따라 서로 다르게 순위를 매기는 것이 타당할 수 있으며, 또한 x 또는 y가 선택되는 선택지 집합 S에 따라서도 달라질 수 있다(3절). 이는 합리적 선택과 극대화 행위의 성격을 이해하는 데 분석적으로 중요하다(이는 특히 이러한 매개변수적 변화를 간과하는, 널리 사용되는 많은 '일관성 조건'들에 반대되는 방향으로 작용한다). 또한 이는 경제, 정치 그리고 사회적 사안들에서 나타나는

     제2부 ▪ 합리성: 형식과 본질

다양한 행동의 규칙성(노동 규율의 차이, 경제적 부패의 차이, 사회 규범의 작동, 투표 행태 등)을 설명하는 데 있어 실제적으로도 중요하다(2~4절 및 6절).

셋째, 선호의 선택지 독립성과 선택 함수의 선택지 독립성은 구분해야 한다. 일반적으로 선호 관계와 선택 함수 사이에는 일대일 대응이 존재하지 않아서다. 선호의 선택지 독립성은 그것이 생성하는 선택 함수의 선택지 독립성을 함의하지만, 선택 함수의 선택지 독립성은 그것을 생성한 선호의 선택지 독립성을 반드시 함의하지 않는다(정리 3.1이 이를 보여 준다). 이행성과 선택지 독립성 사이의 연결 또한 확인될 수 있으며, 실제로 선택의 이행성을 선택지 독립성의 한 조건으로 보는 것이 편리하다(3절).

넷째, 선택 행위의 역할은 타인을 대신하여 이루어지는 결정에서 특히 중요할 수 있고, 이는 프리슈 자신이 경제 정책 결정에서 매우 강조했던 특징이다. 수탁 책임^{fiduciary responsibility}[신탁적 책무, 예컨대 부모, 관리자, 정부 관료 등과 같이 타인의 이익을 위해 결정을 내려야 하는 책임−옮긴이]이 존재할 경우, 선택 행위의 역할 탓에 선택 이론의 표준 공리들을 어느 정도 재구성할 필요가 생긴다. 이는 또한 게임의 정식화 및 전략적 고려 사항에도 함의를 가지는데, '과일 패싱 게임'이 이를 잘 보여 준다(4절). 일반적 행동 규범의 역할, 그리고 특히 **상호 인식된** 규범의 역할은 ('전략적 고귀함'을 포함한)전략적 행위를 이해하고 그에 따른 게임 결과를 이해하는 데 매우 중요할 수 있다.

마지막으로 타인에 대한 책임성^{accountability}과 책무^{obligation}는 (칸트와 스미스의 정식화처럼)**이항적** 형태의 반영적 선호에 **포함**되기보다는 자기 부과적 **선택 제약**의 형태를 취할 수 있다. 이는 우리가 (전통적인 선호 및 선택 이론에서 일반적으로 가정되듯)선호가 선택지 **독립적**이어야 한다고 고집하지 않는 한, 중대한 **기술적** 간극은 아니다. 자기 부과적 선택 제약의 작동은 선택지 **의존적** 형식으로 고안된 '가정적' 이항 선호를 통해 쉽게 형식화될 수 있으나(정리 6.1), 일반적으로 선택지 **독립적** '가정적' 선호를 통해서는 그렇지 않다(정리 6.2). 하지만 형식적 재현가능성과 무관하게, 선택 제약의 사용이 만들어 내는 실

질적 차이는 선택의 심리학뿐 아니라 경제적, 정치적 그리고 사회적 행위의
실질적 속성에서도 중요할 수 있다.

4장 부록

이 부록에서는 본문에서 증명 없이 제시되었던 몇 가지 결과를 정립한다.

❖ **정리 3.1: 선호의 선택지 독립성은 그것이 생성하는 선택 함수의 선택지
독립성을 함의하지만, 선택 함수의 선택지 독립성은 그것을 생성한 선호의
선택지 독립성을 반드시 함의하지 않는다.**

증명: 선호가 선택지 독립적이며, R^X라는 관계가 각 S에 대해 R^S를 유도
한다고 가정하자(부르바키의 맥락에서 사용된다). 그렇다면 $R_o = R^X$일 경우,
(3.7.1)과 (3.7.2)가 즉시 만족되므로 그 선택 함수는 선택지 독립적이다.[55]

이 역이 왜 성립하지 않는지 확인해 보자. 선택지 독립적인 선택 함수가 주
어졌다고 가정하자. 이 함수로부터, 만약 그것이 선호 관계였다면 선택지 독
립적이었을 이항관계 R_o를 얻을 수 있다. 그러나 **선택지 의존적**인 반영적 선
호 관계 R^S가 선택지 독립적인 이항관계 R_o와 정확히 동일한 선택 함수를 생
성하는 것이 가능하다. 간단한 예로 이를 입증할 수 있다. $T = \{x, y, z\}$ 및 그
부분 집합들 위에 정의된 명백히 선택지 의존적인 반영적 선호 관계 R^S를 다
음과 같이 생각하자. $xI^{\{x, y\}}y$; $yP^{\{x, y\}}z$; $zP^{\{x, z\}}x$; yP^Tx; yP^Tz. 이 반영적 선호 관
계에 따른 극대화를 수행하면 다음과 같은 선택 결과를 얻는다. $C(\{x, y\}) =
\{x, y\}$; $C(\{y, z\}) = \{y\}$; $C(\{x, z\}) = \{z\}$; $C(T) = \{y\}$. 이것은 선택지 독립적 선

---

55) 그러나 비대칭적인 엄격 요인 xP^Sy가 반드시 그에 대응하여 비대칭 관계 xP_oy를 수반하지 않는다는 점을 주의해야
한다.

택 함수며, 다음과 같은 완비적이고 비순환적이며 재귀적인 이항관계 R_o에 대응된다. $xI_o y$; $yP_o z$; $zP_o x$. 실제로 이 R_o는 (비록 새뮤얼슨의 '현시 선호의 약한 공리'에는 위배되지만)이 선택 함수에 대한 새뮤얼슨의 '현시 선호' 관계에 해당한다. 그러나 선택지 독립적인 R_o는 선택지 의존적인 R^S와는 합치하지 않는다(이 둘이 동일한 선택 함수를 생성하더라도 말이다). 따라서 선택지 독립적인 선택 함수 $C(S, R^S)$는 선택지 의존적 선호 관계 R^S에 의해 생성될 수 있다.[56]

❖ **정리 3.2: 선택 함수는 그것이 이항적일 경우에만 선택지 독립적이다.**

증명: 선택의 이항성은 현시 선호 관계 $R_c = R_o$에서 (3.7.2)로부터 곧바로 따라온다. 그 역을 확인하면, $R_c = R_o$에서 (3.7.2)가 직접적으로 함의된다. 이제 $xR_c^S y$이면 $xR_c y$이고, 이는 $xR_o y$를 함의하므로 (3.7.1) 역시 성립한다.

이제 정리 5.1~5.5로 넘어가자. 이 정리들을 입증하는 데 있어서는 본문에 제시된 분석적 논거들만 참조하면 되며, 이는 센(1970a, 1971) 및 스즈무라 (1976, 1983)의 형식적 논증을 확장한 것이다. 그러나 정리 5.6은 아직 다루어지지 않았다.

❖ **정리 5.6: 선택지 의존적인 선호를 가정하더라도, 정리 5.1~5.5는 어떤 약한 이항 선호 관계 R^S가, 주어진 어떤 집합 S에 대해 개별적으로 성립하며, 특히 정리 5.5를 제외한 모든 정리는 (단일 원소 집합을 제외한)가능한 모든 집합 S에 대해 어떤 R^S에 의해 성립한다.**

정리 5.1~5.3에 대한 확장은 사실상 자명하다. 왜냐하면 이 정리들은 어차피 매번 하나의 집합 S와 그 위에 정의된 하나의 선호 배열 R만을 다루기 때문이다. 주어진 어떤 집합 S에 대한 정리 5.6의 제한은 실제로 정리 5.4보다 더

---

56) R_o가 선택 함수를 생성한 재귀적 선호 관계와 다를 수 있는 또 다른 방식이 있다. R_o는 불완전한 재귀적 선호 관계 R의 "완성된 확장(completed extension)"인 R_*일 수 있다.

약한 결과다. 이 정리는 어떤 선호 관계 R에 대해 극대화 선택 함수가 주어질 때, 고안된 이항관계 R^+에 대해 최적화 선택 함수가 존재하여, X의 모든 부분 집합 S에 대해 $B(S, R^+) = M(S, R)$을 만족함을 보여 준다. 그러므로 그러한 R^+는 주어진 S에 대해 반드시 존재해야 한다.

따라서 우리가 실제로 확장해야 하는 것은 어떤 주어진 S에 대해 불가능성 정리(정리 5.5)를 적용하는 일이다. 정리 5.5의 증명은 $S = \{x, y\}$인 경우에 대해, $B(S, R)$과 $M(S, R^+)$이 S의 부분 집합에 대한 선택을 호출하지 않고 제시되어서, 이 증명은 정리 5.6에도 적용될 수 있다. 이를 확인하면 다음과 같다. 만약 xR^Sy도 아니고 yR^Sx도 아니면, $B(S, R^S)$는 공집합이어야 하지만, P^+가 반드시 비대칭이어야 하므로 $M(S, R^+)$는 공집합일 수 없다.

❖ **정리 6.1: 모든 허용가능 함수 K와 모든 S에 대해, 다음을 만족하는 <u>가정적</u> 선호 R_*^S가 존재한다.**

$$(6.2) \qquad M(S, R_*^S) = M(K(S), R) = C(S).$$

증명: 이는 다음과 같은 구성에 의해 즉시 성립한다.

(1) 모든 $x \in K(S)$와 모든 $y \in [S - K(S)]$에 대해 xP_*^Sy

(2) 모든 $x, y \in K(S)$에 대해, $xR_*^Sy; \Leftrightarrow xRy$.

집합 $[S - K(S)]$의 원소들은 R_*^S 내에서 서로 간에 임의의 순서로 배열될 수 있다. 이 구성은 (6.1)이 주어졌을 때 (6.2)에서 제시된 결과를 유도한다는 것이 쉽게 확인된다. [57]

---

57) (6.2)를 얻기 위한 목적에서 R_*^S가 전적으로 '구성된' 것이지만, 이것이 관찰 가능한 대응물도 가지고 있다는 점을 주목해야 한다. 왜냐하면 이는 선택자가 자가 부과한 제약 $K(S)$를 관찰자가 무시하고, 그녀가 전체 S 위에서 선택한다고 간주할 때 관찰될 수 있는 '현시 선호'를 포함해서다(그리고 중요한 의미에서 실제로 그녀는 분명히 그렇게 한다).

❖ 정리 6.2: 모든 재귀적 선호 관계 R에 대해, 다음을 만족하는 선택지 독립적 R_*이 반드시 존재하지 않도록 하는 어떤 허용가능 함수 K가 존재한다.

$$(6.3) \qquad M(S, R_*) = M(K(S), R), \text{ for all } S.$$

증명: $K(\{x, y, z\}) = \{y\}$, 그리고 $K(\{y, z\}) = \{z\}$와 같은 허용가능 함수 K를 생각하자. 가정에 반하여 그런 R_*이 존재한다고 하자. 그렇다면 명백히 $M(\{y, z\}, R^*) = M(K(\{y, z\})$를 만족하는 zP_*y가 필요하다. 그러나 이는 $M(\{x, y, z\}, R^*) = M(K(\{x, y, z\}), R) = \{y\}$와 모순된다[왜냐하면 zP_*y이면, z는 y보다 우위에 있으므로 전체 집합 $\{x, y, z\}$에 대해 극대 원소로서 y만을 선택할 수 없기 때문이다–옮긴이].[58]

---

58) 만약 우리가 처음부터 선택지에 의존적인 R^S를 사용하면, 선택지에 독립적인 R에서 출발한 경우보다 수정된 정리 6.2는 보다 분명하게 성립할 것이다.

제5장

지향, 헌신 그리고 정체성*

1. 들어가며

경제학에서 행동 가정의 선택은 우리를 종종 (때로는 상충하는)서로 다른 두 가지 방향으로 이끈다. 분석의 용이성을 위한 요구는 진실성 요구와 충돌할 수 있고, 우리는 단순성과 관계성 사이에서 선택이 쉽지는 않다. 이론적·실증적 분석에서 손쉽게 사용할 수 있을 만큼 간결한 표준 형식을 원하면서, 동시에 현실과 근본적으로 어긋나지 않고 단순화가 곧 피상적 순진함으로 흐르지 않는 전제 또한 요구되기 때문이다. 이는 이론의 간결성을 주장**하거나** 현실성의 중요성을 강조**하는 것으로는** 해결되지 않는, 실질적인 긴장 관계다. 우리가 직면해야 하는 과제는 분석을 유의미하게 하기 위해 반드시 수용해야 할 복잡성과 큰 손실 없이 생략 가능한 요소를 가려내는 분별 있는

* 이 글은 1984년 10월 19~20일에 예일대학교에서 열린 법, 경제, 조직 학술대회에서 발표된 논문의 수정판이다. 이전 버전에 대한 유익한 논평을 제공해 준 애컬로프, 라즈 사(Raj Sah), 윌리엄슨, 윈스턴에게 깊은 감사를 표한다. *Journal of Law, Economics, and Organization*, 제1권 제2호(1985년 가을호) © 1985 예일대학교.

판단이다.[1]

　경제학의 행동 기반을 어떻게 설정할 것인가는 특히 까다로운 문제다. 집단이나 사회가 구성원들 간 이해관계나 지향의 충돌을 해결해 나갈 수 있는 능력은, 개인이 어떻게 사고하고 행동하는지, 그리고 각자의 목적, 성취, 의무를 어떻게 평가하는지에 크게 좌우된다. 나는 이른바 개인의 선호 체계의 사적 성격을 분석할 때 몇 가지 근본적 구분이 필요하다는 주장을 펼치고자 한다. 특히 3절에서는 다음 세 가지를 구별한다. (1) **자기 중심적 복지**, (2) **자기 복지 지향**, (3) **자기 지향적 선택**. 이 분석은 '사적'이라는 개념이 지닌 다양한 측면 간 차이에 근거해 전개될 것이다.

　하지만 그에 앞서, 나는 개인 행동과 공적 결과 사이의 오래된 고전적 문제를 다룰 것이다. 이는 잘 알려진 죄수의 딜레마 게임으로 대표된다.[2] 이 특정 게임은 분명히 과도하게 논의된 면이 있지만, 여전히 몇 가지 동기적 장점이 있다. 이는 부분적으로, 매우 다양한 쟁점들이 이 게임 형식을 통해 설명되었다는 역사적 사실에 기인한다.

　게임 이론 분석은 '합리성' 개념이 직면해야 할 어려움을 이해하는 데 기여해 왔고, 사회 조직이 다루어야 할 몇몇 문제의 성격을 명확히 하는 데 도움을 주었다. 게임 이론적 사고는 '이긴다'는 것이 무엇을 의미하는지를 보다 분명히 이해하는 데 기여했는데, 토머스 셸링Thomas Schelling의 표현을 빌리자면, "자기 가치 체계에 비추어 상대적으로 얻는 것을 의미하며, 이는 협상이나 상호 조정, 그리고 상호 간에 해로운 행동의 회피를 통해 이루어질 수 있다 (1960, 4~5쪽)". 그럼에도 형식적 게임 이론의 구조 자체가 허용가능한 '가치 체계'의 범주를 제약하는 몇 가지 한정적 가정을 내포하며, 이제는 그 구조를

---

1) 프리드먼은 경제 이론에서 가정을 유용성의 관점에서 판단해야 한다고 강조한 바 있고, 그 점은 분명 타당하다. 그러나 내가 다른 글(1980)에서 주장한 것처럼, 프리드먼은 경제 이론의 용도와 그것을 판단하는 방법론에 대해 지나치게 제한된 관점을 취한다. 힉스 및 헬름(Helm)의 논의 참조.

2) 루스(Luce)와 레이파(Raiffa)가 소개한 내용으로, 터커(A. W. Tucker)로부터 유래한 것으로 알려졌다. 올슨, 라포포트와 차마(Rapoport and Chammah), 액설로드(1984)의 논의를 보라. 센(1961, 1967), 마글린(Marglin), 왓킨스(1974, 1984), 레셔(Rescher), 콜라드(Collard), 웨이마크(Weymark), 리건(Regan)의 연구 참조.

좀 더 확장할 필요가 있다고 주장할 수 있다.

2. 지향, 지식 그리고 죄수의 딜레마

표준적 게임 이론 형식에서는 (여러 요소 중에서도)다음과 같은 행동 가정들을 명시적 또는 묵시적으로 포함하는 경향이 있다.

> **목표의 완비성**: 모든 참가자의 목표는 결과 상태에 대한 완비된 선호 순서를 기준으로 극대화를 추구하는 형태를 띠며, 제거되지 않은 불확실성이 존재하는 경우 상태에 대한 확률적 선택 방식에 대해서도 완비된 선호 순서를 가진다.[3]

> **목표의 자기 지향성**: 각 참여자의 목표는 자신의 복지를 극대화하는 형태를 띠며, 특히 개인의 선호 체계는 파레토 최적과 그에 관련된 복지 기반 성과를 평가하는 데 사용될 수 있다.[4]

> **목표 우선성**: 각 참여자는 실현 가능성을 고려하는 범위 내에서 자신의 목표를 추구하며, 다른 가치들에 의해 제약받지 않는다.[5]

> **상호 지식**: 모든 참여자는 다른 참여자들의 목표, 가치, 지식에 대해 잘 알고 있다.[6]

---

3) 이 완비성 가정은 또한 각 참여자가 그 결과가 어떻게 도출되는지의 과정을 모른 채 결과를 완전하게 순위화할 수 있어야 함을 내포한다는 점에 유의하라. 즉, 참여자들은 '결과적 선택지'를 순위화할 수 있고, (지향의 우선순위가 주어졌다고 할 때)그로부터 따라 나오는 행동 양식은 해먼드가 규정한 의미에서 결과주의적이다. 또한 다양한 게임을 분석할 때는, 일반적으로 이러한 결과의 순서 완비성을 넘어 추가적인 내적 일관성 가정들이 명시적으로건 묵시적으로건 도입된다는 점도 유의하라(예, 강한 독립성, 확실성 원리).

4) 만약 지향들이 자기 지향적이지 않으면, 이러한 순서에 따른 효율성은 파레토 최적성과는 다른 어떤 미덕을 정의한다. 그러나 각 개인의 후생이 타인의 후생과 무관하다고 가정할 필요가 없고, 지향의 자기 지향성 요건은 동정이나 반감의 존재를 부정하지도 않는다.

5) 지향 우선순위는 모든 상황에서 참여자 선택을 예측하기에 충분하지 않을 수 있고, 예를 들어 지향 완비성이 위배되거나, 상호 지식이 존재하지 않거나, 전략 조합과 결과 간 인과 관계에 불확실성이 있을 때, 보완적 행동 명세가 요구될 수 있다.

6) 상호 지식이란 각 참여자가 다른 참여자들의 지향, 가치, 그리고 게임에 대한 지식을 아는 것뿐 아니라, 서로의 지식

이러한 가정들이 각각의 게임 이론 모형에 모두 포함되지는 않지만, 이들은 충분히 반복적으로 나타나기 때문에 표준 게임 이론의 전형적 구조의 일부로 간주될 수 있다.

목표의 완비성과 목표의 자기 지향성은 참여자들이 가진 목표의 본질에 관한 것이고, 반면 목표 우선성과 상호 지식은 이러한 목표와 관련 정보들이 어떻게 사용되는지에 관한 것이다. '균형' 개념들(내쉬 균형, 강한 균형, '코어core' 등), '최적성' 개념들(파레토 최적, 협상 게임의 '해' 등), '우월' 전략 및 이 이론의 다른 개념들은 이런 행동 가정들(및 다른 조건들)을 전제로 해석된다.

잘 알려진 죄수의 딜레마 게임에서는 각 참여자가 우월 전략을 갖지만, 그 결과는 파레토 비최적이다. 참여자 A의 두 전략이 a_0와 a_1이고, 참여자 B의 두 전략이 b_0와 b_1일 때, A와 B의 선호 순서는 다음과 같이 주어진다(내림차순).

죄수의 딜레마

참여자 A	참여자 B
$a_1 b_0$	$a_0 b_1$
$a_0 b_0$	$a_0 b_0$
$a_1 b_1$	$a_1 b_1$
$a_0 b_1$	$a_1 b_0$

이러한 선호 순서들은 목표의 완비성을 충족한다. 목표 우선성이 주어졌을 때, 각 참여자는 각각 우월 전략을 가지고, 그것은 A에게는 a_1, B에게는 b_1이다. 목표의 자기 지향성이 주어진 상황에서, 그 결과 $a_1 b_1$은 파레토 비최적이다. 이 게임에서는 각자가 우월 전략을 가지므로 상호 지식의 요구는 결정적 요인이 아니다.

에 대한 지식, 즉 "A가 알고 있다는 것을 B가 안다는 것을 A가…안다"와 같은 반복적 인식을 포함하는 지식까지 포함해야 한다.

죄수의 딜레마는 실망스러운 결과를 보여 준다. 왜냐하면, (엄격한 우월 전략들의 조합으로 주어지는)유일한 균형이 명백하게 비최적 상태여서다. 나는 다른 글(1984a, 12~15쪽)에서 죄수의 딜레마는 고립과 협력의 문제를 이해할 때 상당한 오해를 야기하는 방식이라고 주장한 바 있다(특히 이 특수한 경우에는 비효율적 균형보다 파레토 우위에 있는 **유일한** 결과가 존재한다는 점에서 그렇다). 그러나 행동 구조에 비추어 보았을 때, 이 게임이 일정한 역전가능성을 직관적으로 드러낸다는 점에서 분명 설득력이 있다는 점을 부정하지는 않는다. 실제로 표준적인 완전 경쟁 시장의 경우(외부성의 부재 등 일반 가정을 전제로 할 때), 균형점과 파레토 최적점은 완전히 일치[7]하는 반면, 죄수의 딜레마에서는 양자가 완전히 분리된다(즉, 가능한 모든 결과의 집합이 두 개의 부분 집합으로 나뉘며, 균형 부분 집합과 파레토 최적 부분 집합은 서로 겹치지 않고, 함께 전체를 구성한다).

죄수의 딜레마를 반복하더라도, 행동 구조에 어떤 중대한 변화가 없는 한, 문제는 해결되지 않는다. 만약 이 게임이 n번 반복되면, 마지막 회차에서는 각 참여자가 각각 a_1과 b_1이라는 우월 전략을 갖는다. 앞선 과정에서 어떤 일이 일어났든 상대가 결국 그 전략을 택하리라는 사실은 (상호 지식이 주어진 상황에서)각 참여자 모두에게 알려져 있고, 그에 따라 $(n-1)$번째 회차에서도 다시 우월 전략을 선택한다. 이와 같은 상호 지식을 계속 활용하면, 이러한 추론은 첫째 회차까지 거슬러 올라가며 확장될 수 있다. 결과적으로 각 참여자는 게임 내내 '사회적으로 비최적'인 전략을 고수한다.

딜레마로부터 벗어나려는 시도는 주로 상호 지식mutual knowledge 가정을 약화하는 방식으로 이루어진다. 예컨대, 참여자들이 서로에 대해 무엇을 알고 있는지, 또는 게임이 몇 번 반복될지를 어느 정도까지 알고 있는지에 관한 가정을 약화하는 것이다. 이러한 접근은 여러 방식으로 시도되었고(예, 바수 1977, 래드너Radner, 스메일Smale, 레비 1982, 액설로드Axelrod 1981, 1984, 크렙스 외), 크렙스,

---

밀그롬[Milgrom], 로버츠[Roberts]와 윌슨[Wilson]이 표현했듯, 이러한 해법 모델들은 하나같이 "(적어도)한 명의 참여자가 상대방에 대해 어떤 기본적 불확실성을 마음속에 갖고 있으며, 이들 모두는 위에서 명시된 바로 그 게임을 양측이 모두 합리적 행위자로 참여한다는 상호 지식을 결여한다는 점에서 설명될 수 있다"고 한다.

이러한 해법들은 분명 흥미롭고 주목할 만한 가치가 있지만, '합리적 협력'의 문제를 이 방식으로 해결하기에는 매우 괴이한 점이 있다. 그것은 바로 합리적 협력을 달성하기 위해서는 오히려 '덜' 아는 것이 요구된다는 점이다! 만약 그 무지 또는 불확실성이 사라지면, 합리적 협력의 기반 역시 무너진다. 합리성은 사회적으로 유익한 **무지** 위에 세워지게 되며, 이 안에는 어딘가 근본적으로 반하는 무엇인가 있다.

지식이 덜 갖춰진 상태에서의 해법들에 대한 이론적·실천적 관계성이 있다는 점을 의문 없이 인정하더라도, 주어진 행동 구조에서의 다른 가정들이 어떤 역할을 하는지 함께 살펴볼 필요가 있다.[8] 그렇다면, 이 문제를 해결하기 위해 목표의 자기 지향성을 합리적으로 약화할 수 있을까? 얼핏 그렇게 보일 수 있다. 실제로 죄수의 딜레마는 종종 각 개인의 '이기심'이 모두에게 해를 끼치는 고전적 사례로 간주된다. 그런 해석에서는 그 견해가 확실히 정당하지만, 파레토 최적의 부재만이 문제를 야기하는 유일한 결과는 아니다(파핏 1981, 1984 참조). 이제 두 참여자가 완전히 비이기적이며, 세상을 위한 선[善]에 대해 서로 다른 **도덕적** 견해를 갖고 있고, 그들 각자가 생각하는 도덕적 선을 전적으로 추구한다고 가정해 보자. 만약 각 참여자가 앞서 제시된 순서를 따르면, (이 해석에서)각 참여자가 자신이 도덕적으로 더 열등하다고 여기는 상태에 도달하며, 그 상태는 실현 가능한 다른 상태에 비해 열등하다. 이 경우에도 딜레마는 발생하고, 목표의 자기 지향성이 없어도 마찬가지다. 물론 사

---

8) 또 다른 연구 방향은 적절한 계약적 장치를 도입하면서 인센티브 구조를 변화시키고, 그에 따라 게임의 성격 자체를 바꾸는 데 초점을 맞춘다(윌리엄슨 1983, 537-538 참조).

람들이 자기 지향적 목표를 갖지 않으면, 죄수의 딜레마 유형의 순위 조합의 발생 빈도가 낮아질 수는 있다. 하지만 그 순위 조합이 실제로 발생하는 경우 동일한 딜레마가 발생한다. 따라서 목표의 자기 지향성을 완화하는 것만으로는 이 문제에 대한 충분한 해법이 될 수 없다.

물론 목표의 완비성은 죄수의 딜레마를 발생하는 바로 그 선호 순서 자체를 부정하지 않고서는 완화할 수 없다. 이런 의미에서 목표의 완비성을 약화하는 것 역시 이 문제에 대한 불충분한 대응으로 보아야 한다. 물론 이것이 일단 불완전성의 가능성이 허용되면, 여러 게임 이론적 전제들이 재검토될 필요가 있다는 점까지 부정하지 않는다. 예를 들어 목표 우선성은 행동 선택의 적절한 조건이 되지 못한다. 그러나 죄수의 딜레마에 관한 한, 이 길은 해결책이 될 수 없다.

하지만 목표 우선성은 전혀 다른 유형의 요구다. 이는 일반적으로 독립된 가정으로 간주되지 않으며(이는 전형적으로 '합리성'이라는 일반 범주하에 포함된다), 그럼에도 게임 이론 전반의 행동 구조, 특히 죄수의 딜레마 구조에 대해 매우 근본적인 질문을 제기한다. 다른 사람의 목표가 존재함을 인식하는 것은 공동체 속에서 살아가는 일부라고 주장할 수 있고, 각자의 목표를 개인적으로 추구할 때 발생하는 관측 가능한 갈등은 행동에서 어떤 식으로든 대응을 요구한다. 물론 이러한 대응은 자신의 목표를 (다른 이들의 목표와 조화를 이루도록)수정하는 형태를 취할 수도 있지만, 설령 그 사람이 자신의 목표를 고수하더라도 행동적 대응의 문제는 여전히 남는다.

표준적 게임 이론 형식의 관점에서(전통적 경제 이론의 더 제한된 구조에서는 말할 것도 없이) 자신의 목표를 한결같이 추구하지 않는 어떤 행위도 단순히 '비합리적', 어쩌면 심지어 '이해 불가능'한 것으로 간주된다는 지적을 할 수 있다. 만약 내가, 스스로 판단컨대 나 자신의 '목표'가 아닌 무언가를 추구하면, 이는 내가 착각 속에 빠져 있다는 것이며, 사실은 그 다른 것들이야말로 내 진짜 목표라는 뜻이 된다. 그러나 이러한 반응은 오히려 게임 이론의 언

　　　제2부 * 합리성: 형식과 본질

어가 가진 한계, 나아가 합리적 행동 이론 일반의 언어가 가진 제약을 드러낼 뿐이다. 만약 우리가 각자의 목표를 더 잘 달성하기 위해 목표 우선성에서 공동으로 벗어나는 것이 효과적이라 인식하고 실제로 그렇게 행동하면, 그로 인해 우리가 추구하는 목표의 성격 자체가 바뀌었다고 보아야 할 이유는 무엇인가?

이 문제의 일부는 행동 양식이 목표 달성을 위해 수행하는 '수단적' 역할을 충분하고 명확하게 인식하지 못하는 데서 비롯한다(만약 어떤 행동 자체가 본질적으로 중요하면, 그 행동 양식은 물론 우리 목표의 일부로 간주될 수 있고, 나는 지금 그 전제를 넘어서는 행동의 수단적 역할을 말한다). 만약 모든 요소를 고려했을 때, 집단의 각 구성원이 각각의 목표 측면에서 한 가지 행동 양식을 따를 때 다른 행동 양식을 따를 때보다 **더 나은** 결과를 얻으면, 그 첫째 행동 양식은 정당화된다. 물론 각 개인이 만약 다른 사람들이 비슷한 추론을 하지 않고 그 공통된 행동 양식을 유지한다고 가정할 경우, 그 공통 양식에서 벗어날 때 더 나은 결과를 얻을 수 있었으리라는 사실은, 공동체적 원칙과 개인주의적 원칙 사이의 충돌을 발생한다. 그러나 그것이 공동체적 원칙을 무의미하게 하지는 않는다. 공동체적 원칙이 개인주의적 원칙보다 모든 사람에게 더 나은 결과를 가져다 준다는 점에서 특히 그렇다. 요점은 이성이 반드시 개인주의적 원칙을 거부하고 공동체적 원칙을 지향해야 한다는 데 있지 않고, 오히려 이성이 무엇을 요구하는지를 둘러싸고 실제로 모호함이 존재한다는 데 있다 (우리가 이성을, 예컨대 단순한 목표 우선성과 같은 기계적 방식으로 정의하지 않는 한, 그러한 정의는 애초에 그 모호함을 정의상 제거한다).

실제로, '가정적' 목표는 공동체적 원칙과 개인주의적 원칙 사이에서 인식되는 충돌을 해소하는 데 중요한 역할을 할 수 있다. 실제 목표들의 선호 순서가 앞서 제시된 그대로일지라도 사람들이 어떤 (보다 응집력 있는)'가정적' 선호 순서에 **근거해** (개인주의적으로)행동할 준비가 되면, 그들은 실제 목표를 직접적으로 추구하면서 개인주의적으로 행동할 때보다 더 나은 결과를 얻을 수 있다. 그리고 그들은 실제 목표 기준으로 판단했을 때 더 나은 성과를 얻는다.

나는 이전의 글(1974)에서 행동의 문화적 지향성 문제와 실제 사회에서 '가정적' 선호를 수단적으로 사용하는 것이 이와 같은 유형의 고려 사항과 밀접하게 연결될 수 있음을 주장하고자 한 바 있다. 개인의 정체성과 헌신의 문제역시 이 쟁점과 관련 있다. 이들은 이후에 간략히 논의한다.

3. 정체성: 복지, 지향, 선택

최근 몇 년간, 경제 분석에서 사용되는 행동 가정들은 강도 높은 비판적 검토의 대상이 되었다. 특히 (명시적이건 묵시적이건)'합리적 경제인'이라는 틀의 사용에 대한 많은 비판이 제기되었다.[9] 내가 보기에도 타당하게, 세상의 나머지 부분에 대해 무관심한 매우 '자기 중심적' 개인으로서의 인간 개념은 경험적으로는 비현실적이고 이론적으로도 오해를 불러일으킬 수 있다.

그럼에도 표준 경제 이론에서 사용되는 개인 개념 속의 '자기 중심성'에는 몇 가지 서로 명확히 구분되는 구성 요소가 존재한다. 이들은 대체로 한데 뭉뚱그려지고 충분히 구별되지 않은 채 다루어졌지만, 이들이 행동 모형에서 매우 다른 역할을 수행한다고 주장할 수 있다. 특히 다음의 세 가지 유형의 자기 중심성을 구분해야 한다.

▶ **자기 중심적 복지**: 개인의 복지는 오직 자신의 소비에만 의존한다(그리고

---

9) 관련 문헌은 이제 매우 방대하다. 셸링(1960, 1984), 마글린, 허시먼(1970, 1982), 윌리엄슨(1970), 코르나이(Kornai), 헤르츠버거(1973), 홀리스와 넬(Hollis and Nell), 허시, 라이벤스타인(Leibenstein), 시토프스키, 브룸, 콜라드, 엘스터, 한과 홀리스, 사이먼, 윈스턴, 그린, 하우스먼, 로젠버그, 마골리스, 애컬로프와 디킨스(1982), 애컬로프(1983), 맥퍼슨(McPherson), 퍼터먼과 디 조르지오(Putterman and Di Giorgio), 윌리엄스(1985) 등의 저서들에서 다양한 유형의 비판을 찾아볼 수 있다. 이 분야에서 내 시도들은 경제학의 행태적 기초의 여러 측면을 다룬 센(1961, 1966, 1973, 1974, 1977, 1982a)의 저서들에서 확인할 수 있다.

특히 타인에 대한 공감이나 반감은 포함되지 않는다).

- ➤ **자기 복지 지향**: 개인의 유일한 지향은 자신의 복지를 극대화하거나 (불확실성에서)그 복지의 기댓값을 극대화하는 일이다(그리고 특히 타인의 복지에 직접적으로 중요성을 부여하는 것은 포함하지 않는다).

- ➤ **자기 지향 선택**: 개인의 각 선택 행위는 자신의 지향 추구가 직접적 유인이다(특히, 타인이 각자의 지향을 추구한다는 인식에 제약받지 않는다.)

(전통적인 경제 이론 모형에서 모두 전제되어 온)이 세 요건은, 실제로는 서로 완전히 독립적이다. 예를 들어 타인의 고통으로 인해 자신의 복지에 영향을 받는 사람은 확실히 자기 중심적 복지에 위반된다. 그럼에도 그 사람이 자신의 복지 외의 요소를 직접적으로 지향에 포함하는지(즉, 자기 복지 지향을 위반하는지), 또는 각 선택이 자신의 지향 외의 기준에 따라 추구되는지(즉, 자기 지향 선택을 위반하는지)에 대해서는 아무런 정보를 주지 않는다. 마찬가지로, 어떤 사람의 지향에 사회 정의와 같은, 자기 복지 극대화 외의 목적이 포함되면, 이는 분명히 자기 복지 지향을 위반하는 것이지만, 그렇다고 그 사람이 자기 중심적 복지를 따르는지, 또는 자기 지향 선택을 따르는지 여부는 여전히 불확정 상태다. 또 다른 경우로, 개인의 선택 행동이 타인의 지향이나 특정 행동 규범에 제약되거나 영향을 받을 수 있는데, 이 경우 자기 지향적 선택은 위반된다(즉 그 영향들이 당사자가 스스로 추구한다고 볼 수 있는 지향의 형태를 취하지 않는 한 그 사람의 선택에 영향을 미칠 수 있다). 하지만 그것은 자기 중심적 복지와 자기 복지 지향에 관한 문제를 전적으로 열린 상태로 남겨 둔다[전혀 결정하지 않는다].

이전 글(센 1977)에서 나는 행동의 기초에서 '공감^{sympathy}'과 '헌신^{ommitment}'을 구분한 바 있다. 공감(여기에는 부정적일 경우의 혐오도 포함한다)은 타인의 처지에 의해 한 사람의 복지가 영향을 받는 것(예컨대 고통스러운 장면을 보고 우울해지는 것)을 의미하며, 반면에 '헌신'은 (공감을 포함하건 포함하지 않건)개인의 복지와 행동 선택 간의 밀접한 연결을 끊는 데 관련 있다(예, 자신이 직접 고통을 겪지 않음에도 그것을 줄이기 위해 행동하는 것)(센 1982a, 7~8쪽). 공감은 구체적으로 자기 중심적 복지를 위반하지만, 헌신은 그처럼 단일한 방식으로 해석되지는 않는다. 헌신은 물론 자기 복지 지향의 부정으로 해석될 수도 있다. 실제로 자신이 고통받고 있지 않음에도 타인의 고통을 덜어 주려 행동하는 사람의 사례에선 그렇게 해석하는 게 일견 그럴 듯하다. 그러나 헌신은 또한 자기 지향적 선택의 위반을 포함할 수도 있다. 왜냐하면 그런 이탈은 자기 지향의 추구에 대한 자기 부과적 제약(예컨대 특정 행동 규범을 따르기 위한 선택)에서 비롯될 수 있어서다.[10]

이 문제는 한 사람의 '정체성', 즉 어떻게 자기 자신을 바라보는지와 밀접한 관련이 있다. 우리는 모두 여러 정체성을 가지고 있고, 자신을 단순히 '그저 나일 뿐'인 존재로만 인식하지는 않는다. 공동체, 국적, 계급, 인종, 성별, 노동조합원, 독과점 동맹, 혁명적 연대 등은 모두 상황에 따라 자아 인식에 결정적으로 작용할 수 있는 정체성들이며, 따라서 우리가 자신의 복지, 지향 혹은 행동 의무를 어떻게 인식하느냐에서도 결정적 역할을 한다.

한 사람이 자신의 복지를 어떻게 인식하는지는 단순히 타인에 대해 '공감하는 것'을 훨씬 넘어서는 방식으로 타인의 처지에 의해 영향을 받을 수 있고, 실제로는 그들과 자신의 동일시를 포함할 수도 있다.[11] 마찬가지로, 지향을 형성함에서도 개인의 정체성 인식은 중심 역할을 할 수 있다.[12] 그리고 아마도 현재 논의의 맥락에서 가장 중요한 것은, 자기 지향의 추구가 스스로 정체성을 공유한다고 느끼는 집단 구성원들의 지향을 고려함으로써 충분히 타

---

10) 이 질문은 지향 추구 외의 가치들을 포함할 수 있다. 윌리엄스(1973 및 1985) 참조.

11) 이 문제는 마르크스의 다음과 같은 관찰과 관련이 있다. 즉, 당대의 정치경제학은 "각 개인이 자기 자신의 사적 이익만을 염두에 둔다고 가정하는 경향이 있지만", 실제로는 "그 사적 이익 자체가 이미 사회적으로 규정된 이익이라는 점이 핵심이다"(마르크스 1857-1858, 65-66). 후생 정체성의 문제는 사회인류학 문헌에서도 등장한다(예, 다스와 니콜라스, 베테이유(Beteille) 참조). 루크스(Lukes)의 논의 참조.

12) 특히 나겔, 허시먼(1970 및 1982), 마골리스, 애컬로프(1983)의 논의를 보라.

협할 수 있다는 점이다.[13]

우리 언어의 속성은 종종 우리가 가진 보다 폭넓은 정체성의 힘을 부각시킨다. '우리'는 무언가를 요구하고, '우리'의 행동이 '우리'의 관심사를 반영하며, '우리'는 '우리'에게 가해진 부정의에 항의한다. 이는 물론 사회적 상호작용과 정치의 언어지만, 이것이 단순한 언어적 형식에 불과하며, 특히 어떠한 정체성 의식도 내포하지 않는 것이라 믿기는 어렵다. 실험적 게임 참여자들이 자신의 성과뿐 아니라 다른 참여자의 성과에도 관심을 보이는 다소 의아해 보이는 경향(예, 라브^{Lave}, 라포포트^{Rapoport}와 챠마^{Chammah}, 액셀로드 1982, 1984 참조)은 동료 참여자에 대한 개인의 정체성 인식이라는 관점에서 보면 생산적으로 이해될 수 있다(센 1984a, 14~15쪽, 1984b 참조).

서로 다른 국가들의 경제 성과를 비교하는 문헌에서 '비개인적' 가치의 중요성에 대한 관심이 점차 높아지고 있다. 이는 특히 일본의 놀라운 성공을 가능케 한 요인들을 평가하는 맥락에서 그러하며(예, 모리시마, 도어^{Dore} 참조), 경제적 생산성은 팀워크에 크게 의존한다. 사람들이 과업과 지향의 추구 과정에서 서로 협력하고, 서로에게 의지할 수 있는지의 여부는, 따라서 매우 결정적인 요소다.

생산 기업 **내부에서의** 상호 의존성이 중요하다는 점은, 기업이 '외부 효과'를 '내부화'할 때까지 성장하는 경향이 잘 알려져 있다는 사실을 감안하면 전혀 놀랍지 않다. 이 문제는 코스^{Coase}(1937)와 윌리엄슨(1964, 1970)을 포함한 여러 학자들에 의해 논의되었다. 이러한 상호 의존성이 기업 내에서의 비개인적 행동에 가치를 부여하고, 일본의 협동적 행위에 대한 뿌리 깊은 역사적 기반(모리시마 참조)이 중요한 경제적 자산이라는 점은 충분히 타당한 주장이다.

---

13) 이 문제는 센(1974)과 허시에서 다루며, 왓킨스(1974) 및 베이어(Baier)와의 논쟁, 그리고 왓킨스(1984)의 글에서도 다룬다. 울만-마갈릿(Ulmann-Margalit)도 이 주제를 깊이 다루지만, 나는 센(1974)에 대한 그녀의 해석을 더 이상 "인정하기 어렵다"고 생각한다.

4. 지향 우선성과 이성적 선택

행동에서의 자기 중심성을 구성하는 세 가지 요소, 즉 자기 중심적 복지, 자기 복지 지향, 자기 지향적 선택 가운데 앞의 두 가지를 부정하는 것은 셋째를 문제 삼는 만큼의 저항을 불러일으키지는 않는다는 말이 공정할 것이다. 자기 지향적 선택은 본질적으로 지향 우선성의 다른 이름이며, 이는 앞서 2절에서 게임 이론의 맥락에서 논의되었다. 여기서 후자[지향 우선성]는 (자기 지향적 선택이 전략을 구체적 행동으로 간주하는 데 비해)'전략'의 성격을 개방적으로 유지한다는 점에서 아주 작은 차이가 있을 뿐이다.

다시 죄수의 딜레마로 돌아가 보자. 2절에서 이미 다룬 것처럼 자기 중심적 복지나 자기 복지 지향을 부정하더라도 그 딜레마가 해결되지 않는다는 점을 지적할 수 있다. 물론 그러한 선호 조합의 발생 빈도는 줄어들 수 있다. 하지만 자기 지향적 선택 또는 지향 우선성을 완화하는 것은 죄수의 딜레마의 결과에 실제적 변화를 가져올 수 있다.

정체성 의식이 자신의 행동 선택을 자기 지향의 추구로부터 부분적으로 분리하는 형태를 취하면, 공식 계약이나 강제력 없이도 열등하지 않은 결과가 충분히 나타날 수 있다. 정체성 의식이 작용하는 방식 중 하나는 공동체 구성원들이 공동체 내 다른 사람들을 향한 의무적 행동의 일환으로 특정한 행동 규범을 받아들이게 하는 것이다. 이는 매번 "내가 여기서 얻는 것이 무엇인가?", "이 행동이 내 지향에 어떻게 도움이 되는가?"와 같은 질문을 던지는 문제가 아니라, 타인을 향한 일정한 행동 양식을 당연시하는 문제다.

실제로 자신이 어떤 정체성 의식을 공유한다고 느끼는 타인들에 대해 일정한 행동 규범을 받아들이는 것은 지향성 극대화의 명령에 따르지 않고 고정된 규칙에 따라 행동하는 보다 일반적 행동 현상의 일부다. 애덤 스미스는 이러한 '행동 규칙'이 사회적 성취에서 갖는 중요성을 강조하며 다음과 같이 말한다. "이러한 일반적 행동 규칙들이 습관적 성찰을 통해 마음속에 고정되었

     제2부 * 합리성: 형식과 본질

을 때, 우리가 특정 상황에서 마땅히 행해야 할 바에 관해 자기애가 만들어 내는 왜곡을 교정하는 데 매우 유용하다(스미스 1790, 160쪽)."[14]

이러한 '습관화'된 규칙들을 따르는 것이 자신의 지향에 따라 끊임없이 극대화를 추구하는 것과는 달리 더 나은 결과를 낳는 한(심지어 2절에서 논의처럼, 그 지향 자체의 관점에서 보더라도) 그러한 행동은 생존하고 안정화되는 방향으로 작용하는 '자연 선택' 논변으로 정당화될 수 있다(센 1983, 또한 애컬로프, 빈모어 참조). 이것은 프리드먼이 말한 이윤 극대화자의 생존과는 매우 다른 방향에서 작동하는 '진화적' 영향이다.[15] 프리드먼의 논리는 집단 성공을 촉진하는 행동 양식들이 갖는 선택적 이점을 간과하며, 이러한 행동 양식들은 특정 형태의 상호 의존성이 존재하는 상황에서는 개인의 이윤 극대화(또는 일반적 지향 극대화)와는 실제로 매우 다를 수 있다.

실제 지향이 죄수의 딜레마와 동일하지만 실제 행동은 지향 우선성(그리고 자기 지향적 선택)에 위배되는 두 개인이 있다고 가정하자. 이 경우 각 개인의 선택 함수에 따른 '현시 선호'는 협조적 결과 a_0b_0를 최상위에 두고 있을 수 있다. 즉 둘 다 그 특정 결과를 가장 선호한다는 '가정'하에 행동할 것이다.[16] 여기에는 이러한 행동 양식에 대한 '상호 공유된 인식'이 존재한다.

이 '가상적' 게임은 두 개의 균형점(a_0b_0와 a_1b_1)을 가지며, 이는 실제로 '확신 게임'으로 불리는 게임이다(센 1967, 디턴Deaton과 뮐바우어 참조). 이 두 균형점 중 더 바람직한 균형점(즉 a_1b_1보다 a_0b_0)으로 반드시 수렴한다고 보장할 수는 없지만, 참가자들이 서로를 신뢰하면(이는 **진정한** 죄수의 딜레마 게임에서는 불가능한 방식이다) 그러한 수렴은 쉽게 일어날 수 있다. 여기서 중요한 점은,

---

14) 이는 '행동 규칙'의 도구적 활용에 해당하는 사례임을 유의하라. 물론 특정한 행동 규칙을 따르는 것 자체에 내재적 중요성이 부여될 수 있고, 보다 일반적으로는 지향의 무제한적 추구에서 벗어나는 것 자체가 중요할 수도 있다. 윌리엄스 (1973) 참조.

15) 보다 일반적인 논의는 윈터, 넬슨과 윈터, 매튜스(Matthews), 헬름 참조.

16) '현시 선호'의 형식적 정의는, 해당 관계의 선택과 무관한 해석이 아니라, 선택의 기저에 놓인 이항관계를 가리킨다. 이러한 관계의 규칙성 정리에 대해서는 애로우(1959), 센(1971), 헤르츠버거(1973), 스즈무라를 볼 것. 또한, 현시 선호는 가능한 결과의 부분 집합에 대한 변별적 선택을 제시함으로써만 도출될 수 있다는 점도 유의하라.

사람들이 이 '가상적' 확신 게임을 수행할 경우, 자신의 **진정한** 지향에 따라 실제로 게임을 수행했을 경우보다 오히려 더 나은 결과에 도달할 수 있다는 데 있다.[17]

확신 게임

참가자 A	참가자 B
$a_0 b_0$	$a_0 b_0$
$a_1 b_0$	$a_0 b_1$
$a_1 b_1$	$a_1 b_1$
$a_0 b_1$	$a_1 b_0$

죄수의 딜레마에서 각 결과의 순위가 해당 개인의 '이익'을 반영하면, $a_0 b_0$는 $a_1 b_1$보다 각자에게 더 많은 이익을 가져다 주는 결과다. 죄수의 딜레마로 묘사되는 실제 상황에서 이익 극대화를 추구하면, 획득한 이익의 관점에서 볼 때 '비효율적'인 결과에 이른다. 반면 이익 극대화(및 지향 우선성)의 원칙을 위반하면, '효율적'인 결과에 도달하고 각자가 더 많은 이익을 얻게 될 수도 있다. 만약 이익이 성공의 근원이면 (**이러한** 특정한 방식으로)이익 극대화를 위반하는 가치 체계를 가진 공동체는 더 성공적일 수 있고, 이익 극대화적 가치 체계를 가진 다른 공동체들보다 우위를 점할 수도 있다. (2절에서의 논의처럼) 지향 우선성을 위반하는 것이 '합리적'인지 의문이 들 수 있으나, 그러한 의문은 현실의 전개로 무의미해질 수 있다. 성공만큼 성공을 증명해 주는 것도 드물다.

죄수의 딜레마 상황에서 '합리적 협력'을 이렇게 바라보는 방식은 (센 1974에서 더 자세히 논의한 것처럼)크렙스와 공동 연구자들이 제시한 **반복적** 죄수의

---

17) 또 다른 해결 접근 방식은 상대 참여자의 선택 행동에 관한 올바른 유형의 '신념' 형성을 통해 이루어질 수 있다(레비 1980 및 1982 참조).

　　　　제2부 * 합리성: 형식과 본질

딜레마(모형 2)의 두 가지 부분적 해결책 중 하나와 대조될 수 있다. 그들은 지향 우선성이 아니라 상호 지식을 완화하기 때문에, 그들의 수정은 각 참가자가 "상대방이 애초에 협력에 협력으로 응답받을 때, 그것을 '즐긴다'는 작은 확률을 부여해 평가한다"는 가정의 형식을 취한다(크렙스 외 10쪽). 거기서 자세히 설명되듯, 이러한 수정은 (반복적 죄수의 딜레마 게임에서)상대방이 확신 게임의 선호 체계를 가질 작은 확률을 가정하게 한다. 크렙스와 그의 동료들은 이러한 가정만으로도 반복 게임의 마지막 몇 단계를 제외하고 양측이 협력하는 '순차적 균형'을 이끌어 낼 수 있음을 보인다. 이에 비해, 이 글(그리고 센 1974)에서 탐색하는 경로에서는 상호 지식이 계속 유지되며, 각 개인은 확신 게임의 순서에 따라 행동한다(그리고 상대방 역시 그렇게 행동할 것임을 안다). 비록 그들의 진정한 지향은 죄수의 딜레마의 순서 체계로 표현되어 있더라도 그렇게 행동한다.[18]

5. 맺으며

이 글에서 나는 행동의 사적 성격을 구성하는 여러 요소(특히 자기 중심적 복지, 자기 복지적 지향, 자기 지향적 선택)를 구분하고자 했다. 각 구성 요소는 전통적 경제 이론의 모형뿐 아니라 표준 게임 이론에서도 중요한 역할을 한다. 그러나 자기 중심적 복리와 자기 복지적 지향은 문헌들에서 비교적 폭넓게 논의된 반면, 자기 지향적 선택은 상대적으로 주목을 덜 받았다. 그렇지만 특정 게임 상황에서의 협력과 성공을 이해하는 데 있어, 자기 지향적 선택(그리고 지향적 우선성)을 부정하는 것은 다른 두 가지 사적 행동 요소를 부정하는 것만

---

18) 확신 게임 자체에서와 마찬가지로, 크렙스 등의 해법에서도 "각 참여자가 상대방이 협력할 것으로 가정할 때만 협력이 발생한다"는 점에 유의하라(11쪽). 실제로 바로 그 점이 이 게임에 '확신(assurance)'으로 명명된 이유다(센 1967 참조). 이러한 조건성을 피하려면, 죄수의 딜레마의 해법에서 필요한 '가정적(as if)' 지향이 진짜 지향으로부터 더 큰 이탈을 해야 한다(센 1974, 78-80).

으로는 대체할 수 없는 고유한 역할을 가진다는 점이 드러난다.

자기 지향적 선택의 거부는 단순히 추구할 지향의 범위를 확장하는 방식으로는 포착될 수 없는 일종의 헌신을 반영한다. 이는 특정한 체계적 방식으로 지향의 추구로부터 이탈하는 행동 규범을 요구한다. 이러한 규범은 (지향의 일치로 이어지지는 않더라도)공동체 내부에서 생성되는 '정체성' 의식이라는 관점에서 분석될 수 있고, 이는 애덤 스미스가 논의했던 규칙 기반의 행동 양식 논거와 밀접하게 관련 있다. 지향과 행동 사이의 관계를 보다 단순화하지 않고 정식화하는 방식은 (딜레마 상황에서 실제 관찰되는 행동을 설명하는 것을 포함하여)죄수의 딜레마 상황을 다루는 데 탐색할 만한 접근 방식을 제공한다. 이것은 유한 반복 게임에서 상호 지식 가정을 완화하는 방식으로 딜레마를 '해결'하려는 최근의 시도들과는 다른 하나의 대안적 프로그램이다. 핵심은 사회 속에서 어떤 결과를 성취할 때 행동이 수행하는 '수단적' 역할에 더 충실한 인정을 부여하는 데 있다. 그리고 이는 기존의 합리성 개념의 표준적 정의 방식으로는 포착될 수 없는 역할이다.

제6장

합리성과 불확실성*

1. 일관성과 이익

의사 결정 이론과 경제학에서 광범위하게 사용되는 합리적 선택에 대한 지배적 접근 방식은 논의에 따라 다음 두 가지로 나눌 수 있다.

(1) **내적 일관성**: 이 접근에서는 합리적 선택이 단순히 선택의 내적 일관성으로 이해된다.

(2) **자기 이익의 추구**: 여기서 선택의 합리성은 한결같은 자기 이익의 추구와 동일시된다.

이 두 가지 접근은 모두 **확실성하의** 선택에서는 비교적 직관적으로 해석된다. 내적 일관성 접근법은 특히 '현시 선호' 이론에서 자주 사용되었고, 현시 선호의 다양한 '공리'들은 선택의 내적 일관성 조건으로 기능한다(새뮤얼

* *Theory and Decision* 제18권(1985) 109-127쪽에서 발췌, © 1985 by D. Reidel Publishing Company.

슨 1947 참조).[1] 근대 경제 이론의 많은 부분에서 '합리적 선택'은 그 이상도 그 이하도 아닌 일관된 선택으로 간주되며, 선택 함수는 오직 충분히 일관적일 경우에만 이항적 표현(혹은 보다 엄밀한 해석에서는 선호 순위에 의한 표현)으로 '합리화 가능'하다고 여겨진다.

자기 이익 접근법은, 예컨대 경쟁 균형의 파레토 최적과 같은 전통적, 그리고 근대 경제 이론의 몇몇 핵심 결과를 도출하는 데 결정적 역할을 한다.[2] 전통적 효용 이론은 자신의 효용을 추구하는 것이 합리적이라는 주장에 대해 얼핏 탄탄한 근거를 제공했는데, 여기서 효용은 벤담식 공리적 쾌락주의 계산 체계의 관점에서 정의되기도 하고, 다양한 형태의 '욕구 충족'으로 정식화되기도 한다. 실제로 '효용'과 '선호'라는 개념의 모호성은 자기 이익과 선택 사이를 매개하는 데 상당한 역할을 해 왔으며, 그 결과 합리적 선택이 자기 이익 추구에 단단히 결속되어 있는 듯한 인상을 주었다.[3]

자기 이익 접근은 때때로 이익 또는 효용을 '현시 선호'라는 이항관계로 **정의**함으로써 내적 일관성 관점과 혼동되기도 한다(즉, 어떤 선택 함수가 내적 일관성의 특정 조건들을 만족할 경우 그 선택 함수를 표현할 수 있는 이항관계를 이익이나 효용으로 정의한다). 하지만 확언하건대, 그러한 정의상의 기만은 독립적으로 정의된 자기 이익 개념 사이의 대응성을 확립하지 못한다. 개인이 선택을 통해 자신의 이익을 추구하고자 한다는 주장과 (만약 그런 이항적 관계가 존재하면)[4] 그 사람이 극대화하는 것으로 보이는 게 무엇이건 그 사람의 효용(혹은 이익)으로 부를 것이라는 선언 사이에는 커다란 간극이 있다. 내적 일관성 접근과 자기 이익 접근은 근본적으로 다르다.

나는 두 접근 방식 모두 합리성 내용을 충분히 포착하지 못한다고 주장하

---

1) 애로우(1959), 리히터(1971), 센(1971), 헤르츠버거(1973) 참조.

2) 애로우(1951b), 드브뢰(1959), 애로우와 한(1971) 참조. 이들 결과는 실제 행동이 자기 이익 극대화일 것을 요구하며, 이는 더 나아가 실제 행동이 '합리적'이어야 한다는 추가적 가정(자기 이익 극대화로서의 합리성)을 수반한다.

3) 이에 대한 비판은 센(1973), 그리고 센(1982a)을 보라.

4) 애로우(1959), 센(1971), 헤르츠버거(1973) 참조.

고자 한다. 먼저 내적 일관성 접근을 고려해 보자. '합리화 가능'하다고 가정하는(즉 '이항적'인) 선택 함수 $C(.)$가 있고, 이때 이를 표현하는 이항관계를 R로 나타낸다고 하자.[5] 이제 R의 모든 엄격한 선호를 '역전'시켜 이항관계 R^*을 구성하고, R^*에 의해 생성되며 그에 대해 '합리화 가능'한 선택 함수를 $C^*(.)$라고 하자. 만약 어떤 사람이 선택 이외의 특성(즉, 감정, 가치, 취향 등)이 변하지 않은 채, 모든 경우에서 정확히 '반대되는' 방식, 즉 $C(.)$가 아니라 $C^*(.)$에 따라 선택하면, 그 혹은 그녀의 선택을 여전히 똑같이 '합리적'이라고 주장하기 어렵다. 하지만 그 '반대'의 선택들 또한 정확히 동일할 정도로 일관된다!

합리성 개념에는 선택과 다른 특성들 사이의 어떤 대응성을 포함해야 하며, (아무리 엄격하더라도)내적 일관성 접근이라는 개념만으로는 그것을 충분히 포착할 수 없다. 이런 의미에서 내적 일관성 접근은 지나치게 포용적이다 (그 일관성 조건들이 과도하게 엄격하면 다른 방식으로도 **또한** 지나치게 제한적일 수 있다). 이에 비해 자기 이익 접근은 분명히 지나치게 제한적이다. 어떤 사람이 자기 이익이 아닌 다른 지향을 추구하기로 결정하더라도 그 결정이 추론이나 합리성에서의 어떤 오류라고 볼 필요는 없다.[6] 현실 속 사람들은 반드시 자기 이익만을 추구하거나 하지 않을 수 있지만, 자신이 인식하는 이익을 추구하지 않는다고 **틀림없이** 비합리적인 사람일 것이라고 하는 주장은 터무니없다!

이 두 가지 표준적인 합리성 접근법이 잘못된 지점은, 합리적인 것과 비합리적인 것의 구분에서 추론이 수행하는 역할을 충분하고도 명시적인 주의를 기울이지 않았다는 데 있다. 추론은 단순한 일관성 이상의 것을 요구할 수 있다.[7] (또한 비록 논쟁의 여지가 있지만, 추론은 반드시 일관성을 요구하며, 그 일관성은

---

5) 리히터(1971), 센(1971), 스즈무라(1976) 참조.

6) 나겔(1969), 센(1973, 1977a), 허시먼(1982), 마골리스(1982), 애컬로프(1983), 셸링(1984), 쉬크(1984) 참조.

7) 마크 마키나(1981)는 주목할 만한 서평 논문에서 다음과 같이 언급한다. "예를 들어, 아스파라거스를 싫어한다고 비합리적인 것이 아니다." 정말 그렇다(물론 참으로 운이 나쁘긴 하겠지만!). 그러나 아스파라거스를 싫어하면서 계속해서 그것을 먹는 사람, 그것도 그가 싫어하는 대상을 선택하는 이유에 대해 납득할 만한 설명을 전혀 제시하지 못하면 합리적

반드시 이항적 형식을 취해야 한다는 요구로 간주할 필요는 없다.[8]) 한 개인의 추론을 오직 자기 이익의 추구에만 사용해야 한다고 주장할 만한 설득력 있는 근거도 없다. 내적 일관성 접근은 추론을 오직 간접적으로만, 그것도 부과된 일관성 조건의 성격이 허용하는 범위(및 형식)에 한해 받아들일 수 있다. 자기 이익 접근은 자기 이익 이외의 어떠한 지향을 추구함에 있어 추론된 선택의 가능성 자체를 거부한다. 두 접근법 모두 합리성을 규정하는 데 추론의 가치를 지나치게 과소평가한다.

합리성 개념은 종종 관심의 대상이 확실성하의 선택일 경우에 전혀 '문제되지 않는다'는 견해가 있고, (확실성에서는 분명한)합리성 개념을 불확실성이 수반된 경우로 '확장'하려 할 때는 어려움이 발생한다는 견해가 있다. 나는 이러한 견해를 옹호하기 어렵다는 주장을 펼치며, **불확실성하**의 합리성 개념을 파악하는 데 따르는 막대한 난점들은, 불확실성이 없는 선택에서의 합리성을 규정할 때 역시 마찬가지로 제기되는 수많은 문제를 포함한다고 본다.

2. 추론과 대응성

합리성은 실제 선택과 추론의 사용 사이의 대응성을 다루어야 한다. 합리성의 실패에는 두 가지 뚜렷이 구분되는 유형이 있다. 첫째, 한 개인이 추론하고 무엇을 해야 할지 숙고했으면 내렸을 결정을 실행하지 못하는 경우다. 이러한 실패는 여러 원인 중 하나에서 비롯할 수 있다. 예를 들어, (1) 그 사람

이라고 보기 어렵다(예, 아스파라거스에 포함된 특정 비타민을 얻기 위해서라든가, 아스파라거스를 먹지 않으면 '좋은 채소'를 강요하는 아스파라거스 광신도 집단에게 살해 위협을 받는다든가 하는 사정이 없다면). 여기에서 제시된 방식으로 볼 때, 선택의 합리성 문제는 선택과 추론의 정합성, 그리고 그 추론의 질과 연결된다. 확실성의 맥락에서, 마키나는 합리성을 개인의 선호에서 추이성으로 간주한다.

8) 선택이 '이항적'이라는 것이 합당한지에 대한 평가는 애로우(1951a), 센(1970a, 1977a), 슈워츠(1972), 피쉬번(1973), 헤르츠버거(1973), 플롯(1973), 캉에르(1976), 캠벨(1975), 스즈무라(1983), 서그든(1985)에서 다양한 방식으로 나타난다.

　　　제2부 * 합리성: 형식과 본질

이 '아무 생각 없이' 행동하거나 (2) 무엇을 할지에 대해 게으르게 추론하여 자신의 능력을 제대로 사용하지 않거나 (3) 신중한 추론 끝에 x를 하기로 결정했지만, 말하자면 (그리스어로 '아크라시아^{akrasia}'라 부르는)의지박약 등의 이유로 y를 행한 경우다. 이 모든 경우에는 한 가지 공통점이 있다. 즉 그 사람이 신중하게 성찰했다면 자신의 선택을 거부했으리라는 점이다. 이런 의미에서 그 사람의 추론과 선택 사이에 긍정적 대응의 실패가 있다. 나는 이러한 경우를 '대응 비합리성$^{correspondence\ irrationality}$'으로 부를 것이다.[9]

'대응 비합리성'과는 달리, 어떤 사람은 자신이 가능한 추론의 범위가 제한되었다는 이유로 합리적이지 못할 수 있다. 즉 한 사람이 어떤 선택에 대해 자신이 할 수 있는 만큼 신중히 숙고했지만, 더 날카로운 추론으로 드러냈을 만한 중요한 무언가를 보지 못했을 수 있다. 나는 이러한 경우를 '성찰 비합리성$^{reflection\ irrationality}$'으로 부를 것이다. '대응 비합리성'의 경우, 그 사람은 자신이 옳다고 생각하는(혹은 그 문제에 대해 신중히 숙고했으면 그렇게 보았을) 일을 실행하지 못하는 경우지만, '성찰 비합리성'의 경우에는 자신이 추구하려는 목적들을 (가진 정보에 기반하여)더 잘 실현해 줄 수 있었던 다른 선택을 보지 못한 데에서 문제가 발생한다.

예를 들어 설명해 보자. 뷔리당의 당나귀는 두 건초 더미 사이에서 망설이다 굶어 죽었다. 두 건초 더미 모두 매력적으로 보였던 것이다. 그렇다면, 이 당나귀는 비합리적이었을까? 물론 우리가 그 이야기에 대해 더 많은 것을 모르는 상황에서는 그 행동이 비합리적이었는지 여부를 판단할 수 없다. 어쩌면 이 당나귀는 지극히 고결한 '공상적 박애주의적' 당나귀로 다른 당나귀들을 위해 건초 더미를 남겨 두고 스스로 굶어 죽으려 한 것일 수도 있다. 그리고 그 망설임은 다른 당나귀들을 곤란하게 하지 않으려는 연기였을 수도 있다. 만약 그렇다면 (비록 합리성에 대한 '자기 이익' 학파의 시각에서는 그렇게 보진

---

9) 나는 '대응적 합리성(correspondence rationality)'의 기저에 있는 동기적 문제들은 센(1984b)에서 다룬다.

않겠지만)뷔뤼당의 당나귀는 결코 비합리적 존재가 아닐 것이다.

그러나 이제 당나귀가 정말로 살고자 했고, 다른 당나귀들에게 건초 더미를 남겨 주려는 의도는 없었다고 가정하자. 그렇다면 당나귀는 왜 그중 하나를 선택하지 않았을까? 두 건초더미 중 어느 쪽을 선호하건 간에 아무것도 선택하지 않고 굶어 죽는 것이 세 가지 대안 중 최악이라는 점을 몰랐을까? 만약 당나귀가 이 점을 인식했음에도 (예컨대 탐욕 때문에)여전히 선택을 못 했거나 신중히 숙고했으면 **인식했을** 일이지만 (예컨대 긴장감 탓에)그러지 못했다면, 이것은 '대응적 비합리성'이다. 또 다른 가능성은 그 당나귀가 애초에 그 점을 전혀 **인식할 수** 없었던 경우다(즉, 두 건초 더미 중 어느 쪽이 더 큰지 판단할 수 없더라도 아무것도 선택하지 않는 것보다는 어느 한쪽을 선택하는 것이 더 이성적인 일이라는 점 자체를 이해하지 못했을 수 있다).[10] 만약 그렇다면, 이는 '성찰 비합리성'의 사례다. 어쩌면 그 당나귀는 '현시 선호' 이론을 너무 많이 읽은 나머지 y가 함께 있는 상황에서 x를 선택하기 위해서 x가 y보다 우월하다는(또는 적어도 동일하다는) 확신이 필요했고, '약한 공리'에 따라 x가 존재하는 상황에서는 절대로 y를 선택하지 않으리라는 확신도 있어야 한다고 느꼈을지 모른다.

합리성에 관한 이 두 문제는 어느 쪽 유형의 합리성 또는 비합리성에 대해서든 단정적으로 진단해 줄 단순한 기준을 쉽게 찾을 수 없다는 점에서 지극히 까다롭다. '대응 합리성'은 (그 사람이 신중히 숙고했으면 어떤 결정을 내렸을지를 묻는)반사실적 조건의 사용을 포함한다. 사회과학은 반사실적 조건 없이는 수행하기 어렵지만,[11] 현실주의적 조작주의자는 "만약 … 했으면 어땠을까?" 하는 논의에 들어가길 주저한다. 마찬가지로 '성찰 비합리성'을 진단할 때 어느 정도 수준의 추론을 요구해야 하는지도 명확하게 규정하기 어렵다. 예를 들어, 어떤 사람이 행동 선택에 관한 수학 퍼즐을 풀지 못해 잘못된 선택을

---

10) 뷔뤼당의 당나귀 문제에 대한 (어쩌면 가장 흔한 해석일지도 모르는)다른 해석은, 당나귀가 두 건초더미 중 어느 하나를 더 선호하지 못해서가 아니라, 둘 사이가 무차별적이라는 데 있다. 이 경우에는, 당나귀는 둘 중 어느 건초더미를 선택하더라도 극대화를 보장받을 수 있기에, 오히려 더욱 선택에 아무런 문제가 없어야 한다.

11) 엘스터(1978) 참조.

 　　　　제2부 ＊ 합리성: 형식과 본질

했다면, 그리고 그 퍼즐의 해답은 (분석적으로)그 문제 자체에 '포함되어 있었다'면, 그 선택은 '성찰 비합리성'에 해당하는가? 우리는 어디에 기준선을 그어야 하는가?

여기서 내가 제시하는 접근 방식에 대해, '대응 비합리성'과 '성찰 비합리성' 모두에 대해 판별가능성의 문제가 있다는 점이 결코 곤혹스럽거나 부끄러운 일은 아니라는 점을 분명히 하고 싶다. 사실은 오히려 그 반대다. 내가 주장하는 바는 다음과 같다. 합리성 개념은 본질적으로 모호성을 내포하며, 대응 합리성과 성찰 합리성의 판별가능성 문제가 바로 그 모호성을 드러내 줄 뿐이라는 점, 그리고 이러한 모호성의 많은 원천은 불확실성의 존재 여부와 무관하게 존재한다는 점, 나아가 표준적인 합리성 접근법은 (이러한 모호성을 피하고자 할 경우)대체로 합리성 개념 자체를 잘못 규정함으로써 그것을 회피한다는 점이다. 또한 나는, 합리성 개념의 모든 모호성을 제거하고 모든 경우에 적용될 수 있는 확실한 판별 기준을 만들려는 시도가 오히려 우리가 합리성 개념을 중요하게 여기는 이유로부터 멀어지게 한다고 주장하고 싶다. 합리성의 부분적인 판별 불가능성은 오히려 내가 주장하는 논지의 핵심을 이루는 일부다.

판별가능성의 문제가 있다고 해서 어떤 개념이 쓸모없지는 않다. 많은 명확한 사례를 식별하는 일은 충분히 쉽고 유용할 수 있다. 사실, 만족스러운 기준은 반드시 '완전한' 것이어야 한다는 (종종 암묵적인)믿음은 사회과학에 적지 않은 해악을 초래해 왔다. 그로 인해 우리는 근거 없는 패배주의와 자의적 완결성 추구 사이에서 선택을 강요받기 때문이다.

나는 효용의 개인 간 비교, 불평등 측정, 실질 소득 비교, 빈곤의 정량화, 자본 측정과 같은 맥락에서 '불완전성'을 체계적으로 수용할 필요가 있다는 점을 주장해 왔다.[12] 유사한 접근은 합리성을 다루는 데에도 유용할 수 있다.

---

12) 여러 편의 논문이 두 편의 선집으로 수록된 센(1982a, 1984a)을 볼 것.

예컨대, 그 사람이 해당 사안에 대해 조금이라도 생각했으면 분명히 다른 선택을 했을 것으로 스스로 명백하게 인정하는 경우처럼 '대응 비합리성'의 명확한 사례들도 있다. 또한 어떤 일을 하기로 추론된 결정을 내렸음에도 불구하고, '의지박약' 탓에 '대응 비합리성'이 발생하는 명확한 사례들도 있다.

마찬가지로, '성찰 비합리성'의 기준에 어느 정도의 추론을 포함해야 하는지는 의문이 제기될 수 있지만, 몇몇 경우는 충분히 명확하다. 사람들이 반복적인 실행을 통해 의사 결정 기법을 학습한다는 사실은 잘 알려져 있다. 실제로, 의사 결정 이론의 주요 목적 중 하나는 사람들이 의사 결정에 대해 추론할 수 있는 능력을 향상하는 데 있다.[13] 정확한 기준선을 설정하는 데에는 큰 어려움이 있을 수 있지만, 일부 사례가 복잡하지 않은 형태의 명백한 추론 실패를 포함하며, 약간의 훈련만으로도 쉽게 피할 수 있는 것들이라는 점에는 비교적 쉽게 동의할 수 있으리라.

3. 불확실성과 추론

선택의 합리성을 평가하는 문제에 대한 접근법 하나를 개괄한 후, 이제 다른 접근법들과 대조하면서 몇 가지 언급을 하고자 한다. '내적 일관성'과 '자기 이익'이라는 순수한 형태의 접근들과의 차이는 충분히 뚜렷하다. 그러나 일부 접근들은 보다 복잡하다.

하사니[John Harsanyi](1978)는 자신의 '사회 행위에 대한 합리적 선택 모형'을 제시하면서, 자신의 이론은 '규범적(**처방적**)[normative(prescriptive)] 이론'이고, "형식적으로도 명시적으로도 각 행위자가 자신의 이익을 가장 효과적으로 증진시키기 위해 어떻게 행동해야 하는지를 다루는 것"이라고 밝힌다(16쪽). 우리 접근과

---

13) 라이파(1968)와 키니(Keeney) 및 라이파(1976) 참조.

하사니 접근 간 명확한 하나의 차이는, 하사니가 개인이 (그가 가질 수 있는 다른 지향이 아니라)'자신의 이익'을 증진하는 데 집중하는 듯 보인다는 점이다. 그러나 이것은 여기서 중대한 문제가 아닐 수 있다. 왜냐하면 하사니의 분석 대부분은 자기 이익 극대화라는 특정 지향만이 아니라 (일정한 형식적 제약 조건에서)일반적 지향의 추구로도 재해석될 수 있기 때문이다.

둘째 차이는 보다 근본적이다. 이는 하사니의 강한 처방적 동기에서 비롯되며, 이는 궁극적으로 의사 결정 이론의 권고를, 어떤 사람이 자신의 행위를 일관되게 이해하려면 **반드시** 따라야 할 일관성 조건으로 간주하는 데까지 이어진다. 이에 비해 '대응 합리성'은 처방적이지 않고, '성찰 합리성'은 오직 조건부로만 처방적 성격을 갖는다.

(약간의 **인신적** 비유라는 위험을 감수하고)이 대조를 설명하기 위해 자신의 이름을 따 알레^{Allais}의 역설로 알려진 선택에 대한 알레 자신의 반응과 (알레의 그것과 같은 맥락에서)새비지^{Savage}의 잘 알려진 초기 반응 모두는 하사니 이론 틀에서는 단순히 '비합리적'이다. 그 선택들은 '합리성의 처방적 조건'으로 간주되는 '강한 독립성' 조건을 위반했기 때문이다. 반면, 우리가 제시한 '대응 합리성'의 틀에서는 알레의 선택이 '대응 비합리성'에 해당하지 **않는다**. 그는 자신의 선택을 추론에 기반한 숙고를 통해 옹호했고, 이후에도 줄곧 그 입장을 유지했다.[14] 반면 새비지의 선택은 명백히 '대응 비합리성'에 해당하며, 실제로 그는 자신의 선택이 갖는 함의에 대해 추론적으로 숙고한 뒤, 초기의 선택을 스스로 철회했다.

'성찰 비합리성'과 관련해서는, 판별가능성의 문제가 더 크게 제기된다. 하지만 만약 누군가 알레의 선택에 대한 이러한 추론에 "오류가 있다"고 주장하면, 그는 그 정당화가 얼핏 그럴듯하더라도 왜 그것이 '실제' 받아들일 수 없는 것인지를 설명해야 한다. 이 경우의 성찰 합리성 문제는 충분히 탐구할 가

---

14) 알레와 하겐(1979), 스티검(Stigum)과 웬스토프(Wenstøp, 1983) 참조.

치가 있는 중요한 주제일 수 있지만, 이는 단순히 강한 독립성을 일관성 조건으로 고수하는 것과는 전혀 다른 성격의 작업이다. 나는 다음 절에서 이 문제를 좀 더 자세히 살펴보려고 한다.

'내적 일관성' 접근은 불확실성에서의 의사 결정 분석에서 여러 합리적 결정 모형과 함께 강력하게 활용된다.[15] 그중 (폰 노이만-모겐스턴^{von Neumann-Morgenstern} 효용 모형과 같은)일부 모형은 불확실성하의 합리적 행동에 대한 중요한 문제를 제기했을 뿐 아니라, (하사니(1978)가 지적하듯)"실제 인간 행동을 설명하거나 예측하는 데"에도 성공했다(16쪽).[16] **'실제** 행동의 설명 또는 예측'에 대한 후자의 문제는 합리성 문제와는 다소 다른 쟁점을 포함한다. 이는 특히 카너먼, 슬로빅, 트버스키 등 여러 학자들의 실험 연구에서 발견되는 다양한 '명백히 비합리적인' 심리적 반응들을 해석할 때 중요한 차이다.[17]

합리성 관점에서 볼 때, 불확실성하의 의사 결정에서 내적 일관성 접근이 직면하는 어려움은 확실성하의 경우와 본질적으로 다르지 않다. 어떤 사람은 내적으로 일관된 선택을 하면서, 자신의 지향을 추구하기 위해 마땅히 해야할 일들과 정반대되는 행동을 할 수 있다. 앞서 논의처럼, (제 아무리 엄격한) 내적 일관성 테스트라도 이 문제를 다룰 수는 없다. 또한 이성적 성찰을 거치면 초기의 직관적 반응이 내적 일관성의 모든 조건을 충족하더라도 그 사람은 자신의 선택을 상당히 수정할 수 있다. 이러한 일관성 조건들이 합리성의 필요조건인지 여부와 별개로, 그것들만으로는 **충분조건**이 될 수 없다는 점은 분명하다.

필요조건의 문제는 확실성하의 선택 맥락에서 제기되는 문제들과 유사하지만, 그 강도는 더 크다. 이제 "왜 이항적 선택인가?"라는 질문에 더해 "왜

---

¹⁵⁾ 유익한 서평으로는 피쉬번(1981)을 보라.

¹⁶⁾ 애로우(1970) 참조.

¹⁷⁾ 특히 카너먼, 슬로빅, 트버스키(1983)을 보라. 관찰된 심리 현상 속에서 비합리적으로 보이는 일부 행동의 합리성을 옹호하는 도전적인 논의로는 코언(1983) 참조. 그 밖에도 제프리(1965), 레비(1974, 1982), 애로우(1982, 1983), 예르덴포스(Gärdenfors)와 사흘린(Sahlin, 1982), 마키나(1983), 맥클레넌(1983) 등의 논의가 있다.

강한 독립성인가?"라는 물음도 함께 제기해야 한다. 이러한 질문들은 분명히 **찬반 양측**의 이성적 사고를 요구하는 사안들이다. 그리고 이는 곧 ('자기 감시'를 포함하는)'대응 합리성' 개념의 적용가능성과 (의사 결정론 교육부터 '견해 차에 대한 인정'까지 다양한 문제를 포함하는)'성찰 합리성' 개념의 적용가능성으로 이어진다.

4. 독립성과 합리성

불확실성하의 선택에서 합리성 공리 가운데 가장 큰 논쟁을 불러일으키는 것은 거의 확실하게 강한 독립성 조건이다. 이 조건의 여러 형태 중 하나는 다음과 같은 내용을 요구한다. 즉, 어떤 확률적 선택지 L^1이 L^2보다 선호되기 위한 필요충분조건은, 모든 확률적 선택지 L^3와 모든 확률값 p에 대해, 조합된 확률적 선택지 $(pL^1, (1 - p)L^3)$가 조합된 확률적 선택지 $(pL^2, (1 - p)L^3)$보다 선호된다. 각 확률적 선택지를 (두 경우에서와 동일한 비율로)제3의 확률적 선택지와 혼합했을 때, 그 순위가 바뀌지 않아야 한다. 바로 이 공리가 알레의 유명한 반례에서 명확히 위반되고, 이후에도 여러 흥미로운 반례들의 주제였다.

강한 독립성 공리는 확률적 선택에 대한 기대 효용 접근에서 실제로 핵심 역할을 한다. 이 공리를 전제로 하면, 확률적 선택지들 사이에서의 선택에서 선호를 평가하는 방식이 선형 형태를 취하기란 거의 불가피한데, 그 외에 요구되는 (완비적 선호 조건이나 연속성에 관한 비교적 약한 조건을 포함하여)다른 공리들은 그다지 엄격하지 않아서다.[18] 기대 효용 이론을 둘러싼 논쟁은 주로

---

18) 독립성 조건은 전역적 선형성, 즉 고정된 효용치를 위해서 엄격히 필요하지만, 보다 유연한 기대 효용 분석에서는 이 조건이 없어도 된다. 이 경우 '국소적 효용', 즉 확률에 대한 가중치를 위한 국소적으로 선형적인 계수를 사용할 수 있다. 마키나(1982) 참조.

이 독립성 공리의 타당성을 중심으로 전개된다. 강한 독립성은 어떤 이들에게는 합리성, 더 나아가 내적 일관성의 필요조건이라는 점에서 자명한 것으로 보일 수 있지만, 실제로는 이에 대한 세부 방어 논증이 필요하다. 이를 위반하는 것이 뷔뤼당 당나귀의 행동처럼 명백히 어리석다고 보기는 어렵다. 만약 여기에 어떤 '오류'가 있다면, 그것은 보다 즉각적이지 않은 종류의 것이며, 단지 강한 독립성이 이성적 선택에 자명하게 필수적이라는 주장만으로는 충분치 않다. 이는 더 많은 논의가 필요하다.

(특히 강한 독립성을 포함하는)기대 효용을 옹호하는 여러 접근 중에서 설득력 있는 특징을 지닌 하나의 접근은 해먼드(1982)의 기대 효용 도출 방식이다. 해먼드는 이를 (약간의 자유로운 해석을 취해)'결과주의[consequentialism]'라 부른다. 해먼드의 설명에 따르면, '결과주의'는 행위가 오직 '가능한 조건부 결과의 집합'에만 근거해 배타적으로 선택될 것을 요구하고, 이러한 결과는 전반적인 불확실성이 명시된 '보상'을 반영한다. 여기에 일부 연속성 조건을 추가함으로써 해먼드는 '확률 결과주의'를 기반으로 기대 효용에 도달하는데, 이 경우 불확실성은 확률로 구체화된다. 이 틀에서 실질적인 선택은 '결과 선택지'에 한정되고, 행위의 선택은 그로부터 도출된다.

해먼드의 주장은 흥미롭고 중요하지만, 기대 효용 접근의 배타적 합리성을 확립하기에 충분치 않다(그리고 해먼드 자신도 그것이 충분하다고 주장하지 않는다). 이와 같은 어려움의 일부는 최근 수년간 도덕철학에서 집중적으로 논의되어 온 결과주의 추론의 한계에서 비롯된다(윌리엄스 1973, 1982, 나겔 1980, 파핏 1984 참조). 하지만 해먼드가 정의한 속성은 몇몇 중요한 점에서 전통적 결과주의보다 요구하는 바가 훨씬 많다. 도덕철학에서의 주요 '결과주의' 접근은 공리주의 관점에 기반하며, 이는 결과 상태에서 당사자들이 가지는 '효용'에만 주의를 집중하는 방식이었다.[19] 이에 비해 해먼드의 정식화에서는

---

19) 나는 결과주의를 채택하더라도, '효용 결과'에만 집중하는 것은 공리주의 접근의 크나큰 한계라는 점을 주장한 바 있다. 센(1979) 참조.

이러한 심리적 태도들은 전혀 고려하지 않고, 폰 노이먼-모겐스턴^{von Neumann-Morgenstern} 유형의 '기대 효용' 전통에 충실하게, '효용'은 확률적 선택지에 대한 **선택으로부터** 도출되며, 그 반대가 아니다. 물론 이것은 확률적 선택지에서의 선택 형성에 영향을 미치는 심리적 기수 효용^{psychological cardinal utility}에서 출발하기를 선호하는 알레 및 그 추종자들 사이에 오랜 쟁점이었다.[20] 이 문제는 결정적으로 중요한데, '그랬을 수도 있었던' 결과에 대한 고려가 개인의 행복이나 심리적 특성에 영향을 주는 방식으로 확률적 선택지에서의 우발적 선택에 영향을 미칠 수 있어서다.

이 문제는 물론 '후회'의 관련성(예컨대 '최대 후회 최소화^{minimax regret}'나 벨 1982, 루움즈^{Loomes}와 서그든 1982 등의 새로운 이론들) 같은 주제에 대한 오랜 논쟁으로 이어지는 빗장을 푼다. 그러나 '기대 효용' 이론가들은 이러한 논의를 흔히 붉은 청어[논점을 흐리게 벗어나게 만드는 주제-옮긴이]로 간주하곤 한다. 관련 논의에는 '후회'와 관련된 두 가지 서로 다른 문제를 구별하지 못해 생기는 실제적 혼란의 여지가 있다. 즉 '후회하는 것'의 합리성에 대한 문제와 후회가 발생하게 될 경우 그것을 고려하는 것의 합리성 문제는 구별해야 한다. 설령 되돌릴 수 없는 어떤 일에 대한 후회가 비합리적이라도, 내가 어쩔 수 없이 그 일을 후회하게 될 운명이면, 나는 그 후회하게 될 **사실 자체**를 반드시 고려해야 한다.[21]

이 문제에 관련된 심리적 문제 외에도, 전반적인 결과주의 관점 자체에 의문을 제기하는 또 다른 고려 사항이 있다. 예컨대 ("**누가, 어떤** 결정을 내렸는가"라는)행위 주체성 관련성이 그렇다. 이러한 정보는 '결과 확률적 선택지' 내에서는 소실되는데, 이는 결과가 동일하면 그것이 '결정 노드^{decision node}'를 거쳤는지, 아니면 '우연 노드^{chance node}'를 거쳤는지를 구분하지 않아서다. 이러한

---

20) 선택에 대한 개인의 실제 심리적 실재(actual psychological reality, 예, 알레의 경우)와 기대 효용 절차에 의해 부여되는 '심리적 가치(psychological values)' 사이의 구분에 관한 통찰력 있는 분석은 마키나(1981)를 볼 것.

21) 어떤 심리적 태도가 합리적이지 않다고 판단하더라도, 그 태도의 발생 자체를 확실히 막을 수 있다고 믿는 사람이라면, 그는 아마도 엄격한 유모에게 제대로 교육받은 상류층 영국 신사일 것이다.

요소를 '결과주의 추론'에 포함할 수 있도록 허용하는 보다 정보 보존적 방식의 결과주의 추론이 존재한다(센 1982b, 1983 참조). 하지만 그러기 위해서 '결과론적 확률 선택'의 틀을 넘어서는 접근이 필요하다.

나는 강한 독립성 조건이 다음 두 관점, (1) 심리적 민감성과 (2) 행위 주체성 민감성 모두에서 심각한 의문을 제기할 수 있는 조건이라 주장하고 싶다. 여기에 우리는 셋째 관점, (3) 정보 민감성을 덧붙일 수 있다. 어떤 사람이 보상과 불확실성에 대해 수집하는 정보는 물론 '결과 확률적 선택지'의 구체적 설정에 반영되지만, 어떤 결과에 대해 그 사람이 부여하는 평가는 자신이 실제로 어떤 확률적 선택 상황에 직면하는지를 고려함으로써 더 많은 정보를 얻는 요소들에 좌우될 수 있다. 전통적인 '기대 효용' 이론 서술에는 다소 이상한 비대칭이 존재한다. 즉 (의사 결정 분석가와 같은)외부 관찰자는 행위자의 선택을 관찰함으로써 그의 선호를 파악하지만, 정작 선택자 자신이 마주하는 **확률적 선택지의 성격**을 통해 세계에 대한 정보를 학습하고, 그것이 결과에 대한 자신의 평가와 선택에 영향을 줄 수 있다는 점을 이용하지 않는다. 물론 그러한 학습을 금지하는 형식적 제약은 없지만, 일단 그런 학습을 체계적으로 인정하면, ('강한 독립성'을 포함한)기대 효용 이론의 몇몇 공리들은 유지되기 어렵다. 확률적 선택들이 서로 결합되면, 설령 전체적으로 결과주의 틀에 머무르더라도 개인의 상태와 행위에 부여하는 평가의 결정 요인들은 달라진다.

문헌에서 제시된 기대 효용 이론 및 ('강한 독립성'을 포함한)그 공리들에 대한 일부 '반례'들(예컨대 알레 1953, 마키나 1981, 트버스키 1975와 같은 이들)은 이러한 세 가지 조건, 특히 앞의 두 조건(심리적 민감성과 행위 주체성 민감성)의 관점에서 해석될 수 있다.[22]

나는 아래에 세 가지 다른 '반례'를 제시하고자 한다.

---

22) 맥크리먼(MacCrimmon, 1968), 드레즈(Drèze, 1974), 알레와 하겐(1979), 맥클레넌(1983), 스티검(Stigum)과 웬스토프(Wenstøp, 1983)를 참조하라.

사례 1. 빈 우편함 대응

당신은 하루 일과를 마치고 집에 돌아와 우편함을 확인한다. 전국 복권에 당첨되었을 가능성(확률 p)이 있으며, 그럴 경우 우편함에서 당첨 통지서를 확인할 수 있을 것이다. 편지가 없다면, 당신은 언젠가는 해야 할 쓰레기통 페인트칠 같은 유용한 일을 하기로 한다. 또 다른 경우로, 당신은 어떤 교통 위반 건으로 법원 소환장을 받을 가능성(확률 p)이 있다고 생각한다. 해당 사건에서 경찰관은 애매한 태도를 보였고, 오늘 밤이 소환장 발부 최종 시한이다. 이 경우 소환장 우편물이 없으면, 당신은 쓰레기통 페인트칠 대신 샴페인을 따서 즐기고 싶다. 우편함이 비어 있는 상황은 무엇이 **일어났을 수도 있었지만**, 실제로는 일어나지 않은 일(전자의 경우에는 복권 당첨, 후자의 경우에는 법원 소환장)에 따라 달라짐을 의미한다. 따라서 당신의 선호는 다음과 같이 구성된다.

$$
\begin{bmatrix} p,\ \text{복권 당첨, 소환장 없음;} \\ 1-p,\ \text{복권 낙첨, 소환장} \\ \text{없음, 쓰레기통 페인트 칠.} \end{bmatrix} \ \text{은} \ \begin{bmatrix} p,\ \text{복권 당첨, 소환장 없음;} \\ 1-p,\ \text{복권 낙첨, 소환장} \\ \text{없음, 샴페인 축배.} \end{bmatrix} \ \text{보다 선호된다.}
$$

그리고

$$
\begin{bmatrix} p,\ \text{복권 낙첨, 소환장 있음;} \\ 1-p,\ \text{복권 낙첨, 소환장} \\ \text{없음, 샴페인 축배.} \end{bmatrix} \ \text{는} \ \begin{bmatrix} p,\ \text{복권 낙첨, 소환장 있음;} \\ 1-p,\ \text{복권 낙첨, 소환장} \\ \text{없음, 쓰레기통 페인트 칠.} \end{bmatrix} \ \text{보다 선호된다.}
$$

'낙첨, 소환장 없음'을 의미하는 '빈 우편함'이라는 동일한 상황도 그 대안적 기대가 복권 당첨인지, 아니면 소환장 수령인지에 따라 전혀 다르게 해석된다(이는 샴페인을 마실지 쓰레기통 페인트 칠을 할지 결정하는 선택이 어떤 종류의 확률적 선택과 결합되어 있는지에 따라 달라진다).

당신은 분명 강한 독립성을 위반했고, 이제 '기대 효용' 진영의 비판에 맞설 준비를 할 수도 있다.[23] 그러나 당신이 이후의 숙고 끝에도 생각을 바꾸지 않으면(즉, '대응 비합리성'의 징후를 보이지 않으면), 우리로부터 '성찰 비합리성'이라는 큰 매를 맞을 일은 없을 것이다.

사례 2: 의사의 딜레마

장 박사는 외딴 시골 마을 의사로, 위중한 상태의 두 환자를 마주한 채 오직 한 단위의 약만 보유한 상황에 처해 있다. 이 약은 각각의 환자에게 투여했을 경우 치료 효과를 기대할 수 있다. 장 박사 판단에는 하오[Hao]에게 투여하면 90%의 치료가능성이 있다고 믿는다. 같은 약을 린[Lin]에게 투여할 경우, 장 박사는 그보다 높은 95% 정도의 치료가능성이 있다고 생각한다. 만약 이 약을 두 사람에게 나누어 투여할 경우, 두 환자 모두 치료될 수 없다. "두 환자 중 누구에게 투여할지 선택해 달라"는 요구에 직면해, 장 박사는 린에게 약을 투여하기로 결정한다. 하지만 그가 (다른 의사들의 선택을 통해 간접적이건 직접적이건)50대 50의 확률적 선택 방식을 채택할 수 있는 경우, 그는 그 확률적 선택 방식을 두 명 중 한 명을 확정적으로 채택하는 전략보다 선호한다. 즉, 그는 확률적 선택 L^1 = (0, 하오; 1, 린)을 L^2 = (1, 하오; 0, 린)보다 선호하면서 (0.5, 하오; 0.5, 린)을 (0, 하오; 1, 린)보다 선호한다. 이는 곧 (0.5, L1; 0.5, L2)를 (0.5; L^1; 0.5, L^1)보다 선호하는 것과 동등하다.

강한 독립성과 기대 효용 위반은 하오와 린을 대하는 공정성(비록 하오의 치료 확률이 다소 낮지만 여전히 매우 높은 편인데도, 그를 단지 무시하지 않으려는 마음)

---

23) 이 경우를 다루는 또 다른 방식은, (상금을 받지 못한 데서 오는)'실망'이나 (소환장을 받지 않은 데서 오는)'안도'와 같은 감정을 상태나 결과의 묘사에 포함하는 것이다. 그러나 이는 기대 효용 접근에 어긋나며, '강한 독립성' 조건을 사실상 공허한 제약으로 만든다. 셋째 가능성은, 해당 인물이 대안적 결과가 무엇인지를 모른다는 가정이다(예, 현금 상금이 기대되는 상황인지, 아니면 소환장이 올 수 있는 상황인지 모름). 그러나 이러한 무지를 확률적 선택에 대한 합리적 선택과 결합하려면, 그 사람이 결정을 내린 뒤에는 복권의 성격(그리고 상품이 무엇이었는지)을 잊는다고 가정해야 한다. 이러한 '교묘한' 방식들로는 독립성 조건을 쉽게 구제할 수 없다.

에서 비롯되었을 수 있다.[24] 그러나 그 또한 장 박사가 하오와 린 중 한 사람을 자신이 직접 선택해야 하는 상황을 꺼리는 마음, 말하자면 둘 중 한 명을 '죽음에 처하게 하는' 결정을 자신이 내려야 한다는 거부감에서 기인했을 수 있다. 실제로 장 박사는 린의 치료가능성이 조금 더 높아서 린이 확률적 선택에서 선택되기를 더 선호할 수 있다. 하지만 그럼에도 하오의 권리를 완전히 무시하고 린에게 확정적으로 약을 주는 것보다는 진정한 의미의 확률적 선택을 선호할 수 있다. 실제 선택의 행위 주체성, 즉 장 박사가 누구를 살릴지(그리고 누구를 죽게 둘지)를 직접 **지목해야 하는가**의 여부는 그에게 중요한 차이다. 장 박사가 확률적 선택을 선호하는 것이 도덕적으로 옳은지에 대해서는 물론 논쟁의 여지(양측 입장에서의 주장의 존재)가 있을 수 있지만, 장 박사가 보이는 이러한 '행위 주체성 민감성'을 단순하게 비합리적이라고 주장하기는 매우 곤란하다.

사례 3. 추방 통보

아예사Ayesha는 영국에 이주한 이민자로서, 자신의 진로 선택에서 인권 변호사가 될지 영리 변호사가 될지를 고민한다. 단순히 두 가지 선택에서 고르면, 그녀는 후자, 즉 영리 변호사를 택할 마음이 있다. 그러나 그녀는 자신이 제출한 이민 서류에서 몇 가지 사소한 형식적 하자(그리고 자신이 백인이 아닌, 이른바 '신 코먼웰스 국가'로 분류되는 비백인계 구舊 영연방 출신이라는 이유) 탓에 어떤 유형의 법률 활동도 못 한 채 그저 추방될 가능성이 50%에 이른다는 사실을 알게 된다. 아예사는 이와 같은 전망 속에서, **그리고** 실제로 추방되지 않는 경우에는, 결국 인권 변호사가 되기로 마음먹는다. 그러나 현실 세계에서 그녀가 추방되지 않으면 (그녀의 마음을 제외한)모든 상황은 애초에 이 문제가

---

24) 개인의 위치가 대칭적인 다소 다른 사례로는 다이아몬드(1967), 센(1970a), 브룸(1984)을 볼 것.

없었을 경우와 완전히 동일하다. 그렇다면, 아예사가 강한 독립성을 위반하는 것이 비합리적인 행동일까?

아예사의 선택은 '심리적 민감성'의 관점에서 '빈 우편함 효과' 사례와 유사하게 이성적으로 뒷받침될 수 있다. 그녀는 또한 자신이 직접 이민 문제에 연루된 처지가 되었으므로 이제는 인권 문제에 집중할 '책임'이 자신에게 있다고 믿을 수 있다. 그러나 나는 여기서 이러한 해석들을 더 이상 밀고나가고 싶지는 않다(나는 아예사가 심리적으로 영향을 받지 않았고, 또한 자신의 추방가능성을 이유로 어떤 도덕적 책임도 특별히 수용하지 않았다고 가정한다). 그러나 그녀 자신의 추방가능성을 마주한다는 사실 자체가, 이민 문제와 이민자들이 직면하는 현실에 대한 더 많은 **이해**를 제공해 줄 수 있다. 세계는 이전과 다르지 않지만, 추방 여부에 대한 자신의 불확실성을 겪는 가운데 그녀의 세계에 대한 이해는 영향받지 않을 수 없다. 그녀의 우발적 선호는, 추방당할 가능성을 자신이 직접 겪는 경우, 영국 이민 정책의 현실과 인권 문제의 성격에 대해 보다 깊이 이해하는 계기를 반영한다.

개인이 마주하는 불확실성 성격이 그 사람의 지식에 영향을 미치고, 이것이 다시 그 사람이 결과를 **평가하는 방식**에 영향을 주면(이때 결과 자체는 이 문헌에서 정의되는 바에 따라 변하지 않더라도), 기대 효용 모형의 공리적 요건들은 심각하게 훼손될 수 있다.

5. 맺으며

이 글에서 제시된 주요 논점 몇 가지를 간단히 정리할 수 있다.

(1) '합리적 선택'에 대한 두 가지 표준 접근 방식, 즉 '내적 일관성'과 '자기 이익 추구'는 모두 심각한 결함을 지닌다.

　　　　제2부 ＊ 합리성: 형식과 본질

(2) 합리성 문제가 확실성하의 선택에서는 "문제 되지 않는다"고 보고, 어려움은 오직 불확실성에서만 발생한다고 여기는 관점은 잘못이다. 선택자가 불확실성에 직면하든 아니든, 여전히 여러 중대한 문제가 존재한다.

(3) 합리적 선택의 문제는 서로 다른 두 유형으로 나누어 볼 수 있으며, 본문에서는 이를 각각 '대응 합리성'과 '성찰 합리성'으로 부른다.

(4) '대응 비합리성'은 개인의 숙고된 이성과 실제 선택 사이의 대응 실패에 해당한다. 이러한 실패는 다양한 원인에서 발생할 수 있으며, 예컨대 ① '생각 없이' 행동하는 경우, ② '게으른' 숙고, 그리고 ③ '의지 박약' 등이다.

(5) '성찰 비합리성'은 신중한 숙고 자체의 실패에 해당한다. 충분히 숙고했음에도 연결점을 놓치거나 관련 고려 사항들을 지적 능력의 한계로 간과할 수 있고, 이는 의사 결정 문제에 대한 훈련 부족에서 비롯할 수 있다.

(6) '대응 합리성'과 '성찰 합리성'은 모두 판별가능성의 문제를 심각하게 갖는다. 그러나 이는 이 글에서 제안된 합리성 접근법에서 전혀 당혹스러운 일이 아니다. 합리성 개념 자체에는 본질적 모호성이 내재하며, '대응 합리성'과 '성찰 합리성'의 판별 문제는 이와 같은 근본적 모호성과 연결된다. 어떤 성질의 검증 기준이 아무리 합리적이어도, 그 성질 자체에 모호성을 포함하면, 완전하고 명확한 답에 이를 수는 없다. 따라서 합리성 판단에서의 불완전성을 체계적으로 수용하고, (두 유형 모두에서)비합리성의 명백한 사례들을 다른 사례들과 구분하려는 시도가 매우 중요하다.

(7) '기대 효용'의 접근은 '성찰 합리성'과 관련된 흥미로운 쟁점을 제기한다. ('강한 독립성'을 포함하여)이 접근에서 사용되는 공리들과 '확률 결과주의'의 요구들은 모두 '기대 효용' 접근에서의 주요 쟁점을 잘 드러낸다. 이 접근은 분명 많은 설득력이 있지만, 그에 **반대하는** 심각한 논거들도 있다. 강한

독립성이나 확률 결과주의가 위반되는 상황을 다룰 때, '성찰 합리성' 문제는 본질적으로 모호한 측면이 있다.

(8) 강한 독립성의 위반을 정당화하는 세 가지 서로 다른 논거가 제시되고 구분되는데, ① 심리적 민감성, ② 행위 주체성 민감성, ③ 정보 민감성이 그렇다. 이 논거들은 문헌에 제시된 일부 반례들에서 기대 효용 공리들이 이성적으로 위반되는 방식을 설명하는 데 사용될 수 있다.

(9) 강한 독립성의 합리성에 대한 세 가지 반례가 제시되었다. 이들은 각각 ① '빈 우편함 대응' ② '의사의 딜레마,' ③ '추방 통보'로 명명했다. 첫째 반례는 '심리적 민감성', 둘째는 '행위 주체성 민감성'을 보여 주는 사례고, 셋째는 '심리적 민감성' 또는 '정보 민감성' 중 어느 쪽으로도 해석될 수 있는 사례다.

(10) 마지막으로 합리적 선택이란 개인의 선택이 그의 이성과 얼마나 부합하는지, 그리고 그 논리적 추론의 질이 어떠한지를 따지는 문제다. 이 두 가지 질문은 모두 다루기 어렵지만, 그럼에도 명확히 직면해야 한다. (자기 이익 극대화와 같은)특정 목적이나 실질적 규칙들을 외부에서 강제하거나 (이행성, 강한 독립성과 같은)내적 일관성 조건들을 부과함으로써 이 질문들을 회피하려는 시도는, 선택의 합리성 문제에서 중요한 차원을 놓치는 결과를 초래한다. (아무리 엄격한)내적 일관성 조건이라도, 그 자체만으로는 선택의 합리성을 보장하기에 **충분치** 않을 수 있다. 또한 통상적인 일관성 조건들을 필요조건으로 보기도 어렵다. 합리성은 보다 덜 기계적인 접근을 필요로 한다.

제7장

비이항적 선택과 선호*

1. 서론

스티그 캉에르는 탁월한 통찰력과 창의성을 지닌 철학자였다. 그는 논리학, 선택 이론, 권리론, 그리고 그 외 여러 분야에서 해당 학문에 깊은 영향을 미치는 중요한 기여를 남겼다. 하지만 그의 인내심이 늘 강건하지는 않았다. 기존 전통으로부터 매우 혁신적인 이탈을 이루어내곤 했지만, 자신이 시작한 작업을 끝까지 마무리하지 않은 채 곧 다른 주제로 옮겨 가곤 했다.

이러한 경향은 특히 선택 이론에 대한 그의 깊고 통찰력 있는 기여에서 두드러진다. 그의 얇은 분량의 논문 "선호에 기반한 선택^{Choice Based on Preference}"은 완전 독창적인 기여로, 1970년대 중반쯤에 작성되었고(이 글에서는 이를 캉에

---

* 이 글은 캉에르(Stig Kanger)를 기리기 위해 작성되었다. 이 주제와 관련된 유익한 논의에 대해 베이전트, 파인, 폴레스달(Dagfinn Follesdal), 라비노비츠(Wlodzimierz Rabinowicz), 슬리빈스키(Ryszard Sliwinski), 그리고 당연히 수년간에 걸쳐 캉에르 본인에게 깊이 감사드린다. 이 글은 *Logic, Methodology and Philosophy of Science* vol. IX(1991년 8월 7~14일, 스웨덴 웁살라)에서 다그 프라비츠(Dag Prawitz), 브라이언 스커름스(Brian Skyrms), 다그 베스테르스탈(Dag Westerståhl) 편집(Amsterdam: Elsevier Science, 1994)에 수록되었다.

르 I으로 부른다), 처음 발표되었을 때 이미 본문 중 두 개의 절과 참고 문헌 전체가 빠져 있는 심각한 미완성 상태였다. 그리고 십여 년 후 그가 세상을 떠날 때까지도 여전히 완성되지 않은 상태로 남아 있었다. 이후의 논문 "선택과 양상 Choice and Modality"(캉에르 II로 부른다)은 그 작업을 완성하려는 시도로 보이며, 분석을 확장하지만 이 역시 이후의 보완 작업이 더 필요했다. 하지만 이는 끝내 이루어지지 않았다.[1]

이 글에서 나는 선택 이론 분야의 몇몇 구체적 측면들을 다룬다. 이는 이 분야에서 캉에르가 보여 준 기발한 기여들에서 강하게 도출되는 문제의식들이다. 그러나 그의 논문들이 미완의 상태로 남아 있다는 점에서 이 작업은 캉에르가 실제로 지향했던 바를 어느 정도 추정할 수밖에 없다. 이 작업에서 나는 1970년대 중반 런던경제대학 London School of Economics에서, 그리고 이후 1978년과 1987년에 각각 웁살라 Uppsala를 두 차례 방문했을 때 그와 나눈 여러 대화들로부터 많은 도움을 받았다.

다음 절에서는 이항 선택 이론과 비이항 선택 이론의 표준 모형들을 간략히 검토하고, 이어지는 3절에서는 캉에르의 아이디어와 제안을 반영한 몇 가지 재구성을 제시한다. 4절에서는 이러한 재구성의 동기를 살펴보고, 그 탈피의 중요성을 구체적인 실질 사례들을 통해 설명한다. 이 논문은 마지막으로 캉에르의 제안들이 지니는 전체적인 의의를 간단한 논평으로 마무리한다.

2. 선택 함수와 이항성

단순화의 위험을 다소 무릅쓰면, 선택 이론 문헌은 무엇을 '원초적 개념'으

---

1) 사실 두 논문 모두에 작은 오류가 있었는데, 이는 캉에르의 동료였던 라비노비츠와 슬리빈스키가 발견하고 수정했다. 이 내용은 결정 이론과 윤리에 관한 스칸디나비아 텍스트 선집 출간 예정본에 수록될 예정이며, 이 선집에는 캉에르의 미공개·미완성 논문인 "선호에 기초한 선택"도 포함될 것이다(포른 외 1992). 해당 선집의 '서문'에서 결정 이론에 대해 캉에르가 한 기여의 성격을 전반적이고도 통찰력 있게 논평한다.

로 삼느냐에 따라 두 범주, (1) (선택에 앞서 **선행**하는 것으로 간주되는 '선호' 또는 '가치', '목적', '효용 관계'로 해석되는)어떤 **이항관계** R, 또는 (2) 선택 함수 $C(.)$ 그 자체로 나눌 수 있다.[2] 이 두 표준 접근법은 캉에르의 이탈을 살펴볼 수 있는 배경이다.

2.1 기본 요소로서의 이항관계

우선, '관계적 선택relational choice"에 대한 전통적 관점을 살펴보자. 이는 선택을 기본 관계 R에 근거하여 표준적 방식으로 수행하는 접근이다. 이항관계 R은 선택 가능한 대안들의 전체 집합 X에 대해 순서를 매기고, 그중에서 선택을 위해 제공되는 공집합이 아닌 '선택지' S가 $S \subseteq X$면, 이항관계 R에 근거하여 '최적 집합' $C(S, R)$이 선택된다. 실제로는 이 최적 집합에서 단 하나의 요소만 최종적으로 선택되어야 하지만, 최적 집합은 '선택 가능한' 요소들의 집합을 반영한다.

$$C(S, R) = \{x \mid x \in S \quad \& \quad \forall y \in S : xRy\} \tag{1}$$

$C(S, R)$은 이항관계 R에 대한 S의 '선택 집합'으로 불리기도 한다. 이 $C(S, R)$의 해석은 이항관계 R의 내용에 따라 달라진다. 예컨대, R이 "적어도 ~만큼 좋다"는 관계를 나타내면, $C(S, R)$은 집합 S에서 '최선'의 요소들로 이루어진 집합이 된다.

여기서 우리는 원초적 개념으로 주어진 이항관계로부터 파생된 선택으로 나아간다. 이 일반 구조 안에서, 접근 방식은 R의 성격에 따라 달라질 수 있으며, 예컨대 R이 완비적인지 아닌지, 추이적인지 아닌지 등에 따라 달라진다.

이항관계 R의 대칭적 요소와 비대칭적 요소는 xRy가 성립하는 다양한 경

---

2) 이 구분은 불확실성하의 선택과 확실성하의 선택 모두에 적용된다. 그러나 캉에르의 두 편의 에세이 모두 불확실성을 다루고 있지 않기에, 나는 불확실성하의 선택은 다루지 않겠다.

우들을 xPy와 xIy로 구분한다.

$$xPy \Leftrightarrow [xRy \ \& \ \text{not } yRx] \tag{2}$$

$$xIy \Leftrightarrow [xRy \ \& \ yRx] \tag{3}$$

만약 R이 "적어도 ~만큼 좋다"는 관계로 해석되면, P는 '더 낫다'는 관계로, I는 '무차별'의 관계로 이해될 수 있다.

이 관계적 선택 접근의 또 다른 변형에서는, 선택될 요소가 '최적 요소'가 아니라 '극대 요소'의 집합으로 규정될 수 있다.[3] '극대 요소' 집합에서 선택하는 경우, 어떤 요소 x가 선택 자격을 가지려면 다른 어떤 요소에도 지배되지 않아야 한다(즉, y에 대해서도 yPx가 성립해서는 안 된다). 심지어 xPy가 성립할 필요도 없다.

$$M(S, P) = \{x | x \in S \ \& \ \text{not } \exists y \in S : yPx\} \tag{4}$$

극대화 집합 $M(S, P)$와 최적 집합 $C(S, R)$의 구분은 관계적 선택을 논의하는 데 여러 이유에서 유용하지만, 아마도 그중 가장 중요한 이유는 이항관계 R이 불완비할 경우 최적 집합 $C(S, R)$이 공집합이 될 수 있기 때문이다. (모든 x에 대해 xRx가 성립함을 요구하는) 재귀성[reflexivity]은 선택 이론의 많은 경우에서 자명해 보일 수 있다(예컨대 x가 "자기 자신만큼은 좋다"고 보는 데는 어떠한 이견이 있을 수 없어서다). 하지만 완비성은 분명 엄격한 요구가 될 수 있다. 관계 R이 불완비한 경우에도 극대 집합은 존재할 수 있지만, 최적 집합은 존재하지 않을 수 있다. 예를 들어 xRy도 yRx도 성립하지 않는 경우, $C(\{x, y\}, R) = \varnothing$이 되지만, $M(\{x, y\}, R) = \{x, y\}$가 될 수 있다.

선택 이론에서 많이 연구된 선호 관계 유형 중 하나는 준準순서[quasi-ordering]로, 이 경우 R은 추이적이지만 반드시 완비적일 필요는 없다. 캉에르 역시 자신

---

3) '최적(optimal)'과 '극대(maximal)'의 구분에 대해서는 드브뢰(1959) 1장과 센(1970)을 볼 것.

의 "선호에 기반한 선택" 분석에서 이러한 유형의 관계를 출발점으로 삼는 경향이 있었다. 준순서의 경우, '극대 집합'은 명확히 공집합이 아니더라도, '최적 집합'은 공집합이 될 수 있다. 실제로 유한 집합 S에 대해 준선호 배열 R이 주어졌을 때, $M(S, R)$은 항상 존재한다(센 1970, 보조정리 1*b). 그러나 다음의 정리가 성립한다(그 증명은 센 1970, 보조정리 1*d, 11~12쪽 참조).

❖ **(정리. 1) 준순서 R에 대해, 만약 $C(S, R)$이 공집합이 아니면 $M(S, R) = C(S, R)$.**

최적 집합이 존재하지 않을 때, 극대 집합에 대한 관심은 특히 두드러진다.

2.2 기본 요소로서의 선택 함수

다른 전통적 접근 방식에서 선택 함수 $C(.)$ 자체를 기본 요소로 간주하며, 이는 전체 집합 X의 공집합이 아닌 모든 부분 집합 S에 대해, S의 부분 집합인 '선택 집합' $C(S)$를 지정하는 함수적 관계다. 이러한 선택 함수로부터 (일련의 표준 가정을 통해)'현시' 또는 '기저' 선호라는 이항관계가 도출될 수 있고, 이에 관한 문헌도 상당수 존재한다. 예컨대, y를 포함하는 어떤 집합에서 x가 실제로 선택되면 (비록 y 또한 선택되었는지에 무관하게)x는 y보다 약하게 "현시 선호된다"고 한다.[4] 또한, x가 정확히 쌍 $\{x, y\}$로부터 선택될 경우, x는 y보다 약하게 "기저 관계상 선호된다"고 한다.[5]

➤ **약한 현시 선호:**

$$xR_cy \Leftrightarrow [\exists S{:}x \in C(S) \ \& \ y \in S] \tag{5}$$

---

4) 새뮤얼슨(1938), 애로우(1959), 한손(1968), 헤르츠버거(1973) 참조.

5) 우자와(1956), 헤르츠버거(1973), 스즈무라(1983) 참조.

➤ **약한 기본 관계**:

$$x\overline{R}_c y \Leftrightarrow [x \in C(\{x, y\})] \tag{6}$$

R_c의 비대칭 성분과 (P_c와 I_c로 각각 표시되는)대칭 성분들은 R_c에 대해 (2)와 (3)을 적용함으로써 통상의 방법으로 도출할 수 있다. R_c에 대해서도 유사한 방식으로 적용한다.

사실 **강한** 현시 선호 관계 P_c는 다음과 같이, x가 y를 포함하는 어떤 집합에서 선택되고, y는 선택되지 않은 경우(즉, x는 선택되고 y는 거부되는 경우)로 직접 정의할 수도 있다.[6]

➤ **강한 현시 선호**:

$$xP_c y \Leftrightarrow [\exists S : x \in C(S) \ \& \ y \in (S - C(S))] \tag{7}$$

2.3 이항 선택

어떤 선택 함수가 이항적이라는 것은, 그 선택 함수에 의해 생성된 현시 선호 관계 R_c가 다시 관계 기반 선택의 근거로 사용될 때 동일한 선택 함수를 재생성하는 경우에 한한다. 식 (1)번과 (5)번을 호출함으로써, 이항성은 다음과 같이 정의된다.

➤ **선택 함수의 이항성**: 모든 $S \subseteq X$에 대해 다음 조건이 성립하는 경우에 한해, 선택 함수는 이항적이다.

$$C(S) = C(S, R_c) \tag{8}$$

선택 함수들에 대해서는 현시 선호의 약한 공리, 경로 독립성 등 다양한 일

---

6) 애로우(1959), 스즈무라(1983) 참조.

관성 조건들이 제안되었다. 다음의 두 가지 기본 조건은 선택 함수의 이항성에 중심적이다.

> **성질 α(기본 수축 일관성)**: 집합 X의 모든 원소 x와 X의 모든 부분 집합 S와 T에 대하여 다음 조건이 성립할 때

$$[x \in C(X) \ \& \ x \in T \subseteq S] \Rightarrow [x \in C(T)] \tag{9}$$

> **성질 γ(기본 확장 일관성)**: 집합 X의 모든 원소 x와 집합 X의 부분 집합들로 이루진 집합족 S_j에 대하여 다음 조건이 성립할 때

$$\left[x \in \bigcap_j C(S_j) \right] \Rightarrow \left[x \in C\left(\bigcup_j S_j \right) \right].$$

성질 α는 어떤 집합 S로부터 선택된 원소 x가 S의 부분 집합 T에 속할 경우, x는 T로부터도 선택될 것을 요구한다. **성질 γ**는 어떤 x가 한 집합족 $\{S_j\}$의 모든 집합 S_j로부터 선택되면, 이들 모든 S_j의 합집합에서도 x가 선택될 것을 요구한다.

다음 결과는 **성질 α와 γ**가 이항성과 어떤 방식으로 연결되는지를 완전한 선택 함수(즉 모든 공집합이 아닌 집합 S에 대해 $C(S)$가 공집합이 아닌 경우)에서 쉽게 증명할 수 있다(센 1971과 헤르츠버거 1973 참조).

❖ **(정리. 2) 완전한 선택 함수는 성질 α와 γ를 만족하는 경우에 한해 이항적이다.**

이항성은 현시 선호 관계 R_c가 아닌 기저 관계 $\bar{R}_c$를 기준으로도 정확히 같은 방식으로 정의할 수 있고, 정의된 '기초 이항성'은 현시 선호 관계에 대한 이항성과 동치며, 따라서 **성질 α와 γ**의 결합과도 동치를 보일 수 있다(관련 논의는 헤르츠버거 1973 참조). 요구되는 성질들을 달리함으로써 선택 함수는 이

항성보다 덜 혹은 더 강한 조건을 갖도록 정의할 수 있다.[7]

3. 캉에르의 이탈

캉에르가 이 표준 구조에서 도입한 기본 변형은, 선택이 대안 집합과 무관하게 정의된 관계가 아니라, (앞 절에서 다룬 R의 경우와는 달리)'배경' 집합 V에 따라 달라지는 선호의 이항관계 R^V에 따라 이루어질 수 있는 가능성이다. 선택은 여전히 이항관계를 근거로 이루어지는 것으로 간주되지만, 캉에르의 체계에서는 사용되는 이항관계가 배경 집합 V에 따라 달라진다. 이러한 변형이 갖는 중대한 의미는 다음 절에서 다룬다.

이 절에서는 주로 캉에르의 정식화에서 형식적 요소를 정리하는 데 초점을 둔다. 그의 정식화는 다소 복잡하며, 몇몇 측면에서는 상당히 따라가기 어렵다.[8] 나는 먼저 캉에르 자신의 설명에 따른 논리적 순서를 제시하지만, 그가 도입한 주요한 차이들은 선택 이론의 표준 형식에 따라 보다 간단한 방식으로도 서술됨을 알 수 있다. 따라서 지나치게 형식적 내용을 살펴보고 싶지 않은 독자라면, 아래의 식 (15)와 (16)으로 곧장 넘어가도 무방하다.

캉에르는 결정 함수 D라는 '기본' 개념에서 출발하여, 그로부터 선택 함수 C를 도출한다. 캉에르를 기리기 위해 우리는 각각 D^K와 C^K라 부르기로 한다. 이러한 서로 다른 개념들은 교차하는 집합 V와 X의 도식을 통해 보다 쉽게 이해할 수 있다(일반성 일부를 희생하는 대가를 치르더라도, 그러한 일반성의 손실은 여기서 제시하는 형식적 정의에 영향을 미치지 않는다). 우리는 $S = V \cap X$를

---

7) 주요 결과로는 애로우(1959), 한손(1968), 센(1971), 헤르츠버거(1973), 스즈무라(1983)를 보라.

8) 라비노비츠와 슬리빈스키는 포른 등(Pörn et al. 1992)의 서문에서, 캉에르가 D와 같은 인공적 개념을 기본 개념으로 선택한 이유는 그것이 양상 논리(modal logic)에서 연구된 양상 연산자들과 D 사이의 밀접한 형식적 연결과 관련이 있다고 지적한다. 두 저자는 이러한 연결 관계를 다루면서, 그것이 선택 문제에 대한 캉에르의 재구성에서 형식적 측면으로 중요한 의미가 있다고 평가한다(캉에르 I 및 캉에르 II 참조). 그러나 여기서 내가 주로 다루려는 것은, 캉에르가 추구한 실질적 차이들이다. 관련 논의로는 다니엘손(1974)를 참조하라.

가정한다.

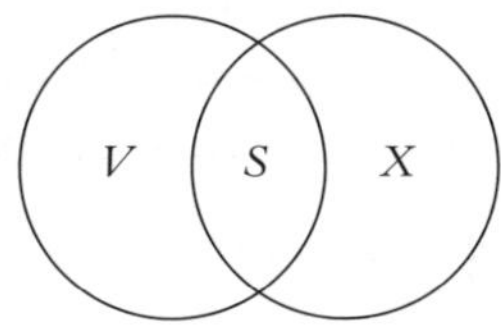

$D^K(V, X)$는 배경 집합 V에 대한 엄격한 이항관계 P^V에 따라, $V - X$(또는 동등하게 $V - S$)의 어떤 원소보다도 열등하지 않은 V의 원소들이다.

$$D^K(V, X) = \{x \mid x \in V \ \& \ \text{not} \ \exists y \in V - X : y P^V x\} \tag{11}$$

다음 관계들이 성립하는지는 쉽게 확인할 수 있다.

$$D^K(V, X) = D^K(V, S) \tag{12}$$

$$D^K(V, V - X) = D^K(V, V - S) \tag{13}$$

따라서 선택 함수 C^K는 D^K에 대해 다음과 같이 정의된다.

$$C^K(V, X) = D^K(V, V - X) \cap X \tag{14}$$

이처럼 선택 함수 C^K가 정립된 이후, 캉에르는 배경 의존적 선호 관계 P^V에 더 많은 구조를 도입한다. 먼저 이런 기호상으로 '엄격'한 관계로 표기된 P^V가 재귀성이 없어야 한다는 기본적 필요성을 보이고, 다음으로 P^V가 무한히 증가하는 사슬이 없는 엄격한 부분 순서일 것을 요구한다. 그 다음으로 P^V가 반순서$^{semi-ordering}$가 되어야 하며, 마지막으로는 P^V가 엄격히 약한 순서가 되어야 함을 제시한다. 그는 이러한 각각의 성질을 검토하고, 그것들을 표준 문헌에서 사용되는 (성질 α와 γ같은)일관성 조건과 연결한다.

선택 함수 C^K의 기본 아이디어는 다음과 같이 보다 직접적 방식으로 이해할 수 있다. 먼저, 앞서 식 (4)에서 정의한 극대 집합 $M(S, P)$를 생각하자. 이때 사용된 엄격 선호 관계 P는 어떤 배경 집합 V에도 의존하지 않았다. 이제 선호 관계를 특정 배경 집합 V에 의존하게 하고 이를 P^V라 부르자. 그러면 $C^*(S, V)$를 단순히 $M(S, P^V)$로 정의할 수 있다. 이는 P 대신 P^V를 사용하는 것을 제외하면 전통적인 극대 집합과 정확히 같은 방식이다.

$$C^*(S, V) = M(S, P^V) = \{x | x \in S \ \& \ \text{not } \exists y \in S : yP^V x\} \qquad (15)$$

이제 S가 V와 X의 교집합임을 염두하면, 캉에르의 선택 함수 C^K는 C^*와 (따라서 표준 극대 함수 M과도) 다음과 같은 방식으로 연결된다는 사실을 쉽게 확인할 수 있다.

$$(\text{T.3}) \qquad C^K(V, X) = C^*(S, V) = M(S, P^V) \qquad (16)$$

이 결과는 식 (14)를 기반으로 캉에르 체계에서 제시된 $C^K(V, X)$의 성격을 규정한 식 (17)을 식 (15)와 비교함으로써 쉽게 확인할 수 있다:

$$C^K(V, X) = \{x | x \in V \cap X \ \& \ \text{not } \exists y \in V \cap X : yP^V x\} \qquad (17)$$

따라서 우리는 본질적으로 전통적인 극대 함수 $M(.)$과 동일한 영역에 있으며, 여기에 단지 하나의 조건 즉, 엄격 선호 관계 P가 이제는 **배경 의존적**인 P^V라는 조건만이 추가되었다. 그리고 앞서의 결과 (T.1), 즉 전통적인 극대 집합 $M(S, P)$는 전통적인 선택 집합 $C(S, R)$과 동일하다(단, 후자가 공집합이 아니고 R이 준순서일 경우)는 사실을 상기하면(센 1971), 캉에르의 선택 체계와 전통적인 선택 집합 체계 및 극대 집합 체계 사이에는 명확한 관계가 성립함을 알 수 있다.

캉에르의 체계는 (전통적 이항 선택 함수가 전제하는)최적성^{optimality} 개념 대신 극대성^{maximality} 개념을 택하며, 나아가 (극대성이 정의되는 근거인)선호의 이항관계 P^V를 배경 집합 V의 상세한 규격에 따라 달라진다. 이 후자의 점, 즉 선호 관계를 배경에 의존하게 한 것은 실로 중대한 이탈이며, 다음 절에서는 이러한 변화의 동기와 그 광범위한 중요성을 논의하고 예시를 통해 설명한다. 그러나 형식적 관점에서 보면, 캉에르 체계에서 $C^K(V, X)$ 대신 배경 의존적 극대 함수 $M(S, P^V)$라는 더 단순한 개념을 사용하는 것으로부터 본질적인 손실은 없다.

다음 논의는 캉에르의 배경 의존적 선호 관계 P^V의 이상과 짝을 이루는, 더 오래된 극대화라는 개념을 사용해 덜 특별화된 의미에서 진행한다.

4. 왜 배경 의존성인가?

실질적 수준에서 캉에르가 독자적으로 정식화한 선택 구조와 동등하게 간주할 수 있는 배경 의존적 극대 선택 $M(S, P^V)$ 개념은, 전통적 극대 선택 $M(S, P)$에서의 두 가지 명확한 이탈을 통해 이해될 수 있다. (1) 선호 관계 P가 그것이 정의되는 배경 집합 V에 의존하는 것으로 간주되며, (2) 그 배경 집합 V는 선택이 이루어지는 (선택지)집합 S와 반드시 같을 필요는 없다. 나는 캉에르가 제안한 선택 행위의 보다 넓은 개념을 정당화할 수 있는 다양한 동기 유형들을 간략히 고찰하고자 한다. 캉에르 자신은 일반적으로 동기적 논의를 피하는 경향이 있어서, 내가 아래에서 제시하는 동기들이 그가 이러한 제안을 한 **이유라고** 설명하기에 어려움이 있다. 그럼에도 이러한 동기적 논의는 전통적인 선택 행동 모형에 비해 캉에르 정식화가 갖는 몇 가지 장점을 이해하는 데 유용할 것이다.

우선 둘째 이탈 없이 첫째 이탈만을 고려해 보자(즉, 배경이 선택지 자체로 제한되는 경우, 선호가 배경에 의존하는 상황). 선택이 이루어지는 집합 S에 따라 선호 관계 P^S가 달라진다고 가정하고, 이를 $M(S, P^S)$로 나타내 보자. 이것만으로도 이미 $C(S, R)$ 또는 $M(S, P)$로 표현되는, 전통적 선택 모형에서의 상당한 이탈이다. 전통적 모형에서는 선호 관계 R과 P가 선택지 독립적(나아가 보다 일반적으로는 배경 독립적)으로 가정하기 때문이다. 이처럼 요건이 완화됨에 따라, 선택이 이루어지는 선택지 성격이 대안들 간의 선호 순위에 영향을 미칠 수 있는 경우들을 다룰 수 있다. 이러한 순위의 선택지 의존성이 발생하는 이유는 다양할 수 있고, 전통적인 이항 선택 모형에서는 이러한 가능성들이 포괄적으로 무시되는 경향이 있다.

나는 여기서 선택지 의존적 선호를 설명할 수 있는 세 가지 서로 상당히 다른(그리고 본질적으로 독립적인) 이유를 간략히 제시하고자 한다. 이들 각각에 대해서는 내가 다른 글에서 보다 자세히 다루었다(센 1992).[9]

위치적 선택: 대안들의 순위는 선택지 내에서 각각의 대안이 다른 항목들과 맺는 위치에 따라 달라질 수 있다. 예를 들어, 케이크 조각 중 하나를 고를 때, 케이크를 좋아하지만 탐욕스럽다는 인상을 주고 싶지 않은 사람은 가장 큰 조각을 고르지 않고, 대신 가장 크지 않다는 조건에서 가능한 가장 큰 조각, 즉 **두 번째**로 큰 조각을 선택할 수 있다.[10] 이러한 유형의 선택은 이항성은 물론 기본 수축 일관성(**성질** a)이라는 가장 기본적인 조건조차 위반한다. 예컨대, 케이크 세 조각이 크기순으로 $a > b > c$로 배열되어 있을 때, 선택지 (a, b, c)에서는 b를 선택하고, (b, c)에서는 c를 선택할 수 있다.

이러한 선택이 성질 a와 이항성을 위반하더라도, 그와 같은 행동이 특별히 '비합리적'이라고 할 이유는 없다. 이와 유사하게, 어떤 사람은 식후 과일 바구니에서 마지막 남은 사과는 고르지 않고 대신 배를 선택할 수 있다. 하지만 같은 사람이 사과와 배가 여러 개씩 담긴 더 큰 바구니에서는 사과를 선택할 수도 있다.

---

9) 선택지 독립성에 대해 다양한 유형의 이유들을 논의한 자료로는 센(1982, 1992), 엘스터(1983), 레비(1986), 파인(1990) 등의 저서를 볼 것.

10) 위치 기반 가치 평가는 사회 선택 이론의 맥락에서 예르덴포스(Gärdenfors, 1973), 파인과 파인(1974)에 의해 광범위하게 탐구되었다.

선택지의 인식론적 가치: 아주 친하지는 않은 지인으로부터 차를 마시자는 초대에 응할 수도 있지만, 같은 사람으로부터 차를 마시자는 초대와 함께 코카인을 함께하자는 제안까지 덧붙이면 응하지 않을 수 있다. 후자의 제안은 그 지인에 대한 추가의 정보를 제공하며, 그 정보로 인해 차를 마시는 제안조차 더 회의적으로 보이게 할 수 있다. 이처럼 제시된 선택지는 개별 행동 방안들의 순위를 판단할 때 정보적 가치를 지닌다. 여기서도 다시 **성질 α**와 이항성 위반이 나타나지만, 그 사고의 논리는 충분히 신중하다.

자유에 대한 가치 부여: 한 사람이 누리는 자유는 그녀에게 열려 있는 선택지의 성격에 따라 달라진다. 행동 방안들의 선택은 자유의 범위에 의해 영향받을 수 있다. 예를 들어, 어떤 사람이 원하는 신문을 아무것이나 읽을 수 있는(또는 아무것도 읽지 않을 수 있는) 상황에서는 특정 신문을 선택해 읽을 수 있다. 그러나 그녀가 오로지 그 특정 신문만 읽도록 강요받는 상황에서는 항의의 표시로 어떤 신문도 읽지 않기로 결정할 수 있다.

이러한 모든 사례에서 축소 일관성과 이항성은 위반되지만, 선호 관계 P^S가 선택이 이루어지는 선택지에 의존할 때, 이러한 선택들을 '선호에 기반한 선택'이라는 틀에서 설명하고 정당화하는 데 아무런 어려움이 없다. 이들 예시와 그 밖의 사례들은 선택지 의존적 선호 P^S의 특정 성질을 중심으로 다른 곳에서 논의되고 분석된 바 있으나, 이들 모두는 캉에르가 제안한 배경 의존적 선호 P^V의 경우에 포괄적으로 포함된다.

이제 우리는 배경 집합 V가 선택이 이루어지는 선택지 집합 S와 일치할 필요가 없는 경우로 넘어갈 수 있다. 이것은 특히 캉에르의 고유 영역이라 할 수 있다. 선택이 이루어지는 선택지와 다른 배경 집합을 선택하는 이유는 무엇일까? 캉에르 자신은 그의 논문들에서 이러한 동기를 다루지 않았지만, 이 추가적인 이탈이 가능한 이유를 찾기는 어렵지 않다. 선택지는 우리가 무엇으로부터 선택할 수 있는지를 알려 주는 역할을 한다. 그러나 대안들의 순위는, 선택이 이루어진 후 그 선택된 대안들이 어떤 역할을 하는지에 따라 달라질 수 있다.

예를 들어 국제대회인 데이비스컵에 출전할 국가 대표 테니스 선수 선발 문제를 생각하자. 이 경우 선발자들이 찾아야 할 대상은 국내 선수들과의 경기 결과를 기준으로 한 최선의 선수가 아니라, 다른 나라 테니스 선수들과의 경기에서 가장 좋은 성과를 낼 수 있는 선수다. 가령 선수 A와 B가 선수 C, D, E, F를 단식과 복식 경기에서 모두 이길 수 있다고 하자. 이것은 그들이 국내 챔피언으로 간주될 수 있는 충분한 이유다. 그러나 플레이 스타일의 차이를 감안하면, 선수 C와 D는 미국의 데이비스컵 대표팀을 상대로는 승리할 수 있지만 다른 선수들은 그러지 못할 수 있고, 선수 E와 F는 스웨덴 대표팀을 상대로 승리할 수 있지만 다른 선수들은 그러지 못할 수 있다. 그렇다면, 이 나라가 미국과 경기를 치를 가능성이 높을 때는 선수 C와 D를 선발하고, 스웨덴과 대결할 가능성이 높을 때는 E와 F를 선발하는 것이 충분히 설득력 있는 판단이다. 이 경우 선호 관계 P^V는 국내 선수들끼리의 상대적 순위가 아니라, 예상되는 (이 경우에 적합한 '배경'인)국제 경쟁자들과의 대결 능력을 기준으로 판단해야 한다.

이와 마찬가지로, 계관 시인을 선발할 때, 선발자들은 후보자들 간의 내부 비교에서 드러나는 자질뿐 아니라, 이들 각각이 잘 알려진 시인들(심지어 작고 한 시인들이나 외국의 작사가들)과 비교해 어떤 위상을 갖는지를 기준으로 삼을 수 있다. 또 다른 유형의 예로, 대학이 입학 결정을 내릴 때도, 단순히 지원자들 간의 내부 비교만이 아니라, 해당 대학의 지원자가 아니더라도 일반적인 학생 집단과의 비교를 통해 판단할 수 있다. 이 밖에도 이와 같은 유형의 예는 얼마든지 쉽게 제시할 수 있다.

이 모든 사례에서 공통된 요소는 선택지 내의 대안들을 비교할 때 선택지 외부의 기준이 필요하다는 점이다. 바로 이러한 일반적 가능성을 캉에르의 선택 정식화는 배경 집합 V를 명시적으로 도입함으로써, 그 배경 집합 V가 선택지 S와 일치할 수도 있고 일치하지 않을 수도 있다는 점까지 포함하여, 간결하고 우아한 방식으로 포착할 수 있다.

5. 맺으며

이 글에서 나는 캉에르의 '선호에 기반한 선택' 모형이 지닌 특수한 특징들을 간략히 제시했다. 그의 정식화를 약간 다른 방식으로 제시함으로써, 그것이 이항 선택의 표준 모형을 극대 집합의 관점에서 확장한 형태로 이해될 수 있음을 확인할 수 있다. 이때 선택의 이항관계 P^V는 배경 집합 V에 의존하며, 그 V는 선택지 S와 일치할 수도 있고 일치하지 않을 수도 있다. 이 이탈은 세 가지 구별되는 요소를 포함한다. (1) 최적성이 아닌 극대성의 사용, (2) 선호의 선택지 의존성의 허용, (3) 선호가 선택지 자체와는 다른 집합에 의존할 가능성의 허용. 나는 이 세 가지 각각의 이탈에 대해 논의했고, 그중 셋째 요소가 캉에르 자신의 작업에 가장 특유한 것이다.

마지막으로 한 가지 말을 덧붙이면, 캉에르의 정식화는 선택 이론을 전통적으로 정의된 이항 선택의 제한된 틀을 훨씬 넘어서는 방향으로 확장하지만, 그가 호출하는 원시 개념은 여전히 특정한 배경 집합에 따라 정의되는 이항관계 P^V다. 이러한 의미에서, 캉에르의 모형은 (그가 '선호에 기반한 선택'으로 부른 것처럼)이항 선택의 일반화된 정식화로 볼 수 있다.

캉에르의 분석이 함의하는 바 중 하나는, 결정과 선택의 기반으로서 극대화 요건을 다시 생각해 볼 필요성이다. 캉에르 체계는 전통적 극대 선택의 조건들을 상당히 강하게 위반하지만, 이러한 차이는 극대화 개념 그 자체의 본질적 특징을 부정함으로써 생겨나지 않고, 선호 관계가 배경과 무관해야 한다는 전통 문헌들의 암묵적 전제를 제거함으로써 발생한다. 실질적으로, 캉에르는 극대화가 기존의 극대화 이론가들이 일반적으로 가정해 온 것보다 훨

씬 일반적인 규율임을 보여 준다. 이것이 바로, 극대화를 통해 완전히 다른
선택의 세계로 나아가는 열쇠다.

　　　　　제2부 * 합리성: 형식과 본질

제 3 부

합리성과 사회적 선택

제8장

합리성과 사회적 선택*

아리스토텔레스는 신조차 과거를 바꿀 수 없다는 아가톤^{Agathon}의 말에 동의했지만, 미래는 (이성에 기초한 선택을 통해)우리가 만들어 갈 수 있다고 보았다. 더 나은(또는 보다 수용 가능한)사회를 식별하고 증진하며, 다양한 유형의 참기 어려운 결핍을 제거하기 위해 이성을 사용하는 발상은 과거에도 많은 이들을 움직였고, 지금도 여전히 그러하다. 이 글에서는 이와 관련하여 최근 사회 선택 이론과 공공 선택 이론 문헌에서 주목받은 몇 가지 쟁점을 다루고자 한다. 오늘날 세계는, 지속적인 경제 발전에도 불구하고 빈곤과 결핍이 지속된다는 사실을 포함해, 기존의 문제들뿐 아니라 새로운 경제 문제들로 고통받는다. 그 가운데는 광범위한 기아, 환경에 대한 위협, 그리고 우리가 살아가는 세계의 지속가능성에 대한 위협도 있다. 오늘날, 우리의 가치와 지향에 부합하는 방식으로, 현대의 과학 기술이 제공하는 기회를 이성적으로 활용하는 일이 매우 중요한 과제로 떠오른다.

---

* 이 논문과 관련된 유익한 논의에 대해 마스킨, 아난드, 애로우, 베이전트, 바수, 자제이(Anthony de Jasay), 프랭크 한, 피아 말라니(Pia Malaney), 뮐러, 로버트 노직, 맨커 올슨, 벤 폴락, 루이스 퍼터먼, 엠마 로스차일드, 스즈무라 코타로, 비비언 월시, 스테파노 자마니에게 깊이 감사드린다. 이 글은 1995년 1월 7일 워싱턴 D.C.에서 열린 제107회 미국경제학회(American Economic Association) 연차 총회에서 발표된 학회장 취임 연설이다.

1. 문제와 난점들

사회적 결정에서 합리성의 요구를 우리는 어떤 관점에서 바라보아야 할까? 선택은 '어떤 목적을 둔 욕구와 이성^{desire and reasoning directed to some end}'에 의해 이끌어져야 한다는 아리스토텔레스의 일반적 권고로부터 우리는 과연 얼마나 많은 지침을 얻을 수 있을까? 이 문제에는 몇 가지 근본 난점이 존재한다.

첫째 문제는 다음 질문과 관련 있다. **누구의** 욕구고, **누구의** 지향인가? 사람마다 추구하는 대상과 이해관계는 서로 다르고, 고대 시인 호라티우스^{Horace}의 말마따나 "사람 수 만큼 선호도 존재한다." 애로우(1951)는 그의 유명한 일반 가능성 정리(이는 일반적으로 애로우의 불가능성 정리라고 불리며, 그 이름이 훨씬 본질을 잘 드러낸다)를 통해 서로 다른 개인의 선호들로부터 통합된 사회적 선호를 도출하려는 시도에서, 합리성의 기본 요구를 반영하는 듯 보이는 몇 가지 온건한 조건조차 일반적으로는 충족시킬 수 없음을 보여 준다.[1] 이와 별도로 개인의 자유를 우선시하는 등 다른 기본적 기준을 사용하는 경우에도 애로우 조건을 쓰지 않고 또 다른 불가능성 정리들이 도출된 바 있다.[2] 이러한 난점들이 왜 발생하는지를 살펴보고, 우리가 이를 어떻게 다룰 수 있는지 논의해야 한다. 이로부터 일부 사람들이 끌어낸 비관적 결론들은 과연 정당한 것인가? 우리는 사회 전체의 후생을 종합적으로 판단하는 것이 타당하다고 말할 수 있을까? 개인의 가치와 선호를 합리적으로 존중하는 사회적 의사결정 절차는 존재하는가?

둘째, 또 하나의 문제군은 뷰캐넌(1954a, b)이 제기한 질문들과 관련 있다.

---

1) 관련된 공리들에 대한 논의와 대안적 정식화 및 증명에 대해서는 다음 문헌을 보라. 애로우(1951, 1963), 센(1970, 1986b), 피시번(1973), 윌슨(1975), 한손(1976), 켈리(1978), 치칠니스키(1982), 치칠니스키와 제프리 힐(1983), 파타나익과 살레(1983), 스즈무라(1983), 블래커비 외(1984), 그리고 빈모어(1994) 등.

2) '파레토 자유의 불가능성'에 관해서는 센(1970, 1983), 켈리(1978), 스즈무라(1983), 리글즈워스(1985), 라일리(1987) 등의 논의를 참조할 수 있다. 애로우 정리와 관련된 다른 결과로는 기버드(1973)와 새터스웨이트(Mark A. Satterthwaite, 1975)에 의한 '투표 제도의 조작가능성'에 관한 보편적 특성의 입증이 있다. 관련 논의는 파타나익(1978), 라퐁(1979), 뮬랭(1983), 펠레그(1984), 바르베라(Salvador Barberà) 및 두타(1986) 등의 기여를 통해서도 찾아볼 수 있다.

이는 부분적으로 애로우의 결론에 대한 반응이면서 그 자체로도 충분히 중대한 의미가 있다.[3] 뷰캐넌(1954a)은 '사회적 합리성 개념'에 내포된 '근본적인 철학적 쟁점들'을 지적하며 다음과 같이 주장한다. "사회 집단의 속성으로서의 합리성 혹은 비합리성을 논하는 일은 그 집단이 개별 구성원들과는 별개로 유기적 실체를 가진다고 전제한다(116쪽)." 뷰캐넌은 아마도 "애로우의 불가능성 정리를, 복리 극대화의 논리를 집단적 선택 과정에 적용한 잘못된 시도의 결과로 해석한 최초의 논평자"였을 것이다(서그든 1993, 1948쪽). 그러나 뷰캐넌은 (단지 불가능성 정리뿐 아니라 애로우 및 그 추종자들이 사용한 전체 분석틀에 대해)보다 광범위한 비판을 제기하는데, 이는 "사회적 혹은 집단적 합리성을 사회적 선호 순위가 지시하는 결과의 산출로 이해하려는" 잘못된 발상에서 비롯된 "애로우 분석 전반에 걸친 심각한 혼란"이 존재한다는 지적이다(뷰캐넌 1960, 88~89쪽). 우리는 이러한 뷰캐넌의 비판이 애로우의 불가능성 결과를 무효화하는지 여부를 살펴보아야 하며, 그가 제기한 보다 일반 이론적 쟁점 또한 함께 검토할 필요가 있다.[4]

셋째, '사회적 선호'라는 개념에 대한 뷰캐넌의 비판적 문제 제기는 최소한 사회적 선택에서 강한 '일관성 조건'을 도입할 때 신중할 필요성을 시사한다. 하지만 뷰캐넌이 절차적 판단을 강조하는 점은, 훨씬 야심찬 방향으로 해석될 수 있는데, 이는 사회적 사건에 대한 결과 기반 평가를 아예 포기하고, 절차 중심 접근을 선택해야 한다는 주장으로 이어질 수 있다. 이 접근 방식이 순수한 형태로 전개되면 '좋은good' 결과보다는 '올바른right' 제도를 추구하고, (그러한 제도로부터 발생하는 결과의 수용을 포함하여)적절한 절차의 우선성을 요구한다. 이러한 접근은 모든 결정을 다양한 상태들의 순위화에 근거해 내리고 (절차는 단지 좋은 상태를 산출하는 도구로 간주하는)고전적 공리주의에 기반한

---

3) 뮐러(1989)는 공공 선택 이론 및 그것이 사회 선택 이론과 맺는 관계에 대해 훌륭한 입문을 제공한다. 또한 애트킨슨(1987)과 산드모(Agnar Sandmo, 1990)는 뷰캐넌의 기여를 다룬다.

4) '공공 선택' 접근법에 대한 정전(正典)은 뷰캐넌과 털럭의 저서(1962)다. 그러나 뷰캐넌이 쓴 부록과 털럭이 쓴 부록 사이에 강조점에서 차이가 있음을 주목해야 한다.

후생 경제학 전통과는 극단적으로 대조된다. 이 관점을 뷰캐넌 자신은 완전히 지지하지 않았지만, 공공 선택 이론 및 뷰캐넌의 사상에 영향을 받은 여러 저서들(그중 가장 두드러진 사례로는 서그든 1981, 1986의 중요한 기여들)에서 의미 있게 전개된다.

이러한 대조는 일반적으로 권리를, 특히 자유를 규정할 때 특히 중요하다. 사회 선택 이론 문헌에서는, 이러한 규정들이 일반적으로 어떤 상태가 실현되었는지, 즉 개인이 원하거나 선택하려던 것과 실현된 결과 간 관계에 초점을 맞추는 방식으로 이루어진다. 이에 반해, 노직(1974)의 선구적 연구와 자유지상주의 문헌이나, '게임 형식' 공식화를 활용한 관련 연구들(대표적으로 가르트너와 파타나익, 그리고 스즈무라 1992)에서는 권리를 어떤 상태의 결과에 의존하지 않고 절차적 관점에서 규정한다. 우리는 이러한 상이한 공식화들 간의 차이가 얼마나 본질적인지, 그리고 각각이 갖는 적절성은 어떠한지를 면밀히 검토해야 한다.

넷째, 사회적 결정에서의 합리성가능성은 근본적으로 **개인적** 합리성 성격에 달려 있다. 개인의 합리적 행동에 대한 개념은 여러 가지가 있다. 예를 들어 합리성을 자기 이익의 영리한 극대화로 보는 견해가 있다(이는 공공 선택 이론에서 활용되는 **경제인** 전제와도 맞닿아 있다). 애로우(1951)의 정식화에서는 이보다 더 유연하게 해석한다. 그는 사회적 고려가 개인의 선택에 영향을 미칠 수 있다고 본다. 이러한 해석에서 개인의 선호는 단지 애로우가 '기호'라고 부르는 것에만 기반하지 않고, 보다 일반적 의미의 '가치'를 반영한다고 간주한다(23쪽). 그렇다면, 이러한 각기 다른 개인적 합리성 규정들은 과연 적절한가? 그리고 (대다수 경제학 모형이 공유하는)합리적 행위의 전제를 바탕으로 한, 실제 행동과 선택에 대한 묘사는 어느 정도로 타당한가?

개인의 행위와 합리성과 관련된 또 다른 쟁점은, 가치 형성에서 사회적 상호 작용이 수행하는 역할, 그리고 가치 형성과 의사 결정 과정 사이의 연결과 관련 있다. 사회 선택 이론은 이 문제를 회피하는 경향이 있고, 이는 애로우 자신의 입장과도 일치하는 데 다음과 같이 서술한다. "이 연구에서는 또한 개인의 가치는 주어진 자료로 간주하며, 의사 결정 과정의 성격에 의해 변화될 수 있는 것으로는 보지 않기로 한다(애로우 1951, 7쪽)."[5] 이에 대해 뷰캐넌은 보다 유연한(사실상 단호하게 다른) 입장을 고수한다. "민주주의를 '토론에 의한 통치'로 정의하는 것은, 의사 결정 과정 중에 개인의 가치가 변할 수 있고 실제로 변한다는 것을 함의한다(뷰캐넌 1954a, 120쪽)."[6] 우리는 이러한 차이가 지니는 중요성 또한 면밀히 검토해야 한다.

이처럼 긴 목록은 다소 벅차 보일 수 있지만, 이들 쟁점은 상호 연관되며, 나는 이들을 간략히 살펴보고 그 실천적 함의 몇 가지를 논평할 것이다.

2. 사회 후생 판단과 애로우의 불가능성 정리

후생 경제학은 오랫동안 모든 개인의 효용을 합산하는 방식으로 대인 간 집계를 수행하는 공리주의 전통에 지배되어 왔다. 그러나 1930년대에 이르러 경제학자들은 로빈스(1938) 등의 주장에 설득되면서, 이들은 ('논리 실증주의' 철학의 영향을 받아)효용에 대한 대인 비교는 과학적 근거가 없다고 보았다.[7] 그 결과, 공리주의적 후생 경제학의 인식론적 기반은 치유할 수 없을 만큼 결함이 있는 것으로 간주되었다.

개인 효용에 대한 대인 비교를 회피함으로써 '신후생 경제학'은 사회적 개선에 대한 단 하나의 기본 기준, 즉 파레토 기준에만 의존하려 했다. 이 기준

---

5) 애로우(1951) 자신도 '이 가정의 비현실성'을 지적한다(8쪽).

6) 담론으로서 정치의 중요성은 하버마스적 전통에서도 강조된다. 엘스터(Jon Elster)와 휠란드(Aanund Hylland, 1986), 그리고 하버마스(1994) 논의 참조. 또한 허시먼(Albert Hirschman, 1970)과 그의 저서에 영감을 받은 여러 연구들을 참고할 만하다.

7) 로빈스(Robbins, 1938) 자신은 대인 비교를 전적으로 반대하기보다는, 그런 비교가 '과학적'이라는 주장을 반대한다.

은 모든 사람의 효용이 증가하는(혹은 누군가의 효용이 증가하면서 다른 누구의 효용도 감소하지 않는) 경우만 사회적 개선으로 인정하기에 대인 비교를 요구하지 않으며, 개별 효용의 기수성도 필요로 하지 않는다. 그러나 파레토 효율성은 좋은 사회에 대한 충분한 조건이 될 수 없다. 이 기준은 (행복과 불행의 불평등을 포함하는)효용의 **분배 문제**에 전혀 민감하지 않고, 효용을 창출하는 데 기여하는 간접적 역할을 제외하면 (권리나 자유와 같은)**다른** 효용 또한 직접적으로 고려하지 않는다. 따라서 사회 후생 판단을 위한 추가의 기준들이 분명히 필요하다.

'사회적 후생'(혹은 어떤 상태들의 전반적인 바람직함)에 대한 질서정연한 종합적 판단에 대한 요구는 버그슨^{Abram Bergson}(1938, 1966)이 명확히 제기했고 새뮤얼슨(1947)에 의해 폭넓게 탐구되었다. 이 논의는 모든 대안적 사회 상태들 위에 정의된 실수값 사회 후생 함수 W, 또는 소위 사회적 선호라 불리는, 그들에 대한 최소한의 총체적 서열 R의 필요성에 집중된다. (사회 선택 이론이라는 학문의 발전을 포함하는)버그슨-새뮤얼슨 구상 이후의 재검토 과정에서는 사회 후생 함수의 기초 원리를 탐색하는 작업이 핵심 역할을 했다.

애로우(1951)는 '사회 후생 함수'를 개인 선호 순서들의 모든 집합에 대해 사회 상태들 전체에 대한 사회적 서열 R을 지정해 주는 함수 관계로 정의한다. 애로우는 특별히 논쟁적 여지가 없는 몇 가지 전제와 함께, 서로 구별되는 사회 상태가 최소 세 개 이상, 그리고 두 명 이상(하지만 무한하지는 않은) 개인이 존재한다고 가정한다. 그는 사회 후생 함수가 개인의 선호 조합이 어떻게 구성되든 간에 사회적 서열을 산출할 수 있어야 한다고 보았고, 이는 사회 후생 함수가 **보편 정의역**을 가져야 함을 뜻한다. 둘째 조건은 **무관 대안들로부터의 독립성**이다. 이 조건은 여러 방식으로 정의될 수 있는데, 여기서는 매우 단순한 형태를 택하겠다. 사회가 두 대안적 사회 상태 x와 y를 어떻게 서열화하는지는 오직 그 **두 항목**에 대한 개인들 선호에만 의존해야 하고, 특히 다른 (무관한)대안들이 어떻게 서열화되었는지에 영향을 받아서는 **안 된다.**

　　　　제3부 * 합리성과 사회적 선택

이제 일부 사람들이 '결정권^{decisive}'을 가진다는 개념을 생각하자. 어떤 사람들의 집합 G(이들을 그룹 G라 부르겠다)가 다른 이들의 선호가 어떠하건 자신들 뜻대로 사회적 선호 순위를 결정짓는 경우다. 어떤 대안 쌍 x와 y에 대해, 그룹 G의 모든 구성원이 x를 y보다 선호할 경우, (G에 포함되지 않은 이들의 선호와 무관하게)사회적으로도 항상 x가 y보다 상위에 서열화되면, 이때 그룹 G는 순서쌍 (x, y)에 대해 결정적이라 한다. 그리고 그룹 G가 모든 순서쌍에 대해 이러한 조건을 만족하면, 단순하게 '결정적'이다.

애로우는 어느 누구도(형식적으로 말하면, 구성원이 한 명뿐인 집단도) 결정적이어서는 안 된다는 조건(비독재성)을 요구하지만, 동시에 (파레토 전통에 따라)모든 개인을 포함한 전체 집단은 결정적이어야 한다는 조건(파레토 원칙)도 요구한다. 이러한 조건들을 전제로 한 불가능성 정리는 (애로우 1963의 정식화에 따르면)보편 정의역을 갖고, 독립성과 파레토 원칙, 비독재성을 모두 만족하는 사회 후생 함수는 존재할 수 없음을 보여 준다.

이 정리는 세 가지 간단한 단계를 통해 증명할 수 있다.[8] 그 첫째와 둘째 단계는 다음과 같다(둘째 보조 정리는 첫째를 바탕으로 한다).

❖ **정의역 확장 보조 정리: 어떤 한 쌍의 상태에 대해 결정적인 집단은 모든 상태 쌍에 대해서도 결정적이다.[9]**

---

8) 여기에서 사용된 증명의 전략(센 1986b에서도 사용됨)은 애로우(1963)나 센(1970)에서 사용된 버전보다 더 직접적이고 단순하며, '거의 결정성'과 같은 추가 개념을 정의할 필요도 없다.

9) 증명을 위해 서로 다른 두 쌍의 대안 상태 (x, y)와 (a, b)를 취하자(이들이 모두 다르지 않을 때의 증명도 유사하다). 그룹 G가 (x, y)에 대해 결정권을 가진다고 하자. 우리는 이 집단이 (a, b)에 대해서도 결정권을 가진다는 것을 보여야 한다. 무제한 영역 조건에 따라, G에 속한 모든 사람은 $a > x > y > b$로 선호하고, G에 속하지 않은 사람은 $a > x, y > b$를 선호하되 나머지 쌍에 대해서는 어떤 순서를 갖든 무방하다. G가 (x, y)에 대해 결정권을 가지므로 사회적으로 $x > y$다. 파레토 원리에 따라 사회적으로 $a > x, y > b$가 성립한다. 그러므로 추이성에 의해 $a > b$다. 만약 이 결과가 (a, b) 이외의 쌍에 대한 개인들의 선호에 영향을 받으면 독립성 조건이 위배된다. 따라서 $a > b$라는 사회적 선호는 오직 G의 모든 구성원이 $a > b$를 선호하기에 도출되며, 그 밖의 사람들은 이 쌍에 대해 어떤 선호를 갖든 상관없다. 따라서 G는 (a, b)에 대해서도 결정권을 가진다.

❖ **집단 축소 보조 정리:** (둘 이상의 사람으로 구성된)집단이 결정적이면, 그 안에 포함된 더 작은 집단 중에도 결정적인 집단이 존재한다.[10]

최종 단계는 이 집단 축소 보조 정리를 이용해 정리를 증명한다. 파레토 원칙에 따르면, 모든 개인으로 구성된 전체 집단은 결정적이다. 그 집단은 유한하므로 결정적인 부분 집합(그리고 반복적인 선택)에 의해 결국 하나의 결정적인 개인, 즉 독재자에 도달한다. 따라서 불가능성 정리가 성립한다.

3. 사회적 선호, 사회적 선택, 그리고 불가능성

앞선 논의에서는 '사회적 선호' 개념을 광범위하게 활용했다. 그렇다면, 뷰캐넌의 제안처럼 이 개념은 폐기되어야 할까? 그리고 만약 그렇다면, 애로우의 불가능성 정리에는 과연 무엇이 남을까?

우리는 '사회적 선호' 개념의 서로 전혀 다른 두 가지 용법을 구분해야 한다. 이는 각각 (1) **의사 결정 메커니즘**의 작동, 그리고 (2) **사회적 후생 판단**의 형성과 관련 있다. 첫째 의미에서의 '사회적 선호'는 사회를 위해 실제로 이루어진 **선택**들이 현존하는 메커니즘에 의해 암묵적으로 근거하는 '기저 선호'에 가까운 개념이며, 일종의 사회 전체의 '현시 선호'라고 할 수 있다.[11] 이러한 '파생적' 의미의 사회적 선호는 형식적으로는 의사 결정 메커니즘으로부터 도출된 선택들을 이항관계로 표현한 것에 해당한다.

---

10) 증명을 위해 결정 집단 G를 G_1과 G_2로 나눈다. G_1에 속한 모든 사람은 $x > y$, $x > z$로 선호하고 (y, z)에 대해서는 어떤 순서를 갖든 무방하다. G_2에 속한 모든 사람은 $x > y$, $z > y$로 선호하며 (x, z)에 대해서는 어떤 순서를 갖든 무방하다. G에 속하지 않은 사람들의 선호는 어떻든 상관없다. 이제 사회적으로 $x > z$라고 하자. 그러면 G_1만이 분명히 $x > z$로 선호하므로, G_1이 (x, z)에 대해 결정권을 가진다고 볼 수 있다. 만약 G_1이 결정권이 없으면, x보다 z가 사회적으로 적어도 더 낫다고 보는 누군가의 (x, z) 선호가 있어야 한다. 이 경우, G가 모두 $x > y$로 선호하므로 사회적으로도 $x > y$다. 추이성에 의해 $z > y$가 도출된다. 그런데 오직 G_2만이 분명히 $z > y$로 선호하므로 G_2가 (z, y)에 대해 결정권을 가진다. 따라서 선택 영역 확장 보조정리에 따라 G_2가 결정적이다. 그러므로 G_1 또는 G_2 중 하나는 반드시 결정적임이 증명된다.

11) 정부 선택을 관찰하면서 '정부의 현시 선호'를 도출하는 데 수반되는 몇 가지 분석적 문제로는 바수(1980)를 참조하라.

　(사회적 후생 판단으로서의)'사회적 선호'의 둘째 의미는 사회적 선에 대한 하나의 관점을, 다시 말해 사회 전체에 더 낫거나 덜 나은 것이 무엇인지에 대한 어떤 서열화를 반영한다. 이 판단은 일반적으로 특정 개인이나 기관에 의해 내려진다. 이 경우에도 집계가 수반되는데, 이는 사회적 후생 또는 서로 다른 사회 상태들의 상대적 바람직함을 판단하는 개인은, 서로 다른 사람들의 다양한 이해관계와 선호를 어떤 방식으로든 통합해야 하기 때문이다.

　뷰캐넌의 비판은 (의사 결정 매커니즘을 포함하는)첫째 해석에 대해서는 상당히 설득력이 있다. 특히 사용되는 매커니즘이 **반드시**(혹은 **마땅히**) 이항관계의 표현 요건을 만족하는 선택을 산출해야 한다는 선험적 전제는 존재하지 않아서다(더구나 서열화 표현이라는 더욱 엄격한 요건은 말할 것도 없다).[12] 반면 둘째 해석은 이러한 문제를 포함하지 않으며, 사회적 후생에 대한 견해를 표현하는 개인조차 이와 같은 개념을 필요로 한다.[13] 따라서 개인이나 기관이 사회적 후생 판단을 내리는 데 적용되는 한에서, 애로우의 불가능성 정리에 대해 사회에 유기적 실체를 전제했다는 이유로 문제 삼을 수는 없다. 이 경우 불가능성의 완화는 다른 경로에서 모색해야 한다(4절 참조). 그러나 뷰캐넌의 애로우 정리에 대한 비판은 (투표 절차와 같은)사회적 의사 결정 **매커니즘**에 적용될 수 있다.

　사회적 선택이 이항관계(특히 추이적 서열)에 기반해야 한다는 요건을 폐기하면, 사회적 의사 결정 매커니즘에서 애로우 정리의 결과는 무효가 될까? 이에 대해 이미 방대한 문헌들이 존재하며, 애로우가 제시한 독재의 경우는 그중 가장 극단적 예일 뿐, 권력의 자의성은 추이성이 폐기되어도 (순환의 부재와 같은)**일정한** 규칙성이 요구되는 한 어떤 형태로든 여전히 남아 있음이 입증된

---

12) 이항성은 두 가지 유형의 선택 일관성, 즉 기본적인 '축소 일관성(α)'과 '확장 일관성(γ)'의 결합을 필요로 한다. 이 조건들은 상당히 엄격하며, 추이성과 그 밖의 추가적 성질을 확보하려면 더욱 강화되어야 한다. 센(1971, 1977a), 데브(1983), 레비(1986)를 볼 것.

13) 하사니(1955, p.310) 참조. "물론 내가 '사회적 관점에서의 선호'를 말할 때, 줄여서 '사회적 선호'라고도 부르지만, 이는 항상 특정한 개인이 '사회적 복지'에 대해 내리는 가치 판단에 기반한 선호를 의미한다."

다.[14] 그러나 뷰캐넌이 지적한 이유들에 비추어 우리는 여기서 더 나아가야 한다. 즉 사회적 선호의 추이성뿐 아니라, 사회적 선호라는 개념 자체를 아예 회피해야 할 이유가 있는 것이다. 선택의 관점에서 필요한 전부는 의사 결정 매커니즘이 사회를 위한 '선택 함수'를 결정짓는다는 점뿐이다. 이 함수는 각 대안적 '선택지'(또는 기회 집합)에서 무엇이 선택되는지를 지정한다.[15]

선택 함수의 '내적 일관성'(즉, 하나의 선택지 결정이 (연관된)다른 선택지 결정과 일관되게 연결되는 방식)에 일정한 조건들이 부과될 경우, 권력의 자의성은 여전히 어떤 형태로건 잔존함을 보일 수 있다.[16] 하지만 뷰캐넌의 방법론적 비판은 여전히 강하게 적용될 수 있고, 다음과 같이 재정식화할 수 있다. 도대체 왜 **어떤 종류의** 제약이라도 선험적으로 사회의 선택 함수에 부과되어야 하는가? 왜 합의된 사회적 매커니즘을 통해 도출된 결정들을, 서로 다른 상황에서 내려진 선택들이 어떤 관계를 가져야 하는지에 대한 미리 정해진 개념과 대조해서 확인해야만 받아들일 수 있는가?

사회에 대한 선택 함수에 대해 이른바 '내적 일관성'에 어떤 제약도 부과되지 않으면, 애로우의 불가능성 문제는 어떻게 될까? 이때, 개인의 선호와 사회적 선택 사이의 관계를 규정하는 조건들(즉 파레토 원칙, 비독재성, 무관 대안 독립성)은 서로 양립할 수 있는가? 실제로 그 대답은 "그렇지 않다"다. 만약 파레토 원칙과 비독재성, 독립성 조건들이 사회적 선호라는 어떤 선행 개념에 기초하지 않고, 사회적 **선택** 그 자체에 적용되어야 함을 충분히 반영하도

---

14) 이 결과는 기버드, 한손, 마스-코렐, 존넨샤인, 브라운, 보르드, 켈리, 스즈무라, 블레어, 폴락, 블라우, 데브, 켈시 등의 일련의 연구에서 정립되었다. 비판적 개관은 블레어와 폴락(1982), 스즈무라(1983), 센(1986a) 등을 보라.

15) 선택 함수적 정식화에 대한 선구적 연구는 한손(1968, 1969), 슈워츠(1972, 1985), 피쉬번(1973), 플롯(1973)에 의해 시작한다. 모스크바의 제어과학연구소에서 활동한 아이제르만(Mark Aizerman)과 그의 동료들은 개인의 선택 함수에서 사회적 선택 함수로 이동하는 일반적인 선택 함수적 특성에 대해 심도 있는 일련의 조사를 수행했다(에이저만 1985, 에이저만과 알레스케로프(Fuad Aleskerov) 1986 참조). 관련 주제는 에이저만과 말리셰프스키(Malishevski, 1981)의 연구를 참조할 수 있다.

16) 이 주제 및 관련 쟁점에 관한 연구는 플롯, 피쉬번, 한손, 캠벨, 보르드, 블레어, 켈리, 스즈무라, 데브, 파크스, 페레존, 그레서(D. M. Grether), 켈시(David Kelsey), 데니콜로(Vito Denicolo), 마쓰모토(Matsumoto) 등 여러 학자들이 했다. 종합적인 개관과 비판은 블레어 외(1976), 스즈무라(1983), 센(1986a) 참조.

록 재정의되면, 매우 유사한 형태의 불가능성 정리가 다시 나타난다(센 1993의 정리 3 참조).

그렇다면, 이 일반 선택 함수에 관한 불가능성 정리는 어떻게 작동하는가? 그 기저에 있는 직관은 다음과 같다. 개인의 선호와 사회적 결정 사이의 관계를 규정하는 각각의 조건들은 (그 자체로 혹은 다른 조건들과 함께 작용하면서)어떤 대안들을 선택할 수 있는 가능성을 제거한다. 그리고 이러한 조건들이 결합하면, 선택 가능한 항목이 전혀 없는 공집합으로 이어질 수 있으며, 결국 아무것도 선택할 수 없게 되어 버리는 '불가능'이 발생한다.

예를 들어, 파레토 원칙은 바로 그런 조건 중 하나며, 선택 상황에서 이 조건의 목적은 분명히 파레토 열등 대안이 선택되는 것을 막는 데 있다. 따라서 이 조건은 다음과 같이 합리적으로 재정의될 수 있다. 모든 개인이 x를 y보다 선호하는 경우, 사회적 결정 매커니즘은 x가 선택 가능하면 y는 선택되지 않아야 한다.[17] 그리고 사회적 선택에 대해 선택지 간 일관성 조건이 암묵적이거나 간접적으로 사용되지 않도록 하기 위해, 모든 조건들을 단 하나의 **주어진 선택지**(혹은 기회 집합) S로 정의할 수도 있다. 즉 대안 상태들의 주어진 집합 S만을 대상으로 선택 문제를 고찰하는 것이다. 그렇게 할 경우, 집합 S에 대한 파레토 원칙은 단지 다음만을 요구한다. 만약 모든 개인이 S 안의 어떤 x를 어떤 y보다 선호하면, y는 S에서 선택되어서는 안 된다.

마찬가지로 비독재성은 다음과 같은 조건, 즉 어떤 개인이 집합 S 안의 임의의 x를 임의의 y보다 선호할 때마다 y가 그 집합에서 선택될 수 없어야 한다는, 그리고 그런 사람이 존재해서는 안 된다는 조건을 요구한다. 그렇다면 독립성은 어떻게 정의되어야 할까? 이 경우 우리는 선택 맥락 안에서 주어진 선택지 집합 S에 대한 선택들과 관련하여, 집단의 결정권 개념을 수정해야 한다. 어떤 집단이 y에 대해 x가 결정적이려면, 오직 그 집단의 모든 구성원

---

17) 부캐넌과 털럭(1962)의 연구를 볼 것.

이 S 안의 임의의 x를 임의의 y보다 선호할 때마다 S에서 y가 선택되어서는 안 되는 경우에만 가능하다. 이제 독립성 조건은 다음을 요구한다. 어떤 집단이 순서쌍 (x, y)에 대해 갖는 결정권은 (x, y) 이외의 순서쌍에 대한 개인들의 선호와는 완전히 무관해야 한다. 이처럼 정의된 선택 중심의 조건들, 즉 독립성, 파레토 원칙, 비독재성, 무제한 정의역을 모두 만족하면서, '사회 선호'나 '집단적 합리성' 또는 선택지 간 일관성에 대한 어떤 요구도 전제하지 않고, 개인의 선호로부터 사회적 선택으로 나아가는 경로는 존재하지 않는다는 사실을 증명할 수 있다.[18]

이 모든 논의로부터 뷰캐넌이 제기한 '사회적 선호'에 대한 문제 제기에서 도출할 수 있는 결론은 다음과 같다. 애로우가 특정 형식으로 제시한 '불가능성' 결과는, '사회적 선호'라는 개념을 완전히 폐기하고, 또한 사회적 선택의 '내적 일관성'에 어떠한 조건도 부과하지 않을 때도 여전히 성립한다는 것이 증명될 수 있다. 그렇다고 이것이 사회적 선호라는 개념에 대한 뷰캐넌의 비판(특히 사회를 위한 **의사 결정 매커니즘**에서 도출된 선택들에 관한 맥락에서)의 중요성을 무효화하지는 않는다. 그 비판은 그것 자체로 타당한 비판이기 때문이다. 그러나 애로우가 제시한 '불가능성' 문제는 이러한 방식[즉 사회적 선호의 폐기나 내적 일관성 조건을 제거하는 방식—옮긴이]으로 피할 수 있는 것이 아니다.

4. 이성에 기반한 사회적 후생 판단에 대하여

그렇다면 우리는 그 불가능성을 어떻게 회피할 수 있을까? 이 문제를 논의할 때 중요한 점은, 사회적 결정 매커니즘의 작동과는 달리, 종합적 사회 후생 판단의 형성에서 이 불가능성이 어떻게 작용하는지를 구분한다. 이제 나

---

18) 조건들의 정확한 진술과 정리에 대한 증명은 센(1993) 참조.

는 후자의 경우가 아닌, 전자의 경우부터 논의하고자 한다.

버그슨-새뮤얼슨 분석과 애로우의 불가능성 정리는 대인 간 효용 비교를 폐기한 후생 경제학의 전환점에서 등장한 것임을 상기할 수 있다. 그런데 공리주의 형식을 취한 전통적 후생 경제학은 그 자체로도 정보적 제약을 내포했고, 효용 이외의 정보는 원칙적으로 배제되었다. 모든 판단은 결과 상태들에서의 효용 총합을 기준으로 이루어져야 했기 때문이다. 여기에 더해, 효용에 대한 대인 비교마저 배제되었고, 이와 동시에 비효용 정보의 배제는 제거되지 않았다. 이러한 빈곤한 정보 지형에서는 사회적 후생에 대한 체계적 판단을 이끌어 내기가 매우 어렵다. 이러한 맥락에서 애로우 정리는 개인의 선호를 사회적 후생 판단에 연결하는 몇 가지 매우 약한 조건들조차, 이러한 정보적 제약에서는 동시에 만족될 수 없음을 입증한 것으로 해석할 수 있다.[19]

문제는 단지 불가능성만이 아니다. 정의역 확장 보조 정리를 다시 생각하자. 이는 **어떤** 한 쌍의 대안에 대해 결정적인 집단은 **관련된 상태들의 성격과 무관하게 모든 대안** 쌍에 대해서도 결정적이라는 의미다. 예컨대 두 사람 사이에 케이크를 분배하는 다음 세 가지 경우 (99, 1), (50, 50), (1, 99)를 생각하자. 처음에는 (**경제인**으로서)각 개인이 자신의 몫이 더 큰 분배 상태를 더 선호한다고 하자. 그러면 그들은 우연히 서로 정반대의 선호를 가진다. 이제 (99, 1)과 (50, 50)의 서열화를 생각하자. 만약 사회적으로 (50, 50)이 (99, 1)보다 더 낫다고 판단되면, 이는 선호에 기반한 정보에 비추어 볼 때, 1번 사람의 선호보다 2번 사람의 선호에 우선순위가 부여되었다는 뜻이다.

그렇다면 정의역 확장 보조 정리의 한 변형은 다음과 같이 주장하게 될 것이다. 즉 한 쌍에 대해 2번 사람의 선호가 우선되면, 다른 모든 쌍들에 대해서도 마찬가지로 2번 사람의 선호, 즉 (1, 99) 역시 (50, 50)보다 더 선호되어야 한다는 결론에 이른다는 것이다.[20] 실제로 위의 가정에서 (50, 50)을 세 분배

---

19) 이 문제에 대해서는 센(1977b, 1982a) 참조.

20) 형식적으로, 제2자는 첫째 쌍에 대해 '거의 결정권을 가진' 것으로 간주된다(즉, 다른 모든 사람의 반대를 무릅쓰고 이

중에서 가장 바람직한 것으로 간주하기란 불가능하다. 우리는 (99, 1)을 선택함으로써 1번 사람의 선호에 우선권을 부여하거나 (1, 99)를 선택함으로써 2번 사람의 선호에 우선권을 부여할 수 있지만, (50, 50)을 선택하는 일은 **불가능**하다. 물론 나는 여기서 (50, 50)이 반드시 최선의 선택이어야 한다고 주장하지 않는다. 그러나 이 케이크 분배 문제에서 (50, 50)이 최선일 수 있는 후보조차 될 수 없다는 점은 부조리하다.

(50, 50)이라는 분배를 바람직한 가능성으로 간주할 수 있는 근거가 어떤 것들이 있을지, 그리고 왜 그런 근거가 애로우 조건들이 만들어 낸 정보 체계 안에서는 사용할 수 없는지를 살펴볼 필요가 있다. 첫째, 선호나 효용을 논하지 않고도, 어떤 일반적인 **비후생**주의적 기준에 따라 케이크를 공평하게 나누는 것이 좋다고 생각할 수 있다. 하지만 이것은 비효용 정보를 평가적으로 사용하는 데 배제되므로 허용되지 않으며, 바로 이것이 정의역 확장 보조 정리가 형식화하는 내용이다. 둘째, 모든 사람이 동일한 엄격하게 오목한[strictly concave] 효용 함수를 가진다고 가정하면, 케이크를 균등하게 나눌 때 효용 총합을 극대화한다고 생각할 수 있다. 하지만 이 공리주의 논거는 기수적 효용의 비교가능성을 전제로 하며, 이 역시 배제된 전제다. 셋째, 균등 분배가 두 사람의 효용을 동등하게 할 것으로 생각할 수 있고, 이러한 관점은 효용 중심의 평등주의에서 제시된다(미드[James Meade] 1976 참조). 하지만 이 역시 서열적 효용에 대한 대인 비교를 수반하며, 마찬가지로 허용되지 않는다. 결국 이 정보 체계에서는 대안 상태들 간의 구별을 위한 표준적 방법들 중 어느 것도 사용할 수 없고, 유일하게 선택을 결정할 수 있는 방법은 (그들이 서로 반대되는 선호를 가졌으므로)서로 상반된 선호를 가진 두 사람 중 어느 한 사람의 선호를 따르는 것뿐이다

긴다는 의미에서며, 이 경우는 제1자). 그리고 센(1970, 43~44쪽)의 보조 정리 3a에 따르면, 필드 확장 보조정리의 또 다른 버전은 그가 다른 모든 쌍에서도 거의 결정권을 가질 뿐 아니라 사실상 완전한 결정권을 갖게 됨을 보여 준다. 여기서 '필드 확장'은, 관련된 개인들이 다른 선호를 가질 수도 있는 가능성을 허용하는 '무제한 영역' 조건의 사용을 포함한다.

　제3부 * 합리성과 사회적 선택

대인 간 효용 비교를 사용하지 않고, 또한 비효용 정보도 전혀 사용하지 않은 채 시도하는 사회적 후생 판단은 생산적 작업으로 보기 어렵다. 우리는 사회 전체의 성취 수준 크기와 분배에 관심을 갖고 결핍, 빈곤, 불평등을 줄이려는 합당한 이유들이 있다. 그리고 이 모든 판단은 (효용과 실질 소득, 기회, 기본 재화 또는 역량과 같은 개인적 이점의 각기 다른 지표들에 대한)대인 비교를 필요로 한다.[21] 일단 대인 비교가 도입되면, 적절히 재정의된 분석 틀에서 불가능성 문제는 사라진다.[22] 그러한 비교는 대개 거칠고 즉흥적이며 논쟁의 여지가 있을 수 있지만, 그런 비교야말로 체계적인 사회 후생 판단의 기본 요소들이다. 기수성이 없더라도 서열적 대인 비교는 맥시민[maximin]이나 순차적 [lexicographic] 맥시민 같은 사회적 판단 규칙의 사용을 가능하게 한다.[23] 이러한 규칙들은 애로우의 모든 조건들(및 그 밖의 많은 조건들)을 충족한다. 다만 이 조건들을 모두 충족하는 사회적 후생 규칙의 범주는 상당히 제한적이고, 이 제한은 기수성까지 대인 비교와 함께 허용되지 않는 한 유지된다(게베르 1979, 로버츠 1980a 참조). 대인 비교의 사용이 가능하면, (특히 공리주의를 포함한)사회적 후생 판단을 위한 다른 범주의 규칙들도 사용 가능한 선택지가 된다.[24]

이 문헌에서 제시되는 다양한 사회 후생 규칙의 공리적 파생[axiomatic derivations]은 대부분 대인 비교를 효용에 적용하는 방식에 기반하지만 사람들을 실질

---

21) 다양한 유형의 개인 간 비교와, 효율성과 형평 판단을 내릴 때 서로 다른 '공간'의 관련성으로는 센(1982a, 1992a), 로머(1986), 누스바움(1988), 아네슨(1989), 코언(1989), 애로우(1991), 엘스터와 로머(1991), 누스바움과 센(1993) 참조.

22) 한편, 애로우의 불가능성 정리는 효용의 기수성을 허용하면서 개인 간 비교 없이 일반화될 수 있다. 센(1970)의 정리 8.2 참조.

23) 맥시민은 최악의 상황에 처한 사람의 이익에 완전한 우선순위를 부여한다. 이는 롤스(1963)에 의해 '차등 원칙'의 일부로 제안되었다(다만 롤스가 사용하는 비교는 효용이 아니라 기본재의 보유량이다). 순차적 맥시민(lexicographic maximin), 일명 '렉시민(leximin)'은 강한 파레토 원칙과의 정합성을 위해 센(1970)이 제안했고, 롤스는 이를 『정의론』(1971)에서 지지하며 활용한다. 렉시민의 공리적 유도는 해먼드(1976), 다스프레몽과 게베르(1977) 등이 개척했다. 펠프스(1973) 참조.

24) 이 주제에 관한 논의는 하사니(1955), 서피스(1966), 센(1970, 1977b), 펠프스(1973), 해먼드(1976, 1985), 애로우(1977), 다스프레몽과 게베르(1977), 게베르(1979), 마스킨(1978, 1979), 로버츠(1980a, b), 마이슨(Roger B. Myerson, 1981), 미를리스(1982), 스즈무라(1983), 블래커비 외(1984), 다스프레몽(1985), 켈시(1987) 등의 저술에서 확인할 수 있다.

소득, 기본재의 보유량, 혹은 가능한 역량 등 각기 다른 특성에 따라 비교할 때도 분석상의 문제는 상당히 유사하다. 따라서 애로우의 분석 틀보다 훨씬 풍부한 정보를 활용하여 사회적 후생 판단을 수행할 수 있는 다양한 방식들이 존재한다.

이러한 논의는 사회적 후생 판단이나 기타 종합적 평가를 수행하기 위한 절차 중에 제도적으로 승인된 방식의 대인 비교에 기반한 **절차**에도 동일하게 적용된다. 예컨대, 소득 불평등 지수를 사용하는 경우(콜름 1969와 애킨슨 1970의 선구적 연구 참조), 또는 분배 보정이 반영된 실질 국민 소득의 집계 지표(센 1976a) 혹은 총빈곤 측정(센 1976b 등)이 그러하다.[25] 이러한 접근은 사회 선택 이론을 경제 정책에 대한 현실적이고도 치열한 논쟁과 연결한다.[26] 비록 애로우의 불가능성 정리는 부정적인 결과지만, 그 정리가 제기한 도전은 변증법적으로 수많은 건설적 발전들로 이어졌다.

5. 사회적 결정 매커니즘에 대하여

사회적 후생 판단을 수행하는 일에서 나아가 사회적 의사 결정 매커니즘을 선택하는 문제로 이동하면, 또 다른 종류의 어려움에 직면한다. 효용에 대한 체계적인 대인 비교(또는 개인적 이점을 파악하는 다른 방식들)는 사회적 후생 판단을 수행하는 개인이나 (총체적 빈곤, 불평등, 분배 보정된 실질 국민 소득 등과 같

---

25) 현재 이러한 측정 방법에 대한 문헌은 매우 방대하다. 다양한 접근의 예시는 센(1973), 코웰(Frank Cowell, 1977), 블래커비와 도널드슨(1978, 1980), 오스마니(Siddiq Osmani, 1982), 아난드(1983), 애킨슨(1983, 1989), 차크라바르티(S. R. Chakravarty, 1983), 쇼록스(Anthony Shorrocks, 1983), 스즈무라(1983), 포스터(1984, 1985), 칸부르(Ravi Kanbur, 1984), 브르통과 트라누아(Michel Le Breton and Alain Trannoy, 1987), 아이히호른(W. Eichhorn, 1988), 램버트(Peter J. Lambert, 1989), 라발리온(Martin Ravallion, 1994) 등의 저술에 나타난다.

26) 정책 논의에는 유엔개발계획(UNDP)이 발간한 영향력 있는 *Human Development Reports* 시리즈가 포함된다. 유니세프가 발간한 *The State of the World's Children* 시리즈도 이 방향에 강한 추진력을 보여 준다. 사회적 판단 관련된 정책적 문제는 스트리튼 외(Paul Streeten et al., 1981), 카크와니(Nanak Kakwani, 1986), 드레즈와 센(1989), 햄린과 페팃(Alan Hamlin and Philip Pettit, 1989), 그리핀과 나이트(Keith Griffin and John Knight, 1990), 아난드와 라발리온(1993), 다스굽타(1993), 데사이(Meghnad Desai, 1995) 등의 논의에서 다루어진다.

은 지표의 해석을 통해 순위를 도출하는 데 사용되는)합의된 사회 판단 **절차**에서 활용될 수 있다. 하지만 이러한 비교는 개인의 선호를 (예컨대 투표처럼)일정한 표준화된 방식에 의존해야 하는 사회적 결정 매커니즘에서는, 대인 비교를 반영하기에 부적절하므로 적용이 쉽지 않다.

따라서 이 경우에는 불가능성 문제가 더욱 강한 지속성을 갖는다. 뷰캐넌의 '사회적 합리성'과 '사회적 선호' 개념에 대한 비판은 특히 (사회적 **결정 매커니즘**을 평가하는)이러한 상황에 더욱 직접적으로 적용되며, 실제로 사회적 선호 개념을 배제하고, 애로우식 형식의 사회적 합리성 개념을 전면적으로 제거해도 불가능성 문제는 여전히 유효하게 남아 있음을 앞서 살펴보았다(3절). 그렇다면 이 경우 우리는 이 도전에 어떻게 응답할 수 있을까?

우리는 우선 애로우가 정식화하고 사용한 조건들이 매우 매력적으로 보일 수 있어도, 비판에서 자유롭지는 않다는 점을 지적하며 시작할 수 있다. 첫째, 사회적 결정 과정을 고안할 때, 가능한 모든 개인 선호 조합을 반드시 고려할 필요는 없다. 실제로는 일부 조합만이 현실에서 발생하기 때문이다. 애로우 자신의 지적처럼, 만약 무제한 정의역 조건을 완화하면, 다른 모든 조건들(그리고 그 밖의 여러 요구들)을 만족하는 의사 결정 규칙을 상당히 넓은 영역의 개인 선호 프로파일들에 대해 찾을 수 있다. 애로우(1951)는 블랙[Duncan Black]과 함께, 특히 '단봉 선호'의 경우를 탐구한 바 있는데, 이는 이후 센(1966)에 의해 훨씬 덜 엄격한 제약 조건인 가치 제한이라는 개념으로 크게 확장되고 일반화될 수 있음이 입증되었다.[27]

개인의 선호 프로파일이 얼마나 그럴듯한가 하는 문제는 해당 문제의 성

---

27) '가치 제한'은 개인 선호가 선형 순서일 때 다수결 규칙의 일관성을 보장하는 이 종류의 영역 조건에 대해 필요충분 조건으로 드러나지만, 일반적인 약한 순서의 경우에는 조건이 더 복잡하다(센과 파타나익 1969, 또 켄이치(Ken-ichi Inada 1969, 1970 참조). 이러한 관계는 모든 애로우식 사회 후생 함수와 조작 불가능한 투표 절차로 일반화될 수 있다(마스킨 1976 및 칼라이와 뮐러 1977 참조). 털럭(1967)은 이와는 다른 유형의 조건을 제안한 바 있으며, 그의 논문 제목은 다소 과장되어 있기도 하다. '일반 가능성 정리의 일반적 무관성'보다 결정적인 논문은 그랑몽(Jean-Michel Grandmont, 1978)이 제시한다. 이러한 다양한 유형의 영역 조건들에 관련한 문제로는 가르트너(1979) 및 애로우와 레노(Hervé Raynaud, 1986)의 저서가 탁월하다.

격과 개인의 동기 구조에 따라 달라진다. 예컨대 세 명 이상의 개인이 존재하고, 모든 사람이 (자기 몫의 케이크가 클수록 항상 선호하는 방식의)케이크 분배 문제에 참가하는 **경제인**처럼 행동하면, 가치 제약 조건 및 그와 관련된 조건들이 모두 위배되며, 다수결 규칙은 일반적으로 비추이성을 초래한다. 또한 쉽게 확인할 수 있듯, 재화 공간에서 각 개인이 자신의 소비 바구니에만 관심을 두고 판단하는 경우, 그 영역 내에서는 어떠한 결정 매커니즘도 애로우의 조건들을 모두 만족시킬 수 없다. 이처럼 '경제적 정의역'(즉 대인 간 재화 공간)으로 불리는 상황 안에서 모든 사람이 협소한 자기 이익 중심 방식으로 투표할 경우, 다수결 규칙 및 유사한 투표 절차들은 일반적으로 순환을 유발한다.

그러나 이 경우 다수결 규칙은 매우 부적절한 결정 절차며, 그 결정에 따른 비추이성은 오히려 부차적 문제일 수 있다. 예컨대 어떤 공동체에서 가장 궁핍한 사람 몫의 케이크 절반을 떼어 더 부유한 두 명에게 나눠 주는 조치가 비록 다수의 동의를 얻을 수 있다손쳐도, 후생 경제학적으로 탁월한 성과라 할 수 없다. 이 점을 고려하면, 다수결 규칙은 잔혹하고 거칠 뿐 아니라, 일관성 면에서도 오래 지속되지 못한다는 점이 오히려 다행일 수 있다.[28] 이러한 사례는 미드(1976), 애로우(1977), 미를리스(1982), 버몰(1986), 브룸(1991) 등이 탐구한 다양한 형태의 사회 후생 판단과 내향적이고 자기 중심적 개인들을 전제로 하는 다수결 같은 기계적 결정 규칙 사이의 긴장을 분명하게 보여 준다. 또한 뷰캐넌(1994a, b)이 주장했듯, 다수결 규칙이 수용되는 이유는 오히려 그것이 순환을 만들어 내는 경향과 연관이 있다. 그리고 고려 대상이 되는 대안들이 내생적으로 형성될 수 있음을 감안하면, 다수결 결정에서 순환이 발생하는 것은 피할 수 없는 구조적 현상이다.

현실에서 정치적 결정들을 마주할 때, 선택지는 이처럼 극단적 형태로 주어지지 않는 경우가 많다(정치 프로그램과 주장들에는 여러 사안들이 혼재된다). 그

---

28) 다수결 규칙에서 반복 투표 순환의 보편적 존재는 맥켈비(R. D. McKelvey, 1979)와 스코필드(Norman Schofield, 1983)이 광범위하게 연구했다.

리고 개인들 또한 정치적 입장이나 태도를 정할 때 반드시 그들 '자신의 케이크 몫'만을 기준으로 판단하지 않는다.[29] '공공 선택' 학파는 정치적 타협과 사회 결정에서 정치적 거래의 역할을 강조해 왔다. 이 학파는 이런 맥락에서도 각 개인이 **경제인**이라는 전제를 고수하는 경향이 있긴 하지만(뷰캐넌과 털록 1962 참조), 의사 결정 매커니즘을 검토할 때 (다양한 동기를 포함하는)보다 일반적인 사회 과정이 생산적으로 고려될 수 있다. 이 과정에서 중심적인 것은 바로 선호와 가치의 형성에서 공적 토론이 수행하는 역할이며, 이는 뷰캐넌(1954a, b)이 강조한 바 있다.

무관 대안 독립성 조건 역시 비판에서 자유롭지 않고, 실제로 이 조건은 명시적으로건 묵시적으로건 오랜 논쟁의 대상이었다. 이 조건은 18세기 프랑스에서 투표 이론과 집단 결정 절차의 체계적 이론을 개척한 두 수학자, 보르다(1781)와 콩도르세(1785) 사이의 견해 차를 이루는 쟁점 중 하나다. 보르다가 제시한 규칙의 한 형태는 각 유권자의 선호 순위에서 후보들의 서열 번호를 더하는 방식인데, 이는 독립성 조건을 명백히 위반하지만, 그럼에도 다른 측면에서의 장점도 지닌다(게다가 실제 현실에서도 자주 활용된다).[30] 또한 다른 유형의 투표 규칙들도 각기 다른 바람직한 성질을 지니고 있음이 입증되었다.[31]

사회적 결정 메커니즘을 검토하는 데 우리는 애로우 조건들을 진지하게 고려해야 하지만, 그것을 피할 수 없는 절대 명령처럼 받아들일 필요는 없다. 이러한 문제에 대한 우리의 직관은 다양하게 갈릴 수 있고, 애로우 자신의 정리 또한, 초기에는 타당해 보일지라도 모든 조건을 동시에 충족하기는 쉽지 않다는 사실을 보여 준다. 따라서 이러한 첨예한 '기본 원칙에 대한 투쟁'에

---

29) 개인의 사회 후생 판단(그리고 더 일반적으로는 사회적 적절성에 대한 개인의 견해)도 정치적 선호에 일정한 영향을 미친다고 볼 수 있다.

30) 다른 유형의 위치 규칙은 예르덴포스(1973)와 파인과 파인(Ben Fine, Kit Fine, 1974a, b)이 폭넓게 연구했다. 보르다 규칙의 다양한 버전으로는 센(1977a, 1982a, 186~187쪽)을 참조.

31) 예를 들어, 캐플린(Andrew Caplin)과 네일버프(Barry Nalebuff, 1988)는 64% 다수결 규칙을 지지하는 사례를 제시한다. 또한 레빈과 네일버프가 주도한 투표 절차에 관한 심포지엄(1995년)을 볼 것.

는 어느 정도 긴장 완화가 필요하다. 여기서 핵심 쟁점은, 사회적 결정에 대한 합리적 방어가 가능한 절차의 부재가능성이 아니라, 다양한 절차들의 평가에서 우리들을 서로 다른 방향으로 끌어당기는 이질적 고려 사항들 중 어떤 요소를 상대적으로 더 중요하게 평가해야 하는가의 문제다. 우리가 지금 절벽 끝에 매달린 채, 과연 우리가 어떻게든 버티는 게 '가능한지' 여부를 판단하려 애쓰는 상황에 처해 있는 것은 아니다.

6. 절차와 결과

나는 이제, 앞서 제기한 일반적인 쟁점, (1) 절차의 '정당성'에 의존하는 방식과 (2) 결과의 '선(좋음)'에 의존하는 방식 사이의 대조로 전환하고자 한다. 전통적 형태의 사회 선택 이론은 이 이분법에서 후자에 속하는 듯하다. 먼저 상태들을 판단하고(이는 '사회적 선호' 또는 '사회적 후생 판단'의 대상이다), 그 다음으로 '최선' 혹은 '극대적' 혹은 '만족할 만한' 상태들을 산출하는 절차를 식별하는 방식이다. 여기에는 두 가지 쟁점이 있다. 첫째, 어떤 결과가 초래된 과정에 대한 개념 없이도 과연 결과를 판단할 수 있는가? 곧 이어서 나는 이러한 **과정 비의존성**의 전제를 사회 선택 이론의 주장들을 바라보는 올바른 방식이라 할 수 있는지조차 의문을 제기한다. 둘째, 우리는 이와 반대의 방향으로, **결과 비의존성 방식**으로도 절차를 적절히 판단할 수 있는가? 이 둘째 쟁점부터 먼저 다루어 보자.

이러한 (절차 중심 대 결과 중심 관점을 둘러싼)이분법을 폭넓게 분석한 서그든(1981, 1986)은 자신이 지지하는 공공 선택 접근법에서 "정부의 주요 역할은 사회적 선을 극대화하는 것이 아니라, 개인들이 자기 목적을 자유롭게 추구할 수 있도록 하는 규칙의 틀을 유지하는 데 있다"고 설명한다(서그든 1993, 1948쪽). 이는 분명하지만, 이러한 방식으로 '규칙의 틀'을 판단할 때조차도 우리는 여전히 일정한 결과 분석이 필요하다. 즉 그러한 틀이 개인들이 **실제로** "자신의 목표를 자유롭게 추구할 수 있도록 허용"하는 데 얼마나 **효과적**인가를 다루는 분석이다. 상호 의존적인 세계에서는, 각자의 개인적 목적을 추구할 수 있는 자유를 실제로 만들어 내지 못하는 허용적 규칙들의 사례를 찾기가 어렵지 않다(센 1982b 참조).

실제로, 공공 선택 접근법이 결과와 완전히 무관하다고(혹은 그럴 수도 있다고) 믿기란 쉽지 않다. 예를 들어 뷰캐넌이 시장 체계를 지지하는 이유는 시장 매커니즘이 일반적으로 산출하는 결과에 대한 해석에 기반하며, 결과는 뷰캐넌이 절차를 평가할 때 명백히 실질적인 역할을 한다. 그는 다음과 같이 말한다. "사람들 사이의 자발적 교환은 긍정적으로 평가되고 강제는 부정적으로 평가되는 한, 전자의 방식이 후자의 방식으로 대체되는 것이 바람직하다는 함의가 생긴다. 물론 그러한 대체가 기술적으로 실행 가능하고 자원 면에서 과도하게 비용이 들지 않는다는 전제가 있을 경우다(뷰캐넌 1986, 22쪽)." 이 주장은 뷰캐넌이 결과에 대한 어떤 '초월적' 평가를 거부한 것(22쪽)과 심각하게 충돌하지 않지만, 그렇더라도 결과에 대한 평가는 **어떤** 형태로든 평가 작업에 포함해야 한다.[32]

그러나 이 문헌들 속에는 (보다 순수하게 절차적인)다른 체계들도 존재한다. 결과적 효용에 따라 모든 것을 판단하는 공리주의 전통이 이 대조의 한 극단에 위치하면(이는 결과의 한정된 범주에만 초점을 맞춘다), 노직(1974)이 우아하게 탐구한 자유지상주의적 '권리 자격 이론entitlement theory'은 반대편 극에 가깝게 위치한다(이는 개인의 자유뿐 아니라, 정당한 사유 재산의 보유, 사용, 교환, 상속의 권리를 포괄하는 올바른 규칙들에 초점을 맞춘다). 그러나 그러한 절차적 체계라도 용납할 수 없는 결과가 발생할 가능성을 반드시 논의할 필요가 있다. 만약 결

---

32) 뷰캐넌(1986)은 '반(反)자유지상주의적 사회주의자들'과는 달리, '자유지상주의적 사회주의자들'에 대해서는 일정한 공감을 표하지만, 그들이 시장에 반대하는 이유를 "시장 작동 방식에 대해 전혀 안개조차 잡히지 않은 상태"며, "경제 이론에 대해 축복받은 듯 무지"해서라고 본다(4~5쪽). 그는 경제 이론에 내재된 결과 중심 분석을 통해 자유지상주의적 사회주의자들의 입장을 반박하려고 한다.

과가 다수에게, 혹은 심지어 모든 사람에게 끔찍하면 어떻게 되는가?

실제로 노직 체계에서 명시된 모든 자유지상주의적 권리와 자격을 충족하는 경제에서도 거대한 기근이 발생할 수 있음은 입증될 수 있다.[33] 따라서 노직(1974)이 이러한 권리들의 행사가 '참혹한 도덕적 참사'를 초래하는 경우 결과 비의존성에 예외를 둔 것은 매우 적절하다.[34] 이러한 예외 조항 덕분에 결국 결과는 중요하게 다뤄지며, 그 양보의 바탕에는 (뷰캐넌과 유사한)노직의 건전한 판단이 자리하는데, 다시 말해 (우리가 그것이 어떤 것인지에 대해 어느 정도의 합의를 이룬다는 전제하에)도덕적으로 참혹한 결과를 초래하는 권리 자격의 절차적 체계는 윤리적으로 받아들일 수 없다(그리고 받아들여서도 안 된다)는 점이다. 그러나 일단 결과가 이 논의에 포함되는 순간, 결과 비의존적 체계의 순수성이 상실될 뿐 아니라, '올바른 규칙'과 '좋은 결과' 사이의 상대적 중요성을 결정하는 문제가 다시 강력하게 등장한다.

이제 나는 이 이분법의 다른 측면, 즉 완전히 절차와 무관한 방식으로 의미 있는 결과 판단이 가능한가라는 문제로 전환하고자 한다. 고전적 공리주의는 실제로 그러한 체계를 제안하지만, 어떤 주어진 효용 분배를 초래한 과정을 전적으로 무시한 채(예컨대 특정한 효용 재분배가 자선으로 이루어지는지, 과세로 이루어지는지, 혹은 고문으로 이루어지는지에 대한 어떤 내재적 중요성도 부여하지 않은 채) 그 분배가 그럴듯하다는 판단은 납득하기 어렵다.[35]

선택이 이루어지는 과정의 중요성을 인정하는 일이 실제 사회 선택 이론과 충돌하는 것은 아니다. 선택 과정에 대한 서술에는 그 과정이 만들어 내는 결과 상태의 일부로 이해하는 것을 방해하는 어떠한 제약이 없어서다.[36] 어떤 행위 A가 수행되었을 때, "A 행위가 행해졌다" 함은 그 사건의 결과 중 하나

---

33) 센(1981) 참조. 기아 문제를 불평등한 권리와 연계해서 분석하며, 네 건의 기근 사례 연구를 포함한다. 또한 라발리온(1987), 드레즈와 센(1989), 데사이(1995)도 함께 참고할 수 있다.

34) 노직(1974)의 '로크의 조건'에 대한 논의 참고.

35) 이 문제에 대해서는 센(1982a, b) 보라.

36) 센(1982b), 해먼드(1986), 그리고 레비(1986) 참조.

(실제로는 가장 기본적 결과)가 되어야 한다. 만약 메이저 총리가 원하는 게 단순한 총리 재선이 아니라, '공정한 재선'을 기대하면(물론 내가 메이저 총리가 그러한 선호를 표현했다고 암시하는 것은 아니다), 그가 추구하게 될 결과는 절차적 요건이 내포된 결과다.

이것이 곧, 모든 과정이 아무런 변화 없이 사회 상태 서술 속에 불편 없이 포함될 수 있다는 주장은 아니다. **주어진** 상태에 도달하는 의사 결정 메커니즘들 간 비교를 다루는 문헌 일부는 수정될 필요가 있다. 일반적으로, 어떤 사회 상태의 형성에 이르는 과정들이 그 상태의 특성 묘사 속에 표준적으로 포함되면, 우리는 '같은 상태'가 서로 다른 의사 결정 메커니즘에 따라 생성되는 경우를 일관되게 논의할 수 있도록, 일부 차이(이 경우에는 어떤 선행 과정들 간의 차이)들을 **무시**하기 위한 '동치류^{equivalence classes}'를 구성해야 한다. 예컨대 '경로 독립성'(플롯 1973 참조)이라는 개념이 공허하지 않고 의미 있게 작동하려면, 반드시 이러한 유형의 동치류를 구성해야 한다(동치류와 불변 조건에 대한 개념들은 센 1986b 참조).

절차 중심 접근과 결과 중심 접근 간 대조에는 이처럼 다소 과장된 면이 없지 않으나, 실제로는 사회 상태를 충분히 포괄적이고 정교하게 서술하는 방식에서 상당한 정도로 이 둘의 결합이 가능할 수 있다. 이 이분법은 순수한 것과 거리가 멀고 상대적 집중의 문제다.

7. 자유, 권리 그리고 선호

결과 중심 분석 속에 절차적 고려 사항들을 통합해야 할 필요성은, 특히 권리와 자유의 영역에서 중요하다. 기본적 자유나 권리의 침해 혹은 충족은 전통적인 공리주의적 후생 경제학에서 단지 결과주의적 초점 때문만이 아니라, 특히 각 상태에서 발생하는 효용만으로 그 상태를 판단하는 '후생주의' 때문에 간과되는 경향이 있다.[37] 과정은 사람들의 효용에 영향을 미치는 한에서 **간접적으로** 주목받을 수 있지만, 공리주의 틀에서 사회 상태를 평가함에서 권리와 자유는 직접적이고 근본적인 중요성을 부여받지 못한다.

사회 선택 이론의 초기 정식은 이 점에서 공리주의 전통에서 벗어나지 않지만, 이는 광범위한 애로우적 틀에서 변화시킬 수 있다(센 1970, 1982a 참조). 이후의 사회 선택 이론에서는 권리와 자유가 사회 상태를 평가하는 데 기본적으로 관련성이 있음을 반영하려는 연구가 다수 수행되었다. 이를 통해 경제적, 정치적, 사회적 제도들을 평가할 수 있게 되었다. 만약 어떤 사람이 자신의 '사적 영역'에 속한다고 분명하게 여기는 선택을 방해받고 그가 선호하는 일을 못 하면, 그 사회 상태는 그러한 실패로 인해 악화되었다고 간주할 수 있다. 이때 그 악화 정도는 그로 인해 발생한 효용 손실의 크기로만(필요하면 타인의 효용 증가와 비교하여) 판단될 수 없다. 이보다 더 중요한 무엇인가가 또한 관련이 있기 때문이다. 밀(1859, 140쪽)이 지적하듯, "자신의 의견에 대한 개인의 감정과, 그가 가진 의견에 불쾌해하는 타인의 감정 사이에는 어떤 동등성도 없다."[38] 이러한 이유로 일정 수준의 '최소 자유'를 우선적으로 보장할 필요는 사회 선택 이론의 정식화 속에 통합될 수 있다.

그러나 이러한 최소 자유에 무조건적인 우선권을 부여하는 방식은 강력한 파레토 원칙을 포함한 다른 사회적 선택의 원칙과 충돌할 수 있음이 드러난다. '파레토 자유의 불가능성'은 다음 두 가지, (1) 개인이 자신의 사적 영역에서 가지는 선호의 특별한 중요성과 (2) 선택 영역과 무관하게 모든 선택에 대한 사람들의 선호가 가지는 일반적 중요성 사이의 충돌을 포착한다. 이 불가

---

37) 효용은 개인의 선택, 바람, 혹은 충족에 근거해 정의할 수 있지만, 여기서 문제되는 논점은 이들 각각의 해석 방식 모두에 적용된다. 공리주의적 후생 경제학은 전통적으로 '충족'에 초점을 맞춰 왔는데, 이는 부분적으로 개인의 선택만으로는 사람 간 비교를 위한 기초를 곧바로 제공하지 않아서고(하사니 1955 참조), 또한 '충족'이 공리주의 경제학자들에게 개인의 복지를 판단할 때 보다 견고한 근거를 제공한다고 여겨져서다. 예컨대 피구(1951, 288~289쪽)는 다음과 같이 설명한다. "일부 경제학자들은 … '효용'이라는 용어를 충족과 욕구 모두에 무차별적으로 사용했다. 나는 여기서 이를 충족을 의미로 사용하겠다. 그렇게 함으로써 우리는 한 사람의 경제적 복지가 그의 효용으로 구성된다고 말할 수 있다."

38) '개인의 영역'과 '보호된 영역'이라는 개념은 밀에게서 그 기원을 찾을 수 있고(라일리 1987 참조), 이후 하이에크 (1960)의 저술에서도 강력하면서 설득력 있게 표현되었다.

    제3부 * 합리성과 사회적 선택

능성 정리는 이를 확장하고 설명하며 반박하고 완화하려는 방대한 문헌을 낳았다.[39] 이 문제를 해결하고자 시도된 '탈출구'는 (1) 자유의 우선순위를 약화하는 방식(이를 통한 최소 자유 조건 제한), (2) 영역에 독립적인 선호의 일반적 효력을 제한하는 방식(이를 통한 파레토 원칙 제한), (3) 허용 가능한 개인 선호 프로파일의 정의역을 제한하는 방식 등으로 다양하게 나타난다. 이는 애로우의 불가능성 문제와 마찬가지로, 이 충돌을 해결하는 다양한 방식들이 어떤 유형의 사회적 선택 문제인가에 따라 상이한 관련성을 지닌다.

자유를 순수하게 **절차적** 용어로 재정의하려는 시도도 있다. 이 마지막 접근은 (단지 불가능성 문제를 해결하려는 시도로서의 유용성과 별개로)그 자체로도 중요한 주제며, 나는 이것을 곧 검토할 것이다. 그러나 최근에 자유에 대한 (게임 형식의 틀 속에서)가장 폭넓은 재정식을 제시한 가르트너, 파타나익, 스즈무라(1992)에 따르면, 이 불가능성 문제는 "사실상 모든 그럴듯한 개인 권리 개념에서도 여전히 지속된다"고 한다(161쪽).[40]

자유에 대한 순수한 절차적 관점으로의 결정적 전환은 노직(1974)에 의해 이루어졌고, 이는 내 사회적 선택 정식과 파레토 자유의 불가능성(센 1970)에 대한 응답이었다. 이후 이 접근은 예르덴포스(1981)와 서그든(1981)에 의해 중요한 구성적 기여로 이어지고, 가르트너 등(1992)에 의해 게임형 정식화로 확장되고 발전되었다. 게임 형식 관점에서, 각 플레이어는 허용된 전략들의 집합을 가지며, 결과는 각 플레이어가 선택한 전략들의 조합(때로는 여기에 추

---

39) 관련 문헌에 대한 개요 일반으로는 켈리(1978), 스즈무라(1983, 1991), 리글스워스(1985), 시브라이트(1989), 파타나익과 스즈무라(1994a, b) 등을 참조할 수 있다. 공공 선택 이론적 비판은 서그든(1981, 1993)과 로울리(1993)의 저술에서 나타난다.

40) 일부 저자들이 주장하듯, 파레토 개선이 되는 계약으로 문제를 해결할 수 있다는 믿음은 제안된 해결책의 '인센티브 비호환성'을 간과할 뿐 아니라, 아마 더 중요한 점으로, 갈등의 본질 자체를 혼동한다. 왜냐하면 가치 충돌이 존재하는 한 어떤 계약이 당사자들 사이에서 제안되거나 수용될 것인지에 대한 질문은 여전히 열려 있어서다. 예를 들어, '청교도적인 사람(prude)'과 '호색한적인 사람(lewd)'이 『채털리 부인의 연인』을 읽는 문제로 다투는 (지나치게 자주 논의한)사례에서, 만약 프루드가 자유지상주의적 성향을 조금이라도 지닌 사람이면, 자신이 혐오하는 책을 읽는 조건으로 상대방이 그 책을 읽지 말라는 계약을 실제로 제안할지 불확실하다. 사실 프루드는 상대방이 그 책을 읽지 않는 걸 원할 수 있지만, 그것을 강제 가능한 계약을 통해 실현하고 싶지는 않을 수 있고, 이 경우 '파레토 자유의 딜레마'는 프루드 자신의 딜레마가 될 수 있다. 루드 역시 프루드의 삶을 바꾸려 하기보다는 자기 일에 집중할지를 결정하는 문제에 직면한다. 센(1983, 1992b), 바수(1984), 엘스터와 힐란드(1986) 참조.

가적인 '자연'의 "개입"이 결합되기도 한다)으로 결정된다. 개인의 자유와 권리는 서로 다른 개인들의 전략 집합의 곱 중 허용 가능한 부분 집합을 지정함으로써 정의된다. 한 개인은 이 허용된 집합에 전략 조합이 속하는 한도 내에서, 자신이 원하는 방식으로 자신의 권리를 행사할 수 있다.

이 관점에 따르면, 개인이 어떤 권리를 가지는지 정의하거나 그 권리가 존중되었는지를 확인할 때 결과적으로 나타나는 사회 상태를 검토하거나 평가할 필요는 없다. 또한 관련된 개인들이 어떤 상태를 선호하는지를 검토할 필요도 없다. 선호로부터 독립되고, 결과와 분리된 권리 개념을 사회 선택 이론에서의 권리 접근과 대조할 때, 아마도 제기되는 핵심 질문은 사람들이 주장하는 권리라는 것이 일반적으로 그 권리를 행사했을 때의 효과로부터 그렇게까지 분리되어도 과연 타당한가다. 이것은 보다 광범위한 범위에서 논의했던 일반 문제라고 할 수 있다(6절).

일부 맥락에서, 권리를 행위에 대한 허용의 형태로 이해하는 관점은 상당히 불충분할 수 있다. 이는 특히 다양한 원인에서 발생할 수 있는 '선택 억제' 현상 때문이다. 영국에서 오래 이어지는, 수백만 명의 잠재적 복지 수급자들이 (자신의 빈곤이 공개적으로 드러나고 기록되는 데 따르는 수치심과 낙인찍기 탓으로 보이는)정당한 권리 청구의 불이행 사례 논의는, 권리를 실현하지 못한 하나의 사례를 보여 주며, 이 경우 핵심 쟁점은 결코 그 허용 여부가 아니다.[41] 이와 유사하게, 전통적인 성차별적 사회에서 여성들이 형식적으로 부정되지 않은 권리조차 제대로 행사하지 못하는 현상 역시, 권리 실패의 한 유형이며, 이는 게임 형식의 틀로 설명하는 데 적절하지 않다(센 1992b, 148~150쪽 참조). 심지어 이 나라에서 강간 여부를 판단할 때 자주 제기되는 질문조차도, 단순히 피해자가 '거부할 자유'를 가졌는지를 확인하는 수준을 훨씬 넘어서야 한다.

---

41) 캉예르(Stig Kanger, 1985)는 권리의 '비실현' 문제와 그것이 발생할 수 있는 다양한 방식에 대해 통찰력 있게 다룬다.

이러한 사례들을 제외하면, 많은 상황에서 권리를 게임 형식으로 적절히 정식화할 수 있다는 주장은 충분히 타당할 수 있다. 그러나 설령 그것이 가능한 경우라도, 어떤 권리를 보호하고 법제화할 것인가를 결정하고, 그 이면의 목적을 어떻게 가장 효과적으로 달성할 것인가를 판단할 때는, 서로 다른 게임형 정식화들이 가져올 가능한 결과를 살펴보고, 그것이 사람들이 가치 있게 여기고 바라는 바와 어떻게 연결되는지를 고려해야 한다. 예컨대, 어떤 모임에서 흡연을 (그 여부를 당사자의 재량에 맡기고)금하지 않아, 실제 원치 않는 이들이 타인의 담배 연기를 들이마셔야 하는 결과가 초래될 수 있다면, 모임에서는 흡연을 단순 금지하는 방향으로 게임 형식을 수정할 근거가 생긴다. 이러한 결정을 내려야 하는지 여부는 당연히 결과 분석에 따라야 한다. 이 경우 목적은, 비흡연자들이 원치 않는 타인의 담배 연기를 흡입하는 상태를 예방하는 데 있다. 이 상황은 비흡연자들이 혐오감을 느끼며, 또한 (추측건대)그들이 회피할 권리를 가진 상태다. 우리는 이러한 상태를 출발점으로 삼아, 결과 분석(즉, 결과에서 선행 조건으로 거슬러 올라가는 '역방향' 결과 분석)을 통해, 용납할 수 없는 결과를 초래하는 특정 게임형 정식화로 나아간다. 게임 형식의 정식화가 결과로부터 독립적이고 선호로부터도 독립적이라는 사실은 결코 심오한 주장이라기보다는, 오히려 결과와 선호가 근본적으로 관련 있다는 사실과 양립할 수 있다.

따라서 게임 형식 정식화와 사회 선택 이론에서의 권리 개념 간 대조는 첫보기와 대비해 그리 깊지는 않다(센 1992b 참고).[42] 앞서 살펴본 다른 분야에서와 마찬가지로(6절) 절차적 관심과 실제 사건 및 결과에 대한 고려를 결합할 필요성이 매우 강하게 제기된다.

---

42) 파타나익과 스즈무라(1994a, b)의 저서를 또한 참조할 것.

8. 가치와 개인의 선택

지금까지 나는 개인적 행동과 합리성에 대한 논의를 미뤄왔지만, (예컨대 사회적 선택 규범, 사회 후생 판단에 대한 개인의 관심, 투표 행동의 결정 등을 다룰 때처럼)앞선 논의들에서는 간접적으로 등장했다. 공공 선택 전통은 일반적으로 사람들이 비교적 좁은 범위의 자기 중심적 방식, 특히 **경제인**으로 행동한다는 전제에 크게 의존하는 경향이 있었다. 물론 뷰캐넌(1986, 26쪽) 본인도 이 문제에 대해 일정한 '긴장'이 존재함을 지적한다(관련하여 브래넌^{Geoffrey Brennan}과 로마스키^{Loren Lomarsky} 1993 참조). 공공 부문에서 일하는 사람들 또한 자신의 복지와 성공을 추구하는 존재로 간주된다.

애덤 스미스는 종종 '경제인'의 보편성과 윤리적 정당성을 최초로 주장한 인물로 묘사되지만, 이는 다소 성급한 역사 해석이다. 실제로 스미스(1776, 1790)는 '자기애^{self-love}', '신중함^{prudence}', '공감^{sympathy}', '관대함^{generosity}', 그리고 '공공 정신^{public spirit}' 등 서로 구별되는 동기들을 분석하고, 이들의 내재적 중요성뿐 아니라, 사회의 번영에 기여하는 수단적 역할, 그리고 실제 행동에 미치는 실질적 영향에 대해서도 다룬다. 합리성이 요구하는 기준이 반드시 (예컨대 자기애와 같은)하나의 동기를 사용하는 데만 맞춰져야 하는 것은 아니며, 오늘날에도 좁게 정의된 자기 이익을 타협 없이 추구한다는 전제가 스미스의 시대만큼이나 잘못된 가정임을 보여 주는 경험적 증거는 매우 풍부하다.[43] 모든 인간(그리고 특히 공직자들)이 끊임없이 이타적인 '사회적 선'을 추구한다는 식의 고상한 감상주의를 경계할 필요처럼, 모든 인간이 언제나 개인적 이익에만 전적으로 동기 부여된다는 식의 소위 '저급한 감성주의' 또한 피해야 한다.[44]

---

43) 관련된 여러 쟁점을 다룬 연구들은 맨스브리지(Jane Mansbridge, 1990)의 저서에서 정리한다.

44) 모든 사회적 동기를 지닌 행동을 순전히 사적 이익을 극대화하려는 교묘한 시도라고 설명하는 시도는 일부 근대 경제학에서 빈번하게 등장한다. 자기 이익 독점의 가정을 미국에서 유럽보다 더 일반적 신념으로 받아들이는지에 대한 흥미로운 질문이 있다. 토크빌(Alexis de Tocqueville)은 다음과 같이 말했다. "미국인들은 … 자신 삶의 거의 모든 행동을 '올

하지만 그렇다고 해서, 뷰캐넌 등 여러 학자들이 제기한 중요한 함의, 즉 공공 부문에서 일하는 사람들이 저마다의 목적 함수를 갖는 경향이 있다는 주장을 부정하지는 않는다. 나는 이 지점을, 종종 혼재되어 주장되어 온 그 목적 함수가 단지 해당 공무원의 자기 이익에만 좁게 한정된다는 주장과 구분해서 받아들인다. 여기서 도출되는 핵심 쟁점은 (예컨대 랑에$^{Oscar\ Lange}$와 러너$^{Abba\ Lerner}$ 이래로 이어져 온 분권적 자원 배분을 위한 알고리듬 제안 등)많은 배분 이론에서 공적 행위자의 독립된 목적 함수라는 개념이 결여된다는 데 있다. 이 일반적 결핍을 지적하기 위해 굳이 경제인이라는 가정을 추가할 필요는 없다.

이 문제는 (비록 실현 이론 관련 문헌에서는 부분적으로 다루어졌음에도)사회 선택 이론에서 다소 간과된 주제지만, 이러한 동기의 다원성이 보다 풍부하게 서술된 사회 상태와 더 정교하게 정식화된 개인 선택 및 행동을 포함하는 사회적 선택의 틀에서 수용될 수 없는 이유는 없다. 애로우(1951)의 정식과 전통적인 사회 선택 이론에서 사용된 개인 선호의 정식화는 각 개인의 목적 함수의 성격을 명시적으로 규정하지 않는다. 이 지점에서는 보완 연구가 필요하지만, 이러한 정식은 (지속적인 이타 행위를 전제하지도, 철저한 자기 중심주의에 얽매이지도 않는)유용하게 허용적인 틀이라 할 수 있다.

비록 이 확장된 분석 틀이 경제인 개념을 훨씬 넘어서더라도, 이 틀에서 사용되는 개인적 합리성 개념에는 여전히 몇 가지 어려움이 남는다. 이러한 합리성 접근은 다른 '도구적' 합리성 이론들과 마찬가지로, 목표 자체에 대한 비판적 검토 조건을 결여한다는 점에서 '불충분성'의 문제를 공유한다. 소크라테스가 "성찰 없는 삶은 살 가치가 없다"고 선언했을 때 다소 과장된 표현이었을지언정, 어떤 종류의 삶을 이성적으로 선택할 것인가에 대한 성찰이

바르게 이해된 자기 이익'이라는 원칙으로 설명하길 좋아한다. 그들은 스스로를 계몽된 방식으로 고려하면서 서로를 도우려 하고, 기꺼이 자신의 시간과 재산 일부를 국가의 후생에 바치려 하는 점을 자랑스러워한다. 이런 면에서 그들은 종종 스스로에게 정의롭지 않다. 왜냐하면 미국에서도 다른 곳처럼 인간 본성에 따른 이타적이고 자발적인 충동에 따르는 사람들이 때때로 있기 때문이다. 그러나 미국인들은 이러한 감정에 따라 행동했다는 것을 좀처럼 인정하지 않는다. 그들은 자기 자신보다 자신의 철학에 더 많은 명예를 돌리고 싶어한다(토크빌, 1840, 제2권 8장, 1945년판 122쪽)."

합리적 선택과 전혀 무관하다고 할 수는 없으리라.[45] '도구적 합리주의자'는 예컨대, 어떤 남자가 무딘 칼로 자신의 발가락을 자르는 모습을 보면서, 그에게 그 목적을 더 잘 달성하려면 보다 날카로운 칼을 써야 한다고 조언하러 달려가는 결정 전문가의 모습이다.

이러한 한계는, 합리성에 대한 전제를 행동 예측의 도구로 사용하는 경우보다는, 규범적 맥락에서 더 크게 작용하는 제약일 수 있다. 왜냐하면 목표에 대한 비판적 검토는 현실에서 널리 실행된다고 보기 어려울 수 있어서다. 그러나 이 점 또한 완전히 분명하지는 않다. 왜냐하면 논의와 상호 교류, 그리고 심지어 정치적 논쟁조차도 가치의 형성과 수정에 기여하기 때문이다. 나이트^{Frank Knight}(1947, 280쪽)가 지적하듯, "가치는 논의를 통해 확립되거나 정당화되고 인식된다. 동시에 논의는 사회적·지적·창의적 활동이다." 또한 뷰캐넌(1954a, 120쪽)의 주장처럼, 이것은 민주주의(즉, 토론에 의한 정부)의 핵심 구성 요소며, "결정 과정을 통해 개인의 가치가 변화할 수 있고 실제로 변화한다"는 주장도 상당한 설득력이 있다.

이 문제는 실질적으로 현실적 중요성을 갖는다. 예를 들어, 기아가 어떤 나라에서는 발생하지만 다른 나라에서는 발생하지 않는다는 사실을 연구하는 과정에서, 나는 정규 선거가 있는 다당제 민주주의 체제고, 언론의 자유가 일정 수준 보장되는 나라에서는 지금까지 한 번도 대규모 기아가 발생한 적이 없다는 사실에 주목하고자 했다(센 1984).[46] 이 사실은 (인도, 짐바브웨, 혹은 보츠와나 같은)빈곤한 민주주의 국가들에도, 부유한 민주주의 국가들에도 똑같이 적용된다.[47] 이는 주로 기아가 수백만 명의 생명을 앗아가지만, 지배 계층

---

45) 이 주제에 대해서는 노직(1989)의 논의를 볼 것.

46) 드레즈와 센(1989)의 연구 및 *World Disasters Report*(1994, 33~37쪽) 참조.

47) 이에 반해, 중국은 (개혁 이전에도 공공 보건과 교육에서 훌륭한 성과를 기록했지만)기록된 역사상 가장 큰 기근 가운데 하나를 1959년부터 1962년 사이에 겪었고, 이 기간에 2,300만에서 3,000만 명이 사망했다. 그러나 잘못된 공공 정책은 기근이 지속되는 3년간 전혀 수정되지 않았다. 반면, 인도에서는 여러 시행착오에도 불구하고, 1947년 독립과 다당제 민주주의의 도입 이후 대기근이 완전히 사라졌다(가장 최근의 대기근은 1943년에 발생한 '벵골 대기근'이다).

이나 독재자들의 직접적 복지에는 거의 영향을 주지 않기 때문이며, 그들의 통치가 위협받지 않는 한, 기아를 예방할 정치적 인센티브가 거의 없다. 세계 각지의 기아에 대한 경제 분석은, 실제로 기아에 시달리는 인구가 전체의 극히 일부(대개 인구의 5%를 넘지 않는 경우가 많다)라는 사실을 보여 준다. 이 가난한 집단이 보유한 국민 소득과 식량의 비중은 통상 3% 이하에 불과하므로 기아가 발생했을 때 이들의 소득과 식량을 복구하는 일은, 지극히 가난한 나라에서도 진지한 노력을 하면 그리 어렵지 않다(센 1981, 드레제와 센 1989 참조). 따라서 기아는 충분히 예방 가능한 현상이며, 여론의 비판에 직면하고 유권자와 대면해야 하는 정치적 상황은 정부가 일정한 긴장을 하면서 예방 조치를 취하게 하는 정치적 인센티브를 제공한다.

여기서 질문이 생긴다. 기아는 인구의 극히 일부분(통상 5% 이하)만을 직접적으로 타격하지만, 어떻게 그것이 선거나 여론 비판에서 그렇게 강력한 영향력을 발휘하는가? 이것은 보편적 자기 중심성이라는 전제와 일정한 긴장을 형성하는데, 우리는 분명 타인의 곤경을 이해하고 그에 반응할 수 있는 능력(그리고 종종 그러한 성향)을 가진 듯하다.[48] 이 맥락에서는 특히, 참담한 사건에 대한 공적 논의를 통해 형성되는 가치, 그리고 그 과정에서 시민들이 연민과 헌신을 갖고 그러한 사태를 예방하기 위한 행동에 나서게 되는 과정을 분석할 필요가 있다.

개발 담론에서 유용하게 사용되어 온 '기본적 욕구basic needs'라는 개념조차도, 무엇이 '욕구'로 간주되는지는 단지 생물학적이고 변화 불가능한 요인들로만 결정되지 않는다는 사실과 연결해야 한다. 예컨대, 제3세계 일부 지역에서는 잦은 출산이 여성의 복지와 자유에 미치는 영향에 대해 공적 논의를 확산하고 심화하면서, 핵가족이 여성의(그리고 남자에게도) '기본적 욕구'라는 인식이 점점 강화된다. 이러한 가치 형성 과정에서 민주주의, 자유로운 대중

---

48) 이 일반적인 문제로는 롤즈(1971)와 스캔런(1982)의 논의를 보라. 또한 하우스먼과 맥퍼슨(Michael McPherson, 1993)의 연구를 참고할 것.

매체, 그리고 기본 교육(특히 여성 교육)의 결합이 매우 강력한 역할을 한다. 이러한 발견이 가지는 함의는, 이른바 '세계 인구 문제'를 합리적으로 고려할 때 특히 중요한 의미를 갖는다.[49]

환경 문제를 다룰 때도 유사한 쟁점들이 제기된다. 우리가 직면한 위협들은 국가 정책의 변화뿐 아니라 조직화된 국제적 대응을 필요로 하며, 특히 사회적 비용을 가격과 인센티브 체계에 보다 정확히 반영할 것을 요구한다. 그러나 이러한 대응은 개인의 행동에 영향을 미치고, 정치적 과정을 통해 정책 변화를 이끌어 내기 위한 수단으로서, 공적 논의와 연결된 가치 형성에도 의존한다. 이 모든 과정에는 수많은 '사회적 선택 문제'가 따르지만, 이를 분석하기 위해 우리는 주어진 개인 선호를 가장 잘 반영하는 방법이나, 그 선호에 기반한 선택을 가장 받아들일 만한 절차를 찾는 데만 머물러서는 안 된다. 우리는 (전통적인 사회 선택 이론이 전제해 온)주어진 선호에 대한 가정과 (전통적인 공공 선택 이론이 가정해 온)좁게 정의된 자기 이익을 추구하는 **경제인**이라는 전제 모두로부터 벗어날 필요가 있다.

9. 맺으며

이제 글을 마치기 전에, 처음에 던졌던 몇 가지 질문으로 잠시 돌아가 보자. 애로우의 불가능성 정리는, 개별적인 선호 순위를 하나의 집합적인 사회 후생

---

49) 관련 논의와 인용 문헌은 센(1994, 62~71쪽)에서 확인할 수 있고, 특히 다스굽타(1993)의 연구가 중요하다. 또한 프제보르스키(Adam Przeworski)와 리몽기(Fernando Limongi, 1994)의 국제 비교 연구에 따르면, 민주주의와 출산율 감소 사이 상당히 강한 상관관계를 확인할 수 있다. 인도 케랄라 주의 경우, 전체 출산율이 1950년대의 4.4에서 현재 1.8로 급감했는데(이는 영국과 프랑스와 유사하며 미국보다 낮다), 이러한 변화에는 교육, 민주주의, 공적 토론과 관련된 가치 형성이 큰 역할을 했다. 중국 역시 출산율이 하락했지만(케랄라만큼은 아님), 중국은 합의적 방식이 아닌 강제적 방식에 의존했기에 상대적으로 높은 유아 사망률을 보인다(1991년 기준 남아 1,000명당 28명, 여아 1,000명당 33명 사망). 반면 같은 해 케랄라는 남아 1,000명당 17명, 여아 1,000명당 16명 사망에 그쳤다. 그러나 인도의 다른 많은 지역에서는 민주주의가 존재하지만 여성의 초등 교육 수준이 낮아 이런 공적 논의가 어렵다. 관련 문제는 드레즈와 센(1995)의 저서에서 다룬다.

판단으로 통합하는 데 내재한 심오한 어려움을 분명히 드러낸다(2절). 그러나 이 결과를 주로 부정적으로만 볼 필요는 없다. 왜냐하면, 이 정리는 곧바로 이러한 문제를 어떻게 극복할 것인가에 대한 질문으로 이어지기 때문이다. 사회 후생 판단이라는 맥락에서 이 문제를 해결하는 자연스러운 방향은, 정보 기반을 더욱 풍부하게 하는 데 있고, 이를 위한 서로 두드러지는 여러 방식들이 있다(4절). 이러한 접근 방식들은 개인이 집합적 판단을 내리는 실제 상황에서 활용될 수 있을 뿐 아니라 빈곤, 불평등, 분배 조정된 실질 국민소득 등과 같은 사회적 지표를 도출하기 위한 조직화된 절차에도 적용될 수 있다.

둘째, 사회적 선호 개념(그리고 그것을 사회적 선택을 구성하거나 설명하는 순서화로 사용하는 것)에 대한 뷰캐넌의 문제 제기는 사회적 결정 **매커니즘**의 경우 확실히 적절한 지적일 수 있지만, 사회 후생 **판단**의 경우에는 덜 그렇다(3절). 애로우 정리는 어떠한 선택지 간 일관성의 강제 **없이** 선택 함수로 사회적 의사 결정을 정식화하는 순간, 원래의 형태로 더 이상 적용되지 않는다. 하지만 사회적 선택을 선택 함수적 관점에서 접근할 때 도출되는 자연스러운 함의들을 전개하면, 애로우의 조건들은 그에 맞추어 다시 정식화되어야 하고, 그렇게 하면 불가능성 정리는 다시 전면적으로 되돌아온다(3절). 사회적 선호 개념이나 사회적 선택의 내적 일관성 개념은, 이 불가능성 정리의 핵심에서 본질적으로 중복적이다. 그러므로 뷰캐넌의 전환은 애로우의 불가능성 정리를 반박하는 것이 아니라 그와는 별개의 중요한 시도라 할 수 있다.

사회적 결정 매커니즘의 경우 불가능성 문제를 수용하는 일은, 본질적으로 서로 다른 원칙들 간 상호 절충의 문제다. 이는 허용가능한 사회적 결정 규칙에 대한 공리적 요구의 역할을 보다 경직되지 않게 해석할 필요가 있음을 시사한다(5절).

셋째, 사회적 결정에 대해 보다 절차적인 관점을 제안한 뷰캐넌의 주장은 상당히 타당하다. 하지만 동시에 (결과로부터 독립된)순전히 절차에만 기반한 관점이 적절한지 의문을 제기할 만한 충분한 이유가 있고, 마찬가지로 (절차로부터 독립된)지나치게 결과 중심적인 관점도 심각한 결함이 있다. 하지만 이러한 절차적 고려 사항은 사회 상태를 적절히 재정식화함으로써 결과적 고려 사항과 통합할 수 있고, 그렇게 함으로써 두 측면을 함께 반영하는 상태 평가가 가능하다(6절). 이 결합은 특히 사회적 판단과 사회적 결정 매커니즘에서 자유와 권리를 포괄하기 위해 매우 중요하다(7절).

끝으로 합리적인 사회적 결정의 필수 구성 요소로서 개인 행동의 합리성을 더 많이 주목할 필요가 있다. 특히 전통적 형태의 사회 선택 이론은 사회적 상호 작용을 통한 가치 형성을 간과하는 경향 때문에 그 실천적 적용 범위가 상당히 축소된다. 뷰캐넌이 선호 형성에서 (민주주의의 핵심 요소로서)공적 논의의 역할을 강조한 점은 타당한 주장이다. 그러나 전통적인 공공 선택 이론은 개인이 항상 경제인처럼 행동한다고 고집함으로써 지나치게 협소한 이론이 되고 만다(이 점에서 사회 선택 이론은 훨씬 유연한 입장이다). 이러한 절대적 제약은 사회적 관심과 가치의 성격을 왜곡할 위험이 크다. 그리고 이러한 묘사상의 제약을 넘어, 여기에는 '실천 이성'이라는 중요한 쟁점도 포함된다. (기아 예방에서 환경 보존에 이르기까지)오늘날 세계의 많은 중대한 문제는 실제로 공적 논의를 통한 가치 형성을 요구한다(8절).

사회적 결정의 합리성에 관해서 사회 선택 이론과 공공 선택 접근 모두로부터 중요한 교훈들이 도출되었다. 사실 이 두 접근에서 얻은 교훈들을 결합함으로써 더 많은 것을 얻을 수 있다. 나 자신은 사회 선택 이론가로서, 이 글에서 특별히 균형 잡힌 입장을 취할 계획은 없었지만, 결국 꽤나 공정한 태도로 결론을 맺게 된 데에 굳이 사과할 필요는 없으리라.

제9장

사회적 선택 기반으로서의 개인 선호*

1. 들어가며

사회 선택 이론은 공리적 방법을 광범위하게 사용하는 분석적 학문 분과다. 이 이론의 강점과 약점의 상당수는 바로 이러한 분석적 성격에 기인하며, 여기에는 해석의 유연성에서 비롯되는 강점도 포함하고, 실질적 쟁점을 형식적으로 간과하는 경향에서 오는 약점도 포함한다. 이 글의 주제는 이러한 장점과 단점이 뒤섞인 양상이다.

나는 이 일반적인 문제를, 개인 선호를 사회적 선택의 기반으로 삼는다는 구체적 맥락 속에서 다루고자 한다. 사회 선택 이론의 이러한 근본적 특징은, 계몽주의 이후 시대의 합의적 통치 전통에서 계승되지만, 그동안 많은 비판의 대상이었다.[1] 이들 비판 가운데 상당수는 이 공리적 학문 분과가 지닌 해

---

* 애로우, 센, 그리고 스즈무라 편, *Social Choice Re-examined*(London: Macmillan, 1997)에서.

1) 많은 비판이 상당히 다양한 문헌에 흩어져 있다. 사회 선택 이론에 대한 '공공 선택'적 비판부터 사회적 결정을 '게임 형식'으로 정식화하려는 동기 부여적 논의까지 다양하다. 나는 이들을 차례로 다룰 것이다. 비판적 논의의 몇몇 흐름의 적

석상의 다양성을 충분히 고려하지 않은 데서 비롯한다. 이 이론은 매개변수적 적응력을 갖추고 있기 때문에, 개인 선호에 대한 의존은 동일한 일반적 틀에서 다양한 접근 방식을 가능케 하며, 이 전통의 범위를 비판자들이 상정하는 것보다 훨씬 넓게 확장한다. 나는 아울러 이와 같은 분석적 집중이 지니는 몇 가지 한계에 대해서도 다룰 것이다.

2. 사회적 선택의 선호 기반에 대한 비판

애로우가 사회 선택 이론을 근대적 형태로 개척한 것은 40여 년 전의 일이며(그의 고전 *Social Choice and Individual Values*는 1951년에 출간되었다), 그는 사회적 선택의 근본적 기반으로 개인 가치와 선호를 분리하여 설정했다. 사회를 위한 결정은 물론 선호 이외의 정보 범주에 기반할 수도 있으며, 예컨대 역사적으로 확립된 규칙, 관습 또는 절차, 혹은 선호와 무관한 절차적 권리의 정식화 등이 그 예다. 그러나 애로우가 취한 접근은 사회적 결정을 위한 적절한 출발점으로 개인의 선호 순위라는 넓은 범주에 확고히 초점을 맞춘다. 이 점에서 애로우는 실로 18세기에 민주적 집단 결정을 위한 학문을 창시했던 보르다(1781)와 콩도르세(1785)를 포함한 놀라운 프랑스 수학자 집단의 전통을 잇는 존재였고, 정작 이들 또한 유럽 계몽주의의 영향을 사회적 집계와 합의적 통치에 대한 형식 분석으로 확장한 인물들이었다.[2] 여러 측면에서 사회 선택 이론은 그 계몽주의 이후 전통의 계승자며, 사회적 결정에서 개인의 가치와 선호에 의존하는 것은 그 지적 유산의 일부다.

그러나 이러한 개인 선호에 대한 의존이 사회적 선택의 기반으로서 충분히 옹호될 수 있는지는 종종 의문이 따른다. 여러 상이한 방향에서 문제점들이

절한 출발점은 엘스터와 휠란드가 편집한 비판적 에세이 모음 *Foundations of Social Choice Theory*(1986)이다.

2) 콩도르세의 정치 사상과 오늘날 사상 및 관심사 사이의 연관성은 로스차일드(1992)를 볼 것.

제기되었다. 특히, 선호 기반 사회적 선택에 대한 다음과 같은 비판이 제시된다.

1. **선호의 해석적 모호성**: 선호는 고정된 의미를 갖지 않으며 만족, 욕구, 가치, 선택의 이항관계 등으로 다양하게 해석된다.
2. **개인 선호의 정보적 기반에 대한 평가적 불충분성**: '단순한 선호'는 개인의 이점이나 특권에 대해 많은 것을 말해 주지 않을 수 있다.
3. **선호 형성의 중요성**: 왜 '주어진' 선호를 당연한 것으로 받아들여야 하는가?
4. **사회적 의사 결정을 위한 '적절한' 체계에서 절차화 과정의 우선성**: 예를 들어 '게임 형식'을 통해 개인의 자유와 권리를 '올바르게' 정식화하는 경우, 결과에 대한 선호는 권리를 규정하는 데 중요하지 않을 수 있다.

이러한 비판들은 각각 차례대로 검토하자.

3. 공리와 정식화의 선호 기반

애로우(1951, 1963)가 그의 유명한 일반 가능성 정리를 증명하기 위해 선택한 특정한 공리 구조는, 여러 사람들의 개인적 선호에 최소한의 관심이라도 기울이도록 보장하려는 의도에서 상당 부분 동기 부여받은 것이었다. 이러한 맥락에서 다양한 표준 사회적 선택 조건들을 해석하기는 어렵지 않다. 이 조건 선택을 이끄는 동기가 애로우나 다른 이들이 채택한 정확한 형식적 조건들로 가장 잘 반영되는지 여부는, 건설적 논쟁이 가능하고 실제로 존재해 왔다. 그리고 실제로 많은 실질적 수정안들이 제안되기도 했다.[3] 하지만 이러

---

3) 이러한 쟁점에 대한 논의는 다음 문헌들을 보라. 애로우(1963, 1977), 센(1970, 1977a, 1982a), 파타나익(1971), 피시번(1973), 해먼드(1976, 1985), 플롯(1976), 다스프르몽과 게베르(1977), 켈리(1978), 게베르(1979), 매스킨

한 기본적 동기들은 사회적 선택 전통의 일부로서 비교적 일반적으로 수용되었다.

사회 선택 이론이 특히 1960년대 이후 방대한 문헌을 낳으면서, 애로우의 '사회적 후생 함수' 형식은 여러 방식으로 수정되고 확장된다. 예컨대, (사회적 결정 함수, 사회적 선택 함수, 혹은 '함수적 집단 선택 규칙 등처럼)비추이적 사회 관계와 비이항적 사회 선택을 허용하는 방식, (사회 후생 함수형과 관련된 형식처럼)효용의 대인 비교와 기수성을 수용하는 방식, ('약한' 형식과 '강한' 형식 모두로)균형 결과의 함수적 결정가능성을 탐색하는 방식 등이 그렇다. 이러한 확장들은 보다 다기능적인 결정 절차, 보다 정교한 선호 표현 등을 가능하게 했지만, 개인 선호의 근본적 역할은 대체로 유지되었다. 지금 이 순간에도 사회 선택 이론 분과는 상당 정도 여전히(애로우의 1951년 저서의 제목 그대로) '사회적 선택과 개인 가치'에 관한 것으로 묘사될 수 있다.

4. 해석의 다양성과 맥락적 특수화

선호 개념은 여러 상이한 대상들을 지칭하는 데 사용되었고, 여기에는 **정신적 만족**(예, 마샬 1890과 피구 1952), **욕망**(예, 램지 1931, 힉스 1939), **선택**(예, 새뮤얼슨 1947, 하사니 1955) 그리고 **가치**(예, 애로우 1951, 헤어 1963, 그리핀 1986) 등을 포함한다. 이 다양성은 종종 서로 다른 의미들이 동일한 선호 순위를 산출한다고 가정함으로써 중요하지 않게 여겨진다.[4] 실제로 표준 경제학의 많은 부분에서 이들 개념 간의 차이를 **모두** 일치하는 방식으로 회피한다.

이러한 강제된 일치 속에서, '선호'라는 용어의 다용성은 일견 이를 용이

(1979), 로버츠(1980a, 1980b), 치칠니스키(1982), 스즈무라(1982, 1983), 치칠니스키와 힐(Heal, 1983), 파타나익과 살레(1983), 블래커비, 도널드슨, 웨이마크(1984), 그리고 다스프르몽(1985) 등 다수의 기여가 있다.

4) 예를 들어, 피구(1952)는 일반적으로 욕구가 정신적 만족과 일치하는 이유를 다루며, 램지(1931)는 욕구를 선택과 연결 짓고, 새뮤얼슨(1947)은 선택을 복지와 연관 짓는다.

하게 하는 역할을 하며, 실제로 이 용어는 어떤 맥락에서 이러한 뚜렷이 다른 관념들 각각을 표현하기 위해 사용된다. 넓은 개념인 '선호'의 다용성이 가능하다는 사실은 의미 없는 일이 아니며, 이는 부분적으로 이러한 서로 다른 개념들 사이에 존재하는 기본적 유사성을 반영한다. 특히, 이들 개념이 모두 어떻게 **사고하고 느끼며 평가하고 행동할지**를 결정하는 책임 있는 존재로서의 개인에 초점을 맞춘다는 점에서 그렇다. 이러한 제한적 유사성은 분명 중요한 의미가 있다.

그러나 개인 선호에 대한 상이한 해석들 사이의 유사성은, 그 내용상의 실질적 차이들을 결코 지워 버리지 않는다. 이들은 개인의 전혀 다른 측면들에 각각 초점을 맞춘다. 나는 다른 글(센 1973, 1977c)에서 이러한 구별들을 회피하는 것이 인간을 '합리적 바보', 즉 무차별적이고 거칠게 사고하는 존재, 수많은 상이한 생각들에 대해 단 하나의 범용적 선호 순위를 택하는 자로 간주하는 것과 다를 바 없다고 주장했다. 인간 행동에 대한 이론(설령 그것이 경제적 사안에 관한 것일지라도)은 훨씬 복잡한 구조와 다층적 구별을 요구한다.

그렇다면, 개인 선호에 관한 해석이 다원적이라는 사실(그리고 그것들이 반드시 일치한다는 보장이 없다는 점)은 선호 기반 사회 선택 이론의 중대한 한계를 의미하는가? 나는 오히려 그 반대로, 이러한 다원성은 선호 기반 접근의 넓은 범주가 지닌 하나의 **강점**이라고 주장한다. 적절한 사회적 결정을 둘러싼 다양한 평가 논증들에서는 개인의 의지와 행위 주체성의 여러 측면들이 (명시적으로건 묵시적으로건)고려된다. 그리고 이 풍부한 해석의 다양성으로 이론은 맥락에 따라 개인들의 다양한 특징들을 언급할 수 있다.

선호에 대한 상이한 해석들은 서로 상당히 이질적인 규범적 근거들 위에서 그 관계성을 획득한다. 예를 들어, **이익 기반** 평가 논증과 **자유 기반** 평가 논증이 각각 견인하는 서로 다른 지향을 생각하자. 이익을 판단할 때, 한 개인의 실제 선택은 불충분한 정보 기반을 가질 수 있다. 실제 선택이 어떤 이유에 기반하는가에 따라 많이 달라질 수 있어서다(센 1973, 1982a 참조). 반면,

개인 **행동의 자유**에 관심을 둘 경우에는 그 사람이 실제로 행한(또는 관련 있는 반사실적 상황에서 했을 법한) 선택들이 무엇이 해당 선택을 동기 부여했는지와 무관하게 가장 적절한 출발점이 될 수 있다.[5]

　마찬가지로, 경제적 불평등의 정도를 판단하거나 효율성과 분배적 형평성이라는 상이한 지향이 견인하는 방향을 평가할 때는, 선호를 각 개인의 고유한 사적 이익 관점에서 해석하는 데 특별한 주의를 기울여야 한다. 그러나 한 국가의 대통령으로 누구를 선출할 것인지와 같은 정치적 사안을 결정할 때 관련된 모든 사람들의 일반적 가치는, 그 전반적 평가에서 각 개인이 자신의 사적 이익에 어떤 가중치를 부여할 것인지와는 무관하게 가장 관련성 높은 입력 값이 될 수 있다.

　애로우(1951) 자신은 개인의 '가치'와 '기호'를 실질적으로 구분하고, 전자에는 포함되지만 후자에는 속하지 않는 여러 고려 사항들을 제시했다. 그는 자신의 정식화에서 "여기에서 정의된 사회적 후생 함수의 인자로 들어가는 개인의 선호 순위는 '기호'가 아니라 개인의 '가치'에 해당한다"고 설명했다 (23쪽). 반면, 그는 이렇게 정의된 개인 선호 순위를 합치고 각 기회 집합에서 이루질 선택들과 결합했으며(2장 참조), (그 맥락에서)가치와 선택이 일치한다는 것을 전제로 삼았다.

　그러나 우리가 반드시 애로우(1951)의 저서에 전적으로 따를 필요는 없으며, 애로우의 형식 체계(그리고 그 이후에 탐구된 관련 체계들)를 활용하되 (맥락에 따라)개인 선호에 대한 단일 해석만을 호출하고 동시에 다른 해석들까지 자동적으로 수용하지 않아도 되는 점에는 아무런 제약이 없다. 애로우(1951) 자신도 "추상적인 공리적 방법의 큰 장점 중 하나는 동일한 체계가 여러 가지 다양한 해석을 가질 수 있다는 점이다(87쪽)"고 지적한 바 있다. 이는 특히 선호의 다양한 해석들에 해당한다. 조건적으로 호출되는 선호 해석들 사이의 구

---

5) 나는 이 문제를 스탠퍼드대학교에서 진행한 '자유와 사회적 선택'에 관한 애로우 강의에서 다루었다(이 책의 20~22장 참조). 또한 센(1991a, 1993b) 참조.

　　제3부 ＊ 합리성과 사회적 선택

분을 의식하는 한, 관련한 방법론적 문제는 없다.

또한 사회적 선택의 정보 기반에서 둘 이상의 선호 해석을 **동시에** 사용하는 것도 가능하고, 이들을 서로 구별되고 일치하지 않는 존재로 취급할 수 있다. 더 나아가 '메타 순위'(즉, 순위에 대한 순위)와 같은 보다 복잡한 선호 구조를 포함하고, 그에 상응하는 방식으로 집계 조건을 재정의하는 것도 가능하다. 나는 여기서 이러한 확장을 자세히 다루지 않으며(그 이론적 근거에 대해서는 센 1982a 참조), 다만 현재 맥락에서 그것들이 선호를 사회적 선택과의 관련성에서 어떤 의미에서건 덜 적절하게 하기보다는 오히려 훨씬 풍부하게 관련되도록 한다는 점만을 지적하고자 한다.

5. 개인적 이점 평가에서 선호의 한계

전통적 후생 경제학은 개인 효용의 함수로 상황의 바람직함을 평가한다는 점에서 '후생주의'적 성향을 지녀 왔다. 이것이 '결과주의'와 결합될 경우, 모든 (행위, 제도 등에 관한)사회적 결정을 관련된 효용 가치에 따라 평가하는 방식으로 이어진다.[6] 효용이라는 개념은 일반적으로 만족, 욕구, 선택 등과 같은 어떤 선호 개념을 통해 이해되었다.[7]

최근 몇 년 사이, 이러한 후생주의적 결과주의는 여러 방향에서 비판을 받았다. 일부 비판들은 사회적 결정을 개인의 이점에 근거하기보다는 올바른 절차와 과정에 우선 순위를 부여해야 한다고 주장하며, 이 경우 후생주의적 결과주의에 대한 거부는 절차-기반 평가를 옹호하는 보다 일반적 주장에 속

---

6) **결과주의**는 모든 선택 변수를 각각이 초래하는 사태에 대한 효과에 따라 평가하기를 요구하며, 후생주의는 그러한 사태에 대한 평가가 오직 그 상태에서의 개인 효용에만 근거하기를 주장한다. 이 두 조건에 더해 개별 효용의 단순 총합으로 판단하는 합계 순위를 추가하면, 우리는 고전적 공리주의에 이르며, 이는 결국 후생주의적 결과주의의 특수한 경우라고 할 수 있다.

7) 유용성을 바라보는 다양한 관점의 예로는 마셜(1890), 램지(1931), 피구(1952), 하사니(1955), 헤어(1963), 고슬링(1969), 그리핀(1986), 브룸(1991) 참조.

한다. 이와 같은 비판에 대한 논의는 7절에서 다루기로 한다.

개인적 이익이 사회적 결정에 핵심적 관련성을 가진다고 받아들이는 접근 중에서, 개인의 이익을 평가하는 데 선호 중심 방식을 문제 삼는 입장이 있다. 우선 '비합리성'의 문제가 있고, 하사니(1995)가 '반사회주의적' 요소라고 부른 것의 존재들도 이에 해당한다. 이러한 경우 선호에 대한 '세탁^{laundering}'이 요구된다(구딘^{Goodin} 1986 참조). 이러한 '정화^{purification}'의 윤리적 문제는 상당히 복잡할 수 있다(센과 윌리엄스 1982의 서론 참조). 그러나 여기서 그 문제에 얽매일 필요는 없다. 우리가 이 문제에 어떠한 입장을 취하건 간에 여전히 우리는 넓은 의미에서 선호 기반 접근 속에 머물러 있으며, 실질적인 질문은 개인 선호의 적절한 해석을 어떻게 명시할 것인가 하는 것이다.

개인 선호에 대한 정화나 세탁이 하나의 비판적 쟁점을 제기하는 반면, 자유, 형평, 정의의 원칙들을 반영하기 위해 정보적 확장을 요구하는 비판들은 전혀 다른 범주의 문제를 제기한다. 자유에 관한 한, 공리주의와 후생주의를 넘어서야 할 필요성이 분명히 있으나, 자유를 중시하는 사회적 선택의 정식화들은 선호로부터 독립적이지는 않았다.[8] 오히려 그 반대로, 초점은 사회적 결정이 개인의 '사적 공간' 또는 '사적 영역'에 대한 선호를 최소한 존중하도록 보장하는 데 있다. 이는 애로우의 구체적 공리 체계로부터는 이탈하지만, 그의 일반적 선호 기반 사회적 선택 접근을 거부하는 것은 요구하지 않는다.[9]

그러나 이러한 '최소 자유$^{minimal\ liberty}$'에 대한 사회적 선택의 정식화들은 자유의 일부 기초적 함의만을 다루는 데 관심을 두었고, 주로 파레토 원칙과의 정합성과 관련하여 검토되었다. 이들은 자유의 요구를 보다 일반적으로 규정하려는 더 큰 과업은 떠안지 않았다. 그러나 권리와 자유에 대한 사회적 선택

---

8) 센(1970, 1976), 기버드(1974), 자이들(1975), 브라이어(1977), 스즈무라(1978, 1983), 해먼드(1981, 1982), 그리고 리글스워스(1985) 등을 보라.

9) 여기서 잠깐 언급하면, 때로 반대 주장이 제기되기도 하지만, 사회적 선택이 선호 기반이라는 것은 효용 기반이라는 것보다 훨씬 광범위한 형식이다. 심지어 효용을 선호의 실수값 표현에 불과하다고 간주할 때조차도 마찬가지다. 사회적 선택 함수 형식의 정보 기반을 효용으로만 한정하는 것은, (다소 오해의 소지가 있는) '중립성' 조건만을 요구하기 때문이다. 개인의 사적 영역에서의 선호에 우선권을 부여하면 이 조건을 위반하는 것이다.

접근은 그것이 구체적으로 어떻게 정식화되건 간에 선호 기반일 수밖에 없다는 점은 분명하다. 이에 반해, (노직 1974, 예르텐포스 1981, 서그든 1981, 1985, 가르트너와 파타나익 그리고 스즈무라 1992 등을 포함한)여러 학자들은 자유에 대한 이러한 선호 기반 방식의 분석 자체를 전면적으로 반대하며, 대신 정당한 절차의 우선성을 주장했다. 이는 보다 면밀한 검토가 필요한 쟁점으로 7절에서 다룬다.

이 절의 나머지 부분에서는 사회 정의의 형평 측면이 요구하는 바를 다루려고 한다. 사회 선택 이론에 가장 큰 영향을 미친 정의론은 의심할 여지 없이 롤스(1971)의 '공정으로의 정의'다. 특히 그의 (**순차적 맥시민** 순위에 따른 사회적 서열 산출 방식으로 재정식화된)차등 원칙은 경제학에 큰 영향을 끼쳤다(예컨대 펠프스 1973, 미드 1976, 애킨슨 1983 참조). 이 이론과 공리주의를 포함한 정의의 또 다른 정식화들은 모두 상이한 유형의 개인적 이점에 대한 대인 비교를 요구하는데, 그 유형은 각각 '수준', '단위', '비율', 그리고 제한된 방식으로 허용되는 다양한 형태의 **대인 비교**에 해당한다.[10] 공리주의적 총합과 순차적 맥시민 같은 서로 다른 집계 방식들 간 선택을 통해, 호출되는 대인 비교 유형에 의존함을 확인할 수 있다(다스프레몽과 게베르 1977 참조).

이러한 대인 비교로의 확장은 사회적 선택에 대한 선호 기반 접근으로부터의 근본적 이탈을 수반하지 않는다. 오히려, 이는 사회 상태 영역뿐 아니라 상태와 개인의 데카르트 곱 위에서의 개인 선호에 대한 고려를 포함한다.[11] (선호, 욕구, 가치 등)'선호'에 관한 다양한 해석들이 각각 어떻게 관련 있는지는 대인 비교를 수행할 때 비판적으로 검토할 수 있으며, 이는 개인의 내적 순위화 맥락에서도 그러한 검토의 여지가 있다는 점에서 마찬가지다(4절에서 논의

---

10) 센(1970, 1977b), 애로우(1973, 1977), 해먼드(1976, 1985), 블래커비와 도널드슨(1977), 스트라즈닉(1976), 다스프레몽과 게베르(1977), 매스킨(1978, 1979), 게베르(1979), 로버츠(1980a, 1980b), 블래커비, 도널드슨, 웨이마크(1984), 다스프레몽(1985), 브룸(1991) 등 참조.

11) 이러한 분석적 문제들로는 센(1970, 1977b), 게베르(1979), 로버츠(1980a, 1980b), 다스프레몽(1985), 해먼드(1985)를 볼 것.

됨).[12]

그러나 여기서 고려해야 할 실질 쟁점이 적어도 두 가지 있다. 첫째, 대인 비교는 반드시 (후생주의 범주처럼)개인의 복지만을 대상으로 할 필요는 없고, 다른 방식으로 판단된 개인적 이점의 비교를 포함할 수도 있다. 여기에는 예컨대, 사회적 기본재(롤스 1971, 1982, 1993), 역량(센 1980, 1985b, 1993a), 자원(드워킨 1981, 1985), 그리고 관련된 정의역(아네슨 1989, 코헨 1989, 1990, 1993) 등을 포함한다. 따라서 대인 비교가 가능한 서열이나 기수적 형식은 적절한 정의역 위에서 정의되어야 하며, 그것이 반드시 복지나 후생의 비교일 필요는 없다. 예를 들어, 롤스적 기본재 꾸러미의 서열화는 궁극적으로 그 꾸러미들이 다양한 개인들의 다양한 목적을 증진하는 데 얼마나 유용한지에 대한 각 개인의 평가와 관련 있어야 한다. 이때 각자의 목적이 반드시 그들 복지에만 국한될 필요는 없고, 수단의 평가와 달성된 목적의 평가를 혼동해서는 안 된다.[13] 실제로 롤스는 사회적 기본재 꾸러미 서열화에 대해 일정한 합의를 달성할 수 있다는 가능성에 의존한다. 실제로, 개인 선호에 기반하여 기본재의 롤스식 지수화를 수행할 경우, (애로우 정리의 틀에서)'불가능성 정리'가 제시된 바 있다(플롯 1978, 기버드 1979, 블레어 1988 참조). 나는 다른 글에서 이러한 기본재의 롤스식 지수화에 대한 '불가능성 의혹'은 상당 부분 선호 구조 내에 충분히 풍부한 정보를 허용하지 않아서 발생했다고 주장한 바 있다(센 1991b). 그러나 이 특정 쟁점에 대해 어떤 입장을 취하건, 이 논의들은 기본재의 사회적 **지수화**를 위한 과업이 선호 기반 사회 선택 이론에서 사용되는 절차 및 방법들과 어떻게 연결되는지를 잘 보여 준다.

---

12) 예를 들어, 하사니는 대인 비교를 선택 지향적으로 이해해야 한다고 주장하며(하사니, 1955 참조), 이러한 해석을 바탕으로 공리주의에 대한 널리 알려진 옹호를 전개하기도 했다. 이와 같은 접근의 개연성에 대한 이견 및 관련 문제로는 센 (1982), 스캔런(1991), 웨이마크(1991)를 참조할 것.

13) 각자가 오직 자신의 복지 증진만을 추구하더라도, 각자가 보유한 기본재 꾸러미의 서열이 그 사람의 복지 수준의 서열과 반드시 일치하지 않는다. 이는 기본재가 복지로 전환되는 방식에 대인 간 차이가 존재할 수 있어서다. 이러한 전환상의 차이는 모든 사람이 동일한 기본재 꾸러미에 대해 복지 증진 측면에서 동일한 선호 순위를 가지더라도 여전히 발생할 수 있다(이 일반적인 분석 문제에 대해서는 센, 1985b, 40~41쪽 참조).

둘째, 어떤 형태로든 선호는 대인 비교에 명백히 관련 있지만, 실제로는 (예컨대, 사회 보장 제공이나 재분배 정책 추진에서)이러한 비교를 수행할 때 개인 선호의 명시적 표현을 기다리지 않고 다양한 통상적 경험칙들이 사용된다는 점을 부정하기 어렵다. 어느 정도까지 이러한 절차는 단지 개인들이 실제로 표현하지 않은 선호나 가치 **추정** 방식에 불과하다. 이 경우, 이는 **원칙적으로** 표준적인 선호 기반 사회적 선택 접근으로부터의 이탈은 아니다.

반면, 스캔런(1975)이 강력하게 논증하고 널리 영향력을 끼친 논문에서 지적하듯, 사회적 용도를 위한 대인 비교는 종종 ('긴급성'과 같은)통상적 '선호' 해석과 다른 개념을 수반하는 경향이 있고, 이는 사회적으로 두드러진 기준을 반영한다. 이러한 주장은 설득력 있게 제시되지만, 동시에 그러한 '긴급성' 기준의 일반적 수용은 (이러한 실천적 맥락에서)그것들이 사회적 주목을 받을 만한 가치가 있다는 일종의 사회적 합의를 포함한다고 할 수 있다. 이 지점에서도 다시 '선호'에 대한 다양한 해석가능성의 유연성이 관련 있다. 만약 선호가 단순히 욕망의 강도나 개인 선택의 이항관계로 해석되지 않고, 어떤 사회적 실천 맥락에서 개인이 일반적으로 수용할 수 있는 가치로 해석되면, (그렇게 정의된)선호와 (스캔런이 특성화한)긴급성 사이의 간극은 훨씬 줄어든다.

6. 선호의 형성, 대화, 그리고 교환

선호 기반 사회 선택 이론에 대해 제기된 대표적 문제 하나는, 이 이론이 개인의 선호를 **주어진 것**으로 간주한다는 점이다. 실제로 선호는 가변적이며 결코 고정되어 있지 않다는 점에서 이러한 가정은 문제라는 비판을 받는다. 이러한 반론은 적어도 어느 정도는 사회 선택 이론이 무엇을 전제로 하는지에 대한 오해에서 비롯한다. 애로우식 사회 후생 함수(또는 그 관련 구조)에 따라, 개인 선호들에 대한 프로파일이 주어졌을 때 사회적 선택이 무엇이어야 하는지(또는 무엇이 될 것인지)를 묻는 것은, 개인의 선호를 '주어진 것'으로 간주한다는 의미에서 그것들이 불변하거나 변경 불가능하다고 가정함을 뜻하지 않는다.

그러나 이 질문과 관련하여 실제로 중요한 의미를 지니는 쟁점이 있고, 이는 논의할 가치가 있다. 즉, 사회 선택 이론은 선호의 **형성 과정**, 특히 개인의 선호가 현재와 같은 형태를 갖는 데 사회적 상호 작용이 수행하는 역할을 더 깊이 다루어야 한다는 주장이 제기될 수 있다(엘스터와 휠랜드 1986). 관련 학문 분과에서는 사회적 결정 맥락 속에서 개인 선호와 선택 행동이 어떻게 형성되는지를 다룬 중요한 기여들이 이미 수행되었고, 이는 각각 정치적 토론과 대화의 역할(예, 하버마스 1994), 사회적 상호 작용과 의사소통의 기능(예, 콜먼 1986), 그리고 각자의 우선순위에 기반한 '주고 받기'와 결탁을 포함한 교환(특히, 뷰캐넌 1954a, 1954b, 뷰캐넌과 털럭 1962)을 중심으로 논의되었다.

대화와 교환, 그리고 그것들이 개인의 선호에 미치는 영향에 대한 분석은 사회 선택 이론에 진정 중요한 의미를 가질 수 있다. 사회 선택 이론에 대한 기존 논의들에서 이러한 의사소통의 중요성이 부정되지는 않지만, 이 주제는 해당 학문 영역 내에서 특히 활발히 탐구되어 온 분야가 아니었다. 선호 형성의 방향으로 사회 선택 이론의 분석을 확장하고, 그것이 사회적 선택에 미치는 함의를 탐구할 수 있는 여지는 분명히 크다.[14]

그러나 쟁점은 사회 선택 이론이 지금까지 해 온 작업을 부정하는 것이 아니라, 특정한 방향으로 이 이론을 확장하는 것이 얼마나 생산적인지를 강조하는 일이다. 특히, 선호와 선택 행동의 형성 과정을 탐구하자는 주장은 선호 기반 사회 선택 이론 연구의 중요성을 결코 약화시키지 않는다. 개인 선호의 집합이 변화할 경우, 이에 상응하는 사회적 선택도 변화될 것이며, 이러한 관계를 이해하는 데 표준적인 사회 선택 이론의 논변은 여전히 관련성을 유지

---

14) 게임 이론적 추론은 이 문제에서 무엇보다도 중요한 위치를 차지해야 한다. 관련된 일련의 상호 연관성에 대한 통찰력 있고 명료한 탐구로는 빈모어(1994)를 보라(다만, 여기서는 빈모어가 센을 해석한 내용에 대해서는 논하지 않겠다!).

할 것이다. 또한 선호 형성을 탐구하기 위해 요청되는 확장들은 흔히 대화나 교환을 통해 무엇이 실제로 가능하거나 설득력 있게 달성될 수 있는지를 둘러싼 실증적 전제를 요구한다. 그리고 이는 전통적 사회 선택 이론의 순수 분석적 형식을 넘어서는 일이다.

7. 절차, 권리 그리고 게임 형식

사회 선택 이론의 근저에 있는 철학적 접근은 강한 결과주의적 성향을 지닌다. 개인의 선호는 사회 상태의 공간상에 정의되며, 집계의 수행은 사회 상태에 집중되고, 정책·제도·규칙 등에 관한 결정은 그것들이 초래하는 상태의 평가라는 관점에서 이해된다.[15] 이러한 결과 중심의 정식화는 최근 들어 여러 저자들로부터 비판받아 왔고, 이들은 결과로 나타나는 상태보다는 과정 그 자체에 주목하기를 제안하며, 과정과 절차에 우선권을 부여해야 한다고 주장해 왔다.

뷰캐넌(1954a, 1954b)은, 비록 결과 중심 분석의 중요성을 부정하지는 않더라도, 사회 선택 이론에 대한 초기 비판들에서 이 쟁점을 강하게 제기했다. 다른 이들은 보다 순수주의적 입장을 취했고, 서그든(1993)은 사회적 선택 접근(특히 그 전통 안에서의 내 연구)을 공공 정책의 주된 역할을 "사회적 선을 극대화하는 것이 아니라, 각 개인이 자신의 목적을 추구할 수 있도록 하는 일련의 규칙 체계를 유지하는 것"으로 간주하는 대안적 접근과 대비한다(1948쪽, 서그든 1981, 1985 참조).

---

15) 권리의 정식화는 결과주의 분석이 사회 윤리에 충분해야 한다는 주장을 수반하는 것으로 받아들여져서는 안 된다. 개인 행위의 윤리에서 중요한 의무론적 문제가 존재하며, 그것들은 내가 보기에 결과주의적 구조 속에 만족스럽게 수용될 수 없다. 다만, 결과에 대한 평가가 '위치 상대적'으로 이루어질 경우는 예외일 수 있다(센, 1985a, 1993c 참조). 내가 보기에 결과주의가 직면하는 주요 문제는 주로 '의무'의 영역에서 비롯되며, 반드시 '권리'의 영역에서 기인하는 것은 아니다.

자유의 규정에서 가장 많이 탐구된 절차적 접근은 노직(1973, 1974)의 자유지상주의를 통해 시작되었고, 이후 예르덴포스(1981), 서그든(1981, 1985), 가르트너와 파타나익 그리고 스즈무라(1992) 등에 의해 '게임 형식'의 관점에서 발전되었다.[16] 일반적 게임 형식에서는, n명의 각 참가자가 허용된 전략들의 집합이 있으며, 결과는 각 참가자가 선택한 전략들의 n-튜플에 의해 결정되는 함수다(여기에 '자연'의 추가적 '행위'가 더해질 수도 있다). 개인들의 자유와 권리는 서로 다른 개인들의 n개 전략 집합의 데카르트 곱으로부터 허용된 부분 집합을 지정함으로써 정의된다. 어떤 권리가 허용된 집합에 속하는 한, 개인은 이를 자유롭게 행사할 수 있다. 어떤 사람이 어떤 권리를 갖는지, 또는 그 권리가 존중되었는지를 판단하는 데 (이 접근은)결과 상태를 검토하거나 평가할 필요가 없고, 관련된 개인들이 어떤 상태를 선호하는지 살펴볼 필요도 없다. 파타나익(1996)이 지적하듯, "게임 형식 접근은 개인이 권리를 가진다는 것이 무엇을 의미하는지 명시하는 데 개인의 선호가 어떠한 역할도 수행하도록 허용하지 않는다."

이처럼 선호로부터 독립되고 결과와 분리된 권리 개념을 사회 선택 이론의 권리 접근과 대조할 때, 여러 질문이 제기될 수 있다. 아마도 가장 중심적인 물음은, 사람들이 가진 것으로 간주되는 권리를 그 행사로 인해 발생하는 효과와 이처럼 완전히 분리하는 것이 과연 설득력 있는가 하는 것이다. 관련하여, (1) 권리를 오로지 효용을 증진하는 능력으로 판단하는 순수한 수단 개념으로 보는 벤담의 극단주의와 (2) 권리를 그로 인해 발생할 수 있는 결과가 아무리 끔찍하더라도 결과로부터 완전히 분리하는 자유지상주의적 극단주의 사이에는, 실로 광범위한 중간 지대가 존재한다.

이러한 우려는 실제로 처음부터 권리에 대한 이 절차적 접근에서 일정한

---

16) 권리에 대한 게임 형식과 사회적 선택 정식화 사이의 관계에 관한 몇몇 측면들은 데브(1989, 1994) 및 데브, 파타나익, 라졸리니(Razzolini, 1994)에 의해 탐구되었다. 정의역 제약의 맥락에서, 일반적인 게임 형식과 투표 규칙 간 관계에 대해서는 매스킨(1995)을 참조할 것.

　　　제3부 * 합리성과 사회적 선택

긴장의 원천이었다. 노직(1973, 1974) 자신이 사회 선택 이론에 기반한 권리 정식화를 개혁하고자 제안한 원래의 구상에서도, 그는 결과로부터의 독립성을 주장하지만, 이는 곧 그러한 권리의 행사가 실제로 매우 끔찍한 결과를 초래하면 어떻게 할 것인가라는 질문을 그 자신에게 제기한다. 노직이 이 점을 우려한 것은 분명 타당하다. 실제로 노직 체계가 규정하는 모든 자유지상주의적 권리들을 충족하는 경제에서도 대규모 기근조차 발생할 수 있다는 점은 그리 어렵지 않게 입증될 수 있다(센 1981 참조).

따라서 놀랍지도 않게, 노직은 권리 행사가 "파국적인 도덕적 참사 catastrophic moral horrors"를 초래할 경우에는 결과로부터의 독립성에 예외를 둔다.[17] 이러한 조건을 통해 결국 결과 상태가 다시 중요해지고, ("파국적인 도덕적 참사"를 진단하는 데 필수적인)상태에 대한 사람들의 선호와 판단이 권리에 대한 논의 속으로 다시 들어온다. 이러한 양보의 바탕에는, 파국적인 도덕적 참사를 초래하는 절차적 권리 체계는 도저히 용납될 수 없다는 노직의 건전한 판단이 깔려 있다.

이 문제가 발생하는 근원은 그리 어렵지 않게 찾을 수 있다. 권리와 절차로부터 무엇이 산출되는지, 그리고 사람들이 그 결과를 어떻게 인식하는지와 무관하게 실제 사회에서 받아들여질 수 있다는 것은 매우 설득력이 떨어진다. 또한, 권리가 그것이 받아들여지건 아니건 그저 "존재한다"고 상정하고, 사람들이 그것들에 대해 어떻게 생각하든 전적으로 무관하게 절차가 "옳다"거나 "그르다"고 믿는 것 역시 그리 설득력 있는 생각은 아니다. 그러한 견해가 부정하는 것은 단지 사회적 선택 접근뿐 아니라, 권리를 '자연적인' 것이거나 '주어진' 것이거나 어떤 외부의 존재에 의해 부여된 것이라는 관념이 아닌, '정치적'인 것으로 보는 생각 자체다.[18]

---

17) 이후 저서에서 노직(1989)은 다른 보완적 조건들 몇가지를 제시한다.

18) 이와 같은 연결이 놀라운 일은 아니다. 앞서 논의했듯, 사회적 선택 접근법은 콩도르세 등의 작업에서 계몽주의 이후의 합의에 기반한 통치 및 사회 질서 전통의 파생물로서 시작되었기 때문이다.

이러한 문제가 권리에 대한 '게임 형식' 접근을 정당화하는 데 있다는 점은, 이 접근을 강력히 지지하는 이들조차 부정하지는 않을 것이다. 실제로 이 문제는 게임 형식 접근 내에서 사회 상태로부터 전략 조합으로 **거슬러** 올라가는 '역함수'를 사용하는 방식으로 처리할 수 있다. 이는 내가 센(1992, 152쪽)에서 다루었다.

> 누군가 내 얼굴에 담배 연기를 뿜지 않을 권리를 생각하자. 이는 물론 결과에 대한 권리며, 절차 중심적 관점조차도 이러한 결과를 정확히 회피하는 것을 지향하면, 명백히 결과로부터 완전히 독립적일 수 없다. 실제로, 제안된 게임 형식 정식화는 이 문제를 간접적으로 다룬다. 절차적 요구는 내 얼굴에 연기가 뿜어지는 상황 자체를 거부하기보다는 전략 선택에 대한 제약의 형태를 취하며, 예컨대 타인이 반대할 경우 흡연을 금지하는 식의 제약이 그렇다.

그러나 (용납될 수 없는 결과로부터 허용되지 않는 전략 조합을 도출하는 연구로서) 역결과 분석inverse consequential analysis 또한 결국 결과 분석의 일종이며, 이러한 경로를 취하면, 실제로 게임 형식 접근이 "개인이 권리를 가진다는 것이 무엇을 의미하는지를 명시하는 데 개인의 선호가 아무런 역할도 수행하지 않는다"고 말하기는 확실히 어렵다.[19]

사회적 선택에 대한 일반적 접근의 한 가지 장점은 사회 상태를 좁은 의미의 '결과'뿐 아니라 그 결과에 이르는 과정까지 포괄하는 방식으로 폭넓게 정의할 수 있다는 데 있다.[20] 따라서 매우 단순한 결과를 도출하기 위해 사용된

---

19) 이는 흡연이 단지 다른 사람이 있는 경우(혹은 다른 사람들이 정당하게 선택할 수 있는 장소에서) 금지될 때도 마찬가지다. 실제로 다른 사람들이 그 자리를 반대하거나 그 자리에 선택할지 여부를 떠나서 말이다. 오늘날 미국의 많은 지역에서 흡연 금지 조치는 종종 이러한 형태를 띤다. 이러한 규제의 기본 동기는, 사람들이 담배 연기에 반대한다는 불쾌한 표현을 굳이 말하지 않아도 되고, 그러한 불쾌한 상황이 발생할 수 있는 장소에 가기를 주저하지 않게 하면서, 원치 않는 사람들의 코로 담배 연기가 불어오는 바람직하지 않은 결과를 피하려는 데 있다. 나는 여기서 그러한 규제가 (흡연자의 선호를 포함한)모든 요소를 고려할 때 정당화될 수 있는지에 대해서 논의하지 않고, 단지 그러한 규제의 동기가 무엇인지에 대해서만 말한다.

20) 이를 위해서 후생주의를 포기하는 것이 중요하다(센 1970, 1982b 참조), 그리고 따라서 권리를 단지 효용을 생성하

'최소 자유' 정식화를 훨씬 넘어서는 사회적 선택 분석은, 절차의 '정당성'과 결과의 '바람직함'에 대한 우리의 선호 모두를 반영할 수 있다. 이 둘을 함께 고려하는 것은 결코 이상하지 않다.[21] 예컨대 클린턴 대통령이 "공정한 절차를 통해 재선에 성공하고 싶다"고 말했을 때, 우리는 그가 결과(재선)와 과정(공정)을 결합시켰다는 이유로 그의 선호를 이해할 수 없다고 말할 필요는 없다. 또한 서로 다른 대안 게임 형식들 간의 사회적 선택을 수행하는 것도 가능하므로, (실제로 유효한 경우)게임 형식 정식화가 제공하는 장점을 사회적 선택 접근의 민주적 특징과 결합시킬 수 있다. 물론 특정한 게임 형식을 묘사하는 경우는 개인 선호를 명시적으로 도입할 필요가 없더라도 이러한 결합된 분석은 개인 선호로부터 독립적이지 않을 것이다.

순수한 '게임 형식' 접근은 가르트너, 파타나익, 스즈무라(1992)로부터 강한 지지와 충실한 옹호를 받아 왔는데, 이는 부분적으로 권리에 대한 사회적 선택 정식화가 불확실성에서 어려움에 봉착한다는 그들 우려에서 비롯한다. 실제로, 사적 영역과 보호된 영역이라는 개념이 사회적 선택 정식화에 반영된 스튜어트 밀(1859)과 하이에크(1960) 모두, 자유와 권리 행사에서 불확실성이 존재할 때의 전략적 문제에 대해서는 특별한 관심을 기울이지 않았다.[22] 예컨대 밀(1859)이 "오직 자신만을 관련하는 삶의 부분과 타인에게 영향을 미치는 삶의 부분 사이의 구분(146쪽)"의 중요성을 언급했을 때, 그는 (1) 사적 영역에 대한 어떤 사람의 목표들, 그리고 (2) 그 목표들을 추구하기 위해 그가 선택할 수 있는 선택지들 사이의 대응 관계를 비교적 단순한 것으로 간주했다. 나는 이러한 권리의 성격에 대한 이해가 실제로는 매우 통찰력이 있다고 믿으며, 고전적 자유 논의의 기반이 되는 확실성의 가정을 포기하

는 수단으로만 취급한 벤담의 공리주의적 접근 역시 거부해야 한다.

21) 센(1982a, 1982b, 1985a) 참조. 또한 파타나익과 스즈무라(1994)를 볼 것.

22) 밀의 자유론에 대한 견해와 그것이 사회 선택 이론의 정식화와 어떻게 연결되는지는 라일리(1987, 1989, 1990)를 보라.

고, 불확실성에서의 전략적 고려에 중심 위치를 부여하는 과정에서 목욕물을 버리면서 아기도 함께 버리는 위험이 존재한다고 본다.

이는 불확실성이 존재할 때, 특히 타인의 전략과 관련하여 권리를 행사하는 데 실제로 문제가 발생할 수 있음을 부정하지 않는다(가르트너, 파타나익, 스즈무라 1992 참조). 예를 들어, 밀이 서로 다른 신앙을 가진 사람이 원하는 음식을 먹을 자유, 특히 무슬림이 돼지고기를 먹지 않을 자유를 보장하면서 동시에 비무슬림이 돼지고기를 먹을 자유를 가질 수 있어야 한다고 논의할 때(152~154쪽) 하나의 전략적 문제가 제기될 수 있다. 즉, 조리된 각각의 음식 재료가 무엇인지 개인이 정확히 알 수 없는 상황이 발생할 수 있고, 이는 타인의 전략 선택에 따라 결정될 수 있기 때문이다.

이러한 문제를 다룰 때, 사회적 선택의 정식화는 특정 경우에 자유의 '대상'이 무엇으로 간주되는지에 따라 **선호 해석의 다양성**을 허용함으로써 일정한 여지를 준다. 만약 해당 자유가 실제로 돼지고기를 먹는지 여부(즉, 밀이 자신이 자유를 규정하면서 다뤘던 사회 상태)에 관한 것이면, 자유의 원칙은 오직 그 점에 집중하여 돼지고기를 먹고 싶지 않은 사람이 그 결과를 달성할 수 있는지를 살펴보고, 원하는 사람은 자유롭게 돼지고기를 먹도록 두면 된다. 반면, 자유가 (어떤 상태를 달성하느냐와 무관하게)원하는 대로 선택할 수 있는 것으로 간주하면, (예컨대, "당신은 당신이 선호하는 것을 얻어야 한다"는 것이 "당신은 당신이 선택하는 것을 얻어야 한다", 다시 말해 "당신은 선택할 자유를 가져야 한다"는 의미로 해석되는)선호의 선택 해석을 통해 자유가 보장된다.[23] 이 논문 전반의 논의처럼, 선호의 해석적 유연성은 이러한 상이한 관심사들을 다루는 데 유용하게 작용할 수 있다.

사회 상태가 그렇게 규정되면, 선택 해석은 전략 선택에 적용될 수 있지만, 사회 선택 이론의 표준 정식화처럼 선택의 결과로 나타나는 사회 상태 자

---

23) 자유에 대한 우리 관심의 서로 다른 측면을 다루기 위해 다양한 선호 해석을 사용하는 센(Sen, 1983, 1992) 참조.

체에 직접 적용될 수도 있다. 파타나익은 불확실성이 존재하는 상황에서, 이 '선택 해석'이 사회 상태나 결과에 적용될 경우 어려움이 일부 있다고 지적한다. 왜냐하면 '선택'이란 용어는 자신이 무엇을 선택하는지를 확실히 알지 못하는 상황에서는 쉽게 들어맞지 않아서다(파타나익 1995, 그리고 파타나익과 스즈무라 1994 참조). 그러나 자율성 관점에서 진정한 쟁점은 '선택된'이라는 단어의 사용 여부가 아니라, 어떤 개인의 처지가 그 사람 자신의 선택을 통해 초래한 것인지, 특히 그 사람 자신의 행위로 그것을 방지할 수 있었는지에 대한 판별이 중요하다는 데 있다. 선택 해석에서의 자유에 대한 사회적 선택 접근은 바로 그 점을 정확히 알려 줄 수 있다.[24]

사회 선택 이론의 이러한 매개변수적 접근이 지닌 폭넓은 범위와 비교할 때, 게임 형식 접근은 자유를 **전략 선택**의 형태로만 다루어야 한다는 제약이 있다. 게임 형식 구조 내에서 밀이 "자신이 선호하는 것을 먹을 수 있는 자유"를 규정하려면, 첫째 단계로서 자신이 선택한 어떤 음식이건 먹는 것이 허용된 전략 집합 안에 포함해야 한다. 그러나 이는 충분치 않다. 왜냐하면 그 사람이 자신이 무엇을 먹고 있는지 전혀 모를 수도 있어서다. 밀이 강조한 것처럼, 사람들이 자신이 먹고 싶은 것은 먹고, 피하고 싶은 것은 먹지 않을 수 있도록 하려면, 다른 사람들의 전략적 선택에 일정한 제약을 가해야 한다. 예컨대, 요리사가 음식 성분에 대해 질문을 받을 때 거짓말하는 행위는 허용된 전략에서 배제해야 한다(나아가 그러한 질문을 하는 행위 자체도 허용된 전략 중 하나로 명시되어야 하며, 또한 먹는 사람은 그런 질문을 할 권리가 있다는 사실을 알고 있어야 한다). 이러한 전략 요건 조합을 통해 완전한 준수가 이루어진다는 가정하에 우리는 밀의 선호 기반 자유의 정식화(즉, 무슬림은 돼지고기를 피할 수 있어야 하고 비무슬림은 그것을 먹을 수 있어야 한다는 주장)를 반영할 수 있다. 우리는 실

---

24) 센(1992) 참조. 여기서 핵심 문제는 '선택' 용어의 일반적인 사용 방식은 아니지만, 나는 파타나익의 비판이 이 용어가 사용되는 다양한 의미들을 과소평가한다고 본다. 호르텐시오(Hortensio)는 셰익스피어의 『말괄량이 길들이기(The Taming of the Shrew)』1막 1장에서 "썩은 사과들 사이엔 선택의 여지가 별로 없군"이라고 투덜거릴 만했지만, 어떤 사과가 나중에 뜻밖에도 썩은 것으로 드러났다고 해서 자신이 그 사과를 "선택하지 않았다"고 주장하기는 어려울 것이다.

제로 게임 형식 접근 내에서도 그 지점에 도달할 수 있다. 그러나 앞서의 논의가 보여 주듯, 허용된 전략 조합의 식별은 실질적으로 선호로부터 독립적이지 않다. 또한, 밀의 자유 개념을 이토록 복잡한 방식으로 재정의하는 데서 어떤 특별한 이점이 있다고 설득하기도 어렵다.

게임 형식 접근법은 선호 기반 접근에 비해 '선택 억제'를 다루는 데에서도 일정한 어려움이 따른다. 예컨대, (영국에서 많이 논의되는)잠재적 복지 수급자가 국가 지원을 공개적으로 요청하는 데 주저하는, 잘 알려진 현상이 그 사례다. 선호의 **욕구 해석**에 따른 사회적 선택 정식화는 이러한 경우에 훨씬 즉각적으로 대응할 수 있다. 즉 지원받을 자격이 있는 사람이 선택 억제로 인해 그 지원을 얻지 못한 경우, 욕구 기반 해석은 그것을 실현되지 않은 것으로 간주한다. 그러나 이 실패가 형식적으로는 수급자의 행위(실제로는 비행위)에 기인하므로, 게임 형식 접근은 잠재적 수급자의 선택 억제를 제거하기 위해 다른 사람들의 전략에 제한을 가하는 방식으로 이 문제를 다룰 수 있다. (예컨대, 복지 수급자가 지원을 받을 때 이를 타인이 인식하지 못하게 하거나 그러한 지원 요청자들에 대한 '부정적 관점'의 인식이 허용되지 않게 하는 방식처럼)이러한 제한은 다소 까다로울 수 있다. 핵심 쟁점은 이러한 경우의 권리 문제를 실현된 사회 상태라는 관점이 아니라 게임 형식을 통해 구성하는 것이 실제로 유익한가에 있다. 어떤 경우에는 게임 형식이 권리의 형식을 충분히 포착할 수 있지만, 다른 경우에는 그렇지 않다.

권리에 대한 사회적 선택의 정식화가 폭넓은 범위를 가질 수 있는 것은, 바로 선호 해석의 다양성 때문이다. 무엇보다 첫째, 선호의 정의역에 과정과 결과 모두를 포함시킬 수 있으며, 따라서 권리의 사회적 선택 정식화에도 이 둘을 포함할 수 있다. 둘째, 선호에 대한 서로 다른 해석은 권리의 사회적 선택 정식화가 선택 자체 또는 사적 영역 내에서 개인이 원하는 것을 실제로 얻을 수 있는 능력 중 어느 쪽을 매개변수적으로 다루는 것도 가능하게 한다. 앞서 보았듯, 자유에 관한 우리의 고려는 이러한 상이한 측면들과 각각 관련 있다.

셋째, 만약 게임 형식 규정이 특정한 경우에 더 편리한 것으로 드러난다면, 대안적 게임 형식 세부 요건에 대한 사회 선택 분석은 여전히 유용한데, 이는 권리가 외부(또는 자연)로부터 부여된 것이 아닌 궁극적으로 사회적 [합의와]지지에 기반한 개념으로 연관 짓기 위해서다.

게임 형식 구조는 자유의 명시가 오직 전략 선택에만 국한되기에 범위가 더 협소하다. 그 범위는 밀이 제기한 결과에 대한 관심을 포괄할 수 있도록 확장할 수 있으며, 이는 받아들일 수 없는 결과로부터 허용되지 않는 전략 조합으로 거꾸로 추론하는 방식으로 가능하다. 이러한 방식으로 도달하는 데 있어 복잡성 문제와는 별개로, 이 '역^{逆}결과적' 절차가 그것이 선호로부터 독립적인 것과는 거리가 멀다는 점은 주목할 가치가 있다.

8. 맺으며

선호 기반 사회 선택 이론은 선호 해석의 매개변수적 다양성 덕분에 그 범위와 적용가능성이 넓다. 사회적 선택 접근에 대한 많은 비판은 이 학문 전통의 분석적 성격에서 중심적인 방법론적 특징을 충분히 고려하지 않은 데에 기반한다(3절). 해석상의 가변성은 사회적 선택 접근에 대한 제약이 아니라 오히려 그 힘의 원천이다(4절). 개인적 선호에의 의존은 형평 기반의 정의에 대한 적절한 접근(5절)이나 권리와 자유에 주의를 기울이는 데에 장애가 아니다(7절).

그러나 분석적 문제들에 대한 과도한 집중은 어떤 점에서는 사회 선택 이론이 실질적 문제를 다루는 데 직접성을 제한할 수 있다. 애로우가 시작한 '사회 선택 이론'과 뷰캐넌의 영향을 받은 '공공 선택 이론' 간 큰 차이 중 하나는, 전자가 주로 **분석**에 집중하는 반면, 후자는 두 가지 주요 **경험적** 일반화에서 출발한다는 점이다. 곧 (1) (행위의 거래를 포함하는)사회적 관계에서 '교환'이 가지는 실질적 중요성과 (2) (개인적으로 자기 이익 추구 행동을 포함하는)**경제인** 가정의 적용가능 범위다. 이러한 특정 경험적 가정들에 대한 의존성으로, 공공 선택 이론은 사회 선택 이론과는 달리 경험적 근거에서 비판될 수 있다.[25]

　그러나 사실적 논박에서 비켜난 이러한 자유로움은 사회 선택 이론이 직접성과 유용성의 일정한 대가를 치르고 얻은 것이다. 예컨대 선호 형성에 대한 이해를 향해 나아가는 실질적 방향으로 확장하려면(6절), 일정한 경험적 성격의 가정들을 고려해야 한다. 이는 지금까지 전개되어 온 사회 선택 이론의 주로 분석적 형식에 일정한 변화를 수반한다. 이미 달성한 것을 잃지 않으면서 이익을 얻는 문제라고 할 수 있다.

---

25) 경제인(homo economicus) 가정은 특히 제약이 많다. 실제로 뷰캐넌(1986) 자신도 이 가정의 경험적 수용가능성에 상당한 의문을 제기한 바 있고, 관련해서 일정한 '긴장'이 존재한다고 언급했다(26쪽).

제10장

사회적 선택과 정의*

1. 들어가며

위대한 저서들이 출간 즉시 언제나 그에 걸맞는 주목을 받는 것은 아니다. 흄의 『인간 본성에 관한 논고』^{Treatise of Human Nature}는 저자 본인의 표현에 따르면, "출판되자마자 사산된" 책이었다.[1] 스튜어트 밀의 『여성의 종속』^{The Subjection of Women} 역시 뜨뜻미지근한 반응을 얻었다(이는 밀의 저서 중 출판사가 유일하게 적자를 본 책이었다.)[2] 러셀은 『수학의 원리』^{Principia Mathematica}가 얻은 반응에 대한 실망감을 "나는 그 책의 후반부를 읽은 사람을 6명밖에 모른다. 그중 3명은 폴란드인이었는데 (내가 알기로는)이후 히틀러에게 숙청되었

* 이 글은 원래 애로우의 논문집 제1권(하버드대학 출판부 및 블랙웰 출판사, 1983)에 대한 서평 논문으로 작성한 것이다. 이전 버전에 대해 유용한 의견을 준 콜로르니(Eva Colorni)와 해먼드(Peter Hammond)에게 감사한다. *Journal of Economic Literature* 23(1985)에서 발췌.

1) 벌린(1979, 162쪽) 참조. 벌린이 지적하듯, 철학자로서 명성을 얻지 못했던 흄은 그로부터 20여 년이 지난 후 역사학자로서 명성을 얻는다.

2) 라이언(1974, 125쪽) 참조. 여성 참정권에 관한 밀의 견해는, 물론, 그가 자서전에서 직접 언급하듯 "나만의 기벽"으로 여겨졌다(밀, 1971, 169쪽).

다"[3]고 기록하기도 했다. 나머지 3명의 독자는 곧 다시 원래의 게으름뱅이로 돌아갔던 듯하다. "나머지 3명은 텍사스인이었고, 이후 성공적으로 동화되었다"는 것인데, 이는 버림받은 책『수학의 원리$^{Principia Mathematica}$』에 미친 영향만 놓고 보면 숙청된 것만큼이나 나쁜 결과였다(비록 당사자인 텍사스인들에게는 그렇게 나쁘지만은 않았겠지만).

애로우는 이와 같은 불만을 제기할 수 있는 처지가 아니었다. 그의 박사 학위 논문에 담긴 '불가능성 정리'는 1950년에 처음 논문 형식으로 발표(그의 논문집 제1권 1장에 수록)되고[4] 곧바로 고전 반열에 올랐다. 후생 경제학자, 정치 이론가, 도덕철학자 등은 그 결과가 (실제로 그러했듯)파괴적이고도 심대하리라는 사실을 인정하지 않을 수 없었다. 특히 후생 경제학은 이 정리에 의해 커다란 변화를 겪는다. 이에 대한 반응은 매우 다양한 형태로 나타났는데, 반박 시도, 대안 제시, 타협안 제안, 체념에 가까운 수용, 혹은 애로우 분석이 특정 문제에는 적용되지 않는다는 주장 등이 그렇다. 애로우 결과를 언급하지 않은 저서조차도 그 사실을 명시해야 했다(예컨대 리틀은 자신의 책『비판^{Critique}』제2판 서문 첫머리에서 애로우의 책을 다루지 **않았다고** 언급했다).[5] 이는 애로우의 연구가 지닌 영향력과 중요성에 대한 간접적 찬사라 할 수 있다.

비교적 짧은 시간에 사회 선택 이론이라는 새로운 주제는 경제학, 철학, 정치학 그리고 기타 사회과학에 즉각적이고 광범위한 함의를 지닌 하나의 학문 분과로 확고히 자리 잡았다. 이후 사회 선택 이론에 관한 문헌은 저널 편집인

---

3) 러셀(1959, 86쪽). 러셀은 또한 *Principia Mathematica*가 특히 수학자들로부터 외면받고 화이트헤드(Whitehead)가 실망감을 표했다고 언급하기도 했다. 괴델(Kurt Gödel)이 훗날 이를 보완하지만, 아마도 화이트헤드와 러셀이 기대했던 방식이 아니었을 것이다.

4) 애로우(1950). 박사 학위 논문은 1951년 완성되고, 이를 바탕으로 한 단행본 *Social Choice and Individual Values* 역시 같은 해에 출간되었다(애로우 1951). 애로우 논문집 제1권 *Social Choice and Justice*는 1983년 하버드 대학 출판부와 블랙웰에서 출간했다.

5) 리틀(1957, v쪽). 리틀은 실제로 애로우의 저서를 그보다 앞서 서평한 바 있다. 이를 보려면 리틀(1952)을 참조할 것. 애로우는 이 문헌의 3장과 15장(각각 50, 202쪽)에서 리틀의 비판적인 지적에 응답한다. 그는 리틀의 초판을 서평했고, 이는 이 책의 2장에 해당한다.

 　　　　　제3부 * 합리성과 사회적 선택

들을 종종 당황하게 할 만큼 빠른 속도로 증가했으며,[6] 지금은 엄청나게 방대한 규모가 되었다[7]. 그렇게 등장하고 고전으로 자리잡은 이 이론은 지속적으로 선도자의 자리를 차지했다.

애로우 논문집 제1권은 본래 1950년부터 1981년 사이에 발표된 총 15편의 논문으로 구성되었고, 이들 모두는 사회 선택 이론, 후생 경제학, 도덕철학과 관련 있다. 이 중 세 편의 논문(1, 3, 4장)은 애로우의 불가능성 정리를 직접적으로 다루며, 이 정리는 다양한 버전으로 제시된다. 이 불가능성 정리와 그 맥락에서 애로우가 전개한 사회 선택 이론의 틀은 이후 논의 전반에도 명확한 영향을 끼쳤다. 애로우는 사회 선택 일반 분야에서 새로 제시된 결과, 그에 대한 반응들, 다양한 제안들을 비판적으로 검토하며(6, 9, 11, 12장), 후생 경제학에서 리틀의 기여(2장), 도덕철학에서의 롤스와 노직의 입장(8, 10, 13장)을 강력하게 비판한다. 공공 지출에 대한 분석(7장)에서는 공리주의 관점을 채택하고, 다른 도덕적 접근들과의 비교 속에서 어느 정도 방어한다(8~13장). 또한 선호 체계 속에서 도덕적 의무의 위치에 대한 통찰 있는 언급(5장), 성장과 형평성 사이의 상충 관계에 대한 고찰(14장)도 포함한다. 이 논문집은 자발적 이전과 소득 분배의 후생 경제학에 대한 깔끔한 분석(15장)으로 마무리된다.

이 논문집은 위대한 경제학자 중 한 명에게서 나온 정교한 분석, 자극적 아이디어들, 그리고 강력한 논증들로 가득한 놀라운 결과물이다. 그 논증의 수준은 단순히 감탄스러운 수준에서 실로 압도적 수준까지 다양하게 펼쳐진다.

---

6) 몇 년 전, *Econometrica*, *Journal of Economic Theory*, *Review of Economic Studies*의 편집자들은 각 저널에 사회 선택 이론에 대한 투고를 자제해 달라는 공지를 삽입한 바 있다. 이 분야의 논문이 지나치게 많이 몰렸기 때문으로 보인다. 이후 *Social Choice and Welfare*라는 새로운 전문 저널의 창간과 더불어, *Journal of Mathematical Economics*, *Theory and Decision*, *Mathematical Social Sciences* 등 비전문 저널에서도 사회 선택 이론을 다루기 시작하면서, 이러한 압박은 어느 정도 완화되었으리라.

7) 형식적 사회 선택 이론에 관한 단행본과 논문 수는 이제 확실히 천 편을 넘어섰고, 대부분이 지난 15년에 걸쳐 출간되었다. 최근 문헌에 대한 개요는 피시번(1973), 플롯(1976), 켈리(1978), 파타나익(1978), 라퐁(1979), 물랭(1983), 파타나익과 살레(1983), 스즈무라(1983), 그리고 펠레그(Bezalel Peleg, 1984) 등의 저서에서 찾아볼 수 있다. 블레어와 폴락(1983)은 집합적 합리성의 문제를 대중적으로 탁월하게 설명하고, 나는 센(1985b)에서 이 문헌들의 주요 흐름을 비판적으로 정리했다.

그럼에도 곳곳에 이의를 제기할 여지가 있으며, 나는 계속해서 끊임없는 찬사만을 늘어놓기보다는 강조점의 차이에서 비롯되는 의견 차이나 반론의 가능성도 함께 제시하려고 한다. 마침 애로우의 불가능성 정리 자체의 성격도 논쟁의 여지가 있는 주제 중 하나며, 나는 애로우 본인의 해석에 대해서도 주저 없이 의문을 제기한다. 이번 논문집의 출간은 애로우의 불가능성 정리에 대한 일반적 평론을 시도하기에 좋은 기회다. 2절에서는 애로우 정리의 내용과 맥락, 그리고 그 관련성을 다루고, 3절에서는 애로우가 제시한 불가능성 결과의 '회피 경로^{ways out}'와 도덕철학적 쟁점으로의 '진입 경로^{ways in}', 특히 효용의 대인 비교와 관련된 분석을 검토한다.[8] 마지막 절은 애로우의 동기와 성취에 관한 일반적 고찰에 할애된다.

2. 불가능성 정리: 내용, 맥락, 그리고 관계성

애로우의 불가능성 정리(형식적으로는 '일반 가능성 정리^{the General Possibility Theorem}')는 한 공동체의 구성원들이 가진 선호들의 집합을 하나의 집합적 사회적 선호로 결합하는 문제를 다룬다. 3장에서는 1952년에 프랑스어로 처음 발표된 논문에서 애로우가 이 문제를 특유의 명료성으로 설명한다.

> 모든 합당한 사회적 선택 함수가 갖추어야 할 몇 가지 성질을 제시한다. 그런 다음, 이러한 조건들을 충족할 수 있는 가능성을 검토한다. 운이 좋다면, 이 조건들을 만족하는 사회적 선택 함수가 정확히 하나 존재할 것이다. 운이 덜 좋다면, 그 조건들을 만족하는 사회적 선택 함수가 여러 개 있을 수 있다. 그리고 최악의 경우에는, 원하는 조건들을 충

족하는 함수가 전혀 존재하지 않을 수 있다.[9]

불가능성 정리는 바로 그 "최악의 경우"를 단언한다.

사회 후생 함수(이하, SWF)는 모든 사회 상태들에 대한 (사람마다 하나씩 주어지는)개인별 선호 순서를 하나의 사회적 선호 순서로 변환한다. 즉, 이는 구성원들의 선호를 바탕으로 (사회적 선택을 위해)사회적 선호 순서를 결정하는 집계 절차다.

그렇다면 어떤 조건들을 동시에 만족하는 사회 후생 함수는 존재하지 않는가? 이 정리의 원래 버전(애로우 1950, 1장)에서는 다섯 가지 요건을 제시하지만, 이후 보다 정제된 형태로 제시된 버전(4장, 애로우 1967a)에서는 네 가지 조건을 제시한다.[10] 나는 여기서 후자의 버전을 따르기로 한다.

'정의역 무제한성'(이하, 조건 U)은 사회 후생 함수의 정의역에 가능한 모든 개인의 선호 프로파일이 포함되어야 함을 요구한다(즉, 사회 구성원들이 어떤 선호를 가지건 사회 후생 함수는 이를 사회적 선호 순서로 성공적으로 집계할 수 있어야 한다). '파레토 원칙'(이하, 조건 P)은 모든 사람이 x를 y보다 선호하면, 사회적으로도 x가 y보다 선호되어야 함을 요구한다. '무관 대안들로부터의 독립성'(이하, 조건 I)은 어떤 두 상태 x와 y에 대한 사회적 순위는 이 두 상태에 대한 개인들 순위에만 의존할 것을 요구한다.[11] 마지막으로 '비독재성' 조건(이하, 조건 D)은 독재자의 존재를 금지한다(즉, 특정 개인이 x를 y보다 선호할 때마다

---

9) *Collected Papers of Kenneth J. Arrow* vol.1, ch. 3, "The Principle of Rationality in Collective Decisions", 51쪽. 이 글은 원래 프랑스어로 작성되어 파리의 프랑수아 페루(François Perroux) 응용경제과학연구소에서 열린 강의를 위해 쓰였고, 이후 애로우(1952)로 출판되었다.

10) 이 네 가지 공리에 기반한 버전은 *Social Choice and Individual Values* 제2판(애로우, 1963)에서 처음 제시된다. 초판에서 제시된 다섯 개의 공리는 전체적으로 개정판의 네 개 공리보다 다소 약했고, 실제로 너무 약해서 불가능성 정리를 입증하기에 충분하지 않았는데, 이는 블라우(1957)가 유명한 논문에서 적절히 지적한 바 있다. 블라우는 이러한 결함을 보완할 뿐 아니라, 애로우 정리의 '중립성' 속성에 대해서도 통찰력 있는 분석을 제시한다. 이 속성은 본 절의 후반에서 다시 다룬다.

11) 이 '독립성' 조건의 정식은 애로우가 원래 제시한 버전(애로우 1950, 1951)과는 다른 것으로, 그 자체만 보면 덜 엄격하다. 그러나 이 조건은 정리를 입증하는 데 충분하며, 진술과 이해 면에서 훨씬 간결하다. 최근 치칠니스키(1982)는 '독립성' 조건 없이도, 대신 몇 가지 다른 요구 조건, 특히 '연속성'을 전제로 한 '불가능성' 정리의 변형을 입증한다. 맥매너스(McManus, 1982) 참조.

사회적으로도 항상 x가 y보다 선호되는 일이 있어서는 안 된다). 애로우의 불가능성 정리는 서로 다른 사회 상태가 세 가지 이상이고 개인 집합이 유한할 때, 조건 U, P, I, D를 모두 만족하는 SWF는 존재하지 않는다고 말한다.

사회 후생 함수를 추구하게 된 동기는 버그슨Abram Bergson의 고전적 분석에서 비롯되었다. 그는 체계적인 사회 후생 판단을 위해 사회적 선호 순위가 필요하다고 본다(버그슨 1938). 이어 새뮤얼슨(1947)은 이 문제를 더 깊이 탐구했다. 1948년, RAND 연구소의 논리학자 헬머Paul Helmer는 (플레이어가 개인이 아닌 국가들인)국제 관계에 게임 이론을 적용하는 정당성에 의문을 제기하며 박사 과정 중이던 애로우에게 이렇게 묻는다. "집합체가 효용 함수를 가진다고 말할 수 있는 의미는 무엇인가?" 이에 애로우는 (아마도 타당한 학문적 자부심을 담아) "경제학자들은 그 질문에 대해 생각해 왔고 버그슨의 사회 후생 함수 개념을 통해 그에 대한 답이 제시되었다"고 답했다(3쪽). 헬머를 위해 이 주제에 대한 설명문을 작성하던 애로우는 곧, 개인들의 선호 순위의 집합을 하나의 선호 순위로 집계하는 만족스러운 방법이 존재하지 않는다는 확신을 가지게 되었다. 불가능성 정리와 관련된 결과, 그리고 그 증명은 '약 3주' 안에 완성되었다. 애로우는 자신의 박사 논문 주제를 이 새 발견을 반영하는 방향으로 바꾸었고, 그 결과에 대한 간단한 설명문(자신의 논문집 1장 수록)을『정치경제학 저널』에 편집장의 요청으로 투고했다.

애로우의 불가능성 정리는 종종 오래된 투표의 역설에 대한 일반화로 간주된다. 애로우 자신도 이러한 관점을 장려하며, 자신의 불가능성 정리를 제시할 때 투표의 역설을 언급하며 동기를 부여한다(1장 5쪽, 3장 53쪽, 4장 72쪽). 사람 1은 x를 y보다, y를 z보다 선호한다. 사람 2는 y를 z보다, z를 x보다 선호한다. 사람 3은 z를 x보다, x를 y보다 선호한다. 그 결과 다수결 투표에서는 x가 y를 이기고 y가 z를 이기며, z가 x를 이긴다. 이는 다수결 투표가 일관된 선호 배열을 산출하지 못할 수 있으며, 다수의 지지를 받는 승자가 존재하지 않을 수도 있음을 설득력 있게 보여 주는 사례다. 또한 이 투표의 역설이 애로우가 그와 같은 방식으로 사고하게 된 데 일정한 영향을 미쳤다는 점 역시 의심의 여지가 없다. 사회 후생 함수에 대한 메모를 요청한 헬머의 질문에 응답하며 애로우는 당시를 다음과 같이 언급한다. "이미 선호를 집계하는 그럴듯한 방식인 다수결 투표가 만족스럽지 못함을 알고 있었고, 간단한 실험을 통해 다른 방법들 역시 선호 배열을 정의하는 의미에서는 작동하지 않으리라는 점을 시사받았다(3~4쪽)."

한 나라의 정치적 의견 차이를 해결하는 데 다수결 투표에 호소하는 것은, 헬머가 애로우에게 던진 질문의 국제 관계 맥락에서 보았을 때, 실제로 그리 부자연스러운 일이 아니다. 그러나 **후생 경제학**에서의 집계를 위한 규칙으로 그런 방식의 모색이 과연 타당한가? 그리고 **일반적**으로 다수결 방법이 진정 "선호를 집계하는 그럴듯한 방식"이라 주장할 수 있을까? 애로우는 이 믿음을 꽤 강하게 주장하는 듯 보이며, 다른 곳에서도 이렇게 말한다. "집합적 맥락에서, 개인의 선호를 사회적 선택으로 집계하는 가장 명백한 방식이다(9장, 125쪽)." 그리고 다시, "대안이 두 개일 때, 다수결 투표는 만족스러운 사회적 선택 메커니즘이다." 그러나 "그것이 반드시 추이적이지는 않다(12장, 168~169장)." 그러나 후생 경제학적 맥락에서 다수결 투표가 갖는 가장 심각한 문제가 추이성의 실패일까?

이러한 경우를 받아들이기란 쉽지 않다. 실제로 애로우 자신의 분석조차 다른 맥락에서는 후생 경제학적 결정에서 다수결 원칙을 수용하기 어렵게 한다. "전적으로 이기적 선호를 가진 여러 개인들이 일정량의 단일 재화를 분배하기 위해 다수결 방식을 사용하는" 문제를 논의하는 과정에서 애로우는 (다수결 승자가 존재하지 않음을 보여 주는 과정에서)다음과 같이 관찰한다. "어떤 분배가 특정 개인, 예컨대 사람 1에게 일정한 몫을 준다면, 또 다른 배분이 존재한다. 그것은 사람 1에게 아무것도 주지 않고 첫째 배분에서의 그의 몫을 나머지 모두에게 나누어 주는 것이다. 둘째 배분은 한 사람을 제외한 모두에게 첫째보다 선호된다(6장, 87쪽)." 이제, 추이성 문제나 다수결 승자 부재의 문제를 잊고, 선택 가능한 대안 집합이 애로우가 앞서 언급한 바로 그 두 가지 대안으로 구성된다고 하자. 이를 좀 더 완전히 명시하면 다음과 같다. 대안 x는 사람 1, 2, 3이 케이크를 동등하게 나누는 경우, 대안 y는 사람 1은 아무 것도 받지 못하고 사람 2와 사람 3이 전체 케이크를 나누는 경우다. 이 경우 (두 개의 구별되는 상태만 존재하므로)추이성의 문제도 없고, (y가 2:1로 x보다 우세하므로)다수결 승자 부재의 문제도 없다. 하지만 이러한 선택 문제에서 과연 대안 y가 '만족스러운' 후생 경제학적 결과라고 어떻게 말할 수 있는가? 사람 1은 완전히 벼랑 끝으로 몰리고 사람 2와 사람 3은 더 살찌게 되었다. 이런 판단에 대해 다수결 규칙이 "선호를 집계하는 그럴듯한 방식"이라고 주장하기는 매우 어렵다. 두 개의 대안만으로도 심지어 추이성 문제를 제기할 틈이 없이 이미 이러한 문제가 대두된다.

다수결 방식이 특정 유형의 문제들에서 상당한 설득력이 있는 것은 사실이나, 소득 분배와 같은 문제에는 그렇지 않다.[12] 애로우는 "사회 선택 이론을 연구하는 가장 근본적 동기는, 적어도 경제학자에게는 소득 분배의 평가에 대해 유용한 무언가를 말할 수 있으리라는 희망이다(6장, 87쪽)"라고 말한 바 있다. 만약 이것이 사실이면, 다수결 규칙이 사회적 선택 절차로서 가질 수 있는 가능성은, 비추이성 문제가 전혀 발생하지 않더라도 분명 매우 제한적일 수밖에 없다.

이 주장에 응답하며 이렇게 말할 수도 있다. 즉, 소득 분배 문제는 효용의 대인 비교 없이는 적절히 다룰 수 없다는 것이다. 애로우가 명확히 밝혔듯(1장, 5~6, 23~24쪽), 그가 다룬 사회 선택 이론 형식에서는 이러한 대인 비교의 직접적 사용이 배제되므로, 이 관점에서는 애초에 소득 분배 문제를 다룰 수

---

12) 앞서 언급한 두 가지 케이크 분할안인 x와 y의 사례에서 보듯, 다수결 규칙은 명백히 반(反)평등주의적이다. 이러한 유형의 사례가 일반적으로 다수결 규칙을 평가할 때 고려되지 않는 한 가지 이유는 대부분의 사회에서 가난한 사람이 부유한 사람보다 훨씬 많고, 다수의 유권자가 개인의 이익에 따라 투표하면 대체로 부자를 희생해서라도 가난한 사람의 형편을 개선하는 선택이 다수의 지지를 받기 때문이다. 하지만 이런 사회에서도 가장 가난한 사람을 지목해서 그가 가진 것 일부를 떼어서 나머지 사람들에게 나눠 주는 식으로 불평등을 심화하는 변화에도 다수의 지지를 얻을 수 있다. 결국 어떤 대안이 고려되는지가 매우 중요한 문제다.

있는 방법 자체가 없었던 셈이다. 따라서 다수결 방식이 이 문제를 처리하는 데 어려움을 겪는다는 점은, 대인 비교를 배제한 모든 허용 가능한 집계 규칙들이 **공통적으로** 겪을 수밖에 없는 난제로 볼 수 있다. 그러한 의미에서 애로우가 사회 선택 이론의 동기를 소득 분배 문제에서 찾은 것은 과도하게 관대한 판단일 수 있으나(그것이 '가장 깊은 동기'라는 점은 말할 것도 없고), 다수결 절차 자체가 사회적 선택의 매커니즘으로서 특별히 더 문제적이지는 않다는(물론 비추이성은 제외하고) 애로우의 주장은 옳다고 할 수 있다. 이 결함은 '일반적'이며, 대인 비교를 활용하지 않는 모든 규칙이 **공유한다**.

나는 앞서의 논지, 즉 후생 경제학적 판단에서 투표 절차를 조건부로 옹호하는 주장이 옳을 수 있다고 믿지 않는다. 효용의 대인 비교는 불평등을 평가하는 하나의 방식이고, 공리주의는 이를 광범위하게 활용했지만, 소득이나 부의 정도를 비교하는 것처럼 훨씬 단순한 불평등 평가 방식도 존재한다. 부자와 가난한 사람 사이의 불평등은 본질적으로 효용의 문제, 즉 누가 무엇을 **느끼느냐**의 문제가 아니라, 누가 무엇을 **소유하느냐**의 문제다. 효용의 대인 비교를 삼간다고 해서 사회적 후생 판단에서 경제적 불평등을 고려하는 일이 불가능할 명백한 이유는 없다.[13] 만약 다수결 규칙이 불평등에 주의를 기울이지 못하면, 그것은 실제로는 피할 수 있지만 [피하지 못한]진정한 실패다. 그리고 그런 실패는 "소득 분배의 평가에 대해 유익한 무언가를 말하려는" 사회적 선택 접근에서 분명히 피해야 한다.

이 형식에서 소득 분배에 관한 판단(예, 소득 수준에서의 판단)을 그럴듯하게 다룰 수 없게 하는 것은, 효용의 대인 비교를 회피해서라기보다는 애로우가 그의 불가능성 정리를 증명하는 과정에서 도출한 중립성 결과 때문이다. 중립성의 강한 형태는 다음과 같은 조건을 요구한다. 만약 모든 사람의 선호 순위에서 x를 a로, y를 b로 바꾼다면, 사회적 선호 순위에서도 마찬가지로 x 대

---

13) 나는 다른 글에서 불평등을 평가할 때 가장 적절한 기준이, 효용이나 소득, 재화의 소유가 아닌, 인간의 기능과 역량이라는 점을 주장한 바 있다(센 1982, 1985a, 1985c).

신 a, y 대신 b로 바꿔야 한다는 것이다.[14] 중립성 특성은 본질적으로 사회적 선택이 상태들의 특성 자체에 의존해서는 안 되고, 오직 그 상태들에 대한 개인들의 선호에만 의존할 것을 요구한다. 즉 어떤 경우의 (x, y)에 대한 개인 선호가 다른 경우의 (a, b)에 대한 개인 선호와 동일하면, 후자의 경우 사회적 선택은 각각 a와 b를 전자의 경우에서 x와 y가 차지했던 사회적 순위에 그대로 배치해야 한다. 사회적 선택은 x, y, a, b의 '성질'에 영향을 받으면 안 되고, 오직 그것들에 대한 개인의 선호로만 결정해야 한다.

앞서 다룬 예시(여기서 x는 케이크의 균등 분배, y는 사람 1에게는 아무것도 주지 않고, 사람 2와 사람 3이 나머지를 나누는 경우)에서 두 개의 추가 대안을 정의하자. 대안 a는 사람 2와 3에게는 아무것도 주지 않고 오직 사람 1에게 전부 주는 경우, 대안 b는 x와 동일하게 균등 분배하는 경우다. 애로우의 "완전한 이기적 선호(87쪽)" 가정을 따르면, x를 y보다 선호하는 모든 사람(사람 1)은 a를 b보다 선호하고, y를 x보다 선호하는 모든 사람(사람 2와 3)은 b를 a보다 선호한다. 따라서 중립성 조건은 x가 y보다 사회적으로 선호되는 경우는 a가 b보다 사회적으로 선호될 때뿐임을 요구한다. 즉, 사회적으로는 a를 b보다 선호(즉, 사람 2와 3에게 아무것도 주지 않고 사람 1에게 전부 주는 것을 균등 분배보다 선호)하거나 y를 x보다 선호(즉, 사람 1에게 아무것도 주지 않고 사람 2와 3이 나누는 것을 균등 분배보다 선호)하거나 해야 한다. 혹은 (균등 분배건 극단적 불균등 분배건)이 모든 분배 방식들을 사회적 관점에서 완전히 동등하게 간주해야 한다. 일단 이러한 형식에서 중립성을 받아들이면, 후생 경제학과 관련된 방식으로 소득 분배에 대한 판단을 내릴 수 있는 여지는 사실상 사라진다.

주목해야 할 중요한 점은 애로우는 어떠한 형태의 중립성도 전혀 **가정하지**

---

14) x나 y 중 어느 것도 포함하지 않는 대안 쌍들은 각 개인의 선호 순서가 하나의 서열로 남는다는 조건을 충족하는 한, 자유롭게 재배열될 수 있다. 이는 중립성의 강한 형태로, 독립성 요소도 포함한다(센 1970 참조). 보다 약한 형태의 정의는 애로우(1963)가 제시한다. 그는 다음과 같이 설명한다. "$T(x)$를, 대안들의 집합을 그것 자체로 일대일로 변환하는 변환이라고 하자. 이 변환은 모든 개인의 선호 순서를 보존한다. 환경 S는 변환 T에 의해 환경 S'로 전환된다. 그렇다면 S에서의 사회적 선택인 $C(S)$는 변환 T에 의해 S'에서의 사회적 선택인 $C(S')$로 전환된다(p. 101)."

않았다는 데 있다. 그는 그것을 **증명했다**.[15] 어떤 공리도 중립성을 요구하지 않지만, 중립성의 한 형태는 공리들의 결합(정확히는 U, P, I)으로부터 도출될 수 있다. 애로우는 불가능성 정리를 증명하는 과정에서 이 지점에 도달한다. 물론 다수결 원칙은 이 중립성 속성이 있지만, 애로우는 사회적 선택 절차도 반드시 중립적일 것을 요구하지 않는다.[16] 만약 애로우가 중립성을 가정했다면, 불가능성 정리는 자명한 명제가 되어 그 의미가 퇴색한다. 바로 이러한 이유에서 다수결 원칙을 활용한 투표 역설 언급은 오해의 소지가 크다. 일단 중립성이 증명되고 나면, 우리가 (오직 대안들에 대한 개인의 선호만 고려하고)대 안들의 성질 자체를 고려할 수 없으므로 비교적 간단 절차로 불가능성 정리에 도달하게 된다. 실제로 불가능성 정리를 증명하는 데 드는 많은 노력은 다른 공리들로부터 중립성의 한 형태를 도출하는 데 집중한다. 투표의 역설과의 유사성은, 이 어려운 작업 대부분이 마무리되어 불가능성 정리에 거의 도달했을 때야 비로소 관련성을 갖는다.

후생 경제학 관점에서, 애로우의 틀에서 일단 중립성 결론이 도출되면(더불어 효용의 대인 비교를 배제하는 경우) 흥미로운 사회적 선택 절차는 사실상 남지 않는다. 앞서 제시된 예시의 맥락에서, 우리는 (a) 주어진 케이크의 어떤 분배도 사회적으로 동일하게 좋다고 간주하거나 (b) 케이크의 균등 분배를 거부하고 사람 1에게 아무것도 주지 않는 방안을 선호하거나, (c) 균등 분배를 거부하고 사람 2와 3에게 아무것도 주지 않는 대안을 선호해야 한다. 이러한 상황에서, 만약 불가능성 정리를 피할 수 있는 사회적 선택 절차가 존재하더라도, 그것이 후생 경제학에 큰 기쁨을 안겨 줄 일이 아니었을 것이다. 그런데 실제

---

15) 사실 애로우는 특정 유형의 중립성을 확립한다. 즉 어떤 대안 쌍에 대해 '결정권'을 가진 집단은 모든 대안 쌍에 대해서도 '결정권'을 가진다는 점이다. 더 강한 결과도 실제로 증명되며, 이는 어떤 쌍에 대해 약한 의미에서 결정적인 집단이 모든 쌍에 대해 강한 의미에서 결정적이라는 점이다. 센(1970), 구하(1972), 블라우(1976), 다스프레몽과 게베르(1977) 참조.

16) 중립성이라는 용어는 이 속성을 실제보다 훨씬 매력적으로 들리게 한다. 애로우가 "사회적 선택 절차는 특정 대안에 대해 내재적 편향을 가져서는 안 된다(167쪽)"는 해석도 지나치게 온건한 설명이다. 중립성은 상태에 관한 효용 외 정보의 직접 사용을 배제하는데, 이는 소득 분배 판단과 같은 많은 문제에서 큰 손실을 초래한다.

로는 애로우의 조건을 모두 만족하는 사회적 선택 절차는 존재하지 않는 것으로 드러난다.

중립성 결과는 문제 유형에 따라 크게 문제되지 않을 수도 있다. 선거나 투표를 다룰 때(예컨대, 프랑스 과학아카데미 회원을 어떻게 선출할지 결정하려 했던 보르다 1781의 원래 문제처럼), 절차가 대안의 본질(보르다의 경우에는 후보자들)에 대해 전혀 고려하지 않고, 단지 **유권자들이 그들을 어떻게 평가하는지**에 대한 반영만이 자연스럽고 적절할 수 있다. 하지만 소득 분배 문제를 다룰 때는, 평등과 불평등이라는 쟁점이 대안의 성격을 직접적으로 관련된 요소로 만든다. 앞서 든 예시에서 x에서 y로의 이동(즉, 균등 분배를 시작으로 사람 1의 몫을 박탈하는 경우)과 a에서 b로의 이동(즉, 무소유 상태의 사람 2와 3에게 각각 1/3을 주어 균등 분배에 도달하는 경우)에 대해 개인들의 선호는 완전히 동일할 수 있다. 그러나 이러한 두 상황은 개인 선호 공간에서는 일치하더라도, 후생 경제학 분석에서는 전혀 다른 문제다.[17]

여기서 나는 애로우의 해석적 설명이나 동기 부여에 관한 몇몇 진술들에 이의를 제기하지만, 이러한 일련의 문제 제기에서 궁극적으로 드러내는 것은 애로우 결과의 영향력과 독창성이다. 우리는 '애로우 문제'를 단순히 투표 역설의 일반화로만 보는 관점을 거부해야 한다. 그것은 훨씬 깊은 내용을 담고 있다. 조건 U, I, P 각각을 따로 보면, 중립성이 초래하는 치명적 함의가 곧 드러날 것이라는 암시는 전혀 없다.[18] 그럼에도 그것은 실제로 드러난다. 그

---

17) 애로우 정리가 후생 경제학과 정치적 절차에 각각 갖는 차등적 관련성에 대한 이 분석은, 애로우 결과가 후생 경제학이 아니라 '수리 정치학'과 관련 있다는 새뮤얼슨(1967, vii쪽)의 잘 알려진 주장과 분명히 구분해야 한다. 애로우의 공리 체계가 상당히 타당하면서 예상치 못한 불가능성이 있다는 점은 후생 경제학에 대해 심오하고도 근본적 의미를 지닌다. 여기서 논의는, 만약 그 불가능성 결과 자체가 성립하지 않아도 애로우의 '중립성에 관한 보조 정리'가 성립하면, 그 손실은 결코 작지 않다는 점이다. 우리는 여기서 애로우 결과의 구성 요소와 그것들이 각각 갖는 관련성을 분석하고, 투표 역설에 대한 지적이 적절한지를 검토해야 한다.

18) 물론 애로우의 원래 틀과 달리 효용의 대인 비교가 허용되면, 중립성 결과의 함의는 훨씬 덜 불편할 수 있다. 하지만 대인 비교가 가능한 정보적으로 더 풍부한 틀에서도, 중립성은 예컨대 롤즈(1971)의 ('자유의 우선성', 그리고 '기본재' 공간에서의 효율성과 형평으로 정의되는)정의의 원칙들 같은 흥미로운 가능성을 배제하는 효과가 있다. 대인 비교를 허용하더라도 허용 가능한 절차의 집합은 상당히 좁은 범주로 제한되며, 예를 들어 공리주의, 효용 기반의 '맥시민(maximin)' 또는 '렉시민(leximin)' 등이 그렇다. 다스프레몽과 게베르(1977), 찰스 블래커비, 도널드슨, 웨이마크(1984), 그리고 아래의 3절 참조.

리고 일단 그것이 드러나고 나면, 이후의 불가능성 정리 증명의 나머지 부분, 즉 여기에서 투표의 역설에 대한 언급의 실제 **타당성**은 충분히 자연스럽게 이어진다.

애로우의 불가능성 정리는 매우 다양한 유형의 문제를 포괄할 정도로 광범위하다. 애로우 정리(및 그 밖의 결과)의 관계성은 검토 중인 문제의 성격에 따라 달라진다. '최악의 불안'은 문제 유형에 따라 분석의 서로 다른 단계에서 나타난다. 예를 들어, 후생 경제학 분석에서는 (앞서 논의처럼)중립성이 나타나는 순간 이미 심각한 곤경에 빠지지만, 선거 제도와 투표 절차에 대한 분석에서는 그 단계에서 싸움이 끝나지 않으며, 진정한 위기는 불가능성의 입증이라는 마지막 단계에서야 찾아온다. 모두에게 나쁜 소식이지만, 그 나쁜 소식의 내용이 각자에게 **동일하지는** 않다.

3. 탈출구와 진입로

애로우는 자신의 불가능성 정리를 제시하면서 동시에 그에 대한 가능한 해결책들도 함께 제안했다. 애로우가 자신의 원저(애로우 1951)에서 가장 많이 논의한 가능성은 바로 '정의역의 제한$^{domain\ restriction}$'이다. 즉 개인 선호의 특정 구성 형태들을 배제함으로써 나머지 애로우 조건들을 만족시킬 수 있다는 주장이다. 그는 단봉형 선호가 다수결 순위를 일관되게 하며, 따라서 개인 선호가 단봉형일 경우 이를 바탕으로 사회 후생 함수를 구성할 수 있음을 증명했다.[19] 실제로 그는 이 결과를 불가능성 정리를 도출하기 이전, 매우 이른 시기

---

19) 개인의 선호가 '단봉형'이라는 것은, 사회 상태들이 일직선상에 배열될 수 있고, 개인의 선호 강도가 그 선상에서 좌에서 우로 감소하거나, 우에서 좌로 감소하거나, 하나의 정점까지 증가한 후 감소하는 형태를 띠는 경우를 의미한다. 실제로 이 조건은 조금 덜 엄격해서, 각 세 개의 대안에 대해 개별적으로 적용할 수 있다. 이 조건은 모든 삼항 조합 (x, y, z)에서 하나의 상태(예, x)가 "최악은 아니다"라는 만장일치 합의와 동등하다. 이 조건은 "최선은 아니다" 또는 "중간은 아니다"라는 만장일치로도 일반화될 수 있는데, 이를 '가치 제한 선호'라고 한다(센 1970). 관련해서, 전이적 다수결 결정이 가능한 조건과 일관된 다수결 선택을 위한 정의역 제약 조건에 대한 필요충분조건은 아니다. 켄이치(1969), 센과 파타나

에 얻었고, 후에 블랙Duncan Black(1948) 또한 다수결 투표에서 단봉 선호에 관한 유사한 분석을 수행했음을 알았다(1장, 3쪽). 경제학에서 '우선순위' 문제가 유발하는 소란을 고려할 때, 당시 컬럼비아대학교의 젊은 박사 과정 학생이 었던 애로우가 이 결과에 대한 공을 전적으로 그에게 돌리고 해당 조건을 '블 랙의 공준Postulate'으로 명명했던 점은 흥미롭다(애로우 1951 75~80쪽). 사실 조 건을 정확히 서술하고 그에 대한 가능성 정리를 제대로 증명한 이는 애로우 가 처음이었다.

그러한 탈출 경로는 이후 많은 사회 선택 이론가들에 의해 광범위하게 탐 구되었고, 애로우는 두 편의 에세이(6장, 9장)에서 최근 제안된 몇 가지 방안 을 논의한다. 6장에서 애로우는 털럭Tullock(1969)이 제안한 흥미로운 유형의 정의역 제약을 검토하고 이를 확장한다.[20] 애로우는 여전히 정의역 제약을 불가능성 문제를 해결하는 중요한 방법으로 간주하는 듯하며, "개별 선호 순 위들이 블랙, 센, 또는 털럭의 조건을 만족하는 집합으로 제한되면, 다수결과 다른 많은 방법들이 (나머지)모든 조건들을 만족시킬 수 있다"고 지적한다(9 장, 131쪽).

그러나 앞 절에서 이미 논의한 이유들에 비추어 보면, 이와 같은 탈출 경로 는 정치학 이론에서 아무리 중요할지라도 후생 경제학에는 그다지 흥미로운 방안이 아니라고 주장할 수 있다. 앞서 제시된 분석이 타당하면, 다수결 방 식(및 다른 투표 절차들)을 사용하는 데 후생 경제학적 판단이나 의사 결정 과 정 적용에서 비추이성은 주요 문제가 **아니다.**[21] 다시 한번 사회적 선택 문제 가 어떤 **성격**을 가지느냐에 따라 관련성이 달라지는 문제가 발생한다. 다수 결 규칙과 기타 투표 절차들의 일관성을 보장하는 정의역 조건에 대한 이해

___

익(1969), 그리고 센(1970)을 참조.

20) 이 접근법의 일반화된 형태는 그랑몽(1978)에서 찾아볼 수 있다.

21) 또한, 재화 공간에 대해 정의된 '경제적' 선호에 이러한 정의역 제약 조건이 실제로 성립할 가능성은 그리 높지 않을 것이다(크레이머 1973 참조).

는 그 자체로 흥미로운 주제일 수 있으나, 그것이 후생 경제학에 어떤 관련이 있는지는 분명하지 않다.

최근의 사회 선택 이론 문헌에서는 애로우의 불가능성 정리를 피할 수 있는 다양한 다른 '탈출구'들이 활발히 탐색된다. 애로우는 자신의 후기 논문들에서 이들 중 일부를 언급하는데, 예를 들어 사회적 선택의 이항성 요건을 포기하는 방안이 그렇다(12장, 170~171쪽).

애로우가 후기 논문들에서 가장 많은 관심을 기울인 탈출구는 효용의 대인 비교가능성이다. 이 확장은 단순히 불가능성 정리를 회피하기 위한 수단일 뿐 아니라, 후생 경제학 분석을 도덕철학, 예컨대 애로우가 명백히 상당한 공감을 보이는 공리주의 접근법과 조화하는 데에도 뚜렷한 관련이 있다. 대인 간 효용 비교의 도입은 불가능성으로부터의 '탈출구'일 뿐 아니라, 동시에 규범적 사회 선택 이론을 오랜 전통을 지닌 윤리학적 사유와 연결하는 '진입로'며, 이러한 전통들은 최근의 철학 논의에서도 비판적 주목을 받아 왔다.

불가능성 정리를 처음 제시할 당시, 애로우는 효용의 대인 비교를 배제하는 것이 결정적으로 중요한 역할을 한다는 점을 분명히 언급했다. 1950년 논문에서 제시된 불가능성 정리의 한 버전은 다음과 같다. "효용의 대인 비교가능성을 배제하면, 개인의 기호에서 사회적 선호로 이행하는 방식들 중 만족스러우며 광범위한 개인 선호 순위 집합을 정의하는 방식은 강제되거나 독재적 방법밖에 없다(1장, 24쪽)." 그러나 당시 애로우는 "대인 비교의 어려움"에 대해 지나치게 확신했었으므로 그 수단을 통해 불가능성 정리를 극복할 가능성에 큰 기대를 걸지 않았다.

애로우는 (아마도 1946년 가을에) 컬럼비아대학교 강의에서 힉스가 제시한 "대인 비교에 대한 서열적 접근"에 매료되었다고 언급한다. 이 접근에서 "A가 B보다 '더 나은 상태'라고 정의되는 것은, A가 자신의 재화 묶음을 B의 것보다 선호하고, 동시에 B 역시 A의 재화 묶음을 자신의 것보다 선호할 때"였다(1장, 2쪽). 힉스는 이러한 '더 나은 상태'라는 관계가 불완전할 수 있음을 지적하고, 애로우는 "한 걸음 더 나아가 이 관계가 반드시 추이적이지도 않다는 점을 지적했다(3쪽)."

실제로, 이러한 '대인 비교에 대한 서열적 접근'을 대인 간 **효용** 비교의 수단으로 다루는 데에는 다른 문제도 있다. 이 접근이 수행하지 **못하는** 한 가지는 바로 서로 다른 사람들의 효용을 비교하는 일이다. 이 방식은 오직 동일한 사람이 두 가지 다른 상황에서 느끼는 효용만을 비교할 뿐이다. 후자의 경우 서로 다른 사람들의 순위가 일치하더라도, 전자의 경우에 대해 아무것도 함의하지 않는다. 예컨대 다음과 같은 순위를 생각하자.

$$U_B(x_A) > U_B(x_B) > U_A(x_A) > U_A(x_B)$$

여기서 $U_i(x_j)$는 개인 j가 실제로 누리는 재화 묶음 x_j에 대해 개인 i가 느끼는 효용을 의미한다. 즉, A와 B 모두 A의 재화 묶음을 B의 것보다 선호하므로 제안된 기준에 따르면, A가 B보다 '더 나은 상태'다. 그러나 실제로는 $U_B(x_B) > U_A(x_A)$므로 B의 효용이 A보다 더 크다.

만약 대인 비교를 **사용하려** 하면, 그러한 비교는 실제로 **수행되어져야** 한다. **다른** 종류의 비교를 통해 그 작업을 대신할 수는 없다. 실제로 1970년대에는 대인 비교를 수행하고 활용하는 연구가 크게 부활했고, 이 목적을 위해 애로우의 원래 사회 선택 이론 형식도 적절히 조정되었다. 애로우 자신도 서피스(1957)의 중요 논문에 이어 그의 저서 제2판(애로우 1963, 114~115쪽)에서 언급함으로써 이러한 부흥에 기여했다. 애로우는 11장에서 특히 해먼드(1976), 스트라스닉(1976), 다스프르몽과 게베르(1977)의 성과를 포함한 최근의 여러 연구 결과를 보고하며, 몇 가지 일반 방법론적 문제도 함께 논의한다.[22]

애로우가 제시한 일부 결과는 사회적 후생 기준으로서의 순차 맥시민

---

lexicographic maximin, leximin(이하 렉시민) 기준의 공리적 도출에 관한 것이다(즉, 한 국가의 사회적 복지를 **최악**의 처지에 있는 개인의 복지를 기준으로 판단하고, 이 점에서 두 국가가 동일할 경우에는 **둘째로 나쁜** 처지의 개인의 복지를 기준으로, 그 다음에도 같은 방식으로 이어진다). 이는 형식상 롤스의 『정의론』(1971)에서 제시된 차등 원칙과 정확히 동일하지만, 롤스의 체계에서는 기본재 꾸러미를 기준으로 하는 반면, 애로우는 효용을 비교 기준으로 삼는다는 흥미로운 차이가 존재한다고 지적한다.

> 내가 여기서 보고하는 연구는 롤스의 차등 원칙과 역설적 관계가 있다. 개인의 효용에 대한 특정한 인식론적 가정을 둘 경우, 사회 선택 이론의 접근은 롤스의 차등 원칙으로 이어지지만 그 기준은 기본재가 아니라 효용이라는 점에서 차이가 있다(11장, 149쪽).

이러한 대조는 정의론에서 매우 흥미로운 사안이며, '사회적 선택 접근 방식'이 어느 정도까지 효용 기반 계산을 선호하는 경향을 갖는지에 대한 검토는 중요하다. 여기서 말하는 효용 기반 계산 방식은 (롤스의 경우처럼 기본재의 지표 등)효용 이외의 특성들을 통해 한 개인의 타인에 대한 이점을 판단하는 방식과 대비된다.

이러한 대조는 얼핏 애로우의 **정의**, '사회적 후생함수 또는 사회 선택 함수'의 당연한 귀결처럼 보일 수 있다. 즉, 'U를 X의 순위로 사상하는 함수(150쪽)'라는 정의 때문이다. 여기서 U는 상태들의 집합 X와 개인들의 집합 N의 데카르트 곱 위에 정의된 실질 가치 효용 함수들의 집합이므로, 사회적 순위 R은 오직 효용 가치만의 함수가 되어야 할 것처럼 보인다. 이런 식으로 보면, 기본재를 기준으로 삼은 롤스는 공리화가 시작되기도 전에 이미 설 자리를 잃은 셈이다. 만약 그렇다면, 이러한 대조에서 우리가 배울 수 있는 것은 거의 없다. 그러나 이 상황은 두 가지 서로 다른 이유에서 더 복잡하다.

먼저, 상태들에 관한 비효용 정보의 관계성을 제거하는 것은 '중립성' 결과며, 이는 실제로 애로우(1977)가 정의한 사회 선택 함수의 일부가 **아니다**. 앞서 2절에서 논의한 SWF의 경우와 마찬가지로 중립성 결과는 다른 공리들로부터 **도출되어야** 했다(그리고 '투표의 역설'에 대한 언급이 관련성을 갖는 것도 바로 이 도출 **이후**다). 여기서도 마찬가지로 중립성 결과는 가정한 것이 아니라 도출한 것이다(그리고 이 도출 **이후**에야 기본재를 포함한 기타 비효용적 특징들이 분석에서 제외된다). 실제로 $R = F(u)$는 하나의 **함수적** 표현인데, 여기서 사회적 선호 배열 R은 모든 상태 및 개인 쌍에 대해 정의된 전체 효용 함수 u의 함수로 간주된다. 이는 센(1970)에서 **사회 후생 함수적**^{social wellfare functional, SWFL}으로 부르며[23] 여기서도 나는 이 용어를 사용한다(그리고 이것은 상태들에 대한 개인 선호 배열 n-튜플에 대해 정의된 사회 후생 함수 SWF와는 구별된다.) $F(u)$는 (X와 N의 데카르트 곱에 대해 정의된)**전체** 효용 함수를 입력으로 받으면 사회적 선호 배열 R을 도출할 수 있음을 의미하지만, 이것이 해당 상태들의 비효용적 특징들, 예컨대 누가 어떤 기본재를 보유하는지와 같은 요소를 진지하고 결정적으로 고려할 가능성을 배제하지 **않는다**. 이러한 비효용적 특징들이 고려되지 않으려면 (앞서 SWF의 경우처럼)중립성 결과가 필요하고, 이는 이 경우에도 유사한 공리들의 조합 즉, 무제한 정의역, 독립성, 파레토 원리에 의해 도출된다.[24]

중립성 결과는 비효용적 정보의 사용을 배제한다. SWF의 경우, 이는 허용 가능한 절차들을 사실상 투표 규칙으로 제한하는 효과를 낳는다(2절). SWFL의 경우에는 효용의 대인 비교를 사용할 수 있으므로 공리주의나 효용 기반

---

23) 사회 후생 함수적(SWFL)인 논증은 개인 효용 함수들의 n-쌍 $\{U_i\}$로 간주되고, 이는 애로우의 정의에 따라 (x, i)라는 쌍의 공간 위에 정의된 u와 정확히 동일한 정보를 담고 있다. 사소한 용어상의 문제로, 애로우가 '기수적 차이 불변성(cardinal-difference invariance)'으로 부른 개념은 단순히 차이의 비교가능성뿐 아니라, 차이의 차이, 차이의 차이의 차이 등 고차 차이의 비교가능성까지 포함한다. 이는 센(1970, 106쪽)에서 '기수적 단위 비교가능성(cardinal unit comparability)'으로 불렸고, 고차 차이의 비교가능성의 연속으로 이해할 수 있다. 바수(1980)의 논의 참조.

24) 이 경우 이 성질들의 사용은 직접적으로 제시되지 않고 간접적으로 호출되어 명확하지 않다. 애로우의 '이항 관련성'(152쪽)은 '독립성' 성질을 함의하고, '무관심한 개인의 제거'(154쪽)는 파레토 원칙을 의미하며, '헌법 함수(constitution function)'에 대한 특성화(153쪽)는 무제한 영역 조건을 내포한다. 애로우가 중립성 용어를 155쪽에서 약한 형식으로 사용한다는 점을 주목해야 한다. 이는 이 맥락에서 사용되는 보다 엄격한 형식보다는 덜 요구되고, 공리주의 맥시민, 렉시민 등의 접근은 더 강한 중립성 조건을 만족한다). 해먼드(1976), 다스프르몽과 게베르(1977), 매스킨(1978), 로버츠(1980), 블래커비, 도널드슨, 웨이마크(1984) 등 참조.

적 맥시민 또는 렉시민 같은 다른 방법들도 여전히 가능하다. 그러나 롤스의 정의 원칙들은 분명히 배제되며, 기본재는 **효용을 통해** 간접적으로 반영되지 않는 한 더 이상 고려되지 않는다. 따라서 애로우가 언급한 "롤스의 차등 원칙에 대한 역설적 관계"는 애로우가 사용한 SWFL 틀의 중립성 성질에서 비롯되며, 구체적으로는 무제한 정의역, 독립성, 그리고 파레토 원리의 결합에서 유래한다. 기본재가 고려되려면, 그리고 롤스의 차등 원칙이 이론적으로 유의미하려면, 이 조건 중 적어도 하나는 명확히 거부해야 한다. 이 질문에 대한 '사회적 선택 접근법'의 핵심은 롤스주의를 부정하거나 효용의 우월성을 주장하는 데 있지 않고, 롤스주의가 직면해야 하는 도전의 성격을 분명히 하는 데 있다. 무제한 정의역, 독립성, 그리고 파레토 원리는 모두 매우 강한 설득력을 가지므로 이 도전은 흥미롭지만 만만치 않으며, 이 문제에 대한 사회 선택 이론의 기여는 결코 사소하지 않다.

내가 논평하려는 이 '역설적 관련성'의 둘째 측면은 대인 비교의 **해석 방식**과 관련 있다. 애로우(1977)가 11장에서 제시한 형식 분석은 효용과 명시적으로 연결되지만, 그 해석이 결과에 필수적이지는 않다. $u(x, i)$가 상태 x에서 개인 i의 효용을 나타내는 것이 **아니라**, (후생적 관점이 아닌)다른 어떤 관점에서 본 개인 i의 복지나 이익을 반영하는 것으로 가정하더라도,[25] 애로우 분석은 여전히 유효하다. 이러한 u 값들의 합을 극대화하거나 최소 u 값을 극대화하는 등 다양한 결과는 동일한 방식으로 성립한다. 어떤 분석도 (효용의 통상적 의미들, 이른바 행복, 만족, 욕구 충족, 선택의 이항관계 등 **어느 것으로건**)효용성으로서 u 값을 해석하는 데 의존하지 않는다. 이 분석에서는 그러한 성질들을 전혀 사용하지 않는다. 애로우가 제시한 정리들은 (중립성이 주어졌을 때, 즉 u **이외의** 특성들을 무시하는 경우)u-벡터에 대해 스칼라 값을 산출하는 방식을 다룰 뿐이고, 공리화는 언제 합을 취해야 하고 언제 최솟값을 봐야 하는지를 말해 줄 뿐

---

25) 복지와 이익에 대한 다양한 비(非)효용적 개념들이 최근 문헌에서 탐구된다. 예를 들어, 스캔런(1975), 롤스(1980), 드워킨(1981), 로머(1982), 센(1985a, 1985c), 윌리엄스(1985) 등이 그렇다.

이다. 이 정리들은 효용 벡터에만 특수하게 적용되는 것이 전혀 아니다.

이 맥락에서 다음과 같은 질문을 제기할 수 있다. 롤스의 기본재 지표가 애로우가 제시한 분석에서 u-값의 형태로 사용되는 효용처럼 동일한 방식으로 사용될 수 없는가? 하나의 문제는, 엄격히 해석할 경우, 기본재의 보유는 어떤 사람의 존재 상태의 특성이 아니라 그가 어떤 상태를 성취하는 데 이르는 **수단**이라는 점에서 비롯한다. 이 절 앞부분에서 (힉스의 주장을 다루면서)언급한 **개인 내**intra-personal 비교와 **개인 간**inter-personal 비교의 대조는 기본재 지표에 대해서는 엄밀히 말해 성립할 수 없다. A가 보유한 기본재 묶음이 B의 그것보다 더 높은 가치를 지니면, 이 관점에서 A가 B보다 더 유리한 위치에 있다는 것은 자명하다. 반면에 효용으로 해석된 이익의 경우에는 다음과 같은 반례가 쉽게 발생할 수 있다. $U_B(x_A) > U_B(x_B) > U_A(x_A) > U_A(x_B)$. 그러나 기본재 소유에 관해서는 이러한 반례가 성립할 수 없다. 만약 x_A가 x_B보다 더 높은 지표 값을 지니면, 기본재 소유의 관점에서 해석된 개인적 이익 I는 해당 인물이 보유한 묶음이 무엇인지 외에는 아무것도 영향을 미치지 않는다. 즉 $I_A(x_A)$ $= I_B(x_A) > I_A(x_B) = I_B(x_B)$가 성립한다. 효용은 이러한 의미에서 '개인적' 차원을 갖지만, 기본재 지표는 그러한 차원을 갖지 않으며, 이 점에서 후자 즉, 기본재 지표는 비개인적일 수밖에 없다.

기본재가 개인적 차원을 갖지 않는다는 점은, 이를 기반으로 한 산정 방식의 활용도를 크게 떨어뜨리고, 특히 정의역의 비제한성을 온전히 적용하기 어렵게 한다. 이는 또한 기본재가 복지나 이익을 바라보는 방식으로서 다소 경직되고 설득력이 떨어질 수 있음을 시사한다. 예컨대 A라는 사람이 동일한 기본재 묶음을 가지고도 B보다 훨씬 적은 것을 성취할 수밖에 없다면(즉, A가 신진대사율이 높아 같은 영양 상태를 유지하려면 더 많은 음식, 따라서 더 많은 소득이 필요하면), 그러한 A의 불리함은 도덕 평가에서 반드시 고려되어야 하지만, 순수한 기본재 지표는 이 문제를 포착해 낼 수 없다(센 1985a, 1985c).

따라서 애로우 분석에 따라 우리가 주목해야 할 진정한 대조는, 기본재와 효용이라는 **특정 지표** 간의 대비가 아니라, 기본재와 개인의 여건에 따라 재화를 성취로 전환하는 과정의 차이를 포착할 수 있는 다른 지표들 간의 대비다. 효용은 (행복, 선택, 욕구 충족 등 각각의 해석에 따라)그러한 지표들 중 하나로 간주될 수 있다. 따라서 애로우가 언급한 간극은 그가 제안한 특정한 대비(즉, 효용 대 기본재)보다 덜 특정적일 수 있고, 그 중요성 면에서는 결코 덜하지 않다.

4. 동기와 성과

애로우는 그의 서문에서(vii쪽) 자신의 작업에 영향을 준 요인으로 수학, 수리 통계학, 논리에 대한 개인적 관심뿐 아니라, ("내가 성장기를 보냈던")'대공황'을 언급한다. 애로우의 동기적 초점은 깊고 복잡한 사회 문제에 맞추어져 있었다. 이는 주목할 만한 사실인데, 불가능성 정리는 흥미로운 퍼즐로 간주되기도 하고 일종의 두뇌 게임처럼 여겨지기도 하기 때문이다. 그 논리적 아름다움과 결과의 우아함은 결코 부정할 수 없지만, 결국 사회 선택 이론이 중요한 주제가 되는 이유는 그것이 실질적이고 심각한 문제들에 폭넓게 관계되기 때문이다.[26]

애로우의 불가능성 정리는 사회적 집계에 대한 분석을 보다 체계화하려는 하나의 기획 속에 단단히 자리 잡고 있다. 이는 '일반 의지', '공공선', '사회적 당위'와 같은 집계 개념이 사용되는 정치 사상의 맥락에서 쉽게 확인할 수 있다. 이러한 정치적 개념들은 애로우의 결과에 비추어 재검토될 필요가 있음은 분명하다. 그러나 이러한 결과가 후생 경제학에 시사하는 바는 종종 부인되며, 정부의 경제 정책이 개인 선호의 집계라는 관점에서 정당화되는 경

---

26) 2절과 3절에서 제시된 애로우와의 해석상 이견은, 애로우 분석이 갖는 관련성과 적용 범위를 명확히 하는 데에도 주된 목적이 있다.

우가 드물다는 주장이 제기된다. 하지만 이는 매우 기만적인 주장이다. '사회적 후생'이라는 개념은 많은 경제 정책 논의 속에서 암묵적으로 등장한다. 가령 정부 재정 적자 규모가 명시적으로 정의된 사회 후생 개념을 직접 참조하지 않고 실용적 정책의 우발적 상황에 따라 결정되더라도, 이러한 실용적 정책에 대해 보다 깊이 있는 정당화를 요구하는 목소리는 여전히 존재한다. 그리고 이는 사회 구성원의 이익 및 손실과 무관한 정부의 이익에 대한 언급만으로는 충족될 수 없다. 이러한 정당화의 요구는 명시적으로 매번 언급되지 않더라도, 정책 분석에서 피할 수 없다. 후생 경제학에 대한 실천적 관심은 항상 경제 정책 논쟁을 보다 심오한 토대에 놓으려는 그 역할에 기반해 왔다. 애로우의 문제 공식화는 바로 이러한 심오한 토대를 명시화하며, 그의 접근 방식은 경제 정책 수립에서 핵심적 중요성을 지닌다.[27]

애로우가 연구를 시작하던 당시의 주류 후생 경제학적 전통은 대인 간 효용 비교를 사용하는 데 비우호적이었고, 애로우가 불가능성 정리를 도출하기 위해 형식화한 조건들을 (종종 암묵적으로)지지하는 경향이 있었다. 불가능성의 입증은 전통적 후생 경제학의 형식에 제약을 가하는 여러 한계들(예컨대, 복지의 대인 비교 회피)에 대한 탐구를 가능하도록 했다.

이러한 결과 중 하나는 후생 경제학을 도덕철학에 보다 가깝게 이끌었다는 점이고, 이 책에 수록된 후기 에세이들에서 애로우는 이러한 광범위한 문제들에 대해 독창적이고 중요한 기여를 했다. 후생 경제학이 이러한 인접 학문 분과들로 확장되지 않은 채 발전을 담보할 것이라는 생각은 곤란하며, 애로우 자신의 분석은 그 상호 연관성을 훨씬 명확하게 해 주었다.

형식적 사회 선택 이론은 애로우가 이 분야를 시작한 지 겨우 35년 만에 놀라운 속도로 성장했다. 애로우는 다른 맥락에서 ('공정 가격'과 같은 중세 사상들의 무시를 언급하며) "오늘날 학생들은 30년 이상된 경제 개념에 대해 들어

---

27) 이 문제는 센(1970), 파타나익과 살레스(1983), 그리고 스즈무라(1983)에서 다룬다.

본 적도 없다(viii쪽)"고 말하지만, 경제학을 공부하는 학생들 중 불가능성 정리를 들어보지 못한 이는 많지 않다. 중요한 질문은, 그들이 불가능성 정리에 대해 **무엇을** 듣고, 또 사회 선택 이론의 동기를 어떻게 이해하는가다. 만약 그들이 불가능성 정리를 단지 "소름 돋게 정교한" 수학적 결과로만 보면, 애로우 업적으로부터 얻을 수 있는 커다란 성과는 그만큼 헛되이 낭비될 것이다. 이 분야에 대한 애로우의 동기, 지향, 문제의식, 해답, 그리고 의문들을 담은 그의 에세이집은 다른 이들에게 깊은 동기 부여와 방향성을 제공해 줄 것이다.

물론 이것은 애로우의 에세이 모음집 첫째 권에 불과하다. 그는 경제학의 여러 분야에서도 근본적으로 기여했고, 이후 출간될 권들에서는 일반 균형 이론(제2권), 선택과 불확실성(제3권), 정보 경제학(제4권) 등의 주제를 다룬 에세이들이 포함될 예정이다. 경제학자로서 애로우의 위대함을 가늠할 적절한 척도를 찾기란 쉽지 않다. 관련하여 흥미로운 점은, 애로우가 하틀링 Harold Hotelling에게 헌정하면서 자신의 "제한된 자신감"이 하틀링에 의해 "북돋아졌다"고 언급한 대목이다. 애덤 스미스는 "세상에서 큰 성공을 거두고, 인류의 감정과 의견에 대한 큰 영향력을 얻은 사람들은 대개 어느 정도 과도한 자기 예찬을 하는 경우가 많다"고 말했지만(1790, 6권, iii, 28, 250쪽), 애로우는 적어도 이 경우에 한해서는 그러한 불가능성은 없다는 점을 몸소 증명해 보였다.

제11장

규범-선택에서 정보와 불변성*

1. 들어가며

어떤 선택 원리라도 특정 유형의 정보를 사용하면서 다른 정보는 무시하기 마련이다. 하나의 원리는 그것이 요구하는 정보와 '배제하는'(즉, 직접적으로 허용하지 않는) 정보를 기준으로 이해되고 평가될 수 있다.[1] 사회 선택 이론, 도덕철학, 확실성과 불확실성하의 합리적 선택, 실제 행태 연구에서 사용되는 원리들은 모두 (일반적으로 암묵적으로)포함되는 **정보적 제약**의 관점에서 해석되고 분석될 수 있다(센 1970a, b, 1979)

---

* 초기 버전에 대해 유익한 의견을 준 해먼드와 존슨(Mark Johnson)에게 깊이 감사드린다. 이 글은 헬러, 스타, 스태럿이 편저한 *Social Choice and Public Decision Making: Essays in Honor of Kenneth J. Arrow*, 제1권(캠브리지대학교 출판부, 1986)에 수록된 에세이다.

1) 그러나 어떤 원칙도 정보 요건과 배제 조건만으로 충분히 특성화될 수는 없음에 유의하자. 영향의 방향이라는 문제 또한 존재하며, 이는 어떤 형태의 '단조성' 조건에 따라 달라질 수 있다. 이는 영향의 방향을 반대로 설정하면 쉽게 알 수 있다(예, 선택 규칙으로 공리주의 규칙 대신 효용 총합을 최소화하는 규칙을 사용할 때, 이 규칙은 공리주의 원칙과 정확히 동일한 정보 기반을 가진다). 그러나 일단 정보 기반을 받아들이면, 그 방향은 대체로 자명하여 심각한 논쟁거리가 안 된다.

정보 분석의 철학적 기반은 적어도 칸트(1788)까지 거슬러 올라가며, 그의 정언 명령에서의 보편화^{universalization} 필요성 논의와 연결된다. 유사한 상황이면 유사한 판단을 내려야 한다는 요구는 다양한 형태로 자주 사용되며, 이러한 요구의 정의역과 범위는 '상황의 유사성'이 어떻게 해석되는지와 '판단의 유사성'이 어떻게 요구되는지에 따라 다르다. 그러나 이러한 보편화 요구의 '강제성'은 관련된 상황 유사성 개념에 포함되지 **않은** 정보를 바탕으로 한 차별을 배제하는 데 있다.

정보 제약은 대개 암묵적으로 사용된다. 선택의 원리를 그것들이 내포하는 정보 제약의 관점에서 분석하고 평가하는 작업이 종종 유용하지만, 이러한 제약은 대개 해당 원칙들의 정식화에서 명시적으로 진술되기보다 암묵적으로 포함된다. 정보 제약이 **명시적으로** 진술된 흥미롭고 중요한 사례 중 하나는 애로우(1951)의 '무관 대안 독립성^{the independence of irrelevant alternatives}' 조건이다. 이 조건은 주어진 (개인의 선호에서)'무관한' 대안들의 위치에 관한 정보를 주어진 집합 내 '관련 있는' 대안들에 대한 사회적 선택 시 직접 사용을 배제한다.[2] 정보 제약은 애로우가 그의 '독립성' 조건에서 보여 주듯 명확하고 형식적 방식으로 진술되지 않은 채 사용되는 경우가 매우 빈번하다. 그러나 문제된 원리들의 내용을 보다 투명하게 하여 평가를 용이하게 하고자 이러한 제약들을 명시적으로 정식화하려는 시도에는 타당한 근거가 있다.

이 장의 목적은 정보 제약을 불변 조건의 형태로 사용하는 절차를 분석하고(2절), 그 접근법을 활용하여 규범-선택 이론에서의 몇몇 난제들, 사회 선택 이론(3, 4절), 합리적 선택 행위(5절), 도덕철학(6절)에 대해 논평하는 데 있다.

---

2) 독립성 조건에는 여러 가지 다른 버전들이 있다. 애로우(1963), 블라우(1971), 피쉬번(1973), 한손(1973), 레이(1973), 플롯(1976), 켈리(1978), 파타나익(1978), 스즈무라(1983) 등의 논의 참조.

2. 정보 제약과 불변성

정보 제약의 기본 형태는 불변 조건의 형태다. 즉, 두 객체 x와 y가 동일한 동치 정보 집합 θ에 속하면(즉, 관련된 정보의 측면에서 유사하다고 간주되면), 선택이나 판단을 수행할 때 이 둘을 동일(xJy)하게 취급해야 한다.

> **불변 조건**: 모든 x와 y에 대해,

$$x, y \in \theta \Rightarrow x J y. \tag{1}$$

불변 조건은 특정 '맥락' 안에서 제시되며, 이는 (x, y 등)**대상**의 성격을 어떻게 규정할지, 그리고 **동일하게 취급된다**(J)는 내용의 구체적 의미를 어떻게 정할지를 포함한다. 하나의 맥락에서 주어지면, 불변 조건은 객체들의 집합을 동치 정보 집합들의 분할로 나눈다. 이때의 해석은 두 객체 x와 y가 동치 정보 집합 θ에 속하면, 해당 목적에서 이 둘은 동일하게 취급된다는 것이다.

예컨대, 서로 성격이 상당히 다른 두 가지 형태의 불변 조건 (1) 사회 상태에 대한 선택에서의 파레토 무차별 규칙(P^0)과 (2) 애로우의 무관 대안들로부터의 독립성 조건을 고려하자.

먼저 파레토 무차별 규칙을 살펴보면, 이 맥락에서 '대상' $x, y, \cdots$는 사회 상태를 나타내며 xJy는 사회적 선택에서 x와 y가 '무차별'하다는 어떤 개념을 뜻한다. 후자의 한 해석은 x와 y가 동등하게 좋다고 판단되며, 사회적 선택은 적어도 그만큼 좋은 상태라는 관계에 따른 최적화에 기반한다는 것이다. 그러나 이는 (비록 현재 맥락에서는 특별히 의심스러운 건 아니지만)보다 일반적인 맥락에서는 다소 제한적일 수 있는 '이항 선택' 형식을 요구하므로 xJy를 보다 직접적인 선택 함수적 의미로 정의하는 것이 더 나을 수 있다. 이 형식에서 xJy는 애로우와 후루비츠[Hurwicz](1977)가 '최적 동등성'으로 부른 관계를 나타내는 것으로 이해할 수 있다.[3] 즉, x와 y를 모두 포함하는 어떤 선택 집합 내에서는 두 항이 **함께 선택되거나 선택되지 않으며**, 둘 중 하나만 선택되는 일은 없다. $x\hat{P}_c y$는 애로우(1953)의 의미에서 x가 y보다 **현시 선호됨**을 나타낸다.[4] 즉, 어떤 집합 S가 있어 그 안에 y도 포함되어 있지만, x는 선택되고 y는 선택되지 않는 경우를 의미한다. 그 부정否定은 기호 ~로 표시된다. 상태 z에서의 개인 효용 벡터는 $U(z)$로 표기된다.

❖ 정의

➤ **최적 동등성**:

$$x J y \Leftrightarrow [\sim (x\hat{P}_c y) \quad \text{and} \quad \sim (y\hat{P}_c x)]. \tag{2}$$

➤ **파레토 불변성**: 모든 x와 y에 대해,

$$U(x) = U(y) \Rightarrow x J y, \tag{3}$$

여기서 J는 최적 동등성 관계다. 주목할 점은, 이러한 방식으로 파레토 불변성을 정의하는 것은, xJy를 $\{x, y\}$라는 쌍에 대한 선택에서 둘 다 선택해야 한다는 주장의 의미로 해석하는 방식과 다르다(그리고 중요한 측면에서 더 강한 조건을 요구한다)는 데 있다. 이 특정 조건은 만약 선택 함수의 정의역에 $\{x, y\}$ 쌍이 포함되어 그중 하나는 반드시 선택되어야 하면, 여기서 정의된 파레토 불변 조건이 함의하는 조건 중 하나다.

둘째 예시로 애로우의 무관 대안 독립성 조건의 원래 버전을 생각하자. 이 경우, 대상 x와 y는 각각 개인 선호 순서의 n-튜플인 $\{R_i\}$와 $\{R_i^*\}$를 나타낸다.

---

3) 애로우와 후르비츠(Hurwicz, 1977)는 주어진 대안 집합에 대해 '최적 동등성' 관계를 정의한다(464쪽). 여기서 사용되는 정의는, x와 y를 모두 포함하는 모든 집합에 적용되는 정의의 자연스러운 확장이다.

4) 이는 문헌에서 더 자주 사용되는 새뮤얼슨(1938)의 의미에서 '현시 선호'와 다르다. 이 구별에 대해서는 애로우(1959)와 센(1971)을 보라. 또한 헤르츠버거(1973)와 스즈무라(1983)를 볼 것.

주어진 부분 집합 S로부터의 선택이라는 맥락에서, 모든 개인이 S 내 상태들에 대해 동일한 순위를 매긴 경우에만 이 둘은 동일 정보 집합에 속한다고 간주한다. R_i의 부분 집합 S에 대한 제한은 $R_i|S$로 표기하고, 부분 집합 S에 대한 두 선호 순서 R_i와 R_i^*의 일치는 $R_i|S = R_i^*|S$로 표시한다. 이 맥락에서 xJy의 해석은 선호 n-튜플 x와 y 각각에 대해 주어진 부분 집합 S로부터 동일한 선택이 이루어짐을 의미한다. 어떤 개인 선호 n-튜플 z에 대해 S의 선택 집합은 $C(S, z)$로 표기한다.

❖ 정의

➤ S에 대한 부분 집합 선택 등가성:

$$xJy \Leftrightarrow C(S, x) = C(S, y). \tag{4}$$

➤ 애로우 독립성 조건: 모든 $x = \{R_i\}$ 모든 $y = \{R_i^*\}$,

$$(\forall i : R_i|^S = R_i^*|S) \Rightarrow xJy, \tag{5}$$

여기서 J는 S에 대한 부분 집합 등가 관계를 의미한다.

3. 애로우의 불가능성 정리에 대하여

애로우(1951, 1963)의 일반 가능성 정리는 수십 년간 사회적 선택 문제에 깊은 통찰을 제공했고, 정보적 제약과 다른 유형의 조건들을 결합한 공리 체계를 사용한다. 앞서 절들에서 논의했듯, 무관 대안 독립성(I)은 본질적으로 정보 제약이다. 한편, 약한 파레토 원칙(P)은 한 쌍의 대안에 대해 만장일치로 엄격하게 선호하는 경우, 사회적 선호 또한 그에 따라 엄격하게 반영할 것을

　제3부 ❋ 합리성과 사회적 선택

요구하는데[5](이 조건을 파레토 무차별 규칙 P^0와 혼동해서는 안 된다), 이는 (더 나을 수록 좋다는)'방향성'을 포함하는 특징 또한 지닌다.

무제한 정의역(U)은 또한 부분적으로 정보 제약에 해당하는데, 이는 선호 프로파일에만 주의를 집중하도록 제한하기 때문이다. 사회적 시나리오 z를 사회 상태들의 집합 X에 대한 사회적 선호 배열이 의존할 수 있는 모든 요소들의 집합이라 하며, $R = R(z)$로 표시한다(버그슨 1938, 새뮤얼슨 1947 참조). 조건 U는 두 사회적 시나리오 x와 y가 (사회적 시나리오가 다른 관점에서는 얼마나 다른지에 상관없이[6])동일한 개인 선호 n-튜플을 포함하면, 반드시 동일한 사회적 선호 배열 R을 산출해야 함을 의미한다. 즉,

$$\{R_i^x\} = \{R_i^y\} \Rightarrow R(x) = R(y).$$

그러나 이 조건은 또한 모든 가능한 개인 선호 n개의 선호 집합 $\{R_i\}$들이 이 방식으로 포괄되어야 할 것을 요구한다(즉, 고려할 수 있는 사회적 시나리오들의 범위가 모든 n개의 선호 집합을 포함할 수 있을 만큼 충분히 풍부해야 한다). 이는 물론 (식 (1)의 의미에서)순수한 정보 제약을 넘어서는 조건이다. 마지막으로, 비독재 조건(D)은 어떤 의미에서도 흥미로운 정보 제약으로 간주될 수 없다. 이 조건은 어떤 개인이 x를 y보다 엄격히 선호할 때마다 사회도 항상 그렇게 선호하는 개인의 존재를 배제한다. 그러나 이 조건은 (그 개인이 무차별하지 않은 한)**오직 한 사람**의 선호 정보만을 사용하는 상황을 배제하는 효과가 있다.

따라서 공리 체계는 혼합적 성격을 지닌다. 비독재성 조건을 제외하면 나머지 공리들, 즉 정보적 내용을 포함하는 U, I, P는 **결과적으로** 두 가지 중요한 정보 제약을 도출하는 것으로 볼 수 있다. 이 '중간' 결과는 애로우 자

---

5) 형식적으로는, 모든 개인 i에 대해 x가 y보다 강하게 선호되면(xP_iy), 사회적으로도 x가 y보다 강하게 선호되어야 한다(xPy). 이 조건은 선택이 아니라 사회적 선호 관점에서 서술되지만, 이 조건들은 애로우(1951)의 기본 틀에서 선택 요건으로 쉽게 번역될 수 있다. 센(1982) 참조. 또한 블레어, 보르드, 켈리, 스즈무라(1976)를 볼 것.

6) 이러한 시나리오에는 복지의 대인적 서열, 선호의 강도, 현재 상황에 이르게 된 역사의 정보도 포함될 수 있다. 애로우 식 사회 후생 함수 $R = f(\{R_i\})$에 부과된 비제한적 정의역은, 함수적 관계 $f(\cdot)$가 가능한 모든 $\{R_i\}$에 적용되게 하면서, 이처럼 추가 정보를 활용하는 것을 차단한다.

신의 증명과 밀접하게 관련이 있으나, 그 중간 결과에서 (예컨대 준결정성[almost decisiveness]을 생략함으로써)비불변적이고 방향성을 띤 요소를 제거하고[7] 오직 등가성만을 유지한다.

❖ 정의

➤ **결정성**: 어떤 개인 집합 G가 $\{x, y\}$쌍에 대해 결정적일 때 $D_G(x, y)$로 표기하며, 그 정의는 다음과 같다. G에 속한 모든 개인 i가 x를 y보다 선호하면(xP_iy), 사회적으로도 x가 y보다 선호되어야 한다(xPy).[8] **모든** 쌍에 대해 결정적 개인들의 집합을 '결정' 집합이라 하며, $\mathcal{D}$는 이러한 결정적 개인 집합들의 집합(공집합일 수도 있다)을 나타낸다.

첫째 보조 정리는 사회 상태 쌍의 불변 조건을 확립하고, $\{x, y\} J^1 \{a, b\}$는 어떤 집단이 쌍 $\{x, y\}$에 대해 결정적일 경우에만 쌍 $\{a, b\}$에 대해서도 결정적이어야 한다는 요구를 나타낸다. 정의에 의하여 J^1은 정의상 재귀적, 대칭적, 추이적이야 한다는 점을 유의하라. X를 사회 시나리오에 등장하는 모든 사회 상태들의 집합이라 할 때, X의 요소는 3개 이상으로 가한다($\#X \geq 3$).

➤ **불변 결정성**(ID): 모든 X에 대해,

$$\text{만약 } \{x, y\}, \{a, b\} \in X^2 \text{이면, } \{x, y\} J^1 \{a, b\}\text{다.} \tag{6}$$

ID의 증명: $D_G(x, y)$를 가정하자. xP_Gy이고 yP_Gb이며, G에 속하지 않은 모든 사람들은 y를 b보다 선호한다고(나머지는 어떤 방식으로든 순위를 매겨도

---

7) 애로우는 '준결정적(almost decisive)'이라는 용어를 사용하지 않았지만, x가 y에 대해 결정적(xDy)이라는 것과 완전 결정성 $x\overline{D}y$ 간의 구분은 훗날 '준결정성'으로 불릴 개념을 다루고 있다. 즉, "$x\overline{D}y$란, 개인 i가 x를 y보다 선호하고 다른 모든 개인이 반대의 선호를 가질 때, x가 사회적으로 y보다 선호됨을 의미한다(애로우 1963, p. 98)." 여기에서 사용된 증명에서는 이러한 개념을 생략하고, 서로 다른 쌍들에 대해 완전한 결정성이 등가적으로 성립함을 다루는 순수한 등가성만을 고수한다.

8) 다시 말하지만(각주 5 참조), 사회적 선호 틀은 쉽게 사회적 선택 틀로 전환해서 표현할 수 있다.

무방하다) 하자. 그러면 G의 결정성에 따라 xPy이고, 약한 파레토 원리에 따라 yPb이므로 추이성에 따라 xPb가 성립한다.[9] 이는 독립성 조건에 따라 $D_G(x, b)$를 의미한다. 마찬가지로 그 역도 성립하므로 $\{x, y\} J^1 \{x, b\}$다. 유사한 논증으로부터 $\{x, y\} J^1 \{a, y\}$도 도출된다. 이 두 경우를 결합하면 나머지 모든 경우를 도출할 수 있다. 만약 x, y, a, b가 모두 서로 다른 경우, $\{x, y\} J^1 \{a, y\}$ 그리고 $\{a, y\} J^1 \{a, b\}$이므로 $\{x, y\} J^1 \{a, b\}$가 성립한다. 또 $\{x, y\} J^1 \{a, x\}$는 $\{x, y\} J^1 \{a, y\}$와 $\{a, y\} J^1 \{a, x\}$로부터 도출되고, $\{x, y\} J^1 \{y, b\}$는 $\{x, b\} J^1 \{y, b\}$로부터 도출된다. 마지막으로, $\{a, b\} = \{y, x\}$인 경우 $\{x, y\} J^1 \{x, z\}$, $\{x, z\} J^1 \{y, z\}$, $\{y, z\} J^1 \{y, x\}$로부터 $\{x, y\} J^1 \{a, y\}$가 성립한다. 그러므로 ID는 성립한다.[10] ■

불변 결정성은 어떤 개인 집합의 결정성과 관련된 맥락에서 사회 상태의 특정한 **특성**에 관한 정보의 사용을 배제하는 불변 조건이다.[11] 다음에 나오는 불변 조건은 객체로서 서로 다른 개인 집합들을 다룬다. 개인 집합 S와 T에 대해, SJ^2T는 S가 결정적이면 T도 결정적이고, 그 역 또한 성립함을 의미한다. 즉, $S \in \mathcal{D} \Leftrightarrow T \in \mathcal{D}$다. 이러한 두 집합 S와 T는 다음, 하나가 다른 하나의 부분 집합이고, 나머지 차집합이 결정적이지 않는 조건을 만족할 때 동일 정보 집합에 속한다고 간주한다.

---

9) 사회적 선호 P의 추이성 요건(및 이에 상응하는 사회적 선택의 외생적으로 부과된 내적 일관성 조건)은, 파레토 원칙과 독립성 조건에 의해 외적으로 부과되는 대응 조건을 강화하면서 생략할 수 있다(센 1984b 참조).

10) 여기서 확립된 결과는 순수한 불변성 요건, 즉 결정성의 등가성에 관한 것이고, 어떤 쌍에 대해 준결정적인 개인 집합이 모든 쌍에 대해 완전히 결정적임을 보인 애로우의 보다 강력한 보조 정리와 구별된다(애로우 1963, 98~100쪽, 또한 블라우 1957 참조).

11) 중요한 것은 사회 상태의 개인별 선호 배열에서 위치뿐이다. 애로우가 정의한 '사회 상태'는 효용이나 개인 선호 배열 속에서의 위치를 포함하지 않아서(이는 철학 문헌에서 '사태(states of affairs)'로 다루는 방식과 다르다), 조건 U(제약 없는 영역), P(파레토 원칙), I(독립성 조건)의 조합에 따라 사회 선택에 영향을 미칠 수 있는 '사회 상태의 특성' 자체는 정보적으로 허용되지 않는다.

❖ **정의**

> **비결정자의 배제가능성**

$$S, T \in \theta \Leftrightarrow [S \subseteq \mathrm{T} \text{ and } T - S \notin \mathcal{D}]. \tag{7}$$

> **동등한 부분 집합(ES)**: 모든 개인 집합 S, T에 대해,

비결정자의 배제가능성이란 관점에서 $S, R \in \theta \Rightarrow SJ^2T$다.[12] $\qquad$ (8)

ES의 증명: $T \in \mathcal{D}$라고 가정하자. 여기서 $S \subset T$이고, $T - S \notin \mathcal{D}$라고 하면, 다음 결과가 명백히 성립한다.

$$S \in \mathcal{D} \Rightarrow T \in \mathcal{D}$$

따라서 증명해야 할 것은 이것의 역이다. S에 속한 모든 사람이 x를 y보다, 그리고 x를 z보다 엄격히 선호하고, $T - S$에 속한 모든 사람이 x를 y보다, 그리고 z를 y보다 엄격히 선호한다고 하자. S와 T의 **나머지** 선호는 명시되지 않았고(즉, 무엇이건 선호할 수 있으며), T에 속하지 않은 사람들의 선호에 대해서는 **어떠한 조건도** 요구되지 않는다. T에 속하지 않은 사람들의 선호에 대해서는 아무 조건도 요구되지 않는다. $T \in \mathcal{D}$이므로 분명 x가 y보다 사회적으로 우선한다(xPy). 만약 z가 y보다 사회적으로 우선하면(zPy), 이는 $T - S$가 (z, y)에 대해 결정적이라는 의미($D_{T-S}(z, y)$)고, 불변 결정성에 의해 $T - S \in \mathcal{D}$이어야 한다. 그러나 이는 가정에 위배된다. 따라서 y는 z보다 사회적으로 우선하지 않으며(yRz), 이미 xPy이므로 xPz가 도출된다.[13] 결국 S는 (x, z)에 대해 결정적($D_S(x, z)$)이며, 불변 결정성에 의해 $S \in \mathcal{D}$다. 따라서 SJ^2T다. 곧 ES가 성립함을 보였다. ■

---

12) 이는 물론, 결정적 집합의 분류가 가지는 특수한 초여과 성질이다(한손 1976 참조).

13) 여기서 추이성의 사용은, 다른 조건들을 강화하면서 대체할 수 있다(센 1984b 참조).

애로우의 U, I, P 조건들을 바탕으로 확립된 두 가지 불변 조건, 즉 (1) 상태의 특성에 관한 정보를 무시하는 조건(ID)과 (2) 결정적 부분 집합을 형성하지 않는 개인들의 존재 여부에 관한 정부를 무시하는 조건(ES)을 고려하면, 애로우 정리의 나머지 부분은 즉각 도출된다.

애로우 정리의 증명: 약한 파레토 원리에 따라, 모든 개인들의 집합은 결정적이다. 이 집합은 유한집합이므로 반복적인 분할로써 동등한 부분 집합 조건(ES)을 통해 어떤 개인이 결정적이어야 함이 입증된다. 이는 비독재성 조건(D)을 위반한다. ■

이러한 방식의 애로우 정리 증명은 간결하다는 장점이 있을 뿐 아니라, 그 결과의 '핵심' 상당 부분이 불변 조건의 형태로 순전히 정보적 제약을 정립하는 데 있음을 잘 보여 준다. 이러한 불변 조건들이 주어지면, 파레토 원리는 비독재성 조건과 충돌한다.[14] 파레토 원리로부터 출발하면, 동등한 부분 집합 조건(ES)에 따라, 모든 개인 집합에서 단 한 사람을 제외한 나머지의 존재 여부에 관한 모든 정보를 무시해야 한다.

개인의 집합이 무한할 경우에도, '동등성'의 귀결은 계속 성립한다. 이는 커만과 존더만(1972)의 '보이지 않는 독재자들'과 같은 극한 결과를 설명한다(한손 1976 참조. 관련 논의는 피쉬번 1970, 블라우 1972, 1979, 브라운 1974, 블레어와 폴락 1979, 치칠니스키 1982 참조).

애로우 정리의 표준 증명들(애로우 1963, 센 1970a)에서 사용되는 '준결정성' 개념은 사실상 불필요하다는 점 또한 주목할 만하다. 실제로 이 개념은 증명을 복잡하게 할 뿐 아니라, (애로우의 U, P, I로부터 도출되는)두 가지 순수한 불변 조건, ID와 ES가 애로우의 놀랍고도 심오한 영향력을 지닌 정리에 이르는 데 어떤 역할을 하는지를 다소 가린다.

---

14) 이 등가 결과 ES는 그 기초적인 증명을 통해, 치칠니스키(1982b)의 흥미롭고 중요한 문헌의 제목에 담긴 다소 당혹스러운 주장, '파레토 조건과 독재자 존재의 위상적 등가성'에 대한 통찰을 보여 준다.

4. 사회적 선택에서의 불변 조건

애로우의 독립성 조건은 어떤 특정한 부분 집합에 대한 선택 상황에서 개인의 선호 배열이 그 부분 집합 내에서 동일하다는 점을 바탕으로 유사성을 특징으로 한다. 이 조건은 그 밖의 모든 차별 근거를 무시할 것을 요구한다. 애로우의 기여로 촉발된 방대한 사회 선택 이론의 문헌에서, 이 독립성 조건은 종종 도전을 받았다. 이 맥락에서 애로우의 무관 대안 독립성에 대한 비판을 두 가지 서로 다른 유형으로 구분할 필요가 있으며, 비록 일반적으로 그런 형식으로 제시되지 않더라도, 이러한 비판들은 불변 조건의 형식을 통해 유익하게 평가될 수 있다.

(리틀 1952와 새뮤얼슨 1967a가 대표하는)한 가지 비판 경로는 어떤 '프로파일 간^{interprofile}' 일관성 조건의 필요성을 부정한다(버그슨 1966를 참조). 여기에서 사용되는 구조에 따르면, 이는 서로 다른 개인 선호의 n-튜플($\{R_i\}$)을 포함하는 사회적 시나리오들 간에 동치 정보 집합을 고려할 필요 자체를 부정한다(이러한 n-튜플은 때때로 **프로파일**이라 부른다). 사회적 후생 분석을 이제 '단일 프로파일 버그슨-새뮤얼슨 사회 후생 함수'라고 불리는 개념으로 해석하면서, 이들은 서로 다른 n-튜플 간에 어떤 불변 조건도 충족해야 한다는 요구 자체를 제거해야 한다고 주장했다(설령 애로우의 경우처럼 해당 부분 집합에 대해서는 n-튜플이 일치하더라도 말이다). 새뮤얼슨은 "버그슨에게는 가능한 개인 선호 배열 중 오직 하나만 필요하다. **어떤 것**이든 될 수 있으나, **단 하나만** 해당된다"고 설명했다(새뮤얼슨 1967a, 48~49쪽). 개인의 기호가 주어진다는 가정은 리틀(1952, 423쪽)의 문제 제기에서 중심 전제였고, 그는 "애로우의 연구는 전통 후생 경제학 이론, 즉 버그슨-새뮤얼슨 체계로 귀결되는 이론과는 무관하다"고 주장했다(425쪽). 독립성 조건의 불변 조건이 제거되면[15], 이와 유사한

---

15) 새뮤얼슨은 자신이 독립성 조건을 반박하지 않는다고 주장하면서 문제를 다소 혼란스럽게 한다. 그는 "정렬이 추이적이면, 자동으로 '무관 대안들에 대한 독립성'으로 불리는 조건을 만족한다(새뮤얼슨 1967a, 43쪽)"고 주장한다. 그러

불가능성은 존재하지 않게 되며,[16] 새뮤얼슨은 "스탠퍼드대학 애로우 교수의 '사회 후생 함수의 불가능성'을 증명했다는 것은, 예전에는 많은 이들이 믿었지만 사실이 아니다"라고 주장할 수 있다(새뮤얼슨 1967b, vii쪽).

나는 다른 글(센 1977b)에서 이러한 비판 노선을 검토하며(그리고 그것의 기각을 옹호하고), 여기서 그 주장을 반복하지는 않는다. 그러나 두 사회적 시나리오가 집합 S 위에서 사회적 선택이 고려되는 경우와 아무리 거리가 멀더라도, 단지 사회 상태 집합 X 위에서 개인 선호의 n-튜플이 다르다는 이유만으로 불변성 문제가 무관하다고 간주되는 것은 이해하기 어렵다. 사회적 결정의 규범은 특정 부분 집합에 대한 사회적 선택에서 어떤 정보가 관련 있는지, 그리고 어떤 정보가 관련 없는지를 판단해야 하는데, 어떤 한 개인이 어떤 한 쌍에 대해 갖는 선호가 바뀌었을 때, 그 쌍이 선택이 이루어지는 부분 집합과 아무 관련이 없더라도 **일체의** 일관성 요건이 필요 없다는 주장은 대단히 이례적이다. 만약 버그슨-새뮤얼슨 방식이 정말로 '오직 하나'의 개인 선호 n-튜플 $\{R_i\}$만을 다룬다는 점에 집중해야 하면, (리틀의 표현을 빌려)"애로우의 연구는 버그슨-새뮤얼슨 공식으로 정점에 도달한 전통 후생 경제학 이론과는 무관하다"는 말이 애로우 접근법을 평가하는 데 대단한 곤란을 끼치지 않는다. 이러한 해석에 따르면, 그 '전통적 후생 경제학 이론'은[17] **정보 기반** 후생 판단과 사회적 선택이라는 기본적인 문제조차 진지하게 다루지 않는다.

나 어떤 선호 프로파일에 대한 사회적 정렬의 내부 일관성(즉, 추이성)은, 독립성과 같은 프로파일 간 일관성을 보장하지 못한다. 새뮤얼슨의 주장은 아마도 애로우의 독립성 조건과 내시(1950)의 독립성 조건을 혼동한 데서 비롯할 수 있다. 센 (1970a, 1977b) 및 레이(1973) 참조.

16) 애로우의 불가능성 정리와 유사한 형태의 불가능성 정리는 단일 프로파일 사회적 선택에 대해서도 파크스(1976), 켐프(Kemp)와 응(Ng, 1976), 해먼드(1976b), 폴락(1979) 등이 도출한 바 있다. 그러나 애로우의 독립성 조건과는 달리, 이러한 연구들에서 사용된 공리는 일부 '중립성 조건'(예, 주어진 개인 선호 프로파일 내에서 적용되는 불변적 결정력 (ID))을 직접적으로 활용한다. (자세한 내용은 센 1985b, 9절 참조.) 단일 프로파일 결과와 다층적 프로파일 결과 사이의 일반적 관계로는 로버츠(1980c)와 루빈슈타인(Rubinstein, 1981)을 볼 것.

17) 리틀이 언급한 전통은 후생 경제학의 오래된 전통, 즉 어떤 형태로든 공리주의에 기반한 전통(예, 에지워스 1881, 마셜 1890, 피구 1920)을 의미하지 않는다. 그 전통은 프로파일 간 일관성에서 매우 높은 요구 수준을 전제하며, 특히 독립성 조건은 대인 비교 가능한 기수 효용이 허용되는 사회 선택 체계에서 독립성이 적절히 정의되면, 공리주의적 사회 후생 함수로 완전히 충족된다. 하사니(1955), 센(1970a, 1977b), 다스프레몽과 게베르(1977), 데샹과 게베르(1978), 매스킨 (1978), 로버츠(1980b), 미를리스(1982) 등 참조.

둘째 유형의 비판은 애로우의 독립성 조건과 같은 유형의 불변 조건의 필요성 자체를 부정하지 않지만, 애로우의 독립성 조건이 요구하는 구체적 내용에 대해 문제를 제기한다. 이는 겉보기에 무관 대안들의 위치가 어떤 경우에는 정보적으로 관련 있다고 여겨질 수 있어서다(예를 들면, 그것이 선호 강도에 대해 어떤 정보를 제공하기 때문에[18]). 또는 독립성 조건에 대한 의문 제기는 (애로우 자신의 분석이 명확히 보여 주었듯)독립성 조건이 다른 겉보기로는 온건한 조건들과 결합되었을 때 매우 받아들이기 어려운 결과(예컨대, 애로우의 불가능성 정리나 불변 결정성^{ID}, 동등 부분 집합^{ES}과 같은 불변성 결과)를 초래한다는 인식에서 비롯할 수도 있다. 따라서 무언가 하나를 포기해야 한다는 주장을 정당하게 제기할 수 있다.[19] 애로우의 독립성 조건에 대한 비판은 애로우의 사회 선택 이론 틀이 정보적으로 지나치게 제한적이라는 견해와 연관될 수 있다. 특히 대인 비교 가능한 효용에 관한 정보의 활용을 배제하는 점에서 그렇다(센 1970a, b 참조). 만약 이 틀이 정보적으로 확장되면, 독립성 조건은 사회적 선택에 관련된, 다르게 규정된 동치 정보 집합을 포함하는 방식으로 다시 정식화될 필요가 있다.

마지막 논의의 흐름은 독립성 조건뿐 아니라, 무제한 정의역 조건 자체에 대해서도 의문을 제기한다. 왜냐하면 조건 U에 암묵적으로 포함된 정보 제약은 대인 비교 가능한 효용과 기수성의 사용을 모두 배제해서다.[20] 만약 사회 상태들의 집합에 대한 사회적 순위 배열 R이 X 위에 정의된 n-튜플 $\{U_i\}$의 함수여야 하면, 독립성 조건은 개인 효용 값들의 합치성에 따라 재정의해야 한

---

18) 이 견해는 오늘날 '보르다 규칙'으로 불리는 방식을 제안할 당시 보르다(1781)의 동기와 밀접한 관련이 있다. 보르다는 선호 강도를 판단하려면 중간 위치에 있는 대안들의 정보를 활용해야 한다고 보았다. 또 다른 이유는 '무관한' 대안의 위치에 주목하는 것으로, 내시(1950)는 현상 유지가 아닌 상태들 간의 서열화에서 현상 유지 상태의 중요성을 주장한다. 뷰캐넌과 털럭(1962)의 논의 참조.

19) 집합적 합리성과 애로우의 독립성 요건 사이에 존재하는 근본적 긴장으로는 윌슨(1972), 피쉬번(1974), 빈모어(1975), 한손(1976)의 논의를 보라.

20) 애로우 체계에 개인 효용의 기수성을 도입하더라도 애로우의 불가능성 정리가 사라지지 않는다. 이 정리는 비교 불가능한 기수 효용의 경우도 확장 적용된다(센 1970a, 정리 8*2 참조). 그러나 개인 간 비교는 이러한 불가능성을 완화한다.

다. 또한 사회적 선택의 틀을 명시하기 위해 특정 측정가능성과 대인 비교가
능성 틀이 허용하는 변환을 바탕으로 한 튜플 $\{U_i\}$에서 다른 튜플 $\{U_i^*\}$로의
도출이 가능한 경우, 이 둘이 같은 동치 정보 집합에 속하도록 요구하는 다른
불변 조건들을 추가로 설정해야 한다.

(2절의 논의처럼)사회적 순위 배열 R이 사회적 시나리오 $x, y, \cdots$에 의존하는
일반적 형식은 무제한 정의역 $\tilde{U}$와 어떤 형태의 효용 동등성 개념을 결합함
으로써 SWFL 틀로 전환된다. 전자는, 예컨대 특히 모든 i에 대해 $U_i x = U_i y$
가 성립하면, $R(x) = R(y)$가 될 것을 요구한다. 이는 $R = F(\{U_i\})$라는 형태로
SWFL의 정식을 가능하게 하며, 여기서 X 위의 사회적 순위 배열은 x에 대한
개인 효용 함수들의 n-튜플 함수가 된다.[21] 개인 효용의 측정가능성과 대인
비교가능성의 정확한 범위에 따라, 개인 효용의 n-튜플에 대한 정보 동등성
을 정의하기 위해 허용 가능한 변환들의 n-튜플 $\{T_i\}$의 집합 $\mathcal{T}$가 명시된다(센
1970a, b, 게베르 1979, 로버츠 1980a, b).

❖ 정의들

> **효용 정보 동등성**: 모든 $\{U_i\}$와 $\{U_i^*\}$에 대하여,

$$\{U_i\}, \{U_i^*\} \in \theta \Leftrightarrow \exists \{T_i\} \in \mathcal{T} : \forall i : U_i^* = T_i(U_i). \tag{9}$$

> **효용-기반 동등성**(UE): 모든 $\{U_i\}$와 $\{U_i^*\}$에 대하여,

$$\{U_i\}, \{U_i^*\} \in \theta \Rightarrow F(\{U_i\}) = F(\{U_i^*\}). \tag{10}$$

> **SWFL 독립성 조건**($\tilde{I}$): 모든 $\{U_i\}$와 $\{U_i^*\}$에 대하여,

---

21) 이것만으로는 중립성이나 '후생주의'를 함의하지 않는다. 왜냐하면 동일한 효용 정보를 산출할 때도 사회 상태들이 반드시 동일한 방식으로 선택될 필요가 없어서다. 오직 무제한 영역이 다른 조건들(예, 독립성, 파레토 원칙)과 결합될 때만 중립성 결과가 도출된다. 다스프레몽과 게베르(1977) 참조. 또한, 무제한 영역 조건은 SWFL의 정의역이 X 위에서 정의된 모든 개인 효용 함수의 n-튜플을 포함할 만큼 충분히 풍부해야 한다는 요구를 수반한다.

어떤 $S \in X$에 속하는 모든 x에 대해 $S \subseteq X : \forall i : U_i(x) = U_i^*(x)$이면

$$C(S, \{U_i\}) = C(S, \{U_i^*\}).^{22}$$ (11)

이러한 SWFL 형식 틀에서, 효용 기반 동등성을 반영하는 불변 조건이 (비록 오직 **서수적** 비교만 허용해도)대인 비교를 허용하면, (SWFL에 맞게 적절히 조정된)애로우의 조건 U, I, P, D는 완전히 일관된다.[23] 측정가능성과 대인 비교성에 관한 서로 다른 가정을 통해 $\mathcal{T}$를 특성화함으로써, 애로우의 조건들과 기타 요구 조건을 사용한 다양한 가능성 및 불가능성 결과가 기존 문헌에서 도출되었고, (공리주의, 효용 기반 순차적 극대화 등)몇몇 '탁월한' 규칙들은 강력하게 공리화되었다(관련 논의는 해먼드 1976a, 1977, 스트래스닉 1976, 애로우 1977, 다스프레몽과 게베르 1977, 센 1977b, 데샹과 게베르 1978, 1979, 마스킨 1978, 1979, 로버츠 1980a, b, 마이어슨 1983, 스즈무라 1983, 블래커비, 도널드슨과 웨이마크 1984 참조).

이러한 조건들은 암묵적으로 내포된 불변성 제약과 그에 상응하는 정보 제약 개연성이라는 관점에서 유익하게 검토될 수 있다. 그러나 이 글은 그 방향으로는 더 나아가지 않는다. 다만 이 문헌에서 일정한 유용성을 갖는 것으로 밝혀진 불변 조건을 바라보는 또 다른 방식을 언급하고 싶다. 이는 사회적 순위 배열 R의 완비성과 그에 상응하는 사회적 선택 함수의 완비성 요구를 제거하는 방식이다. 효용 기반 등가성(UE)을 고집하는 대신, 생성된 사회의 순위 배열들의 **교집합**만을 수용하도록 요구하는 것이 가능하다.[24]

➤ **효용 기반 교차점**(UI): 어떠한 효용 동치 정보 집합 θ에 대하여, 적절한

---

22) $C(S, \{U_i\})$는 유틸리티 n-튜플 $\{U_i\}$가 주어질 때, 선택 집합 S에 대한 선택 집합을 의미한다.

23) 센(1970a)을 참조. 데샹과 게베르(1979), 로버츠(1980a)는 다음과 같은 중요한 결과를 확립했다. 즉, 효용의 서열 비교가능성과 애로우의 비독재 조건을 '익명성'으로 강화하면, 나머지 애로우 조건들은 사회 후생 함수의 허용 가능한 형태를 '순위 독재 규칙'의 범주로 제한한다. 이 규칙은 k번째로 불리한 위치에 있는 사람이 결정적 영향력을 갖는다는 것을 의미하며, 롤스식 맥시민 혹은 렉시민은 가장 불리한 사람의 독재에 해당한다.

24) 이러한 논의의 근본 동기로는 센(1970a, 7장, 1970b)을 보라. 관련 문제로는 레비(1974)를 참조할 것.

사회적 부분 순위 $\bar{R}$은 다음과 같이 주어진다.

$$\bar{R} = x \in \bigcap_{\{U_i\} \in \theta} F(\{U_i\}). \tag{12}$$

이는 보다 허용적인 틀이며 (효용-기반 동등성^{UE}이 요구하는 사회적 순위 배열의 **완전한** 합치가 부족하다는 이유만으로)사회적 순위 배열의 논쟁의 여지가 없는 부분까지 폐기하지 않는다. 반면, 효용 기반 동등성 조건^{UE}이 실제로 성립하는 경우 교집합에 기반한 사회적 순위 $\bar{R}$은 UE가 도출하는 사회적 순위 배열과 동일하다. 두 접근의 차이는 UE가 성립하지 않는 경우(예컨대, 효용 단위 간의 대인 비교가능성에 대한 정보가 다소 '모호한' 상태에서 공리주의 규칙을 적용하려는 경우)에 나타난다. 이 상황에서는 UE 접근은 아무런 사회적 순위 배열도 도출하지 못하지만, 효용 기반 교집합^{UI} 접근은 여전히 사회적 부분 순위 배열을 도출할 수 있고, 이 부분 순위 배열은 상당히 폭넓을 수 있다(센 1970b, 블래커비 1975, 파인 1975, 바수 1979 참조).

'동등성^{equivalence}' 접근과 '교집합^{intersection}' 접근 사이의 선택은 사실상 매우 일반적인 문제며, 정보 제약에 대한 서로 다른 두 관점을 반영한다. 동등성 접근은 동치 정보 집합 θ가 해당 선택에 대해 '정확히 동일한' 정보를 제공한다고 해석한다. 만약 두 대상 x와 y가 같은 동치 정보 집합에 속하면, 이 둘에 대해 동일한 결과를 산출하지 않는 규칙은 단순히 무엇인가를 '잘못'하는 것이다. 이 해석에서는, 그러한 비일관적 규칙을 배제하는 것이 실제로 타당하다.

반면, 교집합 접근은 동치 정보 집합에 대해 보다 잠정적 관점을 취한다. θ의 두 요소는 정보적으로 동일**할 수도 있다**. 우리는 정보적 동일성이 θ의 모든 요소에 의해 지지되는 것 이상을 요구할 수 없음을 알고 있다. 따라서 어떤 부분 선호 배열이 θ의 모든 요소에 대해 성립하면, 그것은 명백히 '괜찮다'는 것이다. θ의 서로 다른 요소가 상이한 순위 배열을 보이는 부분에 대해서는 현재까지의 정보만으로는 어떤 결정도 가능하지 않다. 이 접근 방식은 정보의 성격상 피할 수 없는 모호성이 존재하는 경우 θ를 정교화하여 동등성 UE 조건을 만족하는 것이 아예 불가능할 수 있다. 그러나 (이러한 둘째 관점에서는)의 모든 요소에 의해 일관되게 확인된 결과를 무시할 이유는 전혀 없다.

따라서 '동등성 접근'과 '교집합 접근'은 각각 나름의 근거가 있다. 이 대비를 여기서는 효용의 대인 비교 맥락에서만 논의하지만, 두 접근 방식의 차이는 다른 유형의 정보 문제에도 동일하게 적용할 수 있음은 분명하다.[25] 이 장에서는 주로 동등성 접근이 사용되지만, 교집합 접근 역시 적용가능성이 크다.

5. 상태, 효용 그리고 정보 기반 합리성

이 절에서는 합리적 행위 이론에서의 몇 가지 쟁점을 동치성 요건과 정보 제약의 관점에서 검토한다. 합리적 선택 이론에서의 두 가지 기본 개념, 즉 상태와 효용에 대한 논평으로 시작하는 것이 유익하다. 앞 두 절의 사회적 선택에 관한 논의에서 이 두 개념은 실제로 사용되지만, 상태와 효용 간 관계는 특별히 주목하지 않는다.

한 가지 중요한 질문은 상태가 이미 관련된 개인들의 효용을 포함하는가다. 도덕철학에서의 '사태^{state of affairs}' 개념은 확실히 상태 속에 효용 정보를 포함한다(윌리엄스 1973, 헤어 1981 참조). 실제로 공리주의적 도덕철학에서 궁극적으로 중요하게 간주되는 것은 상태의 일부로서의 효용 정보뿐이다. 반면, 사회 선택 이론에서는 효용 함수가 상태를 정의하며, $U_i(x)$는 상태의 일부가 아니라 그것을 대상으로 정의한다. 이는 사소한 구분처럼 보일 수 있으며, 실제로 많은 맥락에서는 정말 사소한 문제다. 그러나 어떤 측면에서는 상당히

중요하다. 만약 상태가 효용을 '포함'하면서 동시에 효용이 상태를 평가하는 방식으로 서열화하면 내부적 모순이 발생할 수 있다.[26] 이러한 이야기의 두 측면을 어떤 특수한 가정(예컨대, 상태 간 비교와 평가에 동일한 효용 함수를 연관하는 방식)으로 일관되게 할 수 있어도, 그러한 구조에서는 무제한 정의역 조건을 통합하기란 쉽지 않다. 바로 이러한 이유로 표준적인 사회 선택 접근은 애로우의 절차를 따르는 것이 타당하다. 즉 효용을 **제외한** 사회 상태들을 먼저 설정하고, 그런 다음 다양한 시나리오에서 해당 상태들에 대한 개인의 선호 순위를 고려하는 방식이다. 그러나 개인의 합리적 선택 이론의 맥락에서도 이와 유사한 효용의 배제가 타당한지는 아직 검토하지 않았다. 이 문제는 곧 다룰 것이다.

또 다른 복잡성의 원천은 개인 효용, 즉 행복, 욕구 충족, 개인 선택의 이항 관계에 대한 수적 표현 등 서로 다른 해석에서 비롯한다. 표준적 효용 해석이 (벤담, 에지워스, 마샬, 피구, 그리고 힉스까지도 대체적으로 집중했던)정신 상태에 초점을 두던 초기에서 (현시 선호 이론의 매력에 크게 영향을 받은)'선택 함수'의 이항관계에 초점을 맞추는 방향으로 이동했음은 분명하다. 나는 이 선택 기반 접근의 방법론적 토대가 심각한 문제를 안고 있다고 생각하며, 이 점은 다른 글(센 1977a)에서 논증한 바 있다. 그러나 여기서는 이 문제를 다루지 않겠다. 그럼에도 정신 상태로서의 효용과 선택 해석으로서의 **효용** 모두 나름의 의미를 가지며, 서로 무관하지는 않지만 **일반적으로는** 어느 하나가 정보적으로 다른 하나를 완전히 포괄할 수는 없다. 상태 x에서 상태 y보다 내가 더 행복한지를 묻는 질문은 분명 의미 있는 질문이지만, 이는 모든 조건을 고려했을 때 내가 둘 중 어떤 상태를 선택할 것인지를 묻는 질문과는 다르다(브룸 1978, 센 1977a, 1982 참조). 따라서 쟁점은 어느 해석이 '정확한' 효용 해석이냐가 아니라, (우리가 어떤 해석에 **효용**이라는 이름을 부여하건 상관없이)실제 선택

---

26) 사태들 속에 효용의 대인 비교를 포함할 때 심각한 개념적 쟁점들이 따른다. 애로우(1963, 1977), 서피스(1966), 센(1970a, 1982), 해먼드(1977), 게베르(1979), 로버츠(1980a), 보글린(Borglin, 1982) 참조.

문제에서 각 해석이 어떻게 관련되는가에 있다.

이 문제군은 불확실성하의 합리적 행위를 둘러싼 논쟁과 '강한 독립성^{strong} ^{independence}'이나 '확실한 사태 원리$^{sure\ thing\ principle}$'와 같은 공리의 사용과 밀접하게 관련 있음이 명백하다. 간단히 말해, 주요 문제는 다음과 같다. 만약 결과가 각 결과에서의 정신적 상태를 명시하지 **않은 채** 식별되면, 예컨대 강한 독립성이 왜 합리성의 요건이 되는지 명확하지 않다. 우리의 선택은 그 결과 세부 요건에 포함되지 않은, 예측되는 (우리가 통제할 수 있는 범위가 제한된)정신 상태로부터 합리적으로 영향을 받을 수 있어서다. 반대로, 결과가 정신적 상태들까지 포함하면, 강한 독립성 같은 공리를 실제로 적용하는 게 거의 불가능할 수 있다. 후회, 실망, 안도 등의 심리적 변수들이 그 밖의 동일한 상태들을 서로 다르게 할 수 있기 때문이다.[27]

이 질문을 더 깊이 탐구하기 위해 강한 독립성 공리를 고려해 보자. 이는 정보 제약을 반영하는 또 하나의 불변 조건이다. 불변 조건 형식 속에서 이때의 객체들은 $x = (L_1, L_2)$와 $y = (L_1^*, L_2^*)$와 같은 확률적 선택의 순서쌍으로 간주될 수 있다. 만약 한 쌍(x)이 다른 쌍(y)의 두 요소 각각에 (동일한 확률로)제3의 확률적 선택을 '혼합'하여 구성된 두 개의 복합 확률 선택지로부터 얻으면, 동치 정보 집합에 속한다고 본다. 즉, 이 맥락에서 $x, y \in \theta$는 어떤 확률적 선택지 L^{**}과 $0 \leq p \leq 1$인 확률 p가 존재하여, 각 $i = 1, 2$에 대해 $L_i^* = (p, L_i; 1 - p, L^{**})$이 되는 경우다. 우리는 이러한 경우 x와 y를 **가법적**^{additively} **동치 정보**를 갖는다고 부를 수 있다. 동일하게 취급된다(xJy)는 의미는 앞서 (2절에서)정의한 최적 동등성일 수 있다. 혹은, 더 낮은 수준의 요건으로는 xJy가 (L_1, L_2)라는 쌍에서 L_1이 선택(또는 기각)되는 경우와 (L_1^*, L_2^*)라는 쌍에서 L_1^*이 선택(또는 기각)되는 경우가 서로 정확히 일치함을 뜻할 수도 있

---

27) 정신 상태를 다른 정보로부터 도출할 수 있으면, 이러한 공백은 없을 것이다. 특히, 정신 상태가 해당 상태의 다른 특징들의 함수로 주어지면, 두 상태가 '그 밖의 점에서는 동일하면' 동일한 정신 상태를 산출할 것이다. 그러나 실제로 정신 상태는, 예컨대 그 상태에 이르게 된 과정 등 다른 요소들에도 의존할 수 있다.

다. 이를 **쌍 선택 동등성**으로 부를 수 있다.

> ➤ **강한 독립성**: 모든 확률 선택지 쌍 x, y에 대해, 가법적 동치 정보가 된다
> 는 의미에서 $x, y \in \theta$이면, 쌍 선택 동등성 의미에서 xJy다.

먼저 정신적 반응이 결과에 포함되지 않은 경우를 생각하자. 퇴근 후 집에 도착하여 무엇을 할지 생각한 끝에 나는 L_2 대신 L_1을 선택한다. L_1은 (예컨대 영화 시청처럼)약간의 자기 만족적 활동을 넘는 (예컨대 논문 심사처럼)다소 '가치 있는' 활동이라는 확실성을 내포하기 때문이다. 이제 다른 대안적 선택을 생각하자. 나는 귀가길에 예컨대, $1 - p$의 확률로 부상을 입어 병원에 입원할 수도 있는 **심각한 위험**에 처해질 수 있다. 만약 부상 없이 귀가하면, 그때는 가치 있는 활동(L_1)과 방종적 활동(L_2) 중 하나를 선택한다. 후자의 선택은, 혼합 확률적 선택지 $L_1^* = (p, L_1; 1 - p,$ 병원 입원)과 $L_2^* = (p, L_2; 1 - p,$ 병원 입원)으로 묘사할 수 있다. 이 경우 내가 L_1^* 대신 L_2^*를 선택하면, 그 선택은 충분히 합리적이라 주장할 수 있다. 왜냐하면 내가 집에 도착했다는 사실은 곧 부상과 입원이라는 '끔찍한 결과'를 피했다는 사실과 공존하며, 그에 따른 커다란 안도감은 가치 있는 활동보다는 오히려 자기 만족적 행위로 완결되어 마땅하다고 여길 수 있어서다. 만약 이것이 강한 독립성을 위반하면, 그건 어쩔 수 없는 일이다.

한편, 이 사례가 강한 독립성을 위반하지 않는다고 주장할 수도 있다. 사실 두 경우 모두 L_1과 L_2 사이의 선택은 내가 집에 도착한 후에 시작되고, 결과 영역의 차이, 즉 안전 귀가와 위험을 가까스로 피한 귀가 사이에는 (정신적 상태를 제외한)차이가 없다(이는 오직 정신적 차이만 해당하며, 후자는 발생하지 않은 '조건적 상황'이므로 결과의 일부가 **아니다**). 하지만 내 정신적 상태는 조건적 상황들에 대한 인지가 가능하므로 달라지고, 만약 결과가 정신적 상태를 **포함**하는 것으로 간주되면, L_1^*과 L_2^*는 그리 간단하게 L_1과 L_2에 연결되지 않는

다.[28] 예컨대 위험을 모면했다는 커다란 안도감 속에서 영화를 보는 상태는 다른 상황에서 영화를 보는 상태와 같지 않고, 논문 심사 역시 두 경우에서 동일한 일이 아니다. 이러한 방식으로 결과를 보면 강한 독립성 조건은 위반되지 않았다. 그러나 이는, 이 경우 강한 독립성 조건이 애초에 어떠한 요구도 하지 않아서며, 바로 이 점이 문제의 핵심이다. 결과에 대한 묘사가 더 충실해지고, 특히 그것이 정신 상태 정보를 더 많이 포함할수록 강한 독립성 같은 조건들을 적용할 수 있는 범위는 좁아진다. 반대로 결과에서 정신 상태를 배제하면, 강한 독립성(그리고 이와 유사한 여러 불변 조건들)은 충분히 부합하지 않거나 타당하지 않을 수 있다.

이와 같은 문제는 결과 명세를 풍부하게 만드는 다른 방식들에서도 발생하는데, 예컨대 **과정**을 포함하거나 **책임**을 고려하거나 (단순히 잃어버린 기회에 대한 표현이 아니라 하나의 행위로)**후회**를 인정하는 경우가 그렇다. 강한 독립성 같은 조건들에 대한 다양한 '반례'를 다룬 방대한 저서들이 있다(예컨대, 알레 1953, 새비지 1954, 데이비슨, 서피스, 시걸Siegel 1957, 다이아몬드 1967, 마크리먼MacCrimmon 1968, 드레즈 1974, 루스Luce, 레이파 1957, 트버스키 1957, 알래, 하겐 1979, 마키나 1981, 애로우 1982, 벨 1982, 카너먼, 슬로빅, 트버스키 1982, 루움스Loomes와 서그든 1982, 맥클레넌 1983, 스티검Stigum, 웬스퇴프Wenstøp 1983, 브룸 1984, 센 1984b 참조). 사실 결과가 적절히 명시되면 이들은 반례가 아닐 수 있다. 그렇다 해도 그건 별로 위안이 될 수 없는데, 그런 경우 강한 독립성 조건은 어떠한 요구도 하지 않음으로써 형식적으로는 성립하고, 그 조건이 실제로 적용될 수 있는 범위를 극도로 제한하기 때문이다.

이 문제에는 분명한 딜레마가 있고, 이에 대해 단순한 판단을 내리고 싶지는 않다. 그러나 일반적으로 서로 다르게 간주되어야 할 (과정, 책임, 후회, 안도감 등을 포함하는)결과를 서로 구분해야 한다는 주장은 충분히 타당하다. 만약

---

28) 마찬가지로, 특정 상태에 이르게 되는 과정이 상태의 명세에 포함되면, 다시 한번 단순한 관계는 깨진다.

그것들이 합리적 평가에 관련되지 않는다고 주장하려면, 왜 그런지를 보여주는 논거가 있어야 한다(물론 그러한 논거는 실제로 존재할 수도 있다. 예컨대 데이비슨 1980을 참조하라). 반대로 그것들이 관련이 **있다면**, 강한 독립성과 같은 조건에 적용 범위와 효력을 부여하기 위해 인위적으로 구성된 동치 정보 집합을 통해 그것들을 이야기 바깥으로 배제할 수는 없다.

6. 보편화가능성과 객관성

마지막으로 나는 불변 조건의 또 다른 유형의 사용 방식, 즉 도덕철학에서의 보편화^{universalization} 문제로 전환하고자 한다. 정보성 판단에서 보편화가능성^{universalizability}의 중요성은 적어도 칸트(1788)의 『실천 이성 비판』 이래로 잘 인식되었다. 칸트는 이 책에서 궁극적으로 "오직 하나의 정언 명령만이 존재한다. 그 명령이 보편 법칙이 되기를 동시에 바랄 수 있는 준칙에 따라서만 행동하라"고 주장한다(38쪽). 이러한 형태가 아마도 보편화가능성 요건이 가장 많이 논의되어 온 방식이지만, 도덕철학에서는 이 외 다른 유형의 보편화 요구들 역시 광범위하게 탐구된다(매키 1977, 헤어 1981, 파핏 1984 참조).

그러나 보편화가능성에 대한 어떤 특정 요구에도 내용을 부여하는 데에는 지극히 일반적인 어려움이 발생한다. 두 상황을 '유사하다'고 보고 그에 따라 유사한 처우를 요구하려면, 그 유사함이 구체적으로 무엇을 의미하는지를 명확하게 인식해야 한다. 실제로 어떤 두 상황(또는 상태, 행위 등)도 완전히 동일하지 않다. 사실, 만약 두 상황이 완전히 같다면, 우리는 그것들을 두 개의 서로 다른 상황(상태, 행동 등)으로 인식조차 할 수 없다. 그러므로 보편화가능성 원칙이 비자명한 정의역을 갖기 위해서, 두 대상을 동일시하는 과정에서 (1) 그들 사이의 차이를 **인식**하고, (2) 유사하다고 보기 위해 그 차이를 **무시**하는 두 가지 절차가 모두 필요하다. 즉 눈에 띄는 차이를 간과하는 과정에는 필연적으로 어떤 차별 행위가 수반되며, 이것이 바로 유사성 개념의 핵심이다.

헨리 시지윅^{Henry Sidgwick}이 (보편화가능성 원칙을 적용하여)"내게 옳은(또는 그른) 어떤 종류의 행위가 다른 누구에게는 옳지 않다(또는 그르지 않다)면, 그것은 나와 그 사람이 서로 다른 인격이라는 사실 이외의 어떤 차이에 근거해야 한다(1907, 379쪽)"고 주장했을 때, 그는 판단에서 인격적 정체성에 관한 정보 사용을 배제하는 강력한 정보 제약을 활용한다.[29] 어떤 맥락에서는 **개인 정체성**에서의 차이가 중요할 수 있고 심지어 (예를 들어, 사적 이익 추구나 개인적 이윤 극대화처럼)결정적으로 작용할 수도 있다. 그러나 시지윅의 주장은 도덕 판단, 즉 어떤 행위의 옳고 그름을 판단하는 맥락에서는 인격의 차이를 고려해서는 안 된다는 입장을 담고 있다. 동치 정보 집합의 구체화는 특정한 판단 맥락에서 유사성 개념을 어떻게 이해하고 적용할 것인지에 대한 분명한 관점을 요구한다.

도덕 판단의 보편화가능성 맥락에서 동치 정보 집합의 구체화를 두 가지 방식으로 이해할 수 있다. 하나는 모든 '합리적' 도덕 체계가 충족할 것으로 기대되는 어떤 매우 기초적인 도덕 판단을 반영하는 것으로 보는 방식이다. 또 다른 하나는, 특정한 도덕 이론을 전제하지 않더라도 도덕 언어의 규율 속에서 **모든** 도덕 판단이 반드시 충족해야 하는 **필요조건**으로 보는 방식이다. 후생 경제학 전통을 고려하면, 대다수 경제학자에게는 전자의 접근(즉, 동치 정보 집합의 구체화를 실질적 도덕 판단의 수반으로 보는 관점)이 더 설득력 있게 다가갈 가능성이 크다. 반면, 후자의 입장도 설득력 있는 주장이 제기되며, 특히 헤어(1952, 1963)가 '도덕 언어' 분석을 통해 이를 강력하게 주장했다. 그 분석에서, 일련의 불변성 제약 조건들은 규범 판단의 본질과 (도덕 언어를 포함한)규범 언어가 부과하는 규율 때문에 필연적인 것으로 간주된다. 헤어는 "나

---

29) 롤즈(1971)의 '무지의 베일' 역시 공정으로의 정의론에서 하나의 정보 제약을 제시한다. 실제로 많은 윤리적 논쟁은 어떤 정보가 관련성 있는가에 대한 서로 다른 관념, 그리고 이에 상응하는 어떤 불변성 제약을 적용해야 하는가에 대한 견해 차이에서 비롯한다. 이 문제는 센(1974, 1979, 1985a)에서 다룬다.

는 '이 차는 좋은 자동차지만 그 옆에 있는 이 차와 완전히 동일한 차는 좋지 않다'고 말할 수 없다(1952, 135쪽)"고 했고, "어떤 것을 좋은 X라 부른다면, 그것과 유사한 모든 X도 좋다고 말할 책임을 진다(헤어 1963, 15쪽)"고 했다. 다소 다른 맥락이지만, 애로우(1963) 또한 유사한 관점을 다음과 같이 표현한 바 있다. "가치 판단은 경험적으로 구별 가능한 현상들을 동일시할 수 있지만, 경험적으로 구별할 수 없는 상태들을 차별할 수는 없다(112쪽)."[30]

한 측면에서 이 문제는 정체성 이론의 한 양상으로 간주될 수 있다. 즉 $x = y \Rightarrow f(x) = f(y)$라는 것이다. 만약 x와 y가 실제로 동일하면, 어떤 함수라도 (심지어 도덕 함수와 같은 규범적 함수일지라도) 반드시 $f(x) = f(y)$를 주장해야 하며, 이는 그 평가의 실질적 성격과 무관하다. 다시 말해 $f(x) = f(y)$는 단지 $f(\cdot)$가 **함수**라는 사실로부터 도출되고, 그것이 어떤 종류의 함수 $f(\cdot)$인지에는 영향을 받지 않는다. 참고로 이 해석 방식은 다음과 같은 함의를 지닌다. 즉, 일부 도덕 판단은 반드시 경험적 판단에서 도출되어야 하며, 따라서 순수하게 사실 판단으로부터 도덕 명제를 도출하기란 불가능하다는 소위 '흄의 법칙'을 위반하는 것이다(센 1966 참조).[31] 다시 말해, 만약 x와 y가 **경험적으로** 구별 불가능하면, 이 둘은 **도덕적**으로도 동일해야 한다.

하지만 이러한 방식으로 이 문제를 이해할 때 문제가 발생한다. 왜냐하면 x와 y의 '동일성'은 이미 어떤 정보의 선별을 포함하며, 따라서 형식적으로는 x와 y를 모든 가능한 방식에서 실제로 구별 불가능한 것으로 보지 않고 동

---

30) 여기서 애로우는 실제로 버그슨(1954)의 주장, 즉 "만약 경험적으로 비교 가능한 공리주의 기준을 제시할 수 있다면, 그것이 비교 가능하지 않아도 공리주의 기준을 제시할 수 있어야 한다(251쪽)"는 주장을 다루며, 실제로 이의를 제기한다. 따라서 이 경우의 '구별 불가능성'은 헤어의 경우와 다소 다른 의미가 있다. 그러나 애로우의 발언은 '구별 불가능성'을 단순히 비교 불가능한 것이 아니라 '동일한 것'으로 해석해도 여전히 의미 있게 이해할 수 있다.

31) 내 논문(1966)의 요점은 흄의 법칙이 거짓이라는 주장이 아니라, "헤어가 '흄의 법칙'을 고수하는 것이 '보편 처방주의'를 고수하는 것과 충돌함을 밝히는 데 있었다(센 1966, 75쪽)." 보다 형식적으로는, "두 별개의 대상이 정확히 같을 수 있다는 가능성을 인정하더라도, '헤어의 보편화가능성 원리는 내용이 공허하거나, 흄의 법칙과 충돌한다'"는 주장이 제시되었다(78~79쪽). 이 점을 분석하면서, 헤어는 너그럽게 다음과 같이 말한다. "나는 나중에 센 교수와 다른 이들이 제시한 예들에 대응하여, 추가적인 조건들이 필요함을 인정하게 되었고, 특히 보편화가능성 원리 그 자체가 요구하는 다음과 같은 귀납을 허용하게 되었다." 즉, "A가 B가 한 것과 정확히 같은 행위를 했다'는 사실로부터 'B가 잘못을 저질렀다면 A도 잘못을 저질렀다'는 결론이 나온다(헤어 1981, 223~224쪽, 또한 헤어 1977 참조)." 나는 이 추가 조건의 적용 범위와 의미를 다른 글에서 검토한 바 있다(센 1985a).

일한 동치 정보 집합에 포함하는 것을 의미해서다. 헤어 자신의 진술에서도, 이미 '좋은' 것으로 간주된 자동차 '옆에 있는' 자동차는 그 **위치**에 따라 구별 가능하고, 헤어는 두 자동차가 "**다른** 모든 면에서" 정확히 동일하다고 묘사한다(볼드는 센의 강조).

여기에는 상당히 깊은 메타 윤리적 문제가 존재한다. 경험적 동일성이라는 개념이 완전히 공허하다고 주장하기는 어렵다. 특정 동치 정보 집합의 구성 방식에 따라 동일 집합 내에 포함된 개별 항목들 간의 차이는 (**도덕 판단 이전**의 맥락에서도)단지 사소한 것으로 간주될 수 있다. 경험적 동일성에 근거한 보편화가능성 주장들은 진지하게 고려되어야 하고, 단순히 경험적 동일성의 **불가능성**에 대한 선언만으로 일축되어서는 안 된다.

객관성이라는 보다 넓은 쟁점은 근본적으로 신념의 성격과 관련된 문제다(나겔 1980, 맥도웰 1981 참조). 도덕적 신념은 어떤 명백한 방식으로 객관성을 결여할 수 있다. 도덕 이전의 판단에서는 주목받지 않을 사소한 사실상의 차이에 근거하여 자의적 기준으로 사안을 구분하려는 시도는, 도덕 관점이 객관성을 상실한 일례라 할 수 있다(예컨대 "나는 A와 B가 **경험적**으로는 매우 유사하다고 믿지만, **도덕적**으로는 A는 옳고 B는 그르다!"). 관련된 핵심 쟁점은 도덕 평가의 '의존적' 속성이다(센 1966, 1985, 나겔 1980, 헤어 1981, 헐리 1985 참조).

보다 구체적으로, 예컨대 어떤 사람이 자기 자신을 향해서는 비난하지 않을 행동을 타인에 대해서는 도덕적으로 비난하는 경우, 그러한 도덕 평가는 특히 '비객관적'인 것으로 볼 수 있다. 이와 같은 '비객관성' 사례들은 일정한 **불변성 제약**을 위반하는 경우며, 이러한 사례들을 포함한 '비객관성'의 경우들은, 도덕적 관점이 명백히 '주관적'이지 않고 '객관성'을 유지하기 위해 필요하다고 간주되는 일정한 불변성 조건의 위반에서 비롯된다. 만약 (1) 도덕적 객관성이 주로 도덕적 신념의 성격에 관한 문제로 이해되고, (2) 객관성의 가능성을 (단순한 가부의 문제가 아니라 더하고 덜하는)정도의 문제로 수용하면, 오래된 객관성의 핵심 문제는 전혀 다른 시각에서 새롭게 이해할 수 있다. 즉

　　제3부 ＊ 합리성과 사회적 선택

이는 전통적 **자연주의**의 거부나 흄의 법칙에 대한 고전적 주장들과는 다른 문제를 수반한다. 이러한 방식에서 도덕적 객관성의 핵심 문제는 특정한 동치 집합의 명세를 드러내는 경험적 특성과 연관된 **도덕적 신념** 속 일부 불변성 제약이 갖는 특수 지위에 있다.[32]

7. 맺으며

나는 규범-선택을 규범 원칙들이 수반하는 정보 제약의 관점에서 고찰했다. 동치 정보 집합에 관련된 불변성 제약은, 그 분석의 성격이나 적용될 원칙의 유형에 따라 다양한 방식으로 활용될 수 있는 일반적 형식을 제공한다 (1절과 2절). 본문에서 제시된 용례들은 규범-선택 이론의 서로 다른 영역에서 가져온 것이다.

여기에는 애로우(1950, 1951)가 개척한 사회 선택 이론이 포함된다. 애로우는 정보 제약 관련 몇 가지 불변성 제약을 (예컨대, 그의 독립성 조건에서)명시적으로 사용한다. 실제로 애로우의 불가능성 정리는 그의 공리 체계를 통해 도출할 수 있는 두 가지 파생된 불변성 제약의 귀결로 간주될 수 있다(3절). 이러한 접근은 애로우의 불가능성 정리를 다소 더 간결하게 증명할 수 있는 경로를 제공하지만, 여기서 주요 목적은 애로우의 공리 체계가 수반하는 정보적 불변 조건의 도출과 활용을 밝히는 데 있다.

사회적 선택에서 정보 활용을 풍부하게 함으로써 불가능성 정리를 제거할 수 있다(센 1970a). 그러나 이러한 수정된, 보다 관대한 조건 또한 그에 상응하는 불변성 특징과 정보적 배제의 측면에서 유익하게 비교·검토될 수 있다 (4절).

---

32) 나는 이와 관련된 문제를 다른 글에서 다루었기에(센 1985a), 여기서는 더 이상 다루지 않는다. 핵심 쟁점은 일부 사실적 구분의 자의성에 관한 문제라고 할 수 있다.

아울러, 불변 조건과 그 기저의 정보 제약은 불확실성하의 순수한 합리적 선택 이론에서 제기되는 몇몇 논쟁적 문제를 이해하고 평가하는 데도 유용한 초점을 제공한다. 합리적 선택 이론의 맥락에서 동치 정보 집합 설정은 효용의 본질과 상태의 내용에 관한 근본 질문들을 수반하며, 이는 다시 강한 독립성 같은 공리에 대해 취하는 다양한 입장과 연결된다(5절). 또한 선택 맥락에서 효용은 고전적 의미가 가지는 정신 상태로서의 효용을 대체할 수 없다는 점도 주장되었다. 정신과 선택 사이의 관계는 지나치게 복잡해서 '정신이 전제되지 않는 상태' 영역에서 합리적 선택의 상식적 공리화는 허용되기 어렵다(5절).

나는 앞서 몇 차례(센 1970a, 1979) 정보 제약과 불변성 개념을 명시적으로 도입하여 특정한 도덕 원칙들을 분석하고자 한 바 있다(센 1970a, 1979). 이러한 실질적 도덕철학의 측면은 본문에서는 더 이상 다루지 않았고, 대신 도덕 판단에 관한 장에서 보편화가능성 및 객관성 관련 몇 가지 방법론적 질문들에 집중했다. 칸트(1788) 이래로 자주 활용되어 온 보편화가능성 원칙은 다소 특수한 범주의 동치 정보 집합을 요구하는데, 이 문제는 도덕 판단의 부수성이라는 성격과 관련되며, 결국 도덕적 신념의 객관성이라는 근본적 질문과 밀접하게 연결된다(6절).

어떤 맥락에서 불변성 제약 형식의 사용이, 다른 맥락에서도 동일한 방식의 사용을 당연하게 강제하지 않는다. 그러나 불변성 및 정보 제약에 관한 형식 절차들 사이에는 충분한 공통점이 있어서, 이를 하나의 일반적 방법론 기술의 다양한 응용으로 간주할 수 있는 정당성이 있다. 다만, 보다 중요한 통찰은 구체적 응용 맥락에서 비롯된다.

자유와 사회적 선택

제12장

자유와 사회적 선택*

파레토 원칙은 모든 개인 선호 순위가 만장일치일 경우, 그 선호가 반드시 사회적 결정에 반영되어야 한다고 주장한다. 그렇다면 개인의 자유는 후생 경제학의 초석인 파레토 원칙과 충돌할까? 사회 선택 이론에서 이른바 '파레토 자유의 불가능성'이라는 결과는 실제로 양자 간 충돌이 존재할 수 있음을 보여 준다.[1] 이 결과는 이후 다양한 연구로 이어지면서, 어떤 연구는 이 충돌을 확장하고, 다른 연구는 이를 회피하는 방법을 제안한다(아래 4절 참조). 그러나 사회 선택 이론의 다소 특수한 형식 때문에, 이 부류의 결과가 윤리학, 후생 경제학, 또는 사회철학 및 정치철학에 대해 갖는 **관련성**을 확신하기에는 다소 어려운 점이 있다. 이 장에서는 바로 이 문제를 다루고자 한다.

여기에 두 가지 추가적인 목적이 있다. 첫째, 사회 선택 이론에서 사용되는 형식 조건들은 하나 이상의 해석이 가능하며, 그 결과의 실제적 함의는 명백

---

* 유익한 조언을 준 해먼드, 헐리, 레비, 미를리스, 서그든, 비커스, 윌리엄스에게 감사를 표한다. 이 글은 *The Journal of Philosophy* 제80권(1983)에 수록했다.

1) 내 글 "The Impossibility of a Paretian Liberal," *Journal of Political Economy*, 78(1970), 152~157쪽 및 *Collective Choice and Social Welfare*(San Francisco: Holden-Day, 1970) 참조.

히 선택적 해석에 의존한다. 이는 단지 파레토 자유의 불가능성에만 해당하지 않고, 애로우의 불가능성 정리를 포함한 이 분야의 다른 결과에도 적용된다.[2] 특히 중요한 해석상 차이 중 하나는 '사회적 선호'의 내용인데, 이 글에서는 세 가지 상이한 해석을 구분한다.

둘째, 사회 선택 이론에서 자유의 정식화(더 정확히는 자유의 존중이라는 최소한의 함의에 대한 정식화)는 깊은 의문을 불러일으키며,[3] 실제로 그 정식화는, 결과가 아닌 절차로 자유를 파악하는 보다 전통적인 자유의 속성과는 적어도 부분적으로 충돌한다. 이 글에서는 자유를 어떻게 이해해야 하는가라는 보다 넓은 문제를 다루고자 하며, 이러한 맥락에서 순전히 절차적 정식화에 의한 자유를 비판한다.

1. 사회적 선호

사회 선택 이론의 전형적 형식은 개인 선호 배열의 집합(정확히는 n개의 개인 선호 순위들의 n-튜플)을 사회적 선호 관계 또는 사회적 선택 함수로 변환한다. 애로우는 사회적 선호 관계를 완비적인 약한 서열(재귀적, 완비적, 추이적)

---

2) *Social Choice and Individual Values*(New York: Wiley, 제2판, 1963). 본문 중 괄호 안의 쪽수는 이 책을 기준으로 했다. 애로우 정리의 맥락에서 해석적 문제는 다음 논문들에서 다룬다. 센, "Social Choice Theory: A Reexamination," *Econometrica*, 45(1977), 53~89쪽. "Personal Utilities and Public Judgments, or What's Wrong with Welfare Economics?" *Economic Journal*, 89(1979), 537~558쪽.

3) 특히 다음 문헌들을 보라. 노직, "Distributive Justice," *Philosophy and Public Affairs*, 3(1)(1973년 가을), 45~126쪽과 *Anarchy, State and Utopia*(Oxford: Blackwell, 1974), 149~182쪽. 베른홀츠의 "Is a Paretian Liberal Really Impossible?" *Public Choice*, 19(1974), 99~107쪽. 로울리와 피콕의 *Welfare Economics: A Liberal Restatement*(London: Martin Robertson, 1975). 뷰캐넌, "An Ambiguity in Sen's Alleged Proof of the Impossibility of the Paretian Liberal," Virginia Polytechnic, 1976년, 출력본(미간행). 로버츠, "Liberalism and Welfare Economics: A Note," St. Catherine's College, Oxford, 1976년, 출력본. 예르덴포스, "Rights, Games and Social Choice," *Nous*, 15(3)(1981년 9월), 341~356쪽. 서그든, *The Political Economy of Public Choice*(Oxford: Martin Robertson, 1981, 괄호 안의 쪽수는 모두 이 책에 대한 것임). 배리, "Lady Chatterley's Lover and Doctor Fischer's Bomb Party: Liberalism, Pareto Optimality, and the Problem of Objectionable Preferences," 엘스터와 휠란드 편, *Foundations of Social Choice Theory*(Cambridge University Press). 채프먼 (Bruce Chapman), "Rights as Constraints: Nozick versus Sen)", Westminster Institute for Ethics and Human Values, 1981년.

로 요구하며, 사회적 선택 함수는 각각의 비어 있지 않은 사회 상태들의 집합
(즉, 실현 가능한 집합 또는 '선택지')에 대해 그 사회적 선호 관계에 비추어 최선
의 요소들(선택 집합)을 특정해야 한다고 보았다. 다른 이들은 사회적 선호 관
계에 대해 이보다 덜 엄격한 (예컨대, 비추이성이나 비완비성의 허용과 같은)성질
을 요구하거나 사회적 선택 함수에 대해 이보다 덜 제한적인 (예컨대, 비이항적
선택을 허용하는 등의)유형을 상정하여 다양한 가능성 정리와 불가능성 정리들
을 제시해 왔다.

사회적 선호에 대해서는 다양한 해석이 가능하지만, 여기서는 "x가 y보다
사회적으로 더 선호된다"는 표현을 다음 세 가지 해석으로 한정한다.

(1) **결과 평가**: "x는 y보다 사회 전체적으로 더 나은 상태로 평가된다."

(2) **규범적 선택**: "x가 가능할 경우 y는 선택되지 않도록 사회의 의사 결정
이 조직되어야 한다."

(3) **기술적 선택**: "x가 가능할 경우 y는 선택되지 않도록 사회의 의사 결정
체계가 조직되어 있다."

강조할 점은 위의 세 가지 해석 중 후자의 두 가지 해석은 선호를 선택과
연결시키지만, 이들 가운데 어느 것도 선택 함수가 (규범적이건 기술적이건)이
항관계로 표현될 수 있다는 의미에서 '이항적'일 것을 요구하지 않는다는 점
이다.[4] 각 해석은 그에 해당하는 선택 함수가 특정 조건을 만족해야 하거나
만족할 제약만을 부과할 뿐, 사회 전체의 선택들이 하나의 이항관계로 포착
될 수 있는지는 별개의 문제다. 물론 이러한 세 가지 포괄적 해석에서도 진술

---

4) 선택 함수의 이항성 문제는 다음을 참조할 것. 벵트 한손, "Choice Structures and Preference Relations,"
Synthese, 18(4)(1968년 10월), 443~458쪽. 센, "Choice Functions and Revealed Preference," *Review
of Economic Studies*, 제37권 (1971), 307~317쪽. 헤르츠버거, "Ordinal Preference and Rational Choice,"
Econometrica, 제41권 (1973), 187~237쪽. 피시번, *The Theory of Social Choice* (Princeton, N.J.: University
Press, 1973). 토머스 슈워츠, "Choice Functions, 'Rationality' Conditions, and Variations on the Weak Axiom
of Revealed Preference," *Journal of Economic Theory*, 12(1976), 414~427쪽. 플롯, "Axiomatic Social Choice
Theory: An Overview and Interpretation," *American Journal of Political Science*, 20(1976), 511~596쪽.

이 이루어지는 맥락에 따라 더 세부적 구분이 가능하다. 예를 들어, 결과 평가에 관한 진술은 **특정 개인**의 도덕 판단을 반영할 수도 있고, 혹은 어떤 **평가 절차**(예컨대 계획이나 정책 결정에 사용되는 특정 '목적 함수')의 적용 결과일 수도 있다.

2. 파레토 자유의 불가능성

약한 형태의 파레토 원칙은 모든 개인이 사회 상태 x를 y보다 선호할 경우, 사회적으로도 x가 y보다 선호되어야 함을 요구한다. 개인의 자유는 (다른 요소들과 더불어)각 개인의 사회적 선호 결정에서 오직 그 자신의 선호만 반영되는 승인된 사적 영역^{recognized personal sphere}을 가져야 한다는 요구로 이해할 수 있다. 예를 들어, 어떤 사람이 특정 소설을 읽고 싶고, 다른 조건들이 주어졌을 때 그 선택이 승인된 그의 사적 영역에 속한다고 가정하자. 그렇다면 사회적 선호는 다른 조건들이 동일할 경우 반드시 그 사람이 그 소설을 읽는 상태를, 읽지 않는 상태보다 상위에 두어야 한다. **최소 자유**^{minimal liberty, ML} 조건은 실제로 이보다 더 약한 요구며, 이는 적어도 두 사람(반드시 모든 사람일 필요는 없다. 물론 그렇다면 더 좋겠지만)에 대해 이러한 비어 있지 않은 승인된 사적 영역의 존재를 필요로 한다.[5]

사회적 결정 함수는 주어진 대안적 사회 상태들의 집합 위에 정의된 완전하고 일관된(즉, 순환이 없는) 사회적 선호를 결정하고, 이는 (각 개인당 하나씩 주어진)개인 선호 배열들의 집합(정확히는 n-튜플)으로 정의된다. 사회적 결정

---

5) 이 조건은 본래 '최소 자유주의'라는 명칭으로 불렸고, 오해의 소지에 대해 주의를 촉구한 바 있다. "자유주의라는 용어는 모호하며 다양한 해석이 가능하다. 이 용어의 어떤 용례들은 여기서 정의된 조건을 포함하지 않을 수 있다. 중요한 점은 조건 L이 많은 사람이 동의할 만한 개인의 자유에 관한 가치를 나타낸다는 점이다" ("파레토 자유의 불가능성", 153쪽). 이후 논문에서는 이 조건을 '최소 자유지상주의'라고 부르기도 한다. 그러나 어느 명칭도 완전히 만족스럽지 않고, 여기서 사용된 '최소 자유'라는 용어는 자유 그 자체의 개념에 집중한다는 점에서, 특정한 접근 방식에 의한 옹호보다 더 나은 점이 있다.

함수가 **무제한 정의역**을 갖는다는 것은 논리적으로 가능한 모든 n-튜플의 개인 선호 순위에 대해 작동함을 의미한다. 파레토 자유의 불가능성 정리는 무제한 정의역과 (약한 형태일지라도)파레토 원칙, 그리고 최소 자유^{ML} 조건을 동시에 만족하는 사회 결정 함수는 존재할 수 없음을 증명하는 정리다.

전통적인 선호 해석은 욕구에 기반해 왔고,[6] 본문에서는 이 용례를 그대로 따른다. 이에 대조되는 접근은 '현시 선호' 이론의 영향 아래 발전한 것으로, 선호 개념의 선택을 뒷받침하는 이항관계로 정의한다. 그러나 이러한 다소 부자연스러운 선호에 대한 용례는 선호라는 용어가 본래 지니는 의미의 상당 부분을 비워 내 버릴 뿐 아니라, (더 중요하게는)본래 구별되어야 할 두 개념을 동일시함으로써 중요한 개념 하나를 상실하게 만든다. 게다가 모든 선택 함수가 이항적 표현을 갖는 것도 아니다.

비록 선호와 선택을 정의상 동일시하는 것은 타당하지 않지만, 사회 선택 이론에서는 개인의 선택이 실제로 전적으로 개인의 선호에 근거한다는 경험적 가정을 전통적으로 택해 왔다. 애로우는 이러한 개인 행태 모델의 특성을 설명한 바 있으며(2장, 9~21쪽), 나는 이를 보편적 선호 기반 선택^{universal} $^{preference-based\ choice}$의 가정으로 부르겠다. 그러나 자유에 대한 사회 선택적 성격 규정을 위해서는 이보다 훨씬 약한 형태의 가정으로도 충분하다. 즉, 개인이 승인된 사적 영역 내에서 선택할 경우, 그 선택은 전적으로 자신의 선호로 결정된다. 만약 (x, y)가 i의 승인된 사적 영역에 속하는 상태 쌍이고, 그가 x를 y보다 명백히 더 선호하면, x를 선택할 수 있는 상황에서 y를 선택하지 않는다.[7] 나는 이를 최소 선호 기반 선택$^{minimal\ preference-based\ choice}$의 가정으로 부르며,

---

6) 이는 전통적인 경제 이론에서도 마찬가지 사실이다. 예를 들어 힉스의 *Value and Capital*(Oxford: Clarendon Press, 1939) 참조. 도덕 논의에서도 마찬가지며, 예컨대 헤어(Richard Hare)의 *The Language of Morals*(Oxford: Clarendon Press, 1952)를 참조할 수 있다.

7) 여기서 쟁점은 어떤 사람이 x와 y를 실제로 선택 가능한 상태(다른 대안들과 함께)에서 갖게 될 때 무엇을 선택하겠느냐는 것이다. 이러한 선호 선택의 대응 문제는, 기버드가 논의한(그러나 매우 중요한)다른 쟁점과 혼동해서는 안 된다. 기버드의 논의는 어떤 개인이 자신의 선호하는 대안(x)이 다른 사람의 권리 행사나 파레토 원칙의 적용으로 실제로 이용 불가능할 때 무엇을 선택해야 하는가에 관한 것이다("A Pareto-consistent Libertarian Claim," *Journal of Economic Theory*, 7(1974), 388~410쪽. 괄호 안 쪽수 표시는 이 논문을 기준으로 한다). 물론 파레토 자유의 불가능성 정리에 따

이는 보편적 선호 기반 선택 가정의 특수한 경우에 해당한다.

이제 ML 조건을 만족하는 규칙들에서 각 개인이 특별한 권한을 가진다고 승인된 사적 영역의 구성을 고려해 보자. 그 권한의 구체적 내용은 선택된 사회적 선호 해석 방식에 따라 정한다. (x, y)가 i의 승인된 사적 영역에 속하고, i가 x를 y보다 명백히 더 선호한다고 하자. 그는 단지 y보다 x를 갖기를 바랄 뿐 아니라, 제한된 선호 기반 선택 가정에서(그리고 보편적 선호 기반 선택 가정에서는 당연히) x와 y 중 하나를 선택해야 할 때, x를 선택할 것이다. 실제로 그가 x를 포함한 선택지 집합에서 선택권이 있다면 결코 y를 선택하지 않을 것이다. 사회적 선호에 대한 결과 평가 해석에서 ML을 포함하는 자유 조건은 주어진 구체적 상황에서 x는 y보다 사회 전체에 더 나은 상태로의 평가를 요구한다(앞 절의 (1) 결과 평가 참조).

규범적 선택 해석에서는, 주어진 상황에서 x가 가능할 때 y가 선택되지 않도록 사회 의사 결정을 조직해야 한다는 요구가 따른다(앞 절의 (2) 규범적 선택 참조). 주목할 점은, 이는 (다른 대안의 존재 여부와 무관하게)x와 y 사이의 선택이 개인 i 자신에게 맡겨져, 그가 선택될 예정인 y를 무효화하고 자신이 선호하는 x를 대신 선택할 수 있도록 한다는 조건보다 덜 엄격한 요구라는 데 있다. 만약 그에게 선택권이 주어지면, 당연히 y를 선택하지 않을 것이다. 이러한 '개인 통제'의 가정은 ML을 만족시키기에 충분하지만, 반드시 필요하지는 않다. ML은 단지 사회적 결정이 어떤 방식으로 이루어지건 y가 최종적으로 선택되지 않으면 되기 때문이다. 현재 논의 중인 정리는 불가능성 정리므로 조건을 약하게 설정하는 것에 반대할 이유는 없다. 오히려 조건을 강화하여 x가 가능한 상황에서 y의 선택 여부를 i의 '개인 통제'에 맡기도록 해도, 여전히 **불가능성** 정리는 영향받지 않고 유지되기 때문이다.

기술적 선택 해석에서는 사회적 결정 체계가 그렇게 조직되어 x가 실현 가

르면, 개인의 사적 영역에서 한 쌍의 대안이 최소 자유(ML)의 방식대로 실제 선택 가능하게 제공되면서 동시에 파레토 열등한 대안들을 배제하면, 그러한 상황은 성립할 수 없다는 의미를 함축한다.

능한 선택지일 때 y는 선택되지 않는다고 가정된다(앞 절 (3) 참조).

유사한 해석상의 변형은 약한 파레토 원리에도 적용되고, 이는 각각 (1), (2), (3)에서 제시된 사회적 선호의 세 가지 해석을 따른다.

이제 파레토 자유의 불가능성 내용을 세 가지 해석 각각에 따라 다음과 같이 정리할 수 있다.

(Ⅰ) **결과 평가 불가능성**: 특정한 개인 선호 구성이 주어졌을 때, 약한 파레토 원리와 (1)의 방식으로 해석된 최소 자유 조건을 동시에 만족하는 일관적이고 완비적인 사회 상태의 평가는 존재할 수 없다.

(Ⅱ) **규범적 선택 불가능성**: (개인 선호가 어떠하건 간에)어떤 비어 있지 않은 사회 상태 집합으로부터 반드시 하나의 상태가 선택될 수 있게 사회 의사 결정을 조직하는 좋은 방식은 존재하지 않는다. 여기서 좋은 의사 결정이란, (2)의 방식으로 해석된 약한 파레토 원리와 최소 자유 조건을 충족해야 한다는 요구를 만족시키는 방식을 말한다.

(Ⅲ) **기술적 선택 불가능성**: 실제로 존재하는 사회적 결정 체계는 개인 선호가 어떠하건 간에 어떤 비어 있지 않은 사회 상태 집합으로부터 하나의 상태를 선택할 수 있어야 하는데, (3)의 방식으로 해석된 약한 파레토 원리와 최소 자유 조건을 동시에 만족시키기는 불가능하다.

3. 예시

문헌들에서는 파레토 원리와 자유의 충돌에 대한 여러 예시가 제시된다.[8]

---

8) 다양한 유형의 사례로는 나의 *Collective Choice and Social Welfare* 6장을 비롯하여, 기버드(Allan Gibbard)의 앞서 언급한 논문, 반스(Jonathan Barnes)의 "Freedom, Rationality and Paradox," *Canadian Journal of Philosophy*, 10(4), 1980년 12월, 545~565쪽. 파운틴(J. Fountain)의 "Bowley's Analysis of Bilateral Monopoly and Sen's Liberal Paradox in Collective Choice Theory: A Note," *Quarterly Journal of Economics*, 95, 1980, 809~812쪽. 그린(E. T. Green)의 "Libertarian Aggregation of Preferences: What the 'Coase Theorem' Might Have Said,"

특히 『채털리 부인의 연인』[9]을 읽을지 여부를 둘러싼 사례는, 아마 과도하리만치 주목을 받아 왔지만, 여기서는 '노동 선택 사례'를 활용하고자 한다.[10]

사람 1과 사람 2는 모두 상대의 고용 상태가 일정하다는 조건하에 전일제 노동(1)을 반일제 노동($1/2$)보다, 반일제 노동을 실직 상태(0)보다 선호한다. 그러나 경쟁 사회가 이들을 망쳐 놓은 탓인지, 두 사람 모두 상대방의 실직 상태를 선호한다(즉, 상대의 상태에 대해 $0 > 1/2 > 1$의 순서로 선호). 실제로 이들은 자신의 취업에서 얻는 만족보다 상대의 실직 상태에 더 큰 만족을 느낄 만큼 질투심이 강하다. 여기서 고려되는 고용의 성격에 따라, 두 사람에게 가능한 사회 상태는 네 가지며, 각각은 두 수의 쌍으로 표현된다. 각 쌍의 첫째 숫자는 사람 1의 고용 상태, 뒤의 수는 사람 2의 고용 상태다. 두 사람의 선호 순위는 다음과 같고, 아래로 내려갈수록 선호도가 낮다.

사람 1	사람 2
($1/2$, 0)	(0, $1/2$)
(1, $1/2$)	($1/2$, 1)
(0, $1/2$)	($1/2$, 0)
($1/2$, 1)	(1, $1/2$)

사람 1과 사람 2에게 각각 최소 자유[ML] 조건이 규정하는 성질을 갖는 승인된 사적 영역이 있다고 하자. 사람 1의 사적 영역은 (1, $1/2$)과 (0, $1/2$)의 쌍에 대한 선택을 포함하고, 이는 곧 상대방이 반일제($1/2$) 노동을 할 경우, 본인이 원하면 자유롭게 일할 수 있어야 함을 의미한다. 마찬가지로 사람 2의 사적 영역은 ($1/2$, 1)과 ($1/2$, 0)의 쌍에 대한 선택을 포함하고, 이는 사람 1이 시간제($1/2$)

Social Science Working Paper, 315, California Institute of Technology, 1980을 보라.

9) 센, *Collective Choice and Social Welfare*, 80쪽 참조.

10) 센 "Liberty, Unanimity and Rights,", *Economica*, 43, 1976, 217~245쪽, 특히 222~223쪽을 볼 것.

로 일하는 상태에서 사람 2가 원하면 자유롭게 일할 수 있어야 함을 뜻한다.

이제 사회적 선호의 서로 다른 세가지 해석을 고려해 보자. 결과 평가 해석의 경우, 이 과제는 네 가지 대안 상태가 두 사람이 속해 있는 사회에 얼마나 바람직한 상태인지를 기준으로 순위를 매기는 일이다. 이때 상정할 수 있는 한 가지 맥락은 앞서 논의한 바 있는 개인의 '사회적 후생 판단'이 될 수 있다. 그 판단자는 외부인이 될 수도 있고, **또는** 당사자 두 명 중 한 명이 **도덕적** 판단을 내리는 입장일 수도 있다. 최소 자유 조건에 따라, 판단자는 (1, ½)을 (0, ½)보다 위에 두는데, 이는 사람 1이 실제로 (1, ½)을 선호하고 사람 2는 이 결정에 직접 관련이 없으며, 이 쌍이 실제로 사람 1의 사적 영역에 해당하기 때문이다. 같은 이유로 (½, 1)은 (½, 0)보다 위에 놓인다. 이는 사람 2의 선호를 반영한 것으로 사람 1은 이 선택에 직접 관련이 없고, 이 쌍은 사람 2의 사적 영역에 속한다. 하지만 판단자가 동시에 파레토 원칙을 고수하면, 그는 (½, 0)을 (1, ½)보다 위에 두어야 한다. 두 사람 모두 전자를 선호해서다. 같은 이유로 (0, ½)는 (½, 1)보다 위에 놓인다. 그런데 이 조합은 사회적 선호의 순환을 낳는다. 즉 (1, ½)은 (0, ½)보다 낮고 (0, ½)은 (1, ½)보다 나으며, (½, 1)은 (1, ½)보다 낮게 되어, 모든 상태가 다른 어떤 상태보다 열등한 결과를 초래한다.

다음으로 **기술적** 선택 해석을 살펴보자. 아마 가장 단순한 사례는 한 사람이 자신의 사적 영역에 대해 직접 통제권을 갖는 경우다. 만약 (0, ½)이 선택되려는 상황이면, 사람 1은 (1, ½)을 대신 선택할 수 있는 권한을 가진다. 마찬가지로 (½, 0)이 선택되려는 상황이면 사람 2는 (½, 1)을 선택할 수 있는 권한을 가진다. 따라서 실제로 선택되는 상태는 (1, ½)과 (½, 1)로 제한된다. 그러나 이 두 상태는 **모두** 파레토 비효율적이다.

규범 선택 해석에서 최소 자유 조건[ML] 조건은 사회적 결정을 내리는 좋은 제도가 (½, 0)이나 (0, ½)의 선택 결과로 이어지지 않을 것을 요구한다. 한편, 약한 파레토 원리는 (1, ½)이나 (½, 1)의 선택 결과도 초래하지 않을 것을 요구한다. 따라서 어떤 상태도 선택될 수 없으며, 요구된 의미에서 좋은 선택을 하는 제도란 존재하지 않는다.

4. 제약, 확장, 그리고 재구성

파레토 자유의 불가능성 정리는 비제한적 정의역, 약한 파레토 원리, 최소 자유 조건이라는 세 가지 조건의 상호 모순에 기반한다. 이 모순을 피하려면, 세 가지 조건 중 적어도 하나를 실질적 방식으로 제거하거나 약화시켜야 한다. 이 주제에 관한 기존 문헌에서는 이러한 세 가지 경로 각각을 광범위하게 탐구한다.

비제한적 정의역을 약화하는 것은 특정한 구성 즉, 개인 선호 '프로파일 profile'들의 배제를 의미하며, 그렇게 남은 프로파일 내에서는 충돌이 발생하지 않는다. 이러한 방식의 조화 예시로는 다음과 같은 가정을 들 수 있다. 개인이 타인의 승인된 사적 영역에 속한 선택지 쌍에 대해 **무차별적**이라는 의미에서의 '관용'을 가진다는 가정,[11] 또는 타인의 사적 영역에 대한 선호를 자기 자신의 선호처럼 반영하는 의미에서의 '공감'을 가진다는 가정,[12] 또는 타인의 사적 영역에서의 대안 순위보다는 자신의 사적 영역에서의 대안 순위를 더 중요하게 여긴다는 의미에서 '비간섭적'이거나 '자유주의적'이라는 가정,[13] 또는 이와 유사한 적절한 제약 조건들을 만족하는 가정 등이 있다.[14] 이러한 탐

---

11) 자이들(C. Seidl), "On Liberal Values," *Zeitschrift für Nationalökonomie*, 35, 1975, 257~292쪽 참조.

12) 브라이어(F. Breyer)와 질리오티(G. A. Gigliotti), "Empathy and the Respect for the Right of Others," *Zeitschrift für Nationalökonomie*, 40, 1980, 59~64쪽.

13) 블라우(J. H. Blau), "Liberal Values and Independence," *Review of Economic Studies*, 42, 1975, 395~402 쪽. 또한 브라이어(F. Breyer), "The Liberal Paradox, Decisiveness over Issues, and Domain Restrictions," *Zeitschrift für Nationalökonomie*, 37(4), 1977, 45~60쪽, 그리고 *Das Liberal Paradox(Meisenheim am Glan*, 1978) 참조.

14) 버그스트롬(Ted Bergstrom)은 "A 'Scandinavian Consensus' Solution for Efficient Income Distribution among Nonmalevolent Consumers," *Journal of Economic Theory*), 2, 1970, 383~398쪽에서 상호 선의가 그 해

구들은 기저에 있는 충돌의 성격을 밝혀 주고, 교육이나 가치 형성에 대한 사고에 유의미한 통찰을 제공해 준다.

그러나 정의역을 제한하는 방식으로는 이 충돌의 해결에 충분하지 않은데, 이는 그러한 제한 조건을 위반하는 선호 프로파일이 실제로 발생할 때, 사회적 판단이 어떻게 내려져야 할지(또는 어떠한 상태가 선택되어야 할지, 혹은 의사결정 메커니즘이 어떻게 조직되어야 할지)를 설명하지 않아서다. 그럼에도 어떤 정의역 제한이 특정 선호 프로파일들을 배제하면, 이에 상응하는 해결책으로는 **허용 가능한 정의역에 속하지 않는 각 프로파일에 대해** 약한 파레토 원칙과 최소 자유 조건을 부정하는 방식 **모두** 존재할 수 있다. 간섭적인 개인들은 그들 **자신**의 사적 영역에 대한 특별한 권한을 부정당함으로써 '처벌'될 수 있고,[15] 그들 선호는 무시되거나 약한 파레토 판단을 위해 '수정'될 수도 있다.[16] 이러한 수정은 각각 최소 자유 조건 또는 약한 파레토 원칙의 약화에 해당한다. 이 조건들을 제한하는 다른 방식들도 연구되었는데, 일부는 충돌을 회피하는 데 기여했지만, 또 일부는 충돌을 그대로 남겨 두었다.[17]

법이 될 수 있음을 다룬다. 어쩌면 더 놀라운 예로, 한 개인이 모든 타인의 선호를 겨냥해 악의를 체계적으로 가할 경우에도 해결이 가능할 수 있다. 이러한 조건들과 관련된 사례들은 매스킨, 네일버프, 그리고 나(센) 자신이 공동으로 집필 중인 논문에서 다룰 예정이다.

15) 기버드, 앞의 책. 블라우, 앞의 책. 캠벨, "Democratic Preference Functions," *Journal of Economic Theory*, 12, 1976, 259~272쪽. 페레존(J. A. Ferejohn), "The Distribution of Rights in Society", 고팅거(H. W. Gottinger)와 라인펠너(W. Leinfellner) 편, *Decision Theory and Social Ethics: Issues in Social Choice* (Dordrecht: Reidel, 1978. 가르트너와 크뤼거(L. Krüger), "Self-supporting Preferences and Individual Rights: The Possibility of Paretian Libertarianism", *Economica*, 47, 1981, 241~252쪽을 보라.

16) 패럴, "Liberalism in the Theory of Social Choice," *Review of Economic Studies*, 43, 1976, 3~10쪽. 센, "Liberty, Unanimity and Rights," 스즈무라, "On the Consistency of Libertarian Claims," *Review of Economic Studies*, 45, 1978, 329~342쪽. 해먼드, "Liberalism, Independent Rights and the Pareto Principle", *Proceedings of the 6th International Congress of Logic, Methodology and Philosophy of Science* 출간 예정, 오스틴-스미스, "Restricted Pareto and Rights," *Journal of Economic Theory* 출간 예정. 코글린과 센, 미간행 노트, 옥스퍼드 경제통계연구소, 1981.

17) 켈리, "The Impossibility of a Just Liberal," *Economica*, 43, 1976, 67~76쪽. 올드리치, "The Dilemma of a Paretian Liberal: Some Consequences of Sen's Theorem," *Public Choice*, 30, 1977, 1~21쪽. 뮐러, *Public Choice* (Cambridge: University Press, 1979). 브라이어와 가드너, "Liberal Paradox, Game Equilibrium, and Gibbard Optimum," *Public Choice*, 35, 1980, 469~481쪽. 가드너, "The Strategic Inconsistency of Paretian Liberal," *Public Choice*, 35, 1980, 241~252쪽. 스즈무라, "Equity, Efficiency and Rights in Social Choice," 155, 1981년 6월 개정. 리글스워스(J. L. Wriglesworth), "Solution to the Gibbard and Sen Paradoxes Using Information Available from Interpersonal Comparisons," 미간행 원고, Lincoln College, Oxford.

　이 주제를 다룬 문헌에서 충돌을 해결하는 방법은 많은 주목을 받지만, 한 편으로는 충돌을 확장하거나 일반화하려는 흥미로운 연구들도 진행된다. 기버드(388~397쪽)는 최소 자유 조건을 강화하여 개인이 타인들이 무엇을 선택하든, 또 자신이 그 '특성'을 어떻게 선택하든 관계없이 사회 상태의 하나의 '특성'을 고정할 수 있도록 허용할 경우, 개인의 자유들 사이에 내적 모순이 발생할 수 있음을 보여 준다. 예컨대 내가 (당신의 벽 색깔을 포함하여)다른 모든 조건이 주어졌을 때, 내 벽 색깔에 대한 결정권을 갖고, 당신 또한 (내 벽 색깔을 포함하여)다른 모든 조건이 주어졌을 때, 당신의 벽 색깔에 대한 결정권을 갖는다면, 순환 문제가 발생할 수 있다. 예를 들어 나는 당신의 벽 색깔에 맞추고 싶은데, 당신은 내 벽 색깔과 **차별화**하려는 경우가 바로 그렇다.

　이러한 '기버드의 역설^{Gibbard paradox}' 문제를 피하려면 권리의 배분을 보다 제한적으로 설정하거나(스즈무라의 표현을 빌면, 예컨대 ML과 같은 방식으로 권리를 '정합적'으로 만드는 방식), 개인의 선호가 일정한 '분리성' 조건을 만족할 경우에만 권리를 부여해야 한다.[18] 분리성 조건이란, 내 (예컨대 내 벽 색깔과 같은)'개인적' 특성에 대한 선호 순위가 타인의 해당 특성 선택과 무관하게 독립적이어야 한다는 것이다. 이러한 제약들은 기버드의 역설을 회피할 수 있고, 개인이 자신과 관련된 선택에 대해 권리를 가진다는 정당화 논리 내에서도 상당히 타당하게 여겨질 수 있다. 내가 당신과는 다른 색깔로 내 벽을 칠하려면, 그 욕망은 단순히 '개인적인' 혹은 '자기 자신에 관한' 욕망으로만 볼 수 없다. 그리고 그러한 조건적 선호의 충족이 반드시 개인적 자유의 필수 요소여야 한다고 고집부리지 않는 것은 충분히 합리적이다. 그러나 기버드의 역설을 회피하더라도('정합적' 권리나 분리 가능한 선호를 통해)파레토 자유의 불가능성 정리는 여전히 유효하며,[19] 이 충돌을 피하기 위해서는 추가의 제약이

---

18) 기버드, 앞의 책. 패럴, 앞의 책. 켈리, *Arrow Impossibility Theorems*(New York: Academic Press, 1978). 해먼드, 앞서 인용한 글.

19) 기버드, 앞의 책, 394~397쪽. 스즈무라, "On the Consistency of Libertarian Claims". 해먼드, 앞의 책.

필요하다.[20]

또 다른 중요한 전개로는 바트라[R. N. Batra]와 파타나익이 제시한 바,[21] 파레토 자유의 불가능성 정리는 개인 자유뿐 아니라 집단 권리[group rights](예컨대, '연방주의' 또는 '다원주의'에 의해 부여된 권리)와도 충돌함이 확장적으로 증명되었고, 이는 본질적으로 동일한 분석적 이유에 기반한다.[22]

위에서 논의한 충돌을 회피하거나 확장하는 방식들은 모두 사회 선택 이론의 일반적 틀에서 이루어진다. 그러나 자유에 대한 이러한 관점을 정당한 것으로 보는 것 자체에 이의를 제기하는 논의도 있고, 사회 선택 이론 내에서 자유를 정의하는 방식이 토대부터 잘못되었다는 강력한 비판도 제기된다. 이제 나는 이 일반적인 문제 제기로 나아가 자유의 대안적 개념 구성들도 함께 검토하고자 한다.

5. 자유, 통제, 그리고 사회적 선택

노직은 파레토 자유의 불가능성 정리를 다루면서 중요한 문제를 제기한다. 그는 "개인이 대안들 사이에서 선택할 수 있는 권리를, 이러한 대안들 간의 상대적 순서를 사회적 선호 순위 내에서 결정할 권리로 취급하는" 방식을 비판한다.[23] 대신, 노직은 권리를 특정 결정들에 대해 개인이 **통제**할 수 있는 것으로 규정하며 "각 개인은 자신의 권리를 원하는 대로 행사할 수 있다"고 주

---

20) 기버드의 해결책은, 앞서 언급된 바처럼, 일부 개인의 권리를 '양도'하는 방식으로 제시된다.

21) "On Some Suggestions for Having Non-binary Social Choice Functions," *Theory and Decision*, 3(1), 1972년 10월, 1~11쪽. 또한 스티븐스와 포스터, "The Possibility of Democratic Pluralism," *Economica*, 제45권 (1978), 391~400쪽. 리글스워스, "The Possibility of Democratic Pluralism: A Comment," *Economica*, 49, 1982 참조.

22) 다른 방향으로의 확장을 위해 앨버트 위일, "The Impossibility of Liberal Egalitarianism," *Analysis*, 40(1), 185 (1980년 1월), 13~19쪽. 맥클린, "Liberty, Equality and the Pareto Principle: A Comment on Weale," 같은 저널, 40(4), 188(1980년 10월), 212~213쪽 참조.

23) 노직, *Anarchy, State and Utopia*, 165쪽.

장한다. "이러한 권리 행사는 세계의 몇몇 특징들을 고정시키고, 이 고정된 특징들의 제약하에 사회적 선호 순위에 기반한 사회적 선택 메커니즘이 선택을 수행할 수 있다. 아직 선택할 여지가 남아 있다면 말이다!(166쪽)."

유사한 비판이 여러 다른 학자들에 의해서도 제기된다.[24] 서그든은 파레토 자유의 불가능성을 다음과 같이 논평하며 그 요점을 지적한다.

> 이 정교한 논증의 결함은 내 생각에 센의 자유 원칙의 정식화에 있다. 그는 자신이 밀의 자유 개념을 따른다고 주장하지만(센, 1976 "자유, 만장일치, 그리고 권리^{Liberty, Unanimity and Rights}", 218쪽), 밀의 자유 개념과 센의 그것 사이에는 결정적 차이가 있다. 밀은 "각 개인이 어떤 일이 일어날지 자유롭게 결정할 수 있어야 하는 사적 문제가 존재한다"는 주장에는 동의하겠지만, "이러한 것들에 관한 선택에서 그가 더 낫다고 여기는 것이 사회 전체에서도 더 나은 것으로 간주되어야 한다"는 주장에도 동의했을까? 두 가지 중 앞의 명제는 절차에 관한 가치 판단이다. 즉, 특정한 사안들은 개인의 의사 결정에 위임되거나 개인의 몫으로 남겨져야 한다. 반면, 뒤의 명제는 결과 상태에 관한 가치 판단이며, 사실상 이러한 사안을 개인의 결정에 맡기는 절차는 언제나 실현 가능한 최상의 결과 상태를 산출한다고 말하는 셈이다. 하지만 왜 자유주의가 이것까지 주장해야 할까? … 구체적으로 자유주의적 가치에 관한 한, 『채털리 부인의 연인』을 읽는 행위 자체에는 본질적으로 고귀함도 천박함도 내포되어 있지 않다.(196~197쪽)

이 지적은 설득력 있지만, '사회적 선호' 혹은 "사회 전체에 더 낫다"고 간

---

24) 위 3번 각주 참조. 또한 다음을 참조하라. 센과 윌리엄스 편, *Utilitarianism and Beyond*(Cambridge: University Press, 1982)에 실린 해먼드, "Liberalism, Independent Rights and the Pareto Principle" 및 "Utilitarianism, Uncertainty and Information". 페렐리-미네티, "Nozick on Sen: A Misunderstanding," *Theory and Decision*, 8(4), 1977년 10월, 387~393쪽. 그라우트, "On Minimal Liberalism in Economics," Birmingham University, 1980년, 미간행 원고.

주되는 것의 내용에 대해 지나치게 협소한 관점을 취하는 한계가 있다. 실제로 사회적 선호에 관한 진술은 단지 선택 함수에 대한 조건만을 반영할 수도 있고, 이는 1절에서 설명한 바 있다. 게다가 비록 결과 평가 해석을 택하더라도, 그것이 반드시 상태들의 '내재적' 선악에 대한 판단을 의미할 필요는 없다. 서그든이 밀에게 귀속하는 절차적 판단의 맥락에서, 사회적 선호는 해당 선택이 올바른 절차와의 정합성 면에서 대안들을 (반드시 완비적이지는 않은 방식으로)어떻게 순위화하는지 반영할 수 있다. 서로 다른 결과의 상대적 장단점에 대한 절차 기반 판단은 결코 이례적이지 않으며, 밀 자신도 그런 판단을 다수 내린 바 있다.[25] 어떤 대상에 대한 판단은 그것의 내재적 특성만을 함수로 삼을 필요는 없다. 다른 분야의 비유로 프랑스를 대변하는 미테랑에 대한 다음 두 평가를 비교할 수 있다.

(A) 미테랑은 프랑스를 대변할 수 있는 최적의 인물이다. 왜냐하면 그가 대통령 선거에서 승리했기 때문이다.

(B) 미테랑은 프랑스를 대변할 수 있는 최적의 인물이다. 왜냐하면 그 누구도 프랑스의 정신을 그만큼 잘 해석할 수 없기 때문이다.

상태의 좋고 나쁨에 대한 절차 기반적 판단은 (B)가 아니라 (A)와 유사하다고 할 수 있다. 결과 평가의 관점에서 사회적 선호를 해석하되, 자유에 대한 순수한 절차 기반 관점과 결합해 보면, "사회 전체에 더 낫다"고 간주되는 결과란 바로 당사자가 선택했을 그 상태를 의미한다. 다시 말해, '절차에 대한 가치 판단'도 일정한 행위 조건이 주어지면, 어떤 상태가 **실현**되어야 하는가의 판단, 즉 올바른 절차의 사용이 낳는 결과에 대한 판단을 수반한다. 사회적 선호는 이러한 판단을 반영할 수 있다.[26] 따라서 사회적 결정에서 자유를

---

25) 그러나 밀은 서그든이 언급한 절차적 판단을 지지했지만, 실제로는 자유에 대해 순수한 절차주의적 관점만을 취한 것은 아니라는 점을 언급해 둘 필요가 있다.

26) 레비의 '사회적 가치'와 '사회적 후생'의 구분("자유와 복지", 센과 윌리엄스 편, *Utilitarianism and Beyond*)에 따르면, 최소 자유 조건에 대한 이러한 해석은 '사회적 후생'보다는 '사회적 가치'에 관련 있다. 레비 자신은 최소 자유를 '사

온전히 규정하기 위해 (이후 6절에서 반박될 예정이지만)절차적 판단만으로도 충분하다는 관점을 받아들여도, 최소 자유 조건은 그 틀 내에서 해석되고 정당화될 수 있다. 즉, 어떤 사회 상태가 올바른 절차를 위반하지 않고서는 실현될 수 없다면, 그 상태에 대한 비판은 절차 기반 가치 체계 내에 이미 암묵적으로 전제된다. 그리고 (결과 해석에서 자유를 순전히 절차적으로 개념화하는 시각과 결합한 경우에도)파레토 자유의 불가능성은 바로 이러한 절차 위반에 기반한(이에 상응하는 방식으로 해석한 '최소 자유 조건'에 반영된) 평가와 파레토 준순위 배열의 정합성 결여에 관한 것이다.

만약 사회적 선호를 결과 평가 방식이 아니라 규범적 선택 해석에 따라 이해하면, 자유를 통제로 보는 관점에서 최소 자유 조건을 파악하는 것이 훨씬 직접적이다. 이 해석은 어떤 사안들이 개인의 의사 결정 과정에 위임되거나 그를 위해 유보되는 경우, 실현되는 결과가 개인이 선택했을 결과와 달라져서는 안 될 것을 요구한다. 만약 이 조건이 위반되면, 서그든의 설명처럼 "특정 사안은 개인의 의사 결정에 위임하거나 유보해야 한다"는 원칙 역시 위반된다. 규범 선택 해석에 따른 파레토 자유의 불가능성은, 무엇보다도 선택 절차에 관한 그러한 원칙이 (무제한적 정의역에서)결과의 파레토 최적성을 고수하는 것과 결합될 수 없음을 주장한다.

사회적 선택 명제들의 내용에 대한 이러한 오해는 부분적으로는 사회 선택 이론 자체에 책임이 있다. 사회 선택 이론의 언어는 (비록 정밀하게 정식화되었음에도)사회·정치철학의 표준 언어와는 다소 동떨어진 경향이 있고, 선택 이론가들이 기술적 결과를 도출하는 데 보여 준 능숙함에 비해 해석 문제를 논의하려는 성향은 그에 미치지 못한다. 특히, 사회적 선호와 같은 개념들의 다

회적 후생'에 대한 조건으로 해석하는 논의에 한정하고, 이는 개인의 복지와 관련한 것이지 선택의 어떤 절차적 조건과 관련한 것은 아니라는 입장으로 보인다. 사회 선택 이론에서 '사회적 후생'이라는 용어에는 분명 '후생주의적' 뉘앙스가 있지만, 반드시 '후생주의적' 내용을 담아야 하는 것은 아니며(*Collective Choice and Social Welfare*, 33~34쪽 참조), 레비가 말하는 '사회적 가치'와 같은 방식으로 이해할 수 있다. 즉, "어떤 사회 상태가 더 나은지 혹은 더 나쁜지를 평가하는 사회적 가치의 기준(240쪽)"이다. 레비가 옳게 지적하듯이, 심지어 "강경한 자유지상주의"조차도 사회적 가치에 대한 함의를 가지며, "자유주의적 선택 메커니즘과의 적합성이 낮을 경우 사회적 가치 기준을 수정할 것(242쪽)"을 요구한다.

양한 해석에 따라 동일한 결과가 지니는 실질적 함의가 어떻게 달라지는지를 명확히 하는 일, 그리고 이러한 다양한 함의를 전통적 사회철학 및 정치철학의 논의들과 연결하는 작업이 필요하다.

(예컨대 조건 L 및 조건 ML 등)사회 선택 이론에서 사용되는 자유의 조건들은 자유에 대한 포괄적 관점을 제시하지 않고, 그 함의 중 일부만을 다룬다. 이는 불가능성 정리에서 충분한데, 자유의 전체 성격을 규정하지 않더라도 자유의 일부 **함의**와 파레토 원칙 간의 모순을 보여 줌으로써 이 둘의 비일치성을 입증할 수 있기 때문이다.

예를 들어, 어떤 이는 자유란 단지 개인이 자신이 선택할 법한 것을 얻는 데 **그치지 않고**, 그것을 스스로의 **선택으로 얻어야 한다**고 주장할 수 있다. 이 경우, 자유 판단에는 비대칭성이 존재하며, (1) 개인이 자신이 선택할 법한 것을 얻는 경우와 (2) 얻지 못한 경우를 다르게 평가한다. 만약 그가 선택할 법한 것을 얻지 **못했다**는 것을 안다면, 우리는 그의 자유가 침해되었음을 알수 있다. 그리고 바로 그와 같은 추론만으로도 파레토 자유의 불가능성을 도출하기에 충분하다. 반면, 그가 자신이 선택할 법한 것을 얻었다는 것을 알더라도, 위에서 인용한 자유관은 그의 자유가 실현되었다고 단정할 수 있는 것은 아니다. 왜냐하면 예컨대 어떤 사람이 그가 얻은 것이 그 자신이 선택하지 않고 누군가가 그를 대신해 선택했다면, 그의 자유는 침해**되었을** 것이라서다. 따라서 위에서 인용한 자유관은 파레토 자유의 불가능성 도출 과정에서 부정되지도, 물론 긍정되지도 않는다.

6. 통제와 간접적 자유

이제 나는 앞서 미뤄 두었던 문제, 곧 자유가 실제적 통제만을 문제 삼는 것인지 여부를 다루고자 한다. 자유가 통제와 관련 있다는 점은 이견이 없지만, **과연** 통제만이 자유가 관심을 두는 전부일까?

먼저 교통사고로 부상을 입었지만 의식은 또렷한 에드라는 사람의 사례를 생각하자. 의사는 그에게 두 가지 치료법 A, B 중 하나를 시행할 수 있다 말하며, 두 방법 모두 효과는 있지만, 부작용 측면에서는 A가 훨씬 나을 것이라 확신한다. 에드는 그 선택지들을 이해하여 A가 자신의 복지에 더 유용할 것을 인정하지만, 도덕적 이유로 A 치료법에 반감을 가진다(해당 치료법은 잔인한 동물 임상 실험을 통해 개발되었다). 그래서 그는 B 치료법을 받고자 한다. 이 경우 에드의 복지는 A에 의해 더 좋게 충족될 수 있겠지만, 그럼에도 의사가 B 치료법을 시행하는 것이 에드의 자유를 보다 잘 보장한다고 보는 것이 타당하다는 주장 또한 가능하다. 나는 이 경우를 에드의 **직접적** 자유가 치료법 B에 의해 더 잘 보장되는 사례라고 부르겠다.

이제 에드가 교통사고 이후 의식을 잃은 경우를 생각하자. 그럼에도 그의 동반자는 에드의 도덕적 신념과 그 확고함을 잘 안다. 동일한 선택지가 주어지고, 의사는 동일한 평가를 내린다. 동반자는 에드가 치료법 A가 에드 자신의 복지에 더 도움이 된다는 점을 전적으로 인정하더라도 분명 치료법 B를 선택했을 것으로 확신한다고 말한다. 이 경우에도, 비록 에드 자신이 특정 선택에 대해 어떤 직접적 통제를 행사하지는 않지만, 의사가 치료법 B를 시행하는 것이 에드의 자유를 보다 잘 보장한다는 주장은 타당해 보인다. 나는 이 경우를 에드의 **간접적** 자유가 치료법 B에 의해 더 잘 보장되는 사례라 부르겠다.

물론 둘째 사례에서, 의사와 에드의 동반자가 내리는 선택은 에드의 복지에 관한 것으로 생각할 만하다. 그러나 이 예시는 그러한 추정을 쉽게 할 수 없도록 설정된다. 왜냐하면 의사도, 에드의 동반자, 심지어 에드 자신도 치료법 B가 에드의 복지를 더 잘 증진시킬 것으로는 간주할 수 없어서다. 오히려 정반대다. 치료법 A가 복지 면에서는 더 나은 선택임이 분명하지만, 치료법 B를 선택해야 한다는 주장의 핵심은 에드가 그것을 **선택했으리라**는 점이며,

이는 명백히 복지보다는 자유에 관련된 고려 사항이다. 벌린이 말한 바 있듯, "개인 혹은 대중이 원하는 방식으로 살아갈 수 있는 자유의 범위"[27]는 이런 조건적 사고를 요구하는 것으로 보인다. 자유를 단순히 누가 통제를 행사하느냐의 문제로만 보는 관점은 충분치 않다.

근대 사회에서 **간접적** 자유의 관련성은 상당히 중요해 보인다. 길거리 범죄를 예방하기 위한 경찰의 조치는 내 자유에 이바지할 수 있다, 왜냐하면 나는 강도를 당하거나 폭행을 당하고 싶지 않아서다. 하지만 이 경우 통제를 행사하는 것은 내가 아니라 경찰이다(물론, 이 조치가 내 **복지**에도 기여할 수 있다는 사실은 별개다). 이 사례에서 내 간접적 자유와 관련한 것은, **만약** 내게 **명확히 나를 겨냥한** 범죄를 통제할 수 있는 권한이 있다면 그것을 중단하는 선택을 했으리라는 이해다. 물론, 어떤 사람은 강도를 당하거나 폭행을 당하거나, 일방통행 도로를 역주행하는 차량에 치이는 선택을 했을 것으로 **상상해 볼** 수는 있다. 하지만 **간접적** 자유에 관한 고려가 기반하는 전제는, 그가 그러한 선택을 하지 않았을 것이란 점이다.

자유를 직접적 통제와 조야하게 동일시하면서 간접적 자유에 수반되는 조건적 사고를 간과할 경우, 많은 중요한 것들을 놓칠 위험이 있다. 사회는 일반적으로 각 개인이 자신의 사적 영역에 관련된 모든 지렛대를 스스로 통제할 수 있도록 조직될 수 없다.[28] 하지만 어떤 선택에서 그 사람이 직접 선택하지 않았다는 이유만으로, 그 사람의 자유에 대한 고려가 무의미하다고 간주하는 것은 오류다. 의식 없는 에드에게 치료법 A를 처치하는 선택은 (그것이 모두가 인정하듯 그의 복지에 더 낫더라도)치료법 B를 처치하는 경우와 달리 그의 자유를 침해한다. 만약 그에게 통제권이 있다면 무엇을 **선택했을지**를 판단하는 것은 그 사람의 자유를 평가하는 중요 고려 사항이다.

---

27) *Four Essays on Liberty* (New York: Oxford, 1969), 70쪽.

28) 이 질문은 크리스티안 자이들(Christian Seidl)이 "자유주의의 기술적 요소들"로 부른 것과 관련 있다("자유주의적 가치들(On Liberal Values)", 260쪽).

사회 선택 이론에서의 자유 개념은, 어떤 선택이 실제로 그 사람에 의해 이루어졌는지와 무관하게, 현실에서 나타난 결과가 그 사람이 **했을 선택**과 비교된다. 이것은 (그가 꼭 직접 선택했을 필요는 없지만)그가 얻은 것이 **그가 선택하려던** 것인지의 문제뿐 아니라 그것이 실제로 **그가 선택한** 것인지의 문제, 즉 자유에서 중요할 수도 있는 문제를 배제한다. 이것은 일종의 간극이다. 그리고 (지난 절에서 논의했듯)이 간극이 어떠한 경로건 파레토 자유의 불가능성에 영향을 미치지 않더라도, (자유가 의미하는 것들과는 반대로)자유를 보다 일반적으로 다루는 데 있어서는 중요할 수 있다. 이 간극은 선택의 행위 주체가 그 속에 포함되는 방식으로 사회 상태에 대한 묘사를 풍부히 함으로써만 좁혀질 수 있다. 이것은 사회 상태에 대한 설명에 선택 대안에 대한 설명이 포함되어 있지 않은 상태에서 사람들이 사회 상태를 선택한다고 정해 놓은 현존하는 사회 선택 이론의 형식 틀을 벗어난다. 나는 여기에서 이 문제를 더 확대하지는 않을 것이다.[29] 한편, 단순히 "누가 실제로 무엇을 통제하는가"라는 관점에서 자유를 특징화하는 것도 적절하지 않다. (앞서 논의했듯)적절하게 해석된 파레토 자유의 불가능성 또한 자유에 대한 이러한 관점을 갖고 있음에도 사회적 선택의 구조는 **간접적** 자유의 분석을 허용하지만 실제의 통제 구조는 그렇지 않다.

7. 선호, 선택 그리고 사적 영역

2절에서 논의했듯, 개인이 승인된 사적 영역에서의 선호와 선택 간 연결은 사회 선택 이론에서 자유를 규정하는 데 결정적이다. 이러한 '최소 선호 기반 선택' 가정은 (애로우 등을 포함한 다른 학자들이 사용한)보다 일반적인 '보편적

---

29) 그러나 다음의 글을 볼 것. 센 "Rights and Agency," *Philosophy and Public Affairs*, 11(1), 1982년 겨울, 3~39쪽. 그리고 "Evaluator Relativity and Consequential Evaluation", 같은 저널, 12, 1983년 출간.

선호 기반 선택' 가정보다 훨씬 덜 엄격하지만, 그 '최소한의' 가정조차 의문이 제기될 수 있다.

개인의 선호가 선택의 근거가 되는 힘은, 다른 사람들에게 직접적 영향을 미치지 않는 사적 삶의 결정에서 훨씬 강력하게 작용한다. 자신의 사적 영역에서는 욕구가 선택의 정당한 이유가 되지만, 다른 사람의 사적 영역이나 공적 영역에서의 선택에서는 그만큼 강제력이 있지는 않다.

이 대비를 설명하기 위해 하나의 오래된 결정 사례를 들어 보자. 어떤 사람이 사과보다 복숭아를 선호하는 데, 저녁 식사 후 테이블을 도는 과일 바구니를 마주하는 경우다.[30] 바구니에 복숭아는 단 하나고 사과는 여러 개 있다. 이 선택은 그에게 온전한 사적 선택이 아니다. 왜냐하면 그가 복숭아를 집으면 다른 누군가는 복숭아를 고를 수 없어서다. 물론 그가 복숭아를 잽싸게 집어 들며 내심 바구니가 때맞춰 자신에게 도달했다는 안도감을 느낄 수도 있다. 하지만 그가 그렇게 하지 않고 품위 있게 사과를 고른다고 가정해 보자. 그렇다고 그가 자신의 선호나 욕구에 반해 행동한다고 단정할 수는 없다. 왜냐하면 그가 평상시에는 복숭아를 사과보다 선호하더라도, 이 상황에서는 (도덕, 수치심 등)모든 요소를 종합적으로 고려한 결과, 하나밖에 없는 복숭아보다 사과 선택을 선호할 수도 있어서다. 그러나 반대로 그가 모든 요소를 고려한 결과, 여전히 그 복숭아를 갖고 싶어했다면, 즉 실제로는 복숭아를 더 원하는 욕구에도 불구하고 복숭아를 고르지 않기로 결정했다면, 이 경우 그는 (선택이 아니라 욕구를 기준으로 정의하는 의미에서)자신의 선호에 반하여 행동한 셈이다. 이는 '보편적 선호 기반 선택' 가정을 위반한 사례가 될 수 있다. 하지만 (여기서 중요한 점은)'최소 선호 기반 선택' 가정을 위반하지 않는다. 왜냐하면 **이 경우** 과일 선택은 타인에게 **직접적** 영향을 미치므로 그의 사적 영역에 속한다고 볼 수 없어서다. 이 점이 그의 결정에서 핵심 요소다. 이는 복숭아와

---

30) P. H. Nowell-Smith, *Ethics*, Harmondsworth: Penguin, 1954, 102~103쪽을 보라.

사과가 모두 충분히 준비되어 모든 사람이 원하는 것을 고를 수 있는 경우와는 명확히 다른 상황이다.

최소 선호 기반 선택이라는 가정은 개인의 선택이 오직 선택된 자유 조건에 따라 부여된 **승인된 사적 영역** 내에서, 그 개인의 선호에 의해 수행된다는 점만을 요구한다. 여기서 말하는 승인된 사적 영역은 보다 일반적 의미에서의 '사적 영역', 즉 타인이 직접적으로 영향을 받지 않는 영역 일부에 불과하다. 실제로 '최소 자유' 조건에서는 그것이 두 사람에 대해서는 극히 미미할 수 있고, 타인에 대해서는 전혀 없을 수도 있다.

8. 죄수의 딜레마: 비교와 대조

파레토 자유의 불가능성을 뒷받침하는 개인의 선호는 '죄수의 딜레마'에서의 그것과 비교된다.[31] 이는 주목할 만한 통찰이며, 특히 『채털리 부인의 연인』을 둘러싼 사례에서 그 비유는 충분하고 분명히 드러난다. 그러나 이 비유는 적어도 세 가지 측면에서 오해를 불러일으킬 수 있다. 첫째, 죄수의 딜레마에 대한 통상의 분석에서는 결과의 좋고 나쁨의 판단에 개인 선호의 지위에 관한 어떠한 의문도 제기되지 않고, 파레토 최적성이 자명한 지향으로 간주된다. 그러나 바로 그 점이 파레토 자유의 불가능성 분석에서 핵심 쟁점이다.

둘째, 죄수의 딜레마에서 각 개인이 선택할 수 있는 일련의 전략 목록(예, 자백할 것인가 말 것인가)을 갖고 있으며, 각자의 전략 선택가능성은 타인의 행동과 무관하게 독립적으로 주어진다. 이는 자유 조건을 '특징'이나 '쟁점' 형

---

31) 벤 파인(Ben Fine), "Individual Liberalism in a Paretian Society," *Journal of Political Economy*, 83, 1975, 1277~1282쪽. 토마스 셸링은 1969년에 내가 쓴 "Impossibility of a Paretian Liberal"(초고)에 대한 의견에서 자신의 논평과의 유사성을 언급한 바 있다.

식으로 구성하는 방식과 유사하다. 즉 각 개인이 사회 상태의 어떤 특징을 고정하는 방식(예컨대, 개인 i가 『채털리 부인의 연인』을 읽을지 말지를 스스로 결정함)과 닮아 있다.[32] 그러나 현실 세계에서는, 그러한 전적으로 '독립적'인 개인 특성의 선택은, 심지어 사적 결정의 영역으로 간주되는 사안들에서조차 '기술적으로 실현 가능'하지 않을 수 있다.[33] 예를 들어, 노동 선택의 사례에서는 전체 고용 기회가 제한되어 실현 가능한 조합들은 오직 네 가지 경우에 국한되고, 이는 어느 개인도 상대방과 무관하게 자신의 고용 여부를 자유롭게 선택할 수 없게 한다. 반면, 그러한 선택이 존재하는 경우(각 개인이 상대가 반일제로 일하는 경우에 전일제로 일하거나 전혀 일하지 않을 수 있는 경우) 자유의 관점에서는 그 선택을 각 개인 스스로가 결정해야 한다고 본다. 이 사례는 파레토 자유의 불가능성을 보여 주지만, 그 형식은 죄수의 딜레마 게임의 형태가 아니다.

셋째, 각 개인이 자신의 사적 '특징'이나 '쟁점'을 타인의 선택과 무관하게 독립적으로 선택할 수 있는 경우조차도, 파레토 자유의 불가능성은 죄수 딜레마의 변형이 아닌 방식으로 성립할 수 있다.[34] 예를 들어, 노동 선택 사례의 변형을 고려해 보자. 각 개인은 일을 할지(1), 일하지 않을지(0)를 자유롭게 선택할 수 있고, 자신의 고용 여부를 자유롭게 결정할 수 있다. 사람 1, 즉, '시기하는 노동자'는 선호 순위 (1,0) > (0,0) > (1,1) > (0,1)을 갖는다. 사람 2, 즉 '평등주의적 무임승차자'는 선호 순위 (0,0) > (1,1) > (1,0) > (0,1)을 가진다. 누구도 일하지 않는 상태 (0,0)과 비교할 때, 사람 1은 (1,0)을 선호하고, 그 선택이 가능하면 자발적으로 일하는 쪽을 선택한다. (1,0)과 비교할 때, 사

---

32) 기버드의 앞의 책, 번홀츠의 앞의 책 참조. 노직, *Anarchy, State and Utopia*와 예르덴포스의 앞의 책, 레비의 앞의 책 참조.

33) 이 문제는 자이들이 (앞서 언급된 글에서)"기술적으로 복합적인" 상황으로 부른 것과 관련 있다. 유사한 '복합적' 상황은 반스(Jonathan Barnes)가 다룬 흥미로운 예시에서도 나타난다(위 글 참조).

34) 전자는 후자보다 더 넓은 정의역을 가진다. 실제로 로버츠는 죄수의 딜레마보다 넓고 파레토 자유의 불가능성 정리보다는 좁은 정의역에서 작동하는 불가능성 정리를 제시하고 분석한다(위 글 참조).

람 2는 (1,1)을 선호하며, 그 선택이 가능하면 역시 자발적으로 일하기를 선택한다. 각 개인은 상대방의 선택을 고려한 상황에서 신중히 선택하고, 그 결과 (1,1)은 '내쉬 균형'이다. 그러나 이 결과는 (0,0)에 비해 파레토 열등이며, 이로써 하나의 파레토 자유 순환을 이룬다. 이 경우, 파레토 판단과 각 개인의 사적 영역에 대한 선호 기반 선택의 균형을 동시에 충족시키기는 불가능하다.[35] 그러나 이 게임은 죄수의 딜레마가 아니며, 실제로 사람 2에게는 지배 전략이 존재하지 않는다.

9. 담합에 의한 해결?

게임 형태가 죄수의 딜레마 게임과 일치하는지 여부와 무관하게, 개인의 권리 행사로 인해 파레토 비효율적 결과가 초래되는 경우, 각 개인은 자신의 행위만으로는 파레토 개선을 이끌어 낼 수 없다. 그러나 잠재적으로 두 개인이 **함께** 담합하여 파레토 개선을 이끌어 낼 수 있고, 이를 통해 자유주의적 결과의 파레토 비효율성을 해소할 수도 있다. 이러한 협력 행동을 가능케 하려면, 개인 권리의 성격에 권리의 '마케팅'이 허용되어야 한다. 예컨대 노동 선택의 경우, 각 개인이 더 많은 고용을 수락할 자신의 권리를 행사하지 않겠다고 약속하고, 그 대가로 상대방도 유사한 약속을 하도록 하는 교환이 있을 수 있다.

(뷰캐넌, 예르겐포스, 베리 등)일부 학자들은 이러한 가능성에서 파레토 자유의 불가능성 정리에 대한 일종의 '해결책'을 본 바 있다. 그러나 나는 이것이

---

35) 죄수의 딜레마 사례뿐 아니라 이와 유사한 사례들에서도 파레토 비효율적 결과의 균형 속성은 각 개인이 상대의 전략을 고정된 것으로 간주하는 데 기초한다. 상대의 전략이 주어진 상태에서 자신의 전략을 바꾸려는 인센티브는 아무에게도 없기 때문이다. 레비는 "Liberty and Welfare"에서 각 개인이 상대의 선택을 모르는 경우를 고려한다. 이러한 가정과 함께, 각 개인이 상대방 전략에 대해 가지는 믿음이 자신의 전략 함수라는 추가 가정을 바탕으로, 믿음이 적절한 형태일 경우 개인 선택 결과의 파레토 비효율성을 회피할 수 있음을 보여 준다.

진정한 해결책이 아니라고 본다. 다만 파레토 비효율적인 '자유주의' 결과로부터 벗어나려는 이러한 담합 행동의 가능성은 충분히 고려될 필요가 있다. 실제로 이와 같은 이탈의 가능성은 이미 해당 불가능성 정리가 처음 제시되었을 당시에도 언급된 바 있다. 그때도 이른바 '자유주의' 해법은 "단지 파레토 최적이 아닐 뿐더러, 균형점조차 아니다"라고 언급되었고, "시장 또한 파레토적으로 비최적인 '자유주의' 해법에 도달하지 않을 수도 있다(『집합적 선택과 사회적 복지』, 84쪽)고" 지적했다

그렇다면 왜 이러한 논의가 파레토 자유의 불가능성을 해결해 주지 못하는가? 이 '해법'에 대해 명확한 여러 장애 요인이 존재하는데, 여기서는 그중 주요 쟁점에 대해서만 간략히 논하고자 한다.[36] 다루어야 할 뚜렷한 문제는 다음 네 가지다.

(1) **정당성 문제**: 개인의 권리 범위는 그러한 시장 유사 계약을 허용할 수 있는가?

(2) **파레토-목적의 문제**: 개인들은 실제로 자신의 권리 행사 결과에서 벗어나 더 우월한 파레토 상태로 이동하려 하는가?

(3) **계약-수단의 문제**: 파레토 우월 상태로 이동하는 유일한 방법이 구속력 있는 계약이면, 개인들은 여전히 그 상태로 이동하려 하는가?

(4) **불안정성 문제**: 개인들이 구속력 있는 계약을 통해 파레토 우월 상태로 이동하려 할 경우, 그 계약 결과를 실제로 유지할 수 있는가?

(예, 고용을 수락할 자유처럼)사적 영역 내에서의 선택의 자유를 양측 모두 포기하도록 요구하는 계약의 정당성은 확실한 의문이 따를 수 있다. 그리고 이러한 의문은 밀의 다음 주장으로부터 일정 부분 옹호될 수 있다. "자유의 원칙은 사람이 자유롭지 않을 자유를 갖는 것을 요구할 수는 없다." 그리고 "자

---

36) 또한 나의 "Liberty as Control: An Appraisal," *Midwest Studies in Philosophy*, 7, 1982 참조.

신의 자유를 양도하도록 허용하는 것은 자유가 아니다."[37] 하지만 밀이 이러한 주장을 했을 때 다루었던 주제는 노예제라는 다소 극단적 사례고, 그의 논지는 상호 고용 포기 계약과 같은 사안에는 적용되지 않는다.

그러나 이와는 다소 다른 쟁점이 존재한다. 즉 그러한 계약이 정당하더라도 그것이 공적으로 집행되어야 하는가에 대한 문제다. 이 구분은 롤스가 주장했듯 중요한 의미를 지닌다. 예컨대 누가 고용을 수락하지 않겠다는 계약을 어겼는지(또는 어떤 사람이 매일 아침 『채털리 부인의 연인』을 읽겠다는 계약을 어겼는지) 감독하는 집행자 역할은 도덕적으로 문제고, 무엇보다 심리적으로 매우 위협적이다.

파레토 지향 문제는 또 다른 유형의 질문을 제기한다. 모든 사람의 선호 순위에서 파레토 우위 상태가 더 높은 위치를 차지한다는 사실은, 그러한 상태에 도달하려는 시도를 정당화하는 하나의 근거다. 그러나 기원이나 만족의 형태로 나타나는 선호의 지위는 도덕적 의문으로부터 결코 자유롭지 않다. 브룸은 선호는 이성적 평가를 필요로 한다고 주장한 바 있고,[38] 실제로 (노동 선택 사례처럼)상대방의 고용에 대한 시기심 기반의 선호가 이러한 평가를 통과하지 못할 가능성도 충분히 있다. 다른 사람의 독서 습관에 자신의 것보다 더 큰 관심을 두는 '참견하는' 선호에 대해서도 문제 제기가 가능하다. 어떤 선호가 그 선호를 가진 사람 스스로 보더라도 '비이성적'으로 여겨질 수 있지만, 그렇다고 그 선호가 실제로 (당장 혹은 언젠가)바뀌어 그 성격을 잃는다고 결코 단정할 수 없다. 이 상황에서는 어떤 사람이 단지 자신의 실제 선호에만 따르기보다는 자신이 그러한 선호를 가지길 바라는 '메타 순위'에 따라 행동해야 한다는 판단도 충분히 합리적일 수 있다.[39]

---

37) 러너(M. Lerner) 편, *Essential Works of John Stuart Mill*(New York: Bantam Books, 1965)에 재수록된 On Liberty, 348쪽 참조.

38) "Choice and Value in Economics," *Oxford Economic Papers*, 30, 1978.

39) 개인의 도덕적 결정에서 선호 위의 선호에 대한 관련성으로는 쾨르너(Stefan Körner) 편, *Practical Reason* (Oxford: Blackwell, 1974)에 수록된 나의 "Choice, Orderings and Morality"를 보라. 또한 다음을 참조하라. 바이

여기에는 또 하나의 질문이 추가된다. 어떤 사람이 자신의 선호에 전혀 불편함을 느끼지 않고, 그것이 결코 비이성적이지 않다고 확신하더라도, 여전히 그 선호의 서로 다른 부분들을 구별하려 할 수 있다. 그는 "자신의 의견에 대한 당사자의 감정과, 그 의견을 갖고 있다는 사실에 불쾌감을 느끼는 타인의 감정 사이에는 동등성이 없다", 그리고 "개인의 취향은 그의 의견이나 지갑과 같이 전적으로 그의 고유한 사적 관심사다"는 밀의 주장(『자유론』 331쪽)에 동의할 것이다. 자신의 선호가 정당하다고 확신하면서, 그것이 타인의 사적 삶의 문제에 관여할 때는 '반영되지 않길' 바라는 마음[40]은 전혀 모순적이지도, 이상하지도 않다(예컨대 "나는 당신이 그렇게 하지 않기를 선호하지만, 그것은 **당신** 인생이지 내 인생이 아니므로 내 선호는 무시해 주길 바란다").

여기서 내가 주장하는 바는, 어떤 사람이 그러한 파레토 개선을 추구하는 것이 잘못이 아니라, 그가 그러한 조치를 바람직하게 여기지 않을 수도 있다는 점이다. 타인의 사적 삶에 관여하는 이러한 영역에서 그 사람의 **결정**은, 설령 그의 **선호**가 무엇인지 확실히 알더라도, 당연한 것으로 간주되어서는 안 된다.

이제 계약-수단의 문제로 넘어가면, 비록 각 개인이 상대방의 삶이 그 사람이 바라는 방식과 다르게 운영되길 바라더라도, 그 결과를 강제 계약을 통해 실현하고 싶지 않을 수 있다. 이는 전통적으로 사랑이나 우정의 문제에서 나타나지만, 다른 종류의 상황에서도 발생할 수 있고, 어떤 결과의 가치(나아가 그 본질 자체)는 그것이 어떤 방식으로 실현되었는지에 따라 달라질 수 있다. 이러한 수단 기반 고려가 얼마나 중요한지는 명확하지 않지만(분명 경우에 따라 달라지겠지만), 담합을 통해 해결책을 모색하는 과정에서 반드시 직면하

<hr>

는 문제임은 분명하다.

마지막으로, 지금껏 언급된 모든 난제를 무시하고, 모든 당사자들이 실제로 파레토 개선적 계약을 맺으려 시도하며, 그러한 계약 체결이 그들에게 전적으로 정당하게 간주된다고 가정하자. 그렇다면 이로써 문제가 해결될까? 전혀 그렇지 않다. 계약을 위반할 유인이 **여전히 존재**하기 때문이다. 이 경우 파레토 개선적 계약 가능성이 개인의 권리 행사로 발생한 파레토 비효율적 결과를 균형 밖으로 밀어낸다는 점이 중요하다.[41] 하지만 그 계약된 배열 자체가 균형이 되리라는 보장은 없다. 실제로, 파레토 원칙과 개인 자유 사이 충돌을 보여 주는 상황에서는 균형 자체가 존재하지 않을 수 있다. 즉, 어떤 상태들은 파레토 개선 계약으로 거부되고, 다른 상태들은 각자의 사적 영역에 대한 개인 결정으로 거부되는 경우가 발생할 수 있다. 사적 삶에서 계약 행위를 강제하기란 매우 어려우며 (앞서 언급했듯)이러한 계약 이행 강제에 따른 도덕적 정당성에 대한 의문 역시 이 문제를 한층 복잡하게 한다.

(기술적 선택 관점에서 해석될 때)파레토 자유의 불가능성 정리는 '핵심'이 비어 있는 게임으로 이어진다. 이러한 불안정성 문제는 그 갈등의 성격 자체에 깊이 뿌리박혀 있음을 보일 수 있으며,[42] 한편으로 파레토 개선적 계약의 가능성과, 다른 한편으로 집단 결정의 순환성 또는 비추이성의 존재라는 두 요소가 일반적으로 함께 나타나는 경향이 있는 것으로 보인다.[43]

파레토 개선적 계약은 파레토 자유의 불가능성에 대한 '해법'이라기보다 오히려 그 자체로 '문제'의 일부다. 먼저 **기술적 선택** 버전을 고려해 보자. 이

---

41) 이것이 앞서 인용한 *Collective Choice and Social Welfare*(84쪽)에 나온 진술의 요점이었다.

42) 올드리치(J. Aldrich), "The Dilemma of a Paretian Liberal: Some Consequences of Sen's Theorem)" 및 "Liberal Games: Further Comments on Social Choice and Social Theory", *Public Choice*, 30, 1976, 29~34쪽과 밀러, "Social Preference and Game Theory: A Comment on 'The Dilemma of a Paretian Liberal,'" *Public Choice*, 30, 1976, 23~28쪽, 그리고 가드너(Gardner)의 앞의 책. 그린의 앞의 책 참조.

43) 다음을 참조하라. 번홀츠(Peter Bernholz), "Liberalism, Logrolling, and Cyclical Group Preferences," *Kyklos*, 29, 1976, 26~37쪽. "A General Social Dilemma: Profitable Exchange and Intransitive Group Preferences", *Zeitschrift für Nationalökonomie*, 40, 1980, 1~23쪽. 슈워츠(Thomas Schwartz), "Collective Choice, Separation of Issues, and Vote Trading," *American Political Science Review*, 72, 1977.

러한 계약이 **없을 경우**, 안정적 결과는 파레토 비효율적일 수 있고, 반대로 계약이 **있을 경우**에는 안정적 결과 자체가 존재하지 않을 수 있다! 물론 특정 충돌 상황에서는 그러한 계약이 실제로 시도되고 성립되며 성공적으로 이행되어, 결과적으로 안정적 결과가 도출되는 경우도 있을 수 있다. 그러나 이와 같은 (앞서 언급처럼 특정한 상황에 따라 달라지는)우발적 발생은 앞서 논의한 다양한 조건들에 의존하므로, 파레토 자유의 불가능성에 대한 일반적 해법으로 간주되기 어렵다.

물론 규범적 선택 해석의 관점에서도 이러한 어려움들은 여전히 있다. 하지만 그 계약이 실제로 이루어져 안정적 결과를 낳더라도, 그러한 교환과 그 집행의 규범적 정당성에 대한 보다 근본적 물음들이 추가로 제기된다. 특히 중요한 점은 (선택 및 결과 평가적 측면 모두에 관한)규범적 문제가 단순히 외부 관찰자의 입장에서뿐 아니라, 당사자 개인의 입장에서도 제기될 수 있다는 점이다. 이 맥락에서 개인의 선택 행위는 (당연하게도)주어진 것으로 간주될 수 없다. 여기서 개인이 직면하는 진정한 질문은 "내가 그러한 계약을 추구해야 하는가?"지, "내가 그런 계약을 추구한다고 다른 사람들이 반대할 이유가 있는가?"는 아니다. 이 문제를 마치 개인의 선호가 모든 것을 중재하는 최종 결정자인 양 끌어들여 '해결'하려는 시도는 실상 중요한 도덕적 쟁점을 회피하는 것에 불과하다.

사실 선호의 지위 자체가 파레토 자유의 불가능성 정리에서 핵심적으로 제기되는 문제 중 하나다.[44] 이 정리는 사적 영역에 대한 선호의 우선성을 인정하면서 동시에 만장일치적 선호 순위의 우선성을 수용할 때의 양립 불가능성으로 이해할 수 있다. 사적 선택의 도덕이라는 맥락에서, 이 충돌은 정면으로 마주해야 할 과제다. 파레토 개선적 계약의 가능성은 이 근본적 충돌을 해결하지 못한다.

---

44) 내 논문 "Utilitarianism and Welfarism," *The Journal of Philosophy*, 76, 1979, 479~487쪽 참조.

10. 맺으며

나는 사회 선택 이론에서 '사회적 선호'에 대해 여러 상이한 해석이 존재하고, 이에 상응하여 '자유' 개념 역시 다양하게 해석될 수 있음을 주장한다. 파레토 자유의 불가능성은 이들 각각의 해석에서도 성립하지만, 그 내용은 서로 (연관되어 있음에도 불구하고)상이하다. 결과 평가, 규범적 선택, 기술적 선택은 이러한 대안적 해석들의 예다.

둘째, 나는 또한 개인이 **결과**의 성질과 무관하게 실제로 **통제권**을 갖는다는 자유 개념이 근본적으로 부적절함을 주장한다. 여기서 말한 '간접적 자유'는 자유를 '통제적으로 해석하는 관점'에 의해 체계적으로 무시된다.

셋째, 파레토 원칙과 개인의 자유 간 충돌은 이러한 '통제적 해석' 아래에서도 여전히 성립하며, 그렇기 때문에 이 해석의 부적절성 문제는 이 충돌 **자체**에 결정적 영향을 미치지 않는다.

넷째, (일부 주장과는 달리)어떠한 해석에서도 이 불가능성 문제를 제거하거나 해결하지 못한다.

끝으로, 사실상 '해결'해야 할 문제 자체가 크게 존재하지 않는다. 파레토 자유의 불가능성 정리는 단지 서로 다른 원칙들 사이의 충돌을 드러내는 역할을 할 뿐이고, 이러한 충돌은 당장 분명하지 않을 수 있다. 물론 이와 같은 충돌은 여러 경우에 존재한다. 진정 흥미로운 문제는 바로 이러한 충돌이 함의하는 바다.[45] 그 함의는 결과 평가뿐 아니라 의사 결정 절차의 선택에도 영향을 미친다. 나는 이 함의들 중 일부를 다루고 싶었다.

---

45) 4절과 5절에 인용된 문헌들을 보라.

제13장

최소 자유주의*

이 글의 주요 목적은 자유에 대한 사회적 선택 형식과 게임 형태 형식을 비교하는 것이다. 서로 다른 사람들의 허용 가능한 전략 집합은 상호 독립적으로 간주될 수 없고, 한 사람의 '사적 영역'은 허용 가능한 전략 조합을 식별하면서 정의해야 한다. 이러한 전환은 게임 형태에서 권리를 정식화할 때 사회적 선택에 대한 고려를 불가피하게 수반한다. 둘째, 게임 형태 접근은 선호의 선택적 측면에만 전적으로 집중한다. 이에 반해, 사회적 선택 형식은 보다 폭넓은 자유의 문제를 논의할 수 있는 유연성이 있다. 또한 나는, 사람들이 어떤 계약을 체결할 자유를 가진 한에서는, 계약을 통한 접근만으로는 파레토 자유의 딜레마를 해소할 수 없다는 점도 부분적으로 입증할 것이다.

---

* 이 글은 1989년 9월 15일부터 17일까지 툴레인대학교 머피연구소에서 열린 '자유 컨퍼런스'에서 발표된 논문을 수정한 것이다. 본 연구는 미국 국립과학재단의 지원을 받았으며, 논문을 수정하는 과정에서 베이전트, 데브, 가르트너, 하우스먼, 로매스키(Loren Lomasky), 맥퍼슨(Michael McPherson), 파타나익, 레디(Sanjay Reddy), 라일리, 로스차일드, 스즈무라, 쉬융셩(Yongsheng Xu), 그리고 이코노미카 익명의 심사위원 두 명으로부터 유익한 논평을 받을 수 있었다. 본 논문은 *Economica*, 59, 1992에 실렸다.

들어가며

자금까지 사회 선택 이론에서 자유와 권리에 관한 방대한 문헌이 존재한 다.[1] 이 문헌들 중 다수는 가능성 정리에 초점을 맞추지만, 자유의 조건을 올 바르게 정식화하는 방식에 대한 논의도 일부 존재한다. 이 맥락에서, 전통적 인 사회 선택 이론적 자유의 정식화 방식은 (여러 관점에서 다양한 수준의)비판 적 수준의 검토를 받았다.[2] 이 논문의 주된 목적은 이러한 비판적 검토를 평 가하고, 이를 바탕으로 자유의 정식화 문제를 고찰하는 데 있다. 나는 특히 최근 가르트너 등(1992)이 제기한 폭넓은 재평가를 주목한다. 그들은 전통적 인 사회 선택 이론적 정식화 방식을 반대하며, 게임 형식 관점에서 자유의 특 성화를 선호했다.

아울러 관련된(하지만 본질적으로는 별개의) 문제도 함께 다루려 한다, 그것은 사회 선택 이론에서 제시된 '파레토 자유의 불가능성'(또는 '자유의 역설')으로 불리는 결과가, 파레토 개선적 계약가능성을 고려함으로써 해결될 수 있다는 주장이다. (서그든 1985, 배리 1986, 하딘 1988 등)일부 저자들은 사회 선택 이 론적 자유의 정식화가 부적절하다고 판단하는 한편, 이 불가능성 문제의 해 법으로 파레토 개선적 계약을 제시한 바 있다. 나는 이런 방식으로 '파레토 자유의 불가능성'은 해소될 수 없다고 주장한다(3절).

나는 이 두 가지 문제(즉, 자유의 정식화 문제와 파레토 자유의 불가능성에 대해 제시된 해결책)를 모두 다루겠지만, 이들은 명확히 구분될 필요가 있다. 사회 선택 이론에서 자유의 특성화를 새롭게 정식화할 필요성을 폭넓게 분석한 가 르트너 등(1992)은 정식화의 변화가 불가능성 결과를 해결한다고 주장하지 **않는다.** 실제로, 그들은 이 불가능성 문제는 "우리가 상상할 수 있는 거의 모

---

1) 1980년대 초반까지의 문헌에 대한 유용한 비판적 검토로는 스즈무라(1983)와 리글스워스(Wriglesworth, 1985)를 볼 것. 또한 라일리(1987, 1989a, b)와 시브라이트(Seabright, 1989)를 참고할 수 있다.

2) 특히 노직(1973, 1974), 베른홀츠(1974, 1980), 예르덴포스(1981), 서그든(1981, 1985), 가르트너 외(1992)의 논 의 참조. 관련 주제로 레비(1982), 데브(1989), 파타나익(1989, 1991), 스즈무라(1991)를 볼 것.

    제4부 * 자유와 사회적 선택

든 개연성 있는 개인 권리 개념에서도 유지된다(가르트너 등 1992, 161쪽)"[3]고 주장한다. 마찬가지로 (일부 추종자들과는 달리)사회 선택 이론에서 자유의 정식화에 대해 최초로 체계적 비판을 제기한 노직(1973, 1974)은 이 불가능성 결과에 이의를 제기하는 데 큰 관심을 두지 않았다. 오히려 그는 이 결과를 사회적 결과의 **어떠한** '패턴화'에도 반대하는 자신의 주장에 힘을 싣는 데 활용한다(164~166쪽). 파레토 원칙은 매우 특정한 유형의 패턴화를 요구하므로 노직은 그것을 자유의 조건들과 조화시키는 데 큰 흥미를 보이지 않았다. 한편 사회 선택 이론 정식화에 대한 또 다른 초기 비판자인 베른홀츠(1974)는, 이 불가능성 문제를 이와 같은 방식으로 해결할 가능성을 실제로 고려하면서, 이후 이러한 구체적 주장들을 확장하여, 파레토 자유의 불가능성을 하나의 사례로 포함하는 '일반 사회적 딜레마'에 대한 폭넓은 분석을 제시했다(베른홀츠 1980).

　따라서 노직, 베른홀츠, 가르트너, 파타나익, 스즈무라 등 여러 학자들이 사회 선택 이론에서 자유의 특성화를 재정식화해야 한다는 주장에 대해 제시된 중대한 논거들을, 이러한 방식으로 불가능성 문제를 해결할 수 있다는 보다 우발적인(그리고 내가 보기에 그다지 설득력 없는) 주장과 동일시하는 것은 잘못이다. 나는 이 불가능성 문제를 (3절에서)간단히 다루고, 그 주장이 잘못되었다는 내용만 주장한다. 하지만 이 논문의 주된 내용은 사회 선택 이론에서 자유의 정식화에 반대하여 제시된 논거들을 검토하는 데 할애된다. 그리고 이 주장들을 반박하겠지만, 나는 이들이 제기하는 논증이 본질적으로 중요하다는 점에는 이의를 제기하지 않는다.

---

3) 게임 형태 정식화에서 파레토 원칙과 자유 조건 간 갈등의 분석적 특성으로는 파타나익(1991)을 참조하라. '권력 구조' 정식화에서의 갈등 분석에 대해서는 캠벨(1990), 관련 논의로는 스즈무라(1980)와 바수(1984) 참조.

1. 자유와 사회적 선택: 몇 가지 일반 쟁점

이 절은 자유와 권리에 관한 일반적인 쟁점들과 그것들의 사회 선택 이론 내 정식화 문제를 논의함으로써 오늘날 논쟁에 대한 배경을 제공한다.

(1) 필요조건이면서 충분조건은 아닌

자유와 권리 개념들을 사회 선택 이론에 도입한 데에는 두 가지 뚜렷한 목적이 있었다(센 1970a, b). 더 일반적 목적은 애로우(1951)의 고전적 사회 선택 형식을 확장하려는 것이었고, 이를 위해 권리 일반과 자유라는 요소에 명시적 자리를 부여하려는 것이었다.[4] 보다 구체적 목적은 자유와 권리에 관한 고려와 후생 경제학에서 표준적으로 사용하는 (후생주의적)순수 효용 기반 원칙들 사이의 긴장을 형식적으로 포착해 보려는 것이었다. 이는 간단한 하나의 불가능성 정리(파레토 자유의 불가능성) 형태로 제시되었다.[5]

불가능성 정리의 동기는, 그 목적에 충분한 가장 약한 조건을 사용하는 데에 있으므로, 이 맥락에서 자유의 모든 요구 사항을 공리화하려는 시도를 하지는 않는다. 대신 그 요구 사항 중 하나의 **함의**를 식별하려는 데에만 관심을 두었다. 개인의 자유에 대한 최소한의 요구는 다른 모든 것이 동일할 때, 그 개인의 사적 관심사에 따라 구별되는 두 사회 상태 쌍에 대한 선택권을 갖는 형태로 정식화된다. '최소 자유주의' 또는 '최소 자유^{ML}' 조건은 사회 내 최소한 두 사람이 각각 적어도 한 쌍 이상의 사회 상태에 대한 비어 있지 않은 사적 영역을 가질 것은 요구한다. ML은 자유의 요구 조건들을 보다 충실하

---

4) 나는 그 일반적 목표를 1991년 5월 스탠퍼드대학교에서 진행한 애로우 강의("자유와 사회적 선택", 이 책 20~22장)에서 보다 발전시키고자 했다.

5) 이 정리와 관련된 쟁점 및 결과로는 다음의 주요 문헌 참조. 센(1970a, b, 1976, 1983), 노직(1973, 1974), 베른홀츠(1974, 1980), 기버드(1974), 블라우(1975), 패럴(1976), 켈리(1976, 1978), 한과 홀리스(1979), 반스(1980), 예르덴포스(1981), 해먼드(1981, 1982), 슈워츠(1981, 1986), 서그든(1981, 1985), 가르트너와 크뤼거(1983), 스즈무라(1983), 월드런(1984), 켈시(1985), 쇼터(Schotter, 1985), 리글스워스(1985), 커플린(1986), 라일리(1987, 1989, 1990), 수브라마니안(Subramanian, 1987), 한손(1988), 셰플러(Scheffler, 1988), 데브(1989), 캠벨(1989), 시브라이트(1989), 쉬융성(1990), 가르트너 외(1992).

게 정식화한 여러 가능한 형태들로부터 도출될 수 있는 약한 조건을 지칭하며, 그러한 의미에서 사회 내 자유 보장을 위한 **필요조건이지, 충분조건은 아니다.**

(2) 양상 선택은 결과 선택을 함의한다. 하지만 그 역은 성립하지 않는다.

자유가 ML 조건이 요구하는 것 이상을 필요로 한다는 점은 분명하지만, 어떤 구체적 추가 요구들을 포함해야 할지를 두고 합의를 도출하기는 어렵다. 한 가지 주장으로는, 어떤 사회 상태가 실제로 실현 가능하건 간에, 그 상태의 하나의 양상(개인의 '사적 영역'에 속하는 양상)을 개인이 스스로 결정할 수 있어야 한다는 것이다. 예를 들어, 한 사람이 휘파람을 불(또는 불지 않을) 자유를 가져야 하며, 전체 사회 상태 중 그 양상(즉, 휘파람을 불지 안 불지 여부)을 스스로 결정할 자유가 있어야 한다는 식이다. 이는 가르트너(1992)가 자유의 '직관 개념'으로 부른 것이다(이는 뒤에서 더 다룬다). 만약 어떤 사람이 이러한 '양상 선택권'을 가지면, 그 또는 그녀는 (타인들 또는 '자연'에 의해 만들어진)그 밖의 양상들이 정해졌다고 할 때, (완전히 기술된) 다양한 사회 상태 쌍들 중에서 선택할 수 있는 권한을 포함해 갖는다. 하지만 그 역은 성립하지 않는다. 즉, 어떤 사람이 사회 상태 한 쌍에 대해 최소 자유 조건에 따른 선택권을 가진다고 해서, 타인들이 무엇을 하건 상관없이 특정 양상에 대한 일반적 선택권까지 갖는다는 뜻은 아니다.

예컨대, 내가 어떤 합창 활동에 함께하는 경우(즉, 다른 사람들이 노래를 부르는 경우), 내게도 노래를 부를 권리가 있다고 가정해 보자. 이는 "우리 모두가 노래를 부른다(a)"와 "다른 사람들은 노래를 부르지만 나는 부르지 않는다(b)"라는 두 사회 상태 쌍에 대한 선택권을 갖는 것이다. 그런데 이 권리는 해당 선택 상황이 실제로 발생할 경우(이 경우에는, 다른 사람들이 실제로 노래를 부를 때)에만 의미가 있다. 최소 자유 조건은 이러한 한 쌍의 사회 상태에 대한 선택권의 존재를 기준으로 구성된다. 반면에, 내가 내 마음대로 노래를 부를 수도 있고, 부르지 않을 수도 있는 무제한적 권리(즉, 타인들과 무관하게 내 노래 부르기라는 '양상'을 선택할 권리)를 가지면, 나는 그 상황이 실제로 발생했을 경우 (a, b)에 대한 선택권도 포함하여 갖는다. 반면, (ML 조건에 따라)내가 단지 a와 b 중 하나를 선택할 권리만 있다면, 그것만으로 타인들이 무엇을 하건 상관없이 내가 노래를 부를지 말지를 스스로 정할 일반적 권리를 갖지 않는다. 즉 양상 선택권은 (ML에서와 마찬가지로)결과 선택권을 함의하지만, 그 역은 일반적으로 성립하지 않는다.

(3) 권리의 존재와 그 가치의 구분

어떤 권리는 개인에게 특정한 기회를 부여한다. 하지만 권리의 존재는 그 기회의 가치와 구별해야 한다. 어떤 권리는 여러 이유로 개인에게 전혀 도움이 안 될 수 있다. 예컨대, 그 권리를 행사할 기회가 없을 수도 있고, 행사해도 아무런 이득이 없을 수도 있다. 그러나 그 권리 행사의 부재가, 해당 권리의 **존재**를 부정하지는 않는다.[6]

앞서 다룬 노래 부르기 사례에서, 만약 내가 타인들이 노래를 부를 때 함께 부를 수 있는 권리(b보다 a를 선택할 수 있는 권리)가 있다면, 그것은 다음과 같은 이유, (1) 다른 사람들이 실제로는 노래를 부르지 않을 경우, (2) 다른 사람들이 노래를 부른다는 사실을 내가 모를 경우, (3) 어차피 나는 함께 부르고 싶은 생각이 없을 경우에는 내게 그다지 쓸모 없을 수 있다. 하지만 이러한 권리 행사의 부재는 내가 원하면 함께 부를 수 있는 그 권리의 존재에 아무런 영향을 주지 않는다.

(4) 사적 영역과 개인적 행위 주체성의 구분

노래 부르기 사례는 자유와 권리에 대한 우리의 관념이 "그 또는 그녀가 원

---

6) 한 개인의 자유를 가치 있게 평가하려는 또 다른 작업에서는, 기회의 가치 자체가 당연히 평가되어야 한다. 센(1985b, 1991), 서피스(1987), 파타나익과 쉬(1990) 참조.

하는 대로 행동할 자유가 있는가"라는 물음을 통해 잘 드러나는 경우에 주목한다. 그러나 자유와 권리의 문제는 한 개인의 사적 영역에 영향을 미치는 행위가 다른 사람에 의해 수행되는 맥락에서도 제기된다.[7]

이러한 중요한 구분은 내가 센(1970a, b)에서 최소 자유 조건을 설명하기 위해 사용한 특정 사례들(예, 책을 읽을 권리)에서는 다소 흐려지지만, 형식적 요구 사항에는 아무런 영향을 미치지 않는다. 결정의 중요한 행위 주체가 반드시 그 사람 자신일 필요는 없다(이와 다른 유형의 사례들은 센 1982a, b, 1983, 라일리 1987, 1989a, b에서 다룬다). 예컨대, 고집 센 흡연자가 당신 얼굴에 담배 연기를 내뿜지 않게 할 자유, 혹은 옆집에서 들려오는 고막을 찢는 음악을 억지로 듣지 않고 조용히 잠들 수 있는 자유는 대체로 타인의 행동에 달려 있다. 하지만 이들 모두는 분명히 당신의 개인적 삶과 자유의 문제다. 이러한 유형의 사례는 '침해 행위'라고 부를 수 있고, 이는 타인의 행위가 한 개인의 사적 영역을 침범하는 경우다.

마찬가지로, 종교의 자유에 대한 권리는 한 사람이 자신의 행위를 자유롭게 선택할 수 있을 뿐 아니라, 그 행위와 관련된 작용이 타인이나 국가의 행위로 좌절되지 않을 것을 요구한다. 예컨대 어떤 사람의 종교 명상이 타인이 만들어 내는 시끄러운 소음 때문에 불가능하면(그로 인해 명상을 위해 앉는 행위 자체가 무의미해지는 경우), 이는 비록 명상가 자신의 행위나 전략이 선택 **금지**된 것은 아닐지라도 명상가의 자유는 침해된 것으로 보아야 한다. 밀(1859)의 고전적 자유 조건에 대한 정식에서 한 개인의 사적 영역에 대한 통제 수단이 언제나 모두 그 개인에게 있다는 가정이 (명시적이건 묵시적이건)전제되지 않는다. 실제로 밀의 개인 자유에 대한 사회적 위협의 우려는 주로 이러한 '침해 행위'(즉, 사적 통제권과 사적 삶의 불일치)에 대한 것이다.[8]

---

7) 권리의 여러 유형 간의 구분으로는 캉예르(1957) 참조. 다양한 분류 체계를 '벤담에서 캉예르까지' 비교한 논의는 린달(Lindahl, 1974) 참조.

8) 사실 밀은 한 걸음 더 나아가, 개인의 자유에 대한 간섭은 단지 어떤 사람이 선택한 삶의 방식을 직접적으로 막는 경우 뿐 아니라, 그 방식을 추구할 기회의 박탈에서도 비롯될 수 있음을 지적했다. 바로 이 맥락에서, 그는 영국령 인도에서 "성

2. 사회적 선택 정식의 다양성

자유와 파레토 원리를 포함하는 불가능성 정리는 최소 자유 조건을 사용한다. 이 조건은 적어도 두 사람이 각각 하나의 사회 상태 쌍에 대해 결정권을 가질 것을 요구한다. (곧이어 그 다양한 해석이 논의되겠지만)P_i와 P를 각각 개인과 사회의 '선호'로 볼 때, 각 개인 i가 사회 상태의 한 쌍 (x, y)에 대해 결정적이라는 것은, xP_iy일 때마다 xPy가 성립한다는 사실을 의미한다. 이른바 '파레토 자유의 불가능성' 정리는 정의역이 무제한인 사회적 결정 함수는 최소 자유와 파레토 원리를 동시에 만족시킬 수 없음을 입증한다.[9]

이러한 충돌은 사회적 선호 P와 개인 선호 P_i의 정의에 따라 다양하게 해석될 수 있고, 그에 따라 서로 다른 실질적 결과가 도출되지만, 이들 모두는 동일한 분석적 성질에 포함된다(센 1970a, 1983 참조). 사회적 선호의 경우, xPy의 해석에는 적어도 두 가지[10]를 구별할 수 있다.

> **사회적 선택**: x가 포함한 어떤 선택 집합에서도 그 선택 결과가 y가 되어서는 안 된다.

> **사회적 판단**: x는 y보다 사회적으로 더 나은 것으로 판단된다.

xP_iy에 대해서도 유사한 유형 분류가 존재하고, (다양한 형태의 행복, 욕구 충족 등)개인 효용에 대한 관념이 개인 선호 해석의 추가 구분선을 제공한다.[11]

> **개인 선택**: 개인 i는 x를 포함하는 어떠한 집합에서도 y를 선택하지 않

경을 가르치지 않는 학교에 공적 자금을 지원해서는 안 되며, 필연적으로 진짜이건 사이비이건 기독교도가 아닌 자에게 어떤 공직도 부여해서는 안 된다"는 당시 영국 내 요구를 비판했다(밀 1859, 157쪽). 그는 이렇게 쓴다. "이러한 어리석음이 난무하는 가운데, 누가 감히 종교적 박해가 완전히 사라지고 다시는 나타나지 않으리라고 착각할 수 있겠는가?(158쪽)."

9) 파레토 원칙은, 어떤 쌍 (x, y)에 대해 모든 개인 i에 대해 x가 y보다 선호되는 경우(xP_iy), 사회적으로도 x가 y보다 선호되어야 한다(xPy)는 것을 요구한다.

10) 보다 다양한 구분은 센(1970a, 1983)에서 다룬다.

11) 다른 해석들로는 센(1982c, 1983)을 보라.

는다.

> **개인 욕구**: 개인 i는 y보다 x가 선택되기를 바란다.

> **개인 행복**: 사람 i는 y보다 x가 선택될 때 더 행복하다.

논의를 단순화하기 위해, 이 세 가지 중에서 선택과 욕망 두 가지만 고려할 수 있다(물론 행복에 기반한 관점도 마찬가지 방식으로 사용될 수 있다). 이렇게 구분된 네 가지 경우는 각각 다음과 같이 표시할 수 있다.[12]

1. CC: 개인 **선택**에 기반한 사회적 **선택** 조건
2. CD: 개인 **욕구**에 기반한 사회적 **선택** 조건
3. JC: 개인 **선택**에 기반한 사회적 **판단** 조건
4. JD: 개인 **욕구**에 기반한 사회적 **판단** 조건

P_i와 P를 선택 관점에서 해석하는 경우(CC)는 어떤 면에서 순수하게 사적 문제에서 자유에 대한 통상의 개념과 가장 잘 부합한다. 이 CC의 해석에서 불가능성 정리는, 사회적 선택이 (선택적 의미에서)파레토 원칙을 존중하려면, 두 사람조차도 각자 자신의 사적 영역에서 (적어도 한 쌍의 사회 상태에 대해)실질적 선택 결정권을 가질 수 없다. '침해 행위'가 있고 그로 인해 '사적 영역'과 '개인적 행위 주체성' 사이에 괴리가 발생하는 경우, 문제는 더 복잡하다. 그러나 '침해 행위'가 없는 경우는, 자유에 대한 사회 선택 이론 정식화에서 선택 기반 해석(CC)은 일정 부분 정당하게 중심 해석으로 간주될 수 있다.

실제로 나는 이후의 몇몇 논의에서 이 중심적 해석(CC)에 특히 주목할 것이다. 그러나 이 시점에 다음과 같은 의문을 제기할 수 있을 것이다. 이 선택 기반 해석에만 우리의 관심을 전적으로 제한한다고 과연 무언가를 잃게 되는가? 그렇다면 다른 해석들(CD, JD, JC)을 굳이 고려할 논거는 무엇인가? 먼저 개인의 선호 P_i를 고려할 때, 개인의 욕구나 행복과의 관계를 끌여들여야 할

---

12) 해석상의 쟁점들로는 센(1977, 1983)을 참조할 것.

이유는 무엇인가? 분명 자유란 어떤 사람이 실제로 **선택**할 수 있는 것의 문제지, (그 자신의 행위는 전혀 고려하지 않고)**원하는** 것을 얻는지 여부의 문제는 아니다(고 주장할 수 있다). 만약 어떤 사람이 (어떤 이유건 간에)실제로는 x를 선택할 수 있는 상황에서 x가 아니라 y를 선택함으로써 결과적으로 y를 얻는다면, 이에 대해 자유가 침해되었다고 말하는 게 일견 이상해 보일 수 있다. 이 원칙을 '행위 주체의 책임[agency responsibility]'으로 부를 수 있다.

이 문제에 대한 집중은 상당한 설득력이 있지만, 또한 몇 가지 한계도 있다. 첫째, 어떤 사람의 실제 선택은, 그 사람이 실질적 의미에서 자유를 가졌는지를 판단할 때 고려할 만한 정황에 영향받았을 수 있다. 사회적 영향은 어떤 사람이 실제로 원하는 방식으로 선택하지 못하도록 유도할 수 있다. 예를 들어, 여성의 옷차림을 규율하는 성차별적 규범이 깊이 뿌리 내린 사회에서, 어떤 여성은 머리를 가리고 싶지 않지만 머리를 드러내 활동할 용기를 내지 못할 수 있다. 이와 같은 경우, 단순히 해당 인물이 실제로 그 필요한 행동(예컨대, 머리를 가리지 않은 외출)을 행할 자유가 있었다는 말로는 해당 권리가 제대로 실현되었다고 보장할 수 없다. 자유 이론이 정치철학, 후생 경제학, 실천 이성의 유용한 지침이 되려면, '선택 억제'라는 현상을 결코 무시해서는 안 된다.[13]

다른 유형의 권리를 고려해 보자. 사회 보장에 대한 권리는, 신청이 거부되어서가 아니라 정당한 혜택을 원함에도 수급자 본인이 신청하지 않아서 침해되었다고 볼 수 있다. 비신청 사유로는 사회적 낙인 및 불쾌한 공적 조사에 따른 두려움, 혹은 단순한 혼동, 오해, 낙담 등의 요인들과 연관될 수 있다. 비록 그가 사회 보장 급여를 신청하기만 했다면 수령할 수 있었다 하더라도, 이 경우 그러한 사실만으로 판단을 내리기에는 불충분하다.[14] 이러한 유

---

13) 나는 다른 글에서(센, 1990) 젠더 불평등 문제와 여성들에 의해 스스로 실행되는 경우가 많은 여성에 대한 열악한 대우 문제는 선택 억제 및 사회적으로 유도된 다양한 형태의 억제 문제를 다루지 않으면 이해할 수 없다고 썼다. 이러한 문제는 다른 뿌리 깊은 불평등에서도 빈번하게 나타난다.

14) 캉예르(1985)가 논의한 '권리의 실현'이라는 중요한 문제는 이들 쟁점과 관련이 있다.

형의 사례들, 즉 '선택 억제'가 주요 역할을 하는 경우를 다루는 한 가지 방식은, 선택되었는지 여부에 집중하기보다 그 결과를 그가 원하는 바 또는 욕구와 연관짓는 것이다.[15] 경제학자와 정치 이론가들에게 사회심리학은 자신들이 인정하는 것보다 훨씬 필요할지 모른다.

둘째, 사적 문제에서의 자유를 다룸에서 '침해 행위' 문제를 무시할 수 없다. 당신이 당신 얼굴에 담배 연기가 뿜어지는게 싫으면, 그것은 단지 당신의 행위 선택 문제만이 아니라 다른 사람의 행위, 특히 '인간 굴뚝들'의 행동 문제기도 하다. 당신의 자유를 당신이 욕구하는 바(즉, 얼굴에 담배 연기가 뿜어지지 않는 것)와 연관 짓는 욕구 해석은 이 경우에 분명한 강점이 있다.

이제 관계의 다른 측면, 즉 사회적 선호 P의 해석으로 넘어가자. 일부 분석가들은 자유를 (실제로 무엇이 발생했는가와 대조적으로)사회적 판단과 연결짓는 것을 강하게 반대한다. 그들에 따르면 자유는 '사회적으로 더 나은 무엇인가'에 대한 판단 문제가 아니라, 개인에게 해당 영역에서 일어날 일에 대한 **선택**을 부여하는 문제라서다(노직 1974, 서그든 1981 참조). 그러나 진정으로 어려운 질문은, 어떤 방식으로건 그 사람의 선택의 자유가 침해된다는 사실이 드러났을 때 제기된다. 우리는 그것을 (설령 그것이 동시에 침해자의 잘못된 행동이라는 성격을 갖더라도)나쁜 일로 판단하지 않는가? 만약 누군가의 사적 영역에서 선택의 자유가 침해당하려는 상황에 처한 피해자를 돕는 일이 윤리적으로 정당하다면, 우리는 과연 '사회적 판단'을 전면적으로 배제한 채 이러한 상황을 다룰 수 있을까?

나는 다른 글에서 '사회적 판단' 해석의 배제가 자유를 적절하게 평가하는 데 일관성이 없고, 자유에 대한 심각한 정치적 무시로 이어질 수 있다고 주장

---

15) 이러한 경우를 다루는 다른 방법들도 있다. 예를 들면, 어떤 사람이 그가 원하는 것(또는 이런 식으로 제약받지 않았을 때 원했을 것)을 보다 자유롭게 선택하도록 하는 다른 사람들의 행위나 태도의 변화를 평가하는 방식도 있다. 사실, 실제 욕구들은 실질적으로 주위 역경으로 제약될 수 있다. 그리고 이 사실은 우리로 하여금 선택뿐 아니라 실제 욕구들을 넘어 완전한 정보에서 '선호했을' 것에 대한 관점에서 P를 급진적으로 해석하도록 한다(센 1985a에서 논의를 시도했고 이후 애로우 강의 "자유와 사회적 선택"에서 추가적으로 다루었다). 사회적 선택 형식의 범용성은 이러한 연장을 허용한다.

한 바 있다. 타인의 자유를 옹호하려는 우리의 의지는, 누구든 자유의 침해는 나쁘다는 우리의 판단과 관련 있고, 문제의 이러한 측면을 무시하면 이상할 정도로 둔감한 결정들이 내려질 수 있다(이 문제에 대해서는 센 1976, 1982 a, b에서 사례들을 통해 설명한다). 우리가 '사회적 판단'이라는 문제를 도입하지 않으면, 볼테르의 말로 유명해진 "나는 당신이 말하는 것에 반대하지만, 당신이 그것을 말할 권리를 지키기 위해 목숨을 바치겠다"라는 문장의 의미를 온전히 이해할 수 없다.

자유의 가치를 인정하고 그 침해를 저항하는 일에는 사회적 판단이 개입된다. 그리고 이 절의 앞 부분에서 주장했듯, 자유의 평가에서 개인적 욕구 역시 일정한 지위를 가진다. 선택 기반 사례(CC)의 중요성을 인정하겠지만(이 문제는 이후 논의에서 보다 집중한다), 그렇다고 CD, JD, JC의 관련성을 배제하는 것은 잘못이다. 사회 선택 이론을 기반으로 자유 개념의 일반적 정식화가 가지는 장점 중 하나는, 논의되는 문제의 성격에 따라 대안적 해석을 도입할 수 있는 사회 선택 이론의 표상적 유연성이다.[16] 서로 다른 해석들은 자유 문제에 대해 각기 다른(그러나 상호 연결된) 시각을 내비치며, 각각이 P_i와 P의 다양한 표현 방식에 따라 동일한 형식적 결론에 대응한다.

3. 계약은 불가능성 결과에 대한 해법이 될 수 있을까?

앞서 논의처럼, 파레토 자유의 불가능성은 이 문제를 해석하거나 확장하거나 해결하려는 상당한 문헌을 낳았다. 그 해결 방안으로 많은 이들이 제안한 아이디어 하나는, 당사자들이 모두의 입장을 개선하는 파레토 개선적 해결을 이루기 위해 계약을 체결할 수 있다는 것이다.[17] (이 문헌들에서 자주 등장하는)

---

16) 애로우(1951), 센(1986) 참조.

17) 예르덴포스(1981), 배리(1986), 서그든(1985), 하딘(1988) 참조. 이 주장에 대한 씨브라이트의 분석을 참고할 것.

악명 높은 『채털리 부인의 연인』 읽기 사례에서, 프루드는 루드가 그 책을 읽지 않는다는 약속을 조건으로 자신은 읽겠다고 약속함으로써, 두 사람이 파레토 우위의 상태로 나아갈 수 있다.

파레토 **최적이 아닌** 상황에서는 항상 파레토 개선 계약의 가능성이 존재한다는 점을 주목해야 한다. 만약 우리가 계약의 실행가능성에 주로 관심을 두면(여기서 주된 관심사는 아니지만 고려해야 할 문제다), 이 경우의 파레토 개선 계약이 다른 파레토 비최적 상황(예컨대, 오염 배출자가 일정한 보상을 받고 오염 배출을 중단함으로써 파레토 개선을 이루는 경우)과 비교해 특별히 실행가능성이 높은지 여부가 문제다. 이와 관련해 계약의 신뢰성[18]과 (예컨대, 프루드가 실제로 책을 읽는지 단지 읽는 척만 하는 것은 아닌지, 루드가 은밀히 페이지를 넘기고 있지는 않은지를 어떻게 확인할 수 있을 것인가 하는)이행 보장을 고려해야만 한다. 나는 다른 글(센 1982b, 1983)에서 이러한 문제가 결코 사소하지 않다는 점을 다룬 바 있고, 더 중요하게는 자유의 이름으로 이러한 계약을 강제하려는 시도(예, 프루드가 실제로 책을 읽는지 감시하거나 루드가 책을 훔쳐보지 않는지 감시하는 조치)가 오히려 자유 자체를 심각하게(그리고 섬뜩하게)위협할 수 있다.

사람들이 자발적으로 그 계약을 따를 경우, 이러한 계약을 강제할 필요는 없다. 그러나 개인의 선호 P_i를 **선택 해석**으로 보면, 이런 가능성은 (선호 배열을 바꾸지 않는 한)열려 있지 않다. 왜냐하면 주어진 선호 순위에 따르면 그들은 계약과는 다른 선택을 할 것이라서다. 반면, P_i를 **욕구 해석**으로 보면 이 경우에는 아마도 더 타당한 방식의 해석일 수 있는데, 푸르드와 루드 모두 계약에 반하는 방식으로 행동하길 원하더라도 실제로 그렇게 행동하지 않을 수 있다고 주장할 수 있다. 그러나 이러한 의문이 제기되고 욕구와 반하는 행동이 가능하다고 인정되면, 우리는 한 발 앞선 질문을 던져야 한다. 프루드와 루드가 애초에 (비록 그들이 그 결과 자체는 원한다 할지라도)왜 그러한 계약의 체

---

18) 이러한 계약들의 인센티브 양립가능성은 사실상 매우 불분명하다. 스즈무라(1980), 바수(1984)를 참고. 반스(1980), 벱른홀츠(1980), 브라이어와 가드너(1980), 가드너(1980), 슈와츠(1981, 1986), 스즈무라(1983)도 볼 것.

결을 선택한다고 가정해야 하는가?

프루드와 루드가 왜 반드시 독특하게 '타인을 배려하는' 다음의 사회 계약, (1) 푸르드는 루드가 그 책을 읽지 않게 하려고 자신이 싫어하는 책을 읽기로 동의하고 (2) 루드는 마찬가지로 프루드가 마지못해 그 책을 읽게 하려고 자신이 잃고 싶은 책을 읽지 않기로 동의하는 계약을 맺는 가정을 해야 하는지 전혀 자명하지 않다. 사람들이 각자 자신의 일에 신경 쓰는 데 일정 가치를 두면, 이러한 기이한 계약은 실제 성립될 수 없다. 각자가 읽고 싶은 책을 읽고, 남들도 자신이 원하는 책을 읽게 내버려 두는 독서의 좋은 자유주의적 실천은, 이 기묘한 계약이 일으키는 유혹을 충분히 견디게 할 수 있을지 모른다.

어떤 이유에서인지, 몇몇 저자들은 문제의 핵심이 (특정한 권리 교환이 허용되는지의 맥락에서)권리가 '양도 가능'한지와 관련이 있으며, 당사자들이 그러한 계약을 체결**할 수 있는지**에 관한 것으로 믿는 듯하다(예컨대 배리 1986, 하딘 1988 참조). 그러나 일반적으로 이른바 '양도가능성'이 문제될 것이란 생각은 상정하기 어렵다.[19] 이러한 종류의 권리들이 상호 합의를 통한 계약과 교환에 열려 있어야 한다는 점에서 원칙적으로 이를 허용하지 않을 이유를 나는 모르겠다. 배리는 특정 유형의 계약을 '허용하지 말아야 할' 몇 가지 이유를 제시하지만, 자유를 중시하는 사회에서 그런 제한의 범위는 엄격히 제한해야 한다. 밀(1859)은 '상호 합의'의 법적 승인이라는 '일반 규칙'에는 '일부 예외'가 있다고 주장하지만, 그 예외는 노예 계약과 같은 극단적 경우에만 한정한다(235쪽).

일반적으로 사람들이 그러한 계약을 체결하려고 다른 누구의(또는 '사회'의) **허락**을 받을 필요가 없다는 점은 의심의 여지가 없다. 하지만 그들에겐 계약

---

19) 배리(1986)와 하딘(1988)은 모두 계약이 금지되었을 때(그리고 그 결과 초기의 권리들이 어쨌든 반드시 행사되어야 할 때)에만 권리 교환의 계약이 발생하지 않는다고 믿는 것 같다. 하딘은 또한 심지어 내가 '권리'와 '의무적 행동'의 구분을 혼동하는 듯 언급한다(109쪽). 그들이 내 입장이라고 하는 것은 순전히 허구에 불과하다. 나는 이러한 초기 권리들이 '반드시' 행사되어야 하고, 계약 대상이어서는 안 된다고 주장한 적이 없다. 물론, 중요한 문제는 당사자들이 그러한 계약을 제의하고 수용하는 일에서 적절한 이유가 있는가와 계약을 유지시킬 수 있는가다.

을 체결한 **이유**가 필요하다. 그리고 그러한 이유로 (일부 저자들이 주장하듯)해당 계약만이 파레토 최적 상태를 달성할 수 있는(그리고 유지할 수 있는) 유일한 방법이라는 주장은 문제의 본질을 회피하는 셈이다. 왜냐하면 파레토 최적 상태의 사회적 타당성에 의문을 제기하고 평가하는 것이야말로 이 불가능성 결과를 논의하는 동기라서다.[20]

문제의 핵심은 다음 두 가지, (a) 그러한 계약을 맺는 이유, (b) 그 계약을 지킬 이유의 타당성이다. 물론 (남의 일에 간섭하지 않는다는 원칙을 무시하고)쾌락이나 욕망 충족을 단순 극대화하려는 태도는, 그러한 계약을 추구하거나 수용하는 데 **일정한** 이유를 제공할 수 있다. 그러나 만약 행동이 전적으로 욕망에만 기반하면, 이는 또한 프루드와 루드 양자 모두에게 계약 체결 후 그 계약을 파기할 충분한 이유를 제공하는 셈이다(왜냐하면 그들의 단순한 욕망 순위가 그런 행동을 유도하기 때문이다). 따라서 계약을 고려할 때, 프루드와 루드는 반드시 이 점을 감안해야 한다. 보다 중요한 것은 욕망에 기반한 선택조차 다음 두 가지, (a) 어떤 사람이 특정 방식으로 행동하길 바라는 욕망(예, 프루드가 책을 읽기를 바라는 루드의 욕망), (b) 그 사람이 반드시 그렇게 행동하도록 강제하는 계약을 원한다는 욕망(예, 프루드가 자신이 책을 읽을 의무를 구속하는 계약에 서명하길 원하는 루드의 욕망)을 구별해야 한다는 점이다. 실제로 루드에게 일반적으로 프루드가 그 책을 읽길 바라는 욕망이 있다 하더라도, 루드가 프루드에게 그 책을 읽도록 강제하는 계약을 원한다는 욕망이 결코 저절로 따라오는 것은 아니다. 단순히 다른 사람이 무엇을 하기를 바라는 욕망만으로 계약에 근거한 해결책이 작동할 수 있다는 암묵적 전제에는 일종의 논점 선취가 존재한다. 계약이 도입되는 순간, 단순히 개별 행위에 대한 욕망만으로는 피할 수 없는 여러 문제가 함께 제기된다.

---

20) 센(1970a, 83~85쪽, 196~200쪽) 참조. 해먼드(1981, 1982), 스즈무라(1983), 커플린(1986)을 볼 것. 관련 주제로는 롤스(1971, 1982), 노직(1974), 드워킨(1978), 스캔런(1975, 1988), 파핏(1984), 라일리(1987), 헐리(1989) 등이 있다.

만약 사람들이 그런 계약을 **체결할 자유**가 있다면, 그 계약을 **체결하지 않을 자유**도 있다. 이러한 조건에서는 파레토 자유의 딜레마가 여전히 남는다. 파레토 조건과 자유주의 원칙 사이의 갈등은, 개인적 행동 딜레마 속에서 다시 떠오르는 것이다.

4. '직관 개념'과 최소 자유

최소 자유의 정식화는 흔히 '직관 개념'으로 불리는 자유 개념과 어떻게 연관되는가? 가르트너, 파타나익, 스즈무라가 지목한 '직관 개념'은 다음과 같다.

> 우리의 직관적 자유 개념에 따르면, 자신의 셔츠를 선택할 권리는 개인이 사회적 대안의 특정 양상 또는 특성(예, 자신의 셔츠 색상)을 결정할 수 있는 권한을 가지고, 그가 이 특정 양상을 선택하면, 그 선택은 최종 사회적 결과에 제약을 부과한다. 말하자면, 최종 사회적 결과에서 그 특정 양상은 그가 선택한 것과 정확히 일치해야 한다.(가르트너 등 1992, 167쪽)[21]

이러한 직관 개념은 ML 정식화와 어떻게 연결될까? 우선 주목할 것은, 이 개념은 오직 (앞 절에서 논의한 CC의 경우에 상응하는)선택 관점과 관련이 있다는 점이다. 또한 이 개념은 '침해 행위' 문제가 발생하지 않는 사례를 다루며, 사적 영역과 개인적 행위 주체성이 일치한다는 전제를 갖는다. 사회 선택 이론 내에서 ML 정식화와 이 '직관 개념' 사이의 대응 관계를 논의할 때, 다양한 유형의 문제를 다루고자 (2절에서 논의했던)해석의 변형이 가능한 사회 선택

---

21) 가르트너 등(1991)은 '역사적 배경'에 대한 논의(175쪽) 가운데 이 직관적 이해가 노직(1974)과 베른홀츠(1974)의 관점과 밀접하다고 말한다.

 제4부 ＊ 자유와 사회적 선택

이론의 일반성과 융통성을 간과하는 일은 바람직하지 않다. 그럼에도 다음과 같은 질문이 유익하다. 즉 (침해 행위, 선택의 제약 등이 없는)직관 개념이 적용되는 제한된 맥락에서, 이 직관 개념은 선택이라는 관점에서 ML 정식화와 어떤 관계가 있는가?[22]

사실 이 질문은 이미 앞서(1절) "양상의 선택은 결과 선택을 수반하지만 그 역은 성립하지 않는다"는 논의에서 답변된 바 있다. 가르트너 등(1992)이 말하듯, "직관 개념에서 ⋯ 개인은 사회적 대안의 특정 양상이나 특성(예, 자신의 셔츠 색상)을 결정할 수 있는 권한을 갖는다." 그런데 이는 곧 그 사람이 적어도 하나의 사회적 결과 쌍에 대한 선택을 결정할 권리를 가진다는 것을 의미한다(사실, 그보다 더 많지만, 이것이 여기서 핵심 논점은 아니다). 만약 (다른 이들이 노래를 부르건 말건 상관없이)내가 노래 부를 권리를 가지고 있다면, (다른 이들이 실제 노래를 부르고 있을 때)그들과 함께 노래 부르는 데 참여할 권리도 갖는다. 따라서 이 직관 개념이 적용되는 제한된 맥락에서는, 이 개념을 옹호하는 누구나 ML 또한 옹호해야 한다.

하지만 그 역은 성립하지 않는다. 내가 다른 사람들과 함께 노래할 수 있는 권리를 부여받았다고 해서, 다른 사람들이 무엇을 하건 상관없이 (내 노래라는)하나의 '양상'을 선택할 자유까지 보장하지 않는다. 예컨대 강의를 듣거나, 설교를 듣거나, 고리타분한 친구들과 저녁을 먹는 자리에서 내가 노래를 부른다면, 상당히 부정적 시각이 있을 수 있다. 이른바 직관 개념이 ML을 함의하는 반면, ML은 직관 개념을 함의하지 않는다(이 대목에서 아마도 고리타분한 내 식사 동료들은 안도의 한숨을 내쉬리라). (1절의 논의처럼)충분조건이 아니라 필요조건을 찾는 것이 목적이라면, 이 점은 ML 정식화에서 꽤 만족스러운 결과라고 할 수 있다.

그러나 가르트너 등은 이 문제를 이렇게 보지 않는다. 이유는 무엇일까?

---

22) 씨브라이트(1989), 파타나익(1991), 스즈무라(1991) 참조.

위에서 인용한 구절에 바로 이어 그들은 다음과 같이 말한다.

> 반면 (ML에 해당하는)정식화 $S(2.1)$은 사회적 대안의 특정 양상을 개인
> 이 결정할 수 있는 능력을 언급하지 않는다. 대신 사회적 선택에 대한
> 제약은 사회 상태 또는 사회의 모든 양상을 완전하게 묘사한 몇몇 쌍에
> 대한 개인의 선호와 연결된다.(가르트너 등 1992, 167쪽)

물론 이 말은 정확하다. 두 개념은 서로 다르며, 이른바 직관 개념에서 (다른 양상의 선택과 무관하게)하나의 양상을 고정하는 것은 ML이 전제하는 것보다 훨씬 강력하다. 하지만 바로 그것이야말로, 내가 주장하듯이 ML의 도입 배경을 고려할 때 정확히 그렇게 해야 한다.

그렇다면 무엇이 문제인가? 그것은 직관 개념이 단지 ML의 자유 개념과 다를 뿐 아니라, 그것과 충돌할 수도 있다고 보는 가르트너 등의 연구자들의 관점에서 비롯한다. 이들이 『센의 정식화에 대한 비판: 하나의 반례Critique of Sen's Formulation: A Counterexample』에서 제시한 세 가지 문제 중 첫째는 바로 이 주장이다. 나머지 두 문제(문제 B와 문제 C)는 ML 자체라기보다는 ML의 확장된 형태에 대한 문제들이다.

이들은 사례를 들어 자신들의 주장을 설명한다. 순응적 사람 1은 비순응적 사람 2와 셔츠 색깔을 맞추고 싶고, 사람 2가 흰색 셔츠를 입는다면 자신도 흰색(w)을, 사람 2가 파란 셔츠를 입는다면 자신도 파란색(b)을 입고 싶다. 이들은 ML을 해석하는 맥락에서, 사람 1의 사적 영역 쌍으로 $\{(w, w), (b, w)\}$를 설정한다. 이들은 자유의 직관 개념을 사람 1이 자신의 셔츠를 선택할 수 있는 경우(즉 '양상'의 관점)로 간주한다. 여기까지는 아무런 문제가 없어 보인다. 사람 1은 원하면 흰색 셔츠(w)를 선택함으로써 (b, w)의 선택이 배제되도록 할 수 있으며, 따라서 만약 사람 2가 흰색 셔츠(w)를 선택하면 결과는 (w, w)다. 만약 사람 2가 파란색을 선택하면, 사람 1의 선택(w)과 사람 2의 선택(b) 모두로 인해 (b, w)의 선택은 배제될 것이다. 따라서 (w, w)가 가능한 상황에

서 (b, w)를 배제할 자유는 사람 1에게 확실히 보장된다. 직관 개념의 틀에서도 ML은 건재하며 아무런 문제가 없다.

우리는 다시 묻는다. 문제는 어디에 있는가? 가르트너 외 연구자들이 하는 일은 사람 1이 맥시민 선택자일 경우 실제로 어떻게 행동할지를 고려한다(165쪽). 우리는 사람 1이 순응적이라는 가정과 일관되게, 그가 최악으로 여기는 결과가 (b, w)보다 (w, b)라고 상정할 수 있다. 최악의 결과를 피하기 위해 사람 1은 파란 셔츠를 선택한다. 그런데 이때 사람 2가 실제로 흰색 셔츠를 선택하면, 결과는 사람 1이 쌍 $\{(w, w), (b, w)\}$ 중 피하고자 했던 (b, w)다. 이것이 보여 주는 바는 무엇인가? 나는 이것이 사람 1이 (w, w)를 선택함으로써 (b, w)를 배제할 자유를 갖지 못했음을 보여 주는 것은 아니라 본다. 단지 그가 해당 권리를 행사하지 않기로 선택했을 뿐이다. 사람 1은 흰색을 선택함으로써 (b, w)를 배제하고 (w, w)를 확보할 수 있었지만, 그는 다른 영역에서 더 나쁜 결과, 즉 (w, b)를 피하려는 판단에 따라 다른 선택을 했다.

사람 1이 어떤 권리를 행사하지 않았다는(심지어 그 권리가 그의 선호 순위에 비추어 별로 중요하지 않았다는) 사실은 그가 (w, w)에 비해 (b, w)를 배제할 수 있는 권리와 권한을 실제로 가지고 있다는 사실을 전혀 훼손하지 않는다. 1절에서 논의했듯, 권리의 존재는 그 권리의 가치와 구분해야 한다.

나는 가르트너 등의 사례가 자유에 대한 '직관 개념'(즉, '양상'의 관점)이 본질적으로 ML의 기저에 깔린 선택 개념의 자유를 포함한다는 단순한 명제의 반례라고는 보지 않는다. 그러나 이들 사례는 시사적이다. 문제는 그것이 무엇을 밝혀 주는가다. 이 사례는 선택과 욕구라는 두 가지 다른 해석 방식에 따른 ML 해석 간 긴장을 드러낸다. 만약 사람 1이 맥시민 합리성(또는 다른 의사 결정 규칙)에 따라 파란 셔츠를 선택한다면, $\{(w, w), (b, w)\}$ 쌍에 대한 그의 선택 기반 자유는 그가 (b, w)를 (w, w)로 대체할 권리를 행사하지 않은 것일 뿐이므로 그의 자유는 모순되지 않는다. 그러나 욕구 측면에서 보면, 그가 (b, w)보다 (w, w)를 더 원했다는 사실은 변하지 않는다. 즉, 개인의 선호 P_i가 욕구적 의미의 해석이면(CD의 경우), 선택적 의미(CC의 경우)에서는 자유에 대한 어떠한 침해가 없더라도 욕구적 의미에서는 자유가 침해되었다.

이 모순이 흥미롭고 놀라운가? 이어지는 논의에서 왜 이 모순이 흥미로운지를 이야기하겠지만, 놀랄 일은 아니다. '직관 개념'은 전적으로 개인의 선택에 관한 것이며, ML의 욕구 해석은 전혀 다른 층위, 즉 욕구와 그 충족의 층위에 속한다. 이 둘은 얼마든지 불일치할 수 있다. 둘이 긴밀히 연결되기 위해서는 선택이 전적으로 욕구에 기초해야 하고(특히 '선택 억제'가 없어야 하고), 불확실성이 없거나, 혹은 불확실성이 있다면 욕구 순위가 각각의 상황에서 지배 전략을 낳은 경우여야 한다. 정치철학이 전통적으로 다루어 온 자유의 침해 문제들(예, 밀 1859)은 일반적으로 불확실성하의 의사 결정 문제나 개인의 선택과 욕구 간 간극에 특별히 초점을 맞추지는 않았다. 그러나 가르트너 등이 자유에 대한 고전적 논의를 불확실성이라는 요소를 도입함으로써 풍부하게 만들고자 한 시도는 옳은 접근이다.[23]

일단 이 문제가 사회 선택 이론 틀에서 ML에 대한 두 해석 사이의 긴장으로 보이면, 사회적 선택 분석을 수행할 때 우리가 어떤 해석을 채택해야 하는지의 문제가 제기된다. 선택 관점은 분명 장점이 있다. 또한 이 관점은 이른바 '직관 개념'과도 직접적으로 부합한다. 그러나 반대편에도 고려할 점이 있다. 첫째, '침해 행위'의 존재와 개인적 행위 주체성과 사적 영역 간 불일치는 선택 공식의 유용성을 제한하고, 욕구 관점의 일정한 타당성을 시사한다. 둘째, '선택 억제'와 같은 현상 탓에 선택 관점 역시 한계를 가질 수 있고, 이 경우에 선택 관점을 넘어 (CD나 더 급진적 해석들로)나아갈 강력한 근거를 제시하기도 한다.

실제로 선택 관점과 욕구 관점이 충돌할 때, 어떤 관점이 더 적절한 시각을

---

23) 우월 전략의 가정은 하나의 특수한 경우일 수 있으나, 이 경우가 '파레토 자유의 불가능성'을 위해 충분히 적절하다는 점은 주목할 만하다. 사람 1의 선호는 내림차순으로 (w, w), (b, w), (w, b), (b, b), 그리고 사람 2의 선호는 (b, b), (b, w), (w, b), (w, w)다. 두 사람의 우월 전략은 각각 사람 1에 대해 w, 사람 2에 대해 b다. 각자가 자신의 권리를 행사할 때의 결과는 (w, b)이며, 이는 (b, w)에 비해 파레토적으로 열등하다.

　　　　제4부 ＊ 자유와 사회적 선택

제공하는지를 판단하려면, 단순히 모든 사례를 동일한 분석 구조에 따라 처리하기보다는 그 사례의 **실질적** 성격을 신중히 검토해야 한다. 예컨대, 가르트너, 파타나익, 스즈무라가 제시한 특정 사례들을 보면 선택 관점 채택이 갖는 분명한 타당성이 있다. '행위 주체로서의 책임'이라는 개념은 우리를 이러한 방향으로 이끈다. 만약 사람 1이 어떤 셔츠든 입을 수 있는 선택권이 있고 (b, w)의 선택을 피할 수 **있었음에도** 맥시민 전략을 택해 결국 그 결과[(b, w)]를 받아들이면, 우리는 과연 그 사람의 자유를 문제 삼을 이유가 있는가?

하지만 이제 동일한 분석 구조를 가진 다른 유형의 사례를 살펴보자. 이 사례는 (2절에서 다루었던)가부장적 사회에서 선택 억제를 겪는 여성의 사례를 변형하지만, 이번에는 선택 억제 자체는 가정하지 않는다. 그녀는, 가족 중 어떤 보수적 인물이 시장에 **있는** 경우(b)보다는 **없는** 경우(w), 머리카락을 감싸 가리기(b)보다 머리카락을 '드러내'(w) 시장에 나가고 싶다. 다시 말해, 그녀는 (w, w)를 (b, w)보다 선호한다. 그러나 그 두려운 인물이 시장에 있을 경우, 그녀는 그를 놀라게 함으로써 자신에게 닥칠 문제를 피하고자 머리를 감싸는 선택을 할 것이다. 그래서 그녀는 (b, b)를 (w, b)보다 선호한다. 이 경우 선택지들에 대한 선호 순서는, 단지 기호 b와 w에 대한 해석만 달라질 뿐, 앞서 논의한 예시와 정확히 동일하게 구성할 수 있다.

이제 그녀가 원할 때(즉, 폭압적인 인물이 시장에 없을 때) 머리를 가리지 않고 시장에 나갈 권리, 즉 (b, w)보다 (w, w)를 선택할 수 있는 권리를 우리가 문제 삼는다고 가정하자. '직관 개념'에 따르면 그녀는 스스로 머리 가리개를 쓸지 말지를 선택할 수 있지만, 어떤 다른 조건이 충족될 경우에만 그렇게 할 수 있도록 선택할 수 있는 것은 아니다(이러한 조건적 구조 때문에, 가르트너 등은 사회 선택 이론의 정식화를 직관 개념과 구분한다). 만약 앞선 사례와 마찬가지로 그녀가 가장 두려워하는 상황이 (w, b) 즉, 그 폭압적 인물이 시장에 있을 때 가리개 없이 외출하는 상황에서, 그녀가 맥시민 전략을 따를 경우 가리개를 포기하지 않을 것이다. 그리고 실제로 시장에 갔을 때 그 폭압적 인물이 거기에

없다면, 그녀는 분명 (w, w)를 더 선호했음에도 (b, w)의 결과를 맞이한다. 우리가 이 사례에서 그녀의 자유 상실을 안타까워하면(우리는 그래야 한다고 생각한다), 그것은 그녀가 스스로 가리개 착용을 선택했다는 사실을 부정하기 위해서가 아니고, 이 결정이 불확실성에서 충분히 합리적이었을 수 있음을 부정하기 위해서도 아니다. 우리가 안타까워하는 이유는 바로 (선택 관점에 반해) 욕구 관점에서 바라볼 때, 그녀가 가진 자유의 결핍을 이해할 수 있어서다.

선택 억제를 도입하여 사례를 확장하면, 선택 관점은 더욱 제약적으로 드러날 수 있다. 예컨대, 그녀는 그 보수적 가족이 어디에 있건 상관없이 실제로는 가리개 없이 외출하길 원할 수 있지만, 그 욕구에 따라 행동할 결단력이 없을 수도 있다. 그녀의 권리를 이해하려면 이 경우 선택 대응 관계가 말해 줄 수 있는 범위를 훨씬 뛰어넘는 접근이 필요하다. (전통주의적 사회에서의 젠더 관련 불평등과 같은)뿌리 깊은 사회적 불평등이 존재하는 상황에서 자유의 문제를 분석하려면 그렇게 확장해야 하며, 바로 이 점에서 사회 선택 이론의 다양성은 귀중한 자산이다.

이 절을 맺으며, 가르트너 등이 '직관 개념'으로 부른 자유 개념은 선택에 기반한 개념으로서, 침해 행위와 선택 억제를 간과하는 등 여러 측면에서 한계를 지닌다. 그러나 이 개념은 선택 해석에서 사회 선택 이론의 ML 정식화를 함축하고, 동시에 (ML 관점에서는 다행스럽게)그 역은 성립하지 않는다. 욕구 기반 ML 해석은 전혀 다른 준거 수준에 자리하므로 선택 기반의 직관 개념으로 함축되지 않을 수 있지만, 양자가 충돌하는 경우에는 전통적 자유 개념에 보다 충실한 해석이 선택 관점일지 욕구 관점일지에 대한 실질적 판단을 해야 한다.

5. 기버드의 확장과 그에 근거한 비판들

앨런 기버드(1974)는 타당한 파급력이 있는 논문에서, 자유를 규정하는 여러 근본적 측면을 명확히 하면서 센(1970a, b)이 제시한 ML 조건의 요구 수준을 높이자는 제안을 한 바 있다. 그가 제안한 강화된 조건에서 두 사회 상태가 어떤 특정 개인에게 직접적으로 관련된 양상 하나만을 달리하는 경우, 그 사람은 상태 쌍에 대한 사회적 선택에서 결정권을 가질 것을 요구한다. 기버드는 이처럼, 그럴듯하게 들리는 보다 엄격한 자유 조건이 그 자체와 모순됨을 보인다. 이른바 '기버드의 역설'은 방대한 중요 문헌을 낳았다.[24]

기버드의 확장이 ML 정식화에서의 최소 자유 개념을 바꾸는 데 어느 정도로 중대한 영향 미칠까? 가르트너 등(1991)은 "누군가 (2.1)(즉 ML 조건)을 받아들일 준비가 되었다면, 왜 (2.6)(기버드 조건)을 반대해야 하는지는 분명하지 않다(164쪽)"고 언급한다. 이는 현재 맥락에서 반드시 다루어야 할 굉장히 중요한 질문이다. 왜냐하면 가르트너 등이 '센의 정식화에 대한 비판'에서 제시한 세 가지 '문제들' 중 두 가지(문제 B와 문제 C)는 기버드의 확장에 적용되고, 원래의 ML 정식화에는 해당되지 않기 때문이다(이에 대해 대해서는 가르트너 외 1992, 165쪽 참조).

ML을 받아들이면, 기버드의 확장까지도 자연스럽게 동의하게 될까? 그에 대한 내 답은 단호하게 부정적이다. 이 둘을 가르는 간극을 이해하는 한 가지 방법은, 선택 이론의 틀에서 ML이 '직관 개념'보다 훨씬 **약하다**는 점(이는 앞 절에서 다루었다)에 주목한다. 반면 기버드의 조건은 어떤 면에서 훨씬 **많은** 것을 요구한다.

이 차이를 추적하는 가운데, 우리는 기버드의 역설을 다음과 같은 오래된 예시의 변주를 통해 설명할 수 있다. 이 예시는 가르트너 등이 논의한 바, 순

---

24) 스즈무라(1983)와 리글스워스(1985)의 비판적 검토가 유용하다.

응주의자 1이 비순응주의자 2와 어떤 옷을 입을지를 두고 벌이는 장대한 전투 상황이다. 순응주의자 1은 (w, w)를 (b, w)보다, (b, b)를 (w, b)보다 선호하고, 반면 비순응주의자 2는 (b, w)를 (b, b)보다, (w, b)를 (w, w)보다 선호한다. 기버드가 제시한 자유의 요구 조건에 따르면, 각 개인은 그 상태 쌍에 대해 사회적 결정권을 가져야 한다(이는 각 사회 상태 쌍이 개인의 양상으로만 달라져서다). 이 조건을 적용하면 1과 2 모두가 각자의 선호 쌍에 대해 사회적 결정권을 가지면서 순환이 발생하고, 네 가지 가능한 선택지 각각이 다른 선택지에 의해 배제된다. 이것이 바로 '기버드의 역설'이다.

ML 정식화에서는 각 사람이 단 하나의 쌍에 대해서만 결정권을 보장받으므로, 한 사람이 다른 사람의 셔츠와 맞추는 것이나 그와 다르게 입는 것 어느 것도 보장되지 않는다. 이 경우에는 기버드 순환이 발생할 수 없다.[25] 사회 선택 이론 정식화에서, ML을 다른 쌍들로 확장하더라도, 그 확장이 반드시 기버드 조건의 방향으로 나아가야 할 필요는 없다(이는 기버드 자신의 분석에서도 드러난다). 누군가의 셔츠와 '맞출 권리'나 '달리할 권리'는 매우 이상한 종류의 권리다. 그러한 권리는 결코 밀(1829)이 '자기 관련적' 행동에 대한 면책을 주장한 논거에 비추어 정당화될 수 없다. 왜냐하면 **타인**과 '일치시키기'나 '차별화하기'는 명백히 '타인 관련적' 행위라서다.

ML은 자유에 대한 '직관 개념'으로 함의되지만, 기버드 조건은 그렇지 않다. 예를 들어, 사람 1은 흰 셔츠를 입음으로써 (w, w)와 (b, w) 사이의 선택에서 결정권을 행사할 수 있지만, 만약 상대방이 파란 셔츠를 입는다면 (w, b)에 대해 (b, b)를 선택하는, 맞춤형 선택을 달성할 수는 없다. 그러나 후자의 결정권은 기버드 정식화가 사람 1에게 부여해야 하는 권한 중 하나다. 기버드 정식화는 직관 개념이 보장하는 것보다 **더 많은** 것을 요구하는 반면, ML 정

---

25) 이러한 조건에도 불구하고 파레토 원칙과의 충돌은 여전히 존재한다. 기버드(1974) 역시, 그가 논의한 불가능성이 우월 전략에 조건화된 자유지상주의적 권리를 통해 회피되어도, 파레토 원칙과의 충돌이 어떻게 발생할 수 있는지를 다룬다. 해먼드(1981) 참조.

식화는 **훨씬 적은** 것을 요구한다. 따라서 ML과 기버드 정식화 사이의 차이는 크고도 중대하다.

가르트너 등이 『센의 정식화에 대한 비판』에서 제시된 세 가지 '문제' 중 두 가지는 ML이 아니라 기버드의 확장에 적용되므로, 나는 그것들을 ML에 대한 타당한 비판으로 받아들일 수 없다. 사실 자유가 그런 함의를 가져야 한다는 요구는 지극히 부당하다는 점에서 가르트너 등의 견해에 전적으로 동의한다. 그러나 그들이 스스로 지적하듯, 이러한 함의는 ML 개념 자체의 일부가 아니다. 가르트너 등이 그와 같은 방향으로 나아가는 이유는 ML을 수용하면 기버드의 확장도 수용해야 한다는 믿음 때문이다. 그들의 이러한 비판의 일부(문제 B와 문제 C)의 부당함은 바로 그 믿음이 정당화되지 않았다는 데 있다. 물론 이것은 그들 비판의 첫째 부분(문제 A)에는 영향을 미치지 않지만, 그 논거는 이미 앞 절에서 다루었다.

6. 게임 형식, 침해 행위, 그리고 자유

자유는 종종 어떤 사람이 선택되거나 선호되는 결과를 얻을 수 있는 능력과 무관하며, 오직 올바른 절차를 갖추는 것과 관련 있다고 주장된다. 실제로 '자유지상주의적' 입장은 종종 이렇게 결과로부터 독립된 자유 개념과 동일시되기도 한다.[26] 절차 지향적 정식화를 시도하는 과정에서 최근에는 자유를 게임 형식의 틀에서 특성화하려는 중요한 시도가 있었다.[27] 이 정식화에서, 각 개인 i는 자신이 선택할 수 있는 허용된 행위나 전략의 집합 A_i를 가지

---

26) 결과 독립성의 내용은 명확하지 않다. 이 일반적 접근의 다양한 버전들로는 노직(1973, 1974), 번홀츠(1974), 예르덴포스(1981), 서그든(1981)을 볼 것.

27) 게임 형태의 정식화는 예르덴포스(1981), 서그든(1981, 1985), 가르트너 외(1992), 파타나익(1989, 1991), 스즈무라(1991)이 주장하고 논의한다. 관련 논의로는 기버드(1973, 1974), 노직(1973, 1974), 번홀츠(1974), 브라이어와 가드너(1980), 가드너(1980), 해먼드(1982), 바수(1984), 레비(1982, 1986), 캠벨(1989, 1990), 데브(1989), 라일리(1989a, b)를 보라.

며, 각자는 그중 원하는 것을 선택할 수 있다.[28] 결과 함수는 행위나 전략 n-튜플 선택에 따라 어떤 일이 벌어질지를 결정한다. 자유에 대한 요건은 허용된 행위나 전략 선택에 대한 제약 형태로 명시되며, 허용 가능한 결과에 대한 제약으로는 명시되지 않는다. 그렇다면 이 구조는 자유를 적절하게 세분화하는 데 있어 견고한가?

여기에는 하나의 복잡성이 있는데, 이는 본질적이라기보다 단지 하나의 문제일 뿐이다. 그것은 바로 상호 의존성의 문제, 즉 어떤 사람이 무엇인가를 할 권리가 다른 어떤 일이 일어나는지 또는 일어나지 않는지에 따라 달라질 수 있다는 점이다. 앞서 들었던 예시로 돌아가자. 내가 다른 사람들이 노래할 때 함께 부를 권리와, 다른 사람이 무엇을 하건(예컨대, 노래하건, 기도하건, 식사하건, 강의하건) 상관없이 혼자 노래할 권리는 구분해야 한다. 그렇다면 내게 허용된 전략은 타인들의 전략 선택과 연관지어 정의해야 한다. 사회 선택 정식화에서는 권리를 명시적으로 결과나 전략 조합과 연결하여 특성화하기에 이러한 상호 의존성을 비교적 쉽게 다룰 수 있다. 유사한 민감성을 확보하려면 게임 형식의 정식화에서도 타인의 행위 관련 정보를 활용해야 하며, 그렇지 않고 앞서(4절) 논의한 가르트너 등이 말하는 '직관 개념'으로 나아가서는 곤란하다.

상호 의존성 문제는 자유를 특성화할 때 '침해 행위'를 고려하기 위해 특히 중요한 쟁점이다. 예컨대, 내 얼굴에 담배 연기가 뿜어지는 일을 겪지 않을 권리를 생각하자. 이는 분명 어떤 결과에 대한 권리며, 절차 지향적 관점이라도 이러한 결과의 회피를 목표로 삼는다면 본질적으로 결과와 무관한 관점일 수 없다. 실제로 제안된 게임 형식 정식화들은 이 문제를 간접적으로 다룬다. 누군가 내 얼굴에 연기를 뿜는 상황을 직접 거부하기보다는, 전략 선택에 대한 제한이라는 절차적 요구로 나타난다. 예컨대, 타인이 존재할 때 흡연을 금

---

28) 데브(1989)는 사회적 선택 정식화와 게임 형태 정식화 간의 관계 및 자유에 대한 다양한 접근 방식, 나아가 사회 윤리에 대한 다양한 관점을 통찰력 있고 포괄적으로 탐구한다.

지하거나, 다른 사람이 반대할 경우 흡연을 금지하는 방식이 그렇다. 따라서 어떤 사람의 흡연권은, 다른 사람이 그 '영향권' 안으로 들어오거나, 그 '영향권' 안에 있는 사람이 반대하는 경우(즉 해당되는 다른 사람이 특정 방식으로 행동하는 경우) 무효화될 수 있다. 허용 가능한 행위 또는 전략 조합의 집합은 이런 이유로 일반적 의미에서 '분해 가능'하지 않다. 왜냐하면 허용성은 여러 사람의 행위와 전략 사이의 상호 작용을 기준으로 정의되어야 하기 때문이다.[29]

게임 형식을 이러한 방식으로 특성화함으로써 상호 의존성을 반영하고, 사람들을 침해 행위로부터 보호하는 방식으로 자유를 정식화할 수 있다는 점은 의심의 여지가 없다. 중요한 질문은, 이런 방식이 **어떻게** 구현될 수 있으며, 그렇게 구현되었을 때 사회 선택 정식화와의 실질적 차별점이 여전히 있는가다.

각 개인의 허용된 전략 집합은 다른 사람들이 무엇을 하느냐에 따라 정의해야 한다. 허용 가능한 전략 조합을 명시하려면, 그 목적이 바로 사람들이 특정한 결과(예, 간접 흡연)를 피할 수 있는 권리와 자유를 보장하는 데 있는 이상, 결과에 대한 고려는 반드시 포함해야 한다(설령 결과가 단지 어떤 전략 조합이 발생했다는 식으로 명시되는 한에도). '게임 형식' 정식화는 유용할 수 있으나, 그것이 효과를 발휘하려면 (그것이 단지 전략의 조합으로 간주되더라도)결과에 영향을 미칠 자유와의 연관성을 분명히 정립해야 한다. 이는 게임 형식 접근 주장과 사회 선택 접근 주장을 대조하더라도 그리 깊은 차이가 없다는 점을 시사한다.[30]

---

29) 이것은 노직(1974)의 권리 정식화에 대한 하나의 문제로 간주되고, 그 정식화(스즈무라 1991을 보라)는 각 개인의 전략 선택이 타인의 선택과 무관하게 이루어지는 '순진한 게임 형태'를 포함하는 것으로 묘사된다. 만약 노직의 정식화가 실제로 어떤 결과에도 의존하지 않는다고 의도되었다면, 그의 일부 진술이 그렇게 믿게 했을 수 있고, 그 경우 비판은 정당하다. 그러나 실제로 노직의 권리 정식화는, 적어도 이 맥락에서는, 특정 결과를 고정하고 다른 가능한 결과를 제거하는 방식으로 이루어진다. 그가 말하듯, "권리는 사회적 순서를 결정하지 않으며, 대신 일정한 대안들을 배제하고, 다른 것들을 고정하는 등의 방식으로 **사회적 선택**이 이루어지는 틀 내의 제약을 설정한다. … 권리는 사회적 순서 내에서 어떤 대안의 위치나 두 대안 간의 상대적 위치를 결정하지 않고, 오히려 사회적 순서 위에서 작동하여 **그것이 산출할 수 있는 선택을 제한한다**(노직 1974, 166쪽, 강조는 인용자에 의함)."

30) 게임 형태 정식화는 사람들이 실수를 저지를 수 있음을 허용하는 이점이 있다고 주장될 수 있다. 만약 당신이 빨간 셔츠를 입을 권리가 있지만 실수로 파란 셔츠를 골랐다면, 당신의 권리는 침해된 것이 아니라 단지 권리 행사를 '실패한' 것

전략 선택에 대한 실제적 제한은 때때로 다른 사람의 행위에 대한 명시적 언급 없이 '전면적' 형태로 나타나기도 한다. 예컨대, 공공장소에서는 다른 사람이 있건 없건, 혹은 그 자리에 있는 사람들이 흡연에 반대하건 말건 흡연이 금지되는 경우가 많다. 그러나 이러한 금지를 정당화하는 **동기**가 무엇인지 묻는다면, 우리는 다시금 예상되는 결과와 상호 의존성의 문제로 돌아가야 한다. 간접 흡연을 피하기 위한 동기를 명시적으로 언급하지 않더라도, 공공장소에서의 일반적 흡연 금지는 실제로는 간접 흡연을 가장 효과적으로 방지하는 방법일 수 있다.[31] 공공 규제는 종종 직접적 및 간접적 효과를 고려한 결과주의 분석을 바탕으로 이루어진다.[32]

전략들의 조합은 하나의 결과, 즉 사회 상태를 산출한다(설령 그 사회 상태가 단지 특정한 행위들이 발생한 조합으로만 서술되더라도). 사회 선택 정식화는 사회 상태 자체에 직접적으로 초점을 맞춘다. 한편 게임 형식 정식화는 각 행위자에게 '허용되는' 전략들에 초점을 둔다. 그런데 이 허용성은 (직접적이건 간접적이건)결국 여러 사람의 전략 조합이 갖는 성격과 결과(예컨대, 흡연이 그 자리에 우연히 있던 원치 않는 피해자에게 간접 흡연을 초래하면 허용되지 않음)를 고려하여 도출되므로, 이 둘 사이의 이분법은 실질적 차이라기보다는 표현 방식의 차이에 더 가깝다.

에 불과하다. 이러한 사례들이 얼마나 중요한 문제인지는 명확하지 않다. 그러나 설령 그것을 매우 진지한 사안으로 간주해도, 사회적 선택 정식화가 반드시 훼손되는 것은 아니다. 만약 개인 선호의 '선택 해석'이 채택되면, 한 개인의 자유는 그 사람이 실제로 한 선택에 따라 판단되며, 이는 반드시 '의도적'일 필요는 없다.

31) 이러한 제약에 반대하며 그것을 완화하자는 주장조차도, 전형적으로 원하는 결과를 달성하는 보다 효율적인 방식을 제안하기 시작한다(예, 흡연자에게 전면적인 금연을 강요하지 않으면서 간접 흡연을 방지하는 방안 등).

32) 가르트너 등(1992)이 논의한 '수동적 권리'의 경우(파인버그 1980 참조)도 그 기저에 있는 동기에 비추어 논의될 수 있다. 가르트너 등의 지적처럼, "i의 적법한 영장 없이 체포되지 않을 권리는 국가의 특정 행위를 금지하며, 이는 비록 i가 자기 나름의 이유로 영장 없이 체포되기를 원하더라도 여전히 유효하다(171쪽)." 실제로, 일반적으로 보호받아야 한다고 간주되는 i의 자유 부분은 (체포를 원하는 것이 아니라)체포되지 않을 권리와 관련이 있고, 그 권리의 무조건적인 정식화는 부당한 체포에 개인이 반대하는 것으로 전제하는 이해와 무관하지 않다. 이 경우에도, 그리고 다른 경우들처럼, 우리는 권리의 형식을 넘어서 그 기저에 있는 동기를 살펴보아야 한다.

7. 맺으며

이 장 전체를 요약할 필요는 없겠지만, 논의의 맥락을 잡기 위한 몇 가지 일반적 언급을 하고자 한다. 첫째, 사회 선택 이론에서 자유의 정식화는 최소 주의적 동기에 의해 이끌려 왔다. 그 초점은 자유에 대한 요구를 약한 형태로 도입하는 데 맞추어졌으며, 이는 (파레토 원칙을 포함한)전통 후생 경제학의 효용 기반을 넘어설 필요성을 보여 주고, 서로 충돌하는 다양한 원칙들의 긴장을 수용하기 위한 것으로, 이른바 '자유주의 역설'로 대표되는 불가능성 정리들과 같은 결과로 드러난다. 자유를 보다 충실하게 특성화하려면 '최소 자유'를 넘어서야 한다. 이는 공통된 입장이지만, 의견이 갈리는 지점은 '최소 자유'의 정식화가 올바른 방향을 제시하는지 여부, 그리고 우리가 전혀 다른 접근법, 예컨대 결과로부터 독립적인 요구를 설정하거나 '게임 형식'의 정식화를 사용해야 하는지 여부다.

둘째, 자유의 요구는 다양하고, 자유의 실현 또는 침해 문제는 매우 다양한 맥락에서 발생할 수 있다. 이러한 다양성은 자유 요구의 **토대**(예컨대, 자유의 요구가 개인의 선택에 근거해야 하는지, 혹은 다른 의미에서의 개인의 선호에 근거해야 하는지) 및 적용의 **영역**(예컨대, 사회적 선택에 영향을 미쳐야 하는지, 혹은 사회적 판단에 영향을 미쳐야 하는지)과 관련 있다. 이처럼 다양한 경우는 각기 다른 맥락에서 본질적으로 중요하다. 사회 선택 이론에서 자유의 정식화는 해석상의 다양성을 통해 이러한 다양한 맥락에 대응할 수 있으며, 이것이 사회 선택 접근의 장점 중 하나다(2절).

셋째, 사회 선택 이론에서의 자유의 정식화에 의문을 제기한 일부 저자들(예, 서그든, 배리, 하딘)은 또한 '자유주의 역설'이 파레토 개선적 계약가능성을 고려함으로써 해결될 수 있다고 주장한다. 그러나 이는 쉽게 반증될 수 있고, 개인들이 그러한 계약을 체결할 자유 또는 체결하지 않을 자유를 갖는 한, 딜레마는 여전히 남는다(3절).

넷째, 이른바 '직관 개념'은 타인이 무엇을 하건 상관없이 어떤 행위를 자유롭게 할 수 있도록 개인을 내버려 두는 것을 자유로 간주하는 단순한 관점을 취한다. 이 개념에는 결함이 있다. 이는 (a) 오직 선택에만 기반한다는 점, 그리고 (b) 선택 맥락 내에서도 개인의 권리가 종종 타인의 행위에 조건적으로 달려 있다는 사실을 거의 고려하지 않는다는 점에서 한계다(예를 들어, 내가 다른 사람들과 함께 노래할 권리가 있다고 하여, 그것이 다른 사람들이 노래하든, 강의를 하든, 또는 명상을 하든 상관없이 노래할 권리를 의미하지 않는다). 그러나 어떤 맥락에서는 이 직관 개념이 상당히 타당한 것으로 작용한다. '최소 자유'에 근거한 사회 선택 이론상의 자유 개념은 이러한 적절한 경우와 부적절한 경우를 구분할 수 있는 여지를 남겨 둔다(4절).

다섯째, 가르트너 등(1992)의 '최소 자유'에 대한 사회 선택 이론 비판은 부분적으로, 직관 개념상의 자유가 충족되는 경우라도 최소 자유는 침해될 수 있다는 주장에 근거한다. 그러나 이는 최소 자유에 대한 선택 해석에는 해당되지 않는다. 이 사실은 불확실성이 없는 경우에는 자명하며, 불확실성이 있더라도 지배 전략이 존재할 경우에도 마찬가지다. 그리고 불확실성이 존재하고 지배 전략이 없더라도 (a) 권리를 보유하는 것과 (b) 그 권리를 행사할 타당한 이유를 가지는 것을 구분하면, 이러한 함의 관계는 쉽게 확인할 수 있다(이 경우 불확실성은 오직 후자에만 영향을 미친다). 반면에 욕구 해석을 취할 경우 이러한 함의 관계는 성립하지 않을 수 있다(직관 개념은 전적으로 선택에 기반해서다). 자유에 대한 선택 관점과 욕구 관점 간 괴리가 있다면, 이 둘 중 어떤 관점이 자유에 대해 보다 나은 이해를 제공하는지를 실질적으로 판단해야 하며, 그 판단은 특정 상황에 따라 달라질 수 있다(4절).

여섯째, 가르트너 등의 기타 비판들은 실질적으로는 최소 자유 조건에 대한 사회 선택 이론의 확장으로서 기버드가 제안한 조건이 과도하게 요구됨을 보여 주는 데 기반한다. 이 비판들은 나 또한 동의하지만, 이들이 최소 자유 그 자체에는 전혀 해당되지 않는다. 기버드의 자유 개념은 '직관 개념'이 보장하는 것보다 훨씬 **많은** 것을 요구하며, 반면 최소 자유는 훨씬 덜 요구한다. 이 두 개념 사이의 간극은 동기 측면에서도, 형식 측면에서도 매우 크다(5절).

일곱째, 게임 형식 접근법은 자유의 과정적 양상을 사회 선택 이론보다 훨씬 명시적으로 드러내며, 이는 분명한 장점이다(비록 자유의 다양한 과정들을 단순히 허용 가능한 전략의 세부화만으로 모두 포착할 수 없지만).[33] 또한 게임 형식 접근은 권리의 다양한 분배와 가능한 균형 상태 분석에 유용하게 활용될 수 있고, 이는 자유에 대한 사회적 선택 분석을 실질적으로 보완할 수 있다.

여덟째, 게임 형식 접근의 한계는 부분적으로 자유의 '선택 측면'에만 오로지 집중하는 데 있다. 그러나 자유에 대한 요구는 이 선택 측면을 훨씬 넘어선다(2, 4, 6절). 이러한 접근은 '침해 행위'나 다양한 형태의 '선택 억제'를 다룰 때 매우 심각한 약점일 수 있는데, 이는 특히, 예컨대 전통적 성차별 사회의 여성처럼 뿌리 깊은 불평등 상황에 놓인 자유의 결핍을 이해하는 데 핵심 요소들이다(2, 4절). 이러한 맥락에서 실제 선택의 틀을 넘어서는 접근을 가능케 하는 사회 선택 이론의 유연성은 매우 중요한 강점이다.

마지막으로, 자유와 권리에서 상호 의존성 문제를 다루기 위해 서로 다른 개인들의 허용 가능한 전략들의 집합을 서로 독립적으로 고려할 수 없다(이 점에서 이른바 직관적 권리 개념과는 다르다). 개인의 사적 영역은 (그러한 전략들의 조합이 초래할 결과를 고려하여)허용 가능한 조합을 규정함으로써 정의되어야 하며, 이러한 접근은 게임 형식의 권리 개념 **부분**으로 사회 선택 이론을 호출할 필요가 있다(6절).

가르트너 등(1992)은 실제로 "사회는 어떻게 특정 맥락에서 특정 플레이어에게 허용될 전략을 결정하는가?"라는 질문을 제기한다. 그들이 옳게 지적하

---

33) 어떤 상태에 도달하는 과정을 그 사회 상태의 성격 규정 속에 포함할 수 있고(이는 자유에 대한 사회적 선택 정식화의 영역을 실질적으로 확장한다), 이러한 서술 방식의 암묵적 성격은 때때로 그다지 유용하지 않을 수 있다. 나는 이 일반적인 문제를 애로우 강의인 "자유와 사회적 선택(Freedom and Social Choice)"에서 다룬다(20~22장 참조).

듯, 이는 '중요한 질문'이다. 그러나 그들은 이어서 "이 논문에서는 그 질문은 다루지 않는다"고 설명한다(174쪽). 이들 글은 흥미롭고 중요한 논증들로 풍부하고, 다양한 방식으로 통찰을 제공하므로 그들이 이 추가적인 질문까지 다루지 않더라도 비난할 수 없다. 그러나 바로 이 추가 질문에 대한 답변이 게임 형식 접근과 사회 선택 이론 간 관계를 결정한다(특히 자유를 선택의 관점에서 다루는 경우, 이는 사회 선택 이론과 달리 게임 형식 접근이 국한되는 제한된 형식이다). 우리는 '게임 형식'이라는 외형에 과도하게 감탄해서는 안 되며, 그 내용과 이론적 정당성을 면밀히 검토해야 한다. 바로 그 지점에서 사회 선택 이론과의 대응 관계가 명확히 드러난다.

권리: 정식화와 결과*

　『분석과 비판^{Analyse & Kritik}』(1996)에 실린 이른바 자유주의 역설에 관한 심포지엄은, 이 결과와 그로 인해 촉발된 방대한 문헌이 기초하는 형식 문제와 동기 문제를 다시 살펴볼 수 있는 좋은 기회를 제공한다. 이 반론문은 새로운 결과와 분석의 의의, 그것들이 권리의 정식화 및 그 함의에 미치는 영향을 다루며, 하나의 오해를 바로잡는다. 자유주의 역설이 야기한 성찰은 사회적 결정의 다양한 원칙의 수용가능성뿐 아니라 '선호'와 '만장일치'의 해석에도 영향을 줄 수 있다. 또한 이러한 성찰은 상호 의존적 삶을 살아가는 사회 속에서 개인의 선호가 어떻게 형성되는지에 관련된 몇몇 관심 지점을 가리키기도 한다.

* *Analyse & Kritik*, 18, 1996, 153~170쪽에서 인용 © Westdeutscher Verlag, Opladen.

1. 들어가며

『분석과 비판』에 실린 대단히 흥미로운 논문들에 대한 응답 기회를 준 데 깊은 감사를 표한다. 나는 이번 심포지엄을 통해 많은 것을 배웠다. (자유에 대한 내 헌신에도 불구하고)나 역시 쾌락주의자기에, 이 논의에 참여하는 즐거움 또한 중시한다. 제시된 모든 주장에 내가 동의할 수 없었던 경우(어쩌면 특히 그런 경우)조차 말이다. 하지만 이 모두를 넘어, 이번 심포지엄이 이른바 자유주의 역설을 제시하고 검토하게 했던 몇 가지 문제를 다시 살펴볼 수 있는 계기가 되었다는 점에서 매우 기쁘게 생각한다.

나는『수리경제학 핸드북』The Handbook of Mathematical Economics』에 수록된 사회 선택 이론에 대한 비판적 개관에서 다음과 같은 방식으로 그 동기를 제시하려 했다.

> '파레토 자유의 불가능성'과 관련된 결과가 지니는 흥미는, 그것들이 역설이나 두뇌 게임으로서 지니는 가치보다는, 개인 및 집단의 권리 정식화와 일반적으로 받아들여지는 결정 원칙들, 그중에서도 논란의 여지가 없다고 여겨지는 파레토 원칙 같은 규칙들에 대한 재검토의 근거를 제공한다는 점이다.(센 1986, 1139쪽, 센 1970a, 81~86 참조)

이번 심포지움에서는 '권리의 정식화'와 '결정의 원칙들' 양쪽 모두 주목을 받았다.

이는 일반적으로 내가 1970년에 발표한 짧은 노트가 이끌어 낸 놀라울 정도로 방대한 문헌에 대해서도 마찬가지였으며 그 자체로 매우 기쁜 일이다.

밀러Dennis Mueller(1996, 114)는 이 책자에 수록된 글에서 "센 자신도, 그리고 다른 누구도 예상하지 못했을 것"이라고 했는데, 이는 사실 매우 점잖은 표현이다. 실제로 나는 처음에 그 노트를 출판할지에 대해 상당히 회의적이었다. 비록 1967년 델리경제대학과 1968년 하버드대학 수업 중, 문제를 기초적인 형태로 제시했을 때 몇몇 흥미로운 반응과 유쾌한 이견이 있었지만, 이 노트

   제4부 ＊ 자유와 사회적 선택

를 투고하게 된 것은 전적으로 애로우의 단호한 조언 덕분이었다. 이 모든 것이 너무 사소한 것일지 모른다는 의구심뿐 아니라, 내가 제기하고자 했던 심각한 문제가 '두뇌 게임' 같은 '역설'의 측면에 가려지는 것은 아닐까 하는 걱정도 있었다.

하지만 실제로는 대부분 내 문제의식 자체를 정면으로 다루면서 반응해 주었다. 심지어 어떤 경우에는 문제에 대한 내 해석을 전면적으로 거부하면서 그러했다. 이 모든 일들에서 기뻐할 만한 점이 많았고, 권리의 정식화 문제와 그 결과에 대한 논의는 이로 인해 촉발된 문헌 속에서 철저히 검토되었다. 그 문헌은 힐링거와 라팜(1971), 응[Ng](1971), 바트라와 파타나익(1972), 피콕과 로울리(1972), 피시번(1973), 노직(1973, 1974), 기버드(1974), 베른홀츠(1974, 1975), 해먼드(1974, 1977), 카르니(1974, 1978), 블라우(1975), 로울리와 피콕(1975), 자이들(1975), 캠벨(1976), 패럴(1976), 켈리(1976a, 1976b), 스즈무라(1976, 1978), 올드리치(1977a, 1977b), 블라우와 데브(1977), 브라이어(1977), 밀러(1977), 페렐리 미네티(1977), 페레존(1978), 스티븐스와 포스터(1978) 등으로 시작되어 그 이후에도 활발히 이어지고 있다.[1] 이 책에 수록된 논문들 역시 그러한 문헌을 실질적으로 확장시켰다.

이 응답에서 나는 유익한 쟁점을 분류했던 초기의 이분법적 구분을 따라 논의를 시작하고자 한다. 이후 네 개의 절에서는 권리의 '정식화' 문제를 다루고, 그 뒤에 '역설'이 결정 원칙들에 갖는 함의를 다룬다.

2. 권리의 정식화, 노직의 제안, 그리고 게임 형식

'개인과 집단의 권리에 대한 기존의 정식화를 재검토'하려는 내 초기 탐색

---

1) 1980년대 중반까지 문헌에서 제기된 주요 쟁점들의 검토는 스즈무라(1983), 리글스워스(1985), 라일리(Riley, 1987), 밀러(1989)에서 찾아볼 수 있다.

은 노직(1973, 1974)의 심오한 응답을 통해 빠르게 결실을 맺었고, 그때 시작된 추론의 흐름은 여기(특히 플뢰베이^{Fleurbaey}와 가르트너 1996, 파타나익 1996a, 스즈무라 1996 논문)에 잘 반영된다. 이 맥락에서, 자유주의 역설에 대해 노직이 대응한 주장의 요지를 되새길 필요가 있다.

> 문제는 한 개인이 선택할 수 있는 대안들 사이에서 선택할 권리를, 이 대안들의 상대적 순서를 사회적 순위에서 결정할 권리로 간주하는 데서 비롯된다. … 개인의 권리에 대한 보다 적절한 관점은 다음과 같다. 개인의 권리는 동시 실현 가능하고, 각자는 자신의 권리를 원하는 대로 행사할 수 있다. 이러한 권리 행사는 세계의 일부 특징들을 고정한다. 이렇게 고정된 특징들의 제약 속에서, 남은 선택이 있다면, 사회적 순위에 기반한 사회 선택 메커니즘에 따라 선택이 이루어질 수 있다! 권리는 사회적 순위를 결정하는 것이 아니라, 오히려 사회적 선택이 이루어져야 할 제약을 설정한다. 즉, 일부 대안을 배제하고, 다른 것들을 고정하는 식으로 말이다. … 만약 어떤 유형의 패턴화가 정당하다면, 그것은 사회적 선택의 <u>정의역에 속하며</u>, 따라서 사람들의 권리에 의해 제약을 받아야 한다. <u>센의 결과에 어떻게 대응할 수 있겠는가?</u>(노직 1974, 165-166, 밑줄은 노직의 강조. 또한 노직 1973 참조)

이 지점에서 다음 세 가지 쟁점은 특히 지목할 가치가 있다. 첫째, 노직은 권리를 센(1970a)에서 제시한 방식과는 다르게 정식화해야 한다고 제안하며, 특히 특정 영역에서 스스로 행위할 수 있는 허용과 권한을 포함해야 한다고 주장한다. 예르덴포스(1980), 서그든(1981, 1985) 가르트너, 파타나익, 스즈무라(1992)의 주요 기여 등을 포함하여 이러한 방식으로 논의를 전개한 연구들은 권리를 "개인이 취할 수 있는 행위 또는 전략의 허용가능성"으로 보고, 사회적 결과를 "권리를 가진 n명의 개인이 취할 수 있는 여러 허용된 전략들의 (동시적 또는 순차적)조합의 결과"로 간주하는 방향으로 나아갔다(플뢰베이와 가르트너 1996, 55), 그리고 파타나익(1996a)이 지적하듯, 센(1970a)의 사회 선택 이론에서의 권리 정식화와는 달리, "게임 이론적 정식화는 개인이 사회적 대안들에 대해 가지는 선호를 전혀 참조하지 않으며, 어떠한 게임의 실제 결과에도 의존하지 않는다(42쪽)." 게임 형식 정식화의 적절성을 검토하려면 이러한 선호 독립성과 결과 독립성의 특징을 반드시 고려할 필요가 있다. 이것은 플뢰베이와 가르트너의 논문, 그리고 반 히스의 논문에 부분적으로 해당되는 주제여서, 나는 이들의 논리 전개와 결론을 검토해야 한다. 이에 관한 논의는 다음 절에서 다룬다.

둘째, 노직은 자유주의 역설에 반영된 교착 상태를 중요한 문제로 보는데, 이것이 교착 상태를 제거할 것이기 때문에 그가 제안하는 공식을 선택할 동기를 제공한다("어느 누가 센의 결론에 대응할 수 있을 것인가?") 이것은 자유주의 역설이 게임 형식 해석에서 사라지는지에 대한 둘째 질문을 제기한다. 그리고 이 질문에 대해 파타나익(1996a), 스즈무라(1996) 그리고 빈모어 역시 지나는 말로 간단하게 설명한다. 이는 4절에서 보도록 한다.

셋째, 노직이 제안한 자유주의 역설에 나타난 교착 상태의 제거는 개인의 권리와 파레토 원칙의 양립가능성에 대한 정당화로 간주되지 않았다. 파레토 원칙은 노직이 '패턴화'라 부른 것의 한 예고, 이는 사회 선택 이론에서의 권리 정식화와 유사하다. 노직에 따르면, 다른 패턴화 주장들과 마찬가지로 그것이 '정당'하면 부분적 사회 질서를 이끌기 위해 사용될 수 있지만, 그 사용은 개인의 권리 행사로 '제약'되어야 한다. 노직의 틀에서 (파레토식 후생 경제학을 포함한 '후생주의적' 틀에서와는 달리)권리보다 우선순위를 갖지 않으며, 이 '교착 상태'의 제거는 파레토 원칙의 충족으로 이어질 필요가 없다. 이 특성에 따르면, 그것의 충족 여부는 개인이 자신들의 권리를 어떻게 행사하느냐에 달려 있고, 이에 대해서는 구체적 사항이 거의 규정되지 않는다. 실제로 이 권리 모델링은 다양한 행동주의적 가정들과 양립 가능하다(이 주제는 본 심포지움에서 드러난 파타나익 1996a와 스즈무라 1996의 글에서 다룬다). 노직이 주

장한 다른 패턴화들과 '사회적 순위' 구성 요소를 낮은 우선순위로 둔 것과
마찬가지로, 파레토 원칙 역시 개인의 권리보다 낮은 우선순위로 배치된다.
이 점은 자유주의 역설의 반[反]파레토적 함의가 다른 권리 정식화를 추구해야
할 근거로 간주되어 온 바를 감안하면 언급할 가치가 있다. 그럼에도 이것은
노직의 관심사가 아니다.

3. 게임 형식, 결과 그리고 권리의 유형 분류

플뢰베이와 가르트너(1996)는 게임 형식 권리 정식화를 논리적으로 옹호하
는데, 그들의 논증 중 많은 부분에 내가 반대할 것은 없다. 가르트너, 파타나
익, 스즈무라(1992)의 권리 정식화가 '권리의 형식적 구조에 초점을 맞춘' 것
이지만, 그럼에도 "게임 형식 접근에서는 결과가 중요하며, 개인들은 자신의
선호 순위를 통해 이 결과에 관심을 갖는다." 나아가, "일부 경우는 결과가 주
요 초점이며, 다른 경우는 특정 결과가 아니라 권리의 적절하고 방해받지 않
는 행사가 사회가 주로 관심을 갖는 대상이다(플뢰베이와 가르트너 1966, 55쪽)"
라고 말한다. 저자들은 이어서 각각의 권리 유형에서 결과 또는 행위(또는 전
략)가 핵심적 특징인지에 따라 권리를 유형화한 분류 체계를 제시한다.

센(1970a)에서 제시한 것을 포함하여, 권리에 대한 사회 선택적 기반 정식
화는 결과에 깊이 관여되는 방식으로 전개되어 왔다. 이러한 특징은 노직이
자신의 기존 논의에서 벗어나게 만든 비판에서 '실수'로 간주되었고, 이후 문
헌들도 그 문제 제기를 따랐다. 그러나 (최소한 하나의 주요 권리 범주에서)결과
의 관련성을 다시 강조하는 이러한 움직임은, 권리를 다루는 사회 선택적 접
근이 부분적으로 정당화되었음을 보여 주는 것으로 간주할 수밖에 없다. 파
타나익(1996a)의 지적처럼, "개인 권리의 게임 정식화는 사회적 대안들에 대
한 개인의 선호를 전혀 고려하지 않고, 어떠한 게임의 실제 결과도 언급하지

않는다(42쪽)." 이러한 점에서 권리의 게임 형식 정식화를 형식적 수준 이상으로 **보완**할 필요가 있음은 명백하다. 이는 특히 플뢰베이와 가르트너가 제시한 권리의 유형 분류 가운데 "결과가 주요 초점인" 권리인 경우에 더욱 그러하다.

나는 곧 이 권리 유형 분류를 논평하겠지만, 다음 두 가지 점에 전적으로 동의하는 데에는 아무런 문제가 없다. (1) 자유로운 행위의 실현이 중심 사안인 권리 유형이 있으며, 그러한 권리는 게임 형식 정식화가 이를 완전히 특징짓는 데에 충분히 적절하다는 점, (2) 결과가 중요한 권리들은, 게임 형식의 정식화가 권리의 대안적 부여 방식(그리고 대안적 게임 형식) 중 하나를 선택하는 데 그 실현 가능성을 고려하여 실질적 보완이 필요하다는 점이다(이 점에 대해서는 해먼드 1996와 스즈무라 199 참조). 이러한 합의된 입장의 윤곽은 플뢰베이와 가르트너의 실질적 논의와 스즈무라(1996)의 논문에서 탐색된 분류상의 구분을 결합해 가장 잘 이해될 수 있는데, 스즈무라는 다음 세 가지 쟁점을 분리한다.

(1) 권리의 **형식적 구조**
(2) 부여된 권리의 **실현**
(3) 권리의 **최초 부여**(이와 관련해서는 파타나익와 스즈무라 1994, 1996과 데브 1994를 참조)

내가 센(1992)에서 "우리는 '게임 형식'의 '형식'에 지나치게 매료되서는 안 된다(155쪽)"고 분명 과도하리만치 거칠게 말했지만, 결과에 무관한 게임 형식 정식화로부터 나아가 대안적 '최초 권리 부여'의 결과를 분석할 필요성은 현재로서는 일반적으로 동의된 사안인 듯하다. 만약 이 이해가 맞는다면, 나는 불평할 이유가 없다. 사회적 선택 정식화가 집중해 온 (권리 실현이 결과에서 어떻게 나타나는지와 관련된)쟁점들은 게임 형식 접근에서도 여전히 중요하고, 이 심포지엄에서 발표된 스즈무라의 논문이 보여 주듯, 그 연결성은 실제로 매우 밀접할 수 있다. 또한 나는 빈모어(1996)의 통찰력 있는 권리 분석에서도 결과에 대한 민감성이 중요함을 덧붙이고 싶다. 그는 "권리와 의무는 우리가 '삶의 게임'이라는 사회 계약 속의 균형 상태를 조정할 때 사용하는 규칙 체계에 구현된 것"으로 바라보아야 함을 강조한다(79쪽).

내가 플뢰베이와 가르트너와 일부 견해를 달리하는 부분은, '결과 지향적' 권리와 '전략 지향적' 권리라는 두 범주가 각각 파인버그^{Feinberg}(1973)의 잘 알려진 구분에서 말하는 '수동적^{passive}' 권리와 능동적^{active}' 권리에 대응한다고 주장한 데 있다. 나는 여기서 "수동적 권리는 결과 지향적이다"라는 주장(61쪽)에는 이의를 제기하지 않지만, 모든 능동적 권리가 "전략 지향적이며, 특정한 결과는 고려하지 않는다(62쪽)"는 가정의 타당성에는 의문을 제기한다.

이 주장은 플뢰베이와 가르트너가 개인의 전략과 그에 대응하는 '사적 결과' 사이를 구분하지 **않은** 데 따른 질문에서 촉발된다고 할 수 있다. 플뢰베이와 가르트너는 "(검은 옷을 입는)'사적 결과'는 검은 옷을 입기로 한 전략과 거의 구별되지 않는다"고 주장한다(60쪽). 그러나 바로 이 지점, 즉 (1) 어떤 행위를 하려는 **전략**(예, 특정 종교를 실천하려는 시도, 특정 복장을 착용하기로 한 결정)과 (2) 실제로 그것을 **할 수 있는 능력** 사이의 간극이 밀(1859)이『자유론』에서 자신의 분석을 전개하게 된 이유다. 이러한 점은 결과 분석이 많은 제한된 특성화들과는 달리, '수행된 행위' 자체를 결과 중 하나로 포함할 것을 시사한다(센 1982b, 1985 참조). 그러나 이는 우리 사이의 본질적 차이로 보기는 어렵다. 왜냐하면 내가 보기에 플뢰베이와 가르트너가 이것을 부정하려는 의도는 없어서다.

실제로 존재할 수 있는 진짜 차이는 생각건대, 적극적 권리의 경우 중 타인의 불간섭 이상의 무언가를 포함하는 경우로부터 비롯한다. 어떤 자유를 적극적으로 행사하는 권리라도, 그 결과는 해당 개인의 전략 선택만으로 결정되지 않으며, 타인들의 행위에 상당히 좌우될 수 있다. 센(1996)에서 다룬 한 예가 이러한 경우를 보여 준다.

   제4부 * 자유와 사회적 선택

밀(1859)이 서로 다른 신앙을 가진 사람들이 자신이 원하는 음식을 먹을 자유, 특히 무슬림이 돼지고기를 먹지 않을 자유와 비무슬림이 돼지고기를 먹을 자유를 논할 때(밀 1859, 152~154쪽), 각 요리가 어떤 재료로 만들어졌는지를 사람들이 모르면 문제가 발생할 수 있다. 무슬림과 비무슬림의 권리가 각각 실현되는지를 확실히 하려면, 단순히 각 개인에게 행동의 자유를 부여하는 것을 넘어서야 한다. 이 경우 자유의 실현을 위해서는 올바른 결과의 도출이 중요하며, 이는 일반적으로 '적극적' 권리의 범주에 속하는 경우에도 마찬가지다. 이와 유사한 사례들은 쉽게 더 찾을 수 있다.

빈모어(1996)가 "개인들이 서로 **독립적으로** 자신의 권리를 행사할 수 있어야 한다는 점을 센이 간과했다고, 가르트너 등과 서그든이 제기한 비판에 공감한다"(73쪽)는 말은 타당하다. 센도 자신에 대한 이러한 비판을 일정 부분 공감하지만, 이 지적이 얼마나 중요한지를 판단하려면 사람들이 실제로 서로 **독립적으로** 모든 권리를 효과적으로 행사**할 수 있는지**에 달려 있다(센 1982b, 1992 참조). 이러한 독립성은 파인버그가 말하는 '능동적 권리[active rights]'의 일반 범주에 속하는 경우조차도 반드시 가능하지 않을 수 있다(하물며 '수동적 권리[passive rights]'의 경우에는 그런 독립성이 실현될 수 없음은 말할 것도 없다).

그러한 상호 의존성과는 별개로 '능동적 권리'의 경우에도 센(1992)이 '선택 억제'라고 명명한 문제로 인해 어려움이 발생할 수 있다. 강력한 권력을 가진 사람들에게 탐탁지 않게 여기는 행동을 실행할 용기를 갖는 것은, 게임 형식이 그 사람에게 바로 그 행동을 할 권리를 부여하는 경우에도, 결코 쉽지 않을 수 있다. 센(1992, 148~150쪽)에서 제시한 한 예는, (관습에 얽매인 사회에서)머리를 가리지 않은 채 대중 앞에 나서는 것이 비정상적인 행위로 간주될 때, 여성이 실제로 해당 행동을 할 권리를 인정받고 있음에도, 그것을 실행할 용기를 얻기가 어려운 경우다. 스즈무라의 통찰력 있는 분류에 따르면, '권리의 실현'과 '권리의 부여'는 게임 형식의 '형식적 구조'를 넘어서야 한다.

이러한 세부적 차이에도 불구하고, 일반 원칙에서는 많은 부분에서 의견의 일치를 본다고 생각한다. 우리가 공통적으로 인식하는 바는 다음과 같다.

> (비록 경계에서의 모호성은 존재하지만)**결과 지향**적 권리와 **전략 지향**적 권리라는 범주는 모두 공허하지 않으며 실질적이다.
> 게임 형식 **정식화**는 두 범주 모두에 적용될 수 있다.
> 그러나 '결과 지향적' 경우에는, 권리의 실현과 부여에서 결과 분석을 통해 게임 형식의 형식적 요소를 **실질적으로 보완**해야 한다.

따라서 게임 형식 정식화가 선택된 경우에도, 권리를 이해하는 데 사회적 선택의 관점이 여전히 유효한 여지가 있다.

관련된 맥락에서 판 헤스(1996)는 매우 다른 유형의 문제를 제기하는데, 이는 내게 대단히 중요한 문제로 보인다(판 헤스 1994, 1995 참조). 게임 형식 접근법은 매우 단편적 방식으로 사용될 수 있고, 그 형식은 단편적 접근에 봉사할 수 있다. 판 헤스가 다룬 쟁점은 특정 법 규범이 전체 법 체계의 일부에 불과하다는 점에서 '전체 법 체계' 연구의 중요성이 포함된다. 판 헤스는 다양한 유형의 권리에 대한 법 이론을 활용하여 게임 이론적 틀에서 권리의 여러 유형을 구분할 뿐 아니라 (특정 권리가 '존재'하는지에 대한 판단을 포함하는)'법적 타당성' 문제도 함께 다룬다. 이를 위해서 상호 연관된 게임 형식들의 복합 구조를 분석해야 하고, 이는 해당되는 개인들의 선호를 참조하지 않고서는 불가능하다. 따라서 판 헤스가 제시한 분석은 선호(및 그 충족)에 주의를 기울여야 한다는 앞선 논의들을 보완하며, 이로써 게임 형식 체계는 선호와 연결된 사회적 선택의 권리관에 훨씬 가까워진다.

4. 게임 형식과 자유주의적 패러독스

많은 관심을 받아 온 쟁점 중 하나는, 권리에 대한 게임 형식 정식화가 자유주의 역설을 제거하는지를 둘러싼 문제다. 이로 인해 역설이 사라질 것이라는 주장은 예르덴포스(1980) 와 서그든(1981, 1985a)을 포함한 여러 저자들에 의해 명시적으로 제기되었다. 그러나 이 가능성은 기존에 존재하는 실질적 문제는 단지 언어나 형식의 전환만으로는 제거되지 않는다는 단순하지만 근본적인 진단 논거에서 비롯해, 빈모어에 의해 의문이 제기된다. "하나는 … 단지 게임 이론의 언어를 채택하는 것만으로는 센의 역설에서 벗어날 수 없다(빈모어 1996, 73쪽)."

이 문제는 파타나익(1996a)과 스즈무라(1996)가 광범위하게 다룬다. 파타나익은 게임 자유주의 역설의 두 가지 다른 게임 형식 정식화를 제시한다. 이러한 경우 각각에서 역설은 여전히 성립하며, 파타나익은 다음과 같이 지적한다.

> 이 두 해석 중 어느 것도, 역설을 파레토주의와 자유주의적 가치 간의 직접적 긴장으로 간주할 수 없다. 이는 두 해석 모두에서, 고려 중인 긴장을 생성하기 위해 구체적인 행동주의적 가정이 사용되기 때문이다.
>
> (파타나익 1996a, 51쪽. 관련 논의는 레비 1982 참조)

이는 사실이다. 그러나 행동주의적 가정의 필요성은 전혀 놀랍지 않다. 게임 형식의 **형식적 구조** 속에서 권리는 단지 전략 선택의 자유만을 포함할 뿐이고, 어떠한 행동주의적 가정이 없이는 (파레토 최적성과 충돌하건 부합하건)**어떠한 결과**도 도출하지 못한다. 양자는 서로 다른 영역에서 작동하며, 둘이 연결되기 위해서는 행동주의적 가정이 필요하다. 파레토 원리는 무엇이 선택되어야 하는지를 지시하지만, 앞서 논의처럼 게임 형식상의 권리는 (형식적 구조 속에서)결과나 선호에 대해 아무런 언급도 하지 않는다(서그든 1985 참조). 이것이 문제를 '해결'하는 방식이 될 수 없음은 명백하며, 파타나익 역시 이를 주장하지 않는다. 비유하면, 당신이 복숭아를 먹을 권리를 가지고 있더라도 (즉, 원하면 먹을 수 있더라도), 실제 취식하지 않고 복숭아가 남은 상황과 어떠한 충돌도 발생하지 않는다. 충돌은 당신이 실제로 복숭아를 먹기로 선택하지 **않는 한** 발생하지 않는다. 따라서 충돌이 "제거되었다"고 보기는 어렵다.[2]

이에 반해 스즈무라(1996)의 이 문제에 대한 분석과 해석은 훨씬 명료해 보인다. 그는 '형식적 구조'보다는 권리의 '실현realization'과 '부여conferment'에 보다 초점을 맞춘다. 스즈무라는 자유주의 역설이 "게임 형식상의 권리를 실현하는 맥락뿐 아니라, 게임 형식상의 권리를 처음 부여하는 맥락에서도 반복적으로 나타난다"고 밝힌다(34쪽). 이에 못지않게 중요한 것은 스즈무라가 이 충돌의 '경험적 관련성'을 논의하면서, 충돌이 발생하는 (매우 실제적으로 흥미로운) 여러 설득력 있는 예시들을 제시한다는 점이다. 그는 이 역설을 "두 가지 기본적 가치, 즉 하나는 사회적 효율성이라는 후생주의적 가치와 다른 하나는 비후생주의적 개인 권리 주장 간의 충돌"을 보여 주는 사례로 간주한다(35쪽).

이러한 논증 과정에서, 스즈무라는 하렐Harel과 니찬Nitzan(1987)이 제기했던 기존의 주장을 다루기도 한다. 그들은 계약적 합의가 자유주의 역설을 해결할 수 있다고 주장한 바 있는데, 이러한 주장은 (예컨대, 베리 1986과 하딘 1988 등처럼) 반복적으로 제기된다.[3] 스즈무라는 이러한 '해결책'이 "일반적 의미에서 자유주의 신념을 가진 사람에게는 거의 설득력이 없다"고 입증한다(26쪽). 이 문제는 나 또한(비록 스즈무라만큼 명확히 입증되지는 않았지만) 다른 곳(센 1992, 144~146)에서 논의한 바 있고, 비슷한 결론을 내린 바 있다. 상식적인 가장 단순한 수준에서조차, 예컨대 『채털리 부인의 연인』 읽기 사례에서 프루드는 자신이 혐오하는 책을 루드가 읽지 못하게 하려고 자신이 억지로 읽는

---

2) 보다 실질적으로, 파타나익은 전략적 상호 작용으로 인한 불확실성이 존재하는 몇몇 상황에서는, 개인이 광범위한 충돌이 담보되는 일반적 행동 양식을 따르는 것이 바람직하지 않을 수 있다고 지적한다. 이러한 전략적 고려가 개입되는 상황은, 예를 들어 밀이 논의한 자유 침해의 고전적 사례들과는 매우 달라서(밀에게서 전략적 상호 작용으로 인한 불확실성은 이 맥락에서 중요한 문제가 아니었다), 이러한 제한적 조건의 의미를 어떻게 해석해야 할지는 분명하지 않다. 동일한 맥락에서, 파타나익의 지적처럼 어떤 '권리 구조'는 순수 전략에서 내시 균형을 갖지 않을 수 있고, 이로 인해 파레토 원칙과의 충돌을 보장하는 행동 가정을 실현 불가능하게 할 수 있다. 나는 이러한 점들이 게임 형태의 권리와 파레토 원칙 간의 일반적 양립가능성에 대해 얼마나 위안을 줄지에 확신이 없고, 실제로 파타나익 또한 그러한 주장을 하지 않는다. 이러한 결과는 그 실질적 함의가 특별히 중요하지 않아도, 기술적 결과로서 흥미롭다고 생각한다.

3) 관련 문제는 롤리와 피콕(1975), 롤리(1993), 그리고 이번 심포지엄에서 뷰캐넌(1996), 드 자세이와 클리엔트(1996)가 다룬다.

데 동의하고, 반면 루드는 푸르드가 혐오하는 책을 억지로 읽게 하기 위해 자신이 간절히 읽고 싶은 책을 스스로 포기하는 식의 계약을 통해 그 갈등이 정말로 '해결'된다고 보는 관점은 괴이하게 여겨진다.[4] 자유나 자율성의 관점에서 이러한 결과를 이상적 상태로 보기는 어렵다.

5. 해석상의 오해

나는 (다른 저서에서 제시한 것이지만)뷰캐넌의 공적 결정에 관한 견해는 자유주의 역설의 함의를 평가하는 데 매우 중요하다고 곧 논증할 것이다. 그러나 이 논문에서 그가 집중하는 바는 다소 다르다. 뷰캐넌(1996)은 "한 개인에게 결정권을 부여하면, 사회 내 다른 어떤 개인에 대한 동일한 방식의 결정권 부여가 필연적으로 배제된다"고 주장한다(119쪽). 이는 보다 일반적 형태로 상당히 흥미로운 문제를 제기한다. 즉, 어떤 조건, 그리고 어떤 정의역에서 한 사람의 사적 자유 영역에서 가지는 결정권이 타인의 보호 영역에서 갖는 결정권을 배제할까? 이 정식화는 애로우의 '불가능성 정리'를 유발하는 모순과 관련이 있다. 그 정리는 다음과 같은 보조 정리를 통해 증명된다. 애로우 조건이 주어지고, 어떠한 쌍에 대해 한 사람이 결정적이면, 그는 다른 모든 쌍에 대해 결정적이다(여기서 독재자 정리가 도출된다. 애로우 1963와 센 1970b, 1986 참조). 내가 (뷰캐넌이 언급한)그의 논문을 수업에서 활용할 때, 이 문제를 제법 깊게 검토하면서, 나와 내 학생들은 이러한 모든 양립 불가능성에 대한 일반적 특성화를 탐구하고자 시도했다.[5]

---

4) 이러한 '해결책'이 자유주의적 가치와 양립하지 않는다는 점 외에도, 이 해결 방향에는 심각한 다른 문제가 있다. 즉, 그 일반적 적용가능성(특히 두 사람 이상의 세계에서), 지속가능성, 그리고 심지어 일관성의 문제다. 브라이어와 가드너(1980), 브라이어와 지글리오티(1980), 가드너(1980), 스즈무라(1980, 1991, 1996), 바수(1984), 브라이어(1996) 참조.

5) 나는 지금부터 뷰캐넌의 특정한 주장이 잘못이라 주장하고자 한다(그 주장은 최소 자유 조건 ML의 오해에 기반한다). 그러나 그가 제기한 일반적 양립가능성의 문제는 흥미로운 사안이다. 이는 또한 뷰캐넌이 다른 곳에서 제기한 '논의를 통한 통치'라는 매우 중요한 논점과 관련이 있고, 이는 이 글의 후반부에서 다시 언급한다.

그러나 뷰캐넌이 여기서 주장하는 바와 달리, 자유의 역설 일부를 이루는 최소 자유[ML] 조건에서 사용되는 쌍대적 결정권에는 그러한 양립 불가능성이 발생하지 않는다. 두 사람(더 나아가 모든 사람)이 이 ML 조건에서 설명된 방식으로 결정권을 갖는 것이 가능하다. 동일한 오해는 드 자제와 클림트(1996)의 논문에서도 반복되며, 브라이어(1996)가 이 심포지엄 기고문에서 두 논문 모두 자유의 역설에 대해 "심각하게 오해한다"는 지적은 유감스럽지만 옳다고 생각한다(149쪽). 그 이유는 브라이어가 말한 바 그대로다. 특히, 다음의 말을 주목하자.

> 어떤 상태 쌍 (x, y)에 대해 결정권이 부여된 개인이 실질적으로 할 수 있는 일은, 자신의 선호 순위(이를테면, x를 y보다 선호, 즉 xPy라고 가정)를 사회에 강제함으로써 특정 상태(여기서는 y)가 '최선'의 상태로 되기를 막는 것뿐이다. 따라서 이 모든 것은 (둘 중 특정한)하나의 상태를 거부할 수 있는 권리, 즉 거부권에 해당한다. 따라서 뷰캐넌의 주장과 달리, 가능한 사회 상태들만큼 많은 사람에게도 이와 같은 거부권을 부여할 수 있음이 명백하다.(브라이어 1996, 150쪽)

선호 기반 형식에서의 ML 조건은, 두 사람 각각에게 적어도 하나의 대안쌍 $\{x, y\}$에 대해 다음과 같은 사적 영역이 있을 것을 요구한다. "한 개인이 x를 y보다 선호하면 사회도 x를 y보다 선호해야 하고, 그 개인이 y를 x보다 선호하면 사회도 y를 x보다 선호해야 한다(센 1970a, 153쪽)." 뷰캐넌은 이 조건을 "자기 모순적이다(118쪽)"라고 확신하는데, 그 이유는 무엇일까? 만약 사람 1이 $\{x, y\}$ 쌍에서 사적 영역을 갖고, 사람 2는 $\{a, b\}$ 쌍에서 사적 영역을 갖는다면, 그들은 각각 그 쌍에 대해 어떤 식으로든 순위를 매길 수 있고, 그것이 사회적 순위에 반영된다. 이때 이 쌍들이 서로 겹치지 않는 한, 두 사람의 선호가 무엇이건 간에 그 사이에 모순은 없다.

아마도 뷰캐넌은 ML 조건에 대한 선택 해석을 염두에 두고 있었으리라.

그러나 그 해석은 단지, 만약 $\{x, y\}$에 대한 결정권을 가진 사람 1이 x를 y보다 선호하면 "x가 선택 가능할 때 y는 사회적으로 선택되지 않아야 한다"는 것을 요구할 뿐이다(센 1982a, 322쪽, 센 1976, 1983를 참조). 만약 우리가 이 쌍 $\{x, y\}$에 대한 선택만을 고려하면, 이 요구는 사람 2가 다른 쌍$\{a, b\}$에 대한 자신의 권리 행사와 어떤 충돌도 발생하지 않는다. 반면, 우리가 $\{x, y\}$ 쌍을 포함하는 더 큰 집합 S를 고려하면, 사람 1이 x를 y보다 선호할 경우, y를 제외한 다른 모든 대안들이 여전히 선택 가능하다. 브라이어의 말처럼, 이것은 단지 둘 중 하나의 대안에 대한 '거부권'일 뿐이다(이 경우 그는 y를 거부한다). 사람 2의 $\{a, b\}$에 대한 선호는 해당 쌍에서 덜 선호되는 대안을 배제한다. 즉, 사람 2가 a를 b보다 선호하면, b는 선택되지 않고 a는 선택 가능한 상태로 남는다. 그러나 이 상황에는 어떤 모순도 없다. 왜냐하면 집합 S 안에서는 y와 b를 제외한 모든 대안들(예컨대 x나 a, 혹은 이 네 가지 외의 어떤 대안)이 여전히 선택 가능해서다. 설령 각각의 대안 x, y 등이 "사회의 완전한 묘사, 즉 사회 내 각 개인의 지위를 모두 포함한 상태"라도 뷰캐넌이 내린 결론처럼 "한 개인에게 결정권을 부여하면, 그 사회의 다른 어떤 개인에게도 유사한 결정권을 부여하기가 절대 불가능하다(119쪽)"는 주장은 잘못이다.[6]

같은 오류는 드 자제이와 클림트(1996)에서도 반복된다. 그들은 자신들의 예시에서 ML이 "여성 1이 (**사회 상태들의 집합**으로부터)**사회 상태**를 선택할 **권리**를 획득하게 한다(130쪽)"고 주장한다. 그러나 실제로 여성 1이 획득한 것은, 자신에게 할당된 쌍으로부터 하나의 대안을 배제할 권리일 뿐이다. 드 자

---

6) 뷰캐넌의 119~120쪽에 있는 예시는 이 문제를 혼동시킨다. 네 가지 대안 중 두 가지가 선택되지 않도록 배제하는 대신, 그는 어떻게든 네 가지 모두 배제한 것으로 가정한다. 보다 사소한 문제지만, 뷰캐넌이 제시한 예시는 동기 측면에서도 다소 당혹스러운 점이 있다. 즉, 사람 2에게 배정된 쌍 $\{z, w\}$가 사람 1의 상태(수염이 있는지 혹은 깔끔하게 면도했는지)에 따라 달라지며, 사람 2는 두 경우 모두 수염이 있는 것으로 설정된다. 따라서 뷰캐넌의 설명에서 사람 2는 (다소 비자유주의적으로)사람 1의 수염 유지 여부에 대해 선택권을 부여받는다(사람 1이 무엇을 원하는지는 상관없이). 이 문제는 본래 논의할 필요가 없을 수도 있었지만, 뷰캐넌이 이 사례에 대한 논의를 내 인용문과 결합해서 제시하는 바람에, 대안들이 이와 같지 않은 맥락에서의 내 논의를 마치 이 사례에 대한 것으로 오해할 여지가 생긴다. 뷰캐넌의 일련의 추론에서 주요 문제는 물론 다른 데 있다. 즉, 한 쌍에 대한 권리가 그 두 가지 대안 중 하나만을 거부할 수 있는 권한만을 개인에게 부여한다는 점을 간과한 것이다.

제이와 클림트가 "개인들이 단지 그들의 **자유**를 행사하는 것만으로는 **결코** 집합적인 결과를 단독으로 초래할 수 **없다**"고 지적할 때, 그들은 물론 옳다. 그러나 누구도 개인이 그럴 수 있다고 전제한 적은 없다. 만약 $\{x, y\}$ 쌍에 대한 선택이 사람 1의 사적 정의역에 속할 때, 그것이 의미하는 바는 단지 그녀가 x를 y보다 선호할 경우, x가 선택지 안에 존재하면 y는 선택되지 않는다는 데 있다.

이 같은 오류는 드 자제이와 클림트의 논문 전반에 걸쳐 지속적으로 반복되며, 그러한 이유로 저자들이 다음과 같은 진단적 추측을 스스로 허용하는 것도 무리가 아니다. "만약 소위 자유주의 역설이 우리가 주장한 것처럼 그렇게 명백한 혼동에 기초하면, 그것이 어떻게 등장하고 진지하게 받아들여질 수 있었는지를 설명해야 한다(127쪽)." 다행히도, 우리는 이 가설적 수수께끼에 대한 설명을 굳이 찾을 필요가 없다.

6. 의사 결정 원리들

어떤 결과나 논의에 이르게 된 동기가 반드시 그 결과나 논의를 이해하는 가장 좋은 방식은 아닐 수 있다. 하지만 이 경우, 실제 동기가 무엇인지를 되새겨 보는 것은 의미가 있을 수 있다. 이 결과를 도출하거나 논의를 이끌었던 근본적 지향 중 하나는, 강한 후생주의적 성격을 띠고 있던 사회 선택 이론에 권리 개념을 도입한다. 이 도입은 분명히 이루어졌고, 광범위한 반응과 추가의 논의를 이끌어 냈다. 앞서 서론에서 언급한 것처럼, 권리의 정식화를 검토하려는 관련 목적 역시 이후 문헌에서 많은 주목을 받았고, 게임 형식 정식화 역시 포함한다. 또 다른 목적은 1절에서 언급한 것처럼, 의사 결정 원칙에 대한 비판적 검토다. 이 과정에서 주된 검토 대상이 되었던 원칙은 파레토 최적

성과 권리 개념에 대한 여러 특성화 방식이었다.[7]

파레토 순위는 다양한 방식으로 해석될 수 있고, 이러한 해석 각각에 대해, 해당 원칙이 정말 비논쟁적인 것인지는 의문이 제기될 수 있다. 한 가지 대비점은, 고전적 의미에서 개인의 **쾌락** 또는 효용에 따라 일치된 순위를 매기는 방식과의 구별이다. 또 다른 해석은 느껴지는 **욕망**에 대한 만장일치다. 그리고 또 하나는 **선택 행위**에서의 만장일치 해석이다.

만장일치 해석에서도 실제로 갈등이 발생할 수 있다는 점은 반스[Jonathan Barnes](1980)가 탁월하게 논의한 바 있고, 이러한 갈등이 선택의 순환으로 이어질 수 있다는 사실 자체도 우려할 만하다. 그러나 어떤 조건을 포기하는(또는 약화시켜야 하는) 상황이 오더라도, 모두가 만장일치로 원하고 선택할 사안을 존중하지 않을 수 있다고 보기는 어렵다. 이 지점에서 뮐러가 제기한 다음의 질문이 부각된다.

> 합리적이고 자기 이익을 추구하는 개인들이 파레토 비효율을 초래하는 자유권을 설정하려고 할까? … 만약 헌법이 시민들 간 계약 형태를 띠고, 그 계약이 모두의 동의에 따라 정치 제도의 구조를 정하면, 그리고 시민들이 합리적이며 자기 이익을 추구하는 존재면, 헌법적 권리는 반드시 파레토 효율적이어야 한다.(1996, 96~97쪽)

이어서 뮐러는 권리의 헌법적 기초, 법적으로 가능한 절충[trade-off] 가능성, 그리고 특히 "합리적이고 자기 이익을 추구하는 사람들이 헌법에 포함하고자 할 법적 권리의 유형과 자유주의의 다양한 개념 사이 관계(97쪽)"를 분석하며

---

7) 이후 문헌에서는 일부가 파레토 원칙의 약화를 주장한 반면(예: 패럴 1976, 스즈무라 1978, 1983, 해먼드 1981, 1982, 오스틴-스미스 1982, 1991, 롤스 1982, 라일리 1985, 1986, 1987, 리글스워스 1985, 커플린 1986 참조), 다른 이들은 자유의 요건 자체를 다양하게 약화하는 방안을 제안한다(예, 응(Ng) 1971, 기버드 1974, 번홀츠 1974, 블라우 1975, 캠벨 1976, 자이들 1975, 켈리 1976a, 1976b, 1978, 올드리치 1977a, 1977b, 페레존 1978, 카르니 1978, 뮐러 1979, 1989, 오스틴-스미스 1980, 브라이어와 가드너 1980, 가드너 1980, 스즈무라 1980, 1983, 베이전트 1981, 가르트너와 크루거 1981, 1983, 레비 1982, 리글스워스 1985 참조). 그 밖에도 주목할 만한 쟁점으로는 권리와 형평성 요구 간의 양립가능성이 있다. 켈리 1976a, 위일 1980, 스즈무라 1983 참조.

통찰을 보여 준다. 이러한 분석은 각각 게임 이론적 관점에서의 빈모어(1996)와 법 이론적 관점에서의 판 헤스(1996)의 논의와 함께, 사회에서 권리의 기초를 보다 명확히 하는 데 기여했고, 이는 이 심포지엄의 주요 성과 중 하나다.

모든 것을 고려한 '선택' 해석에서 파레토 원칙의 지위는 여전히 흥미로운 문제로 남는다. 나는 확실히 파레토적 후생 경제학에 대해 비판적 입장을 취해 왔고(센 1970b, 1979), 그 비판은 (힉스 1939나 새뮤얼슨 1947 같은 이들이 보여 준 것처럼)효용에 대한 공리주의적 해석에 바탕한다. 그러나 이러한 비판이 모든 것을 고려한 선호로 나아가 확장될 수 있는지는 분명하지 않다. 만약 선호나 효용이 한 사람이 무언가를 얼마나 즐거워하거나 괴로워하는지를 의미하면(예컨대 프루드 자신이 『채털리 부인의 연인』을 읽는 행위보다 루드가 그 책을 읽는 행위에서 더 큰 고통을 느끼더라도), 이 쾌락과 고통은 (각자의 자율성과 자유에 대한 존중과 같은)서로의 다른 주장들과 충돌할 수 있다. 그러나 이제 그들의 선호가 (각자의 자율성과 자유에 대한 상호 존중을 **포함하여)모든 것**을 고려하면, 과연 그러한 균형 잡힌 선호와 선택을 반대하는 주장을 어떻게 구성할 수 있을지는 쉽게 떠오르지 않는다.

이어지는 마지막 문제는 자유주의 역설의 해결책으로서 문헌에서 반복적으로 논의되어 온 하나의 주제, 즉 정의역 제한과 연결된다(블라우 1975, 자이들 1975, 브라이어 1977, 브라이어와 지글리오티[Gigliotti] 1980, 오스틴 스미스[Austen-Smith] 1981 참조). 제안된 정의역 제한이 관련 원칙들의 적용가능성을 줄인다고 해석되면, 이는 단순히 어떤 가능한 경우들에 대해 다루는 것을 배제한다. 그러나 대안적 해석은, 개인의 선호가 자유주의 역설에 내재된 갈등, 나아가 단순한 쾌락과 고통과 타인의 자율성과 자유라는 윤리적 요구 사이보다 일반적 갈등에 어떻게 반응하는지를 묻는다. 요점은 자유주의 역설이 지적하는 유형의 갈등에 대한 궁극적 보장이 각자 자신이 가치를 두는 삶을 영위할 자유를 서로 존중하는 선호의 발전에 달려 있다는 점이다(파인 1975, 브라이어 1977 참조).

이러한 선호의 발전은 시간에 따른 자연 선택으로 이루어질 수도 있지만, 자유주의 역설이 식별한 문제의 본질을 의식적으로 성찰하고 공적으로 토론하면서 촉진될 수 있다. 사회 선택 이론은 선호의 수정가능성에 대한 충분한 여지를 두지 못해 일정한 한계를 드러냈지만, 특히 뷰캐넌은 "결정 과정 속에서 개인의 가치가 변화할 수 있고 실제로 변화한다(뷰캐넌 1954, 120쪽)"는 합리적 주장을 힘주어 강조했다. 그는 민주주의를 "토론을 통한 통치"로 탐구하며, 이것은 역설이 수반하는 시민적 삶의 갈등을 해결하는 핵심 접근이다.[8]

이러한 맥락에서 나는 (선호 순위들의 순위로서)'메타 선호'라는 개념을 사용하고자 했다. 나는 이 개념을 다른 목적을 위해서도 사용한 바 있다(센 1977). 이는 내가 이 문제를 제시한 직후 고려한 최초의 반응 중 하나였고, 나는 1972년 브리스톨에서 열린 '실천 이성' 컨퍼런스에서 발표한 "선택, 순위 배열, 도덕 Choice, Ordering and Morality"이라는 글에서 내적 추론 reasoning with oneself 의 형식으로 이 주장을 전개했다. 해당 글은 2년 뒤에 출판되었다(센 1974). 여기서 상상된 성찰은 『채털리 부인의 연인』 읽기 사례에서 루드의 관점에서 전개된다.

> 나는 사실 프루드가 그 책을 읽기를 바란다. … 그에게 많은 도움이 될 것이다. 하지만 그는 읽고 싶지 않아 한다. 그리고 나는, 그가 원하지 않으면 안 읽어도 된다고 믿을 만큼 충분히 자유주의자다. 그러므로 그의 선호를 고려할 때, 나는 실제로 그가 그 책을 읽기를 바라는 선호를 가져서는 안 된다. 나는 내 선호를 순위화해야 하며, 그가 그 책을 읽기를 바라는 내 선호는, 그의 관점을 고려한 상태에서의 선호에 비해 더 낮은 도덕적 차원에 배치한다.(센 1974, 센 1982a, 82쪽에서 재수록)

---

8) 나이트(1947) 참조. 공적 논의의 중요성은, 자신이 어떤 삶을 살고 싶은지에 대한 개인적 성찰의 필요성을 보완한다. 후자의 활동, 즉 '성찰된 삶'에 대한 훈련은 보다 일반적인 맥락에서 소크라테스적 문제의식을 불러일으키며 노직(1989)이 다룬다.

파레토 원칙의 힘은 그것의 해석('고전적 효용'에 근거하는지, 혹은 '모든 것을 고려한 선호'에 근거하는지), 그리고 사용된 추론의 깊이(즉각적인지 성찰적인지), 나아가 자신의 실제 선호가 비판적 메타 순위에서 어떤 위치를 차지하는지에 달린다.

궁극적으로 우리가 만든 혼란을 정리할 수 있는 사람은 우리 자신뿐이므로, 이런 사고 실험들은 결정적으로 중요하다. 아마 이런 꽤 야심찬 말로 글을 마무리할 수 있을 듯하다. 더불어 이토록 흥미롭고 풍부한 논의를 가능케 해 준 심포지엄에 다시 한번 깊은 감사를 표한다.

관점과 정책

제15장

위치적 객관성*

1. 들어가며

우리가 관찰할 수 있는 것은 관찰 대상에 대한 우리 위치에 달려 있다. 우리가 무엇을 믿기로 결정하는지는 우리가 무엇을 관찰하는지에 영향을 받는다. 우리가 어떻게 행동하기로 결정하는지는 우리 신념과 관련 있다. 이처럼 위치에 의존하는 관찰, 신념, 그리고 행동은 우리의 지식과 실천 이성의 핵심을 이룬다. 인식론, 결정 이론, 윤리학에서 객관성의 본질은 관찰자의 위치에 따른 관찰과 추론의 매개적 의존성을 충분히 고려해야 한다. 이 글은 이러한 매개적 의존성이 초래하는 심대한 결과를 탐구하려는 시도다.[1]

* 이 글은 1990년 9월 예일대 로스쿨에서 진행한 내 스토어스 강의(Storrs Lecture) 중 '객관성'을 주제로 한 내용에 바탕을 둔다. 유익한 논평과 제안을 해 준 베넷, 코언, 스캔런에게 특히 감사하며, 또한 브라이슨(Susan Brison), 칼라브레시(Guido Calabresi), 첸(Lincoln Chen), 코언, 코이치(Koichi Hamada), 헐리, 존스턴(Mark Johnston), 클라인먼(Arthur Kleinman), 레이든(Anthony Laden), 레비, 마줌다르, 마이클먼(Frank Michaelman), 머리(Christopher Murray), 파핏, 퍼트넘, 네이글, 로스차일드, 윌리엄스, 그리고 *Philosophy & Public Affairs* 편집진에게도 감사를 표한다. 이 글은 *Philosophy & Public Affairs*(1993)에 실렸다.

1) 이 글은 위치 의존성과 관련된 형이상학의 기초적 문제들, 특히 외부 세계와 우리의 개념적 권력 사이에 존재한다고 여겨지는 '이원성(duality)'은 다루지 않는다. 이 글에서 제시된 논증 언어는 이원성을 전제로 하며, 고전적 데카르트적 형

위치적 관점을 강조하는 데서 즉각적으로 도출되는 함의 중 하나는, 객체와 관찰자의 위치에 대한 불변성을 객관성의 기준으로 보는 전통, 네이글이 그의 탁월한 연구에서 "어디에도 속하지 않은 관점view from nowhere"으로 부른 다음의 관점을 문제 삼는다. "어떤 관점이나 사고방식은 개인의 특성이나 세계에서의 위치, 혹은 그가 속한 특정 존재 유형의 성격에 덜 의존할수록 다른 것보다 더 객관적이다."[2] 네이글의 설명은 고전적 객관성 개념의 중요한 측면을 짚고 있으며, 이러한 방식의 이해는 부분적으로 명백한 장점이 있다. 그러나 이러한 객관성 개념은 관찰이 피할 수 없는 위치성과 일정한 긴장을 이룬다.

그러한 긴장은 가장 직접적이고 즉각적으로, 기초적인 관찰 진술의 객관성을 다룰 때 나타난다. 객관적 평가의 대상은 특정 관찰 위치에서 대상이 어떻게 보이는가일 수 있다. 무엇이 관찰되는지는 위치에 따라 달라질 수 있고, 서로 다른 사람들이 유사한 위치에서 각각 관찰을 수행하고 거의 동일한 관찰 결과를 얻을 수 있다. 위치 매개변수는 물론 공간적 위치와 관련한 것(또는 단순한 위치적 특성)뿐 아니라, (1) 관찰에 영향을 미칠 수 있고 (2) 서로 다른 사람들에게 매개변수로서 적용될 수 있는 모든 조건을 포함할 수 있다. 이러한 (넓은 의미에서의)위치 매개변수의 예는 근시나 색맹, 또는 정상 시력의 보유, 특정 언어에 대한 지식 보유 여부, 특정 개념에 대한 지식 보유 여부, 연산 능력의 정도 등이다. 관찰의 객관성은 위치에 따라 달라지는 성격을 가져야 하며, "어디에도 속하지 않는 관점"이 아니라 "어디라고 특정할 수 있는 관점from a delineated somewhere"이어야 한다.[3]

그러나 위치 의존성이 단지 직접적 관찰 진술에만 적용되면, 고전적 객관성 개념은 그러한 특정 진술을 제외한 대부분의 경우에 여전히 대체로 타당

식 속에서 이 주장들이 가지는 실천적이고 즉각적인 함의를 이해하기란 분명 더 간명하다. 그러나 내가 보기에, 이러한 사고 방식에서 전체적인 함의는 그 이원성 자체를 재검토하지 않고서는 온전히 해명될 수 없다.

2) 네이글(Thomas Nagel), *The View from Nowhere*, Oxford: Clarendon Press, 1986, 5쪽.

3) 관찰의 위치적 객관성의 성격은 내가 행한 린들리 강의, *Objectivity and Position*(Lawrence, Kans.: University of Kansas, 1992)에서 주요 쟁점이었다.

하다고 간주될 수 있다. 그러나 나는 여기서, 그 긴장이 사실 훨씬 폭넓게 확장된다는 점을 주장하려 한다. 위치의 가변성은 신념과 행위에 관한 결정의 객관성과도 일반적으로 관련 있다.

위치 의존적 객관성(이후 '위치 객관성'으로 약칭)은 맥락에 따라 다양한 방식으로 중요하다. 첫째, 그것은 직접적 관찰 진술을 다루는 핵심 개념이다(2절). 둘째, 위치적 관찰 객관성은 과학적 지식을 획득하는 과정에서 결정적 역할을 하며, 따라서 과학의 구성 단위로 기능한다(3절).

셋째, 보다 일반적으로 위치 객관성은 어떤 신념이 옳건 그르건 간에 신념의 객관성을 이해하는 데 중요하다. 진리 여부는 특정 신념에 이르는 추론의 객관성과는 전혀 다른 문제고, 그 추론은 개인이 접근할 수 있는 정보에 근거한다(시이저가 브루투스마저 자신을 죽이려 한다는 사실을 믿지 않았다 하여 특별히 객관성이 부족했다고 보기는 어렵지만, 당연히 그는 크게 오판했다). 위치 객관성은 '객관적 환상^{objective illusion}'이라는 개념을 이해하는 데 중요하며(4절), 이 개념은 실제 사례를 통해 설명될 수 있다. 여기서는 질병률 평가 문제와 가족 내 성차별 인식 문제를 들어 설명한다(5절).

넷째, 위치 객관성 개념은 주관주의(6절)와 문화 상대주의(7절)의 개념을 비판적으로 재검토하는 데 활용될 수 있다.

다섯째, 위치 객관성은 의사 결정 이론에서도 핵심이다. 왜냐하면 개인은 자신이 믿을 이유가 있다고 여기는 바에 근거해 무엇을 할지를 결정해서다. 이는 특히 '주관적 확률' 개념을 해석할 때 결정적인데, 이 개념은 위치적으로 객관적 기대치로 간주될 수 있다(8절).

마지막으로 한 사람의 행위가 윤리적으로 용인될 수 있는지를 스스로 평가할 때, 그는 자신의 행위 및 그 행위를 포함하는 상태들과 관련된 자신의 특수한 위치를 반드시 고려해야 한다. 이는 의무론적 고려 및 행위자 상대적 도덕적 가치들을 다룸에 있어 결과주의 윤리의 적용 범위와 한계를 판단하는 핵심 문제다(9절).

2. 위치 객관적 관찰 명제

다음의 명제들을 생각하자.

(A) 해와 달은 크기가 비슷해 보인다.

이 관찰은 분명히 위치와 무관하지 않으며, 예컨대 달에서 보면 두 천체는 크기가 매우 달라 보일 것이다. 그러나 그렇다고 위 명제를 비객관적이라고 말할 이유는 없다. 만약 또 다른 사람이 (지구에서)해와 달을 대략 같은 장소에서 바라보고 크기에 대한 동일한 개념을 갖는다면, 그 명제를 확인할 수 있을 것이다. 명제 (A)를 "마음 속에 그 근원을 두는 것" 또는 "개별 주체나 그의 정신 작용에만 속하거나 특수한 것"으로 간주할 성급한 이유는 없다(이 두 가지는 주관성의 표준 기준에서 인용한 것이다).[4] 위치에 대한 언급이 명시되지 않더라도, 우리는 (A)를 위치적 명제로 간주할 수 있고, 이는 다음과 같이 명확하게 표현할 수 있다.

(B) <u>여기</u>에서는, 해와 달의 크기가 비슷해 보인다.

물론 어떤 사람은 자신이 현재 위치하는 곳과는 다른 지점에서 사물이 어떻게 보일지를 진술할 수도 있다.

(C) <u>저기</u>에서는, 해와 달의 크기가 비슷해 보인다.

객관성은 어떤 고정된 관찰 위치에서의 대인 간 불변성을 요구할 수 있지만, 이 요구는 관찰의 위치 상대성과 충분히 양립할 수 있다. 서로 다른 사람들이 같은 위치에 서서 동일한 관찰 결과를 확인할 수 있으며, 동일한 사람도 서로 다른 위치에 있을 때 상이한 관찰을 할 수 있다. 이런 의미에서의 객관

---

4) 이러한 정의들은 『옥스퍼드 영어 사전(Oxford English Dictionary)』에서 가져왔지만, 유사한 표현들은 다른 많은 곳에서도 찾아볼 수 있다.

성은 '어디에도 속하지 않는 관점'이 아니라 '특정한 누구의 관점도 아닌 관점view of no one in particular'이다. 즉 관찰 명제는 위치에는 의존하면서, 사람에는 독립적일 수 있다.

3. 지식, 과학 그리고 위치적 객관 신념

그럼에도 관찰 명제의 인식론적 지위에 의문을 제기할 수 있다. 예컨대 명제 (A), (B), (C)와 같은 관찰적 진술은 '실재'에 대한 것이 아니라, '단지' 외양에 관한 주장에 불과하다는 반론이 있을 수 있다. 이 진술은 있는 그대로서의 세계에 대한 지식이 아니라 **보이는 모습**으로서의 진술일 뿐이므로, 그에 수반된 객관성 역시 실제 세계에 관한 것이 아니라는 주장이 나올 수 있다. 하지만 관찰의 발생 자체도 우리가 살아가는 세계의 일부다. 여기서 나타나는 즉각적 쟁점은 (이른바 '2차적 성질'을 포함한)관찰의 성질이 대상 **자체**의 본질적 속성인가에 대한 [형이상학적]문제라기보다는, 관찰자와 관찰 대상이 모두 우리가 속한 세계에 존재한다는 점, 그리고 관찰이라는 행위 자체 또한 그러하다는 데 있다. 관찰 명제의 객관성에서 불변성을 요구하는 이유는, 같은 위치에 놓인 다른 사람도 동일한 관찰을 재현할 수 있는지 여부를 확인할 수 있어서다.

이보다 더 근본적 질문은 성찰적인 관찰자와 무관하게 세계를 '있는 그대로' 생각하는 것이 과연 의미가 있는가다.[5] 나는 이 글에서 더 깊은 형이상학적 논의까지 파고들지는 않겠다. 위치 객관성은 현실 세계를 이해하는 통념의 방식 안에서도 과학의 중요한 일부로 자리매김해야 한다. 그러나 대상이 무엇인가라는 관념이 관찰 행위와 성찰적 사고로부터 분리되지 않으면, 위치

---

5) 관련 문제로는 퍼트넘(Hilary Putnam)의 통찰력 있는 분석을 참조할 것. 그는 (비유적으로)"마음과 세계가 함께 마음과 세계를 구성한다"고 주장한다(*The Many Faces of Realism*, LaSalle, Ill.: Open Court, 1987, 1쪽).

객관성 관련성은 보다 구성적일 수 있다[즉, 위치 객관성은 단순히 과학에 유용한 도구적 성격을 넘어, 과학적 세계를 이해하는 본질적 요소가 될 수 있다–옮긴이].

관찰은 본질적으로 위치 기반적일 수밖에 없지만, 과학적 추론은 반드시 하나의 특정 위치에서 비롯된 관찰적 정보에만 의존할 필요는 없다. 우리는 '초위치적trans-positional' 검토라 불릴 만한 평가, 즉 서로 다른 위치에서의 관찰들을 활용하면서 그것을 넘어서는 평가가 필요하다. 구성된 '어디에도 속하지 않는 관점'은 서로 다른 위치에서의 관점들을 종합함으로써 형성될 수 있다. 이때, 각 관찰의 위치 객관성은 여전히 중요하지만, 그 자체만으로는 불충분하다. 초위치적 검토는 서로 다른 위치에서 나온 관찰들 간의 일관성 또한 요구한다.[6)]

우리가 수행할 수 있는 이 '초위치적' 검토는 각기 다른(그리고 어쩌면 상충하는) 위치적 관찰들을 이해 가능하게 하는 보다 폭넓은 이해로 나아갈 수 있다. 예컨대 해와 달의 상대적 겉모습이라는 단순한 예에서 우리는 다음의 구분, (1) 해와 달이 우리에게 어떻게 보이는지, (2) 해와 달이 우리가 '실제로' 얼마나 크다고 생각하는지를 구분하는 데 별 어려움을 느끼지 않는다(예컨대 일정한 속도로 그 둘을 한 바퀴 돈다면 얼마의 시간이 걸릴지를 기준으로 이해 가능한 방식으로 정의된다). 우리는 서로 다른 관찰들을 일정한 일관성으로 이해할 수 있는데, 이는 광학과 투영에 대해, 태양과 달까지의 거리에 대해, 그리고 태양과 달의 크기를 추정하는 다양한 방식 간의 가능한 대응 관계에 대해 우리가 알기 때문이다.

또한 우리는 해와 달의 상대적 겉보기 크기가, 우리의 관찰 시야에서 이들 각각의 투영에 대응한다는 것을 알고 있다. 실제로, 해와 달이 우리에게 거의 같은 크기로 보인다는 사실은, 태양의 개기 일식이 일어날 때 (지구에서 보

---

6) 헐리(Susan Hurley), *Natural Reasons*, Oxford: Clarendon Press, 1989 참조. 신념의 객관성에서 정합성의 일반적 중요성에 대해 유익한 논의가 담겨 있다.

기에)달이 태양을 거의 완전히 가리는 현상과 무관하지 않다.[7] 이러한 위치적 상대성은 우리가 그것들에 익숙하면 광학과 투영의 법칙들을 통해 설명할 수 있다.

하지만 과학자가 초위치적으로 사유할 수 있는 능력은, 그가 무엇을 알고 있는지 및 그가 사용할 수 있는 사유 방식의 유형에 달렸고, 이 둘은 넓은 의미에서 역시 위치적 특성이다. 우리가 세계를 이해할 때 매개 역할을 하는 '개념도conceptual schemes' 역시, 관찰과 성찰 행위와 관련된 일반적 위치 특성으로 보는 것이 유용할 수 있다. 그러나 제안된(또는 암묵적으로 사용된) 개념도 및 사유의 경로는 물론 경쟁적 개념들과 대체적 구성 방식들을 들어 반박할 수 있다. 초위치적 일관성과 비판적 검토에 대한 요구는 광범위한 파괴력을 가질 수 있다. 과학의 역사를 통해 기존의 합의된 결론을 뒤엎거나, 또는 수많은 경쟁적 결론들 중 하나를 극복하는 합의된 새로운 과학적 신념의 등장을 보여 주는 수많은 사례를 확인할 수 있다.[8]

4. 위치성과 객관적 환상

관찰과 구성의 위치성은 과학적 지식 도출 과정에서 중요한 역할을 하지만, 과학에서의 엄밀한 규율이나 검토와는 거리가 먼 신념 형성의 일반적 측면에서도 중요한 의미를 지닌다. 사실, 위치성은 체계적 착각이나 지속적 오해를 해석할 때 특히 핵심 역할을 하며, 이는 사회 분석이나 공공 문제에서도

---

7) 실제로, 고(故) 사티야지트 레이(Satyajit Ray)의 마지막 영화[아간투크(*Agantuk*), 영어 제목은 *The Visitor*]에서, 인류학자인 방문자는 자신의 손자에게 다음과 같은 놀라운 사실을 이야기한다. 지구에서 볼 때 태양과 달이 비슷한 크기로 보인다는 점(개기일식이 이를 보여 준다), 그리고 지구의 그림자가 달에 드리워졌을 때 역시 거의 비슷한 크기를 가진다는 점(개기월식이 이를 보여 준다)이다. 이 방문자는 이러한 놀라운 위치상의 크기 일치들이, 우리가 더 넓은 세계 속에서 차지하는 위치에 대해 어떤 중요한 의미를 지니지는 않는지 의문을 제기하기까지 한다.

8) 물론, 이러한 수렴이 항상 일어난다는 보장은 없다. 수렴 문제와 또한 맥락 의존성에 대해서는 레비, *The Enterprise of Knowledge*, Cambridge: Cambridge University Press, 1980을 볼 것.

중심 요소가 될 수 있다.

해와 달의 상대적 크기에 관한 단순 예로 다시 돌아가 보자. 어떤 사람이 거리 의존적 투영이나 해와 달에 대한 다른 어떤 정보에도 익숙지 않은 공동체에 속해 있다 하자. 그는 관련된 개념 틀이나 보조 지식의 부족 탓에 해와 달이 실제로도 같은 크기라고(예컨대 동일한 속도로 돌아간다고 가정했을 때 걸리는 시간이 같다고) 판단할 수 있다.[9] 이런 판단은 만약 그가 거리, 투영 등을 알고 있다면 지극히 비합리적 판단이겠지만, 그런 지식이 전혀 없는 경우에는 그리 보기 어렵다. '해와 달의 크기가 실제로 같다'는 그의 믿음은 (일정 속도로 이동하면 두 천체를 도는 데 걸리는 시간이 같을 것이라는 의미에서) 분명 잘못된 믿음(환상)이지만, 그가 처한 전반적 위치를 고려하면 이 믿음을 순전히 주관적이라고 할 수는 없다. 실제로, 관련 지식과 개념 모두를 그와 같이 모르는 사람이면 누구든지 비슷한 이유로 비슷한 판단을 내릴 수 있으리라.[10] 그의 믿음이 참인지 여부는 (그가 무엇을 관찰했고, 어떤 위치에 있는지를 고려했을 때)무엇을 믿기로 결정했는가라는 **객관성**과 구별해야 한다.

'객관적 환상' 개념은 마르크스 철학에서 사용되는 용어며, 이를 위치 객관성 개념으로 해석하는 것이 유용할 수 있다.[11] 이러한 해석에서, 객관적 환상이란 실제로는 잘못된 믿음이지만 위치적으로는 객관적 믿음이다. 객관적 환상이란 개념은 다음 두 가지, (1) 위치적으로 객관적이라는 믿음, (2) 그리고 이 믿음이 실제로는 잘못되었다는 진단 모두를 포함한다. 해와 달의 상대

---

9) 이 경우, 그 개인은 이 견해를 공동체의 다른 사람들과 공유한다. 그러나 공유는 그 자체로 위치적 객관성에 대해 필요조건도 충분조건도 아니다. 의존하는 것은 개인 자신의 위치적 특성이고, 바로 이 위치적 특성들의 합치가 각자의 위치적 객관 판단들을 일치시킬 수 있다.

10) 서기 초 수세기에 걸쳐 두각을 나타낸 인도의 냐야(Nyāya) 철학 학파의 구성원들은, 지식뿐 아니라 착각 또한 선행 개념(preexisting concepts)에 의존한다고 주장했다. 자주 인용되는 예에서, 어떤 사람이 밧줄을 뱀으로 착각하는 환시가 발생하는 것은, 바로 '뱀 개념(snake-concept)'에 대한 선행 이해(진정한 이해)가 있어서다. 만약 어떤 사람이 '뱀 개념'을 예컨대 '돼지 개념'과 혼동하면, 그는 밧줄을 뱀으로 오인할 가능성이 없다. 이와 관련된 착각과 현실 간의 연결, 즉 냐야 학파와 동시대 경쟁 학파들이 전개한 탐구에 대한 논의는 마틸랄(Bimal Matilal), *Perceptions; An Essay on Classical Indian Theories of Knowledge* (Oxford: Clarendon Press, 1986), 6장 참조.

11) 객관적 환상 개념은 마르크스의 경제학 저서들(보다 철학적인 저서들뿐 아니라), 특히 *Capital*, vol.1과 *Theories of Surplus Value*에 등장한다.

적 크기와 관련된 예에서, 그들의 ('여기서' 보면 위치적으로 객관적인)외관상 유사성은 다른 정보나 비판적 검토의 기회가 없는 경우, (예컨대 일정 속도로 이동하는 경우 둘레를 도는 데 걸리는 시간 기준의)'실제 크기'가 유사하다는 위치적 객관성 믿음으로 이어질 수 있다. 이 믿음이 사실이 아닐 경우, 이것이 바로 객관적 환상의 사례다.

코헨[G. A. Cohen]은 마르크스가 말한 "사물의 외적 형태, 즉 객관적 지위를 누리는 형태"라는 개념을 발전시키며 다음과 같이 객관적 환상을 분석한다.

> 마르크스에게, 감각은 공기의 구성이나 천체의 운동에 대해 우리를 잘못 인도한다. 하지만 만약 누군가 호흡을 통해 공기 중의 다양한 성분을 감지할 수 있으면, 그의 코는 건강한 인간의 코처럼 기능하지 않는 코다. 그리고 태양은 정지해 있고 지구가 회전한다고 진심으로 주장하는 사람은 시각이나 운동 조절에 무언가 이상이 있다. 공기를 근원적인 것으로, 태양을 움직이는 것으로 지각하는 경험은 환각 경험보다는 신기루를 보는 경험에 더 가깝다. 왜냐하면 어떤 사람이 적절한 조건에서 신기루를 보지 못하면, 그의 시력에 무언가 문제가 있어서다. 그의 눈은 멀리서 일어나는 빛의 굴절 현상을 감지하지 못한다.[12]

여기에서 객관적인 것으로 간주되는 관찰들은, 정상적인 코로 공기를 호흡하는 것, 정상적인 눈으로 태양을 바라보는 것, 정상적인 시력으로 멀리서 나타나는 빛의 움직임을 관찰하는 것 등의 위치적 특성과 관련 있다.

위치적 관찰들은 단순히 주관적인 것만은 아니며, 실제로 그것들 나름의 조건 안에서는 객관성을 주장할 수 있는 근거가 있다. 여기서 환상이란, 제한된 범주의 위치적 관찰들에 기반하여 형성된 신념과 관련이 있다. 이러한 신념들은 비록 거짓일 수 있지만, 다른 위치로부터의 검토(예컨대 실험실에서의

---

12) 코언(G. A. Cohen), *Karl Marx's Theory of History: A Defence* (Oxford: Clarendon Press, 1978), 328~329쪽.

공기에 대한 화학 분석, 태양 및 지구 관련 다른 행성과 별들의 겉보기 운동 관찰 등)가 불가능하고, 관련 개념이나 아이디어(예컨대 무취 기체의 향, 물체 간 상대 운동의 성질 등)에 익숙하지 않은 경우, 그러한 제약 조건에서는 객관적으로 도출될 수 있다.

따라서 위치적으로 객관적 신념이라는 개념은 '객관적 환상'이라는 아이디어를 보다 포괄적인 틀 속으로 자리매김한다. 이 틀은 실로 훨씬 넓은 범위를 포괄하는데, 그 이유는 위치적으로 객관적 신념이 반드시 환상일 필요가 없어서다.

5. 객관적 환상의 사례: 질병률과 성 편견

객관적 환상이란 개념은 매우 다양한 유형의 사례에 적용될 수 있다. 마르크스 자신은 이 개념을 주로 계급 분석과 '상품 물신주의' 맥락에서 사용하고, 이는 그로 하여금 '허위 의식'으로 부른 현상을 탐구하게 했다. 이와는 매우 다른 유형의 문제로 질병 자각 문제가 있으며, 이는 특히 개발도상국의 보건 상황 분석에 중요하다.

예를 들어, 인도의 여러 주 가운데 케랄라^{Kerala} 주에서의 출생 시 기대 수명은 압도적으로 높은 수치를 보인다(인도 전체 평균 기대 수명은 남녀 모두 약 56세임에 반해 케랄라 주에서는 남성 67.5세, 여성 73세다). 또한 전문 의학적 평가에서도 케랄라 주의 성공적 보건 개선을 입증하는 많은 근거가 있다. 그럼에도 질병 자각률은 케랄라가 (평균적으로나 연령대별 수치 모두에서)가장 높은 수준을 보인다. 반면 기대 수명이 낮고 보건 개선의 증거도 거의 없는 비하르^{Bihar}와 우타르프라데쉬^{Uttar Pradesh} 같은 주들은 기대 수명이 매우 낮고, 보건 개선의 아무런 증거도 없지만 질병 자각률이 놀라울 정도로 낮다. 만약 의학적 증거와 질병률 통계가 신뢰할 만하면(그리고 이 증거들을 부정할 특별한 이유도 없다), 상대적 질병 자각률은 잘못된 판단으로 간주해야 한다.

그러나 이러한 질병 자각률을 단순히 우연한 오류나 개인적 주관성의 결과로 일축하기는 자연스럽지 않다. 여기서 객관적 환상 개념이 유용하다. 케랄라 인구는 다른 주들에 비해 문맹률(특히 여성 문맹률)이 매우 낮고, 공공 보건 서비스 역시 훨씬 잘 갖추어져 있다. 따라서 케랄라에는 질병에 대한 인식 수준과 의료적 치료나 예방적 진료에 대한 인식이 잘 정립되어 있다. 이러한 생각과 조치는 실제 질병률과 사망률을 낮추는 데 기여하지만, 동시에 질병 자각률을 더욱 고조하는 효과를 낳는다. 반대로 (공공 보건 시설 보급이 극도로 낮고)상대적으로 문맹률이 높은 우타르프라데쉬 사람들은 질병에 대한 이해나 예방·치료 조치가 적고 소극적이다. 이것은 우타르프라데쉬의 보건 상태와 기대 수명을 더욱 악화시키지만, 동시에 질병 자각률을 훨씬 제한적 수준에 머무르게 한다. 이처럼 우타르프라데쉬에서 나타나는 낮은 질병 자각률에 대한 환상은 위치적으로 객관적 근거가 있으며, 케랄라에서의 반대 방향의 환상 역시 **위치** 객관성에 근거한다고 할 수 있다.[13]

(위치 매개 조건을 가진)이러한 견해들이 지닌 **위치** 객관성은 주목할 만하며, 사회과학자들이 이를 단순히 주관적이거나 변덕스러운 판단으로 치부하기는 어렵다. 그러나 동시에 이러한 자각을 어떤 초위치적 이해의 관점이라 할지라도 상대적 질병 자각률을 정확히 반영한다고 간주할 수는 없다. 사실, 특정 지역, 예컨대 우타르프라데쉬에 '살고 있다'는 일반적인 위치조차, 이 인식들은 위치 객관적이라고 보기도 어렵다. 이러한 지리적 특성은 매우 다양한 형태의 위치 매개 조건과 함께 나타날 수 있어서다(예컨대 우타르프라데쉬에도 분명 훌륭한 의사들과 의학 지식이 풍부한 환자들이 존재한다). 건강 상태가 양호하다는 환상의 위치 객관성은 해당 개인의 관찰에 영향을 미치는 위치적 매개변

---

13) 이러한 설명은 미국과 인도(케랄라를 포함한) 간의 질병 자각률 비교를 통해 강화된다. 질병별 비교에서, 케랄라는 대부분의 질병에 대해 인도의 다른 지역보다 훨씬 높은 질병 자각률을 보이지만, 미국은 동일한 질병들에 대해 케랄라보다도 더 높은 비율을 보인다. 머레이(Christopher Murray)와 첸(Lincoln Chen), "Understanding Morbidity Change," *Population and Development Review*, 18, 1992, 481~503쪽 참조.

수의 성격(지역은 그 자체가 핵심이 아니다)에 따라 다르고, 우타르프라데쉬 같은 지역에서 이러한 현상이 빈번한 것은 그러한 위치 매개변수들의 지역 내 인구의 상당수에게 공통적으로 작용해서다. 객관적 환상의 가능성과 빈도는 국가 및 국제기구들이 현재 제시하는 보건 및 의료 통계의 비교 방식에서 중대한 함의를 보여 준다. 질병 자각이나 의료 서비스를 구하는 행동에 관한 비교 자료를 비판적으로 검토할 때에는 위치적 관점을 충분히 고려해야 한다.

또 다른 실제 사례를 인도에서 찾아볼 수 있는데, 이는 남성과 여성의 질병 자각률과 관찰된 사망률 간 불일치와 관련 있다. 인도에서는 (중국, 파키스탄, 이란, 이집트 등 아시아 및 북아프리카 여러 국가들과 마찬가지로)여성은 남성에 비해 전반적으로 생존상 불리한 위치에 처한 경향을 보인다.[14] (출생 직후 몇 개월의 신생아를 제외하고)35~40세의 모든 연령대에서 여성 사망률이 일반적으로 남성보다 높다. 그럼에도 여성의 질병 자각률은 종종 남성보다 높지 않다 (때로는 훨씬 낮게 나타난다). 이는 여성의 교육 기회 결핍, 그리고 젠더 불평등을 '정상적' 삶의 방식 일부로 보는 사회적 경향과 관련이 있는 것으로 보인다. 나는 과거에 1944년 벵골 대기근 이후 수행된 한 연구에서 과부들이 "건강 상태가 무난하지 않다"고 보고한 사례는 거의 없었던 반면, 홀아비들은 그러한 건강 상태를 대거 호소했다는 놀라운 사실을 거론한 바 있다.[15]

위치 객관성 개념은 젠더 불평등을 이해하는 데 특히 핵심적이다. 가족이라는 단위의 작동은 혜택과 노동의 분배에서 이해 충돌과 일치를 모두 수반하지만, 가족 내 조화로운 삶의 요구는 이러한 충돌을 명시적 조정 과정이 아니라 암묵적으로 해결하기를 요구한다. 갈등을 언급하면 일반적으로 비정상적 행동으로 간주된다. 그 결과, 인습적 행동 양식은 정당한 것으로 (대개는 암묵적으로)간주되고, 여성에 대한 체계적 박탈은 남성에 비해 잘 인식되지 않

---

14) 이 점에서도 케랄라는 예외로, 여성 사망률이 체계적으로 남성보다 낮다.

15) *Commodities and Capabilities*, Amsterdam: North-Holland, 1985, 부록 B. 이 맥락에서 흥미로운 사실은 여성의 교육 박탈 문제가 정치화되면서 여성의 불평등한 박탈에 대한 인식 편향이 덜 일반화되었다는 점이다.

는다.

이 조건에서는 기존의 젠더 불평등에 도전하거나, 그것을 주목받아야 할 불평등 문제로 명확히 인식하는 일 자체가 결코 쉽지 않다.[16] 이러한 현상은 많은 제3세계 국가들에서 보건 의료 접근의 불평등에 적용되지만, 이 현상은 보다 일반적 형태로 존재하며, 유럽이나 북미에서도 (예컨대, 가사 분담이나 야심찬 기회의 공유 등)다른 형태로 확인할 수 있다. 가족 내 젠더 불평등은 종종 불평등의 피해자들로 하여금 그 상황을 받아들여 동조하게 하면서 유지되기에, 위치적 관점의 불투명성[해당 입장에서 세상을 바라보는 방식이 자기 위치에 갇혀 명확히 인식되지 않는 구조―옮긴이]은 이러한 불평등의 만연과 지속에 중요한 역할을 한다.

6. 주관주의와 위치 객관성

인과 관계에 대한 결정론적 관점이 일반적으로 채택되면, 어떤 개인의 실제 관찰과 실제 신념은 그 사람의 관찰과 이해에 영향을 미치는 위치 매개변수의 적절한 구체화를 통해 전적으로 설명될 수 있다는 주장이 가능하다. 만약 이러한 매개변수들이 **모두** 그 개인의 위치를 식별하는 일부로 구체화되면, 그러한 상황에서 그 관찰과 신념은 위치 객관성을 지닌다고 할 수 있다. 따라서 위치 매개변수들을 적절히 구체화함으로써 모든 관점이나 의견이 위치 객관성을 지닐 것으로 간주할 수 있다.

이것이 물론 관찰과 신념에 영향을 미치는 주관적 특성의 역할을 부정하지는 않는다. 오히려, 여기서 고려되는 특수한 경우는 관점과 의견에 영향을 끼치는 주관적 특성들조차 명시된 위치 매개변수에 포함되는 방식으로 다

---

16) 나는 이 문제를 틴커(Irene Tinker) 편, *Persistent Inequalities* (New York: Oxford University Press, 1990)에 수록된 "Gender and Cooperative Conflict"에서 다룬다.

룬다. 이러한 중첩^{overlap}의 형식적 가능성은 위치 객관성이 매개변수적 형태로 구성된 결과며, 이는 선택된 위치 매개변수에 대한 상대적 평가를 가능케 한다.

하지만 이러한 형식적 중첩가능성의 존재가, 중요한 사회적 개념으로서 주관주의에 대해 문제를 제기하는 의미를 축소하지 않는다. 특정한 견해의 주관적 자의성을 검토하는 맥락에서, 해당 견해가 특수한 정신적 경향, 특정 유형의 경험 부족, 혹은 제약된 추론 능력을 호출하는 위치 매개변수의 구체화를 통해서만 위치 객관성에 부합될 수 있는지 여부를 검토할 필요가 여전히 남는다. 만약 그렇다면, 그 견해를 특수한 위치로부터의 위치 객관성으로 묘사하더라도, 그 견해에 대한 주관적 자의성이라는 진단은 여전히 타당하게 유지된다.

사실, 특별한 심리적 경향, 특정 유형의 경험 부족 등을 위치적 객관성 결정에 허용되는 매개변수에서 제외하는 것이 실용적 측면에서 바람직할 수 있다. 만약 우리가 이러한 종류의 배제를 선택하면, 주관성과 위치적 객관성은 훨씬 덜 중첩되고, 이는 최소한 용어상으로는 (주관성과 객관성은 대개 서로 모순이라 간주되므로)일부 사람들에게는 '훨씬 깔끔한' 결과로 보일 수 있다. 그러나 이러한 조치는 객관성을 위치적 관점으로 보는 일반적 접근 방식과 어긋난다. 실제로 (어떤 공동체 내에서 비슷한 처지의 많은 사람이 공유하는)체계적인 사회적 편견 분석이라는 맥락에서는, 분명히 주관적 특징을 지닌 현상이라도 정교하게 명시된 위치로부터 그것을 위치 객관적으로 간주하는 것이 유용할 수 있다. 그렇게 함으로써 중요한 설명적 역할을 하는 인과적 연결고리에 주목할 수 있기 때문이다. 이러한 배제 경로를 취하건 그렇지 않건 일반적으로 주관성과 위치 객관성은 서로 다른 문제고, 그 사이의 중첩가능성이 있더라도 이 기본적 구분이 무너지는 것은 아니다.

7. 문화 상대주의와 내부 비판

위치 객관성의 매개변수화된 형태를 고려할 때, 문화 상대주의적 관점들이 자동적으로 완전히 '객관적'이 되는 것은 아닌지 의문이 제기될 수도 있다. 나는 특히 문화적으로 **사회적** 현상에 영향을 받은 해석들에 주목한다. 예컨대 특정한 기량에서 여성의 열등성에 대한 믿음은, 그러한 숙련 직종들을 남성에게 전부 혹은 일부 허용할 뿐, 여성이 그 능력을 입증할 기회조차 얻지 못하는 사회에서의 삶과 통계적으로 연관될 수 있다. 이러한 사회를 사회 S^*라 하자. 다른 위치에서 보면 터무니없어 보이는, 여성의 능력이 하등하다는 이러한 믿음이, S^* 사회의 구성원이라는 위치에서는 위치 객관적이라 할 수 있는가?

사회 S^*에 속한 한 개인의 배경과 기타 위치적 특성을 매우 상세하게 구체화함으로써, 그 근거 없는 믿음은 정밀하게 명시된 위치로부터 '위치 객관적'으로 만들어질 수 있다. 이것은 충분히 분명한 사실이지만, 문화 상대주의의 정당화 효력이라는 측면에서 보면, 이것만으로는 큰 의미가 없다. 왜냐하면 그러한 결과를 도출하기 위해 필요한 위치 매개변수들은 일반적으로 (예컨대, 다른 사회들의 경험과 관찰에 대한)일부 무지를 포함해, 상당히 특별해야 하기 때문이다. 문화 상대주의자들의 규범적 주장들은 일반적으로 훨씬 광범위한 단위, 즉 전체 사회를 하나의 총체로 간주하는 방식으로 작동한다. 이런 구조에서 사회 S^* 내에서 지배적 믿음이나 관행에 대한 사회적 비판은 오직 (예컨대, 일종의 '문화 제국주의적 오만함'으로 간주되기도 하는)다른 이질적 문화로부터 제기될 수 있다. 문화 상대주의의 규범적 요구는 각 사회와 그 내부 문화에 대한 존중, 즉 '외부'로부터의 비판에 대한 면역을 포함한다.

그러나 여기서 논의한 위치 객관성이 특정 사회에 속하고 거주한다는 사실과 양립 가능한 모든 위치 매개변수들을 포괄하지는 않는다.[17] 문제의 믿음은 특정 위치 매개변수들을 명시했을 때 위치 객관적일 수 있다. 하지만 이것이 해당 믿음이 사회 S*의 구성원이라는 일반적 위치로부터도 객관적임을 의미하지는 않는다. 이러한 가정을 어렵게 만드는 핵심 문제는 하나의 특정 위치 매개변수 집합이 해당 사회 구성원들에게 열려 있는 유일한 것이라는 전제다. 하지만 분명히, 특정 국가에서 산다는(심지어 그 국가의 토박이라는), 일반적 형태의 위치 규정이 명백히 특수한 위치 매개변수 집합으로 연결되지는 않는다. 어떤 사람이 그런 사회에 살고 있다는 이유만으로 그 사회의 다수(혹은 압도적 다수)의 특별한 관점, 즉 특권적 시각을 선택해야 할 **필연성**은 없다. 사회 S*에 속해 있다는 사실과 양립 가능한 다양한 위치 매개변수들을 고려해야 할 필요성은, 기존 체제의 관점이나 다수 의견이 존재한다고 사라지지 않는다.

여성이 열등하다는 믿음의 객관성을 부정할 때, 물론 국제적 시각을 포함한 초위치적 평가의 필요성을 근거로 들 수 있다. 이는 여성들이 자신의 능력을 보일 기회가 더 많은 다른 사회에서 형성된 관찰과 믿음을 활용하는 접근이다. 하지만 보다 즉각적 쟁점은 사회 S*에 살고 있는 사람조차 여성이 열등하다는 기성의 관점을 반드시 받아들일 필요가 없다는 점이다. 그 사회에 살면서도 그와는 다른 견해를 일관되게 가질 수 있고, 해당 관점에 대한 비판은 (해당 사회 외부에서 제기한 것이 아닌) '내부적'일 수 있다.[18]

이러한 일반적 요점은 실제로 이견이 있거나 관점이 균일하지 않다는 경험적 사실에 의존하지 않고서도 충분히 제기될 수 있다. 사회 S*에 속해 산다는

---

17) 질병률에 대한 인식 분석의 맥락에서 논의한 것처럼, 교육 수준과 의료 서비스 수준이 낮은 지역(예, 우타르 프라데시)의 주민들은 (그들의 위치적 조건을 고려할 때)자신의 질병률이 낮다고 자주 가정할 수 있다. 그러나 단지 그런 지역에 거주한다는 이유만으로, 혹은 사람들 대부분이 그런 견해를 갖는 사회 일원이라는 이유만으로, 반드시 그런 믿음을 가져야 할 필연성은 없다(5절 참조).

18) 크라우즈(M. Krausz) 편, *Relativism: Interpretation and Confrontation*(Notre Dame: University of Notre Dame Press, 1988)에 수록된 누스바움과 센의 "Internal Criticism and Indian Rationalist Traditions" 참조. 또한 왈처(Michael Walzer), *The Company of Critics*(New York: Basic Books, 1988), 그리고 기어츠(Clifford Geertz), "Outsider Knowledge and Insider Criticism.", 프린스턴고등연구소, 1989년 미발간 배포 원고 참조.

불특정한 위치 명세가 또 다른 다양한 대안적 위치 특성가능성을 열어 둔다는 점을 지적하는 것만으로 충분하다. 그러나 실제로는 거의 모든 사회에는 이견을 가진 사람들이 있고, (일반적으로)가장 억압적인 근본주의 체제조차 회의론자가 있다. 오히려 이처럼 균일한 믿음을 주장하는 사회에서 탄압 장치를 두고 작동하는 사실 자체가 다른 견해의 보유가능성이 단지 이론에 불과하지 않다는 사실을 드러낸다. 예컨대 이란에서 지배적인 성직자 집단의 관점이 '이란의 관점'을 평가하는 데 다른 많은 반대 의견자의 관점보다 더 특권적 지위를 가지는 것은 아니다. 이러한 초위치적 사유의 필요성은 바로 그 나라 **내부의** 비판적 검토 일부며, 그것을 외부의 비난과 혼동해서는 안 된다. 설령 그 반대 의견자들의 관점이 (칸트, 흄, 마르크스, 밀 등)외국 저자들의 저서들을 읽어 영향을 받았다 하더라도, 이들의 관점과 비판적 시각은 여전히 사회 S* '내부의 것'이다.

문화 상대주의를 근거로 하는 주장들은 대개 분석 단위가 지나치게 거칠다. 특정 신념의 위치 객관성을 검토하려면 보다 정밀한 위치 매개변수를 구체화해야 한다. 이는 내부 비판의 가능성을 열어 둔다. 하나의 사회 내에서도 다양한 위치 관점을 취할 수 있다는 가능성을 고려할 때, 상이한 위치 간 비교 평가의 필요성은 각 사회 내부로부터 발생한다. 다양한 관점, 상이한 관찰, 서로 다른 결론들을 비교·평가할 필요성은, 의견 차이가 없다는 미심쩍은 전제를 내세우거나 해당 국가의 지배적 시각이나 다수의 의견을 따르라는 정치적 압력으로 무효화될 수 없다. 문화 상대주의에 대한 논쟁의 틀은, 객관성의 위치적 개념이 제기하는 문제를 고려해 철저히 재검토되어야 한다.

8. 위치 객관적 기대로서의 주관적 확률

이른바 '주관적 확률subjective probability' 개념을 사용할 때면 일정한 긴장이 따르는데, 이는 위치 객관성 개념을 통해 생산적으로 고찰할 수 있다. 주관적 확률이란 용어는 객관성에 대한 어떠한 주장에 대해서도 부정적 인상을 심어 준다. 실제로 이 개념은 흔히 개인의 신념과 믿음, 그리고 실제로 감수할 의향이 있는 베팅을 기준으로 온전하게 정의된다. 그러나 한편으로는 새로운 정보가 주어질 때 개인이 이러한 신념을 어떻게 형성하고 체계적으로 수정하는지를 다루는 결정 이론의 문헌들이 방대하게 존재하며, 이 문헌들은 베이즈 법칙Bayes' Law을 고전적 사례로 삼는다.[19] 이 문헌들에서는 단순히 특이하고 개인적인 설득이나 신념에의 의존을 배제하고, 이성적 요구를 광범위하게 활용한다.[20] 따라서 어떤 면에서 이른바 주관적 확률조차도 결국 객관성을 요구받는다. 그렇다면 문제는 다음과 같다. **어떤** 측면에서 그러한가?

예컨대 당신이 52장짜리 평범한 카드 더미에서 한 장을 뽑는다고 하자(그 카드가 무엇인지 당신은 볼 수 있지만 나는 볼 수 없다). 내가 그 카드를 예상하고 그 예측에 돈을 거는 게임을 한다고 하자. 나는 그 카드를 스페이드 잭으로 추측하고, 그 추측이 맞거나 틀리다는 결과에 내기를 걸었다. 내가 이 게임에, 또는 당신의 행동에 대해 무언가 더 알고 있지 않다면, 이러한 행동은 다소 특이해 보일 수 있다. 실제로 내가 상황에 대한 어떠한 추가적 정보도 없으면서 이 내기를 고집하면, 누군가 내게 (카드가 무려 52장이나 되므로)현명하지 않은 내기라고 충고할 수 있으리라. 그 충고는 곧, 내게 '보다 객관적으로' 사고하라는 요구다.

---

19) 베이즈(Thomas Bayes), "An Essay towards Solving a Problem in the Doctrine of Chances," *Philosophical Transactions of the Royal Society of London*, 53, 1763 참조. *Biometrica*, 45, 1958에 재수록.

20) 예를 들어, 루스(R. Duncan Luce)와 라이파(Howard Raiffa), *Games and Decisions* (New York: Wiley, 1957), 그리고 하사니(John C. Harsanyi), *Rational Behaviour and Bargaining Equilibrium in Games and Social Situations* (Cambridge: Cambridge University Press, 1977) 참조.

하지만 이러한 객관성 요구는 내가 실제로 처한 위치와 관련 있다. 실제 당신의 위치에서는 어떤 카드가 뽑혔는지 알고 있다. 반면 내가 아는 것은 단지 당신이 52장의 카드 중 하나를 뽑았다는 사실뿐이다. 그 카드가 실제 무엇인지 알아 내기 위한 초위치적 평가에서는 당신의 위치적 관찰이 정당한 우선권을 갖는다(왜냐하면 당신은 그 카드를 볼 수 있고, 나는 볼 수 없어서다). 하지만 나로서는 당신이 무엇을 보고 있는지 알 수 없으므로 당신의 우선적 위치는 내게 아무런 도움이 되지 않는다. 내가 실제로 처해 있는 입장에서의 위치 객관성이야말로 이 상황에 관련된 객관성 개념이다. 내 기대는 새로운 정보가 전개됨에 따라 체계적으로 수정될 수 있지만, 매 순간 나는 합리적으로 믿을 만한 당시의 근거에 비추어 객관적이고자 노력한다.

물론 어떤 카드가 뽑혔는지 정확히 모르더라도, 내가 어떤 카드가 나올 확률을 똑같이 생각하지 않을 수도 있다. 예컨대 당신이 스페이드를 좋아하고 숫자 카드보다는 그림 카드를 선택하는 경향이 있다는 정보를 가지고 있을 수 있다.[21] 이 경우 나는 단순히 빈도 통계에만 의존할 필요가 없다. 하지만 내가 어떤 다른 요소에 영향을 받건, 합리적으로 형성된 주관적 확률은 내가 실제로 처한 위치에서 인식하는 관련 정보와 증거에 민감해야 한다.

영국 왕립학술원에 제출한 논문에서 베이즈는 사건의 확률을 "그 사건의 발생에 의존하는 기댓값이 계산되어야 하는 가치와, 그 사건이 실제 발생했을 대 기대되는 대상의 가치 사이의 비율"로 정의한다. 여기서 계산**'되어야 하는**ought' 이라는 표현은, 한 사람이 가진 정보를 최선의 방식으로 활용해야 한다는 의미다. 베이즈식 접근을 논의하면서, 이언 해킹Ian Hacking은 베이즈의 확률 개념에 있는 '표면적 어려움'을 다음과 같이 지적한다.

베이즈는 때로 공정한 내기 확률은 가용한 정보의 함수일 뿐이며, 새로

---

21) 나는 매우 확고한 증거가 없음에도 어떤 믿음을 가질 수 있다. 주관적 확률은 분명히, 이용 가능한 모든 증거의 총합을 넘어서는 어떤 생각들로 영향을 받을 수 있는 것이다. 이용 가능한 증거의 한계를 고려하면, 개인적 차이에 대한 여지는 상당히 클 수 있다. 여기서 언급된 어떤 내용도 주관적 확률의 이러한 특성과 모순되지 않는다.

운 정보가 제공됨에 따라 그 확률은 언제든 바뀔 수 있다고 말하는 듯
하다. 그러나 다른 대목에서는 이 생각과 어긋난 것처럼 보인다. 그는
어떤 사건의 '알려지지 않은 확률'을, 마치 가용한 정보와는 무관한 어
떤 객관적 속성처럼 서술한다.[22]

해킹은 이 난점을 베이즈 이론에서 구분되는 두 가지 개념, 즉 (1) '증거에
의존하는' 의미에서의 확률, (2) '기회 또는 장기적 빈도'라는 개념으로 해소
된다고 분석한다. 해킹은 후자만을 '객관적'으로 보지만, 그의 분석을 보면
전자('공정한 베팅 확률') 역시 가용한 정보를 합리적으로 활용하고, 특이하거
나 주관적인 경향을 배제하려는 데 기초한다는 점에서 객관성 지향을 분명히
한다. 또한 새로운 정보가 생기면 이 베팅 확률 역시 수정해야 한다. 따라서
주관적 확률 개념이 종종 비객관적으로 묘사되지만, 베이즈 분석에서는 내기
를 하는 사람이 자신이 실제 보유한 정보에 비추어 객관성이 요구하는 바를
반영해야 한다. 그러한 베이즈 개념을 이해하는 데 위치 객관성 관념이 정확
히 필요하다.

주관적 확률에 관한 의사 결정 이론은 위치적 정보를 어떻게 합리적으로
활용할 것인가에 초점을 맞춘다. 그것은 객관성을 '어디에도 위치하지 않는
시점'으로 파악하지 않는다. 즉 빈도의 형태로도, 초위치적 검토의 형태로도
접근하지 않는다. 객관적 확률과 주관적 확률의 구분은, 전자가 객관적 고려
에 근거하고 후자가 그것과 무관하다는 데 있지 않다. 이 구분은 오히려 서로
다른 맥락에서 호출될 수 있는 서로 다른 유형의 객관적 고려의 차이와 관련
이 있다.

---

22) 해킹(Ian Hacking), *Logic of Statistical Inference*, Cambridge: Cambridge University Press, 1965, 193쪽
참조.

9. 의무론과 위치적 결과주의

위치적 객관성은 윤리학에서도 중요한 의미를 가질 수 있다.[23] 개인의 도덕적 결정의 본성은 평가와 선택에서 몇몇 위치적 특성들이 필연적으로 관련 있음을 보여 준다. 예를 들어, 어떤 재앙적 결과의 발생에서 어떤 사람에게 고유한 역할이 있다면, 그 결과가 구성하는 상태를 평가할 때, 그 사람에게는 특별한 의미가 있을 수 있다. 이런 의미에서, 윤리학은 위치적 관점이 인식론보다 더 본질적으로 관련이 있을 것이다. 여기서 내가 주목하는 것은 윤리학이 실질적으로 객관적일 수 있는가의 문제 그 자체보다는 윤리적 추론과 합리성이 지니는 위치적 성격이다. 이는 윤리적 판단의 객관적 요소에도 적용된다.

(윌리엄스, 네이글, 파핏 등)근대의 여러 철학자들은 행위를 '행위자 상대적 agent relative' 방식으로 평가할 것을 주장한다.[24] 행위자 상대성의 필요성은 결과주의 윤리학이 중요한 행위자 상대적 가치들을 다루는 데 실패한다는 비판으로 이어졌다. 예컨대 자주 논의되는 사례에서 다음 두 가지 경우, (1) 누군가를 직접 살해하는 것 (2) 제3자가 저지른 살인을 방지하지 못한 것 사이에는 중요한 차이가 있다. 전자는 후자보다 훨씬 부정적 행위로 간주되며, 이러한 주장이 그리 비현실적이지는 않다. 이 구분의 관련성은 결과주의가 윤리적 접근 방식으로서 부적절하다는 증거로 해석되었다. 두 경우 모두 결과(즉, 한

---

23) 내 글 "Rights and Agency," *Philosophy & Public Affairs*, 11(1), 1982년 겨울, 3~39쪽의 마지막 주요 절 참조. 셰플러(S. Scheffler) 편, *Consequentialism and Its Critics*(Oxford University Press, 1988)에도 재수록되었다. 이 주장들에 대한 리건(Donald Regan)의 반론은 "Against Evaluator Relativity: A Response to Sen," *Philosophy & Public Affairs*, 12(2), 1983년 봄, 93~112쪽에 실려 있고, 이에 대한 내 답변은 같은 권 113~132쪽에 실려 있다. 또한 나의 논문 "Well-being, Agency and Freedom: The Dewey Lectures 1984," *Journal of Philosophy*, 82, 1985, 169~221쪽을 보라.

24) 다음을 참조하라. 스마트(J. J. C. Smart)와 윌리엄스(B. Williams)의 *Utilitarianism: For and Against* (Cambridge: Cambridge University Press, 1973)와 *Moral Luck*(Cambridge: Cambridge University Press, 1981)에 수록된 윌리엄스의 "A Critique of Utilitarianism". 맥머린(McMurrin) 편, *Tanner Lectures on Human Values*, vol.1(솔트레이크시티: 유타대학 출판부, 1980)과 *The View from Nowhere*에 실린 네이글의 "The Limits of Objectivity". 파핏(Derek Parfit)의 *Reasons and Persons*(Oxford: Clarendon Press, 1984).

사람이 살해된다는 것)는 '같다' 할지라도, 자신이 직접 살인을 하는 데 따른 윤리적 비난은 다른 사람의 살인을 막지 못한 경우보다 훨씬 클 수 있다.[25]

하지만 특히 당사자 입장에서 볼 때, 그 두 가지 경우가 정말로 같은 결과를 가진다고 할 수 있는가? 누군가 살인을 하는 경우, 왜 그 사람이 그 살인의 결과로 형성된 사태를, 자신이 살인을 하지 않는 다른 경우와 정확히 같은 방식으로 봐야 하는가? 살인자는 자신의 행위로 초래된 사태(그리고 그 행위)에 대해 분명 특별한 책임이 있다. 따라서 그가 직접 개입하지 않은 또 다른 상황과 동일한 방식으로 해당 사태를 부정적으로 인식하지 말라는 주장은 타당하지 않다. 마찬가지로, 이 살인자가 살인을 핵심 요소로 포함한 사태를 다른 사람들이 보는 방식과 정확히 같은 방식으로 봐야 한다는 주장 또한 타당하지 않다. 바로 이러한 자의적 전제(즉, 결과 판단은 위치 중립적이어야 한다는 주장) 때문에 결과주의는 행위자 상대적 선택을 이끌지 못하고, 행위자 상대적 가치를 포괄하지 못하는 것으로 보인다.[26]

행위 도덕성의 행위자 상대성을 강조함으로써, 버나드 윌리엄스 등은 (내가 보기에 타당하게)살인자와 다른 사람들 사이에는 각자가 수행한 **행위**에 따라 관련된 차이가 있다고 주장한다. 그러나 유사한 논리는, (수행된 행위를 포함하여)그 **결과** 자체 또한 살인자에게는 다른 사람들이 자유롭게 바라보는 방식과는 정확히 같은 방식으로 볼 수 없음을 강력하게 시사한다.[27] 결과에 대한 **위치적** 관점은 살인자의 도덕 문제와 살인을 방지하지 못한 사람의 도덕 문제를 결과주의적으로 구분할 수 있는 근거를 제공한다.

결과에 대한 초위치적 불변성의 논쟁의 여지가 없는 요구는, ("각 개인은 그

---

25) 이 비교는, 한 명을 직접 살해하는 것과 타인이 저지르는 여러 살인을 막지 못하는 것 사이의 선택에 수반하는 윤리적 딜레마를 검토하면서 확장될 수 있다. 윌리엄스, "A Critique of Utilitarianism," 98~107쪽 참조.

26) 다양한 종류의 '중립성'(행위자 중립성, 관찰자 중립성, 그리고 자기 평가 중립성) 간의 구분과 관계는 내 글 "Rights and Agency," 19~28쪽에서 분석했다(셰플러 편, *Consequentialism and Its Critics*, 204~212쪽에 재수록).

27) 물론, 결과적 상태들이 그에 포함된 행위를 배제해야 한다고 요구되면, 이러한 확장은 무리일 수 있다. 그러나 그런 배제를 할 특별한 이유는 없다. 실제로 이러한 접근 방식들 간의 구분을 명확히 하기 위해 윌리엄스는 "그가 A를 수행하는 것으로 구성된 상태"라는 사례를 매우 효과적으로 고려한다("A Critique of Utilitarianism," 88쪽).

결과를 어떻게 바라보아야 하는가?"라는 질문과 같은)핵심 질문에 대한 답을 회피하는 것에 불과하다. 예를 들어, 맥베스가 "던컨은 이제 무덤에 있고", "반역은 최악을 가져왔다"고 말할 때, 맥베스 자신이나 그의 부인은 분명히 그 사태를 다른 사람들이 보는 방식과 다르게 볼 이유가 있다. 그리고 맥베스 부인이 자문하듯, "이 손에서 피가 정말 씻기기나 할까?"라고 할 만큼, 그들이 저지른 행위에 의문을 가질 이유도 충분하다. 마찬가지로 오셀로 역시 데스데모나가 (오셀로 자신에 의해)목이 졸려 침대에 누워 있는 상황을 다른 사람들이 보는 방식과 동일하게 받아들일 자유는 없다.

자신의 행위가 그 사태를 **구성하는** 요소 중 하나일 때, 그 행위 자체에 특별한 관심(그리고 책임)을 가질 가능성을 배제하는 것은 지극히 자의적이다.[28] 그리고 이러한 가능성을 (자의적으로 닫지 않고)열어 두면, 결과주의적 추론 역시 앞서 언급된 의무론적 관심을 충분히 포괄할 수 있다. 결과에 기반한 윤리와 행위자 상대성 간에는 사태와 행위를 판단하는 데 있어 근본적 충돌이 발생하지 않는다.

10. 맺으며

객관성에 대한 위치적 관점은 관찰, 믿음, 결정이 그것을 행하는 당사자의 위치적 특성에 따라 매개변수적으로 달라진다는 점을 주목한다. 이 관점은 전통적인 객관성 정의, 즉 불변성을 객관성 조건으로 보는 시각과 대비된다. 여기서 제안되는 접근은, 전면적 위치 불변성을 요구하지 않으면서도 개인의 내적 일관성을 요구하는 방식으로 객관성을 재정의한다.

---

28) 유사한 논의는 자율성의 중요성과 개인의 진실성에 관한 행위자 상대적 가치에도 적용된다(이 역시 결과주의 윤리의 한계를 보여 주기 위해 제시된 근거들이다). 이에 대해서와 다양한 유형의 행위자 상대적 가치 간의 구분에 대해서는 내 글 "Rights and Agency"를 보라.

이러한 접근을 통해 믿음에 대한 객관성 요구를 재해석할 수 있고, 여기에는 객관적 환상 개념도 포함된다(여기에서는 이 개념이 질병률 평가나 젠더 편향에 대한 이해 같은 여러 사회 현상을 분석하는 데 유용하게 활용될 수 있다). 또한 이 관점은 문화 상대주의에 대한 독특한 비판을 가능하게 하는데, 이는 흔히 문화 제국주의적이라 비난받는 기존의 비판 방식과 다른 방향이다.

객관성 관점은 또한 합리적 판단에서 결정 이론의 핵심 요소인 위치적 특성에 대한 민감성을 요구한다. 특히 이는 주관적 확률과 객관적 확률의 구분을 재해석할 수 있는 틀을 제공한다.

이 접근법은 윤리학에서 결과주의적 추론이 훨씬 넓은 적용 범위를 가질 수 있음을 시사한다. 실제로, 결과주의가 의무론적 고려나 행위자 상대적 가치를 반영하지 못한다는 비판은, 철저히 자의적인 위치 불변성을 요구한 데서 비롯한다.

제16장

다윈주의적 진보관에 대하여*

1859년 다윈의『종의 기원』이 출간된 이후 130여 년이 지났다. 이 기간 다윈이 제시한 진화론적 진보라는 관점은 우리 자신과 우리가 살고 있는 세계를 바라보는 방식을 급진적으로 변화시켰다. 사상사에서 그 영향력이나 범위, 파급력 면으로 다윈의 진화를 통한 진보 개념의 출현에 견줄 만한 사건은 극히 드물다. 그러나 다윈의 진화론적 진보에 대한 이해는 몇 가지 서로 구분되는 구성 요소를 포함하며, 그중 일부 요소의 심오함이 오히려 다른 일부 요소의 의심스러운 성격을 간과할 가능성이 있다. 특히, (그의 진화론적 진보가 전제하는)진보에 대한 다윈의 일반적 개념은 오늘날 세계에서 결정적으로 중요한 방식으로 우리의 관심을 그릇된 방향으로 이끌 수 있다.

진화론적 진보에 관한 다윈의 분석에는 세 가지 뚜렷 요소, (1) 진화가 어떻게 작동하는지에 대한 설명, (2) 무엇이 진보를 구성하는지를 정의하는 개념,

* 이 글은 1991년 11월 29일, 영국 케임브리의 다윈 칼리지에서 열린 '다윈 강의'를 바탕으로 작성되었다. 유익한 논의를 해준 길버트, 헤이그, 허쉬먼, 르원틴, 로이드, 노직과 로스차일드에게 감사를 표한다. 1991년 연례 다윈 강의, *London Review of Books*, 14, 1992. 11. 5.에 처음 발표되었고, *Population and Development Review*, 1992에도 재수록되었다.

⑶ 진화가 어떻게 진보를 가져오는지를 정당화하는 설명이 있다고 주장할 수 있다. 이 세 요소 중 첫째는 세계에서 일어나는 일을 해석하는 깊은 통찰을 제공하고, 변화와 전환을 진화와 자연 선택이라는 관점에서 바라보는 강력한 일반 추론의 맥을 열어 준다는 점에서 매우 심오하다. 물론 다윈 자신이 집중했던 특정 과정들의 적합성에 대해 까다로운 질문을 제기할 수 있고, 다른 논쟁적 쟁점들도 있다. 예컨대, 중요한 문제 중 하나는 분석이 **종**^{species}(및 그에 따른 현상적 특성들)의 선택을 중심으로 이루어져야 하는지, 아니면 **유전자형**^{genotype}(및 관련 유전적 특성들)을 중심으로 이루어져야 하는지다. (다윈이 그랬듯) 종이라는 개념으로 설명하는 것이 더 간편한 경우가 많지만, 자연 선택은 유전되는 특성들을 통해 전달되며 이는 유전자형과 관련 있다. 종과 유전자형은 밀접하게 연관되지만 일치하지는 않는다. 그러나 이러한 점들은 공유된 접근 방식 내의 부차적 차이에 불과하며, 진화론 분석이 갖는 힘과 폭넓은 타당성을 부정하기는 쉽지 않다.

마찬가지로, 이러한 진화적 아이디어들이 다윈 자신이 식별하지 않았던, 제도나 행동 규범의 선택과 같은 영역(특히 '사회적' 영역)에서까지 어느 정도로 활용될 수 있는지는 합당한 이견이 있을 수 있다. 그러나 (비록 보다 극단적 적용 방식에서는 전적으로 부당하다고만은 할 수 없는 비판이 따를 수 있지만)사회 조사 방법들에 일련의 진화론적 추론을 더하는 것이 일반적으로 유용하다는 점에는 별다른 의심의 여지가 없다. 이러한 문제는 이미 충분히 논의되었기에 여기서 따로 다루지 않는다. 다윈주의 진보 분석의 세 요소 분류 중, 나는 진화가 어떻게 작동하는지(그리고 그토록 놀라운 결과가 어떻게 만들어지는지)에 대한 설명에는 어떠한 불만이 없다. 내가 집중하려는 바는, 다윈주의 분석의 근간에 놓인 '진보' 개념, 즉 위의 세 가지 요소 중 ⑵와 ⑶에 해당하는 부분이다.

1. 우리의 특성과 우리의 삶

다윈은 자신이 이해한 바의 진보 개념을 명확히 가지고 있었고, 이 [개념의] 빛 아래에서 진화의 성취를 판단했다. 그는 『종의 기원』의 결론부에 "자연 선택은 오직 각 존재의 이익을 위해서만 작용하므로, 물질적이건 정신적이건 모든 자질들은 완전성을 향해 진보하는 경향이 있을 것이다"라고 썼다. 진보는 "끝이 없는, 가장 아름다고 경이로운 형태들"의 생성이라는 관점에서 이해되었다. 다윈은 "우리가 상상할 수 있는 가장 고귀한 목표"를 "고등 동물들의 생성"으로 간주했다.

다윈이 『종의 기원』의 마지막 문장에서 말했듯 "이 생명의 관점에는 장엄함이 있다"고 동의하기는 어렵지 않다. 문제는 이러한 삶에 대한 관점이 과연 진보를 제대로 이해하게 하는가다. 이 접근의 한 가지 두드러진 특징은 우리가 무엇을 할 수 있는가보다는 우리가 어떤 특성을 지니고 있는가, 즉 우리의 특성과 속성에 집중한다는 점이다. 이에 대한 대안은, 우리가 어떤 삶을 살 수 있는가라는 삶의 질에 따라 진보를 판단하는 일이다. (다소 아리스토텔레스적인)이러한 관점 전환은 우리가 진정으로 소중히 여길 이유가 있는 것들과 보다 잘 부합할 뿐 아니라, 종의 '고등성'(또는 유전적 탁월성)에 집중할 경우 가려지기 쉬운 문제들로 주의를 환기시킬 수 있다.

우리가 어떤 종류의 삶을 살 수 있느냐 하는 문제는 단지 우리가 어떤 존재인가에만 달려 있지 않고, 우리가 처한 환경에도 달려 있다. 우리는 우리가 사는 세계의 성격에 온갖 방식으로 영향을 미칠 수 있다. 따라서 우리가 진보를 어떻게 이해하느냐는 우리의 결정과 의지에도 실질적 영향을 미칠 수 있다.

2. 인간 중심주의와 인간의 가치

　나는 이 두 접근 방식을 비교하고자 한다. (약간의 단순화를 감수하고)각각을 '종의 질'이라는 관점과 '삶의 질'이라는 관점으로 칭하겠다. 전자는 다윈적 시각이며, 근대적 형태에서는 차라리 '유전자형의 질' 관점으로 부르는 게 더 적절할 수 있다. 자연 선택과 유전을 통해 선택되는 특성은 유전적 특성이기 때문이다. 여기서는 다윈의 용어인 '종[species]'을 계속 사용하겠지만, 사실 많은 경우 '유전자형[genotypes]'이란 표현이 더 정확하다. 하지만 이 구분은 이 글에서 논하려는 주요 논점에 결정적이지는 않다.

　삶의 질 관점은 일정한 인간 중심주의에서 자유롭기 어렵다. 이는 단지 다른 동물들의 삶의 질을 인간의 삶의 질처럼 판단할 수 없어서가 아니라, **판단**이라는 행위 자체가 본질적으로 인간 활동이라서다. 이는 분명한 문제며, 처음에는 이 문제가 삶의 질 관점보다는 종의 질 관점에 정당성을 부여하는 것처럼 보일 수 있다. 하지만 실상은 좀 더 복잡하다. 인간의 평가 틀은 두 관점 모두에서 벗어나기 어렵다. 종이나 유전자형의 질을 평가할 때(예컨대, 어떤 형태가 "가장 아름답고 가장 경이롭다"고 판단할 때)조차 우리의 주관적 판단이 필연적으로 개입된다. 물론 이러한 판단을 명백히 '중립적' 기준인 순수한 번식 성공으로 대체할 수 있다. 즉 경쟁 집단보다 더 많이 번식하고 더 오래 살아남는 능력이라는 기준이다. 진화론적 관점은 종종 이처럼 겉보기에는 단순 명료한 기준을 암묵적으로 사용해 왔다. 나는 곧 이 기준의 성격과 사용 방식에 대해 비판적으로 검토할 것이며, 이 기준을 일관되고 조화롭게 만드는 데 심각한 논리적 어려움을 다룰 것이다. 이러한 문제는 이 기준이 왜 진보를 판단하는 데 중심이어야 하는가라는 보다 근본적인 동기적 질문과 구별되는 내적 논리의 문제다.

3. 종, 보전 그리고 동물적 삶

다윈주의 관점이 다양한 종과 유전자형을 명시적으로 고려하기에 인간 삶의 유형에 좀더 밀접하게 초점을 맞추는 삶의 질 관점보다 훨씬 포괄적이라는 주장이 제기될 수 있다. 예를 들어 멸종 위기에 처한 다양한 종들을 보존하려는 환경 운동가들의 관심을 이해할 때 종 중심의 다윈주의적 시각이 삶의 질 관점보다 더 유용할 것처럼 보일 수 있다(이 문제는 전지구적 주목을 받으며 1992년 '지구정상회의Earth Summit' 같은 자리에서도 결의된 바 있다).

그러나 실제로는 전혀 그렇지 않다. 자연 선택은 본질적으로 **선택적 멸종**을 통한 선택이다. 이런 점에서 멸종 위기 종을 보존하려는 환경적 관심은 전적으로 '비다윈적'이라 할 수 있다. 『종의 기원』에서 가장 흥미롭고 강력한 명제들 가운데 하나는 "창조주가 물질에 부여한 법칙에 비추어, 과거 현재 세계에 존재했던 생명체들의 생성과 멸종이 부차적 원인으로 이루어졌다는 관점이 더 적절하다"는 점이다. 다윈은 이어 이와 같은 과정의 관점에서 바라볼 때 생존하는 존재들은 '고귀함'을 획득한다고 주장한다. 멸종은 진화적 선택 과정의 필수적 일부며, 멸종에 반대하는 입장은 다윈적 논리의 외부에서 근거를 찾아야 한다.

오히려, 환경 운동가는 경쟁적 관점인 삶의 질 관점에서 더 많은 도움을 받을 수 있다. 우리가 살아가는 세상에 다양한 종들이 존재한다는 사실은 우리 자신이 누릴 수 있는 삶의 질을 향상하는 요소로 간주할 수 있다. 더욱 중요하게는, 인간이 현재 존재하는 모든 종들(설령 그 종들이 다소 '부적합'하거나 '선택되지 않은' 것일지라도)의 생존을 합당하게 소중히 여길 수 있다면, 이러한 환경 운동적 관심은 '적자생존'이라는 다윈적 진보 개념보다 인간의 이성(그리고 우리가 따르는 가치)으로 설명되는 편이 더 적절하다.

나아가 삶의 질에 대한 일반적 관심은 다윈주의 관점보다 동물 학대와 같은 문제들(예컨대 작고 어두운 상자에 동물을 가두거나 의도적으로 고통스러운 질병을 겪게 하는 행위 등)에 주의를 촉구할 가능성이 훨씬 크다. 살아 있는 존재들이 살아갈 수 있는 삶의 질에 대한 감수성은, 냉혹하기 그지없는 이 세계 안에서 우리가 다양한 선택지를 평가하는 방식에 진정한 변화를 가져올 수 있다.

4. 기준과 비교

다원주의적 접근이 말하는 진보는 어떻게 작동하는가? 종의 우수성으로 진보를 판단한다는 일반 절차는 어떤 특징을 지니는가? 다윈이 주장한 진화적 진보의 성과에 대한 평가 근거는 무엇인가? 생명체의 역사 속에서 시간이 흐를수록 진보가 있다는 주장에는 일정한 개연성이 있고, 인간이 보다 원시적 형태로부터 진화해 왔다는 점에서 분명 일정한 성취가 있다고 볼 수 있다. 근대 인간의 지성적 또는 문화적 정교함과 창조성은, 원시 동식물 세계는 물론, 단세포 원생생물이 지배하던 초기 생물 세계와 뚜렷한 대조를 이룬다. 가령, 수많은 아메바나 캄브리아기의 연체동물 및 삼엽충으로 가득한 채 태양 주위를 도는 침묵의 지구와 비교하면, [지금]우리가 사는 세계에서 일종의 장엄함을 느끼는 것이 그리 기이한 일이 아니다.

그러나 그러한 즉각적 인식은, 진화의 결과로 나타난 이른바 진보의 두 가지 질문, (1) 어떤 기준에 의한 것인가? (2) 무엇과 비교하는가?를 통해 점검함으로써 조정해야 한다. 이 두 질문을 차례로 살펴보자.

다원주의적 기준 선택은 실질적으로 두 단계를 거친다. 하나는 보다 명시적이고, 다른 하나는 묵시적이다. 첫째 단계는 종의 탁월성으로 진보를 판단한다. 이것이 다원주의 진보관의 기본 구조다. 앞서 언급처럼, 다윈은 "우리가 생각할 수 있는 가장 숭고한 대상"을 "고등 동물의 생성"으로 보았고, 진보를 이러한 판단 위에 놓았다.

둘째 단계는 훨씬 구체적인 것으로 다윈 자신의 저술에서는 명시적이기보다 묵시적으로 제시되지만, 수많은 다원주의자들에 의해 확고하게 주장되고 옹호된다. 이는 종(또는 유전자형)의 우수성은 번식 성공, 즉 생존하고 번식할 수 있는 능력, 그리고 그 결과로 경쟁 집단(다른 종 또는 다른 유전자형)들을 수적으로 능가하고 더 오래 존속하는 능력을 기준으로 판단한다. 이러한 복잡한 성취의 집합은 '적합성^{fitness}'이라는 이름으로 불리고, 적합성은 생존 및 번식 성공에 의해 반영되는 것으로 간주된다. '적자생존'이라는 명제는 실제로 다원주의의 핵심이며, 이 표현 자체는 본래 스펜서$^{Herbert\ Spencer}$가 제한했다(그리고 다윈이 이를 열정적으로 수용했다). 이러한 기반에서 진보에 대한 주장은 근대 진화적인 최적성 이론 지지자들에 의해 크게 확장된다.

이처럼 정의된 적합성이 자연 선택에서의 성공과 밀접하게 관련 있다는 점은 분명하다. 문제는, 선택된 종의 적합성이 증가하는지를 기준으로 진보를 평가하는 것이 과연 타당한지 여부다. 이 기준은 깔끔해 보이지만, 과연 그것이 설득력 있고 타당한가? 실은 정말 그렇게 깔끔한 기준인가?

5. 적합성: 정합성과 설득력

진화론 문헌에서는 적합성 기준이 꽤나 야심찬 방식으로 널리 사용되는데, 비교 적합성에 대한 판단을 바탕으로 '최적성^{optimality}' 개념이 자주 도출된다. 적합성 기준에 따르면, 어떤 종이나 유전자형이 자신의 모든 경쟁자를 능가할 수 있을 때만 '최적'으로 불릴 수 있다. 하지만 이 기준을 사용하는 데에는 몇 가지 어려움이 있다. 한 쌍의 대안적 종 간의 비교 적합성은 그것들이 생존을 두고 경쟁하는 환경에 따라 달라지기 때문이다. 즉 유전자형 x가 환경 A에서는 유전자형 y보다 더 적합하더라도, 환경 B에서도 마찬가지로 그러리라는 보장이 없다. 따라서 (실제 환경에 무관하게)하나의 대안이 다른 대안을 지배한다고 일반화할 수 없는 경우가 흔히 발생할 수 있다. 물론 어떤 대안은 모든 관련 환경에서 다른 대안보다 확실히 열등할 수 있으며, 이런 대안은 고려해야 할 '효율적' 가능성 집합에서 제거할 수 있다. 그러나 '효율적' 대안들 사이에 많은 비^{非}비교성이 존재하리라는 기대가 합당하지 않은 것이 아니다. 말하자면, 어떤 선택지는 특정 상황에서 더 나을 수 있지만 다른 상황에서는 더 못할 수 있으므로 일반적으로 순위를 매기기 어려운 경우가 많을 수 있다.

이러한 상황에서는 진화론 문헌에서 현재 선호되는 단순하고 완결된 형태의 버전(즉, 최적성^{optimality} 개념)보다는, 불완전 서열을 허용하는 수학적 극대성^{maximality}이라는 보다 포괄적 개념의 도입이 유용할 수 있다(이러한 수학적 개념은 사회 선택 이론 같은, 다른 '다루기 까다로운' 분야에서 체계적으로 활용된다). 또한 비추이성의 가능성도 고려해야 한다. 즉 대안 x가 대안 y보다 우월하고, 대안 y가 대안 z보다 우월하더라도 x가 z를 능가하지 못할 수 있다. 이러한 가능성은 각 대안이 지니는 유리한 조건들이 다양하고 이질적이라는 점에서 비롯한다. 이는 마치 테니스 경기에서 선수 x가 선수 y를 이기고, y가 z를 이기지만, x가 반드시 z를 이긴다고 단정할 수 없는 이치와 유사하다. 생존 경쟁이 동시에 여러 유전자형이나 종들 간 상호 존재에 기반할 경우, 비추이성과 불완전성은 특히 빈번하게 나타날 수 있다.

이처럼 적합성 기준은 겉보기에 깔끔한 그 특성들 일부를 포기함으로써 오히려 정합적이고 일관된 기준이 될 수 있다. 그러한 기준을 통해 형성되는 진보의 관점엔 '구멍'과 '빈틈'이 있겠지만, 적합성 순위가 환경과 무관하다는 자의적 가정이나 단순한 쌍대 비교만으로 충분하다는 식의 불합리한 전제에는 의존하지 않는다. 진보에 대한 적절한 기준을 찾는 작업이 워낙 어려운 과업임을 감안하면, 이러한 대가는 충분히 감내할 수 있다. 하지만 적합성의 증대를 진보를 판단하는 좋은 방식으로 삼자는 주장에 어떤 미덕이 있는지는 모르겠지만, 깔끔함과 단순함이 그러한 미덕의 하나일 수는 없다.

그러나 적합성을 진보의 기준으로 삼을 때, 더 근본적 문제는 다른 데서 발생한다. 가장 기본적인 질문은 다음과 같다. **왜**? 왜, 번식과 생존에서의 성공이 성취의 척도여야 하는가? 이 질문을 더 깊이 살펴보기 전에, 진화론적 진보 주장과 관련된 또 다른 질문, "무엇과 비교해서?"라는 물음에 대해 먼저 언급하려 한다.

6. 무엇보다 더 적합한가?

번식적 성공을 비교하기 위해 경쟁 종이나 유전자형을 식별하는 데는 서로 상당히 다른 두 가지 방식이 있다. 하나는 시간의 흐름에 따른 방식이고, 다른 하나는 대안적 비교가능성들 간 비교다. 첫째 방식은 각 시대의 종이나 유전자형을 이전에 존재했던 것들과 비교하여 평가하는 방식이다. 그러나 각기 다른 시대의 환경 또한 서로 달랐으므로 특정 종이 역사적으로 성공했다는 사실만으로 그 종이 일반적으로 더 우수한 적합도를 지녔다고 말할 수는 없다. 짐작건대, 특정 시대에 번성했던 종은 당시 존재하던 환경에 대해 어떤 특정한 이점이 있었을 것이다. 그러나 이러한 추론 방식은 특정 지역과 당면한 환경에 대한 우위를 넘어서는, 시간이 흐르면서 이루어진 일반적 진보에 대해 어떤 결론도 도출하지 못한다. 다윈이 제시한 "모든 물질적, 정신적 자질들"이 "자연 선택을 통해 완전에 이르는 방향으로 진보한다"는 명제는, 진보를 그의 적합성 개념의 틀 안에서만 보더라도 유지되기 어렵다.

그러나 만약 우리가 일반 적합성이 아니라 기계적 설계의 효율성 같은 몇 가지 명확한 물리적 특성을 기준으로 삼으면, 다윈의 주장에 보다 우호적 해석이 가능하다. 실제로 헉슬리는 시간에 따른 진보를 식별하기 위해 바로 이러한 기계적 효율성 기준을 사용한다.[1] 예를 들어, 그는 말의 주행 속도와 이빨의 분쇄 능력에서 나타나는 점진적 향상을 지적한 바 있다. 보다 최근에는,

---

1) 헉슬리, *Evolution in Action*, (New York: Harper, 1953).

페르메이^{Geerat Vermeij}가 이와 같은 유형의 주장을 훨씬 야심차게 확장한다. 즉 생존에 유리한 몇몇 일반적 특성들이 시간에 따라 광범위하게 향상되어, 근대 생물체들이 자신이 실제로 서식하는 특정 환경을 넘어서는 다양한 환경에 보다 잘 적응할 수 있었다는 것이다.[2] 페르메이는 이 주장을 뒷받침하기 위한 인과적 설명으로, 장기간에 걸쳐 "주어진 서식지 내의 생물학적 환경 자체가 더 가혹해졌다"는 자신의 발견을 제시한다.

이러한 경험적 발견들은 통찰을 제공하며, 관련 분석들 또한 중요하지만, 시간에 따른 진화적 진보에 관한 결론은 필연적으로 잠정적이고 상대적으로 조심스러울 수밖에 없다. 보다 '가혹한' 환경에서 다른 종보다 상대적으로 더 잘 생존하고 번식하는 종이 덜 가혹한 환경(혹은 훨씬 가혹한 환경)에서도 반드시 더 잘 작동한다고 단정할 수는 없다. 시간에 따른 진화적 진보를 확립할 때, 시간에 따라 환경의 엄격성이 증가했다는 가정으로는 환경에의 적합성이라는 가변성 문제를 충분히 제거할 수 없다.

이러한 시간적 비교를 통해 진화적 진보에 대한 결론을 도출하는 데는 또 다른 근본 문제가 있다. 그것은 바로 어떤 변화가 진화로부터 기인할 수 있는지 여부의 문제다. 시간이 흐르면서 발생한 모든 변화를 진화의 결과로 돌리는 것은 명백히 자의적이다. 특히, 어떤 변화들은 일시적 자연 현상으로 초래되었을 수 있다. 예컨대 진화 그 자체만으로 공룡이 멸종하고, 그로 인해 궁극적으로 인간이 출현하는 다른 경로가 열렸다고 말할 수 없다. 만일 약 6,500만 년 전 공룡을 멸절시킨 것이 지구에 충돌한 소행성이었다면(그리고 그것이 사실이면), 우리는 궁극적으로 인간으로 진화할 수 있게 해 준 이 사건을 고마워해야 한다. 그럼에도 우리가 (공룡 관점이 아닌)우리 입장에서 시간이 흐르고 진보가 있었다고 주장하더라도, 그 진보적 변화가 순전히 진화에 의해 일어났다고 결론지을 수 없다.

---

2) 퍼메이(Geerat Vermeij), *Evolution and Escalation*, Princeton: Princeton University Press, 1987.

이 모든 점들은 우리가 시간의 흐름을 기준으로 보기보다는, 대안적 가능성들의 집합에 걸쳐 비교해야 할 필요를 보여 준다. 특히 실제로 출현한 종들을 출현하지 않았거나 도태된 종들과 비교하면서 판단해야 한다. 과연 그 환경에서 살아남은 종이 '최적'이었다는 주장은 얼마나 합당한가?

이 질문 또한 그리 녹록지 않다. 다윈이나 스펜서가 말한 "최적의fittest" 존재는 특정 종과 경쟁하게 된 우연한 대안들 중에서 지역적 범주의 정점에 불과할 수 있다. (체계적이건 우연적이건)다른 경쟁자의 출현을 막았을지도 모를 다양한 요인이 존재할 수 있어서다. 진화생물학에서 연구된 '발달 제약development constraints'의 영향은, 우리가 주장할 수 있는 최적성의 수준을 낮출 뿐 아니라 그 주장 자체를 한층 복잡하게 한다.[3]

기존 유기체의 변이만이 아니라, 세계 역사에서 전혀 다른 시나리오로 등장할 수 있었던 유기체, 즉 발달 제약이나 자연의 확률적 선택에서 다른 결과가 나왔을 경우에 등장했을 수 있는 존재들까지 고려하면, 이 문제는 더욱 더 복잡하다. 길가메시Gilgamesh, 아르주나Arjuna, 아킬레우스Achilles처럼 (비록 평화롭게는 아니더라도)허구의 세계를 더 흥미롭게 한 초인적 능력의 서사 영웅들은 비현실적 존재였을지 모르지만, 오늘 우리가 처한 환경에서도 더 적합한 존재가 되었을 수 있는 모든 반사실적counterfactual 가능성을 고려 대상에서 완전히 배제하기란 어렵다. 상황과 우연에 따라 다른 대안들이 얼마든지 등장할 수 있었다. 볼테르의 『캉디드Candide』에서 "이 세계는 가능한 세계들 중에서 최선이다"라고 선언한 것의 진화론적 유사물은, 과연 무엇을 '가능한 것'으로 간주할 수 있는지를 보다 명확히 식별하는 작업을 절실히 필요로 한다.

따라서 진화적 진보라는 명제가 대안 간 비교라는 관점에서 엄밀히 검토하면, 그 명제는 기껏해야, 어떤 제한된 대안 집합에 따른 성공에 불과한 지역

---

3) 회의론적 관점의 고전적 제시는 굴드(Stephen J. Gould)와 르원틴(Richard C. Lewontin), "The Spandrels of San Marco and the Panglossian Paradigm: A Critique of the Adaptationist Programme," *Proceedings of the Royal Society of London*, B, 205, 1979를 보라. 또한 듀프레(John Dupre), *The Latest on the Best: Essays on Evolution and Optimally*, Cambridge, Mass.: MIT Press, 1987 참조.

적 최적성^{local optimality}을 주장할 수 있을 뿐이다. 심지어 이러한 제한된 작은 성공조차 진보를 판단하는 주요한 기준으로서 진화적 적합성의 수용가능성에 달려 있다.

7. 왜 적합성인가?

적합성이 종의 생존과 번식에 유리하다는 점은 분명하다. 실제로 그것이 바로 적합성의 정의라고 할 수 있다. 그러나 그렇다고 해서 그것이 그 자체로 진보의 기준이어야 할 이유는 무엇인가? 생존상의 이점은 매우 다양한 특성에서 비롯될 수 있고, 그것들이 삶을 더 즐겁게 **하거나** 풍요롭게 **하거나** 나아지게 한다는 보장은 전혀 없다.

예컨대, 베이슨^{Patrick Bateson}이 지적한 바에 따르면, "암컷을 두고 다른 수컷과 싸우는 일부다처제 영장류 수컷들은 일반적으로 일처제 수컷들보다 훨씬 큰 송곳니를 가지고 있다."[4] 생존과 번식에서 그런 큰 이빨이 유리할 수 있다는 점은 분명할지 모른다(이 미묘한 주제에 대해 내 견해를 제시할 생각은 없다). 하지만 그렇다고 커다란 송곳니 자체가 본질적으로 훌륭하다고 보아야 할 이유는 없다. 그런 이빨이 없는 일처제 영장류가 거대한 송곳니를 가진 친척들을 정말로 부러워해야 할 이유도 없다.

다윈이 자연 선택을 그가 말한 "각 개체의 이익"을 명백히 증진하는 것으로 간주하고, 그것을 '완전함'으로 향하는 길로 본 근거는 상당히 불충분해 보인다. 우리는 생존에 도움이 안 되도 가치 있다고 여기는 많은 덕성과 성취를 알고 있고, 반대로 생존에 성공하는 것과 연관된 많은 특성 중에는 우리가 심각하게 거부감을 갖는 것들도 있다. 예컨대 (호모 사피엔스의 변형된 한 종으

---

4) 감베타(Diego Gambetta) 편, *Trust: Making and Breaking Cooperative Relations* (Oxford: Blackwell, 1988, 1988), 16쪽에 수록된 베잇슨(Patrick Bateson)의 "The Biological Evolution of Cooperation and Trust" 참조.

로서)어떤 가신^{vassal} 종족이 폭군 종족에 의해 비인간적 조건에서 길들여지고, 유용한 노예로서뿐 아니라 끈질긴 생존자이자 극단적으로 빠른 번식자로 진화했다고 가정하자. 그러한 발달을 진보의 신호로 받아들여야 할까? 물론, 이와 같은 처우는 우리가 사육하는 동물에게도 똑같이 가해지고 있다. 그러나 이러한 체제가 인간에게는 도저히 용납되지 않을 것이고, (앞서 논의했듯이)동물의 경우에도 용납될 수 있으리라 보기 어렵다.

8. 가치 판단과 이성적 사고

진보의 기준을 선택하는 데에는 이성적 평가가 필요하며, 그 작업을 자연선택에 맡길 수 없다. 하지만 우리의 판단 능력은 얼마나 신뢰할 만한가? 우리가 지지하는 가치들이나 우리가 발달시켜 온 이성적 사고 능력 자체가 진화의 산물이라는 점을 지적할 수 있다. 어떤 이들은 우리의 사고 능력이 생존과 번식에 유리하도록 선택되었고, 그 밖의 목적으로 그것을 사용하는 것은 정당화될 수 없다고 주장한다. 또 다른 이들은 우리의 이성적 능력이 진화적 성공의 기준을 지지하는 쪽으로 편향되었다고 주장하는데, 왜냐하면 우리 자신이 바로 그 진화 과정의 산물이기 때문이다. 이러한 주장들은 우리의 평가적 이성의 관련성을 훼손하는가? 나는 그렇지 않다고 본다.

우리 사고 능력이 생존상 이점 덕에 진화했을지언정, 그것이 오로지 그 목적으로만 사용해야 한다는 주장은 논리적 비약이다. 우리 능력은 일반적으로 단일한 목적에만 결박되어 있지 않다. 예컨대 색채 감각은 (먹잇감을 찾거나 포식자를 피하는 등)생존에 도움이 되었을 수 있으나, 그렇다고 우리가 세잔이나 피카소의 색을 감상하지 못할 이유는 없다. 우리 사고 능력이 어떻게, 왜 발달했건 간에 우리는 그 능력을 자유롭게 사용할 수 있고, 생존이나 번식의 이점을 진보의 기준으로 삼는 타당성을 검토하는 것 또한 그 능력의 가능한 활용 방식이다.

　다른 반론은 그다지 결정적이지 않다. [우리는 이 세계의 산물이므로] 다른 시나리오에서 비롯해서 다른 가능 세계를 살았을 존재들에 비해 우리가 있는 그대로의 지금 세계를 보다 긍정할 수 있다고 충분히 생각할 수 있다. 그러나 그것만으로 우리 가치를 폄하할 필요는 없다. 보다 흥미로운 문제는, 이러한 상호 의존성이 우리가 지금 존재하는 상태의 모든 것을 긍정하고, 자연 선택의 결과를 무비판적으로 지지하게 하는가다. 그러나 그럴 이유는 전혀 없다. 예컨대 통증은 우리가 반응할 수 있는 일종의 신호라는 점에서 생존에 커다란 이점이 있지만, 그렇다고 하여 통증 자체를 얻고 싶은 마음은 없지 않은가. 실제로 우리는 통증이 [행동을 조절하는]인센티브 역할을 인식하는 순간조차 통증 자체를 혐오할 수 있다. 어떤 인센티브 시스템도 당근과 채찍의 방식으로 작동할 수 있다. 두 방식이 신호 전달과 유인책 효과 측면에서는 비슷할 수 있으나, 우리에겐 채찍보다 당근을 지지할 만한 충분한 이유가 있다.

　약 2,500년 전, 고다마 싯다르타가 왕궁을 떠나 깨달음을 추구한 것은 인간 존재의 비참함, 즉 생노병사의 고통에 대한 실존적 번뇌 때문이었다. 그는 우리가 출현한 방식에 대해 분명한 거부감을 가졌고, 그에 대해 부정적 판단을 내리는 데 아무런 문제가 없었다. 또한 자연에서 한 종이 다른 종을 잡아먹는 방식을 선호는 경향이 있다고 해서, 싯다르타가 동물을 죽여 그 고기를 먹는 삶을 끔찍하다고 판단하는 것과 모순되지도 않는다.

9. 개인과 유형

　생존 외에도 우리가 가치 있게 여기는 것들이 많다는 일반적인 어려움 외에도 보다 특정한 문제들이 존재한다. 가장 중요한 문제 중 하나는, 진화는 개체의 생존에는 별 관심이 없지만, 우리는 개체로서 그 주제에 대해 어느 정도 관심을 둔다는 점이다. (『종의 기원』이 출간되기 10여 년 전에)테니슨^{Tennyson}은
그 본질을 바라보면서, 자연에 불만을 터뜨렸다.

> 그토록 유형에 세심한 자연이,
>
> 개별 생명엔 그리도 무심하구나.

우선, 자연 선택은 우리가 생식 가능 연령을 지난 이후의 복지나 생존에는
거의 관심을 두지 않는다. 또 하나는, 자연 선택적 이점의 관점에서 볼 때, 만
약 번식력이 전체적으로 종 또는 유전자형의 확산에 더 크게 기여하면, 유아
의 사망률을 낮추는 일조차 우선순위에서 밀릴 수 있다.

이렇듯 자연 선택이 "개별 생명에 무심하다"는 말은 두 가지 전혀 다른 방
식으로 적용된다. 하나는 개별 생명체의 수명에는 거의 관심이 없고, 다른 하
나는 개체의 삶의 질에는 더더욱 무관심하다는 것이다. 실제로 자연 선택은,
그것이 전파될 만한 이익과 일치(또는 상관관계)되지 않는 한, 우리가 가치를
둘 만한 그 어떤 것도 고무하지 않는다.

10. 유전적 개선과 우생학

진보의 일반적 관점에서 본다면, 다윈주의적 시간은 살아가는 삶의 환경을
조정하기보다 종 자체를 적응하는 데 집중하는 방향성을 보여 준다고 해도
과언이 아니다. 그러므로 이러한 진보 관점이 한 가지 형태의 의식적 계획,
즉 유전적 개량을 위한 계획을 직접적으로 고무시켰다는 것은 놀랍지 않다.
20세기 전후로 번성했던 우생학 운동은 적자생존이라는 다윈주의적 논변에
영향을 받았다. 이 운동은 자연이 더 나은 유전형을 번식시키도록 '도움의 손
길'을 제공하자는 아이디어를 옹호했고, 주로 '덜 적합한' 변종의 번식을 제
한함으로써 이를 달성하고자 했다. 이들이 주장한 정책에는 지적 설득부터

강제적 불임에 이르기까지 다양한 방법을 망라한다.

이 운동에 골턴 경$^{Sir Francis Galton}$(다윈의 사촌)부터 엘리자베스 니체$^{Elisabeth Nietzsche}$(철학자 니체의 여동생)에 이르기까지 유명한 사람들이 동참했다. 이러한 형태의 유전적 조작에 대한 옹호는 한동안 상당한 존중을 받았으나, 결국 히틀러의 섬뜩한 후원을 계기로 평판을 잃게 되었다(히틀러는 1935년 엘리자베스 니체의 장례식에서 눈물을 흘리기도 했다). 다윈이 유전적 계획을 직접 주장한 적은 없지만, 우생학적 접근은 종의 특성에 따라 진보를 판단해야 한다는 관점과 충분히 공존할 수 있다. 만약 다윈주의적 진보 관념이 진보 일반에 대한 적절한 이해를 제공한다면, 선택적 번식을 통한 유전적 조작의 수용가능성과 한계에 대한 물음을 반드시 마주해야 한다. 세계관으로서의 이 진보관은, 자율성과 자유를 포함해 우리가 커다란 중요성을 부여할 이유가 충분한 가치들과 상반되는 요구들에 대해 분명한 입장을 제시해야 한다.

11. 설계와 결심

우생학 운동이 다윈주의로부터 영감을 얻고 일정한 지적 뒷받침을 받은 것은 사실이지만, 다윈 자신의 초점은 진보를 자생적이며 설계되지 않은 것으로 바라보는 데 있었다고 말할 수 있다. 종교적 믿음이라는 맥락에서, 다윈주의의 가장 급진적 측면은 모든 종이 한꺼번에 설계되어 창조되었다는 믿음을 부정한 것이다. 그러나 자생적 진보에 관한 일반적 문제는 외부의 신적 존재의 의도성이라는 물음 이상으로 확장된다. 만약 진화가 진보를 보장하면, 내부자(즉, 인간)가 의도적으로 노력해야 할 필요성은 그만큼 줄어들 수 있다. 나아가, 우리가 살고 있는 세계를 변화시킴으로써 의도적으로 진보를 이끌어내려는 시도는 진화 과정의 자생적 작동을 위태롭게 할 수 있다는 주장도 제기될 수 있다. 만약 우리가 진보를 종의 질이라는 관점에서 바라보고, 유전적 선택이 우리를 놀라울 정도로 잘 적응시킨다고 믿으면, 그 경우에 우리는 왜 부적합한 유전자를 장려해야 할까?(라는 의문이 제기될 수 있다). 자생적 진보에 대한 신념은 창조를 의도한 기독교적 신의 노동을 부정하는 것 이상의 의미를 갖는다.

이처럼 다원주의적 진보관은 우리를 두 가지 전혀 다른 방향으로 밀어 넣을 수 있다. 하나는 유전적 조작을, 다른 하나는 자생성에 대한 비활동적 신뢰를 시사한다. 공통된 요소는, 물론 우리의 필요에 맞게 세계를 조정하려는 주장에 침묵한다는 점이다. 이러한 관심의 공백은 진보를 종의 본성에 따라 판단하는 데에서 비롯한 직접적 결과며, 종이 영위할 수 있는 삶의 종류에 따라 진보를 판단하면 외부 세계에 대한 조정 필요성은 곧바로 부각되었을 것이다. 그 공통의 다원주의적 논점에서, 적극적 입장은 유전적 조작을 향해 나아가고, 상대적으로 소극적 입장은 자연에 대한 신뢰를 주창한다. 그 어느 쪽도 우리가 살고 있는 외부 세계를 개혁하려는 방향으로 이끌지는 않는다.

12. 다윈과 맬서스

이 문제는 보다 큰 쟁점, 즉 자연 일반에 대한 신뢰와 자연의 받아들일 수 없는 결과에 맞서려는 의도적 노력 사이의 태도적 차이와 관련 있다. 이러한 이분법은 자연을 호명하며 사회적 부작위를 권장한 맬서스의 입장과, 예컨대 고드윈^{William Godwin}의 적극적 개입주의를 대조함으로써 잘 드러난다.[5] 실제로 맬서스는 진화론의 진정한 구루라 할 수 있다. 다윈은 『종의 기원』에서 자신의 이론이 "동식물계 전체에서 맬서스의 교리를 다양한 방식으로 강력하게 적용한 것"으로 설명한다.

---

5) 이러한 주목할 만한 태도상의 대비는 클레어(William St. Clair)의 *The Godwins and the Shelleys: A Biography of a Family*(London: Norton, 1989)에서 통찰력 있게 분석한다.

1798년에 출간된 맬서스의 명저 『인구론^{Essay on Population}』은 생존의 문제를 인구 증가 및 자연 자원에 대한 경쟁과 연결 지음으로써 자연 선택 이론의 토대를 마련했다. 이 저서의 철학적 목표는 (논문의 원래 제목에서 언급했듯[6])고드윈과 콩도르세의 급진적 진보주의를 반박하는 데 있었고(이는 초판 부제에도 명시했다), 당면 목적은 영국의 구빈법을 개정하려는 움직임(가족 규모에 따라 복지 지급을 늘리려는 시도)에 대한 반대였다.[7] 맬서스는 자연 과정에 대한 이러한 인위적 개입을 문제를 더 악화시키는 방법으로 보았고, 도움을 받을 수 없는 사람들을 돕기 위한 이런 의도적 노력은 차라리 중단하는 편이 낫다고 주장했다.

맬서스는 인구 증가를 줄이는 방법으로 자발적 제약을 (하지만 별다른 낙관적 전망은 없이)옹호했다. 이 점에서도 (우생학의 경우와 마찬가지로)외부 세계를 바꾸기보다는 우리들 자신을 조정하는 데 방점이 있다. 그는 일관되게 가난한 사람들을 지원하려는 공적 개입에 강한 적대감을 드러냈고, 미혼모를 위한 조산원이나 버려진 아이들을 위한 고아원 같은 공공 복지 시설에도 반대했다.[8]

궁핍하고 불행한 이들을 자연에 맡겨 두려는 태도와 공적 조치를 통해 이들을 조력하려는 입장 사이의 이분법은 오늘날에도 여전히 중요하다. 실제로, (이를테면 시장 메카니즘 같은)비인격적 힘에 모든 것을 맡기려는 최근의 경향을 고려하면, 이러한 대비는 오히려 더욱 중요해졌다고 할 수 있다. 제2세계(구소련 및 동구 사회주의 국가들)의 몰락은 단순히 특정한 개입 시스템의 실패로 해석되지 않고, 모든 형태의 설계된 개선 자체가 불가능하다는 식으로 해석되곤 한다.

---

6) 원래 제목은 *An Essay on the Principle of Population as it Affects the Future Improvement of Society, with Remarks on the Speculations of Mr. Godwin, M. Condorcet and Other Writers* (London, 1798)였다.

7) 브룩스(J. L. Brooks), *Just before the Origin* (New York: Columbia University Press, 1984) 참조.

8) 각주 7의 브룩스와 각주 5의 클레어 참조.

13. 멸종과 환경

개입의 문제는 대체로 사회적 사안(이를테면 맬서스와 고드윈의 입장 차)과 가장 밀접한 관련이 있지만, 환경 문제에서도 마찬가지로 중요하다. 오존층 파괴라는 심각한 문제를 생각하자. 만약 인간이 아무런 조치를 취하지 않고 방치하면, 결국 진화를 통해 이 문제에 대한 유전적 반응이 나타날 가능성이 크다. 예를 들어, 방사선 변화에 덜 민감한 유전자를 가진 유전자형은 다른 것들에 비해 더 잘 생존하고 더 많이 번식해서 상대적으로 수가 많아질 수 있다(나는 유색인종이 백인들보다 더 천천히 변할 것이라는 이야기를 들은 적이 있지만, 거기에 내기를 걸 생각은 없다).

자연 선택은 우리를 '보다 더 적응적' 인간으로 대체할 수도 있고, 이는 진화가 갖는 진보적 성격의 일부일 수 있다. 그러나 우리가 우리 삶을 소중히 여기고 질병과 멸종을 비난하면, 우리는 환경의 부정적 변화에 단호히 저항하는 방향의 행동 방침을 고려하고 싶을 것이다. 우리가 가진 현재 조건을 기준으로 할 때, 유전적 자연 선택은 따뜻한 희망이라기보다는 오히려 섬뜩한 전망처럼 보일 수 있다.

이들 대조를 너무 날카롭게 밀고 나가고 싶지는 않다. 그러나 이 두 가지 상반되는 자연관, 나아가 우리가 속한 환경을 바라보는 방식에는 분명한 태도의 차이가 존재한다. 이 딜레마의 한 축은 덴마크의 우유부단한 왕자 햄릿의 유명한 독백에서 잘 드러난다.

> 참담한 운명의 돌팔매를
> 마음으로 견디는 것이 더 고귀한가,
> 고통의 바다에 맞서 무기를 들어
> 그것을 끝장내는 것이 더 고귀한가.

이러한 표현이 아마 다윈에게는 별로 매력적으로 들리지 않았으리라. 왜냐하면 말년의 다윈은 셰익스피어에 대해 진저리를 냈다. 다윈은 『자서전』에 이렇게 썼다. "최근에 셰익스피어를 다시 읽으려 했지만, 참을 수 없을 만큼 지루해서 토할 지경이었다." 그러니 셰익스피어를 굳이 들먹일 생각은 없지만, 이 대목은 다윈주의적 진화론자라면 한 번쯤 곱씹어 볼 만한 문제라고 나는 제안하고 싶다.

14. 다윈주의와 우리의 삶

결론적으로, 다윈의 진화적 진보에 대한 분석은 자연 선택을 통해 진화 과정을 설명하고, '고등 동물'을 포함한 종의 기원을 이해하려는 그의 시도와 관련이 있었다. 이러한 설명적 목적은 다윈의 진화 분석을 통해 매우 잘 수행되었으며, 앞서 논의했듯 '적자생존'에 내재된 적합성 개념은 더 많은 검토가 필요할 수 있다.

다윈은 또한 진보를 생물 종의 특성, 더 구체적으로는 살아남은 존재들의 적합성이라는 관점에서 제시했다. 이 접근은 생명체가 가진 특성에 집중하고, 그들이 실제로 살아가는 삶의 방식에는 주목하지 않는다. 다윈의 작업과 그 영향 가운데 이 측면은 훨씬 의문의 여지가 남아 있다. 그것은 인간과 다른 동물들의 삶의 질을 무시하는 경향이 있으며, 우리가 우선시하는 것들을 합리적으로 평가하고 그에 따라 살아가려는 노력의 중요성을 약화시키며, 우리가 살아가는 세계를 조정할 필요로부터 우리의 주의를 돌린다. 이러한 경향은 (예컨대 우생학적 운동처럼)유전적 조작에 대한 적극적 개입주의의 방향을 **장려하거나** (다윈 자신의 발언과 더 가까운)자생적 진보에 대한 소극적 의존을 **촉진한다**. 그러나 이 두 경우 모두, 우리 삶의 질이 조정 가능한 외부 세계의 성격에 얼마나 의존하는지에 대해서는 별다른 주의를 기울이지 않는다.

탁월한 동물학자이자 다윈주의 이론가 마이어^{Ernst Mayr}는, 1859년 『종의 기원』이 출간된 이후, 서구 세계의 어떤 사려 깊은 사람도 그 이전과는 다른 세계관을 갖지 않을 수 없다고 지적한 바 있다.[9] 이 지적은 실로 그렇기에, 이 중요한 사실은 충분히 인식할 가치가 있다. 그러나 다윈적 진보의 비전에 기반한 세계관은 매우 제한적일 수 있다. 그것은 우리의 삶이 아닌 특성에 주목하고, 우리가 살아가는 세계가 아닌 우리 자신을 조정하는 데에 주목하기 때문이다.

이러한 한계는 특히 오늘날 세계에서 더욱 두드러진다. 가난, 실업, 빈곤, 기근, 감염병 같은 **치유 가능한** 결핍이 만연하고, 환경 황폐화, 종의 멸종 위협, 동물에 대한 지속적 잔혹 행위, 인류 대다수의 전반적 비참한 삶의 조건이 계속되는 현실 속에서 말이다. 우리에겐 다윈이 필요하다. 하지만 절제된 조건에서만 그렇다.

---

9) 마이어(Ernst Mayr), *One Long Argument*, Cambridge, Mass.: Harvard University Press, 1991, 1쪽.

제17장

시장과 자유*

1. 들어가며

이 장에서 나는 개인의 자유라는 관점을 통해, 경쟁 시장 메커니즘이 수행해야 하는 역할을 재해석하고 그것이 달성할 수 있을 것으로 기대되는 바를 재평가한다. 시장 메커니즘을 옹호할 때 '자유freedom'라는 언어와 수사修辭가 강력하게 동원되는 경우가 많다. 예컨대 프리드먼과 프리드먼(1980)의 인상적 표현을 빌리면, 시장 체제가 사람들에게 "선택의 자유free to choose"를 준다는 주장의 형태로 제시된다. 그러나 시장 배분에 관한 경제 이론은 대체로 '후생주의적' 규범 틀과 견고하게 연결되었다.[1] 경쟁 시장의 성공 및 실패는 전적으

* 이 글은 1990년 5월 17일, 옥스퍼드에서 열린 힉스 강의를 수정한 버전이다. 이 본문에는 강의 서두에서 고(故) 존 힉스경에 대한 개인적 언급은 포함하지 않았다. 그는 위대한 경제학자이자 지적 지도자였을 뿐 아니라, 훌륭한 동료이자 따뜻한 친구였다. 이 글을 수정하면서 나는 드레즈의 조언 및 코언, 애킨슨, 로스차일드, 스캔런, 스턴, 벨클리, 자마그니, 그리고 Oxford *Economic Papers*의 익명의 심사위원들과의 토론에서도 유익한 통찰을 얻었다. 또한 미국 국립과학재단의 연구 지원에 감사한다. 이 글은 *Oxford Economic Papers*, 45, 1993에 "Markets and Freedoms: Achievements and Limitations of the Market Mechanism in Promoting Individual Freedoms"라는 제목으로 실렸다.

1) 힉스(1939), 새뮤얼슨(1947), 애로우(1951b), 드브뢰(1959), 매켄지(1959), 애로우와 한(1951) 등을 보라. 유용한 입문서로는 쿠프만스(1957)를 참조할 것.

로, 개인의 자유 증진에서의 성과보다는, 개인 후생의 성취(예를 들면, 효용 기반의 파레토 최적성 관점)로 판단된다.

후생 성취와 자유 성취(그리고 각각 영역에서의 실패) 사이에 어떤 연관이 있으리라는 의문은 자연스러운 일이다. 그러나 우리는 그 연관을 실제로 검토하고 분석해야 한다. 우리는 개인의 자유가 지니는 여러 양상과 그것들이 경쟁 시장 균형의 성격과 연관이 있다면, 어떠한 연관을 가지는지 탐구해야 한다. 이 장은 자유의 다양한 측면들, 특히 (1) 실질적 기회의 문제, (2) 결정의 자율성과 침해로부터의 면제 같은 과정적 고려 사항을 구분하여, 각각의 관점에서 경쟁 시장 메커니즘을 살펴본다.

일부 측면에서 보면, 자유 기반 접근은 (효용 공간에서의 효율성으로 정의되는)'경제적 효율성'보다 더 오래된 전통을 지닌다. 그러나 오늘날 경제 이론에서 시장 기능을 평가할 때 표준 절차가 된 것은 후자, 즉 효율성 기반 접근이다. 이 초점의 전환은 힉스에 의해 매우 명확히 지적된 바 있다.

> (애덤 스미스나 리카도 등)고전학파의 자유주의 또는 비간섭주의 원칙들은 애초부터 경제학의 원칙이 아니었다. 그것들은 훨씬 광범위한 분야에 적용된다고 간주되는 원칙을 경제학에 적용한 것이었다. 경제적 자유가 경제적 효율성을 낳는다는 주장은 부차적 뒷받침에 불과했다. …
> 내가 의문을 제기하는 것은, 우리가 이 논의의 다른 측면을, 대부분 그러했듯, 완전히 잊어도 되는가다.(힉스 1981, 138쪽)

이 장은 부분적으로 힉스가 제안한 방향을 따라, 시장 메커니즘이 개인의 자유 증진에 기여한 바와 그 한계를 평가하려는 시도다.[2] 일반적으로 시장 매커니즘에 대한 평가에서 찬사와 비판이 뒤섞이는 것은 거의 피할 수 없고.[3]

---

2) 하이에크(1960), 노직(1974), 뷰캐넌(1986) 참조. 또한, 유럽경제학회(European Economic Association)가 주최한 심포지엄을 볼 것. 이 심포지엄은 개인의 자유를 경제적 평가의 일반적 기반으로 삼는 관점에 초점을 두면서, 코르나이(Kornai, 1988), 린드벡(Lindbeck, 1988), 센(1988)의 글을 포함한다.

3) 한(Hahn, 1982)과 센(1987) 참조.

자유 기반 평가라도 이 점에서 근본적으로 다를 이유는 없다. 그러나 이 작업에서 핵심 질문은 찬사와 비판이 타당한 구체적 측면, 그러한 판단의 근거, 그리고 찬사와 비판의 평가 기준이다.

다음 절에서는 경쟁 시장 균형의 성과에 대한 표준 후생주의적 평가의 근거를 간략히 다룬다. 3절에서는 자유의 다양한 측면들을 구분하고, 개인의 자유를 평가하는 데 사용되는 기준의 구성 요소를 설명하며, 이 탐구의 개념적 기반을 검토한다. 4절에서는 자율성, 침해로부터의 면책, 자유지상주의적 권리, 소극적 자유 등을 포함한 자유의 과정 측면과 이러한 맥락에서 시장 메커니즘의 역할을 분석한다.

이후 두 절에서는 자유의 기회 측면에 초점을 맞춘다. 5절에서는 자유의 기회 측면과 선호 충족의 실질적 범위 간 연관성과 관련된 개념적 쟁점을 다룬다. 여기서 초점은 자유의 약한 형태의 효율성에 있으며, 개인의 선호가 공유된 중요성을 지닌다는 점이 자유의 기회 측면과 경쟁 시장 성격 사이의 연결 기반이 된다고 주장한다(비록 그러한 연결은 기회 측면의 자유를 평가하기 위해 단순한 재화 공간을 넘어설 필요가 있다는 점에서 다소 복잡하다). 6절에서는 세 개의 간략한 하위 절로 나눠, 경쟁 시장 균형의 후생 효율성이라는 주장 대신, 기회 측면에서 자유의 약한 효율성이라는 유사하지만 본질적으로 구별되는 주장을 제시한다.

7절에서는 개인의 자유와 관련된 다양한 긍정적 주장 측면에서 시장 메커니즘의 한계를 다룬다. 마지막 절은 이 장이 다룬 주요 주제들에 대한 결론적 언급으로 맺는다.

2. 시장과 후생주의적 효율성

근대 경제학에서 시장 메커니즘에 대한 평가의 토대는 이른바 '후생 경제학의 기본 정리'에 크게 의존한다.[4] 이 정리는 완전 경쟁 시장만을 대상으로 하고, 시장이 불균형 상태가 아니라 균형 상태에 있을 때 무엇이 발생하는지를 중심으로 다룬다. 이 정리는 두 부분으로 구성된다. (앞으로 '직접 정리[direct theorem]'라 부를)첫째 명제는 (예컨대 비시장적 상호 의존성, 즉 '외부성' 부재를 포함하는)특정 조건에서 모든 경쟁 시장 균형이 '파레토 효율적'(또는 파레토 최적)이라는 것이다. 어떤 상태가 파레토 효율적이라는 것은, 그 상태와 비교했을 때 누군가의 효용을 증가시키면서 동시에 타인의 효용을 감소시키지 않고는 더 나은 상태로 개선할 수 없음을 의미한다. 즉 이 '직접 정리'는 주어진 조건에서 어떤 경쟁 시장 균형에서 출발하더라도 (개인 효용 기준으로 판단했을 때)충돌 없는 일반적 개선이 가능하지 않다는 것을 의미한다.

정리의 두번째 부분은 조금 더 복잡하다. (외부성 부재뿐 아니라 규모의 경제가 중대한 수준으로 존재하지 않을 것 등을 포함하는)몇 가지 조건을 충족할 경우, 모든 파레토 효율적 결과는 어떤 자원 배분과 가격 체계에서의 경쟁 시장 균형으로 실현 가능하다는 것을 말한다. 즉, 우리가 어떤 파레토 효율적 상태를 지정하더라도, 자원의 초기 배분을 적절히 선택함으로써 정확히 그 상태를 산출하는 경쟁 시장 균형이 존재할 수 있다. 이 '역 정리[converse theorem]'는 일반적으로 시장 메커니즘을 옹호하는 보다 중요한 주장으로 간주되었다.

'직접 정리', 즉 모든 경쟁 시장 균형이 파레토 효율적이라는 명제는 시장 메커니즘의 위대한 트로피로 보이지 않을 수 있다. 왜냐하면 파레토 효율성이 사회적 최적 상태에 충분한 조건이라고 보기는 어려워서다. 파레토 효율성은 효용(또는 소득이나 그외 어떤 것) 분배에는 전혀 관심이 없고, 형평에도 무관심하다. 반면, '역 정리'의 동기는 사회적 최적 상태에서 파레토 효율성이 필요조건이라는 주장과 관련이 있다. 결과주의적 후생주의(즉, 사회적 좋음 또

---

4) 이러한 기본적인 결과는 애로우(1951b)와 드브뢰(1959)에 의해 확립되었다. 매켄지(1959)와 애로우 및 한(1971)을 참조하라. 공공재를 포함하는 사례로 이러한 기본 결과를 확장한 논의는 그로브스와 레디어드(Groves and Ledyard, 1977), 그린과 라퐁(Green and Laffont, 1979) 등을 포함한 여러 연구자들에 의해 논의된다.

는 옳음을 판단하는 데 오직 개인의 효용만을 기준으로 삼는 입장)을 전제로 하면,[5] 어떤 변화가 모두의 효용을 증가(또는 최소한 어떤 사람의 효용을 증가시키면서 나머지 사람들 모두의 효용은 유지)시킬 수 있다면, 그 변화는 이루어져야 한다는 주장을 어렵지 않게 할 수 있다. 이 전제를 받아들인다면, 사회적 최적 상태는 그 자체로 파레토 효율적이어야 한다. 그 이유는 파레토 비효율적 상태는 사회적으로 개선 가능한 상태여서다. 이러한 기본 전제는 이 정리의 둘째 부분에 대한 즉각적 관련성을 부여한다. 결과주의적 후생주의를 전제로 하면, 사회적 최적 상태를 어떤 방식으로 정의하건 자원의 초기 분배를 적절히 설정함으로써 경쟁 시장 균형을 통해 사회적 최적 상태(즉, 파레토 효율적인 상태 중 하나)에 도달할 수 있다.

그러나 이러한 방식의 '역 정리'에 대한 이해는, 전적으로 후생주의적 평가에 의존하더라도 다소 기만적 측면이 있다. 경쟁 시장 균형을 통해 어떤 사회적 최적 상태를 달성하려면, 먼저 자원의 초기 분배가 적절히 이루어져야 한다. 따라서 우리의 사회적 목표가 얼마나 형평을 중시하는지에 따라, 역사적으로 물려받은 소유 구조의 전면적 재편성을 요구해야 할 수도 있다.

그러므로 '역 정리'는 일종의 '혁명가의 실천 지침서'[6]에 속한다. 이 점에서, 시장 메커니즘을 열렬히 옹호하는 사람들이 대개 급진적 소유 재분배를 요구하는 혁명가와는 거리가 멀다는 사회학적 사실은 그다지 대수롭지 않다. 보다 직접적으로 중요한 것은, 정치적·법적 혹은 그 밖의 이유로 자원 분배를 자유롭게 재조정하지 못하면, '역 정리'는 주어진 자원 분배에 대해서조차 파레토 효율성을 달성하리라는 보장이 없다는 점이다. 반면, '직접 정리'는 바로 이 점을 보장해 주는데, 비록 충분치는 않더라도 현재 시점에서 확실한 무엇인가를 제공한다.[7]

---

5) "후생주의"와 "결과주의"의 정확한 성격 규정에 대해서는 센과 윌리엄스의 "Introduction"(1982) 참조.

6) 이 진단에 대한 보다 상세한 논의는 센(1987) 참조.

7) 사회적 최적 상태를 달성하고자 '역정리'를 사용하는 데는 정보상의 문제도 존재한다. 시장 메커니즘의 정보 절약성은

3. 자유 개념: 과정과 기회

이제 자유의 요구로 시선을 돌려 보자. 자유는 여러 가지 구별되는 양상을 지니며, 이 모든 양상을 적절히 포착해 낼 수 있는 단일 실숫값 지표를 찾아 낼 가능성은 거의 없다. 특히, 자유에는 최소 두 가지 가치 있는 측면이 있는데, 나는 이를 각각 자유의 '기회 측면the opportunity aspect'과 '과정 측면the process aspect'으로 부른다. 나는 다른 글에서 포괄적 자유 평가를 위해 이 두 측면 모두를 반드시 고려해야 하고, 각각이 지니는 중요성은 축소될 수 없다고 주장한다.[8]

첫째, 자유는 우리가 지향하는 목표, 우리가 가치 있다고 여기는 것들을 달성할 수 있는 기회를 제공한다. 자유의 기회 측면은 바로 이러한 성취 역량에 관한 것이다. 이는 우리가 실제로 가치 있게 여기고, 또 가치 있다고 여길 수 있는 것들을 성취할 수 있는 실질적 기회와 관련 있다(그 성취가 어떤 과정을 통해 이루어지는지와는 무관하다).

둘째, 자율적 선택 과정, 즉 통제의 지렛대를 자신의 손에 쥐는 일도 중요한 의미를 갖는다(이것이 우리의 목표 성취가능성을 실제로 향상하는지 여부와 무관하다). 자유의 과정 측면은 자신이 직접 자유롭게 결정하는 절차와 관련 있다.

자유의 '기회 측면'에 온전히 집중하는 대표 사례는 소비자 이론에서 '예산집합budget set[소비 가능 조합]'을 평가할 때 암묵적으로 드러나는 자유에 대한 태도에서 찾을 수 있다(새뮤얼슨 1938, 1947, 힉스 1939). 이 접근법은 자유를 오직 수단적 관점에서만 고려(즉, 실제로 달성할 수 최선에만 집중)함으로써 예산집합 내의 어떤 항목이건 선택할 수 있는 자유는 결국 그 집합에서 선택된 항

실현 가능한 시장 결과 집합을 규명하고 그중에서 사회적으로 최선인 결과를 선택하는 데 필요한 정보를 포괄하지 않는다. 실제로, 많은 이들(특히 이 급진적 시장화 프로그램에서 재산과 자원을 잃게 될 사람들)에게는 이러한 정보 수집 과정에 협조할 인센티브가 없을 수 있다. 따라서 시장 메커니즘을 통한 혁명적 형평성 프로그램은 인식론적 장벽뿐 아니라 정치적 장벽도 가질 수 있다. 이 '정보적 인센티브'의 문제에 대해서는 센(1987, 36~38쪽)을 볼 것.

8) 이러한 구분과 그 광범위한 함의는 내가 1991년 5월 7~8일 스탠퍼드대학에서 행한 애로우 강의 "자유와 사회적 선택"에서 다룬 바 있다(이 책 20~22장). 이 논문의 해당 절은 그 강의와 밀접한 관련이 있다.

목, 또는 '가장 선호되는' 항목의 가치만큼만 평가되고, 그 집합에 포함된 다른 항목들은 궁극적으로 중요하지 않다. 이러한 방식으로 자유의 기회 측면을 바라보는 관점은, 불확실성이 없는 상황에서는 자유에 대해 비교적 단순한 이해를 함축한다.

그러나 이 접근 방식은 미래 기호에 대한 불확실성을 도입함으로써 중요하게 확장될 수 있다. 이는 쿠프만스(1964)와 크렙스(1979, 1988)가 연구한 바 있고, 그 결과 다양한 선택지를 보유하는 것이 실질적으로 가치 있는 것으로 평가되지만, 여전히 전적으로 수단적 이유(즉, 미래 기호의 가변성) 탓에 그렇게 간주된다. 이들이 제시한 '유연성에 대한 선호'(그리고 이로부터 도출되는 실질적 자유)는 전적으로 기회 측면에만 초점을 맞춘 것으로, 미래의 다양한 기호 상황에서 무엇이 최선일지에 대한 가능성에 따라 자유를 평가한다. 크렙스의 분석에서, 미래 선택지들 목록에 대한 평가는 개인이 미래에 가질 수 있는 다양한 효용 함수들을 고려하여, 각 가능성에 부여된 확률을 반영한 해당 효용 함수별 기대 효용들에 따라 이루어진다.

쿠프만스-크렙스 접근은 자유에 대한 실직적 이론을 위해서도 매우 중요한데, 미래의 불확실성은 선택의 자유를 증진해야 할 강력한 이유여서다.[9] 그러나 이 장에서는 불확실성을 도입하지 않으므로 기회 측면을 도구적으로 해석하는 쿠프만스-크렙스식 확장은 본격적으로 다루지 않는다. 불확실성이 없는 상황에서는 최대 기회 관점이 어떤 선택지 집합을 평가할 때, 단순히 해당 집합에서 가장 높을 가치의 항목(또는 요소들) 값만으로 평가한다.

그러나 불확실성이 없어도 '기회 측면'을 좀 더 넓게 바라볼 수 있고, 최선의 대안뿐 아니라 선택의 '폭'에 주목하는 방식이 가능하다. 우리는 기회의 다양성 자체를 가치 있게 여길 수 있고, 기회의 평가를 전적으로 최상의 성취 결과의 가치로만 환원하지 않을 수 있다. 물론 최댓값은 여전히 중요한 요소

---

9) 나는 이 쟁점을 애로우 강의에서 좀 더 깊이 다루고자 한다(20~22장 참조).

로 작용하지만, 그 밖의 요소 또한 함께 고려될 수 있다. 이러한 접근이 어떻게 가능한지는 5절에서 살펴본다.

기회 측면과 대조적으로, 과정 측면은 다른 학자들이 강조한 바 있다. 예컨대 하이에크(1960)는 『자유의 헌정^{The Constitution of Liberty}』에서 과정 측면을 매우 순수하게(때로는 다소 극단적 형태로) 옹호한 바 있고, 다음과 같이 인상적 문장을 남겼다.

> 우리가 어떤 특정 일을 할 자유를 누리는 것이 얼마나 중요한지는, 우리가 실제로 또는 다수의 사람이 그 자유를 사용할 가능성이 있는지 여부와 아무 관련이 없다. … 말하자면, 오히려 특정의 일을 할 자유를 실현할 가능성이 적을수록, 그 자유는 사회 전체에 더 소중할 수 있다. 그 가능성이 낮을수록, 막상 기회가 닥쳤을 때 잡지 못하는 상황이 더 심각해질 수 있어서다. 왜냐하면 그것은 거의 유일무이한 경험일 테니 말이다.(하이에크 1960, 31)

하이에크가 사용될 가능성이 가장 낮은 자유일수록 오히려 더 큰 가치를 부여해야 한다고 주장한 데에는 다소 '역설적' 요소가 있을 수 있다. 그러나 우리가 그 자유를 실제로 사용할 가능성이 낮더라도, "어떤 특정 일을 할 수 있는" 자유를 갖는 것 자체가 중요할 수 있다는 하이에크의 주장은 분명 옳다. 이러한 고려는 자유의 과정 측면과 관련이 있으며, 하이에크 자신도 개인의 자유가 제약 없이 행사되는 것이 중요하다고 특별히 강조한다. 이러한 과정 측면에는 기회 측면에서는 포착되지 않는 요소를 포함할 수 있다.[10]

과정 측면은 다시 몇 가지 상이한 요소를 포함하는데, 특히 다음 두 가지 (1) 선택이 만들어지는 결정의 자율성, (2) 타인의 간섭으로부터의 배제가 핵

---

10) 하이에크의 논증은, 기회 측면을 평가할 때도 전적으로 수단적 관점에만 의존하지 말 것을 시사한다. 5절에서 논의하겠지만, 이용 가능한 대안들 가운데 자신이 가장 선호하는 것을 실현할 기회가 기회 측면 평가에서 중심적 관심사일 수 있지만, 그럼에도 불구하고 개인은 우월하지도 않고 선택되지도 않은 다른 대안들의 존재를 완전히 무시하지 않을 수도 있다.

심이다. 전자는 어떤 선택이 내려지는 과정에서 그 사람이 실제로 주체적 역할을 하는지의 문제다. 즉 그 선택이 개인 스스로에 의해 이루어지는지, 아니면 타인이나 제도에 의해 이루어지는지가 핵심 쟁점이다. 이를 위해 우선 자율적 선택의 적절한 정의역이 무엇인지 밝힐 필요가 있다.

한편, 면책[immunity]의 내용을 구분하기 위해 무엇이 '간섭'을 구성하는지를 정의할 필요가 있고, 이 문제는 많은 자유지상주의 철학에서 주요한 관심사다. 면책으로서의 자유는 침해 행위 부재라는 '소극적' 개념으로 간주될 수 있다. 이는 이른바 '소극적 자유'라는 개념과 밀접하게 관련 있다. 실제로, 소극적 자유 개념은 자유의 '과정' 측면에 속하는 '면책' 구성 요소와 연관시킬 수 있고, 나는 여기서 이러한 관례를 따르기로 한다.[11]

그러나 벌린(1969)이 깊이 탐구한 바 있는 '적극적[positive]' 자유와 '소극적[negative]' 자유 사이의 구분은 여러 방식으로 해석될 수 있다.[12] 벌린 자신의 분류는 소극적 자유에 대해 훨씬 높은 요구 수준의 관점을 취한다. 그의 분석에서 소극적 자유는 타인이 어떤 방식으로로건 한 개인이 어떤 일을 할 수 없게 만드는 데 관여하는 다양한 요소를 고려하며, 따라서 소극적 자유의 '면책' 요소를 훨씬 뛰어넘는다(예컨대 노동 시장에서 수요 부족으로 인한 빈곤과 기아도 소극적 자유의 침해로 간주될 수 있다). 이에 상응하여, 벌린은 적극적 자유를 비교적 좁은 의미로 해석하는데, 특히 그 자유는 외부가 아닌 개인 '내부'에서 비롯된 장애 극복에 초점을 둔다.

반면 다른 이들은 적극적 자유를 훨씬 포괄적으로 이해하는 경향이 있다. 즉, 적극적 자유는 타인의 간섭이나 지원뿐 아니라 개인의 능력과 한계를 모두 고려한 상황에서, 개인이 실제로 무엇을 할 수 있는지를 중심으로 이해된

---

11) 그러나 면책(immunity)의 맥락에서도, 절차에 대한 평가와 그에 대응하는 결과에 대한 이해 사이에는 밀접한 연관성이 있다. 이는 자유에 관한 '사회적 선택' 이론 문헌에서 특히 중요한 관심사로 다루어진다. 예컨대 센(1970, 1983a, 1992a), 해먼드(1982), 스즈무라(1983), 리글스워스(1985), 라일리(1987), 가르트너 외(1992) 참조.

12) '긍정적 자유'와 '부정적 자유' 사이의 체계적 구분은, 이탈리아 사상사가 루지에로(Guido De Ruggiero)가 그의 저서 Storia del liberalismo europeo(1925)에서도 다룬 바 있다. 다만 그의 구분은 벌린(Berlin)의 구분과는 다소 다르다. 루지에로의 연구를 소개해 준 자마그니(Stefano Zamagni)에게 깊이 감사한다.

다.[13] 이는 사실 그린(1889)이 제시한 방향이다. 최근 적극적 자유와 소극적 자유의 구분은 특히 소극적 자유에서 면책 역할에 초점을 맞추는 경향을 보인다.[14] 본문에서는 '소극적 자유'라는 표현을 그와 같은 보다 좁은 의미, 즉 간섭으로부터의 면책이라는 의미로 사용하지만, 모든 상대적 고려 요소가 충분히 주의를 기울여 다루어진다는 전제하에, 이러한 분류 방식이 결정적인 것은 아니라는 점은 굳이 강조할 필요가 없다.

자유 개념에 대한 논의를 정리하면, 우리는 최소한 두 가지 상이한 자유 개념, (1) 기회 측면과 (2) 과정 측면을 염두에 두어야 한다. 기회 측면은 성취 가능한 최선의 결과를 향한 기회에 특별히 주목하며, 필요하면 추가적으로 주어진 선택지들의 범위에도 일부 관심을 둘 수 있다. 한편 과정 측면은 개인이 내리는 결정의 자유와 관련되며, 이는 다시 (2a) 개인 선택의 자율성 확보 범위와 (2b) 타인의 간섭으로부터의 면책이라는 두 요소를 모두 고려해야 한다.

4. 과정 측면: 불간섭과 자율성

앞 절의 논의에 이어, 나는 자유의 다음 세 가지 뚜렷한 측면에 특히 주목하려 한다.

(1) 성취할 기회
(2) 선택의 자율성
(3) 침해로부터의 면책[15]

---

13) '적극적 자유' 개념의 최근 다양한 사용으로는 드워킨(1978), 다스굽타(1982, 1986), 센(1985b, 1988), 햄린과 페팃(Hamlin and Pettit, 1989), 헬름(Helm, 1989) 등 참조. 관련 구분으로는 캉예르(1971), 노직(1974), 린달(1977), 드워킨(1985), 라즈(Raz, 1986)를 볼 것.

14) 예를 들어 드워킨(1978, 12장) 참조.

15) 이들은 각각 3절에서 다루었던 고려 사항 (1), (2a), (2b)에 해당한다.

각각의 측면에서 시장 메커니즘이 어떤 역할을 하는지 검토해야 한다.

(예컨대 노직 1974의 논의처럼)자유지상주의적 '권리' 개념은 (2)와 (3) 모두를 포함하지만, 통상적 정식화에서는 첫째 항목은 상대적으로 덜 주목한다.[16] 실제로 자유지상주의 철학과 자유의 '과정 측면' 사이에는 밀접한 상응 관계가 있다. 특히 침해로부터의 면책 개념은 종종 '소극적 자유'의 핵심이자 자유지상주의적 권리 이론의 중심 요소로 간주된다.

나는 곧 이러한 접근이 시장 메커니즘 평가에 갖는 함의를 다룰 예정이지만, 그에 앞서 일반적으로 간과되기 쉬운 한 가지, 즉 자유지상주의적 권리(특히 침해에 대항할 권리)와 소극적 자유(침해로부터의 자유) 사이의 상응적 관계를 언급하고 싶다. (간섭으로부터의 자유라는 형태로서)소극적 자유는 자유지상주의적 권리를 선행적으로 수용하지 않고서는 부정될 수 없다고 간주되기도 한다. 하지만 자유지상주의적 권리와 소극적 자유가 공통 정의역을 공유함에도, 자유지상주의적 '권리'의 강제력과 우선성에 대한 옹호가 사실상 소극적 자유를 정의하거나 그것의(그외 요소들과 더불어) 중요성을 이해하는 데 필수 불가결한 조건은 아니다. 어떤 유형의 대인적 간섭을 ('침해 행위'라는)별도 범주로 분류할 수 있고, 이러한 구분을 통해 사람들에게 그러한 침해를 받지 않을 명확한 권리가 있다고 미리 전제하지 않고도 소극적 자유 영역을 특성화할 수 있다. 이러한 방식으로 연관성을 규정지을 경우, 소극적 자유도, 자유지상주의적 권리도 그 어느 하나가 다른 하나에 '우선'한다고 볼 필요는 없으며(양자 모두 '침해'라는 공유된 개념에 의존한다), 따라서 자유지상주의적 '권리'를 전면적으로 수용하지 않더라도 소극적 자유는 정의되고 평가될 수 있다.[17]

---

16) 자유의 기회 측면에 보다 큰 역할을 부여하는 폭넓은 관점으로는 뷰캐넌(1986)을 보라.

17) 평가 분석 출발점으로서 권리보다 자유를 택하는 데 따른 일정한 이점이 있다. 이는 부분적으로, 어떤 면에서 자유가 권리보다 더 포괄적 개념이면서, 동시에 자유가 권리 개념보다 덜 취약하기 때문이다. 즉, 권리는 (벤담 1789과 마르크스 1843, 1844이 강하게 논의한 것처럼)사후적, 우발적 개념을 사전적, 보편적 주장으로 사용한다는 의심을 쉽게 받는다. 이러한 관점에서, 권리는 사회적·정치적 제도에 의존하고, 그 제도들 자체가 근본적 정당화를 필요로 하는데, 정당화는 제도에서 비롯된 권리들만으로는 거의 제공되기 어렵다. 이 논쟁의 양측에는 제시될 수 있는 다양한 논거들이 있지만, 여기서 이 복잡한 문제를 해결하려는 시도를 하지는 않겠다.

만약 자유지상주의적 권리, 즉 자유롭게 교환하고 거래할 권리를 보호하려면, 시장 활동은 (국가를 포함하여)타인의 방해 없이 허용되어야 한다. 이 경우 시장은 사람들이 지닌 권리(즉, 거래할 자유가 있어야 한다는 권리)를 근거로 정당화되지, (예컨대 후생을 창출하는)그 효과로 정당화되지 않는다. 따라서 이러한 권리가 (예컨대 노직 1974에서 제시한 자유지상주의 이론처럼)근본적으로 중요하다고 받아들여지면, 시장 메커니즘에 대한 평가 접근 전체가 변화할 수 있다. 시장은 그 결과나 효용(예컨대 파레토 효율성과 같은)이 아니라, 선행하는 권리에 의해 정당화되는 셈이다.

자유지상주의적 권리를 가정할 경우, 시장에 대한 옹호는 무조건적이고 단순해지지만, 동시에 그 가정 자체가 수용 가능한지에 대한 의문이 남는다. 자유지상주의적 추론은 결과와 독립적이지만, 그 논리의 설득력은 실제 결과와 독립적일 수 없다. 이 문제는 자유지상주의적 권리 행사와 시장 배분 결과가 개인의 복지나 '성취할 기회' 관점에서 본 개인의 자유에 비추어 특히 나쁜 경우에 한층 중요하다. 실제로, 아무도 자유지상주의적 권리를 침해당하지 않고 자유 시장 메커니즘이 제대로 작동한 상황에서도, 대규모 기근이 발생할 수 있다.[18] 결과와 무관한 자유지상주의적 권리 주장은, 윤리적 수용가능성 측면에서 심각한 문제에 직면할 수 있다.[19]

그러나 주장되는 자유지상주의적 권리가 무조건적 권리로 받아들여지지 않더라도, 침해 행위(그리고 소극적 자유의 방해)를 억제하는 일반적 정당성은 여전히 유지될 수 있다.[20] 시장 메커니즘은 침해로부터의 소극적 자유를 지지하는 데 있어 분명한 역할을 하며, 이 역할은 시장 메커니즘의 다른 특징들과 함께 충분히 인정될 수 있다. 소극적 자유의 중요성에 대한 인식은 무조건

---

18) 센(1981)과 드레즈 및 센(1989) 참조. 기근은 인구 상당 부분이 충분한 권리를 보장받지 못할 때 발생할 수 있고, 이는 소유권과 교환의 자유라는 자유지상주의적 권리들이 침해되지 않은 상황에서도 가능하다.

19) 노직(1974) 자신도 '참혹한 도덕적 재앙'의 경우에는 예외를 인정함으로써, 그의 자유지상주의 이론 적용 범위를 제한한다. 뷰캐넌(1986)과 노직(1989) 참조.

20) 센(1985b) 참조.

적 면책에 대한 자유지상주의적 주장보다 훨씬 일반적인 윤리적 입장이다.

실제로 시장 메커니즘은 '결정 자율성'뿐 아니라 '침해로부터의 면책'을 보호하는 데도 역할을 한다. 경쟁 시장에서는 결정과 통제의 지렛대가 각각의 개인에게 있고, 특정 유형의 (결정에 대한 통제와 관련된)'외부 효과'가 없을 경우, 그들은 그것을 자유롭게 작동시킬 수 있다. 따라서 결정 자율성과 침해로부터의 면책은 외부 효과가 없는 경쟁 시장 메커니즘 구성 요소다.

자유의 이러한 측면에 대한 강조는 시장에 즉각적인 지위를 부여하며, 이는 효용이나 선호 충족과 같은 다른 성과와 무관하게 조건 없이 주어질 수 있다. 시장 메커니즘이 자유를 증진하기 위해 수행하는 '전반적' 역할을 판단할 때, 이러한 과정 측면 역시 경제적 기회와 성취의 자유 진전에서 시장 메커니즘의 성공 여부에 대한 평가와 함께 고려해야 한다.

5. 기회 측면: 선호와 자유

전통적인 '자유지상주의' 문헌에서 많은 주목을 받은 것은 자유의 과정 측면이다. 실제로 어떤 이들은 '자유'라는 용어 사용을 오직 그 소극적 해석에만 한정해야 한다고 주장한다. 반면에, (몇몇 이름을 거론하면)아리스토텔레스, 애덤 스미스, 칼 마르크스, 마하트마 간디, 프랭클린 루스벨트 등 다양한 사상가들은 절차나 과정뿐 아니라 자유의 실질적 내용과 사람들이 실제로 갖는 기회에 깊은 관심을 가져 왔다. 만약 우리가 각자 실현가능성이라는 제약하에 스스로 선택하려는 삶을 살아갈 수 있는 실제적 기회에 중요성을 부여하면, 자유의 기회 측면이 사회적 평가에서 중심 요소가 되어야 한다는 주장은 충분히 타당하다.

앞서 보았듯, 시장 메커니즘은 특정 유형의 외부 효과가 없다는 전제하에, (결정 자율성과 침해로부터의 면책이라는)과정 측면에서는 대체로 좋은 성과를 내는 경향이 있다. 이제 우리는 기회의 자유 관점에서 시장 매커니즘 성과를 구체적으로 살펴봐야 한다. 기회의 자유는 어떻게 평가할 수 있는가? 어떤 사람이 성취할 수 있는 기회의 정도는, 그 사람이 선택할 수 있는 대안적 성취 집합과 관련되어야 한다. 이는 두 가지 질문을 제기한다.

(1) 그러한 성취 집합을 어떤 기준으로 평가할 것인가?
(2) 성취는 어떤 '공간'에서 고려되는가, 즉 무엇의 성취를 말하는가?

우선 첫째 질문부터 다루겠다.

성취 집합의 비교에 관한 여러 유형의 공리 체계가 문헌에서 제안된다.[21] 관련한 핵심 쟁점 중 하나는 개인의 선호와 선택이 그의 기회의 자유 평가에 얼마나 관련이 있는가다.

이 문제에 대해 다음과 같은 질문이 제기될 수 있다. "기회의 자유는 선호와 어떤 관계에 있는가?" 그 이유는 '선호'라는 용어가 매우 다양한 의미로 사용되어서다.[22] 실제로 사람들의 선호는 오직 개인적 이익만을 추구하도록 형성되지 않는다는 증거들이 상당수 존재한다.[23] 여기서 특히 중요한 의미는 애로우가 사회 후생 함수의 정보적 기초를 논하면서 처음 제시한다. 애로우(1951a)는 개인의 선호 순위를 "단순한 기호나 취향이 아닌, 개인의 가치"를 반영한 것으로 폭넓게 정의하면서(23쪽), 그 안에는 개인의 '일반적 형평의 기준'이나 '사회화된 욕망' 등이 포함될 수 있다고 본다(18쪽). 이는 표준 미시경제학에서 자주 쓰이는 자기 이익을 반영하는 좁은 의미의 '선호'와는 다르다. 애로우가 묘사한 개인 선호 순위는 그 사람의 가치에 기반하여 선택을 결정하고 합리화하는 체계로 볼 수 있다.[24] 이 해석에서 개인 선호는 그 사람의

---

21) 센(1985a, 1991), 서피스(1987), 파타나익과 쉬융성(1990) 참조.

22) 센(1982a)의 "서문"과 2장 "행동과 선호 개념", 4장 "합리적 바보들" 참조.

23) 동기의 다양성은 산업적 성공에서도 중요할 수 있다. 이 문제의 다양한 측면으로는 모리시마(1982), 에커로프(1984), 도어(Dore, 1987), 아오키(Aoki, 1989), 웨이드(Wade, 1990) 등을 볼 것.

24) 행동에 대한 설명에서 목적에 따른 행위의 합리화를 포함하는 데이비드슨(1980)의 논의와 비교할 것. 여기서 사용된

전반적 가치와 선택을 동시에 반영하는 이중적 기능을 수행하며, 우리 논의에서도 이 개념을 사용할 것이다.

선호와 자유는 때때로 그 각각의 내용과 요구라는 측면에서 서로 대조되곤 한다. 이 관점에서 자유는 한 사람이 선택할 수 있는 집합의 크기 문제인 반면, 선호는 주어진 각 집합에서 어떤 항목을 선택할지에 관한 문제다. 나는 이러한 자유와 선호 사이의 단순한 대조가, 특히 기회의 자유 맥락에서 철저히 기만적이라는 주장을 펼치고자 한다. 내가 어떤 성취 성과의 선택지 목록으로부터 누리는 자유 평가는, 그 목록에 포함된 항목들을 내가 어떻게 평가하는지에 본질적으로 의존해야 한다. 어떤 집합의 '크기' 혹은 한 사람이 누리는 자유의 '정도'는, 아주 특별한 경우를 제외하면 그 사람의 가치와 선호를 배제하고 판단할 수 없다.

예를 들어, 어떤 집합의 대안 개수, 즉 그 집합의 기수성^{cardinality}을 선호와 무관하게 대안 집합에 관련된 자유의 '정도'를 판단하는 방식으로 택하고 싶을 수 있다.[25] 그러나 이 접근은 상당히 직관에 반하는 결과를 초래할 수 있어서, 우리가 '나쁜', '끔찍한', '재앙적'으로 여기는 세 가지 성취 대안 중의 선택과, '좋은', '훌륭한', '놀라운'으로 여기는 세 가지 성취 대안 중의 선택이 정확히 동일한 수준의 자유를 준다고 받아들이게 한다. 만약 우리가 후자의 집합이 더 많은 성취의 자유, 곧 우리가 선택하려는 삶을 살아갈 기회의 폭을 더 많이 제공한다고 보면, 이는 자유 평가에서 선호가 중요함을 정확히 보여주는 사례다.

자유 개념은 '행위자 자유' 즉, 자신이 추진하려는 것을 실현할 수 있는 전반적 자유며, 이는 자신의 복지를 증진할 자유라는 보다 좁은 개념인 '복지 자유'와 구별된다(이 구분에 대해서는 센 1985b 참조).

25) 선택 가능한 대안 집합에 포함된 대안의 수만을 기준으로 자유를 평가하는 흥미롭고도 중요한 공리화는 파타나익과 쉬융성(1990)이 제시한다. 기본 공리는 {x}, {y}와 같은 단일 요소 집합들이 (x, y 등에 대한 개인의 선호와 무관하게)모두 동일한 양의 자유(즉, 자유 없음)를 제공한다고 본다. 이 전제에서 출발하여 몇 가지 보조 공리를 통해 단순한 요소 수 세기 규칙이 도출된다. 이러한 '수 세기 방식'의 자유 평가에 대한 또 다른 공리화는 센(Sen, 1991)이 제시하는데, 이는 그 방식을 옹호하기 위한 것이 아니라, 그 방식이 자유를 바라보는 데 있어 '무엇이 문제인지를 식별하려는 분석 도구'로서 제안된 것이다. 이와 같은 공리화의 분석적 및 평가적 측면에 대해서는 파타나익과 쉬융성(1990), 그리고 센(1991)을 보라.

나는 다른 저서들(센 1985a, 1991)에서 성취의 자유(혹은 기회의 자유)를 평가하기 위해 요구되는 공리적 체계 유형과, 그것을 개인 선호(즉, 가치 기반 선택)와 어떻게 연결 지을 수 있을지를 다루었다. 여기서는 기술적 논의로 더 깊이 들어가진 않겠지만, 기회의 자유에 대한 비교는 종종 불완전 순위의 형태를 가질 수밖에 없다는 점은 강조하고 싶다. 어떤 성취 집합 간 비교는 명확할 수 있지만, 다른 비교들은 판단 불가능한 채로 남을 수 있다.

기회의 자유에 대한 성취 집합 간 비교의 한 기본 기준은 다음과 같다(센 1985a 참조).[26]

> ▶ **공리 R**: 어떤 성취 집합 A가 집합 B보다 적어도 더 많은 기회의 자유를 제공한다고 할 수 있으려면, 집합 A의 어떤 부분 집합 A^*와 집합 B 사이에 일대일 대응이 존재해야 하며, 그 대응되는 각 항목 쌍에서 A^*의 각 항목이 B의 해당 항목보다 열등하지 않다고 간주되어야 한다. 이때 A가 B보다 적어도 더 많은 기회의 자유를 제공한다는 것을 $AR^F B$로 표기한다.

일반적으로 이 관계는 매우 불완전할 수 있어서, 엄격한 순위화는 별도로 정의하는 것이 가장 적절하며, 불확실성이 없는 경우에 일정한 일반적 지지를 받을 수 있는 정의는 다음과 같다(센 1991).

> ▶ **공리 P**: 공리 R에서 정의한 A의 부분 집합 A^*와 집합 B 사이의 일대일 대응 관계에서 A^*의 모든 요소가 그에 대응하는 B의 요소보다 명백히 더 선호되면, 집합 A는 집합 B보다 엄밀하게 더 많은 기회의 자유를 제공하며, 이를 $AP^F B$라고 표시한다.

---

26) 여기에는 두 가지 중요한 보완 설명이 필요하다. 첫째, 여기서는 '다양성' 문제 즉, 한 대안과 다른 대안 사이의 상이성이 간과된다. 한 집합이 다른 집합보다 '더 다양한' 대안들을 제공한다는 이유로 더 높이 평가될 수 있고, 이러한 고려는 두 집합의 요소를 일대일로 비교하는 방식으로는 쉽게 포착될 수 없다. 이 문제는 파타나익과 쉬융성(1990)에서 다룬다. 둘째, 여기서의 전체 접근 방식은 불확실성, 특히 미래의 기호에 대한 불확실성을 추상화한다. 쿠프만스(1974)와 크렙스(1979, 1988) 참조.

이러한 조건들은 기껏해야 충분조건에 해당하고, 이를 필요조건으로 제시하는 건 지나치게 과도한 요구다. 만약 우리가 한 개인이 실질적으로 선택할 수 있는 가장 선호되는 행동에 초점을 두기로 동의하면, 공리 P에서 요구되는 조건은 오직 가장 선호되는 요소의 우월성에만 초점을 두도록 완화될 수 있다.

> ➤ **공리 P^***: 만약 (1) 집합 A가 공리 R에 따라 집합 B보다 적어도 더 많은 기회의 자유를 제공하고, (2) 부분 집합 A^*의 어떤 요소가 집합 B의 모든 요소들보다 선호되면, 집합 A는 집합 B보다 엄밀히 더 많은 기회의 자유를 제공하며, 이를 $AP^{F*}B$라고 표기한다.

확실히 집합 A가 적어도 B만큼 기회의 자유를 갖는다고 판단하기 위한 필요조건은, 집합 A의 어떤 요소가 집합 B의 모든 요소만큼 좋은 것을 요구하는 것으로 볼 수 있다. 마찬가지로, 기회의 자유 확장이 이루어졌다고 확신하려면, 집합 A의 어떤 요소가 B의 모든 요소보다 더 선호된다는 전제가 필요하다고 간주될 수 있다. 이렇게 최상의 기회가 갖는 지위를 자유의 유지 또는 향상에 대한 필요조건으로 설정하는 두 가지 요구는 함께 공리화될 수 있다.

> ➤ **공리 O(선호되는 기회의 관련성)**: 집합 A가 집합 B보다(또는 최소한 B만큼) 더 많은 기회의 자유를 제공한다고 확신하려면, 집합 A의 어떤 요소가 집합 B의 모든 요소보다 더 선호(또는 최소한 그만큼 좋다 간주)되어야 한다.

공리 O는 충분조건이 아닌 필요조건이라는 점에 주목하자. 이 공리에서 '더 많은' 자유에 대한 필요조건은 공리 P^*의 조건 (2)에 해당하지만, 조건 (1)은 요구하지 않는다. 이 공리에 따르면, 어떤 대안들 집합이 어떤 사람에게 더 나은 대안을 제공한다고 확신할 수 있으려면, 그 집합이 그 사람에게 더 나은 대안을 제공하는 기회를 포함해야 한다. 그러나 그 역은 성립하지 않으며, 즉 더 나은 대안에 도달할 수 있는 기회가 있다고 반드시 더 많은 자유를 의미하지는 않는다. 예컨대 그 사람의 다른 중요한 선택지들이 축소되어 있는 경우가 그렇다. 이러한 조건의 불충분가능성은 공리 O와 자유에 대한 순수한 수단적 관점(특히 불확실성이 없는 특수한 경우에 적용된 쿠프만스 1964, 크렙스 1979의 공리 체계) 사이의 중요한 차이다. 자유의 증가를 확신하기 위해 더 선호되는 대안의 존재가 필요하지만, 더 선호되는 대안이 존재한다고 자유의 향상이 반드시 보장되는 것은 아니다.

예를 들어, 한 개인의 가치 평가에 대한 엄격한 순서가 (내림차순으로)x, y, z라 할때, 자유의 관점에서 $\{y, z\}$는 $\{x, y\}$보다, 심지어 $\{x\}$보다도 명백히 더 높은 위치에 놓일 수 없다. 반면, $\{x, y\}$가 $\{y, z\}$보다 더 높은 위치에 놓일 수 있다는 주장은 일정 부분 설득력을 가질 수 있고(이는 실제로 공리 P와 P^*에 의해 함의된다), 그렇다고 $\{x\}$ 또한 그렇게 놓일 수 있다는 결론이 따르지는 않는다. 이는 선호 충족의 관점에서 $\{x\}$가 $\{y, z\}$보다 명백히 더 낮더라도 마찬가지다. 실제로, 만약 공리 P와 P^*만을 받아들인다면, $\{x\}$는 자유의 순위에서 $\{y, z\}$보다 위에 놓여서는 안 된다.

이와 유사한 논의는 '적어도 그만큼의 자유'라는 약한 관계에도 적용될 수 있다. 집합 A가 집합 B만큼의 기회의 자유를 제공한다고 확신하려면, 집합 A의 어떤 요소가 B의 모든 요소만큼은 좋은 것으로 간주되어야 한다. 그러나 그 반대가 항상 성립하지는 않는다. 기회의 자유를 평가하는 이러한 접근 방식에서 불완전한 경우가 자주 나타나는 부분 순위로 이어지는 경향은 놀랍지 않다.

또한 공리 O는 우리가 확신할 수 있는 것과 없는 것에 대한 약한 주장이라는 점도 인식해야 한다. 이 공리는 새로운 선택지 집합 A에 있는 어떤 대안이 기존 선택지 집합 B의 모든 요소보다 선호되지 않는 한, 누군가의 기회의 자유가 결코 증가되었다고 판단할 수 없다는 주장이 아니다. 그 누군가는 기존 선택지에 비해 더 나은 대안을 포함하지 않더라도 어떤 대안이 추가됨으로써 자신의 선택지가 확장되었다고 판단할 수 있다(비록 그것이 그 자신이 실현할 수 있는 최선의 기회의 질을 향상시키지 않더라도 말이다).[27] 따라서 $\{x, y, z\}$는 가장 선호되는 대안인 x가 양쪽 선택지에 모두 포함되어 있음에도, $\{x, y\}$보다 더 많은 기회의 자유를 부여한다고 판단할 수 있다.

공리 O가 주장하는 바는, 더 나은 대안에 이를 기회가 존재하지 않는 한, 기회의 자유가 확장되었다고 확신할 수 없다는 점이다(그리고 그러한 조건조차 앞서 논의했듯 충분조건이 아니라 필요조건이다). 우월하지 않은 선택지가 추가되었다고 그것이 기회의 자유 확장으로 간주되어야 하는 것은 아니다. 이러한 입장에 깔린 논리는 두 가지 상이한 쟁점과 관련 있다. 첫째, 기존에 주어진 것에 더한 대안이 개인의 기회 관점에서 특별히 의미 있는 것일 필요는 없다(예컨대, 새로 추가된 선택지가 새벽에 참수당하는 대안이거나 이미 제시된 자동차와 거의 동일하지만 기어 박스가 고장 난 또 다른 자동차거나 하는 등의 대안). 이런 경우, 선택지의 추가가 그 사람이 이루려는 바를 성취할 수 있는 흥미로운 기회를 확장한다는 기대는 오류일 수 있다.

둘째(그리고 보다 중요하게는), 추가된 선택지가 상당히 괜찮고, 심지어 현재 가능한 최선의 선택지와 맞먹을 정도로 좋다면, 누군가는 선택지의 추가로 엄밀하게는 자신의 기회가 확장된 것은 아니라는 합당한 주장을 할 수 있다. 그 사람은 이전보다 더 나은 결과를 얻는 것이 가능하지 않다고 판단할 수 있으며, 따라서 다소 특이한 입장이라도 전혀 타무니없지 않게 자신의 기회가 실질적으로 더 나아지지 않았다고 판단할 수 있다(물론 더 나빠지지도 않았다). 기회의 자유라는 것을 구체적으로 평가할 때(이는 앞서 다룬 과정으로서의 자유와는 별개의 문제다), 실제로 합리적으로 선택할 수 있는 더 나은 대안이 없다면, 실질적 기회 확장이 이루어졌다 할 수 없다는 주장을 간과할 수 없다.

따라서 사람들이 기회의 자유에 대해 합당한 판단을 내릴 때 갖는 어떤 실

---

27) 이 유형의 특정 사례들은 푸페(Clemens Puppe, 1992)가 잘 공리화했고, 그 동기는 크렙스-쿠프만스 유형의 불확실성과 관련이 있다.

제적 '자유'가 존재한다. (우리가 무엇을 "확실하다"고 할 수 있는가에 관한)공리 O의 약한 형식은 이러한 합당한 판단의 다양성을 수용하는 것과 관련이 있다. 더 나을 것도 없는 선택지가 추가된 경우, 기회의 자유를 판단하는 데 있어 일률적 요구 조건을 '강제로' 적용할 수 있는 그 어떤 방식을 나는 모른다.

약한 형태의 공리 O는 기회의 자유의 효율성에 상응하는 개념을 낳는다.

> **기회의 자유의 약한 효율성**: 기회의 자유 측면에서 어떤 상태가 약한 효용성을 가진다 함은, 그 상태보다 확실히 나쁘지 않으면서 동시에 적어도 한 사람의 기회의 자유가 확실히 확대되는 다른 실현 가능한 상태가 존재하지 않는 경우를 말한다.

이제 나는 둘째 질문, 즉 성취를 판단해야 하는 '정의역'의 문제로 넘어간다. 나는 이 문제를 다른 글에서 비교적 광범위하게 다룬 바 있다. 즉, 기회의 자유는 단순히 재화 소유 여부만으로 온당하게 판단할 수 없고, 자신이 가치 있다고 여기는 행위를 할 기회와 결과를 성취할 수 있는 기회를 고려할 것을 주장한다.[28] 문제의 그 자유는, 단지 재화를 얼마나 보유하는지를 기준으로 판단하기보다는, 자신이 바라는 방식으로 살아갈 자유를 포함해야 한다.

이 구분은 대인 비교를 다룰 때 매우 중요할 수 있다. 예컨대, 동일한 재화를 소유한 두 사람이, 그중 한 사람은 장애가 있거나 특정 질병에 취약한 반면 다른 사람은 그렇지 않은 경우, 자신이 가치 있다고 여기는 삶을 영위할 자유는 지극히 불평등할 수 있다. 동일한 재화 꾸러미를 가진 장애인이 다른 사람과 마찬가지로 '부유'할 수 있으나, 자유롭게 이동하거나 해당 장애에 의해 영향을 받는 다른 기능들을 수행할 수 있는 역량은 결여될 수 있다. 만약 우리가 자유를, 자신이 선택하려는 방식의 삶을 영위할 수 있는 역량에 따라 평가하면, 재화 공간은 자유 평가에 부적절한 정의역이다. 심지어 영양을 잘

---

28) 센(1980, 1987, 1992b) 참조.

섭취할 수 있는 역량과 같은 가장 기본적 자유조차 (동일한 양의 음식을 섭취하더라도)개인의 대사율, 체격 조건, 기후 조건, 풍토병, 연령, 성별, (임신 등과 같은)특수한 조건에 따라 크게 달라질 수 있다. 기회의 자유는 단순한 재화 보유량이 아니라, 가치 있는 결과를 성취할 수 있는 역량 관점에서 판단하는 것이 더 타당하다.[29]

이러한 접근에서 (공리 O를 비롯한)앞서 제시된 공리들의 재정식화를 요구하지는 않지만, 대안적 기회들이 고려되고 선호가 정의되는 '정의역'을 재화 공간에서 관련된 기능과 역량 공간으로 수정해야 한다.[30] 이에 상응하여, 선호 또한 일반 균형 이론처럼 재화 공간 내의 선호가 아니라, (기능 성취의 n-튜플에 대한 서열로서)해당 정의역 내에서 고려해야 한다.

6. 경쟁 균형에서 기회의 자유에 대한 효율성

이제 나는 경쟁 시장 균형을 평가하는 기준으로서 후생주의 효율성에서 기회의 자유 효율성으로 이행하는 작업으로 넘어간다. 이는 세 가지 뚜렷한 단계, (1) 후생에서 선호로의 이행, (2) 선호에서 재화 공간 내 기회의 자유로의 이행, (3) 재화 공간에서 기능과 역량 공간으로의 이행으로 이루어진다.

6.1. 단계 1: 후생에서 선호로

표준 일반 균형 이론 문헌에서, 개인 선호 순위 R_i는 두 가지 뚜렷한 역할,

---

29) 센(1984, 1985a, 1992b), 센 외(1987), 드레즈와 센(1989), 그리핀과 나이트(1989), 아난드와 라발리온(1992) 참조.

30) 엄밀히 말해, 여기서 말하는 '공간(space)'은 기능의 공간이고, 이 안에서 '역량(capability)'은 실현 가능한 기능들의 n-튜플 집합의 형태를 취한다(센 1985a, 1992b 참조). 기회의 자유 판단은 이 기능 공간 안에서의 역량 집합들에 대한 서열 판단이다.

(1) 그것은 개인의 선택을 결정한다(즉, 각 개인 i의 선택 함수는 R_i의 이항적 극대화를 따른다). (2) 그것은 시장 균형에 대한 후생주의적 평가 기초로 사용되는 개인 후생의 대표 역할을 수행한다. 각 개인 i의 후생 함수는 R_i의 실수값 표현으로 간주된다. 이 둘은 합쳐져 각 개인의 선택이 오직 자신의 후생을 극대화하려는, 즉 자기 이익에 기반한 후생 추구에 의해 인도된다는 가정을 전제한다.

개인 선호의 이러한 '이중 역할'은 시장에 대한 (파레토 효율성 기준의 사용을 포함하여)후생주의적 평가를 가능하게 하지만, 주목할 점은 기본적인 분석 결과는 자기 이익에 기반한 후생 추구라기보다는 (선택의 의미에서)선호 충족에 직접적으로 관련 있다는 데 있다. 시장 균형에 대한 표준적인 후생주의 해석은 하나의 추가적인(그리고 전적으로 논쟁의 여지가 있는) 구성을 포함한다(말하자면, 행위에 기반한 자기 이익 극대화 가정을 호출한다). 그러나 정리의 수학적 기초는 보다 일반적으로는 (선택 관계로서의 이항관계로)선호 충족과 관련 있다.

자기 이익에 기반한 행동이라는 가정은 우리가 후생주의적 효율성에서 선호 충족의 효율성으로 관심을 전환할 때 매우 불필요하다. 이제는 모든 사람이 자신의 후생 극대화가 유일한 행동 동기라는 가정을 더 이상 필요로 하지 않는다. 이러한 확장은 충분히 쉽지만, 결코 사소하지 않다. 가령 개인들이 자신과 타인이 각자의 후생으로 간주하는 것만을 극대화하지 않고, 그들 선택이 다른 고려 사항들에 의해서도 이끌린다고 가정하자.[31] 그 경우에도 (선택의 기저에 어떤 동기가 있건 상관없이)선호를 선택의 이항적 근거로 간주하면, '후생 경제학의 기본 정리'는 여전히 선호 충족이라는 측면에서 실질적 내용

---

31) '외부성 부재'라는 가정은 여전히 각 개인의 선호가 자기 자신의 재화 꾸러미에만 관련이 있을 것을 요구한다. 이러한 조건에서는 개인이 자신의 복지 외의 어떤 것에도 관심을 가질 가능성이 없다고 간주되기도 한다. 그러나 이는 사실이 아니다. 예를 들어, 어떤 사람이 묘목장을 방문해 묘목을 구입할 때 드러나는 선호는, 로렌조(Lorenzo)가 "부드러운 바람이 나무를 다정히 어루만지는" 것을 보며 느끼는 기쁨처럼, 자신의 기쁨과 관련될 수도 있고, 또는 세계의 수목 수를 늘리려는 이타적인 헌신과 관련 있을 수도 있다. 마찬가지로, 당신이 더 많은 음식을 사려는 욕망이 당신 자신의 식사 계획과 관련이 있건, 아니면 그 모든 음식을 경제 외부로 보내려는 이타적 계획과 관련이 있건, 당신의 선호가 '더 많은 음식'을 포함한 재화 꾸러미에 대해 정의된다는 사실에는 변함이 없다.

을 담는다. 우리는 선호 충족의 효율성을 다음과 같이 정의할 수 있다.

> **선호 충족의 효율성**: 나머지 모두는 동일하게 선호하는 상태에 머물면
> 서, 누구든지 보다 선호하는 위치(즉, 기회가 주어졌을 때 그 사람이 선택할
> 위치)로 옮기는 것은 불가능하다.

이처럼 재해석된 '직접 정리'는 (다른 가정들이 주어지면)경쟁 시장 균형에서
는 선호 충족의 효율성이 달성됨을 나타낸다. 이는 사실상 본래의 직접 정리
확장이 아니며, 바로 그 정리의 핵심 내용이다. 반대로 (표준적 의미에서의 '근
본 정리'와 같은)후생주의적 효율성 결과는 선호 충족의 효율성에 단순히 접목
한 것으로, 모든 사람이 자신의 후생을 극대화한다는 보충적이고 미심쩍은
가정에 근거한다.

6.2. 단계 2: 선호에서 재화 영역 내 기회의 자유로

다음 단계는 (여전히 정의역을 재화 영역으로 한정한 상태에서)경쟁 시장 균형의
약한 효율성을 기회의 자유 관점에서 살펴보는 일이다. (외부 효과가 없다는 조
건을 포함하여)표준 조건이 주어질 경우, 선호 충족의 효율성은 재화 영역 내
기회의 자유에 대한 약한 효율성의 함의를 입증할 수 있다.

이 명제는 쉽게 입증된다. 선호 충족 관점에서 효율적 상태 x가 재화 영역
내 기회의 자유 관점에서는 약한 효율성이 아니라고 가정하자. 그렇다면 적어
도 한 사람(이를 j라고 하자)의 기회의 자유가 명백히 더 크고, 모든 사람의 기회
의 자유가 분명히 최소한 같거나 큰 대안적 상태 y가 존재한다. 공리 O에 따
르면, 사람 j는 상태 y에서 상태 x의 모든 선택지보다 더 나은 선택지를 갖고
있어야 한다. 나아가, 선택은 선호 극대화 행위와 일치하므로, j는 상태 y에서
x보다 나은 선호 충족 상태다. 그런데 x가 선호 충족 관점에서 효율적이라는
사실로부터, 적어도 한 사람(이 사람을 k라 하자)이 상태 y에서 x보다 덜 선호되

는 상황이 있어야 한다. 다시 말해, 선호 극대화를 따르는 선택 행위를 고려할 때, k는 상태 x에서 가졌던 각각의 선택지만큼 좋은 선택지를 y에서는 전혀 가질 수 없음이 분명하다. 따라서 y에서 k의 기회의 자유가 x에서보다 확실히 최소한 크다고 할 수 없다. 그러므로 선호 효율적 상태 x가 기회의 자유 관점에서 약한 효율성을 갖지 않는다고 한 최초 가정은 모순이다.[32]

단계 1과 단계 2를 함께 고려하면, (예컨대 외부성이 없다는 것과 같은)표준적 가정들이 주어질 경우, 그리고 자기 후생 극대화 행동이라는 가정을 필요로 하지 않아도, 어떤 경쟁 시장 균형이건 (표준적 재화 영역 내)기회의 자유 관점에서 약한 효율성을 가진다는 결론이 도출된다.

그러나 같은 방식으로 역정리가 확장될 수 없다. 5절에서 논의한 것처럼, 가장 선호되는 대안이 개선되었다는 사실만으로는 기회의 자유가 확실히 향상되거나 최소한 그만큼 유지되리라고 보장할 수 없다. 하지만 2절에서 살펴 보았듯, 외견상 더 큰 관련성을 보이는 역정리는, 실질적인 경제 정책의 관점에서 보면 오히려 직접 정리보다 덜 흥미로울 수 있다.

6.3. 단계 3: 재화 영역에서 역량 영역으로

재화 영역을 넘어 실제 기능과 역량 공간으로 나아가야 할 필요성은 앞서 5절에서 다루었다. 재화 보유와 실제 기능 및 역량 간 관계가 개인별로 다양하다는 사실은, 재화 영역이 기회의 자유에 대한 대인 비교에서 적절한 정의역이 되지 못하게 한다. 이러한 결함은 불평등 평가 및 정의론에서 특히 심각한 문제다.[33]

반면, 경쟁 시장 균형이 기회의 자유 관점에서 약한 효율성을 갖는다는 효

---

32) 선호 충족의 관점에서의 효율적 상태가, 기회의 자유 관점에서의 약한 효율적 상태의 부분 집합이라는 것은 당연한 귀결이다.

33) 나는 이러한 문제를 센(1980, 1992b)에서 다룬다.

율성 정리는 결코 어떠한 대인 비교도 수반하지 않는다. 재화 보유와 역량 간 관계가 사적 매개변수에 따라 달라지지만, 특정 개인에 대해서는 재화 영역에서의 예산 집합 순위와 기능 영역에서의 해당 역량 집합 순위 간 일치성은 영향받지 않는다.[34] 장애를 가진 사람은 동일한 재화 꾸러미로부터 비장애인보다 더 적은 역량을 덜 실현할 수 있다(그리고 이 사실은 대인 비교 및 형평과 정의 평가에서 핵심적으로 중요하다). 그러나 (장애인이건 비장애인이건)각 개인에게서 역량은 재화에 대한 지배력이 증가함에 따라 확대된다. [35]

이 관계를 형식적으로 공리화할 경우, 재화 영역 내 기회의 자유에 대한 약한 효율성은 기능과 역량 영역에서 기회의 자유의 약한 효율성으로 확장될 수 있다. 이 논증의 어떤 단계에서도 대인 비교는 전제되지 않으므로, 정의론의 핵심이라 할 수 있는 재화와 역량 간 관계의 대인 간 변이성은 이 분석에 직접적 영향을 미치지 않는다. 따라서 이러한 표준적 가정들이 주어졌을 때, 경쟁 시장 균형은 재화 보유뿐 아니라 역량 측면에서도 기회의 자유에서 약한 효율성을 가진다.

7. 불평등과 시장 메커니즘

지금까지의 기회의 자유 논의에서는 오직 효율성(정확히는 약한 효율성) 달성에만 국한되었고, 기회의 자유에 대한 불평등 문제는 다루지 않았다. 기회의 자유에 대한 약한 형태로 확장된 이른바 '직접 정리'는 분배 문제에 전혀

---

34) 이는 롤스(1971)가 차등 원칙에서 '소득'을 일반적인 '기본재'로 간주한 근거다. 다만, 소득의 대인 비교가능성이 상당히 문제가 있다는 점은 분명하다(센, 1992b).

35) 또 다른 쟁점은, 개인적 특성을 주어진 것으로 할 때, 재화 공간이 역량을 결정짓는 모든 중요한 외적 영향들을 포함하는가의 문제다. 관련해, 사적 기회에 영향을 주는 모든 외적 수단, 즉 롤스(1971)가 말한 모든 '기본재'(소득은 그중 하나에 불과하다)를 포함한 수단의 고려가 보다 포괄적 접근이 될 수 있다. 중요한 영향 중 일부는 아예 재화 공간 밖에서 작용할 수 있다. 그러나 '외부성 부재'라는 가정은 주어진 개인의 기능에 대한 재화 이외 영향의 범위를 줄인다. 또한, 재화 보유의 영향이 다른 외적 요인의 영향과 분리될 수 있다면, 기존의 효율성 결과는 그보다 더 포괄적인 틀로 자연스럽게 전환될 수 있다.

관심을 두지 않고, 그것이 시장 메커니즘에 부분적으로 제공하는 정당화는 전적으로 효율성 가정에 기반을 둔다. 파레토 효율적 결과가 철저히 불평등하고 불쾌할 수도 있는 것처럼, 이에 상응하는 기회의 자유의 약한 효율적 조합 또한 극도로 매력이 없을 수 있다.

또한 불평등은 역량 및 기회의 자유 정의역에서도, 재화나 후생 정의역에서도 마찬가지로 충분히 발생할 수 있음을 주목해야 한다. 실제로 (1) 소득 불평등과 (2) 소득을 역량으로 전환하는 데 있어서의 불평등한 이점 간 '결합'으로 기회의 자유 측면에서 불평등 문제가 더욱 심화될 수 있다. 장애 또는 질병이 있거나, 고령이거나 그 밖의 제약이 있는 사람들은 한편으로는 제대로 된 소득을 얻기 어렵고, 다른 한편으로는 소득을 잘 활용하여 좋은 삶을 영위할 수 있는 역량으로 전환할 때도 큰 어려움을 겪을 수 있다. 좋은 직업과 좋은 소득을 얻기 어려운 요인이, 동일한 직업과 동일한 소득이 주어진 상황에서도 양질의 삶을 실현하는 데 불리하게 작용할 수 있는 것이다.[36]

소득을 얻는 능력과 소득을 사용하는 능력 간 이러한 관계는, 물론 빈곤 연구에서 잘 알려진 현상이다.[37] 여기서 이 관계가 미치는 효과는, 시장 결과로서 드러나는 대인 간 소득 불평등이 역량으로 전환할 때의 제약과 결합하면서 확대될 가능성을 시사한다. (후생보다는)기회의 자유 관점을 채택하더라도, 경쟁 시장 메커니즘 효율성 주장을 방해하지 않지만 어떤 측면에서는 오히려 분배 성과의 문제를 한층 부각시킬 수 있다.

8. 맺으며

이 글에서 나는 경쟁 시장 메커니즘 평가 문제를 전통 후생주의 평가의 틀

---

36) 센(1983b, 1992b) 참조.

37) 예를 들어 웨더번(Wedderburn, 1961), 애킨슨(1970, 1989), 타운젠드(Townsend, 1979), 센(1983b, 1984) 참조.

과는 달리, 개인의 자유 증진에서 그것이 이루는 성과 관점에서 재정식화하고자 했다(1절과 2절). 자유의 다양한 측면들을 구분하면서, 특히 '과정 측면'과 '기회 측면' 사이 이분법에 주의를 기울였다(3절). 전자는 선택 자율성과 침해로부터의 면책의 문제를 제기하며, 이러한 점들(그리고 그에 상응하는 자유지상주의적 권리와 소극적 자유 개념)에서, 경쟁 시장 메커니즘은 특정 유형의 외부성이 없는 한 실제로 제공할 수 있는 바가 많다(4절).

자유의 기회 측면은 각 개인 선호와 그에 상응하는 선택 기회 평가에 중요한 역할을 제공한다(5절). 이러한 연결은 자유의 (과정 측면과 다른)특정 측면을 이해하는 데 핵심이다. 그러나 관련된 정밀한 연결을 대안적으로 특성화할 수 있는 실질적 가능성도 존재한다. 이 글에서 채택한 공리 구조는 그 정식화 방식에서 다양한 형태의 변형가능성을 남겨 두고, 대신 기회의 자유 확장을 확실히 판단할 수 있는 필요조건에 기반한 약한 형태의 효율성을 추구한다.

또 다른 실질적 문제는 성취와 기회를 어떤 정의역에서 평가할 것인가, 그리고 기회의 자유를 어떤 정의역에서 평가할 것인가와 관련 있다. 관련하여, 재화 보유에서 나아가 실질적 기능 수행 기회와 다양한 삶의 방식에 이르기까지 고려할 필요성을 논의하며, 이는 이 정의역 내에서 효율성 문제를 재정식화하는 것으로 이어졌다(5절).

경쟁 시장 균형의 후생주의적 효율성은 기회의 자유 관점에서의 약한 효율성으로 확장될 수 있다(6절). 이 확장은 (1) 후생 성취에서 선호 충족으로의 전환, (2) 재화 영역 내 선호 충족에서 기회의 자유로의 전환, (3) 재화 영역 내 실질적 기능 수행 기회와 기능할 수 있는 역량 영역으로의 전환이라는 세 단계로 이루어진다. 이러한 결과를 도출하기 위해 필요한 가정들은 후생주의 효율성의 표준 사례(즉, '후생 경제학의 기본 정리')의 가정보다 특별히 더 엄격하지 않다. 사실 표준 정식화에서 사용되는 가정 중 하나(자기 후생 극대화 행위)는 실제로는 생략될 수 있다. 그러나 (예컨대 외부성 부재와 같은)표준 가정들은 그 자체로도 이미 충분히 엄격하다는 점은 기억할 필요가 있다.

경쟁 시장 균형의 효율성 성과는 기회의 자유, 즉 재화 꾸러미 선택의 자유와 기능할 수 있는 역량의 관점 모두에서 다소 약화된 형태로 재현되지만, (후생주의 틀 안에서도 이미 심각한 문제인)형평 문제는 더욱 어렵고 두드러지는 경향이 있다(7절). 이는 소득상의 불리한 점과 소득을 활용할 기회 및 삶의 방식으로 전환할 때의 불리한 점과 연계되기 때문이다. 시장 메커니즘이 갖는 효율성 이점은, 표준 가정들이 주어지면 일정한 방식으로 자유 영역으로(나아가 재화 영역뿐 아니라 역량 영역까지) 이행되는 경향이 있지만 불평등 문제는 여전히 남아 있고, 이 이행 과정에서 오히려 더욱 증폭되는 경향이 있다.

궁극적으로, 시장 체제가 직면해야 할 도전은 실질적 자유 분배에서 형평의 문제와 관련지어야 한다. 이 문제는 그동안 더 널리 논의된 난점들, (1) 균형 달성, (2) 경쟁 보장, (3) 효율성 결과에 필요한 (예컨대 비시장화의 외부성 부재 등의)특수한 가정의 충족 등의 문제에 더해 추가된다.[38]

마지막으로, 시장 효율성에 대한 '후생주의' 해석에서 자유 기반 해석으로 전환함으로써 실제로 얻을 수 있는 실질적 이득이 과연 있는가? 나는 최소 네 가지 실질적 이득이 있다고 생각한다.

첫째, 시장 메커니즘을 옹호하는 경제학 문헌에서 자주 인용되는 (예컨대 시장이 사람들에게 '선택할 자유'를 만든다는 주장과 같은)자유를 내세우는 수사와 전통적 후생 경제학에서 시장 메커니즘을 전적으로 '후생주의적'으로만 다루는 방식 사이에는 실질적 괴리가 있다. 경제 분석이 이 수사를 뒷받침할 수 있는 구체적 의미(그리고 범위)를 비판적으로 검토하는 일은 중요하다.

둘째, 자유 개념은 여러 상이한 문제를 포함하며, 그 안에는 절차와 과정뿐 아니라 사람들이 스스로 선택한 방식대로 삶을 영위할 수 있는 실질적 기회를 포함한다. 자유의 서로 다른 양상을 구분함으로써, 어떻게 판단할 수 있을지를 보다 명확히 이해할 수 있다. 이 글에서는 시장이 무엇을 할 수 있고, 무

---

38) 보건, 교육, 사회 보장 분야에서의 '공공재'의 중요성은 자원 배분을 전적으로 시장에 의존하려는 논거를 심각하게 약화시킬 수 있다. 드레즈와 센(1989), 그리핀과 나이트(1989), 아난드와 라발리온(1993) 참조.

엇을 할 수 없는지를 고찰하기 위한 준비 단계로 이렇게 구분 작업을 했지만, 이 작업 자체가 보다 일반적인 학문적 관심을 둘 수 있는 주제다.[39]

셋째, 보다 실질적 수준에서 보면, 시장 효율성에 대한 자유 기반 분석은 개인 선호와 선택이 오직 자기 자신의 후생, 즉 자기 이익 추구를 극대화하기 위해서라는 가정을 불필요하게 한다. 이러한 가정은 후생주의 평가의 핵심 전제지만, 이는 자유의 과정 측면뿐 아니라 자유의 기회 측면에서 효율성 결과에도 본질적으로 관련성 없음이 드러난다. (어떤 이유건 간에)개인이 자신이 선호하는 것을 얻을 자유를 갖는다는 관점은, 이러한 제한적인, 그리고 내가 보건대 크게 잘못된 가정으로부터 우리를 다소나마 벗어나게 한다.

마지막으로, 후생의 성취에만 초점을 두는 것으로부터 벗어나 보다 일반적 의미에서 성취의 자유로 관심을 전환함으로써, 자유 기반 접근은 기술적인 경제 분석의 시각을 윤리적·정치적으로 보다 중대한 방향으로 전환하도록 유도할 수 있다. 시장과 자유의 관계는 (힉스의 지적처럼)고전 경제학자들에게 중대한 문제로 인식되며, 이 둘 사이의 연결을 완전히 무시하지 말아야 할 이유는 충분하다. 이 장은 이러한 관계에 내재된 일부 기본적인 문제를 정리하는 데 목적이 있다.

---

39) 자유의 다양한 측면에 대한 탐구는 내 애로우 강의 "자유와 사회적 선택"에서 더 심화되어 논의된다. 이 책 제20~22장 참조.

제18장

환경 평가와 사회적 선택*

1. 들어가며

솔로우^{Andrew Solow}(1992)는 '지구 온난화'의 과학적 측면에 대한 균형 잡힌 논평에서 "사실 지구 온난화의 과학에 대해 그리 큰 논쟁은 없다. 오히려 수많은 불확실성을 감안할 때, 우리가 기후 변화의 가능성에 어떻게 대응**해야 하는가**가 논쟁이다"[1]고 언급한다. 이때의 '해야 하는^{should}'이라는 문제에는 규범, 우선순위, 가중치와 같은 까다로운 쟁점들을 포함한다. 이 장은 환경 평가를 수행하는 데 직면하는 몇 가지 근본 문제를 분석하고자 한다.

특히, 나는 환경 평가 문제의 일반적인 '정식화'에 관심을 두고 싶다. 자원

---

* 이 장의 원 제목은 '환경 평가와 사회적 선택: 조건부 가치 평가와 시장 유비(Environmental Evaluation and Social Choice: Contingent Valuation and the Market Analogy)'다. 유익한 논의를 나눈 아난드, 애로우, 브레케(Kjell Arne Brekke, George) 드샤조(J. R. Deshazo), 로스차일드, 스즈무라, 탈러에게 감사드리며, 연구 지원을 제공해 준 미 국립 과학재단에도 감사를 표한다. 이 장은 *Japanese Economic Review*(1996)에 전재되었다.

1) 솔로우(1992), 26쪽. 볼드는 인용자의 강조. 또한, 도른부시(Dornbusch)와 포터바(Poterba)의 중요한 편저(1992)에 수록된 다른 논문들 참조.

배분에 관한 오늘날의 문헌은 시장 메커니즘에 대한 이해와 활용에서 깊은 영향을 받았고, 이에 따라 동원되는 개념과 기법들도 그러한 집착을 반영하는 경향이 있다. 여기 주목하면 많은 장점이 있다. 시장 체계가 중대한 경제 문제 해결에 성공적으로 활용되어 왔을 뿐 아니라, 오늘날 우리는 시장이 어떻게 작동하며 어떤 성과를 내는지에 대해 상당한 이해를 축적해 왔기 때문이다. 실제로 환경 영역에서의 자원 배분에 대한 사고의 출발에서 시장 메커니즘이 유용한 시작점이 될 수 있다고 생각할 만한 이유는 충분하다. 이러한 접근은 특히 시장(그리고 이에 상응하는 재산권) 부재에서 비롯되는 문제들, 그리고 이러한 결함을 새로운 시장이나 시장 관련 제도를 창출함으로써 보완하는 방안에 집중한다. 만약 그것이 불가능하면, 가설적 시장을 상정하고 그러한 조건적 구성을 통해 도출된 결과를 바탕으로 설정할 수도 있다.

시장 지향적 접근이 제기하는 기본적인 물음은, 개인을 시장의 운영자로 보는 이러한 관점이 환경 평가 문제를 가장 잘 포착하는 방식인가 하는 점이다. 이에 대한 대안적 관점은, 개인을 시민, 즉 자신의 복지뿐 아니라 충분히 가능한 다른 여러 고려 사항들을 포함하는 사회적 관점에서 대안을 판단하는 행위자로 파악하는 것이다. 시장 운영자로서의 개인은, 관점을 보다 제한된 시각으로 좁히고, 행동 수단을 (실제 혹은 가상의 재화를 매매하는)시장 내 행위로 한정할 때 성립하는 특수한 경우로 볼 수 있다. 두 관점 사이에 필연적 충돌이 존재하지는 않지만, 보다 일반적 정식화는 시장이라는 틀 안에서는 다루기 어려운 몇몇 쟁점들에 접근할 수 있는 여지를 남긴다.

나는 이 대비를, 실제로 환경 평가에 사용되거나 사용이 제안된 몇몇 방법들을 검토함으로써 다루고자 한다. 이들 방법은 (명시적이건 묵시적이건)시장 유사성에 크게 의존한다. 먼저 점점 더 많은 논의를 촉발하는 '조건부 가치 평가' 기법을 살펴본 뒤(3절), 지구 온난화를 다루는 시제 간 최적화 문제를 고찰할 것이다(4절).

개인을 시민으로 바라보는 개념적 관점은 사회 선택 이론의 구조를 통해 제공된다. 이 이론은 지난 40여 년간 광범위하게 발전해 온 학문 분과다.[2] 이 장에서는 기술 분석을 전혀 포함하지 않으며(그리고 사회 선택 이론의 형식적 결과를 인용하지도 않으며), '사회적 선택'이라는 사고 방식 자체의 정식화가 환경 평가의 본질을 이해하는 데 여러 통찰을 제공할 수 있음을 주장한다. 여기에는 '사회 상태'를 충분히 풍부하게 특성화할 필요성, '관련된' 사회 상태들에 대한 개인의 가치 판단을 명시하는 일, 그리고 개인의 평가와 사회적 선택을 연계하는 '규칙^{rules}'이나 '원칙^{principles}'들을 식별하는 문제를 포함한다(2절). 이러한 사고는 오늘날 환경 평가에 사용되는 여러 방법과 절차들을 비판적으로 검토하는 데 유용하게 활용될 수 있다.

2. 사회적 선택 접근 방식

근대 사회 선택 이론은 애로우(1951)로부터 시작된 이래 빠르게 발전했고, '사회적 선택 접근 방식'으로 부를 수 있는 방식은 여러 상이한 방향으로 폭넓게 확장되었다. 그러나 이 접근에는 다음과 같이 두드러진 구성 요소를 포함하는 기본적으로 공유된 틀이 존재한다.

(1) **상태의 정의역**: 가치 평가 대상은 사회 상태 x로 간주되며, 이는 개인 i가 비교하는 대안가능성들을 반영하는 선택지 집합 S에 속한다. 이러한 상태들은 가치 평가가 요구하는 만큼 풍부하게 기술될 수 있다.

(2) **상태의 가치 평가**: 상태 x에 대한 개인적 가치 평가는 모든 선택지 집합 S에 대해 정의된다. 애로우는 이 개인적 가치를 순위로 간주했지만, 이는 (이항적 관계의 표현이 있건 없건)선택 함수적 관점에서 간주될 수도 있

---

2) 애로우(1951)는 근대 사회 선택 이론의 선구자다. 이 분야에서 전개된 형식 이론들에 대한 비판적 논의는 스즈무라(1983)와 센(1986)을 보라.

으며, 이러한 평가는 대인 비교와 결합할 수도 있다.

(3) **규칙과 원칙**: 집합적 선택 규칙 f는 사회적 선택을 개인적 가치 평가 또는 선택의 n-튜플과 연계시킨다. 이 규칙은 사회적 선택을 결정하기 위한 개인적 평가 집계에 사용되는 원칙을 반영한다.[3] 그 원칙은 (파레토 원칙이나 형평 또는 정의 규범처럼) '실질적'일 수도 있고, '구조적'일 수도 있다(예컨대 '무관 대안 독립성' 원칙. 이는 어떤 선택지 집합에 대한 사회적 선택이 그 집합 내의 대안들에 대한 개인 평가로만 의존할 것을 요구한다).

이들은 매우 포괄적이고 일반적인 개념들이지만, 곧 논의하듯 실제로 상당한 설명력이 있고, 오늘날 환경 평가의 몇몇 방법들에 의문을 제기할 수 있는 근거가 된다.

더 나아가기 전에, 사회 선택 이론의 주제가 애로우(1951, 1963)의 '불가능성 정리'라는 중대한 난관에 의해 일종의 마비 상태라는 널리 확산된 믿음을 언급해야겠다. 애로우의 놀라운 정리는, 집단적 선택 규칙에 부과된 일련의 온건해 보이는 조건들, 특히 파레토 원칙, 무관 대안 독립성, 비독재성, 비제약 정의역 조건을 동시에 만족하는 해가 일반적으로 불가능함을 보여 주는 것과 관련 있다. 이 정리는 특히 사회적 선택과 개인 선택 모두가 이항적이며, 순위로 표현되는 (각자의 평가가 재귀적이고 완비적이며 추이적인)'사회적 후생 함수'의 경우를 다룬다. 이 불가능성 결과는 사회적 후생 함수뿐 아니라, 대인 비교 없이 이루어지는 사실상 모든 종류의 집단적 선택 규칙들에까지 확장될 수 있다(이에 대하여 센 1970, 1986, 1993 참조).

한편, 이러한 사회적 가치나 선택의 난관은 풍부한 정보 입력을 통해, 특히 개인의 평가 표현을 대인 비교로 보완함으로써 회피할 수 있다.[4] 이것은 상태

---

3) 포괄적 구조 내에서의 대안적 정식화에 대해서는 애로우(1951), 센(1970, 1986), 스즈무라(1983, 1994), 해먼드(1985, 1986) 참조.

4) 이 주제는 방대한 문헌이 존재한다. 주요 결과에 대한 개괄은 스즈무라(1983, 1994), 다스프레몽(1985), 해먼드(1985), 센(1986) 참조.

들에 대한 개인의 평가를 기회 집합상의 사회적 선택과 연관하는 일반적 접근 방식을 변경하지 않으며, 명시적 원칙들(무관 대안 독립성과 같은 구조적 원칙뿐 아니라, 효율성, 형평, 권리, 정의에 대한 관심과 같은 실질적 원칙들)을 근거로 이러한 집계를 수행하려는 접근법 역시 유지한다. 일반화된 이러한 틀 속에서, 근대 사회 선택 이론은 불가능성과 딜레마에 대한 통찰을 제공할 뿐 아니라, 실증적이고 구성적인 가능성들을 탐색하는 데에도 깊이 몰두해 왔다.

이 일반적인 사회적 선택 접근 방식은 환경 평가와 관련한 몇 가지 문제를 검토하는 데 활용된다. 그러나 실제 분석에 들어가기에 앞서, 사회적 선택 접근 방식에 기반한 환경 평가의 정초와 관련된 몇 가지 근본 쟁점들과 문제를 간략히 언급하고자 한다.

첫째, 사회적 선택 접근 방식의 이 표준적 정식화는 명시적으로 **평가**에만 관련 있고, 가장 바람직하다고 평가된 선택지나 옳다고 여겨지는 선택을 실제로 실현하기 위한 수단과 방법과는 관련이 없다는 점을 주목해야 한다. 실제로 이를 보완할 수 있는 '실현^{implementation}'에 관한 문헌이 있다. 그러나 여기서 논의는 평가 자체에 초점을 두며, 이것은 그 자체로서도 중요한 의의를 지닌다. 실제로 '조건부 가치 평가', '지속가능한 발전', '기간 간 최적화'와 같은 절차들을 포함하는 환경 관련 문헌에서도 주된 관심은 실현(또는 인센티브 정합성)이 아니라 평가에 있다.

둘째, 개인들의 평가를 수렴할 때, **누구**를 그 대상 집합에 포함할 것인가 하는 문제, 특히 미래 세대의 처리 방식은 여전히 열려 있는 문제다. 실제로 미래 세대의 평가는 본질적으로 가설과 추정 문제일 수밖에 없고, 현재 시점에서 분명한 방식으로 파악되지 않는다. 그러나 이는 사회적 선택 접근 방식에만 특수한 문제가 아니라, 모든 환경 평가 방식에서 한 형태로든 다른 형태로든 공통적으로 제기되는 문제다. 어떤 분석에서는 미래 세대 예상되는 평가와 이해관계를 통합하여 집계 과정을 수행하는 것이 상당히 의미 있을 수 있다. 그러나 다른(예컨대 자율적 판단 능력이 중요한 경우의) 맥락에서는 지금 이 자리에 있는 사람들의 평가에 직접 집중하되, 그들의 판단을 통해 미래 세대 이해관계를 고려하는 방식이 적절할 수 있다.[5] 사회적 선택 접근 방식은 이러한 두 방식 모두에 적용 가능하다.

셋째, 사회적 선택 접근 방식의 정식화는 개인의 평가를 '주어진 것'으로 간주하고, 이를 바탕으로 사회적 선택을 도출하지만, 그 틀이 '선호 형성'에 대한 폭넓은 고찰을 배제하지 않는다. 이는 '공공 선택 이론'이라는 병행적인 학파, 특히 이 분야의 선도자인 뷰캐넌(1954a, 1954b)이 중요하게 강조한 주제며, 사회적 선택 분석에 사회적 토론과 교류(그리고 그것이 개인의 평가에 미치는 영향)를 포함해야 한다는 강력한 논거들이 있다(센 1995, 엘스터와 힐란드 1986 참조). 사회 선택 이론에서 '주어진 선호'란 (A가 주어지면, 우리는 B를 도출해야 한다는)조건적 의미에서 '주어진' 것이며, 그 평가나 선호가 고정 불변하거나 공적 토론 및 기타 상호 작용에 의해 영향을 받지 않는다는 것은 아니다. 실제로 환경 평가의 맥락에서, 이러한 사회적 평가 차원이 매우 중요한 측면이 될 수 있다.[6]

3. 실존 가치와 조건부 평가

환경 경제학 분야에서 가장 흥미로운 발전 중 하나는 '조건부 평가' 절차다.[7] 이 절차는 30년이 넘는 역사가 있고, 데이비스(1963)의 논문이 이 기법

---

5) 현세대가 미래 세대를 위해 갖는 '이타성'과 '헌신' 외에도, 세대가 '중첩'되고 시장 균형이 지속되는 구조에서는 미래 세대, 심지어 먼 미래 세대의 이익도 가격 체계를 통해 상당한 간접적 대표성을 얻기도 한다. 말레르(Mäler, 1994) 참조.

6) 예를 들어, 공적 논의를 바탕으로 가치가 형성되는 현상은 전 세계적으로 출산율 감소의 두드러진 측면이며(센 1994 참조), 인구 증가의 감소는 특히 장기적으로는 지구 온난화의 둔화에 매우 중요한 영향을 미친다(버즈올(Birdsall) 1992 참조). 내생적 선호와 환경법 사이의 일반적 연관성에 대해서는 선스타인(Sunstein, 1993)을 보라.

7) 조건부 평가 기법에 대한 광범위한 평가는 애로우, 솔로우, 포트니(Paul Portney), 리머(Edward Leamer), 래드너(Roy Radner), 슈먼(Howard Schuman) 등, 손색없는 경제학자들로 구성된 팀에 의해 이루어졌으며, 보고서에 나타난 순서대로 이름을 열거한다는 점을 미리 밝힌다(애로우 등 1993 참조). 조건부 평가에 대한 흥미롭고(대체로 비판적인) 논문들은 하우스먼(Hausman, 1993)에서 찾아볼 수 있다. 조건부 평가 접근법의 타당성에 대한 흥미로운 논쟁은 *Journal*

을 명시적으로 사용한 최초 논문으로 흔히 인용된다. 그러나 이 절차가 최근 주목을 받게 된 것은, 일부 극적인 재해에 따른 피해를 측정하려는 법적 소송 차원에 따른 관심 때문이다. 예를 들어, 해상 유조선에서 발생한 대규모 석유 유출로 조류나 어류, 다양한 종류의 생태계 파괴 사건들(1989년 알래스카 프린스 윌리엄 만의 엑손 발데즈 유출 등)로 이 연구 분야에 많은 관심이 모아졌다.

이 절차는, (특정 조류 종 같은)어떤 대상의 '존재 자체'에 대한 가치를 평가하고자 한다. 이는 그 대상이 (예컨대 자명종 대신 새 지저귐 소리에 새벽에 잠을 깨는 등과 같은 간접 효용이 아닌)직접적으로 사용되어서가 아니라, 그저 그것들이 사라지지 않고 존재하길 바라는 마음에서 비롯한다. 이 방법은 '실질적 이용'이 있는 경우에는 시장 가격을 통해 가치를 산정할 수 있다는 전제를 따른다. 애로우 등(1993)은 이에 대해 "어류 폐사가 어업인의 소득을 감소시키는 경우, 손실은 어획량 감소분에 (물론 발생했을 비용은 제외한)시장 가격을 곱하여 산출하는 것이 합리적이다"고 설명한다. 이는 (시장 가격이 후생 경제학적 평가에서 조건적으로 한정된 관련성을 갖는다는 점 때문에)논쟁의 여지가 있지만, 이 글에서 그 문제는 더 깊이 다루지 않는다.[8]

조건부 평가는 사실상 시장 평가 방식을 확장한 것으로, 시장에서 매매될 수 없는 것들에 대한 '지불 의사'willingness to pay, 즉 (실존 가치와 이용 가치를 합한)특정 대상의 가치에 대해 개인이 최대 얼마까지 지불할 의사가 있는지를 묻는다. 조건부 평가 절차contingent valuation(이하 CV로 약칭)는 사람들이 특정 대상의 손실을 **방지**하기 위해 얼마까지 **지불할지**를 가정적으로 묻는 방식이다.[9] 법적

---

of Economic Perspectives에 실린 심포지엄에 수록되었고, 여기에 포함된 글로는 해네만(Hanemann, 1994), 포트니(Portney, 1994), 다이아몬드와 하우스먼(Diamond and Hausman, 1994)의 논문이 있다.

8) 나는 또한, 어떤 자원의 활동적 이용의 존재(어획물의 상실이라는 손실)가 그 자원에 대한 수동적(또는 존재적) 관심의 부재를 증명하지는 않는다는 점을 굳이 언급하지 않겠다(이는 "당신에게 편집증이 있다는 사실이 '그들'이 실제로 당신을 노리지 않는 것을 보장하지 않는다"는 말과 유사하다).

9) 이 질문은 손실에 대한 보상으로 얼마를 받을지를 묻는 형태로도 제기될 수 있다. 이는 힉스(1939)의 정당한 이유에 따라, 손실을 방지하기 위해 기꺼이 지불할 금액보다 더 클 가능성이 농후하다. 그러나 실제로 관찰되는 차이는 이러한 방식으로 쉽게 설명될 수 없을 만큼 지나치게 큰 경향이 있다. 해네만(Hanemann, 1991) 참조.

맥락에서는 석유 유출과 같은 사건으로 발생한 피해를 다룰 때, CV 접근은 보통 (1) 해당 피해의 실제 손실을 측정하는 수단이자, (2) 그 사건을 초래한 과실(또는 그 이상의 행위)의 책임 정도를 판단하는 지표로 사용된다. 이 두 가지 주장(청구)은 각각 (1) **가치 평가 주장**, (2) **책임 추궁 주장**으로 부르며, 이 장에서는 주로 전자에 초점을 맞추되, 후자에 대해서도 간략히 언급할 것이다.

실제로 고안된 실험에서 CV 절차를 사용한 결과는, 일반적으로 '합리적 선택'으로 간주되는 기준과 상반되는 양상을 보이는 경향이 있다(예컨대 카너먼과 크네치 1992a, 데스부쉬Desvousges 외 1993 참조). 이른바 '포섭 효과embedding effect'라는 문제 중 하나는 데스부쉬 등(1993)의 연구에서 확인되는데, 2,000마리의 철새가 죽는 것을 막기 위한 평균 지불 의향은 20,000마리 또는 200,000마리를 보호하는 데 대한 지불 의사와 동일했다는 점이다. 만약 그 새들이 멸종 위기종이면, 각각의 선택은 그 종의 연속성을 지키는 '가치 있는' 것을 포함한다고 간주될 수 있으므로, 이러한 결과를 납득하기는 어렵지 않다(응답자들은 다른 아무것도 중요시하지 않을 수 있다). 그러나 문제의 새들은 멸종 위기 종이 아니었다. 이에 대해, 질문이 때때로 모호하게 제시되었고, 선택 항목 자체가 따라가기 어려웠다는 등의 반론이 제기되었다.[10] 이 문제를 여기서 자세히 다루지는 않더라도, 사람들이 문제를 어떻게 인식하고 어떤 목표를 달성하려는지를 좀 더 면밀히 살피지 않고서는, 어떤 선택이 '일관적'이거나 '비합리적'이라고 판단하기는 어렵다는 점을 지적하고 싶다(이에 대하여 센 1993 참조). 이 문제는 이후 사회 선택 이론 정식화 요건을 논의할 때 다시 간략히 언급하겠다.

문헌에서는 다른 문제점들도 지적한다(카너먼 1992, 애로우 외 1993, 하우스

---

10) 이러한 사례들과 합리적 선택의 명백한 위반처럼 보이는 다른 사례들 논의는 애로우 외(1993) 참조. 또한 애로우(1993)와 해네만(1994)을 볼 것. 스미스(1992), 카너먼과 크네츠키(1992b)의 반론, 드세이조(1993), 알타프와 드세이조(1994), 디츠와 스턴(1995) 등의 연구를 참고할 수 있다. 휘팅턴 등(1992)은 응답자들이 다소 복잡한 질문에 충분히 답할 시간이 있었는지 여부를 문제 제기하며, 더 많은 시간이 주어지면 이 방법이 훨씬 잘 작동하리라 기대할 만한 근거를 제시한다.

만 1993 참조). (1) 많은 '존재'에 대한 가치 평가 문제가 동시에 고려될 경우, 보고된 지불 의사가 믿기 어려울 만큼 과도하게 커질 수 있다. (2) '보상 받을' 의사는 지불 의사보다 훨씬 높은(그래서 급진적인) 것으로 관찰되었다(이는 두 개념의 일관성에 대해서도 의문을 제기한다). (3) 예산 제약의 관련성을 충분히 반영하기 어렵다(또한 실제 시도들에서도 이루어지지 않았다). (4) 응답자에게 가능한 모든 관련 정보(예컨대, 대안들에 대한 정보 등)가 제공되었는지, 그들이 그것을 완전히 이해했는지 확신하기 어렵다. (5) 각자의 지불 의사 추정치를 집계할 때, '시장 범위'를 정하기 어려울 수 있다. (6) 응답자들은 실제로 해당 프로그램에 대한 지불 의사라기보다는 "공공 정신이나 기부 행위에 따른 '온정'"의 표현일 수 있다. 카너먼과 크네치(1992a)의 표현에 따르면, "조건부 가치 평가의 응답은 공공재에 대한 경제적 가치라기보다는 그 공공재에 기여함으로써 얻는 도덕적 만족감에 대한 지불 의향을 반영한다(57쪽)."[11] 이러한 문제는 모두 충분히 의미있지만, 애로우 등(1993)은 이러한 한계들로 CV 절차가 무용해지는 것은 아니라고 주장하며, 실제로 (자동 척도가 아니라)'유용한 정보'를 제공할 수 있는 여러 방법 중 하나로 사용할 것을 권고하였는데, 제공되는 정보는 충분히 개선해야 한다.[12] 이러한 모든 결함에도 불구하고, 조건부 가치 평가 방식에는 여전히 주목할 만한 가치가 남아 있다고 주장할 수 있다.[13]

나는 이 현명한 판단에 이의가 없지만, 다음과 같은 보다 근본 질문은 여전히 남는다. 즉, 조건부 가치 평가 절차의 기저에는 어떤 종류의 '사회적 선택'이 존재하는가? CV가 전제하는 '철학'은 환경재를 우리가 구매하고 소비하

---

11) 카너먼(1992), 다이아몬드 외(1993), 밀그럼(1993) 참조.

12) 이들은 또한, 일정한 지불 금액을 제시하고 이에 대해 수용 또는 거부 여부를 묻는 '국민 투표(referendum)' 유형의 질문을 제안한다. 이러한 질문 형식이 보다 쉽게 이해되기 때문이다. 또한, '지불 의사'가 과장되는 경향을 상쇄하기 위해, 제안 금액을 다소 낮게 설정하는 '보수적 방향'을 취할 것을 권고한다.

13) 애로우(1993), 해네만(1994), 포트니(1994) 참조. 그러나 다이아몬드와 하우스먼(1993, 1994), 플럿(1994)의 논의도 함께 고려할 필요가 있다.

는 일반적인 사적 재화처럼 간주할 수 있다는 가정이다. 여기서 조건부로 표현되는 평가는, 개인이 단독으로 환경적 이득을 실현하는 경우를 상정한다. 예를 들어, 엑슨 발데즈 사고로 죽은 모든 생명체를 살리기 위해 내가 얼마를 지불할 것인지를 묻고, 내가 22.5달러라고 대답하면, 이는 내가 22.5달러를 지불해 이 모든 손실이 완전히 사라진다고 할 때, 기꺼이 그 금액을 지불하겠다는 뜻이다. 그러나 이런 질문과 대답이 진지하게 받아들여질 수 있다고 상상할 수 없다. 왜냐하면 내가 상상할 것으로 요구받은 상태는 실제로 존재할 수 없기 때문이다(실제로 내가 낸 22.5달러만으로 어떤 중요성이 부여될 지도 **확신**하기 어렵다).

애로우(1951)가 정식화한 '무관 대안 독립성' 조건은, '관련 있는' 대안(즉, 실제 선택 가능 집합 내의 대안들) 사이에서 선택할 때, '무관' 대안(즉, 선택 가능 집합에 포함되지 않은 대안)들에 대한 우리의 평가가 사회적 선택에 영향을 주어서는 안 된다고 말한다. 내가 22.5달러를 지불하고 엑슨 발데즈 유출로 인한 모든 손실이 사라지는 상태는 애초에 실현 불가능하므로 결코 '관련 있는' 대안이 아니다. 그럼에도 이 '무관' 대안에 대한 우리 평가는 (선택에 있어 관련 있는)실현 가능한 대안들 사이에서 선택할 때 중심적 관심사로 전환되고 있다.

이것은 분명 문제적이지만, 몇 가지 특별한 가정에서는 '무관 대안 독립성' 조건이 실제로 위반되지 않는다고 주장할 여지가 있다. 그렇다면 그 가정들은 무엇인가? 그 주장은 이 '무관' 대안에 대한 나의 대답이 사실상 '관련 있는' 대안, 즉 자연이 **공동**의 노력으로 보존되는 경우에 대한 나의 태도를 드러낸다는 주장의 형태를 취해야 할 테고, CV 절차는 실현 가능하며 선택 가능한 **관련** 대안들에 대한 가치 평가로 가는 **간접** 경로를 반영한다. 이러한 주장이 성립하려면 다음과 같은 가정들이 필요하다. (1) 나는 실제로 약속한 금액(즉 22.5달러)을 지불하고, 다른 사람들도 그렇게 행동한다. (2) 이렇게 모금된 총금액이 해당 손실을 복구하는 데(혹은 그 손실이 없었으면 얻었을 가치와 동일하다고 모두가 판단하는 어떤 선행을 위해) 사용되며 (3) 나는 혼자서 손실을 전부 복구하기 위해 22.5달러를 쾌척할 때와 마찬가지로 다른 이들도 **함께** 해당 금액의 지불에 동의한다. 그러나 여기 제시된 어떤 가정도 쉽게 옹호될 수 없다. 우선, CV 조사의 목적이 실제로 나에게 돈을 거두는 데 있지 않다. 단지 엑슨 컴퍼니에 얼마의 벌금을 부과할지를 결정하려는 것일 수도 있는데, 이것은 전혀 다른 시나리오다. 또한 우리에게서 거둬들인 총액이 손해를 방지하거나 그에 상응하는 선을 실현하는 데 드는 비용에 정확히 부합하리라는 보장도 없다. 이 역시 간접 경로의 타당성을 약화시킨다.

그러나 아마도 가장 중요한 문제는 위 (3)에 관련된 개념적 수준에서 제기된다. 환경 피해의 방지를 사적 재화의 구매와 동일하게 취급한다는 발상 자체가 매우 부조리하다. 내가 내 치약을 사기 위해 지불하고자 하는 금액을 정할 때, 당신이 당신의 치약을 위해 얼마를 지불하는지는 일반적으로 어떤 영향도 미치지 않는다. 그러나 자연을 보호하기 위해 내가 기꺼이 지불하려는 금액이 그 목적을 위해 다른 사람들이 기꺼이 지불하려는 금액과 완전히 무관하다는 발상은 놀랍다. 그것은 본질적으로 사회적 관심사기 때문이다. 이렇게 '고독한 영웅lone ranger' 모델의 환경 평가 방식은 문제의 본질을 흐린다.

일부 학자들은 상당히 설득력 있게, CV 설문지가 공식적으로 각 개인이 자연환경을 보존하기 위해 혼자 얼마를 지불할 것인지를 묻지만, 실제로는 그것을 달성하기 위한 공동 노력에 '기여하는 경우' 얼마를 지불할 것인지를 묻는 것으로 해석하는 편이 더 적절하다고 주장한다(카너먼 1992, 카너먼 외 1993, 과냐노Guagnano, 디에츠, 스턴 1994 참조). 실제로 제기된 질문보다는 사실상 그렇게 제기된 것으로 해석되는 질문에 답하는 쪽이 훨씬 덜한 '불신의 자발적 유예'를 요구한다. 그러나 여기에는 또 다른 어려움이 있다. 내가 기꺼이 기여하려는 금액은, 문제의 성격상 내가 다른 사람들이 얼마를 기여할 것으로 예상하는지에 따라 달라질 수밖에 없다. 이러한 기대는 다른 측면에 영향을 미칠 수 있다. 예컨대 다른 사람들도 기여하면 나도 기여할 수 있다는 의향을 가질 수 있는데, 이로써 '보증 게임assurance game' 구조로 전환된다(센 1967,

디턴과 뮐바우어 1980). 반면, 다른 사람들이 어차피 많이 기여할 것이므로 내가 무언가를 안 해도 된다고 느껴, 나 자신의 희생이 사회적 목표에 큰 영향을 주지 못한다고 여길 수 있다(이른바 '무임승차'로 향하는 경로가 될 수 있다). 만약 CV의 '고독한 영웅 모델'은 명확하지만 설득력이 떨어지고, '공동 기여 모델'은 설득력은 있지만 구체성이 크게 부족하다.

사회적 선택 접근의 핵심 특징은, 사회적 결정을 내릴 때 개인의 가치 판단 입력이 사회적 선택이 이루어질 실제 대안 상태들과 구체적으로 관련 있어야 한다는 점이다. 바로 이 지점에서 시장에 대한 비유는 특히 기만적이다. 시장은 개인이 선택할 수 있는 명시된 사회 상태를 제공하지 않기 때문이다. 가격이 주어지면, 나는 내 재화 꾸러미를 고르고, 당신은 당신의 재화 꾸러미를 선택한다. 우리 둘 다 굳이 서로의 입장을 고려할 필요가 없다. 이러한 방식이 여러 분야에서 무리 없이 적용되지만, 환경 평가에는 적절하지 않다. 무엇을 해야 할지에 대해 사람들의 견해를 구하려면 타인을 포함한 실제 선택 가능한 대안들이 무엇인지 구체적으로 제시해야 한다. 이를 위해 수행될 행위의 (필요시 벌금과 보상을 포함하는)구체적 제안이나, (벌금과 보상 절차를 포함하는)행위 **규칙**에 대한 제안을 명확히 제공해야 한다.

이러한 고려 사항들은 CV 접근법의 '가치 평가 주장'에서 중심 문제일 뿐 아니라, '책임성 주장'의 경우에도 강하게 제기된다. 내가 어떤 자연환경을 보호하기 위해 22.5달러를 기꺼이 지불하겠다고 할 때, 이는 자연환경을 훼손한 어떤 행위자에게 (나를 대신해)해당 22.5달러를 청구해야 한다는 뜻은 아니다. 그와 같은 소송상 문제는 전혀 별개 문제며, 내가 그것에 대해 어떻게 생각하는지를 알려면, 내게 (완전히 다른 사안에 대한 내 생각을 대신 묻지 않고)그 문제에 대해 의견을 표출할 기회를 주어야 한다. 나는 (제재의 기반에서)**더 많은** 벌금을 부과하자고 생각할 수도 있고, (단지 사고 차원의 문제로 간주해서)**보다 낮은** 금액을 청구하자고 생각할 수도 있다. 하지만 우리가 어떤 금액을 청구할 것으로 생각하는지, 그러한 구체적 사안에 대해 우리 의견을 묻는 별도

 제5부 * 관점과 정책

의 질문을 통해 수집해야 한다.

실제로 알려는 것과 다른 방식으로 질문을 제기할 수 있다는 전략적 고려를 부정하는 것은 아니다. 이는 중요한 사안이지만, 본질적으로 다른 문제고, 많은 경우 반드시 고려해야 한다. 그러나 이 문제가 CV 방식의 질문을 정당화하지는 못한다. 내가 얼마를 지불할 의향이 있는지를 묻고, 실제 지불 없이 어떤 대답이건 할 수 있도록 하는 CV 방식의 질문이, '인센티브 적합성 확보를 위한 혼란 유도'에 초점을 둔 것도 아니다.

나는 환경 보호와 관련된 일반적 사회 관심사에 대해 사람들이 비교적 정직한 답변을 할 가능성에, 일부 사람들처럼 회의적이지는 않다. 하지만 사람들이 실제로 전략적 고려에 따라 행동하면, 정보를 도출하는 방식에서도 전략적 접근이 필요하고, 그런 관점에서 질문을 구성해야 한다. 더 정확히 말해, 여기서 주장되는 바는, 사회적 선택 접근은 사람들이 **관련** 대안들을 **실제로** 어떻게 평가하는지 파악하고, 그에 따라 사회적 선택을 규명하는(그리고 실현하는) 데 필요한 정보를 얻는 데 초점을 맞추는 것이다.[14] 만약 제시되는 질문이 관련 대안에 내리는 평가를 정확히 반영하지 않으면, 그런 방식의 질문을 정당화할 수 있는 근거는, 환경재와 가치 평가와 사적 소비재 시장 간의 일반적 유사성이 아니라, 실질적인 전략적 이점에 있어야 한다.

4. 지구 온난화, 곤경, 그리고 평가

지구 온난화는 최근 몇 년 사이에 많은 논의가 이루어진 주제다.[15] 그러나

---

14) 전략적 문제에 대한 정식화는 파타나익(1978), 뮬랭(1983), 펠레그(1984) 및 그 문헌들에 인용된 자료들을 볼 것.

15) 관련 논의로는 다음을 포함한 다수의 기여가 있다. 우자와(1990), 브룸(1991), 케언크로스(Cairncross, 1991), 요르겐슨과 윌콕슨(1991), 노드하우스(1991, 1992, 1994), 레젯(Leggett, 1990), 도른부시와 포터바(1992), 버즈올(Birdsall, 1992), 클라인(Cline, 1992), 맨과 리첼스(Manne and Richels, 1992), 라일리와 앤더슨(Reilly and Anderson, 1992), 슈만트와 클락슨(Schmandt and Clarkson, 1992), 쇼크리(Choucri, 1993), 피어스와 워퍼드(Pearce and Warford, 1993), 스톤(Stone, 1993).

전반적으로 임박한 재앙에 대한 인식은 점차 희미해지고, 예상되는 지구 온난화 수준이 재앙적 결과를 초래하리라는 초기의 우려를 반박하는 최근 연구들도 적지 않다. 초기의 변화 예측은 상당 부분 하향 조정되고 있다. 예를 들어, 향후 100년간 해수면이 3m 이상 상승하리라는 추정과 달리, "향후 1세기 내에 해수면이 상승할 것으로 현재 가장 유력하게 추정되는 수치는 1m 이하일 것이다(솔로우 1992, 25쪽)"는 평가가 나온다. 지구 온난화로 인한 손실의 심각성에 대한 의문뿐 아니라, 일부 추운 지역에서의 생산성과 생활 조건 개선, 대기 중 이산화탄소 농도 증가에 따른 농업 비료 효과 등 온난화의 **이점**에 대한 지적도 꾸준히 제기된다. 노드하우스(1991)는 「2050년까지 온실가스에 의한 지구 온난화에 따른 피해 추정」에서 "기후 변화는 손실과 이익이 혼재된 결과를 낳을 가능성이 높고, 실질적인 순손실이 크다는 강한 전제는 성립하지 않는다(933쪽)"고 언급한다.

노드하우스(1994)는 최근 연구에서 세대 간 모형인 '기후 경제의 동태적 통합 모델Dynamic Integrated Model of Climate and the Economy, DICE'을 발전시키고, 고전적인 램지(1928)의 방식에 따른 시제 간 최적화 기법을 적용한다.[16] 이 결과는 아무 조치도 취하지 않거나 10년 간 아무것도 하지 않는 정책에 대해 온건한 비판 근거를 제공한다(각각 노드하우스가 인식한 최적 효율 경로에 비해 작지만 현존하는 후생 손실을 수반하기 때문이다). 반면, 온실가스 배출을 안정화하려는 정책에 대해서는 강력히 비판한다(그러한 정책은 노드하우스의 계산에 따르면 매우 큰 손실을 초래할 수 있어서다). 요컨대 "무엇인가 하려 들지 말고 가만히 있어라"는 입장이 어느 정도 정당성을 갖는 셈이다.

지구 온난화로 인한 문제들과 이를 상쇄하기 위한 대응 조치의 비용을 진

---

16) 보다 덜 야심찬 접근은 '지속가능한 발전' 개념에 집중하는 것일 수 있다. 이에 대한 기본 원칙은 솔로우(1992)가 다음과 같이 표현한다. "지속가능성이 부과하는 의무는 (요세미티처럼 예외적인 경우를 제외하면)후대에 어떤 특정한 사물을 물려주는 것이 아니라, 우리가 누리는 생활 수준과 최소한 동등한 수준의 생활을 누릴 수 있도록 하고, 그들 역시 그 다음 세대를 유사하게 돌볼 수 있도록 필요한 모든 것을 물려주는 것이다(15쪽)." 하트윅(Hartwick, 1977), 다스굽타와 힐(1979), 솔로우(1986), 레페토(Repetto, 1989), 다스굽타(1993), 도프만(Dorfman, 1993), 해먼드(1993), 아난드와 센(1994) 참조.

지하게 평가하고, 공황 상태에서 비롯한 정책 결정보다는 합리적 평가에 기반한 정책 판단을 고수하는 일은 상당한 장점이 있다. 노드하우스의 (위험에 대한 접근과 민감도 분석 활용을 포함한)면밀하고 정교한 분석은 확실히 커다란 업적으로 평가할 수 있다. 그러나 노드하우스가 실제로 추정한 항목의 결과를 수용하더라도, 여전히 추가로 고려할 문제가 있다.[17] 무엇보다 우리는 '사회 상태'가 적절하게 서술되었는지, 그리고 사회 선택을 위한 '원칙들'이 각국 시민들에게 공정하게 적용되는지를 물어야 한다.

노드하우스는 사회 상태를 1인당 소비와 인구 규모로 묘사한다. 세계 여러 지역의 소비 수준은 (명시적이건 묵시적이건)시장 가격을 이용하여 통상의 방식으로 집계된다. 한편 체감 효용이 존재하는 엄격하게 오목한 효용 함수(실제로는 로그 효용 함수)가 이를 후생 수준으로 전환하고, 그 후생은 시간 할인율을 적용한 뒤 합산된다. 세대 간 불평등은 이러한 오목한 효용 함수로 일정 부분 고려되지만, 각 세대 **내** 불평등(특히 부국과 빈국 간 격차)에 대해서는 그에 상응하는 고려가 이루어지지 않는다. 이 두 가지 문제를 함께 다룰 필요가 있다.[18]

온난화로 인한 총효과가 비교적 작다고 추정되는 이유는, (미국과 기타 OECD국가들처럼)주요 생산을 담당하는 지역에서는 환경에 본질적으로 의존하는 생산 활동이 상대적으로 적어서다.[19] 반면, "기후대가 좁고 인구 이동성이 낮은 작은 빈국들, 특히 개발도상국들은 심각한 피해를 입을 수 있다"는 증거도 풍부하다(노드하우스 1991, 933쪽). 방글라데시, 서아프리카 및 중앙아프리카, 그리고 그 외 많은 제3세계 국가들(비단 작은 나라들에만 국한되지 않는다)에 대한 예상 경제 효과 추정치는, 이미 낮고 취약한 생활 수준을 토대로

---

17) 관련된 다른 여러 쟁점은 클라인(Cline, 1992)이 잘 다룬다. 또한 새고프(Sagoff, 1988)와 스톤(Stone, 1993)을 볼 것.

18) 로텐버그(Rothenberg, 1993)와 아난드 및 센(1994) 참조.

19) 노드하우스(1991)가 지적하듯, "우리 추정에 따르면, 미국 국민 생산의 약 3%는 기후 변화에 매우 민감한 부문에서, 약 10%는 중간 정도로 민감한 부문에서, 그리고 약 87%는 기후 변화의 영향을 거의 받지 않는 부문에서 생산된다(930쪽)."

할 때 매우 심각한 부정적 결과를 초래할 가능성을 시사한다.[20] 따라서 세계 총생산량과 1인당 소비에만 초점을 맞추는 접근은, 세계 여러 지역 간 정의와 공정이라는 거대한 문제를 은폐하는 효과를 낳는다.

관심의 초점을 1인당 소비와 인구 총합이라는 집계된 수치에서, 세계 각 지역의 상황을 보다 풍부하게 묘사한 사회 상태로 전환하면, 이 문제의 기저에 놓인 쟁점들을 정치적으로 다루기 훨씬 용이하다. 이는 노드하우스 연구의 가치를 부정하는 것이 아니라, 단지 집계적 통계 속에 중대한 사회적 선택 문제가 묻혀 있다는 점을 지적하려는 것이다. 개발도상국들은 이미 배출 문제에 깊이 관여하며, 앞으로 그 역할은 더욱 커질 것이다. 따라서 어떤 전 지구적 대응이든, 복지 관점에서 중요하다는 이유뿐 아니라 전 세계적 합의를 이끌어 내기 위해서도 분배 정의의 문제는 반드시 다루어야 한다. 시장과 가격이 제공하는 국제적 집계는 전 세계를 아우르는 어떤 '객관적' 총합이라는 외양을 띠지만, 이 분야에서 핵심적인 사회 선택 문제에 마주하는 일을 정확하게 회피한다.

전 지구적 계획을 수립할 때 시장 가격을 통한 집계가 일정한 역할을 수행한다는 점에는 의심의 여지가 없다. 그러나 이러한 총합은, 시장 가격이 제공하는 정보 체계를 유지하면서, 1인당 소득 불평등을 반영하여 조정될 수 있다.[21] 세계적 또는 지역적 계획은 집단 간 1인당 소득 격차를 고려한 그림자 가격 설정과 연계될 수도 있다.[22] 여기서 문제는 시장 가격 기반의 집계를 분배적 문제와 대면하지 않은 채 사용하는 방식이다.

게다가 지구 온난화로 인한 손실(또는 이익) 대부분의 계산은, 예상 가능한

---

20) 슈만트(Schmandt)와 클락슨(Clarkson, 1992)에 수록된 지역별 연구 참조.

21) 실질 소득과 실질 소비에 대한 분배 조정 비교와 그 사회 선택 이론적 기반으로는 센(1976, 1979), 해먼드(1978), 로버츠(1980)를 보라.

22) 이 고려 사항은 지구 온난화에 대응하기 위한 '환태평양' 국제 협력 구상에서 우자와(1992)가 비균일 가격을 사용한 접근과 관련이 있다. 여기서 이산화탄소 배출에 대한 '가격'은 각국의 1인당 국민소득 수준에 따라 차등적으로 설정된다. 예를 들어, 미국은 톤당 150달러, 인도네시아는 톤당 4달러로 책정된다(278쪽).

반사실적 평균 시나리오로부터의 평균 편차를 추정하는 방식으로 이루어진 다(노드하우스의 1994년 연구도 예외가 아니다). 그러나 지구 온난화에 대한 많은 우려는, (극심한 폭풍과 홍수 같은)일시적이고 국지적인 재난 문제와 직접 관련이 있고, 기후 변화로 인해 그러한 재난의 가능성과 빈도가 증가할 수 있다. 지구 온난화가 평균 생산성과 생활 수준에 미치는 영향을 오직 기댓값 관점으로만 검토할 경우, 이러한 현상들이 그토록 두려움을 일으키는 근본적인 이유들, 심각한 사회 혼란과 갑작스런 경제적 지속가능성의 상실 등을 놓치게 된다.[23]

지구 온난화 문제를 넓은 사회적 선택의 맥락에서 분석하려면, 사태의 기술 방식 또한 다양한 방식으로 확장해야 하고, 재화와 소비 수준이라는 정의역에서 벗어나 삶의 질과 생활 수준이라는 보다 넓은 특성들로 나아가야 한다.[24] 변화하는 환경과 기온, 주거 양식 및 역학疫學의 변화된 양상은 건강과 질병률에 영향을 미친다. 지구 온난화에 대한 결정적 고찰을 통해 이 문제를 추상화하지 말고, 단순히 사고파는 재화의 통계로 이미 포괄되었다고 간주하지도 말아야 한다. 사태를 기술할 때, 인간 삶의 다양성(그리고 질병 없이 살 수 있는 역량)의 변화 양상을 직접적으로 고려해야 한다는 점은 환경 맥락에서 의학 및 보건 연구들로 충분히 입증되었다(예컨대, 헤인스Haines 1993, 라스트Last 1993 참조). 소득과 소비라는 정의역은 사회 상태에 매우 제한적으로만 기술할 수 있을 뿐이다.

---

23) 기근의 원인에 대한 여러 연구가 밝혀 낸 바에 따르면, 기근은 일반적인 평균 생산량이나 식량 공급의 감소보다는 특정 집단의 경제적 '권리' 상실, 즉 가족이 재화 꾸러미를 구매하거나 확보할 수 있는 능력의 축소에서 더 많이 비롯한다(센 1981과 드레즈 및 센 1989 참조). 시기별 평균이나 집단 간 평균만을 보면 상당히 잘못된 인식을 초래할 수 있다.

24) 센(1987)과 누스바움 및 센(1993) 참조. 사회 제도의 성격과 작동 방식 또한 관련된 상태의 묘사에서 중요한 부분이 될 수 있다. 자세한 내용으로는 파판드레우(1994)와 그가 인용한 문헌들을 볼 것.

5. 맺으며

개인은 시장에서는 운영자로, 사회에서는 시민으로 볼 수 있다(1절). 이 두 묘사는 각각 명료하고 인간에 대한 중요한 사실들을 드러내지만, 동일한 사실을 드러내지는 않는다. 환경 평가 맥락에서 이 두 정보 집합은 모두 관련이 있다. 사회적 선택의 관점은 사람들을 책임 있는 시민으로 바라보는 틀을 제공하며, 이 분석에서 특히 (1) 적절하게 기술된 '사회 상태', (2) 관련 선택지들에 대한 개인 평가, (3) 개인 평가를 사회적 선택과 연결하는 규칙과 원칙들에 주목한다(2절).

사람을 단지 구매자와 판매자로만 보면 환경과 관련된 인간에 대한 결정적으로 중요한 정보들 중 일부를 누락하게 된다. 이들의 시민적 역할을, 존재하지 않는 가상의 물건을 구매하는 상황을 상상하게 하여 파악하려는 시도(즉 '조건부 가치 측정'이 시도하는 방식)는, 그 누락된 정보를 얻기 위한 설득력 있는 방식이 아닐뿐더러, 심지어 유용한 방식도 아니다(3절).

(지구 온난화 같은)전 지구적 환경 문제를 다룰 때, 전 세계 사람들을 단지 세계 평균 1인당 소비 수치의 구성 요소로만 보아서는 안 된다. 물론 이들은 재화를 구매하고 그 1인당 수치에 기여하지만, 동시에 저마다 고유한 이해관계와 관심을 가지며, 공정과 정의의 고려 대상이다(4절). 이들은 현재와 미래를 포함해 자신과 타인의 처지에 관심을 가진 행위자다.

환경 문제에 대한 사회적 선택 접근을 통해 사태의 풍부한 기술이 가능하다. 시장 중심 기술은 전체 그림의 한 부분(중요한 부분)에 집중하고, 그로 인한 정보 절약 효과는 종종 매우 유용하다. 그러나 그 절약의 결과로 시민으로서 개인들이 중요하게 여기는 사회 상태의 특성을 간과하면, 문제의 정식화는 본질적으로 결함을 가질 수밖에 없다. 이 글이 다룬 것은 바로 그 결함이며, 절약적 접근 방식이 긍정적으로 이룩한 성과들을 부정하지 않으면서도 그 한계를 지적하고자 한다.

제19장

비용편익 분석*

비용편익 분석은 몇 가지 기본 원칙에 기반한 일반적 학문 분과로, 이 원칙들은 논쟁의 여지가 아예 없지는 않지만, 일정한 타당성을 갖추었다고 할 수 있다. 여기에 다양한 추가 조건들이 부가될수록 견해 차가 커진다. 이때는 (고정된 공식들을 통해)보다 쉽게 사용할 수 있는 편의성과, (매개변수의 변화를 허용함으로써)보다 일반적인 수용가능성 사이에서의 균형 문제가 발생한다. 이 장은 이러한 추가 조건들의 장단점을 검토하고 비판적으로 분석한다. 현재 가장 일반적으로 사용되는 비용편익 접근 방식의 특정한 변형은 사실상 극히 제한적인데, 그 이유는 가치 평가를 전적으로 시장 유비적 메커니즘을 통해 수행하려는 고집 때문이다. 이러한 방식은 극히 제한된 범주의 가치만을 인정하고, 시장 가치 평가 과정에서 무시되는 많은 실질적 변화를 개인이 개의치 않는다는 전제를 요구한다. 이에 반해, 보다 일반적인 사회적 선택 접근을 사용하면 가치 평가의 자유도가 더 높아지고, 더 다양한 정보 입력을 수용할 수 있다.

---

* 유용한 의견을 제시한 에릭 포즈너에게 깊이 감사한다.
출처: *Journal of Legal Studies*, 29, 2000년 6월 ©2000 아마르티아 센.

(가히 학문 분과라 할 수 있다면)비용편익 분석이라는 학문 분과에는 두려움 없는 옹호자들도 있고, 단호한 반대자들도 있다. 이 논쟁은 부분적으로 거인들의 대결인데, 양측 모두에 지적 역량이 뛰어난 인물들이 존재하며, 이들은 각기 인상적으로 다양한 무기를 휘두른다. 동시에 이것은 위대한 독백가들 간 대화처럼(어떤 이는 "죽느냐"라고, 또 다른 이는 "사느냐"라고 하듯), 자신의 주장을 펼치는 데에는 매우 능숙하지만 햄릿만큼 깊이 고뇌하는 것 같지는 않다.

이 장의 주요 목적은 누가 옳은지를 판단하기보다 무엇이 쟁점인지를 식별하는 데 있다. 그러나 그것만이 목적은 아니다. 나는 개인적 견해와 평가를 제시하는 데 주저하지 않으려 한다. 하지만 본질적으로(그리고 내가 보기에 더 중요하게는) 우리를 갈라 놓는 질문들을 분리하고자 한다. 그에 대한 답에 동의하지 않더라도, 우리는 질문 자체에 동의할 수 있다. 여기에는 반드시 어떤 방식으로건 다루어야 할 몇 가지 어려운 문제가 따른다.

1. 주제와 논쟁

나는 비용편익 분석의 일반적 접근 방식을 구성하는 몇 가지 기본 원칙으로부터 점진적으로 논의를 시작할 것이다. 이러한 기초적인 원칙들은 많은 사람이 받아들일 수 있지만, 그에 동의하지 않는 일부는 거부할 수 있다. 이 후자의 집단은 (이러한 비용편익 분석의 기초 원칙들 중 하나 이상을 거부하는 만큼) 더 이상 논의를 따를 이유가 없다. 그러나 이 기초 원칙들을 받아들일 준비가 된 사람들은, 비용편익 분석을 보다 구체적이고 명확하게 하기 위해 어떤 추가 조건을 고려할지 생각해야 한다. 물론 이러한 세부화는 그만큼 이 접근 방식을 덜 포괄적이고 덜 관대하게 한다. 실제로 비용편익 분석의 주류 접근은 매우 까다로운 일련의 요구 조건들을 채택하고, 우리는 이러한 추가 조건들을 특별히 면밀하게 살필 이유가 있다. 본문에서 검토할 요구 조건의 목록은 주류 접근 방식에 상당히 근접한데, 논의 도중 대안적 가능성도 간략히 언급할 것이다.

나는 이러한 추가의 요구들을 세 범주, 구조적 요구, 평가상의 무차별성, 시장 중심의 가치 평가로 나누어 살핀다. 이야기 전개에 앞서 (이 글이 분명 추리 소설은 아니므로)내가 다룰 핵심 주제를 미리 밝히면, 3절의 일반적 논의를 지나 다음 절들에서 다룰 원칙들은 다음과 같은 항목들 아래에서 검토한다.

3. 기본 원칙
   A. 명시적 가치 평가
   B. 넓은 의미의 결과주의 평가
   C. 가산적 회계 처리
4. 구조적 요구
   A. 완비성 가정
   B. 완전한 지식 또는 확률적 이해
   C. 비반복성과 비매개변수적 가치 평가
5. 평가상의 무차별성
   A. 행위, 동기, 권리에 대한 비평가적 태도
   B. 자유의 내재적 가치에 대한 무관심
   C. 행위 가치에 대한 수단적 관점
6. 시장 중심 가치 평가
   A. 지불 의사에 대한 의존
   B. 잠재적 보상의 충분성
   C. 사회적 선택 옵션에 대한 무시

다룰 내용이 많아 걱정스럽지만, 본격적으로 들어가기 전에 세 가지 점을 명확히 하고 싶다. 첫째, '비용편익 분석'이라는 용어는 상당한 유연하고, 다양한 구체적 절차들이 (지지자들에 의해서도, 반대자들에 의해서도)그 이름으로 불려 왔다. 이러한 관용성 자체가 특별한 잘못은 아니고, 용어상의 통일이 개념적 일치와 동일한 것으로 간주되지 않는 한 허용될 수 있다. 실제로 어떤 사람은 비용편익 분석의 기초적 관점을 수용하면서, 주류 응용 사례들을 특징짓는 구조적 요구, 평가상의 무차별성, 시장 중심적 가치 평가가 부과하는 조건 중 하나 이상을 거부할 수 있다. 문헌에는 이 모든 요구 조건을 포함하는 잘 정형화된 방법이 반복적으로 적용된 사례들로 가득하지만, 그렇다고 다른 절차나 접근 방식이 정당한 비용편익 분석으로 간주될 수 있는 자격을 훼손한다고 볼 수는 없다.

둘째, 기초 원칙들을 수용하느냐 여부 자체가, 주류 방법론에서 요구되는 모든 조건을 기준으로 한 구분만큼이나 유용한 분류 방식이 될 수 있다. 실제로 자신을 비용편익 분석의 옹호자로 여기며 이 접근 방식의 기초 원칙들을 받아들이는 분석가들 가운데에서도, 주류 절차에서 강제되는 정교한 가치 평가 방법론에 심각한 불만을 품는 이들이 있다. 이들에게도 나는, 자리가 허용되면 그 공간에 들어가기를 청하련다.

셋째, 이 주제는 수십 년간 유행했고, 방대한 문헌을 생산했다. 이 문헌들 중 일부는 분석 문제들에 초점을 맞추고, 다른 일부는 (대개는 정형화된 주류 방법론에 기반한)실천적 적용 문제들에 보다 관심을 둔다. 많은 개념적 쟁점들이 논의되며, 이 글에서도 그러한 쟁점들을 어떤 방식으로든 다룬다(비록 특정 문헌을 언급한 '조사 보고서'를 시도하지는 않지만). 그러나 비용편익 분석(혹은 그 일반적 이름을 가진 여러 절차들)은 실제의 많은 의사 결정 과정에서 활용되고, 이에 상응하는 문헌 또한 존재한다. 지금까지 사용된 다양한 구체적 방법들을 비교 평가하고, 각각의 절대적·상대적 적합성이 실제의 다양한 의사 결정 문제를 다룰 때 얼마나 적합한지를 논의할 수 있다면 의미 있는 작업일 것이다. 그것이 지금 시점에서 가능할지는 확신이 없다. 그러나 적어도 나는 방대한 문헌 규모와 나 자신의 제한된 지식을 고려하면, 그 작업을 수행할 입장이 아니라는 것을 안다. 그 방향으로 나아가지 않더라도, 그것이 실천에서 원칙으로 접근하는 방식으로서 매우 유익할 것임을 나는 믿기에, 여기서 그 가능성을 언급하려 한다. 이는 (이 글의 시도처럼)원칙에서 출발하는 방식과 반대 방향이다. 이해는 다양한 방식으로 도달할 수 있고, 내가 이 글에서 (관련 원칙 평가에 기초한)한 가지 일반 분석 경로만을 취하더라도, 이 문제들에 접근하는 다른 방식들이 유의미하다는 것을 부정하지는 않는다.

2. 일반 추론에서의 비용과 편익

비용편익 분석의 기본 논리는, 어떤 일을 실행하면서 발생하는 편익이 그 비용을 초과하면 그것은 실행할 가치가 있다는 생각이다. 물론 이 주장이 결코 논쟁의 여지가 없지는 않지만, 논쟁에 들어가기 전에 우선 이 논리에 일정한 이해 가능한 구조를 확인할 필요가 있다. 실제로 누군가가 "이 사업은 이익은 거의 없고 비용만 많이 든다. 그러니 하자!"고 말하면 우리는 당혹스러울 수밖에 없다. 우리는 "왜?"(혹은 보다 강조하여 "도대체 왜?")라고 묻고 싶을 것이다. 비용과 편익은 우리의 주의를 환기할 정당한 근거가 있는 것이다. 나아가, (나는 이것이 절대적으로 확실치는 않다 생각하지만)일정한 설득력을 가지고 주장될 수 있는 바는, 어떤 사업에 대한 '찬성' 논거는, 그 사업이 가져올 어떤 편익에 초점을 맞추며, 어떤 '반대' 논거도 반드시 어떤 비용과 연결된다는 점이다.

실제로, 비용과 편익이라는 용어는, 일반적으로 실행되는 비용편익 분석 방식과 아무 관련이 없다고 생각하는 사람들조차 빈번하게 사용한다. 예컨대 현재 인도에서 진행 중인 대규모 관개 사업인 나르마다^{Narmada} 댐에 관한 정치적 논쟁을 생각하자. 이 댐은 수많은 사람에게 물을 공급할 예정이지만, 동시에 다른 많은 사람의 주거지를 수몰시킬 수도 있다(그리고 이들에게 제공된 보상은 불충분하거나 수용할 수 없다고 간주된다). (반대에도 불구하고 프로젝트를 이어 가기로 한)댐 건설 결정은 물론 비용편익 분석을 기반으로 이루어졌다. 그러나 이에 반대하는 사람들도 그 결정을 반대하는 논거에서 역시 비용, 때로는 '인적 비용'으로 불리는 요소를 지적하며, 이것들이 간과되거나 적절히 고려되지 않았다 주장한다.[1]

비용과 편익이라는 틀은, 일반적으로 비용편익 분석이 적용되는 통상의 기술에서 표준적으로 다루는 변수들을 넘어서는 광범위한 적용가능성이 있다. 실제로 대안적 가능성들에 수반되는 비용과 편익을 일반적 방식으로 고려하고, 각각의 장단점을 평가하는 절차는 대체적으로 경제 발전이나 삶의 질 평가부터 불평등, 빈곤, 성별 격차의 정도를 분석하는 데까지 매우 다양한 문제에 사용될 수 있다.[2]

3. 기초 원칙들

A. 명시적 가치 평가

비용과 편익을 근거로 한 추론은 광범위하게 적용이 가능하지만, 비용편익 분석은 하나의 고유한 접근 방식(혹은 보다 정확히 말해, 서로 관련된 여러 개별 접근 방식들의 집합)으로서, 평가 규칙과 허용 절차에 일정한 제약을 가한다. 이때 명시적 가치 평가의 요구는 이 학문 분과가 부과하는 첫 번째 일반 조건으로 간주될 수 있을 것이다. 이는 보다 완전한 설명을 강력히 요구하면서, 무

---

1) 댐 건설에 반대하는 강력하고 논리적인 주장으로는 로이(Arundhati Roy), "The Greater Common Good: The Human Cost of Big Dams," *Frontline*, 16(11), 1999년 6월 4일자 참조.

2) 예를 들어, 센, *On Economic Inequality*(증보판 1997(초판 1973)), 애킨슨, *Social Justice and Public Policy*(1983), 그리핀과 나이트, *Human Development and International Development Strategies for the 1990s*(1990), *The Quality of Life*(누스바움과 센 편, 1993), *Women, Culture and Development: A Study of Human Capabilities*(누스바움과 글로버(Jonathan Glover) 편, 1995), *Development with a Human Face*(메흐로트라(Santosh Mehrotra) 졸리(Richard Jolly) 편, 1997) 등을 보라.

엇이 옳은지는 알지만, 왜 그것이 옳은지는 모른다는, 전통에 의해 정당화된 통상의 입장을 거부하는 데 있다. 다소 단순화의 위험을 무릅쓰면, 명시적 가치 평가는 결정의 근거를 명확히 설명할 것을 요구하는 합리주의적 접근의 일부며, 설명 없는 확신이나 암묵적으로 도출된 결론에 의존하지 않고 결정의 이유를 완전히 설명할 것을 요구한다.

그러나 명시적 가치 평가라는 원칙은 그 합리주의적 매력에도 불구하고, 몇 가지 문제가 있다. 만약 이를 모든 사적 결정에 철저히 적용하려면, 삶은 견딜 수 없을 정도로 매우 복잡할 것이다. 일상적 결정에만도 주어진 시간을 초과할 것이고, 각 결정에 대한 방어 논리는 (마치 와인을 두고 "선율적 품질", "훌륭한 향", "본질적 청량감"과 같은 개념을 빌리는 와인 전문가의 평가처럼)지나치게 현학적으로 보일 수 있다.

그러나 공적 결정은 사적 선택이나 개인적 행위보다 더 큰 명시성을 요구한다. 결정에 직접 참여하지 않은 타인들도 왜 (다른 것이 아닌)특정의 것이 선택되었는지를 정당하게 알고 싶어한다. 책임성 요구는 단지 집행 단계에만 적용되지 않고, 프로젝트나 프로그램을 선택하는 결정에도 적용된다. 따라서 공적 결정에서는 사적 결정보다 더 충실한 설명과 명시적 평가의 요구가 정당화될 수 있다.

여기서도 문제가 발생할 수 있다. 선스타인^{Cass Sunstein}이 말하는 "불완전하게 이론화된 합의"는 공적 결정에서 합의를 도출하는 데 매우 중요한 역할을 할 수 있다.[3] 어떤 공공 결정에 대한 합의는, 그 합의의 정확한 근거가 지나치게 명확하게 설명되지 않는 한, 오히려 원활히 이루어질 수 있다. 따라서 명시적 가치 평가는 사적 결정뿐 아니라 공적 결정에서도 문제를 야기할 수 있다.

그럼에도 명시성에 대한 요구는 여전히 타당하다. 그것이 설득력 있는 동의를 유도할 가능성을 열어 주고, 명확히 표현되면 광범위하게 거부되었을 결정

---

3) 선스타인, *Legal Reasoning and Political Conflict* (1996) 참조.

이 암묵적으로 강행되는 것을 막는 일종의 장벽 역할을 할 수 있어서다. 명시적 가치 평가에 대한 요구에는 실용적 우려들과 분석적 명료성 사이 여러 상충하는 문제가 얽혀 있지만, (옹호론적 미사여구가 아니라)분석 기법으로 판단할 때, 이 요구는 상당히 기본적인 장점이 있다. 또한 특정 정책 판단에 대한 다양한 근거들은, 정책 대안들에 대한 다소 상이한 순위들 간의 교차에 의존하는 일반적 접근법 안에서 충분히 수용될 수 있다(이는 4절에서 더 자세히 다룬다).[4]

B. 넓은 의미의 결과주의 평가

비용편익 분석의 두 번째 기초 원칙은 결과주의 평가의 사용과 관련 있다. 이 접근 방식에서 비용과 편익은 각각의 결정이 가져오는 결과를 살피면서 평가된다. 넓은 의미의 결과주의 평가는 공리주의자들이 주로 집중하는 행복이나 욕구 충족에 한정되지 않고, 특정 행위가 실제로 수행되었는지, 또는 특정 권리가 침해되었는지 등의 요소들까지 관련한 결과로 포괄할 수 있다. 일부는 이러한 포괄성을 거부한다. 결과주의적 사고는 오랫동안 공리주의 및 관련 접근들과 밀접하게 연관되었기에, 어떤 것이 결과로 간주될 수 있는지에 대해 매우 좁은 관점을 취하는 전통이 있다(이는 대체로 공리주의자들이 집중하려던 것과 일치한다).

그 결과, 많은 정치 이론가들은 결과주의를 이처럼 포괄적으로 이해하는 것에 반대한다. 예를 들어, 어떤 행위가 수행되었다는 사실은 그 행위의 결과로 간주될 수 없다는 주장이 제기된다. 그러나 이러한 주장을 피하려면 매우 순수한 이론가여야 한다. 어떤 행위가 실제로 수행되면, 다른 어떤 결과가 수반되었건 그렇지 않건 간에 그 행위 자체가 수행되었다는 사실은 지극히 기초적인 생각이기 때문이다(추측건대 그것을 부정하는 유일한 이유는, 이 명백한 사

---

4) 교차 부분 순서의 활용으로는 앞서 언급한 센(위 각주 2)과 센, *Employment, Technology and Development* (1975)을 볼 것.

실을 주장하면서 바보처럼 보이지 않게 말해야 할 어려움이다).[5]

　마찬가지로, (예컨대, 반체제 인사의 투옥과 같은)어떤 조치로 인해 승인된 권리가 침해되면, 이러한 조치가 해당 권리의 침해를 초래한다는 점을 인식하기는 그리 어려운 일이 아니다. "1976년은 인도 시민권에서 엄청난 고난의 해였다. 이른바 '비상 사태 기간' 시행된 정책들로 인해 많은 시민권 침해 사례가 발생했기 때문이다"는 진술을 이해하는 데 별도의 지적 난관이 있을 리 없다. 비상 사태 연장을 무력화시킨(그리고 그 비상 조치를 시행한 정부를 패퇴시킨)대다수 인도 유권자들은 결과주의 추론을 하지 않더라도 판단할 수 있었으리라. 실제로 권리와 자유에 대한 결과를 들여다보는 일은 (비록 일부 근대 정치 이론에서는 권리 기반 추론에 어긋난다고 주장하지만) 결코 새로운 시도는 아니다. 이는 페인Tom Paine의 『인간의 권리Rights of Man』나 울스턴크래프트Mary Wollstonecraft의 『여성의 권리 옹호The Vindication of the Rights of Women』(두 책 모두 1972년 출간)를 살펴보면 쉽게 확인할 수 있다.

　결과주의 평가를 폭넓게 받아들인다는 것이 곧 그 평가가 단정적이지 않음을 의미하지는 않는다. 그것은 결과와 무관하게 행위의 '옳음'을 근거로 결정을 내리는 입장과 씨름한다. 이 논쟁은 오래전부터 계속되었고 현재까지 활발히 이어지고 있다. (설령 그것이 가장 포괄적인 형태라도)결과주의 평가에 동의하지 않는 이들은, 결과가 판단을 이끌어서는 안 된다는 공통된 입장을 공유한다(이러한 관점에서는 '옳은' 행위란 결과와 무관하게 단지 자신의 '의무'로만 결정된다고 본다). 그러나 이들은 의무론적 관점에서 매우 상이한 실질적 입장을 취하는 경우가 많다. 예컨대, 간디는 결과와 무관하게 비폭력을 지켜야 한다는 의무론적 입장을 고수했는데, 이는 『바가바드기타Bhagavageeta』에서 크리슈나

---

5) 때때로 결과주의 추론과 양립 불가능하다고 여겨지는 행위자 관련 윤리에 관한 흥미로운 쟁점들이 있다. 그러나 다소 정교한 이러한 주장조차도, 행위자 독립적 상태에 대한 판단에서 출발해 행위자 상대적 행위 판단에 이르려는 약간은 분열된 시도를 거치지 않으면 받아들일 수 없다. 이처럼 암묵적 분열 상태를 지양하면, 결과주의 추론의 범위는 상태뿐 아니라 행위에 대한 평가에도 행위자 상대성을 허용할 수 있을 만큼 확장된다. 센, "Rights and Agency," *Philosophy & Public Affairs*, 11(3), 1982, 그리고 "Well-Being, Agency and Freedom: Dewey Lectures 1984," *Journal of Philosophy*, 82, 1985, 169쪽 참조.

Krishna가 서사시의 영웅적 주인공 아르주나^Arjuna에게 '정의의 전쟁'에 참전할 의무를 주장하는 상황과 본질적으로 충돌한다. 대전투를 앞두고, 아르주나는 싸우기를 거부한다. 그 이유는 양측 모두 수많은 사상자가 발생할 것이며, 그중 다수는 아르주나가 애정과 존경을 가진 사람들이고, 또한 자신이 (아군의 주력 전사로서)그들을 죽여야 한다는 사실 때문이다. 이에 크리슈나는 결과에 대한 판단과 무관하게 싸워야 할 의무를 아르주나에게 상기시킨다. 크리슈나의 관점에서 보면, 그것은 정당한 대의며, 전사이자 장군으로서 진영이 의지하던 아르주나는 자신의 의무에서 벗어날 도리가 없다.

크리슈나의 고도의 의무론은 이후 수천 년에 걸쳐 인도 내 도덕 논쟁에 깊은 영향을 끼쳤다. 그리고 이 입장은 엘리엇이 『네 개의 사중주』의 한 편의 시에서 인용하며 인상적으로 옹호된다. 엘리엇은 크리슈나의 관점을 다음과 같은 훈계 형식으로 요약했다. "행위의 열매를 생각하지 마라. 앞으로 나아가라." 그리고 덧붙인다. "잘 가라는 것이 아니라/앞으로 나아가라는 것이다, 여행자들이여."[6] 이에 반해 비용편익 분석은 우리에게 '단지 앞으로 나아가기'만이 아니라 '좋은 나아가기'를 추구해야 한다고 제안한다. 이때의 '좋음'은 권리와 의무의 침해가 포함하는 나쁨의 성격까지 (만약 그것들이 고려 대상에 포함되면)함께 감안해야 하며, 결정을 단순히 '결과와 무관하게 자신의 의무를 수행하는 것'으로 환원될 수 없다.

따라서 결과주의 평가라는 원칙은 분명한 비판력을 가진 일정한 요구 조건임이 명확하다. 나는 이 원칙이 충분히 설득력 있다고 생각하지만, 의무론자들은 이에 동의하지 않을 것이고, 의심의 여지 없이 이 접근을 거부할 강력한 이유들이 있다고 판단할 것이다(콩그립^William Congreve의 혼란스러운 표현을 빌리면, 세상은 "아주 이상하고 교양 있는 것들"로 가득 차 있다). 비용과 편익의 세계(여기에는 나쁜 행위나 자유와 권리의 침해가 가진 해악도 포함된다)는 결과와 무관한 의무와 책

---

6) 엘리엇(T. S. Eliot), *Four Quartets*(1944), 31쪽("The Dry Salvages"). 이 논쟁과 관련 쟁점들은 센, "Consequential Evaluation and Practical Reason," *Journal of Philosophy*, 97, 2000에서 다룬다.

임이라는 중압적 추론이 지배하는 세계와는 전혀 다른 의사 결정의 우주다.

C. 가산적 회계

비용편익 분석은 단지 비용과 편익에 근거해 결정을 내리는 데 그치지 않고, 편익에서 비용을 뺀 순편익의 가치를 구하고자 한다. 편익은 여러 종류가 있을 수 있고, 가능한 한 이를 적절한 가중치(또는 가중치의 범위)를 부여해 합산하려 한다. 반면, 비용은 포기된 편익으로 간주된다. 따라서 비용과 편익은 궁극적으로 동일한 '공간'에서 정의된다.

이러한 방식에는 가산적 형태가 암묵적으로 전제된다. 다양한 종류의 편익이 적절한 가중치를 가지고 더해질 때, 그 분석 틀은 분명히 덧셈 구조를 따른다. 이 점을 굳이 논의해야 하는지 의문이 들 수 있다. 왜냐하면 가산적 추론 방식에만 익숙해 있는 많은 사람에게 덧셈이야말로 다양한 편익과 비용을 결합하는 자연스러운 방식(어쩌면 유일한 방식)으로 느낄 수 있어서다. 그러나 곱셈 형태 또한 평가 문헌에서 사용된다(예컨대 내쉬는 그의 '협상 문제'에서 그러한 곱셈적 접근을 사용한 바 있다).[7] 이 외의 다른 형태 역시 가능하다.

실제로, 편익에 대해 양(+)의 반응을 보이고(따라서 비용에 대해서는 음(-)의 반응을 보이는) 오목 함수의 사용이 타당하다는 주장이 강력하게 제기된다. 이러한 함수는 상수 가중치와 선형 형식이 아닌 방식으로, 다양한 좋은 요소가 포함된 목적 함수의 형태로는 가장 개연성 있는 방식인 경우가 많고, (예컨대 이른바 쿤-터커 정리$^{\text{Kuhn-Tucker Theorem}}$의 사용을 통해)위치에 따라 달라지는 가중치와 그에 상응하는 자원의 그림자 가격(한계 가격)을 도출하는 데에도 활용된다.[8]

---

7) 내시 주니어(John F. Nash, Jr.), "The Bargaining Problem," *Econometrica*, 18, 1950, 155쪽 참조.

8) 다음을 참조하라. 쿤(H. W. Kuhn)과 터커(A. W. Tucker) 편, *Contributions to the Theory of Games*, 1, 2(1950, 1953). 카를린(Samuel Karlin), Mathematical Methods and Theory in Games, Programming and Economics, 1(1959). 비용편익 분석 일반과 그림자 가격 문제에서 선형 프로그래밍이 아닌 오목 프로그래밍의 관련성은 센, Choice of Techniques, 제3판(1968)에서 다룬다.

일반적으로, 우리는 여러 종류의 편익 사이의 한계 대체율이 감소하는 현상에 대응하는 의미에서 엄격한 오목성(또는 적어도 엄격한 준오목성)을 기대할 수 있고, 이러한 점에서 비용편익 분석의 가산적 형식은 신중한 접근이 필요하다.

이 문제를 다루는 한 가지 방법은, 비교적 한계 변화만을 분석 대상으로 제한하는 것이다. 이렇게 하면 가중치 변화가 크지 않게 유지될 수 있고, 분석 틀을 대략적으로 선형으로 유지할 수 있다(이 지점에서 일부는 테일러 정리 국소 근사local approximations를 참조할 수 있다). 그러나 실제로 많은 프로젝트는 상대적으로 규모가 크고, 특히 분배에 민감한 회계 처리에서는 편익이 매우 특정화되므로, 상황에 따라 쉽게 가중치 변화가 적용되어야 할 필요가 있다. 이 경우, 비용편익 분석의 가산적 형식을 유지하더라도, 편익 크기가 달라짐에 따라 가중치 역시 달라져야 한다는 점을 반드시 인식하고 반영할 필요가 있다. 이때 분석은 편익의 양과 그에 부여되는 가중치를 동시에 결정하는 방식으로 이루어져야 한다. 이 글은 여기서 더 나아가 기술적 세부 사항까지 들어가지는 않지만, 비용편익 분석이 채택하는 가산적 형식은 일정한 제약을 감수하는 대가로 선택한 것이며, 규모 있는 변화들을 고려할 때는 양과 가치의 동시적 추론이 요구된다는 점을 분명히 인식할 필요가 있다.

여러 전제들(명시적 가치 평가, 넓은 의미의 결과주의 추론, 가산적 회계 처리)을 모두 감안하더라도, 일반적 비용편익 분석은 여전히 매우 포괄적 접근 방식이다. 예를 들어, 이 방식은 지불 의사에 기반한 가중치와 양립할 수 있을 뿐 아니라, (설문지와 같은)전혀 다른 형태의 가치 평가 방식과도 양립 가능하다. 이러한 방식은 지불 의사 기반 체계를 보완하거나 대체할 수 있다.[9] 여기에는 (앞서 살펴본 제약들과 단서 조항들이 있음에도)매우 일반적 수준의 추론 방식이 담겨 있다. 따라서 이후로 더 구체적이고 특수한 절차들로 나아가기 전에, 비

---

9) 다음을 참조하라. 다스굽타, 마글린, 센, *Guidelines to Project Evaluation*(UNIDO를 위해 준비된 문서, 1972). 또한 앞서 언급한 센의 주석 8번을 볼 것. 리틀과 머를리스, *Manual of Industrial Project Analysis in Developing Countries*(1968). 레이어드(Richard Layard) 편, *Cost-Benefit Analysis*(1972). 센, *Employment, Technology and Development*(1975), 다스굽타와 힐(G. M. Heal), *Economic Theory and Exhaustible Resources*(1979).

용 편익 추론을 통해 결정을 내리는 일반적 접근 방식의 범용성과 적용가능성의 폭을 분명하게 인식해야 한다. 왜냐하면, 이 다음부터는 절차를 더 명확하고 특화된 형태로 만들기 위해 점점 더 제약적인 요구 조건들을 추가할 것이고, 이는 그만큼 이 일반적 접근 방식이 제공하던 폭넓은 자유도를 축소하는 대가를 수반하기 때문이다.

4. 구조적 요구 조건

A. 완비성 가정

통상의 방식으로 실행되는 비용편익 분석은 평가의 완비성이 전제되는 경향이 있다. 이는 단지 각 결과가 식별되고 알려져야 할 뿐 아니라(이는 곧 더 다룬다), 적절한 지점에서 부여되는 가중치가 결정적이며 유일할 것을 요구한다. 우리가 어떤 비용과 편익을 평가한다고 가정할 때, 가능한 모든 사태는 서로 비교 가능하며, 다른 모든 사태에 비해 명확하게 순위화되어야 한다는 전제를 별다른 논증 없이 암묵적으로 자주 받아들인다. 그러나 비용편익 분석에 비판적인 이들은 이러한 전제의 개연성이 매우 낮을 수 있음을 지적한다. 다양한 고려 요소가 존재하고, 그중 다수는 부정확한 측정과 모호한 가치 판단을 포함하는데, 그런 상황에서 우리는 정말로 모든 대안을 서로 비교할 수 있는가? 항상 최선의 대안을 찾을 수 있는가? 만약 일부 사태들을 서로 간에 순위화하지 못하면, 어떻게 되는가?

일부는 완비성을 결과주의 평가에 필수 요건으로 보지만, 실제로는 전혀 그렇지 않다. 결과주의 접근은 일반적 형태의 극대화 논리를 수반하지만, 극대화는 모든 대안이 상호 비교가능성을 요구하지 않고, 심지어 최선 대안의 식별가능성조차 요구하지 않는다. 극대화의 요구는 단 하나, 선택할 수 있는 다른 대안보다 더 나쁜 대안을 선택하지 않는 것뿐이다. 만약 두 대안이 비교되거나 순위화되지 않으면, 그중 어느 하나를 선택하더라도 극대화 요건은 완전히 충족된다.

극대화[maximization]라는 용어는 종종 수학적으로 엄밀하게 정의되지 않고, 상당히 느슨한 방식으로 사용된다. 때로 이 용어는 단순히 최선의 대안을 선택한다는 의미로 사용되는데, 이런 의미는 기술적으로 **최적화**[optimization]라는 말이 더 정확한 표현일 수 있다.[10] 집합론과 해석학의 기초 문헌들에서 정의된 (더 나은 대안이 존재하지 않는 선택지를 고르는 것으로서)극대화의 기술적 의미는, 쌍대 비교를 통해 체계적이고 설득력 있는 선택을 가능하게 하는 데 필요한 모든 요건을 충족한다. 만약 선호 순위가 완비적일 경우 극대화와 최적화가 일치하지만, 그렇지 않을 수도 있다. 예를 들어, 다음과 같은 경우를 생각하자. (1) 선택지 A와 B는 서로 비교되거나 순위화될 수 없다. 하지만 (2) A와 B는 다른 모든 대안들보다 우월하다. 이 경우, 극대화는 A 또는 B 중 하나의 선택을 요구한다.[11]

이 구분은 서로 간 순위를 매길 수 없는 두 건초 더미 앞에 있는 뷔리당의 당나귀라는 오래된 이야기로 설명할 수 있다.[12] 뷔뤼당의 당나귀는 열정적 최적화자이자 완비적 선호 순위에 대한 신봉자였으므로 어느 것도 명확히 '최선'임이 입증되지 않았다는 이유로 선택하지 못했고, 결국 굶어 죽고 말았다. 두 건초 더미를 순위화할 수 없었기에 굶주림에 이르렀지만, 물론 그중 어느

---

10) 이러한 요구 사항의 본질과 그 함의로는 센, *Collective Choice and Social Welfare*, 1장, North-Holland, 1979(초판 1970)) 참조.

11) 이는 실제로 수학 문헌에서 극대성이 정의되는 방식과 동일하다. 예컨대, 순수 집합론에서는 부르바키(N. Bourbaki)의 *Éléments de Mathématique*(1939)와 그 영문판인 *Theory of Sets*(1968)에서, 그리고 공리적 경제학 분석에서는 드브뢰(Gérard Debreu)의 *Theory of Value*(1959) 모두에서 그러하다. 극대성과 최적성 간의 공리적 연관성은 센의 논문 "Maximization and the Act of Choice," *Econometrica*, 65, 745쪽, 1997년(이 책의 4장)에서 다룬다.

12) 뷔리당의 당나귀 이야기에는 보다 대중적이지만 덜 흥미로운 버전이 있다. 이에 따르면, 당나귀는 두 건초 더미 사이에 대해 무차별했기 때문에 어느 쪽을 선택할지 결정하지 못했다고 한다. 그러나 만약 당나귀가 실제로 무차별했다면, 두 건초 더미 중 어느 쪽이건 서로 동일하게 좋았을 것이고, 단호하게 최적화를 추구하는 당나귀조차 딜레마에 빠지지는 않았을 것이다.

하나라도 선택했으면 굶주림보다 나은 결과를 가져왔을 것이다. 비록 당나귀가 두 건초 더미를 순위화하지 못하더라도, 그중 어느 하나라도 선택하는 것이 (비용 편익 관점에서 볼 때도)의미 있는 행동이었다. 비용편익 분석은 극대화를 필요로 하지만, 반드시 완비성이나 최적화를 요구하지 않는다.

어떤 특정한 비용편익 분석이 완비된 선호 순위와 명확한 최적의 결과(또는 최적의 결과 집합)로 귀결되면, 그것은 물론 바람직하고 좋은 일이다. 하지만 그런 결과가 나오지 않고, 가치 평가상 순위가 불완전한 경우, 그 불완전한 순위에 기초한 극대화가 자연스러운 접근 방식이다. 이 경우, 상호 비교 불가능한 여러 개의 극대 해가 도출될 수 있고, 그중 하나를 선택하는 것이 타당하다. 가치 평가가 가중치 범위의 형태로 주어지면, 민감도 분석을 통해 변동 범위를 축소시켰을 때 그에 따라 생성되는 부분 순위의 확장 효과를 분석할 수 있다.[13] 평가의 불확실성 정도는 선택 분석 속에 반영될 수 있고, 선택 결과는 가치 평가의 모호성과 체계적으로 연결될 수 있다.

그러나 문헌에서는 때때로 완비성이 강하게 요구되며, 이는 흔히 독단적 가치 판단이나 변덕스러운 인식적 추정에 기반한 자의적 순위 보완으로 이어진다. 그 결과, (그것들이 매우 중요한 것일 수 있음에도)정확하게 측정되지 않거나 명확한 합의가 이루어지지 않은 결과가 종종 간과되고는 한다. 이는 (우리가 반드시 정확한 가중치를 특정하지 않아도)허용 가능한 가중치의 전체 범위만으로도 충분히 그 중요성이 분명할 수 있는 요소들이다. 이른바 인간적 비용이 무시되는 현상은 완전한 순위를 강요하는 이 전제적 접근 방식과 부분적으로 관련 있다. 이 경우들은, 기술 분석에서 조금만 더 정교함을 발휘하면, 일부 기술 관료들이 너무 복잡하다고 여겨 배제하는 변수들까지도 충분히 포함할 수 있는 여지를 보여 준다.

---

13) 이러한 기술적 연관성은 앞서 언급한 센의 저서 *Collective Choice and Social Welfare*, 7장과 7*에서 다룬다. 또한 센, "Interpersonal Aggregation and Partial Comparability," *Econometrica*, 38, 1970, 393쪽과 앞서 언급한 *Employment, Technology and Development*에서도 다룬다. 이와 더불어 최근에는 '퍼지 집합'과 '퍼지 가치 평가'의 활용에 관한 문헌을 참고할 만하다.

B. 완전한 지식 또는 확률적 이해

결과에 대한 완전한 지식이라는 전제는, 명확하고 결정적인 가치 가중치가 완전히 주어진다는 가정과 유사하다. 관련하여, 인식론적 불확실성의 원천과 그것이 초래하는 광범위한 영향에 대한 검토가 중요하다. 이와 못지않게 (평가 가중치의 경우처럼)사실 변수들 값의 범위를 고려할 필요도 있다. 이러한 범위 설정은 수학적으로, (각 값의 범위 내에서 가능한 모든 전체 순위의 교집합을 기반으로)대안들 간의 부분 순위를 도출한다.[14] 다시 말해, 극대화의 틀은, 최적화에 대한 통상적인 고집을 넘는 훨씬 넓은 적용가능성이 있다.

문제를 회피하기 위한 방식으로, 흔히 확률 가중치를 부여한 기댓값 기반 평가의 사용이 가능하다고 가정되곤 한다. 실제로 이 방식은 많은 경우에 꽤 잘 작동할 수 있다. 그러나 이 접근이 설득력을 가지려면, 확률 가중치 선택 자체에 대한 정당화가 필요하고, 동시에 기댓값 추론이라는 공리론적이고 엄격한 분석 틀도 정당화되어야 한다. 이 문제는 다른 곳에서 폭넓게 다루었기에, 여기서는 더 언급하지 않는다.[15] 부분 순위와 극대화의 사용은 경우에 따라 확률 분포와 기댓값 최적화라는 도구로 보완될 수 있지만, 이러한 확장에는 실질적 대가가 필요할 수 있다.

완전한 지식의 가정을 두거나, 비교적 덜 엄격한(하지만 여전히 높은 수준의 전제가 요구되는)기댓값 추론 적용의 유용성은 의심의 여지가 없다. 그러나 문제는, 이러한 전제들 때문에 실질적으로 중요한 의사 결정상의 고려 사항들이 무시될 수 있는가다. 나는 이 질문의 중요성을 강조하고 싶지만, 여기서 더 이상의 논의는 확장하지 않겠다.

---

14) 이러한 변화가 실제에 미치는 영향은 앞서 언급한 *Employment, Technology and Development*과 센의 *Resources, Values and Development* 중 제12, 14, 17장에서 다룬다.

15) 다음을 참조하라. 마치나(Mark J. Machina), "'Rational' Decision Making versus 'Rational' Decision Modelling?" *Journal of Mathematical Psychology*, 24, 1981, 163쪽. 카너먼, 슬로빅, 트버스키, *Judgement under Uncertainty: Heuristics and Biases*(1982) 등 참조. 관련 논점은 센의 "Rationality and Uncertainty," *Theory and Decision*, 18, 1985, 109쪽(이 책의 6장)에서 다룬다.

C. 비반복적 그리고 비모수적 평가들

우리가 내리는 가치 판단은 다양한 형태를 취할 수 있다. 관련한 하나의 구분은, 어떤 판단이 기본적인지 여부다. 기본 판단이란 (그 판단 자체의 주제에 포함된 사실적 전제 외에는)어떠한 기저 사실에도 의존하지 않는, 말 그대로 기생적이지 않은 판단이다. 반면, 비기본적 판단은 어떤 사실에 대한 전제에 기초하여 이루어지는데, 이러한 전제들은 종종 암묵적 방식으로 전제되며, 따라서 새로운 지식이 생기면 수정될 여지가 있다(심지어는 그러한 비기본적 판단 자체를 적용한 결과로부터 도출되는 정보에 의해서도 수정 가능하다).[16]

비기본적 판단, 예컨대 가치 가중치와 관련된 판단을 다룰 때는, 그러한 가중치에 전제된 함의가 더 분명하게 드러나거나 이해될수록 가치적 우선순위가 변할 수 있음을 인식해야 한다. 예를 들어, 하나의 가치 집합을 다른 집합 대신 선택했을 때 생기는 함의를 충분히 인지하지 못한 상태에서 판단을 내릴 수 있고, 그러한 함의는 그 집합을 실제로 사용해 본 결과를 통해 비로소 명확할 수 있다. 이러한 점은 가치 평가를 반복적으로 수행하는 과정의 필요성을 시사한다. 예를 들어, 매개변수 계획법 같은 절차를 통해 이뤄질 수 있다. 가중치를 고정된 값으로 간주하기보다는 잠정적 값으로 제시하고, 그것들을 사용한 결과가 드러남에 따라 언제든 수정 가능한 상태로 유지하는 것이 더 적절하다. 이렇게 하면 일방향적 평가 과정 대신, 잠정적 가치를 설정하고, 그 가치를 적용한 결과를 확인한 뒤, 그 결과에 비추어 가중치를 다시 검토하는 순환적 과정으로 나아갈 수 있다.

어떤 경우는 전체 사건의 평가보다 편익 목록에 포함된 개별 요소들에 대한 가치 판단이 더 명확할 수 있다. 그러나 다른 경우는, 우리가 고려할 수 있는 가치 기준에 비추어 전체 평가가 오히려 더 직접적으로 와 닿을 수 있다. 이러

---

16) '기본적 판단'과 '비기본적 판단'의 구분은 앞서 언급한 센의 책(1970) 5장에서 다룬다.

한 두 종류의 판단에 대한 예시는, 환경 개입에 적용된 조건부 가치 측정에 관한 최근 문헌에서 쉽게 찾아볼 수 있다.[17] 비용편익 분석 형식은 반복적 가치 평가와 매개변수 기법을 허용하지만, 주류적 응용에서는 여전히 일방향적 접근이 일관되게 유지된다. 가중치의 반복적 결정 과정 생략이 관행적으로는 편리할 수 있으나, 기초적 가치 평가와 그것들의 통합적 효과 사이에 작용하는 양방향적 영향의 실질적 중요성과 그 편의성 사이에는 균형이 필요하다.

5. 평가상의 무차별성

A. 행위, 동기, 그리고 권리에 대한 비평가적 태도

앞서 넓은 의미의 결과주의 평가를 논의하는 맥락에서, 행위의 성격, 그리고 승인된 권리의 충족과 침해를 고려하는 결과주의 추론의 포괄성은 이미 언급할 기회가 있었다. 동기 또한 평가에 포함될 수 있고, 이는 특히 공공 선택보다는 개인의 결정에서 더 중요하게 작용한다.[18]

주류적인 비용편익 분석에서 이러한 요소를 무시하는 것은, 공적 결정의 윤리 분석이 지닐 수 있는 범위를 축소하는 결과를 초래한다. 인권에 관한 문헌은, 이와 같은 고려 사항들이 사람들이 중요하다고 여기는 가치들과 얼마나 밀접하게(또한 얼마나 강하게) 연관되는지를 잘 보여 준다. 이러한 고려 사항들은, 사람들이 이를 시장 가격에 기반한 평가 등으로 제한된 비용편익 분석 모델 안에서 표현할 수 있는 기회가 없을지라도, 비용편익 평가에 잠재적

---

17) 이 주제로는 다음과 같은 다수 저서를 참조할 수 있다. *Contingent Valuation: A Critical Assessment*(하우스만(Jerry A. Hausman) 편, 1993). 카너먼과 크네츠, "Contingent Valuation and the Value of Public Goods," *Journal of Environmental Economics and Management*, 22, 1992, 90쪽. 하네만, "Valuing the Environment through Contingent Valuation," *Journal of Economic Perspectives*, 8, 1994년 가을호, 19쪽.

18) 센의 *On Ethics and Economics*(1970) 참조.

으로 유의미한 요소로 남아 있다.

B. 자유의 내재적 가치에 대한 무관심

사람들이 누리는 자유에 대한 무시는 권리에 대한 무시만큼 심각한 제약이다. 실제로, 승인된 권리는 종종 당사자의 자유나 권리 실현을 위해 타인의 협력을(또는 지원까지도) 요구하는 청구의 형태를 띤다. 이러한 권리는 특정 개인이나 기관에 부과되는 명확하게 규정된 완전한 의무의 형태일 수도 있고, 혹은 많은 인권 요구처럼, 일반적으로 도움을 줄 수 있는 위치에 있는 개인이나 기관에게 부과되는 불완전한 의무의 형태일 수도 있다.[19]

결과주의적 비용편익 분석은 사람들이 실제로 가지는 실질적 자유를 고려할 수도 있다(형식적으로 이는 단순히 선택된 대안들만이 아니라 선택지 집합 전체에 대한 가치 평가를 요구한다). 이는 중요한 구분일 수 있다. 예를 들어, 어떤 사람이 (비자발적 굶주림이 아니라)자발적으로 단식하는 경우, 그는 먹는 선택지를 거부하지만, 먹을 수 있는 선택지 자체가 제거되면 그 선택의 자발성은 무의미하다. 단식은 본질적으로 스스로 굶기를 선택하는 행위고, 먹는 선택지의 제거는 그 단식에 수반된 '희생'이 지닌 의미가 성립되는 선택의 기회를 박탈한다.

(단지 궁극적 결과만을 고려하는 것과 대조적으로, 과정의 고려와 자유의 행사를 포함한)포괄적 결과에 기반한 결과주의 분석의 정당성은, 이 질문 및 결과주의 추론의 광범위한 적용가능성과 밀접한 관련이 있다.[20] 주류적인 비용편익 분

---

19) '완전한' 의무와 '불완전한' 의무 모두 칸트적 개념이다. 그러나 근대의 칸트주의자들은 전자(완전한 의무)에 훨씬 초점을 맞추는 경향이 있다. 인간의 권리가 제대로 된 어떤 종류의 '권리'가 아닐 수도 있다는 견해는, 권리는 반드시 완전한 의무에 의해 뒷받침되어야 하고, 단지 불완전하고 보다 일반적인 타인의 의무와 연결되는 것만으로는 충분하지 않다는 생각과 관련이 있는 듯하다. 오닐(Onora O'Neill)의 *Towards Justice and Virtue*(1996) 참조. 반대의 입장은 센의 *Development as Freedom* 10장에서 옹호되며, 위 각주 6의 글에서도 다룬다.

20) 센의 다음 글을 참조할 것. "Internal Consistency of Choice," *Econometrica*, 61, 1993, 495쪽(이 책의 3장). "Maximization and the Act of Choice," *Econometrica*, 65, 1997, 745쪽(이 책의 4장), 그리고 "Freedom and Social Choice," 애로우 강의(이 책의 20~22장).

석의 제한된 형식이 자유의 중요성을 무시할 때 이는 분명한 제약이며, 보다 일반적인 결과주의 접근 방식과 충분히 뚜렷하게 대비된다. 반면, 이러한 무시에 관행적 편의가 따르는 것도 분명하게 볼 수 있다. 어떤 방식이 실행되어야 하는지(보다 포괄적이지만 더 어려운 접근을 택할지, 그 반대를 택할지)에 대한 우리의 명확한 합의가 반드시 중요하지는 않더라도, 이 논쟁의 쟁점이 무엇인지를 분명하게 인식할 필요성은 상당히 크다(그리고 실제로, 이러한 논쟁이 있다는 사실 자체를 인식하는 것도 중요하다. 주류적 방법론의 제한된 형태를 지지하는 많은 이들은 이 논쟁의 존재조차 인정하는 데 주저하는 것 같다).

C. 행위 가치에 대한 수단적 관점

가치는 우리 행동에 영향을 미치고, 공공 프로젝트의 결과를 평가할 때 가치적 전제는 통상적으로 전제된다. 그러나 동시에, 특히 문화적 도전을 수반하거나 (예컨대, 농촌에서 도시로의 이동처럼)사람들이 한 문화적 환경에서 다른 환경으로 이동을 수반하는 대규모 프로젝트는 가치관의 변화를 초래할 가능성이 크다.[21] 이로 인한 가치 변화는 어떻게 평가되어야 하는가, 그리고 특히 어떤 가치 기준(변화 이전의 가치인지, 변화 이후의 가치인지)에 따라 평가가 이루어져야 하는가에 대한 중대한 문제가 제기된다.

이 문제는 매우 복잡하지만, 일부 사회 분석가들로부터 주목을 받아 왔다.[22] 관련해 내가 제시할 만한 훌륭한 해법이 있지는 않아도, 어떤 중대한 문제가 (단지 우리가 그것을 다루는 방법을 모른다는 이유만으로)간과되면, 그 간과 자체는 지적되어 마땅하다. 그것이 설령 우리가 옹호하는 결정이 의심할 여

---

21) 그러나 가치를 구성하는 요인의 모수적 변화로 인해 상대적 중요도의 변화가 나타나는 경우와, 가치 자체가 진정으로 변화하는 경우는 구별해야 한다. 베커의 *Economic Approach to Human Behavior*(1976) 및 *Accounting for Tastes*(1996) 참조.

22) 예컨대 엘스터의 *Ulysses and the Sirens: Studies in Rationality and Irrationality*(1979) 및 *Sour Grapes: Studies in the Subversion of Rationality*(1983) 참조.

지 없이 탁월하다고 고집할 때보다 겸양적 사고를 갖게 하더라도, 우리의 의사 결정 분석에 상당히 관련성이 있는 요소로 드러날 가능성도 있다.

6. 시장 중심적 가치 평가

A. 지불 의사에 대한 의존

주류 비용편익 분석에서 가치 평가의 주요 수단은 지불 의사의 활용이다. 이 접근은 당연히 시장 가치 평가라는 학문적 정당성에 기반을 둔다. 실제로, 시장 유비market analogy에 기반한 가치 평가는 시장 배분 체계 자체가 지닌 몇 가지 장점을 공유하며, 여기에는 개인 선호에 대한 민감성 및 상대적 가중치의 처리 용이성 등을 포함한다.

이 접근법의 근본적 한계로 시장 신호에 의한 경험들이 포함된다.

그러나 이 접근에는, 시장 신호에서 나타나는 제약들과 유사한 기본적인 한계가 있다. 예를 들어, 분배 문제가 다음 두 방식, 즉 (1) 모든 사람의 화폐 단위에 동일한 가중치를 부여하는 점에서(당사자가 빈곤한지 부유한지와 무관하게), (2) 프로젝트나 프로그램으로 인해 발생하는 분배 변화에 아무런 가중치를 부여하지 않는다(이는 비록 시민들이 긍정적 혹은 부정적으로 평가할 수 있는 변화일지라도, 시장 체계 내에서는 사적 재화로서의 가치 평가 대상이 아니므로 평가에 포함되지 않는다)는 점에서 모두 간과된다.[23] 또한 상호 의존성과 외부 효과가 존재하는 경우에는 신호 전달의 어려움도 발생한다.

(1) 실제 시장 체계와 (2) 시장 유비 기반 가치 평가가 공유하는 문제 외에도, 후자, 즉 시장 유비의 가치 평가에는 추가의 문제들이 있다. 이러한 문제

---

23) 가중치는 때때로 실제적이고 즉각적인 결과에 따라 직접 해석되기보다는, 어떤 형태의 보상 기준에 반영된 것처럼 그것들의 잠재적 사용가능성에 따라 해석되기도 한다. 이러한 해석 방식은 다음 절(6B절)에서 다룬다.

는 특히 공공재에 적용된다. 공공재의 경우, 시장 유비 기반 가치 평가가 자주 활용되었다. 그러나 사람들이 실제로 얼마를 지불할 의사가 있는지를 드러내기란, 그 질문에 실제 지불 요구가 따르지 않는 한 그다지 쉽지 않다. 그리고 만약 실제 지불이 뒤따르는 경우, 진략적 고려로 인해 현시된 지불 의사가 여러 이유에서 왜곡될 수 있는데, 이 중 가장 잘 알려진 예가 무임승차다. 물론 이러한 문제를 해결하기 위한 인센티브 적합성 기법들이 제안되지만, 보편적이고 확실한 방법이 등장하지는 않았다.

환경의 귀중한 요소가 지닌 존재 가치에 대한 조건부 가치 측정은, 비용편익 분석에서 핵심적으로 중요하지만, 이 경우 지불 의사의 추정은 특히 어렵다. 조건부 가치 측정(CV) 절차는, 어떤 특정 대상의 손실을 막기 위해 사람들이 얼마를 지불할 의향이 있는지를 가설적 질문을 통해 묻는 형식으로 구성된다.[24] 법적 맥락에서, 예컨대 기름 유출 등으로 인한 피해를 다룰 때, 조건부 가치 측정 접근은 (1) 해당 사건에 따른 실제 손실의 측정 수단으로, (2) 그 사건을 초래한 당사자의 과실(또는 더 나쁜 행위)의 책임 정도를 보여 주는 지표로 사용되곤 한다.

하지만 실험적으로 구성된 상황에서 CV 절차를 실제로 적용한 결과는, 종종 통상적인 합리적 선택 이론과 어긋나는 결과를 보여 준다.[25] 대표적인 문제 중 하나는 '포섭 효과embedding effect'로 알려진 현상이다. 이는 다음과 같은 실험 결과로 예시된다. 2,000마리 철새의 죽음을 막는 데 드는 평균 지불 의사가, 2만 마리 또는 20만 마리의 철새를 보호하는 데 대한 지불 의사와 거의 같게 나타난다.[26] 만약 이 철새들이 멸종 위기종이면, 이 선택지는 보다 일관

---

24) 이 질문은 손실에 대한 보상으로 얼마를 받아들일 것인가의 형태로도 제기될 수 있다. 이는 손실을 방지하기 위해 지불할 의향이 있는 금액보다, '힉스식' 이유에 따라 일반적으로 더 클 것으로 예상된다. 그러나 이 두 질문에 대한 응답 간의 실제 차이가 너무 커서, 단순히 이러한 이론적 이유로만 쉽게 설명하기 어렵다.

25) 예컨대 카너먼과 크네치의 연구를 볼 것(앞서 17번 주석 참고).

26) 드부지(William H. Desvousge) 외, "Measuring Natural Resource Damages with Contingent Valuation: Tests of Validity and Reliability"(하우스먼 편, 앞서의 각주 17번) 참조.

되게 해석될 수 있다. 왜냐하면 각 선택지에는 그 종의 지속이라는 '가치 있는' 요소가 포함되었다고 볼 수 있어서다(그 선택에 참여한 사람들은 아마도 그 종의 지속성 외에는 아무것도 가치 있다고 여기지 않았을 가능성도 있다). 그러나 이 경우 해당 철새들은 멸종 위기종이 아니었다. 어떤 선택이 일관된 것인지, 또는 비합리적인 것인지 판단하는 일은, 선택자들이 문제를 어떻게 이해하며, 달성하려는 것이 무엇인지를 보다 구체적으로 들여다보지 않고서는 어렵다.[27] 나는 이 질문을, 시장 유비 평가와 대비되는 사회적 선택 정식화의 요건을 논의하는 맥락에서 다시 다룰 것이다.

B. 잠재적 보상의 충분성

지불 의사의 총합은, 일부 사람들이 겪을 수 있는 손실에 대한 보상을 포함한 재분배의 잠재적 가능성이라는 관점에서 해석될 수 있다. 특정한 전제를 둔다면, 이러한 보상 중심 해석은 어느 정도 타당하다. 그러나 문제는, 실제로 이루어지는 결과가 아니라, 실행될 수도 있고 되지 않을 수도 있는 잠재적 보상가능성에 기반한 윤리적 추론이 과연 얼마나 적절하고 설득력이 있는가다.

사회 후생을 읽어 내는 데 보상 논리를 사용하는 방식에는 실질적인 동기적 긴장이 존재한다. 만약 보상이 실제로 지급되면, 더 이상 보상 기준이 필요하지 않다. 왜냐하면 그 경우 실제 결과는 이미 보상이 반영된 상태며, 따라서 별도의 보상 기준 없이도 판단될 수 있기 때문이다(예를 들어, 칼도-힉스 Kaldor-Hicks 기준의 경우, 보상이 실제로 지급된 이후의 결과는 단순한 파레토 개선의 사례다). 반대로, 보상이 지급되지 않으면, 그것이 사회적 개선이라고 말할 수 있는 근거가 무엇인지 불분명하다("괜찮아요, 패배자 여러분. 우리는 여러분을 완전하게 보상할 수 있어요. 물론 실제로 보상해 줄 의사는 전혀 없지만요. 어차피 그건

---

27) 센의 "Internal Consistency of Choice"(이 책 3장)과 "Environmental Evaluation and Social Choice: Contingent Valuation and the Market Analogy," *Japanese Economic Review*, 46, 1995, 23쪽(이 책의 18장) 참조.

단지 분배상의 차이일 뿐이에요"). 이처럼 보상 기준은 실제로는 불필요하거나, 혹은 설득력을 갖기 어렵다.[28]

보상 기준으로부터 비용편익 분석이 찾고 싶은 도움은, 그 논거가 그리 설득력 있지 않다. 그렇다고 (보상 논리를 이상하게 적용하는 경우를 제외하면)지불 의사라는 접근 방식의 장점이 사라지는 것은 아니다. 효율성 요건이 어떻게 규정되든 개인 선호의 민감성은 반드시 요구되며, 이 점에서 지불 의사는 일정한 역할이 있다. 예를 들어 외부성이 없는 상황에서 한 사람이 A보다 B에 훨씬 많은 돈을 기꺼이 지불하고자 하면, 그 사람에게 A 대신 B를 주는 것이 가능할 때 A를 주면 손실이 야기되는 셈이다. 이는 (이 경우 파레토 기준만으로 충분하므로)분배 문제를 따로 고려하지 않아도 인정할 수 있는 사실이며, 그러한 개별 하위 선택은 일반적으로 더 큰 선택 구조 속에 포함되고, 그 구조는 분배적 고려까지 포괄한다.[29] 따라서 지불 의사에 포함된 정보는 효율성과 관련된 의미를 갖는다. 이는 비록, 보상 기준이라는 오래된 절차를 통해 끌어 낸 형식적인 분배적 결론이 매우 취약하더라도 그렇다. 작은 은혜에 불평할 필요는 없지만, 그것을 큰 성취처럼 과장할 필요도 없다.

C. 사회적 선택 옵션들에 대한 무시

시장 중심의 가치 평가가 공공재, 특히 환경 보전과 존재 가치와 같은 공공 재에 대해 사람들이 실제로 얼마를 지불할 의향이 있는지를 해석할 때 모호 하다는 점은 앞서 다루었다. 이 맥락에서, 조건부 가치 평가 절차가 어떤 종 류의 사회적 선택 해석을 전제로 하는지를 질문해야 한다.[30] 조건부 가치 평

---

28) 센의 "The Welfare Basis of Real Income Comparisons," *Journal of Economic Literature*, 17, 1979, 1쪽 참조. 이는 앞의 각주 14번에서 언급한 센의 Resources, Values and Development에도 재수록되었다.

29) 센의 "Real National Income," *Review of Economic Studies*, 43, 1976, 19쪽. 이 글은 이후 *Choice, Welfare and Measurement*(하버드대학교 출판부, 1997년 재간행, 초판 1982년)에 재수록되었다.

30) 아래 이어질 내용은 Sen, "Environmental Evaluation and Social Choice"(이 책 18장)을 바탕으로 한다.

가의 철학은 환경재를 본질적으로 우리가 구매하고 소비하는 일반적인 사적 재화처럼 간주하는 데에 있는 듯하다. 이와 같은 평가에서 표현되는 가치는 (이것이 핵심인데)이 환경 혜택을 나 혼자 달성하는 데에 따른 가치다. 예를 들어, 엑손 발데즈 유조선 참사로 희생된 모든 생명체를 구하기 위해 얼마를 지불할 의향이 있는지를 묻는 질문에 내가 20달러라고 응답했다고 하자. CV 해석에서는 내가 지불한 20달러로 이 모든 손실이 완전히 제거될 수 있다면, 나는 선뜻 그렇게 지불하겠다는 의미로 간주한다. 그러나 (실제로 엑손 발데즈 재난이 초래한 결과를 어느 정도 알고 있는)실천적 사람이면, 이 질문과 답변을 진지하게 받아들이기 어려울 것이다(실제로 내가 내 20달러만으로 재난이 남긴 참상을 해결할 수 있다고 진심으로 믿으면, 내가 생각하는 바에 어떤 중요성을 부여할 이유는 없다).

애로우가 『사회적 선택과 개인적 가치^{Social Choice and Individual Values}』에서 정식화한 '무관 대안으로부터의 독립 조건'은, 관련 대안들(즉 실제 선택 가능 집합 안에 있는 대안 상태들) 사이에서 선택을 할 때, 무관 대안(즉 기회 집합에 속하지 않는 대안)들에 대한 우리의 평가가 사회적 선택에 영향을 주어서는 안 된다고 말한다.[31] 내가 20달러를 지불하고 엑손 발데즈 유출 사고로 인한 모든 피해가 사라지는 상태는, 현실적으로 실현 불가능하기에 명백히 관련 대안이 아니며, 따라서 선택을 위해 고려되어야 할 실제 가능한 대안들과 무관하다. 그럼에도 그런 무관 대안에 대한 평가가 실제 (선택과 관련된)대안들 사이에서의 선택에서 중심이다.

환경 피해 방지 문제를 내 사적 재화 구입과 똑같이 다룬다는 발상 자체가 전적으로 부조리하다. 내가 치약 구매를 위해 기꺼이 지불할 의향의 금액은, 일반적으로 당신이 당신의 치약 구매를 위해 지불하는 금액에 의해 영향을 받지 않는다. 그러나 환경 보존을 위해 내가 지불할 준비가 된 금액이 다른

---

31) 애로우, *Social Choice and Individual Values*(1951).

사람들이 그것을 위해 얼마를 지불할 의향이 있는지와 전적으로 무관하면, 이것이야말로 정말 놀라운 일이다. 왜냐하면 이 문제는 본질적으로 사회적 관심사기 때문이다.(CV 평가의 해석에서 중심 역할을 하는)환경 평가에서의 '고독한 영웅' 모델은 현재 다루는 문제의 본질을 혼란스럽게 한다. 우리는 사회 상태들을 보다 충실하게 묘사하는 설문 조사와 같은, 다른 정보 수집 방법을 통해 도출된 평가를 사용할 수밖에 없는 상황을 피할 수 없다.

일부 사람들은, 상당히 설득력 있는 논거를 들어, 비록 CV 설문지에서의 형식적 질문은 각자가 그 자연 일부를 보존하기 위해 혼자서 얼마나 지불할 의향이 있는지를 묻지만, 그 응답은 결과를 달성하기 위한 공동의 노력에 자신이 얼마를 기여할 것인지 묻는 질문을 받은 것처럼 해석해야 한다고 주장한다.[32] 실제로, 실제 제시된 질문보다 이러한 이른바 '사실상의' 질문에 진지하게 응답하기가 훨씬 덜 억지스러운 가정의 유보를 요구한다. 그러나 이는 또 다른 어려움을 야기한다. 내가 기꺼이 기여하려는 금액은, 그 과업의 성격상, 내가 다른 사람들이 얼마나 기여할 것으로 예상하는지에 따라 달라질 수밖에 없다. 이는 서로 다른 방향으로 영향을 줄 수 있다. 다른 사람들도 기여하면 나 역시 무언가 기여할 의향이 생길 수 있는데, 이는 '보증 게임'의 한 형태다.[33] 반면, 다른 사람들이 어차피 많은 기여를 해서 내 자신의 희생이 사회적 목표에 큰 영향을 미치지 못할 것으로 느끼면, 나는 무언가를 할 필요성을 덜 절감할 수도 있다(이것이 무임승차로 향하는 하나의 경로다). CV의 '고독한 영웅' 모델은 엄밀히 명시되어 있더라도 믿기 어렵고, 기여 모델은 믿을 수는 있지만 심각하리만치 불충분하게 명시된다.[34]

---

32) 예컨대 카너먼 외, "Stated Willingness to Pay for Public Goods: A Psychological Perspective," *Psychological Science*, 4, 1993, 310쪽 참조.

33) 보증 게임에 대해서는 센, "Isolation, Assurance and the Social Rate of Discount," *Q. J. Econ.*, 81, 1967, 112쪽, 그리고 디턴과 뮐바우어의 *Economics and Consumer Behaviour*(1980) 참조.

34) '존재 가치'에 대한 지불 의사를 활용할 때, 추가적인 어려움이 따른다. 위협받는 대상의 지속적 존재를 성취하기 위해 어떤 사람이 일정 금액을 지불하려는 이유를 어떻게 해석할 것인지의 문제가 있기 때문이다. 에릭 포스너가 내게 지적하듯, 제안된 지불이 개인의 기대 이익이 아니라 '책무' 즉, 위협받는 대상의 존속을 이루려는 그녀 자신의 책무감에서 비

이 가치 평가의 문제를 해석하는 데 사회적 선택 접근을 보다 잘 활용하려면 어떻게 해야 할까?[35] 하나의 필수 조건은, 사회적 선택이 이루어져야 할 실제 대안 상태들을 개인들이 고려하도록 만드는 일이다. 적절히 고안된 설문지는 이것을 쉽게 달성할 수 있다. 바로 이 지점에서 시장 유비는 특히 오해를 불러일으킨다. 왜냐하면 시장은 개인들에게 선택해야 할 명시된 사회 상태들을 제공하지 않아서다. 주어진 가격에 따라 나는 내 재화 꾸러미를 고르고, 너는 너의 것을 고른다. 우리 둘 다 다른 사람의 입장을 고려할 필요가 없다. 많은 문제에서 이런 방식이 매우 잘 작동하지만, 환경 평가에는 해당되지 않는다. 사람들이 무엇을 해야 하는지에 대한 견해를 얻으려면, 실제 대안이 무엇인지, 다른 사람들이 무엇을 할 것인지를 명확히 설명해야 한다. 이것은 시장 가치 평가의 언어가 아니고, 그 인식적 탐구의 일부도 아니다. 이는 수행되어야 할 특정 행동 제안들에 대한 명시를 요구하며, 여기에는 (그들이 기여할 부분을 포함하여)타인의 행동도 설명해야 한다. 사회 상태의 평가는 표준적 사회 선택 분석의 일부지만, 시장 가치 평가 분석의 일부는 아니다. 시장 유비는 이 경우 특히 오해를 불러일으키기 쉬운데, 그 이유는 사회적 대안을 다루지 않아서다.

7. 맺으며

결론적으로, 비용편익 분석은 매우 일반적 학문 분과로서, 특정한 방법이 아니라 하나의 접근 방식을 정립하는 몇 가지 기본 요구 사항(여기서는 이를 근본 원칙들 형태로 제시한다)을 가진다. 이러한 기본적인 요구들조차도, (명시적

롯한다면, 지불을 약속한 모든 이들의 지불 의사를 합산한 총액을 그들이 받는 총편익으로 해석하는 논리는 쉽게 성립하지 않는다.

35) 센, "Environmental Evaluation and Social Choice"(이 책의 18장) 참조. 또한 애로우, 센, 스즈무라 편 *Social Choice Re-examined*(1997)에 수록된 논문들을 볼 것.

표현보다는)묵시적 가치 평가를 선호하거나, (폭넓은 결과 중심 평가보다는)순수한 의무론적 원칙의 사용을 선호하는 등, 전혀 다른 일반 접근 방식을 지향하는 사람들에 의해 거부될 수 있다. 또한 (오목한 목적 함수의 개연성에도 불구하고)전략적 가산성의 사용에는 마찬가지 기술적 문제가 따른다. 그러나 이러한 다양한 근본 요구들에도 불구하고(나는 어느 정도까지는 그것들을 옹호하고자 노력했다), 비용편익 분석의 접근 방식은 비교적 허용적이며, 공적 결정의 영역에서 상충하는 여러 진영들조차도 이를 채택할 수 있다.

구조적 요구나 평가상의 무차별성 같은 추가 조건들이 부과될수록 분열성은 증가한다. 여기에는 이득과 손실이 있으며, 이득은 주로 편의성과 활용가능성에서, 손실은 주로 평가 작업의 범위에서 나타난다. 나는 이러한 장단점이 무엇인지 지적하고자 노력했다. 주류적인 절차는 이러한 모든 요구 사항을 포함하는 경향이 있지만, 특정 가치 평가 절차에서 이 중 일부 요구를 생략할 수 있음은 분명하다.

주류적 비용편익 분석 접근은 근본 원칙들과 구조적 요구, 그리고 평가상의 무차별성을 받아들일 뿐 아니라, 시장 배분의 논리를 직접 활용하거나 그에 유사한 방식으로 매우 특수한 가치 평가 방법을 사용한다. 이 시장 중심적 접근은 때때로(특히 그 옹호자들에 의해) 비용편익 분석의 유일한 접근법으로 간주되기도 한다. 그 주장은 상당히 자의적이지만, 이 접근의 중요성을 감안하여 나는 여기서 특히 이 주장을 면밀히 검토하는 데 상당 분량을 할애했다.

시장 유비는 많은 공공 사업의 경우, 특히 (어떤 형태로건)효율성 고려와 관련하여 개인의 선호에 민감하게 반응한다는 장점이 있다. 그러나 형평의 주장에서는 대부분 그 정당성이 의심스럽다. (주류적 접근에서는 통상적으로 도입하지 않는)이러한 주장은 명시적 분배 가중치를 도입할 때 보다 실질적 의미를 가질 수 있다.[36] 보상 기준의 사용은, 그것이 일반적으로 중복되거나 전혀 설

---

36) 그러나 위의 각주 9에서 다스굽타, 마글린, 센의 저서를 참조하면, 지불 의사를 분배 가중치와 결합하고 (또한 '공공재' 및 일반적인 사회적 관심을 반영하는)기법들의 사례들을 볼 수 있다.

득력이 없다는 문제가 있다.

　주류적 접근의 효율성 주장조차도 많은 공공재의 경우 심각하게 훼손되며, 이는 문제되는 가치 평가의 성격에 크게 의존한다. 환경 가치 평가, 특히 존재 가치에서는 특별한 어려움이 있다. 이 경우 사회적 선택이 요구하는 가치 평가 조건은 쉽게 파악되지만, 지불 의사라는 장치를 통해 이를 드러내기가 쉽지 않다. 지적 가치 평가를 위해 요구되는 (누가 무엇을 할 것인지에 대한 식별을 포함한)사회 상태는, (예컨대 "만약 당신이 단독으로 그 환경 변화를 가져올 수 있다면 얼마를 지불하겠는가?" 또는 "다른 사람들이 무엇을 하건 당신이 상정하는 바에 따라 얼마를 기여하겠는가?"와 같은 형식을 포함하는)시장 기반 질문 방식으로는 명시되지 않는다. 사적 재화의 경우, 시장 시스템이 제공하는 정보의 경제성이라는 현저한 장점은 시장 유비가 제공할 수 있는 정보 이상의 것이 요구될 때 오히려 큰 장애가 된다.

　시장 중심 평가라는 보편적 요구 조건이 모두 비용편익 분석 절차에 통합되었을 때, 그것은 하나의 학문이라기보다 공상에 가깝다. 그러나 그 결과가 좁게 설정된 체계의 한계를 넘어서는 개연성 여부가 아니라, 오직 내부 일관성만을 기준으로 검토되면, 눈에 띄는 결함들은 숨겨진 채 드러나지 않고 간과된다. 공상은 놀라울 정도로 일관성을 가질 수 있다. 타당한 비용편익 분석은 주류 방법을 넘어서는 무언가를 요구하고, 특히 시장 중심 가치 평가를 넘어서는 명시적 사회적 선택 판단의 호출을 요구한다. 주류 이론 옹호자들은 (대화를 나누려 하지 않는)의무론자들로부터의 큰 반박을 피해 갈 수 있을지언정, 다른 비용편익 분석가들이 제기하는 질문에는 반드시 답해야 한다. 그 논쟁은 일종의 '내부적'일 수 있으나, 그렇다고 덜 치열한 것은 아니다.

자유와 사회적 선택

애로우 강의는 1991년 봄, 스탠퍼드대학교에서 '자유와 사회적 선택'이라는 제목으로 진행되었다. 이 강의에서 제시된 몇몇 분석은 다른 저서들(예, 센 1991, 1992a, 1999a)에서 활용되었지만, 애로우 강의 자체는 출간된 적이 없다. 이 강의는 현재 이 책에 두 가지 측면, 즉 형식과 내용 측면에서의 변화를 거쳐 수록되었다.

가장 두드러진 변화는 형식적·기술적 분석과 비형식적·일반적 논의를 분리한 데 있다. 애로우 강의에서 다뤄진 (주로 첫째 강의 주제와 관련된)형식적 자료들은 '기술 부록Technical Appendix'의 형태로도 제공되었지만, 당시 애로우 강의의 구두 발표는 형식적 내용과 비형식적 내용이 (마치 이탈리아 야채 수프 미네스트로네 스타일로)뒤섞여서, 이 책에서는 그것들을 분리했다. 첫째와 둘째 에세이('기회와 자유', '과정, 자유, 권리')는 각각 애로우 강의의 첫째와 둘째 강의의 비형식적·일반적 논의에 해당하고, 셋째 글('자유와 기회의 평가')은 비교적 기술적이고 형식적인 내용을 별도의 에세이로 제시한 것이다(이는 과거 '기술 부록'의 실질적 확장 버전이다). 형식적 결과나 기술적 연관성에 큰 관심이 없는 독자라도, 이 책의 20장과 21장에서 제시된 일반적 논의 속에서 그 결과와 연관성이 어떻게 활용되는지를 이해하는 데 별다른 어려움이 없기를 바란다.[1]

두 번째 변화는 내용적이며 동시에 매우 중대하다. 애로우 강의를 이처럼 오랜 시간 출간하지 않고 기다려 온 만큼, 나는 1990년대에 활발히 전개된 [실질적]자유freedom와 [권리로서의]자유liberty 분석에 관한 문헌 속에서 다루어진 몇몇 쟁점들을 새롭게 반영하는 것이 이치에 맞다고 판단했다. 나는 이 분야의 여러 연구들에서 다루어진 쟁점과 제기된 주장에 대한 내 응답을 포함시켰다. 나는 그 문헌들로부터(특히 애로우 자신의 기여인 애로우 1995에서) 많은 것을 배웠다.

---

1) 어느 정도는 사회 선택 이론에 관한 내 첫 저서 *Collective Choice and Social Welfare*(1970a)에서 사용한 전략을 따르려는 시도다. 이 책에서는 형식적 분석과 비형식적 논의를 별표(*) 장과 별표 없는 장으로 구분했지만(양자가 번갈아 나타났다), 여기서의 구분은 그보다 훨씬 덜 엄격하다.

흥미롭게도, 이들 문헌에는 내 애로우 강의에서 제시한 내용이 언급되고 포함되어 있다(비록 그 강의 자체는 출간되지 않았지만, 분석의 일부는 센 1991, 1992a, 1992b, 1993a, 1993d 및 애로우 강의 출력본 '기술 부록' 등을 통해 공개된 바 있다). 그 논의들에는 내가 제시했던 내용에 대한 문제 제기나 반박뿐 아니라 지지와 확장도 포함하기에, 나는 이러한 토론과 논쟁을 통해 많은 통찰을 얻을 수 있었다. 개정된 애로우 강의는 최근 문헌으로부터 얻은 학습 결과를 통해 크게 향상될 수 있었다. 결과적으로 나는, 꾸물거린 덕에 큰 이득을 본 셈이다.

제20장

기회와 자유*

1. 애로우와 사회적 선택

애로우는 1950년에 사회 선택 이론에 관한 선구적 논문을 발표했고, 이듬해 출간된 그의 중요한 저서 『사회적 선택과 개인적 가치』와 함께 근대 사회 선택 이론의 탄생을 이끌었다.[1] 이 새로운 학문의 탄생 연도인 1950년에는 실질적 사회 선택과 관련된 여러 흥미로운 사건들이 있었다. 독립국 인도는 민주주의 헌법과 다당제 선거 제도를 갖춘 새로운 인도공화국으로 출범했고, 혁명 이후의 중국은 새로운 사회 질서를 공고히 하고 급진적 경제 전환 계획을 발표했으며, (비록 미국으로부터의 외교적 승인은 없었으나)국제 사회로부터 광범위한 승인을 얻었다. 한편 매카시 미 상원의원은 트루먼 대통령에게 국

---

* 이 장은 내 첫 애로우 강의의 (같은 이름을 가진)확장 버전이지만 기술적 자료들은 포함되어 있지 않으며, 이것들은 22장(자유 그리고 기회의 평가)에 따로 제시된다.

1) 애로우의 저서(1950, 1951a) 참조. 그의 책 *Social Choice and Individual Values*는 출간 즉시 고전이 되었다. 나는 다른 글(센 1985c, 이 책 10장)에서 이 책이 불러일으킨 지적 격변과 그것이 경제학 및 정치학에 가져온 근본적인 전환을 다룬다.

무부에 잠입한 공산주의자들을 제거하라고 권고하면서, 그의 이름을 딴 선별적 탄압의 시대를 열었다.

이러한 실제 사건들은 사회 선택 이론의 주제를 구성하는 문제들과 밀접한 관련을 갖고 있었고, 사회 선택에 밀접한 연관 개념들과 사상을 불러일으켰다. 그럼에도, 이 실천적 사안들의 이념적 상관물들은 사회 선택 이론에서 어떠한 명시적 주목도 받지 못했다. 사실, 표준 사회 선택 이론이 매우 기술적이고 극도로 추상적 형식을 취해 온 점을 감안하면, 이러한 외면은 상당히 자연스럽고 일반적인 것으로 간주되었다. 또한 풍부한 개념을 갖는 문제들과 그 문제에 따른 이론과 실천 양면에서의 참여가 요구됨에도, 온 세계의 중요한 국면이면서 관심을 끄는 문제들과 사회 선택 이론 사이의 직접적 연관성에 대한 탐구는 상대적으로 거의 이루어지지 않았다.

자유라는 중차대한 주제는 그러한 영역의 하나다. 사회 선택 이론은 자유에 관한 추상 개념과 세계인들이 누리는 구체적 (경제적·정치적·사회적)기회들 그리고 이 둘의 교차점을 설명할 수 있다. 정작 실제로 이 이론은 이러한 주제들에 대해 거의 아무런 명시적 언급을 하지 않았다. 사실, 사회 선택 이론은 놀라운 성공을 거두었지만, 동시에 매우 내향적 학문 분과였던 것이다.

내가 '자유와 사회적 선택'을 주제로 선택한 데에는 부분적으로 애로우가 근대 사회 선택 이론을 확립함으로써 보여 준 지적 리더십을 기리는 목적이 담겨 있다. 이는 또한 해당 학문을 그 고유한 영역 너머로 확장하려는 시도다. 사회 선택 이론은 자기 일만 신경 쓸 것이 아니라, 내가 주장하건대, '타자'에도 관심을 들이밀어야 한다. 이 글들에서 선택된 중요한 타자는 '자유'다. 자유를 분석하는 데 있어 (전통적으로는 후생 경제학이나 투표 이론에 초점을 두었던 데서 벗어나)'사회적 선택 접근법'을 사용하는 데는, 사회 선택 분석에서 오랫동안 확립되어 온 전통들로부터 일정하게 이탈할 것을 요구한다. 그러나 나는, 기본적인 애로우적 관점은 이 영역에서도 지극히 생산적이고 창의적이라는 점을 보여 주고 싶다.

이 주제를 선택한 내 궁극적 목적은 물론 사회 선택 이론이라는 특수한 관점을 통해 자유를 이해할 수 있는지, 또 어느 정도까지 이해할 수 있는지를 탐색하는 전문적 고찰이 아니라, 자유 일반에 대한 보다 나은 이해에 있다. 그러나 나는 후자의 접근이 전자의 목표를 달성하는 데에도 유효한 방식임을 함께 주장하고 싶다. 특히 나는 사회적 선택 접근법이 자유라는 복합적 개념을 일반적으로 충분히 이해하려면 반드시 탐구해야 할 몇 가지 질문들에 주의를 집중할 수 있다고 제안한다. 나아가 이러한 쟁점 중 일부는 사회철학 및 정치철학 분야를 다룬 기존의 자유론 문헌들에서 상대적으로 간과되었기에, 이 분야의 흥미롭고도 중요한 과제라고 할 수 있다.

자유는 환원 불가능한 다원적 개념이다. 우리는 그 다양한 측면과 하위 측면들을 통합된 어떤 공식으로 결합하려는 시도를 할 수 있지만, 가장 중요한 과제는 자유의 서로 다른 양상들에 대한 명확한 이해, 즉 그 양상들이 어떻게, 왜 서로 다르고, 각각이 어떤 방식으로 나름의 관련성을 지니는지를 파악하는 데 있다.[2] 나는 사회적 선택 관점이 이 복합 개념의 핵심 구성 요소들의 성격과 중요성을 밝히는 데 많은 기여를 할 수 있다고 주장한다.

2. 자유의 두 측면: 기회와 과정

자유는 최소한 두 가지 뚜렷한 이유에서 가치가 있다. 첫째, 더 많은 자유는 우리가 소중히 여기고 또 그럴 만한 이유가 있는 것들을 성취할 수 있는 더 많은 **기회**를 제공한다. 자유의 이러한 측면은 성취가 이루어지는 과정보다는 우리가 **성취할 수 있는 능력** 자체와 주로 관련이 있다. 둘째, 무언가 일

---

2) 자유의 '종합 지수'를 고안하려는 가능성에 관심이 집중된 적이 있다. 이러한 시도는 흥미로운 작업일 수 있는데, 설령 그 자체로 완성되지 않아도 그 과정에서 불가피하게 마주할 어려움들로부터 배울 점이 있어서다. 그러나 일반적으로는, 본질적으로 다양성이 불가피한 현상을 '종합 지수'로 표현할 때, 보여 주는 것만큼이나 많은 것을 감출 수 있다.

어나는 **과정** 또한 자유를 평가하는 데 중요할 수 있다. 예를 들어, 어떤 사람이 바라는 것을 실제로 얼마나 성취하느냐와 무관하게, 그 사람이 스스로 자유롭게 결정하는 절차를 자유의 중요한 요건으로 생각할 수 있다. 이처럼 자유에는 '기회 측면'과 '과정 측면'이라는 중요한 구분이 존재한다.

이러한 구분을 인정하더라도 두 측면 사이에 중첩이 없다는 뜻은 아니다. 예를 들어, 어떤 사람이 무언가를 성취하는 데 (그것이 다른 사람에 의해 결과물로 주어지는 것이 아니라)자유로운 선택을 통해 이루어지기를 원하면, 또는 (예컨대 '무조건적 승리'가 아니라 '선거를 통한 공정한 승리'를 원하는 경우처럼)공정한 절차를 통해 이루어지기를 바란다면, 자유의 과정 측면은 기회 측면에도 직접적으로 영향을 미친다. 즉, 자유의 두 측면을 구분한다고 그것들이 상호 의존성이 전혀 없는 완전 별개의 관심사라는 전제를 두지는 않는다.[3]

자유의 한 측면으로서 특히 문헌에서 많은 주목을 받는 것은 이른바 '소극적 자유'라는 주제다. 이 용어는 실제로 여러 상이한 의미로 사용되지만, 각각은 자유의 과정 측면과 중요한 관련이 있다. 한 해석에서 소극적 자유는 행동의 자유에서 허용적 측면, 즉 행위 방식을 결정할 수 있는 '자율[autonomy]'과, 특정 행위 영역에서 타인의 간섭으로부터의 '면책[immunity]'이라는 요소를 결합한 개념으로 이해한다. 또 다른 해석에서는, 벌린(1969)의 잘 알려진 용례에 가까운데, 소극적 자유는 성취의 자유의 한 측면, 즉 외부 세계가 가하는 제약('자기 내부'가 아니라 '외부'로부터의 제약)으로부터의 자유와 관련한 것으로 간주된다. 마찬가지로, 적극적 자유 역시 다양하게 정의되며, 한쪽 끝에서는 일반적 성취의 자유로, 다른 쪽 끝에서는 자기 내부의 영향과 관련된 성취의 자유로 이해된다(이는 벌린의 적극적 자유 개념에 근접한 해석이다).

이 분야에서 내가 시도해 온 작업들에서, 나는 '적극적 자유'를 (외부적 제약은 물론 내부적 한계까지 포함한)**모든 요소를 고려하여**, 해당 사안을 수행할 수

---

3) 관련된 상호 의존성의 성격으로는 스즈무라(1999) 참조.

있는 개인적 능력으로 이해하는 방식이 더 유용함을 발견했다.[4] 이 해석에서 소극적 자유의 침해는 (다른 어떤 요인에 의해 보상되지 않는 한)적극적 자유의 침해지만, 그 역은 성립하지 않는다.[5] 이런 방식의 적극적 자유 해석은 벌린이 선호한 정의는 아니지만, 그린의 다음 설명에 가깝다. "우리가 단지 구속이나 강제로부터의 자유를 의미하지 않는다. … 우리가 자유를 매우 소중한 것으로 말할 때, 그것은 가치 있는 일을 하거나 누릴 수 있는 **적극적 능력 혹은 역량**을 의미한다."[6]

적극적 자유를 어떻게 정의할 수 있을지에 관한 논쟁은, 적극적 자유가 어떻게 정의되든 상관없이 그것만으로 자유 일반에 대한 충분한 관점을 제공할 수 있는가라는 더 큰 쟁점과 구별해야 한다. 나는 (특히 보다 광의의 해석, 즉 '모든 것을 고려했을 때' 개인적으로 가능한 것에 초점을 맞춘 해석에서는)적극적 자유가 중요하다는 점을 인정하면서, 소극적 자유 역시 고유의 기본 가치를 지닌다고 주장해 왔다.[7] 우선, "소극적 자유를 침해하는 행위는 침해자 스스로 도덕적 주체로서의 책무를 직접적으로 저버리는 일이다."[8] 그러나 보다 일반적으로, (이 에세이와 다음 에세이에서 광범위하게 검토될 구분이지만)자유는 기회 측면뿐 아니라 과정 측면도 지니며, 소극적 자유의 침해와 관련된 과정들은 그 자체로 규범적 의미를 가질 수 있다.

이 글에서 나는 특히 자유의 '기회 측면'에 관심을 둔다. 21장에 해당하는 두 번째 에세이는 주로(그러나 전적으로는 아닌) 자유를 근본적으로 '과정 중심' 개념으로 이해하는 시각에 초점을 맞춘다. 많은 저자들이 그러한 시각을 지

---

4) 센(1985a) 참조. "Well-being, Agency and Freedom"에 관한 이 세 편의 강의는 자매편 격인 *Freedom and Justice*에 수록한다.

5) 벌린(Isaiah Berlin)의 소극적 자유와 적극적 자유의 구분에서, 각 자유는 다른 하나를 침해하지 않고서도 침해될 수 있다.

6) 그린(Green, 1881), p. 370 (볼드체 강조는 내가 추가).

7) 센(1970a의 6장, 1970b, 1985a)을 참조.

8) 센(1985a)의 "Rights and Negative Freedom"라는 제목의 절, 특히 218~219쪽 참조.

지하며, 과정적 관점 내에서도 구별하고 연구할 다양한 요소가 있다. 그러나 기회 측면과 과정 측면 사이에는 중첩이 있으므로, 이 두 가지 논의를 완전히 독립적으로 진행할 수 없다. 구별은 필요하지만, 상호 의존적 인식도 필요하다.

3. 선호의 해석과 논리적 평가

이 첫 번째 에세이는 자유의 기회 측면에 초점을 맞추며, 특히 선호와 자유 사이의 관계에 주목하고자 한다. 실제로 선호는 사회 선택 이론의 근본 구성 요소고, 이는 '자유와 사회적 선택'을 탐구하는 이 작업에서 자연스러운 출발점이다. 그러나 이러한 선호가 과연 일반적 자유의 본질과 그것이 요구하는 조건들을 이해하는 적절한 출발점이 될 수 있을까?

(서피스를 포함한)몇몇 저명 학자들은 자유 분석에서 선호를 중심에 두는 방식 자체를 강하게 비판하고, 개인이 선택할 수 있는 선택지 집합의 다른 측면들을 통해 자유를 평가하려고 했다.[9] 선호 충족은 많은 사람에게 개인적 자유와는 매우 다른 성격의 고려 사항으로 간주되었다. 이 기본적인 질문 또한 검토해야 한다. 나는 왜 서피스의 입장을 따르지 않고, 보다 일반적 방식으로 애로우가 제시한 선호 중심 접근을 따르기로 하는지 논의할 필요가 있다. 이러한 방어적 논의는, 선호가 자유 평가에서 어떤 방식, 어떤 의미에서 관련될 수 있는지, 또는 그렇지 않은지를 비판적으로 살펴보는 작업과 함께 해야 한다.[10]

---

9) 서프스(1987) 참조. 파타나익과 쉬융성(Xu, 1990)을 보라.

10) 이 기회를 빌려, 내 연구에 큰 영향을 준 서프스를 언급하고 싶다. 그는 근대 사회 선택 이론에서 선구적인 인물이다. 서프스(1966, 1969)는 사회적 선택에서 대인 비교를 체계적으로 사용하는 논의를 개척하면서, 최소한의 요건만을 요구하면서 놀랄 만큼 강력한 공리를 도입하여 주요한 역할을 했다(서프스 1966 참조, 또한 이 틀을 활용한 센 1970a, 해먼드 1976, 1977, 애로우 1977, 다스프레몽과 제버스 1977, 블래커비와 도널드슨 1978, 매스킨 1978, 1979, 게베르 1979, 스즈무라 1983, 1997, 블래커비, 도널드슨, 웨이마크 1984, 다스프레몽 1985, 다스프레몽과 몽쟁(Mongin)

내 논의는 아마도 가장 기초적 문제인, 선호 개념 해석에서 시작할 것이다. 이 부분에는 실제로 모호성이 존재한다. 사실 '선호'라는 일반 용어에는 판단, 가치 평가, 선택, 호의적 감정 등 여러 의미가 연관되는데, 이들을 서로 구분할 필요가 있다. 이러한 다양성 자체가 반드시 부정적인 것만은 아니다. 한편으로는, 선호 기반 분석이 단 하나의 해석만을 고집하는 경우보다 (선택된 선호 해석을 매개변수처럼 바꿀 수 있으므로)더 넓은 적용 범위를 확보할 수 있게 한다. 어떤 분석 작업(특히 선호 순위와 서열 형식의 속성을 다루는 경우)에서는 이러한 개념 차이가 해당 목적에 실질적으로 중요하지 않을 수 있고, 그런 경우 추가적 구체화가 없어도 분석할 수 있다. 그러나 다른 문제들에서는 보다 명확한 구분이 요구되며, 실제로 필수적일 때도 있다.

'선호'라는 용어가 여러 의미로 사용될 수 있음에도, 그 모든 의미를 **한꺼번에** 사용하려는 유혹은 상당한 혼란으로 이어질 수 있다. 혼란의 가능성은 근대 경제학 및 관련 분야에서의 선호와 선택 관련 문헌에서 심각한 어려움의 근원으로 작용한다(이는 이 책의 1장 '합리성과 자유'에서 다루었다). 주류 경제학의 일부 영역에서는 선호 개념이 종종 한 개인이 '어떤 이유에서건' 선택할 것과 동일시되며, 때로는 개인의 이익에 가장 부합하고 개인 복지의 극대화와 동일시된다. 표준 경제학의 상당 부분에서는 이 **두 의미가 동시에** 사용되어 용어 하나에 두 가지 서로 다른 정의가 중첩되는 '과결정^{overdetermined}' 체계를 만들어 낸다. 이에 대한 대응으로, 사람들은 실제로 각자의 개인적 이익과 복지에 따라 전적으로 선택한다는 극히 제한적이고 경험적으로도 의심스러운 가정을 암묵적으로 도입할 뿐이다. 그 결과, 개인은 다른 어떤 목적이나 가치에도 영향을 받지 않고, 자신의 이익과 관련되거나 그에 부합하는 선택 외에는 어떠한 '선택의 이유'도 받아들이지 않는다는 전제가 암묵적으로 깔린다. 이러한 경험적 가정은 개념 정의 단계에서 완전히 부적절할뿐더러, 개

1997 등의 연구를 볼 것). 또한 서프스의 그 공헌(서프스 1966, 1969)은 개인 선호의 활용을 배제하기보다는, 그 사용을 혁신적으로 확장한 것이라는 점도 언급해 두고 싶다.

념적으로도 혼란스럽고, 경험적으로도 의심스럽다(이 점은 1장에서 논의했다).

서로 본질적으로 구별되는 개념들을 동일한 용어에 대해 **여러 정의를 동시에 적용**함으로써 개념적으로 일치하는 것처럼 표현하는 방식은, 개인을 사실상 선택 순위, 이익 배열, 가치 판단과 같은 서로 다른 개념들을 구분하지 못하는 '합리적 바보'로 모델링하게 된다(이 점은 센 1977c에서 다루었다). 물론 '선호' 용어의 다양한 용례를 활용하더라도 이러한 가정을 반드시 따를 필요는 없고, 이들 용례는 서로 관련 있으면서 구분되는 개념으로 다룰 수도 있다.[11] 서로 이질적인 이들 개념이 각각 특정 맥락에서, 자신이 어떤 분석을 하는지를 명확히 밝히는 조건하에, 선호 순위의 분석 형식으로 형식화될 수 있더라도 그것들이 실질적으로 동일 개념이 되지는 않는다.[12] 이처럼 상이한 문제를 구분하여 이해하는 능력에서 인간 정신은 결코 모자람이 없다.

도덕철학에서 '선호'라는 용어는 때때로 (그 배경이 무엇이건 상관없이)단순한 선호 감정을 나타내는 데 사용된다. 어떤 이들은 당연하게도, 단순히 '선호한다'는 감정을, 심지어 그 감정이 변덕이나 일시적 기분에서 비롯하더라도 자유의 판단 기준으로 삼으려는 사고에 반감을 갖는다. 그러나 선호를 그런 방식으로 해석할 필요는 없다(이는 선호를 자기 이익 추구와 동일시할 필요가 없는 점과 마찬가지다). 실제로 사회 선택 이론의 선구자 애로우는 그의 고전적 저서(1951a)에서 개인 선호 순위를 '개인의 취향'이 아닌 '가치'를 반영하는 것으로 폭넓게 정의하며(23쪽), 이는 개인이 가진 모든 가치 체계를 반영하는 것으로 이해된다. 그는 이 체계에 '가치에 대한 가치'까지 포함하고, 개인의 '일반적 형평 기준'과 '매우 중요한 사회적 욕구들'도 아울러 고려해야 한다고 밝혔다(18쪽).

---

11) 1장 "합리성과 자유", 4장 "극대화와 선택 행위", 그리고 5장 "목표, 헌신, 그리고 정체성" 참조.

12) 비록 자유의 평가 기준으로서 선호를 회의적으로 보는 서프스의 입장은 다른 근거에서 출발하지만(이 점은 뒤에서 논의한다), 선호 개념에 대한 서프스의 비판은 부분적으로는 '선호' 혹은 범용적 '효용 함수'를 한 개인의 감정, 가치, 우선순위, 선택, 그리고 본질적으로 다양한 많은 것들의 총체적 저장소로 삼으려는 일반적인 경향에 대한 반작용이다. 이런 경향은 분명 서프스의 표현을 빌리면, "그처럼 포괄적인 효용 함수에 대해 깊은 회의"를 품을 만한 충분한 이유다(서프스 1987, 243쪽).

애로우가 말한 '선호 순위'는 그 사람의 가치에 기초한 순위로 이해될 수 있고, 그의 책 제목인『사회적 선택과 개인의 가치』도 이러한 해석을 반영한다. 사회 선택 이론이 '선호'라는 유연한 틀을 통해 다양한 활용을 가능케 하는 여러 방식 중 하나는, 그것을 한 개인이 무엇을 가치 있게 여기는지를 나타내는 구조로 해석하는 방식이다. 물론 이는 어떤 철학자들이 선호라는 단어에 기대하는 자연스러운 의미와 다소 어긋날 수 있고, 사회 선택 이론이 채택해 온 이러한 적용 방식에 많은 철학자들이 반발하는 것도 이해할 수 있다. 그러나 특정한 정의와 해석이 명확하게 설명되면 더 이상의 혼란은 필요하지 않다.

나아가, 자유를 평가할 때 선호 순위가 중요한 위상을 가지려면 '이성적 검토^{reasoned scrutiny}'를 견뎌 내어야 한다는 조건을 요구할 필요가 있다. 1장(합리성과 자유)에서 논의했듯, 이성적 검토를 통과할 수 있는 가치 판단에 기초한 순위는 자유 평가에서 핵심 역할을 담당한다. 자유의 기회 측면을 평가하는 기준으로 '선호'를 사용할 때, 선호는 단순한 취향이 아니라 '가치 판단적 해석'을 기반으로 하며, 동시에 그것이 이성적 검토와 양립할 수 있는지를 따져야 한다.

4. 사회적 선택의 범위

사회 선택 작업에 대한 기본적인 애로우 정식화는, 적어도 겉보기에는 개인의 자유에 어떤 역할을 부여하는 것과 매우 동떨어져 보일 수 있다. 각 개인 i는 대안적 사회 상태 x로 구성된 (보편)집합 X에 대한 선호 순위 R_i를 가지며, 사회 후생 함수 f는 개인들의 선호 집합[13] $\{R_i\}$를 사회 상태 집합 X에

---

13) 엄밀히 말해, 개인 선호의 n-쌍, 즉 $\{R_i\}$를 의미한다.

대한 하나의 사회적 순위 R로 연결한다.[14] 이러한 함수 관계에는 여러 정규성 조건들이 부과되고, 다양한 가능성 정리 및 불가능성 정리로 이어진다.

이 모든 것이 개인 선호 R_i에 기반하여 전개되고, 그 작업은 개인의 자유를 존중하는 것이 아니라 사회적 선택을 개인 선호에 연결하는 것이므로, 이 안에 자유가 개입할 여지는 거의 없어 보일 수 있다. 그러나 실제로 즉각적으로 두 가지 질문이 제기되며, 이는 각각 (1) 자유에 대한 선호의 관련성과 (2) 개인들이 선호를 표명하는 사회 상태의 정보적 내용에 관련 있다. 이 두 쟁점은 사회 선택 작업에 자유를 고려할 수 있는 기회를 제공한다.

첫째 쟁점과 관련하여 가장 먼저 주목할 점은, 애로우의 작업이 동기 부여한 것처럼, 사회 구성원들이 무엇을 가치 있게 여기는지를 사회적으로 중요하게 다루고 그것에 비중을 부여한다는 점에서, 개인 자유의 중요성이 기본적으로 인정된다는 점이다. 사회 선택 형성 과정에 사회 구성원들 '목소리'를 반영하고, 이 목소리가 사회적 결정을 형성하는 데 영향을 미친다는 점은 사회 내 개인들 역량을 강화하는 방향으로 작용한다. '비독재성'과 같은 공리 역시 사회적 맥락에서 보면 자유를 지지하는 조건들이다.

그렇다면 개인적 맥락, 특히 개인 자유와 권리의 중요성은 어떻게 되는가? 이러한 개념들은 애로우가 제안한 공리 집합에서 명시적으로 호출되지 않지만, 사회 선택 이론 구조는 이들이 호출될 수 있는 여지를 남겨 둔다. 이 가능성은 내가 개인의 보호된 사적 영역에 대한 자유를 정식화하려는 시도 (1970a, 1970b)에서 명시적으로 다루었다. 나는 어떤 선택(특히 그 사람 자신의 삶에 관한 선택)들에 대해 결정권을 가질 권리가 한 개인에게 있다는 오래된 생각에 상당한 타당성이 있다고 주장했다.

약간의 단순화를 감수하면, 이 요구를 다음과 같이 표현할 수 있다. 어떤 사회 상태 쌍 $\{x, y\}$가 있다. 이 둘은 단 하나의 본질적 차이가 있는데, 그 차

---

14) 대안적인 정식화는 사회적 순위화 개념이 아닌, 사회를 위한 선택 함수 C(S) 개념을 사용한다. 이러한 상이한 정식화 방식과 그 차이로는 센(1970a), 피시번(1973), 슈워츠(1976), 켈리(1978), 또는 스즈무라(1983) 참조.

　제6부 ＊ 자유와 사회적 선택

이는 (예컨대 흡연자가 i의 얼굴로 담배 연기를 내뿜지 않는 경우에 비유할 수 있듯)전적으로 특정 개인 i에게만 영향을 미친다. 자유에 대한 요구는 다음과 같은 점을 포함한다. 즉, 사회적 배치는 개인 i가 선호하는 결과(담배 연기를 얼굴 쪽으로 뿜지 않는 것)가 실현 가능한 경우, 그러한 결과가 실현되도록 조정해야 한다. 보다 정확히 말하면, 다른 조건들이 주어진 상황에서, 이 '반흡연 성향'의 개인 i가 x(담배 연기가 얼굴 쪽으로 뿜지 않는 상태)를 y(뿜어지는 상태)보다 선호하면, 어떤 사회적 선택에서도 '최소 자유'는 x가 실현 가능한 경우, y는 선택되어서는 안 된다고 요구한다.[15]

여기서 자유의 모든 측면을 포착하려는 의도는 없다. 이 요구는 결과에 대한 선호로 표현될 수 있는 자유의 측면에만 관련이 있다. 또한 이러한 '최소' 조건이 자유를(심지어 선호 기반의 자유조차도) 포괄적으로 대표할 수 있다는 주장도 아니다. 오히려, 이러한 최소한의 요구는 자유라는 폭넓은 개념이 함축하는 여러 요소 중 하나로 간주된다. 그런데 최소 자유 조건조차도 일반적으로 논란의 여지가 없다고 여겨지는 파레토 원리와 충돌할 수 있음이 입증되면서(이러한 분석적 충돌은 이 분야의 문헌에서 '자유주의 역설'로 불리게 되었다), 후생 경제학의 파레토적 기초에 대한 의문 또는 재검토의 필요성이 제기되었다.[16] 이 글의 후반부와 이어지는 다음 글에서, 나는 이 문제를 더 다루고, 자유를 부분적으로 사적 영역에서 선호 결과의 성취로 바라보는 관점의 적용 범위도 더 설명한다.[17]

---

15) 자유의 대안적 정식화들과 그 함의는 이 책의 12장 "자유와 사회적 선택", 13장 "최소 자유", 14장 "권리: 정식화와 결과"에서 다룬다. 또한 특히 14장에서 인용된 방대한 관련 문헌을 볼 것.

16) 이른바 '파레토 자유의 불가능성' 또는 '자유주의 역설'은 다음과 같은 주제를 다룬 방대한 문헌을 낳았다. (1) 결과의 진단, (2) 교착 상태를 피하기 위한 조건 변경의 필요성, (3) 사용된 조건의 변형을 통한 결과의 확장, (4) 이 형식적 정리에서 어떤 실질적 메시지가 도출되는지를 둘러싼 탐구. 이 문헌에 대한 비판적 검토로는 해먼드(1981), 스즈무라(1983, 1991), 리글스워스(1985), 라일리(1988), 반 히스(1994) 등 참조. 또한 이 '자유주의 역설'에 관한 심포지엄(영문) 특집호가 실린 *Analyse & Kritik*, 18, 1996년 9월호를 보라. 여기에는 빈모어, 브라이어, 뷰캐넌, 플뢰르바이, 가르트너, 클라임트, 자제이, 뮐러, 파타나익, 스즈무라, 반 히스의 글과, 그에 대한 내 응답이 실려 있다.

17) 이러한 유형의 선호 기반 분석이 자유, 정의, 복지의 결합에 도달할 수 있는 범위는 스즈무라(1983, 1996)가 날카롭게 제시한다.

주목할 것은, 앞서 제시된 논의에서 자유[freedom]와 자유[liberty]에 대한 고려가 특정한 형태로 도입되었다는 점이다. 이는 개인 선호라는 주제와, 그 주제를 통한 사회 상태의 내용에 주목함으로써 가능하다. 이는 앞서 언급했던 자유를 반영하는 둘째 방식으로 우리를 이끈다. 실제로 나는, 애로우가 특성화한 것처럼 '사회 상태'의 가능한 '내용'에 대한 포괄적 정의 방식이, 기본적 애로우 모델(1950, 1951a) 안에서 자유에 대한 고려를 도입할 수 있는 여러 급진적 가능성을 열어 준다고 본다. 적절하게 기술된 사회 상태는 단순히 '누가 무엇을 했는가'에 대한 서술로 제한되지 않고, '각 개인이 어떤 선택지를 가지고 있었는가'까지도 말해 줄 수 있다. 이러한 방식에 따르면, 서로 다른 사회 상태에 대한 선호 또는 평가는 각 개인이 누렸던 기회에 대한 판단을 포함할 수 있다(센 1997a, 2000 참조). 사용 가능했지만 선택되지 않은 대안들의 배제는 '무슨 일이 일어났는가'에 속하며, 따라서 적절히 기술된 사회 상태의 일부다. 이 기본적 연결을 인식하면, 자유의 기회 측면이 애로우 체계에서의 사회적 결정에서 중심적 고려 요소임을 쉽게 이해할 수 있다(예컨대, 어떤 사회 상태가 사람들에게 더 많은 기회를 제공하면, 그것이 다른 사회 상태보다 더 높은 평가를 받게 되는 이유가 될 수 있다).

이것은 너무도 단순한 논점이라 더 자세히 설명할 필요조차 없어 보인다. 그럼에도 기존 문헌에서는 사회 상태를 매우 제한적 방식으로 파악하는 경우가 많은데, 이는 '사회 상태'란 오직 '무슨 일이 일어났는가'만을 말한다는 피상적 관념에서 비롯한다(기껏해야 누가 무엇을 했는지까지만 포함하고, 누가 무엇을 할 수 있었지만 하지 않았는지는 포함하지 않는 식이다). 그러나 선택 행위와 그 당시 조건은 단지 세계의 중요한 특성일 뿐 아니라, 사회 선택 이론이 다루는 사회 상태의 본질적 일부다. 이러한 초보적 논점조차 사실상 일정한 저항에 부딪치고는 해서, 나는 다음 몇 단락에 걸쳐 이 논의를 조금 더 이어 가려 한다. 여기에는 많은 경제학자들에게 익숙한 일반 균형 이론과의 비유도 포함된다. 이러한 기초적 논의에 더 들어가는 게 의미 없거나 그냥 지루하게 느끼

  제6부 * 자유와 사회적 선택

는 독자는 다음 몇 단락을 건너뛰어도 무방하다.

이제 일반 균형 이론 문헌(예, 애로우 1951b)에서의 비유를 살펴보자. 사회 상태 x에서 개인 i가 가지는 실질적 선택지(또는 대안 성취)를 C_i^x라고 정의하자. 우리는 C_i^x를 사회 상태 x에서 개인 i의 손이 닿을 수 있었던 대안적 성취들의 집합으로 생각할 수 있다. 일반 균형 이론의 비유에 따르면, 사회 상태 x는 개인 i가 (상품, 효용 등을 포함)무엇을 얻었는지에 대한 서술로 간주할 수 있을 뿐 아니라, 경쟁 균형의 경우 상대 가격 등의 관계를 포함함으로써, 개인이 어떤 **대안** 성취 집합(특히 '예산 집합') 중에서 선택했는지를 알 수 있는 기초를 제공한다. 즉, 일반 균형 이론에서 우리가 어떤 사람이 선택한 항목뿐 아니라, 그녀가 어떤 (자산, 가격 등에 기반한)예산 집합에서 선택했는지까지 아는 바와 마찬가지로, 사회 상태의 포괄적 기술은 이미 이러한 정보를 포함해야 한다. 다시 말해, 선택지와 그 위에서의 선택은 사회 상태의 일부다.[18]

(부결된 반사실적 대안들까지 포함하여)사회 상태가 이렇게 기술되면, 자유를 사회 선택 이론 형식 안에 통합하는 문제는 애로우의 원래 정식화 구조 내에서 일정 부분 단순화된다. 각 개인의 선호 순위 R_i는 풍부하게 기술된 사회 상태들 x 위에서 정의되고, 여기에는 그 개인이 실제로 이룬 **성취**(및 다른 사람들의 성취)뿐 아니라, 그 개인이 가졌던 **선택지**(그리고 다른 사람들이 각각 선택했던 선택지)들까지도 반영할 수 있다. 사회 상태의 구체화는 매우 폭넓은 적용 범위를 지닌다.

또한 나는 이러한 '더 풍부한' 방식의 상태 기술이 경제적·사회적·정치적 서술에서 새로운 것이 아니라는 점도 덧붙이고 싶다. 예를 들어, (1) 기근으로

---

18) 센(1985b, 1987a) 참조. 여기에서 중요한 것은 상태가 어떻게 규정되느냐에 부분적으로 달려 있다. 다른 맥락에서 파타나익(1994)은 각 재화의 수요와 공급을 일치시킬 필요성에 특히 주목하면서, "각 소비자의 기회 집합을 그가 원하는 어떤 재화 꾸러미라도 선택할 수 있는 재화 꾸러미의 집합으로 표현할 직관적 여지가 없다"고 주장한 바 있다. 바수(1987) 참조. 자유의 규정은 더 많은 탐구가 필요하다. 이는 선택이 어떤 관점에서 이해되는지에 크게 좌우되며, 여기에는 개인이 진지하게 고려할 수 있는 대안들 중에서 거부한 선택지의 존재도 포함된다. 우리는 모두 특정 날 저녁에 특정 극장에 가서 정해진 가격에 표를 사는 것이 자유롭지만, 만약 도시의 모든 사람이 그날 그 극장에 가려고 하면 모두가 들어갈 수는 없을 것이다. 우리의 집합적인 선택은 티켓 가격에 반영되며, 그럼에도 실제로 우리는 각각 그 극장에 갈 수 있는 자유가 있다. 여기서 말하려는 자유의 의미는 바로 이러한 의미다.

어쩔 수 없이 굶주리는 희생자와 (2) (예컨대, 간디같이)항의 표시의 단식자를 구분할 때, 우리는 이 둘이 각각 무엇을 먹었는지를 보기보다는, 그들이 각각 식사에 대한 어떤 선택지를 가졌는지를 본다.[19] 마찬가지로, 젊은 싯다르타 (후일의 부처)가 왕국을 버린 사건에서, 우리는 그것을 다른 선택지가 존재했음에도 스스로 포기한 자발적 행위로 보며, 강제로 왕국을 떠난 경우와는 구별한다. 이러한 '풍부한' 묘사를 포함하는 방식은 사회 상태를 보는 자연스러운 방법이며, 여기서 제안된 방식은 우리의 익숙한 서술 전통에 대한 자의적이거나 비약적 확장이 아니다.

일단 이와 같은 재구성이 이루어지면, 사회 선택 분석은 단순한 궁극적 결과에 대한 개인 선호의 집계가 아니라, 개인들이 각자 가졌던 선택지들까지 포함한 포괄적 결과에 대한 선호 집계로 볼 수 있다.[20] 따라서 자유에 대한 선호는 애로우의 기본 틀에서 결코 이질적인 요소가 아니며, 적절히 기술된 사회 상태들에 대한 개인의 선호 속에 본질적 요소로 포함할 수 있다.[21]

그러나 이 모든 논의는, 단지 한 개인이 성취한 결과뿐 아니라 '기회 집합'에 대해 어떻게 그의 선호를 연결하는지에 대한 문제를 아직 설명하지 못한다. 특히, 어떤 결과에 대한 평가와 대안 선택지들의 집합에 대한 평가 사이에 밀접한 연관이 존재할까? 혹은 후자의 평가를 단순히 전자로부터 유도할 수 있을까? 아니면 이 둘을 어떤 방식으로든 확고히 구분해야 할까? 이 일반적인 문제는 자유의 기회 측면을 이해할 때 핵심적으로 중요하다. 실제로 이 에세이 이후 절들은 바로 이러한 질문들을 본격적으로 다룬다.

---

19) 기근에 대한 '권리 분석'은 각 개인이 가지는 대안적 선택지의 집합이 어떻게 결정되는지를 중심으로 한다. 센(1981)과 드레즈와 센(1989) 참조.

20) '종국적 결과'와 '포괄적 결과' 사이의 구분이 광범위하게 중요하다는 점을 4장 "극대화와 선택 행위"에서 다룬다.

21) 포괄적 결과는 관련된 과정에 대한 서술도 포함할 수 있고, 자유의 과정 측면 역시 애로우식 사회적 선택 형식의 주제로 포함할 수 있다.

5. 사회적 선택 관점

지금까지 나는 주로 방어적 입장에서 논의를 전개해 왔으며, 사회 선택 이론 일반과 애로우의 틀에서 특히, 자유에 대한 고려를 무시할 필요가 없고, 실제로 (참여적 자유, 개인적 자유, 사회 상태적 자유의 구성 요소들에 대한 개인의 가치 평가 등을 포함하여)그러한 고려들을 무리 없이 수용할 수 있음을 보여 주고 싶었다. 자유의 중요성을 감안할 때, 이러한 사실은 사회 선택 이론에서 반가운 소식이 아닐 수 없다. 그러나 이러한 낙관적 소식을 넘어, 우리는 다음의 질문을 던져야 한다. 사회 선택 이론이 자유 분석에 구체적으로 제공할 수 있는 바는 무엇인가? 사회 선택 이론 무엇을 더해 주는가?

이 질문에 답하기 위해, 나는 자유의 이해와 분석에 특히 관련되는 것으로 보이는 사회 선택 이론의 몇 가지 특징적 요소를 지적하고자 한다. 나는 우선 그것들을 나열하고, 이후 절과 다음(21) 장에서 더 자세히 다룬다.

(1) **선호의 중요성**: 사회 선택 이론은 사회적 결정을 구성하는 기본 요소로 선호를 취하며, 그와 관련된 특정한 정보적 초점을 제시한다.[22] 이 초점은 자유 평가에 즉각적으로 연결된다. 어떤 기회 집합을 다른 것보다 선호할지를 묻는 것은 자유 평가 시 당연히 제기되는 질문이고, 우리가 이러한 선택지들에 대한 선호 역시 이 평가에 포함하는 것이 자연스럽다.

나아가, (앞서 언급처럼)선호 개념은 상당히 다양하게 활용 가능하고 다양한 방식으로 해석 가능하다. 이렇게 다양한 선호 해석은 서로 연관되지만 개념적으로는 구분되며, 실제 적용에서 반드시 일치하지 않는다. 이러한 다면성은 자유라는 맥락에서 선호를 사고하는 데 유용하게 작용할 수 있다. 특히 사람들이 **가치 있다**고 생각하고, **그럴 이유가 있는** 것을 파악하는 게 중요하고, 이는 앞서 논의처럼 선호 해석 중 하나로 포함될 수 있다. 어떤 사람의 기회

(따라서 그녀에게 적용되는 자유의 기회 측면)는 그녀가 가치 있다고 생각하고 그럴 만한 이유를 고려하지 않고서는 평가할 수 없다. 이러한 방향성은 사회적 선택을 개인의 가치에 연결하는 전통을 가진 사회 선택 이론에서 강력하게 제시되며, 다음 절에서 나는 이 문제를 더 깊이 다룬다.

(2) **선택 행위를 넘어 성취 관련성**: 사회 선택 이론은 선호뿐 아니라, (광의로 정의되는)결과에도 중심적 지위를 부여한다. 이 이론은 사람들이 어떤 방식으로 행동할 자유뿐 아니라, 그들이 가치 있다고 생각하는 것을 **성취할** 자유에도 관심을 둘 것을 제안한다. 자유를 바라보는 방식에는 명확히 구분되는 두 가지 방식이 있다. 하나는 '행동할 자유'로, 예컨대 어떤 사람이 하고 싶은 것을 할 수 있는 **자율성**, 그리고 타인의 간섭으로부터의 **면책**을 의미한다. 이 관점에서 개인의 자유를 평가할 때는, 그녀가 자유롭게(그리고 허용된 범위 내에서) 무엇을 할 수 있는지를 중점적으로 고려해야 하고, 그녀가 실제로 무엇을 성취했는가는 논외일 수 있다. 반면에 '성취할 자유'는 개인이 자신 또는 타인의 행위를 통해 '가질 수 있는 또는 성취할 수 있는 것'에 대한 자유와 관련 있다. 개인의 '성취'에는 물론 '어떤 방식으로 행동할 수 있었던' 성취도 포함될 수 있으나, 성취 목록은 단순히 수행된 행동 이상으로 확장될 수 있다. 예컨대, 이른바 '굶주리지 않을 권리'는 '성취할 자유'에 해당하며, 이때의 성취는 '굶주림을 피하는 것'으로, 이 자유는 직업을 얻고 소득을 버는 방식부터 사회 보장이나 국가의 조력에 이르기까지 다양한 방식으로 실현될 수 있다.

이 맥락에서 중요한 점은, '성취할 자유'(예, 굶주리지 **않을** 자유)를 단순한 (굶주림으로부터의 탈피로서의)'성취' 자체와 (실제로 일을 찾거나 충분한 소득을 올리는지 여부와 무관하게 수입을 위해 일을 **구하고 수락할** 자유로서의)'행동할 자유' **모두로부터** 구분하는 데 있다. 관련하여 프리드먼과 프리드먼(1980)이 말하는 '선택할 자유'라는 표현은, **성취들** 사이에서 선택할 자유(즉, 어떤 성취를 선택

　　　제6부 * 자유와 사회적 선택

할 자유)라는 의미로도, 또는 **행동들** 사이에서 선택할 자유(즉, 어떤 행동을 선택할 자유)라는 의미로도 해석될 수 있다. 이러한 중의성은 '선택할 자유'라는 표현에 상당히 넓은 범위를 부여한다. 예컨대 시장이 무엇을 하고 무엇을 하지 않는지를 평가할 때, 우리는 시장의 장점을 어떤 관점에서 평가할 것인지, 그리고 그 관점을 어떤 성취 또는 구체적 행동 기준에 따라 어떻게 활용할 것인지도 함께 인식해야 한다.[23]

(3) **보호된 영역과 자유**: 자유에 대한 사회 선택 이론의 정식화 논의에서 알 수 있듯, 우리는 개인이 자신의 '보호된 영역'에 대해 갖는 선호에 특별한 역할을 부여하면서 자유에 대한 관심의 몇 가지 기본 요소를 통합할 수 있다. 담배 연기의 피해 여부에 관한 예시와는 약간 다른 사례로서, 밀의 유명한 저서『자유론』에서 예를 직접 가져와 보자. 한 사람이 자신과 관련된 종교적 실천을 하는데, 이를 다른 사람들이 심하게 불쾌해하며 간섭하려 든다고 하자. 개인의 자유를 실질적으로 존중하려면 많은 사람이 소수 종교에 반대하더라도, 그러한 실천이 억제되어야 한다는 총효용 계산 방식이 아니라, 타인의 반대에도 불구하고 그 사람 자신의 실천을 지속할 수 있어야 한다. 개인의 자유를 개인적 삶의 선호와 연결하는 이러한 방식은, 물론 존 스튜어트 밀의 자유에 대한 분석으로 거슬러 올라간다:

> 자신의 의견에 대한 본인의 느낌과, 그러한 의견을 가진다는 사실에 불쾌함을 갖는 다른 사람의 느낌 사이에는 동등성이 없다. 이는 도둑이 지갑을 훔치려는 욕구와, 그 지갑의 정당한 소유자가 그것을 지키려는 욕구 사이에 동등성이 없는 것과 같다.[24]

그러나 밀의 일반적 관심사는 최근의 사회 선택 이론 문헌에서 매우 구체

---

23) 17장은 시장 메커니즘을 행위의 자유와 성취의 자유라는 두 측면을 다룬다.

24) 밀(1859), 에브리맨(Everyman)의 중쇄판(1972) 140쪽. 밀의 논리와 자유의 사회 선택 이론적 정식 사이의 연관성으로는 센(1976a, 1979a), 존스와 서그든(1982), 라일리(1985, 1986, 1988, 1989, 1990)를 참조하라.

적이고 폭넓게 탐구된다. 이 탐구는 이러한 요구들을 어떻게 정식화할 수 있을지를 두고 장기간의 논쟁으로 이어졌고, 그 요구들이 (예컨대, 파레토 원칙의 무조건적 수용과 같은)널리 수용되는 판단 원칙들을 잠식하는지를 포함한 논의도 전개된다. 또한 사회 조직뿐 아니라 적절한 관용적 가치 함양을 통해 개인의 자유가 어떻게 더 잘 보장할 수 있을지에 대한 논의도 중요하다.[25]

(4) **불완전성과 극대성**: 개인이 대안 상태들 사이에 완비된 선호 순위를 갖지 않을 수 있고, 그런 경우에 선호를 적용하려면 이러한 특성을 반드시 고려해야 한다. 따라서 개인의 선택이 개인에게 가장 '최선'으로 해석할 수는 없다. 이는 개인에게 그러한 최선의 대안이 존재하지 않을 수도 있고, 단지 '극대 대안', 즉 다른 어떤 선택보다도 열등하지 않은 대안만 존재할 수도 있기 때문이다.[26]

불완전성이 존재할 경우, 개인 선택뿐 아니라 사회적 선택의 성격도 달라진다. 근대의 사회 선택 이론은 이러한 변형에 주목한다. 자유를 평가할 때, 선택된 대안들과 선택되지 않은 대안들의 지위는, 선택이 최적이 아니라 단지 극대적일 경우에 전혀 다른 의미를 가질 수 있다. 이러한 구분과 관련된 논점들은 자유 분석에서 중요하지 않을 수 없다.

(5) **다층 선호와 교집합 순위 배열**: 개별 가치 평가에서 불완전성이 발생하는 경향이 있다. 그 이유 중 하나는, 사람이 종종 서로 다른 선호를 가질 이유가 있기 때문이다. 이러한 가치 평가의 다원성은 개인이 '다층 선호'를 가지는 것으로 볼 수도 있고, 혹은 정보를 축소한 형태로, 서로 다른 선호들의 **교집합**을 반영하는 불완전 순위를 가지는 것으로 볼 수도 있다.

교집합 준순서 배열(부분 순서 배열 형태)은 다양한 사회적 선택 이론의 응용

사례들에서 등장한다.[27] 실제로, 한 사람이 서로 다른 선호를 고려할 때, 그 선호 자체가 메타 순서 배열 형태로 배열될 수도 있고 그렇지 않을 수도 있지만, 개인의 선택은 사회적 선택과 놀라울 정도로 형식적 유사성이 있다.[28]

6. 기회와 선호의 관련성

기회를 평가할 때, '사회적 선택' 이론이 강조하는 가치 판단과 선호에 초점을 두는 일은, 사용 가능한 선택지를 개인의 가치 판단 속에 어떻게 위치하는지를 고려하지 않고 평가하는 대안적 접근 방식들과 대조를 이룬다. 이러한 접근법은, 예컨대 단지 가능한 선택지의 수와 같은, 선호 무관 속성들에 근거하여 기회를 평가하는 여러 경로를 통해 잘 연구된다.[29]

선호 독립적 접근 방식들에 대한 몇 가지 결과는 22장 "자유와 기회의 평가"에서 제시하며, 이는 본래 애로우 강의의 기술 부록으로 준비한 내용을 확장한 것이다. 이와 더불어, 1장 "합리성과 자유"에서도 선호 독립적 기회 평가 방식이 직면한 여러 어려움에 대한 일반적 논의를 했다. 따라서 여기에서 그 어려움을 다시 장황하게 다루지는 않겠다. 예컨대 어떤 사람이 '그냥 비참

---

27) 예시로는 불완전한 개인 간 비교가능성 또는 부분적 기수성에 기반한 공리주의적 합계 순위의 구성(센 1970a, 1970c, 블래커비 1975, 파인 1975, 베젬빈더(Bezembinder) 및 아커(van Acker) 1980 참조)이나 불평등의 평가(콜름(Kolm) 1969, 애트킨슨 1970, 다스굽타, 센, 스타렛(Starrett) 1973, 로스차일드와 스티글리츠 1973, 센 1973 참조), 또는 그림자 가격의 선택(센 1968, 1975 참조) 등이 있다. 선호 배열의 불완전성이 애로우의 불가능성 정리에 미치는 영향은 웨이마크(1983)와 바르텔레미(1983)가 다룬다.

28) 사실, 한 개인의 교집합 준순서는 가능한 여러 선호 배열의 집합으로 결정된다고 볼 수 있고, 이는 애로우식 사회적 선택 공식이 사회적 배열을 개인 배열의 집합에 함수적으로 연결하는 방식과 유사하다. 형식적으로 우리는 $R = f(\{R_i\})$로 나타낼 수 있는데, 애로우의 경우에는 R이 사회적 배열이고, 각 R_i는 개인의 선호를 의미한다. 이 재해석에서는 R을 동일한 개인이 가질 수 있는 가능한 여러 선호 배열의 교집합 준순서로, 각 R_i는 그 가능한 배열 중 하나로 본다. 실제로 R이 완전한 배열이어야 한다는 요구만 제외하면, 애로우의 기본 공리들은 이 둘째 해석에서도 작동한다. 여기에는 '제약 없는 영역', '무관한 배열의 독립성', '비독재성', 그리고 '파레토 원칙'(만장일치 존중으로 해석됨)이 포함된다. 이러한 형식적 유사성은 매우 인상적이라고 할수 있다.

29) 특히 서피스(1987), 파타나익과 쉬융성(1990), 슈타이너(Steiner, 1990, 1994), 카터(1995a, 1995b, 1996, 1999)를 보라. 또한 센(1990c, 1996d) 참조.

함'과 '지극히 비참함' 사이에서 선택할 수 있는 경우와 '행복'과 '매우 행복' 사이에서 선택할 수 있는 경우를 비교하면서, 두 경우 모두 정확히 두 개의 선택지가 있다는 이유만으로 그 사람이 가진 기회의 양이 동일하다는 주장은 실제 우리의 직관을 벗어난다. 기회는 우리가 가치 있게 여기는 것, 혹은 가치 있게 여길 이유가 있는 것과 무관할 수 없다.

기회 평가에 관한 논의에서 연구자들을 뚜렷하게 갈라 놓는 쟁점 하나는 선택지가 단 하나뿐인 경우(즉, 단위 집합)들에 대한 처리 방식이다. 이 경우 선택의 자유는 전혀 존재하지 않는다. '홉슨의 선택Hobson's choice'이 자유의 심각한 결여를 포함한다는 점은 명백하다(이 경우 '선택'의 기회 자체가 없다). 그러나 우리가 가치 있게 여기는 것을 가질 수 있는 기회라는 측면에서 보면, 이는 선택의 문제와 관련은 있지만 그 초점이 정확히 같지는 않다. 두 개의 단위 집합은 실제로 서로 다른 기회를 제공할 수 있다. 왜냐하면 그 대안적 상태들이 개인의 가치 평가상 매우 다를 수 있어서다(다르게 말하면, 만약 그 개인에게 선택권이 있었다면 선택했을 법한 내용이 두 경우 근본적으로 다를 수 있어서다).

그럼에도 자유에 관한 일부 연구에서는 모든 단일 집합이 사람에게 정확히 동일한 기회, 동일한 자유를 제공해야 한다고 가정하는 경향이 있다. 실제로 이러한 믿음은 존스와 서그든(1982)이 '선택 부재의 원리principle of no choice'(56쪽)라 부르고, 파타나익과 쉬용성(1990)이 '선택 부재 상황 간 무차별성indifference between no-choice situations, INS'(386쪽)이라 부른 형태로 공리화된다. 그리고 22장의 정리 11.3과 정리 11.4에서 보여지듯, '선택 부재 상황 간 무차별성'이라는 이 가정은 몇 가지 추가적인 (그러나 전혀 터무니없지만은 않은) 공리들을 통해, 이용 가능한 대안들 집합마다 그 안에 포함된 선택지의 개수만으로 자유의 정도를 측정하는 평가 체계로까지 이어질 수 있음은 증명될 수 있다. 이때 선택지들이 아무리 좋거나 아무리 끔찍하더라도 상관하지 않는다. 이러한 (가치 판단이 담긴 표현을 허락하면)'패착'은 '선택 부재 상황 간 무차별성'에서 시작된다. 서그든이 '선택 부재의 원리'라고 부른 바로 그것이다(이후 나는 이를 PNC

라고 부르겠다). 그런데 이 원리 자체는 (설사 이것이 다른 공리들과 결합할 때의 귀결은 일단 차치하더라도)과연 받아들 수 있을까?

PNC는 기회와 실질적 자유 평가에서 선호와 가치 판단의 관련성과 정면으로 충돌한다. 실제로 자유의 기회 측면에서, 더 나은 대안으로 구성된 단위 집합이 어떤 개인에게 더 많은 기회를 명확하게 제공한다는 주장은 타당하다. 벌린(1969)이 "어떤 개인 또는 사람들이 자신이 바라는 대로 살기를 선택할 수 있는 자유(179쪽)"라고 말할 때, 그 직접적인 참조점은 실제의 선택 행위에 어떤 선택지가 있었는지가 아니라, 자신이 바라는 대로 살아갈 수 있는 선택 능력 자체다. 이런 관점에서, 각각의 단위 집합에 대안 선택지는 없더라도, 그것들이 제시하는 실질적 기회는 분명 서로 다를 수 있다.

(앞선 논문 센 1982c에서 각색된)다음의 사례를 생각하자. 지난 일요일, 바스카르는 집에 머물며 여가를 즐기기로 선택했다. 좋은 책을 들고 침대에 누워 하루를 보낸 것이다. 그에겐 다른 많은 선택지가 있었지만, 그중에서 이 선택지, 즉 x를 택했다. 이제 반사실적으로 다음 경우를 상정하자. 한 폭력적인 건달이 바스카르의 삶에 간섭하려 들고, (예컨대 하수구에 뛰어들기와 같은)극도로 싫어하는 행동을 강요했다. 이 대안을 y라고 부르자. 바스카르는 합리적 선택의 여지가 있다면 절대로 y를 선택하지 않았을 것이나, 건달은 그런 선택지를 허용하지 않고 하수구에 들어갈 것을 강제한다. 이제 또 하나의 반사실적 경우를 상정하자. 이번에는 건달이 바스카르에게 집에 머물도록 하고, 결과적으로 바스카르가 실제로 행했던 바와 같은 행동을 강요한다. 이 경우, 최종적 결과만 보면, 선택된 것은 동일한 선택지 x지만, 이제 전체 선택지 집합은 하나뿐인 단위 집합 $\{x\}$로 축소되며, 더 이상 x가 다른 대안들 중 하나가 아닌 유일 선택지가 된다(이 차이는 각각의 포괄적 결과로 포착될 수 있다). 이 경우, 바스카르는 실질적 의미에서는 x를 **선택**한 것이 아니라 강요당한 것이다.

바스카르가 어차피 하려던 일을 강제로 했더라도, 그 과정에서 선택의 과정 자체가 무효화된다는 점에서, 중대한 자유의 상실이 있음은 분명하다. 단위 집합 {x}에서 x를 선택한 것은, 다양한 실질적 선택지들 가운데 x를 선택한 것과는 자유의 넓은 관점에서 분명히 다르다. 이 경우, 선택의 과정 측면이 심각하게 침해되고, 이러한 선택 과정이 자유의 기회 측면에 관련되는 한, 분명한 손실이 발생한다. 그러나 지금 우리가 논의하는 맥락에서 핵심적으로 물어야 할 질문은 다음과 같다. 즉, **기회의 자유** 관점에서 볼 때, 바스카르가 (그가 실제로 선택했을 행동임에도 불구하고)집에서 책을 읽으며 지내는 것으로 강제되면, 그것이 과연 그가 하수구에 빠지도록 강요당하는 것처럼 동일하게 기회의 자유를 침해당했다고 할 수 있는가? 바꿔 말하면, {y}는 정말로 바스카르의 기회 또는 자유 측면에서 {x}와 동등한 것인가? 우리는 PNC, 즉 파타나익과 쉬융성이 말한 '선택 부재 상황 간 무차별성[INS]'을 받아들여야만 하는가?

바스카르가 강요당한 두 경우를 비교할 때, 그가 각각 얻는 실질적 기회의 가치에 따른 구별은 합리적으로 보인다. 두 경우는 같지 않고, 실제로 이사야 벌린이 말한 "어떤 개인이나 사람이 원하는 방식으로 살고자 선택할 자유"라는 측면에서 실질적으로 다른 경우다. 이 점이 인식되면, PNC의 수용은 분명 오류다. 실제로, PNC는 단순히 그것이 다른 공리들과 결합할 때 매우 받아들이기 어려운 결과, 예컨대, 각 대안이 얼마나 탁월하거나 끔찍한지를 무시한 채, 선택지의 수만으로 자유나 기회를 측정하는 결과를 낳으므로 배척해야 하기보다는, 오히려 보다 더 근본적으로, PNC 자체가 매우 직관에 반하는 원칙이므로 거부해야 한다.

나는 이 주장을 애로우 강의에서 제시한 바 있고, 다른 저술에서도 강조한 바 있다(센 1992a). 거기에 따르면, 실질적 대안이 없더라도, 우리는 기회의 중요성을 평가할 때, 자유 평가에 반영하는 언어적 표현 방식을 사용함을 확인할 수 있다. 예컨대, 우리가 '천연두로부터의 자유'라고 말할 때, 그러한 자유의 성취는 천연두가 제거되었다는 사실에 달려 있다. 그러나 천연두의 박멸 자체는 어떤 사람의 선택지 수를 증가하는 것이 아닐 수 있다. 오히려 그것은 하나의 선택지(천연두 없는 삶)를 **얻는** 것과 동시에, 하나의 선택지(천연두에 걸릴 기회)를 **잃는** 것일 수 있다. 하지만, 일반적으로 우리는 천연두에 걸리기를 바라지 않고, 또한 그렇게 바랄 이유도 없으므로, 우리가 본의 아니게 천연두 없는 삶을 사는 경우는, 본의 아니게 천연두에 시달리는 삶을 사는 경우에 비해 실질적 자유의 성취로 간주된다. '천연두로부터의 자유'는 분명 타당한 표현이며, 그것이 천연두 박멸과 관련하여 일반적으로 사용되는 것도 충분히 타당하다. 반면 '천연두에 걸릴 자유'와 같은 표현은, 우리가 가진 선호와 기회 평가를 고려할 때, 설득력 없는 표현이다.

7. 선호, 최선의 선택 그리고 불확실성

선호가 자유의 기회 측면을 분석할 때 근본적으로 중요하다는 점은 명확하다. 그러나 양자 간 연결 방식은 그리 단순하거나 직선적이지 않다. 실제로, 자유와 기회의 이해에 관한 서로 다른 접근들은 선호와 자유 간 관계를 서로 다른 방향으로 이끌 수 있다.

예를 들어, '현시 선호 이론revealed preference theory'(새뮤얼슨 1938, 1947)을 자유 이론으로 변용하여 적용하면(물론 이 이론은 원래 다른 목적을 위해 고안되었다), 선택지 집합 S(예, 예산 집합)가 드러내는 전반적 기회는 그 집합에서 실제로 선택된 항목 x의 가치 그대로 평가된다. 선택의 자유를 평가할 때, 만일 선택지 집합 S에서 일부 항목들이 제거되어도 (최선의 선택인)x가 여전히 선택 가능한 상태로 남으면, 아무런 손실이 없다. 실제로 이 접근 방식에서, S의 다른 모든 항목들을 사용할 수 없고 오직 x만 남더라도, 선택된 x가 S에서 가장 가치 있는 기회, 즉 '최선의 선택'을 대표하므로 소중한 기회의 손실은 전혀 없다고 본다.

이러한 '최선 선택' 중심의 기회 이해 방식은 다음과 같은 경우에 일관되게 작동한다. 개인이 단 하나의, 완비된 선호 순위를 확정적으로 가지고, 선택의 과정이나 대체 가능한 선택지의 존재, 혹은 어떤 대안을 거절할 수 있는 기회, 또는 가상적 선호의 관련성 등에 기본적 관심이 전혀 없을 때다. 하지만 이러한 추가의 관심들을 도입하면, '최선 선택' 관점은 그에 맞는 수정이나 확장이 필요하다. 예컨대, 쿠프만스(1964)와 크렙스(1979, 1988)는 기본적으로 '최선 선택' 접근을 따르면서도, 미래 선호 불확실성이 존재하는 상황을 전제로, '유연성'의 중요성을 인정해야 한다고 주장한다.[30]

그들이 발전시킨 해법에 따르면, 한 개인이 현재로선 자신의 미래 선호를 알 수 없는 경우, 그는 미래의 '기회 집합'을 선택할 때, 다양한 효용 함수에서 해당 최대 요소들로부터 기대되는 효용을 각각의 확률로 가중 평균하여 최대화하고자 한다. 이는 앞서 언급된 (현시 선호 이론에서 가져온)단순 모형을 유지하면서 미래 기호에 대한 불확실성 외에 다른 복잡성을 도입하지 않으면, '최선 선택' 관점의 기회 개념에 대한 (사실상 매우 그럴듯한)하나의 변형이라 할 수 있다. 실제로 만약 미래 기호까지도 완전히 알려지면, 이 쿠프만-크렙스 모형에서조차 '유연성에 대한 선호'는 완전히 사라진다.

이에 반해, 다른 학자들은 일반적으로 '최선의 선택' 접근법 자체를 반대하고, 기회나 자유의 가치를 가능한 선택지들 중 선택된 항목 또는 최선 항목의 가치로 환원하는 것에 이의를 제기한다. 특히 하이에크(1960)는 자유와 기회에 관한 일반 논의에서 다음과 같은 인상적인 문장을 통해 '최선의 선택' 관점에 사실상 반대 의견을 제시했다.

> 우리가 어떤 특정한 일을 할 자유를 갖는 중요성은, 우리 자신이나 다수가 실제로 그 가능성을 활용할 가능성이 있는지 여부와 아무런 관련이 없다. 오히려 특정한 일을 할 자유의 실제 활용가능성이 낮을수록,

---

30) 불확실성을 자율성의 중요성과 연결하며 이러한 사고의 흐름을 확장한 애로우(1995) 참조. 이 문제는 이 글 후반부에서 다시 다룬다.

　제6부 ● 자유와 사회적 선택

그 자유는 사회 전체로 볼 때 더욱 소중하다고 말할 수 있다. 그 기회의
가능성이 낮을수록, 그것이 실제로 발생했을 때 그것을 놓치면 손실이
더 심각하다. 기회가 제공하는 경험은 거의 유일무이하기 때문이다.[31]

기회의 최선 선택 관점은 내가 이전(센 1985b, 1991)에 기회의 '기초 평가'
라 부른 것과 밀접한 연관이 있다. 이는 한 선택지 집합이 제공하는 기회를,
그 안에 포함된 특정 요소의 가치 하나로 판단하는 방식이다. 이 특정 요소는
선택된 요소일 수 있고, (존재하면)최선의 요소일 수도 있으며, 혹은 최대 요소
중 하나일 수도 있다(일반적으로 최선 선택 접근에서는 이들이 모두 동일하다고 간
주된다). 이제 일반적으로 '기회의 기초 평가'에서, 그리고 특히 '최선 선택 접
근'에서 무엇이 잘못될 수 있는지 질문해 보는 것이 유용하다.

8. 선택 과정과 기회

기회의 '최선 선택' 접근의 한계를 이해하려면 여러 쟁점을 신중하게 검토
하고 구별해야 한다. 우선, 선택 과정 자체가 중요하다. 선택 행위는 분명히
인간 삶에서 소중히 여겨지는 활동일 수 있고, 어떤 기회 이론이나 자유 이론
도 이를 완전히 무시할 수 없다. '인간 선택의 폭을 넓히는 것'이라는 목표는
종종 개발의 주요 지향으로 간주되며, 다만 무엇이 '인간 선택의 폭'으로 간
주되야 하는지를 판별하는 일은 다소 모호할 수 있다.[32]

---

31) 하이에크(1960), 31쪽. 선택의 과정과 대안의 가용성에 특히 초점을 맞추며 자유의 중요성에 대한 그의 접근으로는
하이에크(1967, 1978) 참조.

32) 경제 개발의 목표를 개괄하며, 바우어(Peter Bauer, 1957)는 다음을 주장한다. "나는 선택 범위의 확장, 즉 사람들
이 실질적으로 선택할 수 있는 대안의 범위가 늘어나는 것을 경제 개발의 주요 목적이자 기준으로 본다. 그리고 나는 어떤
조치든 그것이 개인에게 열리는 대안의 범위에 미칠 가능성 있는 효과에 따라 주로 판단한다(113~114쪽)." 루이스(W.
Arthur Lewis) 역시 경제 개발의 궁극적 목표로 "인간 선택의 범위 확대"를 들지만, 이 포괄적인 목표를 곧바로 "1인당
산출량의 증가"로 좁혀 규정한다. 왜냐하면 그것이 "인간이 자신의 환경을 보다 잘 통제할 수 있게 하며, 그로써 자유를
증대시킨다"고 보아서다. 그는 이 목표를 매우 좁게 설정하며 "우리의 주제는 분배가 아니라 성장이다"라고 밝혔다(루이
스 1955, 9~10쪽, 420~421쪽). 이 문제들과 각 입장의 범위는 센(1999)에서 다룬다.

선택 과정의 중요성은 적어도 두 가지 서로 다른 관심사를 반영할 수 있는데, 이를 각각 '선택 행위의 가치 평가'와 '선택지 감식'으로 부를 수 있다. 전자는 선택 행위 그 자체에 부여될 수 있는 가치와 관련 있고, 후자는 선택 행위에서 자신이 가지는 선택지의 폭과 그 의미를 얼마나 가치 있게 알아보는가를 반영할 수 있다. 선택 과정을 살펴볼 때는 실제로 누가 선택하는지를 주목할 필요가 있고, 또한 어떤 선택지들이 존재하는지도 함께 고려해야 한다. 스스로 선택할 자유는 소중한 기회가 될 수 있으며, 이는 다양한 가치 있는 선택지가 존재한다는 사실이 제공하는 기회와 구별되어야 한다.

선택 행위가 한 개인에게 가질 수 있는 중요성을 논의한 다음에는 선택할 기회 자체가 항상 무조건적 이점은 아니라는 점도 지적해야 한다. 예를 들어, 두 사람이 모두 과일 바구니 속 마지막 과일을 선택하지 말라는 관습에 강력하게 지배되면, 상대방이 대신 선택해 주는 행위가 오히려 선택하지 않은 사람에게 유용할 수 있다(관련 논의는 4장 "극대화와 선택 행위" 참조). 많은 경우, 선택자가 되는 기회는 성공적 성취자가 되는 기회에 반할 수 있다. '스스로 선택할 수 있는 능력'이 종종 소중한 기회가 된다는 중요한 인식이 있지만, **선택할** 기회와 **성취할** 기회 사이의 구분을 포함한 다양한 차이를 파악하지 않으면 기회 개념을 적절히 이해할 수 없다는 사실 또한 인정해야 한다.

마찬가지로, 경우에 따라 엄청나게 다양한 선택지의 존재는 선택자에게 일정한 현혹 효과를 줄 수 있고, 실제로 어떤 사람은 더 좁은 선택지 범위를 선호할 수 있다. 이러한 고려들은, 종종 오해되듯, 자유가 아주 나쁜 것일 수도 있다는 주장이나 일반적으로 우리가 더 많은 선택을 원할 이유가 없다는 주장을 의미하지 않는다. 오히려 자유와 기회를 평가할 때 선택 행위의 수행 효과와 더 많은 선택지 제공 효과가 서로 다를 수 있음을 적절히 고려해야 함을 시사한다(센 1992a 참조).[33] 더 많은 선택을 추구할 '공간'을 명확히 하는 것은

---

33) 물론, 개인의 복지가 더 많은 자유를 갖게 됨으로써 오히려 부정적으로 영향받을 수 있으며, 관련하여 분리해 검토해야 할 여러 복잡한 관계들이 있다. 자세한 내용은 동반 저서인 *Freedom and Justice*에 수록된 내 듀이 강의(센 1985a)

매우 중요하다. 자유는 다양한 형태로 존재하며, 콰인^{Quine}(1987)이 지적하듯, 우리는 때로 '이차적 자유, 즉 결정으로부터의 자유'를 추구하기도 한다(68쪽). 상충하는 고려들이 존재한다는 사실을 인정하는 것이, 물론 자유 일반을 반대하는 논거가 아니며, 모든 공간에서의 선택 자체를 반대하는 논거도 아니다. 그러나 어떤 방식으로 더 많은 자유를 추구할지, 그리고 어떤 영역에서 더 많은 선택을 원하는지는 면밀히 살펴볼 충분한 이유다.

사실, 선택지를 (예컨대 4장의 분석처럼 단지 '궁극적 결과'가 아니라 '포괄적 결과'를 포함하는)'포괄적' 방식으로 사고하는 장치는, 최소한 형식적으로 선택지를 기술할 때 관련 고려 사항을 포함할 수 있게 한다[34] 우리는 심지어 모든 포괄적 결과에서 정의된 '포괄적 선호 순위'(또는 준순서)를 고려할 수 있는데, 이는 다음과 같은 요소, (1) 선택이 이루어진 집합(예, 단순히 선택된 x가 아니라 집합 S에서 선택된 x로 보며, 이를 x/S로 나타냄), (2) 선택 행위의 다양한 특성을 포괄적 선택지의 설명에 포함하며(예, 실제 선택 과정과 선택지의 범위를 x/S의 특성에 포함), (3) 각각의 선택으로부터 따라오는 다른 결과를 포괄할 수 있다. 일단 이러한 관련 측면들이 포함되면, 상당 부분 이러한 방식으로 재정의된 기초 평가에 따라 기회를 사고할 수 있다. 이때 그 '요소들'은 표준적 '최선 선택' 접근 같은 전형적인 기초 평가 모델링의 경우보다 훨씬 많은 정보를 담고 있다는 점에서 차이가 있다.[35]

한 사람에게 열려 있는 대안가능성들의 집합은 재정의되고 확장된 집합으로 표현할 수 있다. 예를 들어 x, y 등은 선택이 이루어지는 집합 S의 요소라고 할 때, 그 사람의 선택은 $x/S, y/S$ 등과 같은 선택지를 대상으로 한 선택으로 간주될 수 있고, 이는 재정의된 선택지들인 $x/T, y/T$ 등을 대상으로 하는

를 볼 것. 이 구분은 이 책의 1장("합리성과 자유")에서의 논의와도 관련있다.

34) 여기서 핵심 문제는 해당 선택들의 평가 및 기회의 판단에서 관련 정보의 포함이다. 행위자 관점에서 본 합리적이고 도덕적인 선택에서 정보가 하는 역할로는 15장 "위치적 객관성"과 16장 "다원주의적 진보관에 대하여", 그리고 다른 저서 *Freedom and Justice*에 실린 "도덕 정보"와 "도덕 원칙의 정보 분석" 장에서 다룬다.

35) 스즈무라(1983, 1996), 센(1985a, 1985b), 파타나익과 쉬융성(1998, 2000a, 2000b) 참조.

또 다른 집합 T에서의 선택과 동형일 필요가 없다.[36] 또한 재정의된 선택지들(x/S, y/T 등)에 대한 그 사람의 이성적 평가를 고려하는 것도 가능하며, 이러한 '포괄적 선호 순위'는 기회를 평가하기 위한 기본 구성 요소가 될 수 있다. 선택지의 설명 속에 '누락된' 정보를 적절히 포함하도록 선택지가 재정의된 후에는, 기초 평가 기법을 적용하는 데 정보상의 공백이라는 측면에서의 반대가 줄어든다. '궁극적 결과'가 아니라 '포괄적 결과'를 기준으로 최대화 행위를 사고하거나 재정의되지 않은 선택지(예, x, y 등) 대신 재정의된 선택지(x/S, y/T 등)를 기준으로 사고하는 방식의 차이는, 포괄적 정의역이 지닌 정보량의 풍부함으로 실제로 엄청나게 중요한 차이가 생긴다(이 책의 4장 '극대화와 선택 행위' 참조).

선택 과정의 관련성과 이를 기회 평가의 구조 속에 통합하는 방식들을 살펴본 데 이어, 간략하게나마 일부 사람들이 분명히 제기할 수 있는 방법론적 이의도 언급해 두어야겠다. 이는 선택 과정이 다시금 '선택 과정을 선택하는 과정'을 고려함으로써 더욱 '풍부하게' 구성될 수 있고, 이러한 식으로 무한 회귀할 가능성이 있다는 지적이다. '회귀적 작용^{retroactive incidence}'에 민감한 사람에게는, 이것이 과연 어디서 멈추어야 하는지에 대한 어려운 딜레마일 수 있다. 그러나 핵심 쟁점은 분명 형식적 대칭성 문제가 아니라 실천적 관련성 문제다. 더 멀리 '뒤로' 돌아가는 게 가능하다는 점을 인정하더라도, 이렇게 더 멀고 더 모호한 선택 과정 관련 고려 사항들에 대해 실제로 우리가 어느 정도의 중요성을 부여하느냐와 무관하게, 우리가 선택 대안의 과정에 많은 사람이 부여하는 중요성("누가 선택했는가?", "어떤 선택지 목록에서 선택했는가?" 등)을 고려하는 것을 막지 않는다. 이는 우리가 저항할 수 없이 점점 더 후퇴하는 방향으로 내몰리지 않으면서도 그러한 중요성을 고려할 수 있음을 의미한다. 여기에는 확실히 분석적 질문이 자리하지만, 그것이 실질적 의미에서 반드시

---

36) 불협화음은 선택 이론에서 자주 사용되는 통상적인 일관성 조건의 정당성에 치명적 영향을 미친다. 이는 3장 "선택의 내적 일관성"과 4장 "극대화와 선택 행위" 참조. 선택 함수에 대한 공리적 분석은 이에 따라 재구성해야 한다.

중대한 실천적 함의를 지닌다고 볼 필요는 없다.

9. 기회와 불완전성

기회에 대한 '최선 선택' 접근은 다른 이유들로도 추가의 보완과 수정이 필요하다(단지 선택 행위의 중요성이나 선택되지 않은 다른 선택지들의 관련성 때문만이 아니다). 그중 한 가지 이유는 (근대 사회 선택 이론 문헌에서 한 장을 빌린 것처럼) 이미 논의한 바의 고려 사항인데, 개인의 선호가 불완전할 수 있다는 점이다. (형식적으로는 부분 준순서의 형태를 갖는)불완전 선호 순위를 전제할 경우, 개인은 자신이 선택할 수 있는 '최선의 선택'을 갖지 않을 수 있고, 이는 분명 어떤 방식으로든 '최선의 선택' 접근을 약화시킨다. 이러한 가능성을 고려하면, 앞서 논의처럼, 개인의 선택은 (설령 그가 극대화 행동을 고수하더라도)자신에게 '최선'인 것을 반영한다고 해석될 수 없다. 극대화 행동은 다만 선택된 대안이 '극대적'이어야 한다는 조건, 즉 다른 어떤 선택지보다 나쁘지 않다는 조건만을 요구하기 때문이다. 따라서 **포기된 선택지**들이 선택된 대안보다 '**기껏해야** 더 동등하거나 그 이하'라고 해석할 수 없다.

보다 면밀히 분석한 결과, 사실 아직 순위가 매겨지지 않은 선택지가 실제로 더 나은 것으로 판명될 가능성은 충분히 있다. 이 경우는 선호의 불완전성이 '단정적'이라기보다 '잠정적'일 때 쉽게 발생할 수 있다(이 구분은 이 책의 1장과 4장에서 논의되고, 동반 저서인 『자유와 정의』에서 더 폭넓게 다뤄진다). '최선의' 대안을 선택할 경우, (물론 개인 선호의 **변화**가 실제로 일어나지 않는 한)나중에 선택된 대안이 거부된 다른 대안보다 더 나쁘다고 간주되는 일은 일어나지 않는다. 그러나 선택된 대안이 단지 '극대적'일 뿐이고, 선호의 불완전성이 단지 '잠정적'일 경우 그런 일은 쉽게 일어날 수 있다.

설령 이러한 일이 발생하지 않더라도(그리고 선호의 불완전성이 전적으로 '단정적'이라도), 단지 극대적일 뿐인 경우에는 선택된 대안이 선택되지 않은 모든 대안들보다 "적어도 더 낫다"고 가정할 수 있는 정당성이 없다. 이는 기회를 평가하고 그 가치를 산정할 때 실질적 차이를 만들어 낸다. 선택된 대안의 가치로 기회를 식별하는 '최선의 선택' 접근이 보여 주는 명쾌한 단순성은 (극대화 행동을 전제하더라도, 불완전성이 있는 경우)더 이상 작동하지 않는다. 보다 일반적으로 말하면, 선택 가능한 항목들에 대한 선호 순위가 불완전한 상황에서, 그러한 선택지들이 제공하는 기회의 관점에서 선택지 **집합**들을 완전하게 순위화할 수 있으리라고 기대하기는 어렵다.

기회 평가에서 불완전 선호 순위를 가지고 얼마나 멀리 나아갈 수 있는지는 더 논의할 테지만, 지금은 일반적인 방법론적 문제 하나에 주목해야 한다. 이 문제는 때때로 제기되는데, (선호 준순서에서)선택지의 순위화나 (자유 평가에서)기회의 순위화에서 불완전성이 반드시 난처한 일로 간주되어야 하느냐라는 문제다. 실제로 평가 순위의 불완전성은 흔히 '결함'이나 적어도 '제한'으로 여겨진다. 어떤 비교가 이루어질 수 없다면, 그 평가 과정에 무언가가 결핍되었다고 주장할 여지도 있기 때문이다.

나는 다른 글에서 일반적 가치 평가에서 이러한 생각이 그다지 타당하지 않다고 주장한 바 있다. 이는, 첫째, 모든 대안을 서로 비교하여 순위를 매길 수 없는 데에는 종종 충분히 납득할 만한 이유가 있고, 둘째, 불완전한 순위 배열을 사용하더라도 합리적 선택을 효과적으로 할 수 있기 때문이다.[37] 실제로, 뷔뤼당의 당나귀가 굶어 죽은 이유는 불완전성이 해소되기를 기다렸기 때문이라는 해석도 있다(이 이야기에서 당나귀는 두 개의 건초 더미 모두 아주 맛있

---

37) 나는 이 문제를 센(1970a, 1970b, 1993a, 1997a), 바수(1980), 퍼트넘(1996)에서 다룬다. 여기서 내가 주장하려는 바는, 일부 '통약가능성(commensurability)'에 관한 문헌에서 암시되듯이, 구성 요소 간의 다양성이 곧바로 불완전성을 초래한다는 입장을 취하려는 것이 아니다. 두 사물은 서로 다르고 공통된 단위로 측정될 수 없더라도, 우리가 중시하는 가치에 따라 매우 쉽게 서열화될 수 있다. 예컨대 나는, 맛 있는 망고와 탄 감자 사이에서 보통 큰 어려움 없이 선택할 수 있다. 둘이 본질적으로 서로 다르고 통약 불가능할지라도 말이다. 진짜 쟁점은, 우리가 그러한 다양한 묶음들 사이의 상대적 중요성에 대한 가치 판단을 얼마나 포괄적이고 명확하게 갖고 있는가에 달려 있다. 그 판단이 충분하면 완비적 순서를 구성할 수 있다.

어 보여 어느 쪽이 더 나은지 판단하지 못한 채 망설이다 굶어 죽었다). 일반적으로, 완전한 순위 배열에서만 선택하려는 전략은 행위의 합리성을 심각하게 제약할 수 있다.[38]

불완전성 가능성은, 사실상 자유와 기회 평가로 넘어올 때 더욱 증대될 수 있다. 실제로, 기회 평가에서는 개별 선택지에 대한 선호가 완전할 **때조차** 불완전 순위가 도출될 수 있다. (개별 선택지에 대한 선호 순위의 완전성 여부를 불문하고)일단 '최선 선택' 접근 방식의 지나치게 단순한 틀을 벗어나면, 서로 다른 여러 고려 사항들을 상호 비교해 조율해야 하고, 이러한 고려 사항들은 쉽게 상충할 수 있다. 이러한 예시는 22장에서 논의되는 '자유와 기회 평가'에서 찾아볼 수 있는데, 그 장에서는 (1) 극대 선택의 우월성, (2) 선택지 집합 또는 기회 집합의 크기와 범위에 관한 고려가 서로 어긋날 수 있다는 점 등이 논의되며 그 결과 그 에세이에서 논의된 공리 D.1 및 공리 D.3과 같은 혼합적 요구가 제기된다.[39]

기회의 평가에는 정보 초점의 차이와 가치 평가 방식의 다양성에서 비롯되는 여러 유형의 고려 사항들이 실제로 존재한다. 때로는 적절한 '균형 조정'의 판단이 단순할 수도 있지만, 많은 경우 그렇지 않다. 예컨대, 일반적으로 왕의 자유가 빈민의 자유보다 높다고 순위를 매기는 일은 별 어려움이 없겠지만, 찰스 1세처럼 부유하고 권력을 가졌지만 42세에 참수된 인물이나, 조지 3세처럼 정신 질환과 강제 수용 경험이 있는 인물을 평가하기에는 큰 어려움이 있다. 이들 찰스 1세와 조지 3세가 분명 왕국의 다른 이들이 갖지 못한 여러 기회를 가졌을지라도, 이들을 건강하고 장수했지만 매우 가난한 시민과 비교하면, 서로 다른 관점에 따른 여러 이유로 인해 상반된 판단을 낳을 수 있다.

---

38) 1장, 3장, 4장 참고.

39) 이 문제를 다층 선호의 관점에서 평가한 포스터(1993)의 연구와, 관련된 분석 결과인 정리들 (정리 12.1)과 (정리 12.2) 참조.

모든 경우에 반드시 기회의 순위가 완전히 매겨져야 한다는 주장은 큰 의미가 없다. 자유나 기회 평가가 중요한 이유는 모든 선택지 집합을 다른 모든 선택지 집합과 비교하여 순위를 매길 수 있는 가능성이 아니라, 우리가 충분히 타당하게 수행할 수 있는 다양한 비교들의 관련성과 범위다. 사람들이 처한 여러 상황(예컨대, 나치 수용소에서의 억압, 적대적 정치에서 소수 집단을 겨냥한 박해 등과 같은 상황) 속에서의 비자유 상태는 자유의 완전한 순위가 나타날 때까지 보류되어야 할 어떠한 이유도 없다. 극심한 빈곤이나 감염병에 무방비 상태인 경우의 비자유 역시, 자유나 기회의 완전한 순위 배열이 도출될 때까지 그 대응을 미루어야 할 이유가 없다.[40] 완전한 명료화 작업이 유용한 명료화 작업에 방해가 될 필요가 없는 것이다.

10. 다층 선호, 교집합, 그리고 우월 관계

이제 다시, 기반이 되는 선호 준순서가 불완전한 경우, 기회를 순위화하기 위해 우리가 무엇을 할 수 있는지(그리고 어느 정도까지 가능한지)에 대한 질문으로 돌아가고자 한다. 만약 우리가 기초 평가를 적용하면, 두 선택지 집합 A와 B를 비교할 때, A 안에 B의 모든 요소보다 최소한 낮다고 판단되는 어떤 요소가 존재하는지 확인할 수 있다. 그렇다면, (이렇게 확장된 형태의)기초 평가의 기본 논리를 활용하여 A가 B보다 더 많은 기회를 제공한다고 주장할 수 있다. 이는 22장에서 기초 선택지 우위^{Elementary Option Superiority, EOS}라 불리는데, 22장에서는 또한 기초 방식에 근거해 선택지 집합을 비교하는 또 다른 방식을 제시함으로써 우리를 한층 더 나아가게 해 준다. 기초 대응 우위^{Elementary Correspondence Superiority, ECS}는 B의 모든 요소에 대해 A 안에 우월한 선택지가 존재하는지를 확인하는

---

40) 기회와 자유의 비교에 기초한 사회적 판단의 실제적 관련성은 센(1999a)에서 다룬다.

방식이다(EOS와 달리, 각 경우마다 우월성이 입증되는 선택지가 동일할 필요가 없다). EOS와 ECS 모두 기반이 되는 선호 준순서가 불완전한 경우 일반적으로 불완전 기회 순위를 산출하지만, ECS에 의해 생성되는 순위는 EOS보다 더 광범위할 수 있으며, 그 반대는 결코 아니다(22장의 T.4.1 참조).[41]

그렇다면, 왜 더 많은 정보를 제공하는 ECS를 사용하지 않는가? 이것이 타당한 방식일 여부는 해당 분석이 어떤 성격을 지니는가에 달려 있다. 만약 집합 A가 ECS에 따라 최소한 집합 B만큼의 기회를 제공하면, 우리는 B에서 무엇을 선택하건 A에서는 그것보다 최소한 나은 **무언가**를 선택할 수 있었음을 알 수 있다. 그러나 이것은 A에서 정확히 무엇을 선택해야 하는지를 알려 주지 않으며, 실제로 A에서 선택한 것(이를 x라 하자)이 (비록 A 안에 y만큼 좋은 다른 요소가 존재하더라도) B에서 선택한 y만큼 좋지 않을 수도 있다. 따라서, ECS는 범위가 제한적이라는 점에서, EOS보다 선택 알고리즘 측면에서 덜 유용할 수 있다.

이러한 문제는 22장에서 폭넓게 다룬다. 여기서는 더 깊이 들어가지 않는 대신, 포스터(1993)가 제기한 상당히 흥미로운 질문을 살펴보겠다. 그것은 한 개인이 동시에 여러 개의 선호를 지닐 수 있다는 점과 관련이 있다. 선호의 다원성은 다양한 방식으로 처리할 수 있지만, 그중 하나는 이 다층 선호를 교집합으로 '환원'하는 것이다(이 방식이 그다지 만족스럽지 않다는 점은 곧 논의한다). 앞서 언급했듯이, 선호 배열의 불완전성은 한 사람이 여러 대안적 가치 평가를 고려할 수 있다는 사실에서 비롯할 수 있고, 그녀에게 그중 어느 것도 전적으로 비합리적으로 보이지 않을 수 있다. 따라서 이러한 불완비 배열은 실제로 이 모든 가치 배열들의 '교집합 준순서 배열'일 수 있으며, 이는 일치하는(혹은 '공유된') 쌍별 순위를 반영한다.[42] 이 경우, 기회의 자유 배열에서

---

41) 22장에서 보듯이, EOS(기초 선택 우위 조건)와 비교할 때, ECS(기초 대응 우위 조건) 기준은 몇 가지 다른 매력적인 성질이 있다. 그중에는, 선호의 준순서가 엄격하게 불완전해도 기회 순위의 '재귀성(reflexivity)'을 보장할 수 있다는 점도 포함한다(해당 장의 정리 4.2 참조).

42) 이 책의 1장 참조. 교집합 준순서 배열의 분석적 속성과 그 광범위한 관련성은 센(1970a, 1970b, 1973a)에서 다룬

불완전성을 이해하려면 다층 선호의 존재와 그 중요성으로 해석해야 한다. 그러나 불완비 배열이 다층 선호가 가진 그 풍부함을 적절히 포착할 수 있는 방식인가?

포스터(1993)는 그 답이 부정적일 수밖에 없음을 보여 준다. 다층 선호가 존재할 때 다층 선호를 직접 활용하는 대신, 그것들의 교집합 준순서 배열을 통해 기회를 배열하면 기회의 순위 배열은 덜 명확하다. 포스터는 이 절차가 내 작업과 관련한 것임을 적절히 지적한다. '교집합' 접근법에서는 먼저 다층 선호의 교집합 R^I를 취하는데, 이는 일반적으로 부분 준순서 배열이고, 그런 다음 앞서 논의한 방식으로 EOS(기초 선택지 우위) 또는 ECS(기초 대응 우위)를 적용한다. 이에 비해 포스터는 대안적 기회 집합을 비교할 때 다음의 방식을 취한다. 집합 B의 모든 선택지 x에 대하여, 다층 선호 중 어떤 것이 '참'으로 판명되더라도, 집합 A 안에 x보다 적어도 더 낮거나 같은 어떤 선택지가 존재하는지를 묻는다(이때 x를 약하게 이기는 A의 선택지는 다층 선호 중 어떤 것이 '참'인지에 따라 달라질 수 있고, 항상 동일한 선택지일 필요는 없다). 이것은 ECS의 논리를 한 걸음 더 확장한다. ECS에서는 B에서 선택된 구체적 선택지에 따라 A에서 그것을 이기는 선택지가 달라질 수 있다고 보지만, 포스터 방식에서는 A에서 '이기는' 선택지가 다층 선호 중 어떤 것이 '참'으로 확정되었는가에 따라서도 달라질 수 있음을 추가로 고려한다.

(22장에서 논의될)포스터(1993)의 예시를 살피면서, 네 개의 선택지 a, b, c, d에 대해 두 가지 순위가 있다고 하자. 첫째 가능한 순위에서는 이 네 선택지가 내림차순으로 a, b, c, d 순(순위 1)으로 배열되며, 둘째 가능한 순위에서는 이와 정확히 반대 순서인 d, c, b, a 순(순위 2)으로 배열된다. 이 두 배열이 만들어 내는 교집합 부분 순서 배열은 공집합, 즉 어떤 선택지도 다른 선택지에 비해 우위를 가지지 않는다는 점은 주목할 필요가 있다.

다. 레비(1986)도 함께 볼 것.

이제 두 개의 대안적 기회 집합 {a, d}와 {b, c}를 생각하자. 교집합 부분 순서 배열이 공집합이므로, EOS나 ECS 어느 것도 이 두 선택지를 순위화할 수 없다. 그런데도 포스터 방식은 분명히 {a, d}를 {b, c}보다 더 나은 기회로 판단한다. {b, c} 중 (예컨대 b처럼)어떤 선택이 이루어지더라도, 가능한 두 선호 순위(순위 1과 2) 각각에 대해 {a, d} 안에 더 나은 선택지가 존재한다. 순위 1이 성립할 경우, b와 c보다 나은 {a, d} 안의 선택지는 a이고, 반대로 순위 2가 성립하면 b와 c보다 나은 선택지는 d다. 따라서 포스터 방식은 교차 방식이 제공하지 못하는 무언가를 제공하는 셈이다(이 경우 교차 준순서가 공집합이므로, EOS 기준이든 ECS 기준이든 아무것도 순위화하지 못한다).[43]

그렇다면 포스터 방식이 단순히 더 나은 방식일까? 어떤 면에서는 그렇다. 그러나 포스터가 제안한 다층 선호를 직접 사용하는 방식이, 내가 시도한 교집합을 통한 방식보다 기회를 순위화하는 데 더 넓은 범위를 제공할지라도, 그것이 과연 선택 기회의 안내자로서 충분히 신뢰할 수 있고 견고한 방식인지는 큰 의문이 남는다. 이는 또한 사건의 순서에 관한 문제다. 즉, 선호의 불확실성이 먼저 해소된 뒤 기회 집합에서 선택이 이루어지는지, 아니면 먼저 기회 집합에서 선택이 이루어진 뒤 선호의 불확실성이 최종적으로 해소되는지에 따라 결과가 달라질 수 있다. 이 문제는 22장에서 좀 더 형식적으로 다루겠지만, 일반적 관심사와 관련이 있는 만큼 여기서도 비형식적으로 다룰 필요가 있다.[44]

하나의 예를 생각하자. 음악에 재능이 있지만 부유함을 마다하지 않는 사람이 세 가지 선택지를 고려한다. 즉, 그 사회에서 수입이 매우 낮은 전업 음악가가 되는 길(x), 적당히 급여가 높은 다른 분야의 본업과 병행하여 음악을 부업으로 하는 길(y), 그리고 음악에 시간을 쓸 여유는 없지만 다른 면에서는

---

43) 포스터(1993)의 접근 방식은 그가 논의한 것처럼 다른 장점들이 있다. 하나의 가능한 선호 배열에서는 거부될 대안이 다른 선호 배열에서는 여전히 의미를 가질 수 있다는 기본적 사고는 기회 집합 내 다양한 선택지 보유에 대한 가치 평가 같은 다른 방식으로도 활용될 수 있다.

44) 이에 대한 형식적 결과에 대한 관련 쟁점은 22장의 5~8절 참조.

매우 부유해질 수 있는 전업 사업가의 길(z)이다. 이 사람은 두 가지 대안적 선호 순위를 고려한다. 하나는 음악을 중시하는 순위로 선택지를 내림차순 x, y, z로 배열하고, 다른 하나는 부를 중시하는 순위로 선택지를 반대로 z, y, x 순으로 배열한다. 포스터 방식을 면밀히 검토하기 위해 묻고 싶은 중요한 질문은 다음과 같다. 과연 y를 제거한 축소된 기회 집합 $\{x, z\}$에서도, 포스터 방식이 시사하듯, 이 사람이 $\{x, y, z\}$와 동일한 수준의 행위자 자유가 있을까?

여기서 주목할 점은, 어떤 선호 순위가 실제로 나타나건 y는 $\{x, z\}$에 속한 다른 대안 중 하나에 지배된다는 것이다. 즉, 음악 지향 순위가 성립하면 y는 x에 지배되고, 전업 사업가 지향 순위가 성립하면 y는 z에 지배된다. 따라서 포스터 방식에 따르면 y를 제거하더라도 아무런 손실이 없다는 결론이 나온다. 그런데 만약 선택 시점에 선호에 대한 의심이 아직 해소되지 않으면, 이 사람은 x를 선택할지 z를 선택할지 알 수 없다. 그리고 어떤 것을 선택하든, 그녀는 y를 선택했을 경우보다 나쁘게 될 가능성이 충분히 있다(음악 지향 순위가 성립할 경우 y는 z보다 낮고, 전업 사업가 지향 순위가 성립할 경우 y는 x보다 낮기 때문이다).

실제로 y를 선택하면 일정한 '안정성'이 있고, 최악의 결과를 방지할 수 있다는 점에서 일부 타당성이 있을 수 있다. 따라서 이 사람의 행위자 자유 측면에서 y를 제거하는 것이 전혀 해가 되지 않는다는 결론이 이 시나리오에서는 쉽게 유지할 수 없다. 포스터 방식은 사건들 순서에 따라 타당할 수도 있고 아닐 수도 있는 일정한 사건 전개의 순서를 전제하며, 이 전제가 성립하느냐에 따라 방식의 타당성이 달라진다. 선택 행위가 이루어지기 **전에** 선호의 다원성이 제거되지 않는 한, 다층 선호 접근법에 따르면 y를 '폐기'해서는 안 되는 이유가 존재한다. 그리고 이는 물론 '교집합' 접근법과도 정확히 부합한다.[45] 이러한 인식은 포스터 방식의 중요성을 부정하지 않는다. 이 방식은 선

---

45) 선호의 다원성이 불확실성의 문제가 아니라 자율성의 문제라도(이에 대한 구분은 다음 절에서 더 다룬다), 이 문제는 여전히 남는다. 예컨대 주인공이 선호 배열 1과 2 사이에서 갈등한다고 하자. 그 '내적 분쟁'을 언제, 어떻게 해결할지는

택에 대한 유용한 통찰과 방향을 제공하지만, 이 접근법의 적용가능성은 사건들이 어떤 순서로 발생하는가에 따라 달라진다는 점을 시사한다.

11. 선호의 다원성, 메타 순위, 그리고 자율성

자유의 역할을 이해함에 있어 다층 선호를 가진다는 사실은 특히 중요하다. 개인이 누리는 자유 일부가 서로 다른 선호 순위를 받아들일 자유라는 점 때문이다.[46] 앞서 나는 다층 선호가 기회와 자유 평가에 미치는 영향과 관련된 몇 가지 기술적 쟁점을 다루었는데, 선호 다원성의 정확한 역할을 이해하려면 해석상의 핵심 쟁점들도 함께 검토해야 한다.

과거에 나는 개인이 "자신이 가치 있다고 여길 삶을 선택할 자유들"에 초점을 맞춘 여러 관심사 가운데 선호의 다원성 개념을 포착하려는 시도를 했다(센 1992a, 81쪽). 서그든(1998)은 이를 "하나의 개인에게는 여러 다른 선택지 순위가 존재할 수 있고, 각각은 자신의 선(善)에 대한 서로 다르지만 동등하게 정당한 관념에 상응한다"는 의미로 해석하고, 이는 "(심지어 다원주의적 형태일지라도)객관적 선의 존재에 회의적인 사람"에게는 문제가 될 수 있다고 지적한다(325쪽). 나는 서그든이 집중한 그 해석이 가능할 뿐 아니라 개념적으로도 풍부하고 사려 깊은 접근이라는 점에는 동의하지만, 굳이 이 특정한 해석을 선택할 의무가 있다고 보지는 않는다. 예를 들어, 한 사람이 서로 다른 선호 서열로 귀결되는 다층적 추론 경로를 가질 수 있다는 가능성을 인정하더라도, 그 이유들이 정확히 어떤 종류며 인식론적으로 어떤 지위를 갖는지

그녀 자신의 몫이고, 우리가 그녀에게 어떤 선택지를 고르기 전에 선호를 하나의 형태로 '다듬어' 놓으라고 강요할 수는 없다. 또한 외부 관찰자가 {x, z}가 {x, y, z}와 동일한 수준의 기회를 제공한다고 간주할 수도 없으며, 실제로 그렇게 간주할 권한도 없다. 그러한 간주는 여전히 그 사람 안에서 작동하거나 영향을 미칠 수 있는 조건적 선호의 중요성을 무시하며, 자율성을 존중하는 제3자의 입장에서 그러한 선호 또한 고려해야 한다.

46) 존스와 서그든(1982), 센(1985a, 1985b), 포스터(1993), 서그든(1998), 애로우(1995) 참조.

를 곧바로 규정하는 것은 아니다. 여기서 중요한 쟁점은 '객관적 선'이라는 관념에 기생하는 이유들의 다원성이 아니라, '이유들의 다원성' 그 자체이다.

한 개인의 기회를 살펴보면, 그녀가 실제 선택 행위에서 사용한 선호를 넘어, 그녀가 선택할 수 있었던 선호를 고려하는 것도 가능하다. 선택 이론에서 비판적 검토의 역할을 논의하는 데 메타 순위(선호 순위들에 대한 선호) 개념은 센(센 1974b, 1977c, 1982a)에서 탐구되었고, 이는 사회적 상호 작용 및 사회적 맥락 속에서 개인의 합리성을 분석하는 데 중요하다.[47] 이러한 검토는 기회 평가에도 중요하다. 왜냐하면 개인은 보다 선호하는 다른 선호 순위를 채택하고 그것에 따른 행동을 시도할 수 있기 때문이다.[48]

우리가 고려할 다층 선호에는 여러 가지 다른 가능성이 있고, 이들 각각은 (종종 매우 다른 방식으로)기회 평가에 영향을 미친다.[49] 한 극단의 경우, 개인은 자신의 선호, 특히 미래 시점에 관련된 선호를 스스로 확신하지 못할 수 있다. 이러한 불확실성 탓에 그녀는 다양한 선택지의 제공을 가치 있게 여길 수 있다. 또 다른 가능성은, 개인이 명확한 선호가 있으며 그 사실을 완전히 인지하지만 (예컨대, "나는 왜 이렇게 자주 붉은 고기가 먹고 싶은지 모르겠어. 그런 선호가 없으면 좋을 텐데"라고 하듯)다른 선호 순위를 가지면 더 좋았으리라고 생각하는 경우다. 메타 순위는 다른 방향을 가리킬 수도 있다(센 1977c 참조). 개인은 자신의 선호를 변화시키고자 하는 희망을 품을 수도 있고, 특히 어떤 '기회 계정 관리자'가 존재해 해당 개인을 그 선호에 '고착된다'고 가정해 버리는 것에 불만을 느낄 수 있다. 선호들에 대한 선호[즉, 메타 순위]를 갖는 것

---

47) 특히 판 데르 빈(van der Veen, 1981)을 보라. 프랑크푸르트(1971), 제프리(1974), 허시먼(1982)를 참조할 것.

48) 실제로 1장 "합리성과 자유"에서 논의처럼, (자기 성찰을 포함하는)비판적 성찰은 우리의 자유 요구에 대한 합리적 이해에 핵심적 요인일 수밖에 없다. 여기서 성찰은 다음 두 가지 역할, (1) 자신의 선호를 성찰하고 수정할 자유는 결정적으로 중요한 자유며, (2) (1장에서 논의한 이유들로 인해)우리의 욕구와 자유 사이의 관계는 우리가 자신의 욕구를 얼마나 성찰하는지의 정도와 무관하다는 두 가지 역할을 수행한다. 그리고 성찰이 하나의 선택지로 열려 있고 그 자체가 사적 자유의 일부로 간주되는 한, 동일한 인물에게 서로 다른 선호를 연관하는 가능성은 열려 있어야 한다.

49) 이 사례는 이미 앞서 본문에서 논의한 바 있다. 쿠프만스(1964), 크렙스(1979, 1988), 존스와 서그든(1982), 센(1985a, 1985b, 1991a), 포스터(1993), 애로우(1995), 서그든(1996, 1997) 참조.

과 그것을 선호 변화의 근거로 삼을 수 있는 것 사이의 경계는 명확하게 그어 지기 어렵다.

또한 메타 순위 자체가 불완전할 수 있어 '가장 선호되는' 순위가 존재하지 않을 수도 있다. 이 경우, 한 개인은 다른 선호들보다 덜 나쁜(그러나 다른 모든 선호보다 더 낫다고는 할 수 없는) 하나의 선호 순위를 기준으로 대안적 행동 사이에서 선택해야 할 수 있다. 그러면 그 사람의 기회를 평가할 때 다른 선호 순위들도 함께 고려할 필요성은 특히 크다고 할 것이다.

실제로 선호의 다원성은 개인의 자율성 문제와 밀접하게 연결될 수 있다.[50] 자율성은 우리가 동일한 사람에게 연관 지을 수 있는 대안적 선호 순위의 가능성에 보다 많은 주의와 존중을 요구한다는 점에서 여러 함의가 있다. 개인의 자율성은 기회 평가에서 몇 가지 다른 방식으로 연관될 수 있다. 첫째, 한 개인은 자신의 선호 **상태**에 의견을 가질 권리가 있다는 주장이 가능하다(예, 많은 흡연자들의 경우처럼 그것이 '후회스러운' 선호인지 여부). 그녀가 현재 가지는 선호에 어느 정도 중요성을 부여할지, 아니면 그녀가 원했을지도 모를 다른 선호에 더 큰 중요성을 부여할지 결정할 권리는 그녀 자신에게 있다. 어떤 사람이 특정 선호 순위를 가지더라도, 그녀가 그 선호보다는 다른 선호에 더 큰 중요성을 부여할지 여부에 대한 더 이상의 발언권이 없음을 의미하지 않는다. 둘째, 그 사람은 자신이 원할 때(그리고 그것이 가능할 때) 자신의 선호를 수정할 자유를 보장받아야 한다. 행동들 사이의 선택에서 그렇듯, 사람은 자신의 선호를 선택하고 타당하다고 판단될 경우, 선호를 수정할 수 있는 가능성을 지닌다. 셋째, 실제로 선호를 수정할 수 있는지 여부와 관계없이, 개인은 **타인**이 그녀의 선호를 '고정된 것'으로 간주하는 데 불쾌감을 가질 충분한 이유가 있을 수 있다. 즉, 그녀가 '갖기로 선택할 것'을 향한 주관적 태도를 완전하게 반영하는 선호로 받아들이는 것을 원치 않을 수 있다. 궁극적

---

50) 프랑크푸르트(1971), 그리고 또한 제프리(1974)와 센(1974b) 참조. 또한 이 책의 12~14장을 비롯, 내 다른 책 *Freedom and Justice*의 제1, 2, 4부에 실린 에세이를 볼 것.

으로 자율성은 개인이 무엇을 할 수 있는지뿐 아니라, 타인이 무엇을 당연한 것으로 간주해서는 안 되는지를 포함하는 문제다.

이러한 맥락에서, 선호의 수정과 개혁이 삶의 자유 일부로서 갖는 역할 또한 주목할 만하다. 소비자 만족에 대한 연구에서 이 고려 사항의 중요성과 파급력은 시토프스키^{Tibor Scitovsky}의 저서 『기쁨 없는 경제^{The Joyless Economy}』(1976)에서 비중 있게 다룬다. 그는 개인의 '실제 욕구'와 '숙고된 욕구'를 구분한다.[51] 자신의 선호를 바꿀 수 있는 의지적 가능성은 음악이나 순수 예술을 향유할 수 있는 문화적 자유와 교양의 역할을 분석하는 과정에서 시토프스키의 문제의식에 매우 실질적인 함의를 부여한다. 이 주제는 밀이 『공리주의』(1861)에서 '하위 쾌락'보다 '상위 쾌락'을 옹호한 논의에서도 다룬 바 있다. 선호에 대한 숙고와 교양, 그리고 그것을 실제로 실행하든 그렇지 않든 간에 그것을 할 수 있는 자유는 개인의 전체 기회를 평가할 때 상당히 중요한 관련성을 갖는다.

12. 불확실성과 자율성의 대비

많은 연구자들은 개인의 자율성과 관련된 다층 선호가 갖는 중요성과, 미래 기호에 대한 불확실성과 함께 유연성을 선호하는 경향 사이의 유사성을 주목한다. 이 둘은 모두 기회 집합을 평가할 수 있도록 하는 표준 완비 선호순위가 결여된다는 공통점이 있다. 그러나 이 둘은 정말로 일치하는(혹은 적어도 유사한) 관심사인가? 우리는 자율성과 자유를 이해하고 해석하는 데 불확실성 논리를 사용할 수 있는가?

여기에는 차이가 있을 수 있다. 불확실성하의 선택에서, 어떤 대안이 실현

---

51) 개인의 선호가 형성되는 과정에서 선택뿐 아니라 비자발적 순응 역시 함께 고려해야 한다는 요구는 최근 베커(Gary Becker, 1997)의 통찰력 있는 논의에서 제기되었다. 자신의 선호에 대한 성찰의 필요성에 관한 초기이자 매우 명확한 논의로는 브룸(1978) 참조.

되는지는 개인의 의지나 성찰로 결정되지 않고, 선택자의 통제를 벗어난 사건에 달려 있다. 크렙스(1979, 1988)가 채택한 모델은, 개인이 가질 수 있는 **선호**에 대한 불확실성이 존재하는 상황에 적용된다. 이는 크렙스가 명확하게 해결한 문제(원래는 쿠프만스(1964)가 제기한 문제)를 해결할 때 전적으로 설득력을 갖는다. 즉, 한 개인이 시간에 걸쳐 효용을 극대화하고자 하지만, 미래에 자신의 선호 순위나 효용 함수가 어떨지 확실히 확실히 알지 못한다는 사실에 직면한다. 이러한 효용 극대화 과제에서, (물론 그 기대 효용 체계에 설득력이 있다고 전제할 때)불확실성하의 합리적 선택에 관한 표준 기대 효용 공식화를 채택하는 것이 타당하다.[52] 이것은 크렙스가 다루는 문제를 해결할 때는 적절해 보여도, 다층 선호가 개인의 자율성과 관련되고 궁극적으로는 그 개인의 선택에 맡겨져 있는 경우, 이는 기회의 자유를 측정하는 문제와 다른 문제가 된다.

자율성은 불확실성과는 전혀 다른 문제며, 자율성의 요구를 제대로 다루는 데 순수한 불확실성 모델은 적절한 기반이 아니라고 나는 주장한다. 내가 이 점을 여기서 언급하는 것은 크렙스가 이와 반대되는 주장을 해서가 아니라, 크렙스의 '유연성' 모델이 흔히 기회의 자유에서 자율성의 역할을 평가하는 상당히 다른 문제에 대한 적절한 이론으로 오해되어서다.[53] 이 두 문제는 본질적으로 구별된다. 자율성은 당면한 문제("내가 어떤 선호를 가져야 하는가?")를 개인 자신이 결정해야 한다는 요구인 반면, 불확실성은 개인의 통제를 벗어난 어떤 것("내가 결국 어떤 선호를 가지게 될 것인가?")에 관한 문제다.

그 구분은 다음의 문제를 생각할 때 가장 즉각적으로 드러난다. 즉, 선호 순위는 주어졌지만, 어떤 **상태**가 실제로 발생할지 불확실한 경우다. 만약 기존 대안들에 대해 전적으로 나쁜 대안이 하나 더 선택지에 추가되면, 결과에

---

52) 실제로 크렙스는 그 공식을 보다 원초적이고 기본적인 합리적 선택의 요구들에 근거해 도출한다.

53) 실제로 애로우(1995)는 내가 애로우 강의를 한 이후에 쓴 에세이에서 이 방향으로 나아간다. 이는 곧, 내가 그 강의가 이 주제에 관해 그를 설득하는 데 실패했다는 충분한 증거다! 여기서 다시 한 번 시도해 본다.

대한 불확실성 관점에서는 상황이 잠재적으로 더 나빠진다. 그 새롭게 추가된 가장 나쁜 대안이 (말하면 자연이 선택하여)실제로 발생할 수 있기 때문이다. 그러나 상태들 간 선택이 바로 당사자인 개인의 몫이면, 이 사람은 새롭게 추가된 가장 나쁜 대안이 선택되지 않도록 할 수 있다. 따라서, 가장 열등한 대안이 추가되어도 이 개인의 자유를 악화시키지 않지만, 불확실성하의 합리적 선택이라는 관점에서는 상황을 악화시킬 가능성이 있다.[54]

선호에 관한 불확실성의 경우는 그 대비가 좀 더 복잡하지만, 기본적으로 유사한 논리가 적용된다. 개인이 '바랄 수 있는 이유'로 어떤 선호를 가질 수 있는 자율성이 있다고 주장할 때, 우리는 그 선택이 외부 기관이 아닌 바로 그 개인이라는 점을 강조한다. 그녀는 하나의 완비 선호 순위를 자신의 메타 순위(순위들에 대한 순위)의 최상위에 놓을 수 있지만, 반드시 그렇게 해야 하는 것은 아니고, 특히 다른 사람들이 그녀가 그러한 순위에 고착된다고 간주할 권한은 없다. 자율성 접근은, 그녀가 하나의 선호 순위 집합을 자신의 것으로 삼을 자유가 있고(그녀가 어떤 집합을 선택할지 정할 수 있으며), 그 순위들 사이 상대적 위치도 스스로 정할 자유가 있음을 시사한다. 그녀가 선택한 선호 순위 집합 중 하나를 외부 기관이나 순전히 우연에 의해 결정된 무작위 사건이 대신 선택하게 만드는 상황은, 우리가 포착하려는 자율성의 근거를 정확히 제거해 버리는 일이다.

물론, 개인이 자신의 자율성을 행사하여, 자신이 선택한 선호 순위 집합을 **고의적인** 무작위화 장치를 통해 하나의 선호 순위로 축소할 수는 있다. 만약 이런 일이 발생하면, 내 기회의 자유 접근과 크렙스의 유연성 접근 사이의 간극은 급격히 줄어든다. 그러나 이와 같은 해석이 선택되면, 문제는 미래 기호에 대한 실제 불확실성이 아니라, 당사자가 선택한 결정 절차의 일부로 생성된 **가정적** 불확실성이다. 이보다 더 중요한 것은, 우리가 관심을 두는 바로

---

54) 이 대조에 대하여 센(1985b) 참고.

그 개인의 자유와 자율성 문제에서, 그 사람에게 이러한 맹목적 무작위화 절차를 강요해야 할 이유가 전혀 없다는 점이다. 선호의 자율성은, 개인의 미래 기호에 대한 불확실성과 본질적으로 다른 문제다.

13. 기회와 표현

이 세 편의 에세이는 내 애로우 강의를 바탕으로 자유의 본질, 역할, 중요성에 대한 비판적 고찰을 목적으로 한다. 특정의 교조적 입장을 따르지 않지만, 사회 선택 이론의 학문적 전개가 자유 분석에 실질적으로 기여할 수 있음을 주장했다. 이론 간 연결은 다양하며, 다음의 문제를 포함한다. (1) 기회의 평가에서 선호(이를 사유된 평가로 해석할 수 있다)의 중요성, (2) 선택 행위와 성취 모두의 관련성, (3) 보호된 개인 영역의 인정, (4) 불완전 평가와 선호의 허용가능성, (5) 개인이 자신의 자유를 이해하고 평가할 때 관련 있다고 판단할 수 있는 다층적 가치 판단에 주목할 필요성. (때때로 간과되어 온)이러한 문제 제기와 탐구는 자유의 본질과 그 평가 및 자유가 미치는 광범위한 영향력을 보다 충실하게 이해하는 데 도움을 줄 수 있다.

나는 자유가 적어도 두 가지 뚜렷한 측면, 즉 기회 측면과 과정 측면을 가진다고 주장한다. 이 첫째 에세이는 주로 기회 측면에 초점을 두면서, 둘째 에세이는 주로 과정 측면에 헌정된다. 그러나 이 두 측면 간 상호 연결성도 함께 탐구하며, 기회를 보다 충실하게 이해하려면 과정에 대한 고려가 필요하다는 점도 일정 부분 논의한다. 이 연결성을 통해 또한, 기회를 단순히 개인이 선택할 수 있는 최선의 선택지와 동일시하는 것이 합당하지 않다는 이유를 보여 준다. 이는 단지 미래 자신의 기호에 대한 불확실성 때문만 아니라, 그 자체로도 중요한 쟁점이 되는 (쿠프만스, 크렙스, 포스터, 애로우 연구에서 다루어진)문제여서다. 그러나 기회 개념은 이보다 더 깊은 차원을 지닌다. 즉,

불완전 가치 평가 및 선호의 가능성, 다층 선호의 수용, 개인이 선택에 사용한 선호 이외의 선호에 대해 갖는 관심(예, 메타 순위' 혹은 '선호 위의 선호')의 관련성, (단순히 불확실성의 대응물로 환원될 수 없는)자율성의 중요성이라는 복잡한 문제 등을 고려할 필요가 있다는 점이 그렇다.

기술적이고 분석적인 여러 연결을 함께 확인하면서, 이는 이 연작의 셋째 에세이인 22장에서 더 논의되고 형식적으로 전개한다. 나는 기회 평가가 특히 대안적 행동들에 대한 선택과 대안적 선호 순위에 대한 선택을 다루는 과정의 사건 순서에 크게 의존함을 보인다. 실제로, 내 이전 주장들과 포스터의 주장들 간 여러 대조점들도 이러한 순서 설정에 크게 좌우된다.[55] 각각의 접근 방식은 일반적으로 자유의 부분 순위를 산출하지만, 실제 의사 결정이 이루어지는 순서와 무관하게 항상 일치하지는 않는다.

기회와 자유의 순위가 일반적으로 불완전하다는 점을 인정하면, 모든 기회 집합을 다른 모든 집합과 비교할 수 있어야 순위를 매길 수 있다고 생각하는 이들에게 실망감을 안길 수 있다. 그러나 나는 이러한 기대가 자유 전반과, 특히 기회의 다양성과 범위에 대한 정당한 평가를 해친다고 주장한다. 불완전성에 대한 인정은 결코 '불완전한' 이성적 부분 순위의 사용을 의미하지 않는다. 오히려, 경우에 따라서는 불완전성을 인정하기보다 주장해야 할 수 있다.

(불완전성으로 이어지는 상충되는 고려 사항을 무시하고 대충 넘어가면서)인위적으로 완성된 순위를 사용하는 게 불가능함을 감안하면, 그 대안은 기껏해야 모든 비교에 대해, 짐짓 "질문해 봐, 나는 반드시 답을 갖고 있어"라고 하면서, 실은 어떤 말도 할 수 없다는 두려움 탓에 아무말도 하지 않는 것이다. 그러나 자유의 순위는 사회 비판의 유력한 도구가 될 수 있다. 예컨대, 특정 사회에서 억압받는 노예 노동자, 착취당하는 이주 노동자, 만성 실업자, 예속된

주부들이 상대적으로 더 나은 처지에 있는 사람들과 비교해 얼마나 자유롭지 못한지를 보여 주는 강력한 수단이 된다.[56] 우리가 자유의 완전 순위를 무제한으로 확신할 필요는 없지만, 관련한 주제에 대한 사회적 논평을 할 수 있는 것이다.

---

56) 자유와 비자유라는 개념을 활용하여 중요한 실천적 맥락에서 사회적 논평을 시도한 다양한 실증 연구의 사례로는 각각 인도 농촌 지역의 '속박된 노동'에서의 비자유 문제를 다룬 라마찬드란(Ramachandran, 1990)과, 자유의 부재 속에서 벨기에 실업자들이 느끼는 상실감을 분석한 쇼카에르트(Schokkaert)와 판 우테헴(van Ootegem)(1990)의 연구를 들 수 있다.

제 21 장

과정, 자유 그리고 권리*

1. 과정에 대한 선호

자유의 기회 측면과 과정 측면은 서로 구별되지만, 완전히 분리될 수 없다. 두 측면을 연결하는 하나의 고리는 우리의 선호다. 우리는 어떤 결과가 '완결'되면 그와 관련된 목적들을 중요하게 여길 수 있지만, 동시에 그 완결된 결과에 도달하게 해 주는 선택 **과정** 자체를 소중히 여길 수도 있다.[1] 물론 우리는 부유함, 창조성, 충만, 행복과 같은 결과에 관심을 가지지만, 동시에 자유로운 선택가능성이나 타인의 간섭을 받지 않는 삶의 방식 또한 가치 있게 여길 수 있다.

이러한 자유의 두 측면은 우리의 선호 메커니즘을 통해 기본적으로 연관된다. 이 연결성은 애로우(1951a)가 명확히 밝힌 설명과 완전히 부합한다. 나는 이전 글(20장)에서 이 설명을 인용한 바 있는데, 그는 사회 선택의 정보 기반

---

* 이 장은 1991년 5월 스탠퍼드대학에서 진행된 둘째 애로우 강의의 수정 확장판이다.

1) 4장 "극대화와 선택 행위"에서 검토된 '종국적 결과'와 '포괄적 결과'의 구분은 이 맥락에서 특히 중요하다.

이 우리의 "가치에 대한 가치까지 포함한 전체 가치 체계"를 포괄한다고 했다 (18쪽). 물론 애로우는 이 설명을 '선호'의 성격을 해명하려고 사용했지, 그것이 자유에 어떻게 연관되는지를 설명하고자 한 것은 아니다.

만약 선호 중심적 관점을 취하면, 자유의 기회 측면과 과정 측면 모두 사람들이 선호하거나, 선호할 만한 이유가 있는 것들에 의해 궁극적으로 평가된다. 나는 앞(20장)에서 선호와 자유의 기회 측면 사이의 관계를 다루었고, 이제는 선호와 자유의 과정 측면 사이의 연결성을 간략하게 살펴보겠다.

선호는 과정을 평가할 때 (서로 관련은 있지만)구별되는 두 가지 방식에서 중요하게 작용한다.

(1) **개인 과정 관심**: 개인은 자신의 삶에서 발생하는 과정에 대해 선호를 가질 수 있다.

(2) **제도 과정 관심**: 개인은 사회가 운영되는 일반 규칙으로 작동하는 과정들에 대해서도 선호를 가질 수 있다.

개인 과정 관심은 개인이 어떻게 선택을 하고 어떻게 삶을 영위하며 타인에 의해 어떻게 도움받거나 방해받는지 등에 대해 갖는 선호와 관련 있다. 개인이 자신의 삶의 질 또는 자신이 받는 처우의 성격에 대해 갖는 견해는 일반적으로 결과 상황뿐 아니라 과정 측면까지 포함한 '포괄적 결과'에 대한 평가를 포함하는 경향이 있다. 제도 과정 관심은 사회 제도나 사회적 행위 규칙에 대한 개인의 견해와 관련 있다. 예를 들어, 사생활에 대한 타인의 간섭을 싫어하는 어떤 사람이 서로의 삶을 간섭하는 일반 규칙의 타당성에 별다른 관심이 없다면, 이는 개인 과정에 관심이 있으나 제도 과정에는 관심이 없는 경우다. 반대로, 자신의 삶에 직접적 영향은 없지만 자신이 속한 정치 체계 내에 적절한 의사 결정 절차가 결여된 점을 마음 쓰는 사람은, 제도 과정에 관심이 있으나 개인 과정에는 관심이 없는 경우다.

대개 사람들은 다양한 상황에서 개인 과정과 제도 과정 모두 관심을 갖는 경향이 있지만, 이 둘이 반드시 서로를 반영하지는 않는다. 제도 과정 관심은 사회적 적절성에 대한 믿음을 반영하는 반면, 개인 과정 관심은 전적으로 자기 중심적일 수 있다(비록 이 경우에도 사회에서 작동하는 일반 과정들이 자신의 삶에 미치는 영향을 포함한다).[2]

사회 선택 이론 접근에 따르면, 개인들이 과정과 결과에 대해 갖는 선호는 사회적 평가에서 본질적으로 중요한 역할을 하고, 이는 자유의 이해와 평가에서도 마찬가지로 적용된다. 개인 자유의 본질과 범위를 평가하려면, 앞서 논의한 기회 측면을 넘어, 개인 과정 관심을 반드시 고려해야 한다. 비록 제도 과정 관심이 덜 직접적으로 보일 수는 있으나, 이 역시 평가에 중요하다. 과정 중심의 자유 상태를 평가하려면, 과정에 관한 제도적 규칙의 실현 여부나 위반 여부를 기준 삼아야 한다. 예를 들어, 한 개인의 '소극적 자유'가 침해되는지 여부를 판단할 때 참조할 것은 (예컨대, 서로의 사생활을 존중해야 한다는 규칙과 같은)일반적으로 통용 가능한 규칙들이다. 이러한 규칙은 특정 개인에게만 적용되어서는 안 되고 일반화가 가능해야 한다. 마찬가지로, 개인의 자유가 보장되는 범위를 판단할 때는, 각 개인의 자유가 침해되는지 또는 실현되는지를 평가할 수 있는 공통된 자유 목록이 필요하다. 이 글 후반부에 개인 자유의 권리를 논의할 때 이 문제가 핵심 쟁점으로 떠오를 것이다.

반면, 개인의 '선택 행위에 대한 평가'나 '선택지에 대한 인식' 관점에서 한 개인의 과정적 자유를 평가할 때는, 개인 과정 관심이 기본적으로 중요하게 작용한다. 선택지와 선택 행위를 포함하는 과정적 자유를 다양한 개인들에 대해 판단하는 실천에서, 만약 모든 개인들이 선택 행위와 선택지에 대해 유사한 평가를 한다고 가정하면, 이는 단순화된 가정을 통해 각 개인이 자신의 삶에서 그러한 요소들에 얼마나 가치를 두는지를 평가하려는 시도라 볼 수 있다.

---

2) 내가 듀이 강의에서 발표한 "행복, 행위 주체성, 그리고 자유"(센 1985b)는 동반서 *Freedom and Justice*에 수록되며, 이 강의에서는 개인이 자신의 행복을 추구할 자유와, 자신의 복지를 넘어 더 넓은 목표를 추구할 수 있는 자유(행위자 자유) 사이의 구분을 포함한 몇 가지 추가적 논의로 확장한다.

이제 제도 과정 관심에 관해 세 가지 최종 논평을 덧붙이고자 한다. 첫째, 만약 서로 다른 사람들이 제도 과정에 대해 상당히 다른 선호가 있다면, 그 경우에는 적절한 사회 일반 규칙을 정립하기 위한 사회 선택 작업이 필요하다. 많은 분석에서 사람들이 제도 과정에 동의한다는 것을 전제로 만장일치를 통해 사회 선택 문제를 단순하게 해결할 수 있다고 본다. 그러나 이 또한, 소극적 자유나 개인적 자유 등이 포함하는 범위에 관해 '합의된 사회 기준'을 바탕으로 작업하려는 단순화 전략이다. 자유의 다양한 측면들에 대한 평가가 복잡한 과업이라는 점을 고려하면, 이러한 단순화된 가정의 사용을 탓할 필요는 없지만, 어떤 단순화가 도입되는지를 정확하게 이해하는 일은 매우 중요하다.

둘째, 제도 과정 관심에 대해 사람들이 가지는 다양한 관점을 사회 선택 방식으로 통합해 나갈 때, 선호만으로 모든 작업을 감당할 수 없다. 특히 집계 규칙들 자체도 일종의 '과정'이고, 제도 과정 자체에 대한 서로 다른 의견들을 종합하는 사회 선택 과정을 수행하기 위해 필요하다. 전체적 집계 체계의 구성 요소를 정하는 규칙을 '헌법'이라 부르기도 한다.[3] 헌법은 개인들 선호를 결합해 하나의 사회적 선택으로 도출하는 기준 틀을 제공한다. 예를 들어, 애로우 체계에서는 무관 대안 독립성이나 파레토 원칙 같은 규칙들이 별도의 투표로 부쳐지지 않는다. 실제로 만약 이러한 규칙들 자체가 어떤 '선행적' 투표 메커니즘이나 다른 사회 선택 과정을 통해 결정되려면, 그러한 '선행적' 사회 선택 절차들을 결정하기 위한 **또 다른** 상위 규칙들이 다시 필요하다. 결국 어떤 단계에서는, 개인의 선호라는 즉각적 영역 바깥에서 유래한 규칙들이 반드시 요구될 수밖에 없다.

이러한 초월성을 고려할 때, 과정 측면 전체가 궁극적으로 관련된 사람들의 선호에만 기반할 수 있으리라고 기대하기 어렵다. 왜냐하면, 그런 기반조

---

3) 뷰캐넌(1954a, 1954b)과 애로우(1963) 참조.

차도 하나의 과정을 필요로 하기 때문이다. 실제로, 일반적으로 수용 가능한 가치들의 집합이 필연적으로 일정한 역할을 하며, 이 집합은 (비록 느슨하고 부정확한 의미에서 '합의된' 것일지라도)그것 자체가 어떤 형식화된 결정 방식을 통해 확정되지 않는다. 이처럼 어려운 작업 속에서, 애덤 스미스가 말한 '공평한 관찰자' 역할과 유사한 윤리적 구조가 필요하다.[4]

셋째, 결과에 대한 선호와 과정에 대한 선호 사이에 긴장이 발생할 수 있다. 사실, 이와 관련하여 '파레토 자유의 불가능성' 문제의 특정한 변형도 볼 수 있다(센 1970a, 1970b).[5] 예컨대, 자주 인용되는 프루드와 루드의 사례에서, 자유주의자 프루드는 프루드 자신이 [루드가 읽기를]반대하는 그 책을 루드가 읽지 않는 종국적 결과를 선호할 수 있지만, 그렇다고 그러한 결과가 강제력이나 개인의 삶에 본질적으로 영향을 미치는 **강제** 계약을 통해 실현(또는 유지)되는 것을 원치 않을 수 있다.[6] 루드는 책을 읽고 프루드는 읽지 않는다는, 각자 독립적으로 선택한 안정적 결과는, 여전히 두 사람 모두가 선호하는 루드의 자발적 금욕과 프루드의 자발적 독서보다 덜 선호된다. 이런 의미에서, 그 자유주의적 결과는 파레토 열등하다. 하지만 그렇다고 자유주의자 프루드가 그 상황을 **강제** 계약을 통해 '시정'할 것이라는 뜻은 아니다.[7]

2. 과정, 가치 평가 그리고 제약

이제는 다소 다른 유형의 문제로 전환해 보자. 여기서 다룰 주제는 경제 분

---

4) 센(1987a, 1995a, 1997a) 참조. 다른 책 *Freedom and Justice*는 이 문제와 비인격성 및 정의에 관한 유관 접근 방식들을 중심으로 다룬다.

5) 또한 이 책의 13장 "최소 자유"와 14장 "권리: 정식화와 그 결과"를 볼 것.

6) 개인 선택과 사회적 개입의 영역 구분은 패럴(1976) 참조.

7) 센(1983a, 1992b)을, 그리고 관련 쟁점들로는 스즈무라(1996, 33~35쪽) 참조. 스즈무라는 또한 '파레토 자유의 불가능성'이 "일반적으로 후생 경제학의 후생주의적 기초에 대한, 특히 사회 선택 이론에 대한 근본적 비판을 응축하기 위한 것이었다"고 지적한다(20쪽).

석이나 철학 분석에서 과정을 중시하는 관점이 실제로 어떻게 사용되는지 여부다. 이 질문은 자유를 어떻게 이해하고 규정하며 사회적 결정에 끌어들이는가에 중요한 영향을 미친다. 우리는 먼저 이렇게 물을 수 있다. 왜 형식적 후생 경제학과 근대 도덕철학의 많은 부분에서 과정이 **근본적 가치 평가 수준**에서 무시되는 경향이 있었는가? 이 질문에 대한 대답은 자유 평가 체계에서 선호와 관련된 시스템에 과정적 고려를 포함시키는 것에 대한 저항을 이해하는 데 유의미하다.

나는 이 질문에 대한 답이 윤리학과 후생 경제학 사유에서 각각 중요한 역할을 해 온 공리주의와 자유지상주의라는 매우 다른 두 가지 고려에 달려 있다고 생각한다. 공리주의 윤리의 전통은 본질적으로 과정 중심적이 **아니고**, 평가 행위에서 과정적 고려에 근본적 중요성을 부여하기를 회피하는 경향이 있다. 물론 공리주의 평가에서도 도구적 또는 인과적 맥락에서는 과정이 중요할 수 있다. 사람들이 (예컨대 간섭 없는 자신의 삶 영위, 타인의 개입 없는 자유로운 선택과 같은)과정들에서 즐거움을 느끼면, 당연히 이러한 과정들은 간접적 방식으로 가치 평가 과정에 포함된다. 이는 그 과정들 자체가 본래적으로 중요해서가 아니라, 오직 공리주의 틀에서 본질적 의미가 있다고 여겨지는 '즐거움'과 '효용'에 영향을 미치는 경로를 **통해서만** 그러한 평가에 포함된다. 이 과정의 직접적 중요성을 부정하면서 후생 경제학에서 매우 큰 영향을 미치는데, 이는 표준 후생 경제학의 많은 부분이 궁극적으로 공리주의에 기반하기 때문이다. 도덕철학에서도 공리주의 접근에 강하게 의존하는 사유들은 과정적 고려에 직접적 중요성을 부여하지 않으려는 경향을 공유한다.

반면, 자유지상주의의 영향은 (자유의 실현과 침해를 포함하는)과정의 가치 평가를 다른 방식으로 반대한다. 물론 자유지상주의는 (때로는 다른 모든 것에 무신경한 듯 간주될 정도로)과정을 진지하게 받아들여 강조하기도 한다. 그러나 자유지상주의의 표준 공식에서, 과정은 **가치 평가적** 수행의 일부로 **통합되**지 않는다. (노직의 정교하고 영향력 있는 이론(1974)이 그 대표적인)지배적인 자유지상주의 이론은 과정 요건들을 사실상 허용 가능한 체계의 '입장 조건admission rules'으로 취급한다. 그리고 이러한 방식으로서만 그것들은 우선권을 부여받을 뿐, 어떤 일반적 가치 평가 틀에 포함하지 않는다.

과정과 가치 평가의 대비를 보는 하나의 방식은 다음과 같다. 공리주의 전통은 가치 평가를 매우 중요하게 여기며(가치의 다양한 요소를 서로 비교하고, 궁극적으로는 총합 가치에 근거해 모든 결정을 내린다), 그러나 과정적 고려는 전혀 중요하게 여기지 않는다. 반대로, 자유지상주의는 (특히 자유와 관련된)과정적 고려를 극히 중시하지만, 가치 평가에는 우선순위를 두지 않는다(우선순위는 대신 올바른 과정의 기본 요건을 충족하는 데 주어진다). 따라서 양쪽 전통 모두 (서로 완전히 다른 이유로)과정적 고려를 가치 평가의 **틀에** 포함하지 않는다. 공리주의와 자유지상주의는 각각 도덕철학과 후생 경제학의 다른 영역에서 매우 큰 영향력을 행사해 왔기에, 이 두 전통이 결합된 전반적 효과는 가치 평가의 핵심 요소로서 '과정적 고려'의 무시였다.

나는 다른 글에서 이러한 무시가 도덕철학과 후생 경제학 모두를 빈약하게 만들었다는 점을 주장한 바 있다.[8] 여기서 그 주장을 반복하지 않겠지만, 핵심 쟁점은 권리의 실현과 침해를 포함하는 과정적 고려 자체가 직접적으로 중요하고, 그 중요성이 **다른** 결과와 경쟁 관계를 형성한다는 점이다. 나는 여기서 '다른 결과'로 표현하는데, 이는 권리 실현과 침해 역시 이성적으로 어떤 사건과 행위의 중요한 결과 중 하나로 간주될 수 있어서다. 과정 요구에 대한 무조건적 우선순위 부여는 현실적으로 실행 가능하지 않을 수 있다. 왜냐하면 그러한 방식을 고수하면 사람들의 삶에 끔찍한 결과를 초래할 수 있고, 그런 경우에도 무조건 이를 고수하는 방식은 합리적이지 않을 수 있어서다. 반면, 과정을 가치 평가와 무관한 것으로 간주하는 것 역시 설득력이 약하다. 우리는 실제로 과정에 중요성을 부여하며, 적절한 과정이 실현되는 데

---

8) 특히 센(1982b, 2000) 참조. 두 에세이 모두 이 책에 수록했다. 또한 "Rights as Goals"(센 1985e)를 참조할 것.

 제6부 * 자유와 사회적 선택

가치를 부여할 이유가 있기 때문이다.[9] 따라서 과정적 고려를 전체 가치 평가를 위한 여러 경쟁 요소 중 하나로 간주하는 것을 '부당'하거나 '혼란스러운' 논리에 근거한 것으로 보는 견해는 타당하지 않다. 오히려, 규범 평가를 보다 넓은 관점에서 바라보는 접근은 자유 보호, 젠더 평등 추구, 출산을 강제하는 정책의 정당성 평가 같은 실천적 문제들에 적용할 때 그 강점이 뚜렷이 드러난다.[10]

3. 상충 관계와 지수화

앞선 논의에서 도출되는 함의 중 하나는, 과정과 완결 결과에 관련된 서로 다른 고려 사항들을 위계적이 아니라 경쟁적으로 다뤄야 한다는 점이다. 이것은 표준 경제학의 용어를 빌리면, 이 두 유형의 고려 사항들 사이에 '상충 관계$^{trade-offs}$'가 존재한다는 의미로 표현할 수 있다. 이 용어는 한 측면에서는 유용하다. 그것은 어떤 고려 사항도 무조건적으로 우위를 점하지 않음(즉, 그것이 사소하게 진전하더라도 다른 고려 사항의 잠재적 감소를, 아무리 크더라도, 능가하지 못한다)을 시사하기 때문이다.[11] 한편, '상충'이라는 개념은 또 다른 측면에서 다소 오해를 불러일으킬 수 있다. 한 사람이 어떤 재화 x를 다른 재화 y와 맞바꾼다면, 그녀는 x를 완전히 잃는다. 그것은 단순히 가치에서 압도당한 것이 아니라 완전히 상실하는 것이다. 그러나 가치 평가라는 맥락에서 '상충'이라 함은, 실제로는 어떤 가치가 다른 가치를 **압도**하는 경우이다. 예컨

---

9) 예를 들어, 1970년대 인디라 간디(Indira Gandhi)가 인도에 선포한 '비상사태'에서 기본적인 정치적 권리가 억압된 것은 용납할 수 없는 상황으로 널리 인식되었고, 이는 간디 여사의 선거 패배로 이어졌다. 정치적 권리가 침해되더라도 "그건 유감이지만 어쩔 수 없고", 그로 인해 인도의 상태가 나빠졌다고 말할 수 없다는 식의 주장은 분명 설득력을 가질 수 없다.

10) 센(1982b, 1990a, 1996b) 참조. 이 글들은 모두 내 다른 책 *Freedom and Justice*에 재수록했다. 또한 이 책 15장 "위치적 객관성"도 함께 볼 것.

11) 다시 말해, 이는 우선순위의 관점에서 그 선호 배열이 사전적 배열(lexicographic)이 아님을 보여 준다.

대, 어떤 사람이 사고를 막기 위해 잠든 사람 B를 세게 차 고통을 줌으로써 결과적으로 B가 간신히 깨어나 사고를 피할 수 있었다고 하자. 이 경우 B를 때려 고통을 준 행위의 부정적 가치는 사고를 피하게 한 긍정적 가치에 의해 압도당했다고 말할 수 있다. 하지만 이것이 B를 때린 데 따른 부정적 가치가 '사라졌다'는 것을 의미하는 것은 아니다. 여전히 부정적 가치는 존재하지만, 임박한 사고를 피한 긍정적 가치보다 덜 중요하다고 판단될 뿐이다.

용어 선택에 지나치게 얽매일 필요는 없지만, 이러한 설명은 명확히 해 둘 필요가 있다. **가치적 우위**를 (마치 가치적 우위에 의해 밀려난 [다른]고려가 더 이상 중요하지 않은 듯)'상충 관계'라 부르는 유비적 표현이 종종 오해를 불러일으키기 때문이다.[12] 그럼에도 가치적 우위가 곧 소멸을 의미하는 것은 아니라는 점을 염두하는 조건으로 나는 편의상 '상충'이라는 표현을 사용할 것이다. 이 용어는 많은 이들(특히 경제학자들)이 선호하기도 한 탓이다.

이제 나는 두 구분 사이의 차이를 구별하려고 한다. 나는 이미 (특히 과정의 장점과 궁극적 결과 상태의 선^善 사이)상충을 **포함한** 규범 체계와, (예컨대 상태의 가치 평가에 영향을 미치는 다른 고려 사항들보다 과정 요건의 충족에 무조건적 우선순위를 부여하는 자유지상주의 표준 형태의)상충을 **포함하지 않는** 규범 체계 **사이의** 구분을 언급한 바 있다. 이 구분을 (별 상상력이 필요 없는)'상충 문제'라 부를 수 있다. 이 구분은, 상충 관계를 포함하는 다양한 규범 체계들 사이에 적용되는 또 다른 구분과는 구별해야 한다. 그것은 바로 이러한 상충 관계를 표현하는 **종합 지수**를 가질지 여부에 있다. 나는 이것을 '종합 지수 문제 comprehensive-index issue'라 부르고자 한다. 이러한 종류의 지수를 구성하는 공식은, 여러 고려 사항의 충족 정도를 하나의 전체 순서(만약 지수가 실수 형태를 띨 때 수치적으로 표현되는 순서)로 통합하는 방식을 단순히 명시하게 된다.[13]

---

12) 비록 다른 고려 사항에 의해 밀렸더라도 그것이 여전히 중요함을 보여 주는 논의로 특히 윌리엄스(Bernard Williams, 1973, 1985) 참조.

13) 물론 타협 문제와 종합 지수 문제 사이에는 일정한 분석적(정확히 말하면 수학적) 연결이 있다. 드브뢰(1959)의 논의에 따르면, 어떤 단위 공간상의 사전식 배열, 즉 절충이 전혀 없는 배열은 수치적(또는 실수값 기반의)표현을 가질 수 없음

나는 상충 관계의 포함을 주장하지만, 이제는 이러한 종류의 종합 지수를 추구하는 데 저항할 수 있는 주장 몇 가지를 제시하고자 한다. 첫째, 그 상충 관계가 부분적일 수 있어 불완비 배열을 산출할 수 있다. 둘째로, (예컨대 선택된 결과와 인접한 선택지들에 관련된 실질적 관심 공간에서의 우위 고려를 바탕으로) 일부 배열을 제안하는 원칙들이 있을 수 있고, 우리는 일반적으로 타당하다고 여겨지는 원칙들을 활용하여 어디까지 나아갈 수 있는지 살펴볼 수 있다. 이 역시 완비적 배열을 산출하지는 않겠지만, 그렇다고 그 이유만으로 거부해야 할 필요는 없다.

셋째, 설령 각각의 사람이 스스로는 완비적 배열을 선택할 충분한 근거가 있더라도, 서로 그 순서에 합의하지 않을 수 있다. 이러한 경우, (사회적 선택 맥락에서는)어떤 합의 가능한 공통 기반을 탐색하는 일이 유익할 수 있다. 이는 서로 부분적으로 다른 개인들의 배열이 교집합을 이루는 방식으로 나타날 수 있는, 합의된 부분 배열의 형태를 취할 수 있다(이때 사용할 수 있는 기술 일반은 20장에서 이미 개괄했다).[14]

또 하나 유익한 가능성은, '전체'에 대한 합의보다는 '부분'에 대한 합의를 모색하는 것이다. 예컨대 우리는 자유 평가에서 특정 측면(특히 기회 측면, 과정 측면, 또는 그 둘 모두)들에 대해 합의되고 수용 가능한 판단을 찾아낼 수 있고, 동시에 서로 다른 이 측면들에 얼마만큼의 **상대적** 중요성을 부여할 것인지는 여전히 상당한 의견 차이가 있을 수 있다. 나 자신도 이 두 가지 측면을 함께 고려한 (비록 **부분** 배열이긴 하지만)전반적 배열을 제안해 본 바 있지만(특히 센

이 증명된다. 하지만 이 결과는 매우 특수한 경우며, 실수값으로 가득 채워진 공간, 즉 실수 공간에만 적용된다. 이 어려움은, 서로 다른 구간들 내의 요소가 추가적 순위를 갖고 각각 다른 실수값을 요구할 때, 실수로 표현할 수 있는 숫자가 부족하다는 점에서 비롯한다. 그러나 도덕철학이나 정치철학의 영역에서 발생하는 문제는 이처럼 무수히 많은 두드러진 서로 다른 대안들을 포함하지 않는 경우가 대부분이다. 또한, 다차원 실수 공간상의 사전식 배열이 수치적으로 표현될 수 없더라도, 배열이 사전식이 아니고 절충을 허용하는 경우에까지 굳이 그러한 수치 표현을 구할 필요는 없다는 점도 중요하다. 나아가, 상충 관계를 표현하는 서열이 흔히 그렇듯, 순위 배열이 불완전 서열(예컨대 엄격한 부분 순서인 경우)일 경우에 수치적 표현에는 추가적인 어려움이 따르며, 이는 사용되는 수치 표현의 정보량을 축소함으로써만 해결될 수 있다(마줌다르 Majumdar와 센 1976 참조).

14) 1장 "합리성과 자유", 2장 "사회적 선택의 가능성", 4장 "극대화와 선택 행위"도 함께 볼 것.

1985a, 1991에서), 과정과 최종 결과 간 상대적 중요성에 대해 우리가 합리적으로 품을 수 있는 관점들이 서로 크게 다르다는 점을 고려하면, 그러한 전체 배열이 성립된다고 완전히 확신하지는 않는다.

실제로 나는, 과정과 기회 각각의 중요성에 대해 정당하게 옹호할 수 있는 견해 차이가 광범위하게 있음을 고려해, '전체'에 대한 포괄적 평가보다는 '부분'에 대한 일반적 표현에 만족하는 것이 더 유익하다 주장하고 싶다. 과정과 기회의 중요성에 대한 가능한 차이들에 대한 존중(그리고 그에 따라 두 측면을 별도로 판단하자는 합의)이 있더라도, 양자 사이에 아무런 절충이 없다는 주장으로 혼동하지 말아야 한다. 종합 지표의 주된 한계는, 사실상 상충을 허용하는 데 따른 어려움에서 비롯하지 않는다.

4. 권리의 정식화: 독립과 통합

나는 앞서 자유지상주의와 공리주의라는 두 이론이 과정에 접근하는 방식을 서로 대조했다. 자유지상주의는 특히 사람들이 (예컨대, 개인적 자유들, 정당하게 획득한 재산에 대한 소유권 및 사용권 등)일정한 권리들을 갖도록 보장하는 과정들에 큰 중요성을 부여한다.[15] 고전적 형태의 자유지상주의는 이러한 고려 사항에 완전한 우선순위를 부여한다. 물론 이러한 우선순위 부여는 **결과** 평가에서도 올바른 절차의 이행 또는 침해를 반영하는 것과 양립할 수 있다(이는 과정을 포함하는 방식으로 특징 지어진 '포괄적 결과'로 폭넓게 정의함으로써 가능하다).[16] 그러나 고전적 자유지상주의는 그렇게 진행하지 않는다. 오히려 그것은 '상호 소통이 없는' 틀을 채택하여, 올바른 절차를 결과 상태들에 대한

---

15) 이 접근 방식의 고전적 논의로는 노직(1974)을 들 수 있다.

16) 센(1985a, 2000) 참조. 또한 4장 "극대화와 선택 행위"도 함께 볼 것.

평가와 전혀 무관하게, 단지 부차적 제약 조건으로만 반영한다.[17] 이러한 이분법적 절차의 한 가지 효과는, 권리를 가치 평가의 과정과 **통합된** 것으로 간주하기보다는 그로부터 독립된 것으로 간주한다는 데 있다.

그렇다면 통합된 접근은 어떤 모습일까?[18] 물론 이러한 접근은 당연히 공리주의처럼 보이지 않을 것이다. 공리주의는 권리나 그 밖의 과정들을 전혀 가치 평가 대상으로 보지 않기 때문이다. 그러나 공리주의로부터 **결과**에 대한 관심만을 취하고, 궁극적으로는 오직 **효용 결과**만이 중요하다는 가정을 폐기할 수는 있다. 만약 권리의 준수나 침해가 평가되어야 할 관련 결과 중 하나로 포함되면, 이는 권리를 통합적 틀에서 평가하는 하나의 형식을 제공한다.

이러한 실질적 경로는 전통적 도덕철학이나 정치철학, 혹은 후생 경제학에서 오랫동안 간과되어 왔지만, 이 길을 가는 데에 사실상 큰 어려움은 없다.[19] 이 통합적 접근은 공리주의의 결과 지향적 민감성을 수용하면서, 공리주의가 제시하는 지나치게 협소한 관련 결과의 범위(특히 개인의 효용만을 결과 평가에 중요시하는 자의적 제한)를 따르지 않는다. 결과 평가에서 오직 효용 결과만 중요하다고 보는 관점은 때때로 '후생주의'라고 불리고, 여기서 고려하는 통합적 접근은 이러한 후생주의를 단호히 거부한다.[20]

이 맥락에서, 규범적 조건으로서의 후생주의의 수용가능성이라는 일반적 문제를 간단히 언급하는 것이 유익할 수 있다. 나는 다른 곳에서 후생주의가

---

17) 물론 분석적으로 보자면, 이러한 이분법적 형식 안에서도 일종의 '소통'을 구성할 수는 있다. 이는 제약의 가치를 확장하고 재정의된 목적 함수에 포함하는 방식으로, 익숙한 '라그랑주 승수' 기법을 통해 구현할 수 있다. 그러나 고전적 자유지상주의자들이 이 수학적 가능성에 전율할 것으로 기대하지 않으며, 이에 대한 논의는 더 이상 나아가지 않겠다.

18) 다음에 이어지는 논의는 나의 논문 "Welfare Economics and Two Approaches to Rights"에 포함된 것으로, 1994년 4월 6~9일 스페인 발렌시아에서 열린 유럽 공공선택학회(European Public Choice Society) 연례 회의에서 발표했다(이는 1991년에 진행된 애로우 강의의 내용을 바탕으로 한다).

19) 이 접근 방식을 발전시키는 데 있어 기술적·실질적 쟁점들로는 센(1982b, 1985a, 1985e, 1996a, 1996b, 2000) 참조. 내 다른 책 *Freedom and Justice*도 함께 볼 것.

20) 여기서 요구되는 공리주의 요소는 '결과에 대한 민감성'이고, 이는 규범적 판단에서 오직 결과만이 중요하다는 주장과 구분된다. 이 구분은 여기서 더 논의하지 않지만, 관련 논의는 센(1982a, 1984, 1985a, 1987a, 2000)에서 다룬다. *Freedom and Justice* 참고.

얼마나 제한적인 '정보 제약'인지를 논의한 바 있는데, 이는 우리가 진지하게 고려하고 싶어할 정보에 대한 고려가능성을 허용하지 않는다는 의미에서 그렇다. 후생주의적 접근의 주요한 한계 중 하나는 동일한 개인 후생 집합이 매우 다른 사회적 배열, 기회, 자유와 함께 나타날 수 있다는 점에 있다. 사람들이 체계적으로 권리를 침해당하는 상태를 '좋은' 상태라 묘사할 수는 없으며, 그러한 사태의 악랄함은 그 침해로 인한 효용 손실만으로는 적절히 반영되지 않을 수 있다.

예컨대, 폭정 아래에 사는 사람들은 자유를 추구할 용기를 갖지 못하고 자유의 박탈을 체념하며, 작은 위안에서 얻는 기쁨에 만족할 수 있다. 그래서 (정신적 만족이건 욕망의 강도이건)효용 척도로 측정할 경우, 이와 같은 박탈감은 둔화되거나 희석될 수 있다. 그러나 이것이 권리 침해로 인해 그 상태가 심각하게 악화되지 않았다고 판단할 결정적 근거가 되지는 않는다. 아파르트헤이트 체제에서 유색인들은 자유를 거의 보장받지 못할 수 있고, 전통적 카스트제도에서 '불가촉천민'들은 극히 제한된 권리만을 향유할 수 있다. 그러나 이처럼 박탈당한 사람들이 그들의 역경에 체념함으로써 제한된 삶 속에서도 (영웅적 노력으로)행복을 성취하면, 후생주의는 조정된 효용 수준의 척도에 반영된 것 이상으로 사태가 악화되었다는 점을 인정하지 않을 것이다.

폭정은 단지 자유를 침해하는 데 그치지 않고, 종종 피해자들로부터 협력자를 만들어 내는 방식으로 작동한다. 절망적으로 억압받는 이들이 (적어도 개별적 차원에서 행동할 때)변화를 갖기 어렵거나 심지어 불가능할 수 있다. 이러한 상황에서 자신들의 자유의 결여를 끊임없이 한탄하거나 결코 일어나지 않을 급진적 변화를 열망하는 것은 '어리석은 일'이라고 생각하게 될 수도 있다. 안타깝게도 전 세계적으로 관찰되어 온 이러한 폭정에 대한 수동적 수용은, 변화에 대한 진정한 가능성이 존재한다는 인식이 뚜렷하기만 하면, 변화에 대한 강력한 대중적 지지가 촉발될 수 있는 경우에도 존재할 수 있다. 결과에 대한 판단에는, 일상생활 속의 효용 척도가 반드시 요구하지는 않는 방식으로 이성적 판단의 행사가 요구된다. 평가는 그 자체로 심오하게 창의적 행위가 될 수 있고, 사람들이 (단순히 수용하는 것과는 구별되는)적극적으로 '가치 있게 여기는' 것 그리고 (수동적으로 받아들이는 것과는 구별되는)'가치 있게 여길 이유가 있는' 것에 대한 기준은, 효용의 기계적 산술에 자동적으로 반영되는 편향을 교정하는 데 기여할 수 있다[21]

이와 다르지만, 관련된 유형의 사고 실험을 하나 더 들어 보자. 효용 측면에서 동일한 두 사회가 있다고 가정하자. 그중 한 사회는 허용된 개인 권리에 대한 침해가 전혀 없고, 다른 사회는 그러한 침해가 다수 존재한다. 후생주의는 이러한 권리의 실현 혹은 침해의 차이가 본질적으로 중요하지 않다고 주장한다. 권리 침해로 발생할 수 있는 비효용이 다른 방식으로 보상되거나 사람들이 폭정을 심리적으로 수용하고 적응함으로써 상쇄되면, 좁은 후생주의 관점은 그 결과 상태에 대해 불만을 제기할 아무런 이유가 없다고 간주한다. 따라서 상태에 대한 평가에 권리와 자유의 침해 여부를 포함시킬 명백한 필요가 있고, 이는 단순히 효용 정보에만 전적으로 의존하는 평가를 넘어서는 접근을 요한다.

이에 따라 우리는 권리와 그에 대응하는 과정들에 접근하는 두 가지 서로 다른 방식에 도달한다. 이는 개인의 자유를 다룰 때 과정 측면을 어떻게 수용할 것인가 하는 핵심 문제다. 권리에 대한 **독립적 접근** 방식에서는, 권리를 완화할 수 없는 요구로서 갖는 관련성이 권리가 지니는 '선善'이나 가치 평가에서의 중요성보다 우선한다. 그리고 이 견해에 따르면 그러한 권리의 효력은 본질적으로 그 결과와 무관하다. 이 접근의 가장 전형적 표현은 노직의 『무정부, 정부, 그리고 유토피아』Anarchy, State, and Utopia(1974)에서 제시된 '권리 부여 이론entitlement theory'인데, 여기에서 모든 권리는 단순히 침해되어서는 안 되는 '측면 제약side constraints'의 형태를 갖는다. 권리를 보장하기 위해 고안된 절

---

21) 여기서 언급할 것은, 일부 근대적 형태의 공리주의에서는 효용 계산을 수행할 때 의식적 평가의 역할을 고려하는 방식으로 공리주의 접근을 재정의하려는 중요한 시도가 있다는 점이다. 특히 헤어(1981)와 그리핀(1986)의 논의 참조.

차는, 그것들이 어떤 결과를 낳든 수용되어야 하고, (이 이론에 따르면)바람직하다고 판단될 수 있는 것들(예컨대 효용, 복지, 결과 또는 기회의 형평 등)과 동일한 차원에서 취급되지 않는다. 여기서 중요한 문제는 권리의 **상대적 중요성**이 아니라, 그것이 지니는 **절대적 우선성**이다.

반면, 권리에 대한 **통합적 관점**은 권리를 규범적으로 중요하다고 보지만, 그것만이 유일하게 중요한 것은 아니라고 본다. 권리가 침해되는 상태는 그로 인해 더 나빠진 상태가 된다(이때 효용이 감소했는지는 별개의 고려 사항이다). 서로 충돌할 수 있는 다양한 권리가 있고, 이들 사이의 '상충'가능성을 (복지의 관련성을 포함한 비권리적 고려 사항들과의 상충과 함께)고려해야 한다. 각각의 중요성은 상황에 따라 달라질 수 있지만, 이 접근은 의사 결정에 영향을 미치는 힘에서 모든 권리를 동일하게 간주하는 견해에 반한다. 예컨대 내 볼펜을 절취당하지 않을 권리가 고문받지 않거나 살해되지 않을 권리만큼 중대한 것으로 반드시 간주될 필요는 없다. 비록 둘 다 노직의 용어로 '측면 제약'의 형태를 취하더라도 말이다. 이 관점에서, 서로 다른 권리의 상대적 중요성은 사회 선택의 다른 특징들과 함께 권리의 '올바름'을 평가하는 데 불가분하게 다가온다.

나 자신의 권리에 대한 접근은 대체로 이 '통합적' 방향에 속한다.[22] 이는 권리에 관한 사회 선택 이론 전반에도 일반적으로 해당하고, 그 분야는 내 연구 대부분이 속하는 영역이다. 반면, 노직(1973, 1974)의 '권리 부여 이론'은 단연코 '독립적' 권리 범주에 속한다. 롤즈(1971, 1993)의 '공정으로의 정의justice as fairness' 이론에서, 제1원칙에 반영된 권리의 무조건적 우선성은 '독립적' 유형으로 간주되지만, 제2원칙에 반영된 자유를 '기본재primary goods' 중 하나로 다루는 그의 방식은 분명히 '통합적' 유형이다.[23] 서그든(1981, 1985)과

---

22) 나는 이러한 대안적 접근 방식을 센(1970a, 1982a, 1982b, 1985a, 1985e, 1987a, 2000)에서 제시하고 발전시키고자 노력했고, *Freedom and Justice*에서도 다룬다.

23) 자유를 양 측면에서 모두 고려하는 중요성으로는 롤스(1982) 참조.

　　　제6부 ＊ 자유와 사회적 선택

가르트너, 파타나익, 스즈무라(1992)가 발전시킨 게임 형식을 통한 권리의 특성화는 형식적으로는 '독립적' 유형에 속하는 것으로 보인다. 뷰캐넌(1954a, 1954b, 1986)이 털럭과 함께 개척한 강력하고 영향력 있는 공공 선택 접근은 종종 결과와 무관하게 절차만을 다루는 것으로 간주된다. 우리는 그것이 실제로 얼마나 '독립적'인지를 면밀히 살펴보아야 한다.

5. 결과 독립적 절차들과 내부적 긴장들

이 맥락에서 우리는 결과로부터 독립적인 절차적 권리 체계와, 다양한 유형의 결과에 주목하는 권리 체계 사이의 차이가 얼마나 깊은지를 검토해야 한다. 형식적 수준에서 그 간극은 실제로 매우 크고, 순수주의적 정식화에서 이 두 접근법은 어떠한 공통점도 없다. 이러한 명료한 대비는 (양쪽 모두에서) 많은 사람에게 매력적으로 보인다. 그러나 그 대비가 정말로 그렇게 클까? 앞서 주장했듯, 우리는 '공정한 절차'와 '좋은 결과' 모두에 가치를 매기는 경향이 있고, 이는 우리가 사회적 존재로 살아가는 방식의 본질을 고려할 때 놀랍지 않다. 오직 절차에만, 혹은 오직 종국적 결과에만 전념하는 이론은, 따라서, 각자의 '정보적 배제'를 우리가 이성적으로 추구하는 가치의 폭과 조화하는 데 문제를 야기하곤 한다.

완전히 '독립적' 권리라는 개념은 특히 순수한 절차 중심 사유에서 매력적인데, 이들은 자신들의 절차 중심성을 어떤 방식으로든 결과나 성과에 대한 고려로 훼손되는 것을 원하지 않는다. 반면에, 정해진 절차들이 명백히 받아들일 수 없는 상태를 초래할 경우에 딜레마가 발생한다. 이러한 가능성에서 심각한 긴장이 나타날 수 있다.

앞서 논의처럼, '독립적' 권리의 사례로는 롤스(1971)의 '공정으로의 정의' (자유와 그것의 우선성에 관한) '제1원칙'을 포함할 수 있고, 노직(1974)의 '권리 부여 이론'도 마찬가지다. 엄밀하게 정식화될 경우, 이 이론은 단지 결과주의적이지 않을 뿐 아니라, 이러한 원칙들에 의해 다루어지는 권리를 수정하거나 제한할 때 실질적으로 결과에 주목할 수 있는 여지를 거의 허용하지 않는 듯하다. 롤스의 경우 '제1원칙'의 적용 범위는 실제로 상당히 제한적이고, 실질적으로 개인적 자유만을 다룬다. 반면, 노직의 권리에 대한 요구는 훨씬 광범위하며, 정당하게 취득한 재산을 사용하고 교환하며 상속할 권리를 포함하여 여러 다른 범주의 권리를 포괄한다.

노직의 이론 체계는 이어서 곧 살펴본다. 롤스에 관해서, 그의 제1원칙이 다루는 제한된 권리 범주에서조차 롤스는, 긴급한 물질적 필요의 주장들에서 어느 정도 타당한 타협의 여지를 두는 듯하다. 이 문제는 하트^{Herbert Hart}(1973)가 일반 형태로 제기한 바 있는데, 그는 롤스의 '원초적 입장'에서 "모든 합리적인 자기 이익 추구자가 가질 수밖에 없는, 다른 재화보다 자유를 우선하는 선호"를 반드시 전제해야 한다는 가정에 이의를 제기했다(555쪽). 롤스는 그의 후기 저술들에서 이 주장의 타당성에 주목하며, 이를 (광의로 정의된)자신의 체계에 통합하는 방식들을 제안한 바 있다.[24] 원래의 정식화에서 롤스(1971)의 '공정으로의 정의' 제1원칙은 "모든 이에게 동일한 자유와 양립 가능한 가장 광범위한 전체 자유 체계"를 요구했으나, 수정판에서 이 요구는 "모든 이에게 동일한 자유 체계와 양립 가능한, 완전히 적절한 기본 자유 체계"로 바뀌었다(롤스 1987, 5쪽). 현재 맥락, 그리고 이 지점에서 특히 흥미로운 것은, 자유의 우선성 범위가 이 수정으로 보다 제한적으로 바뀌었을 뿐 아니라, 이 수정이 바로 하트가 제기한 결과적 고려의 필요성, 즉 자유의 주장과 물질적 필요 등의 다른 관심사들 사이의 균형을 고려해야 한다는 것으로 동기 부여되었다는 점이다.

여기에서 주목할 또 다른 결과적 연관이 있다. 자유의 어떤 요구도 모든 사

---

24) 특히 롤스(1987, 1993) 참조.

람에게 동일한 자유가 보장되는 **조건하**에 이루어져야 한다는 형태로 제시될 경우, 필연적으로 자유의 결과를 분석해야 한다. '양립가능성' 요구는 자유들 간의 상호 연관과 이 자유들이 실제로(혹은 상상 가능하게라도) 어떻게 행사될 수 있는지에 대한 고려 없이 판단할 수 없다.[25] 롤스의 자유 원칙들이 겉보기에 '독립적' 형식을 취하지만, 롤스가 선택한 정식화와 재정식화에는 상당한 정도의 '통합성'이 내재한다. 이는 '공정으로의 정의'라는 롤스 자신의 접근 방식 안에서는 아무런 긴장을 초래하지 않는다. 왜냐하면 결과 독립성은 롤스의 이 분야에서의 광범위한 저술들 어디에서도 기본 원칙으로 명시되지 않아서다. 그러나 롤스를 결과 독립성의 강력한 지지자로 '독해'하려는 이들은, 그가 수행한 이처럼 심화된 분석을 보다 충분히 고려해야 한다.

노직의 권리 부여 이론은 어떠한가? 여기에는 분명히 결과 독립성에 대한 명시적 주장들이 있다. 그리고 노직의 '자유지상주의적 권리'가 포괄하는 범위가 광범위한 만큼, 노직의 결과 독립성에 대한 고집은 롤즈보다 훨씬 엄격할 수밖에 없고, 그에 따라 용납할 수 없는 결과가 발생할 가능성을 진지하게 다루어야 한다. 실제로, 노직의 체계에서 명시된 자유지상주의 권리들이 모두 충족되는 경제에서도 거대한 기근이 발생할 수 있음은 어렵지 않게 보여 줄 수 있다.[26] 따라서 노직(1974)이 "참혹한 도덕적 참사"를 초래하는 경우에는 결과 독립성에 예외를 인정한다는 것은 매우 타당하다.[27] 이러한 예외 조항을 통해, 결국 결과가 다시금 중요하게 간주된다.

이러한 양보의 바탕에는 다음과 같은 노직의 분명한 인식, 즉 참혹한 도덕적 참사를 초래하는 권리 부여적 절차 체계는 정치적으로 설득력이 몹시 떨어진다는 인식이 자리한다. 그러나 결과가 이처럼 이야기 속에 다시 들어오

---

25) 센(1970a, 1970b, 1976c, 1982b) 참조. 또한 12장 "자유와 사회적 선택", 13장 "최소 자유", 14장 "권리: 정식화와 그 결과" 및 그 장들에서 인용된 방대한 문헌들을 함께 볼 것.

26) 센(1977d, 1981) 참조. 또한 드레즈와 센(1989, 1990)도 함께 보라.

27) 또한 노직(1974)의 "로크의 조건(Locke's proviso)"에 대한 논의(178~182쪽) 참조.

면, 결과 독립적 체계의 순수성은 상실될 뿐 아니라, 상대적 중요성과 절충의 문제 역시 강하게 다시 부각된다.

여기서 주목할 점은, 많은 비결과주의 도덕철학자들이 실제 결과의 성격에 강한 관심을 보인다는 사실이다. 주목할 만한 예로, 흔히 전형적인 반결과주의 철학자로 간주되는 칸트(1788) 자신이다. 그가 '정언 명령'으로 일컬으며 옹호한 규칙들이 결과를 근거로 옹호하지는 않지만, 칸트는 그런 규칙들이 실제로 얼마나 훌륭한 결과를 낳을 수 있는지를 보이고 싶어한다. 여기에 당연히 분석적 모순은 없지만, 이러한 포괄적 관심은 그의 의무론적 입장에도 불구하고 실제 결과에 그토록 큰 관심을 기울인 점에서 칸트에게 경의를 갖게 하는 지점이다. 이러한 도덕관에서 개인은 비결과주의적 근거에 따라 칸트적 명령들을 따를 결정적 이유를 가질 수 있지만, 그들이 그런 규칙을 따를 경우 삶이 어떻게 전개될 것인지라는 질문에 관심을 갖는 것이 타당하다. 지나가듯 덧붙이면, 여기서 주목해야 할 점은 다음과 같다. 기회 측면에 대한 회의는 흔히 도덕에 대해 결과 독립적 관점을 옹호하는 이들로부터 비롯되지만, 그 주장을 받아들여도 사람들의 삶이 어떻게 흘러가는지를 평가하는 데에는 실제 결과와 바람직한 결과를 추구할 수 있는 기회의 자유 또한 (모순 없이)포함될 수 있다.

6. 공공 선택 접근과 결과에 관한 분석들

이제 나는 계약론 및 자유지상주의적 사유의 전통으로 전환하려고 한다. 이 전통은 뷰캐넌(1954a, 1954b, 1986)의 주도 아래 '공공 선택' 문헌에서 강력하게 전개된다.[28] 이 접근은 '사회적 선(좋음)^{善}'이라는 개념에 많은 회의를

---

28) 뷰캐넌과 털럭(1962)도 함께 보라.

　제6부 ＊ 자유와 사회적 선택

표명하기에, 그저 결과 독립적 절차적 정의의 범주에 포함하고 싶은 유혹이 생길 수 있다.[29] 이 규칙 체계는 다양한 권리와 자유를 포함하며, (이 해석에 따르면)그 우선성은 '좋은 상태'를 산출하는 데 따른 결과에 근거하지 않고, 오히려 그 과정들이 공정하고 정의롭다는 데에 근거한다.

그렇다면 이 '공공 선택 관점'은 정말로 결과 독립적 접근인가? 분명히, 뷰캐넌(1986)이 '어떤 초월적 기준에 의해 결과 자체를 평가하는 이들'(22쪽), 그리고 일반적으로 "'사회 후생 함수'의 극대화자"(23쪽)에 대해 회의적이라는 점에는 의문의 여지가 없다. 그러나 "공공 선택 관점, 즉 교환으로서의 경제 패러다임"에 대한 지지, 그리고 그 뿌리를 이루는 빅셀[Knut Wicksell]적 기원(23쪽)이 그러한 교환에서 **예측되는 결과** 및 그 성취에 부여된 **가치**와 실제로 무관할 수 있는가? 뷰캐넌이 단순히 초월적인 '사회적 선[善]'을 극대화하려는 일련의 결과 기반 평가 방식들에 비판적이라는 사실만으로 이 쟁점이 해결되지 않는다.

뷰캐넌이 시장 체계를 지지하고 일반적으로 교환을 지지하는 것은 실제로 이러한 제도와 교환이 달성하는 것에 대한 분석과 관련이 깊다. 뷰캐넌 접근의 핵심은 이러한 체계들이 무엇을 수행하는지에 대한 이해, 그리고 그것이 어떻게 작동하는지를 이해시킴에 있어 경제학의 역할을 인정하는 데 있다. 뷰캐넌(1986)은 '집단 행위'에 대해 "긍정적 가치를 거의 또는 전혀 부여하지 않고", (반[反]**자유지상주의**적 사회주의자들과는 대조적으로)"개인의 자유에 기본적 가치를 두는 자유지상주의적 사회주의자"가 시장에 반대하는 이유를 "시장 작동 방식에 털끝만큼의 개념도 갖고 있지 않으며", "경제학 이론에 대해 무지하게 행복한 상태"이기 때문으로 본다(4~5쪽). 그러므로 뷰캐넌 자신의 분석이 그가 검토하고 지지하는 절차적 제도들이 어떤 결과를 낳는가에 대한

---

29) 서그든(1993)이 이 접근 방식을 설명하듯, "사회는 상호 이익을 위한 개인들 간의 협력 체계로 이해되며", "정부의 주요 역할은 사회적 선을 극대화하는 것이 아니라, 개인들이 자신의 목적을 자유롭게 추구할 수 있는 규칙의 틀을 유지하는 데 있다(1948쪽)."

논의로 가득 차 있다는 사실은 전혀 놀랍지 않다. 그가 말하듯, "자발적 교환이 긍정적으로 평가되고 강제가 부정적으로 평가되는 한, 전자의 후자에 대한 대체는 바람직한 것으로 간주되고, 물론 그러한 대체가 기술적으로 가능하고 자원 면에서 과도한 비용을 초래하지 않는다는 전제에서 그렇다(22쪽)". 이 분석에 따라 뷰캐넌은 "헌법 제도의 대안적 구성들이 예상대로 어떻게 작동하는지"를 상당히 비중 있게 다룬다(23쪽). 만약 누군가 '공공 선택 관점'에서 절차적 규칙에 대한 결과 독립적 정당화를 찾고자 하면, 뷰캐넌의 폭넓고 섬세한 정치 윤리 속에서는 찾아내기 어려울 수 있다.

이러한 맥락에서, 뷰캐넌(1986)이 스스로 "자유지상주의적 사회주의자"에서 "다시 태어난 자유 시장 옹호자"로 전환하게 된 과정을 설명하면서, 그 핵심은 자신이 "시장이 실제로 어떻게 작동하는가"를 이해하게 된 과정을 강조했다는 사실이 중요하다(3~4쪽). '반反자유지상주의적 사회주의자'와 달리, 자유지상주의적 사회주의자에게 결정적 논거는 "자유는 언제나 그[자유지상주의적 사회주의자]의 기본 가치였고, 이 자유는 시장이 주요한 역할을 할 수 있는 체제에서 가장 잘 보존된다"는 인식을 통해 성립된다(5쪽). 결과 분석은 이 계열의 논의에서 핵심 역할을 한다.

나는 여기서 공공 선택 문헌에서 제시되는 시장 분석을 어느 정도까지 수용하는가를 다루지 않는다. 지금 이 자리는, 그러한 실질적 문제로 깊이 들어가지 않더라도, 나는 만약 그 문제를 논할 때 뷰캐넌의 분석처럼 '교환으로서의 경제학'의 필요성과 시장의 중요성에 대한 지지를 보완하면서, 실질적 기회 및 자유의 불평등, 빈곤과 결핍과 같은 문제를 다룰 필요성에 대한 진지한 조건들을 더할 것이다(이러한 사안들에 대해 뷰캐넌 또한 깊은 감수성을 보인 바 있다).[30]

두 번째 제약 조건은 '경제적 인간'이라는 제한적 가정을 넘어, 인간 행동

---

30) 17장 "시장과 자유"와 센(1994b) 참조. 프라이(Bruno Frey, 1978)가 제시한 뷰캐넌의 접근에 대한 공감 어린 비판도 함께 보라.

 제6부 * 자유와 사회적 선택

과 가치의 보다 복잡한 양상을 끌어들일 필요성에서 비롯한다. 공공 선택 이론에서 이 가정을 사용하지만(그리고 고든 털럭이 이에 대해 분명한 신념을 갖고 있지만), 뷰캐넌 자신은 이 문제에 '긴장'이 존재함을 지적한다(1986, 26쪽).[31] 나는 다른 글에서 자본주의와 시장 제도의 성공조차, 다양한 사회에서 개인 행위를 제약하는 '도덕률' 및 기타 행동의 복잡성을 도입하지 않고서는 충분히 이해될 수 없다고 주장한 바 있다(여기에는, 예컨대 계약을 어김으로써 자신에게 유리한 기회를 모조리 취하려 하지 않는다는 점 등을 포함한다).[32] 전통적인 공공 선택 이론을 실질적으로 검토할 때 이러한 질문들을 제기하고 다루어야 한다. 그러나 이와 같은 논의는 지금 다루는 쟁점, 즉 결과 분석이 공공 선택 이론 전통의 중심 요소라는 사실에 아무런 영향을 미치지 않는다.[33]

공공 선택적 관점은 (개인의 효용 함수처럼 공식화된)사회적 후생 함수를 사용하는 방식을 기피하지만,[34] 이 접근은 규칙과 규제에 대한 결과 독립적 주장 범주에는 포함되지 않는다. (시장을 포함한)절차들의 작동 방식은, 공공 선택 이론이 그것들을 지지할 때 중심 역할을 한다. 이런 점에서 공공 선택의 권리 접근 방식은 노직의 자유지상주의 권리에 관한 권리 부여 이론과는 사뭇 다르다.

---

31) 브레넌(Brennan)과 로매스키(Lomasky)(1985) 참조.

32) 센(1987a) 참조. 사회마다 행동 양식의 전통이 다르다는 점도 있다. 예컨대 스위스 기업인들과 공무원들은 (때때로 마피아와의 연계까지 포함한)이탈리아의 많은 기업인 및 공직자들이 겪어 온 부패 문제로부터 일반적으로 자유로웠다. 일본의 산업 관행 역시 많은 유럽 국가들의 관행과는 다른 전통을 보여 준다. 행동의 복잡성은 제도적 도덕 규범 외의 요인에서도 발생할 수 있다. 예컨대, (1) 우리가 실제로 갖는 선호와, 성찰적 선택 속에서 자신과 타인의 자유에 부여하는 가치에 대한 비판적 평가, (2) 자신이 속한 '개인적 영역'에서 자기 자신을 구속하는 대가로, 타인이 자기 결정권을 행사할 수 있는 동일한 '개인적 영역'에서 타인을 구속하는 형태의 계약을 체결하려는 유혹 등이 그 예다. 이 두 번째 문제는 파레토 자유적 갈등의 핵심이고, 이는 센(1970a, 1970b, 1992b)에서 논의하며, 이 책에서는 13장에 재수록되었다. 부연하면, 이러한 논의는 배리(1986)가 제시한 해석, 즉 그러한 계약들이 제대로 작동하지 않는 이유가 외부로부터 부과된 제약 때문이라는 주장과 무관하다. 나는 그러한 제약을 정당화할 근거를 거의 찾지 못했다. 이 책 13장과 14장도 함께 참조할 것.

33) 실제로 서그든(1993)의 엄선된 용어들을 빌리면 "개인들이 스스로의 목적을 자유롭게 추구하도록 그 속에 남겨진 규칙들 체계"의 유지에 집중하는 접근법은 그러한 추구 행위를 허용하고 활발히 하는 일에서 대안적인 규칙들 체계의 결과에 민감할 수 밖에 없다.

34) 뷰캐넌(1954a, 1954b) 참조. 나는 이 일반적인 문제를 센(1995a)에서 다룬다.

7. 게임 형식, 사회적 선택, 그리고 권리

최근 노직(1973, 1974)이 개척한 권리와 자유에 대한 접근 방식이 확장되어, 게임 형식 틀로 권리를 구성하는 형식이 개발되었다.[35] 이 정식화에서, 각 개인은 일련의 전략들 중에서 선택할 권한을 가지고, 허용 가능한 자유는 허용된 전략 조합들로 규정된다. 모든 사람은 (자신의 선택이 허용된 조합 내에 속하는 한)원하는 대로 자신의 권리를 행사할 수 있고, 이는 '그 결과와 무관하게' 이루어진다. 이 정식화에서 권리의 **명시**는 관련된 사람들의 **선호**나 실제로 발생하는 **결과**에 대한 어떤 참조 없이 진행된다.[36] 게임 형식에 의한 권리 정식화의 타당성을 검토하려면, 이러한 선호 독립성과 결과 독립성이라는 특징들을 고려해야 한다.

게임 형식에 기반한 권리 정식화는 때때로 권리에 대한 사회적 선택 접근 방식에 대한 일종의 '경쟁자'로 간주되고, 나아가 권리를 사회 선택 이론을 통해 보는 방식보다 게임 형식 접근이 우월하다는 주장까지 제기되곤 한다.[37] 이 주장이 타당한가? 내가 보기에 간단히 "아니다"가 답이다. 그러나 이 판단을 분명히 이해하려면, 더 길고 자세한 설명에서 출발해야 한다.

많은 유형의 권리에 대한 **형식적 명세** 수준에서는, 게임 형식 정식화를 사용하는 데 명백한 장점들이 있다. 실제로 보편적으로 인정된 많은 권리들에 대한 상식적 이해는 이 형식을 따르며, 이는 사람들이 실제로 어떤 결과를 달성할 수 있는지를 검토하기보다, 사람들이 (특정한 행동이 허용되고 그것을 할 수 있는 능력을 포함하여)무엇을 자유롭게 할 수 있는지를 중점적으로 본다. 예컨

---

35) 서그든(1981, 1985), 가르트너, 파타나익, 스즈무라(1992), 파타나익과 스즈무라(1994a), 데브, 파타나익, 라쪼리니(Razzolini)(1994) 참조.

36) 파타나익(1996a)은 "개인 권리에 대한 게임 이론적 정식화는 사회적 대안들에 대한 개인의 선호를 전혀 참조하지 않으며, 어떠한 게임의 실제 결과 역시 참조하지 않는다"는 사실을 보다 상세히 다룬다(42쪽). 또한 가르트너, 파타나익, 스즈무라(1992)도 함께 볼 것.

37) 가르덴포르스(1981), 서그든(1981, 1985), 가르트너, 파타나익, 스즈무라(1992) 참조.

대, 어떤 사람에게 그녀가 읽고 싶은 책을 읽을 권리가 있다면, 이는 그녀가 그 행동을 취할 자유가 있음을 긍정하는 것이지, **어떤 이유로건** (예컨대, 의지박약 탓에)그녀가 그 행동을 실행하지 못하는 경우까지 포함하는 것은 아니다. 마찬가지로, 실직자에게 '실업 수당을 받을 권리'가 주어지면, 이는 해당 행위(즉, 찾아가 수당을 받는 행위)에 대한 권리일 뿐이고, 이 사람이 어떤 이유로건 그 행동을 하지 못했다고 해서 (이 관점에서)그 권리가 침해된 것은 아니다. 이 관점에서 권리는 전적으로 행위의 자유와 관련 있고, 어떠 결과의 성취와 무관하다.

권리를 게임 형태로 정식화하는 방식에는 직관적으로 설득력 있는 즉시성이 있고, 이는 분명히 직관적 매력이 있다. 이러한 명확한 표현상의 이점은 많은 권리 이론가들에게 깊은 인상을 주었고, 이들은 권리에 대한 사회적 선택의 이해 방식보다 게임 형식 접근법에 강력한 지지를 표명했다. 그러나 이러한 즉시성으로부터 우월성의 주장이 곧바로 도출되지는 않는다. 그 이유는 세 가지다.

첫째 이유는, 아마 가장 단순한 이유겠지만, 실제로 모든 종류의 권리가 게임 형태 정식화로 적절히 표현될 수 있지 않다는 점이다. 둘째 이유는, 아마 가장 중요한 이유일텐데, 게임 형태로 **표현 가능한** 권리들조차도 **정당화**를 위해서는 종종 추가 분석이 필요하고, 이 분석에는 사회적 선택에 대한 고려를 포함한다. **어떤** 권리를 게임 형태로 정식화할 수 있는 가능성은, 우리가 그 권리를 정식화할 때, 서로 다른 게임 형태들 **가운데** 어떤 것을 선택해야 하는지(특히, 경쟁적 게임 형태 정식화들 **사이에서** 사회적 선택 접근법이 유용할 수 있는지) 아직 아무것도 말하지 않는다.

셋째 이유는, 아마 권리의 체계화라는 관점에서 주된 관심사일 테지만, 선택 행위의 가능성 자체를 어떤 상태의 한 특성으로 정식화할 수 있다는 점이다. 우리가 상태, 혹은 '사회 상태'를 오직 종국적 결과만을 포함하는 것으로 간주하지 않으면, 게임 형태 정식화는 사회적 선택의 특성화 속으로 통합될

수 있다(관련해서는 앞서 20장에서 다루었다).[38]

나는 다음 세 절에서 이 세 가지 쟁점을 차례로 논의하겠다.

8. 사태에 대한 조건적 권리

첫째 쟁점은 아마도 가장 쉽게 파악할 수 있는 부분이다. 어떤 행위를 수행할 수 있는 허가나 권한으로 적절히 반영되지 않는 권리가 있다는 점은 쉽게 입증할 수 있다. 예컨대, 한 사람이 전염병 없는 환경에서 살 권리를 가진다는 것이 어떤 특정 행위를 수행할 권리를 의미하지는 않는다. 이는 지역 보건 당국에게 (예컨대 예방 접종, 위생 조치 마련 등 공공 조치를 통해)그 권리를 실현하기 위한 특정 행위를 수행해야 할 의무를 부여할 수 있다. 그러나 여기서 고려되는 권리의 당사자(즉, 지역 주민)에게 그것은 어떤 **상태**에 대한 권리다(예컨대, 콜레라가 없는 환경). 이러한 상태는 다시 그 사람이 어떤 행위를 할 수 있는 가능성을 열어 주기도 한다(콜레라에 걸리지 않는다는 것은 그 자체로 개인의 행위 자유를 확장한다). 하지만 본래의 요구는 그 사람 주위에 전염병이 없는 환경(예컨대, 근처에 콜레라 환자가 전혀 없는 상태)이다

결과(심지어 종국적 결과)에 초점을 두고 어떤 행위를 수행할 자유에는 초점을 두지 않는 일군의 권리 유형이 존재한다는 사실은 (비록 초기의 게임 형태 정식화 이론에 열광한 이들 일부는 이 유형에 관심을 두지 않는 것으로 보이지만)거의 논쟁의 여지가 없다.[39] 그러나 이 권리 범주 전체의 구성원을 완전히 특성화하기란 결코 쉽지 않다. 분명히, 파인버그[Feinberg](1973)가 말하는 '수동적 권리'는 일반적으로 이러한 특성이 있다. 왜냐하면 수동적 권리는 권리 보유자가 특

---

38) 센(1997a)에서 논의한 '궁국적 결과'와 '포괄적 결과'의 구분은 이 맥락에 직접적으로 관련이 있다. 이 구분의 실질적 중요성은 센(1982b) 참조.

39) 예르덴포스(1981)의 통찰력 있는(그리고, 선구적인) 논문을 참조.

별히 능동적 행위를 하지 않아도 일정한 보장을 받을 자유를 부여받는 것을 의미해서다.[40] 그러나 (파인버그의 개념에 따른)일부 '능동적 권리' 역시 이러한 특성을 가질 수 있는데, 특히 그 실현이 단순히 타인의 불간섭을 넘어서는 것을 요구하는 능동적 권리일 때 그러하다.

예컨대, 밀의 고전적 논의를 보자. 그는 다양한 신앙을 가진 사람들이 먹고 싶은 것을 자유롭게 먹을 권리, 특히 무슬림이 돼지고기를 먹지 않을 자유와 비무슬림이 돼지고기를 먹을 자유를 보장받아야 한다고 주장한다(밀 1859, 152~154쪽). 이러한 권리에 대한 단순한 침해는, 예컨대 독실한 무슬림이 돼지고기를 피하려는 시도를 누군가 방해할 때 발생할 수 있고, 이는 타인의 간섭을 금지하는 게임 형태 권리 정식화에서 쉽게 포착될 수 있다. 그러나 문제는, 무슬림이 일반 식사 자리에서 제공되는 각 요리가 어떤 재료로 만들어졌는지 몰라 제대로 된 식사를 하지 못할 때 발생한다. 이 경우에 단지 무슬림 식사자에게 선택할 자유를 부여하거나, 다른 사람들에게 제약 내에서 자유롭게 행위할 자유를 부여하는 것으로는 그 사회적 요구가 실현되지 않는다. 무슬림의 권리를 실질적으로 보장하려면 정보에 입각한 선택을 가능케 하는 '적극적 조치'가 취해져야 하고, 이는 단순히 각 개인에게 간섭 없는 선택의 자유를 보장하는 수준을 훨씬 넘어선다.

이는 적어도 두 가지 서로 다른 방식으로 수행될 수 있는데, 각각 **결과**의 두 가지 구별되는 특성, (1) 당사자가 적극적으로 정보를 제공받을 권리 또는 (2) 당사자가 선택하려 하고, 선택할 이유가 있는 결과를 실제로 성취할 권리의 어떤 정식화와 관련이 있다. 같은 예시를 사용해 설명하면, 첫째 경로는 각 요리의 구성에 대한 충분한 정보 제공을 보장하는 방식인데, 이는 어느 정도 콜레라 없는 환경을 만들 권리와 유사한 방식으로 어떤 상태의 특정 특성에 대한 권리다. 그러한 특성이 보장되면, 개인은 자신이 무엇을 먹을지 스스로 결

---

40) 플뢰르베이와 가르트너(1996)는 '수동적 권리'와 '전략 지향적'보다는 '결과 지향적' 권리 사이의 대응 관계를 통찰력 있게 다룬다. 다만, 이러한 일반적 대응 관계에 대한 한계는 센(1996c)의 분석(157~158쪽)을 보라.

정하도록 맡겨질 수 있다. 둘째 경로는 당사자에게 필요한 정보를 제공하는 방식이 아니라, 당사자가 실제로 돼지고기 섭취를 피할 수 있는 방식 자체를 중심으로 정식화된다. 이러한 직접 달성 방식에서, 그 무슬림이 자신이 선택하려는 것을 실제로 얻을 수 있는 경우에만 권리가 실현된 것으로 간주된다.

밀 자신은 둘째 경로를 더 선호했던 것으로 보이는데, 이는 그가 자유의 가치를 결과에 포함하고자 하면서 단순 결과주의를 유지하려는 입장과 모순되지 않는다.[41] 그러나 여기서 두 경로의 상대적 장점을 논할 필요는 없고, 두 경우 모두 자유에 대한 게임 형태 정식화가 지닌 결과 독립성을 넘어서야 한다는 점을 강조하는 것으로 충분하다. 이 사례는 능동적 권리에 해당하므로, 또한 게임 형태 정식화를 넘어설 필요가 수동적 권리에만 국한되지 않음을 보여 주는 예시라 할 수 있다.

9. 대안적 게임 형태들 사이의 사회적 선택

이제 나는 권리에 대한 게임 형태 접근이 사회적 선택 이해보다 우월하다는 주장을 배척하는 두 번째 이유로 넘어가고자 한다. 우리는 권리를 명시하는 데 게임 형태의 **형식**이 적절한지(즉, 그러한 명시가 효과를 발휘하는 권리 범주), **특정한 명시** 방식이 의도된 권리를 반영하는 데 적절한지를 구분해야 한다. 한 명시 방식의 적절성을 다른 방식과 비교 판단할 때, 해당 권리 체계가 산출하는 결과의 성격은 일반적으로 무관할 수 없다. (사회적 선택이 다루는)결과 분석은 이러한 판단에서 **암묵적**이지만 **핵심적** 역할을 할 수 있다.

예를 들어 보자. 어떤 사람이 자신의 얼굴에 담배 연기가 뿜어지는 것을 싫어할 경우, 그 사람이 그런 일을 겪지 않을 자유를 보장받는 사회적 시도가

---

41) 밀의 윤리 체계에서 결과주의가 수행하는 역할로는 라일리(Jonathan Riley, 1988) 참조.

있다. 이것은 궁극적으로는 어떤 결과에 대한 권리고, 여기서는 전통적 사회 선택 이론처럼 선호를 포함한 형태로 서술된다. 그러나 실제 규칙들은 결과나 선호를 명시하면서 이렇게 공식화되지 않는다. 오히려, 그런 규칙들은 일반적으로 적절한 게임 형태를 불러오거나, 그와 가까운 방식으로 정식화된다. 일정 유형의 권리 범주에 이러한 **형식**이 유용하다는 점은 의심의 여지가 없지만, 적절한 게임 형태를 선택하는 과정(**어떤 것**을 선택할 것인가?)에서 결과 분석이 중요하게 작용한다는 사실은 달라지지 않는다.

어떤 사회적 결과를 실현하는 방법에 대한 특정한 가설을 생각하자. 예를 들어, "**만약** 누군가가 반대하면 흡연자는 흡연을 자제해야 한다"는 의무를 부과하면 충분하다는 것이다(나는 어릴 적 인도 철도에서 이런 공지문을 게시해 두었던 것을 기억한다). 이 규칙은 분명 훌륭한 게임 형태로 정식화될 수 있다. 만약 이 규칙이 실제로 효과를 발휘한다면(특히 마지못해 피해를 당하는 사람들이 충분히 강력하게 항의하여 흡연자들이 흡연을 자제하게 할 만큼 대담하다면), 그것으로 상황은 종료될 수 있고, 그 특정한 게임 형태의 적절성은 더 이상 의문의 대상이 되지 않을 것이다.

이제, 위의 가정이 경험적으로 잘못되었고 의도한 결과가 그런 방식으로는 달성되지 않는 경우를 생각하자. 피해를 입을 사람들이 항의를 꺼리는 것으로 드러날 수도 있다. 그것은 자신의 얼굴에 담배연기가 뿜어지는 것을 개의치 않아서가 아니라, 숫기가 없거나 망설임 탓에 말을 제대로 꺼내지 못한(혹은 다른 사람들이 명백하게 하고 싶은 일을 중지시켜야 하는 곤혹스러움) 때문일 수 있다. 그리하여 거침없는 흡연자들은 아랑곳 않고 계속 흡연을 할 것이다. 그렇다면 잠재적 피해자의 자유를 보장하기 위해 다른 방식(즉, **다른** 게임 형태의 명시 방식)을 통해야 한다는 판단이 내려질 수 있다. 예컨대 이들 게임 형태 간의 비교 평가를 통해, 다른 사람들과 함께 있을 때는 흡연 자체를 허용하지 않는 것이 최선이라는 결정이 내려질 수도 있고, 또는(특정 영역에서 더 급진적으로) 공공 건물, 공적 모임, 대중교통 등에서는 타인의 존재 여부와 관계없이 흡연의 전면 금지가 좋다는 결론에 이를 수도 있다.

여기서 주목할 핵심은, 이러한 각각의 권리 명시 방식 모두를 특정 게임 형태로 정식화할 수는 있어도, 그 기본적 관심사인 (예컨대, 피해자가 담배 연기를 얼굴에 맞지 않을)실질적 자유 실현을 효과적으로 구현하려면, 게임 형태 자체를 넘어서는 사회적 평가와 각 대안의 결과를 고려해야 한다는 점이다.[42] 실제로 미국에서는 (예컨대 공공 건물과 다양한 공공 장소에서 흡연 금지 같은)공적 규제가 점차 엄격한 방향으로 나아가며, 이러한 규제의 개정과 확대는 종종 (예컨대 원치 않는 비흡연자들이 간접 흡연으로 고통받지 않게 하는)최종 결과의 실현을 효과적으로 달성하려는 목적에서 이루어진다. 여기서 나는 이 규제 결정들의 타당성을 평가하려는 것은 아니며, 다만 그러한 공적 규제 결정이 서로 다른 게임 형태의 명시 방식들 **사이의** 선택을 수반한다는 점을 지적하려는 것뿐이다. 그리고 이들 명시 방식의 상대적 타당성을 검토할 때, 그에 따른 결과가 관련 있다는 점 또한 분명하다. 이처럼, 게임 형태에 의한 권리 정식화 방식의 일반적 유용성은, 그러한 특정 명시 방식들을 넘어 결과와 성과에 대한 사회적 평가를 통해 그 상대적 우열을 따져 볼 필요성을 배제하지 않는 데 있다. 더 큰 분석은 관련된 사람들의 선호와 행동 양식, 그리고 그로부터 나오는 결과를 모두 포함한다. 이는 바로 개별적 게임 형태 정식화가 호출하지 않는 바로 그 요소들이다.[43]

게임 형태 접근 방식의 적절성을 모색할 때, 우리는 단순한 형식적인 정식화 **형태**에 지나치게 매료되어, 특정 게임 형태의 권리 평가에서 사회 선택 이론의 관련성을 간과해서는 안 된다. 게임 형태 정식화는 게임 이론 분석 및

---

42) 권리에 대한 또 다른 분석 수준에서 결과 관련성으로는 13장 "최소 자유"와 14장 "권리: 정식화와 그 결과"를 비롯해서, 해먼드(1982a), 센(1982b), 파타나익과 스즈무라(1994, 1996), 판 히스(van Hees, 1994, 1995, 1996), 스즈무라(1996, 1999) 참조.

43) 13장 참조. 과정과 결과를 결합하는 접근 방식의 필요성은 센(1982b)에서도 다룬다. 사회적 선택 분석과 게임 형식 정식화를 결합할 필요성은 최근 파타나익과 스즈무라(1994, 1996), 판 히스(1994, 1996), 스즈무라(1996, 1999)에 의해 더욱 명확히 제시된다. 이 문제의 핵심은 스즈무라(1996)가 제시한 다음의 근본적 주장이다. 즉, 권리의 형식적 구조는 게임 형식상의 권리 실현과, 게임 형식 권리의 최초 부여 문제 양자 모두와 구분해야 한다.

'효과성 함수'와 같은 관련 구조들과 결합해서, 서로 다른 규칙들이 권리를 주장하고 실현하는 데 적절한지를 평가하기 위한 결과적 분석을 수행하는 우리의 능력을 상당히 강화시켜 주었다.[44] 게임 형태 정식화가 권리에 대한 사회 선택 분석보다 우월하다는 주장을 펼치는 데 그렇게 많은 논쟁의 에너지가 소비되어 유감이다. 실제로 이 둘은 중요한 의미에서 상호 보완적 관계에 있다.

정식화의 형식과 적합성 평가의 구분은 조금 더 논의할 가치가 있는 주제일 수 있다. 왜냐하면 게임 형태 정식화가 권리의 사회 선택 분석보다 우월하다는 주장은 그동안 상당한 관심의 대상이었기 때문이다. 주목받아 온 다양한 유형의 권리들이 존재한다. 특히 게임 형태 정식화로 잘 표현될 수 있는 권리를 고려하면, 이들 권리 또한 그 내재된 동기 측면에서 구분 가능한 여러 범주로 나뉜다. 일부 권리는 (그 결과와는 무관하게)전적으로 사람들에게 행동의 자유를 부여하는 데 목적이 있고, 반면 많은 권리들은 그렇지 않고, 오히려 사람들이 (적어도 부분적으로는)특정 '궁극적 결과'를 효과적으로 실현할 수 있는 자유를 갖도록 하는 동기에서 출발한다.[45] 후자의 권리들은 전자의 경우처럼 게임 형태 정식화로 잘 표현될 수 있지만, 제안된 게임 형태가 의도된 결과를 달성하지 못하면, 그러한 사회적 실패는 해당 게임 형태 선택에 불리한 요소로 작용한다.

후자의 범주는 결코 사소하지 않으며, 겉보기에 단지 행위의 자유에만 관련된 것처럼 보이는 많은 권리를 포함한다. 실제로, 앞서 (게임 형태 **정식화**의 이점을 설명하면서)언급한 실업 급여를 요구하고 수령할 권리조차, 단순한 행위의 자유를 넘어서려는 동기를 내포한다. 그 의도는 실직에 따른 빈곤에서 벗어날 실질적 기회를 실업자들에게 제공하는 데 있다. 우리는 사람들이 실제로 그 의도된 결과(즉, 의도된 권리 실현)를 달성할 수 있었는지를 살펴야 하

---

44) '유효성 함수'와 그것이 권리 정식화에 갖는 관련성으로는 뮬랭과 펠레그(Moulin and Peleg, 1982), 데브(1990, 1994), 판 히스(1994)를 볼 것. 관련 주제로는 두타와 파타나익(1978), 뮬랭(1983, 1988), 펠레그(1984), 파타나익과 스즈무라(1996), 스즈무라(1996)를 보라.

45) '실질적 자유' 개념에 대해서는 센(1985a, 1985b) 참조. 또한 *Freedom and Justice*도 함께 볼 것.

며, 그렇지 않았다면 무엇이 그 실패를 야기했는지 물어야 한다.

실업 급여에 대한 권리는, 어떠한 신청도 거부되지 않는 경우조차, 적절한 급여를 강렬하게 염원하는 어떤 수급자가 중대한 사유로 수급 신청을 못할 때 실질적 침해로 간주될 수 있다. 이러한 수급 신청 실패는 사회적 낙인 및 불편한 공적 조사에 대한 두려움, 혹은 단순한 혼동이나 오해, 낙담 등의 요인들과 관련 있을 수 있다. 실업 급여를 받지 못한 것이 당사자의 신청 실패에서 비롯하더라도, 그것만으로는 실업 급여에 대한 권리가 실현되었다고 판단하는 근거로 충분하지 않다.[46] 이는 영국의 사회보장제도 평가에서 중요한 쟁점이 되었다. 일반적으로 이러한 유형의 사례에서, 사람들이 그 권리 영역에서 무엇을 원하는지(또는 원할 이유가 있는지)와 그들이 실제로 무엇을 얻었는지 사이의 대응 관계를 살피는 것이 중요하지, 단지 무엇이 선택되었는지 혹은 선택되지 않았는지에만 집중하는 것은 충분치 않다. 실패가 발생한 경우, 그 실패가 왜 일어났는지를 아는 것이 중요하다.

사람들이 실제로 내리는 선택은, 개인이 실질적 의미에서 자유가 있는지를 판단하는 데 관련되는 상황적 요인들 탓에 강하게 영향을 받을 수 있다. 불리한 주목을 받을까 하는 두려움이 개인이 실제로는 원하는 어떤 선택을 수행하지 못하게 할 수도 있다. 예를 들어, 여성들이 옷차림이나 행동, 말하는 방식에서 특히 엄격한 순결 기준을 따라야 하는 사회라면, 어떤 여성이 비전통적 방식으로 행동할 용기를 갖지 못할 수 있다. 이는 중요한 자유 및 그에 상응하는 권리의 실패로 볼 수 있고, 그녀가 실제로는 달리 행동할 '자유'가 있었다는 점을 지적하는 것으로 그 검토를 끝내서는 안 된다. 실제로, 강간 여부를 판단할 때, 피해자가 강하게 저항하지 않았다는 주장 자체로 그 혐의를 배제해서는 안 된다. 피해자가 일반적 상황에서 취할 수 있었던 행동을 왜 하지 않았는지를 검토해야 한다. 이른바 '선택 억제' 현상은 권리 실현 이론의

---

46) 캉예르(1985)의 "권리의 실현"이라는 중요한 문제에 대한 논의는 이들 쟁점과 관련이 깊다.

필수적 부분이어야 한다.[47]

　이러한 다양한 유형의 사례들은 다음 두 가지, (1) 권리 표현에서 게임 형식의 일반적 형식 자체가 지니는 적절성, 그리고 (2) 특정 권리 표현에서 개별적 게임 형식 정식화가 지니는 적절성(그리고 이에 상응하는, 관련된 선호를 충분히 고려한 결과 분석에 기반한 게임 형식 간 비교의 타당성)을 구분할 필요를 보여 준다. 게임 형식 접근법의 우월성을 주장하는 일부 견해들은, 이처럼 명확히 구분되어야 할 두 가지 상이한 문제를 혼동함으로써 힘을 얻은 것으로 보인다.

10. 권리의 사회 선택 이론적 정식화의 다양성

　이제 나는 셋째 쟁점, 즉 사회 선택 이론 정식화에서 다양성을 다루고자 한다. 내가 이 다양성이 지니는 광범위한 적용가능성을 드러내려면 두 가지 설명적 논점을 먼저 제시해야 한다. 첫째, 포괄적 결과는 종국적 결과에 이르는 **과정**을 포함하여 폭넓게 정의될 수 있고, 여기에는 누가 어떤 자유를 가지고 행동할 수 있었는지를 포함한다. 따라서, 사회 상태 역시 과정 포함적 방식으로 정의할 수 있다. 둘째, 포괄적 결과를 평가할 때, 우리는 그것의 어떤 **부분**에 집중할 것인지(그리고 다른 부분들에는 관심을 배제할 것인지)를 선택할 수 있다. 보다 포괄적으로 서술한다고 해서, 그보다 더 포괄적인 서술에 포함된 모든 구성 요소의 가치를 주목해야 한다는 것은 아니다. 따라서, 만약 우리가 결과와 무관하게 해당 개인들이 어떤 **행동의 자유**를 가지는지를 중점적으로 보려면, 우리는 (1) 포괄적 결과에 행동 선택지에 대한 묘사를 포함하고 그것에 가치를 부여할 수 있으며, (2) 포괄적 결과의 특성 기술에 종국적 결과를

---

47) 이 책 13장 참조. *Freedom and Justice*에 수록된 특히 젠더 관련 에세이들도 함께 볼 것. 또한 킨치(Kynch)와 센 1983 참조.

포함하되, 그 부분에는 **가치를 부여하지 않도록** 선택할 수 있다.[48] 그러므로, 권리의 게임 형식 정식화가 (전략 선택지에 초점을 두되 종국적 결과는 무시하는 방식으로)전적으로 적절한 경우들에서조차,[49] 우리는 원하면 그에 상응하는 게임 형식 정식화를 사회적 선택 정식화로도 제시할 수 있다.

이는 게임 형식이 어떤 유형의 권리를 표현할 때 가장 편리한 방식인 경우가 많다는 점을 부정하는 것은 아니다. 사실, 게임 형식의 권리를 사회적 선택 구조로 전환 가능하다는 인식은 다소 형식적이어서, 본질적 내용으로 간주되지 않을 수 있다. 이는 실질적 관련성이라는 측면에서 특별히 중요하지 않다는 주장도 가능하다. 만약 게임 형식 정식화가 권리의 표현을 포착하는 데 깔끔하고 정돈된 방식이라면, 그러한 만족스러운 게임 형식 정식화가 사회적 선택 틀 내에서 어떻게든 재현될 수 있는지 여부가 무슨 상관이냐는 질문이 제기될 수 있다. 나는 이것이 정말로 적절한 질문으로 생각한다. 사회 선택 이론에 의한 재정식화 가능성이 결코 게임 형식 정식화에 대한 비판을 의미하지는 않는다. 따라서 여기, 이 셋째 논점의 함의와 앞서 두 가지 논점의 함의 사이에 대조를 이룬다. 앞선 두 가지 논점은 각각, 특정 유형의 권리를 묘사하기에 게임 형식 정식화가 **부적절하다**는 점과, 서로 다른 구체적 게임 형식 정식화들 **사이에서** 선택할 수 있는 구조가 필요하다는 점이었다.

이러한 점들은 주목할 가치가 있어서, 특정 유형의 권리에 대해 게임 형식 정식화가 비교적 편리하다는 사실을 받아들일 필요가 있다. 그러나 권리 분석의 완전성과 적용 범위를 점검하는 맥락에서, 사회적 선택 접근법은 게임

---

48) 센(1970a, 1970b)이 제시한 '최소 자유'에 대한 특정 사회적 선택 정식화에서는, 그와 대조적으로 결과, 특히 궁극적 결과에 초점이 맞춘다. 여기서 강조되는 요점은, 사회적 선택 형식이 허용하는 정식화 방식이 이렇게 하나만 있지는 않다는 데 있다. '최소 자유'에 대한 제시는 자유에 대한 유일한 사회 선택 이론이라는 주장도 아니고, 일반적으로 자유나 권리를 충분히 특성화한 설명이라는 주장도 아니다(센 1976a, 1983a 참조). 이 정식화는 자유의 가치 존중과 후생주의(심지어 최소주의적 파레토 원칙조차)에 충실 사이의 특정한 충돌에 주의를 환기시키려고 사용된다. 이는 '파레토 자유의 불가능성' 정리를 통해 제시되었다. 이와 구별되는 이 문제는 다음 절에서 다시 간략히 다룰 것이다. 이 충돌에 대한 특히 통찰력 있는 분석으로는 스즈무라(1996) 참조.

49) 나는 여기서 행위 지향성(action-orientation) 용어를 보다 넓은 의미로 사용하는데, 이는 플뢰르베이와 가르트너(1996)가 '전략 지향적 권리(strategy-oriented rights)'라고 부른 바 있는, 행위 전략의 선택까지를 포괄하는 개념이다.

형식 정식화가 전적으로 적절하고 완전히 정당화되는 바로 그 특수한 경우들 조차도 다룰 수 있다는 사실 역시 중요하게 지적해야 한다. 이 셋째 논점은, 게임 형식 접근이 명백히 부적절하다고 드러나는 경우들을 다룬 앞선 두 논점과는 별개로 추가된다. 사회 선택 이론이 제공하는 보다 포괄적 틀의 존재는, 따라서 하나의 체계적 이점이고, 그것은 게임 형식 정식화가 매우 잘 수행할 수 있는 기능들**뿐 아니라** 게임 형식 정식화가 수행할 수 없는 다른 기능들까지도 포괄한다.

11. 게임 형식, 담합, 그리고 자유주의 역설

나는 아직 게임 형식 정식화를 지지하는 논거 가운데 하나, 즉 그 정식화가 '파레토 자유의 불가능성'을 회피할 수 있다는 주장을 다루지 않았다. 형식적으로 보면, 게임 형식상 권리가 파레토 원칙과 충돌하지 않음은 쉽게 입증된다.[50] 그러나 이러한 회피는 매우 피상적이다. 게임 형식 정식화는 개인 선호를 호출하지 않으므로, 그것이 선호 기반 파레토 원칙과 당연히 충돌할 수 없다. 여기서 검토할 것은, 합리적 행동 가정과 결합할 때 게임 형식상 권리가 어떤 효과를 갖는지다. 파레토 원칙이나 후생주의에 대한 비판은, 권리를 재정의함으로써 즉, 비판적 담론에서 갈등의 주제가 발생할 수 없도록 함으로써 무시될 수 없다.[51]

게임 형식의 **형식적 구조**에서의 권리는 전략 선택의 자유만을 포함할 뿐, 어떤 선택에 관한 행동 가정이 없는 한, (그것이 파레토 최적성과 모순되건 일치하건 간에)그것 자체로는 **어떠한 결과**도 낳지 않는다. 이 두 요소는 전혀 다른 영

---

50) 가르덴포르스(1981)와 서그든(1985) 참조. 관련 쟁점으로는 데브(1994)와 파타나익(1996)도 함께 볼 것.

51) 빈모어(Ken Binmore)는 이른바 '불가능성 정리의 해소'에 대한 논평에서 다음과 같이 지적한다. "… 단지 게임 이론의 언어를 채택하는 것만으로는 센의 역설을 피할 수 없다(빈모어 1996, 73)."

역에서 작동하고, 둘은 어떤 행동 가정이 주어질 때만 연관될 수 있다. 파레토 원칙은 어떤 결과가 나와야 하는지를 제한하는 반면, 게임 형식상의 권리는 (그 형식적 구조에서는)결과(또는 선호)에 관해 아무 말도 하지 않는다. 비유컨대, 만약 당신이 회사 차량을 사용할 자유가 있다 해도 회사 차량이 전혀 사용되지 않은 상태를 온전히 유지해야 한다는 요구와 그 자체로는 모순되지 않는다. 왜냐하면 당신이 그 차량을 사용하지 않는 걸 선호할 수도 있어서다. 그러나 만약 당신이 차량 사용을 **선호하고**, 실제로 사용하면 그때 충돌이 발생한다. 선호가 명시되기 전까지는 충돌이 발생할 수 없지만, 그렇다고 당신의 회사 차량 사용 권리가 그 차량이 전혀 사용되지 않는 상태를 유지해야 한다는 요구와 완전히 양립한다고 입증되는 것은 결코 아니다.

파레토 원칙에 대한 실질적 비판이 권리의 재정식화로 근본적인 영향을 받지 않는다는 점은, 노직(1973, 1974)의 이 문제에 대한 애초의 논의 및 그가 제안한 권리의 재정식화로부터도 이미 명확하다. 이후의 모든 재정식화는 바로 이 노직의 주장에 의존한다. 노직의 주장은 파레토 자유의 불가능성 결과에 대한 응답으로 제시되었으나(노직 1974, 164~166쪽 참조), 그 목적은 파레토 원칙을 정당화하는 데 있지 않았다. 그는 결과의 어떠한 '패턴화'(또는 사회적 서열화)도 회피함으로써, 파레토 원칙과 '최소 자유' 조건 양쪽 모두가 사회적 선택에 영향을 미치는 역할에서 (적어도 개인들이 자신의 기본권을 행사하기 전까지는)배제되도록 했다. 따라서 노직의 재정식화는 최소 자유와 파레토 원칙 사이의 모순 문제를 고려할 필요가 없고, 따라서 파레토 원칙의 수용가능성을 주장할 필요도 없었다(그리고 주장하지도 않았다). 파레토 원칙은 또 하나의 사회적 결과에 대한 '패턴화' 방식이며, 노직은 모든 형태의 패턴화에 반대했기 때문에, 이 점은 곧바로 도출된다.[52]

---

52) 노직 식의 권리 행사가 파레토 원칙과 쉽게 충돌할 수 있다는 사실은 노직 자신도 부정하지 않는다. 그의 관심사는 달랐는데, 그는 결과주의적이지 않은 방식으로 권리를 재정식화하려는 자신의 시도에 이 불가능성 정리가 정당성을 부여해주기를 기대했다. 파레토 원칙이나 후생주의의 정당화를 추구하는 것은 그의 프로그램의 일부가 아니다. 노직(1974)과 센(1976a) 참조.

　그러므로, 게임 형식상 권리와 파레토 원칙 간 형식적 일관성은 그다지 중요한 인식이 아니다. 그 불가능성 정리가 겨냥한 목적이, 자유의 존중과 파레토 원칙의 고수(그리고 그에 따른 일반적 후생주의 고수) 사이에서 잠재적 충돌가능성에 주의를 환기하는 데 있다면, 그러한 실질적 쟁점은, 패턴화되지 않은 게임 형식 권리와 패턴화된 파레토 원칙 간 단순한 충돌 회피를 넘어 보다 깊은 분석을 요구한다.

　권리의 게임 형식 정식화라는 맥락에서 검토해야 할 것은, 파레토 원칙이 개연성 있는 선호와 적절한 게임 형식들에 위배될 수 있는가다.[53] '파레토 자유의 불가능성' 문제의식에 비추어 보면(센 1970a, 1970b 참조), 이것이 핵심 쟁점이고, 여기서 문제는 (그 약한 귀결이 파레토 원칙인)후생주의와 실질적 자유의 가치 평가 간 긴장이다. 이러한 충돌이 개연성 있는 선호들과 함께 발생할 수 있다는(그리고 실제로 발생한다는) 점을 보이기는 어렵지 않다.[54] 나는 여기서 이 문제를 더 논의하지 않지만, 여기에 관련된 선호의 유형은 일반적으로 '간섭적' 종류며, 이는 '자유주의 역설'에 관한 문헌에서 광범위하게 연구된다.[55]

　나는 또한 여기서 어느 정도 주목받은 하나의 붉은 청어[red herring][기망], 즉 사람들에게 계약을 허용하면 자유주의 역설을 제거한다는 주장을 간단히 언급하려고 한다.[56] 『채털리 부인의 연인』에 관한 과잉 논의 사례(영국에서 벌어졌던 펭귄북스 재판에 대한 동시대의 관심으로 내 초기 발표에서 이 사례를 선택했다.

---

53) 데브(1994), 파타나익(1996), 스즈무라(1996) 참조.

54) 충돌가능성과 관련하여 다음 두 가지를 결정할 필요를 지적할 수 있다. (1) 게임 형식 권리의 다양한 정식화들 중 어떤 것을 선택할 것인가, (2) 게임 형식 권리의 실현이라는 실질적 문제를 어떻게 다룰 것인가. 스즈무라(1996) 참조. 그는 "센의 자유주의 역설은 게임 형식 권리의 실현 맥락뿐 아니라, 게임 형식 권리의 최초 부여 맥락에서도 반복된다"고 보여준다. 이 역설이 처음 제시되었을 당시(센, 1970a, 1970b), 그것은 주로 후생주의, 특히 파레토 원칙에 대한 보편적 집착에 대한 비판의 근거로 사용되었기에, 스즈무라가 자신의 분석을 다음과 같이 결론짓는 것은 (지금 내게는 유쾌한 방식으로)특히 의미심장하다. "비록 센의 자유권 정식화가 보다 적절하다고 주장되는 게임 형식 정식화로 대체되더라도, 후생주의에 대한 센의 비판은 그 중요성을 전혀 잃지 않고 그대로 유효하다(스즈무라 1996, 34~35쪽)."

55) 센(1970a, 1976c, 1983a, 1992b), 블라우(1975), 자이들(1975), 캠벨(1976), 패럴(1976), 켈리(1976), 브레이어(1977) 등을 포함한 다수의 저서 참조.

56) 배리1986)와 하던(1988) 참조. 또한 시브라이트(1989)의 이 주장에 대한 분석도 함께 볼 것. 이 주장은 자유를 게임 형식의 틀에서 재정식화하려는 시도와 연결된다. 가르덴포르스(1981)와 서그든(1985) 참조. 그러나 이미 논의했듯, 게임 형식 정식화는 문제 해결에 도움이 안 된다. 스즈무라(1996)도 함께 볼 것.

센 1970a, 1970b 참조)에서는, 프루드는 루드가 그 책을 읽지 않겠다고 약속하면 자신이 그 책을 읽겠다는 계약을 맺을 수 있고, 그런 계약은 두 사람 모두를 파레토 우위의 상태로 이끌 것으로 주장된다. 이 기망은 바로 여기에서 'Q.E.D.' 형식으로 등장한다.

파레토 개선적 계약은, 물론, 어떤 파레토 **비최적** 상황에서도 항상 논리적으로 가능하다. 이는 자명한 인식인데, 그 상황이 실제로 파레토 비최적이라는 사실을 다른 말로 표현한 것에 불과해서다. 여기서 제기되는 실질적 쟁점들은 전혀 다르다. 그중 하나는, 그러한 파레토 개선적 계약이 실제로 성립하고 유지 가능한가라는 문제다. 그러한 계약이 반드시 성립하며 지속가능하다는 기대는, 환경 오염자와 오염 피해자 사이의 파레토 개선적 계약을 통해 모든 오염 문제가 예방 가능하고, 그런 계약이 자발적으로 선택되어 반드시 체결될 것으로 믿는 것과 같다. 우리는 그러한 계약이 환경 분야에서 자주 일어날 수 없다는 것을 알며(이에 관한 논의는 파판드레우 1994 참조), 그러한 계약이 자유주의 역설 속 게임 이론적 상호 작용(프루드와 루드 및 그와 유사한 갈등 상황)에서 또한 실제로 발생할 필요가 없다는 점을 쉽게 알 수 있다.[57]

실질적으로, 우리는 또한 이러한 종류의 계약이 (예컨대, 프루드가 실제로 책을 읽는지 단순히 읽는 척만 하는 것은 아닌지 확인하고, 루드가 다른 사람이 보지 않을 때 책을 몰래 읽지는 않은지를 확인하는 등)실제로 그 준수를 보장할 만한 어떤 유형의 사회가 가능한지를 고려해야 한다. 실제로 내가 다른 곳(센 1982a, 1992b)에서 논의했듯, 이러한 계약을 이행하려는 시도는 자유를 중시하는 사회에서 매우 위축적인 결과를 초래할 수 있다(경찰이 프루드가 실제로 책을 읽는지, 루드가 자기 침실이나 화장실에서 슬쩍 읽는 것은 아닌지 감시하는 상황). 이러한 이행을 통해 자유주의 역설의 '해결'을 보려는 사람들은, 자유주의 사회가 어떤 모습일

---

57) 계약의 인센티브 비호환가능성으로는 스즈무라(1980), 브레이어와 가드너(1980), 바수(1984) 참조. 반스(1980), 베른홀츠(1980), 가드너(1980), 슈워츠(1981, 1985), 스즈무라(1983, 1996), 브레이어(1990), 데브(1994), 판 히스(1994), 파타나익(1996) 등을 함께 볼 것.

　　제6부 ❋ 자유와 사회적 선택

수 있는지에 대한 상당히 독특한 관점을 가진 것이 틀림없다. 그리고 만약 그러한 이행이 없으면, 계약은 (설령 체결되어도)인센티브와 양립할 수 없다.[58]

더불어 우리는 그에 **선행되는** 질문, 즉 비록 그들이 해당 '종국적 결과'를 원할 수 있더라도, 애초에 프루드와 루드가 그러한 계약을 선택할 이유가 있었는지를 물어야 한다. 일부 논자들(예, 블라우 1975, 브라이어 1975, 패럴 1976, 스즈무라 1978, 그리고 해먼드 1982)은 자유주의 사회에 '간섭적' 선호를 갖고 그에 대한 존중과 그에 따른 행동 사이의 기본적 충돌에 주목한다(그리고 나는 그들이 옳다고 생각한다). 그러나 '담합에 의한 해결'을 모색한 이들은 당사자들이 그 간섭적 선호에 따라 행동하는 데 어떠한 의문을 갖지 않을 것으로 가정하는데, 그 결과는 다음과 같이 귀결된다. (1) 프루드는 루드 자신이 정말로 읽고 싶은 책을 읽지 않도록 유도하려고, 자신이 혐오하는 책을 읽기로 동의하며, (2) 루드는 마찬가지로, 그 책 읽기를 꺼리는 프루드가 대신 그 책을 읽게 하려고, 자신이 매우 읽고 싶은 책을 읽지 않기로 동의한다(이 얼마나 멋진 자유주의적 생활 방식의 정당화인가!).

반대로, 사람들이 자기 일에 집중하는 데 어느 정도 중요성을 부여하면, 그러한 기이한 계약은 실제로 제안되지 않거나 수락되지 않을 수 있다. 자신이 좋아하는 책을 읽고, 다른 사람이 자기 취향대로 책을 읽게 내버려 두는 자유주의적 가치는, 이 기묘한 계약의 유혹에도 불구하고 여전히 살아남을 수 있다. 이러한 자제는, 자유주의 역설이 기반하는 '종국적 결과'에 대한 선호와 아무런 긴장 관계가 없다. 자유주의자로서의 루드는, 프루드가 그 책을 읽지 않기를 선호할 수 있다(종국적 결과), 그러나 이는 프루드 자신의 선택을 통해 이루어지기를 바랄 수 있다(선호되는 포괄적 결과). 마찬가지로 자유주의자로서 프루드도, 루드가 그 책을 읽지 않기를 바라면서도 그것이 루드의 자발적 선택을 통해 이루어지기를 원할 수 있다(바람직한 포괄적 결과). 이는 강제 계약을

---

58) 담합적 해결에서 발생하는 전략적 갈등은 브레이어와 가드너(1980), 브레이어와 질리오티(1980), 바수(1984), 브레이어(1990)가 다룬다.

통해 동일한 종국적 결과에 도달하는 방식과 다르다.[59]

다소 기이하게도 이 문제가 권리의 양도가능성 문제와 혼동되는 경우가 있다(배리 1986 참조). 권리를 **행사하지 않기로** 하는 결정은 '양도'라는 개념으로 잘 설명되지 않는다. 만약 양도가능성이 특정 권리의 **행사**를 포기하는 권리를 의미한다면, 사람들이 그러한 권리의 비사용 계약을 체결할 권리를 갖고 있다는 점에는 이견의 여지가 없다. 일반적으로 사람들은 이러한 종류의 계약을 체결하기 위해 다른 누구(혹은 '사회 전체')의 **허락**도 필요로 하지 않는다. 그들이 필요한 것은 적절한 **이유**일 뿐이다.[60] 일부는, 그러한 계약 체결이 파레토 최적 결과를 얻는(그리고 유지하는) 유일한 방법이라는 점만으로도 충분한 이유라 간주한다. 그러나 이것은 핵심 쟁점을 회피한 것이다. 왜냐하면 그 불가능성 결과를 논의하려는 동기 자체가 바로 그러한 종국적 결과에서 파레토 최적성의 사회적 정당성에 **의문**을 갖고 평가하려는 데 있어서다.[61]

일반적으로, 만약 개인들이 그러한 계약을 **체결하거나 체결하지 않은** 자유를 모두 가진다면, 파레토 자유의 딜레마는 여전히 남는다. 파레토 자유 간 충돌은 여기서 개인 행위의 딜레마라는 형태로 다시 떠오르며, 종국적 결과와 포괄적 결과 사이의 구분은 이 질문에서 매우 중심이 된다. 물론, 주어진 선호 순위를 고려할 때, 루드가 자신이 좋아하는 것을 읽고 프루드가 자신이 싫어하는 것을 읽지 않는다는 개별적으로 안정된 결과는 각자가 **자발적**으로 그 반대 행동을 하는, 대안적으로 실현할 수 있지만 (프루드가 자신이 싫어하는 것을 읽고 루드가 자신이 좋아하는 것을 회피하는)인센티브가 없는 결과보다 파레토 열등하다는 점은 사실이다. 그러나 이것이 동일한 종국적 결과를 얻고자 **강제력 있는** 계약을 사용할 충분한 이유는 될 수 없다. 왜냐하면 그것은 (강제

---

59) 센(1982b, 1992b) 참조.

60) 이러한 자유주의적 권리를 스스로 포기할 권리가 있더라도 문제가 해결되지 않는 이유로는 바수(1984) 참조.

61) 센(1970a), 83~85, 196~200쪽 참조. 또한 해먼드(1981, 1982), 스즈무라(1983), 코플린(1986)도 함께 볼 것. 관련 쟁점으로는 롤스(1971, 1982), 노직(1974), 드워킨(1978), 스캔런(1975, 1988), 파핏(1984), 헐리(1989)를 보라.

된 계약 행위와 감시된 사생활을 포함한)전혀 다른 포괄적 결과를 의미하기 때문이다. 과정은 중요하며, 감시된 계약과 강제된 준수를 통해 사생활 일부를 통제하는 것은, 동일한 종국적 결과가 자발적 선택을 통해 나타나는 것과 다르다고 할 수 있다.

12. 맺으며

이 세 편의 에세이에서 내 목표는 자유 개념이 피할 수 없는 다원적 개념임을 탐구하는 것이다. 기회 측면과 과정 측면은 각자 고유한 중요성을 갖는다. 이 둘은 분리되지만 상호 의존적 개념으로 이해해야 한다. 나는 이 각각의 측면을 검토하고, 그것들의 관련성과 함의를 면밀히 분석하고자 했다.

애로우에 의해 개척된 사회적 선택 접근법은 이러한 탐구에서 많은 통찰을 제공할 수 있다. 자유의 문제 중 일부는 피할 수 없이 '사회적 선택' 측면을 가지며, 다른 방식으로 쉽게 분석 가능한 문제들조차 근대의 사회 선택 이론에서 발전된 분석 방법들을 통해 자주 조명할 수 있다. 상태 서술에서 종국적 결과와 더불어 과정을 함께 고려하는 (즉, **포괄적 결과**로서의)가능성은 선택 분석 적용 범위를 상당히 확장한다.[62] 또한, 반사실적 선택 관련성은 자유의 내용을 이해할 때 매우 결정적으로 드러난다.

자유의 기회 측면과 과정 측면의 실질적 내용을 탐구하는 데는 다양한 방법이 있다. 나는 기존 문헌을 검토하고 각 분야 주요 쟁점들을 바라보는 하나의 특정한 관점을 제시하고자 했다. 자유라는 주제는 매우 오래되었고, 동시에 깊이 있는 중요성을 지닌 주제기도 하다. 나는 근대의 사회 선택 이론이라는 학문 분과가 이 고전적 주제에 기여할 바가 있음을 강조하고 싶다.

---

62) 보다 심화된 분석은 센(1985a, 1992b, 1997a, 2000)에서 다룬다.

제 22 장

자유 그리고 기회의 평가*

1. 기본 용어와 관계들

내 애로우 강의 중 첫째 강의(20장)에서, 자유의 '기회 측면'과 '과정 측면' 사이의 구분을 제시한 바 있다. 이 장은 특히 **기회 측면**에 내재된 몇몇 형식적 특성을 분석하는 데 주로 초점을 둔다. 이러한 쟁점들은 20장에서 비형식적으로 확인되었고, 현재의 논의는 그 비형식적 분석을 좀 더 형식적 방식으로 보완하려는 것이다. 비록 여기서는 특별히 기회 측면에 초점을 맞추지만, 기회 평가와 밀접한 관련을 갖는 과정 문제들에 대해서도 일부 관심을 가져야 한다.[1]

---

* 이 에세이는 처음에 1991년 스탠퍼드대학교에서 발표된 애로우 강의의 부록으로 수록되었고, 1991년 *Journal of Econometrics*에 실린 내 논문 "후생, 선호, 그리고 자유(센 1991)"에서 제시된 일부 분석과 결과를 포함한다. 본문에서는 이에 더해, 1990년대 이 활발한 분야에서 새롭게 생성된 일부 문헌들을 언급하고 추가적인 논의들을 보완했다. 애로우 강의 자체는 발표 당시 형식적 내용과 비형식적 설명을 결합한 혼합 양식을 띠었지만, 여기 수록된 강의의 본문(20장과 21장)은 거의 전적으로 비형식적 형식이다. 상대적으로 형식적인 자료들은 이 에세이 속에서 안식처를 찾았다.

1) 여기서는 앞(21장)에서 논의한 바 있는 과정의 범위와 복잡성을 전반적으로 포착하지는 않는다. 대신 이 장에서의 탐구 대상은 (20장에서 논의한) '선택 행위 평가' 및 '선택지 감식'과 같이, 과정 및 절차와 밀접하게 관련된 '기회'의 성질들에 초점을 둔다.

　　(x, y 등의 대안을 포함하는)어떤 유한한 선택지 집합 X와 그 X의 공집합이 아닌 부분 집합으로부터 선택해야 하는 개인의 선택 문제를 고려하자.[2] 실제로, 각 선택 상황에서 그녀의 '선택지'는 X의 어떤 부분 집합 S로 한정되고, 그녀는 그 S로부터 선택해야 한다. 물론 경우에 따라 S는 전체 집합 X가 될 수도 있다. 또는 $\{x\}$와 같은 단일 집합일 수도 있는데, 이 경우 개인은 실질적 선택의 자유가 없다. 이 둘의 중간에 다양한 옵션 범위를 갖는 여러 가능성이 존재한다. S, T, A, B, C와 같은 대문자들은 X의 부분 집합(즉, 개인이 선택해야 하는 '선택지' 또는 '선택지 집합')을 나타내는 데 사용된다. 다만, R, P, I는 예외고, 이들은 X의 요소들에 대한 이항관계를 나타내는 데 사용된다. 여기서 R은 '선호하거나 무관한' 관계로서의 약한 선호를, P는 '~보다 선호하는' 관계로서의 엄격한 선호를, I는 '~과는 무관한' 관계로서의 무차별성 관계를 뜻한다. 선택지들, 또는 X의 요소는 x, y, z와 같은 소문자로 나타낸다. 별표 (*)가 붙은 관계 표기들 R^*, P^*, I^*는 각각 부분 집합들 간의 이항관계를 나타내며, 그 의미는 순서대로 약한 선호, 비대칭적 선호, 대칭적 무차별성 관계를 뜻한다.

　　개인은 X 안의 대안들에 대해 여러 가능한 선호 순위 중 하나를 가질 수 있다. 이때 개인이 가진 약한 선호 순위는 R_j로 나타낸다. xR_jy는 개인이 x를 y보다 적어도 낮거나(y보다 선호하거나 무관하다고) 여긴다는 의미로 해석할 수 있다. R_j의 비대칭 요소 P_j는 엄격한 선호를 나타내며, xP_jy는 x가 y보다 낫다고(또는 y보다 명백히 선호된다고) 여겨진다는 뜻이다. R_j의 대칭 요소 I_j는 무차별성을 나타낸다. R_j가 순서인 경우, 또는 (좀 더 덜 엄격하게는)준순서(즉 추이성과 재귀성을 갖되 완비성은 필요 없는 관계)인 경우, P_j와 I_j는 모두 추이성을 갖는다(그러나 반드시 완비성을 가질 필요는 없다).

---

2) 집합 X는 유한한 것으로 간주한다. 여기서 검토될 몇몇 대안적 접근, (나는 이 접근을 특별히 선호하지는 않지만)예컨대 기회 집합의 '기수'를 기준으로 기회를 판단하는 방식은 유한한 경우에만 적용이 용이하다. 하지만 20장과 21장을 통해 옹호된, 선호에 기반한 기회 비교 절차는 무한한 X의 경우에도 분석에 큰 변화 없이 쉽게 적용될 수 있음을 주목할 필요가 있다.

여기서 앞선 두 편의 에세이(특히 20장)에서 명시적으로 다룬 사항 하나를 다시 반복할 필요가 있겠다. 즉, 여기서 '선호'라는 용어는 (일반적으로 사회 선택 이론의 일부 영역에서도 그렇듯)매우 넓은 의미로 사용된다.[3] 이 설명을 다시 반복하는 이유는 그 이해가 어려워서가 아니라, 매우 중요하고 또 이 용어가 선호 기반 추론에 대한 논의나 비판에서 자주 간과되어서다. 실제로, '선호' 라는 용어는 사회 선택 이론 및 관련 분과의 문헌에서 매우 일반적인 관계로 사용되며, 구체적 해석을 다양하게 부여받는다. 예컨대, 심리적 의미의 "x를 y보다 좋아한다"는 해석부터, 숙고된 판단에 따른 "x를 y보다 더 가치 있게 여긴다"는 해석에 이르기까지, 다양한 해석이 맥락에 따라 사용될 수 있고, 물론 그에 적절한 명시가 수반되어야 한다. 이 이항관계들은 서로 일치할 수 있고 그렇지 않을 수도 있으며, 일치하지 않는 경우에는 '선호'라는 용어가 정확히 어떤 의미로 사용되는지 명확히 밝혀야 한다(이 문제는 20장에서 특히 강조되었다). 그러나 많은 형식적 성질과 결과에서, 이러한 해석 각각에 대한 분석이 적용될 수 있고, 이들을 일반 용어로 다루는 것이 논의에 연산적 경제성을 가져다 준다. 이러한 접근은 이 에세이에서 제시될 여러 분석 관계에도 적용된다.

기회 집합 혹은 선택지의 서열화는 (예컨대 S, T, A, B 등)전체 집합 X의 부분 집합들에서 정의된 약한 이항관계 R^*로 표현된다. SR^*T는 S가 T보다 적어도 더 많은 기회를 제공한다는 의미다. 그 비대칭 요소인 P^*는 "더 많은 기회를 제공한다"는 뜻이고, 대칭 요소인 I^*는 "정확히 같은 수준의 기회를 제공한다"는 뜻이다. 우리는 일반적으로 R^*, P^*, I^*가 추이성을 가질 것으로 기대하지만, 그것이 반드시 완비성을 가진다고 기대할 필요는 없다(그 이유는 20장에서 다루었다).[4]

---

3) 9장 "사회적 선택의 기초로서의 개인 선호" 참조.

4) 최근 그라벨(Gravel, 1994, 1997), 푸페(Puppe, 1995, 1996), 네어링(Nehring)과 푸페(1996), 바하라드(Baharad)와 니찬(Nitzan)(1997)은 R에 대해 몇 가지 공리적 제약을 제안하는데, 이는 R의 추이성과 일정한 긴장을 낳을 수 있다. 이러한 흥미로운 불가능성 정리들로부터 얻을 수 있는 핵심 교훈은, 개별 공리들이 개별적으로는 매력적으로

관계 R^*은 그러나 서술적으로 서로 다른 실질적 성격을 부여받을 수 있다. 우리가 개인에게 **주어진 실제 선호**(그 실제 선호가 무엇인지에 대한 불확실성이 아마도 미래 어느 시점에 존재할 수 있는 선호)를 기준으로, 그 사람이 가지는 기회에만 관심을 둘 때, 우리는 그것을 '기회 관계' R^*로 부른다. 나는 또한, 어떤 개인이 다른 선호 순위를 가질 경우(어쩌면 그런 선호를 가지기로 선택할 경우) 그녀가 가지게 될 기회들에도 관심을 둔다.

이러한 대안적 선호 순위들 간 선택은 '메타 순위' 분석에서 논의한 '선호 구조' 일부를 이룬다(센 1974b, 1977c 참조). 이는 한 개인이 자신이 원하는 선택지(또는 대안적 상태들)를 고르는 자유뿐 아니라, 자신이 이유 있다고 생각하는(또는 바라는) 선호 자체를 선택할 자유를 평가하는 중심 요소가 될 수 있다.[5] 나는 이러한 (실제 선호를 포함한)잠재적 선호의 집합에 따라 메뉴를 서열화하는 이항관계를 **메타 기회 순위** $\underline{R}^*$로 부르기로 하고, 그 비대칭 요소를 $\underline{P}^*$, 대칭 요소를 $\underline{I}^*$로 부르겠다. 메타 기회 순위는 자유의 기회 측면을 좁은 시각, 즉 어떤 개인이 현재 자신의 선호에 따라 가지는 기회로만 파악하는 접근을 넘어선다. 그러나 이는 20장의 논의처럼, 자율성이라는 가치가 개인 자유의 일부로서 갖는 중요성을 평가하는 핵심 개념이다. 이는 단순히 주어진 선호에 기반한 실제 기회의 계량을 넘어, 선택지에 대한 평가를 보다 포괄적으로 다루는 방식과 관련 있다.

보여도, 그것들 전체에 충성을 맹세하기 전에 사전적 성찰이 필요하다는 점에 있다고 나는 생각한다.

5) 어떤 선호를 형성할지를 스스로 선택할 자유는 개인의 '행위자 자유'의 중요한 측면이다(센 1974b, 1985a 참조). 존스와 서그든(1982)은 잠재적 선호의 관점에서 자유를 명시적으로 정식화한 바 있고, 이 주제는 포스터(1993)가 강력하게 탐구한다. 애로우(1995)와 서그든(1998)도 함께 보라. 대안적 선호를 그 교집합 관점에서 다루는 접근(센 1985b, 1992a)은 선호의 선택가능성의 중요성을 또 다른 시각에서 보여 준다. 이 점은 20장에서 논의하고, 이 장 후반부에서 추가적으로 분석한다.

2. 단순 계량의 환원 사례

출발점이자 대조점으로서, (20장에서 확인된 바 있는)기회의 계량에 깊이와 복잡성을 부여하는 요소를 제외한 경우를 먼저 다루는 것이 유용할 듯하다. 특히, 이 환원주의적 사례에서는 다음과 같은 조건들이 개인 선호의 성격에 관하여 성립한다고 가정할 수 있다.

(1) **궁극적 결과 집중**: 개인은 선택 행위를 포함한 포괄적 결과가 아니라 궁극적 결과에만 관심이 있으며, R_j는 선택 과정과 무관하게 궁극적 결과 공간 위에 정의된다.

(2) **완비적 순위**: R_j는 완비된 선호 순위다.

(3) **반사실적 선호의 무관성**: 개인은 자신이 실제로 가진 R_j 외에 다른 대안적 선호 순위를 고려할 중요한 이유가 없다.

(4) **선호에 대한 확실성**: 개인은 자신의 R_j를 확실히 알고 있다.

이러한 가정이 주어지면, '기회 측면'이 개인 자신이 **가장 선호하고 실제로 선택할** 대안을 획득할 능력 이상으로 의미를 확장할 수 있을지는 분명치 않다. 이는 어떤 면에서 기회 계량의 가장 단순한 경우다.

S라는 여러 대안들의 선택지를 생각하자. 이 중 가장 선호되는 요소는 x며, 그녀는 이 x를 S로부터 선택한다고 하자. ('궁극적 결과 집중', '완비적 순위', '반사실적 선호의 무관성', '선호에 대한 확실성'을 포함하는)위의 가정들을 고려할 때, 그녀가 마주한 선택지가 전체 S에서 x를 포함한 S의 어떤 부분 집합(심지어 $\{x\}$라는 단일 집합)으로 축소(환원)되더라도 그녀가 가진 기회가 실질적으로 줄어든다고 보기는 어렵지 않을까.

'궁극적 결과 집중'이라는 가정이 있으므로, 개인은 선택 행위 자체에 어떠한 중요성도 부여하지 않고, 오직 최종적으로 어떤 대안을 갖는지만 관심을

    제6부 ◦ 자유와 사회적 선택

가진다. 이 경우, 실질적 의미에서 '선택지에 대한 평가'가 이루어질 이유도 거의 없다. S 안의 다른 모든 선택지들은 확실하게 x에 의해 지배되고, 그녀가 가질 수 있었을 **대안적 선호**를 고려할 의미 있는 이유가 없으며, x는 단일 집합 $\{x\}$에서도 획득이 가능해서다. 이것은 센(1985b)에서 논의한 '기초 평가'의 단순 사례에 대응하며, 여기서 메뉴의 기회 가치는 그 안에서 최선의 요소 가치로 판단할 수 있다(이 최선의 요소는 가정에 따라 선택된 요소와 일치한다).

기회의 순수한 측면에 대한 이러한 단순 관점에 입각하면, 우리는 다음과 같은 조건을 모든 메뉴 S, T에 대해 요구할 수 있다.

> ▸ **기초 평가**[EE]: SR^*T는 오직 S 안의 어떤 x에 대해, x가 T 안의 모든 y에 대해 선호된다. 즉 xR_jy다.
> ▸ (T.2.1): 유한 집합 X 위에 유일한 완비적 선호 서열 R_j가 주어지면, 기초 평가[EE]는 X의 공집합이 아닌 모든 부분 집합들의 집합 위에 완비적 순위를 유도한다.

선택된 결과 x 외의 다른 선택지들은, 위의 네 가지 가정 중 어느 하나라도 제거될 때 실질적으로 중요할 수 있다. 그러나 그 중요성은 서로 다른 방식으로 나타난다. 나는 이 네 가지 가정을 하나씩 제거하면서 각각 어떤 결과가 나타나는지를 다음 절에서 살피되, 그 시작은 '궁극적 결과 집중'의 제거로부터 출발하기로 한다.

3. 선택 행위의 가치 평가

무엇을 할지를 결정하는 사람에게는 선택 행위 자체가 중요한 고려 사항이 될 수 있고, 그녀가 궁극적 결과를 넘어, 보다 포괄적으로 정의된 결과 일부로서 선택 행위를 고려하는 것은 전적으로 합리적일 수 있다.[6] 선택 행위의 관련성은 어떤 사람이 갖는 자유나 기회의 고려를 훨씬 넘어서지만, 현재 맥락에서 내 관심은 구체적으로 선택 행위의 중요성과 기회 계량 간 관계다.[7]

선택 행위의 가치 평가가 당사자 선호에 영향을 미치는 고려 사항으로 도입될 때, 개인이 실제로 S에서 x를 선택하고 S에서 x가 최선의 대안으로 여기더라도, 두 선택지 집합 S와 $\{x\}$가 제공하는 기회를 구분할 명확한 근거가 있다. S에서 x를 선택할 때 그 사람은 실질적 **선택 행위**를 수행하지만, $\{x\}$라는 대안이 없는 상황에서는 그렇지 않다. 실제로, 만약 그 사람이 선택 행위 자체를 가치 있게 여기면, 그와 같은 그녀의 선호 관련 자유는 $\{x\}$보다는 S에서 더 잘 충족된다.[8] '포괄적 결과'를 특성화할 때, '궁극적 결과'의 정보적 내용은 행동 선택 과정까지 포함하도록 확장된다. 선택 옵션 특성화에서 선택 행위 존재의 형식화는 결과를 x/S로 보는 방식으로 가능하다(이는 x가 선택지 집합 S에서 선택되었음을 의미한다). 센(1985b)에서는 이것을 '정제된^{refined} 결과'라고 불렀고, 이는 조잡한^{crude} 결과인 x가 집합 S에서 선택된 경우를 뜻한다. 정제된 결과 x/S는 정제된 결과 $x/\{x\}$와는 명백히 다르다. 예를 들어, 사람이 먹을 수 있는 선택지가 있음에도 **단식**은 굶주림이며, 반면에 **비자발적 굶주림**은 동일한 '조잡한 기능'(즉, 굶주림)을 수반하더라도 다른 '정제된 기능'(즉, 선택지 없이 굶주리는 것)을 포함한다.[9] 선택 행위가 가치 평가되는 방식에 따라, 궁극적 결과에 대한 선호 순서는 선택 행위에 관한 추가 정보에 기반하여

---

6) '포괄적 결과'와 '궁극적 결과'의 구분으로는 4장 "극대화와 선택 행위"(센 1997a) 참조.

7) 가치 평가와 선호 배열에서 선택 행위가 중요한 이유에 대한 다양한 설명은 센(1977c, 1982b, 1985a, 1987a, 1997a)을 참조하라. 선택 행위의 성격을 고려해야 하는 이유는 신중함일 수도 있고, 도덕적 이유일 수도 있다(센 1997a, pp. 747~763쪽, 이 책 4장, 132~158쪽 참조). 선택 행위는 자신의 삶을 형성하고, 어떤 관점에서 그것에 '의미'를 부여하는 것과 관련 있다(노직 1974, 45~51쪽, 그리고 노직 1989 참조). '선택의 의미'는 도덕적 틀 속에서, 비판적 시각을 바탕으로, 스캔런(1988, 1998)이 통찰력 있게 분석한다.

8) 물론 어떤 경우에는 스스로 선택하는 것이 오히려 그 사람 자신의 이익에 부합하지 않을 수 있다. 예컨대, 선택자가 (가장 편한 의자를 선택하지 않는 것처럼)어떤 규범적 제약의 틀을 따라야 할 때, 혹은 일정한 자기 희생을 감수하더라도 신탁 책임에 우선순위를 두어야 할 때가 그렇다. 센(1985a, 1997a) 참조.

9) 센(1985b), 201~202쪽 참조. 또한 센(1992a, 1997a)도 함께 볼 것. 바하라드와 니찬(1997)은 X라는 대안 집합과 그 부분 집합들인 2^X의 데카르트 곱 위에 정의된 x/S와 같은 요소들의 배열을 '확장된 선호 관계' R^e라 부른다.

달라질 수 있다.

여기서 우리가 집중하는 것은 개인이 자신의 기회를 어떻게 평가하는가이고, 그녀가 선택 행위 자체를 가치 있게 여기거나 특정한 대안을 **거부하는** 행위에 대한 이유가 있을 수 있다는 사실이다. 이것은 한 개인의 자기 평가 기회를 이해할 때 중요하지만, 당연히 자유의 '과정 측면' 관련 모든 것을 포괄하지는 않는다. 설사 선택 행위 가치 평가가 개인 선호 패턴에 내재되지 않을 때도, 사회는 그 결과의 동일성에도 불구하고 개인의 직접적 선택에 관례적 중요성을 부여할 수 있고, 이는 그 **개인이 그것을 가치 있게 여기는지 여부와 무관하다.**[10] 자유의 과정 측면은 앞의 글(21장)에서 특히 논의한 것처럼, 선택 과정을 통해 그 사람이 직접 누리는 '이익'을 훨씬 뛰어넘을 수 있고, 이는 선택 행위 가치 평가에도 적용된다.

다음 절에서는 선택 행위 가치 평가를 살펴보는 데서 벗어나, 선호의 불완전성과 불확실성을 도입할 때의 함의, 그리고 반사실적 선호 관련성 등 다른 문제들로 관심을 돌린다. 이러한 추가적 특징들에서 비롯하는 고려 사항들은, 당연히 앞서 논의한 선택 행위 평가와 관련된 사항들과 결합할 수 있다. 하나의 특징이 관련 있다고, 다른 특징이 관련 없다는 것을 의미하지 않는다.

4. 선호의 불완전성과 기초 가치 평가

개인의 선호 순서 R_j가 불완전할 경우, 선택이 갖는 의미는 실질적으로 축소된다. 극대화 선택에서, 선택된 대안 x는 R_j에 따라 극대 요소가 되지만, 이는 x가 다른 이용 가능한 모든 대안보다 적어도 낮다는 것을 뜻하지 않는다. 단지 그것이 다른 어떤 이용 가능한 대안보다 나쁘다고 간주되지 않는다는

---

10) 이는 예컨대, 어떤 사람의 이른바 '소극적 자유'를 평가할 때 매우 중요할 수 있다.

뜻에 불과하다. 이제 x가 실제로 선택된 집합 S의 부분 집합 T를 생각하자. T 역시 x를 포함한다고 하자. 만약 x가 '최선' 요소가 아니라 '극대' 요소로서 S에서 선택되면, T가 이 사람에게 S만큼의 기회를 제공한다고 확신할 수 없다. 왜냐하면 T 안의 대안들이 버려진 집합 $S-T$ 안의 대안들보다 적어도 낮다고 가정할 수 없기 때문이다.

개인의 선호 순서가 불완전한 이유는 매우 다양할 수 있다(센 1970a, 1982a, 1987a 및 20장에서 논의됨). 하나의 결과가 이질적 구성 요소를 포함하면, 그 구성 요소 간 상대적 가치 판단은 때때로 어려운 결정 문제를 야기할 수 있고, 이것은 쉽게 해결되지 않을 수 있다. 선호 순서 불완전성이 반드시 병리적일 필요는 없다.

불완전성에는 두 가지 유형을 구분할 수 있다. **단정적**assertive 불완전성과 **잠정적**tentative 불완전성이다.[11] 전자의 경우, 불완전성은 가능한 한 충분히 수행된 평가의 최종 산물의 일부를 이룬다. 선호의 상당 영역에서 불완전성이 존재한다고 반드시 그 판단 행위 자체가 미완성이고 '확장'이나 '완성'을 기다려야 함을 의미하지 않는다. 어떤 경우에는 상대적 가치를 결정할 강제적 방법이 없을 수 있다. 이에 대비되는 **잠정적** 불완전성의 경우, 선호의 부분 순서는 추가의 정보나 더 깊은 검토, 더 많은 성찰을 통해 확장되어 보다 완전해질 수 있다. 그 결정 시점에 이러한 평가가 아직 완료되지 않을 수 있지만, 그럼에도 결정을 내릴 수 있다.

(이용 가능한 대안 중 어떤 것보다도 더 나쁘지 않은)'극대' 요소를 선택하는 선택 논리는 '최선' 또는 '최적' 요소의 선택과 달리, 표준 공리적 선택 이론의 잘 알려진 많은 요구 사항을 위반한다. 이 이론들이 (암묵적일지라도)완전성의 가정을 전제로 하기 때문이다.[12] 보다 직접적으로는, 현재 맥락에서 불완전

---

11) 잠정적 불완전성과 단정적 불완전성의 구분으로는 20장과 센(1970a, 1985b, 1992a)에서 다룬다. 이 구분은 *Freedom and Justice*에 수록된 여러 에세이들에서도 중심적으로 다뤄진다.

12) 3장 "선택의 내적 일관성", 4장 "극대화와 선택 행위" 참조, 센(1970a, 1982a, 1993a)과 레비(1986)도 함께 볼 것.

성은 **선택된** 요소를 통해 선택지 집합이 제공하는 기회를 평가하는 우리의 능력을 방해할 수 있다(왜냐하면 선택된 요소는 단지 '극대'일 뿐 '최적'은 아닐 수 있어서다).

그러나 만약 우리가 기회 평가에서 고려하는 유일한 문제가 불완전성이면, 우리는 여전히 기초 평가 관점을 부분적으로 사용할 수 있다. 이 접근이 일반적으로 완전한 순서를 제공하지는 않아도, 주어진 가정에서 적절하게 유용한 부분 순서를 제공할 수 있다. 그 부분 순서는 몇 가지 보조 기준들을 사용함으로써 확장될 수도 있다. '기초 우위'에 관한 매우 그럴듯한 조건은 다음과 같다. 즉, "집합 S가 적어도 T만큼의 기초 가치를 가진다"고 말하려면, S 안에 있는 어떤 하나의 선택지가 T의 모든 선택지보다 적어도 뒤지지 않는다는 것을 보여 주는 것으로 충분하다는 것이다.

> **기초 선택지 우위**^{Elementary Option Superiority, EOS}: 어떤 $x \in S$에 대해, 모든 $y \in T$에 대한 xR_jy가 성립하면, SR^*T가 성립한다.

조금 덜 엄격하나 여전히 그럴듯한 또 하나의 조건은, 기초 우위를 평가할 때 S 안의 대안 하나만으로 우위를 입증하지 않고, T의 모든 요소마다 그러한 (약한 의미에서)우월한 대안이 S 안에 존재한다는 점이다. 이 관점에 따르면, T 안의 모든 대안이 S 안의 어떤 대안과 대응하거나 그보다 나은 것으로 확인되면 충분하다.

> **기초 대응 우위**^{Elementary Correspondence Superiority, ECS}: 만약 T에서 S로 가는 함수적 대응 $k(\cdot)$이 존재하고, T의 모든 요소 y에 대해 $k(y)R_jy$가 성립하면, SR^*T가 성립한다.

여기서 대응 $k(\cdot)$이 일대일일 필요는 없으므로, 두 집합의 요소 수(기수성)에 대한 특별한 요구는 없다(이 추가적 관점은 나중에 다룬다). 또한, 기초 대응 우위(ECS)는 기초 선택지 우위(EOS)보다 더 강하며, 실제로 그것을 내포한다. R_j가 완비 순서일 경우, 두 조건은 일치한다.

❖ **정리 4.1: ECS는 EOS를 내포하며, 더 나아가 R_j가 완전 순서일 경우 ECS는 EOS와 일치한다.**

증명: R_j의 완전성 여부와 관계없이, EOS의 선행 조건은 ECS의 선행 조건을 도출한다. 왜냐하면 모든 $y \in T$에 대해 $k(y) = x$로 하는 대응을 쉽게 구성할 수 있어서다. 여기서 x는 EOS의 진술에서와 같은 동일한 x다. 그러므로 ECS는 EOS의 결론을 도출할 수 있다. 반대로 R_j가 완전 순서일 경우, 역이 성립한다. 왜냐하면 유한 집합에 대한 완전 순서는 반드시 (유일하지는 않더라도)최선의 대안을 산출해서다. 만약 y^*가 T에서의 그런 최선의 대안이면, 그것에 대응하는 x^*가 ECS의 선행 조건을 만족하는 경우(즉, $x^* = k(y^*)$, 그리고 $x^* R_j y^*$) EOS의 선행 조건 역시 만족한다.

ECS는 EOS보다 명백히 더 넓은 적용 범위를 가진다. 실제로, EOS는 기초 집합 비교가 항상 재귀성^{reflexivity}을 갖는다는 보장조차 할 수 없다.

❖ **정리 4.2: 불완전 순서의 경우, EOS는 R^*의 재귀성을 보장하지 않지만, ECS는 이를 보장한다.**

증명: 불완전 순서화된 집합 S는, $x \in S$ 중 모든 $y \in S$에 대해 $x R_j y$가 성립하는 요소를 포함하지 않을 수 있다. 예를 들어, 집합 $S = \{x, y\}$고 x와 y가 서로 순서화되지 않은 경우를 생각하자. 우리는 EOS를 통해 $S R^* S$를 증명할 수 없다. 왜냐하면 집합 S 안에는 쌍을 이루는 다른 대안만큼 좋은 어떤 대안이 없기 때문이다. 그러나 항등 대응 $x = k(x)$를 S에서 S로 정의하면, ECS는 $S R^* S$를 성립한다고 말할 수 있다.

적용 범위가 보다 제한적일지라도, EOS는 실용적 장점이 있다. 즉, S가 T만큼의 기회를 제공한다는 주장은, S 안에서 T에 속한 모든 대안보다 적어

       제6부 ＊ 자유와 사회적 선택

도 나은 하나의 특정 대안을 선택할 수 있게 해 주는 알고리즘으로 뒷받침할 수 있다. 실제로 SR^*T가 EOS를 통해 성립하면, 우리는 S 안에서 어떤 대안을 선택하고, 그 선택된 대안이 기초 비교의 관점에서, S가 제공하는 어떤 대안보다도 낮다는 확신을 가질 수 있다. 반면에 SR^*T가 ECS를 통해 성립하면 일반적으로 이 선택이 가능하지 않다. 이러한 의미에서, EOS가 포착하는 기회 개념은 ECS보다 실질적 활용에서 더 용이하고, 이 장에서도 (비록 ECS에 대해서도 일부 보조적으로 고찰하지만)주로 EOS를 중심으로 논의를 전개한다.

끝으로 강조할 것은, EOS가 일반적으로 ECS보다 표현력은 덜하더라도, EOS가 작동하는 데에 R_j의 완전성이 반드시 요구되지 않는다는 점이다. 설령 S가 완전하게 순서화되지 않더라도, S 안에 x가 존재하여 모든 $y \in T$에 대해 xR_jy가 성립할 수 있다. 이 경우, 그 사람은 S 안의 그 특정 x를 선택하고, 그것이 T에서 선택될 수 있는 어떤 대안보다 적어도 나은 선택이라는 확신을 통해 명확한 결정을 내릴 수 있다. 앞서 언급했듯, ECS는 일반적으로 이러한 선택가능성을 보장하지 않는다.

5. 다층 선호와 메타 순위

이제 좀 더 근본 질문으로 눈을 돌리자. "왜 불완전성이 존재하는가?" 불완전성이 발생하는 한 가지 특정 이유는, 개인이 결정하지 못하는 **다층 선호**가 존재해서일 수 있다. 하나의 순서 집합의 교집합은 불완전 준순서가 되고, 또한 어떤 준순서든 잠재적으로 완전 순서로 확장될 수 있다(이는 애로우 1951a에서 다루었다). 따라서 불완전성과 다층 선호 사이에는 밀접한 관계가 있다(이역시 센 1973a, 1985b에서 논의되었다).

개인이 실제로 없는 선호 순위를 고려할 이유가 있고, 때로는 자신의 현재 선호 순위와 다른 선호 순위를 갖고 싶은 이유를 가질 수도 있다. 메타 선호,

즉 선호 순위에 대한 선호라는 개념은, 어떤 선호를 가질지 스스로 성찰할 수 있는 개인의 자율성과 밀접한 연관이 있다(센 1974b, 1977c 참조).[13]

첫째, 한 개인의 메타 순위가 충분히 완전하여, 특정 선호 순위가 자신에게 가장 '최선의' 선호임을 판단할 수 있는 경우다. 그럼에도 그 사람은 자신의 선호를 원하는 형태로 '다듬는' 데 성공하지 못할 수 있다(예, "채식을 더 선호하면 좋겠어," 또는 "담배를 그렇게 선호하지 않았으면 좋겠어").[14] 메타 순위에서 가장 높게 평가된 선호 순위에 대해 그녀 자신이 실제로 가질 의지를 직접 구현하지 못해도, 논의 중인 선택지들 항목이 (자신의 실제 선택을 지배하는 배열과는 다른)어떤 선호하는 우선 순위에 비추어 어떤 가치를 가지는지 따지는 일은 여전히 중요하다.

둘째, 어떤 반사실적 선호 R_j'이 한 사람의 선택지 평가에 대해 '관련성'을 가지려면, 그 선호 배열 R_j'이 반드시 실제 순위 R_j보다 메타적으로 우선시되어야 할 필요는 없다. 그 메타 순위 자체가 무차별성을 포함할 수 있고, 더 흥미로운 경우로는 불완전성을 포함할 수도 있다.[15] 실제로, 몇몇 대안적 선호 배열들이 존재할 수 있고, 그 사람은 그것들을 실제 선호 순위 R_j보다 (비록 그 중 일부, 혹은 실제로도 전혀 R_j보다 엄격히 더 선호되지 않더라도)명시적으로 '덜 선호'하지 않는다. 이러한 **선호들에 대한** 불완전 선호는, **대안적 행동(또는 결과나 상태)**에 대한 불완전 선호 순위와 매우 유사하며, 여기서도 '최적'과 대비되는 '극대' 개념을 적용할 수 있다. 여러 선호 배열이 순서화되지 않은 상황에서, 어떤 사람이 관련된 모든 선호 순위들에 따라 다른 대안보다 명백히 **열등한** 선택지를 타당하게 선택할 수는 없지만, 그렇다고 어느 하나의 선호 순위

---

13) 메타 순위 개념을 도입한 직접적 이유는 상당히 다른 문제들, 즉 도덕적 딜레마를 분석하고 사회적 협력을 논의하기 위한 것이다(센 1974b 참조). 그러나 이보다 더 넓은 구조는 "아크라시아(*akrasia*, 의지 박약)에 대한 보다 명확한 분석을 가능하게 하고, 자유 이론에서 상충하는 고려 사항들을 명확히 하는 등 다양한 용도에 활용될 수 있다"는 점도 함께 지적된다(센 1977c, 102쪽). 프랑크푸르트(1971), 제프리(1974), 바이어(1977), 베이전트(1980), 파타나익(1980), 홀리스(1981), 판 데르 빈(1981), 허시먼(1982), 맥퍼슨(1982, 1984), 셸링(1984), 시크(1984) 참조.

14) 이 문제는 센(1977c)에서 다룬다. 20장도 함께 볼 것.

15) 메타 순위의 불완전성가능성은 센(1977c; 1982a, 101쪽)에서 다룬다.

따라 반드시 '최선'인 선택지를 선택할 수 있는 것도 아니다. 앞서 논의처럼, 극대화하여 선택된 대안 x가 주어진 선택지 메뉴가 제공하는 기회를 공정하게 대표한다고 보기 어렵다는 점을 선호 불완전성은 더욱 강조한다.

셋째, 앞선 경우들과 달리, 어떤 사람이 자신의 메타 순위의 불완전성을 해소하고, 또한 그 메타 순위에서 가장 높은 순위의 선호 배열에 따라 행동하는 데 성공하더라도, 그녀는 여전히 다른 선호 배열 관련성에 깊은 인상을 받을 수 있고, 특히 그녀의 자유를 평가할 때 다른 선호를 단순히 무시하지 않으려 할 수 있다. 그녀는 특히, 다른 누구라도 그녀가 자신의 최상위 선호에 따라 선택했을 대안을 단순 **제공받기만** 해도 그녀의 자유나 기회가 전혀 손상되지 않는다는 (명시적이거나 묵시적)가정에 반발할 수 있다. (어떤 대안적 선호 중에서)어떤 선호 배열을 받아들이고 활용할 것인지, 그리고 (어떤 대안적 행동 중에서)어떤 행동을 선택할지를 생각하고 결정하는 것은 타인이 아니라 그녀 자신의 몫이다. 어떤 선호가 의미 있는지를 최종적으로 판단할 권한은 바로 당사자인 그녀 자신에게 있고, 그녀가 궁극적으로 받아들이지 않더라도 고려할 자격이 있는 반사실적 선호 배열이 꽤 존재할 수 있다. 이러한 선호는 그녀의 기회를 평가할 때 타인에 의해 자의적으로 배제될 수 없다. 이것이 바로 개인의 자율성이 가진 한 측면이다.

실제로, 어떤 선호를 가질지 결정하는 기회 역시 중요한 자유의 하나고, 유의미한 기회다. 한 사람의 기회와 자유를 평가할 때, 그 사람의 실제 선호뿐 아니라 그녀의 관련 있는 반사실적 선호까지 고려하는 경우(즉, 그녀의 자율성과, 그녀가 다른 선호를 선택할 **가능성**을 존중하는 경우), 기회 개념은 이에 상응하여 '메타 기회'로 확장될 수 있다. 그러나 이는 실상 기초 기회 개념을 한 가지 특정 방식으로 확장한 것에 지나지 않고, 그 방식은 바로 반사실적 선호를 고려에 포함한다.

6. 다층 선호와 교집합

다층 선호 배열의 관련성은 (그 배열이 서로에 대해 메타 순위건 아니건 간에)기회 분석과 선택지 중요성에 상당히 깊은 함의를 준다. 다층 선호는 다양한 방식으로 다룰 수 있다. 한 가지 가능한 접근은, 어떤 사람이 자신의 자유를 평가할 때, 관련 있는 여러 선호(또는 가치 함수)로부터 도출되는 '교집합'에 기반한 부분 순서를 채택하는 것이다.

예컨대, 어떤 사람이 집합 $\tilde{A} \sqsubseteq \{R_j\}$ 안의 어떤 선호 R_j도 모두 관련 있는 것으로 여긴다고 하자. 이러한 선호 순서들의 교집합은 부분 순서를 산출하지만, 여기에는 주목할 만한 변형이 가능하다. 즉, 비록 $\tilde{A}$ 안의 모든 약한 순서 R_j들의 부분 일치를 통해 잘 정의된 '교집합 준순서' R^O가 도출되지만, 그 외에도 흥미로운 다른 부분 순서들이 고려될 수 있고, 서로 다른 분석 경로들은 구별되고 명확히 정의되어야 한다.

> ➤ **교집합 준순위 배열**[IQOR]: X 내의 모든 x, y에 대하여, $\tilde{A}$ 내의 모든 R_j에 대하여 오직 xR_jy일 때 xR^Oy다. R^O의 대칭 요소는 I^O다(무차별성). xR^Oy이고 yR^Ox인 경우에 한해 xI^Oy다.

R^O의 비대칭 요소도 일반적 방식으로 정의될 수 있다. 하지만 각 I^O가 각 R_j에서 무차별 관계의 일치에 대응하는 것과 달리, R^O의 비대칭 요소는 각 R_j에서의 엄격한 선호 관계의 일치만을 요구하지 않고 보다 완화된 조건을 따른다. 실제로, 한 방향에서의 약한 선호의 일치가 있고, 반대 방향에서는 그러한 일치가 없어도 충분히 비대칭 관계로 간주할 수 있다. 이 기준은 다음과 같은 경우, 즉 x가 $\tilde{A}$에 속한 적어도 하나의 R_j에서 y보다 엄격히 선호되고, 동시에 모든 R_j에서 x가 y보다 약하게 선호되면(즉 선호되거나 무차별하면) x가 y보다 엄격히 상위에 위치될 것을 요구한다.

그러므로 만장일치의 관련성은 합당한 선호들의 집합 $\tilde{A}$에 기반한 자유 판단에서 비대칭 관계를 정의하는 데 기본 선택을 요구한다. 우리는 이제 R^O의 **비대칭** 요소를 P^U로 표기할 수 있고, 이는 합당한 선호들의 집합 A에 기반하여 정의된 자유에 대한 엄격한 관계에 대하여 (곧 이어 설명될 방식으로)일종의 '상계$^{\text{upper bound}}$'로 해석될 수 있다.

xR^Oy이면서 yR^Ox가 아닐 때(즉 y가 x보다 약하게라도 선호되지 않을 때)에만 xP^Uy가 성립한다.

P^U와 I^O는 교집합 준순위 R^O의 비대칭 요소와 대칭 요소라는 점을 주목해야 한다. 이 접근 방식에서 문제는, 결과가 집합 $\tilde{A}$의 포괄성에 크게 의존한다는 점이다. 이 형식 체계에서는 얼마나 특이하거나 비범하건 간에 $\tilde{A}$에 포함된 어떤 선호 배열도 약한 기회 순위 배열을 엄격한 기회 순위 배열로 변환시킬 수 있는 잠재력이 있다. 예컨대 xI_jy가 모든 R_j에 대해 성립하되, 단 하나의 선호 배열 R_k에서만 xP_ky가 성립하면, 비록 R_k가 (전적으로 불가능지는 않지만)전혀 그럴듯하지 않더라도 우리는 여전히 xP^Uy라는 결론을 얻을 수 있다. 이 경우, 그럴듯하지 않은 선호 배열이 $\tilde{A}$에 포함되어 있는지 여부에 따라, 그 엄격한 비대칭 선호가 전적으로 좌우될 수 있다. 물론 우리는, R_k의 반대 의견이 존재하는 상황에서는 x와 y를 무차별로 선언할 필요가 없다는 점을 쉽게 동의할 수 있다. 그러나 그와 반대로, 단지 그 이례적인 R_k 하나만을 근거로 x가 y보다 엄격히 더 우위에 있다는 단언은, 그 선호가 실제로 결정적 중요 역할을 하게 될지조차 알 수 없는 상황에서 그 선호에 지나치게 큰 비중을 부여하는 셈이 될 수 있다. 집합 $\tilde{A}$는 잠재적으로 관련 있는 선호를 나타내며, 그 규정에 내재한 모호성은 $\tilde{A}$의 각 요소가 잠재적으로 결정적이고 핵심적 역할을 수행하도록 허용하는 데 반대 근거가 될 수 있다.

집합 $\tilde{A}$로부터 도출될 수 있는 엄격한 선호에 대한 또 하나의 대안적 접근 방식은 $\tilde{A}$에 속한 각 R_j의 엄격한 선호 관계 P_j들(즉, 각 R_j의 비대칭 요소)의 교집합을 직접 취하는 것에 근거한다. 이 방식은 일반적으로, 앞서 정의한 상계

P^U보다 범위가 더 좁다. 그러나 이 교집합은 (비록 어떤 비교들에서는 침묵할지라도)그 자신이 표현하는 바에 대해서는 논란의 여지가 거의 없어, 우리는 이것을 $\hat{A}$로부터 도출된 일종의 엄격한 선호의 하계$^{lower\ bound}$라 생각할 수도 있다.

> ➤ **교집합 엄격 부분 순위**: X에 포함된 모든 x, y에 대해, $\hat{A}$의 모든 R_j에 대하여 xP_jy가 성립할 때만, xP^Ly가 성립한다.

곧바로 다음의 결론이 도출된다.

❖ 정리 6.1: xP^Ly는 xP^Uy를 함의하지만 그 역은 성립하지 않는다.

이는 다음과 같은 명백한 사실, 만약 xP_jy가 $\hat{A}$의 모든 R_j에 대해 성립하면, 곧 $\hat{A}$의 어떤 R_j에 대해서도 aP_jy가 성립함을 의미한다는 사실로부터 나온다. 만약 $\hat{A}$에 허용된 모든 엄격한 선호 관계 P_j가 x가 y보다 낮다는 판단을 내리면, 한 개인이 합리적으로 가질 수 있는 선호 순위 배열의 집합 $\hat{A}$에 따라 x가 y보다 우위에 있다는 단언은 논란의 여지가 거의 없다. 그러나 x가 $\hat{A}$에 포함된 일부 엄격한 선호 배열 P_j에 의해 y보다 상위에 놓이지만, 다른 배열에서는 그렇지 않은 경우, x를 y보다 우위에 둔다는 판단은 더 논쟁적일 수밖에 없다.

이러한 이유가 바로 P^L을 $\hat{A}$에 기반한 일종의 엄격 선호의 하계로 간주하는 논리적 근거다. 물론 우리는 이 하계를 넘어서는 근거를 가질 수도 있다. 상계 P^U는 이러한 '약한 우위'의 범위를 가능한 넓게 확장하는 개념이다. 우리는 이 둘 사이 어딘가에서 경계를 설정할 수도 있지만, 그 판단은 결국 추정 가능한 각 선호 배열의 타당성에 대한 상당히 구체적 평가에 따른다.

나는 가능한 한 자유를 설명하는 데 논쟁의 여지가 없는 요소를 분리하려고 하므로, P^L의 '안전성'을 선택하는 데에는 분명한 매력이 존재한다. 각각 P_j와 I_j의 집합을 직접 교집합시켜 엄격한 선호와 무차별 관계의 그럴듯한 쌍

     제6부 ✲ 자유와 사회적 선택

을 얻을 수 있다(센 1985a 참조).

> **교집합 선호 및 무차별 순서**[IPAIR]: 이 결합된 교집합 기반의 선호 및 무차별 순서는, 엄격한 교집합 부분 순서 P^L과 교집합 무차별 관계 I^O의 쌍 $\{P^L, I^O\}$로 정의되는 R^L로 나타낼 수 있고, P^L과 I^O는 각각 추이적이지만 (가능하게는)불완전하다.

개인이 가질 수 있는 합당한 선호 배열들의 집합 $\tilde{A}$와 관련된 선택의 자유에 대한 함의를 평가할 때, 교집합 접근 방식은 적어도 다음 두 가지 방식으로 사용될 수 있다.

(1) 엄격한 선호와 무차별 순서의 교집합[IPAIR]을 별도로 정의하되 함께 사용하는 방식
(2) 고유한 엄격 선호 및 무차별 관계를 생성하는 교집합 준순서[IQOR]를 사용하는 방식.[16]

후자의 방식은 기회 집합에 대해 엄격한 순서를 매길 때 더 넓은 적용 범위를 갖는데, 이는 IQOR에 대응하는 비대칭 순서 P^U가 IPAIR에 대응하는 비대칭 순서 P^L보다 더 포괄적이어서다. 그러나 기회 집합(또는 선택지)에 대한 약한 순서에서는, 교집합 접근법의 두 가지 버전이 동일한 설명을 제공하는데, 그 이유는 두 방식 모두 모든 R_j의 교집합에 기반한 동일한 약한 순서 R^O를 공유하기 때문이다.

> **기회의 교집합 기초 순위**[EIRO]: B의 모든 y에 대해 $xR^O y$와 같은 x가 A에 존재하면, $AR^*(A, I)B$다[즉, R^*상에서 A가 B보다 우위에 있다].

---

16) 합당한 선호들의 집합 $\tilde{A}$가 단 하나의 선호 배열 R_j만을 포함하는 특수한 경우, 이는 형식적으로 말하면 '축소된' 경우다(비하적인 의미가 아니다!). 이 경우 $R_j = R^O$, $I_j = I_o$, 그리고 $P_j = P^L = P^U$가 성립하고, 나아가 R^O와 R^L은 사실상 동일하다. 그러나 일반적으로 현실은 이처럼 단순하지 않다.

이 조건은 R_j를 R^O로 둘 경우 기초 선택지 우위[EOS]의 조건과 일치함을 쉽게 알 수 있다. 기초 대응 우위[ECS]에서 아이디어를 차용하면, 보다 덜 엄격하면서 (따라서 더 포괄적인) EIRO의 변형을 얻을 수 있다.

> ➤ **기회의 대응 교집합 순위**[CIRO]: B에서 A로 가는 함수적 대응 $k(\cdot)$가 존재하고 B의 모든 요소 y에 대하여 $k(y)R^O y$이면, $AR^*(A, I)B$가 성립한다[즉, R^*상에서 A가 B보다 우위에 있다].

EIRO와 CIRO 모두 기회 집합들에 대한 약한 순위를 산출한다. 우리는 두 가지 방식 중 하나를 통해 기회 집합들에 대한 엄격한 순위를 얻을 수 있다. 하나는 EIRO나 CIRO를 통해 도출된 R^*의 비대칭 요소를 사용하는 방식이고, 다른 하나는 각 선호들로부터 요소 수준의 교집합 엄격 부분 순서를 도출한 뒤, 그것을 직접 기회 집합에 적용하여 순위를 매기는 방식이다. 이후의 논의는 실용성 면에서는 더 크지만 범위는 더 좁은 EIRO의 기본 접근을 따른다(이는 EOS가 ECS보다 적용 범위는 좁지만 실용성 면에서 더 큰 보장을 제공하는 것과 정확히 같은 구조다). 그러나 우리가 CIRO 방식을 따르면, 조건은 그에 맞게 쉽게 조정될 수 있다.

첫째 방식은 $R(\tilde{A}, I)$의 비대칭 요소에 기반하여 집합 A를 집합 B보다 명확히 위에 두는 방식으로, 보다 포괄적인 기회 집합의 엄격 순위를 산출한다.

> ➤ **기회의 비대칭 교집합 순위**: 만약 $AR^*(\tilde{A}, I)B$이면서 동시에 $BR^*(\tilde{A}, I)A$가 아니면 $AP^*(\tilde{A}, I)B$다.

이 방식은 대안들 간의 상계 교집합 엄격 선호 P^U를 활용한다는 점을 쉽게 확인할 수 있다. 이에 대비되는 하계 접근은 엄격 선호들의 교집합 P^L에 초점을 둔다.

> ➤ **기회의 직접적 엄격 교집합 순위**: B의 모든 y에 대하여 $xP^L y$, 즉 B의

모든 y와 $\tilde{A}$의 모든 R_j에 대해 xP_jy를 성립하는 대안 x가 A에 있으면, $AP^*(\tilde{A}, I)B$다.

❖ **정리 6.2: 기회의 직접적 엄격 교집합 순위는 기회의 비대칭 교집합 순위를 함의하지만, 그 역은 성립하지 않는다.**

어떤 쌍에 대해 모든 R_j에서 P_j가 일치한다는 것은, 그 쌍에 대해 모든 R_j의 일치를 포함하면서 동시에 같은 방향에서 적어도 하나의 P_j의 존재를 포함함을 확인함으로써 성립한다. 그러나 그 역은 성립하지 않는다. '직접적 엄격 교집합 순위'의 판단 근거는, 비록 그 적용 범위는 더 제한적이라도, '비대칭 교집합 순위'보다 분명히 더 강건하다.

7. 다층 선호와 사건들의 순서

지금까지 나는 다층 선호를 기회 또는 메타 기회를 평가하는 하나의 가능한 방식에 집중했는데, 그것은 관련 선호 순위들의 교집합을 구한 다음, 그 교집합 이항관계 중 하나를 사용하여 기회 집합 또는 메뉴를 비교하는 방식이다. 그러나 선호들의 교집합 부분 순위들(R^O 또는 R^L)을 거치지 않고, $\tilde{A}$에 속한 선호 집합이 직접적으로 가지는 함의를 살피는 것도 가능하다. 실제로, 선호 집합 $\tilde{A}$에서 곧바로 교집합 부분 순위로 이행하는 과정에서 어떤 정보는 손실된다. 센(1985a, 1991)에서 암묵적으로 선호된 접근 방식은 이런 점에서 적용 범위에 제약이 있고, 이는 포스터(1993)가 매우 잘 다룬 바 있다. 집합 A가 집합 B보다 적어도 더 많은 기회를 제공한다고 선언하려면, '포스터의 틀^{Foster framework}'에서 결정해야 할 것은 다음이다. 즉, 모든 관련 선호 순위 R_j에 대해, A에는 B의 모든 대안보다 적어도 선호되는 어떤 대안이 하나 존재해야 한다. 이는 교집합 접근법이 제안하는 것처럼, 모든 관련 선호 순위에 대해 A에 있는 어떤 대안이 B의 모든 대안보다 적어도 좋은 경우가 존재해야 한다는 조건보다 덜한 조건이다.[17] 나는 곧, '포스터의 틀'(포스터 1993)과 내가 1991년 애로우 강의(이 책 20장과 21장, 그리고 『계량 경제학 저널』에 실린 센 1991의 논문)에서 탐색한 표현 방식 사이의 대조가 상당한 정도로 사건의 **순서**, 특히 포스터의 틀이 가정하는 바처럼, 다층 선호가 행동 선택 전에 해결되는지, 아니면 내 1991년 정식화처럼, 선호의 다층성이 해결되기 **전에** 행동이 선택되는지에 달려 있음을 주장한다.

우선 나는 형식적 측면을 논한 뒤, 이러한 대안적 접근법들의 선택에 관련된 실질적 쟁점으로 돌아온다. 이 논의는 '메타 기회'보다는 '기회' 자체에 대해 직접적으로 적용될 수 있다(이 확장은 20장과 21장에서 다루었다). 그러나 실제로 최근의 문헌(포스터 1993, 애로우 1995, 서그든 1996 등)은 대체로 '자율성'에 초점을 맞추고 있고, 이는 메타 기회 개념과 보다 자연스럽게 연결된다. 나는 여기서 메타 기회에 초점을 맞추겠지만, 제시되는 형식적 틀은 보다 일반적 방식으로 기회에 대한 분석에도 쉽게 적용될 수 있다.

기술적 차이를 파악하는 가장 좋은 방식은 각각 '단일 선호 순위 기반의 행동 선택^{SRAC}과 '다층 선호 순위 기반의 행동 선택^{MRAC}을 대비하는 일이다. 두 경우 모두, 평가 시점(즉, 오늘)에서 한 사람이 가질 수 있는 다양한 선호를 고려해야 하지만, 선택의 순간까지 선호의 다층성이 하나의 순위로 해소되는지 여부는 차이가 있다. SRAC의 경우, 선택 행위에 **앞서** 즉, 그녀가 선택 행위를 수행하기 전에 다층 선호가 하나의 순위로 해소된다고 가정한다. 선택지에서 선택할 때 개인은 (오늘의 목록에 있는 선호들 가운데)그 시점까지 '실제'의 것으로 나타난 단 하나의 관련 선호만을 적용한다.

---

17) 포스터의 조건은 레비(1986)의 'V-허용성' 개념과 형식적으로 유사한 점이 있다. 물론 레비는 자유의 측정 문제 자체에 직접적 관심을 두지 않는다. 레비의 제안은 선택의 합리성 개념을 재정의하려는 시도로, 이는 교집합 준순위의 극대 집합을 식별하는 데 그치는 기존의 제한된 설명을 넘어서는 것을 목표로 한다. 이 두 문제는 분석적으로 일부 공통된 관심사를 공유한다.

선호들의 '순차성'은 이렇듯 (기회 집합들에 대한 순위를 매기는 시점에 존재하던)다층 선호가 실제로 어떤 요소를 선택하는 시점에는 모두 사라지므로 기회 집합의 서열화를 다음과 같은 형식으로 제시하는 것이 자연스럽다.

> ➤ **SRAC 기회 집합 순위**: $\tilde{A}$에 있는 모든 R에 대하여, (각 R에 대하여 모두 동일할 필요가 없지만)A에 어떤 x가 존재하고, 따라서 B의 모든 y에 대해 xRy인 경우, $A\underline{R}^*(\tilde{A}, S)B$다.

이 순위를, 사건의 순서가 반대로 이루어질 경우 생성될 메뉴 순위와 대비해 볼 수 있다. 즉, 선호의 선택이 먼저 이루어지고 이후에 행동이 선택되는 것이 아니라, 그 반대로 행동 선택이 먼저 이루어지고 선호 선택이 나중에 이루어지는 경우다.

> ➤ **MRAC 기회 집합 순위**: A에 어떤 x가 존재하여, $\tilde{A}$에 있는 모든 R에 대해 B의 모든 y가 xRy이면 $A\underline{R}^*(\tilde{A}, M)B$다.

후자의 기회 집합 순위는 우리가 앞서 논의해 온 바를 정확히 재현한다. 즉, EIRO며, 다시 말해 관련된 선호 교집합에 기반한 순위 $\underline{R}^*(\tilde{A}, I)$를 정확히 도출하고, 여기서는 관련된 반사실적 선호 교집합으로 확장된 형태의 $\underline{R}^*(\tilde{A}, I)$가 사용된다. 또한 MRAC 순위는 SRAC 순위를 함의하지만, 그 역은 성립하지 않음 또한 쉽게 확인할 수 있다.

❖ **정리 7.1**: A에 어떤 x가 존재하여 B의 모든 y에 대해 xR^oy인 경우 $A\underline{R}^*(\tilde{A}, M)B$이며, 따라서 $\underline{R}^*(\tilde{A}, M) = \underline{R}^*(\tilde{A}, I)$가 도출된다.

❖ **정리 7.2**: $A\underline{R}^*(\tilde{A}, M)B$이면, $A\underline{R}^*(\tilde{A}, S)B$이지만, 그 역은 성립하지 않는다.

정리 7.1의 증명은, xR^oy가 $\tilde{A}$에 있는 모든 R에 대해 xRy인 것과 분석적으로 동일하다는 사실에서 즉시 도출된다. 해석상의 전환이 이러한 분석적 관계를 바꾸지 않는다.

정리 7.2의 전반부는 다음 사실에서 도출된다. 즉, A에 어떤 x가 존재하여 xRy가 $\tilde{A}$의 모든 R에 대해 성립하면, 각 R에 대해(사실 모든 R에 대한 같은 x에 대해) xRy가 성립하는 어떤 요소가 존재한다. 그러나 그 역은 성립하지 않는다. 왜냐하면 특정 R에 대해 xRy가 성립하는 x가 다른 R들에 대해서는 성립하지 않을 수 있어서다. 포스터(1993)가 사용한 예시를 들어 보자. 대안 네 개에 대해 R_1과 R_2라는 두 개의 선호 순위가 있다. R_1은 $a > b > c > d$ 순이고, R_2는 $d > c > b > a$ 순이다. 두 기회 집합 $\{a, d\}$와 $\{b, c\}$를 비교하자. R_1이건 R_2이건 관계없이, $\{a, d\}$에는 $\{b, c\}$의 어떤 요소보다 더 선호되는 대안이 있다. 그럼에도 R_1과 R_2 모두에 대해 $\{b, c\}$의 각 대안보다 낮거나 같은 유일한 대안은 $\{a, d\}$에 존재하지 않는다. 따라서 $\{a, d\}\,R^*(\tilde{A}, S)\{b, c\}$는 성립하지만, $\{a, d\}R^*(\tilde{A}, M)\{b, c\}$는 성립하지 않는다.

교집합 접근법은 정확히 MRAC에 대응하고, 선택(또는 **가상**의 선택)의 순서를 기준으로 SRAC(포스터의 틀)와 구별된다. 따라서 여기에는 MRAC와 SRAC 중 어떤 방식을 채택할 것인지에 관련된 중대한 방법론적 문제가 있음을 분명히 확인할 수 있다.

포스터의 틀 SRAC에 완벽하게 들어맞는 서사가 하나 있다. 그것은 크렙스(1979)가 '유연성'의 중요성을 설명한 이야기로(이는 다음 절에서 다룰 것이다), 다음과 같은 내용이다. 어떤 사람이 미래 시점에 대한 다층 선호 집합 $\tilde{A}$에 관한 불확실성이 있고, 그가 어떤 대안적 선호를 실제로 가질지 알기 전에, 지금 당장 여러 선택지 집합들 중 하나의 기회 집합(또는 선택지)을 선택해야 한다. 미래가 도래하면, 관련 집합 $\tilde{A}$에 속한 다양한 선호 중 하나가 자신에게 '올바른' 선호 순위로 드러난다. 그리고 채택한 선택지**로부터** 실제로 하나의 요소를 선택하는 두 번째 단계에 이를 때는, 선호의 다층성(또는 그 선호의 행사)에 대한 모든 불확실성이 사라진다. 행동의 선택은 단일 선호 순위에 따라

　제6부 * 자유와 사회적 선택

이루어지며, 따라서 이 접근은 '단일 선호 순위 기반 행동 선택SRAC'에 해당한다. 즉, 다층 선호는 기회 집합에서의 선택이 이루어지기 **전에** 사라진다.

이 서사는, 물론, (쿠프만스 1964와 크렙스 1979, 1988가 다룬)미래 선호에 대한 실제적 불확실성이 존재하는 경우에 대한 훌륭한 설명이다. 그러나 여기서 우리가 관심을 갖는 것은 단지 미래 선호에 대한 제한된 정보에 근거하여 미래 기회를 평가하는 문제만이 아니라, '실질적 자유'와 '자율성'의 해석(그리고 그 맥락에서 한 사람이 가질 수 있었던, 혹은 가졌을 이유가 있는 선호의 관련성)이다. 미래가 도래함으로써 해소되는 미래의 불확실성은 이 경우, 처음에는 그럴듯해 보여도 반드시 적절한 비유가 될 수 없다. 물론 많은 경우에 문제를 그런 식으로 제기할 수 있지만, 그것이 자율성과 메타 기회 문제를 다루는 **유일**하거나 자연스러운 방식은 아니다.

이에 대응하는 대안적 접근인 '다층 선호 순위 기반의 행동 선택MRAC'은, 선택 행위가 이루어지는 시점, 즉 개인이 자신이 직면한 기회 집합에서 하나의 요소를 선택하는 시점에도 여전히 $\hat{A}$에 속한 선호 중 어느 하나를 가질 가능성이 개인 안에 남는 경우다. 서로 다른 선호를 고려할(또는 그러한 선택을 가능케 하는 개인의 자율성을 가치 있게 여길) 이유는, 실제로 행동이 선택되는 순간까지도 사라지지 않을 수 있고, 경쟁하는 선호 순위들은 자유와 기회 평가 맥락에서 여전히 평가적 관련성을 유지한다고 볼 수 있다.

이러한 상황은, 그 이유를 (특히 '행위 주체로서의 자유'의 중요성을 폭넓게 이해하는 데 관련된)'1인칭 관점'에서 보건, (특히 "자율성"의 중요성을 존중하는 데 관련된)'3인칭 관점'에서 보건, 어느 쪽에서든 성립할 수 있다.

실제로 SRAC과 MRAC 모두 기회와 메타 기회 평가에 각각 관련성이 있다고 주장할 수 있어서, 하나의 관련성이 다른 하나의 관련성을 무효화하지 않는다. 보다 구체적으로 말하면, 행동 선택 이전에 해소되는 선호에 대한 실제적 불확실성과의 유비analogy는, 반사실적 다층 선호를 바탕으로 자율성이나 행위자 자유를 평가하는 결정적 설명이 아니다. 만약 선택 행위의 시점(그리고

그 이후)까지 선호의 다층성이 지속되면, MRAC 기회 집합 순위와의 일치성
으로 교집합 접근법이 타당할 수 있다.

8. 엄격한 순위의 변형들

지금까지의 논의에서 다루어 온 순위들은 약한 선호 관계인 R^* 또는 $\underline{R}^*$에
관한 것이었다. 그러나 동일한 문제는 엄격한 선호의 경우에도 적용된다. 앞
서 논의한 엄격한 순위에 대한 대안적 정식들 역시 여기서 고려할 수 있다.
우리는 이 두 논의를 결합하여, 각 경우에 대해 P^*의 두 가지 대안적 정식을
함께 고려할 수 있다. 하나는 약한 선호 관계의 비대칭 항에 기반한 '상계 정
식upper-bound formulation'이고, 다른 하나는 엄격한 선호들의 일치성을 고려하는
'하계 정식lower-bound formulation'이다. 우리는 이 둘을 각각 '비대칭 엄격 관계'와
'일치적 엄격 관계'라고 부를 수 있다.

포스터 자신의 정식은 비대칭 엄격 관계(즉, 상계 정식)의 형태를 취한다.

> ▶ **SRAC 비대칭 엄격 기회 집합 순위**: $\tilde{A}$에 있는 모든 R에 대하여, A에 어
> 떤 x가 존재하여 B의 모든 y에 대해 xRy이고, $\tilde{A}$에 있는 어떤 R에 대해
> 서는 A에 어떤 x가 존재하여 B의 모든 y에 대해 xPy인 경우, $A\underline{P}^*(\tilde{A}, S)$
> B다.

그러나 SRAC 접근은 엄격 선호의 일치성을 요구하면서 하계 정식으로 구
성될 수 있다.

> ▶ **SRAC 일치적 엄격 기회 집합 순위**: $\tilde{A}$에 있는 모든 R에 대하여, A에 어
> 떤 x가 존재하여 B의 모든 y에 대해 xPy인 경우, $A\underline{P}^*(\tilde{A}, S)B$다.

동일하게 MRAC 방식에 대해서 다음과 같이 정의할 수 있다.

> **MRAC 비대칭 엄격 기회 집합 순위**: A에 어떤 x가 존재하여 $\hat{A}$에 있는 모든 R에 대해 B의 모든 y에 대해 xRy고, $\tilde{A}$에 있는 어떤 R에 대해서는 B의 모든 y에 대해 xPy인 경우, $A\underline{P}^*(\hat{A}, M)B$다.

> **MRAC 일치적 엄격 기회 집합 순위**: A에 어떤 x가 존재하여 $\hat{A}$에 있는 모든 R에 대해 B의 모든 y에 대해 xPy인 경우, $A\underline{P}^*(\tilde{A}, M)B$다.

(일치적**이건** 비대칭적**이건**)MRAC 순위에 요구되는 선행 조건은, 해당하는 SRAC 순위에 요구되는 선행 조건보다 각각 더 강력함을 확인할 수 있다. 마찬가지로, 일치적 엄격 순위(MRAC과 SRAC 모두)에 요구되는 선행 조건 역시, 해당하는 비대칭 순위보다 각각 더 강하다. 충분조건의 관점에서 볼 때, MRAC 일치 정식이 가장 엄격히 요구하고, SRAC 비대칭 정식이 가장 완화된 조건을 요구한다. 이러한 논리는 앞서 제시된 정리 6.2 및 정리 7.2를 정립할 때 사용된 논리와 일치한다.

9. 불확실성과 유연성

20장의 논의처럼, 의지와 자율성 문제는 자신의 선호에 대한 불확실성 문제와 구별할 수 있다. 한 사람의 행위자 자유를 설명할 때, 그 사람이 자신의 선호가 무엇인지 또는 미래에 무엇이 될지를 완전히 알더라도, 자신이 가졌을 수도 있었고, 어쩌면 갖기를 더 선호했을 수도 있는(즉, 실제 선호보다 상위 선호했던) 다른 선호를 고려할 이유가 있음을 인정해야 한다. 타인이 그녀의 자율성을 존중하면, 그녀가 마치 이 문제에 대해 어떤 의지도 없이 현재의 선호에 "갇혀 있다"고 전제할 수 없다. **메타 기회**라는 개념은, 한 사람이 실제로 가지는 선호를 넘어서며, 그녀가 현재 혹은 미래의 선호에 대해 실제로 품을 수 있는 불확실성조차 넘어 나아간다. 자율성은 20장에서 논의하듯, 불확실성의 일종이 **아니다**.

그러나 한 사람의 자유와 기회를 설명할 때, 실제로 불확실성 문제가 존재할 수 있다. 어떤 사람은 자신의 선호가 무엇인지 정확히 모를 수 있고, 좀 더 그럴듯한 경우로는, **미래의 어느 시점에** 자신의 선호가 무엇일지 모를 수 있다. 자유의 설명을 다룰 때, 그 사람의 실제 미래 선호에 대한 불확실성은 반드시 고려해야 한다. 이 문제는 쿠프만스(1964)와 크렙스(1974, 1988)가 '유연성에 대한 선호'를 탐구하는 맥락에서 비판적으로 다루어진 바 있다. 불확실성이 주어진 상황에서는, 사람은 다양한 효용 함수에서 각기 다른 최대 요소로부터 기대 효용을 얻고, 해당 효용에 대해 각자의 확률로 가중하여, 기대 효용을 극대화하기 위해 기회 집합을 선택하려 할 수 있다.

크렙스(1974, 1988)는 이 문제에 대한 강력한 공리와 추론을 통해 결정적 해법을 제시한다. 이를 바탕으로 애로우(1995)는 쿠프만스와 크렙스처럼 보다 원시적 공리로부터 이 틀을 도출하는 대신, 기대 효용 극대화의 표준 틀을 직접 채택함으로써 그 해법에 이르는 다소 간단한 방법을 사용했다. 미래 시점에 x를 선택했을 때의 효용은 $U(x, H)$로 표기할 수 있으며, 여기서 H는 확률 분포가 알려진 어떤 매개 변수다. 메뉴 또는 기회 집합 A를 가지는 데서 얻는 획득 효용[pay-off]은, 주어진 H에 따라 x를 선택하여 효용을 극대화함으로써 산출된다.

$$(9.1) \qquad P(H, A) = [\mathrm{Max}\ U(x, H) \mid x \text{ in } A].$$

극대화된 획득 효용의 관점에서 볼 때, 불확실한 H 상황에서 기회 집합 A의 가치는 다음과 같이 주어진다.

$$(9.2) \qquad V(A) = E_H[\mathrm{Max}\ U(x, H) \mid x \text{ in } A] = E_H[P(H, A)].$$

애로우는 이 틀의 활용을, 단지 미래 선호가 무엇일지에 대한 실제적 불확실성에만 국한하지 않고, 개인의 '자율성'을 반영하는 **가상의** 불확실성까지 포괄하는 방향으로 확장하려 했다. 그러나 애로우 강의(특히 20장)에서 이미 논의한 이유들로 인해, 나는 이러한 동일시를 설득력 있게 받아들이지 않는다. 만약 어떤 사람이 ("이 문제에 대해 내가 아무런 선택권이 없다고 가정하지 말아 달라"며)자신이 다른 선호 순위를 가질 수도 있었음을 주장하면, 이는 선호에 대한 선택이 **자기 자신**에게 속한 것임을 주장하는 것이고, 불확실성, 즉 H라는 매개변수를 외부의 어떤 메커니즘이 정하고 그 사람이 단지 확률적으로만 이를 예측할 수 있을 뿐, 자율적으로 영향을 미칠 수 없는 상황과는 다르다.

물론 애로우 강의 본문에서 나는, 어떤 사람이 어떤 이유에서건 자신의 자율성 행사를 의도적으로 무작위화된 과정에 위임할 가능성도 검토한 바 있다. 바로 그런 특별한 경우에는, 애로우의 주장이 상당히 타당할 수 있다. 그러나 그러한 경우는 일반적 상황이 아니고, 그 역시 자율적 결정(즉, 무작위화를 선택할 것인지의 결정)에 의존하는 특수한 경우에 불과하다. 게다가 한 사람이 자신의 선호를 실제로 변경하지 않더라도, 여전히 자신이 다른 선호를 **가졌을 수 있음**을 타인이 고려하기를 바라면, 자율성 관련성은 사라지지 않는다.[18] 메타 기회의 문제는 단순히 실제 선호의 문제를 훨씬 넘어서며, 불확실성의 존재 여부와 무관하게 확장된다.

포스터(1993)가 전개한 관련 선호에 따른 우위 지배 틀에서 애로우가 이탈한 동기는, 기회 집합에 대한 순위의 **불완전성**에 대한 불만족에서 비롯한다. 애로우가 직접 말하듯, "자유 개념이 실질적 의미가 있으려면, 반드시 완전한 순위화가 가능해야 한다(애로우 1995, 9쪽)." 그러나 나는 20장에서 자유 또는 기회에 대한 순위화가 불완전하다고 하여 문제가 안 되는 이유를 다루었다. 여기서 논쟁은 바로 그 주장을 둘러싼 것이다. 덧붙여, 나는 조심스럽게 애로우에게 (경쟁적 균형의 효율성에 관한 이른바 '후생 경제학의 기본 정리'로, 애로우 1951b와 드브뢰 1959가 확립한)애로우-드브뢰 정리를 상기시키고 싶다. 이 정

리는 고전적 불완전 순서인 파레토 **부분** 순서를 매우 인상적으로 활용한 사
례기도 하다.[19]

10. 선호, 기수성, 그리고 단일 집합

여기서 제시된 기회 순위 관계 R^*과 메타 기회 순위 관계 $\underline{R}^*$을 통한 자유
의 기회 측면에 대한 평가는, 관련된 개인 선호에 기초하며, 이때 선호는 평
가적 이유와 심리적 요소를 포괄하는 넓은 의미로 정의된다. 이에 반해, 동일
한 문제에 접근하는 다른 이론은 종종 선택의 '범위'나, 나아가 선택 가능한
선택지의 **수**, 즉 선택지 집합의 기수성(또는 '선택지' 내의 상이한 대안의 수)의
중요성을 강조한다. 이러한 접근은 고려되는 X의 부분 집합들이 모두 유한
한 경우에 적용 가능하고, 이는 유한한 X를 상정함으로써 쉽게 보장된다.

선호로부터 독립적인 자유를 설명하려는 시도는 많은 분석가들의 관심을
끈다(그리고 카터[Ian Carter] 1995a, 1995b, 1996, 1999에 의해 매력적으로 옹호된다),
이 접근을 특별히 지지하지 않으면서 그것을 정식화하려는 이들도 존재한다
(대표적으로 파타나익과 쉬융성 1990, 1998 등).[20] 기회와 자유에 대한 서술에서
선호 기반 접근법과 **선호 독립** 접근법을 대조하는 것은 유용하다. 아마 두 접
근법이 가장 직접적으로 충돌하는 부분은 **단일 집합**들, 즉 어떤 사람이 오직
한 개의 선택지만 갖는 경우를 다룰 때일 것이다(이 충돌의 기저에 흐르는 실질
적 문제는 20장에서 다루었다).

기수성에 근거한 접근법은 어떤 사람에게 오직 하나의 대안만 주어질 때

---

19) 실제로 애로우-드브뢰의 효율성 정리 중 일부가, 효과적 자유(다시 말해 자유의 파레토 효율성이라 할 수 있음) 측면
에서 비지배성으로 전환될 수 있음을 보이기는 어렵지 않다. 이는 관련 개인에게 주어진 효과적 기회 측면에서 자유의 부
분적 순서를 설득력 있게 특성화하기 위해서다. 17장 "시장과 자유"를 참조할 것.

20) 스타이너(Hillel Steiner, 1983, 1990, 1994), 파타나익과 쉬융성(1990, 1998, 2000a, 2000b) 참조. 또한 푸페
(1995, 1996), 네어링과 푸페(1996), 서그든(1998)도 함께 볼 것. 이들 저서는 수많은 공리적 결과를 제시하지만 아쉽
게도 여기서 모두 다룰 기회를 갖지는 못할 듯하다.

(즉, 이 사람이 '홉슨[Hobbson]의 선택' 상황에 직면할 때), 이 단일 집합이 어떤 요소로 구성되는지에 상관없이 이 사람은 어떠한 자유도 보유하지 않는다고 주장할 것이다. 이로부터 모든 단일 집합들은 정확히 동일한 자유(즉, 자유 **없음**)를 제공한다는 점이 도출된다. 이러한 믿음은 존스와 서그든(1982)이 '선택 부재의 원리(56쪽)'라고 부른, 그리고 파타나익과 쉬용성(1990)이 '선택권 부재 상황 간 무차별성[INS](386쪽)'으로 부른 형태로 쉽게 공리화할 수 있다. 이는 (기회 집합 내 대안들의 숫자에만 관심을 두는)기수성에 기반한 기초 가정으로 간주될 수 있다.[21]

> ▶ PNC(선택 부재 원칙): X의 모든 x와 y에 대해, 우리는 $\{x\}I^*\{y\}$를 가진다
> [즉 단일 집합 $\{x\}$와 $\{y\}$는 무차별하다].

선택의 부재가 자유의 부정이라는 점은 의문의 여지가 없다. 그러나 이처럼 기초적인 인식을 넘어서면, 선호 기반 접근법이 제안하는 탐구는 다음과 같은 질문을 한다. 우리가 어떤 상황에 처할 때, 그것이 (어떠한 그럴듯한 대안이 주어져도)**결코 선택하지** 않을 상황과, 다른 매력적 선택지가 있더라도 **얼마든지 선택할 수 있는** 상황 중 어느 쪽인지에 따라, 자유의 박탈은 과연 같은 성격을 가질까? 여기서 문제는 바로 '반사실적 선택'의 관련성이다. 이 고려 사항의 중요성은, 우리가 "가치 있다고 여길 이유가 있는 삶을 살아갈 자유"는 우리가 실제로 중요하게 여기는 것이 무엇인지와 무관할 수 없다는 점과 연결된다(센 1982b, 1982c, 1985a 참조). 20장에서 논의한 예시를 다시 보자. 만약 바스카르가 (예컨대 일요일에 좋은 책과 함께 침대에 밍기적거리듯)어차피 그날 하려던 일을 **강제로** 하면, 그의 자유는 형식적으로는 침해될 수 있지만, 그가 어떠한 합당한 대안이 있어도 (예컨대 하수구에 뛰어드는 일처럼)결코 선택

---

21) 여기서 제시될 일부 정식화 및 결과는 내가 애로우 강의를 진행하던 무렵 발표한 *Journal of Econometrics*에 게재된 논문(센 1991)에 실린 내용과 동일하거나 밀접한 관련이 있지만, 본문에서는 그 결과를 이 장에 포함된 다른 논의들과 통합하기 위해 약간 다른 정식화(및 표기 체계)를 사용한다.

하지 않을 행동을 강요하면, 그 자유 침해의 정도는 훨씬 심각하다고 판단할 수 있다.

특히, 어떤 사람이 x와 y 중 무엇을 선택했을지는, 이 관점에서 볼 때 단일 집합 x와 y의 순위화를 판단하는 데 결정적으로 중요하다. 이 기본적인 선호 중심 공리는 전체 선호 기반 접근 방식에서 핵심 위치를 차지한다.

> ➤ **BRCC(반사실적 선택의 기본 관련성)**: X의 모든 x, y에 대하여, 만약 xP_jy면 $\{x\}P^*\{y\}$다.

메타 기회 순위 $\underline{R}^*$에 대해서도 유사한 조건이 있다. 합당한 선호들의 집합 $\hat{A}$를 고려할 때, 자연스러운 정식화는 교차 엄격 선호 P^L(IPAIR의 일부)을 찾는 것이다. 만약 x가 y와의 반사실적 선택에서 $\hat{A}$에 포함된 모든 관련 선호에 따라 y보다 선호되면, 단일 집합 $\{x\}$는 메타 기회의 관점에서 $\{y\}$보다 일정한 우위를 지닌다고 간주할 수 있다.

> ➤ **RDCC(이중 반사실적 선택의 관련성)**: X의 모든 x와 y에 대해, 만약 xP^Ly이면, $\{x\}\underline{P}^*\{y\}$다.

관련 선호가 하나뿐이면, BRCC와 RDCC는 동치다. 이후의 설명을 간결히 하고자, 나는 하나의 준선호 배열 R만을 고려하고, 그에 대응하는 기회 순위 관계 R^*에 대해서만 논의한다. 반대로, 메타 기회에 관심이 있으면, 관련 선호들의 집합 $\hat{A}$를 고려하여, R을 교차 순위 R^O로 재정의하고, 기회 순위 R^*을 메타 기회 순위 $\underline{R}^*$로 재해석함으로써 동일한 결과를 얻을 수 있다. 이는 메타 기회 상황에서 앞서 설명한 MRAC 접근법(특히 MRAC 비대칭 순위)의 사용이다. 다른 대안적 절차도 유사한 방식으로 유도할 수 있지만, 여기서는 일일이 설명하지 않겠다.

11. 대안들의 수와 기수성 기반 공리

단일 집합에 대한 평가(특히 반사실적 선택의 기본 관련성[BRCC]과 서그든의 선택 부재 원리[PNC] 간 대비)는 기수성 기반 접근과 선호 기반 접근 사이의 차이를 가장 기초 수준에서 드러낸다. 물론 이 두 접근법은 각각 훨씬 확장될 수 있다. 기수성 기반 접근을 확장하는 비교적 그럴듯한 한 단계는, 하나 이상의 선택지를 포함하는 집합이 그중 단 하나만 포함하는 집합보다 '우위'라고 간주하는 것이다. 이 원칙은 단 두 개의 대안을 가진 집합에도 적용할 수 있고, 이는 파타나익과 쉬용성(1990)이 '엄격 단조성'으로 부른 조건이다. 여기서는 이 조건을 보다 설명적으로 '일부 선택가능성의 우위[SSC]'라 명명할 수 있다.

> **SSC(일부 선택가능성의 우위):** X의 모든 x, y에 대해, $\{x, y\} P^* \{x\}$가 성립해야 한다.

기수성 기반 정리 SSC의 기저 원칙은, 집합 내용이 확장되는 모든 경우에 적용할 수 있는 확장된 형태로 일반화할 수 있다. 실제로 한 걸음 더 나아가, 어떤 집합 A가 (그 이유가 무엇이건)다른 집합 B보다 적어도 낫다고 판단하면, A에 어떤 요소를 추가한 확장 집합은 반드시 B보다 엄격히 더 나가야 한다고 요구할 수 있다. 이는 집합에 어떤 요소를 추가하는 방식으로 개선이 이루어질 때 적용되는 단조성[monotonicity] 조건이다(여기에서 나는 이러한 정리들이 정당한지를 논의하자는 것이 아니다. 실제로 나는 곧 이 정리들이, 내 판단으로는 특별히 합당하다고 보기 어렵다고 주장한다).

> **CM(기수성 단조성):** 만약 $A R^* B$이고, x가 A에 속하지 않으면, $(A U \{x\}) P^* B$가 성립한다.

❖ **정리 11.1: 기수성 단조성(CM)은 일부 선택가능성의 우위(SSC)를 함의한다.**

이는 간단히 확인할 수 있다. 왜냐하면 단일 집합 $\{x\}$에 y를 추가하면, 기수성 단조성^{CM}에 따라 그 가치가 반드시 증가해야 하기 때문이다.

기수성 경로를 훨씬 밀고 나가면, 서피스(1987)가 '기수성 극대화자'로 부르고, 파타나익과 쉬용성(1990)이 '단순 기수성 기반 순서'로 부른 형태에 이른다. 어떤 집합 S의 기수성은 $\#S$로 표기하자(즉, 집합 S에는 $\#S$개의 상이한 요소가 있다).

> **기수성 극대화**: 오직 $\#A \geq \#B$일 때만 AR^*B다.

이 조건의 더 약한 버전은 필요조건은 생략하고 충분조건만 요구한다.

> **기수성 약한 충분조건**: 만약 $\#A \geq \#B$이면 AR^*B다.

기수성 약한 충분조건은 적어도 선택 가능한 대안의 수가 더 많은 집합은 최소한 동등한 수준의 기회를 제공해야 함을 받아들이게 한다.

자유를 대안의 수(즉, 기수성)에 따라 순위화하면, 각각 자유의 무차별성과 자유의 엄격한 순위가 갖는 함의를 구분하는 것이 유익하다. 기수성이 동일한 두 집합의 자유가 무차별하다는 조건은 다음 정리에서 제시된다.

> **등기수**$^{Equi-cardinality}$ **무차별성**: 만약 $\#A = \#B$이면 AI^*B다.

기수성에 따른 엄격한 순위는 다음의 조건을 요구한다.

> **기수성 엄격 순위**: 만약 $\#A > \#B$이면 AP^*B다.

다음과 같은 관계는 쉽게 도출된다.

❖ **정리 11.2: 기수성 극대화는 기수성 약한 충분조건, 동기수 무차별성, 그리고 기수성 엄격 순위를 모두 함의한다. 반면, 기수성 약한 충분조건만으로는 동기수 무차별성은 함의하지만, 기수성 엄격 순위는 함의하지 않는다.**

이들에 대한 증명은 직관적으로 자명하므로 여기서는 생략한다.

이러한 다양한 '수량 기반' 조건과 기회 평가의 다른 요건 간 관계는 최근에 광범위하게 분석된다.[22] 여기에서 나는 '수 처리' 접근법에서의 특정 핵심적 결과만 주목한다. 여기서는 수량 기반 접근에서 특히 중심적인 하나의 결과만 간략히 언급하려고 한다. 다음은 서피스(1987)가 제안한 정리다.

➤ **서피스 가산성**: 만약 $A \cap C = B \cap C \neq \varnothing$이면, 오직 $(A \cup C)R^*(B \cup C)$일 때만 AR^*B가 성립한다.

❖ **정리 11.3: 서피스 가산성과 R^*의 추이성이 주어지면, 선택 부재의 원리[PNC]는 동기수 무차별성과 동치다.**

동기수 무차별성이 PNC를 함의한다는 점은 명백하다. 왜냐하면 PNC는 단일 집합의 특수한 경우로서 동기수 무차별성을 적용한 것이어서다. 그 역을 증명하기 위해, 각 집합에 m개의 요소를 가진 두 집합 A와 B를 생각하자. A의 요소를 어떤 순서로든 a_1, a_2, ..., a_m으로 이름 붙이고, B의 요소를 b_1, b_2, ..., b_m으로 이름 붙인다. 무선택 원칙[PNC]에 따르면, 모든 $i = 1, 2, ..., m$에 대해 $\{a_i\}I^*\{b_i\}$가 성립한다. 이제 서피스 가산성을 적용하면 $\{a_1, a_2\}I^*\{b_1, a_2\}$, 마찬가지로 $\{b_1, a_2\}I^*\{b_1, b_2\}$가 성립한다. 추이성에 따라 $\{a_1, a_2\}I^*\{b_1, b_2\}$가 성립한다. 이와 같은 방식으로 각각 대응하는 요소를 하나씩 순차적으로 추

---

22) 이러한 결과와 관련한 논의로는 서프스(1987), 파타나익과 쉬융성(1990, 1994), 센(1990c, 1991), 파타나익 (1993), 보세르트, 파타나익, 쉬융성(1994) 참조. 어떤 집합에 대한 순위를 그 집합의 공집합이 아닌 부분 집합들(즉 멱집합)에까지 확장하는 문제와 관련 문헌도 함께 볼 것.

가하면, 초한귀납법$^{\text{trans-finite induction}}$을 통해 AI^*B라는 결론에 도달할 수 있다.[23]

사실 우리는, 보다 강한 형태의 가산성 조건을 도입하면서, 추이성 요건을 생략할 수 있다. 이 조건은 센(1991)에서 '약한 결합성'으로 불렸다.

> **약한 결합성**: 만약 $A \cap C = B \cap D \neq \varnothing$이고, AR^*B 및 CR^*D가 성립하면, $(A \cup C)R^*(B \cup D)$도 성립한다.

❖ 정리 11.4: 약한 결합성이 주어지면, 선택 부재의 원리^{PNC}는 동기수 무차별성과 동치다.

이 결과를 증명하기 위해, 정리 11.3의 증명에서 사용된 표기법을 다시 고려하자. $i = 1, 2$일 때 $\{a_i\}I^*\{b_i\}$이므로 약한 결합성에 따라 $\{a_1, a_2\}I^*\{b_1, b_2\}$가 성립한다. 여기에 $\{a_3\}$와 $\{b_3\}$를 각각 추가하여 약한 결합성을 다시 적용하면, $\{a_1, a_2, a_3\}I^*\{b_1, b_2, b_3\}$다. 이와 같은 방식으로 진행하면 결국 AI^*B에 도달한다.

이러한 결과와 관련된 정리들의 의미를 여러 방식으로 해석할 수 있다. 만약 (추이성과 결합한 형태의)서피스 가산성이나 결합성이 합당한 요건처럼 보이면, 무선택 원칙에 반영된 직관은 기회 집합을 그 안에 포함된 대안 수로 평가하는 방식으로 사용할 수 있다. 물론 PNC 자체에 이의를 제기하지 않더라도, 이러한 가산성^{additivity} 혹은 결합성^{composition} 공리들은 충분히 의문시될 수 있고, 이에 대한 비판은 파타나익과 쉬융성(1990)이 잘 다루었다. 그럼에도 PNC를 수용하는 한, 이들 공리가 기수성 접근을 강하게 부정할 만큼 불합리하지는 않다고 볼 수 있다. 실제로, PNC야말로 기수성 기반 접근에 대한 직관을 시험하는 핵심 기준점이라고 주장할 수 있다(20장 참조).

---

23) 센(1990c, 1991) 참조. 파타나익과 쉬융성(1990)은 이전에 동기수 무차별 및 기수 극대화에 대한 다른 공리화를 제시한 바 있다. 이들 공리의 타당성과 추가 고려 사항의 필요성에 대해서는 파타나익과 쉬융성(1990)과 센(1990c) 간의 논의가 있다. 관련 문제는 파타나익과 쉬융성(1998, 2000a, 2000b)이 보다 결정적으로 탐구한다.

나는 선택 부재의 원리를 명확히 거부해야 한다고 주장했다. 위에서 제시된 결과는 대안들의 성격을 무시한 채, 오직 수만을 기준으로 기회 집합을 바라보게 하며, 선택 가능한 대안의 성격에 대해 무관심하다는 가정에 따른 불편을 한층 뚜렷하게 부각한다. 그러나 이 문제는 단일 집합들 간 비교에서 이미 발생한다. 만약 우리가 정말로 (그 집합에 포함된 대안이 얼마나 훌륭하건 혹은 끔찍하건 상관없이)모든 단일 집합이 동일 수준의 자유를 제공한다고 여기면, 다소 논란의 여지가 있지만 전면적으로 비합리적이진 않은 공리들의 도움을 통해, 우리는 결국 같은 수의 대안을 포함하는 모든 집합들이 자유나 기회 측면에서 완전히 동일하다고 선언하는 데까지 이른다.

예컨대, 어떤 사람에게 '나쁨', '끔찍함', '파국적 끔찍함'으로 여기는 세 가지 대안이 있는 집합과, '좋음', '탁월함', '비할 데 없이 탁월함'으로 여기는 또 다른 세 개의 대안을 포함한 집합이 있다고 하자. 이 경우에도, 그 사람은 이 둘이 동등한 수준의 자유 또는 기회를 제공한다고 받아들여야 하는 셈이다.[24]

나는 궁극적으로, 정리 11.3과 정리 11.4 같은 결과가 오히려 선택 부재의 원리 자체에 대한 불만족의 근거를 더욱 **강화**할 뿐이며, 그러한 불만의 이유는 이들 결과를 훨씬 넘어선다고 주장하고 싶다. 단일 집합에서는, 말할 필요도 없이 우리에게 실제 선택권이 없다. 그러나 이는 모든 단일 집합에서 동일한 '기회'를 가진다는 말과 다르다. 기회의 성격은 반드시 그 단일 집합에 포함된 요소의 성격에 따라 달라져서다. 어떤 '끔찍한' 상황은 '훌륭한' 상황과 정확히 같은 기회를 제공하지 않는다. 선택은 자유에서 중요한 요소지만, 자유에 중요하다고 해서 그것이 전부는 아니다. 보다 완전한 관점을 얻으려면

---

24) 카터(Ian Carter, 1995a, 1995b, 1996, 1999)는 자유를 단순히 대안의 수에 의해 정의하는 것으로 이해하는 관점을 옹호하면서, 이를 '비특정적 가치'로 간주할 수 있다고 주장한다. 여기서 입장이 갈리는 핵심 쟁점은, 이러한 의미에서 '비특정성'이 왜 자유에 대한 우리의 이해에서 그렇게 중심 요소로 간주해야 하는가다. 20장에서는 "우리가 가치 있다고 여기는 것을 선택할 자유"를 하나의 통합적 관심사로 삼을 이유를 다루었는데, 이는 선택의 중요성과 가치 평가의 의미를 모두 고려하는 방식이다. 센(1996d) 참조.

반사실적 선택을 도입해야 한다. 즉, '우리가 선택했을 법한 것', 예컨대 '훌륭한' 대안과 '끔찍한' 대안 중에서 선택할 수 있다면 전자를 택했으리라는 점을 고려해야 한다. 자유의 기회 측면은, 실제로 이루어지는 선택 과정 그 자체를 훨씬 넘어서며, 특히 선택 가능한 대안의 수를 넘어 확장된다. 그리고 20장과 21장에서 주장처럼, 기회는 자유를 구성하는 데 있어 진정으로 중요한 측면이다.

12. 결합, 교집합, 그리고 정합성

기수성 기반 접근법은 이 글에서 선호되는 접근법, 즉 궁극적으로는 개인의 선호, 보다 구체적으로는 (여기서 '선호'라는 용어를 매우 넓은 의미로 사용하는 만큼)자유를 고려하는 당사자가 대안들을 어떻게 평가하는지에 기초한 접근법과 어떻게 조화로울 수 있는가? 나는 자유의 기회 측면을 다루는 데 수량 중심 접근법에 크게 공감하지는 않는다. 다만 **기수성**과 **선호**라는 두 접근 모두 일정한 설득력이 있다고 보는 사람들이 있는 만큼, 두 입장을 모두 반영한 절충 공리를 모색할 여지도 충분히 있을 것이다.

대안들의 선호 순위와 집합의 기수성을 모두 고려하는 절충 공식은 실제로 구성할 수 있다(예컨대 센 1985b, 1991에서 제시된 다양한 제안을 보라). 다만, 나는 근본적으로 결함이 있는 접근법과 굳이 절충을 추구하는 일이 얼마나 생산적인지는 확신이 없다. 실제로, 내 판단에 대안들의 질과 무관한 단순한 수의 많고 적음은 자유의 기회 측면을 설명할 때 그다지 큰 의미가 없다. 그러나 이 문제에 대한 직관은 사람마다 상이해 보이고, (이 주제에 대한 문헌에서 볼 수 있듯)기수성 기반 접근과 선호 기반 접근이 과연 정합적으로 결합 가능한지에 대한 분석적 문제는 (그라벨 1994 등)여러 학자들의 관심을 끌어 온 흥미로운 쟁점이다.[25] 결합된 결과물이 아무리 흥미로워도, 그러한 결합이 정합적으로 가능한지에 대한 질문은 여전히 남는다.

이후 나는, 그러한 결합 방식이 어떤 의미를 지니건 간에, 정합적으로 도출될 수 있는 방식이 무엇인지를 간략히 설명한다. 이 두 접근은 꽤 다른 방식으로 결합될 수 있고, 특히 각 접근의 긍정적인 주장을 교집합으로 취할지, 혹은 합집합으로 취할지에 따라 나눌 수 있다. '교집합주의'적 결합은, 각 접근이 제시하는 공리 구조를 기회(또는 메타 기회)의 순위화를 위한 **필요조건으로 간주하되, 충분조건은 아니라고** 본다. 반면 '합집합주의'적 결합은, 각 접근의 공리 구조를 **충분조건으로 간주하되, 필요조건은 아니라고** 본다. 흥미롭게도, 일반적으로 정합성 결함이 발생하는 쪽은 교집합주의가 아니라 합집합주의 방식이라는 점은 그다지 놀랍지 않다.

나는 이전의 여러 저서들(특히 센 1985b, 1991), 그리고 여기서 진행 중인 애로우 강의에서 교집합주의적 접근을 취한다. 반면, 최근 문헌들에서 제시된 불가능성 결과는 몇몇 요건들을 합집합주의적 방식으로 재해석하는 경향을 보인다.[26] 교집합주의적 접근은 일반적으로 완비 순위보다는 부분 순서를 산출하는 경향이 있지만, 나는 그것이야말로 자유와 기회를 평가하는 적절한 방식이라는 점을 20장과 21장에서 주장한 바 있다. 교집합주의적 접근은 다음의 두 가지 장점이 있다. (1) 정합성 위반 가능성이 더 낮고, (2) 논란의 여지가 있는 주장들을 펼칠 가능성이 적다(특히 두 접근법 중 하나가 의심스러울 때 더욱 그렇다).

그렇다면 교집합주의적 결합의 구체적 형식은 어떤 것이어야 할까? 가능한 하나의 방식은, '집합 포함' 관계에 주목한다. 이 비교 방식은 (두 집합이 동

---

25) 푸페(1995b), 네어링과 푸페(1996), 바하라드와 니찬(1997), 그라벨(1998) 참조.

26) '합집합주의적' 접근은 상충하는 충분조건들이 서로 모순될 수 있기에 과도한 정식화를 초래하는 경향이 있나. 누 섭근법을 각각의 주장을 채택함으로써 결합할 때 발생할 수 있는 이러한 불일치 가능성(각 접근법을 상대방의 주장을 제한하는 것으로 취급하는 대신)은 그라벨(1994, 1998), 푸페(1995b), 네어링과 푸페(1996)가 제시한 흥미로운 불가능성 결과의 근거와 직·간접적으로 연결된다.

일하면 기수성도 같고, 진부분 집합은 더 작은 기수성을 갖는)집합의 기수성과 (부분 집합에 포함된 선택지들은 상위 집합에 대한 선호 관계에서 이미 다루어진)선호 일치성을 모두 반영하기 때문이다. 예컨대 다음 조건을 고려하자. 이는 센(1991)에서 약한 집합 우위라 정의한 바 있다.

❖ **공리 D.1(약한 집합 우위): 만약 A가 B의 부분 집합이면, BR^*A가 성립한다.**

두 접근을 결합할 때 '합집합'이 아닌 '교집합'을 사용한다는 점은 다음 결과를 통해 분명히 드러난다.

❖ **정리 12.1: 약한 집합 우위(공리 D.1)는 각각 기수성 약한 충분조건과 기초 대응 우위[ECS]에 의해 함의되지만, 반대로 D.1은 그 어느 쪽도 함의하지 않는다.**

첫째 함의는 쉽게 확인할 수 있다. 만약 A가 B의 부분 집합이면, 분명히 $\#B \geq \#A$이므로, 기수성 약한 충분조건에 따라 BR^*A가 성립한다. 또한 A의 모든 요소가 B에 포함되므로, B의 각 요소 x에 대해 $k(x)Rx$를 만족하는 함수적 대응 $k(\cdot)$가 존재해야 한다. 실제로는 항등 대응인 $k(x) = x$만으로도 충분하다. 반대로, 이러한 조건들이 성립한다고 A가 B의 부분 집합이라는 결론이 도출되지는 않으며, 이는 쉽게 확인할 수 있다.

이 분석은 지금까지 단일한 선호 순위 R을 기준으로 진행되었지만, 이는 교차 선호 순위 R^o의 경우로도 쉽게 확장될 수 있다. 이 경우에 기초 대응 우위[ECS]를 기회에 대한 대응 교차 순위[CIRO]로 대체해야 한다. 공식들과 결과는 앞서 논의한 방식에 따라 한 체계에서 다른 체계로 쉽게 번역할 수 있다.[27]

공리 D.1의 한 가지 가능한 변형은 '엄격한 집합 우위'고, 이는 간혹 인용

---

27) 포스터(1993)의 제안처럼, 다층 배열 선택(MRAC) 방식이 아니라 단일 배열 선택(SRAC) 방식을 활용함으로써 추가적인 확장이 가능할 수 있다.

되지만, 설득력이 떨어질 뿐 아니라 두 접근의 교차에 기반한 것도 아니다.

❖ **공리 D.2(엄격한 집합 우위): 만약 A가 B의 진부분 집합이면, BP^*A가 성립한다.**

진부분 집합 A는 B보다 더 작은 기수성을 가지므로, 기수성 기반 접근에 따르면 BP^*A가 보장된다. 그러나 선호 기반 접근은, A에서 B로의 확장이 BP^*A를 보장하지 않는다. 왜냐하면 $(B - A)$에 속하는 추가 요소가 A의 요소들보다 P^U와 P^L 모두에 따라 열등할 수 있어서다.[28] 따라서 D.2는 명백히 교집합주의적 접근이 아니며, D.1이 가지는 정당성이나 설득력이 없다.

두 접근을 '합집합'이 아닌 '교집합' 방식으로 결합하는 또 다른 방법은, 기초 대응 우위[ECS] 또는 기회에 대한 대응 교차 순위[CIRO]에서 언급되는 대응에 일대일 대응을 요구한다. 이는 B가 A보다 기회 면에서 약하게 우위라고 평가하려면, B의 대안 수가 A보다 적어도 같아야 함을 뜻한다. 이러한 결합은 센(1991)에서 약한 선호 우위라 부르지만, 여기서는 그 혼합적 성격을 좀 더 명확히 드러내는 이름을 사용한다.

❖ **공리 D.3(선호와 기수성에 기반한 우월성): B의 부분 집합 B'이 존재하여 $\#B' = \#A$이고, 나아가 A에서 B'으로의 일대일 대응 함수 $k(\cdot)$가 있어서 A의 모든 x에 대해 $k(x)Rx$를 만족하면, BR^*A다.**

공리 D.3은 기수성 중심 공리인 기수성 약한 충분조건과 선호 기반 공리인 기본적 대응 우월성[ECS] 양쪽 모두에 의해 함의됨을 쉽게 확인할 수 있다.

---

28) 그라벨(1994)은 엄격한 집합 포함을 요구하는 공리 D.2를 비롯한 조건들을 사용하기 때문에, 두 접근을 '결합'하려는 그의 시도는 단순한 '교집합'을 넘어 '합집합' 방식으로 나아가며, 이는 그가 불가능성 정리에 도달하는 데 유용하다. 실제로 D.2는 선호 기반 접근과 쉽게 양립할 수 없고, 그것은 분명히 제한 없는 기수 중심 접근에 속한다. 앞서 지적했듯, 이러한 불가능성 결과는 교집합이 아니라 합집합을 통한 결합에서 발생하는 비일관성을 반영한다.

❖ **정리 12.2: 기수성 약한 충분조건은 D.3을 함의하며, ECS도 마찬가지다. 그러나 D.3은 그 둘 중 어느 것도 함의하지 않는다.**

나는 여기서 더 이상 두 접근법의 '교집합' 결합가능성을 추적하지 않는다. 그러나 이러한 결합이 가능하고 전적으로 논리적으로 일관된 결과를 도출할 수 있음은 분명하다. 최근 큰 주목을 받는 흥미로운 '불가능성'의 결과는 정식화의 문제, 특히 '교집합 방식'이 아닌 '합집합 방식'을 택함으로써 발생한 문제와 관련이 있다(이는 이미 언급했다).

13. 맺으며

(이전 두 장에서 상세히 논의했던)자유의 '기회 측면'과 '과정 측면'의 구분에서 출발하여, 이 글은 주로 기회 측면을 탐구하는 데 중점을 두되, 기회 산정에 실질적으로 영향을 미치는 과정의 특징들 또한 함께 고려한다. 이는 '선택 행위의 가치 평가'와 '선택지에 대한 평가'를 포함하며, 이들은 과정적 요소를 가지면서도, 개인이 가지는 기회를 이해하는 데 중요한 역할을 한다는 점에서 본 논의의 주요 주제다.

기회 개념은 대안 행동의 선택가능성이 대안 선호 배열의 선택가능성과 결합할 때 확장된다. 이 접근은 포스터(1993)와 애로우(1995)에 의해 특히 깊이 탐구되었고, 이는 대체 가능한 선호들에 대한 메타 순위를 고려하는 문제와도 잘 연결된다(이는 센 1974b, 1977c에서 논의됨). 메타 배열은 경우에 따라 분완전할 수도 있다. 이 글에서는 선호가 완전히 고정되지 않을 때의 기회 구조를 탐구하면서 다양한 결과를 제시하였으며, 실제 선호가 고정되어 있는 경우에도 '반사실적 선호'가 여전히 '관련성'을 갖는 상황에서 다양한 성과를 얻을 수 있었다. 후자의 경우는 메타 기회라는 개념으로 이어지고, 이는 행위 주체성과 자율성을 평가하는 상당히 중요한 개념일 수 있다. 여기서 제시된 분석에 따라, 과정에 관한 고려를 통해 기회 측면을 확장하는 것은 기회 관점을 보다 풍부하게 만든다고 주장할 수 있다.

애로우 강의(20~22장) 전체를 통해 나는 이러한 풍부함이 어떻게 의미 있게 이루어질 수 있는지를 보여 주려 했다. 특히 이 장에서는 자유의 기회 측면(그리고 실질적 기회 평가에 관여하는 관련된 과정 측면)의 평가에 관한 일련의 형식적 결과를 제시한다. 이 결과를 굳이 요약하지는 않겠지만, 이전 두 장의 비형식적 논의에서 제시된 동기적 고려 사항들의 맥락에서 결과를 이해할 필요가 있음을 강조하고 싶다. 이러한 형식적 고찰에 대한 관심은 궁극적으로, 왜 인간 삶에서 자유가 중요한지를 설명하는 보다 기본적 이유들에 기반한다. 공리적 점검은 그러한 이유의 일부에 불과하다.

참고문헌

 1장

Adelman, Irma (1975). "Development Economics—A Reassessment of Goals," *American Economic Review*, Papers and Proceedings, 65.

Adelman, Irma, and Cynthia T. Morris. (1973). *Economic Growth and Social Equity in Developing Countries* (Stanford: Stanford University Press).

Akerlof, George A. (1970). "The Market for 'Lemons': Quality Uncertainty and the Market Mechanism," *Quarterly Journal of Economics*, 84(3): 488-500.

Akerlof, George A. (1984). *An Economic Theorist's Book of Tales* (Cambridge: Cambridge University Press).

Allais, Maurice, and O. Hagen, eds. (1979). *Expected Utility Hypothesis and the Allais Paradox*, especially Allais' own chapter.

Anand, Paul (1993). *Foundations of Rational Choice under Risk* (Oxford: Clarendon Press).

Anderson, Elizabeth (1993). *Value in Ethics and Economics* (Cambridge, Mass.: Harvard University Press).

Arrow, Kenneth J. (1951a). *Social Choice and Individual Values* (New York: Wiley). Arrow, Kenneth J. (1951b). "An Extension of the Basic Theorems of Classical Welfare Economics," in J. Neyman, ed., *Proceedings of the Second Berkeley Symposium of Mathematical Statistics* (Berkeley: University of California Press).

Arrow, Kenneth J. (1959). "Rational Choice Functions and Orderings," *Economica*, N.S., 26.

Arrow, Kenneth J. (1995). "A Note on Freedom and Flexibility," in K. Basu, P. K. Pattanaik, and K. P. Suzumura, eds., Choice, *Welfare and Development: A Festschrift in Honour of Amartya K. Sen* (Oxford and New York: Oxford University Press, Clarendon Press).

Arrow, Kenneth J., Enrico Colombatto, Mark Perlman, and Christian Schmidt, eds. (1996). *The Rational Foundations of Economic Behaviour* (London: Macmillan).

Arrow, Kenneth J., and Hahn, Frank (1971). *General Competitive Analysis* (San Francisco: Holden-Day; republished, Amsterdam: North-Holland, 1979).

Atkinson, Anthony B. (1983). *Social Justice and Public Policy* (Brighton: Harvester Wheatsheaf, and Cambridge, Mass.: MIT Press).

Axelrod, Robert (1984). *The Evolution of Cooperation* (New York: Basic Books).

Aumann, Robert J. (1976). "Agreeing to Disagree," *The Annals of Statistics*, 4.

Aumann, Robert J. (1992). "Notes on Interactive Epistemology," unpublished manuscript, version of July 17, 1992.

Baigent, Nick (1980). "Social Choice Correspondences," *Recherches Economiques de Louvain*, 46.

Baigent, Nick, and Wulf Gaertner (1996). "Never Choose the Uniquely Largest: A Characterization," *Economic Theory*, 8.

Banerjee, Abhijit (1992). "A Simple Model of Herd Behavior," *Quarterly Journal of Economics*, 107.

Banerjee, A. (1993). "Rational Choice Under Fuzzy Preferences: The Orlovsky Choice Function," *Fuzzy Sets Systems*, 53: 295-299.

Bardhan, Pranab (1974). "On Life and Death Questions," *Economic and Political Weekly*, 9.

Barrett, C. R., and Prasanta K. Pattanaik (1985). "On Vague Preferences," in G. Enderle, ed., *Ethik and Wirtschaftswissenschaft* (Berlin: Duncker & Humboldt).

Barrett, C. R., Prasanta K. Pattanaik, and Maurice Salles (1990). "On Choosing Rationally When Preferences Are Fuzzy," *Fuzzy Sets Systems*, 34: 197-212.

Basu, Kaushik (1980). *Revealed Preference of Government* (Cambridge: Cambridge University Press).

Basu, Kaushik (1984). "Fuzzy Revealed Preference Theory," *Journal of Economic Theory*, 32: 212-227.

Basu, Kaushik (2000). *Prelude to Political Economy* (Oxford: Oxford University Press).

Becker, Gary (1976). *The Economic Approach to Human Behaviour* (Chicago: University of Chicago Press).

Becker, Gary (1996). *Accounting for Tastes* (Cambridge, Mass.: Harvard University Press).

Ben-Ner, Avner, and Louis Putterman, eds. (1998). *Economics, Values and Organization* (Cambridge: Cambridge University Press).

Binmore, Ken (1994). *Playing Fair: Game Theory and the Social Contract* (Cambridge, Mass.: MIT Press).

Blau, Judith, ed. (2001a). *The Blackwell Companion to Sociology* (Oxford: Blackwell).

Blau, Judith (2001b). "Bringing in Codependence," in Blau (2001a).

Bossert, W., Prasanta K. Pattanaik, and Y. S. Xu (2000). "Choice under Complete Uncertainty: Axiomatic Characterizations of Some Decision Rules," *Economic Theory* 16 (2): 295-312.

Brittan, Samuel, "Ethics and Economics," in Brittan and Hamlin (1995).

Brittan, Samuel, and Alan Hamlin, eds. (1995). *Market Capitalism and Moral Values* (Aldershot: Elgar).

Broome, John (1991). *Weighing Goods* (Oxford: Blackwell).

Buchanan, James M. (1986). *Liberty, Market and the State* (Brighton: Wheatsheaf Books).

Chichilnisky, Graciela (1980). "Basic Needs and Global Models: Resources, Trade and Distribution," *Alternatives*, 6.

Crafts, N. F. R. (1997a). "Some Dimensions of the 'Quality of Life' During the British Industrial Revolution," *Economic History Review*, 4.

Crafts, N. F. R. (1997b). "The Human Development Index and Changes in the Standard of Living: Some Historical Comparisons," *Review of European Economic History*, I.

Dasgupta, Manabendra, and Rajat Deb (1996). "Transitivity and Fuzzy Preferences," *Social Choice and Welfare*, 12.

Dasgupta, Partha (1993). *An Inquiry Into Well-Being and Destitution* (Oxford: Clarendon Press).

Davidson, Donald (1985). Essays on Actions and Events (Oxford: Clarendon Press). Deb, Rajat (1983). "Binariness and Rational Choice," *Mathematical Social Sciences*, 5.

Debreu, Gerard (1959). *Theory of Value* (New York: Wiley).

Dixit, Avinash, and Barry Nalebuff (1991). *Thinking Strategically* (New York: Norton).

Dubois, Didier, and Henri Prade (1980). *Fuzzy Sets and Systems: Theory and Applications* (New York: Academic Press).

Dutta, Bhaskar (1996). "Reasonable Mechanism and Nash Implementation," in K. J. Arrow, A. Sen, and K. Suzumura, eds., *Social Choice Re-examined* (London: Macmillan).

Dutta, Bhaskar, S. C. Panda, and Prasanta K. Pattanaik (1986). "Exact Choices and Fuzzy Preferences," *Mathematics and the Social Sciences*, 11: 53-68.

Edgeworth, Francis (1881). *Mathematical Psychics: An Essay on the Application of Mathematics to the Moral Sciences* (London: Kegan Paul).

Ellsberg, Daniel (1961). "Risk, Ambiguity and the Savage Axioms," *Quarterly Journal of Economics*, 75.

Elster, Jon (1979). Ulysses and the Sirens (Cambridge: Cambridge University Press). Elster, Jon (1983). *Sour Grapes* (Cambridge: Cambridge University Press).

Fishburn, Peter C. (1973). *The Theory of Social Choice* (Princeton: Princeton University Press).

Floud, R. C., and B. Harris (1996). "Health, Height, and Welfare: Britain 1700- 1980," *National Bureau of Economic Research, Historical Working Paper* 87.

Frank, Robert H. (1985). *Choosing the Right Pond: Human Behavior and the Quest for Status* (New York: Oxford University Press).

Frank, Robert H. (1988). *Passions within Reason: The Strategic Role of Emotions* (New York: Norton).

Frankfurt, Harry (1971). "Freedom of the Will and the Concept of a Person," *Journal of Philosophy*, 68.

Friedman, Milton, and Rose Friedman (1980). *Free to Choose: A Personal Statement* (London: Secker & Warburg).

Fudenberg, Drew, and Eric Maskin (1986). "The Folk Theorem in Repeated Games with Discounting or with Incomplete Information," *Econometrica*, 54: 533-554.

Fudenberg, Drew, and Eric Maskin (1990). "Nash and Perfect Equilibria of Discounted Repeated Games," *Journal of Economic Theory*, 51: 194-206.

Fudenberg, Drew, and Jean Tirole (1992). *Game Theory* (Cambridge, Mass.: MIT Press).

Gaertner, Wulf, and Yongsheng Xu (1997). "Optimization and External Reference: A Comparison of Three Axiomatic Systems—the Linear Case," *Economic Letters*, 57.

Gaertner, Wulf, and Yongsheng Xu (1999a). "On Rationalizability of Choice Functions: A Characterization of the Median," *Social Choice and Welfare*, 16.

Gaertner, Wulf, and Yongsheng Xu (1999b). "On the Structure of Choice under Different External References," *Economic Theory*, 14.

Gibbard, Allan F. (1973). "Manipulation of Voting Schemes: A General Result," *Econometrica*, 41 (4): 587-601.

Grant, James P. (1978). *Disparity Reduction Rates in Social Insurance* (Washington, D.C.: Overseas Development Council).

Green, J., and J-J. Laffont (1979). *Incentives in Public Decision-Making* (Amsterdam: North-Holland).

Green, T. H. (1881). "Liberal Legislation and Freedom of Contract," in R. L. Nettleship, ed., *Works of Thomas Hill Green, III*: 365-386 (London: Longmans, Green, 1891).

Green, T. H. (1907). Prolegomena to Ethics, 5th ed. (Oxford: Clarendon Press). Griffin, Keith (1978). *International Inequality and National Poverty* (London: Macmillan).

Griswold, Charles (1999). *Adam Smith and the Virtues of Enlightenment* (Cambridge: Cambridge University Press).

Grossman, Sanford J., and Joseph E. Stiglitz (1980). "On the Impossibility of Informationally Efficient Markets," *American Economic Review*, 70.

Hahn, Frank H., and Martin Hollis, eds. (1979). *Philosophy and Economic Theory* (Oxford: Oxford University Press).

Hamilton, Lawrence (1999). "A Theory of True Interest in the Work of Amartya Sen," *Government and Opposition*, 34.

Hamilton, Lawrence (2000). "The Political Significance of Needs," Ph.D. dissertation, Cambridge University.

Hammond, Peter (1976). "Changing Tastes and Coherent Dynamic Choice," *Review of Economic Studies*, 43.

Hammond, Peter (1977). "Dynamic Restrictions on Metastatic Choice," *Economica*, 44: 337-380.

Hansson, Bengt (1968). "Choice Structures and Preference Relations," *Synthese*, 18.

Harsanyi, John C. (1976). *Essays in Ethics, Social Behavior, and Scientific Explanation* (Dordrecht: Reidel).

Hausman, Daniel M., and Michael S. McPherson (1996). *Economic Analysis and Moral Philosophy* (Cambridge: Cambridge University Press).

Hayek, Friedrich A. von (1960). *The Constitution of Liberty* (Chicago: University of Chicago Press).

Herrera, A. O., et al. (1976). *Catastrophe or New Society? A Latin American World Model* (Ottawa: IDRC).

Herzberger, H. G. (1973). "Ordinal Preference and Rational Choice," *Econometrica*, 41: 187-237.

Hirschman, Albert O. (1982). *Shifting Involvements* (Princeton: Princeton University Press).

Hirschman, Albert O. (1985). "Against Parsimony: Three Easy Ways of Complicating Some Categories of Economic Discourse," *Economics and Philosophy*, 1: 7-21.

Hurley, Susan L. (1989). *Natural Reasons: Personality and Polity* (New York: Oxford University Press).

Jeffrey, Richard C. (1974). "Preferences among Preferences," *Journal of Philosophy*, 71.

Jeffrey, Richard C. (1983). *The Logic of Decisions*, 2nd ed. (Chicago: University of Chicago Press).

Jolls, Christine, Cass Sunstein, and Richard Thaler (1998). "A Behavioral Approach to Law and Economics," *Stanford Law Review*, 50.

Kahneman, Daniel (1996). "New Challenges to the Rationality Assumption," in Arrow et al. (1996).

Kahneman, Daniel, P. Slovik, and A. Tversky (1982). *Judgment Under Uncertainty: Heuristics and Biases* (Cambridge: Cambridge University Press).

Kalai, E., and E. Muller (1977). "Characterization of Domains Admitting Nondictatorial Social Welfare Functions and Nonmanipulable Voting Rules," *Journal of Economic Theory*, 16 (2): 457-469.

Kant, Immanuel (1788). *Critique of Practical Reason*, trans. L. W. Beck (New York: Bobbs- Merrill).

Kelly, Erin (1995). "Reasons, Motives, and Moral Justification: A Study of Moral Constructivism," Harvard University Archives.

Kelly, Erin, and Lionel McPherson (2001). "On Tolerating the Unreasonable," *The Journal of Political Philosophy*, 9.1: 38-55.

Kelly, Jerry S. (1978). *Arrow Impossibility Theorems* (New York: Academic Press).

Kolodziejczyk, W. (1986). "Orlovsky's Concept of Decision Making with Fuzzy Preference Relations— Further Results," *Fuzzy Sets Systems*, 19: 11-20.

Koopmans, Tjalling C. (1964). "On Flexibility of Future Preference," in M. W. Shelley, ed., *Human Judgments and Optimality* (New York: Wiley).

Kreps, David M. (1979). "A Representation Theorem for 'Preference for Flexibility,'" *Econometrica*, 47: 565-577.

Kreps, David M. (1988). *Notes on the Theory of Choice* (Boulder, Colo.: Westview Press).

Kreps, David M., Paul Milgrom, John Roberts, and Robert Wilson (1982). "Rational Cooperation in Finitely Repeated Prisoner's Dilemma," *Journal of Economic Theory*, 27: 245-252.

Kreps, David M., and Robert Wilson (1982). "Reputation and Imperfect Information," *Journal of Economic Theory*, 27: 253-279.

Laffont, Jean-Jacques, ed. (1979). *Aggregation and Revelation of Preferences* (Amsterdam: North-Holland).

Laffont, Jean-Jacques, and Eric Maskin (1982). "The Theory of Incentives: An Overview," in W. Hildenbrand, ed., *Advances in Economic Theory* (Cambridge: Cambridge University Press).

Levi, Isaac (1986). *Hard Choices* (Cambridge: Cambridge University Press).

Lewin, Shira (1996). "Economics and Psychology: Lessons for Our Own Day from the Early 20th Century," *Journal of Economic Literature*, 34: 1293-1322.

Loomes, G., and Sugden, Robert (1982). "Regret Theory: An Alternative Theory of Rational Choice," *Economic Journal*, 92.

Luce, R. Duncan, and Howard Raiffa (1957). *Games and Decisions* (New York: Wiley).

Machan, Tibor (2000). *Initiative, Human Agency and Society* (Stanford, Calif.: Hoover Institution Press).

Machina, Mark (1981). "'Rational' Decision Making versus 'Rational' Decision Modelling?" *Journal of Mathematical Psychology*, 24.

Mahbub ul Haq (1995). *Reflections on Human Development* (New York: Oxford University Press).

Majumdar, Mukul, and Amartya K. Sen (1976). "A Note on Representing Partial Orderings," *Review of Economic Studies*, 43.

Majumdar, Tapas (1980). "The Rationality of Changing Choice," *Analyse & Kritik*, 2.

Mansbridge, Jane (1990). *Beyond Self-Interest* (Chicago: University of Chicago Press).

Margalit, Avishai, and Menahem Yaari, "Rationality and Comprehension," in Arrow et al. (1996).

Margolis, Howard (1982). *Selfishness, Altruism, and Rationality* (New York: Cambridge University Press).

Marshall, Alfred (1890). *Principles of Economics* (New York: Macmillan).

Maskin, Eric (1976). "Social Welfare Functions on Restricted Domain," Ph.D. dissertation, Harvard University.

Maskin, Eric (1985). "The Theory of Implementation in Nash Equilibrium: A Survey," in L. Hurwicz, D. Schmeidler, and H. Sonnenschein, eds., *Social Goals and Social Organization: Essays in Memory of Elisha Pazner* (Cambridge: Cambridge University Press).

Maskin, Eric (1995). "Majority Rule, Social Welfare Functions, and Game Forms," in K. Basu, P. K. Pattanaik, and K. Suzumura, eds., *Choice, Welfare, and Development: A Festschrift in Honour of Amartya K. Sen* (Oxford: Clarendon Press).

Maskin, Eric, and T. Sjostrom (1999). "Implementation Theory," Mimeo (Cambridge, Mass.: Harvard University).

Maynard Smith, John (1982). *Evolution and the Theory of Games* (Cambridge: Cambridge University Press).

McClennen, E. (1990). *Rationality and Dynamic Choice* (Cambridge: Cambridge University Press).

McClennen, E. (1997). "Pragmatic Rationality and Rules," *Philosophy and Public Affairs*, 26 (3): 210-258.

McFadden, Daniel (1999). "Rationality for Economists," *Journal of Risk and Uncertainty*, 19: 73-105.

McPherson, Michael S. (1982). "Mill's Moral Theory and the Problem of Preference Change," *Ethics*, 92: 252-273.

Meeks, Gay, ed. (1991). *Thoughtful Economic Man* (Cambridge: Cambridge University Press).

Mehrotra, Santosh, and Richard Jolly, eds. (1997). *Development with a Human Face* (Oxford: Clarendon Press).

Mill, John Stuart (1859). On Liberty (London: J. W. Parker and Son); republished in J. S. Mill, *Utilitarianism: Liberty and Representative Government*, Everyman's Library (London: Dent, 1972).

Mirrlees, James A. (1971). "An Exploration in the Theory of Optimum Income Taxation," *Review of Economic Studies*, 38.

Mirrlees, James A. (1986). "The Theory of Optimal Taxation," in Arrow and Intrilligator, eds., *Handbook of Mathematical Economics* (Amsterdam: North-Holland).

Morris, Morris D. (1979). *Measuring Conditions of the World's Poor: The Physical Quality of Life Index* (Oxford: Pergamon Press).

Moulin, Hervé (1983). *The Strategy of Social Choice* (Amsterdam: North-Holland). Moulin, Hervé (1985).

"Choice Functions over a Finite Set: A Summary," *Social Choice and Welfare*, 2: 147-160.

Moulin, Hervé (1988). *Axioms of Cooperative Decision Making* (Cambridge: Cambridge University Press).

Moulin, Hervé (1990). "Interpreting Common Ownership," *Recherches Economiques de Louvain*, 56: 303-326.

Moulin, Hervé (1995). *Cooperative Microeconomics* (Princeton: Princeton University Press).

Mueller, Dennis C. (1989). *Public Choice II* (Cambridge: Cambridge University Press).

Nagel, Thomas (1970). The Possibility of Altruism (Oxford: Clarendon Press). Nagel, Thomas (1996). *The View from Nowhere* (Oxford: Clarendon Press). North, Douglass C. (1981). Structure and Change in Economic History (New York: Norton).

North, Douglass C. (1990). *Institutions, Institutional Change and Economic Performance* (Cambridge: Cambridge University Press).

Nozick, Robert (1973). "Distributive Justice," *Philosophy and Public Affairs*, 3: 45- 126.

Nozick, Robert (1974). Anarchy, State and Utopia (New York: Basic Books). Nozick, Robert (1993). *The Nature of Rationality* (Princeton: Princeton University Press).

Orlovsky, S. A. (1978). "Decision Making with a Fuzzy Preference Relation," *Fuzzy Sets Systems*, 1: 155-167.

Ostrom, Elinor (1990). *Governing the Commons: The Evolution of Institutions for Collective Action* (Cambridge: Cambridge University Press).

Ostrom, Elinor (1998). *The Comparative Study of Public Economies* (Memphis: P. K. Seidman Foundation).

Parfit, Derek (1984). *Reasons and Persons* (Oxford: Clarendon Press).

Pattanaik, Prasanta K. (1971). *Voting and Collective Choice* (Cambridge: Cambridge University Press).

Pattanaik, Prasanta K. (1978). *Strategy and Group Choice* (Amsterdam: NorthHolland).

Pattanaik, Prasanta (1980). "A Note on the Rationality of Becoming and Revealed Preference," *Analyse & Kritik*, 2.

Pattanaik, Prasanta K., and Kunal Sengupta (1995). "On the Structure of Simple Preference Based Choice Functions," mimeo, University of California at Riverside; subsequently published in *Social Choice and Welfare*, 17: 33-43 (2000).

Peleg, Bezalel (1984). *Game Theoretic Analysis of Voting in Committees* (Cambridge: Cambridge University Press).

Pigou, Arthur C. (1920). *The Economics of Welfare* (London: Macmillan).

Pigou, Arthur C. (1952). *The Economics of Welfare*, revised 4th ed. (London: Macmillan).

Plott, Charles R. (1973). "Path Independence, Rationality and Social Choice," *Econometrica*, 45.

Pollak, Robert (1976). "Interdependent Preferences," *American Economic Review*, 66(3): 309-320.

Posner, Richard (1987). "The Law and Economics Movement," *American Economic Review*, Papers and Proceedings, 77.

Posner, Richard, and F. Parisi (1997). "Law and Economics: An Introduction," in R. Posner and F. Parisi, eds., *Law and Economics*, vol. 1 (Lyme: Elgar).

Putnam, Hilary (1996). "Uber die Rationalitat von Praferenzen," *Allgemeine Zeitschrift fur Philosophie*, 21.3.

Putnam, Robert (1993). *Making Democracy Work* (Princeton: Princeton University Press).

Rabin, Matthew (1993). "Incorporating Fairness into Game Theory and Economics," *American Economic Review*, 83: 1281-1302.

Rabin, Matthew (1998). "Psychology and Economics," *Journal of Economic Literature*, 36: 11-46.

Raiffa, Howard (1968). *Decision Analysis: Introductory Lectures on Choice Under Uncertainty* (New York: Random House).

Ramsey, Frank P. (1931). *Foundations of Mathematics and Other Logical Essays* (London: Kegan Paul).

Rawls, John (1971). *A Theory of Justice* (Cambridge, Mass.: Belknap Press of Harvard University Press).

Rawls, John, et al. (1987). *Liberty, Equality and Law: Selected Tanner Lectures on Moral Philosophy*, ed. Sterling M. McMurrin (Salt Lake City: University of Utah Press, and Cambridge: Cambridge University Press).

Rawls, John (1999a). *The Law of Peoples* (Cambridge, Mass.: Harvard University Press).

Rawls, John (1999b). *Collected Papers*, ed. S. Freeman (Cambridge, Mass.: Harvard University Press).

Rawls, John (2001). *Justice as Fairness: A Restatement*, ed. E. Kelly (Cambridge, Mass.: Harvard University Press).

Rothschild, Emma (2001). *Economic Sentiments: Adam Smith, Condorcet, and the Enlightenment* (Cambridge, Mass.: Harvard University Press).

Rothschild, Michael, and Joseph Stiglitz (1976). "Equilibrium in Competitive Insurance Markets: An Essay on the Economics of Imperfect Competition," *Quarterly Journal of Economics*, 90.

Samuelson, Paul A. (1938). "A Note on the Pure Theory of Consumers' Behaviour," *Economica*, 5.

Satterthwaite, Mark A. (1975). "Strategy-Proofness and Arrow's Conditions: Existence and Correspondence Theorems for Voting Procedures and Social Welfare Functions," *Journal of Economic Theory*, 10 (2): 187-217.

Satz, Debra, and John Ferejohn (1994). "Rational Choice and Social Theory," *Journal of Philosophy*, 91.

Scanlon, Thomas (1982). "Contractualism and Utilitarianism," in A. Sen and B. Williams, eds., *Utilitarianism and Beyond* (Cambridge: Cambridge University Press).

Scanlon, Thomas (1998). *What Do We Owe to Each Other?* (Cambridge, Mass.: Harvard University Press).

Scheffler, Samuel, ed. (1988). *Consequentialism and Its Critics* (Oxford: Oxford University Press).

Schelling, Thomas C. (1960). *The Strategy of Conflict* (Oxford: Clarendon Press).

Schelling, Thomas C. (1984). "Self-command in Practice, in Policy, and in a Theory of Rational Choice," *American Economic Review*, 74.

Schick, Fred (1984). *Having Reasons: An Essay on Rationality and Sociality* (Princeton: Princeton University Press).

Schwartz, Thomas (1976). *The Logic of Collective Choice* (New York: Columbia University Press).

Scitovsky, Tibor (1976). The Joyless Economy (Oxford: Oxford University Press). Searle, John (2001). *Rationality in Action* (Cambridge, Mass.: MIT Press).

Sen, Amartya K. (1970a). *Collective Choice and Social Welfare* (San Francisco: Holden Day; republished, Amsterdam: North-Holland, 1979).

Sen, Amartya K. (1970b). "Interpersonal Comparison and Partial Comparability," Econometrica, 38; see also "A Correction," *Econometrica*, 40 (1972). Reprinted in Sen (1982a).

Sen, Amartya K. (1971). "Choice Functions and Revealed Preference," *Review of Economic Studies*, 38. Reprinted in Sen (1982a).

Sen, Amartya K. (1973). "On the Development of Basic Income Indicators to Supplement the GNP Measure," *United Nations Economic Bulletin for Asia and the Far East*, 24.

Sen, Amartya K. (1974). "Choice, Ordering and Morality," in S. Korner, ed., *Practical Reason* (Oxford: Blackwell), 4-67; reprinted in Sen (1982a).

Sen, Amartya K. (1977a). "Social Choice Theory: A Re-examination," *Econometrica*, 45. Reprinted in Sen (1982a).

Sen, Amartya K. (1977b). "On Weights and Measures: Informational Constraints in Social Welfare Analysis," *Econometrica*, 45. Reprinted in Sen (1982a).

Sen, Amartya K. (1977c). "Rational Fools: A Critique of the Behavioral Foundations of Economic Theory," *Philosophy and Public Affairs*, 6. Reprinted in Hahn and Hollis (1979), Sen (1982a), and Mansbridge (1990).

Sen, Amartya K. (1980). "Equality of What?" *The Tanner Lectures on Human Values* (Salt Lake City: University of Utah Press, and Cambridge: Cambridge University Press). Reprinted in Sen (1982a) and Rawls et al. (1987).

Sen, Amartya K. (1981). "Public Action and the Quality of Life in Developing Countries," *Oxford Bulletin of Economics and Statistics*, 43.

Sen, Amartya K. (1982a). *Choice, Welfare and Measurement* (Oxford: Blackwell, and Cambridge, Mass.: MIT Press; republished, Cambridge, Mass.: Harvard University Press, 1997).

Sen, Amartya K. (1982b). "Rights and Agency," *Philosophy and Public Affairs*, 11. Reprinted in Scheffler (1988) and in the companion volume, Freedom and Justice, forthcoming.

Sen, Amartya K. (1984). *Resources, Values and Development* (Oxford: Blackwell; republished, Cambridge, Mass.: Harvard University Press, 1997).

Sen, Amartya K. (1987a). *On Ethics and Economics* (New York: Blackwell).

Sen, Amartya K. (1987b). *The Standard of Living* (Cambridge: Cambridge University Press).

Sen, Amartya K. (1996). "Is the Idea of Purely Internal Consistency of Choice Bizarre?" in J. E. J. Altham and T. R. Harrison, eds., *World, Mind and Ethics: Essays on the Ethical Philosophy of Bernard Williams* (Cambridge: Cambridge University Press).

Sengupta, Kunal (1998). "Fuzzy Preference and Orlovsky Choice Procedure," *Fuzzy Sets Systems*, 93: 231-234.

Sengupta, Kunal (1999). "Choice Rules with Fuzzy Preferences: Some Characterizations," *Social Choice and Welfare*, 16: 259-272.

Simon, Herbert (1955). "A Behavioral Model of Rational Choice," *Quarterly Journal of Economics*, 59.

Simon, Herbert (1957). *Models of Man* (New York: Wiley).

Simon, Herbert (1979). Models of Thought (New Haven: Yale University Press). Slote, Michael (1983). *Goods and Virtues* (Oxford: Clarendon Press).

Smith, Adam (1790). *The Theory of Moral Sentiments* (London: T. Cadell; republished, Oxford: Clarendon Press, 1976).

Spence, Michael (1973a). "Job Market Signalling," *Quarterly Journal of Economics*, 87.

Spence, Michael (1973b). "Time and Communication in Economic and Social Interaction," *Quarterly Journal of Economics*, 87.

Stewart, Frances (1985). *Basic Needs in Developing Countries* (Baltimore: Johns Hopkins University Press).

Stiglitz, Joseph E. (1973). "Approaches to the Economics of Discrimination," *American Economic Review*, 63.

Stiglitz, Joseph E. (1985). "Information and Economic Analysis: A Perspective," *Economic Journal*, 95.

Streeten, Paul (1981). *Development Perspectives* (London: Macmillan).

Streeten, Paul, and S. J. Burki (1978). "Basic Needs: Some Issues," *World Development*, 6.

Streeten, Paul, Shahid J. Burki, Mahbub ul Haq, Norman Hicks, and Frances Stewart (1981). *First Things First: Meeting Basic Needs in Developing Countries* (New York: Oxford University Press).

Sugden, Robert (1981). *The Political Economy of Public Choice* (Oxford: Martin Robertson).

Sugden, Robert (1993). "Welfare, Resources, and Capabilities: A Review of Inequality Reexamined by Amartya Sen," *Journal of Economic Literature*, 31: 1947- 1962.

Suzumura, Kotaro (1983). *Rational Choice, Collective Decisions and Social Welfare* (Cambridge: Cambridge University Press).

Suzumura, Kotaro (1995). *Competition, Commitment, and Welfare* (Oxford: Clarendon Press).

Suzumura, Kotaro (1999). "Consequences, Opportunities and Procedures," *Social Choice and Welfare*, 16.

Taylor, Charles (1995). *Philosophical Arguments* (Cambridge, Mass.: Harvard University Press).

Thaler, Richard (1991). *Quasi Rational Economics* (New York: Russell Sage Foundation).

Thirwall, A. P. (1999). *Growth and Development*, 6th ed. (London: Macmillan).

van der Veen, Robert (1981). "Meta-rankings and Collective Optimality," *Social Science Information*, 20.

Walsh, Vivian C. (1954). "The Theory of the Good Will," *Cambridge Journal*, 7.

Walsh, Vivian C. (1987). "Philosophy and Economics," in J. Eatwell, M. Milgate, and P. Newman, eds., *The New Palgrave: A Dictionary of Economics* (London: Macmillan).

Walsh, Vivian C. (1994). "Rationality as Self-interest versus Rationality as Present Aims," *American Economic Review*, 84.

Walsh, Vivian C. (1995-1996). "Amartya Sen on Inequality, Capabilities and Needs," *Science and Society*, 59.

Walsh, Vivian C. (1996). *Rationality, Allocation and Reproduction* (Oxford: Clarendon Press).

Walsh, Vivian C. (2000). "Smith after Sen," Review of Political Economy, 12. Weibull, Jorgen (1995). *Evolutionary Game Theory* (Cambridge, Mass.: MIT Press).

Werhane, Patricia H. (1991). *Adam Smith and His Legacy for Modern Capitalism* (New York: Oxford University Press).

Williams, Bernard (1985). *Ethics and the Limits of Philosophy* (Cambridge, Mass.: Harvard University Press).

Williamson, Oliver (1985). *The Economic Institutions of Capitalism* (London: Macmillan).

Yaari, M. E. (1977). "Endogenous Changes in Tastes: A Philosophical Discussion," *Erkenntnis*, 11.

Zamagni, Stefano (1988). "Introduzione," in Amartya Sen, *Scelta, Benessere, Equita* (Bologna: Il Mulino), 5-47.

Zamagni, Stefano, ed. (1995). *The Economics of Altruism* (Aldershot: Elgar).

Zimmerman, Hans-Jurgen (1991). *Fuzzy Set Theory and Its Applications*, 2nd ed. (Boston: Kluwer).

❦ 2장

Adelman, Irma. "Development Economics—A Reassessment of Goals." *American Economic Review*, May 1975 (*Papers and Proceedings*), 65(2), pp. 302-09.

Agarwal, Bina. *A field of one's own: Gender and land rights in South Asia*. Cambridge: Cambridge University Press, 1994.

Aizerman, Mark A., and Aleskerov, Fuad T. "Voting Operators in the Space of Choice Functions." *Mathematical Social Sciences*, June 1986, 11(3), pp. 201- 42; *Corrigendum*, June 1988, 13(3), p. 305.

Alamgir, Mohiuddin. *Famine in South Asia*. Boston: Oelgeschlager, Gunn & Hain, 1980.

Aleskerov, Fuad T. "Voting Models in the Arrovian Framework," in Kenneth J. Arrow, Amartya K. Sen, and Kotaro Suzumura, eds., *Social choice reexamined*, Vol. 1. New York: St. Martin's Press, 1997, pp. 47-67.

Allardt, Erik, Andrén, Nils, Friis, Erik J., G´ıslason, Gylfi I., Nilson, Sten Sparre, Valen, Henry, Wendt, Frantz, and Wisti, Folmer, eds. *Nordic democracy: Ideas, issues, and institutions in politics, economy, education, social and cultural affairs of Denmark, Finland, Iceland, Norway, and Sweden*. Copenhagen: Det Danske Selksab, 1981.

Anand, Sudhir. "Aspects of Poverty in Malaysia." *Review of Income and Wealth*, March 1977, 23(1), pp. 1-16.

———. *Inequality and poverty in Malaysia: Measurement and decomposition*. New York: Oxford University Press, 1983.

Anand, Sudhir, and Ravallion, Martin. "Human Development in Poor Countries: On the Role of Private Incomes and Public Services." *Journal of Economic Perspectives*, Winter 1993, 7(1), pp. 133-50.

Anand, Sudhir, and Sen, Amartya K. "Concepts of Human Development and Poverty: A Multidimensional Perspective," in United Nations Development Programme, *Poverty and human development: Human development papers 1997*. New York: United Nations, 1997, pp. 1-20.

Arneson, Richard J. "Equality and Equal Opportunity for Welfare." *Philosophical Studies*, May 1989, *56*(1), pp. 77-93.

Arrow, Kenneth J. "A Difficulty in the Concept of Social Welfare." *Journal of Political Economy*, August 1950, *58*(4), pp. 328-46.

———. *Social choice and individual values*. New York: Wiley, 1951.

———. "Le Principe de Rationalité dans les Décisions Collectives." *Économie Appliquée*, October-December 1952, *5*(4), pp. 469-84.

———. *Social choice and individual values*, 2nd Ed. New York: Wiley, 1963.

———. "Extended Sympathy and the Possibility of Social Choice." *American Economic Review*, February 1977 (*Papers and Proceedings*), *67*(1), pp. 219-25.

———. "A Note on Freedom and Flexibility," in Kaushik Basu, Prasanta K. Pattanaik, and Kotaro Suzumura, eds., *Choice, welfare, and development: A festschrift in honour of Amartya K. Sen*. Oxford: Oxford University Press, 1995, pp. 7-16.

Arrow, Kenneth J., Sen, Amartya K., and Suzumura, Kotaro. *Social choice re-examined*, Vols. 1 and 2. New York: St. Martin's Press, 1997.

Atkinson, Anthony B. "On the Measurement of Inequality." *Journal of Economic Theory*, September 1970, *2*(3), pp. 244-63.

———. *Social justice and public policy*. Cambridge, MA: MIT Press, 1983.

———. "On the Measurement of Poverty." *Econometrica*, July 1987, *55*(4), pp. 749-64.

———. *Poverty and social security*. New York: Wheatsheaf, 1989.

———. "Capabilities, Exclusion, and the Supply of Goods," in Kaushik Basu, Prasanta K. Pattanaik, and Kotaro Suzumura, eds., *Choice, welfare, and development: A festschrift in honour of Amartya K. Sen*. Oxford: Oxford University Press, 1995, pp. 17-31.

Atkinson, Anthony B., and Bourguignon, Franc̦ois. "The Comparison of Multidimensional Distributions of Economic Status." *Review of Economic Studies*, April 1982, *49*(2), pp. 183-201.

———. "Income Distribution and Differences in Needs," in G. R. Feiwel, ed., *Arrow and the foundation of economic policy*. London: Macmillan, 1987, pp. 350- 70.

Baigent, Nick. "Norms, Choice and Preferences." Mimeo, Institute of Public Economics, University of Graz, Austria, Research Memorandum No. 9306, 1994.

Balestrino, Alessandro. "Poverty and Functionings: Issues in Measurement and Public Action." *Giornale degli Economisti e Annali di Economia*, July-September 1994, *53*(7-9), pp. 389-406.

———. "A Note on Functioning-Poverty in Affluent Societies." *Notizie di Politeia*, 1996, *12*(43-44), pp. 97-105.

Bandyopadhyay, Taradas. "Rationality, Path Independence, and the Power Structure." *Journal of Economic Theory*, December 1986, *40*(2), pp. 338-48.

Barbera´, Salvador. "Pivotal Voters: A New Proof of Arrow's Theorem." *Economics Letters*, 1980, *6*, pp. 13-16.

———. "Pivotal Voters: A Simple Proof of Arrow's Theorem," in Prasanta K. Pattanaik and Maurice Salles, eds., *Social choice and welfare*. Amsterdam: NorthHolland, 1983, pp. 31-35.

Barbera´, Salvador, and Sonnenschein, Hugo F. "Preference Aggregation with Randomized Social Orderings." *Journal of Economic Theory*, August 1978, *18*(2), pp. 244-54.

Barker, E. *The politics of Aristotle*. London: Oxford University Press, 1958.

Basu, Kaushik. *Revealed preference of government*. Cambridge: Cambridge University Press, 1980.

———. "The Right to Give Up Rights." *Economica*, November 1984, *51*(204), pp. 413-22.

———. "Achievements, Capabilities and the Concept of Well-Being: A Review of Commodities and Capabilities by Amaryta Sen." *Social Choice and Welfare*, March 1987, *4*(1), pp. 69-76.

Basu, Kaushik, Pattanaik, Prasanta K., and Suzumura, Kotaro, eds. *Choice, welfare, and development: A festschrift in honour of Amartya K. Sen*. Oxford: Oxford University Press, 1995.

Baumol, William. *Welfare economics and the theory of the state*, 2nd Ed. Cambridge, MA: Harvard University Press, 1952, 1965.

Bavetta, Sebastiano. "Individual Liberty, Control and the 'Freedom of Choice Literature.'" *Notizie di Politeia*, 1996, *12*(43-44), pp. 23-29.

Bentham, Jeremy. *An introduction to the principles of morals and legislation*. London: Payne, 1789; republished, Oxford: Clarendon Press, 1907.

Bergson, Abram. "A Reformulation of Certain Aspects of Welfare Economics." *Quarterly Journal of Economics*, February 1938, *52*(1), pp. 310-34.

Bezembinder, T., and van Acker, P. "Intransitivity in Individual and Group Choice," in E. D. Lantermann and H. Feger, eds., *Similarity and choice: Essays in honor of Clyde Coombs*. New York: Wiley, 1980, pp. 208-33.

Binmore, Ken. "An Example in Group Preference." *Journal of Economic Theory*, June 1975, *10*(3), pp. 377-85.

———. *Playing fair: Game theory and the social contract*, Vol. I. Cambridge, MA: MIT Press, 1994.

———. "Right or Seemly?" *Analyse & Kritik*, September 1996, *18*(1), pp. 67-80. Black, Duncan. "The Decisions of a Committee Using a Special Majority." *Econometrica*, July 1948, *16*(3), pp. 245-61.

———. *The theory of committees and elections*. London: Cambridge University Press, 1958.

Blackorby, Charles. "Degrees of Cardinality and Aggregate Partial Orderings." *Econometrica*, September-November 1975, *43*(5-6), pp. 845-52.

Blackorby, Charles, and Donaldson, David. "Measures of Relative Equality and Their Meaning in Terms of Social Welfare." *Journal of Economic Theory*, June 1978, *18*(1), pp. 59-80.

———. "Ethical Indices for the Measurement of Poverty." *Econometrica*, May 1980, *48*(4), pp. 1053-60.

Blackorby, Charles, Donaldson, David, and Weymark, John A. "Social Choice with Interpersonal Utility Comparisons: A Diagrammatic Introduction." *International Economic Review*, June 1984, *25*(2), pp. 325-56.

Blair, Douglas H., Bordes, Georges A., Kelly, Jerry S., and Suzumura, Kotaro. "Impossibility Theorems without Collective Rationality." *Journal of Economic Theory*, December 1976, *13*(3), pp. 361-79.

Blair, Douglas H., and Pollak, Robert A. "Collective Rationality and Dictatorship: The Scope of the Arrow Theorem." *Journal of Economic Theory*, August 1979, *21*(1), pp. 186-94.

———. "Acyclic Collective Choice Rules." *Econometrica*, July 1982, *50*(4), pp. 931-44.

Blau, Julian H. "The Existence of Social Welfare Functions." *Econometrica*, April 1957, *25*(2), pp. 302-13.

———. "A Direct Proof of Arrow's Theorem." *Econometrica*, January 1972, *40*(1), pp. 61-67.

———. "Semiorders and Collective Choice." *Journal of Economic Theory*, August 1979, *21*(1), pp. 195-206.

Blau, Julian H., and Deb, Rajat. "Social Decision Functions and Veto." *Econometrica*, May 1977, *45*(4), pp. 871-79.

Borda, J. C. "Mémoire sur les Élections au Scrutin." *Histoire de l'Académie Royale des Sciences* (Paris), 1781. [Translated by Alfred de Grazia, "Mathematical Derivation of an Election Systeöm." *Isis*, June 1953, *44*(1-2), pp. 42-51.]

Bordes, Georges A. "Consistency, Rationality, and Collective Choice." *Review of Economic Studies*, October 1976, *43*(3), pp. 447-57.

———. "Some More Results on Consistency, Rationality and Collective Choice," in Jean-Jacques Laffont, ed., *Aggregation and revelation of preferences*. Amsterdam: North-Holland, 1979, pp. 175-97.

Bourguignon, F., and Fields, G. "Poverty Measures and Anti-poverty Policy." *Récherches Economiques de Louvain*, 1990, *56*(3-4), pp. 409-27.

Brams, Steven J. *Game theory and politics*. New York: Free Press, 1975.

Breyer, Friedrich. "The Liberal Paradox, Decisiveness over Issues and Domain Restrictions." *Zeitschrift für Nationalökonomie*, 1977, *37*(1-2), pp. 45-60.

———. "Comment on the Papers by Buchanan and by de Jasay and Kliemt." *Analyse & Kritik*, September 1996, *18*(1), pp. 148-57.

Breyer, Friedrich, and Gardner, Roy. "Liberal Paradox, Game Equilibrium, and Gibbard Optimum." 1980, *Public Choice*, *35*(4), pp. 469-81.

Brown, Donald J. "An Approximate Solution to Arrow's Problem." *Journal of Economic Theory*, December 1974, *9*(4), pp. 375-83.

———. "Acyclic Aggregation over a Finite Set of Alternatives." Cowles Foundation Discussion Paper No. 391, Yale University, 1975.

Buchanan, James M. "Social Choice, Democracy, and Free Markets." *Journal of Political Economy*, April 1954a, *62*(2), pp. 114-23.

———. "Individual Choice in Voting and Market." *Journal of Political Economy*, August 1954b, *62*(3), pp. 334-43.

———. *Liberty, market and state*. Brighton, U.K.: Wheatsheaf, 1986.

———. "An Ambiguity in Sen's Alleged Proof of the Impossibility of a Pareto Libertarian." *Analyse & Kritik*, September 1996, *18*(1), pp. 118-25.

Buchanan, James M., and Tullock, Gordon. *The calculus of consent*. Ann Arbor, MI: University of Michigan Press, 1962.

Campbell, Donald E. "Democratic Preference Functions." *Journal of Economic Theory*, April 1976, *12*(2), pp. 259-72.

———. *Equity, efficiency, and social choice*. Oxford: Oxford University Press, 1992.

Campbell, Donald E., and Kelly, Jerry S. "The Possibility-Impossibility Boundary in Social Choice," in Kenneth J. Arrow, Amartya K. Sen, and Kotaro Suzumura, eds., *Social choice re-examined*, Vol. 1. New York: St. Martin's Press, 1997, pp. 179-204.

Caplin, Andrew, and Nalebuff, Barry. "On 64%-Majority Rule." *Econometrica*, July 1988, *56*(4), pp. 787-814.

———. "Aggregation and Social Choice: A Mean Voter Theorem." *Econometrica*, January 1991, *59*(1), pp. 1-24.

Carter, Ian. "The Concept of Freedom in the Work of Amartya Sen: An Alternative Analysis Consistent with Freedom's Independent Value." *Notizie di Politeia*, 1996, *12*(43-44), pp. 7-22.

Casini, Leonardo, and Bernetti, Iacopo. "Public Project Evaluation, Environment and Sen's Theory." *Notizie di Politeia*, 1996, 12(43-44), pp. 55-78.

Chakravarty, Satya R. *Ethical social index numbers*. Berlin: Springer-Verlag, 1990.

Chichilnisky, Graciela. "Basic Needs and Global Models." *Alternatives*, 1980, 6.

———. "Topological Equivalence of the Pareto Condition and the Existence of a Dictator." *Journal of Mathematical Economics*, March 1982a, *9*(3), pp. 223- 34.

———. "Social Aggregation Rules and Continuity." *Quarterly Journal of Economics*, May 1982b, *97*(2), pp. 337-52.

Chichilnisky, Graciela, and Heal, Geoffrey. "Necessary and Sufficient Conditions for Resolution of the Social Choice Paradox." *Journal of Economic Theory*, October 1983, *31*(1), pp. 68-87.

Coale, Ansley J. "Excess Female Mortality and the Balance of Sexes: An Estimate of the Number of 'Missing Females.'" *Population and Development Review*, September 1991, *17*(3), pp. 517-23.

Cohen, G. A. "On the Currency of Egalitarian Justice." *Ethics*, July 1989, *99*(4), pp. 906-44.

———. "Equality of What? On Welfare, Goods and Capabilities." *Récherches Economiques de Louvain*, 1990, *56*(3-4), pp. 357-82.

Coles, Jeffrey L., and Hammond, Peter J. "Walrasian Equilibrium without Survival: Existence, Efficiency, and Remedial Policy," in Kaushik Basu, Prasanta K. Pattanaik, and Kotaro Suzumura, eds., *Choice, welfare, and development: A festschrift in honour of Amartya K. Sen*. Oxford: Oxford University Press, 1995, pp. 32-64.

Condorcet, Marquis de. *Essai sur l'application de l'analyse à la probabilité des décisions rendues à la pluralité des voix*. Paris: L'Imprimerie Royale, 1785.

Cornia, Giovanni Andrea. "Poverty in Latin America in the Eighties: Extent, Causes and Possible Remedies." *Giornale degli Economisti e Annali di Economia*, July-September 1994, 53(7-9), pp. 407-34.

Coulhon, T., and Mongin, Philippe. "Social Choice Theory in the Case of von Neumann-Morgenstern Utilities." *Social Choice and Welfare*, July 1989, 6(3), pp. 175-87.

Cowell, Frank A. *Measuring inequality*, 2nd Ed. London: Harvester Wheatsheaf, 1995.

Crocker, David. "Functioning and Capability: The Foundations of Sen's and Nussbaum's Development Ethic." *Political Theory*, November 1992, 20(4), pp. 584-612.

Dagum, Camilo, and Zenga, Michele. *Income and wealth distribution, inequality and poverty*. Berlin: Springer-Verlag, 1990.

Dasgupta, Partha, Hammond, Peter J., and Maskin, Eric S. "Implementation of Social Choice Rules." *Review of Economic Studies*, April 1979, 46(2), pp. 181- 216.

Dasgupta, Partha, Sen, Amartya K., and Starrett, David. "Notes on the Measurement of Inequality." *Journal of Economic Theory*, April 1973, 6(2), pp. 180-87.

d'Aspremont, Claude. "Axioms for Social Welfare Ordering," in Leonid Hurwicz, David Schmeidler, and Hugo Sonnenschein, eds., *Social goals and social organization*. Cambridge: Cambridge University Press, 1985, pp. 19-76.

d'Aspremont, Claude, and Gevers, Louis. "Equity and Informational Basis of Collective Choice." *Review of Economic Studies*, June 1977, 44(2), pp. 199-209.

d'Aspremont, Claude, and Mongin, Philippe. "A Welfarist Version of Harsanyi's Aggregation Theorem." Center for Operations Research and Econometrics Discussion Paper No. 9763, Universite Catholique de Louvain, 1997.

Davidson, Donald. "Judging Interpersonal Interests," in Jon Elster and Aanund Hylland, eds., *Foundations of social choice theory*. Cambridge: Cambridge University Press, 1986, pp. 195-211.

Davis, Otto A., DeGroot, Morris H., and Hinich, Melvin J. "Social Preference Orderings and Majority Rule." *Econometrica*, January 1972, 40(1), pp. 147- 57.

Deaton, Angus S. *Microeconometric analysis for development policy: An approach from household surveys*. Baltimore, MD: Johns Hopkins University Press (for the World Bank), 1995.

Deaton, Angus S., and Muellbauer, John. *Economics and consumer behaviour*. Cambridge: Cambridge University Press, 1980.

————. "On Measuring Child Costs: With Applications to Poor Countries." *Journal of Political Economy*, August 1986, 94(4), pp. 720-44.

Deb, Rajat. "On Constructing Generalized Voting Paradoxes." *Review of Economic Studies*, June 1976, 43(2), pp. 347-51.

————. "On Schwartz's Rule." *Journal of Economic Theory*, October 1977, 16(1), pp. 103-10.

————. "Waiver, Effectivity and Rights as Game Forms." *Economica*, May 1994, 16(242), pp. 167-78.

de Jasay, Anthony, and Kliemt, Hartmut. "The Paretian Liberal, His Liberties and His Contracts." *Analyse & Kritik*, September 1996, 18(1), pp. 126-47.

Denicolò, Vincenzo. "Independent Social Choice Correspondences Are Dictatorial." *Economics Letters*, 1985, 19, pp. 9-12.

Desai, Meghnad. *Poverty, famine and economic development*. Aldershot, U.K.: Elgar, 1995.

Deschamps, Robert, and Gevers, Louis. "Leximin and Utilitarian Rules: A Joint Characterization." *Journal of Economic Theory*, April 1978, *17*(2), pp. 143-63.

Dodgson, C. L. (Carroll, Lewis). *Facts, figures, and fancies, relating to the elections to the Hebdomadal Council, the offer of the Clarendon Trustees, and the proposal to convert the parks into cricket grounds*. Oxford: Parker, 1874.

————. *The principles of parliamentary representation*. London: Harrison and Sons, 1884.

Drèze, Jean, and Sen, Amartya. *Hunger and public action*. Oxford: Oxford University Press, 1989.

————. *Economic development and social opportunity*. Delhi; New York: Oxford University Press, 1995.

————. eds. *Political economy of hunger*, Vols. 1-3. Oxford: Oxford University Press, 1990.

————. *Indian development: Selected regional perspectives*. Delhi; New York: Oxford University Press, 1997.

D'Souza, Frances, ed. *Starving in silence: A report on famine and censorship*. London: International Centre on Censorship, 1990.

Dutta, Bhaskar. "On the Possibility of Consistent Voting Procedures." *Review of Economic Studies*, April 1980, *47*(3), pp. 603-16.

————. "Reasonable Mechanisms and Nash Implementation," in Kenneth J. Arrow, Amartya K. Sen, and Kotaro Suzumura, eds., *Social choice re-examined*, Vol. 2. New York: St. Martin's Press, 1997, pp. 3-23.

Dutta, Bhaskar, and Pattanaik, Prasanta K. "On Nicely Consistent Voting Systems." *Econometrica*, January 1978, *46*(1), pp. 163-70.

Dworkin, Ronald. "What Is Equality? Part 1: Equality of Welfare" and "What Is Equality? Part 2: Equality of Resources." *Philosophy and Public Affairs*, Fall 1981, *10*(4), pp. 283-345.

Edgeworth, Francis T. *Mathematical psychics: An essay on the application of mathematics to the moral sciences*. London: Kegan Paul, 1881.

Elster, Jon, and Hylland, Aanund, eds. *Foundations of social choice theory*. Cambridge: Cambridge University Press, 1986.

Elster, Jon, and Roemer, John, eds. *Interpersonal comparisons of well-being*. Cambridge: Cambridge University Press, 1991.

Erikson, Robert, and Aberg, Rune. *Welfare in transition: A survey of living conditions in Sweden, 1968-1981*. Oxford: Oxford University Press, 1987.

Feldman, Alan M. *Welfare economics and social choice theory*. Boston: Martinus Nijhoff, 1980.

Ferejohn, John A., and Grether, David M. "On a Class of Rational Social Decision Procedures." *Journal of Economic Theory*, August 1974, *8*(4), pp. 471-82.

Fine, Ben J. "A Note on 'Interpersonal Aggregation and Partial Comparability'." *Econometrica*, January 1975a, *43*(1), pp. 173-74.

————. "Individual Liberalism in a Paretian Society." *Journal of Political Economy*, December 1975b, *83*(6), pp. 1277-81.

Fishburn, Peter C. *The theory of social choice*. Princeton, NJ: Princeton University Press, 1973.

————. "On Collective Rationality and a Generalized Impossibility Theorem." *Review of Economic Studies*, October 1974, *41*(4), pp. 445-57.

Fisher, Franklin M. "Income Distribution, Value Judgments and Welfare." *Quarterly Journal of Economics*, August 1956, *70*, pp. 380-424.

————. "Household Equivalence Scales and Interpersonal Comparisons." *Review of Economic Studies*, July 1987, *54*(3), pp. 519-24.

————. "Household Equivalence Scales: Reply." *Review of Economic Studies*, April 1990, *57*(2), pp. 329-30.

Fleurbaey, Marc, and Gaertner, Wulf. "Admissibility and Feasibility in Game Form." *Analyse & Kritik*, September 1996, *18*(1), pp. 54-66.

Folbre, Nancy. *Who pays for the kids: Gender and the structure of constraint*. New York, Routledge, 1995.

Foley, Duncan. "Resource Allocation and the Public Sector." *Yale Economic Essays*, Spring 1967, *7*(1), pp. 73-76.

Foster, James. "On Economic Poverty: A Survey of Aggregate Measures." *Advances in Econometrics*, 1984, *3*, pp. 215-51.

Foster, James, Greer, Joel, and Thorbecke, Erik. "A Class of Decomposable Poverty Measures." *Econometrica*, May 1984, *52*(3), pp. 761-66.

Foster, James, and Sen, Amartya K. "On Economic Inequality After a Quarter Century"; annexe in Sen (1997c).

Foster, James, and Shorrocks, Anthony F. "Poverty Orderings." *Econometrica*, January 1988, *56*(1), pp. 173-77.

Gaertner, Wulf. "An Analysis and Comparison of Several Necessary and Sufficient Conditions for Transitivity Under the Majority Decision Rule," in JeanJacques Laffont, ed., *Aggregation and revelation of preferences*. Amsterdam: NorthHolland, 1979, pp. 91-112.

————. "Equityand Inequity-type Borda Rules." *Mathematical Social Sciences*, April 1983, *4*(2), pp. 137-54.

————. "Domain Conditions in Social Choice Theory." Mimeo, University of Osnabruck, Germany, 1998.

Gaertner, Wulf, and Krü ger, Lorenz. "Self-Supporting Preferences and Individual Rights: The Possibility of a Paretian Libertarianism." *Economica*, February 1981, *48*(189), pp. 17-28.

————. "Alternative Libertarian Claims and Sen's Paradox." *Theory and Decision*, 1983, *15*, pp. 211-30.

Gaertner, Wulf, Pattanaik, Prasanta K., and Suzumura, Kotaro. "Individual Rights Revisited." *Economica*, May 1992, *59*(234), pp. 161-78.

Gärdenfors, Peter. "Rights, Games and Social Choice." *Noûs*, September 1981, *15*(3), pp. 341-56.

Geanakopolous, John. "Three Brief Proofs of Arrow's Impossibility Theorem." Cowles Foundation Discussion Paper No. 1128, Yale University, 1996.

Gehrlein, William V. "Condorcet's Paradox." *Theory and Decision*, June 1983, *15*(2), pp. 161-97.

Gevers, Louis. "On Interpersonal Comparability and Social Welfare Orderings." *Econometrica*, January 1979, *47*(1), pp. 75-89.

Ghai, Dharam, Khan, Azizur R., Lee, E., and Alfthan, T. A. *The basic needs approach to development*. Geneva: International Labour Organization, 1977.

Gibbard, Allan F. "Manipulation of Voting Schemes: A General Result." *Econometrica*, July 1973, *41*(4), pp. 587-601.

————. "Interpersonal Comparisons: Preference, Good, and the Intrinsic Reward of a Life," in Jon Elster and Aanund Hylland, eds., *Foundations of social choice theory*. Cambridge: Cambridge University Press, 1986, pp. 165-93.

Goodin, Robert. *Reasons for welfare*. Princeton: Princeton University Press, 1988.

Granaglia, Elena. "Piu o Meno Equaglianza di Risorse? Un Falso Problema Per le Politiche Sociali." *Giornale degli Economisti e Annali di Economia*, July-September 1994, *53*(7-9), pp. 349-66.

————. "Two Questions to Amartya Sen." *Notizie di Politeia*, 1996, *12*(43-44), pp. 31-35.

Grandmont, Jean-Michel. "Intermediate Preferences and the Majority Rule." *Econometrica*, March 1978, *46*(2), pp. 317-30.

Grant, James P. *Disparity reduction rates in social indicators*. Washington, DC: Overseas Development Council, 1978.

Green, Jerry, and Laffont, Jean-Jacques. *Incentives in public decision-making*. Amsterdam, North-Holland, 1979.

Grether, David M., and Plott, Charles R. "Nonbinary Social Choice: An Impossibility Theorem." *Review of Economic Studies*, January 1982, *49*(1), pp. 143- 50.

Griffin, Keith, and Knight, John, eds. *Human development and international development strategy for the*

1990s. London: Macmillan, 1990.

Groves, Ted, and Ledyard, John. "Optimal Allocation of Public Goods: A Solution to the 'Free Rider' Problem." *Econometrica*, July 1977, *45*(4), pp. 783-809.

Guinier, Lani. *The tyranny of the majority: Fundamental fairness in representative democracy*. New York: Free Press, 1991.

Hamlin, Alan, and Pettit, Phillip, eds. *The good polity: Normative analysis of the state*. Oxford: Blackwell, 1989.

Hammond, Peter J. "Equity, Arrow's Conditions, and Rawls' Difference Principle." *Econometrica*, July 1976, *44*(4), pp. 793-804.

———. "Dual Interpersonal Comparisons of Utility and the Welfare Economics of Income Distribution." *Journal of Public Economics*, February 1977, *7*(1), pp. 51-71.

———. "Liberalism, Independent Rights, and the Pareto Principle," in L. J. Cohen, J. Los, H. Pfeiffer, and K.-P. Podewski, eds., *Logic, methodology, and the philosophy of science*, Vol. 6. Amsterdam: North-Holland, 1982, pp. 217-43.

———. "Welfare Economics," in George R. Feiwel, ed., *Issues in contemporary microeconomics and welfare*. Albany: State University of New York Press, 1985, pp. 405-34.

———. "Game Forms versus Social Choice Rules as Models of Rights," in Kenneth J. Arrow, Amartya K. Sen, and Kotaro Suzumura, eds., *Social choice reexamined*, Vol. 2. New York: St. Martin's Press, 1997, pp. 82-95.

Hansson, Bengt. "Choice Structures and Preference Relations." *Synthese*, October 1968, 18(4), pp. 443-58.

———. "Group Preferences." *Econometrica*, January 1969a, *37*(1), pp. 50-54.

———. "Voting and Group Decision Functions." *Synthese*, December 1969b, *20*(4), pp. 526-37.

———. "The Existence of Group Preferences." *Public Choice*, Winter 1976, *28*(28), pp. 89-98.

Haq, Mahbub ul. *Reflections on human development*. New York: Oxford University Press, 1995.

Harriss, Barbara. "The Intrafamily Distribution of Hunger in South Asia," in Jean Drèze and Amartya Sen, eds., *The political economy of hunger*. Oxford: Oxford University Press, 1990, pp. 351-424.

Harsanyi, John C. "Cardinal Welfare, Individualist Ethics, and Interpersonal Comparisons of Utility." *Journal of Political Economy*, August 1955, *63*(3), pp. 309- 21.

Hayek, Friedrich A. *The constitution of liberty*. London: Routledge, 1960.

Heller, Walter P., Starr, Ross M., and Starrett, David A., eds. *Social choice and public decision making: Essays in honor of Kenneth J. Arrow*, Vol. 1. Cambridge: Cambridge University Press, 1986.

Hossain, Iftekhar. *Poverty as capability failure*. Helsinki: Swedish School of Economics, 1990.

Human Rights Watch. *Indivisible human rights: The relationship between political and civil rights to survival, subsistence, and poverty*. New York: Human Rights Watch, 1992.

Hurwicz, Leo, Schmeidler, David, and Sonnenschein, Hugo, eds. *Social goals and social organization*. Cambridge: Cambridge University Press, 1985.

Inada, Ken-ichi. "The Simple Majority Decision Rule." *Econometrica*, July 1969, *37*(3), pp. 490-506.

———. "Majority Rule and Rationality." *Journal of Economic Theory*, March 1970, *2*(1), pp. 27-40.

Jorgenson, Dale W. "Aggregate Consumer Behavior and the Measurement of Social Welfare." *Econometrica*, September 1990, *58*(5), pp. 1007-40.

Jorgenson, Dale W., Lau, Lawrence, and Stoker, Thomas. "Welfare Comparison under Exact Aggregation." *American Economic Review*, May 1980 (Papers and Proceedings), *70*(2), pp. 268-72.

Kakwani, Nanak. "Welfare Measures: An International Comparison." *Journal of Development Economics*, February 1981, *8*(1), pp. 21-45.

———. "Issues in Measuring Poverty." *Advances in Econometrics*, 1984, *3*, pp. 253- 82.

Kalai, Ehud, and Muller, E. "Characterization of Domains Admitting Nondictatorial Social Welfare Functions and Nonmanipulable Voting Rules." *Journal of Economic Theory*, December 1977, *16*(2), pp.

457-69.

Kanbur, Ravi. "The Measurement and Decomposition of Inequality and Poverty," in Frederick van der Ploeg, ed., *Mathematical methods in economics*. New York: Wiley, 1984, pp. 403-32.

———. "Children and Intra-Household Inequality: A Theoretical Analysis," in Kaushik Basu, Prasanta K. Pattanaik, and Kotaro Suzumura, eds., *Choice, welfare, and development: A festschrift in honour of Amartya K. Sen*. Oxford: Oxford University Press, 1995, pp. 242-52.

Kanbur, Ravi, and Haddad, Lawrence. "How Serious Is the Neglect of Intrahousehold Inequality?" *Economic Journal*, September 1990, *100*(402), pp. 866-81.

Kanger, Stig. "On Realization of Human Rights." *Acta Philosophica Fennica*, May 1985, *38*, pp. 71-78.

Kapteyn, Arie, and van Praag, Bernard M. S. "A New Approach to the Construction of Family Equivalent Scales." *European Economic Review*, May 1976, *7*(4), pp. 313-35.

Kelly, Jerry S. "Voting Anomalies, the Number of Voters, and the Number of Alternatives." *Econometrica*, March 1974a, *42*(2), pp. 239-51.

———. "Necessity Conditions in Voting Theory." *Journal of Economic Theory*, June 1974b, *8*(2), pp. 149-60.

———. *Arrow impossibility theorems*. New York: Academic Press, 1978.

———. *Social choice theory: An introduction*. Berlin: Springer-Verlag, 1987.

Kelsey, David. "Acyclic Choice without the Pareto Principle." *Review of Economic Studies*, October 1984a, *51*(4), pp. 693-99.

———. "The Structure of Social Decision Functions." *Mathematical Social Sciences*, December 1984b, *8*(3), pp. 241-52.

Kirman, Alan P., and Sondermann, Dieter. "Arrow's Theorem, Many Agents, and Invisible Dictators." *Journal of Economic Theory*, October 1972, *5*(2), pp. 267-77.

Klasen, Stephan. "Missing Women Reconsidered." *World Development*, July 1994, *22*(7), pp. 1061-71.

Kliemt, Hartmut. "Das Paradox des Liberalismus—eine Einfü hrung." *Analyse & Kritik*, September 1996, *18*(1), pp. 1-19.

Knight, Frank. *Freedom and reform: Essays in economic and social philosophy*. New York: Harper, 1947; republished, Indianapolis, IN: Liberty, 1982.

Kolm, Serge-Christophe. "The Optimum Production of Social Justice," in J. Margolis and H. Guitton, eds., *Public economics*. New York: Macmillan, 1969, pp. 145-200.

Kynch, Jocelyn, and Sen, Amartya K. "Indian Women: Well-Being and Survival." *Cambridge Journal of Economics*, September-December 1983, *7*(3-4), pp. 363-80.

Laffont, Jean-Jacques, ed. *Aggregation and revelation of preference*. Amsterdam: NorthHolland, 1979.

Laffont, Jean-Jacques, and Maskin, Eric. "The Theory of Incentives: An Overview," in Werner Hildenbrand, ed., *Advances in economic theory*. Cambridge: Cambridge University Press, 1982, pp. 31-94.

Le Breton, Michel, and Weymark, John. "An Introduction to Arrovian Social Welfare Functions in the Economic and Political Domains," in Norman Schofield, ed., *Collective decision-making: Social choice and political economy*. Boston: Kluwer, 1996.

Levi, Isaac. *Hard choices*. Cambridge: Cambridge University Press, 1986.

Levin, Jonathan, and Nalebuff, Barry. "An Introduction to Vote-Counting Schemes." *Journal of Economic Perspectives*, Winter 1995, *9*(1), pp. 3-26.

Little, Ian. *A critique of welfare economics*, 2nd Ed. Oxford: Oxford University Press, 1957.

Majumdar, Tapas. "A Note on Arrow's Postulates for Social Welfare Function— A Comment." *Journal of Political Economy*, July/August 1969, Pt. I, *77*(4), pp. 528-31.

———. "Amartya Sen's Algebra of Collective Choice." *Sankhya*, December 1973, Series B, *35*(4), pp. 533-42.

Marshall, Alfred. *Principles of economics*. London: Macmillan, 1890; 9th Ed., 1961

Martinetti, Enrica Chiappero. "A New Approach to Evaluation of Well-Being and Poverty by Fuzzy Set Theory." *Giornale degli Economisti e Annali di Economia*, July-September 1994, *53*(7-9), pp. 367-88.

————. "Standard of Living Evaluation Based on Sen's Approach: Some Methodological Suggestions." *Notizie di Politeia*, 1996, *12*(43-44), pp. 37-53.

Mas-Colell, Andreu, and Sonnenschein, Hugo. "General Possibility Theorems for Group Decisions." *Review of Economic Studies*, April 1972, *39*(2), pp. 185-92.

Maskin, Eric S. "Social Welfare Functions on Restricted Domain." Mimeo, Harvard University, 1976a.

————. "On Strategyproofness and Social Welfare Functions When Preferences Are Restricted." Mimeo, Darwin College, and Harvard University, 1976b.

————. "A Theorem on Utilitarianism." *Review of Economic Studies*, February 1978, *45*(1), pp. 93-96.

————. "Decision-Making Under Ignorance with Implications for Social Choice." *Theory and Decision*, September 1979, *11*(3), pp. 319-37.

————. "The Theory of Implementation in Nash Equilibrium: A Survey," in Leonid Hurwicz, David Schmeidler, and Hugo Sonnenschein, eds., *Social goals and social organization: Essays in memory of Elisha Pazner*. Cambridge: Cambridge University Press, 1985, pp. 173-204.

————. "Majority Rule, Social Welfare Functions, and Game Forms," in Kaushik Basu, Prasanta K. Pattanaik, and Kotaro Suzumura, eds., *Choice, welfare, and development: A festschrift in honour of Amartya K. Sen*. Oxford: Oxford University Press, 1995, pp. 100-09.

Maskin, Eric, and Sjö strö m, Tomas. "Implementation Theory." Mimeo, Harvard University, 1999.

Matsumoto, Yasumi. "Non-binary Social Choice: Revealed Preference Interpretation." *Economica*, May 1985, *52*(26), pp. 185-94.

McKelvey, Richard D. "General Conditions for Global Intransitivities in Formal Voting Models." *Econometrica*, September 1979, *47*(5), pp. 1085-112.

McLean, Ian. "The Borda and Condorcet Principles: Three Medieval Applications." *Social Choice and Welfare*, 1990, *7*(2), pp. 99-108.

Mill, John Stuart. *On liberty*. London: Parker, 1859; republished, London: Harmondsworth, 1974.

Mirrlees, James A. "The Economic Uses of Utilitarianism," in Amartya K. Sen and Bernard Williams, eds., *Utilitarianism and beyond*. Cambridge: Cambridge University Press, 1982, pp. 63-84.

Monjardet, Bernard. "Duality in the Theory of Social Choice," in Jean-Jacques Laffont, ed., *Aggregation and revelation of preferences*. Amsterdam: NorthHolland, 1979, pp. 131-43.

————. "On the Use of Ultrafilters in Social Choice Theory," in Prasanta K. Pattanaik and Maurice Salles, eds., *Social choice and welfare*. Amsterdam: NorthHolland, 1983.

Morris, Morris D. *Measuring the conditions of the world's poor*. Oxford: Pergamon Press, 1979.

Moulin, Hervé. *The strategy of social choice*. Amsterdam: North-Holland, 1983.

————. *Cooperative microeconomics*. Princeton, NJ: Princeton University Press, 1995.

Moulin, Hervé, and Thomson, William. "Axiomatic Analyses of Resource Allocation Problems," in Kenneth J. Arrow, Amartya K. Sen, and Kotaro Suzumura, eds., *Social choice re-examined*, Vol. 1. New York: St. Martin's Press, 1997, pp. 101-20.

Mueller, Dennis C. *Public Choice II*. Cambridge: Cambridge University Press, 1989.

————. "Constitutional and Liberal Rights." *Analyse & Kritik*, September 1996, *18*(1), pp. 96-117.

Nehring, Klaus, and Puppe, Clemens. "On the Multipreference Approach to Evaluating Opportunities." *Social Choice and Welfare*, 1999, *16*(1), pp. 41-64.

Nicholson, Michael B. "Conditions for the 'Voting Paradox' in Committee Decisions." *Metroeconomica*, January-August 1965, *17*(1-2), pp. 29-44.

Nozick, Robert. *Anarchy, state and utopia*. New York: Basic Books, 1974.

Nussbaum, Martha. "Nature, Function, and Capability: Aristotle on Political Distribution." *Oxford Studies in Ancient Philosophy*, 1988, Supp., pp. 145-84.

Nussbaum, Martha, and Glover, Jonathan, eds. *Women, culture, and development: A study of human capabilities*. Oxford: Clarendon Press, 1995.

Nussbaum, Martha, and Sen, Amartya K., eds. *The quality of life*. Oxford: Oxford University Press, 1993.

Osmani, Siddiqur R. *Economic inequality and group welfare*. Oxford: Oxford University Press, 1982.

————. "The Entitlement Approach to Famine: An Assessment," in Kaushik Basu, Prasanta K. Pattanaik, and Kotaro Suzumura, eds., *Choice, welfare, and development: A festschrift in honour of Amartya K. Sen*. Oxford: Oxford University Press, 1995, pp. 253-94.

Parks, Robert P. "Further Results on Path Independence, Quasitransitivity, and Social Choice." *Public Choice*, Summer 1976a, *26*(26), pp. 75-87.

————. "An Impossibility Theorem for Fixed Preferences: A Dictatorial Bergson-Samuelson Welfare Function." *Review of Economic Studies*, October 1976b, *43*(3), pp. 447-50.

Pattanaik, Prasanta K. *Voting and collective choice*. London: Cambridge University Press, 1971.

————. "On the Stability of Sincere Voting Situations." *Journal of Economic Theory*, December 1973, *6*(6), pp. 558-74.

————. *Strategy and group choice*. Amsterdam: North-Holland, 1978.

————. "The Liberal Paradox: Some Interpretations When Rights Are Represented as Game Forms." *Analyse & Kritik*, September 1996, *18*(1), pp. 38-53.

————. "On Modelling Individual Rights: Some Conceptual Issues," in Kenneth J. Arrow, Amartya K. Sen, and Kotaro Suzumura, eds., *Social choice re-examined*, Vol. 2. New York: St. Martin's Press, 1997, pp. 100-28.

Pattanaik, Prasanta K., and Salles, Maurice, eds. *Social choice and welfare*. Amsterdam: North-Holland, 1983.

Pattanaik, Prasanta K., and Sengupta, Manimay. "Conditions for Transitive and Quasi-Transitive Majority Decisions." *Economica*, November 1974. *41*(164), pp. 414-23.

————. "Restricted Preferences and Strategy-Proofness of a Class of Group Decision Functions." *Review of Economic Studies*, October 1980, *47*(5), pp. 965- 73.

Pazner, Elisha A., and Schmeidler, David. "A Difficulty in the Concept of Fairness." *Review of Economic Studies*, July 1974, *41*(3), pp. 441-43.

Peleg, Bezalel. "Consistent Voting Systems." *Econometrica*, January 1978, *46*(1), pp. 153-62.

————. *Game theoretic analysis of voting in committees*. Cambridge: Cambridge University Press, 1984.

Phelps, Edmund S., ed. *Economic justice*. Harmondsworth, U.K.: Penguin, 1973.

Pigou, Arthur C. *The economics of welfare*. London: Macmillan, 1920.

Plott, Charles R. "A Notion of Equilibrium and Its Possibility under Majority Rule." *American Economic Review*, September 1967, *57*(4), pp. 787-806.

————. "Path Independence, Rationality, and Social Choice." *Econometrica*, November 1973, *41*(6), pp. 1075-91.

————. "Axiomatic Social Choice Theory: An Overview and Interpretation." *American Journal of Political Science*, August 1976, *20*(3), pp. 511-96.

Pollak, Robert A. "Welfare Comparisons and Situation Comparison." *Journal of Econometrics*, October-November 1991, *50*(1-2), pp. 31-48.

Pollak, Robert, and Wales, Terence J. "Welfare Comparisons and Equivalence Scales." *American Economic Review*, May 1979 (Papers and Proceedings), *69*(2), pp. 216-21.

Rae, Douglas W. "Using District Magnitude to Regulate Political Party Competition." *Journal of Economic Perspectives*, Winter 1995, *9*(1), pp. 65-75.

Rangarajan, L. N., ed. *The Arthasastra*. New Delhi, India: Penguin Books, 1987.

Ravallion, Martin. *Markets and famines*. Oxford: Oxford University Press, 1987.

————. *Poverty comparisons*. Chur, Switzerland: Harwood, 1994.

————. "Household Vulnerability to Aggregate Shocks: Differing Fortunes of the Poor in Bangladesh and Indonesia," in Kaushik Basu, Prasanta K. Pattanaik, and Kotaro Suzumura, eds., *Choice, welfare, and development: A festschrift in honour of Amartya K. Sen.* Oxford: Oxford University Press, 1995, pp. 295- 312.

Rawls, John. *A theory of justice.* Cambridge, MA: Harvard University Press, 1971.

Razavi, Shahrashoub. "Excess Female Mortality: An Indicator of Female Subordination? A Note Drawing on Village-Level Evidence from Southeastern Iran." *Notizie di Politeia*, 1996, *12*(43-44), pp. 79-95.

Red Cross and Red Crescent Societies, International Federation of. *World disasters report 1994.* Dordrecht: Martinus Nijhoff, 1994.

Riley, Jonathan. *Liberal utilitarianism: Social choice theory and J. S. Mill's philosophy.* Cambridge: Cambridge University Press, 1987.

Robbins, Lionel. "Interpersonal Comparisons of Utility: A Comment." *Economic Journal*, December 1938, *48*(192), pp. 635-41.

Roberts, Kevin W. S. "Possibility Theorems with Interpersonally Comparable Welfare Levels." *Review of Economic Studies*, January 1980a, *47*(2), pp. 409- 20.

————. "Interpersonal Comparability and Social Choice Theory." *Review of Economic Studies*, January 1980b, *47*(2), pp. 421-39.

————. "Valued Opinions or Opiniated Values: The Double Aggregation Problem," in Kaushik Basu, Prasanta K. Pattanaik, and Kotaro Suzumura, eds., *Choice, welfare, and development: A festschrift in honour of Amartya K. Sen.* Oxford: Oxford University Press, 1995, pp. 141-67.

Roemer, John. *A general theory of exploitation and class.* Cambridge, MA: Harvard University Press, 1982.

————. *Theories of distributive justice.* Cambridge, MA: Harvard University Press, 1996.

Rothschild, Michael, and Stiglitz, Joseph E. "Some Further Results on the Measurement of Inequality." *Journal of Economic Theory*, April 1973, *6*(2), pp. 188- 204.

Rowley, Charles K. *Liberty and the state.* Aldershot, U.K.: Elgar, 1993.

Salles, Maurice. "A General Possibility Theorem for Group Decision Rules with Pareto-Transitivity." *Journal of Economic Theory*, August 1975, *11*(1), pp. 110- 18.

Samuelson, Paul A. *Foundations of economic analysis.* Cambridge, MA: Harvard University Press, 1947.

Satterthwaite, Mark A. "Strategy-Proofness and Arrow's Conditions: Existence and Correspondence Theorems for Voting Procedures and Social Welfare Functions." *Journal of Economic Theory*, April 1975, *10*(2), pp. 187-217.

Schmeidler, David, and Sonnenschein, Hugo F. "Two Proofs of the GibbardSatterthwaite Theorem on the Possibility of a Strategy-Proof Social Choice Function," in H. W. Gottinger and W. Leinfeller, eds., *Decision theory and social ethics: Issues in social choice.* Dordrecht: Reidel, 1978, pp. 227-34.

Schofield, Norman J. "General Instability of Majority Rule." *Review of Economic Studies*, October 1983, *50*(4), pp. 695-705.

————. ed. *Collective decision-making: Social choice and political economy.* Boston: Kluwer, 1996.

Schokkaert, Erik, and Van Ootegem, Luc. "Sen's Concept of the Living Standard Applied to the Belgian Unemployed." *Récherches Economiques de Louvain*, 1990, *56*(3-4), pp. 429-50.

Schwartz, Thomas. "On the Possibility of Rational Policy Evaluation." *Theory and Decision*, October 1970, *1*(1), pp. 89-106.

————. "Rationality and the Myth of the Maximum." *Noûs*, May 1972, *6*(2), pp. 97-117.

————. *The logic of collective choice.* New York: Columbia University Press, 1986.

Scitovsky, Tibor. *The joyless economy.* Oxford: Oxford University Press, 1976.

Seidl, Christian. "On Liberal Values." *Zeitschrift für Nationalökonomie*, May 1975, *35*(3-4), pp. 257-92.

————. "Poverty Measurement: A Survey," in Dieter Bos, Manfred Rose, and Christian Seidl, eds., *Welfare and efficiency in public economics.* Berlin: SpringerVerlag, 1988, pp. 71-147.

——. "Foundations and Implications of Rights," in Kenneth J. Arrow, Amartya K. Sen, and Kotaro Suzumura, eds., *Social choice re-examined*, Vol. 2. New York: St. Martin's Press, 1997, pp. 53-77.

Sen, Amartya K. "Preferences, Votes and the Transitivity of Majority Decisions." *Review of Economic Studies*, April 1964, *31*(2), pp. 163-65.

——. "A Possibility Theorem on Majority Decisions." *Econometrica*, April 1966, *34*(2), pp. 491-09.

——. "Quasi-Transitivity, Rational Choice and Collective Decisions." *Review of Economic Studies*, July 1969, *36*(3), pp. 381-93.

——. *Collective choice and social welfare*. San Francisco, CA: Holden-Day, 1970a.

——. "The Impossibility of a Paretian Liberal." *Journal of Political Economy*, January-February 1970b, *78*(1), pp. 152-57; reprinted in Sen (1982a).

——. "Interpersonal Aggregation and Partial Comparability." *Econometrica*, May 1970c, *38*(3), pp. 393-409; reprinted in Sen (1982a).

——. *On economic inequality*. Oxford: Oxford University Press, 1973a; Expanded Ed., 1997c.

——. "On the Development of Basic Income Indicators to Supplement the GNP Measure." *United Nations Economic Bulletin for Asia and the Far East*, September-December 1973b, *24*(2-3), pp. 1-11.

——. "Behaviour and the Concept of Preference." *Economica*, 1973c, *40*(159), pp. 241-59; reprinted in Sen (1982a).

——. "Choice, Orderings, and Morality," in S. Korner, ed., *Practical reason*. Oxford: Blackwell, 1974; reprinted in Sen (1982a).

——. "Real National Income." *Review of Economic Studies*, February 1976a, *43*(1), pp. 19-39; reprinted in Sen (1982a).

——. "Poverty: An Ordinal Approach to Measurement." *Econometrica*, March 1976b, *44*(2), pp. 219-23; reprinted in Sen (1982a).

——. "Liberty, Unanimity and Rights." *Economica*, August 1976c, *43*(171), pp. 217-45; reprinted in Sen (1982a).

——. "Social Choice Theory: A Re-examination." *Econometrica*, January 1977a, 45(1), pp. 53-89; reprinted in Sen (1982a).

——. "Starvation and Exchange Entitlements: A General Approach and Its Application to the Great Bengal Famine." *Cambridge Journal of Economics*, March 1977b, *1*(1), pp. 33-59.

——. "On Weights and Measures: Informational Constraints in Social Welfare Analysis." *Econometrica*, October 1977c, *45*(7), pp. 1539-72; reprinted in Sen (1982a).

——. "Rational Fools: A Critique of the Behavioral Foundations of Economic Theory." *Philosophy and Public Affairs*, Summer 1977d, *6*(4), pp. 317-44; reprinted in Sen (1982a).

——. "The Welfare Basis of Real Income Comparisons: A Survey." *Journal of Economic Literature*, March 1979a, *17*(1), pp. 1-45; reprinted in Sen (1984).

——. "Personal Utilities and Public Judgements: Or What's Wrong with Welfare Economics." *Economic Journal*, September 1979b, *89*(355), pp. 537-58; reprinted in Sen (1982a).

——. "Equality of What?" in S. McMurrin, ed., *Tanner lectures on human values*, Vol. 1. Salt Lake City, UT: University of Utah, 1980, pp. 195-220; reprinted in Sen (1982a).

——. *Poverty and famines: An essay on entitlement and deprivation*. Oxford: Oxford University Press, 1981.

——. *Choice, welfare and measurement*. Oxford: Blackwell, 1982a; Cambridge, MA: Harvard University Press, 1997.

——. "Rights and Agency." *Philosophy and Public Affairs*, Spring 1982b, *11*(2), pp. 113-32.

——. "Liberty and Social Choice." *Journal of Philosophy*, January 1983a, *80*(1), pp. 5-28.

——. "Poor, Relatively Speaking." *Oxford Economic Papers*, July 1983b, *35*(2), pp. 153-69.

——. *Resources, values and development*. Cambridge, MA: Harvard University Press, 1984.

————. *Commodities and capabilities*. Amsterdam: North-Holland, 1985a.

————. "Well-being, Agency and Freedom: The Dewey Lectures 1984." *Journal of Philosophy*, April 1985b, *82*(4), pp. 169-221.

————. "Social Choice Theory," in Kenneth J. Arrow and Michael Intriligator, eds., *Handbook of mathematical economics*, Vol. III. Amsterdam: North-Holland, 1986a, pp. 1073-181.

————. "Information and Invariance in Normative Choice," in Walter P. Heller, Ross M. Starr, and David A. Starrett, eds., *Essays in honor of Kenneth J. Arrow*, Vol. 1. Cambridge: Cambridge University Press, 1986b, pp. 29-55.

————. "Gender and Cooperative Conflict," in Irene Tinker, ed., *Persistent inequalities*. New York: Oxford University Press, 1990, pp. 123-49.

————. *Inequality reexamined*. Cambridge, MA: Harvard University Press, 1992a.

————. "Minimal Liberty." *Economica*, May 1992b, *59*(234), pp. 139-60.

————. "Missing Women." *British Medical Journal*, March 1992c, *304*(6827), pp. 587-88.

————. "Internal Consistency of Choice." *Econometrica*, May 1993a, *61*(3), pp. 495-521.

————. "Capability and Well-being," in Martha Nussbaum and Amartya Sen, eds., *The quality of life*. Oxford: Oxford University Press, 1993b, pp. 30-53.

————. "Positional Objectivity." *Philosophy and Public Affairs*, Spring 1993c, *22*(2), pp. 83-135.

————. "Well-Being, Capability and Public Policy," *Giornale degli Economisti e Annali di Economia*, July-September 1994, *53*(7-9), pp. 333-47.

————. "Rationality and Social Choice." *American Economic Review*, March 1995a, *85*(1), pp. 1-24.

————. "Environmental Evaluation and Social Choice: Contingent Valuation and the Market Analogy." *Japanese Economic Review*, March 1995b, *46*(1), pp. 23- 37.

————. "Rights: Formulation and Consequences." *Analyse & Kritik*, September 1996a, *18*, pp. 53-70.

————. "Freedom, Capabilities and Public Action: A Response." *Notizie di Politeia*, 1996b, *12*(43-44), pp. 105-25.

————. "Maximization and the Act of Choice." Econometrica, July 1997a, *65*(4), pp. 745-80.

————. "Individual Preference as the Basis of Social Choice," in Kenneth J. Arrow, Amartya K. Sen, and Kotaro Suzumura, eds., *Social choice re-examined*, Vol. 2. New York: St. Martin's Press, 1997b.

————. *On economic inequality* [Expanded Ed., with a substantial annexe jointly with James Foster]. Oxford: Oxford University Press, 1997c.

————. *Development as freedom* [mimeo]; 1999a (forthcoming).

————. *Freedom, rationality and social choice: Arrow lectures and other essays* [mimeo]; 1999b (forthcoming).

Sen, Amartya K., and Pattanaik, Prasanta K. "Necessary and Sufficient Conditions for Rational Choice under Majority Decision." *Journal of Economic Theory*, August 1969, 1(2), pp. 178-202.

Sengupta, Manimay. "Monotonicity, Independence of Irrelevant Alternatives and Strategy-Proofness of Social Decision Functions." *Review of Economic Studies*, January 1980a, *47*(2), pp. 393-407.

————. "The Knowledge Assumption in the Theory of Strategic Voting." *Econometrica*, July 1980b, *48*(5), pp. 1301-04.

Shorrocks, Anthony F. "Inequality Decomposition by Population Subgroups." *Econometrica*, November 1984, *52*(6), pp. 1369-85.

————. "Revisiting the Sen Poverty Index." *Econometrica*, September 1995, *63*(5), pp. 1225-30.

Slesnick, Daniel T. "Empirical Approaches to the Measurement of Welfare." *Journal of Economic Literature*, December 1998, *36*(4), pp. 2108-65.

Smith, Adam. *An inquiry into the wealth of nations*. London: W. Strahan and T. Cadell, 1776; republished, London: Home University, 1910.

Solow, Robert M. "Mass Unemployment as a Social Problem," in Kaushik Basu, Prasanta K. Pattanaik, and Kotaro Suzumura, eds., *Choice, welfare, and development: A festschrift in honour of Amartya K. Sen*. Oxford: Oxford University Press, 1995, pp. 313-21.

Starrett, David. *Foundations of public economics*. Cambridge: Cambridge University Press, 1988.

Steiner, Hillel. "Putting Rights in Their Place: An Appraisal of A. Sen's Work on Rights." *Récherches Economiques de Louvain*, 1990, 56(3-4), pp. 391-408.

Stewart, Frances. Planning to meet basic needs. London: Macmillan, 1985. Strasnick, Stephen. "Social Choice and the Derivation of Rawls's Difference Principle." *Journal of Philosophy*, February 1976, 73(4), pp. 85-99.

Streeten, Paul. "Basic Needs: Some Unsettled Questions." *World Development*, September 1984, 12(9), pp. 973-78.

Streeten, Paul (with Burki, S. J., Haq, Mahbub ul, Hicks, Norman, and Stewart, Frances). *First things first: Meeting basic needs in developing countries*. London: Oxford University Press, 1981.

Sugden, Robert. *The political economy of public choice*. New York: Wiley, 1981.

————. "Liberty, Preference, and Choice." *Economics and Philosophy*, October 1985, 1(2), pp. 213-29.

————. "Welfare, Resources, and Capabilities: A Review of Inequality Reexamined by Amartya Sen." *Journal of Economic Literature*, December 1993, 31(4), pp. 1947-62.

Suppes, Patrick. "Some Formal Models of Grading Principles." *Synthese*, December 1966, 16(3/4), pp. 284-306.

Suzumura, Kotaro. "Rational Choice and Revealed Preference." *Review of Economic Studies*, February 1976a, 43(1), pp. 149-58.

————. "Remarks on the Theory of Collective Choice." *Economica*, November 1976b, 43(172), pp. 381-90.

————. *Rational choice, collective decisions, and social welfare*. Cambridge: Cambridge University Press, 1983.

————. *Competition, commitment, and welfare*. Oxford: Oxford University Press, 1995.

————. "Welfare, Rights, and Social Choice Procedure: A Perspective." *Analyse & Kritik*, September 1996, 18(1), pp. 20-37.

————. "Interpersonal Comparisons of the Extended Sympathy Type and the Possibility of Social Choice," in Kenneth J. Arrow, Amartya K. Sen, and Kotaro Suzumura, eds., *Social choice re-examined*, Vol. 2. New York: St. Martin's Press, 1997, pp. 202-29.

————. "Consequences, Opportunities, and Procedures." *Social Choice and Welfare*, 1999, 16(1), pp. 17-40.

Svedberg, Peter. *Poverty and undernutrition: Theory and measurement*. Mimeo (study for WIDER); 1999 (forthcoming).

Svensson, Lars-Gunnar. "Social Justice and Fair Distributions." *Lund Economic Studies*, 1977, 15.

————. "Equity Among Generations." *Econometrica*, July 1980, 48(5), pp. 1251-56.

Tideman, Nicolaus. "The Single Transferable Vote." *Journal of Economic Perspectives*, Winter 1995, 9(1), pp. 27-38.

Tullock, Gordon. "The General Irrelevance of the General Possibility Theorem." *Quarterly Journal of Economics*, May 1967, 81(2), pp. 256-70.

United Nations Development Programme (UNDP). *Human development report 1990*. New York: Oxford University Press, 1990.

van Hees, Martin. "Individual Rights and Legal Validity." *Analyse & Kritik*, September 1996, 18(1), pp. 81-95.

Van Parijs, Philippe. *Real freedom for all: What (if anything) can justify capitalism?* Oxford: Oxford University Press, 1995.

Varian, Hal. "Equity, Envy, and Efficiency," *Journal of Economic Theory*, September 1974, 9(1), pp. 63-91.

————. "Distributive Justice, Welfare Economics and a Theory of Justice." *Philosophy and Public Affairs*,

Spring 1975, 4(3), pp. 223-47.

Vaughan, Megan. *The story of an African famine: Gender and famine in twentieth century Malawi.* Cambridge: Cambridge University Press, 1987.

Vickrey, William S. "Utility, Strategy, and Social Decision Rules." *Quarterly Journal of Economics*, November 1960, *74*, pp. 507-35.

Ward, Benjamin. "Majority Voting and Alternative Forms of Public Enterprise," in Julius Margolis, ed., *The public economy of urban communities.* Baltimore, MD: Johns Hopkins University Press, 1965, pp. 112-26.

Weber, Robert J. "Approval Voting." *Journal of Economic Perspectives*, Winter 1995, *9*(1), pp. 39-49.

Wilson, Robert. "Social Choice Without the Pareto Principle." *Journal of Economic Theory*, December 1972, 5(3), pp. 478-86.

———. "On the Theory of Aggregation." *Journal of Economic Theory*, February 1975, 10(1), pp. 89-99.

Wriglesworth, John L. *Libertarian conflicts in social choice.* Cambridge: Cambridge University Press, 1985.

Young, H. Peyton. "Condorcet's Theory of Voting." *American Political Science Review*, December 1988, *82*(4), pp. 1231-44.

———. "Optimal Voting Rules." *Journal of Economic Perspectives*, Winter 1995, *9*(1), pp. 51-64.

———. ed. *Fair allocation. Providence*, RI: American Mathematical Society, 1985.

⚜ 3장

Aizerman, M. A. (1985): "New Problems in the General Choice Theory: Review of a Research Trend," *Social Choice and Welfare*, 2, 235-282.

Akerlof, G. (1984): *An Economic Theorist's Book of Tales.* Cambridge: Cambridge University Press.

Allais, M. (1953): "Le Comportement de l'Homme Rationnel Devant le Risque: Critique des Postulats et Axioms de l'École Americaine," *Econometrica*, 21, 503-546.

Anand, P. (1990): "Interpreting Axiomatic (Decision) Theory," *Annals of Operations Research*, 23, 91-101.

——— (1991): "The Nature of Rational Choice and The Foundations of Statistics," *Oxford Economic Papers*, 43, 199-216.

Arrow, K. J. (1951a): *Social Choice and Individual Values.* New York: Wiley.

——— (1951b): "An Extension of the Basic Theorems of Classical Welfare Economics," in J. Neyman, ed., *Proceedings of the Second Berkeley Symposium of Mathematical Statistics.* Berkeley, CA: University of California Press.

——— (1952): "Le Principe de Rationalité dans les Décisions Collectives," *É conomic Appliquée*, 5, 469-484.

——— (1959): "Rational Choice Functions and Orderings," *Economica*, 26, 121- 127.

——— (1963): *Social Choice and Individual Values.* New York: Wiley, 2nd edition.

——— (1977): "Extended Sympathy and the Possibility of Social Choice," *American Economic Review*, 67, 219-225.

——— Ed. (1991): *Markets and Welfare.* London: Macmillan.

Baigent, N. (1987): "Preference Proximity and Anonymous Social Choice," *Quarterly Journal of Economics*, 102, 161-170.

——— (1991a): "Impossibility without Consistency," forthcoming in *Social Choice and Welfare*.

——— (1991b): "A Comment on One of Sen's Impossibility Theorems," mimeographed, Murphy Institute, Tulane University.

Basu, K. (1980): *Revealed Preference of Government.* Cambridge: Cambridge University Press.

Batra, R., and P. K. Pattanaik (1972): "On Some Suggestions for Having Nonbinary Social Choice Functions," *Theory and Decision*, 3, 1-11.

Baumol, W. J. (1966): *Welfare Economics and the Theory of the State*, Cambridge, MA: Harvard University Press, 2nd edition.

Bergson, A. (1954): "On the Concept of Social Welfare," *Quarterly Journal of Economics*, 52, 310-334.

Blackorby, C., D. Donaldson, and J. Weymark (1982): "Social Choice with Interpersonal Utility Comparisons: A Diagrammatic Introduction," *International Economic Review*, 25, 327-356. ·

Blair, D. H., G. Bordes, J. S. Kelly, and K. Suzumura (1976): "Impossibility Theorems without Collective Rationality," *Journal of Economic Theory*, 13, 361- 379.

Blair, D. H., and R. A. Pollak (1979): "Collective Rationality and Dictatorship: The Scope of the Arrow Theorem," *Journal of Economic Theory*, 21, 186-194.

——— (1982): "Acyclic Collective Choice Rules," Econometrica, 50, 931-943. Blau, J. H. (1979): "Semiorders and Collective Choice," *Journal of Economic Theory*, 29, 195-206.

Blau, J. H., and R. Deb (1977): "Social Decision Functions and Veto," *Econometrica*, 45, 871-879.

Bohm, P., and H. Lond (1991): "Preference Reversal, Real-World Lotteries, and Lottery-Interested Subjects," mimeographed, Stockholm University.

Bordes, G. (1976): "Consistency, Rationality and Collective Choice," *Review of Economic Studies*, 43, 447-457.

Brown, D. J. (1975): "Aggregation of Preferences," *Quarterly Journal of Economics*, 89, 456-469.

Buchanan, J. M. (1954a): "Social Choice, Democracy and Free Markets," *Journal of Political Economy*, 62, 114-123.

——— (1954b): "Individual Choice in Voting and the Market," *Journal of Political Economy*, 62, 334-343.

Buchanan, J. M., and G. Tullock (1962): *The Calculus of Consent*. Ann Arbor: University of Michigan Press.

Campbell, D. E. (1976): "Democratic Preference Functions," *Journal of Economic Theory*, 12, 259-272.

Chernoff, H. (1954): "Rational Selection of Decision Functions," *Economica*, 22, 423-443.

Chichilnisky, G. (1982a): "Social Aggregation Rule and Continuity," *Quarterly Journal of Economics*, 97, 337-352.

——— (1982): "Topological Equivalence of the Pareto Condition and the Existence of a Dictator," *Journal of Mathematical Economics*, 9, 223-233.

Chichilnisky, G., and G. Heal (1983): "Necessary and Sufficient Condition for the Resolution of the Social Choice Paradox," *Journal of Economic Theory*, 31, 68-87.

Chipman, J. S., L. Hurwicz, M. K. Richter, and H. F. Sonnenschein, Eds. (1971): *Preference, Utility and Demand*. New York: Harcourt.

d'Aspremont, C. (1985): "Axioms for Social Welfare Orderings," in Hurwicz, Schmeidler, and Sonnenschein (1985).

d'Aspremont, C., and L. Gevers (1977): "Equity and the Informational Basis of Collective Choice," *Review of Economic Studies*, 44, 199-210.

Davidson, D. (1980): Essays on Actions and Events. Oxford: Clarendon Press. Dawes, R. M, and R. H. Thaler (1988): "Anomalies: Cooperation," *Journal of Economic Perspectives*, 2, 187-197.

Deb, R. (1977): "On Schwartz's Rule," *Journal of Economic Theory*, 16, 103-110.

Debreu, G. (1959): *Theory of Value*. New York: Wiley.

Denicolo, V. (1985): "Independent Social Choice Correspondences Are Dictatorial," *Economic Letters*, 19, 9-12.

——— (1987): "Some Further Results on Nonbinary Social Choice," Social *Choice and Welfare*, 4, 277-285.

Drèze, J. (1987): *Essays on Economic Decisions under Uncertainty*. Cambridge: Cambridge University Press.

Elster, J. (1979): *Ulysses and the Sirens*. Cambridge: Cambridge University Press.

——— (1983): *Sour Grapes*. Cambridge: Cambridge University Press.

——— ed. (1986): *Rational Choice*. Oxford: Blackwell.

Elster, J., and A. Hylland, Eds. (1986): *Foundations of Social Choice Theory*. Cambridge: Cambridge University Press.

Ferejohn, J. A., and D. Grether (1977): "Some New Impossibility Theorems," *Public Choice*, 30, 35-42.

Fine, B. (1990): "On the Relationship between True Preference and Actual Choice," mimeographed, Birkbeck College, London.

Fine, B., and K. Fine (1974): "Social Choice and Individual Ranking," *Review of Economic Studies*, 41, 303-322, 459-475.

Fishburn, P. C. (1971): "Should Social Choice Be Based on Binary Comparisons?" *Journal of Mathematical Sociology*, 1, 133-142.

——— (1973): *The Theory of Social Choice*. Princeton: Princeton University Press.

——— (1974): "Choice Functions on Finite Sets," *International Economic Review*, 15, 729-749.

Gaertner, W., P. Pattanaik, and K. Suzumura (1992): "Individual Rights Revisited," *Economica*, 59, 161-178.

Gärdenfors, P. (1973): "Positional Voting Functions," *Theory and Decision*, 4, 1- 24.

Gevers, L. (1979): "On Interpersonal Comparability and Social Welfare Orderings," *Econometrica*, 47, 75-90.

Graaff, J. de V. (1957): *Theoretical Welfare Economics*. Cambridge: Cambridge University Press.

Hammond, P. J. (1976): "Equity, Arrow's Conditions and Rawls' Difference Principle," *Econometrica*, 44, 793-804.

——— (1986): "Consequentialist Social Norms for Public Decisions," in Heller, Starr, and Starrett (1986).

——— (1988): "Consequentialist Foundations for Expected Utility," *Theory and Decision*, 25, 25-78.

——— (1989): "Consistent Plans, Consequentialism, and Expected Utility," *Econometrica*, 57, 1445-1449.

Hansson, B. (1968): "Choice Structures and Preference Relations," *Synthese*, 18, 443-458.

——— (1969): "Voting and Group Decision Functions," *Synthese*, 20, 526-537.

——— (1973): "The Independence Condition in the Theory of Social Choice," *Theory and Decision*, 4, 25-49.

——— (1975): "The Appropriateness of Expected Utility Model," *Erkenntnis*, 9, 175-193.

——— (1976): "The Existence of Group Preferences," *Public Choice*, 28, 89-98.

Hardin, R. (1988): *Morality within Limits of Reason*. Chicago: Chicago University Press.

Harsanyi, J. (1955): "Cardinal Welfare, Individualist Ethics, and Interpersonal Comparisons of Utility," *Journal of Political Economy*, 63, 309-321.

Heller, W. P., R. M. Starr, and D. A. Starrett, Eds. (1986): *Social Choice and Public Decision Making*. Cambridge: Cambridge University Press.

Herzberger, H. G. (1973): "Ordinal Preference and Rational Choice," *Econometrica*, 41, 187-237.

Hicks, J. R. (1939): *Value and Capital*. Oxford: Clarendon Press.

——— (1956): *A Revision of Demand Theory*. Oxford: Clarendon Press.

——— (1976): "Time in Economics," in *Evolution, Welfare and Time in Economics*, ed. by A. Tang. Lexington Books.

——— (1981): *Wealth and Welfare*. Oxford: Blackwell.

Hirschman, A. O. (1982): *Shifting Involvement*. Princeton: Princeton University Press.

Houthakker, H. S. (1950): "Revealed Preference and the Utility Function," *Economica*, 17, 159-174.

Hurley, S. (1989): *Natural Reasons*. Oxford: Clarendon Press.

Hurwicz, L. (1972): "On Informationally Decentralized Systems," in Radner and McGuire (1972).

Hurwicz, L., D. Schmeidler, and H. Sonnenschein, Eds. (1985): *Social Goals and Social Organisation: Essays in Memory of Elisha Pazner.* Cambridge: Cambridge University Press.

Kahneman, D., P. Slovik, and A. Tversky (1982): *Judgement under Uncertainty: Heuristics and Biases.* Cambridge: Cambridge University Press.

Kanger, Stig (1975): "Choice Based on Preference," mimeographed, University of Uppsala.

—— (1976): "Choice and Modality," mimeographed, University of Uppsala. Kelly, J. S. (1978): Arrow Impossibility Theorems. New York: Academic Press.

Kelsey, D. (1985): "Acyclic Choice without the Pareto Principle," *Review of Economic Studies,* 51, 693-699.

Kemp, M. C. (1953-54): "Arrow's General Possibility Theorem," *Review of Economic Studies,* 21, 240-243.

Kemp, M. C., and Y.-K. Ng (1976): "On the Existence of Social Welfare Functions, Social Orderings and Social Decision Functions," *Economica,* 43, 59- 66.

Kirman, A., and D. Sondermann (1972): "Arrow's Theorem, Many Agents, and Invisible Dictators," *Journal of Economic Theory,* 5, 267-277.

Kreps, D. M. (1988): *Notes on the Theory of Choice.* Boulder: Westview Press.

Levi, I. (1980): *The Enterprise of Knowledge.* Cambridge, MA: MIT Press.

—— (1986): *Hard Choices.* Cambridge: Cambridge University Press.

Little, I. M. D. (1949): "A Reformulation of the Theory of Consumer's Behaviour," *Oxford Economic Papers,* 1, 90-99.

—— (1957): *A Critique of Welfare Economics.* Oxford: Clarendon Press, 2nd edition.

Luce, R. D., and H. Raiffa (1957): Games and Decisions. New York: Wiley. Machina, M. (1981): "'Rational' Decision Making vs. 'Rational' Decision Modelling?" *Journal of Mathematical Psychology,* 24, 163-175.

—— (1982): "'Expected Utility' Analysis without the Independence Axiom," *Econometrica,* 50, 277-323.

Majumdar, T. (1969): "Revealed Preference and the Demand Theorem in a NotNecessarily Competitive Market," *Quarterly Journal of Economics,* 83, 167- 170.

Mansbridge, J., Ed. (1990): *Beyond Self-Interest.* Chicago: Chicago University Press.

Mas-Colell, A., and H. F. Sonnenschein (1972): "General Possibility Theorem for Group Decisions," *Review of Economic Studies,* 39, 185-192.

Maskin, E. (1978): "A Theorem on Utilitarianism," *Review of Economic Studies,* 45, 93-96.

—— (1979): "Decision-Making under Ignorance with Implications for Social Choice," *Theory and Decision,* 11, 319-337.

Matsumoto, Y. (1985): "Non-binary Social Choice: Revealed Preference Interpretation," *Economica,* 52, 185-194.

McClennen, E. F. (1983): "Sure-Thing Doubts," in Stigum and Wenstop (1983).

—— (1990): *Rationality and Dynamic Choice.* Cambridge: Cambridge University Press.

McKenzie, L. (1959): "On the Existence of General Equilibrium for a Competitive Market," *Econometrica,* 27, 54-71.

Meeks, G., Ed. (1991): *Thoughtful Economic Man.* Cambridge: Cambridge University Press.

Moulin, H. (1983): *The Strategy of Social Choice.* Amsterdam: North-Holland.

Myerson, R. B. (1983): "Utilitarianism, Egalitarianism, and the Timing Effect in Social Choice Problems," *Econometrica,* 49, 883-897.

Nash, J. F. (1950): "The Bargaining Problem," *Econometrica,* 18, 155-162. Nozick, R. (1974): Anarchy, State and Utopia. Oxford: Blackwell.

O'Neill, O. (1985): "Consistency in Action," in *Morality and Universality,* ed. by N. Potter and M. Timmons. Dordrecht: Reidel.

Pattanaik, P. K. (1978): *Strategy and Group Choice.* Amsterdam: North-Holland.

Pattanaik, P. K., and M. Salles, Eds. (1983): *Social Choice and Welfare*. Amsterdam: North-Holland.

Peleg, B. (1984): *Game Theoretic Analysis of Voting in Committees*. Cambridge: Cambridge University Press.

Plott, C. R. (1973): "Path Independence, Rationality and Social Choice," *Econometrica*, 41, 1075-1091.

——— (1976): "Axiomatic Social Choice Theory: An Overview and Interpretation," *American Journal of Political Science*, 20, 511-596.

Radner, R., and B. McGuire, Eds. (1972): *Decisions and Organizations*. Amsterdam: North- Holland.

Radner, R., and J. Marschak (1954): "Note on Some Proposed Decision Criteria," in Thrall, Coombs, and Davis (1954).

Ray, P. (1973): "Independence of Irrelevant Alternatives," *Econometrica*, 41, 987- 991.

Richter, M. K. (1966): "Revealed Preference Theory," *Econometrica*, 34, 987- 991.

——— (1971): "Rational Choice," in Chipman, Hurwicz, Richter, and Sonnenschein (1971).

Riley, J. (1989): "Rights to Liberty in Purely-Private Matters: Part I," *Economics and Philosophy*, 5, 121-166.

——— (1990): "Rights to Liberty in Purely Private Matters: Part II," *Economics and Philosophy*, 6, 27-64.

Roberts, K. W. S. (1980a): "Possibility Theorems with Interpersonally Comparable Welfare Levels," *Review of Economic Studies*, 47, 409-420.

——— (1980b): "Interpersonal Comparability and Social Choice Theory," *Review of Economic Studies*, 47, 421-439.

Salles, M. (1975): "A General Possibility Theorem for Group Decision Rules with Pareto-transitivity," *Journal of Economic Theory*, 11, 110-118.

Samuelson, P. A. (1938): "A Note on the Pure Theory of Consumers' Behaviour," *Economica*, 5, 61-71.

——— (1947): *Foundations of Economic Analysis*. Cambridge, MA: Harvard University Press.

Schelling. T. C. (1960): *The Strategy of Conflict*. Cambridge, MA: Harvard University Press.

——— (1984): *Choice and Consequence*. Cambridge, MA: Harvard University Press.

Schwartz, T. (1970): On the Possibility of Rational Policy Evaluation," *Theory and Decision*, 1, 89-106.

——— (1972): "Rationality and the Myth of the Maximum," *Nous*, 6, 97-117.

——— (1986): *The Logic of Collective Choice*. New York: Columbia University Press.

Scitovsky, T. (1976): *The Joyless Economy*. New York: Oxford University Press.

——— (1986): *Human Desire and Economic Satisfaction*. Brighton: Wheatsheaf Books.

Seabright, P. (1989): "Social Choice and Social Theories," *Philosophy and Public Affairs*, 18, 365-387.

Seidenfeld, T. (1988): "Decision Theory without 'Independence' or without 'Ordering': What Is the Difference?" *Economics and Philosophy*, 4, 267-290.

Sen, A. K. (1969): "Quasi-transitivity, Rational Choice and Collective Decisions," *Review of Economic Studies*, 36, 381-393.

——— (1970): *Collective Choice and Social Welfare*. San Francisco: Holden-Day; republished, Amsterdam: North-Holland, 1979.

——— (1971): "Choice Functions and Revealed Preference," *Review of Economic Studies*, 38, 307-317; reprinted in Sen (1982).

——— (1973): "Behaviour and the Concept of Preference," *Economica*, 40, 241- 259; reprinted in Sen (1982) and Elster (1986).

——— (1976a): "Liberty, Unanimity and Rights," *Economica*, 43, 217-245.

——— (1976b): "Real National Income," *Review of Economic Studies*, 43, 19-39.

——— (1977a): "Social Choice Theory: A Re-examination," *Econometrica*, 45, 53-89.

——— (1977b): "On Weights and Measures: Informational Constraints in Social Welfare Analysis," *Econometrica*, 45, 1539-1572.

——— (1979): "Social Choice Theory," mimeographed; later published as Sen (1986a).

—— (1982): *Choice, Welfare and Measurement*. Cambridge, MA: MIT Press, and Oxford: Blackwell.

—— (1983): "Liberty and Social Choice," *Journal of Philosophy*, 80, 5-28.

—— (1984): "Consistency," mimeographed hand-out distributed at the Presidential Address to the Econometric Society in Stanford, Bogota, and Madrid.

—— (1985): "Rationality and Uncertainty," *Theory and Decision*, 18, 109-127.

—— (1986a): "Social Choice Theory," in *Handbook of Mathematical Economics*, Vol. III, ed. by K. J. Arrow and M. Intriligator. Amsterdam: North-Holland; revised version of Sen (1979).

—— (1986b): "Information and Invariance in Normative Choice," in Heller, Starr, and Starrett (1986).

—— (1988): "Freedom of Choice: Concept and Content," *European Economic Review*, 32, 269-294.

—— (1990): "Is the Idea of Purely Internal Consistency of Choice Bizarre?" forthcoming in a festschrift for Bernard Williams, *Language, World and Reality*, edited by J. E. J. Altham and T. R. Harrison. Cambridge: Cambridge University Press.

—— (1992): "Minimal Liberty," *Economica*, 59, 139-160.

Shafir, E., and A. Tversky (1991): "Thinking through Uncertainty: Nonconsequential Reasoning and Choice," mimeographed, forthcoming in *Cognitive Psychology*.

Simon, H. (1957): *Models of Man*. New York: Wiley.

—— (1979): *Models of Thought*. New Haven: Yale University Press.

—— (1983): *Reason in Human Affairs*. Stanford: Stanford University Press.

Slote, M. (1989): *Beyond Optimizing*. Cambridge, MA: Harvard University Press.

Steedman, I., and U. Krause (1986): "Goethe's Faust, Arrow's Possibility Theorem, and the Individual Decision Taker," in *Multiple Self*, ed. by J. Elster. Cambridge: Cambridge University Press, 1986.

Stigum, B. P., and F. Wenstop, Eds. (1983): *Foundations of Utility and Risk Theory with Applications*. Dordrecht: Reidel.

Sugden, R. (1985a): "Liberty, Preference and Choice," *Economics and Philosophy*, 1, 213-229.

—— (1985b): "Why Be Consistent? A Critical Analysis of Consistency Requirements in Choice Theory," *Economica*, 52, 167-184.

Suzumura, K. (1976): "Remarks on the Theory of Collective Choice," *Economica*, 43, 381-390.

—— (1983): *Rational Choice, Collective Decisions, and Social Welfare*. Cambridge: Cambridge University Press.

—— (1991): "Alternative Approaches to Libertarian Rights," in Arrow (1991).

Thaler, R. H. (1991): *Quasi Rational Economics*. New York: Russell Sage Foundation.

Thaler, R. H., and H. M. Shefrin (1981): "An Economic Theory of Self-Control," *Journal of Political Economy*, 89, 392-406.

Thrall, R. M., D. H. Coombs, and R. L. Davis, Eds. (1954): *Decision Processes*. New York: Wiley.

Ullmann-Margalit, E., and S. Morgenbesser (1977): "Picking and Choosing," *Social Research*, 44, 757-785.

Uzawa, H. (1957): "A Note on Preference and Axioms of Choice," *Annals of the Institute of Statistical Mathematics*, 8, 35-40.

Wilson, R. B. (1972): "Social Choice Theory without the Pareto Principle," *Journal of Economic Theory*, 5, 478-486.

Wriglesworth, J. (1985): *Libertarian Conflicts in Social Choice*. Cambridge: Cambridge University Press.

 4장

Abbott, Thomas Kingmill (1889): *Kant's Critique of Practical Reason and Other Works on the Theory of Ethics*. London: Longmans.

Aizerman, Mark A., and Fuad T. Aleskerov (1995): *Theory of Choice*. Amsterdam: North-Holland.

Aizerman, Mark A., and A. V. Malishevski (1981): "General Theory of Best Variants Choice: Some Aspects," *IEEE Trans Automatic Control*, AC-26, 1030- 1040.

Akerlof, George, and Janet Yellen (1985): "Can Small Deviations from Rationality Make Significant Differences to Economic Equilibria?" *American Economic Review*, 75, 708-720.

Anand, Paul (1993): *Foundations of Rational Choice under Risk*. Oxford: Clarendon Press.

Anderson, Elizabeth (1993): *Value in Ethics and Economics*. Cambridge, MA: Harvard University Press.

Aoki, Masahiko (1989): *Information, Incentive and Bargaining in the Japanese Economy*. Cambridge: Cambridge University Press.

Arrow, Kenneth J. (1951): *Social Choice and Individual Values*. New York: Wiley.

———— (1959): "Rational Choice Functions and Orderings," *Economica*, 26, 121- 127.

———— (1995): "A Note on Freedom and Flexibility," in Basu, Pattanaik, and Suzumura (1995).

Arrow, Kenneth J., and Frank H. Hahn (1971): *General Competitive Analysis*. San Francisco: Holden-Day; republished, Amsterdam: North-Holland, 1979.

Axelrod, Robert (1984): *The Evolution of Cooperation*. New York: Basic Books.

Baigent, Nick (1994): "Norms, Choice and Preferences," Mimeographed, Institute of Public Economics, University of Graz, Research Memorandum 9306.

———— (1995): "Behind the Veil of Preference," *Japanese Economic Review*, 46, 88- 101.

Baigent, Nick, and Wulf Gaertner (1996): "Never Choose the Uniquely Largest: A Characterization," *Economic Theory*, 8, 239-249.

Banerjee, Abhijit (1992): "A Simple Model of Herd Behavior," *Quarterly Journal of Economics*, 107, 797-817.

Banerjee, Asis, and Prasanta Pattanaik (1995): "A Note on a Property of Maximal Sets and Choice in the Absence of Universal Comparability," Mimeographed, University of California. Riverside.

Basu, Kaushik (1980): *Revealed Preference of Government*. Cambridge: Cambridge University Press.

———— (1983): "Cardinal Utility, Utilitarianism and a Class of Invariance Axioms in Welfare Analysis," *Journal of Mathematical Economics*, 12, 193-206.

Basu, Kaushik, Prasanta Pattanaik, and Kotaro Suzumura, Eds. (1995): *Choice, Welfare and Development*. Oxford: Clarendon Press.

Becker, Gary (1976): *The Economic Approach to Human Behaviour*. Chicago: University of Chicago Press.

Binmore, Ken (1994): *Playing Fair*. Cambridge, MA: MIT Press.

Bjerkholt, Loav (1994): "Ragnar Frisch: The Originator of Econometrics," Mimeographed.

Blackorby, Charles (1975): "Degrees of Cardinality and Aggregate Partial Orderings," *Econometrica*, 43, 845-852.

Blair, Douglas, and Robert Pollak (1982): "Acyclic Collective Choice Rules," *Econometrica*, 50, 931-944.

Blair, Douglas, Georges Bordes, Jerry S. Kelly, and Kotaro Suzumura (1976): "Impossibility Theorems without Collective Rationality," *Journal of Economic Theory*, 13, 361-379.

Blau, Julian H., and Donald J. Brown (1989): "The Structure of Neutral Monotonic Social Functions," *Social Choice and Welfare*, 6, 51-61.

Blau, Julian H., and Rajat Deb (1977): "Social Decision Functions and Veto," *Econometrica*, 45, 871-879.

Bourbaki, N. (1939): *Élements de Mathématique*. Paris: Hermann.

———— (1968): *Theory of Sets, English translation*. Reading, MA: Addison-Wesley.

Brown, Donald J. (1974): "An Approximate Solution to Arrow's Problem," *Journal of Economic Theory*, 9, 375-383.

Buchanan, James M. (1954): "Social Choice, Democracy and Free Markets," *Journal of Political Economy*, 62, 114-123.

Camera Dei Deputati, Roma (1993): *Economica e Criminalità*, the report of the Italian Parliament's Anti-

Mafia Commission, chaired by Luciano Violante. Roma: Camera dei deputati.

Chipman, John S., Leonid Hurwicz, M. K. Richter, and Hugo S. Sonnenschein (1971): *Preference, Utility and Demand*. New York: Harcourt.

Cohen, G. A. (1990): "Equality of What? On Welfare, Goods and Capabilities," *Recherches Economiques de Louvian*, 56, 357-382.

Deb, Rajat (1983): "Binariness and Rational Choice," *Mathematical Social Sciences*, 5, 97-106.

Debreu, Gerard (1959): *The Theory of Value*. New York: Wiley.

Dore, Ronald (1987): *Taking Japan Seriously: A Confucian Perspective on Leading Economic Issues*. Stanford: Stanford University Press.

Elster, Jon, Ed. (1986): *Rational Choice*. Oxford: Blackwell.

Fine, Ben J. (1975): "A Note on 'Interpersonal Comparison and Partial Comparability,'" *Econometrica*, 43, 173-174.

Fishburn, Peter C. (1973): *The Theory of Social Choice*. Princeton: Princeton University Press.

Foster, James (1993): "Notes on Effective Freedom," mimeographed.

Frank, Robert (1988): *Passions within Reason*. New York: Norton.

Frey, Bruno (1992): "Tertium Datur: Pricing, Regulating and Intrinsic Motivation," *Kyklos*, 45, 161-184.

Frisch, Ragnar (1971a): "Cooperation between Politicians and Econometricians on the Formalization of Political Preferences," The Federation of Swedish Industries; reprinted in *Economic Planning Studies*, by Ragnar Frisch. Dordrecht: Reidel.

―― (1971b): "Sommerbeid Mellom Politikere og Okonometrikere on Formuleringen av Politiske Preferenser," *Socialokonomen*, 25, 3-11.

Fudenberg, Drew, and Eric Maskin (1986): "The Folk Theorem in Repeated Games with Discounting or with Incomplete Information," *Econometrica*, 54, 533-554.

―― (1990): "Nash and Perfect Equilibria of Discounted Repeated Games," *Journal of Economic Theory*, 51, 194-206.

Fudenberg, Drew, and Jean Tirole (1992): *Game Theory*. Cambridge, MA: MIT Press.

Gaertner, Wulf, and Yongsheng Xu (1995): "On Rationalizability of Choice Functions: A Characterization of the Median," mimeographed, Harvard University.

Gaertner, Wulf, Prasanta Pattanaik, and Kotaro Suzumura (1992): "Individual Rights Revisited," *Economica*, 59, 161-178.

Gärdenfors, Peter (1981): "Rights, Games and Social Choice," *Nous*, 15, 341- 356.

Hahn, Frank, and Martin Hollis, Eds. (1979): *Philosophy and Economic Theory*. Oxford: Oxford University Press.

Hammond, Peter J. (1985): "Welfare Economics," in *Issues in Contemporary Microeconomics and Welfare*, ed. by G. Feiwel. Albany, NY: SUNY Press, 405- 434.

―― (1986): "Consequentialist Social Norms for Public Decisions," in Social Choice and Public Decision-Making, Vol. 1, *Essays in Honor of Kenneth J. Arrow*, ed. by Walter P. Heller, Ross M. Starr, and David A. Starrett. Cambridge: Cambridge University Press, 3-27.

Hansson, Bengt (1968a): "Fundamental Axioms for Preference Relations," *Synthese*, 18, 423-442.

―― (1968b): "Choice Structures and Preference Relations," *Synthese*, 18, 443- 458.

Harsanyi, John C. (1976): *Essays on Ethics, Social Behavior, and Scientific Explanation*. Dordrecht: Reidel.

Heap, Shaun Hargreaves, Martin Hollis, Bruce Lyons, Robert Sugden, and Albert Weale (1992): *The Theory of Choice: A Critical Guide*. Oxford: Blackwell.

Herman, Barbara (1990): *Morality as Rationality: A Study of Kant's Ethics*. New York: Garland Publishing.

Herzberger, Hans G. (1973): "Ordinal Preference and Rational Choice," *Econometrica*, 41, 187-237.

Hicks, John R. (1939): Value and Capital. Oxford: Clarendon Press. Houthakker, H. S. (1950): "Revealed Preference and Utility Function," *Economica*, 17, 159-174.

Ikegami, Eiko (1995): *The Taming of the Samurai: Honorific Individualism and the Making of Modern Japan*. Cambridge, MA: Harvard University Press.

Johansen, Leif (1977): "The Theory of Public Goods: Misplaced Emphasis," *Journal of Public Economics*, 7, 147-152.

Kahneman, Daniel, and Amos Tversky (1984): "Choices, Values and Frames," *American Psychologist*, 39, 341-350.

Kanger, Stig (1975): "Choice Based on Preference," Mimeographed, University of Uppsala.

Kant, Immanuel (1788): *Critique of Practical Reason*, translated by L. W. Beck. New York: Bobbs-Merrill, 1956.

Kelsey, David (1984): "Acyclic Choice without the Pareto Principle," *Review of Economic Studies*, 51, 693-699.

Kolm, Serge (1994): "Rational Normative Economics vs. 'Social Welfare' and Social Choice," *European Economic Review*, 38, 721-730.

Koopmans, Tjalling C. (1964): "On Flexibility of Future Preference," in *Human Judgments and Optimality*, ed. by M. W. Shelley and G. L. Bryans. New York: Wiley.

Kreps, David (1979); "A Representation Theorem for 'Preference for Flexibility'," *Econometrica*, 47, 565-578.

——— (1988): *Notes on the Theory of Choice*. Boulder: Westview Press.

Kreps, David, and Robert Wilson (1982): "Reputation and Imperfect Information," *Journal of Economic Theory*, 27, 253-279.

Kreps, David, Paul Milgrom, John Roberts, and Robert Wilson (1982): "Rational Cooperation in Finitely Repeated Prisoner's Dilemma," *Journal of Economic Theory*, 27, 245-252.

Laden, Anthony (1991): "Games, Fairness, and Rawls's 'A Theory of Justice'," *Philosophy and Public Affairs*, 20, 189-222.

Levi, Isaac (1980): *The Enterprise of Knowledge*. Cambridge, MA: MIT Press.

——— (1986): *Hard Choices: Decision Making under Unresolved Conflict*. Cambridge: Cambridge University Press.

Lewin, Shira (1996): "Economics and Psychology: Lessons for Our Own Day from the Early Twentieth Century," *Journal of Economic Literature*, 34, 1293-1322.

Luce, B. Duncan, and Howard Raiffa (1957): *Games and Decisions*. New York: Wiley.

Machina, Mark (1981): "'Rational' Decision Making vs. 'Rational' Decision Modelling," *Journal of Mathematical Psychology*, 24, 163-175.

Mansbridge, Jane J., Ed. (1990): *Beyond Self-interest*. Chicago: University of Chicago Press.

Morishima, Michio (1982): *Why Has Japan 'Succeeded'?: Western Technology and Japanese Ethos*. Cambridge: Cambridge University Press.

——— (1995): "Foreword: Yasuma Takata (1883-1971)," in *Power Theory of Economics*, by Yasuma Takata, translated by Douglas W. Anthony. London: St. Martin's Press.

Moulin, Hervé (1985): "Choice Functions over a Finite Set: A Summary," *Social Choice and Welfare*, 2, 147-160.

——— (1995): *Cooperative Microeconomics*. Princeton: Princeton University Press. Nagel, Thomas (1970): The Possibility of Altruism. Oxford: Clarendon Press.

Nozick, Robert (1974): *Anarchy, State and Utopia*. New York: Basic Books.

Nussbaum, Martha, and Amartya Sen, Eds. (1993): *The Quality of Life*. Oxford: Clarendon Press.

Parks, Robert P. (1976): "Further Results of Path Independence, Quasi-transitivity and Social Choice," *Public Choice*, 26, 75-87.

Pattanaik, Prasanta K. (1971): *Voting and Collective Choice*. Cambridge: Cambridge University Press.

Pattanaik, Prasanta K., and Maurice Salles, Eds. (1983): *Social Choice and Welfare*. Amsterdam:

North-Holland.

Pattanaik, Prasanta K., and Yongsheng Xu (1990): "On Ranking Opportunity Sets in Terms of Freedom of Choice," *Recherches Economiques de Louvian*, 56, 383- 390.

Plott, Charles R. (1973): "Path Independence, Rationality and Social Choice," *Econometrica*, 41, 1075-1091.

Puppe, Clemens (1996): "An Axiomatic Approach to 'Preference for Freedom of Choice." *Journal of Economic Theory*, 68, 174-199.

Putnam, Hilary (1996): "U¨ ber die Rationalität von Präferenzen." *Allgemeine Zeitschrift für Philosophie*, 21, 204-228.

Rawls, John (1971): *A Theory of Justice*. Cambridge, MA: Harvard University Press.

Roemer, John (1982): *A General Theory of Exploitation and Class*. Cambridge, MA: Harvard University Press.

——— (1996): *Theories of Distributive Justice*. Cambridge, MA: Harvard University Press.

Sacco, Pier Luigi, and Stefano Zamagni (1993): "An Evolutionary Dynamic Approach to Altruism," Mimeographed, University of Florence and University of Bologna.

Samuelson, Paul A. (1938): "A Note on the Pure Theory of Consumers' Behaviour," *Economica*, 5, 61-71.

——— (1947): *Foundations of Economic Analysis*. Cambridge, MA: Harvard University Press.

Scanlon, Thomas M. (1982): "Contractualism and Utilitarianism," in *Utilitarianism and Beyond*, ed. by Amartya Sen and Bernard Williams. Cambridge: Cambridge University Press.

Schokkaert, Erik, and Luc van Ootegem (1990): "Sen's Concept of the Living Standard Applied to the Belgian Unemployed," *Recherches Economiques de Louvian*, 56, 429-450.

Schwartz, Thomas (1986): *The Logic of Collective Choice*. New York: Columbia University Press.

Scitovsky, Tibor (1986): *Human Desire and Economic Satisfaction*. Brighton: Wheatsheaf Books.

Sen, Amartya K. (1969): "Quasi-transitivity, Rational Choice and Collective Decisions," *Review of Economic Studies*, 36, 381-393.

——— (1970a): *Collective Choice and Social Welfare*. San Francisco: Holden-Day; republished, Amsterdam: North-Holland, 1979.

——— (1970b): "Interpersonal Comparison and Partial Comparability," *Econometrica*, 38, 393-409, and "A Correction," Econometrica, 40, 959; reprinted in Sen (1982a).

——— (1971): "Choice Functions and Revealed Preference," *Review of Economic Studies*, 38, 307-317; reprinted in Sen (1982a).

——— (1973a): *On Economic Inequality*. Oxford: Clarendon Press; enlarged edition, 1996.

——— (1973b): "Behaviour and the Concept of Preference," *Economica*, 40, 241- 259; reprinted in Sen (1982a).

——— (1977a): "Social Choice Theory: A Re-examination," *Econometrica*, 45, 53-89; reprinted in Sen (1982a).

——— (1977b): "Rational Fools: A Critique of the Behavioural Foundations of Economic Theory," *Philosophy and Public Affairs*, 6, 317-344; reprinted in Sen (1982a).

——— (1982a): *Choice, Welfare and Measurement*. Oxford: Blackwell; Cambridge, MA: MIT Press.

——— (1982b): "Rights and Agency," *Philosophy and Public Affairs*, 11, 113- 132.

——— (1983): "Liberty and Social Choice," *Journal of Philosophy*, 80, 5-28.

——— (1985a): *Commodities and Capabilities*. Amsterdam: North-Holland.

——— (1985b): "Rationality and Uncertainty," *Theory and Decision*, 18, 109-127.

——— (1986): "Social Choice Theory," in *Handbook of Mathematical Economics*, Vol. III, ed. by Kenneth J. Arrow and Michael D. Intriligator. Amsterdam: North-Holland.

——— (1987): *On Ethics and Economics*. Oxford: Blackwell.

——— (1991): "Welfare, Preference and Freedom," *Journal of Econometrics*, 50, 15-29.

—— (1992a): *Inequality Reexamined*. Oxford: Clarendon Press; Cambridge, MA: Harvard University Press.

—— (1992b): "Minimal Liberty," *Economica*, 59, 139-159.

—— (1993): "Internal Consistency of Choice," *Econometrica*, 61, 495-521.

—— (1995a): "Rationality and Social Choice," *American Economic Review*, 85, 1-24.

—— (1995b): "Environmental Evaluation and Social Choice: Contingent Valuation and the Market Analogy," *Japanese Economic Review*, 46, 23-36.

—— (1996): "Justice and Assertive Incompleteness," Mimeographed, Harvard University.

Simon, Herbert A. (1957): *Models of Man*. New York: Wiley.

—— (1982): *Models of Bounded Rationality*, Vols. 1 and 2. Cambridge, MA: MIT Press.

Smith, Adam (1776): *An Inquiry into the Nature and Causes of the Wealth of Nations;* republished, ed. by R. H. Campbell and A. S. Skinner. Oxford: Clarendon Press, 1976.

—— (1790): *The Theory of Moral Sentiments;* republished, ed. by D. D. Raphael and A. L. Macfie. Oxford: Clarendon Press, 1975.

Steiner, Hillel (1990): "Putting Rights in Their Place," *Recherches Economiques de Louvian*. 56, 391-408.

Stigler, George J. (1981): "Economics or Ethics?," in *Tanner Lectures on Human Values*, Vol. II, ed. by S. McMurrin. Salt Lake City: University of Utah Press.

Sugden, Robert (1981): *The Political Economy of Public Choice*. Oxford: Martin Robertson.

—— (1985): "Why Be Consistent? A Critical Analysis of Consistency Requirements in Choice Theory," *Economica*, 52, 167-183.

—— (1986): *The Economics of Rights, Co-operation and Welfare*. Oxford: Blackwell.

—— (1993): "Welfare, Resources, and Capabilities: A Review of Inequality Reexamined by Amartya Sen," *Journal of Economic Literature*, 31, 1947-1962.

Suppes, Patrick (1987): "Maximizing Freedom of Decision: An Axiomatic Approach," in *Arrow and the Foundations of Economic Policy*, ed. by G. Feiwel. New York: New York University Press. 243-254.

Suzumura, Kotaro (1976): "Rational Choice and Revealed Preference," *Review of Economic Studies*, 43, 149-158.

—— (1983): *Rational Choice, Collective Decisions and Social Welfare*. Cambridge: Cambridge University Press.

—— (1995): *Competition, Commitment and Welfare*. Oxford: Clarendon Press.

Szpilrajn, E. (1930): "Sur l'Extension de l'Ordre Partiel," *Fundamenta Mathematicae*, 16, 1251-1256.

van Hees, Martin (1994): *Rights, Liberalism and Social Choice*. The Hague: CIPGegevens Koninklijke Bibliotheek.

Van Parijs, Philippe (1995): *Real Freedom for All*. Oxford: Clarendon Press.

Walsh, Vivian (1996): *Rationality, Allocation and Reproduction*. Oxford: Clarendon Press.

Weymark, John A. (1984): "Arrow's Theorem with Social Quasi-orderings," *Public Choice*, 42, 235-246.

Williams, Bernard (1973): "A Critique of Utilitarianism," in *Utilitarianism: For and Against*, edited by J. J. C. Smart and B. A. O. Williams. Cambridge: Cambridge University Press.

Weibull, Jö rgen (1995): Evolutionary Game Theory. Cambridge, MA: MIT Press.

Zamagni, Stefano (1993): "Amartya Sen on Social Choice, Utilitarianism and Liberty," *Italian Economic Papers*, Volume II. Bologna: II Mulino; Oxford: Oxford University Press, 207-236.

—— Ed. (1995): *The Economics of Altruism*. Aldershot: Elgar.

5장

Akerlof, George. 1983. "Loyalty Filters," 73 *American Economic Review* 54-63.

————, and Dickens, William T. 1982. "The Economic Consequences of Cognitive Dissonance," 72 *American Economic Review* 307-19.

Arrow, Kenneth J. 1959. "Rational Choice Functions and Orderings," 26 *Economica* 121-7.

————, and Hahn, Frank H. 1971. *General Competitive Analysis*. San Francisco: Holden-Day.

Axelrod, Robert. 1981. "The Emergence of Cooperation among Egoists," 75 *American Political Science Review* 306-18.

————. 1984. *The Evolution of Cooperation*. New York: Academic Press.

Baier, Kurt. 1977. "Rationality and Morality," 11 *Erkenntnis* 197-223.

Basu, Kaushik. 1977. "Information and Strategy in Iterated Prisoners' Dilemma," 8 *Theory and Decision* 293-98.

————. 1979. *Revealed Preference of the Government*. Cambridge: Cambridge University Press.

Beteille, André. 1984. "Individualism and the Persistence of Collective Identities." Mimeo, Delhi School of Economics.

Binmore, Ken. 1984. *Game Theory*. Mimeo.

Broome, John. 1978. "Choice and Value in Economics," 30 *Oxford Economic Papers* 313-33.

Coase, Ronald H. 1937. "The Nature of the Firm," 4 *Economica* 386-405.

Collard, David. 1978. *Altruism and Economy*. Oxford: Martin Robertson.

Das, Veena, and Nicholas, Ralph. 1981. " 'Welfare' and 'Well-being' in South Asian Societies." Mimeo, ACLS-SSRC Joint Committee on South Asia, SSRC, New York.

Deaton, Angus, and John Muellbauer. 1980. *Economics and Consumer Behaviour*. Cambridge: Cambridge University Press.

Debreu, Gerard, 1959. *Theory of Value*. New York: Wiley.

Dore, Ronald. 1983. "Goodwill and the Spirit of Market Capitalism," 34 *British Journal of Sociology* 459-82.

Elster, Jon. 1979. *Ulysses and the Sirens*. Cambridge: Cambridge University Press.

Friedman, Milton. 1953. *Essays in Positive Economics*. Chicago: University of Chicago Press.

Green, Edward J. 1981. "On the Role of Fundamental Theory in Economics," in Pitt (1981).

Hahn, Frank H., and Martin Hollis, eds. 1979. *Philosophy and Economic Theory*. Oxford: Oxford University Press.

Hammond, Peter J. 1982. "Consequentialism and Rationality in Dynamic Choice under Uncertainty." Technical report no. 387, Institute for Mathematical Studies in the Social Sciences, Stanford University.

Harsanyi, John C. 1977. *Rational Behaviour and Bargaining Equilibrium in Games and Social Situations*. Cambridge: Cambridge University Press.

Hausman, Daniel M. 1981. "Are General Equilibrium Theories Explanatory?" in Pitt (1981).

Helm, Dieter. 1984. "Predictions and Causes: A Comparison of Friedman and Hicks on Method," 36 *Oxford Economic Papers* 118-34.

Herzberger, Hans G. 1973. "Ordinal Preference and Rational Choice," 41 *Econometrica* 187-237.

————. 1978. "Coordination Theory," in C. A. Hooker, J. J. Leach, and E. F. McClennen, eds., *Foundations and Applications of Decision Theory*. Boston: Reidel.

Hicks, John R. 1983. "A Discipline Not a Science," in his *Classics and Moderns*. Oxford: Blackwell.

Hirsch, Fred. 1977. *Social Limits to Growth*. London: Routledge.

Hirschman, Albert O. 1970. *Exit, Voice and Loyalty*. Cambridge: Harvard University Press.

———. 1982. *Shifting Involvements: Private and Public Action*. Princeton: Princeton University Press.

Hollis, Martin, and Nell, E. J. 1975. *Rational Economic Man*. Cambridge: Cambridge University Press.

Kornai, Janos. 1971. *Anti-Equilibrium*. Amsterdam: North-Holland.

Körner, Stephan. 1971. *Experience and Conduct*. Cambridge: Cambridge University Press.

Kreps, David M., Paul Milgrom, John Roberts, and Robert Wilson. 1982. "Rational Cooperation in the Finitely Repeated Prisoner's Dilemma," 27 *Journal of Economic Theory* 245-52.

Lave, L. B. 1962. "An Empirical Approach to the Prisoners' Dilemma Game," 76 *Quarterly Journal of Economics* 424-36.

Leibenstein, Harvey. 1976. *Beyond Economic Man: A New Foundation for Microeconomics*. Cambridge: Harvard University Press.

Levi, Isaac. 1980. *The Enterprise of Knowledge*. Cambridge: MIT Press.

———. 1982. "Liberty and Welfare," in A. Sen and B. Williams, eds., *Utilitarianism and Beyond*. Cambridge: Cambridge University Press.

Luce, Duncan R., and Howard Raiffa. 1957. *Games and Decisions*. New York: Wiley.

Lukes, Steven. 1973. *Individualism*. Oxford: Blackwell.

Marglin, Stephen A. 1963. "The Social Rate of Discount and the Optimal Rate of Investment," 77 *Quarterly Journal of Economics* 95-111.

Margolis, Howard. 1982. *Selfishness, Altruism and Rationality*. Cambridge: Cambridge University Press.

Marx, Karl. [1857-58] 1971. *Grundrisse in Marx's Grundrisse*, trans. D. McLellan. London: Macmillan.

Matthews, Robin C. O. 1984. "Darwinism and Economic Change," 36 *Oxford Economic Papers* 91-117.

McPherson, Michael. 1984. "Economics: On Hirschman, Schelling, and Sen," 51 *Partisan Review* 236-47.

Morishima, Michio. 1982. *Why Has Japan 'Succeeded'? Western Technology and Japanese Ethos*. Cambridge: Cambridge University Press.

Nagel, Thomas. 1970. *The Possibility of Altruism*. Oxford: Clarendon Press.

Nelson, Richard R., and Sidney G. Winter. 1982. *An Evolutionary Theory of Economic Change*. Cambridge: Harvard University Press.

Olson, Mancur. 1965. *The Logic of Collective Action*. Cambridge: Harvard University Press.

Parfit, Derek. 1981. "Prudence, Morality and the Prisoner's Dilemma," *Proceedings of the British Academy for 1979*. London: Oxford University Press.

———. 1984. *Reasons and Persons*. Oxford: Clarendon Press.

Pitt, Joseph, C., ed. 1981. *Philosophy and Economics*. Boston: Reidel.

Putterman, Louis, and Di Giorgio, Marie. 1985. "Choice and Efficiency in a Model of Democratic Semi-collective Agriculture," 37 *Oxford Economic Papers* 1-21.

Radner, Roy. 1980. "Collusive Behaviour in Non-cooperative Epsilon-Equilibria of Oligopolies with Long but Finite Lives," 22 *Journal of Economic Theory* 136-54.

Rapoport, A., and A. M. Chammah. 1965. *Prisoner's Dilemma: A Study in Conflict and Cooperation*. Ann Arbor: University of Michigan Press.

Regan, Donald H. 1980. *Utilitarianism and Cooperation*. Oxford: Clarendon Press.

Rescher, Nicholas. 1975. *Unselfishness*. Pittsburgh: University of Pittsburgh Press.

Rosenberg, Alexander. 1981. "A Skeptical History of Microeconomic Theory," in Pitt (1981).

Schelling, Thomas C. 1960. *The Strategy of Conflict*. Cambridge: Harvard University Press.

———. 1984. "Self-Command in Practice, in Policy, and in a Theory of Rational Choice," 74 *American Economic Review, Papers and Proceedings* 1-11.

Scitovsky, Tibor. 1976. The Joyless Economy. London: Oxford University Press. Sen, Amartya K. 1961. "On Optimizing the Rate of Saving," 71 *Economic Journal* 479-96.

———. 1966. "Labour Allocation in a Cooperative Enterprise," 33 *Review of Economic Studies* 361-71; reprinted in Sen (1984a).

―――. 1967. "Isolation, Assurance and the Social Rate of Discount," 81 *Quarterly Journal of Economics* 112-24; reprinted in Sen (1984a).

―――. 1971. "Choice Functions and Revealed Preference," 38 *Review of Economic Studies* 307-17; reprinted in Sen (1982a).

―――. 1973. "Behaviour and the Concept of Preference," 40 *Economica* 241-59; reprinted in Sen (1982a).

―――. 1974. "Choice, Orderings and Morality," in S. Körner, ed., *Practical Reason*. Oxford: Blackwell; reprinted in Sen (1982a).

―――. 1977. "Rational Fools: A Critique of the Behavioural Foundations of Economic Theory," 6 *Philosophy and Public Affairs* 317-44; reprinted in Sen (1982a).

―――. 1980. "Description as Choice," 32 *Oxford Economic Papers* 353-69; reprinted in Sen (1982a).

―――. 1982a. *Choice, Welfare and Measurement*. Oxford: Blackwell; Cambridge: MIT Press.

―――. 1982b. "Rights and Agency," 11 *Philosophy and Public Affairs* 3-39.

―――. 1983. "The Profit Motive," 147 *Lloyds Bank Review* 1-20; reprinted in Sen (1984a).

―――. 1984a. *Resources, Values and Development*. Oxford: Blackwell; Cambridge: Harvard University Press.

―――. 1984b. "Rationality, Interest and Identity," unpublished paper written for a festschrift for Albert Hirschman.

Simon, Herbert. 1979. *Models of Thought*. New Haven: Yale University Press.

Smale, S. 1980. "The Prisoner's Dilemma and Dynamic Systems Associated to Non-Cooperative Games," 48 *Econometrica* 1617-34.

Smith, Adam. [1776] 1976. *An Inquiry into the Nature and Causes of the Wealth of Nations*, ed. R. H. Campbell and A. S. Skinner. Oxford: Clarendon Press.

―――. [1790]. 1974. *The Theory of Moral Sentiments*, ed. D. D. Raphael and A. L. Macfie. Oxford: Clarendon Press.

Suzumura, Kotaro. 1976. "Rational Choice and Revealed Preference," 43 *Review of Economic Studies* 149-58.

Ulmann-Margalit, Edna. 1977. *The Emergence of Norms*. Oxford: Clarendon Press.

Watkins, John. 1974. "Comment: Self-interest and Morality," in S. Körner, ed., *Practical Reason*. Oxford: Blackwell.

―――. 1984. "Second Thoughts on Self-interest and Morality." Mimeo, London School of Economics.

Weymark, John A. 1978. " 'Unselfishness' and Prisoner's Dilemma," 34 *Philosophical Studies* 417-25.

Williams, B. 1973. "Utilitarianism: A Critique," in J. J. C. Smart and B. Williams, eds., *Utilitarianism: For and Against*. Cambridge: Cambridge University Press.

―――. 1985. *Ethics and the Limits of Philosophy*. London: Fontana; Cambridge: Harvard University Press.

Williamson, Oliver E. 1964. *The Economics of Discretionary Behavior: Managerial Objectives in a Theory of the Firm*. Englewood Cliffs, N.J.: Prentice-Hall.

―――. 1970. *Corporate Control and Business Behavior*. Englewood Cliffs, N.J.: Prentice-Hall.

―――. 1983. "Credible Commitments: Using Hostages to Support Exchange," 73 *American Economic Review* 519-40.

Winston, Gordon C. 1980. "Addiction and Backsliding: A Theory of Compulsive Consumption," 1 *Journal of Economic Behavior and Organization* 295-324.

Winter, S. G. 1964. "Economic 'Natural Selection' and the Theory of the Firm," 4 *Yale Economic Essays* 225-72.

6장

Akerlof, G. (1983). "Loyalty Filters," *American Economic Review*, 73.

Allais, M. (1953). "Le Comportement de l'Homme Rational devant le Risque: Critique de Postulates et Axiomes de l'Ecole Américaine," *Econometrica*, 21.

Allais, M., and Hagen, O., eds, (1979). *Expected Utility Hypotheses and the Allais Paradox: Contemporary Discussions of Decisions under Uncertainty with Allais' Rejoinder* (Dordrecht: Reidel).

Arrow, K. J. (1951a). *Social Choice and Individual Values* (New York: Wiley, 2nd edition, 1963).

Arrow, K. J. (1951b). "An Extension of the Basic Theorems of Welfare Economics," in J. Neyman, ed., *Proceedings of the 2nd Berkeley Symposium of Mathematical Statistics* (Berkeley, Calif.: University of California Press).

Arrow, K. J. (1959). "Rational Choice Functions and Orderings," *Economica*, 26.

Arrow, K. J. (1970). *Essays in the Theory of Risk-Bearing* (Amsterdam: NorthHolland).

Arrow, K. J. (1982). "Risk Perception in Psychology and Economics," *Economic Inquiry*, 20.

Arrow, K. J. (1983). "Behaviour under Uncertainty and Its Implications for Policy," in Stigum and Wenstøp (1983).

Arrow, K. J. and Hahn, F. H. (1971). *General Competitive Analysis* (San Francisco: Holdenday; republished North-Holland, Amsterdam, 1979).

Bell, D. E. (1982). "Regret in Decision Making under Uncertainty," *Operations Research*, 30.

Borch, K., and Mossin, J. (1968). Risk and Uncertainty (London: Macmillan). Broome, J. (1984). "Uncertainty and Fairness," *Economic Journal*, 94.

Campbell, D. E. (1976). "Democratic Preference Functions," *Journal of Economic Theory*, 12.

Chipman, J. S., Hurwicz, L., Richter, M. K., and Sonnenschein, H. F., eds., *Preference Utility and Demand* (New York: Harcourt).

Cohen, L. J. (1982). "Are People Programmed to Commit Fallacies? Further Thoughts about Interpretation of Experimental Data on Probability Judgement," *Journal of the Theory of Social Behaviour*.

Davidson, D., Suppes, P., and Siegel, S. (1957). *Decision Making: An Experimental Approach* (Stanford: Stanford University Press).

Debreu, G. (1959). *A Theory of Value* (New York: Wiley).

Diamond, P. (1967). "Cardinal Welfare, Individualistic Ethics, and Interpersonal Comparisons of Utility: A Comment," *Journal of Political Economy*, 75.

Drèze, J. H. (1974). "Axiomatic Theories of Choice, Cardinal Utility and Subjective Probability: A Review," in J. H. Drèze, ed., *Allocation under Uncertainty: Equilibrium and Optimality* (London: Macmillan).

Edwards, W., and Tversky, A., eds. (1967). *Decision Making* (Harmondsworth: Penguin Books).

Elster, J. (1978). *Logic and Society* (New York: Wiley).

Fishburn, P. C. (1973). *The Theory of Social Choice* (Princeton, N. J.: Princeton University Press).

Fishburn, P. C. (1981). "Subjective Expected Utility: A Review of Normative Theories," *Theory and Decision*, 13.

Gärdenfors, P., and Sahlin, N. -E. (1982). "Unreliable Probabilities, Risk Taking and Decision Making." *Synthese*, 53.

Hammond, P. J. (1976). "Changing Tastes and Coherent Dynamic Choice," *Review of Economic Studies*, 43.

Hammond, P. J. (1982). "Consequentialism and Rationality in Dynamic Choice under Uncertainty." Technical Report 387, Institute for Mathematical Studies in the Social Sciences, Stanford University.

Harsanyi, J. C. (1966). "A General Theory of Rational Behaviour in Game Situations," *Econometrica*, 34.

Harsanyi, J. C. (1977). *Rational Behaviour and Bargaining Equilibrium in Games and Social Situations* (Cambridge: Cambridge University Press).

Herzberger, H. G. (1973). "Ordinal Preference and Rational Choice," *Econometrica*, 41.

Hirschman, A. O. (1982). *Shifting Involvements* (Princeton: Princeton University Press).

Jeffrey, R. C. (1965). *The Logic of Decision* (New York: McGraw-Hill).

Kahneman, D., and Tversky, A. (1979). "Prospect Theory: An Analysis of Decisions under Risk," *Econometrica*, 47.

Kahneman, D., Slovik, P., and Tversky, A. (1982). *Judgment under Uncertainty: Heuristics and Biases* (Cambridge: Cambridge University Press).

Kanger, S. (1976). "Choice Based on Preference," mimeographed, Uppsala University.

Keeney, R. L., and Raiffa, H. (1976). *Decisions with Multiple Objectives: Preferences and Value Tradeoffs* (New York: Wiley).

Levi, I. (1974). "On Indeterminate Probabilities," *Journal of Philosophy*, 71.

Levi, I. (1982). "Ignorance, Probability and Rational Choice," *Synthese*, 53.

Loomes, G., and Sugden, R. (1982). "Regret Theory: An Alternative Theory of Rational Choice," *Economic Journal*, 92.

Luce, R. D., and Raiffa, H. (1957). *Games and Decisions* (New York: Wiley).

MacCrimmon, K. R. (1968). "Descriptive and Normative Implications of Decision Theory Postulates," in Borch and Mossin (1968).

Machina, M. (1981). " 'Rational' Decision Making vs. 'Rational' Decision Modelling?" *Journal of Mathematical Psychology*, 24.

Machina, M. (1982). " 'Expected Utility' Analysis without the Independence Axiom," *Econometrica*, 50.

Machina, M. (1983). "Generalized Expected Utility Analysis and the Nature of Observed Violations of the Independence Axiom," in Stigum and Wenstøp (1983).

McClennen, E. F. (1983). "Sure-Thing Doubts," in Stigum and Wenstøp (1983). Margolis, H. (1982). *Selfishness, Altruism and Rationality* (Cambridge: Cambridge University Press).

Nagel, T. (1970). *The Possibility of Altruism* (Oxford: Clarendon Press).

Nagel, T. (1980). "The Limits of Objectivity," in S. McMurrin, ed., *Tanner Lectures on Human Values* (Cambridge: Cambridge University Press).

Parfit, D. (1984). *Reasons and Persons* (Oxford: Clarendon Press).

Plott, C. (1973). "Path Independence, Rationality and Social Choice," *Econometrica*, 41.

Raiffa, H. (1968). *Decision Analysis* (Reading, Mass.: Addison-Wesley).

Ramsey, F. P. (1931). "Truth and Probability," in F. P. Ramsey, *The Foundations of Mathematics and other Logical Essays* (London: Kegan Paul).

Richter, M. K. (1971). "Rational Choice," in Chipman, Hurwicz, Richter, and Sonnenschein (1971).

Samuelson, P. (1947). *The Foundations of Economic Analysis* (Cambridge, Mass.: Harvard University Press).

Savage, L. J. (1954). *The Foundations of Statistics* (New York: Wiley).

Schelling, T. C. (1984). "Self-Command in Practice, in Policy, and in a Theory of Rational Choice," *American Economic Review*, 74, Papers and Proceedings.

Schick, F. (1984). *Having Reasons: An Essay on Rationality and Sociality* (Princeton: Princeton University Press).

Schwartz, T. (1972). "Rationality and the Myth of the Maximum," *Nous*, 7.

Sen, A. K. (1970a). *Collective Choice and Social Welfare* (San Francisco: HoldenDay; republished by North-Holland, Amsterdam, 1979).

Sen, A. K. (1970b). "Interpersonal Aggregation and Partial Comparability," *Econometrica*, 38; "A Correction," Econometrica, 40 (1972).

Sen, A. K. (1971). "Choice Functions and Revealed Preference," *Review of Economic Studies*, 38.

Sen, A. K. (1973). "Behaviour and the Concept of Preference," *Economica*, 40.

Sen, A. K. (1977a). "Social Choice Theory: A Re-examination," *Econometrica*, 45.

Sen, A. K. (1977b). "Rational Fools: A Critique of the Behavioural Foundations of Economic Theory," *Philosophy and Public Affairs*, 6.

Sen, A. K. (1979). "Utilitarianism and Welfarism," *Journal of Philosophy*, 76.

Sen, A. K. (1982a). *Choice, Welfare and Measurement* (Oxford: Blackwell, and Cambridge, Mass.: Harvard University Press).

Sen, A. K. (1982b). "Rights and Agency," *Philosophy and Public Affairs*, 11.

Sen, A. K. (1983). "Evaluator Relativity and Consequential Evaluation," *Philosophy and Public Affairs*, 12.

Sen, A. K. (1984a). *Resources, Values and Development* (Oxford: Blackwell, and Cambridge, Mass.: Harvard University Press).

Sen, A. K. (1984b). "Rationality, Interest and Identity," written for a festschrift for A. O. Hirschman.

Simon, H. A. (1957). *Models of Man* (New York: Wiley).

Stigum, B. P., and Wenstøp, F., eds. (1983). *Foundations of Utility and Risk Theory with Applications* (Dordrecht: Reidel).

Sugden, R. (1985). "Why Be Consistent? A Critical Analysis of Consistency Requirements in Choice Theory," *Economica*, 52.

Suzumura, K. (1976). "Rational Choice and Revealed Preference," *Review of Economic Studies*, 43.

Suzumura, K. (1983). *Rational Choice, Collective Decisions and Social Welfare* (Cambridge: Cambridge University Press).

Tversky, A. (1975). "A Critique of Expected Utility Theory: Descriptive and Normative Considerations," *Erkenntnis*, 9.

Tversky, A., and Kahneman, D. (1974). "Judgement under Uncertainty: Heuristics and Biases," *Science*, 185.

von Neumann, J., and Morgenstern, O. (1947). *Theory of Games and Economic Behaviour* (Princeton: Princeton University Press).

Williams, B. (1973). "A Critique of Utilitarianism," in J. Smart and B. Williams, *Utilitarianism: For and Against* (Cambridge: Cambridge University Press).

Williams, B. (1982). *Moral Luck* (Cambridge: Cambridge University Press).

⚜ 7장

Arrow K. J. (1959), "Rational Choice Functions and Orderings," *Economica* 26.

Danielsson, S. (1974), "Two Papers on Rationality and Group Preference," Uppsala: Philosophy Department, Uppsala University.

Debreu, G. (1959), *Theory of Value*, New York: Wiley.

Elster, J. (1983), *Sour Grapes*, Cambridge: Cambridge University Press.

Fine, B. (1990), "On the Relationship between True Preference and Actual Choice," mimeographed, Birkbeck College, London.

Fine, B., and Fine, K. (1974), "Social Choice and Individual Ranking," Review of Economic Studies, 41.

Gärdenfors, P. (1973), "Positional Voting Functions," Theory and Decision 4. Hansson, B. (1968), "Choice Structures and Preference Relations," Synthese 18. Herzberger, H. G. (1973), "Ordinal Preference and Rational Choice," Econometrica 41.

Kanger, Stig (1970s), "Choice Based on Preference," mimeographed, University of Uppsala (cited here as

Kanger I).

Kanger, Stig (1980s), "Choice and Modality," mimeographed, University of Uppsala (cited here as Kanger II).

Levi, I. (1986), Hard Choices, Cambridge: Cambridge University Press.

Pö rn, I. et al. (1992), Choices, Actions and Norms. Conceptual Models in Practical Philosophy—Scandinavian Contributions, forthcoming.

Rabinowicz, W., and Sliwinski, R. (1991), "Introduction," Pö rn et al. (1992).

Samuelson, P. A. (1938), "A Note on the Pure Theory of Consumers' Behaviour," *Economica* 5.

Sen, A. K. (1970), *Collective Choice and Social Welfare*, San Francisco: Holden-Day; republished, Amsterdam: North-Holland, (1979).

Sen, A. K. (1971), "Choice Functions and Revealed Preference," *Review of Economic Studies* 38; reprinted in Sen (1982).

Sen, A. K. (1982), *Choice, Welfare and Measurement*, Cambridge, MA: MIT Press, and Oxford: Blackwell.

Sen, A. K. (1992), "Internal Consistency of Choice," 1984 Presidential Address to the Econometric Society, forthcoming in *Econometrica* 1993.

Suzumura, K. (1983), *Rational Choice, Collective Decisions, and Social Welfare*, Cambridge: Cambridge University Press.

Uzawa, H. (1956), "A Note on Preference and Axioms of Choice," *Annals of the Institute of Statistical Mathematics* 8.

✤ 8장

Aizerman, M. A. "New Problems in the General Choice Theory." *Social Choice and Welfare*, December 1985, *2*(4), pp. 235-82.

Aizerman, Mark A., and Aleskerov, Fuad. "Voting Operators in the Space of Choice Functions." *Mathematical Social Sciences*, June 1986, *11*(3), pp. 201- 42; corrigendum, June 1988, *13*(3), p. 305.

Aizerman, Mark A., and Malishevski, A. V. "General Theory of Best Variants Choice: Some Aspects." *IEEE Transactions on Automatic Control*, 1981, AC26, pp. 1031-41.

Anand, Sudhir. *Inequality and poverty in Malaysia: Measurement and decomposition.* New York: Oxford University Press, 1983.

Anand, Sudhir, and Ravallion, Martin. "Human Development in Poor Countries: On the Role of Private Incomes and Public Services." *Journal of Economic Perspectives*, Winter 1993, *7*(1), pp. 133-50.

Arneson, Richard J. "Equality and Equal Opportunity for Welfare." *Philosophical Studies*, May 1989, *56*(1), pp. 77-93.

Arrow, Kenneth, J. *Social choice and individual values.* New York: Wiley, 1951; 2nd Ed., 1963.

———. "Extended Sympathy and the Possibility of Social Choice." *American Economic Review*, February 1977 (*Papers and Proceedings*), *67*(1), pp. 219-25.

———, ed. *Markets and welfare.* London: Macmillan, 1991.

Arrow, Kenneth J., and Raynaud, Hervé. *Social choice and multicriterion decisionmaking.* Cambridge, MA: MIT Press, 1986.

Atkinson, Anthony B. "On the Measurement of Inequality." *Journal of Economic Theory*, September 1970, *2*(3), pp. 244-63.

———. *Social justice and public policy.* Cambridge, MA: MIT Press, 1983.

———. "James M. Buchanan's Contributions to Economics." *Scandinavian Journal of Economics*, 1987, *89*(1), pp. 5-15.

————. *Poverty and social security*. New York: Harvester Wheatsheaf, 1989.

Barbera´, Salvador, and Dutta, Bhaskar. "General, Direct and Self-Implementation of Social Choice Functions via Protective Equilibria." *Mathematical Social Sciences*, April 1986, *11*(2), pp. 109-27.

Basu, Kaushik. *Revealed preference of government*. Cambridge: Cambridge University Press, 1980.

————. "The Right To Give Up Rights." *Economica*, November 1984, *51*(204), pp. 413-22.

Baumol, William J. *Superfairness*. Cambridge, MA: MIT Press, 1986.

Bergson, Abram. "A Reformulation of Certain Aspects of Welfare Economics." *Quarterly Journal of Economics*, February 1938, *52*(1), pp. 310-34.

————. *Essays in normative economics*. Cambridge, MA: Harvard University Press, 1966.

Binmore, Ken. *Playing fair: Game theory and the social contract*, Vol. I. London: MIT Press, 1994.

Blackorby, Charles, and Donaldson, David. "Measures of Relative Equality and Their Meaning in Terms of Social Welfare." *Journal of Economic Theory*, June 1978, *18*(1), pp. 59-80.

————. "Ethical Indices for the Measurement of Poverty." *Econometrica*, May 1980, *48*(4), pp. 1053-60.

Blackorby, Charles, Donaldson, David, and Weymark, John. "Social Choice with Interpersonal Utility Comparisons: A Diagrammatic Introduction." *International Economic Review*, June 1984, *25*(2), pp. 325-56.

Blair, Douglas H., Bordes, Georges A., Kelly, Jerry S., and Suzumura, Kotaro. "Impossibility Theorems without Collective Rationality." *Journal of Economic Theory*, December 1976, *13*(3), pp. 361-79.

Blair, Douglas H., and Pollak, Robert A. "Acyclic Collective Choice Rules." *Econometrica*, July 1982, *50*(4), pp. 931-44.

Borda, J. C. "Mémoire sur les Élections au Scrutin." *Mémoires de l'Académic Royale des Sciences* (Paris), 1781.

Brennan, Geoffrey, and Lomasky, Loren. *Democracy and decision: The pure theory of electoral preference*. Cambridge: Cambridge University Press, 1993.

Broome, John. *Weighing goods*. Oxford: Blackwell, 1991.

Buchanan, James M. "Social Choice, Democracy, and Free Markets." *Journal of Political Economy*, April 1954a, *62*(2), pp. 114-23.

————. "Individual Choice in Voting and the Market." *Journal of Political Economy*, August 1954b, *62*(3), pp. 334-43.

————. *Fiscal theory and political economy*. Chapel Hill, NC: University of North Carolina Press, 1960.

————. *Liberty, market and the state*. Brighton, U.K.: Wheatsheaf, 1986.

————. "Foundational Concerns: A Criticism of Public Choice Theory." Unpublished manuscript presented at the European Public Choice Meeting, Valencia, Spain, April 1994a.

————. "Dimensionality, Rights and Choices among Relevant Alternatives." Unpublished manuscript presented at a meeting honoring Peter Bernholz, Basel, Switzerland, April 1994b.

Buchanan, James M., and Tullock, Gordon. *The calculus of consent*. Ann Arbor: University of Michigan Press, 1962.

Caplin, Andrew, and Nalebuff, Barry. "On 64% Majority Rule." *Econometrica*, July 1988, *56*(4), pp. 787-814.

Chakravarty, S. R. "Ethically Flexible Measures of Poverty." *Canadian Journal of Economics*, February 1983, *16*(1), pp. 74-85.

Chichilnisky, Graciela. "Social Aggregation Rules and Continuity." *Quarterly Journal of Economics*, May 1982, *97*(2), pp. 337-52.

Chichilnisky, Graciela, and Heal, Geoffrey M. "Necessary and Sufficient Conditions for a Resolution of the Social Choice Paradox." *Journal of Economic Theory*, October 1983, *31*(1), pp. 68-87.

Cohen, G. A. "On the Currency of Egalitarian Justice." *Ethics*, July 1989, *99*(4), pp. 906-44.

Condorcet, Marquis de. *Essai sur l'application de l'analyse à la probabilité des décisions rendues à la plural-*

ité des voix. Paris: L'Imprimerie Royale, 1785.

Cowell, Frank A. *Measuring inequality*. New York: Wiley, 1977.

Dasgupta, Partha. *An inquiry into well-being and destitution*. Oxford: Oxford University Press, 1993.

d'Aspremont, Claude. "Axioms for Social Welfare Ordering," in Leonid Hurwicz, David Schmeidler, and Hugo Sonnenschein, eds., *Social goals and social organization*. Cambridge: Cambridge University Press, 1985, pp. 19-76.

d'Aspremont, Claude, and Gevers, Louis. "Equity and the Informational Basis of Collective Choice." *Review of Economic Studies*, June 1977, 44(2), pp. 199-209.

Deb, Rajat. "Binariness and Rational Choice." *Mathematical Social Sciences*, August 1983, 5(1), pp. 97-106.

Desai, Meghnad. *Poverty, famine and economic development*. Aldershot, U.K.: Elgar, 1995.

Drèze, Jean, and Sen, Amartya. *Hunger and public action*. Oxford: Oxford University Press, 1989.

————. *India: Economic development and social opportunity*. Oxford: Oxford University Press, 1995 (forthcoming).

Eichhorn, W. *Measurement in economics*. New York: Physica-Verlag, 1988.

Elster, Jon, and Hylland, Aanund, eds. *Foundations of social choice theory*. Cambridge: Cambridge University Press, 1986.

Elster, Jon, and Roemer, John, eds. *Interpersonal comparisons of well-being*. Cambridge: Cambridge University Press, 1991.

Fine, Ben, and Fine, Kit. "Social Choice and Individual Ranking I." *Review of Economic Studies*, July 1974, 41(3), pp. 303-22.

————. "Social Choice and Individual Rankings II." October 1974, 41(4), pp. 459-75.

Fishburn, Peter C. *The theory of social choice*. Princeton, NJ: Princeton University Press, 1973.

Foster, James E. "On Economic Poverty: A Survey of Aggregate Measures." *Advances in Econometrics*, 1984, 3, pp. 215-51.

————. "Inequality Measurement," in H. Peyton Young, ed., *Fair allocation*. Providence, RI: American Mathematical Society, 1985, pp. 31-68.

Gaertner, Wulf. "An Analysis and Comparison of Several Necessary and Sufficient Conditions for Transitivity of Majority Decision Rule," in Jean-Jacques Laffont, ed., *Aggregation and revelation of preferences*. Amsterdam: North-Holland, 1979, pp. 91-112.

Gaertner, Wulf, Pattanaik, Prasanta K., and Suzumura, Kotaro. "Individual Rights Revisited." *Economica*, May 1992, 59(234), pp. 161-78.

Gärdenfors, Peter. "Positional Voting Functions." *Theory and Decision*, September 1973, 4(1), pp. 1-24.

————. "Rights, Games and Social Choice." *Nous*, September 1981, 15(3), pp. 341-56.

Gevers, Louis. "On Interpersonal Comparability and Social Welfare Orderings." *Econometrica*, January 1979, 47(1), pp. 75-89.

Gibbard, Allan F. "Manipulation of Voting Schemes: A General Result." *Econometrica*, July 1973, 41(4), pp. 587-601.

Grandmont, Jean-Michel. "Intermediate Preferences and the Majority Rule." *Econometrica*, March 1978, 46(2), pp. 317-30.

Griffin, Keith, and Knight, John, eds. *Human development and the international development strategy for the 1990s*. London: Macmillan, 1990.

Habermas, J. "Three Models of Democracy." *Constellations*, April 1994, 1(1), pp. 1-10.

Hamlin, Alan, and Pettit, Philip, eds. *The good polity*. Oxford: Blackwell, 1989.

Hammond, Peter J. "Equity, Arrow's Conditions, and Rawls' Difference Principle." *Econometrica*, July 1976, 44(4), pp. 793-804.

————. "Welfare Economics," in G. Feiwel, ed., *Issues in contemporary microeconomics and welfare*. Albany: State University of New York Press, 1985, pp. 405-34.

———. "Consequentialist Social Norms for Public Decisions," in Walter P. Heller, Ross M. Starr, and David A. Starrett, eds., *Social choice and public decision-making, Vol. 1. Essays in honor of Kenneth J. Arrow*. Cambridge: Cambridge University Press, 1986, pp. 3-27.

Hansson, Bengt. "Choice Structures and Preference Relations." *Synthese*, October 1968, *18*(4), pp. 443-58.

———. "Voting and Group Decision Functions." *Synthese*, December 1969, *20*(4), pp. 526-37.

———. "The Existence of Group Preference." *Public Choice*, Winter 1976, 28, pp. 89-98.

Harsanyi, John C. "Cardinal Welfare, Individualistic Ethics, and Interpersonal Comparisons of Utility." *Journal of Political Economy*, August 1955, *63*(3), pp. 309-21.

Hausman, Daniel M., and McPherson, Michael S. "Taking Ethics Seriously: Economics and Contemporary Moral Philosphy." *Journal of Economic Literature*, June 1993, *31*(2), pp. 671-731.

Hayek, Friedrich A. *The constitution of liberty*. London: Routledge and Kegan Paul, 1960.

Heller, Walter P., Starr, Ross M., and Starrett, David A., eds. *Social choice and public decision-making, Vol. 1. Essays in honor of Kenneth J. Arrow*, Cambridge: Cambridge University Press, 1986.

Hirschman, Albert. *Exit, voice, and loyalty*. Cambridge, MA: Harvard University Press, 1970.

Inada, Ken-ichi. "On the Simple Majority Decision Rule." *Econometrica*, July 1969, *37*(3), pp. 490-506.

———. "Majority Rule and Rationality." *Journal of Economic Theory*, March 1970, *2*(1), pp. 27-40.

Kakwani, Nanak. *Analyzing redistribution policies*. Cambridge: Cambridge University Press, 1986.

Kalai, E., and Muller, E. "Characterization of Domains Admitting Nondictatorial Social Welfare Functions and Nonmanipulable Voting Procedures." *Journal of Economic Theory*, December 1977, *16*(2), pp. 457-69.

Kanbur, S. M. (Ravi). "The Measurement and Decomposition of Inequality and Poverty," in F. van der Ploeg, ed., *Mathematical methods in economics*. New York: Wiley, 1984, pp. 403-32.

Kanger, Stig. "On Realization of Human Rights." *Acta Philosophica Fennica*, May 1985, *38*, pp. 71-78.

Kelly, Jerry S. *Arrow impossibility theorems*. New York: Academic Press, 1978.

Kelsey, David. "The Role of Informaton in Social Welfare Judgments." *Oxford Economic Papers*, June 1987, *39*(2), pp. 301-17.

Knight, Frank. *Freedom and reform: Essays in economic and social philosophy*. New York: Harper, 1947; republished, Indianapolis: Liberty, 1982.

Kolm, Serge Ch. "The Optimal Production of Social Justice," in J. Margolis and H. Guitton, eds., *Public economics*. London: Macmillan, 1969, pp. 145-200. Laffont, Jean-Jacques, ed. Aggregation and revelation of preferences. Amsterdam: NorthHolland, 1979.

Lambert, Peter J. *The distribution and redistribution of income: A mathematical analysis*. Oxford: Blackwell, 1989.

Le Breton, Michel, and Trannoy, Alain. "Measures of Inequalities as an Aggregation of Individual Preferences About Income Distribution: The Arrovian Case." *Journal of Economic Theory*, April 1987, *41*(2), pp. 248-69.

Levi, Isaac. *Hard choices*. Cambridge: Cambridge University Press, 1986.

Levin, Jonathan, and Nalebuff, Barry. "An Introduction to Vote-Counting Schemes." *Journal of Economic Perspectives*, 1995 (forthcoming).

Mansbridge, Jane J., ed. *Beyond self-interest*. Chicago: University of Chicago Press, 1990.

Maskin, Eric. "Social Welfare Functions on Restricted Domain." Mimeo, Harvard University, 1976.

———. "A Theorem on Utilitarianism." *Review of Economic Studies*, February 1978, *45*(1), pp. 93-96.

———. "Decision-making under Ignorance with Implications for Social Choice." *Theory and Decision*, September 1979, *11*(3), pp. 319-37.

McKelvey, R. D. "General Conditions for Global Intransitivities in Formal Voting Models." *Econometrica*, September 1979, *47*(5), pp. 1085-1112.

Meade, James E. *The just economy*. London: Allen and Unwin. 1976.

Mill, John Stuart. *On liberty*. London: Parker, 1859; republished, in *Utilitarianism; On liberty; Representative government*. London: Everyman's Library, 1910.

Mirrlees, James A. "The Economic Uses of Utilitarianism," in Amartya Sen and Bernard Williams, eds., *Utilitarianism and beyond*. Cambridge: Cambridge University Press, 1982, pp. 63-84.

Moulin, Hervé. *The strategy of social choice*. Amsterdam: North-Holland, 1983.

Mueller, Dennis C. *Public choice II*. Cambridge: Cambridge University Press, 1989.

Myerson, Roger B. "Utilitarianism, Egalitarianism, and the Timing Effect in Social Choice Problems." *Econometrica*, July 1981, *49*(4), pp. 883-97.

Nozick, Robert. *Anarchy, state, and utopia*. New York: Basic Books, 1974.

———. *The examined life*. New York: Simon and Schuster, 1989.

Nussbaum, Martha. "Nature, Function and Capability: Aristotle on Political Distribution." *Oxford Studies in Ancient Philosphy*, Supplementary volume, 1988, pp. 145-84.

Nussbaum, Martha, and Sen, Amartya, eds. *The quality of life*. Oxford: Oxford University Press, 1993.

Osmani, Siddiq R. *Economic inequality and group welfare*. Oxford: Oxford University Press, 1982.

Pattanaik, Prasanta K. Strategy and group choice. Amsterdam: North-Holland, 1978. Pattanaik, Prasanta K., and Salles, Maurice, eds. *Social choice and welfare*. Amsterdam: North-Holland, 1983.

Pattanaik, Prasanta K., and Suzumura, Kotaro. "Rights, Welfarism and Social Choice." *American Economic Review*, May 1994a, (*Papers and Proceedings*), *84*(2), pp. 435-39.

———. "Individual Rights and Social Evaluation: A Conceptual Framework." Mimeo, University of California, Riverside, 1994b.

Peleg, Bezalel. *Game theoretic analysis of voting in committees*. Cambridge: Cambridge University Press, 1984.

Phelps, Edmund S., ed. *Economic justice*. Harmondsworth, U.K.: Penguin, 1973. Pigou, Arthur C. "Some Aspects of Welfare Economics." *American Economic Review*, June 1951, *41*(3), pp. 287-302.

Plott, Charles. "Path Independence, Rationality and Social Choice." *Econometrica*, November 1973, *41*(6), pp. 1075-91.

Przeworski, Adam, and Limongi, Fernando. "Democracy and Development." Mimeo, University of Chicago, 1994.

Ravallion, Martin. *Markets and famines*. Oxford: Oxford University Press, 1987.

———. *Poverty comparisons*. Chur, Switzerland: Harwood, 1994.

Rawls, John. "The Sense of Justice." *Philosophical Review*, July 1963, *72*(3), pp. 281-305.

———. *A theory of justice*. Cambridge, MA: Harvard University Press, 1971.

Riley, Jonathan. *Liberal utilitarianism: Social choice theory and J. S. Mill's philosophy*. Cambridge: Cambridge University Press, 1987.

Robbins, Lionel. "Interpersonal Comparisons of Utility: A Comment." *Economic Journal*, December 1938, *48*(192), pp. 635-41.

Roberts, Kevin W. S. "Possibility Theorems with Interpersonally Comparable Welfare Levels." *Review of Economic Studies*, January 1980a, *47*(2), pp. 409- 20.

———. "Interpersonal Comparability and Social Choice Theory." *Review of Economic Studies*, January 1980b, *47*(2), pp. 421-39.

Roemer, John. "An Historical Materialist Alternative to Welfarism," in Jon Elster and Aanund Hylland, eds., *Foundations of social choice theory*. Cambridge: Cambridge University Press, 1986, pp. 133-64.

Rowley, Charles K. *Liberty and the state*. Aldershot, U.K.: Elgar, 1993.

Samuelson, Paul A. *Foundations of economic analysis*. Cambridge, MA: Harvard University Press, 1947.

Sandmo, Agnar. "Buchanan on Political Economy: A Review Article." *Journal of Economic Literature*,

March 1990, *28*(1), pp. 50-65.

Satterthwaite, Mark A. "Strategy-proofness and Arrow's Conditions: Existence and Correspondence Theorems for Voting Procedures and Social Welfare Functions." *Journal of Economic Theory*, April 1975, *10*(2), pp. 187-217.

Scanlon, Thomas M. "Contractualism and Utilitarianism," in Amartya Sen and Bernard Williams, eds., *Utilitarianism and beyond*. Cambridge: Cambridge University Press, 1982, pp. 103-28.

Schofield, Norman, J. "Generic Instability of Majority Rule." *Review of Economic Studies*, October 1983, *50*(4), pp. 695-705.

Schwartz, Thomas. "Rationality and the Myth of the Maximum." *Nous*, May 1972, 6(2), pp. 97-117.

————. *The logic of collective choice*. New York: Columbia University Press, 1985.

Seabright, Paul. "Social Choice and Social Theories." *Philosophy and Public Affairs*, Fall 1989, *18*(4), pp. 365-87.

Sen, Amartya K. "A Possibility Theorem on Majority Decisions." *Econometrica*, April 1966, *34*(2), pp. 491-99.

————. "Choice Functions and Revealed Preference." *Review of Economic Studies*, July 1971, *38*(3), pp. 307-17; reprinted in Sen (1982a).

————. *Collective choice and social welfare*. San Francisco: Holden-Day, 1970; reprinted, Amsterdam: North-Holland, 1979.

————. *On economic inequality*. Oxford: Oxford University Press, 1973.

————. "Real National Income." *Review of Economic Studies*, February 1976a, *43*(1), pp. 19-39; reprinted in Sen (1982a).

————. "Poverty: An Ordinal Approach to Measurement." *Econometrica*, March 1976b, *44*(2), pp. 219-31; reprinted in Sen (1982a).

————. "Social Choice Theory: A Re-examination." *Econometrica*, January 1977a, *45*(1), pp. 53-89; reprinted in Sen (1982a).

————. "On Weights and Measures: Informational Constraints in Social Welfare Analysis." *Econometrica*, October 1977b, *45*(7), pp. 1539-72; reprinted in Sen (1982a).

————. *Poverty and famines: An essay on entitlement and deprivation*. Oxford: Oxford University Press, 1981.

————. *Choice, welfare and measurement*. Oxford: Blackwell, 1982a.

————. "Rights and Agency." *Philosophy and Public Affairs*, Spring 1982b, *11*(2), pp. 113-32.

————. "Liberty and Social Choice." *Journal of Philosophy*, January 1983, *80*(1), pp. 5-28.

————. *Resources, values, and development*. Oxford: Blackwell, 1984.

————. "Social Choice Theory," in Kenneth J. Arrow and Michael Intriligator, eds., *Handbook of mathematical economics*, Vol. III. Amsterdam: North-Holland, 1986a, pp. 1073-1181.

————. "Information and Invariance in Normative Choice," in Walter P. Heller, Ross M. Starr, and David A. Starrett, eds., *Social choice and public decisionmaking, Vol. 1. Essays in honor of Kenneth J. Arrow*. Cambridge: Cambridge University Press, 1986b, pp. 29-55.

————. *Inequality reexamined*. Oxford: Oxford University Press, 1992a.

————. "Minimal Liberty." *Economica*, May 1992b, *59*(234), pp. 139-60.

————. "Internal Consistency of Choice." *Econometrica*, May 1993, *61*(3), pp. 495-521.

————. "Population: Delusion and Reality." *New York Review of Books*, 22 September 1994, *41*(15), pp. 62-71.

Sen, Amartya K., and Pattanaik, Prasanta K. "Necessary and Sufficient Conditions for Rational Choice under Majority Decision." *Journal of Economic Theory*, August 1969, *1*(2), pp. 178-202.

Shorrocks, Anthony F. "Ranking Income Distributions." *Economica*, February 1983, *50*(197), pp. 3-17.

Smith, Adam. *An inquiry into the nature and causes of the wealth of nations*. London: W. Strahan and T.

Cadell, 1776; republished, Oxford: Oxford University Press, 1976.

———. *The theory of moral sentiments*, Revised Edition. London: T. Cadell, 1790; republished, Oxford: Oxford University Press, 1975.

Streeten, Paul, Burki, S. J., Haq, Mahbub ul, Hicks, Norman, and Stewart, Frances. *First things first: Meeting basic human needs in developing countries*. London: Oxford University Press, 1981.

Sugden, Robert. *The political economy of public choice*. Oxford: Martin Robertson, 1981.

———. *The economics of rights, co-operation and welfare*. Oxford: Blackwell, 1986.

———. "Welfare, Resources, and Capabilities: A Review of Inequality Reexamined by Amartya Sen." *Journal of Economic Literature*, December 1993, *31*(4), pp. 1947-62.

Suppes, Patrick. "Some Formal Models of Grading Principles." *Synthese*, December 1966, *16*(3/4), pp. 284-306.

Suzumura, Kotaro. *Rational choice, collective decisions and social welfare*. Cambridge: Cambridge University Press, 1983.

———. "Alternative Approaches to Libertarian Rights," in Kenneth J. Arrow, ed., *Markets and welfare*. London: Macmillan, 1991, pp. 215-42.

Tocqueville, Alexis de. *Democracy in America*. New York: Langley, 1840; republished, New York: Knopf, 1945.

Tullock, Gordon. "The General Irrelevance of the General Possibility Theorem." *Quarterly Journal of Economics*, May 1967, *81*(2), pp. 256-70.

Wilson, Robert. "On the Theory of Aggregation." *Journal of Economic Theory*, February 1975, *10*(1), pp. 89-99.

World disasters report. Geneva: International Federation of Red Cross and Red Crescent Societies, 1994.

Wriglesworth, John. *Libertarian conflicts in social choice*. Cambridge: Cambridge University Press, 1985.

Young, H. Peyton, ed. *Fair allocation*. Providence, RI: American Mathematical Society, 1985.

❧ 9장

Arneson, R. (1989) "Equality and Equality of Opportunity for Welfare," *Philosophical Studies*, vol. 56, pp. 77-93.

Arrow, K. J. (1951) *Social Choice and Individual Values* (New York: Wiley). Arrow, K. J. (1963) Social Choice and Individual Values, 2nd extended edn. (New York: Wiley).

Arrow, K. J. (1973) "Some Ordinalist Utilitarian Notes on Rawls' Theory of Justice," *Journal of Philosophy*, vol. 70, pp. 245-63.

Arrow, K. J. (1977) "Extended Sympathy and the Possibility of Social Choice," *American Economic Review, Papers and Proceedings*, vol. 67, pp. 219-25.

Atkinson, A. B. (1983) *Social Justice and Public Policy* (Brighton: Wheatsheaf, and Cambridge, Mass.: MIT Press).

Basu, K., Pattanaik, P. K., and Suzumura, K., (eds.) (1995) *Choice, Welfare and Development* (Oxford: Clarendon Press).

Binmore, K. (1994) *Playing Fair: Game Theory and the Social Contract*, vol. I (London: MIT Press).

Blackorby, C., and Donaldson, D. (1977) "Utility versus Equity: Some Plausible Quasi-orderings," *Journal of Public Economics*, vol. 7, pp. 365-81.

Blackorby, C., Donaldson, D., and Weymark, J. (1984) "Social Choice with Interpersonal Utility Comparisons: A Diagrammatic Introduction," *International Economic Review*, vol. 25, pp. 325-56.

Blair, D. H. (1988) "The Primary-Goods Indexation Problem in Rawls' Theory of Justice," *Theory and De-*

cision, vol. 24, pp. 239-52.

Borda, J.-C. de (1781) "Mémoire sur les Elections au Scrutin," *Mémoires de l'Académie Royale des Sciences*, pp. 657-65. English translation de Grazia, A. (1953) *Isis*, vol. 44, pp. 42-51.

Breyer, F. (1977) "The Liberal Paradox, Decisiveness Over Issues, and Domain Restrictions," *Zeitschrift für Nationalökonomie*, vol. 37, pp. 45-60.

Broome, J. (1991) *Weighing Goods* (Oxford: Blackwell).

Buchanan, J. M. (1954a) "Social Choice, Democracy and Free Markets," *Journal of Political Economy*, vol. 62, pp. 114-23.

Buchanan, J. M. (1954b) "Individual Choice in Voting and the Market," *Journal of Political Economy*, vol. 62, pp. 334-43.

Buchanan, J. M. (1986) *Liberty, Market and the State* (Brighton: Wheatsheaf Books). Buchanan, J. M., and Tullock, G. (1962) *The Calculus of Consent* (Ann Arbor: University of Michigan Press).

Chichilnisky, G. (1982) "Social Aggregation Rules and Continuity," *Quarterly Journal of Economics*, vol. 97, pp. 337-52.

Chichilnisky, G., and Heal, G. M. (1983) "Necessary and Sufficient Condition for Resolution of Social Choice Paradox," *Journal of Economic Theory*, vol. 31, pp. 68-87.

Cohen, G. A. (1989) "On the Currency of Egalitarian Justice," *Ethics*, vol. 99, pp. 906-44.

Cohen, G. A. (1990) "Equality of What? On Welfare, Goods and Capabilities," *Recherches Economiques de Louvain*, vol. 56, pp. 357-82.

Cohen, G. A. (1993) "Equality of What? On Welfare, Resources and Capabilities," in Nussbaum and Sen (1993).

Coleman, J. S. (1986) *Individual Interests and Collective Action* (Cambridge: Cambridge University Press).

Condorcet, Marquis de (Caritat, J. A. N.) (1785) *Essai sur l'Application de l'Analyse à la Probabilité des Décisions Rendues à la Pluralité des Voix* (Paris).

d'Asprémont, C. (1985) "Axioms for Social Welfare Ordering," in Hurwicz et al. (1985).

d'Asprémont, C., and Gevers, L. (1977) "Equity and the Informational Basis of Collective Choice," *Review of Economic Studies*, vol. 44, pp. 199-209.

Deb, R. (1989) "Rights as Alternative Game Forms: Is There a Difference in Consequences?", mimeo, Southern Methodist University, Dallas, Texas.

Deb, R. (1994) "Waiver, Effectivity and Rights as Game Forms," *Economica*, vol. 61, pp. 167-78.

Deb, R., Pattanaik, P. K., and Razzolini, L. (1994) "Game Forms, Rights and the Efficiency of Social Outcomes," mimeo, Southern Methodist University, Dallas, Texas.

Dworkin, R. (1981) "What is Equality? Part 1: Equality of Welfare" and "What is Equality? Part 2: Equality of Resources," *Philosophy and Public Affairs*, vol. 10, pp. 185-246 and 283-345.

Dworkin, R. (1985) *A Matter of Principle* (Cambridge, Mass.: Harvard University Press).

Elster, J., and Hylland, A. (eds.) (1986) *Foundations of Social Choice Theory* (Cambridge: Cambridge University Press).

Elster, J., and Roemer, J. (eds.) (1991) *Interpersonal Comparisons of Well-being* (Cambridge: Cambridge University Press).

Fishburn, P. C. (1973) *The Theory of Social Choice* (Princeton, NJ: Princeton University Press).

Gaertner, W., Pattanaik, P., and Suzumura, K. (1992) "Individual Rights Revisited," *Economica*, vol. 59, pp. 161-78.

Gärdenfors, P. (1981) "Rights, Games and Social Choice," *Noûs*, vol. 15, pp. 341-56.

Gevers, L. (1979) "On Interpersonal Comparability and Social Welfare Orderings," *Econometrica*, vol. 47, pp. 75-89.

Gibbard, A. (1974) "A Pareto-consistent Libertarian Claim," *Journal of Economic Theory*, vol. 7, pp. 388-410.

Gibbard, A. (1979) "Disparate Goods and Rawls's Difference Principle: A Social Choice Theoretic Treatment," *Theory and Decision*, vol. 11, pp. 267-88.

Goodin, R. E. (1986) "Laundering Preferences," in Elster and Hylland (1986).

Gosling, J. C. B. (1969) *Pleasure and Desire* (Oxford: Clarendon Press).

Gottinger, H. W., and Leinfellner, W. (eds.) (1978) *Decision Theory and Social Ethics* (Dordrecht: Reidel).

Griffin, J. (1986) *Well-being* (Oxford: Clarendon Press).

Habermas, J. (1994) "Three Models of Democracy," *Constellations*, vol. 1, pp. 1- 10.

Hammond, P. J. (1976) "Equity, Arrow's Conditions and Rawls' Difference Principle," *Econometrica*, vol. 44, pp. 793-804.

Hammond, P. J. (1981) "Liberalism, Independent Rights and the Pareto Principle," in Cohen, J. (ed.), *Proceedings of the 6th International Congress of Logic, Methodology and Philosophy of Science* (Dordrecht: Reidel).

Hammond, P. J. (1982) "Utilitarianism, Uncertainty and Information," in Sen and Williams (1982).

Hammond, P. J. (1985) "Welfare Economics," in Feiwel, G. (ed.), *Issues in Contemporary Microeconomics and Welfare* (Albany, NY: SUNY Press).

Hare, R. M. (1963) *Freedom and Reason* (Oxford: Clarendon Press).

Harsanyi, J. C. (1955) "Cardinal Welfare, Individualistic Ethics and Interpersonal Comparisons of Utility," *Journal of Political Economy*, vol. 63, pp. 309-21.

Hayek, F. A. (1960) *The Constitution of Liberty* (London: Routledge & Kegan Paul).

Hicks, J. R. (1939) *Value and Capital* (Oxford: Clarendon Press).

Hurwicz, L., Schmeidler, D., and Sonnenschein, H. (eds.) (1985) *Social Goals and Social Organisation: Essays in Memory of Elisha Pazner* (Cambridge: Cambridge University Press).

Kelly, J. S. (1978) *Arrow Impossibility Theorems* (New York: Academic Press).

Marshall, A. (1890) *Principles of Economics* (London: Macmillan).

Maskin, E. S. (1978) "A Theorem on Utilitarianism," *Review of Economic Studies*, vol. 45, pp. 93-6.

Maskin, E. S. (1979) "Decision-making under Ignorance with Implications for Social Choice," *Theory and Decision*, vol. 11, pp. 319-37.

Maskin, E. S. (1994) "Majority Rule, Social Welfare Functions, and Game Forms," mimeo, Harvard Institute of Economic Research, Cambridge, Mass.

Meade, J. E. (1976) *The Just Economy* (London: Allen & Unwin).

Mill, J. S. (1859) *On Liberty* (London); republished 1974 (Harmondsworth: Penguin).

Nozick, R. (1973) "Distributive Justice," *Philosophy and Public Affairs*, vol. 3, pp. 45-126.

Nozick, R. (1974) *Anarchy, State and Utopia* (Oxford: Blackwell).

Nozick, R. (1989) *The Examined Life* (New York: Simon & Schuster).

Nussbaum, M., and Sen, A. (eds.) (1993) *The Quality of Life* (Oxford: Clarendon Press).

Pattanaik, P. K. (1971) *Voting and Collective Choice* (Cambridge: Cambridge University Press).

Pattanaik, P. K. (1996) "On Modelling Individual Rights: Some Conceptual Issues," in Arrow, K. J., et al. (eds.), *Social Choice Re-examined*, vol. 2 (London: Macmillan).

Pattanaik, P. K., and Salles, M. A. (eds.) (1983) *Social Choice and Welfare* (Amsterdam: North-Holland).

Pattanaik, P. K., and Suzumura, K. (1994) "Individual Rights and Social Evaluation: A Conceptual Framework," mimeo, Department of Economics, University of California, Riverside, California.

Phelps, E. S. (ed.) (1973) *Economic Justice* (Harmondsworth: Penguin).

Pigou, A. C. (1952) *The Economics of Welfare*, 4th edn. with eight new appendices (London: Macmillan).

Plott, C. R. (1976) "Axiomatic Social Choice Theory: An Overview and Interpretation," *American Journal of Political Science*, vol. 20, pp. 511-96.

Plott, C. R. (1978) "Rawls' Theory of Justice: An Impossibility Result," in Gottinger and Leinfellner (1978).

Ramsey, F. P. (1931) *Foundations of Mathematics and Other Logical Essays* (London: Paul, Trench, Trubner).

Rawls, J. (1971) *A Theory of Justice* (Cambridge, Mass.: Harvard University Press).

Rawls, J. (1982) "Social Unity and Primary Goods," in Sen and Williams (1982).

Rawls, J. (1993) *Political Liberalism* (New York: Columbia University Press).

Riley, J. (1987) *Liberal Utilitarianism: Social Choice Theory and J. S. Mill's Philosophy* (Cambridge: Cambridge University Press).

Riley, J. (1989) "Rights to Liberty in Purely Private Matters: Part I," *Economics and Philosophy*, vol. 5, pp. 121-66.

Riley, J. (1990) "Rights to Liberty in Purely Private Matters: Part II," *Economics and Philosophy*, vol. 6, pp. 27-64.

Roberts, K. W. S. (1980a) "Possibility Theorems with Interpersonally Comparable Welfare Levels," *Review of Economic Studies*, vol. 47, pp. 409-20.

Roberts, K. W. S. (1980b) "Interpersonal Comparability and Social Choice Theory," *Review of Economic Studies,* vol. 47, pp. 421-39.

Rothschild, E. (1992) "Commerce and the State: Turgot, Condorcet and Smith," *Economic Journal*, vol. 102, pp. 1197-210.

Samuelson, P. A. (1947) *Foundations of Economic Analysis* (Cambridge, Mass.: Harvard University Press).

Scanlon, T. M. (1975) "Preference and Urgency," *Journal of Philosophy*, vol. 72, pp. 655-69.

Scanlon, T. M. (1991) "The Moral Basis of Interpersonal Comparisons," in Elster and Roemer (1991).

Seidl, C. (1975) "On Liberal Values," *Zeitschrift für Nationalökonomie*, vol. 35, pp. 257-92.

Sen, A. K. (1970) *Collective Choice and Social Welfare* (San Francisco: Holden-Day); republished 1979 (Amsterdam: North-Holland).

Sen, A. K. (1973) "Behaviour and the Concept of Preference," *Economica*, vol. 40, pp. 241-59; reprinted in Sen (1982a).

Sen, A. K. (1976) "Liberty, Unanimity and Rights," *Economica*, vol. 43, pp. 217- 45; reprinted in Sen (1982a).

Sen, A. K. (1977a) "Social Choice Theory: A Re-examination," *Econometrica*, vol. 45, pp. 53-89; reprinted in Sen (1982a).

Sen, A. K. (1977b) "On Weights and Measures: Informational Constraints in Social Welfare Analysis," *Econometrica*, vol. 45, pp. 1539-72; reprinted in Sen (1982a).

Sen, A. K. (1977c) "Rational Fools: A Critique of the Behavioural Foundations of Economic Theory," *Philosophy and Public Affairs*, vol. 6, pp. 317-44; reprinted in Sen (1982a).

Sen, A. K. (1980) "Equality of What?", in McMurrin, S. M. (1980), *Tanner Lectures on Human Values*, vol. 1 (Cambridge: Cambridge University Press); reprinted in Sen (1982a).

Sen, A. K. (1981) *Poverty and Famines: An Essay on Entitlement and Deprivation* (Oxford: Clarendon Press).

Sen, A. K. (1982a) *Choice, Welfare and Measurement* (Oxford: Blackwell, and Cambridge, Mass.: MIT Press).

Sen, A. K. (1982b) "Rights and Agency," *Philosophy and Public Affairs*, vol. 11, pp. 3-39.

Sen, A. K. (1983) "Liberty and Social Choice," *Journal of Philosophy*, vol. 80, pp. 5- 28.

Sen, A. K. (1985a) "Well-being, Agency and Freedom: The Dewey Lectures 1984," *Journal of Philosophy*, vol. 82, pp. 169-221.

Sen, A. K. (1985b) *Commodities and Capabilities* (Amsterdam: North-Holland).

Sen, A. K. (1991a) "Welfare, Preference and Freedom," *Journal of Econometrics*, vol. 50, pp. 15-29.

Sen, A. K. (1991b) "On Indexing Primary Goods and Capabilities," mimeo. Harvard University, Cambridge, Mass.

Sen, A. K. (1992) "Minimal Liberty," *Economica*, vol. 57, pp. 139-60.

Sen, A. K. (1993a) "Well-being and Capability," in Nussbaum and Sen (1993).

Sen, A. K. (1993b) "Markets and Freedoms," *Oxford Economic Papers*, vol. 45, pp. 519-41.

Sen, A. K. (1993c) "Positional Objectivity," *Philosophy and Public Affairs*, vol. 22, pp. 83-125.

Sen, A. K., and Williams, B. (eds.) (1982) *Utilitarianism and Beyond* (Cambridge: Cambridge University Press).

Strasnick, S. (1976) "Social Choice Theory and the Derivation of Rawls' Difference Principle," *Journal of Philosophy*, vol. 73, pp. 85-99.

Sugden, R. (1981) *The Political Economy of Public Choice* (Oxford: Martin Robertson).

Sugden, R. (1985) "Liberty, Preference and Choice," *Economics and Philosophy*, vol. 1, pp. 213-29.

Sugden, R. (1993) "Welfare, Resources, and Capabilities: A Review of Inequality Reexamined by Amartya Sen," *Journal of Economic Literature*, vol. 31, pp. 1947- 62.

Suzumura, K. (1978) "On the Consistency of Libertarian Claims," *Review of Economic Studies*, vol. 45, pp. 329-42.

Suzumura, K. (1982) "Equity, Efficiency and Rights in Social Choice," *Mathematical Social Sciences*, vol. 3, pp. 131-55.

Suzumura, K. (1983) *Rational Choice, Collective Decisions and Social Welfare* (Cambridge: Cambridge University Press).

Weymark, J. (1991) "A Reconsideration of the Harsanyi-Sen Debate on Utilitarianism," in Elster and Roemer (1991).

Wriglesworth, J. (1985) *Libertarian Conflicts in Social Choice* (Cambridge: Cambridge University Press).

✣ 10장

Arrow, Kenneth J. "A Difficulty in the Concept of Social Welfare," *J. Polit. Econ.*, Aug. 1950, *58*, pp. 328-46.

———. *Social choice and individual values.* N.Y.: Wiley, 1951.

———. "Le principe de rationalité dans les décisions collectives," *É con.* Appl., 1952, *5*, pp. 469-84.

———. *Social choice and individual values.* 2d (enlarged) ed. N.Y.: Wiley, 1963.

———. "Values and Collective Decision Making," *Philosophy, politics and society.* 3d Ser. Eds.: Peter Laslett and W. G. Runciman. Oxford, Eng.: Blackwell, 1967a, pp. 215-32.

———. "Public and Private Values," in *Human values and economic policy.* Ed.: Sidney Hook. N.Y.: NYU Press, 1967b, pp. 3-21.

———. "Formal Theories of Social Welfare," in *Dictionary of the history of ideas.* Vol. 4. Ed.: P. P. Wiener. N.Y.: Charles Scribner's Sons, 1973a.

———. "Some Ordinalist-Utilitarian Notes on Rawls's Theory of Justice," *J. Philosophy*, 1973b, *70*(9), pp. 245-63.

———. "Extended Sympathy and the Possibility of Social Choice," *Amer. Econ. Rev.*, Feb. 1977, *67*(1), pp. 219-25.

d'Aspremont, Claude, and Gevers, Louis. "Equity and Informational Basis of Collective Choice," *Rev. Econ. Stud.*, June 1977, *44*(2), pp. 199-209.

Basu, Kaushik. *Revealed preference of government.* Cambridge, Eng.: Cambridge U. Press, 1980.

Bergson, Abram. "A Reformulation of Certain Aspects of Welfare Economics," *Quart. J. Econ.*, Feb. 1938, *52*, pp. 310-34.

Berlin, Isaiah. The age of enlightenment. Oxford, Eng.: Oxford U. Press, 1979. Black, Duncan. "On the Rationale of Group Decision-making," *J. Polit. Econ.*, Feb. 1948, *56*, pp. 23-34.

Blackorby, Charles, Donaldson, David, and Weymark, John. "Social Choice with Interpersonal Utility Comparisons: A Diagrammatic Introduction," *Int. Econ. Rev.*, 1984, *25*(2), pp. 327-56.

Blair, Douglas, and Pollak, Robert A. "Rational Collective Choice," *Sci. Amer.*, Apr. 1983, *249*(2), pp. 76-83.

Blau, Julian H. "The Existence of Social Welfare Functions," *Econometrica*, Apr. 1957, *25*, pp. 302-13.

———. "Neutrality, Monotonicity, and the Right of Veto: A Comment," *Econometrica*, May 1976, *44*(3), p. 603.

Borda, Jean-Charles de. "Mémoire sur les élections au scrutin," in *Mémoires des l'Academie Royale des Sciences*. Paris, 1781. English translation by A. de Grazia, *Isis*, 1953, *44*.

Chichilnisky, Graciela. "Social Aggregation Rules and Continuity," *Quart. J. Econ.*, May 1982, *97*(2), pp. 337-52.

Davidson, Donald. "Judging Interpersonal Interests," in Elster and Hylland, 1985.

Dworkin, Ronald. "What Is Equality? Part 2: Equality of Resources," *Phil & Public Affairs*, Fall 1981, *10*(4), pp. 283-345.

Elster, Jon, and Hylland, Aanund, eds. *Foundations of social choice theory*. Cambridge, Eng.: Cambridge U. Press, 1985.

Fishburn, Peter C. *The theory of social choice*. Princeton: Princeton U. Press, 1973.

Gibbard, Allan. "Interpersonal Comparisons: Preference, Good, and the Intrinsic Reward of a Life," in Elster and Hylland, 1985.

Graaff, Jan de V. *Theoretical welfare economics*. Cambridge, Eng.: Cambridge U. Press, 1957, republished 1967.

Grandmont, Jean-Michel. "Intermediate Preferences and the Majority Rule," *Econometrica*, Mar. 1978, *46*(2), pp. 317-30.

Guha, Ashok S. "Neutrality, Monotonicity, and the Right of Veto," *Econometrica*, Sept. 1972, *40*(5), pp. 821-26.

Hammond, Peter J. "Equity, Arrows' Conditions and Rawls' Difference Principle," *Econometrica*, July 1976, *44*(4), pp. 793-804.

Harsanyi, John C. "Cardinal Welfare, Individualistic Ethics, and Interpersonal Comparisons of Utility," *J. Polit. Econ.*, Aug. 1955, *63*, pp. 309-21.

Hicks, John R. *Value and capital*. Oxford, Eng.: Clarendon Press, 1939.

Inada, Ken-Ichi. "The Simple Majority Decision Rule," *Econometrica*, July 1969, *37*(3), pp. 490-506.

Kelly, Jerry S. *Arrow impossibility theorems*. N.Y.: Academic Press, 1978.

Kolm, S. Ch. "The Optimal Production of Social Justice," *Public economics*. Eds.: J. Margolis and H. Guitton. London, Eng.: Macmillan, 1969, pp. 145-200.

Kramer, Gerald H. "On a Class of Equilibrium Conditions for Majority Rule," *Econometrica*, Mar. 1973, *41*(2), pp. 285-97.

Laffont, Jean-Jacques, ed. *Aggregation and revelation of preferences*. Amsterdam: NorthHolland, 1979.

Little, Ian M. D. *A critique of welfare economics*. Oxford, Eng.: Clarendon Press, 1950; & 2nd rev. ed., 1957.

———. "Social Choice and Individual Values," *J. Polit. Econ.*, Oct. 1952, *60*, pp. 422-32.

McManus, M. "Some Properties of Topological Social Choice Functions," *Rev. Econ. Stud.*, July 1982, *49*(3), pp. 447-60.

Maskin, Eric. "A Theorem on Utilitarianism," *Rev. Econ. Stud.*, Feb. 1978, *45*(1), pp. 93-96.

Mill, John Stuart. *Autobiography*. London, Eng.: Oxford U. Press, [1874] 1971.

Moulin, Hervé. *The strategy of social choice*. Amsterdam: North-Holland, 1983.

Pattanaik, Prasanta K. *Strategy and group choice*. Amsterdam: North-Holland, 1978.

——— and Salles, Maurice, eds. *Social choice and welfare*. Amsterdam: NorthHolland, 1983.

Peleg, Bezalel. *Game theoretic analysis of voting in committees*. Cambridge, Eng.: Cambridge U. Press, 1984.

Plott, Charles R. "Axiomatic Social Choice Theory: An Overview and Interpretation," *Amer. J. Polit. Sci.*, 1976, *20*(3), pp. 511-96.

Rawls, John. *A theory of justice*. Cambridge, MA: Harvard U. Press, 1971.

―――. "Kantian Constructivism in Moral Theory: The Dewey Lectures 1980," *J. Philosophy*, 1980, *77*, pp. 512-72.

Roberts, Kevin W. S. "Interpersonal Comparability and Social Choice Theory," *Rev. Econ. Stud.*, Jan. 1980, *47*(2), pp. 421-39.

Roemer, John. *A general theory of exploitation and class*. Cambridge, MA: Harvard U. Press, 1982.

Russell, Bertrand. *My philosophical development*. London, Eng.: Allen & Unwin, 1959.

Ryan, Alan. *J. S. Mill*. London, Eng.: Routledge, 1974.

Samuelson, Paul A. *Foundations of economic analysis*. Cambridge, MA: Harvard U. Press, 1947.

―――. "Foreword," in Graaff, 1967.

Scanlon, Thomas M. "Preference and Urgency," *J. Philosophy*, 1975, *72*(9), pp. 665-69.

Sen, Amartya K. *Collective choice and social welfare*. San Francisco: Holden-Day, 1970. (Reprinted, Amsterdam: North-Holland, 1979.)

―――. *Choice, welfare and measurement*. Oxford, Eng.: Blackwell; Cambridge, MA: M.I.T. Press, 1982.

―――. *Commodities and capabilities*. Amsterdam: North-Holland, 1985a.

―――. "Social Choice Theory," *Handbook of mathematical economics*. Eds.: Kenneth Arrow and Michael Intriligator. Amsterdam: North-Holland, 1985b.

―――. "Well-being, Agency and Freedom: The Dewey Lectures 1984," *J. Philosophy*, 1985c, *82*, pp. 169-221.

――― and Pattanaik, Prasanta K. "Necessary and Sufficient Conditions for Rational Choice under Majority Decision," *J. Econ. Theory*, Aug. 1969, *1*(2), pp. 178-202.

Smith, Adam. *The theory of moral sentiments*. 6th ed., 1790. Republished, edited by D. Raphael and A. L. Macfie. Oxford, Eng.: Clarendon Press, 1976.

Strasnick, Steven. "Social Choice Theory and the Derivation of Rawls' Difference Principle," *J. Philosophy*, 1976, *73*(4), pp. 85-99.

Suppes, Patrick. "Two Formal Models for Moral Principles." Technical Report No. 15, Applied Mathematics and Statistics Laboratory, Stanford U., 1957.

―――. "Some Formal Models of Grading Principles," *Synthese*, 1966, *16*(3-4), pp. 284-306.

Suzumura, Kotaro. *Rational choice, collective decisions and social welfare*. Cambridge, Eng.: Cambridge U. Press, 1983.

Tullock, Gordon. *Toward a mathematics of politics*. Ann Arbor: U. of Michigan Press, 1969.

Williams, Bernard. *Ethics and the limits of philosophy*. London, Eng.: Fontana; Cambridge, MA: Harvard U. Press, 1985.

❧ 11장

Allais, M. (1953), "Le comportement de l'homme rational devant le risque: Critique des postulates et axiomes de l'ecole Américaine," *Econometrica*, 21: 503- 46.

Allais, M., and O. Hagen (Eds.) (1979), *Expected utility hypotheses and the Allais paradox: Contemporary discussions under uncertainty with Allais' rejoinder*, Dordrecht: Reidel.

Arrow, K. J. (1950), "A difficulty in the concept of social welfare," *Journal of Political Economy*, 58: 328-46.

Arrow, K. J. (1951), *Social choice and individual values*, New York: Wiley.

Arrow, K. J. (1959), "Rational choice functions and ordering," *Economica*, 26: 121-7.

Arrow, K. J. (1963), Social choice and individual values, 2nd ed., New York: Wiley. Arrow, K. J. (1967), "Public and private values," in Sidney Hook (Ed.), *Human Values and Economic Policy*, New York: New York University Press.

Arrow, K. J. (1973), "Some ordinalist-utilitarian notes on Rawls' theory of justice," *Journal of Philosophy*, 70: 245-63.

Arrow, K. J. (1977), "Extended sympathy and the possibility of social choice," *American Economic Review*, 67: 219-25.

Arrow, K. J. (1982), "Risk perception in psychology and economics," *Economic Inquiry*, 20: 1-9.

Arrow, K. J., and L. Hurwicz (1977), "An optimality criterion for decision-making under ignorance," in K. J. Arrow and L. Hurwicz (Eds.), *Studies in resource allocation processes*, Cambridge: Cambridge University Press.

Basu, K. (1979), *Revealed preference of governments*, Cambridge: Cambridge University Press.

Bell, D. E. (1982), "Regret in decision making under uncertainty," *Operations Research*, Vol. 30.

Bergson, A. (1938), "A reformulation of certain aspects of welfare economics," *Quarterly Journal of Economics*, 52: 310-34.

Bergson, A. (1954), "On the concept of social welfare," *Quarterly Journal of Economics*, 68: 233-52.

Bergson, A. (1966), *Essays in normative economics*, Cambridge, Mass.: Harvard University Press.

Binmore, K. (1975), "An example in group preference," *Journal of Economic Theory*, 10: 377-85.

Blackorby, C. (1975), "Degrees of cardinality and aggregate partial orderings," *Econometrica*, 43: 845-52.

Blackorby, C., D. Donaldson, and J. A. Weymark (1984), "Social choice with interpersonal utility comparisons: A diagrammatic introduction," *International Economic Review*, 25: 327-56.

Blair, D. H., and R. A. Pollak (1979), "Collective rationality and dictatorship: The scope of the Arrow theorem," *Journal of Economic Theory*, 21: 186-94.

Blair, D. H., G. Bordes, J. S. Kelly, and K. Suzumura (1976), "Impossibility theorems without collective rationality," *Journal of Economic Theory*, 13: 361-79.

Blau, J. H. (1957), "The existence of a social welfare function," *Econometrica*, 25: 302-13.

Blau, J. H. (1971), "Arrow's theorem with weak independence," *Econometrica*, 38: 413-20.

Blau, J. H. (1972), "A direct proof of Arrow's theorem," *Econometrica*, 40: 61-7.

Blau, J. H. (1979), "Semiorders and collective choice," *Journal of Economic Theory*, 21: 195-206.

Borch, K., and J. Mossin (1968), *Risk and uncertainty*, London: Macmillan.

Borda, J. C. (1781), "Mémoire sur les elections au scrutin," *Mémoires des l'Academie Royale des Sciences*; English translation by A. de Grazia, *Isis*, *44* (1953).

Borglin, A. (1982), "States and persons—On the interpretation of some fundamental concepts in the theory of justice as fairness," *Journal of Public Economics*, 18: 85-104.

Broome, J. (1978), "Choice and value in economics," *Oxford Economic Papers*, 30: 313-33.

Broome, J. (1984), "Uncertainty and fairness," *Economic Journal*, 94: 624-32.

Brown, D. J. (1974), "An approximate solution to Arrow's problem," *Journal of Economic Theory*, 9: 375-83.

Buchanan, J. M., and G. Tullock (1962), *The calculus of consent*, Ann Arbor: University of Michigan Press.

Chichilnisky, G. (1982a), "Social aggregation rules and continuity," *Quarterly Journal of Economics*, Vol. 96.

Chichilnisky, G. (1982b), "Topological equivalence of the Pareto condition and the existence of a dictator," *Journal of Mathematical Economics*, 9: 223-33.

d'Aspremont, C., and L. Gevers (1977), "Equity and informational basis of collective choice," *Review of Economic Studies*, 46: 199-210.

Davidson, D. (1980), *Essays on actions and events*, Oxford: Clarendon Press.

Davidson, D., P. Suppes, and S. Siegel (1957), *Decision making: An experimental approach*, Stanford: Stanford University Press.

Deschamps, R., and L. Gevers (1978), "Leximin and utilitarian rules: A joint characterisation," *Journal of Economic Theory*, 17: 143-63.

Deschamps, R., and L. Gevers (1979), "Separability, risk-bearing and social welfare judgments," in J.-J. Laffont (Ed.), *Aggregation and revelation of preferences*, Amsterdam: North-Holland.

Diamond, P. A. (1967), "Cardinal welfare, individualistic ethics, and interpersonal comparisons of utility: Comment," *Journal of Political Economy*, 75: 765-6.

Drèze, J. H. (1974), "Axiomatic theories of choice, cardinal utility and subjective probability: A review," in J. H. Drèze (Ed.), *Allocation under uncertainty: Equilibrium and optimality*, London: Macmillan.

Edgeworth, F. Y. (1881), *Mathematical psychics: An essay on the application of mathematics to the moral sciences*, London: Kegan Paul.

Fine, B. J. (1975), "A note on 'Interpersonal aggregation and partial comparability'," *Econometrica*, 43: 173-4.

Fishburn, P. C. (1970), "Arrow's impossibility theorem: Concise proof and infinite voters," *Journal of Economic Theory*, 2: 103-6.

Fishburn, P. C. (1973), *The theory of social choice*, Princeton: Princeton University Press.

Fishburn, P. C. (1974), "On collective rationality and a generalized impossibility theorem," *Review of Economic Studies*, 41: 445-59.

Gevers, L. (1979), "On interpersonal comparability and social welfare orderings," *Econometrica*, 47: 75-90.

Graaff, J. de V. (1967), *Theoretical welfare economics*, 2nd ed., Cambridge: Cambridge University Press.

Hammond, P. J. (1976a), "Equity, Arrow's conditions and Rawls' difference principle," *Econometrica*, 44: 793-804.

Hammond, P. J. (1976b), "Why ethical measures of inequality need interpersonal comparisons," *Theory and Decision*, 7: 263-74.

Hammond, P. J. (1977), "Dual interpersonal comparisons of utility and the welfare economics of income distribution," *Journal of Public Economics*, 6: 51-71.

Hansson, B. (1973), "The independence condition in the theory of social choice," *Theory and Decision*, 4: 25-49.

Hansson, B. (1976), "The existence of group preferences," *Public Choice*, 28: 89- 98.

Hare, R. M. (1952), *The language of morals*, Oxford: Clarendon Press; 2nd ed., 1961.

Hare, R. M. (1963), *Freedom and reason*, Oxford: Clarendon Press.

Hare, R. M. (1977), "Geach on murder and sodomy," *Philosophy*, Vol. 52.

Hare, R. M. (1981), *Moral thinking*, Oxford: Clarendon Press.

Harsanyi, J. C. (1955), "Cardinal welfare, individualistic ethics, and interpersonal comparisons of utility," *Journal of Political Economy*, 63: 309-21.

Harsanyi, J. C. (1977), *Rational behaviour and bargaining equilibrium in games and social situations*, Cambridge: Cambridge University Press.

Herzberger, H. G. (1973), "Ordinal preference and rational choice," *Econometrica*, 41: 187-237.

Hurley, S. (1985), "Objectivity and disagreement," in T. Honderich (Ed.), *Ethics and objectivity*, London: Routledge.

Jeffrey, R. C. (1965), *The logic of decision*, New York: McGraw-Hill; 2nd ed., Chicago: University of Chicago Press, 1983.

Kahneman, D., P. Slovick, and A. Tversky (1982), *Judgment under uncertainty: Heuristics and biases*, Cambridge: Cambridge University Press.

Kant, I. (1788), *Critique of practical reason*, English translation by T. K. Abbott, *Kant's critique of practical reason*, London: Longmans; 6th ed., 1909.

Kelly, J. S. (1978), Arrow impossibility theorems, New York: Academic Press.

Kemp, M. C., and Y.-K. Ng (1976), "On the existence of social welfare functions, social orderings and social decision functions, *Economica*, 43: 59-66.

Kemp, M. C., and Y.-K. Ng (1977), "More on social welfare functions: The incompatibility of individualism and ordinalism," *Economica*, 44: 89-90.

Kirman, A. P., and D. Sondermann (1972), "Arrow's theorem, many agents and invisible dictators," *Journal of Economic Theory*, 5: 267-77.

Laffont, J.-J. (Ed.) (1979), Aggregation and revelation of preferences, Amsterdam: North-Holland.

Levi, I. (1974), "On indeterminate probabilities," *Journal of Philosophy*, 71: 391- 418.

Little, I. M. D. (1952), "Social choice and individual values," *Journal of Political Economy*, 60: 422-32.

Little, I. M. D. (1957), *A critique of welfare economics*, 2nd ed., Oxford: Clarendon Press.

Loomes, G., and R. Sugden (1982), "Regret theory: An alternative theory of rational choice under uncertainty," *Economic Journal*, 92: 805-24.

Luce, R. D., and H. Raiffa (1957), *Games and decisions*, New York: Wiley.

McClennen, E. F. (1983), "Sure-thing doubts," in B. P. Stigum and F. Wenstøp (Eds.), *Foundations of utility and risk theory with applications*, Dordrecht: Reidel.

MacCrimmon, K. R. (1968), "Descriptive and normative implications of decision theory postulates," in K. Borch and J. Mossin (Eds.), *Risk and uncertainty*, London: Macmillan.

McDowell, J. (1981), "Non-cognitivism and rule-following," in S. H. Holtzman and C. M. Leich (Eds.), *Wittgenstein: To follow a rule*, London: Routledge.

Machina, M. (1981), "'Rational' decision making vs. 'rational' decision modelling?" *Journal of Mathematical Psychology*, 24.

Machina, M. (1983), "Generalized expected utility analysis and the nature of observed violations of the independence axiom," in Stigum and Wenstøp (1983).

Mackie, J. L. (1977), *Ethics*, Harmondsworth: Penguin Books.

Marshall, A. (1890), *Principles of economics*, London: Macmillan.

Maskin, E. (1978), "A theorem on utilitarianism," *Review of Economic Studies*, 45: 93-6.

Maskin, E. (1979), "Decision-making under ignorance with implications for social choice," *Theory and Decision*, 11: 319-37.

Mirrlees, J. A. (1982), "The economic uses of utilitarianism," in A. K. Sen and B. Williams (Eds.), *Utilitarianism and beyond*, Cambridge: Cambridge University Press.

Myerson, R. B. (1983), "Utilitarianism, egalitarianism, and the timing effect in social choice problems," *Econometrica*, 49: 883-97.

Nagel, T. (1979), *Mortal questions*, Cambridge: Cambridge University Press.

Nagel, T. (1980), "The limits of objectivity," in S. McMurrin (Ed.), *Tanner lectures on human values*, Cambridge: Cambridge University Press.

Nash, J. F. (1950), "The bargaining problem," *Econometrica*, 18: 155-62.

Parfit, D. (1984), *Reasons and persons*, Oxford: Clarendon Press.

Parks, R. P. (1976), "An impossibility theorem for fixed preferences: A dictatorial Bergson-Samuelson social welfare function," *Review of Economic Studies*, 43: 447-50.

Pattanaik, P. K. (1978), *Strategy and group choice*, Amsterdam: North-Holland.

Pigou, A. C. (1920), *The economics of welfare*, London: Macmillan.

Plott, C. R. (1976), "Axiomatic social choice theory: An overview and interpretation," *American Journal of Political Science*, 20: 511-96.

Pollak, R. A. (1979), "Bergson-Samuelson social welfare functions and the theory of social choice," *Quar-

terly Journal of Economics, 93: 73-90.

Rawls, J. (1971), A theory of justice, Cambridge, Mass.: Harvard University Press. Ray, P. (1973), "Independence of irrelevant alternatives," *Econometrica*, 41: 987-91.

Roberts, K. W. S. (1980a), "Possibility theorems with interpersonally comparable welfare levels," *Review of Economic Studies*, 47: 409-20.

Roberts, K. W. S. (1980b), "Interpersonal comparability and social choice theory," *Review of Economic Studies*, 47: 421-39.

Roberts, K. W. S. (1980c), "Social choice theory: The single and multiple-profile approaches," *Review of Economic Studies*, 47: 441-50.

Rubinstein, A. (1981), "The single profile analogues to multiple profile theorems: Mathematical logic's approach," mimeo, Murray Hill: Bell Laboratories.

Samuelson, P. A. (1938), "A note on the pure theory of consumer's behaviour," *Economica*, 5: 61-71.

Samuelson, P. A. (1947), *Foundations of economic analysis*, Cambridge, Mass.: Harvard University Press.

Samuelson, P. A. (1967a), "Arrow's mathematical politics," in S. Hook (Ed.), *Human values and economic policy*, New York: N.Y.U. Press.

Samuelson, P. A. (1967b), "Foreword" in J. de V. Graaff, *Theoretical welfare economics*, 2nd ed., Cambridge: Cambridge University Press.

Savage, L. J. (1954), *The foundations of statistics*, New York: Wiley.

Sen, A. K. (1966), "Hume's law and Hare's rule," *Philosophy*, 41: 75-9.

Sen, A. K. (1970a), *Collective choice and social welfare*, San Francisco: Holden Day; North-Holland, Amsterdam.

Sen, A. K. (1970b), "Interpersonal aggregation and partial comparability," *Econometrica*, 38: 393-409; "A correction," 40(1972): 959.

Sen, A. K. (1971), "Choice functions and revealed preference," *Review of Economic Studies*, 38: 307-17.

Sen, A. K. (1974), "Informational bases of alternative welfare approaches: Aggregation and income distribution," *Journal of Public Economics*, 3: 387-403.

Sen, A. K. (1977a), "Rational fools: A critique of the behavioral foundations of economic theory," *Philosophy and Public Affairs*, 6: 317-44.

Sen, A. K. (1977b), "On weights and measures: Informational constraints in social welfare analysis," *Econometrica*, 45: 1539-72.

Sen, A. K. (1979), "Informational analysis of moral principles," in R. Harrison (Ed.), *Rational action*, Cambridge: Cambridge University Press.

Sen, A. K. (1982), *Choice, welfare and measurement*, Oxford: Blackwell, and Cambridge, Mass.: M.I.T. Press.

Sen, A. K. (1984a), *Resources, values and development*, Oxford: Blackwell, and Cambridge, Mass.: Harvard University Press.

Sen, A. K. (1984b), "Consistency," Presidential Address to the Econometric Society. *Econometrica*, forthcoming.

Sen, A. K. (1985a), "Well-being, agency and freedom: The Dewey lectures 1984," *Journal of Philosophy*, 82: 169-221.

Sen, A. K. (1985b), "Social choice theory," in K. J. Arrow and M. Intriligator (Eds.), *Handbook of mathematical economics*, vol. 3, Amsterdam: North-Holland.

Sen, A. K. (1985c), "Rationality and uncertainty," *Theory and Decision*, 18: 109-27.

Sen, A. K., and B. Williams (Eds.) (1982), *Utilitarianism and beyond*, Cambridge: Cambridge University Press.

Sidgwick, H. (1907), *The method of ethics*, 7th ed., London: Macmillan.

Stigum, B. P., and F. Wenstøp (Eds.) (1983), *Foundations of utility and risk theory with applications*, Dordrecht: Reidel.

Strasnick, S. (1976), "Social choice theory and the derivation of Rawls' difference principle," *Journal of Philosophy*, 73: 85-99.

Suppes, P. (1966), "Some formal models of grading principles," *Synthese*, 6: 284- 306.

Suzumura, K. (1983), *Rational choice, collective decisions and social welfare*, Cambridge: Cambridge University Press.

Tversky, A. (1975), "A critique of expected utility theory: Descriptive and normative considerations," *Erkenntnis*, 9.

Williams, B. A. O. (1973), "A critique of utilitarianism," in J. J. C. Smart and B. Williams (Eds.), *Utilitarianism: For or against*, Cambridge: Cambridge University Press.

Wilson, R. B. (1972), "Social choice theory without the Pareto principle," *Journal of Economic Theory*, 5: 478-86.

⚜ 13장

Arrow, K. J. (1951). *Social Choice and Individual Values*. New York: John Wiley.

———— (1963). *Social Choice and Individual Values*, 2nd (extended) edn. New York: John Wiley.

Barnes, J. (1980). Freedom, rationality and paradox. *Canadian Journal of Philosophy*, 10, 545-65.

Barry, B. (1986). Lady Chatterley's Lover and Doctor Fischer's Bomb Party: liberalism, Pareto optimality and the problem of objectional preferences. In Elster and Hylland (1986).

Basu, K. (1984). The right to give up rights. *Economica*, 51, 413-22.

Bernholz, P. (1974). Is a Paretian liberal really impossible? *Public Choice*, 20, 99-108.

———— (1980). A general social dilemma: profitable exchange and intransitive group preferences. *Zeitschrift für Nationalökonomie*, 40, 1-23.

Blau, J. (1975). Liberal values and independence. *Review of Economic Studies*, 42, 413-20.

Breyer, F., and Gardner, R. (1980). Liberal paradox, game equilibrium and Gibbard optimum. *Public Choice*, 35, 469-81.

Campbell, D. E. (1989). Equilibrium and efficiency with property rights and local consumption externalities. *Social Choice and Welfare*, 6, 189-203.

———— (1990). A "power structure" version of Sen's "Paretian liberal" theorem. Mimeo.

Coughlin, P. C. (1986). Rights and the private Pareto Principle. *Economica*, 53, 303-20.

Deb, R. (1989). Rights as alternative game forms: is there a difference of consequence? Mimeo, Southern Methodist University.

Dworkin, R. (1978). *Taking Rights Seriously*. London: Duckworth.

Elster, J., and Hylland, A. (eds.) (1986). *Foundations of Social Choice Theory*. Cambridge University Press.

Farrell, J. J. (1976). Liberalism in the theory of social choice. *Review of Economic Studies*, 43, 3-10.

Feinberg, J. (1980). *Rights, Justice and the Bounds of Liberty: Essays in Social Philosophy*. Princeton University Press.

Gaertner, W., and Krü ger, L. (1983). Alternative liberal claims and Sen's paradox. *Theory and Decision*, 15, 211-30.

Gaertner, W., Pattanaik, P., and Suzumura, K. (1992). Individual rights revisited. Mimeo. *Economica*. 59, 161-77.

Gärdenfors, P. (1981). Rights games and social choice. *Nous*, 15, 341-56.

Gardner, R. (1980). The strategic inconsistency of Paretian liberalism. *Public Choice*, 35, 241-52.

Gibbard, A. (1973). Manipulation of voting schemes: a general result. *Econometrica*, 41, 587-601.

——— (1974). A Pareto-consistent libertarian claim. *Journal of Economic Theory*, 7, 338-410.

Hahn, F., and Hollis, M. (eds.) (1979). *Philosophy and Economic Theory*. Oxford University Press.

Hammond, P. J. (1981). Liberalism, independent rights and the Pareto principle. In J. Cohen (ed.), *Proceedings of the 6th International Congress of Logic, Methodology and Philosophy of Science*. Dordrecht: Reidel.

——— (1982). Utilitarianism, uncertainty and information. In Sen and Williams (1982).

Hansson, S. O. (1988). Rights and the liberal paradoxes. *Social Choice and Welfare*, 5, 287-302.

Hardin, R. (1988). *Morality within the Limits of Reason*. University of Chicago Press.

Hilpinen, R. (ed.) (1971). *Deontic Logic*. Dordrecht: Reidel.

Hurley, S. (1989). *Natural Reasons*. Oxford University Press.

Kanger, S. (1957). *New Foundations for Ethical Theory*. Stockholm. Reprinted in Hilpinen (1971).

——— (1985). On realization of human rights. *Acta Philosophica Fennica*, 38, 71-8.

Kelly, J. S. (1976). Rights-exercising and a Pareto-consistent libertarian claim. *Journal of Economic Theory*, 13, 138-53.

——— (1978). *Arrow Impossibility Theorems*. New York: Academic Press.

Kelsey, D. (1985). The liberal paradox: a generalization. *Social Choice and Welfare*, 1, 245-50.

——— (1988). What is responsible for the "Paretian Epidemic?" *Social Choice and Welfare*, 5, 303-6.

Levi, I. (1982). Liberty and welfare. In Sen and Williams (1982).

——— (1986). *Hard Choices*. Cambridge University Press.

Lindahl, L. (1974). *Position and Change*. Dordrecht: Reidel.

Mill, J. S. (1859). On Liberty. London. Republished in J. S. Mill, *Utilitarianism*, ed. Mary Warnock. London: Collins/Fontana, 1962.

Nozick, R. (1973). Distributive justice. *Philosophy and Public Affairs*, 3, 45-126.

——— (1974). *Anarchy State and Utopia*. Oxford: Basil Blackwell.

Parfit, D. (1984). *Reasons and Persons*. Oxford: Clarendon Press.

Pattanaik, P. K. (1989). A conceptual assessment of Sen's formulation of rights. Mimeo, Birmingham University.

——— (1991). Welfarism, individual rights and game forms. Mimeo, University of California at Riverside.

——— and Xu, Y. (1990). On ranking opportunity sets in terms of freedom of choice. *Recherches Economiques de Louvain*, 56, 383-90.

Rawls, J. (1971). *A Theory of Justice*. Cambridge, Mass.: Harvard University Press.

——— (1982). Social unity and primary goods. In Sen and Williams (1982).

Riley, J. (1987). *Liberal Utilitarianism: Social Choice Theory and J. S. Mill's Philosophy*. Cambridge University Press.

——— (1989). Rights to liberty in purely private matters, part I. *Economics and Philosophy*, 5, 121-66.

——— (1990). Rights to liberty in purely private matters: part II. *Economics and Philosophy*, 6, 27-64.

Scanlon, T. (1975). Preference and urgency. *Journal of Philosophy*, 72, 665-9.

——— (1988). The significance of choice. In S. McMurrin (ed.), *Tanner Lectures on Human Values*, vol. VIII. Salt Lake City: University of Utah Press and Cambridge University Press.

Scheffler, S. (ed.) (1988). *Consequentialism and its Critics*. Oxford University Press. Schotter, A. (1985). Free Market Economics: A Critical Appraisal. New York: St. Martin's Press.

Schwartz, T. (1981). The universal instability theorem. *Public Choice*, 37, 487- 501.

——— (1986). *The Logic of Collective Choice*. New York: Columbia University Press.

Seabright, P. (1989). Social choice and social theories. *Philosophy and Public Affairs*, 18, 365-87.

Sen, A. K. (1970a). *Collective Choice and Social Welfare*. San Francisco: HoldenDay. Republished Amsterdam: North-Holland, 1979.

———— (1970b). The impossibility of a Paretian liberal. *Journal of Political Economy, 72*, 152-7; reprinted in Hahn and Hollis (1979), and Sen (1982c).

———— (1976). Liberty, unanimity and rights. *Economica, 43*, 217-45; reprinted in Sen (1982c).

———— (1977). Social choice theory: a re-examination. *Econometrica, 45*, 53-89; reprinted in Sen (1982c).

———— (1982a). Rights and agency. *Philosophy and Public Affairs, 11*, 3-39.

———— (1982b). Liberty as Control: an appraisal. *Midwest Studies in Philosophy, 7*, 207-21.

———— (1982c). *Choice, Welfare and Measurement.* Oxford: Basil Blackwell and Cambridge, Mass.: MIT Press.

———— (1983). Liberty and social choice. *Journal of Philosophy, 80*, 5-28.

———— (1985a). Well-being, agency and freedom: the Dewey Lectures 1984, *Journal of Philosophy, 82*, 169-224.

———— (1985b). *Commodities and Capabilities.* Amsterdam: North-Holland.

———— (1986). Social choice theory. In K. J. Arrow and M. Intriligator (eds.), *Handbook of Mathematical Economics.* Amsterdam: North-Holland.

———— (1990). Gender and cooperative conflicts. In I. Tinker (ed.), *Persistent Inequalities.* New York: Oxford University Press.

———— (1991). Welfare, preference and freedom. *Journal of Econometrics, 50*, 15- 30.

———— and Williams, B. (eds.) (1982). *Utilitarianism and Beyond.* Cambridge University Press.

Subramanian, S. (1987). The liberal paradox with fuzzy preferences. *Social Choice and Welfare, 4*, 213-8.

Sugden, R. (1981). *The Political Economy of Public Choice.* Oxford: Martin Robertson.

———— (1985). Liberty, preference and choice. *Economics and Philosophy, 1*, 213- 29.

Suppes, P. (1987). Maximizing freedom of decision. In G. R. Feiwel (ed.), *Arrow and the Foundations of Economic Policy.* New York University Press.

Suzumura, K. (1980). Liberal paradox and the voluntary exchange of rights-exercising. *Journal of Economic Theory, 22*, 407-22.

———— (1983). *Rational Choice, Collective Decisions and Social Welfare.* Cambridge University Press.

———— (1991). Alternative approaches to libertarian right. In K. J. Arrow (ed.), *Markets and Welfare.* London: Macmillan.

Waldron, J. (ed.) (1984). *Theories of Rights.* Oxford University Press.

Wriglesworth, J. (1985). *Libertarian Conflicts in Social Choice.* Cambridge University Press.

Xu, Y. (1990). The liberal paradox: some further observations. *Social Choice and Welfare, 7*, 343-51.

⚜ 14장

Aldrich, J. H. (1977a), Dilemma of a Paretian Liberal: Consequences of Sen's Theorem, in: *Public Choice 30*, 1-22.

———— (1977b), Liberal Games: Further Comments on Social Choice and Game Theory, in: *Public Choice 30*, 29-34.

Arrow, K. J. (1951), *Social Choice and Individual Values*, New York, 2nd edition 1963.

———— (ed.) (1991), *Markets and Welfare*, London.

———— /M. Intriligator (eds.) (1986), *Handbook of Mathematical Economics*, Amsterdam.

———— /A. K. Sen/K. Suzumura (eds.) (1996), *Social Choice Re-examined*, to be published in London.

Austen-Smith, D. (1982), Restricted Pareto and Rights, in: *Journal of Economic Theory 26*, 89-99.

Baigent, N. (1981), Decompositions of Minimal Liberalism, in: *Economics Letters 7*, 29-32.

Barnes, J. (1980), Freedom, Rationality and Paradox, in: *Canadian Journal of Philosophy 10*, 545-565.

Barry, B. (1989), Lady Chatterley's Lover and Doctor Fischer's Bomb Party: Liberalism, Pareto-Optimality and the Problem of Objectionable Preferences, in: Elster/Hylland (eds.), 11-43.

Basu, K. (1984), The Right to Give up Rights, in: *Economica 51*, 413-422.

Batra, R./P. K. Pattanaik (1972), On Some Suggestions for Having Non-Binary Social Choice Functions, in: *Theory and Decision 3*, 1-11.

Bernholz, P. (1974), Is a Paretian Liberal Really Impossible?, in: *Public Choice 20*, 99-108.

——— (1975), Is a Paretian Liberal Really Impossible? A Rejoinder, in: *Public Choice 23*, 69-73.

——— (1980), A General Social Dilemma: Profitable Exchange and Intransitive Group Preferences, in: *Zeitschrift für Nationalökonomie 40*, 1-23.

Binmore, K. (1994), *Playing Fair: Game Theory and the Social Contract. Vol. I*, Cambridge/MA.

——— (1996), Right or Seemly? in: *Analyse & Kritik*, this number.

Blau, J. H. (1975), Liberal Values and Independence, in: *Review of Economic Studies 42*, 395-403.

——— /R. Deb (1977), Social Decision Functions and Veto, in: *Econometrica 45*, 871-879.

Breyer, F. (1977), The Liberal Paradox, Decisiveness Over Issues and Domain Restrictions, in: *Zeitschrift für Nationalökonomie 37*, 45-60.

——— (1996), Comment on the Papers by J. M. Buchanan and by A. de Jasay and H. Kliemt, in: *Analyse & Kritik*, this number.

——— /R. Gardner (1980), Liberal Paradox, Game Equilibrium and Gibbard Optimum, in: *Public Choice 35*, 469-481.

——— /G. A. Gigliotti (1980), Empathy and Respect for the Rights of Others, in: *Zeitschrift für Nationalökonomie 40*, 59-64.

Buchanan, J. M. (1954), Social Choice, Democracy and Free Markets, in: *Journal of Political Economy 62*, 114-123.

——— (1996), An Ambiguity in Sen's Alleged Proof of the Impossibility of a Paretian Libertarian, in: *Analyse & Kritik*, this number.

Campbell, D. E. (1976), Democratic Preference Functions, in: *Journal of Economic Theory 12*, 259-272.

Cohen, J. et al. (eds.) (1981), *Logic, Methodology and Philosophy of Science*, Amsterdam.

Coughlin, P. J. (1986), Rights and the Private Pareto Principle, in: *Economica 53*, 303-320.

Deb, R. (1994), Waiver, Effectivity and Rights as Game Forms, in: *Economica 61*, 167-178.

Elster, J./A. Hylland (eds.) (1986), *Foundations of Social Choice Theory*, Cambridge.

Farrell, M. J. (1976), Liberalism in the Theory of Social Choice, in: *Review of Economic Studies 43*, 3-10.

Feinberg, J. (1973), *Social Philosophy*, Englewood Cliffs.

Ferejohn, J. A. (1978), The Distribution of Rights in Society, in: Gottinger/Leinfellner (eds.), 119-131.

Fishburn, P. C. (1973), *The Theory of Social Choice*, Princeton.

Fleurbaey, M./W. Gaertner (1996), Admissibility and Feasibility in Game Forms, in: *Analyse & Kritik*, this number.

Gaertner, W./L. Kruger (1981), Self-Supporting Preferences and Individual Rights: The Possibility of a Paretian Liberal, in: *Economica 48*, 17-28.

——— /L. Kruger (1983), Alternative Libertarian Claims and Sen's Paradox, in: *Theory and Decision 15*, 211-230.

——— /P. K. Pattanaik/K. Suzumura (1992), Individual Rights Revisited, in: *Economica 59*, 61-178.

Gärdenfors, P. (1981), Rights, Games and Social Choice, in: *Noûs 15*, 341-356.

Gardner, R. (1980), The Strategic Inconsistency of Paretian Liberalism, in: *Public Choice 35*, 241-252.

Gibbard, A. F. (1974), A Pareto Consistent Libertarian Claim, in: *Journal of Economic Theory 7*, 388-410.

Gottinger, H. W./W. Leinfellner (eds.) (1978), *Decision Theory and Social Ethics, Issues in Social Choice*, Dordrecht.

Hammond, P. J. (1974), *On Dynamic Liberalism*, mimeographed, University of Essex.

—— (1977), Dynamic Restrictions on Metastatic Choice, in: *Economica 44*, 337-380.

—— (1981), Liberalism, Independent Rights and the Pareto Principle, in: Cohen et al. (eds.), 607-620.

—— (1982), Utilitarianism, Uncertainty and Information, in: Sen/Williams (eds.), 85-102.

—— (1996), Game Forms versus Social Choice Rules as Models of Rights, in: Arrow/Sen/Suzumura (eds.).

Hardin, R. (1988), *Morality within the Limits of Reason*, Chicago.

Harel, A./S. Nitzan (1987), The Libertarian Resolution of the Paretian Liberal Paradox, in: *Zeitschrift für Nationalökonomie 47*, 337-352.

Hicks, J. R. (1939), *Value and Capital*, Oxford.

Jasay, A. de/H. Kliemt (1996), The Paretian Liberal, His Liberties and His Contracts, in: *Analyse & Kritik*, this number.

Karni, E. (1976), *Individual Liberty, the Pareto Principle and the Possibility of Social Choice Function*, Working Paper No. 2, Foerder Institute for Economic Research, Tel-Aviv University.

—— (1978), Collective Rationality, Unanimity and Liberal Ethics, in: *Review of Economic Studies 45*, 571-574.

Kelly, J. S. (1976a), The Impossibility of a Just Liberal, in: *Economica 43*, 67-75.

—— (1976b), Rights Exercising and a Pareto-Consistent Libertarian Claim, in: *Journal of Economic Theory 13*, 138-153.

—— (1978), *Arrow Impossibility Theorems*, New York.

Knight, F. (1947), *Freedom and Reform: Essays in Economic and Social Philosophy*, New York.

Körner, S. (ed.) (1974), *Practical Reason*, Oxford.

Levi, I. (1982), Liberty and Welfare, in: Sen/Williams (eds.), 239-249.

Mill, J. S. (1859), *On Liberty*, London; republished Harmondsworth 1974 (page references relate to this edition).

Miller, N. R. (1977), "Social Preference" and Game Theory: A Comment on "The Dilemma of a Paretian Liberal," in: *Public Choice 30*, 23-28.

Mueller, D. C. (1979), *Public Choice*, Cambridge.

—— (1989), *Public Choice II*, New York.

—— (1996), Consitutional and Liberal Rights, in: *Analyse & Kritik*, this number.

Ng, Y.-K. (1971), The Possibility of a Paretian Liberal: Impossibility Theorems and Cardinal Utility, in: *Journal of Political Economy 79*, 1397-1402.

Nozick, R. (1973), Distributive Justice, in: *Philosophy & Public Affairs 3*, 45- 126.

—— (1974), *Anarchy, State and Utopia*, New York.

—— (1989), *The Examined Life*, New York.

Pattanaik, P. K. (1996a), The Liberal Paradox: Some Interpretations When Rights Are Represented as Game Forms, in: *Analyse & Kritik*, this number.

—— (1996b), On Modelling Individual Rights: Some Conceptual Issues, in: Arrow/Sen/Suzumura (eds.).

—— /K. Suzumura (1994), Rights, Welfarism and Social Choice, in: *American Economic Review. Papers and Proceedings 84*, 435-439.

—— / —— (1996), *Individual Rights and Social Evaluation: A Conceptual Framework*, Oxford Economic Papers, forthcoming.

Peacock, A. T./C. K. Rowley (1972), Pareto Optimality and the Political Economy of Liberalism, in: *Journal of Political Economy 80*, 476-490.

Perelli-Minetti, C. R. (1977), Nozick on Sen: A Misunderstanding, in: *Theory and Decision 8*, 387-393.

Rawls, J. (1982), Social Unity and Primary Goods, in: Sen/Williams (eds.), 159- 185.

Riley, J. M. (1985), On the Possibility of Liberal Democracy, in: *American Political Science Review 79*,

1135-1151.

—— (1986), Generalized Social Welfare Functional: Welfarism, Morality and Liberty, in: *Social Choice and Welfare 3*, 233-254.

—— (1987), *Liberal Utilitarianism*, Cambridge. Rowley, C. K. (1993), Liberty and the State, Aldershot.

—— /A. T. Peacock (1975), *Welfare Economics: A Liberal Restatement*, London.

Samuelson, P. A. (1947), *Foundations of Economic Analysis*, Cambridge/MA.

Seidl, C. (1975), On Liberal Values, in: *Zeitschrift für Nationalökonomie 35*, 257-292.

—— (1996), Foundations and Implications of Rights, in: Arrow/Sen/Suzumura (eds.).

Sen, A. K. (1970a), The Impossibility of a Paretian Liberal, in: *Journal of Political Economy 72*, 152-157; reprinted in Sen (1982a).

—— (1970b), *Collective Choice and Social Welfare*, San Francisco; republished Amsterdam 1979.

—— (1974), Choice, Ordering and Morality, in: Körner (ed.), 54-67; reprinted in Sen (1982a).

—— (1976), Liberty, Unanimity and Rights, in: *Economica 43*, 217-245; reprinted in Sen (1982a).

—— (1977), Rational Fools: A Critique of the Behavioural Foundations of Economic Theory, in: *Philosophy & Public Affairs 6*, 317-344; reprinted in Sen (1982a).

—— (1979), Personal Utilities and Public Judgements: or What's Wrong with Welfare Economics? in: *Economic Journal 89*; reprinted in Sen (1982a).

—— (1982a), *Choice, Welfare and Measurement*, Oxford and Cambridge/MA.

—— (1982b), Rights and Agency, in: *Philosophy & Public Affairs 11*, 3-39.

—— (1983), Liberty and Social Choice, in: *Journal of Philosophy 80*, 5-28.

—— (1985), Well-being, Agency and Freedom: The Dewey Lectures 1984, in: *Journal of Philosophy 82*, 169-221.

—— (1986), Social Choice Theory, in: Arrow/Intriligator (eds.), 1073-1181.

—— (1992), Minimal Liberty, in: *Economica 59*, 139-159.

—— (1996), Individual Preferences as the Basis of Social Choice, in: Arrow/ Sen/Suzumura (eds.).

—— /B. Williams (eds.) (1982), *Utilitarianism and Beyond*, Cambridge.

Stevens, D. N./J. E. Foster (1978), The Possibility of Democratic Pluralism, in: *Economica 45*, 401-406.

Sugden, R. (1981), *The Political Economy of Public Choice*, Oxford.

—— (1985), Liberty, Preference and Choice, in: *Economics and Philosophy 1*, 213-229.

—— (1993), Welfare, Resources, and Capabilities: A Review of Inequality Reexamined by Amartya Sen, in: *Journal of Economic Literature 31*, 1947-1962.

Suzumura, K. (1976), Remarks on the Theory of Collective Choice, in: *Economica 43*, 381-390.

—— (1978), On the Consistency of Libertarian Claims, in: *Review of Economic Studies 45*, 329-342.

—— (1980), Liberal Paradox and the Voluntary Exchange of Rights Exercising, in *Journal of Economic Theory 22*, 407-422.

—— (1983), *Rational Choice, Collective Decisions and Social Welfare*, Cambridge.

—— (1991), Alternative Approaches to Libertarian Rights in the Theory of Social Choice, in: Arrow (ed.), 215-224.

—— (1996), Welfare, Rights, and Social Choice Procedures, in: *Analyse & Kritik*, this number.

Van Hees, M. (1994), *Rights, Liberalism and Social Choice*, dissertation at the Catholic University of Nijmegen.

—— (1995), *Rights and Decisions: Formal Models of Law and Liberalism*, Dordrecht.

—— (1996), Individual Rights and Legal Validity, in: *Analyse & Kritik*, this number.

Weale, A. (1980), The Impossibility of Liberal Egalitarianism, in: *Analysis 40*, 13- 19.

Wriglesworth, J. (1985), *Libertarian Conflicts in Social Choice*, Cambridge.

❧ 17장

Akerlof, G. A. (1984). *An Economic Theorist's Book of Tales*. Cambridge University Press, Cambridge.

Anand, S., and Ravallion, M. (1993). "Human Development in Poor Countries: On the Role of Private Incomes and Public Services, *Journal of Economic Perspectives, 7*.

Aoki, M. (1989). *Information, Incentive and Bargaining in the Japanese Economy*, Cambridge University Press, Cambridge.

Arrow, K. J. (1951a). *Social Choice and Individual Values*, Wiley, New York. Arrow, K. J. (1951b). "An Extension of the Basic Theorems of Classical Welfare

Economies," in J. Neyman (ed.), *Proceedings of the Second Berkeley Symposium of Mathematical Statistics*, University of California Press, Berkeley, CA.

Arrow, K. J., and Hahn, F. H. (1971). *General Competitive Analysis*, Holden-Day, San Francisco; republished, North-Holland, Amsterdam, 1979.

Atkinson, A. B. (1970). *Poverty in Britain and the Reform of Social Security*, Cambridge University Press, Cambridge.

Atkinson, A. B. (1989). *Poverty and Social Security*, Wheatsheaf, New York.

Bauer, P. T. (1981). *Equality, the Third World and Economic Delusion*, Harvard University Press, Cambridge, MA.

Bentham, J. (1789). *An Introduction to the Principles of Morals and Legislation*, Payne, London.

Berlin, I. (1969). *Four Essays on Liberty*, Oxford University Press, Oxford.

Buchanan, A. (1985). *Ethics, Efficiency and the Market*, Clarendon Press, Oxford.

Buchanan, J. M. (1975). *The Limits of Liberty*, Chicago University Press, Chicago.

Buchanan, J. M. (1986). *Liberty, Market and the State*, Wheatsheaf Books, Brighton.

Dasgupta, P. (1982). *The Control of Resources*, Blackwell, Oxford.

Dasgupta, P. (1986). "Positive Freedom, Markets and the Welfare State," *Oxford Review of Economic Policy, 2*; reprinted in Helm (1989).

Dasgupta, P. (1988). "Lives and Well-being," *Social Choice and Welfare, 5*.

Davidson, D. (1980). *Essays on Actions and Events*, Clarendon Press, Oxford.

de Ruggiero, G. (1925). *Storia del liberalismo europeo*.

Debreu, G. (1959). *Theory of Value*, Wiley, New York.

Dore, R. (1987). *Taking Japan Seriously*, Stanford University Press, Stanford.

Drèze, J., and Sen, A. (1989). *Hunger and Public Action*, Clarendon Press, Oxford.

Dworkin, R. (1978). *Taking Rights Seriously*, Duckworth, London, 2nd edition.

Dworkin, R. (1985). *A Matter of Principle*, Harvard University Press, Cambridge, MA.

Friedman, M., and Friedman, R. (1980). *Free to Choose*, Secker and Warburg, London.

Gaertner, W., Pattanaik, P., and Suzumura, K. (1992). "Individual Rights Revisited," *Economica, 59*.

Green, J., and Laffont, J.-J. (1979). *Incentives in Public Decision Making*, NorthHolland, Amsterdam.

Green, T. H. (1889). "Lecture on Liberal Legislation and Freedom of Contract," in R. L. Nettleship (ed.), *Works of T. H. Green*, 3, Longmans, London, 1891.

Griffin, K., and Knight, J. (eds.) (1989). "Human Development in the 1980s and Beyond," *Journal of Development Planning, 19* (Special Number).

Groves, T., and Ledyard, J. (1977). "Optimal Allocation of Public Goods: A Solution to the 'Free Rider' Problem," *Econometrica, 46*.

Hahn, F. H. (1982). "Reflections on the Invisible Hand." *Lloyds Bank Review, 144*.

Hamlin, A., and Pettit, P. (1989). *The Good Polity*, Basil Blackwell, Oxford.

Hammond, P. J. (1982). "Utilitarianism, Uncertainty and Information," in Sen and Williams (1982).

Hayek, F. A. (1960). *The Constitution of Liberty*, Routledge and Kegan Paul, London.

Helm, D. (ed.) (1989). *The Economic Borders of the State*, Clarendon Press, Oxford. Hicks, J. R. (1939). Value and Capital, Clarendon Press, Oxford.

Hicks, J. R. (1981). *Wealth and Welfare*, Basil Blackwell, Oxford.

Kanger, S. (1971). "New Foundations for Ethical Theory," in R. Helpinen (ed.), *Deontic Logic*, Reidel, Dordrecht.

Koopmans, T. C. (1957). *Three Essays on the State of Economic Science*, McGrawHill, New York.

Koopmans, T. C. (1964). "On the Flexibility of Future Preferences," in M. W. Shelley and J. L. Bryan (eds.), *Human Judgments and Optimally*, Wiley, New York.

Kornai, J. (1988). "Individual Freedom and the Reform of Socialist Economy," *European Economic Review*, 32.

Kreps, D. (1979). "A Representation Theorem for 'Preference for Flexibility,'" *Econometrica*, 47.

Kreps, D. (1988). *Notes on the Theory of Choice*, Westview Press, London.

Lindahl, L. (1977). *Position and Change*, Reidel, Dordrecht.

Lindbeck, A. (1988). "Individual Freedom and Welfare State Policy," *European Economic Review*, 32.

Marx, K. (1843). *Critique of Hegel's Philosophy of the Law*, in Karl Marx and Friedrich Engels, *Collected Works*, Lawrence & Wishart, London, 1975.

Marx, K. (1844). *On the Jewish Question*, in Karl Marx and Friedrich Engels, *Collected Works*, Lawrence & Wishart, London, 1975.

McKenzie, L. (1959). "On the Existence of General Equilibrium for a Competitive Marker," *Econometrica*, 27.

Morishima, M. (1982). *Why Has Japan "Succeeded?": Western Technology and Japanese Ethos*, Cambridge University Press, Cambridge.

Nozick, R. (1974). *Anarchy, State and Utopia*, Blackwell, Oxford.

Nozick, R. (1989). *The Examined Life*, Simon and Schuster, New York.

Pattanaik, P. K., and Xu, Y. (1990). "On Ranking Opportunity Sets in Terms of Freedom of Choice," *Recherches Economiques de Louvain*, 56.

Puppe, C. (1992). "An Axiomatic Approach to 'Preference for Freedom of Choice,'" mimeograph, Harvard University.

Rawls, J. (1971). *A Theory of Justice*, Harvard University Press, Cambridge, MA.

Raz, J. (1986). *The Morality of Freedom*, Clarendon Press, Oxford.

Riley, J. (1987). *Liberal Utilitarianism: Social Choice Theory and J. S. Mill's Philosophy*, Cambridge University Press, Cambridge.

Samuelson, P. A. (1938). "A Note on the Pure Theory of Consumers' Behaviour," *Economica*, 5.

Samuelson, P. A. (1947). *Foundation of Economic Analysis*, Harvard University Press, Cambridge, MA.

Scanlon, T. M. (1978). "Rights, Goals and Fairness," in S. Hampshire et al. (eds.), *Public and Private Morality*, Cambridge University Press, Cambridge.

Sen, A. K. (1970). *Collective Choice and Social Welfare*, Holden-Day, San Francisco; republished, North-Holland, Amsterdam, 1979.

Sen, A. K. (1980). "Equality of What?" in S. McMurrin (ed.), *Tanner Lectures on Human Values*, I, Cambridge University Press, Cambridge.

Sen, A. K. (1981). *Poverty and Famines: An Essay on Entitlement and Deprivation*, Clarendon Press, Oxford.

Sen, A. K. (1982a). *Choice, Welfare and Measurement*, Blackwell, Oxford: and MIT Press, Cambridge, MA.

Sen, A. K. (1982b). "Rights and Agency," *Philosophy and Public Affairs*, 11.

Sen. A. K. (1983a). "Liberty and Social Choice," *Journal of Philosophy*, 80.

Sen, A. K. (1983b). "Poor, Relatively Speaking," *Oxford Economic Papers, 35.*

Sen, A. K. (1984). *Resources, Values and Development*, Blackwell, Oxford, and Harvard University Press, Cambridge, MA.

Sen, A. K. (1985a). *Commodities and Capabilities*, North-Holland, Amsterdam.

Sen, A. K. (1985b). "Well-being, Agency and Freedom: The Dewey Lectures 1984," *Journal of Philosophy, 82.*

Sen, A. K. (1987). *On Ethics and Economics*, Blackwell, Oxford.

Sen, A. K. (1988). "Freedom of Choice: Concept and Content," *European Economic Review, 32.*

Sen, A. K. (1991). "Welfare, Preference and Freedom," *Journal of Econometrics.*

Sen, A. K. (1992a). "Minimal Liberty," *Economica, 59.*

Sen, A. K. (1992b). *Inequality Reexamined*, Clarendon Press, Oxford, and Harvard University Press, Cambridge, MA.

Sen, A. K., et al. (1987). *The Standard of Living*, Cambridge University Press, Cambridge.

Sen, A. K., and Williams, B. (ed.) (1982). *Utilitarianism and Beyond*, Cambridge University Press, Cambridge.

Suppes, P. (1987). "Maximizing Freedom of Decision: An Axiomatic Analysis," in G. R. Feiwel (ed.), *Arrow and the Foundations of the Economic Policy*, New York University Press, New York.

Suzumura, K. (1983). *Rational Choice, Collective Decisions and Social Welfare*, Cambridge University Press, Cambridge.

Townsend, P. (1979). *Poverty in the United Kingdom*, Penguin, Harmondsworth.

Wade, R. (1990). *Governing the Market: Economic Theory and the Role of the Government in East Asian Industrialization*, Princeton University Press, Princeton.

Wedderburn, D. (1961). *The Aged in the Welfare State*, Bell, London.

Wriglesworth, J. (1985). *Libertarian Conflicts in Social Choice*, Cambridge University Press, Cambridge.

❧ 18장

Altaf, M. A., and J. R. DeShazo (1994) "Bid Elicitation in the Contingent Valuation Method: The Double Referendum Format and Induced Strategic Behavior," mimeographed, Harvard University.

Anand, S., and A. Sen (1994) "Sustainable Development: Concepts and Priorities," mimeographed, Center for Population and Development, Harvard University; to be published in *World Development.*

Arrow, K. J. (1951) *Social Choice and Individual Values*, New York: Wiley (2nd edition: 1963).

—— (1993) "Contingent, Valuation of Nonuse Values: Observations and Questions," in J. H. Hausman ed., *Contingent Valuation: A Critical Assessment*, Amsterdam: North-Holland.

——, R. Solow, P. R. Portney, E. E. Leamer, R. Radner, and H. Schuman (1993) "Report of the NOAA Panel on Contingent Valuation," mimeographed, National Oceanic and Atmospheric Administration, U.S. Department of Commerce; published in *Federal Register*, vol. 58, 15 January 1993, pp. 4602-4614.

Birdsall, N. (1992) "Another Look at Population and Global Warming," Working Paper WPS 1020, World Bank.

Broome, J. (1991) *Counting the Cost of Global Warming*, Cambridge: White Horse Press.

Buchanan, J. M. (1954a) "Social Choice, Democracy, and Free Markets," *Journal of Political Economy*, vol. 62, pp. 114-123.

—— (1954b) "Individual Choice in Voting and the Market," *Journal of Political Economy*, vol. 62, pp. 334-343.

Cairncross, F. (1991) *Costing the Earth*, London: Business Books.

Chivian, E., M. McCally, H. Hu, and A. Haines, eds. (1993) *Critical Conditions: Human Health and the Environment*, Cambridge, MA: MIT Press.

Choucri, N., ed. (1993) *Global Accord: Environmental Challenges and International Responses*, Cambridge, MA: MIT Press.

Cline, W. R. (1992) *The Economics of Global Warming*, Washington DC: Institute for International Economics.

Cummings, R. G., D. S. Brookshire, and W. D. Schulze, eds. (1986) *Valuing Environmental Goods*, Totowa, NJ: Rowman and Allanheld.

Dasgupta, P. (1993) *An Inquiry into Well-being and Destitution*, Oxford: Oxford University Press.

———— and G. Heal (1979) *Economic Theory and Exhaustible Resources*, Cambridge: Cambridge University Press.

d'Aspremont, C. (1985) "Axioms for Social Welfare Ordering," L. Hurwicz, D. Schmeidler and H. Sonnenschein, eds. *Social Goals and Social Organization*, Cambridge: Cambridge University Press.

Davis, R. K. (1963) "Recreational Planning as an Economic Problem," *Natural Resources Journal*, vol. 3, pp. 239-249.

Deaton, A., and J. Muellbauer (1980) *Economics and Consumer Behaviour*, Cambridge: Cambridge University Press.

DeShazo, J. R. (1993) "The Influence of Information Regimes on the Formation of WTP Bids: An Explanation of the 'Embedding Effect,'" mimeographed, Harvard University.

Desvousges, W. H., F. R. Johnson, R. W. Dunford, S. P. Hudson, and K. N. Wilson (1993) "Measuring Natural Resource Damages with Contingent Valuation: Tests of Validity and Reliability," in J. Hausman, ed., *Contingent Valuation: A Critical Assessment*, Amsterdam: North-Holland.

Diamond, A., and J. A. Hausman (1993) "On Contingent Valuation Measurement of Nonuse Values," in J. A. Hausman, ed., *Contingent Valuation: A Critical Assessment*, Amsterdam: North-Holland.

———— and ———— (1994) "Contingent Valuation: Is Some Number Better than No Number?" *Journal of Economic Perspectives*, vol. 8, pp. 45-64.

————, ————, G. K. Leonard, and M. A. Denning (1993) "Does Contingent Valuation Measure Preferences? Empirical Evidence," in J. A. Hausman, ed., *Contingent Valuation: A Critical Assessment*, Amsterdam: North-Holland.

Dietz, T., and P. C. Stern (1995) "Toward a Theory of Choice: Social Embedded Preference Construction," *Journal of Socio-Economics*, forthcoming.

Dorfman, R. (1993) "On Sustainable Development," mimeographed, Discussion Paper 1627, Harvard Institute of Economic Research.

Dornbusch, R., and J. M. Poterba (1992). *Global Warming: Economic Policy Responses*, Cambridge, MA: MIT Press.

Drèze, J., and A. Sen (1989) *Hunger and Public Action*, Oxford: Oxford University Press.

Elster, J., and A. Hylland, eds. (1986) *Foundations of Social Choice Theory*, Cambridge: Cambridge University Press.

Guagnano, G. A., T. Dietz, and P. C. Stern (1994) "Willingness to Pay for Public Goods: A Test of the Contribution Model," mimeographed, National Research Council, Washington, D.C.

Haines, A. (1993) "The Possible Effects of Climate Change on Health," in Chivian et al., eds., *Critical Conditions: Human Health and the Environment*, Cambridge, MA: MIT Press.

Hammond, P. J. (1978) "Economic Welfare with Rank Order Price Weighting," *Review of Economic Studies*, vol. 45, pp. 381-384.

———— (1985) "Welfare Economics," in G. Feiwell, ed., *Issues in Contemporary Microeconomics and Welfare*, Albany, NY: SUNY Press, pp. 405-434.

——— (1986) "Consequentialist Social Norms for Public Decisions," in W. P. Heller, R. M. Starr, and D. A. Starrett, eds., *Social Choice and Public DecisionMaking*, vol. 1, *Essays in Honor of Kenneth J. Arrow*, New York: Cambridge University Press.

——— (1993) "Is There Anything New in the Concept of Sustainable Development?" mimeographed, Stanford University.

Hanemann, W. M. (1991). "Willingness to Pay and Willingness to Accept: How Much Can They Differ?" *American Economic Review*, vol. 81, pp. 635- 647.

——— (1994) "Valuing the Environment through Contingent Valuation," *Journal of Economic Perspectives*, vol. 8, pp. 19-43.

Hartwick, J. M. (1977) "Intergenerational Equity and the Investing of Rents from Exhaustible Resources," *American Economic Review*, vol. 67, pp. 972-974.

Hausman, J. A., ed. (1993) *Contingent Valuation: A Critical Assessment*, Amsterdam: North-Holland.

Hicks, J. R. (1939) *Value and Capital*, Oxford: Oxford University Press. Jorgenson, D. W., and P. J. Wilcoxen (1991) "Reducing U.S. Carbon Dioxide

Emissions: The Costs of Different Goals," in J. R. Moroney, ed., *Energy, Growth and the Environment*, Greenwich CT: JAI Press.

Kahneman, D. (1986) "Comments on Contingent Valuation Method," in Cummings et al., eds., *Valuing Environmental Goods*, Totowa: Rowman and Allanheld.

——— (1992) "Presentation to the Contingent Valuation Panel," mimeographed.

——— and J. L. Knetsch (1992a) "Valuing Public Goods: The Purchase of Moral Satisfaction," *Journal of Environmental Economics*, vol. 22, pp. 57-70.

——— and ——— (1992b) "Contingent Valuation and the Value of Public Goods," *Journal of Environmental Economics*, vol. 22, pp. 90-94.

———, I. Ritov, K. Jacowitz, and P. Grant (1993) "Stated Willingness to Pay for Public Goods: A Psychological Perspective," *Psychological Science*, vol. 22, pp. 57-70.

Last, J. M. (1993) "Global Change, Ozone Depletion, Greenhouse Warming, and Public Health," *Annual Review of Public Health*, vol. 14, pp. 115-136.

Leggett, J. (1990) *Global Warming: The Greenpeace Report*, New York: Oxford University Press.

Lind, R., et al. (1982) *Discounting for Time and Risk in Energy Policy*, Washington, D.C.: Resources for the Future.

Mäler, K.-G. (1994) "Economic Growth and the Environment," in L. Pasinetti and R. Solow, eds., *Economic Growth and the Structure of Long-term Development*, London: Macmillan.

Manne, A., and R. G. Richels (1992) *Buying Greenhouse Insurance*, Cambridge, MA: MIT Press.

Milgrom, P. (1993), "Is Sympathy an Economic Value?" in J. A. Hausman, ed., *Contingent Valuation: A Critical Assessment*, Amsterdam: North-Holland.

Moroney, J. R., ed. (1991) *Energy, Growth and the Environment*, Greenwich, CT: JAI Press.

Moulin, H. (1983) *The Strategy of Social Choice*, Amsterdam: North-Holland.

Nordhaus, W. D. (1991) "To Slow or not to Slow: The Economics of the Greenhouse Effect," *Economic Journal*, vol. 101, pp. 920-937.

——— (1992) "Economic Approaches to Greenhouse Warming," in R. Dornbusch and J. M. Poterba, eds., *Global Warming: Economic Policy Responses*, Cambridge, MA: MIT Press.

——— (1994) *Managing the Global Commons: The Economics of Climate Change*, Cambridge, MA: MIT Press.

Nussbaum, M., and A. Sen, eds. (1987) *The Standard of Living*, Oxford: Oxford University Press.

Papandreou, A. A. (1994) Externality and Institutions, Oxford: Oxford University Press.

Pattanaik, P. K. (1978) *Strategy and Group Choice*, Amsterdam: North-Holland.

Pearce, D. W., and J. J. Warford (1993) *World without End: Economics, Environment, and Sustainable De-*

velopment, New York: Oxford University Press.

Peleg, B. (1984) *Game Theoretic Analysis of Voting in Committees*, Cambridge: Cambridge University Press.

Plott, C. R. (1993) "Contingent Valuation: A View of the Conference and Associated Research," in J. A. Hausman, ed., *Contingent Valuation: A Critical Assessment*, Amsterdam: North-Holland.

Portney, P. R. (1994) "The Contingent Valuation Debate: Why Economists Should Care," *Journal of Economic Perspectives*, vol. 8, pp. 3-17.

Ramsey, F. (1928) "A Mathematical Theory of Saving," *Economic Journal*, vol. 38, pp. 543-559.

Reilly, J. M., and M. Anderson, eds. (1992) *Economic Issues in Global Climate Change*, Boulder: Westview Press.

Repetto, R. (1989) "Balance-Sheet Erosion: How to Account for the Loss of Natural Resources," *International Environmental Affairs*, vol. 1, No. 2, pp. 103- 137.

Roberts, K. W. S. (1980) "Price Independent Welfare Propositions," *Journal of Public Economics*, vol. 13, pp. 277-297.

Rothenberg, J. (1993) "Economic Perspective on Time Comparison: Alternative Approaches to Time Comparison," in N. Choucri, ed., *Global Accord: Environmental Challenges and International Responses*, Cambridge, MA: MIT Press.

Sagoff, M. (1988) *The Economy of the Earth: Philosophy, Law, and the Environment*, Cambridge: Cambridge University Press.

Schmandt, J., and J. Clarkson, eds. (1992) *The Regions and Global Warming: Impacts and Response Strategies*, New York: Oxford University Press.

Sen, A. K. (1967) "Isolation, Assurance and the Social Rate of Discount," *Quarterly Journal of Economics*, vol. 81, pp. 112-124.

—— (1970). *Collective Choice and Social Welfare*, San Francisco: Holden-Day (reprinted, Amsterdam: North-Holland, 1979).

—— (1976) "Real National Income," *Review of Economic Studies*, vol. 43, pp. 19-39.

—— (1979) "The Welfare Basis of Real Income Comparisons," *Journal of Economic Literature*, vol. 17, pp. 1-45.

—— (1981) *Poverty and Famines: An Essay on Entitlement and Deprivation*, Oxford: Oxford University Press.

—— (1982) "Approaches to the Choice of Discount Rates for Social BenefitCost Analysis," in R. Lind et al., *Discounting for Time and Risk in Energy Policy*, Washingon, D.C.: Resources for the Future.

—— (1986) "Social Choice Theory," in K. J. Arrow and M. Intriligator, eds., *Handbook of Mathematical Economics*, vol. III, Amsterdam: North-Holland.

—— (1987) *The Standard of Living*, Cambridge: Cambridge University Press.

—— (1993) "Internal Consistency of Choice," *Econometrica*, vol. 61, pp. 495- 521.

—— (1994) "Population: Delusion and Reality," *New York of Review of Books*, 22 September, vol. 41. pp. 62-71.

—— (1995) "Rationality and Social Choice," *American Economic Review*, vol. 85, pp. 1-24.

Smith, V. K. (1992) "Comment: Arbitrary Values, Good Causes, and Premature Verdicts," *Journal of Environmental Economics*, vol. 22, pp. 71-89.

Solow, A. (1992) "Is There a Global Warming Problem?" in R. Dornbusch and J. M. Poterba, eds., *Global Warming: Economic Policy Responses*, Cambridge, MA: MIT Press.

Solow, R. (1986) "On the Intergenerational Allocation of Natural Resources," *Scandinavian Journal of Economics*, vol. 88, pp. 141-149.

—— (1992) *An Almost Practical Step toward Sustainability*, Washington, D.C.: Resources for the Future.

Stone, C. D. (1993) *The Gnat Is Older than Man: Global Environment and Human Agenda*, Princeton:

Princeton University Press.

Sunstein, C. (1993) "Endogenous Preferences: Environmental Law," *Journal of Legal Studies*, vol. 217, pp. 223-230.

Suzumura, K. (1983) *Rational Choice, Collective Decisions and Social Welfare*, Cambridge: Cambridge University Press.

——— (1994) "Interpersonal Comparisons and the Possibility of Social Choice," paper presented at the International Economic Association Round-table Conference on "Social Choice" at Hernstein, Austria; to be published in a volume edited by K. J. Arrow, A. K. Sen and K. Suzumura.

Uzawa, H. (1990) "The Theory of Imputation and Global Warming," mimeographed, Research Institute of Capital Formation, Japan Development Bank.

——— (1992) "Global Warming Initiatives: The Pacific Rim," in R. Dornbusch and J. M. Poterba, eds., *Global Warming: Economic Policy Responses*, Cambridge, MA: MIT Press.

Whittington, D., V. K. Smith, A. Okorafor, A. Okore, J. L. Liu, and A. McPhal (1992) "Giving Respondents Time to Think in Contingent Valuation Studies," *Journal of Environmental Economics*, vol. 22, pp. 205-225.

⚜ 20-22장

Anand, Sudhir, and Martin Ravallion (1993). "Human Development in Poor Countries: On the Role of Private Incomes and Private Services," *Journal of Economic Perspectives*, 7: 133-150.

Arneson, Richard (1989). "Equality and Equality of Opportunity for Welfare," *Philosophical Studies*, 56: 77-93.

Arneson, Richard (1990). "Primary Goods Reconsidered," *Nous*, 24: 429-454.

Arrow, Kenneth J. (1950). "A Difficulty in the Concept of Social Welfare," *Journal of Political Economy*, 58: 328-346.

Arrow, Kenneth J. (1951a). *Social Choice and Individual Values* (New York: Wiley).

Arrow, Kenneth J. (1951b). "An Extension of the Basic Theorems of Welfare Economics," in J. Neyman (ed.), *Proceedings of the 2nd Berkeley Symposium of Mathematical Statistics* (Berkeley: University of California Press).

Arrow, Kenneth J. (1963). *Social Choice and Individual Values*, 2nd ed. (New York: Wiley).

Arrow, Kenneth J. (1977). "Extended Sympathy and the Possibility of Social Choice," *American Economic Review*, 67: 219-225.

Arrow, Kenneth J. (ed.) (1991). *Markets and Welfare* (London: Macmillan).

Arrow, Kenneth J. (1995). "A Note on Freedom and Flexibility," in Basu, Pattanaik, and Suzumura (eds.).

Arrow, Kenneth J., and Michael D. Intrilligator (eds.) (1986). *Handbook of Mathematical Economics*, Vol. III (Amsterdam: North-Holland).

Arrow, Kenneth J., Amartya K. Sen, and Kotaro Suzumura (eds.) (1996). *Social Choice Re-examined*, 2 vols. (London: Macmillan).

Atkinson, Anthony B. (1970). "On the Measurement of Inequality," *Journal of Economic Theory*, 2; reprinted in Atkinson (1983).

Atkinson, Anthony B. (1975). *The Economics of Inequality* (Oxford: Clarendon Press).

Atkinson, Anthony B. (1983). *Social Justice and Public Policy* (Brighton: Harvester Wheatsheaf, and Cambridge, Mass.: MIT Press).

Atkinson, Anthony B. (1987). "On the Measurement of Poverty," *Econometrica*, 55: 749-764; reprinted in Atkinson (1989).

Atkinson, Anthony B. (1989). *Poverty and Social Security* (New York: Harvester Wheatsheaf).

Atkinson, Anthony B. (1995). "Capabilities, Exclusion, and the Supply of Goods," in Basu, Pattanaik, and Suzumura (eds.).

Baharad, Eyal, and Shmuel Nitzan (1997). "Extended Preferences and Freedom of Choice," mimeographed, Department of Economics, Bar-Ilan University, Ramat Gan, Israel; subsequently published in *Social Choice and Welfare*, 17(4): 629-637 (2000).

Baier, Kurt (1977). "Rationality and Morality," *Erkenntnis*, 11.

Baigent, Nick (1980). "Social Choice Correspondences," *Recherches Economiques de Louvain*, 46.

Balestrino, Alessandro (1994). "Poverty and Functionings: Issues in Measurement and Public Action," *Giornale degli Economesti e Annali di economia*, 53: 389- 406.

Balestrino, Alessandro (1996). "A Note on Functioning Poverty in Affluent Societies," *Notizie di Politeia*, 12: 97-106.

Barbera, Salvador, C. Richard Barrett, and Prasanta K. Pattanaik (1984). "On Some Axioms for Ranking Sets of Alternatives," *Journal of Economic Theory*, 33: 301- 308.

Barbera, Salvador, and Prasanta K. Pattanaik (1984). "Extending an Order on a Set to a Power Set: Some Remarks on Kannai-Peleg's Approach," *Journal of Economic Theory*, 32: 185-191.

Barnes, Jonathan (1980). "Freedom, Rationality and Paradox," *Canadian Journal of Philosophy*, 10: 545-565.

Barry, Brian (1986). "Lady Chatterley's Lover and Doctor Fischer's Bomb Party: Liberalism, Pareto-Optimality and the Problem of Objectionable Preferences," in J. Elster and A. Hylland (1986), 11-43.

Barthelemey, J. P. (1983). "Arrow's Theorem: Unusual Domains and Extended Codomains," in Pattanaik and Salles (1983).

Basu, Kaushik (1984). "The Right to Give up Rights," Economica, 51: 413-422. Basu, Kaushik (1987). "Achievements, Capabilities and the Concept of WellBeing," *Social Choice and Welfare*, 4: 69-76.

Basu, Kaushik, Prasanta K. Pattanaik, and Kotaro Suzumura (eds.) (1995). *Choice, Welfare and Development: A Festschrift in Honor of Amartya K. Sen* (Oxford: Clarendon Press).

Bauer, Peter (1957). *Economic Analysis and Policy in Underdeveloped Countries* (London: Routledge and Kegan Paul, 1965).

Bavetta, Sebastiano (1996). "Individual Liberty, Control and the 'Freedom of Choice Literature,'" *Notizie di Politeia*, 12: 23-30.

Becker, Gary (1997). *Accounting for Tastes* (Cambridge, Mass.: Harvard University Press).

Beitz, C. W. (1986). "Amartya Sen's Resources, Values and Development," *Economics and Philosophy*, 2.

Berlin, Isaiah (1969). *Four Essays on Liberty* (Oxford: Oxford University Press). Bernholz, Peter (1980). "A General Social Dilemma: Profitable Exchange and Intransitive Group Preferences," *Zeitschrift fur Nationalokonomie*, 40: 1-23.

Binmore, Ken (1996). "Right or Seemly?" Analyse & Kritik, 18: 67-80. Blackorby, Charles (1975). "Degrees of Cardinality and Aggregate Partial Orderings," *Econometrica*, 43: 845-852.

Blackorby, Charles, and David Donaldson (1980). "Ethical Indices for the Measurement of Inequality," *Econometrica*, 48: 1053-1060.

Blackorby, Charles, David Donaldson, and John Weymark (1984). "Social Choice with Interpersonal Utility Comparisons: A Diagrammatic Introduction," *International Economic Review*, 25: 327-356.

Bos, Dieter, Manfred Rose, and Christian Seidl (eds.) (1986). *Welfare and Efficiency in Public Economics* (Berlin: Springer-Verlag).

Bossert, Walter. (1989). "On the Extension of Preferences Over a Set to the Power Set: An Axiomatic Characterization of a Quasi-Ordering," *Journal of Economic Theory*, 49: 84-92.

Bossert, Walter, Prasanta Pattanaik, and Yongsheng Xu (1994). "Ranking Opportunity Sets: An Axiomatic Approach," *Journal of Economic Theory*, 63: 326- 345.

Bourbaki, Nicolas (1939). *Eléments de Mathématique* (Paris: Hermann).

Bourbaki, Nicolas (1968). *Theory of Sets*, English translation (Reading, Mass.: Addison-Wesley).

Bourguignon, Franc¸ois, and G. S. Fields (1990). "Poverty Measures and AntiPoverty Measures," *Recherches Economiques de Louvain*, 56: 409-427.

Brennan, Geoffrey, and Loren Lomasky (1985). "The Impartial Spectator Goes to Washington: Toward a Smithian Theory of Electoral Behavior," *Economics and Philosophy*, 1: 189-211.

Breyer, Friedrich (1990). "Can Reallocation of Rights Help to Avoid the Paretian Liberal Paradox?" *Public Choice*, 65: 267-271.

Breyer, Friedrich (1996). "Comment on the Papers by J. M. Buchanan and by A. de Jasay and H. Kliemt," *Analyse & Kritik*, 18: 148-152.

Breyer, Friedrich, and Roy Gardner (1980). "Liberal Paradox, Game Equilibrium and Gibbard Optimum," *Public Choice*, 35: 469-481.

Breyer, Friedrich, and Gary A. Gigliotti (1980). "Empathy and Respect for the Rights of Others," *Zeitschrift fur Nationalokonomie*, 40: 59-64.

Buchanan, James M. (1954a). "Social Choice, Democracy and Free Markets," *Journal of Political Economy*, 62: 114-123.

Buchanan, James M. (1954b). "Individual Choice in Voting and the Market," *Journal of Political Economy*, 62(3): 334-343.

Buchanan, James M. (1975). *The Limits of Liberty* (Chicago: University of Chicago Press).

Buchanan, James M. (1986). *Liberty, Market and the State* (Brighton: Wheatsheaf Books).

Buchanan, James M. (1996). "An Ambiguity in Sen's Alleged Proof of the Impossibility of a Paretian Libertarian," *Analyse & Kritik*, 18: 118-125.

Buchanan, James M., and Gordon Tullock (1962). *The Calculus of Consent* (Ann Arbor: University of Michigan Press).

Campbell, Donald E. (1976). "Democratic Preference Functions," *Journal of Economic Theory*, 12: 259-272.

Carter, Ian (1992). "The Measurement of Pure Negative Freedom," *Political Studies*, 40: 38-50.

Carter, Ian (1995a). "Interpersonal Comparisons of Freedom," *Economics and Philosophy*, 11: 1-23.

Carter, Ian (1995b). "The Independent Value of Freedom," *Ethics*, 105: 819-845.

Carter, Ian (1996). "The Concept of Freedom in the Work of Amartya Sen: An Alternative Analysis Consistent with Freedom's Independent Value," *Notizie di Politeia*, 12: 7-22.

Carter, Ian (1999). *A Measure of Freedom* (Oxford: Clarendon Press).

Casini, Leonardo, and Iacopo Bernetti (1996). "Public Project Evaluation, Environment and Sen's Theory," *Notizie di Politeia*, 12: 55-78.

Chiappero Martinetti, E. (1994). "A New Approach to Evaluation of Well-Being and Poverty by Fuzzy Set Theory," *Giornale degli Economesti e Annali di Economia*, 53: 367-388.

Chiappero Martinetti, E. (1996). "Standard of Living Evaluation Based on Sen's Approach: Some Methodological Suggestions," *Notizie di Politeia*, 12: 37-54.

Cohen, G. A. (1989). "On the Currency of Egalitarian Justice," *Ethics*, 99: 906-944.

Cohen, G. A. (1990a). "Equality of What? On Welfare, Resources and Capabilities," in Nussbaum and Sen (1990).

Cohen, G. A. (1990b) "Equality of What? On Welfare, Goods and Capabilities," *Recherche Economiques de Louvain*, 56: 357-382.

Cohen, L. Jonathan, J. Los, H. Pfeiffer, and K.-P. Podewski (eds.) (1981). *Logic, Methodology and Philosophy of Science*, VI (Amsterdam: North-Holland).

Cornia, Giovanni A. (1994). "Poverty in Latin America in the Eighties: Extent, Causes and Possible Remedies," *Giornale degli Economesti e Annali di Economia*, 53: 407-434.

Coughlin, Peter J. (1986). "Rights and the Private Pareto Principle," *Economica*, 53: 303-320.

d'Aspremont, Claude (1985). "Axioms for Social Welfare Ordering," in L. Hurwicz, D. Schmeidler, and H. Sonnenschein (eds.), *Social Goods and Social Organization* (Cambridge: Cambridge University Press).

d'Aspremont, Claude, and Louis Gevers (1977). "Equity and Informational Basis of Collective Choice," *Review of Economic Studies*, 44: 199-210.

d'Aspremont, Claude, and Philippe Mongin (1997). "A Welfarist Version of Harsanyi's Aggregation Theorem," *Center for Operations Research and Econometrics Discussion Paper No. 9763* (Université Catholique de Louvain).

Dasgupta, Partha S. (1986). "Positive Freedoms, Markets and the Welfare State," *Oxford Review of Economic Policy*, 2: 25-36.

Dasgupta, Partha S. (1990). "Well-being and the Extent of Its Realization in Poor Countries," *Economic Journal*, 100: 1-32.

Dasgupta, Partha S. (1993). *An Inquiry into Well-being and Destitution* (Oxford: Oxford University Press).

Dasgupta, Partha S., Amartya K. Sen, and David Starrett (1973). "Notes on the Measurement of Inequality," *Journal of Economic Theory*, 6.

Deb, Rajat (1994). "Waiver, Effectivity and Rights as Game Forms," *Economica*, 61: 167-178.

Deb, Rajat, Prasanta K. Pattanaik, and Laura Razzolini (1997). "Game Forms, Rights and the Efficiency of Social Outcomes," *Journal of Economic Theory*, 72: 74-95.

Debreu, Gerard (1959). *A Theory of Value* (New York: Wiley).

Desai, Meghnad (1994). *Poverty, Famine and Economic Development* (Aldershot: Edward Elgar).

Drèze, Jean, and Amartya K. Sen (1989). *Hunger and Public Action* (Oxford: Clarendon Press).

Dutta, Bhaskar, and Prasanta K. Pattanaik (1978). "On Nicely Consistent Voting Systems," *Econometrica*, 46: 163-170.

Dworkin, Ronald (1978). *Taking Rights Seriously*, rev. ed. (Cambridge, Mass.: Harvard University Press; originally published, London: Duckworth, 1977).

Dworkin, Ronald (1981). "What Is Equality? Part 1: Equality of Welfare"; "What Is Equality? Part 2: Equality of Resources," *Philosophy and Public Affairs*, 10: 185-246; 283-345.

Elster, Jon, and Aanund Hylland (eds.) (1986). *Foundations of Social Choice Theory* (Cambridge: Cambridge University Press).

Farrell, Michael J. (1976). "Liberalism in the Theory of Social Choice," *Review of Economic Studies*, 43: 3-10.

Feinberg, Joel (1973). Social Philosophy (Englewood Cliffs, N.J.: Prentice-Hall). Fine, Ben J. (1975). "A Note on Interpersonal Aggregation and Partial Comparability," *Econometrica*, 43: 169-172.

Fishburn, Peter C. (1973). *The Theory of Social Choice* (Princeton, N.J.: Princeton University Press).

Fishburn, Peter C. (1984). "Comment on the Kannai-Peleg Impossibility Theorem for Extending Orders," *Journal of Economic Theory*, 32: 176-179.

Fishburn, Peter C. (1992). "Signed Orders and Power Set Extension," *Journal of Economic Theory*, 56: 1-19.

Fleurbaey, Marc, and Wulf Gaertner (1996). "Admissibility and Feasibility in Game Forms," *Analyse & Kritik*, 18: 54-66.

Foster, James (1984). "On Economic Poverty: A Survey of Aggregate Measures," *Advances in Econometrics*, 3.

Foster, James (1993). "Notes on Effective Freedom," Paper presented at the Stanford Workshop on Economic Theories of Inequality, Sponsored by the MacArthur Foundation, March 11-13, 1993; mimeographed, Vanderbilt University.

Foster, James, Joel Greer, and Erik Thorbecke (1984). "A Class of Decomposable Poverty Measures,"

Econometrica, 42: 761-766.

Foster, James, and Anthony F. Shorrocks (1988a). "Inequality and Poverty Orderings," *European Economic Review*, 32: 654-661.

Foster, James, and Anthony F. Shorrocks (1988b). "Poverty Orderings," *Econometrica*, 56: 173-176.

Frankfurt, Harry (1971). "Freedom of the Will and the Concept of a Person," *Journal of Philosophy*, 68.

Frey, Bruno (1978). *Modern Political Economy* (New York: Wiley).

Friedman, Milton, and Rose Friedman (1980). *Free to Choose: A Personal Statement* (London: Secker and Warburg).

Gaertner, Wulf, Prasanta K. Pattanaik, and Kotaro Suzumura (1992). "Individual Rights Revisited," *Economica*, 59.

Gardenfors, Peter (1981). "Rights, Games and Social Choice," *Nous*, 15: 341- 356.

Gardner, Roy (1980). "The Strategic Inconsistency of Paretian Liberalism," *Public Choice*, 35: 241-252.

Gasper, Des (1993). "Entitlement Analysis: Relating Concepts and Context," *Development and Change*, 24: 679-718.

Gevers, Louis (1979). "On Interpersonal Comparability and Social Welfare Orderings," *Econometrica*, 47: 75-89.

Gibbard, Allan F. (1974). "A Pareto-Consistent Libertarian Claim," *Journal of Economic Theory*, 7: 388-410.

Gibbard, Allan F. (1982). "Rights and the Theory of Social Choice," in Cohen et al. (1981), 595-605.

Granaglia, Elena (1994). "More or Less Equality? A Misleading Question for Social Policy," *Giornale degli Economesti e Annali di Economia*, 53: 349-366.

Granaglia, Elena (1996). "Two Questions to Amartya Sen," *Notizie di Politeia*, 12: 31-36.

Gravel, Nicolas (1994). "Can a Ranking of Opportunity Sets Attach an Intrinsic Importance to Freedom of Choice?" *American Economic Review, Papers and Proceedings*, 84: 454-458.

Gravel, Nicolas (1997). "Ranking Opportunity Sets on the Basis of Their Freedom of Choice and Their Ability to Satisfy Preferences: A Difficulty," mimeographed; forthcoming in *Social Choice and Welfare*.

Green, T. H. (1881). "Liberal Legislation and Freedom of Contract," in R. L. Nettleship (ed.), *Works of Thomas Hill Green, III*, 365-386 (London: Longmans, Green, 1891).

Griffin, James (1986). *Well-being: Its Meaning, Measurement and Moral Importance* (Oxford: Clarendon Press).

Griffin, Keith, and John Knight (eds.) (1990). *Human Development and the International Development Strategy for the 1990s* (London: Macmillan).

Hahn, Frank, and Martin Hollis (eds.) (1979). *Philosophy and Economic Theory* (Oxford: Oxford University Press).

Hamlin, Alan P. (1989). "Rights, Indirect Utilitarianism, and Contractarianism," *Economics and Philosophy*, 5: 167-187.

Hamlin, Alan P., and Philip Pettit (1989). *The Good Polity: Normative Analysis of the State* (Oxford: Blackwell).

Hammond, Peter J. (1976). "Why Ethical Measures of Inequality Need Interpersonal Comparisons," *Theory and Decision*, 7: 263-274.

Hammond, Peter J. (1977). "Dynamic Restrictions on Metastatic Choice," *Economica*, 44: 337-380.

Hammond, Peter J. (1982a). "Liberalism, Independent Rights and the Pareto Principle," in L. Jonathan Cohen et al. (eds.), 607-620.

Hammond, Peter J. (1982b). "Utilitarianism, Uncertainty and Information," in Amartya Sen and Bernard Williams (eds.), *Utilitarianism and Beyond* (Cambridge: Cambridge University Press), 85-102.

Hammond, Peter J. (1996). "Game Forms versus Social Choice Rules as Models of Rights," in Arrow, Sen, and Suzumura (1996).

Hardin, Russell (1988). *Morality within the Limits of Reason* (Chicago: University of Chicago Press).

Hare, Richard M. (1981). *Moral Thinking: Its Levels, Methods and Point* (Oxford: Clarendon Press).

Harsanyi, John C. (1976). *Essays in Ethics, Social Behaviour and Scientific Explanation* (Dordrecht: Reidel).

Hart, H. L. A. (1973). "Rawls on Liberty and Its Priority," *University of Chicago Law Review*, 40; reprinted in Daniels (1974).

Hayek, Friedrich A. von (1960). *The Constitution of Liberty* (Chicago: University of Chicago Press).

Heller, Walter P., Ross M. Starr, and David A. Starrett (eds.) (1986). *Social Choice and Public Decision Making: Essays in Honor of Kenneth J. Arrow* (Cambridge: Cambridge University Press).

Herrero, Carmen (1996). "Capabilities and Utilities," *Economic Design*, 2: 69- 88.

Hicks, John R. (1959). "A Manifesto"; reprinted in John R. Hicks, *Health and Welfare* (Oxford: Basil Blackwell).

Hirschman, Albert O. (1982). *Shifting Involvements* (Princeton, N.J.: Princeton University Press).

Hirschman, Albert O. (1985). "Against Parsimony: Three Easy Ways of Complicating Some Categories of Economic Discourse," *Economics and Philosophy*, 1: 7-21.

Hollis, Martin (1981). "The Economic Man and the Original Sin," *Political Studies*, 29.

Holzman, Ron (1984). "An Extension of Fishburn's Theorem on Extending Orders," *Journal of Economic Theory*, 32: 192-196.

Hossain, Iftekhar (1990). *Poverty as Capability Failure* (Helsinki: Swedish School of Economics).

Hurley, Susan (1989). *Natural Reasons: Personality and Polity* (New York: Oxford University Press).

Jasay, Anthony de, and Hartmet Kliemt (1996). "The Paretian Liberal, His Liberties and His Contracts," *Analyse & Kritik*, 18: 126-147.

Jeffrey, Richard (1974). "Preferences among Preferences," *Journal of Philosophy*, 71.

Jones, Peter, and Robert Sugden (1982). "Evaluating Choice," *International Review of Law and Economics*, 2: 47-65.

Jones, R. A., and Ostroy, J. M. (1984). "Flexibility and Uncertainty," *Review of Economic Studies*, 51: 13-32.

Jorgenson, Dale W., and Daniel T. Slesnick (1984). "Inequality in the Distribution of Individual Welfare," *Advances in Econometrics*, 3: 67-130.

Jorgenson, Dale W., Lawrence J. Lau, and Thomas M. Stoker (1980). "Welfare Comparison under Exact Aggregation," *American Economic Review*, 70: 268- 272.

Kakwani, Nanak C. (1980). "On a Class of Poverty Measures," *Econometrica*, 48: 437-446.

Kanbur, Ravi (1987). "The Standard of Living: Uncertainty, Inequality and Opportunity," in Sen (1987b).

Kanger, Stig (1985). "On Realization of Human Rights," *Acta Philosophica Fennica*, 38.

Kannai, Yakar, and Bezalel Peleg (1984). "A Note on the Extension of an Order on a Set to a Power Set," *Journal of Economic Theory*, 32: 172-175.

Kelly, Jerry S. (1976). "The Impossibility of a Just Liberal," *Economica*, 43: 67- 75.

Kelly, Jerry S. (1978). *Arrow Impossibility Theorems* (New York: Academic Press).

Keneko, Mamoru, and Kenjiro Nakamura (1979). "The Nash Social Welfare Function," *Econometrica*, 47: 423-435.

Knight, Frank (1947). *Freedom and Reform: Essays in Economic and Social Philosophy* (New York: Harper).

Kolm, Serge-Christophe (1969). "The Optimal Production of Social Justice," in J. Margolis and H. Guitton (eds.), *Public Economics* (London: Macmillan).

Koopmans, Tjalling C. (1964). "On Flexibility of Future Preference," in M. W. Shelley (ed.), *Human Judgments and Optimality* (New York: Wiley).

Kornai, Janos (1988). "Individual Freedom and Reform of the Socialist Economy," *European Economic*

Review, 32: 233-267.

Korner, Stephan (ed.) (1974). *Practical Reason* (Oxford: Blackwell).

Kreps, David M. (1979). "A Representation Theorem for 'Preference for Flexibility,'" *Econometrica*, 47: 565-577.

Kreps, David M. (1988). *Notes on the Theory of Choice* (Boulder, Colo.: Westview Press).

Kynch, Jocelyn, and Amartya K. Sen (1983). "Indian Women: Well-being and Survival," *Cambridge Journal of Economics*, 7: 363-380.

Laffont, Jean-Jacques (ed.) (1979). *Aggregation and Revelation of Preferences* (Amsterdam: North- Holland).

Lenti, Targetti R. (1994). "Sul Contributo Alla Cultura Dei Grandi Economisti: Liberta Diseguaglianza e Poverta nel Pensiero di Amartya Sen," *Rivista Milanese di Economia*, 50: 5-12.

Levi, Isaac (1982). "Liberty and Welfare," in Amartya Sen and Bernard Williams (eds.), *Utilitarianism and Beyond* (Cambridge: Cambridge University Press), 239-249.

Levi, Isaac (1986). *Hard Choices* (Cambridge: Cambridge University Press).

Lewis, W. Arthur (1955). *The Theory of Economic Growth* (London: Allen & Unwin).

Maasoumi, Esfandiar (1986). "Measurement and Decomposition of Multidimensional Inequality," *Econometrica*, 54: 991-997.

Majumdar, Mukul, and Amartya K. Sen (1976). "A Note on Representing Partial Orderings," *Review of Economic Studies*, 43.

Majumdar, Tapas (1980). "The Rationality of Changing Choice," *Analyse & Kritik*, 2.

Mansbridge, Jane J. (ed.) (1990). *Beyond Self-interest* (Chicago: University of Chicago Press).

Maskin, Eric S. (1978). "A Theorem on Utilitarianism," *Review of Economic Studies*, 45: 93-96.

Maskin, Eric S. (1979). "Decision-making under Ignorance with Implications for Social Choice," *Theory and Decision*, 11: 319-337.

McMurrin, Sterling M. (1980). *Tanner Lectures on Human Values*, vol. 1 (Salt Lake City: University of Utah Press, and Cambridge: Cambridge University Press).

McPherson, Michael S. (1982). "Mill's Moral Theory and the Problem of Preference Change," *Ethics*, 92: 252-273.

McPherson, Michael S. (1984). "Economics: On Hirschman, Schelling, and Sen," *Partisan Review*, 41.

Meade, James E. (1976). *The Just Economy* (London: Allen and Unwin).

Mill, John Stuart (1859)*. On Liberty* (London); republished in J. S. Mill, *Utilitarianism; On Liberty; Representative Government*, Everyman's Library (London: Dent, 1972).

Mirrlees, James A. (1982). "The Economic Uses of Utilitarianism," in Amartya K. Sen and Bernard Williams (eds.), *Utilitarianism and Beyond* (Cambridge: Cambridge University Press).

Moulin, Hervé (1983). The Strategy of Social Choice (Amsterdam: North-Holland). Moulin, Hervé (1985). "Choice Functions over a Finite Set: A Summary," *Social Choice and Welfare*, 2: 147-160.

Moulin, Hervé (1988). *Axioms of Cooperative Decision Making* (Cambridge: Cambridge University Press).

Moulin, Hervé, and Bezalel Peleg (1982). "Cores of Effectivity Functions and Implementation Theory," *Journal of Mathematical Economics*, 10: 115-145.

Muellbauer, John (1987). "Sen on the Standard of Living," in G. Hawthorn (ed.), *The Standard of Living* (Cambridge: Cambridge University Press).

Mueller, Dennis C. (1979). *Public Choice* (Cambridge: Cambridge University Press).

Mueller, Dennis C. (1989). *Public Choice II* (New York: Cambridge University Press).

Mueller, Dennis C. (1996). "Constitutional and Liberal Rights," *Analyse & Kritik*, 18: 96-117.

Nagel, Thomas (1986). *The View from Nowhere* (Oxford: Clarendon Press).

Nash, John F. (1950). "The Bargaining Problem," *Econometrica*, 18: 155-162.

Nehring, Klaus, and Clemens Puppe (1996). "Continuous Extensions of an Order of a Set to the Power

Set," *Journal of Economic Theory*, 68.

Ng, Yew-Kwang (1971). "The Possibility of a Paretian Liberal: Impossibility Theorems and Cardinal Utility," *Journal of Political Economy*, 79: 1397-1402.

Ng, Yew-Kwang (1979). *Welfare Economics: Introduction and Development of Basic Concepts* (London: Macmillan).

Nitzan, Shmuel, and Prasanta K. Pattanaik (1984). "Median-based Extensions of an Ordering Over a Set to the Power Set: An Axiomatic Characterization," *Journal of Economic Theory*, 34: 252-261.

Nozick, Robert (1973). "Distributive Justice," *Philosophy and Public Affairs*, 3: 45-126.

Nozick, Robert (1974). *Anarchy, State and Utopia* (New York: Basic Books).

Nozick, Robert (1981). *Philosophical Explanations* (Cambridge, Mass.: Belknap Press of Harvard University Press).

Nozick, Robert (1989). *The Examined Life* (New York: Simon and Schuster).

Nussbaum, Martha C. (1988). "Nature, Function, and Capability: Aristotle on Political Distribution," *Oxford Studies in Ancient Philosophy*, supplementary volume.

Nussbaum, Martha C., and Jonathan Glover (1995). *Women, Culture, and Development: A Study of Human Capabilities* (Oxford: Clarendon Press, and New York: Oxford University Press).

Nussbaum, Martha C., and Amartya K. Sen (eds.) (1993). *The Quality of Life* (Oxford: Oxford University Press).

Opio, P. J. (1993). "In Search of a New Economic Paradigm: An Ethical Contribution. A Hermeneutic of Poverty, Famine and Development in the Light of Amartya Sen's Capability Synthesis," Thesis for the Degree of Licentiate in Sacred Theology, Katholieke Univeriteit, Leuven.

Papandreou, Andreas (1994). *Externality and Institutions* (Oxford: Clarendon Press).

Parfit, Derek (1984). *Reasons and Persons* (Oxford: Clarendon Press).

Pattanaik, Prasanta K. (1980). "A Note on the Rationality of Becoming and Revealed Preference," *Analyse & Kritik*, 2.

Pattanaik, Prasanta K. (1994). "Rights and Freedom in Welfare Economics," *European Economic Review*, 38.

Pattanaik, Prasanta K. (1996a). "The Liberal Paradox: Some Interpretations When Rights are Represented as Game Forms," *Analyse & Kritik*, 18.

Pattanaik, Prasanta K. (1996b). "On Modelling Individual Rights: Some Conceptual Issues," in Arrow, Sen, and Suzumura (eds.) (1996).

Pattanaik, Prasanta K., and Maurice Salles (eds.) (1983). *Social Choice and Welfare* (Amsterdam: North-Holland).

Pattanaik, Prasanta K., and Kotaro Suzumura (1994). "Rights, Welfarism and Social Choice," *American Economic Review: Papers and Proceedings*, 84: 435-439.

Pattanaik, Prasanta K., and Kotaro Suzumura (1996). "Individual Rights and Social Evaluation: A Conceptual Framework," *Oxford Economic Papers*, 48: 194- 212.

Pattanaik, Prasanta K., and Yongsheng Xu (1990). "On Ranking Opportunity Sets in Terms of Freedom of Choice," *Recherches Economiques de Louvain*, 56: 383- 390.

Pattanaik, Prasanta K., and Yongsheng Xu (1998). "On Preference and Freedom," *Theory and Decision*, 44.

Pattanaik, Prasanta K., and Yongsheng Xu (2000a). "On Diversity and Freedom of Choice," *Mathematical Social Sciences*, 40.

Pattanaik, Prasanta K., and Yongsheng Xu (2000b). "On Ranking Opportunity Sets in Economic Environments," *Journal of Economic Theory*, 93.

Peleg, Bezalel (1984). *Game Theoretic Analysis of Voting in Committees* (Cambridge: Cambridge University Press).

Pigou, Arthur C. (1920). *The Economics of Welfare* (London: Macmillan).

Pollak, Robert A. (1979). "Bergson-Samuelson Social Welfare Functions and the Theory of Social Choice," *Quarterly Journal of Economics*, 93: 73-90.

Puppe, Clemens (1995). "Freedom of Choice and Rational Decisions," *Social Choice and Welfare*, 12: 137-153.

Puppe, Clemens (1996). "An Axiomatic Approach to 'Preference for Freedom of Choice,'" *Journal of Economic Theory*, 68: 174-199.

Putnam, Hilary (1996). "Uber die Rationalitat von Praferenzen," *Allgemeine Zeitschrift fur Philosophie*, 21: 204-228.

Quine, W. V. (1987). *Quiddities: An Intermittently Philosophical Dictionary* (Cambridge, Mass.: Belknap Press of Harvard University Press).

Ramachandran, V. K. (1990). *Wage Labour and Unfreedom in Agriculture: An Indian Case Study* (Oxford: Clarendon Press).

Rawls, John (1971). *A Theory of Justice* (Cambridge, Mass.: Harvard University Press).

Rawls, John (1982). "Social Unity and Primary Goods," in Amartya Sen and Bernard Williams (eds.), *Utilitarianism and Beyond* (Cambridge: Cambridge University Press).

Rawls, John (1987). "The Idea of an Overlapping Consensus," *Oxford Journal of Legal Studies*, 7.

Rawls, John (1993). *Political Liberalism* (New York: Columbia University Press).

Rawls, John, et al. (1987). *Liberty, Equality and Law: Selected Tanner Lectures on Moral Philosophy*, ed. S. McMurrin (Salt Lake City: University of Utah Press, and Cambridge: Cambridge University Press).

Razavi, Shahrashoub (1996). "Excess Female Mortality: An Indicator of Female Subordination? A Note Drawing on Village-level Evidence from Southeastern Iran," *Notizie di Politeia*, 12: 79-96.

Riley, Jonathan M. (1985). "On the Possibility of Liberal Democracy," *American Political Science Review*, 79: 1135-1151.

Riley, Jonathan M. (1986). "Generalized Social Welfare Functionals: Welfarism, Morality and Liberty," *Social Choice and Welfare*, 3: 233-254.

Riley, Jonathan M. (1988). *Liberal Utilitarianism: Social Choice Theory and J. S. Mill's Philosophy* (Cambridge: Cambridge University Press).

Riley, Jonathan M. (1989). "Rights to Liberty in Purely Private Matters: Part I," *Economics and Philosophy*, 5: 121-166.

Riley, Jonathan M. (1990). "Rights to Liberty in Purely Private Matters: Part II," *Economics and Philosophy*, 6: 27-64.

Roemer, John E. (1982). *A General Theory of Exploitation and Class* (Cambridge, Mass.: Harvard University Press).

Roemer, John E. (1985). "Equality of Talent," *Economics and Philosophy*, 1: 151- 187.

Roemer, John E. (1986). "Equality of Resources Implies Equality of Welfare," *Quarterly Journal of Economics*, 101: 751-784.

Roemer, John E. (1996). *Theories of Distributive Justice.* (Cambridge, Mass.: Harvard University Press).

Ross, David (1980). Aristotle, *The Nicomachean Ethics*, English translation (Oxford: Clarendon Press).

Rothschild, Michael, and Joseph E. Stiglitz (1973). "Some Further Results on the Measurement of Inequality," *Journal of Economic Theory*, 6: 188-204.

Rowley, Charles K. (1993). *Liberty and the State* (Aldershot: Elgar).

Rowley, Charles K., and Alan T. Peacock (1975). *Welfare Economics: A Liberal Restatement* (London: Robertson).

Samuelson, Paul A. (1938). "A Note on the Pure Theory of Consumer Behavior," *Economica*, 5: 61-71.

Scanlon, Thomas (1975). "Preference and Urgency," *Journal of Philosophy*, 72.

Scanlon, Thomas (1988). "The Significance of Choice," *Tanner Lectures on Human Values*, vol. VIII (Salt Lake City: University of Utah Press).

Scanlon, Thomas (1998). *What We Owe to Each Other* (Cambridge, Mass.: Harvard University Press).

Schelling, Thomas C. (1980). "The Intimate Contest for Self-Command," Public Interest, 60.

Schelling, Thomas C. (1984). "Self-Command in Practice, in Policy, and in a Theory of Rational Choice," *American Economic Review*, 74.

Schick, Fred (1984). *Having Reasons: An Essay on Rationality and Sociality* (Princeton: Princeton University Press).

Schokkaert, Erik, and Luc van Ootegem (1990). "Sen's Concept of the Living Standard Applied to the Belgian Unemployed," *Recherches Economiques de Louvain*, 56: 429-450.

Schwartz, Thomas (1981). "The Universal Instability Theorem," *Public Choice*, 37.

Schwartz, Thomas (1986). *The Logic of Collective Choice* (New York: Columbia University Press).

Scitovsky, Tibor (1976). *The Joyless Economy* (Oxford: Oxford University Press).

Scitovsky, Tibor (1986). *Human Desire and Economic Satisfaction* (Brighton: Wheatsheaf Books).

Seabright, Paul (1989). "Social Choice and Social Theories," *Philosophy and Public Affairs*, 18.

Seidl, Christian (1975). "On Liberal Values," *Zeitschrift fur Nationalokonomie*, 35: 257-292.

Seidl, Christian (1986). "Poverty Measurement: A Survey," in L. D. Bos et al. (eds.) (1986).

Seidl, Christian (1996). "Foundations and Implications of Rights," in Arrow, Sen, and Suzumura (eds.) (1996).

Sen, Amartya K. (1970a). *Collective Choice and Social Welfare* (San Francisco: Holden-Day; republished, Amsterdam: North-Holland, 1979).

Sen, Amartya K. (1970b). "The Impossibility of a Paretian Liberal," *Journal of Political Economy*, 72: 152-157; reprinted in Hahn and Hollis (1979), Sen (1982a), La Manna (1997).

Sen, Amartya K. (1970c). "Interpersonal Aggregation and Partial Comparability," *Econometrica*, 38: 393-409, and "A Correction," *Econometrica*, 40: 959; reprinted in Sen (1982a).

Sen, Amartya K. (1973a). *On Economic Inequality* (Oxford: Clarendon Press); expanded edition, 1996.

Sen, Amartya K. (1973b). "Behaviour and the Concept of Preference," *Economica*, 40: 241-259; reprinted in Sen (1982a) and in Elster (1986).

Sen, Amartya K. (1974). "Choice, Ordering, and Morality," in S. Korner (ed.), *Practical Reason* (Oxford: Blackwell), 4-67; reprinted in Sen (1982a).

Sen, Amartya K. (1976a). "Poverty: An Ordinal Approach to Measurement," *Econometrica*, 46: 219-232; reprinted in Sen (1982a).

Sen, Amartya K. (1976b). "Real National Income," *Review of Economic Studies*, 43; reprinted in Sen (1982a).

Sen, Amartya K. (1976c). "Liberty, Unanimity and Rights," *Economica*, 43: 217- 245; reprinted in Sen (1982a).

Sen, Amartya K. (1977a). "Social Choice Theory: A Re-examination," *Econometrica*, 45: 53-89; reprinted in Sen (1982a).

Sen, Amartya K. (1977b). "On Weights and Measures: Informational Constraints in Social Welfare Analysis," *Econometrica*, 45: 1539-1572; reprinted in Sen (1982a).

Sen, Amartya K. (1977c). "Rational Fools: A Critique of the Behavioural Foundations of Economic Theory," *Philosophy and Public Affairs*, 6: 317-344; reprinted in Hahn and Hollis (1979), Sen (1982a), and Mansbridge (1990).

Sen, Amartya K. (1977d). "Starvation and Exchange Entitlements: A General Approach and Its Application to the Great Bengal Famine," *Cambridge Journal of Economics*, 1(1): 33-59.

Sen, Amartya K. (1979). "Personal Utilities and Public Judgements: or What's Wrong with Welfare Economics?" *Economic Journal*, 89; reprinted in Sen (1982a).

Sen, Amartya K. (1980). "Equality of What?" in S. McMurrin (ed.), *Tanner Lectures on Human Values*, vol. I (Salt Lake City: University of Utah Press, and Cambridge: Cambridge University Press); reprinted in Sen (1982a), Rawls et al. (1987).

Sen, Amartya K. (1981). *Poverty and Famines: An Essay on Entitlement and Deprivation* (Oxford: Clarendon Press).

Sen, Amartya K. (1982a). *Choice, Welfare and Measurement* (Oxford: Blackwell; republished: Cambridge, Mass.: Harvard University Press, 1997).

Sen, Amartya K. (1982b). "Rights and Agency," *Philosophy and Public Affairs*, 11: 3-39; reprinted in Scheffler (1988); included in this volume.

Sen, Amartya K. (1982c). "Liberty as Control: An Appraisal," *Midwest Studies in Philosophy*, 7.

Sen, Amartya K. (1983a). "Liberty and Social Choice," *Journal of Philosophy*, 80: 5-28; reprinted in Booth, James, and Meadwell (1993); included in the present volume as Chapter 12.

Sen, Amartya K. (1983b). "Evaluator Relativity and Consequential Evaluation," *Philosophy and Public Affairs*, 12.

Sen, Amartya K. (1983c). "Poor, Relatively Speaking," *Oxford Economic Papers*, 35: 153-169; reprinted in Sen (1984).

Sen, Amartya K. (1984). *Resources, Values and Development* (Oxford: Blackwell; republished Cambridge, Mass.: Harvard University Press, 1997).

Sen, Amartya K. (1985a). "Well-being, Agency and Freedom: The Dewey Lectures 1984," *Journal of Philosophy*, 82: 169-221; included in the companion volume, *Freedom and Justice*.

Sen, Amartya K. (1985b). *Commodities and Capabilities* (Amsterdam: NorthHolland); republished, Delhi: Oxford University Press, 1999.

Sen, Amartya K. (1985c). "Social Choice and Justice," *Journal of Economic Literature*, 23; included in the present volume as Chapter 10.

Sen, Amartya K. (1985d). "Rationality and Uncertainty," *Theory and Decision*, 18; included in the present volume as Chapter 6.

Sen, Amartya K. (1985e). "Rights as Goals," in S. Guest and A. Milne (eds.), *Equality and Discrimination: Essays in Freedom and Justice* (Stuttgart: Franz Steiner).

Sen, Amartya K. (1985f). "Goals, Commitment, and Identity," *Journal of Law, Economics and Organization*, 1; included in the present volume as Chapter 5.

Sen, Amartya K. (1986). "Social Choice Theory," in K. J. Arrow and M. Intriligator (eds.), *Handbook of Mathematical Economics*, vol. 3 (Amsterdam: NorthHolland).

Sen, Amartya K. (1987a). *On Ethics and Economics* (Oxford: Blackwell).

Sen, Amartya K. (1987b). *The Standard of Living* (Cambridge: Cambridge University Press), with contributions by Hart, Kanbur, Muellbauer, and Williams; edited by G. Hawthorn.

Sen, Amartya K. (1988). "Freedom of Choice: Concept and Content," *European Economic Review*, 32.

Sen, Amartya K. (1990a). "Gender and Cooperative Conflicts," in Irene Tinker (ed.), *Persistent Inequalities* (New York: Oxford University Press, 1990); included in the companion volume.

Sen, Amartya K. (1990b). "Justice: Means versus Freedoms," *Philosophy and Public Affairs*, 19: 111-121; included in the companion volume.

Sen, Amartya K. (1990c). "Welfare, Freedom and Social Choice: A Reply," *Recherches Economiques de Louvain*, 56: 451-485.

Sen, Amartya K. (1991). "Welfare, Preference and Freedom," *Journal of Econometrics*, 50: 15-29.

Sen, Amartya K. (1992a). *Inequality Reexamined* (Oxford: Clarendon Press, and Cambridge, Mass.: Harvard University Press).

Sen, Amartya K. (1992b). "Minimal Liberty," *Economica*, 59, 139-159; included in the present volume as Chapter 13.

Sen, Amartya K. (1993a). "Internal Consistency of Choice," *Econometrica*, 61: 495- 521; included in the present volume as Chapter 3.

Sen, Amartya K. (1993b). "Positional Objectivity," *Philosophy and Public Affairs*, 22: 126-145; included in the present volume as Chapter 15.

Sen, Amartya K. (1993c). "Capability and Well-being," in Nussbaum and Sen (1993); included in the companion volume, *Freedom and Justice*.

Sen, Amartya K. (1993d). "Markets and Freedoms," *Oxford Economic Papers*, 45; included in the present volume as Chapter 17.

Sen, Amartya K. (1994a). "Well-being and Public Policy," *Giornale degli Economisti e Annali di economia*, 53: 333-347.

Sen, Amartya K. (1994b). "Markets and the Freedom to Choose," in *The Ethical Foundations of the Market Economy: International Workshop*, ed. Horst Siebert (Tubingen: Mohr).

Sen, Amartya K. (1995a). "Rationality and Social Choice," *American Economic Review*, 85; reprinted in La Manna (1997); included in the present volume as Chapter 8.

Sen, Amartya K. (1995b). "Demography and Welfare Economics," *Empirica*, 1995.

Sen, Amartya K. (1995c). "Gender Inequality and Theories of Justice," in Martha C. Nussbaum and Jonathan Glover (eds.), *Women, Culture, and Development: A Study of Human Capabilities* (Oxford: Clarendon Press).

Sen, Amartya K. (1996a). "Legal Rights and Moral Rights: Old Questions and New Problems," *Ratio Juris*, 9: 153-167.

Sen, Amartya K. (1996b). "Fertility and Coercion," *Chicago Law Review*, 63: 1035- 1061; included in the companion volume, Freedom and Justice.

Sen, Amartya K. (1996c). "Rights: Formulation and Consequences," *Analyse & Kritik*, 18: 153-170; included in the present volume as Chapter 14.

Sen, Amartya K. (1996d). "Freedom, Capabilities and Public Action: A Response," *Notizie di Politeia*, 12: 107-125.

Sen, Amartya K. (1997a). "Maximization and the Act of Choice," *Econometrica*, 65: 745-779; included in the present volume as Chapter 4.

Sen, Amartya K. (1997b). "Individual Preference as the Basis of Social Choice," in Arrow, Sen, and Suzumura (eds.) (1997).

Sen, Amartya K. (1997c). "From Income Inequality to Economic Inequality," *Southern Economic Journal*, 64.

Sen, Amartya K. (1999). *Development as Freedom* (New York: Knopf, and Oxford and Delhi: Oxford University Press).

Sen, Amartya K. (2000). "Consequential Evaluation and Practical Reason," *Journal of Philosophy*, 97.

Sen, Amartya K. (2002). "Open and Closed Impartiality," *Journal of Philosophy*, forthcoming; included in the companion volume, *Freedom and Justice*.

Steiner, Hillel (1983). "How Free? Computing Personal Liberty," in A. PhillipsGriffiths (ed.), *Of Liberty* (Cambridge: Cambridge University Press).

Steiner, Hillel (1990). "Putting Rights in Their Place," *Recherches Economiques de Louvain*, 56: 391-408.

Steiner, Hillel (1994). *An Essay on Rights* (Oxford: Blackwell).

Sugden, Robert (1981). *The Political Economy of Public Choice* (Oxford: Martin Robertson).

Sugden, Robert (1985a). "Why Be Consistent?" *Economica*, 52: 167-184.

Sugden, Robert (1985b). "Liberty, Preference and Choice," *Economics and Philosophy*, 1: 213-229.

Sugden, Robert (1986). *The Economics of Rights, Co-operation and Welfare* (Oxford: Basil Blackwell).

Sugden, Robert (1993). "Welfare, Resources, and Capabilities: A Review of Inequality Reexamined by Amartya Sen," *Journal of Economic Literature*, 31: 1947- 1962.

Sugden, Robert (1998). "The Metric of Opportunity," *Economics and Philosophy*, 14.

Suppes, Patrick (1969). *Studies in the Methodology and Foundations of Science: Selected Papers from 1951 to 1969* (Dordrecht: Reidel).

Suppes, Patrick (1987). "Maximizing Freedom of Decision: An Axiomatic Approach," in G. Feiwel (ed.), *Arrow and the Foundations of the Theory of Economic Policy* (Basingstoke, Hampshire: Macmillan).

Suzumura, Kotaro. (1980). "Liberal Paradox and the Voluntary Exchange of Rights Exercising," *Journal of Economic Theory*, 22: 407-422.

Suzumura, Kotaro (1983). *Rational Choice, Collective Decisions and Social Welfare* (Cambridge: Cambridge University Press).

Suzumura, Kotaro (1991). "Alternative Approaches to Libertarian Rights," in Kenneth J. Arrow (ed.), *Markets and Welfare* (London: Macmillan).

Suzumura, Kotaro (1996). "Welfare, Rights, and Social Choice Procedures," *Analyse & Kritik*, 18: 20-37.

Suzumura, Kotaro (1999). "Consequences, Opportunities and Procedures," *Social Choice and Welfare*, 16.

Van der Veen, Robert (1981). "Meta-rankings and Collective Optimality," *Social Science Information*, 20.

van Hees, Martin (1994). "Rights, Liberalism and Social Choice," dissertation at the Catholic University of Nijmegen.

van Hees, Martin (1995). *Rights and Decisions: Formal Models of Law and Liberalism* (Dordrecht: Reidel).

van Hees, Martin (1996). "Individual Rights and Legal Validity," *Analyse & Kritik*, 118: 81-95.

van Parijs, Phillipe (1989). *On the Ethical Foundation of Basic Income* (Université Catholique de Louvain: Institut Supérieur de Philosophie).

van Parijs, Phillipe (1995). *Real Freedom for All: What (If Anything) Is Wrong with Capitalism?* (Oxford: Clarendon Press).

Varian, Hal R. (1974). "Equity, Envy and Efficiency," *Journal of Economic Theory*, 9.

Walsh, Vivian C. (1995-1996). "Amartya Sen on Inequality, Capabilities and Needs," *Science and Society*, 59.

Walsh, Vivian C. (1996). *Rationality, Allocation and Reproduction* (Oxford: Clarendon Press).

Walsh, Vivian C. (2000). "Smith after Sen," Review of Political Economy, 12. Weymark, John (1983). "Arrow's Theorem with Social Quasi-Orderings," *Public Choice*, 42.

Williams, Bernard (1981). *Moral Luck* (Cambridge: Cambridge University Press).

Williams, Bernard (1985). *Ethics and the Limits of Philosophy* (Cambridge, Mass.: Harvard University Press).

Williams, Bernard (1987). "Comment," in Sen (1987b).

Wriglesworth, John L. (1985). *Libertarian Conflicts in Social Choice* (Cambridge: Cambridge University Press).

Zamagni, Stefano (1988). "Introduzione," in Amartya Sen, *Scelta, Benessere, Equita* (Bologna: Il Mulino), 5-47.

[ㅅ]

[ㅇ]